JN451329

박정진의 소리철학 5부작은 고대의 천지인 사상으로 서양의 근현대 철학을 추월하는 철학적 대장정에 속한다고 말할 수 있다. 이 책은 철학적 자아와 역사적 자아를 동시에 수립하는 기념비적 작품이 될 것을 기대할 정도로 지은이에게는 야심작이다. 어떤 면에서는 지금까지 저술한 100여 권의 정기신(精氣神)이 녹아 있다고 할 수 있다.

지금 한국은 아시아·태평양 시대를 맞아 한류(韓流)를 이끌어 내면서 문화 여러 분야에서 세계적인 두각을 나타내고 있다. 이제 '한국적인 것이 세계적인 것'이 될 날이 머지않았다. 한국은 예부터 가무(歌舞)의 나라였다. 그만큼 한국인은 심정과 정감에 의해 살아가는 나라이다.

지금 정감의 문화는 산업화의 바로미터인 자동차 산업에 이어 정보화 사회의 전기전자 산업, 스마트폰, 인터넷 등에서 타의 추종을 불허하고 있다. 프랑스의 사회철학자이면서 미래학자인 기 소르망은 한국이 세계 최고의 나라가 될 것을 점치고 있다. 그러나 세계 최고의 나라가 되기 위해서는 그것을 뒷받침하는 자생철학이 필요하다. 이 책은 한국 자생철학의 탄생에 적극적으로 부응한 소산이다.

박정진의 소리철학 5부작

1권 철학의 선물 선물의 철학
신국판 반양장/1,004쪽/40,000원

2권 소리의 철학 포노로지
신국판 반양장/648쪽/30,000원

3권 빛의 철학 소리철학
46판 양장/360쪽/15,000원

4권 니체야 놀자–超人이 道人을 만났을 때
46판 양장/404쪽/15,000원

5권 일반성의 철학과 포노로지
신국판 양장/804쪽/35,000원

일반성의 철학과 포노로지

General Philosophy & Phonology

박정진 지음

소나무

일반성의 철학과 포노로지

초판 발행 2014년 5월 9일

지은이　박정진
펴낸이　유재현
편집　온현정 오근영
마케팅　장만
디자인　박정미
인쇄·제본　영신사
종이　한서지업사

펴낸곳 소나무
등록 1987년 12월 12일 제2013-000063호
주소 412-190 경기도 고양시 덕양구 대덕로 86길 85
전화 02-375-5784　팩스 02-375-5789
전자우편 sonamoopub@empas.com
전자집 http://cafe.naver.com/sonamoopub

이 도서의 국립중앙도서관 출판시도서목록(CIP)은 서지정보유통지원시스템 홈페이지(http://www.nl.seoji.nl.go.kr)와 국가자료공동목록시스템(http://www.nl.go.kr/kolisnet)에서 이용하실 수 있습니다.
(CIP 제어번호: 2014013399)

ISBN 978-89-7139-586-8　93100
책값 35,000원

일반성의 철학과 포노로지

General Philosophy & Phonology

이 책을 2014년 1월 3일 이 세상에 태어난 첫 손녀 박지인(朴智仁)에게 바친다.

미래 여성시대를 앞두고 태어난 손녀에게 한없는 축복을 주고 싶다.

발간에 부쳐

김형효(金炯孝)
전 한국정신문화연구원 부원장

박정진 선생은 특이한 면모를 갖추고 계신 분이다. 그 분은 우선 기자 출신의 센스를 지니고 있으면서 평론가로서의 탁월한 통찰력을 갖고 있으며, 시인으로서의 정신적인 깊이를 띠고 있는 인물이다. 깊이가 있는 인물은 대개 순발력이 부족해서 현실적 감각이 부족한 것이 일반적인 경향이지만, 선생은 정신적인 깊이와 현실적 감각의 두 가지 것을 두루 갖춘 보기 드문 분이다. 그래서 그를 현실적 평론가와 이론적 사상가의 두 가지 면을 다 아울러 지닌 탁월한 인물이라고 봐도 아무 손색이 없다. 그런 인물이 세상에 많지 않으므로 우리는 그를 아주 높이 귀하게 여기고 중요하게 평가하지 않을 수 없다.

우리는 박정진 선생처럼 현실적 통찰력과 정신적 깊이를 아울러 지니는 능력을 구비하고 있지 못하기에 그를 거리상으로 가까이 해도 늘 정신적으로 벅찬 상태에서 소화해보려고 노력만을 해보려는 그런 수준의 차원을 겨우 밟을 정도라고 여겨야 할 것이다.

선생은 매우 겸허하고 진솔해서 우리를 아주 친근하게 대해주는 인품을 지니고 있다. 그는 자신을 대단한 인물로 여기는 그런 정신적 느낌을 절대로 풍기지 않는다. 그는 아주 소탈하고 간이(簡易)한 인격을 지니고 있다. 선생은 자신을 어렵게 여기거나 대단하게 여기는 사고방식을 결코 인정하려 들지 않는다. 선생은 단순하고 소탈한 성격의 소유자라고 여겨야 할 인물임에 틀림없다. 그는 자신을 위대하게 여기는 인물의 범주로 자기 자신을 새기려고 하지 않기에 자신을 위대하게 여기는 사고방식을 철저히 부정한다.

그는 아주 소박하게 자신을 여기는 사고방식을 그냥 귀하게 여길 뿐이다. 이런 사고방식을 우리는 대단히 위대한 것으로 여기지 않으므로 위대한 인물이 춤추는 환경의 일로 생각하지 않는다. 평범한 인간이 서로 옳다고 여기는 일이 세상사에서 보기 흔한 일이 아니므로 평범한 인간은 자기 자신을 보통사람의 차원으로 생각하는 훈련을 쌓아야 한다.

그러기 위하여 평범한 인간은 보통사람들의 수준이 무엇인가를 이해해야 한다. 보통사람들은 자신을 늘 예사로운 인물처럼 여기는 사고방식을 가까이 하기 때문에 특별한 사고방식으로 자신을 주장하지 않는다. 그래서 보통사람들은 소리를 크게 지르거나 자기주장의 모양새를 근사하게 꾸미지 않는다. 보통사람들은 자기주장의 모양새를 갖추기는 하나, 그 모양새를 근사하게 보이게 하려고 장식을 하지 않는다. 장식이 없는 무장식의 모양새가 보통사람들의 입장이라 할 수 있다.

보통사람들의 입장은 자신을 무엇이라 내세우는 법이 없다. 자신을 무엇이라 내세우는 법이 없기 때문에 자기 것을 근간으로 삼으려는 자기중심적 마음씨가 성립하지 않는다. 쉽게 말하면, 자기 자신을 짐짓 모든 생각의 중앙에 두는 법이 없으므로 자기를 늘 비우는 그런 입장을 갖는다. 그래서 자기 자신의 입장이 화제의 근간이 될 수 없으므로 어디를 가나 자기가 중심에 서는 일을 결단코 일으키지 않는다. 그러므로 겸손하고 잘난 체를 하지 않기에 자기가 없는 사람처럼 일한다.

박정진 선생은 철저히 자기를 꾸미지 않는 인물이다. 그의 모습은 늘 소탈하다. 그래서 우리는 그를 소박한 친구로 여긴다. 소박한 친구라는 말은 비싸지 않게 자신을 가꾸는 보통의 인물이라는 의미이다. 너무 비싸게 자신을 장식하는 친구는 부담스럽고 공연히 화려해 보이므로 우리는 공기를 자연스럽게 호흡하듯이 자연스럽지 않은 면모를 띠는 경우에 보통 함께 식사하고 일상적으로 대하는 것을 멀리하게 된다.

우리가 박정진 선생을 두고 비록 어려운 용어를 쓰면서 가까이 하는 경우에도 결코 이상스런 현학(衒學)의 세계에 뛰어들지 않는 까닭은 그것이 우리의 용어가 아니고 우리의 뜻이 아니기에 결코 가까이 하지 않기 때문이다. 선생은 고답적이고 현학적인 언사로 용어를 남발하는 경향을 지니지 않는다. 그런 고답적인 용어로 자신을 설명할 필요성을 그는 느끼지 않기 때문이다. 그는 일상생활의 이야기를 진술하는 정도로 자신의 생각을 남에게 알린다. 그래서 우리는 늘 그를 보통의 친구로서 느끼고 사귄다. 우리가 그를 보통의 친구로서 생각하고 사귄다 하여도 나라를 걱정하고 인간을 생각하는 그의 심지가 보통이 아니므로 그의 이야기를 결코 가볍게 넘기지 않는다.

우리가 그의 우국충정(憂國衷情)을 결코 가볍게 보지 않으므로 우리는 기꺼이 그를 이 시대의 양심적인 우국지사(憂國之士)로 여긴다. 그렇다고 그는 자기 자신을 우국지사인 양 행세하는 것을 애써 피운 적이 없으므로 우국지사나 애국자인 양 허세를 피우는 그런 부류의 사람들과 동류의 등급을 매기지 않는다. 그는 보통사람처럼 행세하고 생각하지만, 그렇다고 그는 진부한 생각과 행동을 자행하지 않는다. 그의 지성과 양식이 그런 짓을 그 자신에게 허용하지 않는다. 그는 평범하나 진부하지 않고, 보통이나 결코 어리석지 않다.

박정진 선생은 본디 인류학자이면서 인문학과 사회과학에 다 조예를 갖고 계신다. 그래서 그는 박식하다. 그는 철학에 대해서도 깊은 견해를 갖고 있어 필자가 대화를 나누는 과정에서 때로는 깜짝 놀랄 정도이다. 그는 천재적인 철학적 통찰력을 갖고 있기에 기존의 어떤 강단 철학교수들이 못 보던 면모를 꿰뚫어보는 지혜의 안목을 갖고 있다.

그의 철학적 통찰력은 필자도 놀랄 만한 정도로 뛰어나다. 그의 뛰어난 통찰력이 때로는 나를 기쁘게 한다. 그래서 우리는 철학을 말할 때는 서로 지기지우(知己之友)가 되어 상통한다. 우리가 서로 철학을 논할 때에도 결코 현학에 빠지거나 문자지학(文字之學)의 고답적인 경지에서 노니는 것이 아니다. 따라서 고답적인 경지에 있거나 일상적인 수준의 대화를 할 때에도 우리는 늘 평상심의 그대로를 유지한다.

우리는 이런 박정진 선생을 친구로 갖고 있는 것 자체가 즐겁고 유쾌하다. 그를 친구로 갖고 있다는 것은 분명 하나의 복(福)이지 결코 부담일 수 없다. 그런 점에서 그는 주위에 복을 던져주는 기쁨이지 결코 손해를 끼치는 앙화를 의미하지 않는다. 이런 인물이 그리 흔하던가?

우리는 박정진 선생 같은 사람을 친구로 두고 있는 즐거움을 이런 소박한 말로 표현하는 것 이외에 달리 다른 길이 없기에 이런 군더더기 말로 인사의 겉치레를 대신하려고 한다.

박정진 선생에게 좋은 일들만 일어나기를 기원한다. 박정진 선생의 앞날에 커다란 행운이 펼쳐지기를 삼가 기도한다. 그가 운 좋은 사람으로 등록되기를 바라는 것은 같은 시대를 살아가는 우리 모두의 참된 염원이 아닐 수 없다. 그는 이런 염원을 기꺼이 받을 자격이 있다. 부디 그가 행복한 나날들을 보내기를 삼가 축원한다.

2014년 2월 14일

벗 심원(心遠)으로부터

발간에 부쳐

공종원
전 중앙일보·조선일보 논설위원

심중(心中) 박정진(朴正鎭)이 그의 철학 5부작의 마지막을 장식하는 『일반성의 철학과 포노로지』를 완성해 세상에 내놓았다. 이 책을 앞에 놓고 대부분의 독자들은 어안이 벙벙해질지 모르겠다. 철학을 전공한 필자조차도 일찍이 '포노로지(소리철학)'란 말을 들어본 기억이 없다. 당연한 이야기다. '소리철학'은 박정진이 만든 박정진의 철학이니 말이다. 그러니 세계학계의 변방이나 다름없는 우리 학계에서 저자가 5권의 대작을 내놓으며 '소리철학'을 일관되게 주창하고 전개해가는 모습은 너무도 놀랍고 신기하다고 하겠다.

필자는 우선 저자가 철학 전공자가 아닌 인류학자로서 진지하게 '철학하고' '철학 저술을 하고 있다'는 점을 높이 평가한다. 저자 박정진은 겸손하게도 "인류학을 하는 입장에서 작으나마 철학에 학제적으로 기여하는 역할을 했다면 영광이다"고 말하지만 필자는 우리 철학계에서 이만한 철학적 저작이 출현한 것을 본 적이 없기 때문에 철학계의 국외자가 2만 매의 원고로 5부작의 철학적 저술을 하고 있다는 점에 경의를 표하지 않을 수 없다.

이만한 분량의 철학 저술을 하려면 그 생활 자체가 사색적이고 진리추구적이지 않으면 안 될 것이다. 필자가 대학에 다닐 시절 은사인 박종홍(朴鍾鴻) 박사는 늘 "철학자는 필로소피렌하는, 철학하는 생활이 몸에 배어 있어야 한다"고 강조했다. 그런데 저자 박정진은 '필로소피렌하는 생활'이 몸에 배어 있는 것에 그치지 않고 "철학적 문제를 글로 쓰는 것이 너무나 즐겁다"고 말한다. 그는 "매일 4시쯤 잠에서 깨어나 4시간가량 글을 쓰는 생활을 평생 지속하고 있다"고 한다. 그의 저작이 이토록 방대할 수밖에 없는 이유이다. 그리고 그런 규칙적인 생활은 정력적인 활동을 지속 가능하게 하는 원동력인 건강을 보장하는 방법이기도 하다.

필자는 박정진이 철학적 저술을 하면서 다양한 사색과 논점을 경과했을 터임에도 불구하고 마침내 '소리철학'이라는 하나의 주제로 귀착하고 있는 점에 주목한다. 그리고 그가 창안하고 제시·주창하고 있는 철학이 '소리철학'이라는 점에 주목한다. 철학하는 것의 즐거움을 아는 박정진이 마침내 '소리철학'을 자신의 철학으로 제시함으로써 지난 수천 년 동안 지구 문명을 지배했던 서양철학에 대항하여 동양의 철학, 한국의 철학의 깃발을 높이 올리는 순간이 아닌가 하는 생각도 든다.

현대 서양철학의 대표선수격인 프랑스인 데리다의 '그라마톨로지에 대한 포노로지의 반론'이 마침내 제기되는 순간이기도 하다. 박정진은 우리 철학계가 서양의 지배적 철학에 굴복해온 것을 큰 수치로 인식하며 우리의 언어와 우리의 문자, 우리의 사고방식의 틀로 철학하는 것이 중요하다는 점을 강조하고 있다. 서양철학의 언어로 생각하고 논리를 구성해보아도 도저히 맞지 않는 현실 앞에서 우리의 철학적 사고와 삶의 철학이 중요하게 된다. 그리하여 박정진은 데리다의 그라마톨로지에 끌려 다니고 종속될 필요 없이 우리의 철학인 포노로지로 얼마든지 우주를 설명할 수 있다고 한다.

하이데거는 '자인 운트 자이트(존재와 시간)'을 통해 존재론을 전개했지만 박정진은 '시간과 공간은 없다. 소리가 존재이다'라는 명제를 포노로지 앞에 내세운다. 그는 이 책의 서문에서 "소리철학은 여자의 철학, 어머니의 철학이다. 소리철학은 소리의 공명에서 짐작할 수 있듯이 '우주 공명의 철학'이다. 오늘날 인간과 지구는 공생에 있어서 위기에 직면하고 있다. 소리철학은 지구촌의 공생·공존·공영할 수 있는 철학적 프레임을 제공하는 한편 '평화를 사랑해온 한국인과 한국문화'가 지구촌에 내놓은 '평화의 철학'이다. 소리철학은 '인간으로서의 자연'과 '자연으로서의 인간'을 포괄하는 '교감의 철학'이다"라고 말한다.

이는 마치 박정진이 한국철학계의 주변부에 있는 한 인류학자로서 철학을 사랑한 나머지 철학적 문제를 거론하기 시작하면서 마침내 서양철학의 지배 아래 그 아류로 전락하여 제대로 된 철학적 저작조차 내놓지 못하고 있는 한국철학계의 고질적 병폐를 타파하고 2만 매의 원고지를 메운 5부작 '소리철학'을 내놓음으로써 한국철학계는 물론 세계 철학계에 한국철학의 진면목을 여실히 보여주는 것이나 한 가지다.

그러나 '소리철학'은 한국에서 산출된 철학이기는 하지만 한국이란 국경에 막힌 한국철학이 아니라 세계 사람들 공통의 세계 철학이다. 이는 '평화를 사랑해온 한국인과 한국문화'가 지구촌에 내놓은 '평화의 철학'이기도 하다. 이는 한국철학계에 내놓는 주변철학자, 타학문 전공자의 정면 도전인 동시에 지구촌을 오래 주물러온 서양철학계에 정식으로 경고장을 내미는 것이라고 할 것이다. 이를 위해 박정진은 영문판과 프랑스어판 '소리철학'을 곧 발간할 계획이다.

이런 대담한 과업에 나선 한국인 박정진이 단지 철학 저서를 낸 인류학자에 그치지 않는다는 점에 유의할 필요가 있다. 그는 원래 의학을 공부하다 국문학으로 전공을 바꾼 특이한 인물이기도 하지만 사회에서는 신문기자로 활동하면서 대학교수도 하고 시인도 된 인물이다. 그의 저작 세계는 무궁무진하여 이미 100여 권의 저작을 출판하고 있으며 지금은 무예(武藝) 및 차(茶) 연구서를 완성하는 단계라고 한다.

필자가 박정진을 주목하게 된 것은 그가 필자처럼 언론계에 종사하면서 특히 문화 분야에 관심을 가진 후배라는 점을 알고 난 다음이다. 언론계에서 같이 일한 적은 없었지만 근년 월간『차의 세계』에 그와 내가 차 관련 글을 집필하면서 자주 만난 것이 인연이 되어 이제는 상당히 가까운 사이가 되었다. 더욱이 필자가 대학과 대학원에서 철학을 전공한 것을 안 박정진이 자신의 철학적 관심을 토로할 상대로 만나게 되면서 우리는 좀 더 가까워졌다.

박정진은 한국철학계에서 김형효(金炯孝) 교수를 가장 존경하며 철학적 문제 담론의 상대로 삼곤 하는데, 김 교수는 나와는 대학과 대학원에서 함께 박종홍 선생 등을 모시고 공부하던 동기생이다. 이런 인연이 얽혀 대학을 떠나 있는 내가 감히 박정진 교수의 야심적 대작 '소리철학'의 추천사를 쓰고 있다.

묘한 인연이다.

물론 박정진의 '소리철학'을 추천하면서 필자가 소리철학이 완전한 철학체계라고 하는 것은 아니다. 전공학자가 아닌 사람이 흔히 빠지기 쉬운 독선적 주장이나 검증 불가능한 용어구사의 허점이 있고 오류도 틀림없이 있겠지만 지금 중요한 것은 남이 만들어놓은 말의 구조에 빠져 헤어 나오지 못하고 허덕이는 학계의 일반적인 경향을 타파하고 자신의 언어로 자신의 사고를 거쳐 자신의 철학을 생산해내는 일이다. 원전 해독과 그 해석에 일생을 바치는 식민지 철학자의 비운을 한탄만 할 것이 아니라 서양철학자에게 우리의 생산물을 보여주는 철학자의 출현이라 하겠다. 그 점에서 박정진의 소리철학은 우리에게 큰 기대를 안겨준다.

아무쪼록 박정진의 대저 '소리철학' 시리즈가 널리 읽혀서 우리 국민에게는 커다란 삶의 지침이 되고 우리 철학계에는 깨어남의 자극이 되어 서양철학의 굴레에서 벗어나 인류 전체를 아우르는 철학을 우리스스로 만들어내는 계기가 되었으면 좋겠다. 박정진의 저작 의도도 그럴 것이라고 믿는다.

2014년 2월 21일

우당(藕堂) 공종원(孔鍾源)

차례

서문

소리철학의 이름으로 출간된 책이 4권에 이른다. 2012년 1월에 낸 『철학의 선물, 선물의 철학』, 『소리의 철학, 포노로지』가 원고지 1만 장 분량의 본격적인 철학 입문서였고, 2013년 7월에 낸 『빛의 철학, 소리철학』, 『니체야 놀자』는 각각 원고지 1천 2백 장, 1천 3백 장 분량의 철학 에세이였다. 처음의 두 책이 일반성의 철학과 소리철학을 맹렬한 통사구조로 서술한 교향악과 같은 것이었다면, 다음의 두 책은 주변에서 중심으로 들어간 가곡이나 소품음악 같은 것이었다. 생활의 주변에서 중심으로 들어간 책이다. 이는 일반 독자를 위해서 평이하게 쓴 책이긴 하지만 나름대로 부분부분 소리철학을 보충한 것도 없지 않았다. 그동안 말하지 못한 것, 바삐 쓰느라고 거칠게 말하거나 놓쳐버린 것을 좀 자세하게 말한 것도 없지 않다. 더욱이 소리철학의 새로운 전개에 해당하는 해석학의 내용도 일부 첨가했다.

그럼에도 불구하고 현재 소리철학은 매우 어렵게 인식되어 있고, 일반인이나 전문 철학 종사자들이 한 권으로 소리철학에 접근하는 일에 어려움을 느끼고 있다. 그래서 이번에 다시 다섯 번째 책으로 『일반성의 철학과 포노로지』를 펴내게 되었다. 그동안 출간된 책의 내용과 중복되는 부분도 있긴 하지만, 전반적으로 새롭게 구성하고 전개한 것이다.

소리철학은 여자의 철학, 어머니의 철학이다. 소리철학은 소리의 공명에서 짐작할 수 있듯이 '우주공명의 철학'이다. 오늘날 인간과 지구는 공생의 위기에 직면해 있다. 소리철학은 지구촌이 공생·공존·공영할 수 있는 철학적 프레임을 제공하는 한편 '평화를 사랑해온 한국인과 한국문화'가 지구촌에 내놓은 '평화의 철학'이다. 소리철학은 '인간으로서의 자연'과 '자연으로서의 인간'을 포괄하는 '교감의 철학'이다.

소리철학은 종래의 이성중심주의 철학과는 달리, 특별히 무엇을 주장하는 것이 아니라 자연의 본래 소여(所與)를 고취시킬 따름이다. 이런 이면에는 인간을 '자연의 인간'으로 이해하거나 '인간의 자연동형적 성격'을 드러내고자 함이다. 지금까지 철학적 주장이 자연으로부터 달아난 '탕아적 철학'이었다면 소리철학은 진정 인간으로 하여금 자연으로 돌아가게 하는 철학이다. 소리철학은 '단지 자연으로부터 주어진 것을 인정하는 것'에 불과하다. 우리(인류)는 그동안 자연으로부터 '너무 멀리' 떨어져 나왔다.

소리철학의 입장에서 보면 대뇌는 일종의 소리의 증폭기와 같은 역할을 한다고 볼 수 있다. 대뇌가 청정(清淨)해야 소리가 잘 전달될 뿐만 아니라 우주의 소리를 들을 수 있다. 대뇌를 청정하게 하려는 훈련이 바로 명상이나 단전호흡이나 좌선이다. 불교의 법열(法悅)은 그 대표적인 것이다.

소리철학을 진정으로 이해하는 자는 마치 자신의 몸을 기뻐하고 즐거워하면서 소리 지르는 여자와 같다. 신체적 접촉이나 마사지에서 오는 신체적(성적) 쾌락과 명상이나 깨달음을 통해 도달하는 정신적인 법열은 다르지만 둘 사이에는 상동성이 있다.

소리철학의 무위적 특성을 두고 혹자는 주장하는 것도 없고 중심도 없는 철학이 어찌 철학이 되겠느냐고 말할 수 있겠지만, 그저 타고난 것을 느끼고 만족하라고 말하고 싶다. 소리철학은 욕심이 없고 비어 있어야 소리가 더 잘 들린다는 점에 유의한다. 이는 마치 비어 있어야 소리가 더 잘 전달되는 것과 같다.

사물을 바라볼 때 무슨 이용(利用)을 생각하기보다는 사물 자체를 즐거워하고 흥겨워하여야 한다. 이것이 유어예(遊於藝), 유어락(遊於樂)의 세계이다. 그러기 위해서는 사물의 소리를 들을 수 있어야 한다. 자신의 마음을 비우지 않으면 사물의 소리, 양심(良心)의 소리, 심정(心情)의 소리를 들을 수 없다. 심정(心情)과 물정(物情)의 소리를 들어야 한다.

양심의 소리를 들으려면 자신의 마음에 침잠하여 한없는 깊이에 도달하고 직관하여야 그 소리를 들을 수 있듯이 사물의 소리도 깊은 명상에 들어 나와 남의 구별이 없어지고 저절로 자아(ego)가 없어지고 증발하여야 소리를 들을 수 있다. 이는 사물의 이슬과 같다. 밤새 사물들이 증발하여 하늘에 올라 아침 이슬로 다시 내린 것을 받아먹듯이 하여야 그 단맛, 감로(甘露)를 알 수 있다.

우주에는 본래 자아로서의 '내'가 없다. 그런데 '내'가 있는 것처럼 생각하면서 살아가는 동물이 인간이다. 결국 스스로를 속이면서 살아가는 셈이다. 인간은 우주적 네트워크의 일원으로 존재하는 것이고 그 네트워크를 떠나서는 존재할 수도 없다. 그 네트워크가 바로 기(氣)라고 하는 것이다. 이것을 오늘의 용어로 말하면 전기·전자·전파의 세계이다.

그런 점에서 소리철학은 우주적 차원의 전기 작용이고, 우주적 차원의 단전호흡이고, 우주적 차원의 섹스이다. 이때 사람은 남자가 되는 것이 아니라 여자가 되어야 한다. 그런데 여자가 되어도 몸 밖의 다른 남자를 섬기는 것이 아니라 '몸 안의 스스로의 남자'를 섬겨야 하고, 남자의 경우 '몸 안의 스스로의 여자'를 섬겨야 한다. 이것이 바로 역학에서 말하는 음양(陰陽)의 쌍십교통(雙十交通)이다.

그동안 인류는 사물을 대상화함으로써 생존경쟁에서 살아남고 필요(need)에 응했지만 이제 그 반대급부로 자연을 잃어버리고 참다운 삶의 기쁨과 행복과 만족을 잃어버리게 되었다. 소리철학은 느낌의 철학이다. 소리철학은 느낌을 대상화하는 것이 아니다. 느낌을 즐거워하는 것이다. 소리철학은 그동안 대상화된 느낌을 제자리로 돌려놓는 원시반본의 철학이다. 예술인류학이 '느낌의 인류학'이었듯이 소리철학은 '느낌의 철학'이다. "어떤 삶도 예술이 아닌 삶이 없듯이 어떤 존재도 소리가 아닌 것이 없다."

이 책은 김형효 선생님과 새로운 철학의 탄생을 위해 대담과 토론을 벌이면서 틈틈이 떠오른 것을 중심으로 매우 시적인 은유의 문체로 썼음을 말씀드린다. 다시 한 번 동서고금의 철학을 관통하면서 소리철학의 탄생을 위해 신작로를 만들어준 심원(心遠) 김형효 선생님과 사모님 후조(後凋) 김정 선생님에게 무한한 감사를 드린다.

소리철학은 세계의 문화와 철학에 대한 이해를 바탕으로 한 것이지만 무엇보다 한국문화와 한국철학에 대한 이해의 산물이다. 김형효 선생님은 그동안 동서양과 고금의 차원에서 철학을 비교·소통시키느라 초인적인 철인의 힘을 발휘해왔다. 다만 소통에 신경을 쓰다 보니 동서양에서 비슷한 것, 고금에서 비슷한 것 등 공통점을 찾느라 서로 다른 점을 찾는 여유를 가질 수가 없었던 듯하다. 예컨대 독일의 하이데거와 프랑스의 데리다 철학의 차이라든가, 중국철학과 한국철학의 차이 같은 것이 드러나지 않았다. 또한 옛 철학과 지금 철학의 차이 같은 것을 드러낼 수 없었던 것 같다.

불문학자인 김정 선생님은 노화로 인해 기억이 활발치 않은 김형효 선생님을 깨우치고 물심양면으로 도우면서 철학적 토론을 생산적으로 이끌었을 뿐만 아니라 필자에게 적극적인 아이디어 제공과 토론과 지원을 아끼지 않으신 분이다.

또한 소리철학의 탄생에 즈음하여 그 내용과 깊이를 이해하고 주변에서 적극적으로 학술적 정보 제공과 토론과 성원을 아끼지 않으면서 동지애를 느끼게 해준 베이징 대학 출신 위진현학(魏晉玄學)의 대가 손병철 박사와 남다른 감수성으로 소리철학의 의미를 심화시키도록 격려해준 이달희 시인에게도 감사를 드린다.

끝으로 소리철학에 심취해서 각종 대담과 토론에 항상 함께 참가하면서 기록자로서 조언을 아끼지 않은 조동열 회장(박정진 소리철학을 사랑하는 사람들[약칭 박철모] 회장)과 소리철학의 대중화와 홍보에 물심양면으로 지원해주신 한국병원협회 서석완 사무총장(소리철학 후원회 회장)에게 감사드린다.

물론 아직 제대로 익지도 않은 소리철학의 탄생에서부터 지금까지 편집과 교정의 노력과 함께 어려운 출판환경에도 불구하고 여러 권의 책을 출판해주신 유재현 대표를 비롯해서 소나무출판사 제현들에게도 감사를 드린다. 필자의 보답이라면 이 '소리철학 시리즈'가 고전이 되어서 소나무출판사의 이름이 이 책과 더불어 역사에서 사라지지 않았으면 하는 바람이다.

소리철학은 새로운 철학의 탄생일 뿐만 아니라 한국의 독자적인 오리지널리티가 있는 철학의 탄생이다. 소리철학은 한국철학이 아니라 한국에서 생산된 철학으로서 세계철학이다. 철학하는 것에 국가와 국경은 없다. 이것이야말로 일반적인 것이다.

철학자는 지상에 발을 딛고 철학을 해야 한다. 그러한 '발[足]의 철학적 자세'가 '자연지족(自然之足)의 철학적 진실'일 것이다. 그 발에서 특정 국가, 특정 문화의 냄새가 나는 것은 어쩔 도리가 없는 진실이다. 철학의 신(神)이 있다면 바로 이 순간 여기에 있을 것이다.

2014년 1월 3일 남양주에서

심중(心中) 박정진(朴正鎭) 씀

1
앎의 철학, 삶의 철학
기(氣), 일반성, 소리(phone)

1) 일반성의 철학을 제안하며

우주 및 세계의 본질은 무엇일까? 지금까지 인간의 머리로 만들어낸 개념으로는 도대체 알 수가 없다. 그렇다면 그것은 개념으로는 도저히 알아낼 수 없는 존재인가? 신도 아니고, 정신도 아니고, 물질도 아니고, 원자도 아니고, 그보다 아주 작은 '질량 없는 끈의 진동'도 아니다. 개념으로 성립하는 어떤 것도 궁극적 존재가 아니다.

그렇다면 개념의 밖에 그것이 있다고 할 수밖에 없다. 개념으로 잡을 수 없는 그것은 음악이나 소리의 박동(파동, 박자)이나 리듬 같은 것일 수밖에 없다. 그것은 주체나 정체성을 가진 개념의 명사가 아니라 움직이는 동사의 형태이면서 의미가 없는 것이어야 한다. 그렇다면 음악보다는 소리이다.

개념이나 의미가 없고 비어 있으되 움직이는 무한소(無限小)의 존재를 기(氣)라고 하면 어떨까? 기는 따라서 결코 대상이 될 수 없는 우주의 실재·본질이다. 그리고 그 기의 궁극을 기소(氣疎)[1]라고 해두자. 기소는 기의 매트릭스

1) 필자가 '예술인류학'을 창안하면서 1980년대 후반에 기소(氣素)·기소(氣疎)라는 용어를 처음 쓰기 시작했다(박정진, 『한국문화와 예술인류학』, 미래문화사, 1990, 113쪽). 그런데 '기소'라는 같은 발음에는 欺笑, 譏笑, 耆所, 起訴의 의미가 있어 속으로 웃었다. 이는 실체(주체)가 없는 가장 작은 (−)입자를 말한다. (−)입자는 결코 확인할 수 없다. 그러나 확인할 수 있는 가장 작은 입자인 기소(氣素)가 있다면 그 반대(반대 방향의 것)도 있어야 하는 것이 '대칭의 우주'이고 우주의 균형이다. 그래서 같은 발음의 기소(氣疏)가 필요했다. 우주에는 마이너스가 있기 때문에 존재할 수 있는 그릇이 있고 그 그릇 위에 플러스가 존재하고 있는 셈이다. 기소(氣疎)는 무엇보다도 소통(疎通)을 뜻한다는 의미가

같은 것이라고 생각하면 좋을 것 같다. 기소의 의미는 결코 개념으로 잡을 수 없는, 스스로 흩어짐으로써 기산(氣散)한다는 의미에서 기소이다. 따라서 기소는 개념이 아니기 때문에 보편성이 될 수 없다. 기 혹은 기소는 보편성의 비대칭에 있는(교차되어 있는) 일반성과 하나가 된다.

일반성의 철학은 기 혹은 기소라는 개념과 더불어 시작된다. 기는 '결코 대상(실체)이 될 수 없는 존재'를 말한다. 따라서 일반성의 철학은 대상에 적대적(敵對的)이다. 일반성의 철학은 이성(理性)· 이(理) 등 기존의 모든 철학적 개념의 밖에 있으면서, 그것을 포용하는 바탕으로서 기를 전제하고 있다.

모든 현상과 인식은 사물(대상)을 의식하고 인식하기 이전에 사물이 어떤 형태로든 존재하는 것을 전제한다. 다시 말하면 기라는 일반성을 전제로 성립되는 것이다. 만약 기라는 일반성이 없으면 세계는 움직이지 못하고 역동(易動)하지 못할 것이다. 기라는 것은 또한 소리[聲音]의 근원이다. 소리는 또한 여성적 특성이다.

일반성은 보편성에서 특수성과 개별성을 지나 보편성의 교차(交叉)의 위치에 있게 된다. 그렇다면 일반성의 철학은 어떤 철학인가? 거꾸로 말하면 일반성의 철학이 등장함으로써 우리가 지금껏 철학의 대명사로 생각하고 떠받들어왔던 보편성 철학의 진면목을 알게 된다.

일반성의 철학은 우선 형상적인 것보다는 질료적인 것을 추구한다. 그렇다고 물질을 추구하는 것은 아니다. 물질로 말한다면 결정성(決定性)이 없는 물질이 된다. 결국 이것은 기를 말한다. 결정성이 없는 물질이 기가 되는 셈이다. 여기서 물질이나 기가 결정성이 없다는 것은 결코 대상이 될 수 없다는 것과 동의어이다. 결정성과 대상이 될 수 없다는 것은 시간과 공간이라는 개념을 벗어난다는 뜻이다. 말하자면 어떤 것이 시간과 공간 속에, 다시 말하면 '사이' 간(間)에 있으면 안 된다.

있어서 좋았다. 기소(氣疎)라는 용어를 본격적으로 사용한 것은 1999년부터이다(박정진, 「소(素)에서 소(疎)로」, 『인류학자 박정진의 밀레니엄 문화읽기- 여자의 아이를 키우는 남자』, 불교춘추사, 1999, 234~235쪽).

서양철학은 그동안 하늘과 땅을 이분법으로 구분했다. 그런데 정작 무엇이 하늘이고 땅인지 분명하지 않다. 하늘과 땅의 개념은 이중적이고 애매모호하다. 그저 습관적으로 그렇게 사용한 것이다. 그저 하늘과 땅 사이에 인간이 존재하기 때문에, 아니면 인간이 존재하는 위에 하늘이 있고 아래에 땅이 있기 때문에 그렇게 사용한 것이다.

그러나 하늘과 땅은 하나이다. 우리가 하늘이라고 한 것도 땅이고, 우리가 땅이라고 한 것도 하늘이다. 우주선을 타고서 별에 도착하면 그 별은 땅이 된다. 우리가 살고 있는 지구도 실은 땅이 아니라 하늘에 떠 있는 별이다. 어떤 점에서 세계는 전혀 구분되지 않는다. 단지 인간이 세계를 시간과 공간의 거리에 의해 분별하고 분열시켰을 뿐이다.

시간은 곧 시지간(時之間)이라는 의미이고 공간은 곧 공지간(空之間)이라는 의미이다. 우리는 때때로 시간(time)을 시간성(temporality) 또는 시간 자체의 의미로, 공간을 공간성 또는 공간 자체의 의미로 사용하기 때문에, 즉 시간과 공간을 간(間)이 없는 의미로 사용하기 때문에 혼란을 겪는다. 시간과 공간은 처음부터 간이 있는 것이다. 시간이 공간에 흐르는 것이 아니라 시간과 공간은 같은 의미이다. 시간은 공간이다. 우리가 계산할 수 있는 시간과 공간이 아닌 것을 시간성(시간 자체)이나 공간성(공간 자체)이라고 해두자.

> 진화우주학으로 보면 상호교류는 우주에서 가장 기본적인 본능이다. 우리 지구는 태양과 중력적인 관계를 기초로 상호교류를 맺고 있다. (중략) 생명의 출현 이후, 심화된 상호교류의 가장 놀라운 증거가 바로 광합성이다. 대략 수천만 년의 세월이 경과된 다음, 태양 빛과 우아한 공명을 할 수 있는 분자조합이 구축된 것이 그 핵심이다. 특정한 음악소리에 진동하도록 만들어진 소리굽쇠처럼 엽록소라 불리는 이 특별한 분자는 태양으로부터 빛이 내릴 때 그 에너지에 타오른다. 광자가 사로잡히면 전자는 보다 높은 에너지 상태로 올라가고, 즉시 연속된 화학 현상이 시작되어 모든 세포 내에서 에너지 공장 분자를 만든다. 이렇게 생명은 태양 빛에서 에너지를 끌어내어 자신의 구성 성분을 합성하는 데 사용하게 되었다. (중략) 그러나 자연의 창

조성을 기계의 형상으로 상상하는 것은 찰스 다윈이 우리에게 남긴 생명에 대한 통찰력을 퇴보시킨다. (중략) 자연의 모습은 공학적 방식으로 합성되지 않았다. 확신을 가지고 말할 수 있는 점은 자연은 창조적이라는 사실이다. 그리고 자연에 넘실대는 창조의 모습은 우연이거나 미리 결정된 것이 아니다.2)

그렇다면 창조의 모습은 우연도 아니고 필연도 아니다. 필연이란 창조 이후의 설명일 뿐이고 필연을 바탕으로 우연을 설정한 것은 역시 같은 말이다. 모든 존재는 '삶의 가능성'이고 '삶의 잠재성'이다.

자연이 찾아내는 창조력을 유아의 발달에 비유해 보면 어떨까? 시간이 지나면서 유아는 거의 무의식적인 창조성에 따라 자신의 상황에 맞는 일련의 적응을 한다. 이 적응은 인생의 많은 부분을 결정지을 것이다. 예를 들자면, 어머니가 중국어를 말하면 아이도 중국어를 말한다. 어머니가 스페인어를 말하면 아이도 스페인어를 배운다. 즉, 아이는 무의식적으로 자신이 배우는 언어에 맞게 자신의 뇌를 가공하고 안면의 신경조직을 특별한 방식으로 형성한다. 마찬가지로 도전과 실패의 과정을 통해서 유아는 어머니의 개성에 따라 자신의 기초적인 행동양식을 직관적으로 형성할 것이다. 유아가 지속적으로 살아남을 가능성은 부모와의 조화로운 관계에 의존하기 때문이다. (중략) 지구가 탄생했을 때도 비슷했다. 지구는 공학자들처럼 도면을 갖고 있지 않았다. 지구는 단순히 태양과 그 막대한 에너지 흐름과의 관계에 의해 출현하여 변화하기 시작했다. 현재 지구상의 모든 나뭇잎에 존재하는 엽록소라는 놀라운 분자가 나타나기 전에 얼마나 많은 분자가 나타났다 사라졌는지 아마도 결코 알 수 없을 것이다. 분명히 수십억의 다른 분자들이 수많은 형태로 구성되어 시험되었을 것이다. 지구는 계속해서 스스로를 바꾸

---

2) 브라이언 토마스 스윔, 메리 에블린 터커, 『우주 속으로 걷다』, 조상호 옮김, 이태형 감수, 내인생의책, 2013, 76~79쪽.

어 나갔으며 마침내 날카로운 에너지의 흐름을 물질 속으로 흡수할 수 있게 되었을 것이다. 말, 두뇌, 의식에 앞서 생존하고자 하는 깊은 욕망이 있었으며 광합성의 발견은 단지 살아남기 위해서였다. 우주의 진화를 살피면, 여러 개체가 모여 단순한 합 이상의 '하나'가 출현했다는 신비로운 점을 발견하게 된다.[3)]

우리는 흔히 우주의 진화를 말한다. 그러나 우주는 하나의 전체로서는 진화를 말할 수 있지만 개체로서는 진화를 말할 수 없다. 개체의 진화를 말하려고 하면 개체라는 주체(진화의 원인)가 있어야 하고 진화의 결과(진화의 목적)가 있어야 한다. 그러나 진화는 우주의 생물 상호간의 문제로 상호관계가 끊어진 상황에서는 논의할 수 없다. 그래서 진화의 주체와 진화의 방향을 말하기는 어렵다. 진화의 주체와 진화의 방향에는 분명히 단절이 있을 수밖에 없다. 그 잃어버린 고리는 언제나 있기 마련이고 영원히 메워질 수 없는 것이다. 그 단절은 실은 절대와 마찬가지이다.

예컨대 어떤 생물(주체)이 진화했다고 하면 그 생물은 자연의 연속성에서 일단 분리된 분류학상의 지위를 얻게 된다. 분류학상 지위는 자연의 연속성의 지위가 아니라 자연의 계급과 같은 것이다. 이쯤 되면 진화는 환원과 같은 문제를 지니고 있음을 알 수 있다. 환원이 시간을 소급하는 주체를 발견(설정)하는 일이라면 진화는 앞으로 나아가는 주체를 설정하는 일이다. 둘은 방향은 반대이지만 단절과 절대를 설정하는 공통점을 지니고 있다.

이렇게 보면 진화는 시간상의 문제가 아니라는 것을 알게 된다. 진화는 시간 밖의 문제이다. 진화는 저절로 그렇게 된 것이다. 이것은 필연도 아니고 우연도 아니다. 차라리 상관성이다. 진화는 하나의 흐름이지 시공간상의 현상이 아니다. 진화가 시공간상의 문제라면 무엇이 무엇으로 진화한다는 진화의 주체와 결과가 있어야 한다.

진화에서는 주체가 없다. 만약 자연이(자연이 주체가 되어) 진화한다고 한다

---

3) 같은 책, 79~81쪽.

면 이는 틀린 것이 된다. 예컨대 "원숭이(Ape)가 진화하여 사람(Homo sapiens)이 되었다"라고 하면 원숭이가 주체이고 사람은 결과이다. 진화 이전의 동물은 원인이고 진화 이후의 동물은 결과이다. 주체(원인)와 결과 사이에는 도저히 메울 수 없는 '진화의 간극(틈새)'이 있다. 돌연변이라고 하더라도 어디까지가 원숭이이고 어디까지가 사람인지 그 경계가 불분명하다.

철학의 영역뿐만 아니라 자연의 영역에서도 세계는 이중적이다. 진화는 환원과 반대의 개념 같지만 실은 진화에 환원의 개념이 내포되어 있다. 예를 들어 "원숭이가 진화하여 사람이 되었다"는 사람이 등장한 뒤 그 원류를 소급해서 원숭이를 발견한 연후의 것이기 때문이다. 그런 점에서 모든 과학은 환원적이다.

따라서 자연선택(自然選擇, natural selectivity)을 "자연이 선택했다"고 풀이하면 틀린 것이 된다. 자연이 주어가 되면 틀린 것이 된다. 자연선택은 "자연적으로 그렇게 선택되었다"라고 번역되어야 한다. 더 정확하게는, 자연은 지금도 현존적이기 때문에 자연선택을 과거완료형 혹은 과거형으로 말해서는 안 된다. 지금도 자연선택하고 있는 과정에 있고, 그러한 선택의 과정을 일정한 시점을 기준으로 정지시킬 수도 없고 잡을 수도 없다. 단지 자연선택이 된 후에 설명을 하기 위해서 우리가 그렇게 말하는 것이다.

진화론이라는 용어는 어딘가 진화의 주체가 있는 것 같은 오해를 불러일으킨다. 그래서 진화론보다는 '진화의 여러 인자가 서로 반응한다는 뜻'의 적응론(adaptation theory)이 더 나을 듯싶다. 적응이라는 말은 인간 중심적으로 자연을 분류·배열하는 분류학이 아니라 자연 중심적으로 분포(산포)된 생물계를 떠올리기 때문이다.

적응론은 자연을 적응의 관계 혹은 상호관련성(상관성)으로 파악하게 하는 힘이 있는 것 같다. 적응론은 태초의 실체(substance) 없이 진화의 요소(인자)들의 집합과 그것을 행(row)과 열(column)로 나누는 행렬(matrix)만 고려하기 때문이다. 인간이 생물계의 최고 자리에 존재한다는 의미가 없다.

진화론은 진화를 증명하는 것이기 때문에 환원적 성질을 내포하고 있다. 모든 논리는 환원적인 성질을 가지고 있다. 이는 바로 과학적 증명이 내포하고 있는, 원천적으로 피할 수 없는 문제이다. 진화론에서의 과학적 증명은 결국 동식물의 진화적 인과성을 발견하는 일이기 때문에 환원성을 벗어날 수 없다. 결국 과학적 증명의 핵심은 방향성, 즉 정(正)의 방향이든 부(負)의 방향이든 상관없이 방향성 그 자체에 있음을 알 수 있다.

환원이든 진화든 방향성(의지의 방향성)을 갖는다는 말에는 주체가 전제되어 있다. 그러한 점에서 만약 우주(자연)의 진화를 가정한다면 주체를 설정하는 것이 된다. 주체를 설정하면 우주적(자연적) 전체와의 단절을 감수해야 한다. 주체를 설정하면 단절이 되고(진화의 빈틈을 인정해야 하고), 진화를 인정하면 특정 방향으로의 연속성, 즉 결과적 동일성(resultant identity)을 인정해야 하는 모순에 빠지게 된다. 이때 연속성은 결과적(목적적) 동일성과 같은 의미를 갖는다.

동일성은 원인뿐만 아니라 목적에도 있다. 다시 말하면, 동일성은 주체(주어)에만 있는 것이 아니라 객체(목적어)에도 있을 수 있다. 주체와 객체는 서로 교환될 수 있는 명사이다. 명사는 어떤 실체를 가진 것처럼 간주되는데, 이것이 바로 동일성을 의미한다. 예컨대 "하나님이 세계를 창조했다"고 할 경우 주어인 하나님이, "나는 하나님을 믿는다"고 할 경우 목적어인 하나님이 동일성이 된다.

환원은 원인적 동일성을 전제한 사유방식이지만, 진화는 환원의 반대로서 동일성을 전제하지 않지만 특정의 생물종을 주체(주어)로 삼을 경우 결과적 동일성에 빠지게 된다. 예컨대 "원숭이가 진화하여 인간이 되었다"고 하면, 원숭이라는 동일성과 인간이라는 동일성에 빠진다. 진화의 주체도 동일성과 다른 것이 아니다.

한편 서양철학의 존재론과 해체철학에서 금과옥조로 사용하는 차이(差異) 혹은 차연(差延)이라는 개념은 동일성이나 정체성이 없는 것을 전제하지만 연장(延長)이라는 개념 속에는 여전히 시간과 공간 혹은 동일성의 흔적이 도사리고 있다. 차연의 연장이라는 개념 속에는 진화론이 범할 수 있는 '자아의 흔적', '결과적 동일성' 같은 것이 있다. 결국 차연은 앞(원인)에 있던 동일성을 뒤(결과)로 옮겨놓은 것에 지나지 않는다. 서양철학은 결국 실체를 놓지 못하는 결함을 가지고 있다.

서양철학과 신학이 범한 최초의 원인과 같은 동일성은 아니지만 아직도 동일성에서 완전히 벗어났다고는 말할 수 없다. 어쩌면 이러한 동일성은 인간이 언어를 사용하는 한 벗어날 수 없는 숙명과도 같은 것인지도 모른다. 서양 사람들은 자신이 이룩한 양적 세계, 실체의 세계에 지쳤을 때 동양의 신비주의에 빠져 명상을 선택하는데 그들은 명상을 흔히 마인드컨트롤(mind-control)이라고 한다. 서양 사람들은 마인드도 컨트롤한다고 한다. 말하자면 마인드도 컨트롤하는 대상인 것이다.

그런데 동양의 명상이나 선(禪)은 마인드를 컨트롤하는 것이 아니라 '마인드'가 아닌 '마음'을 그대로 놓아버리는 것이다. 그런데 그들은 그것을 잘 모른다. 도대체 눈에 보이는 실체가 없다는 것이 그들에게는 믿어지지 않는 것이다. 그래서 눈에 보이지 않는 세계를 '신비'라고 말한다. 그런데 그 신비는 대상이 아니라 '세계 자체'인 것이다. 세계를 대상으로 보지 않으면 그 자체가 이미 신비인 것이다. 세계를 대상으로 보지 않으면 그 자체가 이미 신인 것이다.

보편성은 초월성 및 동일성과 합의된 것이고, 일반성은 포일성(抱一性) 및 전일성(全一性)과 합의된 것으로 영원한 미궁과 같다. 초월성은 보편성을 이끌어가는 의식의 힘의 결과이다. 일반성은 신체적인, 우주로서의 온전한 몸인 것이다. 일반성을 받쳐주는 힘은 무의식이다.

비유적으로 말하면, 보편성은 자동차의 엔진이고 일반성은 엔진을 포함한 자동차 전체이다. 보편성의 철학이 가장 잘난 것만 뽑는 최대공약수의 철학이라면 일반성의 철학은 모두 품에 안는 최소공배수의 철학이다. 보편성의 철학은 그야말로 보편적인 법칙(law)을 추구하지만 일반성의 철학은 모든 것이 연결된(networking) 근본적인 기반(matrix)을 추구한다.

보편성의 철학이 이성에 의존하는 반면에 일반성의 철학은 이성과는 정반대의 개념인 감정과 그보다 일반적인, 가장 미세하게 쪼개진 존재 자체의 설정을 필요로 한다. 일반성의 철학은 서양의 이성(理性)철학에 대해서는 감성(感性)철학의 입장이라고 할 수 있고, 동양의 이(理)철학에 대해서는 기(氣)철학의 입장이라고 할 수 있다. 일반성 철학의 슬로건은 '보이지 않지만 느껴지는 세계'이다. 그것이 바로 기(氣)라는 개념 아닌 개념이다. 그러한 점에서 일반성의 철학은 감각과 감각적 자료를 단순히 철학의 재료로 사용하는 것이 아니라 감각 자체의 느낌을 존재로 승화시키는 철학이다.

일반성의 철학, 소리의 철학, 포노로지는 종래의 언어를 바탕으로 하는 '언어(verbal) 철학'에서 벗어나 비언어로 소통하고 존재의 교감을 지향하는 '비언어(nonverbal) 철학', '교감 철학'의 출발이라고 말할 수 있다. 이는 소리뿐만 아니라 다른 감각적 자료들을 철학화하는 길을 열고자 하는 것이다.

이제 철학은 사물을 대상화하고 거기서 원리를 발견하는 것이 아니라 사물들이 서로 느끼고 공동존재감을 고양시키면서 심지어 죽음에도 초연할 수 있는 '달관(達觀)의 세계관'을 갖는 데 일조해야 한다. 만약 인간에게 죽음이 없다면 철학은 성립하지 않았을 것이다. 특히 존재론의 철학은 빛을 보지 못했을 것이다. 존재론은 바로 죽음을 응시하는 것에서 출발해 죽음을 넘어서고, 죽음이 삶과 하나로 동거하는 것이라는 자각에 이른 역설의 철학이고 철학의 꽃이다. 죽음은 존재의 보고이다. 생명의 연장에만 골몰한다면 인간은 결코 행복할 수 없기 때문이다.

기(氣)는 이(理)의 대칭이다. '이'는 정신과 물질, 정신과 육체라는 이원론을 수렴하면서 동시에 새로운 대칭으로 '기'를 내놓는다. 따라서 흔히 '이 = 정신', '기 = 물질'이라는 등식은 아직 기를 잘 모르는 소치에서 나온 것이다. 기는 유물론적 유기론자들에 의해 물질처럼 규정되었지만, 기라는 개념은 일찍이 동양철학에서 기일원론(氣一元論)의 세계를 상정할 때 제안된 것으로 중국 송(宋)의 정주학(程朱學)에서 다시 본격적으로 거론되었다. 오늘의 에너지 혹은 전기·전자·전파 혹은 주파(周波)·주기(週期)·파장(波長)과 유사한 개념이다.

보편성을 추구해온 기존의 철학과 일반성을 추구하는 새로운 철학은 그 자체로 매우 대칭적이다. 그런데 대칭은 비대칭을 포함하지만 비대칭은 대칭을 포함할 수 없다. 다시 말하면 그동안 보편성의 철학이 존재할 수 있었던 이유는 바로 일반성의 철학이 지닌 특성에 기인한다. 일반성의 철학은 보편성의 철학을 내포하면서도 그것을 드러내지 않았을 뿐이고, 보편성의 철학의 바탕(matrix)을 이루었다. 바로 이것이 일반성의 철학이 지닌 특성이다.

보편성의 철학은 일반성의 철학에 대해 대립의식을 느낄 것이다. 마치 가부장권을 고수하려는 아버지의 입장과 같다. 그러나 일반성의 철학은 보편성의 철학과 대립하지 않는다. 일반성의 철학은 아버지(남편 혹은 윗대의 할아버지 할머니)와 대립하고 싶지 않은 어머니와 같다. 이는 집 나간 아들을 기다리는 어머니와 같다(모계사회는 출계 자체를 주장하지 않는다). 일반성의 철학은 보편성의 철학이 자신의 일부임을 나타낼 뿐이다. 그렇다고 일반성의 철학은 "너는 내 아들이다"라며 적극적으로 자신을 드러내지 않는다. 자신을 드러내는 것은 어머니가 아니고 아버지이다.

아들-아버지-어머니의 관계는 참으로 미묘하다. 아들이 부모 가운데 아버지를 찾는 데 도달한 것이 보편성의 철학이라면 어머니를 찾는 데 성공한 것이 일반성의 철학이다. 일반성의 철학은 여전히 자신을 드러내지 않는다. 마치 아직 드러나지 않는 무한집합처럼 말이다. 보편성의 철학이 '유(有)의 철학'이라면 일반성의 철학은 '무(無)의 철학'이다. 보편성의 철학이 '이(理)의 철학'이라면 일반성의 철학은 '기(氣)의 철학'이다.

보편성의 철학은 다음과 같이 정리할 수 있다. 보편성의 철학은 인간 중심의 철학이고 자연과학에서 꽃을 피운다. 보편성의 철학은 기표(기호)를 우선하는 철학이고 하나님의 철학이다. 또한 보편성의 철학은 이의 철학이고 지식(知識)의 철학이고 유의 철학이다. '유의 철학'이야말로 서양의 철학이다.

2) 일반성의 철학적 구조

서양철학을 미궁에서 구한 것은 하이데거의 존재론과 데리다의 해체주의였다. 그러나 그들은 보편성에 문제가 있다는 것을 알았지만 우주적 일반성에 대한 탐구로 들어가지는 못했다.

동서고금의 철학을 관통한 김형효는 「오늘에서 보는 공자(孔子)의 철학적 읽기와 유교의 진리」에서 오늘의 철학적 사유를 '구성적 사유'와 '해체적 사유'로 구분했다.

동서고금의 철학사를 통람하면, 사유학(思惟學)으로서의 철학은 무한하지 않고 최종적으로 두 가지의 대범주적인 사유의 흐름으로 분화되는 것 같다. 즉 인간의 사유가 철학적으로 무한한 종류로서 실존하는 것이 아니라, 몇 가지의 유한한 사유의 범주들이 생멸부침하면서 어떤 계열의 패러다임을 형성하고 있는 것으로 보인다. 그러므로 철학사는 헤아릴 수 없는 철학자들의 묘지명이 아니라, 몇 가지 유사한 사유의 범주들이 유유상종하고 있는 집합적 진리의 역사라고 여겨진다. 그런 철학사에서 사유의 범주들을 가장 크게 묶어서 보면, 철학적 사유는 결국 '구성적 사유'(constructive thinking)와 '해체적 사유'(deconstructive thinking) 두 가지의 성격으로 대별되는 것처럼 보인다.[4)]

김형효는 구성적 사유와 해체적 사유를 이렇게 설명한다.

구성적 사유는 티끌모아 태산이듯이 인간의 지성과 선의지로 진선진미한 것을 쌓아 나가는 철학적 진리 추구의 길을 가리킨다. (중략) 이런 입장에 있는 철학은 해체적 사유의 철학과 그 진리를 반문명적이고 허무적인 성향으로 인간과 사회를 몰고 가는 위험성을 지니고 있다고 비판한다. 그와는 반대로 해체적 사유는 그런 구성적 사유와 그 진리관을 부질없이 인간과 그 세상을 소모시키는 일로 역사를 엄숙하게 가득 채우려는 사유로 규정하면서 인간 지성과 선의지의 작동을 멈추고 가급적 그런 용심(用心)을 쉬도록 권장한다. (중략) 해체적 사유는 구성적 사유가 이 세상의 자연스러움을 어지럽히는 반자연적이고 집착적인 성향으로 인간과 세상을 뒤숭숭하게 몰고 가는 어리석음을 범하고 있다고 비판한다.[5)]

---

4) 김형효, 『물학, 심학, 실학』, 청계, 2003, 447~448쪽. 이 논문은 2003년 5월 한국기호학회에서 발표되었다.

5) 같은 책, 448쪽.

김형효는 공자의 유학에서도 같은 점을 발견한다.

> 공자의 유학은 해체적인 유학과 구성적인 유학으로 대별되고 있는 것 같다. 해체적인 유학은 인간을 자연의 세계에로 해체시키고 해산시키는 물학(物學)의 본질을 품고 있고, 구성적인 유학은 증자적인 심학(心學)과 순자적인 실학(實學)으로 역사적으로 양분되는 것 같다. 재래의 방식으로 보면 유학이 전부 심학이지만, 우리의 관점에서 본다면 그 심학은 너무 광범위하고 부정확한 명칭이라고 본다.[6]

김형효는 구성적 사유의 정점에 그리스도교와 유교가, 해체적 사유의 정상에 불교와 도교가 자리 잡고 있다고 말한다. 그는 또 구성적 사유는 자연의 인간동형론(anthropomorphism) 편에 있고, 해체적 사유는 인간의 자연동형론(physiomorphism) 편에 있다고 말한다.[7]

이러한 대별은 동서고금의 철학을 관통하여 그 정상에서 바라보는 범주화이지만, 구성적 철학을 기준으로 해체철학을 명명한 감이 있다. 해체라는 말 속에는 은연중에 구성의 흔적이 내포되어 있다. 말하자면 구성한 것이 있으니까 해체할 것이 있는 셈이다. 결국 구성적 철학과 해체적 철학은 단어의 뜻은 정반대이지만 같은 차원의 왕래라고 할 수 있다. 같은 차원이라는 뜻은 바로 보편성을 추구한 종래의 철학에서 완전히 벗어나지 못했다는 것이다.

일반성의 철학은 그보다 한 술 더 뜬다. 일반성의 철학은 아예 보편성을 추구하는 동서양 철학에 이의를 제기한다. 어떤 의미에서 진정한 해체철학은 일반성의 철학인 셈이다. 구성적인 철학이 있고 그것을 해체하는 해체적인 철학이 있는 것이 아니라, 일반성의 철학이 먼저 있고 구성적인 철학이 뒤에 구축되었다고 보는 입장이다. 말하자면 자연의 입장에서 인간을 보는 것을 넘어서 자연으로 돌아가자는 뜻이 있다.

---

6) 같은 책, 8쪽.

7) 같은 책, 448~449쪽.

철학적 보편성은 계속 쌓아가야 하는 것이고, 앞의 보편성은 뒤의 보편성에 의해 반드시 무너져야 하는 것이다. 따라서 구성과 해체가 동시에 일어난다. 예컨대 앞의 보편성을 해체하는 것이 뒤의 보편성을 구성하는 것이고, 그렇게 구성된 것은 또다시 새로운 보편성에 의해 구축되는 것이다. 이것이 철학적 정반합의 역사이기도 하다.

일반성의 철학은 해체적 철학조차 보편성의 철학 범주에 넣는다. 그래서 일반성의 철학은 해체주의조차 해체하는 철학이다. 구성적 철학과 해체적 철학은 흔히 반대되는 것 같지만 해체에는 반드시 구성의 흔적이 있다. 하이데거의 존재론과 데리다의 문자학이 서양철학의 '존재'와 '문자'라는 말의 의미를 종래와 다르게 반전(反轉)시킬지라도 그 말을 버리지 못하는 이유이다.

구성적 철학은 서양 이성철학의 대명사인 칸트 철학, 유물론(唯物論), 유심론(唯心論) 및 동양의 성리학(性理學)을 비롯해 자연과학[物理學]과 윤리학(倫理學)을 포함하고 있다. 해체적 철학은 동양의 심학(心學), 물학(物學),[8] 이(理)-기(氣)철학, 그리고 데리다의 해체철학(존재자-존재자의 왕래)을 포함한다. 심학과 물학을 별도로 두는 자체가 이미 현상학에 포함된다.

해체철학은 구성철학의 구성을 해체한, 다시 말하면 구성철학의 이원대립성이 이중왕래성으로 전환되면서 해체될 수 있는 측면을 분석한 것에 불과하며, 구성철학의 흔적이라고 할 수 있는 개념이나 벽돌들을 그대로 흩뿌려놓은 것일 뿐이다. 그러나 해체철학은 서양의 이성철학을 이성적으로 분석·해체함으로써 자연주의(자연적 존재)로 돌아갈 수 있는 계기를 만들었다.

보편성의 철학은 '제도적 존재자'라고 말할 수 있다. 보편성의 철학에 포함되는 해체적 철학은 구성적 철학을 해체한 것이긴 하지만 여전히 구성의 흔적을 가지고 있다는 점에서 일반성의 철학과 차별된다.

일반성의 철학에는 필자의 소리철학=자연(自然)철학=기(氣)철학=심물(心

---

8) 물학(物學)은 영어로 'physis'이며 하이데거가 물리학(physics)과 다름을 주장하기 위해서 사용한 용어이다. 김형효는 이 개념을 동양철학의 유학을 '심학'과 '물학'과 '실학'으로 분류하면서 새롭게 사용했다.

보편성의 철학 (제도적 존재자) 爲政의 철학	구성적 철학 (사물에 대한 객관적 관찰)	서양의 理性 중심 철학(唯心論, 唯物論)	칸트 철학, 성리학 자연과학, 윤리학
	해체적 철학 (의식에 대한 상호주관적 성찰)	文字學, 心學, 物學, 理·氣철학	해체철학, **(존재자-존재자의 왕래)**
일반성의 철학 (자연적 존재) 本來의 철학	일반성의 철학 (心物· 存在에 대한 관심)	소리철학, 자연철학, 氣철학, 心物일원론	존재론 **(존재-존재자의 숨바꼭질)**

物)일원론을 배치했다. 하이데거의 존재론은 해체철학과 일반성의 철학이 겹치는 경계선에 있거나 혹은 일반성의 철학으로 넘어간 것이다. 일반성의 철학은 '소리 = 자연 = 기(氣) = 심(心) = 물(物)'을 별개가 아닌 하나로 본다.

일반성의 철학을 '자연적 존재'라고 하는 것은 처음부터 해체할 것도 없는 '자연 그대로'이기 때문이다. 일반성의 철학은 해체할 것이 없다는 점에서 보편성의 철학과는 처음부터 다르다. 일반성의 철학은 그러한 구성과 해체, 그리고 정반합의 역사 자체에 도전하는 것이다. 존재론이 등장하기 전까지 서양철학의 대종을 이룬 것은 바로 현상학이었다. 일반성의 철학은 어떤 실체가 있는 것의 연결(連結)· 연장(延長, extension)됨을 배제하고 존재론의 철학을 본격적으로 열고자 하는 것이다.

구성적 철학은 사물에 대한 객관적 관찰(觀察)을, 해체적 철학은 의식에 대한 주관적 성찰(省察)을, 일반성의 철학은 심물(心物)· 존재(存在)에 대한 관심(觀心)을 주로 한다.

우주의 존재는 저마다 흩어져 있는 것(흩어져 만족하고 있는 음양)일 뿐이다. 이것을 인간이 자신의 필요에 의해 연결하여 사용하고 있을 뿐이다. 그 연결과 필요를 담당하는 것이 바로 인간의 이성(理性)이다. 그런 점에서 일반성의 철학은 매우 반이성적인 철학이라고 말할 수 있다.

서양철학에서 이성의 역사를 보면, 고대 이데아(idea)에서 비롯된 후 신(神)을 만들고, 시공간을 만들고, 물리적 우주를 만들어서 오늘날 현대 과학문명을 만들었다. 그래서 현대인은 자연이라는 말보다 우주라는 말을 좋아한다.

인간(人間)은 글자 그대로 무엇과 무엇 '사이[間]'의 존재이다. 그러나 자연은 '사이'가 아니다. 자연에는 '사이[間]'가 없고 단지 '틈(闖)'이 있을 뿐이다. '틈'은 말[馬]이 문을 나오는 '동작'을 뜻한다. '사이'는 고정된 거리가 있는 것이고 '틈'은 어떤 하나에서 생긴 동사적 틈을 의미한다. 좀 더 부연하면, 속도의 상징인 경주마가 달리는 시시각각을 뜻한다. 우주라는 말 속에는 시간과 공간의 개념이 들어 있고 무엇을 계산할 것이 있는데 반해, 자연이라는 말에는 스스로 변화하는 것밖에 없기 때문이다.

일반성이라는 개념 속에는 무엇을 구성하고, 무엇을 계산하고, 무엇을 버리는 것이 없다. 일반성은 모든 것을 끌어안는다. 일반성은 자연으로부터 부여받은 모든 것을 '있는 그대로의 사실'로 보고 선악이나 필요불필요를 구분하지 않는다. 이는 우주적 여성성이다. 더 정확하게는 몸의 우주, 자연적 여성성이다.

필요에 따라 무엇을 선택하고 버리는 것은 무엇을 소외시키는 것이고, 소외시키는 것은 결국 독선(獨善)이 된다. 그렇게 되면 필요는 필요악이 된다. 무엇을 소외시키는 것은 결국 스스로를 소외시키는 것이다. 우주의 전체성(wholism)에 상처를 주기 때문이다.

일반성에 대한 논의는 아마도 이 책을 다 읽고 난 다음에 이해가 갈 것으로 믿고 다음의 〈표〉를 살펴보자.

보편성의 하단에는 그것의 바탕이 되는 특수성이 있는데 특수성 항목은 '특수성 = 집단 = 물질 = 결정성'으로 묶여져 있다. 이것은 매우 중요하다. 인간은 서로 다른 기후와 조건의 땅에서 집단생활을 하는 동물이며, 그것이 인간으로서의 특수성을 결정하며, 그 결정이라는 것 속에 집단성과 물질이 포함된다. 따라서 특수성은 결정성을 전제한다. 결정성은 정체성이고 흔히 실체의 증거가 된다. 문제는 그 특수성의 반대편에 일반성이 존재한다는 점이다.

말하자면 서양철학은 바로 이 일반성의 부분을 간과했다. 흔히 일반적이라는 단어를 많이 사용하지만 그것의 비결정성, 다시 말하면 '일반성의 항목'을 무시했다. 그럼으로써 왕왕 질료적 인간으로서의 인간을 도외시하거나 비록 인정한다고 하더라도 그것을 물질적으로만 해석하여 개별성의 항목인 '개별성 = 기질(氣質) = 인기화(人氣化) = 구체성'을 놓쳐버렸다.

개별성은 흔히 특수성과 유착시켜버리고 일반성은 보편성의 들러리로 무

보편성과 일반성의 교차 관계

<table>
<tr><td rowspan="3">수평성·평등성↓
(母系/地)</td><td>**개별성(몸)**
기질(氣質)
인기화(人氣化)
(구체성)</td><td>→
←</td><td>**보편성(정신)**
이성(理性)
문리(文理)=성리(性理)
=본성리((本性理)
(추상성)</td><td rowspan="3">(父系/天)
수직성·위계성↑</td></tr>
<tr><td>↑↓(동질성)</td><td>×</td><td>↑↓(동일성)</td></tr>
<tr><td>**일반성(마음)**
天地氣化=武氣
氣(神氣)=自然性(根本能)
氣·物(비결정성)</td><td>→
←</td><td>**특수성(물질)**
集團·國家(사회성)
物質(결정성)</td></tr>
</table>

시해버렸다. 다시 말하면 〈표〉에서 교차의 위치에 있는 보편성과 일반성, 개별성과 특수성을 유착시켜버림으로써 보편성과 특수성만 남게 했던 셈이다. 이로 인해 서양철학은 '눈으로 보이는 것'을 바탕으로 하는 물질주의와 대상주의, 그리고 그것을 기반으로 하는 '추상의 추출'을 보편성이라고 하는 어리석음을 범했다.

서양문명에서는 보이는 것은 물질(대상)이고 보이지 않는 것은 이성(법칙)인 셈이다. 따라서 서양문명은 보이지 않으면서도 존재하는 비결정성의 기(氣), 보이는 것으로서 구체성을 갖는 기질(氣質), 서로 다른 인간의 기질 등을 등한시하는 우를 필연적으로 범하게 된다.

여기서 주목할 것은 특수성과 보편성의 관계는 수직성·위계성을 보이는 반면, 일반성·개별성의 관계는 수평성·평등성을 보인다는 점이다. 전자는 보편성에 중점을 두고 있는 반면 후자는 일반성에 중점을 두고 있다. 전자는 형이상학에 중점을 두고 있는 반면 후자는 형이하학에 중점을 두고 있다. 기(氣)는 본질적으로 바탕이다. 이(理)는 본질적으로 범주이다. 하나는 위에 있고 다른 하나는 아래에 있는 것을 서로 유착시켜버렸다. 일반성과 개별성의 항목은 무의식을 기반으로 한다. 특수성과 보편성의 항목은 의식을 기반으로 한다. 결국 자연=무의식이고 역사=의식인 셈이다.[9]

9) 박정진, 『철학의 선물, 선물의 철학』, 소나무, 2012, 194~203쪽.

기(氣)는 아래에 있는 것이 아니라 이(理)의 근본으로서 '이(理)라는 섬'을 둘러싸고 있는 '무의식의 바다'와 같은 파동(파도)이다. 혹은 '이(理)라는 자아'를 둘러싸고 있는 자궁인 매트릭스(matrix)와 같은 것이다.

보편성(普遍性)이라는 말 자체에 이미 '존재가 성립된 이후에 나아가는'이라는 의미가 내포되어 있다. 일반성(一般性)이라는 말에서는 '하나의 존재 기반'과 같은 것을 느낄 수 있다. 일반성에는 무언가 솟아날 것 같은 기미가 있고, 보편성에는 서로 왕래하면서 이루어지는 그 무엇이 있을 것 같다. 참으로 용어를 만드는 자들의 신령스러움이 있다.

지금까지는 앞으로 '나아가는(pro-)' 것을 매우 중요하게 다루었다. 예컨대 나아감(proceed), 진보(progress), 문제(problem), 프로그램(program), 생산(product) 등이 그것이다. 이것은 문명적이고 남성적인 것들이다. 이에 비해 일반적인(general) 것은 등한시했다. 일반적인 것의 특징은 으레 존재하는 것이다. 예컨대 자연의 '스스로 그러한 것[自然]'들이다. 반복(recycling), 순환(circulation), 계절(season), 유전자(gene), 재생산(reproduction), 복제(duplicate), 차이(difference), 관용(generosity) 같은 것들이다. 이는 자연적이고 여성적인 것들이다.

일반성은 모든 사상을 담는 그릇, 눈에 보이지 않는 그릇이다. 그러한 점에서 일반성(一般性)은 일반성(一盤性)이다. 일반성은 철학의 태반(胎盤)과 같은 것이다. 모든 사물에서 생명현상까지 포함하는 포일성(包一性)이다. 이에 비하면 보편성은 인위적으로 동일자(同一者)를 추구한다. 그러기에 보편성은 허위(虛僞)이다. 지금까지 보편성은 '보편적이고 일반적인'이라고 하면서 자신의 기반을 은폐했다. 일반성은 지금까지 보편성에 가려 은폐된 것이다.

좀 더 적나라하게 말하면, 보편성은 없다. 보편성은 철학적 허구의 진리이다. 마치 문학의 진실이 문학적 허구인 것과 같다. 문학과 예술은 일찍이 자신이 추구하는 진실을 허구라고 규정했다. 그러나 철학은 그렇게 말할 용기가 없었을 뿐만 아니라 인류문화의 언어적 건축물의 벽돌을 담당하는 처지에 있었기 때문에 스스로를 해체하거나 산종(散種)할 수 없었다. 그러나 영원한 보편성은 없기 때문에 끝없이 인위적(능위적)으로 생산되는 언어의 연금술을 피할 수 없었다.

서양철학의 대명사인 칸트 철학은 한마디로 '시간과 공간의 철학'이며 '시간과 공간의 연금술'이다. 고대와 중세의 연금술은 자연과학의 길을 열었다. 칸트 철학은 동시에 '물(物)의 안'이라고 할 수 있는 '물 자체'의 세계를 설정하고 시공(時空)의 동시적인 세계를 토론하거나 내관(內觀)하는 것을 포기했다.

칸트는 '물(物)의 밖'을 보고자 했다. 그리고 '물 밖'의 세계 저편에 신(神)이 있음을 가정함으로써 서양철학의 기독교적 전통과 화해했다. 물(物)은 정확하게는 안팎이 없다. 눈으로 확인할 수 있는 것에 매이는 것의 반대를 표현하기 위해서 '물(物)의 안'이라고 말했을 뿐이다. 물(物)은, 세계는 단지 '나타나는 것'과 '나타나지 않는 것'이 있을 뿐이다. 이미 물(物)을 이렇게 규정하는 것에 거대한 철학적 혁명이 도사리고 있다.

보편성과 일반성이 유착된 대표적인 경우가 바로 이성신(理性神)이다. '이성신'은 바로 서양의 알파벳 표음문자와 유대-기독교의 공모가 가장 적나라하게 드러난 용어이다. 만약 이성이 신이라면 이성이 없는 동식물이나 무생물은 신의 밖에 있어야 한단 말인가. 자신의 밖에 무엇이 존재하는 것이 무슨 신인가. 그래서 칸트는 물 자체라는 말을 쓰고 이성의 위(밖)에서 신이 존재하는 것을 상정했다. 물 자체와 신은 서로 다른 것 같지만 실은 물 자체를 신에게 바친 꼴이 되었다. 신과 물 자체가 이루는 원 속에 사물이 존재하는 것이 되었다. 물 자체는 불가사의한 말로 신과 같은 말에 다름 아니다.

그래서 칸트의 '물 자체(Thing itself, Ding an sich)'에서 '자체(itself)'야말로 동양적 의미의 자연(自然=物)이 된다. 이성의 입장에서 보면 물(物)은 '물 자체'가 된다. '자체'는 '자연'이다. 물 자체는 사물과 존재의 경계이며, 어떤 의미에서는 존재론의 시작이다. 칸트는 단지 시공간의 과학을 위해서 물 자체에 대한 개념을 설정했지만 그것에 대한 비판을 유보했다.

서양에서는 심(心)과 물(物)이 대립하지만 동양에서는 둘이 하나인 심물일체(心物一體)이다. 심도 자연이고 물도 자연이다. 심물은 자연적 존재이다. 심물을 무형의 유형(無形之有形) 혹은 유형의 무형(有形之無形)이라고 하는 편이 옳다. 유형은 눈에 보이는(visible) 것, 무형은 눈에 보이지 않는(invisible) 것이다. 눈에 보이지 않는다고 '없는 것(nothing)'은 아니다. 그동안 서양의 시각-언어문명권은 눈에 보이지 않는 것을 '없다'고 했다. 그래서 끝없이 눈에 보이는 것을 찾아가는 강박관념에 빠져 있었다. 그것은 일종의 관음증(觀淫症)이었다. 그 관음(觀淫)을 관음(觀音)으로 바꾸면 '소리의 자연'에 이르게 된다.

서양철학이 동양에 도입되었을 때 철학은 형이상학(形而上學)과 형이하학(形而下學)으로 나뉘었다. 형이상학은 무형(無形)을 나타내고, 형이하학은 유형(有形)을 나타내는 것이 되었다. 형이상학은 도(道)에 해당하고, 형이하학은 기(器)에 해당한다. 이때 '형이(形而)'는 서양의 '피직스(physics)'와 '메타피직스(metaphysics)'에 상응하는 말을 한자에서 찾은 것인데 동양의 사고방식을 내포하고 있다. 본래 한자의 '이(而)'는 순접(順接)하기도 역접(逆接)하기도 한다.

서양의 '피직스'와 '메타피직스'는 이원대립하는 것이다. 그런데 형이상학과 형이하학은 대립(역접)하는 의미도 있지만 순접(왕래·동봉)하는 의미도 내포하고 있다. 말하자면 상학과 하학에는 겹치는 경계영역이 있다. 서양의 철학용어를 동양의 용어로 번역하는 과정에서 두 문화체계가 서로 조응한 셈이다.

형이상학은 용어에서 이미 형이하학을 대상으로 보거나 지배하는 함의를 지니고 있다. 본래 무형인 형이상학과 유형인 형이하학은 상하관계가 아니라 은적과 현현의 관계이다. 유형은 '무형의 유형(드러남)'이고, 무형은 '유형의 무형(숨음)'이다. 이것이 하이데거의 존재론에 의해서 밝혀지게 되었다. 현상과 본질의 관계는 불일이불이(不一而不二)이다. 나타난 현상과 숨은 본질 사이에 간격이 없다는 것은 양자가 동일하다거나 일체라는 뜻이 아니라 왕래와 이중성의 관계있다는 뜻이다.

서양은 존재(사물)를 밖으로(ex-) 쫓아내고(exclude), 따라서 원심운동을 한다. 결국 심물일체(心物一體)가 그들의 약이다. 동양은 존재를 안으로(in) 끌어안는다(include). 따라서 구심운동을 한다. 서양 교회의 종(鐘)은 안을 쳐서 밖으로 울리게 하는 반면 동양 사찰의 범종(梵鐘)은 밖을 쳐서 안으로 울리게 한다. 종소리 하나에도 동서양의 성격과 차이가 있다. 서양문명은 우주공간으로 향하고, 동양문명은 몸으로 향하는 것도 이를 반영한다. 서양문명은 관념(추상)-사실(사실적 언어)-머리(상상)-공상(과학적인 우주공간의 탐험)의 연쇄적 특성을 보이고, 동양문명은 추상(관념)-상징(상징적 언어)-가슴(몸)-단전(도덕적 인격의 실천)의 특성을 보인다.

동양의 『황제음부경(黃帝陰符經)』 「상편(上篇)」에 "우주도 내 손안에 있고 일만 가지 조화도 내 몸에서 나온다(宇宙在乎手 萬化生乎身)"는 말이 있다. 서양은 귀머거리처럼 사물의 소리를 잘 듣지 못하고, 동양은 소경처럼 사물의 형체를 잘 보지 못하는 것에 비유할 수 있다. 『황제음부경』 「하편(下篇)」에 "소경은 잘 듣고 귀머거리는 잘 본다(瞽者善聽 聾者善視)"는 말이 있다. 동서양문명을 이처럼 훤히 꿰뚫어보고 있는 말은 없을 것이다.

칸트는 이성(과학과 도덕)을 위해서, 또한 인간을 위해서 물 자체와 신을 분리하고 그 사이에 시공간의 간격을 두어 오늘의 자연과학을 이루도록 초석을 닦았다. 그 결과 존재를 존재자로 만들어버렸지만 바로 그 같은 유보를 통해 과학과 도덕의 설 영역이 확보되었다.

그런데 칸트에게도 '자연'을 '물 자체'라고 명명하면서 '신(神)'에게 상납한 혐의가 없는 것은 아니다. 이것은 형이상학과 형이하학을 다른 말로 번안한 것에 지나지 않는다. '형이상학 = 신, 형이하학 = 물 자체'의 의미가 숨어 있다. 말하자면 형이상학과 형이하학 사이에 시공간을 만들어서 자연과학의 터전을 마련한 것이다. 칸트 이후 철학자들은 이성신(理性神)을 만들어냈다. 서양의 기독교 절대신은 바로 철학의 이성신과 맥락을 같이한다. 서양문명은 이성(理性)과 신(神)의 합작품이다.

인간이 사물을 대상으로 보고 스스로를 주체로 봄으로써 사물을 수단화하는 바람에 인간성(도덕적인 의미의 인간성이 아니라 인간에게 있는 자연성)을 파괴하고 인간 스스로 소외되고 불행해진 것이 문제이다. 말하자면 자연을 위해서 존재를 회복해야 하는 것이 아니라 인간을 위해서라도 존재를 회복해야 한다. 존재라는 말은 자연에 대한 철학적 해명이다.

인간이 존재를 잘 느낄(인식할) 수 없는 까닭은 존재가 대상화될 수 없는 자연 그 자체이기 때문이다. 그래서 아플 때나 배고플 때, 그리고 고통스러울 때나 죽음 앞에서 존재를 느끼게 된다. 이렇게 존재에 대한 인식은 부정적일 때 비롯된다. 순조로울 때는 잘 느끼지 못한다. 존재가 열려 있을 때는 잘 느끼지 못하다가 닫힐 때 그것을 느끼게 된다. 그래서 우리가 느끼는 것은 존재자들이다. 따라서 우리는 결국 닫혀 있는 사물(결정성과 고정성이 있는 사물)과 우주를 인식하는 셈이다.

인간은 이제 이성을 잠시 유보함으로써(버림으로써) 존재로 돌아가야 한다. 이는 칸트가 이성을 위해서 신을 이성의 밖에 두고 물을 '물 자체'로 둔 것과 반대 방향이다. '물 자체'는 '물(物)의 자연'을 무력한 존재로 전락시켰다. 인간의 이성은 자연을 무력한 존재, 인간에 의해 규정되는 존재로 만들었다.

이성의 밖에 비이성적인 것들이 존재할 수 있으려면 이(理)의 반대(대칭 혹은 대립)인 기(氣)가 필요하고, 기(氣)는 신(神)과 만나지 않으면 안 된다. 그래서 기(氣)는 기(氣) 혹은 신기(神氣)이다. 신기(神氣)는 바로 신기(神奇)하고 신이(神異)하다. 세계는 도리어 신(神)하고 이(異)하다.

이제 신은 동일성을 위해서 존재하는 것이 아니라 '다름= 이(異)'를 위해서 존재한다. 존재는 바로 다름이다. 이제 인간의 철학은 '이(理)'를 위해서 존재하는 (그럼으로써 존재자가 되는) 것이 아니라 '이(異)'를 위해서 존재해야 한다. '이(異)'는 무엇을 위해서 존재하는 것이 아니라 그냥 존재하는 것이다. 따라서 존재하는 것은 '하는 것'으로 있을 때 이(理)가 필요하고(이것이 존재자이다), '되는 것'으로 있을 때 이(異)가 된다(이것이 존재이다)는 역설이 성립한다.

'존재자는 필요해서 있고 존재는 저절로 있다.' 그래서 존재는 자연이다. 이제 인간의 철학은 이(理)와 이(異)를 교환하게 되었다(理↔異). 존재의 개별성에 도달하려면 기(氣)를 바탕으로 하지 않으면 안 된다. 이(理)를 가지고는 존재의 보편성에 도달할 수 있지만 개별성을 포섭할 수 없다. 개별성은 기(氣)의 나타남이다. 기(氣)야말로 존재의 일반성이다. 기는 개별성의 탈근거(脫根據)이고, 개별성은 기의 탈은적(脫隱迹)이다. 보편성은 특수성의 초월이고, 특수성은 보편성의 하강이다.

칸트는 순수이성비판과 실천이성비판 다음에 판단력비판을 놓았지만 이제 그것을 거꾸로 놓아야 한다. 이것은 칸트의 진선미(眞善美)를 미선진(美善眞)으로 돌려놓는 철학의 원시반본(原始返本)과 같은 일이다. 사실 판단력이 있기 때문에 사과가 떨어지는 것을 보고 만유인력이라는 보편성을 발견해낸다. 그러나 사과가 떨어지는 사건은 만유인력 이전에 매우 미학적인 일이고 존재론적인 일이다. 사과가 떨어지는 것은 인간으로 하여금 만유인력을 발견하려고 함이 아니다. 뉴턴이 만유인력을 발견하기 전에도 수없이 사과가 떨어졌고 사과는 자신의 존재적 삶을 살았다.

하이데거의 존재론은 칸트의 철학을 다시 코페르니쿠스적으로 전환하는 것이다. 물 자체야말로 존재론으로 들어가는 문이다. 왜 존재는 이원대립적인 것이 이중적으로 항상 함께 있는가? '함께 더불어' 있는 것이 바로 우주이고, 더불어 있다는 것은 바로 존재가 떨어지지 않았다는 증거이다. 이는 존재가 소외되지 않았다는 것을 말한다. 철학은 인간을 더 이상 '소외의 존재'로 만들어서는 안 된다. 철학은 '인간을 (존재자가 아닌) 존재'로 만들어야 한다.

이성(理性)이 신(神)이 아니고 기(氣)가 신(神)이다. 과학적·철학적으로 말하면 신(神)은 시간 자체, 공간 자체, 사물 자체이다. 칸트는 왜 신과 사물 자체를 분리하고 그 사이에 시간과 공간을 넣었던가? 그것은 결과적으로 과학을 탄생시켰지만 그 과학은 오늘날 모든 사물과 인간을 대상으로 보게 하고 말았다. 시간과 공간은 곧 이성을 말한다.

이성이란 시간과 공간의 연장구조이다. 태초에 시간과 공간이 있었던 것이 아니라 인간이 계속 연장되는 것을 가정하여 시간이라 하고 공간이라 했다. 시간이 계속된다고 생각하기 때문에, 무엇이 계속된다고 생각하기 때문에, 인간은 무엇을 쌓아야 하고, 무엇을 모아야 하고, 결국 소유하게 된다. 소유는 존재의 시공간이다. 소유가 없다면 저절로 잡을 것이 없어지고 시공간도 없어지게 된다.

이성은 그것 자체, 사물 자체가 되지 못한다. 이성에는 대상을 관리하는 태도가 있다. 인간에 이르러 생물학적 재생산 이외에 언어적(문화적) 재생산을 하는 '의미(意味)의 존재'가 된 것은 의미가 몸 안(몸 밖이 아니다)에서 생성되기 때문이다. 의미는 몸 밖에 있는 언어(문자)에 있는 것이 아니라 몸 안에 저장되어 있다.

의미의 '의(意=音+心)'는 '마음[心]'의 소리[音]이다. 마음에서 일어나는 소리[音=立+曰], 즉 말[曰]이다. 몸 안에 저장된 의미가 몸 밖의 언어나 기호에 반응하는 것이다. 그런 점에서 의미의 세계는 '몸 안의 세계'이다. 몸 안의 세계는

'매트릭스', '네트워크의 세계'이다. 세계의 밖에 무엇이 있어서 세계를 만든 것이 아니라, 세계는 본래 연기(緣起)되어 있는 관계망의 연속이다.

아무튼 이성 때문에 서구의 과학문명이 꽃을 피웠지만 오늘날 그 과학문명의 한계로 인해 인류는 다시 새로운 철학을 구축하지 않으면 안 되게 되었다. 서양철학은 그동안 자아의 철학, 주체의 철학을 통해 자신의 문제를 해결하려고 노력했지만 결국 철학의 목적인 인류의 평화와 행복을 달성하지 못했다.

보편성과 법칙을 찾아 나선 그들의 여정은 구조언어학에 의해 '의미'에 눈을 돌리기 시작했다. 삶의 의미는 어디서 오는가? 인간으로부터 오는가, 자연으로부터 오는가? 기호학의 시니피앙(signifiant. 記標, 能記), 시니피에(signifié. 記意, 所記)는 새로운 의미의 세계, 어쩌면 무한대일지도 모르는 세계의 의미를 찾아 나선 셈이다.

서양철학의 고전적 이분법인 질료와 형상은 근대에 들어 정신과 물질로 고착화되었다가 구조언어학의 등장으로 시니피앙과 시니피에가 되었다. 질료와 형상은 물질과 정신의 결정성과는 달리 결정성이 없는 상황적 이분법이었다. 이것이 시니피앙과 시니피에로 재등장하면서 서양철학의 세계는 다시 정신과 물질 사이에 변전(變轉)하는 수많은 차원의 시니피앙과 시니피에가 존재하는(엎치락뒤치락하는) 형국이 되었다.

서양철학에서 정신(주체)은 바로 이성이고 물질은 이성의 대상이다. 서양에서는 이성이 발달했지만 동양에서는 이(理)에 머물렀다. 그래서 동양은 과학의 물리(物理)로 나아가지 못하고 윤리(倫理)에서 인문학의 꽃을 피웠다. 여기서 '이(理)'에 머물렀다는 것은 사물을 대상으로 보는 과학성에서 뒤떨어졌다는 뜻이다.

근대에 서양은 과학문명을 앞세우고 동양을 침략했으나 동양은 주자학(朱子學)과 공맹(孔孟)의 전통에 따른 도덕적 윤리관인 동도서기(東道西器)·중체서용(中體西用)으로 대처하다가 정복당하는 입장에 처했다. 동아시아에서 일본은 유일하게 양명학(陽明學)과 공순(孔荀)의 전통, 그리고 일본 특유의 봉건영주제와 사무라이(武士)문화의 전통에 따라 서구식 근대화에 맨 처음으로 성공하여 제국주의의 대열에 섰다.

형상(形象)	정신(精神)	기표(記標)	이(理)	이성(理性)
질료(質料)	물질(物質)	기의(記意)	기(氣)	존재(存在)

형상(形象) – 정신(精神)-기표(記標)-이(理)-이성(理性)이 같은 계열이고, 질료(質料)-물질(物質)-기의(記意)-기(氣)-존재가 같은 계열이다.

시니피앙-시니피에는 주체(주관)-객체(객관)의 문제가 아니다. 서양 철학사에서 군림해온 주객이분법이 이원대립적이라면 시니피앙과 시니피에는 일원적인 표리관계이다. 이는 인간이 세계를 바라보는 눈이 이원적인 세계에서 일원적인 세계로 변했다는 것을 의미한다.

시니피에는 시니피앙과 더불어 몸속에서 솟아오른 것 같은 느낌을 준다. 의미는 몸속에서 성숙하여 육화(체화·형상화)되어 나타나는 것처럼 느껴진다. 의미는 처음엔 분명히 주관적이다. 말하자면 인간에게 보충대리적(補充代理的) 도구인 언어가 몸을 통과하면서 도구의 자연화가 이루어진(몸에 익은) 것처럼 느껴진다.

사물(대상)의 문제를 언어의 문제로 변화시킨 것이 바로 구조언어학이다. 구조언어학은 구조주의를 만들고 구조인류학을 탄생시켰다. 주객이분법은 사물을 밖에서 바라보는 내외(內外) 문제였지만 시니피앙과 시니피에에 이르러서는 기호의 표리(表裏) 문제가 되었다. 물론 시니피앙에도 음성(音聲)보다 문자(文字)의 표지(標識) 기능에 더 치중하는 경향이 있다.

지금까지 구조언어학은 철학의 현상학과는 별도로 구조주의의 범주에서 발전했지만 실은 구조주의를 현상학의 범주에 넣어도 별 문제가 없으며, 도리어 구조언어학을 현상학에 넣음으로써 현상학이 완성되는 측면이 있다.

현상학은 의식의 학으로 의식에서 의미가 발생하고 그것이 의미대상으로 된다는 것을 밝히는 '의미의 발생학'인데 구조언어학이야말로 의미(기의)와 의미를 표상하는 기호(기표)를 제안하는 것이기 때문에 현상학의 기호적 측면을 밝힌 것이라고 볼 수 있다. 말하자면 기호학은 현상학의 대상의미 반대편에 있는 셈이다. 기호학이 수평적 이동을 하면 현상학의 의미대상이 된다. 그런 점에서 기호학은 현상학이다.

기호학의 기표주의가 현상학적 과정에서 의미를 의미대상으로 전환하면 그 의미는 과학의 개념이 된다. 그 개념이 사물을 대상화하는 것이다. 사물이 본래부터 대상이 아니라 대상이 사물이 되는 것이다. 과학적 보편성이라는 것도 실은 현상학적 대상을 바탕으로 건축된 일종의 첨탑이다. 지금까지 서양이 주도해온 근대의 철학과 과학은 보편적 법칙을 추구하는 보편성의 시대였다.

이에 비해 일반성의 철학은 기호가 아니라 기호의 이면에 깔린 의미와 의미의 이면에서 움직이는 기운생동(氣運生動)을 중심 개념으로 사용하고 있다. 의미(意味)라는 말에 이미 소리[音]가 들어 있지만 의미의 개념화의 타성으로 인해서 인간은 소리의 본래적 의미를 잊어버린 지 오래이다. 의(意)에 식(識)이 붙어 의식(意識)이 되면 의미의 단계에서 지식(知識)의 단계로 넘어간다. '식'에 말씀 언(言)이 붙어 있는 데서 알 수 있듯이 '마음의 소리'가 아니라 이미 밖으로 뱉어진 말[言]이다. 식(識)은 이미 칼[戈]로 사물을 나눈 것이다. 그래서 의식은 의미와 지식의 복합체이다. 현상학이 여러 갈래가 되는 것은 이 때문이다.

기(氣)를 개념이 아닌 것으로 설명하기에 가장 적합한 것이 소리(phone)이다. 소리는 잡을 수 없지만 동시에 추상이 아니고 구체이다. 그렇기 때문에 사물의 전체성을 은유(隱喩)하기에 적합하다. 소리는 사물의 전체성(총체성)에 접근하는 하나의 방법이다.

소리를 통해 은유적으로 표현해야 사물의 전체성을 왜곡하지 않게 된다. 은유적으로 표현한다는 것은 바로 존재에 접근하는 최선의 방식이다. 그러한 점에서 하이데거의 존재론은 매우 복잡다단하지만 실은 그 완성을 위해서는 '존재=소리'에 도달하지 않으면 안 된다.

사물의 전체성을 환유적(換喩的)으로 표현하면 바로 유일신이고 절대성이다. 기독교의 유일절대신은 자연(자연의 소리)을 '기의(소리)'의 방식이 아닌 '기표(문자)'의 방식으로 표현한 것이다. '기표(記標)/기의(記意)'를 '이(理, 文理)/기(氣, 氣意)'로 치환해도 좋을 것이다. 기독교의 절대성은 절대리(絶對理)에 다름 아니다.

소리는 이(理)의 도움을 받지 않고 기(氣)를 표현할 수 있다. 그래서 '기=일반성=소리'이다. 소리는 사물을 자연스럽게 공명으로 연결한다. 대화는 소리에 의해 저절로 연결된다. 그러나 소리가 없는 구문(기록)은 문법이 없으면 정확한 의미전달이나 의사전달이 어렵다.

그런 점에서 소리는 메타포와 같고, 구문은 메토니미와 같다. 세계의 철학은 이제 '메토니미의 철학, 과학의 철학'에서 '메타포의 철학, 시(詩)의 철학'으로 선회하지 않으면 안 된다. 메토니미의 과학으로는 인류의 번영과 행복을 보장할 수 없기 때문이다.

세계의 철학은 이제 개념의 철학에서 존재의 철학으로, 존재의 철학에서 소리철학으로 옮아가고 있다. 존재는 인간의 이성 작용으로 존재자가 될 수 있지만 소리는 이성 작용의 밖에 있기 때문에 존재자가 될 수 없다. 존재와 소리의 차이점은 존재는 의미가 있는 반면에 소리는 의미가 없다는 점이다.

의미는 주관적인 과정의 산물이다. 객관적인 의미라는 것은 주관적인 의미에 대한 집단적 합의나 약속에 지나지 않는다. 객관적으로 보았기 때문에 객관적으로 있는 것에 불과하다. 세계는 객관적으로만 있지 않다. 객관성과 보편성은 이제 그 역할이 제한되어야 한다.

일반성은 보편성을 해체한다. 지금까지 일반성은 보편성을 따라다니는 종속변수처럼 취급당해왔다. 그러나 보편성이야말로 일반성의 바탕 위에 건립된 것이다. 소리는 의미를 해체한다. 소리를 의미로 고정시키면서 의미의 세계, 개념의 세계가 전개되었다. 그러나 소리야말로 의미가 아니고 우주 자체이다. 동양의 기(氣)라는 개념은 처음부터 해체의 개념이다. 기는 해체의 궁극에 있는, 개념도 아니고 의미도 아니다.

소리(음파)는 1차적 신호이다. 기호는 2차적 신호이다. 1차적 신호가 더 근본적인 것이다. 1차적 신호인 소리는 같은 기호로서 여러 숨은 의미를 전달한다. 기호는 여러 의미를 절단한다. 그러한 점에서 기호는 소리와 공통성을 가지고 있다. 그러나 기호는 고정되거나 약속된 것이기 때문에 소리만 못하다.

소리에는 본래 의미가 없다. '성무의미(聲無意味)'이다. 아무 의미가 없기 때문에 소리에는 어떤 의미도 들어갈 수 있다. 기호와 소리는 둘 다 본래 의미가 없다. 그러나 소리[聲] 가운데 사람의 음성(音聲)이 음성언어가 되면서 음은 의미를 가지게 되었다. 의미를 갖는 것을 형태소(形態素. 의미를 갖는 음의 최소단위)라고 한다. 물론 의미를 가지지 않는 음소(音素)도 있다.

음이 음성이 되고 말[言]이 되면서 의미를 갖게 되었고, 음악이 되면서 음의 예술이 되었다. 음악의 의미도 실은 음 자체에 있는 것이 아니라 '음'에 대한 주관적인 의미부여, 혹은 문화적 습관이나 관습이 가미된 체계의 결과에 의한 것이다. 음악이 다른 어떤 예술보다 위대한 것은 의미를 지울 수 있기 때문이다. 의미를 지울 수 있기 때문에 음악은 만국어가 될 수 있다. 예술 가운데 음악만큼 의미를 완벽하게 지울 수 있는 것은 없다. 음악은 소리를 재료로 하기 때문에 추상이면서 구체이다.

음악을 기호체계라고 할 수 있지만 정확하게 말하면 기호체계는 아니다. 언어는 기호체계인 반면 음악은 기호체계가 아니라 그냥 소리의 체계이다. 소리체계를 오선지에 기호체계로 옮겨놓은 것이다. 음악은 오선지가 없어도 가능하다. 예컨대 미술은 바탕(캔버스, 화선지)이 없으면 불가능하다. 음악은 그런 점에서 감정의 굴곡을 전달하는 상징체계(음양체계, 파동체계)라는 편이 옳다.

소리에 의미가 들어가면 기호가 된다. 소리의 문자화는 의미의 시작인 동시에 의미의 경계를 이룬다. 유럽의 언어학(기호학)은 소리를 '제1의 의미'로 치환했다. 의미를 가진 '말씀[音, 言, logos]'과 의미를 가지지 않는 '소리[聲]'는 다르다. 소리는 '말씀'보다 더 본원적이고 '음악'보다 더 본원적이다. 말씀과 음악은 의미와 소리를 구문(문장)으로 만든 것이다.

따라서 말씀과 음악에는 이미 보편성을 추구하는 인간의 생각이 들어가 있다. 예컨대 부처님의 말씀과 예수님의 말씀을 전하는 경전에는 이미 보편성이 들어가 있으며, 모차르트와 베토벤의 음악에는 이미 보편성이 들어가 있다. 또한 필부의 말과 어떤 종류의 음악에도 이미 보편성이 들어가 있다. 말씀과 음악이 소리를 바탕으로 한 점에서 분자적(分子的)이라면, 소리는 그들의 바탕이 되었다는 점에서 분모적(分母的)이다.

우주가 진정으로 하나가 되기 위해서는 '보편성=하늘[天]'에서 '하나[一者]'를 찾을 것이 아니라 '일반성=땅[地]'에서 '하나[包一]'를 찾아야 한다. 보편성은 하늘을 빙자해서 존재하는 허상이다. 우주를 진정으로 하나 되게 하려면 '보편성=하늘'을 없애야 한다. 보편성은 개념이다. 보편성이라는 말에 묶여 있는 한 진정으로 하나가 될 수 없다. 말이 아닌 소리로 돌아가야 진정한 하나가 될 수 있다.

보편성의 일(一)은 분모가 없는 '분자의 일'이고, 일반성의 일은 '분모가 있는 일'이다. '분모의 일'은 분모에 어떤 숫자를 넣더라도 '전체로서의 일(一)'을 잃지 않고 부분도 함께 포함한다. 그러나 '분자의 일'은 분모를 잃어버릴 수 있는, 전체를 잃어버릴 수 있는 일이다. '분모의 일'은 '음악의 일'이다. 음악의 박자는 항상 '몇 분음 몇 박자'이다. 항상 분모의 전체를 잃지 않는다. 소리는 항상 우주 전체, 즉 분모의 전체를 잃지 않는다. 항상 전체성으로서 숨어 있다.

서양의 자본주의 문명은 분자를 키우는 데 주력했지만 여러 가지 문명적·환경적 문제점을 노출하고 있다. 분자를 키우기 위해서는 분모가 되는 자본을 양적으로 확대하는 것이 불가피했다. 그러나 이제 분모를 줄이면서 질적 행복을 느끼는 데로 방향을 전환하지 않으면 안 된다. 이제 동양이 세계문명을 주도할 차례이다. 그러나 서양은 망하기 이전에는 바통을 넘겨주려고 하지 않을 것이다.

서양은 아직도 이성적으로 문제를 해결할 수 있다고 생각하고 있다. 그러나 바로 그 이성이 문제이다. 이성적인 문제 해결은 항상 동시에 다른 문제를 낳고 문제의 연속을 이룬다. 예컨대 정반합의 통합이 근본적인 문제 해결이 될 수 없다. 이성은 어디에서나 어떤 문제에서나 항상 구성하고 쌓아간다.

이성주의가 문제라는 것을 서양 철학자들은 이미 잘 알고 있다. 그러나 그들은 이성주의의 문제를 여전히 이성으로 해결하려고 한다. 이는 이성주의를 버리는 것이 아니다. 문제가 문제를 해결하려는 형국이다. 따라서 서양식으로는 결코 문제를 해결할 수 없다. 이는 전쟁으로 평화를 이룩하겠다는 논리와 같다. 이성적인 이상은 항상 초기에는 성공하는 듯했지만 종국에는 실패했다. 세계는 이성으로 움직이지 않는다. 자연은 이성으로 움직이지 않는다. 자연은 기운생동으로 움직인다. 이성으로 움직이는 것은 인간사 내의 일뿐이다.

서양의 변증법은 정반합의 합을 추구한다. 창조적 진화라고 해도 합생(合生)을 향한 연장이다. 연장 자체가 바로 이성이다. 이성적이지 않으면 연장되지 않는다. 연장은 연장의 실체를 전제하기 때문에 마지막에 실체를 보지 않으면 안 된다. 그래서 연장은 연기이고 보류이지 해결이 아니다. 이것이 질서의 세계이고, 추상의 세계이고, 기계의 세계이다.

음악에는 협화음과 불협화음이 있지만, 소리는 불협화음일 뿐이다. 그래서 소리는 혼돈이고 무질서이며, 무질서의 질서이다. 소리는 질서를 강요하지 않는다. 소리는 흩어지는 기산(氣散)이며 끝내는 침묵한다. 소리는 결코 어떤 것으로 연장되는 것이 아닌, '연장되지 않는 차이'이다.

소리철학, 포노로지(Phonology)는 그래서 불협화음의 철학이다. 자연은 물(物)이고 물은 소리이고, 소리는 기(氣)이다. 진정한 소리는 물의 소리이고 또한 '몸의 소리'이다. 몸의 소리는 혼돈이다.

소리철학은 인격신 '여호와'를 무인격의 '소리'로 대체한 것이고, '이(理)의 보편성'을 '기(氣)의 일반성'으로 대체한 것이다. 이것은 성경에 나오는 태초의 '말씀'을 자연의 '소리'로 대체한 것이다. '말씀' 속에 있는 인간 중심적인 요소를 제거한 것이다. 포노로지는 "태초에 소리가 있었다"고 가정한다.

'움직이는 것에는 소리가 있다.' '파동이 있는 곳에는 소리가 있다.' 자연은 파동의 연결체이고 소리의 연결체이다. 소리와 파동은 구체-생명이다. 자연은 구체-생명의 연결체이다.

여기서 구체는 추상에 비해 구체라는 뜻이고 유기체인 몸(신체)이라는 관점을 포함하고 있지만 그보다는 살아 있는 생명이라는 관점이 우세하다. 유기체(organism)의 개념에는 이미 기관(器官, organ) 혹은 기계적인 메커니즘(mechanism) 혹은 몸틀(le schema corporel)이 포함되어 있기 때문이다. 메커니즘과 몸틀이 내재되어 있는 유기체에 비해 만물 자체가 생명이라는 '만물-생명'의 의미가 크다. '만물-생명'은 기계적인 측면이 없는 생명 그 자체이다. 신체에 기계적인 측면이 들어가 있다는 것은 인간의 대뇌가 추상-기계를 일으키는 것과 관련이 있을 것이다. 추상-기계를 만들어내는 것은 칸트의 형식적 선험(Apriorität)이나 메를로퐁티의 실질적 선험(a priori materiel, a priori sensori-moteur)이 인간 내부에 들어 있기 때문이다.

기(氣)의 우주론으로 보면 '기'라는 '생명 그 자체'의 결정화(에너지의 불균형)가 이루어지고, 그 결정화가 무기물이며, 무기물에서 다시 유기물로, 그리고 인간 유기체의 탄생과 더불어 인간에 내재한 생각(정신)이 기계(생각= 기계)로 발현된 것으로 볼 수 있다.

종래에는 무기물에서 유기물의 탄생은 신의 개입(창조)으로 이루어진 것으로 주장·해석하거나 혹은 무기물에서 유기물로의 진화에 불연속성이 개입한 것으로 보는 것이 지배적이었다. 또한 물리적 우주는 계절이 없는 시공간처럼 이해되기 일쑤였다. 무기적 혹은 기계적 우주에서 인간이라는 생명체가 탄생한 것으로 볼 수는 없다. 우주는 본래 생명체이다. 우주는 시간과 공간이 짜놓은 그물인 셈이다.

자연을 우주로 바꾸면서 우주는 마치 추상-기계의 연결체인 것처럼 오인되었다. 이것이 물리학적 우주관이다. 우주는 기계의 연결체가 아니다. 단지 인간이 추상-기계의 연결체로 세계를 보는 것이다. 자연은 소리로 가득 차 있다. 단지 인간이 그것을 듣지 못할 따름이다. 들을 수 있는 것은 음파이고, 그렇지 못한 것은 초음파이다.

세계에는 항상 감각할 수 있는 것이 있고 감각할 수 없는 것이 있다. 세계에는 드러난 것이 있고 드러나지 않는 것이 있다. 세계에는 눈으로 보이는 것이 있고 보이지 않는 것이 있다. 눈으로 보이지 않는 세계에 대한 철학의 대안이 소리이다. 움직이는 것에는 '소리'가 있다. 움직이는 것의 원천은 '기(氣)'이다. '소리와 기'가 만나서 이루는 철학이 일반성의 철학이다.

그동안 서양철학은 '앎의 철학'이었다. '소리철학'은 '삶의 철학'이다. 앎의 철학이 머리(대뇌)의 철학이라면 삶의 철학은 몸(마음)의 철학이다. 앎의 철학이 '전체에서 부분으로' 나아가는 철학이라면, 삶의 철학은 '부분에서 전체로' 돌아가는(전체성을 회복하는) 철학이라고 할 수 있다. 인간의 철학은 이제 보편성에서 일반성으로 돌아가는 해체의 과정을 밟지 않으면 안 된다.

3) 유물론, 물심(物心), 일반성의 철학

서양철학은 이데아(플라톤)에서 시작하여 사랑(기독교)과 이성과 자유(칸트)

를 거쳐 절대정신(헤겔)과 평등(마르크스)에서 끝났다. 자유와 평등과 사랑도 실은 이성의 변형이었으며 이성적 낙관주의의 산물이었다.

마르크스는 종래 이성중심주의 철학의 정신주의를 해체하고 물질주의인 유물론(唯物論)을 제창했다. 마르크스는 헤겔이 주장한 "이성적인 것이 현실적인 것이고(헤겔 좌파), 현실적인 것이 이상적인 것(헤겔 우파)이다" 중에서 전자를 극단적으로 확대재생산하여 유물론을 주장하면서 좌파 급진주의를 만들어냈다. 마르크스는 헤겔을 관념주의자라고 비판했다.

어쨌든 마르크스는 서양 이성주의철학의 종결자이며 동시에 그 철학의 첫 해체주의자였다. 마르크스는 철학과 종교와 과학을 물질(material)이라는 이름으로 통일하려고 한, 일반성(모성성)의 철학을 처음으로 시도한 인물일지도 모른다. 그러나 마르크스는 서양철학의 정신-물질 이분법에서 물질을 택해 그것에 절대성을 부여함으로써 서양철학을 극복하지 못한 것은 물론이고, 가부장사회에서 모계사회적 공동체와 공유·평등을 주장했기 때문에 결국 국가사회의 계급(계층)을 벗어나지 못했다.

하이데거의 존재론에서 보면 마르크스의 유물론은 헤겔의 유심론과 마찬가지로 존재자적 차원의 논의이다. 정신이라는 존재자에서 물질이라는 존재자로 넘어온 것에 불과하다. 유심론과 유물론은 현상학적 공간의 의식을 물리학적 공간의 사물로 옮긴 것이다. 절대정신이든 유물론이든 모두 존재자들이다. 절대와 명사는 모두 존재자들이다.

마르크스의 유물론은 일반성 철학의 물(物)을 이성주의에 입각해서 물질(物質)로 해석한 것이다. 따라서 유물론은 보편성을 추구하는 서양철학이 일반성의 철학으로 전환하기 위한 전환점이라고 말할 수 있다. 철학인류학적으로 볼 때 유물론이 전제한 원시공산사회는 실은 모계사회였으며, 결국 지독한 가부장사회인 국가제국주의사회에서 모계사회를 실현하려는 허구적·공상적 이상론이 공산사회주의였다고 할 수 있다.

물질을 뜻하는 'matter'는 라틴어 'mater'에서 변화된 것이다. 'mater'는 나무의 몸통 혹은 생명의 근본을 뜻하는 동시에 '어머니(mother)'를 뜻한다. 말하자면 물질과 어머니는 같은 어원에서 출발한 것이다. 이에 비해 'pater'는 아버지를 뜻하기보다는 그룹의 우두머리, 책임지는 사람을 뜻한다. 아버지의 의미는 후대에 붙은 것이다. 'pater'가 생명의 본질이 아닌 것임이 어원학적으로 증명된 셈이다.

서양의 지독한 남성주의·남근주의사회, 가부장주의·자본주의사회는 공동체정신이 빈약해진 스스로의 문제점을 해결하기 위해 평등주의의 공산사회를 주장했으나 기본적으로 가부장사회인 현대는 그것을 허용하지 않았던 셈이다. 물질만 남성의 자리에 대입하고 여성을 기조로 하는 공동체는 실현하지 못하고 도리어 지독한 공산전체주의만 만들었다.

유물론의 문제점은 철학의 상부구조나 하부구조 혹은 형이상학과 형이하학의 자리를 전도시켜서 하부구조나 형이하학의 자리에 있던 물질을 상부구조나 형이상학의 자리로 옮겨놓음으로써 실은 하부구조나 형이하학의 자리를 비워둔 점이다. 이로 인해 상부구조와 하부구조의 역동성이 상실되었다. 이로써 인간의 정신은 물질의 종속상태에 있게 되었다. 물질이 곧 정신이 되고 정신이 곧 물질이 된 것이다.

마르크스는 결국 인간으로 하여금 더 이상 생각을 할 필요가 없게 했으며 오직 유물론을 최종적 도그마로 신봉하고 혁명에 참가하라는 또 다른 절대기독교를 만들어낸 셈이다. 그런 점에서 여전히 매우 기독교적이고 인간 중심적이었다.

유물론적 이상을 도리어 자본주의가 실현하고 있는 측면이 강하다. 자본주의는 유물론의 영양분이 되고 있다. 그런 점에서 유물론이 씨앗(정충)이라면 자본주의는 마치 '생명의 배아적 유입'을 가능케 하는 매트릭스와 같다(생명의 배아적 유입이라는 말은 들뢰즈가 처음 썼는데 물질적·기계적 세계관에서 생명을 설명하기 위한 철학적 장치이다). 유물론이 또 다른 기독교로서 허구적 이데올로기의 생산을 되풀이하는 것에 그쳤다면, 자본주의는 도리어 자본(화폐)을 수단(부호)으로 물질을 다스리는 힘을 지니게 되었다. 자본주의의 생산성은 자유는 물론이고 평등과 사랑마저도 공산사회주의보다 더 잘 실현할 가능성을 높여주는 것으로 판명되었다.

서양철학에서 개별성(개체)은 정신과 육체, 시간과 공간의 이분법을 가능하게 하는 원천이다. 만약 개체가 없다면 정신과 육체, 시간과 공간이 존재할 수 없게 된다. 더욱이 개체가 있기에 집단이 존재하고 그 집단이 있기에 특수성이 생기고, 특수성을 기초로 보편성이 구축된다고 할 수 있다. 그러한 점에서 개별성은 서양철학의 주춧돌과 같은 것이다.

그렇다면 보편성에 반대되는 일반성은 무엇일까? 몸이자 마음이다. 몸과 마음이 구분되어서는 안 된다. 몸과 마음이 구분된다면 일반성의 철학이 필요 없게 된다. 몸이 마음인 까닭은 이미 몸이 개체와 대상으로 구성되어 있지 않기 때문이다. '대상으로서의 개체'가 아니기 때문이다. 그래서 몸을 마음이라고 한다.

일반성의 철학은 몸과 마음(몸=마음/몸)이 같은 뿌리인 데서 출발한다. 만약 이것이 둘이라면 일반성의 철학은 무의미하다. 육체(개체)의 바탕이 되는 어떤 존재가 바로 마음이자 몸인 것이다. 일반성 철학의 몸은 개체(개별)의 근저에 있는 개체의 바탕이 되는 몸, 즉 마음을 말한다(몸=마음). 마음은 '대상이 된 육체'가 아닌 물(物)을 의미한다. 마음은 '개별적인 육체'가 아닌 몸의 전체성이고 일반성이다. 마음은 고정된 육체가 아니라 기운생동의 신체를 의미한다.

일반성 철학의 물은 물심(物心)의 물(物)이다. 몸과 물은 개체적 사고를 바탕으로 하는 것이 아니다. 몸과 물은 개체가 아니다. 마음은 심(心)이고 몸은 물(物)이다. 동양에는 물(物)과 심(心)이 하나인 물심일원론(物心一元論)의 전통이 있다. 그런 점에서 서양의 절대정신주의를 유심론(唯心論)이라고 하고 물질주의를 유물론(唯物論)이라고 한 것은 적확한 표현이 아니다. 유심론은 유정신론(唯精神論), 유물론을 유물질론(唯物質論)이라고 해야 한다. '유(唯)'는 절대를 나타내는 개념이다. '절대'라는 개념은 접두어나 형용사의 형태로 어떤 명사에 붙더라도 같은 의미의 '절대'이다. 따라서 유심론이든 유물론이든 결국 '절대론'으로 같은 것이다.

또한 일본의 대표적인 철학자인 니시다 기타로(西田幾多郎)의 '절대무(絶對無)'나 법정(法丁)의 '무소유(無所有)' 개념은 불교의 진정한 무(無)의 개념이 아니다. '절대'와 '소유'는 현상학적 차원이다. 니시다 기타로와 법정의 철학은 마치 존재론에 포함되는 것처럼 행세하지만 실은 유(有)의 차원의 무(無)로 결국 현상학적인 차원의 무(無)에 불과하다. 이것은 작위(作爲)의 무이고, 의식(意識)의 무이고, 정신주의를 표방하는 무이다. 정신주의는 실은 물질주의와 같은 것이다.

니시다의 절대무는 무를 절대시하는 철학으로서 하이데거의 '존재와 무'의 무와는 정반대의 철학이다. 니시다의 철학은 선(善)을 인위(人爲)하는, 체[僞]하는 철학이고, 죽음을 인위하는 철학이다. 법정의 철학인 무소유는 소유가 아닌 무를 소유의 술어로 사용한 소유이다. 이 말을 정확하게 하려면 무불소유(無不所有)라고 해야 한다. 이것도 무를 체[僞]하는 철학이다.

노장의 무위자연(無爲自然)이나 무위(無爲)철학, 부처님의 무(無)와 공(空)의 철학은 심물일체(心物一體. 앞으로 '심물일체'는 으레 '물심일체'로 왕래하기 때문에 심물일체로 통일한다)의 철학으로 심(心)과 물(物)을 같은 것으로 본다.

철학이 보편성을 찾는 한 동일성과 그 그림자에서 벗어나지 못한다. 보편성 자체가 바로 동일성이기 때문이다. 철학이 무아(無我) 혹은 무의식(집단무의식)에 들어왔으면서도 동일성에서 벗어나지 못하는 것은 초자아나 초의식에 빠져 있기 때문이다. 의식(자아)의 연장으로서 무아나 초자아가 있으면 동일성의 흔적을 완전히 지울 수 없다.

철학이 물학(物學)에 들어왔으면서도 동일성에서 벗어나지 못하는 것은 물(物)을 물질(物質)로 대하는 습관으로 인해 자아(의식)나 초자아(초의식)에 빠져 있기 때문이다. 철학이 심학(心學)에 도달했으면서도 동일성에서 벗어나지 못하는 것은 심(心)이 물(物)을 대신함으로써 심이라는 동일성에 빠져 있기 때문이다.

심물(心物)은 왕래해야 하고 어느 것이 우선인가를 따지지 말아야 한다. 기(氣)철학을 바탕으로 하면 심즉물(心卽物)이요 물즉심(物卽心)이다. 어느 것이 우선인가를 따지면 이미 유심론 아니면 유물론에 빠져들게 된다. 유심론과 유물론은 실은 유기론(唯氣論)의 현상학에 지나지 않는다.

그런 점에서 일체유심조(一切唯心造)라는 말도 적절하지 않다. 굳이 심(心)을 강조했기 때문이다. 물(物)이 물질이 아닐진대 굳이 심을 주장할 이유가 없지 않은가. 이것은 아직 물에 도달하지 못한 그 상태를 드러내는 말이다. '심'과

'물'의 우선순위를 따진다거나 어느 한쪽을 두둔하게 되면 이는 아직 심물일체에 도달하지 못함을 드러내는 일이다.

심(心)을 '심'이라고 규정한 것은 이미 '심의 현상학'이고, 물(物)을 '물'이라고 규정한 것은 이미 '물의 현상학'이다. 심과 물을 관찰하거나 성찰한 것은 심물 자체가 아니다. 심의 현상이 물이고 물의 현상이 심이다. 동시에 심물의 현상이 심이고 물이다.

그래서 기(氣)철학자는, 특히 일반성의 철학을 하는 기철학자는 굳이 이(理)를 기(氣)와 분리하지 않는다. '이'는 '기'의 기표인 셈이다. '이'는 '기'의 '결[紋理, 文理]'이면서 현상학이다. 기는 시공간을 해체하고 인간을 해체한다.

인간의 이는 기를 저변으로 하는 그 무엇이다. 그렇게 보면 무엇을 주장하게 되면 이미 일반성에서 이탈한 것이 된다. 결국 서양의 이성중심주의 철학은 물론이고 동양의 심학(心學)·물학(物學)·이학(理學)도 모두 나름대로 세계를 본 것이지만 보편성이라는 동일성을 찾음으로써 일반성에 도달하지 못한 셈이다.

서양의 뇌(腦)과학은 인간의 정신과 의식에 대해 자연과학적인 접근과 연구를 계속하고 있다. 이 분야를 종래의 물리학과 '또 다른 물리학'이라고 명명하는 것 같다. 인간의 의식을 성찰의 방식으로 접근하는 학문이 철학적 현상학이라면, 인간의 정신의식을 자연과학의 방식으로 접근하는 학문은 그런 점에서 '심물리학(心物理學)'이라고 명명하는 것이 옳을 듯하다. 심과 물은 하나이기 때문이다.

아마도 어떤 최종적인 동일성이나 실체를 찾으려고 하는 자연과학적 노력은 한계에 직면할 것이다. 세계는 실체가 아니라 매트릭스이기 때문이다. 매트릭스는 실체가 없이 서로 다원다층으로 연기(緣起)되는 '인드라(Indra) 망(網)'일 것이라는 불교적 가설이 가장 유력한 세계이다. "지금 우리 눈앞에 흩어져 있는 세계는 바로 인드라 망이다." 인드라 망이야말로 기(氣)의 망이고, 기의 망이야말로 여성의 자궁(web, matrix)과 같은 것이고, 여성의 자궁은 일반성의 철학을 옹호한다. 일반성이 여성의 자궁이라면 보편성은 남성의 대뇌와 같은 것이다.

이제 철학은 보편성을 버리고 일반성을 찾아야 한다. 일반성의 철학은 진정으로 동일성을 버리는 철학이다. 일반성의 철학은 동양의 '기철학적 전통'을 바탕으로 한 것이고 '소리철학'에서 완성된다.

일반성의 철학은 사물을 대상으로 보지 않고 그 속에서 보편성은 물론이고 구조조차 찾지 않는다. 구조도 실은 보편성의 한 변형이기 때문이다. 구조주의는 역사주의의 미망(迷妄)을 벗어나긴 했지만 여전히 또 다른 보편성(통사음운구조, 수학)에 빠져 있다. 서양철학은 이상하게도 일반적인 법칙, 일반적 구조 등 일반성을 찾으면서도 그것을 보편성, 보편적 구조, 보편적인 법칙이라고 말한다. 이는 철학이 보편자에 빠져 있기 때문이다. 이 보편자 속에는 어떠한 경우에도 동일성의 그림자가 있다.

보편성은 일반성의 개별성이고 특수성이다. 과거에는 존재의 일반성(일반존재, 일반자, 氣)에서 개별성을 지나 특수성에서 다시 보편성(보편 존재, 보편자, 理)을 찾으려고 주력했지만, 이제 보편성에서 특수성(시공간적 특수성)을 지나 개별성(시공간, 몸)을 거쳐 일반성(마음)에 도달하지 않으면 안 된다.

사물은 인간의 필요를 위해서 존재하는 것이 아닐 뿐더러 인간이 본 대로 존재하는 것도 아니다. 사물은 사물대로 존재하는 것이다. 이때의 사물에는 물론 인간도 들어간다. 만물은 저마다 존재하는 것이다.

서양철학의 존재론은 종래 존재의 포기이며, 그라마톨로지(문자학)는 종래 문자의 포기이다. 서양철학이 종래의 용어를 그대로 사용하면서 그 뜻만 전도시켜 서양의 이성중심주의를 벗어나려고 노력하는 것은 그만큼 존재와 문자에 빠져 있었다는 반증이다. 이는 자기부정을 하면서도 차마 자기의 용어(언어)마저 버릴 수 없음으로 나타난다. 그래서 용어의 뜻만 살짝 전도시킴으로써 자신의 자존심과 정체성을 유지한 것이다.

이는 서양철학 내부의 전통을 단절하면서 동시에 계승하는 것이다. 서양철학이 이렇게 의미의 반전(反轉)을 통해 이성중심주의를 벗어나려고 하는 것은 바로 동양의 '기철학'과 같은 것이 부재한 때문이다. 하이데거 존재론의 존재는 동양의 기에 해당하고, 데리다 문자학의 문자는 동양의 이에 해당한다. 다시 말하면 존재=기(氣), 문자=이(理)이다. 자신들의 철학적 문맥에서 동양의

'기'와 '이'를 이해하려고 하니까 존재론이 생기고 문자학이 생긴 것이다.

따라서 존재론은 '기'철학의 다른 이름이고, 문자학은 서양철학의 '이성'을 '이'로 바꾼 것이다. 그런 점에서 문자학은 현상학의 범주에 속하며, 존재론은 '기'철학과 불교철학에 도달하고자 하는 서양철학의 노력이다.

'기'는 유심(唯心)도 아니고 유물(唯物)도 아니다. 심즉기이고 물즉기이다. 일반성의 철학은 '기'철학을 토대로 하지 않으면 성립되지 않는다. 따라서 일반성의 철학은 '기'철학을 서양철학의 문맥에서 붙인 이름이고 동시에 그 내용이다.

사물을 대상으로 보는 오랜 철학적 노정은 일반성의 철학에 당도해 비로소 사물이 노예가 아니라 주인임을 알게 되고 그 노예의 굴레로부터 사물을 해방시킨다. 이는 유물론이 아니다. 유물론의 약점은 사물을 굳이 '물질 중심'의 유물(唯物)로 해석한 데 있다. 이는 종래의 유심론과 마찬가지로 편파성을 드러낸 것이다. 결국 서양 철학사에서 유심론은 유물론이었던 셈이다. 또한 유물론의 결정적 패착은 다시 인간의 역사를 위해 인간 중심으로 유물사관(唯物史觀)을 정립한 데 있다.

사물(만물)은 본래 흩어져 있다. 이것이 일반성이다. 흩어져 있는 것이 잠시 '연기(緣起)'로 인해 모아져 있을 뿐이다. 일반성의 철학은 불교철학으로 해석될 수도 있다. 불교철학은 일반성의 철학을 만들어내는 데 큰 힘이 되었다. 그러나 불교철학에도 그동안의 해석과 전승 과정에서 오해된 면과 약점이 없는 것은 아니다. 일반성의 철학은 오늘날 불교가 믿고 있는 '부처'조차도 초자아의 형태적 측면이 있다는 것을 부정하지 않는다. 진정한 부처는 초자아가 없는, 초월적인 것이 없는 만물-생명, 즉 만물만신(萬物萬神)의 부처이다. 그러나 불교야말로 지금까지의 이데올로기 가운데 가장 일반성의 철학에 가깝다고 할 수 있다. 진정으로 불교를 이해하면 일반성의 철학과 만난다고 생각한다.

일반성의 철학은 무엇보다도 보편성을 추구하지 않을 뿐더러 보편성 자체를 동일성으로 간주한다. 일반성의 철학은 서양철학과 동양철학 모두를 통섭한 지금의 결과이다. 일반성의 철학이야말로 아무런 선입견 없이 자연을 있는 그대로 받아들이는 '지혜(智慧)의 철학'이다. '지혜의 철학'은 '무(無)의 철학'이다. '무의 철학'이야말로 도학(道學)이다.

예로부터 동양에서는 '지혜의 철학'을 도학이라고 했다. 이는 서양의 보편성 철학이 '지식의 철학'이라는 것과 대조된다. 어떤 측면에서는 동양의 도학이 서양의 철학에 의해 오염되었다고도 말할 수 있다. 인도에서 부처라는 말이 탄생한 것은 수많은 우상의 신을 배격하기 위해서였다. 오늘날 일반성의 철학, 소리철학이 탄생한 것은 바로 수많은 보편성을 지우기 위해서이다. 그런 점에서 일반성은 만물과 부처와 통한다.

보편성의 철학과 일반성의 철학을 다시 요약하면 다음과 같다.

보편성의 철학

보편성 = 인간 = 자연과학 = 기표 = 하나님 = 과학 = 이(理)의 철학 = 지식의 철학 = 유(有)의 철학 = 철학(哲學)

일반성의 철학

일반성 = 만물 = 자연 = 소리 = 부처 = 불법(佛法) = 기(氣)의 철학 = 지혜의 철학 = 무(無)의 철학 = 도학(道學)

이(理)철학: 文理	보편성	존재자	실체 있음	이성-정신-물질(物理)
기(氣)철학: 氣質	일반성	존재 = 기(氣)	실체 없음	느낌-心物-氣運生動
소리(聲音)철학	우주 = 소리	소리 = 기(氣)	소리 = 본질	시간과 공간이 없음

4) 이기(利己), 이성(理性), 필요악(必要惡)

그동안 인류의 철학이 보편성을 찾는 철학적 여정에 빠져 있었던 이유는 인간이 스스로를 자연에 투사하고 그 투사된 자신을 자연인 줄 착각했던 데 있다. 인간은 결국 스스로에게 속은 셈이다. 보편성은 인간 자신이고 자아이다. 이때의 자아는 타자와 같은 개념이다. 자아와 타자(대상)는 거울의 반사 현상이기 때문이다.

따라서 자아와 이기주의(egoism)를 버릴 때만, 자아를 버리는 자에게만 스스로 자연으로 돌아갈 수 있는 안식의 기회가 주어진다. 자아를 버리면 시간도 공간도 없고 대상도 없다. 자아를 버리는 것이 영원이다. 영원은 추구하여야 할, 잡아야 할 대상이 아니다. 영원에 대한 신앙(cult)이야말로 인간의 영원한 질병(疾病), 즉 물질의 병[質病]이다. 자아를 버리지 못하면 대상을 버리지 못하고, 세계는 영원한 대상이 된다. 자아를 버리는 것은 찰나순간이고, 그 찰나순간이야말로 영원이 된다.

사물은 더 이상 대상이 아니다. 사물은 저마다 존재하고 있다. 저마다 흩어져 존재하며, '존재'가 연기(緣起)되어 생명을 만들어내고 생멸(生滅)하고 있다. 그 생멸은 무수히 반복될 것이다. 생멸은 생사(生死)가 아니다. 따라서 물(物)도 생(生)이다. 말하자면 사물은 저마다 살고 있다. 철학은 이제 '앎의 철학', '지무지(知無知)의 철학'이 아니고 '삶의 철학', '생멸의 철학'이 되어야 한다.

지금 내 앞에 하나의 물컵이 있다고 하자. 사람들은 우선 이 컵을 물을 마실 때 사용하는 그릇으로 생각할 것이다. 말하자면 도구이다. 그런데 그 도구는 인간이 디자인한 것이다. 그래서 인간은 그 물컵을 자신의 소유(도구)로 생각할 것이다. 그러나 물컵은 자신을 인간의 도구로 생각하지 않는다. 그렇게 있을 뿐이다. "나는 물컵과 인간의 거리(시간과 공간)를 생각할 수가 없다." 물즉생(物卽生)이고 생즉물(生卽物)이다. 물즉생·생즉물은 심즉물(心卽物)·물즉심(物卽心)보다 인간주의의 흔적이나 강도가 적다. 물즉생·생즉물은 심즉물·물즉심보다 더 자연동형적이다.

철학은 모든 문제를 해결하는 것이 아니라 문제를 발생시킨 차원에서 해답을 찾는 인간 삶의 방식이다. 결국 사후약방문 격이 되지 않을 수 없다. 영원한 문제 해결은 없다. 따라서 철학은 문제 해결보다는 문제 도출의 방식이다.

삶에 문제가 없었으면 철학은 탄생하지 않았을 것이다. 어항 속의 물고기는 삶에 아무런 문제가 없으면 물을 느낄 수 없을 것이다. 지구에서의 생존에 아무런 문제가 없었으면 인간은 이성을 필요로 하지 않았을 것이다. 이성은 필요에 의해 생긴 것이며, 결국 이성은 필요악이다.

루소가 북쪽에서 날씨가 추운 겨울일 때 필요욕구가 규약을 창조한다고 생각한 점은 이성의 탄생과 관련해서 매우 유익한 발상이다. 모든 생물에게는 이기적 유전자라는 게 있다. 이기적 유전자는 자신의 종을 영속시키기 위한 생물학적 본능이라고 말할 수 있는데 인간에 이르러 그것은 이성(理性)이 되었다. 그렇기에 이성에 자연적 본능이 없는 것은 아니지만 본능과는 다른 무엇이 있다. 그 무엇은 바로 대상을 관리하기 위해 필요한 인과성(법칙성)이다. 따라서 이성은 본능에 비해 대상을 이용하는 측면이 확대 재생산되어 있다. 그런데 대상을 이용하는 능력을 확대하다 보니 이성에는 생존에 필요한 것만 취하는 선한 측면과 필요이상의 연장(延長)과 축적(蓄積)을 기도(企圖, 祈禱)하는 악한 측면이 공존한다. 이상이라는 것도 이러한 연장선상에 있다.

자연에는 선악이 없다. 선악이라는 개념은 인간이 만든 것이다. 선악은 인간이 투사된 것이다. 선악은 인간이 만든 모든 개념처럼 고정불변의 것이 아니라 이중왕래적인 성격의 것이다. 선악이 고정되었다고 생각하는 것은 이성의 정언명령적(定言命令的) 성격 탓이다.

인간의 이성은 자신(자아)을 중심으로 세상을 바라보는 자기도착적 성격을 가질 수밖에 없으며 자신을 진선미로 바라보는 반면 상대를 대상으로 혹은 적으로 혹은 악으로 규정하기 쉽다. 상대가 적이고 악인 셈이다. 그러한 점에서 인간은 자신의 이성에 속기 쉽다. 이성을 가진 인간이 같은 종의 인간을 향해 집단살해(전쟁)를 감행하는 것은 바로 자신이 선하다고 생각하는 이성의 자기합리화 때문이거나 아니면 이성 자체의 악 때문이다.

이성은 필요이고 필요는 동시에 결핍이다. 결핍은 악을 부른다. 결핍의 이면에는 죽음의 공포가 있다. 인간은 죽음이 두려워 악을 행하는지도 모른다.

> 그(폴 리쾨르)는 악에 수반되는 형상을 '죄', '고통', '죽음'이라고 진단했다. 그리고 악을 두 가지 현상으로 분류했는데, 하나는 '도덕적으로 범한 악(le mal moralement commis)'이고 다른 하나는 '고통을 당한 악(le mal subi de souffrance)'이다. '도덕적으로 범한 악'은 위에서 나온 개념인 죄의 현상과 직결된다. 이 악에 대하여 도덕적 악을 범한 주체를 상정해서 사람들은 책임의 소재를 밝힌다. 그 주체가 도덕을 위반한 행동이 명백한 경우에 도덕적·법적 심판에 따라 징계를 받고 고통과 형벌이 부과된다. 그러나 모든 악이 그렇게 간단하게 끝나는 것은 아니다. 인간의 이성으로 풀리지 않는 언

> 어도단으로서 언제나 남는 것은 '고통을 당한 악'이다. 이 악이 자아내는 고통은 도덕적 악으로 범한 죄에 대한 징계에서 오는 형벌과 반드시 일치하지 않는 데서 문제가 발생한다.[10]

'범한 악(le mal commis)'과 '당한 악(le mal subi)'의 개념과는 별도로 칸트는 '근본악(das Radikalböse)'이라는 개념을 상정했다.

> 성(聖) 아우구스띠누스의 존재론적·신학적 악의 해석에 대하여 칸트(Kant)는 그것이 '선험적 환상'에 불과하다고 비판했다. (중략) '근본악(根本惡)'이란 모든 인간은 공통적으로 선(善)에의 기본성향(Anlage)을 갖고 있지만, 동시에 모든 인간은 근본적으로 악(惡)에의 경향(Hang)을 갖고 있다는 것이다. 칸트는 이 근본악의 존재이유를 이론이성으로는 인식할 수 없다고 여겼다.[11]

칸트의 근본악이란 개념도 문제를 해결하거나 고통을 덜어주는 것은 아니었다. 고통은 관념적 화해나 유희만으로 해결되는 것은 아니기 때문이다.

동양에서 선악의 문제는 맹자와 순자에 의해 극명하게 대립된다.

> 맹자나 순자는 다 도덕률이 없는 사회가 결국 붕괴와 멸망으로 간다고 하는 점에서, 그리고 악은 곧 사회생활의 해체로 가는 길이라고 보는 점에서 공통적이지만, 선 즉 좋은 사회공동체 생활을 유지 가능케 하는 원리로서의 선에 대한 발생론적 관점이 서로 상이하다. 맹자에게는 그 선의 원리가 선천적이지만, 순자에게 그것은 후천적 인위의 소산이다. 이 인위의 개념을 순자는 '위(僞)'라고 칭했다.[12]

---

10) 김형효,『물학, 심학, 실학』, 17~18쪽.

11) 같은 책, 21쪽.

12) 같은 책, 26쪽.

흔히 맹자는 성선설, 순자는 성악설로 요약된다. 맹자는 인간의 천성을 선하다고 보기 때문에 그것을 회복하면 문제가 해결된다고 보는 데 반해 순자는 자연적·본능적인 천성을 후천적 인위에 의해 교정할 수 있다고 본다.

인간의 천성이 선하다는 것도 문제가 있고 인간의 자연적·본능적 천성을 교정하면 된다는 것도 문제가 있다. 맹자는 인간의 천성이 선하다는 낙관론을 펼치고 있는가 하면 순자는 자연과 본능을 악한 것으로 규정하고 있으니 말이다. 성선설과 성악설은 둘 다 자연과 본능의 선함을 모르는 인간중심주의와 자기도착에 빠져 있다. 이는 인간의 자연적인 측면이 선하고 자연과 본능이야말로 선하다는 것을 모르는 소치이다.

인간의 특성인 이성이야말로 악의 근원일 가능성이 높다. 인간은 자신의 악(대상을 이용하고 싸우려는 경향)을 자연에 투사하고 자신은 선하다고 생각하거나 선하게 교화할 수 있다는 자세를 견지하고 있다. 이는 둘 다 인간의 선을 위해서 자연을 제물로 보는 견해이다. 선악의 문제는 인간의 자기도착적 성격을 드러내는 대표적인 예이다.

'자연은 악하지 않다.' 결국 필요가 악을 불렀든 이성이 필요악이든 악은 인간에 의해서 발생한 개념이다. 자연은 악이라는 개념을 발생시키지 않았다는 점에서 선(善)하다. 그래서 인간의 자연적인(본성적인) 측면이 선하다고 말할 수 있다. 동시에 이성의 자연적인 측면이 바로 필요선(必要善)이다.

우리는 이렇게 말할 수 있다. "필요는 이성이다. 필요악도 이성이고 필요선도 이성이다." 그런데 이상하게도 인간은 자신을 미루어 자연을 보는 관계로(이것은 자연의 인간동형적 사고이다) 많은 사람들은 자연을 악하다고 생각하고 인간을 선하다고 생각한다. 혹은 적어도 인간은 자연보다 선하다고 생각한다. 이것이 도대체 인간의 도착이 아니고 무엇이란 말인가?

이성적인 인간이 왜 점점 더 악해지는가? 인간은 욕망에 더욱더 깊이 빠져들어가면서도 욕망을 비판하는 도착적 존재이다. 인간을 도착적 존재로 만드는 핵심에 이성이 도사리고 있다. 이성으로 문제를 해결하는 것이 아니라 이성 자체가 문제이다. 이성이야말로 도착이고 문제이다.

현대인은 중세나 고대인의 악(惡) 혹은 필요악(必要惡)을 이성(理性) 혹은 욕망(慾望) 혹은 의지(意志)라는 이름으로 위장하였는지도 모른다. 그런 점에서 현대인은 고대·중세인에 비해 근본적으로 악한 존재이다. 단지 현대인은 그것을 악이라고 말하지 않고, 이성이나 욕망이나 의지나 이익(利益)이라는 이름으로 중화시키는 전략을 택했다.

이성은 적절하게(적절한 불확실성으로) 분포(연기)되어 균형을 유지하고 있는 생태적인 환경의 적이다. 이성은 확실성을 추구함으로써 자연과 인간, 인간과 인간을 대립적으로 만드는 인간이기주의의 본부이다. 본능의 연장, 즉 '자연으로서의 이성'은 선한 측면이 강한 반면 문명, 즉 '소유로서의 이성'은 악한 측면이 강하다. 따라서 선해야 자연과 일체가 된다.

선하지 못하면 자연과 일체가 되지 못한다. 악은 자연을 대상으로 볼 뿐이다. 이성의 필요악을 최소화하기 위해 윤리와 도덕이 필요한 것이다. 이성은 자연의 '이(利)'가 '이(理)'로 변형되어 고착된 측면이 강하다. 자연의 이기적 유전자인 '이(利)'는 인간에 이르러 이성적인 '이(理)'로 변한 측면이 많다.

자연의 이기적 유전자에는 개체적인 이기와 개체군[種]의 이기가 동시에 있다. 개체적인 이기는 인간에 이르러 개인이익 혹은 가족이익 혹은 집단(국가)이익으로 진행된 반면, 개체군적인 이기는 개체군적 희생이나 집단을 위한 의리 혹은 인류애로 발전했을 가능성이 높다. 말하자면 이(利)와 이(理)는 같은 뿌리를 가지고 있는 셈이다. 따라서 자리이타(自利利他) 혹은 이타자의(利他自義)는 동봉관계에 있다.[13)]

이기적 유전자 속에 개체군적 희생이 있었는가 하면, 인간에 이르러서 개인이익은 물론이고 가족이익이나 집단(국가)이익으로 발전한 개체적인 이기가 있다. 그리하여 인간에게는 이기(利己)와 희생의 양면성이 공존한다고 보아야 한다. 그런데 인간에게 우선시되는 것은 개체적인 이기이다.

서양의 윤리가 삶의 법규라면 동양의 도덕은 천도지덕(天道地德), 상천법지(象天法地), 도법자연(道法自然)의 인격 완성이다. 동양의 도덕은 인간이 천지자연과 하나가 되는 것이다. 이성의 악한 측면을 완화하기 위해서 자리이타, 홍

---

13) 聖德道 편찬, 『自性反省聖德明心道德經』, 87쪽.

<table>
<tr><td rowspan="2">이기적 유전자</td><td>개체적인 이기</td><td>개인이익</td><td>가족이익</td><td>집단(국가)이익</td><td rowspan="2">동봉 관계</td></tr>
<tr><td>개체군적 이기</td><td>개체군적 희생</td><td>집단을 위한 의리</td><td>인류애(인류애)</td></tr>
</table>

익인간(弘益人間), 홍익중생(弘益衆生) 등 개인의 이익인 사리(私利)보다 남의 이익인 공익(公益, 共益)을 배려하도록 하는 여러 사상이 나오긴 했지만 항상 이익의 사리성(私利性)과 공익성(公益性)을 둘러싸고 수많은 이데올로기적 긴장을 연출해온 게 인류 문명사이다.

한 가지 분명한 것은 어느 한쪽이 완전한 승리를 하지 못할 것이라는 점이다. 사리와 공익은 동봉왕래·이중왕래 관계에 있다. 수단과 목적, 원인과 결과도 마찬가지이다. 인간이 만든 모든 대립적인 개념, 사상, 이데올로기는 그러한 동봉관계에 있는 셈이다. 동봉관계는 확실성보다 불확실성의 측면이다. 결국 인간은 이성을 통해 확실성을 추구하지만 자연의 생태적 조건이라고 할 수 있는 불확실성을 내포하는 '적당(適當)한 적응(適應)'의 삶을 영위해왔다고 말할 수 있다.

서양철학에서 이성 이외의 모든 철학적 사유, 예컨대 신을 비롯해서 의식, 욕망, 의지, 차연 등은 모두 이성의 변형일 따름이다. 결국 문제는 이성이지 본능이 아니다. 그런데 이성주의자들은 마치 동물적 본능이 삶의 불평등과 황폐화를 초래했고, 따라서 윤리적으로(이성적으로) 이를 제어해야만 하는 것처럼 주장해왔다.

'개보다 못한 인간'이라는 말은 참으로 개를 모독하는 표현이다. 인간이야말로 달밤에 자신의 그림자를 보고 도둑(낯선 사람)인 양 짖는 개와 같다. 이데아(idea)야말로 인간이 자신을 투사한 것이며, 인간의 정신은 정신과 물질(육체)을 이분화했다. 이데아는 이성(ration, logos)으로 발전했고, 이성(정신)은 사물을 대상(물질)으로 보게 하고 물(物) 혹은 심(心)을 보지 못하게 했을 뿐만 아니라 심물(心物) 자체, 자연적 존재를 보지 못하게 했다. 그래서 인간은 영원히 시간과 공간에 갇힌 죄인이 되고 말았다.

이성으로 이기심을 제어하려는 것은 생선가게를 고양이에게 맡기는 꼴이다. 이성은 탐욕적이다. 본능과 본성은 필요선이다. 필요선은 필요가 욕망과 결탁하기 이전의 자연 자체를 말한다. 선은 필요가 아니고 자연이다. 선은 '소유적 존재(제도적 존재자)로서의 문명'이 아니라 '자연적 존재로서의 본성'이다. 자연은 이성적이지 않다.

자연은 근본적으로 선악도 없이 자신의 이익(생존이기)을 위해 흩어져 있다. 여기에 선악을 투사한 것은 인간이다. 맹자의 성선설이 선악을 투사하기 전 인간의 본래 자연적 심성을 말한 것이었다면 옳다. 그러나 맹자의 성선설은 물심(物心)을 같은 것으로 보지 않는다. 물학적(物學的)인 면이 부족한 것이다.

성선설은 심학(心學)의 양지양능(良知良能)으로 발전했으며, 본능적·본성적 자연에 가까운 심성을 말한다는 점에서 유의할 만한다. 아마도 자연스럽게 사는 데 아무런 문제가 없었으면 인간은 선했을 것이다. 그러나 인간에 이르러 필요는 이성을 낳았다. 이성이 곧 필요이다. 그러나 필요가 항상 충분한 것은 아니다. 충분한 것은 자연밖에 없다. 인간의 필요는 자연 전체(자연의 생태적 균형의 측면)로 보면 악한 측면이 강한 것이 사실이다. 눈앞에 있는 필요를 먼저 보기 때문이다. 그래서 근시안적인 사람은 자연을 거스를 수밖에 없다.

이성의 성악적(性惡的) 측면은 인간종 내부로 방향을 바꿀 수도 있다. 이성은 진(眞)도 선(善)도 아니다. 그래서 진리(眞理)와 윤리(倫理)는 인간중심주의의 자화자찬에 불과하며, 가장 심각하게는 인간이기주의의 상징이다. 그런 점에서 칸트의 순수이성은 없다. 순수이성은 이름일 뿐이며, 단지 이성을 순수라고 말했을 따름이다.

이는 인간이 자신을 말할 때 '순수(純粹) = 선(善)'이라고 하는 논리와 다를 바가 없다. 모든 인간은 자신이 순수하다고 생각하거나 자신이 잘 알고 있는 사람은 순수하다고 생각한다. 즉자는 항상 순수하고 선하다. 그러한 점에서 이성이 타자(대상)를 설정한다면 이는 필요악일 수밖에 없다. 이성의 본질은 필요이고, 타자이고, 악이다. 그렇기 때문에 극단적인 이성의 눈으로 보면 즉자인 자연은 무능하며 기괴하기까지 하다.

인간은 누구나 자신을 선하다고 생각한다. 그러나 이때의 '선'은 누구나 자신의 존재를 백지상태에서 (스스로) 바라본 것에 지나지 않는다. 백지에 어떤 그림을 그리느냐에 따라 선악이 갈리게 된다. 선이란 선이라기보다는 자기투사에 지나지 않는다. 이에 비하면 악이란 실은 악이라기보다는 필요악에 해당하는 대상투사에 지나지 않는다. 자신이 선하다고 생각하는 것은 흔히 독선으로 흐르기 쉽다.

인간이 스스로 순수하다고 말하는 것은 순수하지 않기 때문이다. 순수이성이나 순수직관·순수경험은 없다. 인간이 선하다고 말하는 것은 스스로 선하지 않기 때문이다. 인간은 순수하다고 하고 선하다고 하기 때문에 순수하지 않고 선하지 않다. 순수이성은 필요에 의해 인간이 만든 것이다. 순수이성은 없다. 순수이성이란 자연을 대상화(인식)하기 위한 전략이다.

이는 인간(남자)이 자연(여자)을 악(惡, 原罪)이라고 규정한 것이 자연을 대상화하기 위한 전략인 것과 같다. 인류의 소유와 죄도 가부장제의 결과이다. 다시 말하면 가부장제의 권력이 인류에게 부여한 족쇄이다. 악이라는 것도 인간이 등장함으로써 발생한 개념이고, 상대를 악이라고 규정했기 때문에 자신은 저절로 선이 된다.

인간은 자신의 악을 대상(상대)에게 투사하고 자신은 선이 된 셈이다. 이는 자신의 악을 상대에게 뒤집어씌움으로써 더욱더 맹렬하게 상대와 싸우게 되는 힘을 얻는 방법이다. 따라서 선, 혹은 순수, 혹은 정의(正義)는 매우 위험한 것이다. 인류 역사상 이것보다 가증스러운 것은 없다.

철학적 보편성은 필요에 의한 이성의 결과이고 이성은 필요악이다. 동시에 인간의 보편성은 자연의 일반성에 대한 복제이고 심하게는 전도이다. 그런데도 이성은 자연의 선한 본능(생태적 적응)을 왜곡하는 것은 물론이고, 자신이 진리(진실=존재)이고 윤리(당위=선)이고 사실(아름다움=미)인 것처럼 행세해 왔다. 이것이 자연에 대한 인간의 전도이다. 인간은 자신의 이성과 악을 자연에 투사하고, 자신은 순수한 지고지선(至高至善)인 반면 동물을 악한 것처럼 죄를 뒤집어씌웠다. 기독교와 이성주의는 실은 한 통속이다. 기독교는 그 지고지선의 자리에 아담을 두고 동물과 같은 자리에 이브를 두었다.

이렇게 본다면 서양철학의 모든 문제는 바로 이성의 '사물(Thing) 규정'에서 비롯된다고 할 수 있다. 사물은 대상(object)이고, 그것은 항상 이용 가능한 것이고, 그렇기에 그것을 'It = Thing'이라고 했다. 그래서 사물이 대상이 된 것이

철학	출발	과정	도착	삶의 주제
서양철학	Thing(It, itself)	nothing	nothingless	정복과 지배의 땅
동양(원시) 철학	自然(natural, 저절로)/無爲自然	有無相生 無爲/眞空妙有	We(Web) 인드라 망	함께(together) 사는 삶의 공동체

다. 사물을 대상으로 설정한 서양문명은 당연히 마지막에는 물신숭배(物神崇拜)에 빠지게 된다.

물신숭배는 서양 사람들이 원시·미개부족의 사물 숭배 신앙에 대해 붙인 이름인데 정작 원시·미개인들의 사물 숭배는 '대상으로서의 사물'을 숭배하는 것이 아니라 사물을 신물(神物)로 대하는 신물숭배(神物崇拜)였다. 서양의 사물숭배를 극적으로 보여주는 것이 바로 유물론이다.

이에 비해 원시부족과 동양사회는 자연을 무위적 존재, 즉 '자연=신물(神物)'로 바라보면서 함께 살아가는 존재로 여겼다. 이러한 사상은 '우리(We, Web)=인드라 망'이라는 개념에 들어 있다. '우리'는 만물을 삶의 공동체로 여기는 사상이다. 일반성의 철학이 추구하는 세계는 바로 '우리'의 세계이다. '우리'는 집단무의식이고 집합표상이다.

사물은 더 이상 인간으로부터 소외된 존재자가 아니라 인간과 더불어 사는 공동존재이다. 인간은 사물과 공동체를 이루고 있다. 따라서 물즉생(物卽生)이고 생즉물(生卽物)이다. 이때의 물(物)은 물질(物質)이 아니고 생(生)은 생물(生物)이 아니다. '물즉생·생즉물'은 바로 기(氣)이다. 기는 정신도 물질도 아니다. 기는 이(理)의 분모이고 바탕이다. 이를 하이데거 식으로 말하면 '기'의 보이지 않는 존재에서 보이는 존재자로 드러난 것이 바로 '이'이다.

5) 라이프니츠의 단자론과 서양철학의 이해

라이프니츠는 흔히 수학자·과학자로 알려져 있다. 그러나 그의 철학적 의미는 되새겨볼 만하다. 그는 동양의 주역사상과 음양사상을 서양으로 가져가서 서양문명의 양식으로 삼았다는 점에서 가장 획기적이다. 이는 문화권 간의 거래에서 어떻게 한 문화가 다른 문화에 자신도 모르게 결정적 도움과 비전을 줄 수 있는지에 대한 가장 현란한 예이다.

어떻게 동양의 음양사상이 서양으로 건너가서 이진법(0, 1)이 되며, 미적분학이 되며, 전혀 실체적이지 않는 기운생동의 음양사상이 실체적으로 변할 수 있는지에 대해, 상징적 언어가 실체적 언어로 둔갑할 수 있는지에 대해 물어보게 한다. 인간의 논리와 상징의 세계가 교환되고 교차될 수 있다는 것은 인간 뇌의 비밀이기도 하다.

미적분학의 차이와 연장, 그리고 무한대의 개념은 동일성을 감추고 있다. 존재론 철학의 창시자이며 니체의 운문 철학을 산문으로 정리한 하이데거는 '차연(差延)', 즉 독일어로 'Unter-Schied'라는 개념을 처음 사용했다. 그의 뒤를 이어 프랑스의 해체철학자 데리다는 프랑스어로 차연, 즉 'différance'라는 말을 사용했다.

진화론과 미적분과 차연의 철학은 신을 부정하거나 혹은 신을 가정하지 않았지만, '차이와 연장'을 공통분모로 하고 있으므로 '결과적 동일성(resultant identity)'이라는 지점에서 만난다. 미적분은 적극적으로 사건의 어느 지점에서 양화를 함으로써 결과적 동일성이라는 실체의 여지를 남겨두었다.

'차연'이라는 말은 서구 철학이 이성중심주의를 벗어나는 상징처럼 세계 철학계에 알려졌다. 이 말을 처음 우리말로 번역한 김형효는 한자말로 '차연(差延)'이라고 번역했다. 이 말은 본래의 의미로 볼 때 적합한 번역이라고 여겨진다. 이성적 사고를 하는 서양 사람들은 논리를 포기하거나 뛰어넘지 못하기 때문에 차이를 말하더라도 연장(extension)이라는 개념을 쓸 수밖에 없기 때문이다. 예컨대 차이가 연장되지 않으면 서양 사람은 세계가 없어지는 것 같은 위기나 절망을 느낀다. 차이의 개념은 공간적 연장이나 시간적 지연을 의미하는데 이것은 일견 동일성을 벗어나는 것 같지만 변화를 말하지 못함으로써 그 이면에 동일성을 감추고 있다. 철학에서 차이와 연장의 개념은 수학의 미적분에 미분의 차이와 연장(무한대)의 적분 개념이 있는 것과 같다.

기독교 신학의 최초 원인(first cause)인 신을 부정한 진화론은 원인적 동일성(causal identity)을 부정한 것이었고, 특정한 구획(사이)의 변화와 운동을 양화하는 미적분 수학은 신의 존재와 상관없이 우주적 사건을 양화할 수 있었다. 여기에 더하여 라캉의 '욕망의 끝없음'이라는 것은 무한대의 연장 개념에 속한다. 주체는 없고, 단지 끝없는 욕망의 대상으로서의 주체이고 욕망(desire) = 욕구(need)-요구(demand)이기 때문이다. 이들의 공통점은 모두 '밖'을 향하고 있다(extension)는 점이다. 말하자면 방향성 혹은 시퀀스를 가지고 있다. 어떤 방향성과 시퀀스를 가지면 어떤 실체를 가정하는 것이다.

결국 이들은 최초의 원인 혹은 동일성을 설정하지 않지만, 여전히 어떤 연쇄(chain) 혹은 실체와 실체의 축적 혹은 결과적 동일성을 가정하고 있다. 이는 시공간 개념을 가지고 있고 어떤 지점(현재)에서는 연쇄나 시퀀스의 합성 혹은 양화를 시도할 수 있다는 것을 의미한다. 이는 시간과 공간을 설정하는 것이다. 말하자면 서양철학은 아직도 시간과 공간의 범주 안에 있는 셈이다.

후기근대 서양철학이나 사상의 공통된 흐름은 바로 원인적(주어적, 주체적) 동일성에서 결과적(목적적, 대상적) 동일성으로의 이동에 있다. 라이프니츠의 미적분, 다윈의 진화론, 라캉의 욕망이론, 하이데거와 데리다의 차연의 철학이 그것이다.

결과적(목적적) 동일성(시공간적 무한대 개념)

라이프니츠	미적분(변화와 운동의 양화)
다윈	진화론(인간 중심의 분류학)
라캉	욕망(요구-수요)이론
하이데거와 데리다	차연(差延)의 철학

일반성의 철학은 보편성의 철학이 지니고 있는 혹은 해체철학들이 지니고 있는 동일성을 어떠한 경우에도 완전히 벗어나는 것을 목표로 하고 있다. 보편성은 시간과 공간을 창안한 인간의 지배 욕구에서 비롯된 개념이다. 보편성은 생각하는 동물인 인간의 추상의 결과로 생겨난 것이며, 결과적으로 기계를 생산하는 데 기여하는, 본래 있는 것이 아니다. 단지 인간이 본래 있는 것처럼 상정했을 따름이다. 철학이 보편성에서 벗어나려면 인간 중심의 사고, 인간 중심의 공간적·연장적 개념을 버려야 한다.

라이프니츠의 미적분학은 서양과학의 수학적 도구를 완성한 것이다. 미적분학은 뉴턴과 라이프니츠에 의해 거의 동시에 독자적으로 정립되었다. 뉴턴도 미적분학의 원리를 그의 역학에 활용했지만, 이를 본격적으로 독립적인 분야로 발전시킨 것은 라이프니츠이다.

흔히 뉴턴의 역학은 칸트 철학과 차원이 같은 것으로 본다. 그러나 엄밀하게 말하면 칸트 철학이 등장할 때 서구의 자연과학은 이미 철학을 앞서기 시작했고 철학은 자연과학을 뒷받침하는 입장으로 밀려났다. 거꾸로 말하면 칸트는 뉴턴이나 라이프니츠의 영향을 받아서 그와 같은 차원에서 이성철학 혹은 비판철학을 완성시켰던 것이다.

오늘날 미적분학이 없는 자연과학은 도저히 실현불가능하다는 점을 감안하면 특히 라이프니츠의 영향을 쉽게 짐작하고도 남음이 있다. 그런데 라이프니츠는 동양의 『주역(周易)』에 서구인으로서는 가장 먼저 접근한 수학자이다.

미적분학을 개발한 라이프니츠는 정신도 아니고 물질도 아닌 제3의 모나드(monad, 근본적인 실체)라는 개념으로 정신과 물질의 이분법 세계를 탈출하고자 했으며, 그러기 위해서 물(物)과 심(心)의 차(差)를 연속적으로 만들어내는 새로운 세계를 상정하고 연속성의 수학을 체계화했다. 그는 객관적 관념론자로서 논리학이 아닌 '사실의 진리'로서 충족이유를 설명하기 위해 미분학을 개발했다.[14]

---

14) 라이프니츠는 수학에서 뉴턴과는 별도로 미적분학의 방법을 창안했다. 또 물리학에서 에너지 보존의 법칙을 예견했다. 또한 지질학, 생물학, 역사학을 연구했다. 그는 세계가 신의 예정조화이며 최선의 질서를 얻고 있다고 보는 낙관주의자이다. 그는 악의 존재도 세계 전체의 선한 질서를 위해 필요한 전제라고 설명한다(變神論). 라이프니츠 철학의 특징은 신과 자연, 목적론과 기계론, 정신과 물질, 선과 악 등을 조화적·화합적인 관점에서 통합하려고 기도했다는 데 있다. 그의 모나드론은 관념론적이지만 세계는 자연적으로 활동하고 무한한 내용을 내포하고 있다고 본다. 이것은 후에 독일 고전철학의 변증법을 준비한 것으로 평가받고 있다. 인식론에서는 감각을 원천으로 하는 경험론에 대해 합리론의 입장에서 모나드의 표상작용에 기초를 둔 생득적 합리성으로부터 진리의 성립을 설명하고 진리의 기준을 명백성과 무모순성에 두었다. 초시간적인 영원의 진리인 '이성의 진리' 체득에서는 아리스토텔레스의 논리학으로 충분하지만, 경험적인 자연법칙 등의 '사실의 진리'는 '충족이유의 원리'를 필요로 한다고 생각했다. 그의 논리학 사상은 근대 수학의 기초를 수립한 것으로서 평가받는다.

그의 철학에 따르면, 세계는 무수히 많은 단일불가분(單一不可分)의 실체로 구성되어 있다. 이것이 모나드론이다. 모나드는 능동적인 힘의 단위로서 자신 속에 전(全) 우주를 표상하는 '우주의 거울' 같은 존재이다. 또한 모나드의 표상력이 보여주는 명암의 차(差)가 무기적 자연에서 신에 이르기까지 물(物)과 심(心)의 차를 연속적으로 만들어낸다는 것이다.

모나드는 각각 독립적이고 서로 관계가 없다. 모나드는 흔히 '창이 없는 방'으로 해석된다. 그런데 그런 모나드를 상호 관련짓고 세계의 통일을 달성하는 것이 신(神)이다. 라이프니츠는 세계를 신에 의한 '예정조화(豫定調和)'의 세계로 파악한다. 이때의 신은 칸트의 신과 거의 닮아 있다. 서양의 과학은 항상 신학과 함께 가는 것임이 여기서도 발견된다.

칸트 철학은 그보다 80여 년 앞선 라이프니츠에 힘입은 바 크다. 어쩌면 라이프니츠의 수학과 과학의 세계를 철학적으로 추인한 것이 칸트 철학이라고 할 수 있다. 모나드는 우주를 구성하고 있는 '근본적인 실체'를 가정함으로써 오늘의 자연과학을 있게 한 장본인이다.

철학자·수학자·물리학자·신학자인 라이프니츠는 서구의 절대적 실체론의 계승자이다. 그는 뉴턴과 함께 오늘날 미적분학이라 부르는 연속성의 수학을 발전시켰으며 데카르트에서 시작된 이성주의가 스피노자를 거쳐 더욱 확장되도록 발전시킨 인물이다.

근대 철학의 기점으로 잡는 데카르트에서 스피노자, 라이프니츠에 이르는 길은 서로 사유의 출발점과 중심이 다르지만 결과적으로 서구의 유일신에서 물질에 이르는 '실체론 확대'의 길이라고 말할 수 있다. 예컨대 기독교의 유일절대신이 유일신 실체라면, 데카르트는 실체를 인간의 정신으로 이동하여 정신-존재일체를, 스피노자는 신물일체(神物一體)를, 라이프니츠는 심물일체(心物一體)를 상정했다. 이들의 사유는 모두 실체론의 연장선상에 있었다. 이들의 실체론 확대(대상 확대) 과정은 헤겔의 절대정신과 이를 뒤집은 마르크스의 유물론에서 끝을 맺는다. 결국 정신주의는 물질주의였던 셈이다.

라이프니츠는 동양의 『주역』과 심물일원론(心物一元論), 그리고 음양론의 영향을 받기는 했지만 여전히 서양의 시각-언어의 연장선상에서 서양철학과 과

기독교 유일절대신	유일신(唯一神) 실체	신(유일신)은 천지창조자
데카르트	정신-존재일체	유일신을 이해하는 인간의 정신과 존재 = 이성의 출발
스피노자	신물일체(神物一體)	만물은 유일신의 양태
라이프니츠	심물일체(心物一體)	만물은 심물의 차이의 연속

학의 실체론을 구성하는 데 이를 이용했다. 그는 동양 음양사상의 이진법 원리에 크게 영향을 받았으며, 이를 자신의 수학과 철학적 세계관에 적용했던 것이다. 그러나 그는 음양철학에서 음양의 차이는 받아들였지만, 음양을 상징이 아니라 실체로 봄으로써 차이를 양화시키는 데 이용했다. 결국 그는 서구 철학의 정신과 물질 이분법 세계에서 벗어나는 데는 성공했지만, 단자라는 하나의 근본적인 실체를 설정함으로써 새로운 심물일체의 실체론적인 세계관을 구축했다. 그 실체론의 세계를 궁극적으로 운영하는 것은 여전히 유일신이다.

스피노자의 범신론(신은 이 세계의 단일한 '실체'이며 만물은 그 신이 펼치는 다양한 '양태'에 불과하다)이나 라이프니츠의 단자론(수많은 단일불가분의 실체)은 서로 반대의 입장으로 볼 수도 있지만, 둘 다 실체론이라는 공통점이 있다. 그런데 실체론은 불변의 실체를 주장함으로써 결국 유신론이 되거나 아니면 유심론과 유물론의 단초를 제공했다.

스피노자의 범신론은 초월적 신을 부정함으로써 동양의 범신론 혹은 신물일체론(神物一體論)에 가깝지만, 해석 여하에 따라서는 사물의 다양한 형상이 바로 단일한 신(실체)의 다양한 양태이기 때문에 사물만 탐구해도 신을 알 수 있는 길을 열었다. 이는 자연과학의 길을 넓혀주는 동시에 유심론 혹은 유물론으로 흐를 수 있는 양면성(이중성)을 가지고 있다.

라이프니츠의 단자론은 동양의 심물일체론(心物一體論)에 가까워 보인다. 심과 물을 정신과 물질처럼 이원대립적인 것이 아닌 것으로 상정하고, 이를 일원화하기 위해 단자론을 제안했다. 그러나 단자론의 실체는 수학적 양화를 통해 자연과학의 길을 더욱더 탄탄하게 만들었지만 결과적으로 유물론으로 흐를 양면성을 가지고 있다.

라이프니츠의 심과 물은 마치 동양의 음과 양처럼 차이와 연속을 통해 세

기독교	유일신주의, 인간중심주의	유신론, 유심론, 유물론, 자연과학
도교 및 불교	자연주의, 물학(物學)	심물일원론, 기일원론, 무위자연론

계를 설명한다. 그러나 그는 심과 물의 연속을 단자라는 실체로 전환함으로써 동양의 음양론을 제대로 이해하는 데 실패했다. 단지 동양의 음양론을 통해 서양 자연과학의 세계를 확충시켰을 따름이다. 동양의 음양은 실체가 아니라 기운생동이고 그것의 상징일 따름이다.

서양 철학자들은 동양에서 여러 사상을 도입했지만 결국 실체론과 이성적 사고로 환원됨으로써 자신의 철학적·과학적 입장을 강화하는 데 그치고 기운생동의 세계를 이해하는 데는 실패했다. 따라서 근본적으로 실체가 없는 동양의 무(無)사상, 무위사상, 무위자연사상이나 불교의 공(空)사상에는 이르지 못했다. 그동안 서양 철학자나 과학자들이 동양의 사상을 이해한 것처럼 평가하는 것은 착각이다. 동양의 사상은 무엇을 구성한 것도 해체한 것도 아니다. 동양의 사상은 자연 그대로를 말하는 것이지 자연과학을 말하는 것이 아니다.

서구 문명에는 분명히 기독교적인 세례가 전반적으로 깔려 있다. 이는 유일신주의 혹은 인간중심주의라고 말할 수 있다. 이에 비해 동양(동아시아)의 도교와 불교는 자연주의 혹은 물학(物學)이라고 말할 수 있다. 또한 서양철학 전반을 실체론의 입장에서 보면 대상적 실체론, 양태적 실체론, 단자적 실체론, 유신론적 실체론, 유심론적 실체론, 유물론적 실체론이라 할 수 있다.

라이프니츠의 단자론에 대해 필자는 기소론(氣疏論)을 주장한 바 있다. '기소론'은 한마디로 단자론의 반대(마이너스 단자론)이다. '기소'는 사방으로 창이 난 방이고 온통 비어 있는 존재이다. 스스로 비어 있음으로써 어떤 존재도 담을 수 있는 존재이다. 단자론은 실체론인 반면 기소론은 비실체론이다.

필자의 '기소론'은 서양의 원자론이나 그것의 변형인 단자론을 극복하고, 비실체론의 철학, 다시 말하면 일반성의 철학, 소리철학을 전개하기 위한 가장 기본적인 개념이며 철학적 전제이다. 따라서 기소론은 이 책을 통해서 때로는 명시적으로 때로는 묵시적으로 줄곧 추구되며 이 책을 다 읽었을 때 이해되는 개념이기도 하다.

라이프니츠	단자론(單子論)	사방이 창이 없는 방	미적분학(量化論)	실체론
박정진	기소론(氣疏論)	사방으로 창이 난 방	소리철학(疏通論)	비실체론

불교의 연기적(緣起的) 사고는 서구의 연장적(延長的) 사고와 다르다. 불교의 연기적 세계가 인과응보(因果應報)의 세계라면 서구의 연장적 세계는 인과(因果)의 세계이기 때문이다. 물론 불교의 연기적 사고도 경우에 따라서는 영혼이라는 실체적 사고에서 완전히 벗어나지 못하기도 한다. 불교의 연기라는 개념에 대해서도 실체가 있다는 쪽과 없다는 쪽으로 해석이 갈리는 것이 학계의 현실이다. 필자는 실체가 없다는 쪽이 진정한 불교적 사고에 더 근접한 생각이라고 여긴다. 불교의 부처 개념을 초자아의 세계라고 볼지 아니면 무아의 세계라고 볼지는 아직 미지수이다.

불교는 무의식의 세계를 다시 쪼개어서 유식화한 것으로 잘 알려져 있다. 제7식인 말나식, 제8식인 아라야식, 제9식인 아마라식이 그것이다. 불교의 유식학은 무의식과 초의식의 관계를 더욱더 복잡하게 하는데 어쩌면 무의식과 초의식이 만나서 원융의 세계가 된 것이 부처의 세계가 아닐까 생각한다. 이것은 일종의 유무상생(有無相生), 음양상생(陰陽相生)이다.

만약 우주에 실체가 완전히 없다면 유식학(唯識學)의 종자(種子)라는 개념과 말나식, 아라야식, 아마라식은 무의미한 것이 된다. '종자(씨)' 개념은 통사구조로 보면 주어(주체)에 해당한다. 아니면 무주어의 주어(무근거의 근거와 같은 개념)가 된다.

유식학의 종자론은 무의식에서 변하지 않는 실체를 찾는 것으로 의식에서 영혼과 같은 일종이다. 이는 가부장사회에서 종자를 찾는 것과 같다. 세계는 '주어가 없는 연기(緣起)의 세계'이다. 그저 출렁이는 그물망과 같은 세계이다. 이것이 불교가 말하는 진정한 '법(法)의 세계', 제법무아(諸法無我)의 세계이다. 이것은 자아가 없는, 서로가 서로의 '계기적(繼起的) 존재'와 '상황적(contextual) 세계'를 말한다.

그런데 초의식(주어)과 무의식(무주어의 주어)이 만나지 않으면 원융의 세계가 달성될 수 없다. 변형생성문법의 주어와 목적어는 서로 왕래하고 능동과 수동도 서로 왕래한다. 이것은 문장(통사구조)의 일이다. 세계의 진면목은 주어와 목적어가 없는 것이다. 그런데 인간은 세계를 문장으로 설명하지 않으면 안 되는 '이상한 생물종'이다.

인간이 발명한 자아나 초자아는 어떤 이름으로 불릴지라도 본래 없는 것이며 인간이 자신의 관리와 지배를 위해 만들어낸 허구라는 것을 알 필요가 있다. 이것을 아는 것이야말로 지혜의 근본이며, 그러한 지혜는 초자아(하늘)에서 강림하는 것이 아니라 동물의 '닫힌 본능'과는 다른, 무한히 '열려진 무의식(바다)'에서 저절로 솟아오르는 것(발생)임을 염두에 두어야 한다. 이는 태아(胎兒)가 잘 증명하고 있다.

흔히 주체가 있는 것처럼 진화를 말한다. 그러나 진정한 진화론은 주체가 없는 것이다. 진화는 자연의 전체적인 상호관련성 속에서 진행되기 때문에 무엇을 주체로 삼을 수 없다. 논의의 편의를 위해서 (논의의 과정 중에) 무엇이 무엇으로 진화했다고 말하지만 진정으로 '무엇(주체)'이 없어야 한다. 진화론은 특정한 종(種) '무엇'의 진화가 아니라 자연 전체의 흐름(존재적 흐름, 無의 흐름)을 바라보는 것이 되어야 한다. 단지 논리적 편의상 '무엇'을 쓸 따름이다.

진화론은 자연의 생성과 변화를 설명하는 논리이지만 종과 종 사이의 끊어진 자리, 잃어버린 고리를 메울 수 없기 때문이다. 원숭이가 진화해서 인간이 된 것이 아니다. '원숭이가 진화해서 인간이 되었다'고 한다면 진화론은 창조론과 마찬가지로 동일성에 빠진다. 인간의 사고가 어떤 방향성에 빠지면 그것은 동일성이 된다. 방향성은 시간이고 시간은 동일성이기 때문이다.

생각하는 인간은 근본적으로 환원적인 동물이다. 모든 생각과 설명은 환원적이기 때문이다. 생각과 설명은 하나의 명제로 귀착하기 때문이다. 그런 점에서 진화론조차도 환원주의다. 창조론과 진화론이 서로 반대인 것같이 싸우지만, 결국 한 통속이다. 예컨대 무엇이 무엇으로 진화했다고 하면 이미 '무엇이(주어)'도 환원이고, '무엇으로(목적어)'도 환원이다. '무엇이'는 원인적 환원이고, '무엇으로'는 결과적 환원이다. 환원이라는 것은 하나의 동일성이다.

서양철학이 그동안 대립적으로 본 절대-상대, 필연-우연, 창조-진화, 원인-결과, 유-무 등은 모두 동일성을 추구하는 이중성의 세트로 판명되었다. 예

	동일성(방향성, 시간)	
	주체(원인)	목적(결과)
환원(還元)과 진화론(進化論)	환원론: 원인적 동일성	진화론(진화론): 결과적(목적적) 동일성
연장(延長)과 차이론(差異論)	물리적 연장론(延長論)	차연론(差延論): 하이데거와 데리다의 차연론(差延論)

컨대 원인적 동일성-결과적 동일성과 같은 것이다.

서양철학은 동일성에서 벗어나기 어려운 자체의 모순을 가지고 있다. 이는 마치 벗어나려고 발버둥 치면 칠수록 더욱더 깊이 빠지는 늪과 같은 것이다. 과학의 증명 자체가 동일성이나 환원적인 법칙과 등식을 찾는 것에 다름 아니기 때문이다. 서양문명은 등식을 찾는 문명이다.

기독교의 천지창조와 종말구조는 과학의 원인과 결과의 구조와 같다. 창조-종말 구조가 원인적 동일성이라면, 원인-결과 구조는 결과적 동일성이라고 할 수 있다. 동일성은 등식의 구조이고, 등식의 구조는 수학의 구조이다. 인간의 합리적 행위는 결국 등식의 구조이다. 종교·과학뿐만 아니라 경제행위도 등식의 구조 중 하나이다. 등식의 구조를 벗어나는 것은 오로지 예술뿐이다. 예술은 등식의 구조가 아니라 재현(표상)의 구조이다. 재현의 구조는 동일성(본질)이 아니라 어떤 것의 표현(현존)을 추구하기 때문에 그 자체가 매우 실존적이고 존재적인 행위이다.

진화는 자연의 전체적(총체적) 문제이며 상관관계에서 발생한 것이지, 결코 특정한 종이나 개체가 별도로(독립해서) 이루어진 것이 아니다. 모든 생물종은 진화의 결과이고, 여전히 진화의 과정 중에 있고, 무엇이 어떻게 될지 아무도 모른다. 진화는 시간으로 말하면 모르는(알 수 없는, 셀 수 없는) 시간과 같은 것이고, 공간으로 말하면 고정되지 않은 공간과 같은 것이다. 이렇게 볼 때 진화론을 잘못 이해하면 무엇이라는 주어(주체)가 발생하고, 그것은 창조론이 되고, 기껏해야 진화-창조론이 된다. 진화-창조는 같은 차원의 논의이다.

주체가 없는 진화란 시간과 공간이 없는 것이며, 시공간이 없다는 것은 우주의 상대적이고 관계적인 상호작용과 변화무쌍함을 의미한다. 이것은 다원다층의 음양론, 이중나선구조의 자연(우주)을 말한다. 물리적 우주론이나 진화론의 전개는 여전히 보편적인 사상의 맥락에서 전개되는 이론들이다. 일반성의 철학은 어떤 전제도 하지 않는다. 지금 벌어지고 있는 '역동적인 장(場)'인 우주 그 자체를 말한다.

남성의 철학은 주체의 철학이고 권력의 철학이다. 이것은 보편성의 철학이며 아버지의 권력이다. 보편성의 철학은 자연과 인간을 지배하기 위한 철학이다. 이에 비해 여성의 철학은 비주체(주체가 없는)의 철학이고 비권력의 철학이다. 이것은 어머니의 권력이다. 이것을 일반성의 철학이라고 명명할 필요가 있다. 이때의 일반성은 초월성에 대해서는 내재성이지만, 더 정확하게는 내재성과는 다른, 자연으로부터 부여받은 그 자체, 분모적(分母的)인 것이라고 할 수 있다.

보편성은 자연의 일반성에 대해 군림하려고 한다. 보편성은 일반성을 모방한(질투한) 자연의 사이비(似而非)이다. 일반성의 철학은 인간중심주의·이성중심주의 철학이 아님은 물론이고 해체철학에서 말하는 '차연(差延)'의 연장도 아닌, 자연의 즉자적인 '자연의 내포(內包)'로서의 철학이다. 만물은 천지를 잉태하고 있다.

사물은 끊어서도 볼 수 있고, 연결해서도 볼 수 있으며, 또 끊음과 연결을 번갈아 할 수도 있다. 사물을 끊어서 보고 그다음에 연결하는 것이 과학이고, 사물을 연결해서 보거나(생명으로 보거나) 동시에 끊어서 보는 것이 존재-존재자이다.

이성중심주의에 반해 보는 것은 적어도 사물을 과학적·윤리적으로 보는 것을 거부한다. 반이성주의로 보면 세계는 연장되어 있는 것이 아니고 내포의 세계이다. 내포의 세계는 인과의 세계가 아니고 인과응보의 세계도 아닌, 세계 자체가 원인이며 결과이고 인과이면서 응보인, 대립된 세계가 동시적으로 존재하는 세계이다. 내포는 내 안에 세계가 있는 것이다. 내 안에 있는 세계는 자연이지만 내 밖의 세계는 가상(환상)의 세계이다. 내 밖의 세계는 가상의 세계이면서 물리적인 세계, 자연과학의 세계이다. 자연과학의 세계는 객관적 환상의 세계이다.

내포성의 세계는 물리의 세계, 심리의 세계가 아니라 물의 세계이고, 심의 세계이다. 내포성에서 물과 심은 하나가 된다. 내포성을 관음(觀音)하는(양심의 소리를 듣는) 철학이 일반성의 철학이다. 관음은 마치 '음악의 전시'와 같다. 음악을 전시해야 볼 수 있다는 점에서 그렇다.

불교의 관음은 초월의식을 벗어나기 위한 하나의 수련방법이다. 음(소리)을 볼 수 있어야 초월의식에서 벗어날 수 있다. 음은 공간과 층위의식 없이 흘러갈 뿐이다. 서양음악은 음악에 음정을 넣고 그것의 조화를 꾀하는 음악이다. 그런 점에서 서양음악은 미술적 특징을 지니고 있다.

지금까지 서양철학이 시공간 속에서 혹은 역사 속에서 전개한 것이 바로 보편성의 철학이다. 여기에 '보편적이고 일반적인'이라는 말의 저의가 숨어 있다. 보편성의 철학에는 밖(外, ex-)과 외연(外延, extension)의 의미가 들어 있다. 외연의 의미가 있다는 것은 바로 바로 시공간의 철학이라는 것을 말하는 또 다른 증거이다.

서양 알파벳문명권 사람들의 'ex-'에 대한 관념을 드러내는 단어들을 보자. 이 단어들은 서양문명의 정수를 나타내는 지표들이다.

exist 존재	existence 실존	expire 숨, 삶
expression 표현	experience 경험	experiment 실험
exercise 운동(연습, 수련, 수행)		ecstasy 절정
exorcism 귀신 쫓는 의식	explanation 설명	exclusion 절대, 배타
expectation 기대	extension 연장(시공간)	expansion 팽창
expulsion 추방	explosion 폭발(빅뱅)	

'보편적이고 일반적인'이라는 말은 지배의 철학을 숨기고 있다. 이는 보편성에 일반성을 종속시킴으로써 초월과 지배를 달성한다. 이것을 '일반적이고 보편적인'이라는 말로 바꾸면 바로 철학의 일반성 시대가 전개된다. 보편성과 일반성은 서로 침투하고 있기 때문에 그동안 구별되지 못했는데 이제 '일반적이고 보편적인'으로 바꿈으로써 보편성의 철학이 지닌 지배 의도가 폭로된다.

일반성의 철학은 자연을 자연으로 돌려주는 철학이다. 일반성의 철학은 보편성이라는 말을 사용하지 않음으로써 '몸'철학과 '물학(物學)'을 완성시키는 철학이다. 동시에 인간에게 자연성을 회복시켜주는 것은 물론이고 인간을 자연으로 돌려주는 철학이다. 일반성의 철학을 상징적으로 말하면 '여성의 철학', '어머니의 철학', '땅의 철학'이라고 할 수 있다. 반면에 보편성의 철학은 '남성의 철학', '아버지의 철학', '하늘의 철학'이라고 할 수 있다.

보편성의 철학에서 일반성은 보편성에 따라다니는 부수적인 의미로 혹은 공통성이라는 의미로 많이 사용되어왔다. 그래서 일반성의 의미가 드러나지 않았다고 할 수 있다. 일반성의 의미를 가장 대중적으로 설명한다면 '어머니로부터 태어나지 않는 존재(인간)는 없다'이다. 그동안 철학은, 특히 서양철학은 남성 중심의 시각-언어적 입장에서 전개되었다고 할 수 있다. 이제 여성 중심의 청각-상징적 입장에서 철학이 전개되어야 한다. 후자의 입장은 본래 세계를 하나로, 일원적으로 이해하는 방식을 말한다.

'청각-상징'은 흔히 서양철학에서 말하는 결정론적인(환유적인) 언어가 아니라 은유적인 언어이다. 이때의 상징은 '의미의 울림'이다. 이 울림은 우주적이라는 점에서 '우주의 이원대칭적 울림'이라고 할 수 있다. 이것의 가장 대표적인 예는 바로 동양의 『천부경(天符經)』사상과 '태극음양(太極陰陽)사상'이다.

인류 문명의 철학적 지배를 드러내는 철학의 보편성 시대는 물러가야 한다. 이제 만물이 함께 그리고 동시에 비권력적으로 분포되어 있는, 스스로의 존재에 만족하는 일반성의 철학 시대로 들어가야 한다. 서양철학의 존재론과 해체론은 일반성의 철학 시대로 들어가려는 서양의 철학적 몸부림이라고 할 수 있다. 진정한 일반성의 철학은 해체를 넘어서는 철학이다.

6) 『천부경』과 일반성의 철학

'세계는 시작도 끝도 없다.' 이러한 사상은 동양의 최고(最古) 경전인 『천부경(天符經)』에 고스란히 담겨 있다. 『천부경』은 동이족에게 전해 내려오는 '81자'

로 구성된, 세계 경전 가운데 가장 집약된 경전이다. 여기서 '동이족'이라고 함은 중국의 한족(漢族)과 구분되는 동북아시아의 고대 국가인 고조선을 세운 민족을 말한다. 『천부경』은 지금까지 동양의 대표적 경전으로 알려진 중국의 『주역』보다 훨씬 오래된 경전이다.[15)]

『천부경』과 『주역』을 비롯한 동양사상에서는 본래 절대의 사상이 없었다. 그 까닭은 자연의 변화 이치를 근간으로 철학과 사상을 만들었기 때문이다. 『천부경』의 천지인(天地人)·정기신(精氣神) 삼재(三才)사상과 『주역』의 음양(陰陽)사상은 변화를 근간으로 하는 사상체계이다. 동양에는 본래 절대를 의미하는 하늘, 천(天)이 없었다. 천은 본래 '천지(天地) = 자연(自然)'의 뜻으로 상징적으로 사용되던 것인데, 후대에 고등종교 특히 유교의 등장 이후 '천 = 이(理)'의 의미를 갖게 되면서 절대사상이 등장했다.

동양사상과 서양사상의 근본적인 차이는 『천부경』과 기독교 『성경』을 비교하면 뚜렷하게 드러난다. 기독교 『성경』은 천지창조(天地創造)-절대유일신(하나님 아버지)-시작과 종말-최후의 심판으로 연결된다. 이에 비해 『천부경』은 천지개벽(天地開闢)-무시무종(無始無終)-열림의 연속-변화·생성하는 우주로 연결된다.

---

15) 『천부경』에 대한 관심은 독일의 세계적인 철학자 하이데거에게도 있었다. 서울대 철학과 박종홍 교수가 전주에서 있었던 한 강연회에서 털어놓은 고백에 따르면 하이데거는 프랑스를 방문한 박종홍 교수를 융숭히 대접하면서 이렇게 말했다고 한다. "내가 당신을 초청한 이유는 당신이 한국 사람이기 때문입니다. 내가 유명해지게 된 철학사상은 동양의 무사상인데 동양학을 공부하던 중 아시아의 위대한 문명발상지는 한국이라는 사실을 알게 되었습니다. 그리고 세계 역사상 가장 완전무결한 평화적인 정치로 2천 년이 넘은 장구한 세월 동안 아시아 대륙을 통치한 단군시대가 있었음을 압니다. 그래서 나는 동양사상의 종주국인 한국인을 존경합니다. 나는 무사상을 동양에서 배워 그 한 줄기를 이용해 이렇게 유명해졌지만 아직 당신들의 국조 한배검님의 『천부경』은 이해를 못하겠으니 설명해주십시오." 그렇게 말하면서 『천부경』을 펼쳐 놓았다고 한다. 한국의 유명한 철학과 교수이니 당연히 『천부경』 철학을 잘 알고 있으려니 했던 것이다. 그런데 박종홍 교수는 말만 들었지 『천부경』에 대해서는 아는 바가 전혀 없었단다. 그래서 아무 말도 못하고 돌아왔단다(한국전통사상연구소 문성철 원장의 증언). 박정규, 『세상의 전부-천부경』, 멘토프레스, 2012, 152~153쪽.

기독교『성경』	천지창조 (天地創造)	절대유일신 (하나님 아버지)	시작과 종말 원인과 결과	최후의 심판 (하늘나라)
『천부경』	천지개벽 (天地開闢)	무시무종 (無始無終)	열림의 연속 열릴 開/ 열릴 闢	변화·생성하는 우주

여기에서 우리는 인류의 세계관이 어떻게 서로 달라졌는가를 유추해볼 수 있다. 천지를 자신과 같이 생각하거나 자신이 천지를 닮았다고 생각하면(자신과 자연을 분리하지 않으면) 절대성은 생기지 않지만, 천지를 대상으로 생각함으로써 천지가 자신과 별개의 존재가 되고 그로부터 절대의 세계가 생기게 된다. 절대의 세계란 주체-객체의 세계가 되는 것을 말한다.

『천부경』은 하늘의 절대를 경계하는 의미에서 "하나의 시작은 시작의 하나가 아니며, 나누면 셋이지만 근본은 다함이 없다. 하늘은 하나이면서 하나요, 땅은 하나이면서 둘이요, 사람은 하나이면서 셋이다(一始無始一 析三極 無盡本天一一, 地一二, 人一三)"라고 했다. 세계는 '시작'이 없으며 하늘과 땅과 사람은 각자가 하나이면서 하나이고 둘이고 셋이라고 했다. 이는 절대성이 없음을 의미한다.

특히『천부경』에는 "사람 속에 천지가 하나이다(人中天地一)"라는 대목이 나온다. 이 대목의 뜻은 천지인이 셋으로 나누어 있는 것이 아니라 인간 속에서 하나임을 강조하는 것이다. 사람 속에서 하늘과 땅이 역동적으로 상호작용하고 있다고 함으로써 상하의 층위로 있는 우주가 아니라 사람의 몸이 바로 천지임을 천명하고 있는 것이다. 또한『천부경』은 마지막에서 "하나의 끝은 끝의 하나가 아니다(一終無終一)"라고 함으로써 우주는 시작과 끝, 절대성이 없는 하나임을 다시 천명한다.

『천부경』의 천지인사상은 본래 '무시무종'의 사상이고 절대성이 없는 사상이다. 천지인사상은 물론이고 도가의 음양사상도 절대성이 없는 것은 마찬가지이다. 음양사상이 양음사상이 아닌 것은 바로 절대성이 없음을 의미한다. 또한 육(六)이 81자의 정중앙에 있다. 육(六)은 육(陸)이고 육(肉)이고 육(育)이다.

『천부경』을 수리적(數理的)·상수적(象數的) 차원에서 접근하는 것은 과학적인 의미가 크다. 수(數)는 음악(音樂)과도 통하기 때문이다.『천부경』을 우주적

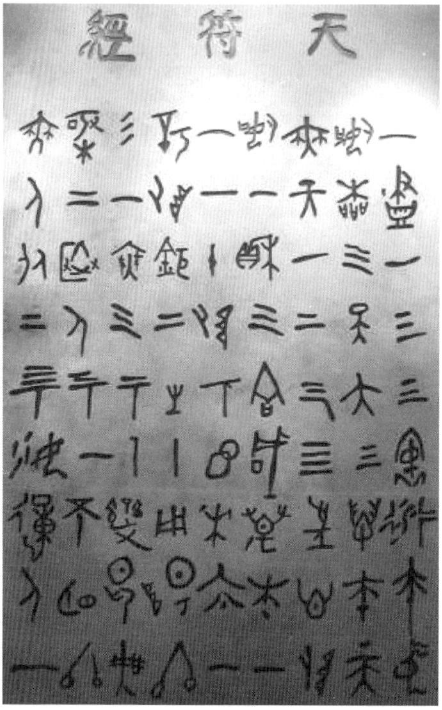

天符經

一始無始一析三極無
盡本天一一地一二人
一三一積十鉅無匱化
三天二三地二三人二
三大三合六生七八九
運三四成環五七一妙
衍萬往萬來用變不動
本本心本太陽昻明人
中天地一一終無終一

天	1	天의 입장에서 천지인 해석	天一一, 地一二, 人一三	『천부경』, 상경 天經(28자)	一始無始一/析三極 無盡本/ 天一一地一二 人一三/ 一積十鉅 無櫃化三
人	3	人의 입장에서 천지인 해석	人中天地一	『천부경』, 하경 人經(29자)	一妙衍/萬往萬來/用變不動本/ 本心本太陽/昻明人中天地一/ 一終無終一
地	2	地의 입장에서 천지인 해석	天二三, 地二三, 人二三	『천부경』, 중경 地經(24자)	天二三 地二三 人二三/ 大三合六/生七八九/ 運三四成環五七

음악 혹은 본음(本音)이라고도 한다.

음(音)은 움직이지 않는 '부동의 신'이 아니라 '움직이는 신'이다. 움직이는 것에는 항상 소리가 있다. 움직이지 않는 것을 상정하는 것은 '생각하는 인간', '말하는 인간'의 실체적 사고 또는 영원(eternity)이나 보편적인 법칙에 대한 환상이다. 끊임없이 움직이는 세계에서 인간이 가장 독창적으로 할 수 있는 일은 동(動)에 대한 반사적 생각으로서 '움직이지 않는 것' 정(靜)이다. 이는 '유일신', '절대적인 신'에도 들어 있다. 소리는 보이지 않는 곳에서도 들린다.

한민족의 최고 경전인『천부경』상경(上經=天經)을 보자. 상경은 하늘의 원리를 중심으로 천지인의 섭리를 풀어준 것이다.

> 하나는 시작이되 시작이 아닌 하나로다.
> (하나는) 세극으로 나누어도 근본을 다함이 없다.
> 하늘은 하나이면서 하나이고, 땅은 하나이면서 둘이고, 사람은 하나이면서 셋이다.(하늘은 하나의 하나이고 땅은 하나의 둘이고 사람은 하나의 셋이다.)
> 티끌(미세우주)이 모여(적분하면) 우주(대우주)가 되고 궤가 없으면(미분하면) 셋이 된다(무의 성궤는 변하면 셋이 된다).
> 一始無始一/析三極 無盡本 天一一 地一二 人一三/一積十鉅 無櫃化三

"하나는 시작이되 시작이 아닌 하나이다." 이 무슨 말인가? 말을 해놓고(던져놓고) 곧바로 뒤에서 앞의 것을 부정한다. 이러한 자기부정을 할 수 있었다니. 이 구절은 지금 최첨단의 서구 철학이라고 할 수 있는 존재론과 해체론과 기호론으로 보아도 엄청난 말이다.

"하늘은 하나이면서 하나이고, 땅은 하나이면서 둘이고, 사람은 하나이면서 셋이다." 이 말은 '하나'라는 것을 보편성으로 놓고 그다음에 다시 '하나', '둘', '셋'이 전개되는 양상을 보인다. 그렇다면 그 최초의 '하나'는 무엇인가? 이는 "근본은 다함이 없다"는 위의 뜻을 상수학적으로 다시 설명하는 것이다. 다시 말하면 하늘은 '하나'이며 '근본'이라는 말이다. 이 말은 땅과 사람도 '근본=하나'의 속성을 가지고 있다는 뜻이다. '한'=하나(象數)=하늘(事物)=ᄒᆞᆫ울님(한울님. 神人格)=하느님(人格, 기독교)이다.

티끌(미세우주)이 모이면(적분되면) 우주(대우주)가 되고 궤(몸체)가 없으면(미분되면) 셋이 된다. 무궤화삼(無櫃化三), 즉 '궤가 없으면 셋이 된다"는 것은 아무리 작은 미세우주라 하더라도 그것은 3수가 된다는 뜻이다. 이는 오늘날 과학이 밝혔듯이 원자는 양자와 중성자, 전자로 구성된 것에 비할 수 있다. 그 옛날 사람들이 오늘의 원자구조를 알아서 이 말을 했다기보다는 거대우주의 원리를 미세우주에 투사한 것일 게다.

이 구절은 "무(無)의 성궤(聖櫃)는 변하면 셋이 된다"고 번역할 수도 있고, "존재의 상자[櫃]에는 무(無)가 있고, 변하면[化] 삼(三)이 된다"고 해석할 수도 있다. 이것은 기독교의 성궤(계약상자, ark)와 같은 뜻으로 볼 수도 있다. 기독교의 신은 성부와 성자와 성신, 삼위일체의 신이다. 이는 신이 3수로 변한 것이다. 여기서 말하는 '무궤(無櫃)'는 쉽게 말하면 우주의 블랙박스와 같은 것으로 해석할 수도 있다.

결국 존재는 무(無)이며 존재의 상자에는 무(無)가 들어 있다는 뜻이다. 여기서 무는 신(神)이 될 수도 있고, 일리(一理)가 될 수도 있고, 일기(一氣) 혹은 신기(神氣)가 될 수도 있고, 신비의 X도 될 수 있다. 이것은 존재와 존재자 사이의 표현 차이에 불과하다. 존재는 알 수 없다. 존재는 의식과 인식의 대상이 아니다. 주체 아닌 주체이다. 세계는 결국 자기원인이고 자기결과이다.

여기서 천일일(天一一), 지일이(地一二), 인일삼(人一三)이라고 하는 데 주목해보자.

천일일의 앞의 '일'은 '변하지 않는 일'이며, 그다음의 '일'은 '변하는 일'이다. 그 변하지 않는 일은 지일이의 일, 인일삼의 일에도 계속된다. 이 말은 일에도 '변하지 않는 일'과 '변하는 일'이 있다는 뜻이다. 변하는 일에서 이가 나오고, 삼이 나온다. 왜 불변의 일을 상정하지 않으면 안 되었을까? 아마도 천지인은 하나이고, 삼자는 순환관계에 있음을 나타낸 것일 것이다. 방편상 천지인을 나누지만 이들은 결코 분리할 수 없음을 은연중에 보여준다.

이는 결국 일과 이와 삼의 관계가 '1↔ 2 ↔ 3'의 가역관계에 있음을 말한다. 이들은 존재자이면서 동시에 존재이고, 존재이면서 동시에 존재자임을 당시에 이미 천명한 것이다. 변하지 않는 일은 일종의 '초월자적 일'이다. 왜 '동일성을 유지하는 일'과 '변하는 일'을 동시에 포용하고 있는가? 이들은 상호 보완관계에 있다. 위의 『천부경』 구절에서 '일'은 '존재자와 존재'를 동시에 표현하고 있다. 세계는 일(一)에서부터 이중성을 띠고 있는 것이다.

이는 결국 '1↔ 2' ' 1↔ 3'의 애매모호함과 이중성으로 확대된다. 그래서 소

	이중성(자기부정)	
일시(一始)	무(無) ↔	시일(始一)
일종(一終)	무(無) ↔	종일(終一)

우주와 대우주가 하나가 된다. 그런데 바로 이것이 우주의 역동성, 혹은 '존재 ↔ 존재자'의 가역반응을 보장하는 기제이기도 하다. 역동성은 정태적으로 표현되기도 하고 동태적으로 표현되기도 한다. 정태적인 것 중에 중성 혹은 중성자라는 개념이 있다. 사람에게 중성은 양성의 실패(잘못됨)이다. 그러나 흔히 양성의 불완전함(이것이 역동성이고 가역성임에도 불구하고)을 극복하는 완전성을 위해서 중성으로 그려지기도 한다. 그 대표적인 것이 부처의 중성성이다. 이것은 양성에 대한 결과론적 합리화(원인론)에 지나지 않는다.

그러나 어느 것이든 헤겔의 변증법과는 다르다. 변증법은 역사적 각 단계마다 존재자 사이의 변화, 즉 '존재자(A)→ 존재자(B)'이기 때문이다. 이것은 직선의 연장으로서의 원을 그릴 수 있지만, 역동적이고 입체적인 원융에는 이르지 못한다. 정신과 물질을 이분법으로 상정하는 것 자체가 이성중심주의의 결과이다. 이성주의는 정신 혹은 물질의 어느 한편에 유일성을 두는 우를 범하게 되어 있다. 유물론도 이성주의의 산물이다. 그런데 지금까지 실질적으로 일어난 사실 자체에 대해 이성주의는 그 가부를 말할 수 없다. 만약 그것을 설명하려는 순간 이미 원인론에 빠진다. 그렇다면 결과론은 원인론을 내포한다고 말할 수 있다.

예컨대 "지금 나는(살아 있는 나는) 나의 원인을 내포하고 있다"고 말할 수 있다. 그 원인은 모르지만 말이다. 그 원인은 알 수 없는 진리, 신, 법칙, 실재, 욕망, 존재, 기(氣)이다. 이것(알 수 없는 것)을 마치 알 수 있는 혹은 알고 있는 것처럼 규정적으로 말하는 것이 원인론이고 합리주의이다. 결국 원인론과 합리주의는 결과에서 소급된 소급주의라는 것을 알게 된다. 소급주의는 '존재의 시간'이 지나고 난 뒤에 일어난 일이다. 인간의 문명은 그 '알 수 없는 것'에 대해 각자 나름대로 이름을 붙이고 '설명하려 한 것'이 되어버린다.

흔히 결과론의 대표적인 철학이자 이론인 자연주의나 생태학주의는 아무

일도 할 수 없는 무기력주의(無氣力主義)에 빠지는 것처럼 위장된다. 무기력주의는 무위자연(無爲自然)이 아니다. 무위자연은 아무 일도 안 하는 것처럼 일을 하는 것이다. 자연은 무슨 거대한 일을 하는 것처럼 밖으로 떠벌이지 않는다. 그러나 자연은 쉼 없이 자기 일을 한다. 그러한 점에서 자연은 존재이다.

그런데 존재와 존재자는 하나의 몸, 마치 암수동체처럼 하나의 몸이 되지 않으면 안 된다. 자연이 먼저 생기고 인간이 생기고 인간의 문명이 생겼다고 가정한다면 존재는 존재자를 품는 것이 되지 않으면 안 된다. 존재는 그 대칭인 존재자를 품지 않으면 그 대칭을 이룰 수 없기 때문이다. 인간의 의식과 역사는 비대칭을 이루었지만 인간의 무의식과 자연은 여전히(끊임없이) 대칭을 원한다. 존재는 존재자를 내포한다. 그래서 이성주의가 있는 것이다.

인과론은 원인이 결과를 낳지만, 결과론은 원인은 모르지만 결과적으로(효과적으로) 그렇게 됨으로써 원인을 끌어안는다. 말하자면 결과적 원인이다. 결과론은 원인의 결과가 아니라 결과의 원인으로 나아간다. 이것은 효과론(efficacy)이라고 할 수 있다.

'생각하는 것(thinking)'은 처음부터 '다시 생각(재고)하는 것(rethinking)'이다. 진정한 생산은 재생산인 것과 같다. 소급이나 환원이라는 것도 거시우주론으로 보면 순환의 일종이라고 할 수 있다. 단지 순환 가운데 어느 지점에 단절을 둔 것이 다를 따름이다. 하나의 방향을 향하는 지향(志向) 혹은 일점원류(一點源流)도 결과적으로 순환론에 기여하게 된다.

생각은 기본적으로 소급이다. 그런데 명사가 없으면 생각을 할 수 없다. 동사만의 생각이란 있을 수 없다. 동사와 형용사는 존재의 상태이다. 생각은 이미 명사와 대상을 전제하는 것이고, 생각은 이미 존재자로 존재(실재)를 왜곡한다. 그런데 존재는 영원히 달아난다. 인간의 생각이란 그 달아나는 존재를 따라간 흔적이다. 존재는 알 수 있는 것, 나와의 거리가 있는 것이 아니고 바로 나 자체, 세상 자체이다.

세상에 내던져진 존재인 인간은 그것을 (시간을 역류하여) 소급하지 않을 수 없다. 인간은 소급하는 존재인 것이다. 소급하는 것, 존재자를 만드는 것이 인간 존재의 특징이다. 그럼으로써 존재론은 존재자론과 화해하지 않으면 안 된

존재(존재자를 待對)	역동성	존재자(존재를 待對)
음	정태적: 중성, 중성자(태극)	양
−	동태적: 가역반응(↔), 음양	+
1	3(1, 0): 이중성과 양극성	2
동사	구문(構文, 文章)	명사
결과론(자연, 무의식)	결과론은 원인론을 내포한다.	원인론(역사, 의식)
*존재와 존재자는 암수동체처럼 하나의 몸이다. 생각은 처음부터 재고(再考)이다. 생각은 소급이다. 인간은 소급하는 존재이다.		

다. 이는 마치 남자와 여자가 화해하는 것과 같다. 남녀·음양은 마치 자신이 존재자인 것처럼 대립하지만 결국 대칭이라는 것을 알게 된다. 상대가 없어도 살아갈 것 같지만 결국 상대가 없으면 살아갈 수 없다는 것을 알게 된다.

존재와 존재자의 화해를 위해서는 둘이 암수동체가 되지 않으면 안 된다. 어딘가 태초(혹은 태초 같은 것)에 암수동체가 되어야 한다. 인간이 사용하는 십진법 숫자에서 바로 0이 그것이다. 십진법에서는 시작도 0이고 끝도 0이다. 0은 원인이자 결과이다. 0의 이중성이 원융이다. 0이라는 숫자를 발명한 곳은 인도라고 한다.

세계는 완성되어 원융한 것이 아니라 처음부터 원융한 것이다. 세계는 절대적 존재자가 있어서 하나하나씩 만든 것이 아니라 하나에서 분열하여 저절로 형성된 것이다. 그런데 『천부경』에는 0이라는 숫자가 없다. 그래서 1이 0을 대신한다. 일시무시일(一始無始一)이라고 하면서 0을 간접적으로 표현하고 동시에 일종무종일(一終無終一)이라고 0을 표현하고 있다. 시작과 끝에서 무(無)를 천명함으로써 0의 효과를 내고 있다. 따라서 0의 개념이 없었던 것은 아니다. 단지 1을 내세우는 북방 기마민족의 성향을 드러내고 있을 따름이다.

1은 0이면서 동시에 1이다. 0과 1의 이중성이 바로 원융성이다. 『천부경』을 잘 해석하면 천일일(天一一)의 앞의 일은 마치 0과 같은 의미로 쓰임을 알 수 있다. 0도 실은 1인 것이다. 1과 0은 이중적이고 애매모호하다. 우리는 이것을 잊어버리는 경향이 있는데 최초의 숫자(0이든 1이든)에는 이중성이 있어야 한다. 만약 이중성이 없으면 그(최초의 숫자) 이전을 문제 삼지 않을 수 없기 때문

열림	이중성(겹침)	닫힘	열림
6/7/8/9	0(10)/1	2/3/4/5	6/7/8/9
우주는 열려 있다	中/空/虛/圓/一/一切	문명은 닫혀 있다	반복
肉(6)/北斗七星(7)/八卦(8)/九宮(9) 우주는 열려 있다(開)	열/열려 있다/열다 *열려 있는 우주를 상징하는 용어들	陰陽(2)/三才(3)/四象(4)/五行(5) 다섯/닫혀 있다/닫다	반복

이다. 그래서 이중성을 가지지 않으면 안 된다. 이중성은 끊어진 세계, 절단된 세계, 틈새가 있는 세계, 알 수 없는 세계를 연결하는 방법이고, 세계의 원융성(온전한 세계)을 확보하는 전략이다. 이중성이 세계를 연결하는 고리이기 때문이다. 고리가 있어야 그다음의 직선이 가능하다.

손가락은 다섯 개이다. 이것을 닫고 열면 열이 된다. 양손의 손가락은 열 개다. 아마도 십진법이 세계적으로 보편성을 얻은 까닭은 손가락이 다섯 개인 것과 양손의 손가락이 열 개인 것과 상관관계가 있을 것이다. 아리비아 숫자 1에서 9까지를 손가락으로 센다고 가정할 경우 우선 손바닥(우주)은 열려 있다. 인위적으로 숫자를 세면 손가락을 안으로 닫게 된다. 그리고 다시 다섯(닫다)을 세고 나면 그다음에는 닫힌 것을 열게 된다. 열(열다)을 세면 저절로 손가락이 본래대로 펴지게 되고 손바닥이 열리게 된다. 그런데 여기서 0(10)과 1이 중간에서 이중성을 띠게 된다. 0은 0이면서 동시에 1이다. 또한 0은 0이면서 동시에 10이 된다. 숫자의 0과 1은 '이중성'을 나타내고, 이것은 바로 '중(中)/공(空)/허(虛)/원(圓)/일(一)/일체(一切)'의 의미가 된다.

그런데 하늘(ᄒᆞᆫ/한/하나/ᄒᆞᆫ올/하늘)이 1이 되고 나니 땅(ᄃᆞᆯ/둘/둘레/따)은 2가 되고 사람(사이/셋/삶/사람)은 3이 되지만, 0을 놓아야 한다면 어디에 놓아야 할까? 인간은 땅에서 태어난 존재이고, 땅을 중심으로 세계를 보면 하늘이 1이고, 사람이 만약 하늘과 땅의 사이의 존재로 '/'이라면 0은 땅이 될 수밖에 없다. 세계는 하늘에서 만들어진 것이 아니라 땅(matrix)에서 솟아난 것이다. 그것의 표시가 바로 '1/0'이다. 이것은 시니피앙/시니피에이다. 이것이 가족적으로는 해/하늘/아들이 되고, 달/지구/딸이 된다.

하나(1)에는 존재의 하나가 있고, 존재자의 하나가 있다. 존재의 하나와 존

소리	존재의 하나, 0	하나(0)의 기의 = 의미
문자	존재자의 하나, 1	하나(1)의 기표 = 표상
*알파벳문명권은 문자와 일(1)에 치중한다. 이에 비해 동양(동아시아)문명권은 소리와 제로(0)에 치중한다.		

재자의 하나를 구분하기 위해 제로(0)가 생겼다. 제로는 자연의 순환과 그것을 닮은 영혼의 윤회와 원융의 우주를 수(數)와 도형(圖形)으로 만든 것이다. 이것은 대수학과 기하학이 한 곳에 있음을 상징한다. 0의 이중성은 '상수학(象數學)의 철학'이라고 말할 수 있다. 자연은 존재의 하나이다. 문명은 존재자의 하나이다. 문명이 존재자의 하나인 것은 스스로를 기표하고 표상해야 하기 때문이다. 하나는 제로를 표상한다. 제로는 하나를 의미한다.

이것은 알파벳문명권의 '말-소리중심주의'에서 차지하는 '소리와 문자'의 비유와 같다. 소리는 제로이고 존재의 하나이며, 문자는 하나이고 존재자의 하나이다. 여기엔 겹침(포개짐)이 있다. 이성주의는 이 겹침과 연속성을 확실하게 끊어버리는 것과 관계있다. 이는 수학의 무리수(無理數)와 유리수(有理數)의 관계와 같다. '문자 = 1 = 존재자 = 유리수'는 바로 이성주의의 연쇄이다. '소리 = 0 = 존재 = 무리수'를 대조하면 더욱 분명해진다.

소리는 '기의 = 의미'이고 문자는 '기표 = 표상'이다. 소리는 자연의 순환과 원융의 우주를 나타낸다. 문명권으로 보면 알파벳문명권은 문자와 존재자의 일(1)에 치중하고, 동양(동아시아)문명권은 소리와 존재의 일 혹은 제로에 치중한다.

한국에서 예로부터 전해 내려오는 하늘의 경전 『천부경』은 일을 사용하되 일시무시일(一始無始一)이라고 함으로써 일을 제로의 의미로 동시에 사용하고 있다. 이는 동서고금에 일찍이 없었던 사건으로, 일대 정신적 혁명으로 주목된다. 왜 우리(한민족)는 그 옛날에 하늘을 '천부(天符)'라고 말했을까? '하늘 경전'을 의미한다면 천경(天經)이라고 하면 될 것을 굳이 부(符)자를 넣었을까? '부'는 부호(符號)이며 기호(記號)이다. 부호는 상징이고 이미지이다. 그렇다면 한민족의 조상들은 처음부터 하늘을, 오늘날 최첨단의 철학에서나 논의하는 부호처럼 보았다는 말이 아닌가.

天 ᄇᆞᆰ/밝	ᄒᆞᆫ/한/하나 /ᄒᆞᆫᄋᆞᆯ/하늘	1	1	보편성 (공간성)	『천부경』	0으로서 의 1	부성성/ 시니피앙	메이킹 (making)	해/하늘(天符)/ 아(해)들
人 ᄇᆞᆰᄃᆞᆯ	사이/셋/삶 /사람	/	3 (0/∞)	↑↓	↑↓	↑↓	↑↓	↑↓	↑↓
地 ᄃᆞᆯ/달	ᄃᆞᆯ/둘/둘레 /따	0	2	일반성 (시간성)	불교	1로서의 0	모성성/ 시니피에	매트릭스 (matrix)	달/지구(地球)/딸(따)

오늘날 인간이 사는 땅을 지구(地球)라고 한다. 지구의 구(球)는 둥글다는 뜻을 포함하고 있다. 태초는 1/0에서 이중성과 애매모호함으로 가득 차 있다. 그런데 그 이중성이 인간에게 고스란히 숨어 있다. 인(人)은 '/'이다. '/'의 빈틈을 '사이 간(間)'자로 채우면 인간이 된다. 인간이 되면 시간(時間)과 공간(空間)이 생긴다. 결국 시간과 공간이란 인(人)이 인간(人間)이 됨으로써 빚어진 것이다.

『천부경』의 중경(中經 = 地經)은 땅의 원리를 기준으로 천지인의 섭리를 풀어준 것이다.

> 하늘은 둘이면서 셋이고, 땅도 둘이면서 셋이고, 사람도 둘이면서 셋이다.
> 크게 셋을 통합하면 육이 되고, 칠, 팔, 구를 생한다.
> 삼과 사를 움직여 오와 칠에서 환(環)을 이룬다.
> 天二三 地二三 人二三/大三合六/生七八九/運三四成環五七

중경에서 가장 중요한 것은 6이다. 상경에서는 1과 3이 중요했지만 중경에서는 대삼합육 6(2×3 = 6)이 중심이다. 6은 중경의 중심, 중지중(中之中)이다. 절묘하게도『천부경』 중경의 6은 중심이 되어 전후로 40자를 거느린다.16) 다시 말하면『천부경』 81(40+40+1 = 81)자의 중심이다.

> 1+2+3 = 6이고 1×2×3 = 6이다. 그러므로 6은 부(1)와 모(2)와 그들 사이에 태어난 자식(3)을 나타내며, 피타고라스는 6이 생식·출산을 상징한다고 했다.

16) 박정진, 「율려(律呂) 춤으로 새 시대를 열다」, 『茶의 세계』(2010년 2월호), 70쪽.

남자의 수를 상징하는 3과 여자의 수를 상징하는 2을 합한 5(2+3)는 결혼을 상징하고, 2와 3을 곱한 6(2×3)은 생식·출산을 의미한다는 것이다. 영어의 'sex'라는 말의 어원은 'six'라는 것이다. 성은 만물이 탄생하는 바탕과 기본이 되므로 수의 시작과 끝이 순환되는 기점으로 1이 천부수이다. 이 일은 창조주, 우주 또는 신이라 했다. 명은 생명의 에너지인 음양의 운동으로 천부수는 2이다. 정은 에너지의 운동체이다. 정의 운동체 속에 성(1)과 명(2)이 한데 뭉쳐서 회전운동을 하고 있기 때문에 정의 천부수는 3이다. 『천부경』에 나타난 원(○)과 방(□)과 각(△)은 단순한 도상이 아니다. 이것은 하늘과 땅과 사람의 관계를 나타낸 것이다.[17)]

중경은 원의 중심을 상징하고 있다. 다시 말하면 중심에서 주변으로 확장되어가는 우주를 상징한다. 이것은 구체적인 우주이며, 눈으로 볼 수 있는 우주이고, 손으로 잡을 수 있는 우주이다. 다시 말하면 감각할 수 있는 우주이다. 땅에 사는 인간은 사물을 감각하면서 살아가고 있다. 상경이 형이상학에 해당한다면 중경은 형이하학에 해당한다.

그래서 6은 7, 8, 9를 생하고 나아가서 3과 4를 중심으로 하고 5와 7을 주변으로 하는 원을 이룬다. 요컨대 『천부경』의 '중경'은 '땅의 관점'에서 우주를 설명하고 있다. 볼륨이 있는 우주를 '중심(중점)과 주변(둘레)'의 논리로 설명하고 있다. 6은 육(肉, 育, 陸)이다. 여기서 중요한 것은 원이 평면이 아니라 입체라는 점이다. 그래서 천지인이라는 세 변수가 모두 움직여서 입체를 이루는 것이다. 이것은 입체적 운동이다. 『천부경』의 7, 8, 9를 합하면 24(7+8+9=24)이다. 24절기, 24방위 등처럼 24는 우주 전체, 원융상을 표현하는 데 사용한다.

본래 『주역』에서도 6은 여자를 상징하고 9는 남자를 상징한다.[18)] 땅은 여자의 것이다. '여자=지(地)'이다. 6과 9는 글자의 모양도 반대이다. 남자는 머리가 크고 여자는 몸이 크다.

---

17) 정연규·신세용, 『파미르 고원의 마고성』, 한국문화사, 2011, 298~299쪽.

18) 『주역』에서 음효(陰爻)는 6이라고 하고 양효(陽爻)는 9라고 한다.

필자는 상수학의 입장에서 『천부경』의 숫자를 풍자한 적이 있다. 그것을 소개하면 다음과 같다.

경구103

천지인(天地人)은 이름이 천지인이요, 천지인은 이름이 천이요, 천지인은 이름이 지이요, 천지인은 이름이 인이다. 천(天)은 이름이 천지인이요, 지(地)는 이름이 천지인이요, 인(人)은 이름이 천지인이다. 천(天)은 1이요, 지(地)는 2요, 인(人)은 3이다. 천(天)은 123(1+2+3 = 6)이요, 지(地)는 456(4+5+6 = 15)이요, 인(人)은 789(7+8+9 = 24)이다.

우주는 세 마디로 잘라지는구나. 첫째마디 6은 난자(卵子), 태음녀(太陰女), 6을 180도로 돌리면 9가 된다. 9는 정자(精子), 태양남(太陽男). 음(陰)이 몸을 돌리니 양(陽)이로구나. 6 더하기 9는 15(6+9 = 15), 둘째마디 456(4+5+6 = 15)과 같구나. 원의 우주와 방의 우주는 같구나. 태음태양(太陰太陽) 합(合)의 태음양남녀(太陰陽男女)로다. 원의 360도를 15로 나누니 24로구나(360÷15 = 24). 24절기로다. 셋째마디 789(7+8+9 = 24)와 같구나. 6(3×2 = 6), 15(3×5 = 15), 24(3×8 = 24), 모두 3의 마디로다. 천지인(天地人)은 원방각(圓方角 = ○ □△ = 、 ㅡ ㅣ = ✡ △ ▽)이요, 정기신(精氣神)이다. 신(神)은 천지가 생긴 후에 인간과 더불어 있다.

경구104

상천법지(象天法地)하라. 상천(象天)하면 반드시 법지(法地)하라. 법지하면 반드시 상천하라. 낯선 이름에 홀리지 마라. 네 몸을 들여다보아라. 낯선 이름에 홀리면 제 조상 버리고 남의 조상 섬기리니. 이름에 홀리면 남자만 있고, 여자는 없나니. 이름에 홀리면 땅은 없고, 하늘만 있나니. 모두가 자기가 바라보는 하늘을 제 하늘이라고 하면 어떻게 되겠는가. 모두가 자기가 서 있는 땅을 제 땅이라고 하면 어떻게 되겠는가. 그러니 하늘 보고, 땅 보고, 땅 보고, 하늘 보고 왕래하여야 하나니. 왕래하지 않으면 하늘도 하늘이 아니고 땅도 땅이 아니다. 왕래하지 않으면 사람도 아니고 상수(象數)도 아니다.

1에서 10으로 가고, 10에서 1로 가고 10에서 100으로 가고 100에서 10으로 가고 100에서 360으로 가고 360에서 100으로 가야 하나니. 그러면 100이 10을 낳고 10이 6을 낳고 6이 9를 낳고 6과 9가 합세하여 15를 낳으니, 360이 24를 낳나니. 이들이 경계로구나. 24를『천부경』의 머리로 삼고, 36을 배로 삼고, 남은 21을 꼬리로 삼으니 24, 36, 21이로구나. 10×10(100)이 있으면 9×9(81)가 있고, 8×8(64)이 있고, 7×7(49)이 있고, 6×6(36)이 있나니. 81은『천부경』, 64는『주역』, 49는 천도, 36은 영생이다. 360(36×10)의 주체를 100(10×10)에서 찾으니 36은 하느님 어머니로다. 어머니인 6이 둘이서 자웅(6×6)을 겨루고 있구나. 어머니인 6이 3을 업고 있구나. 우주는 1로 말할 수도 있고, '10 = 55(1+2+3+4+5+6+7+8+9+10) - 45'로 말할 수도 있고, '100 = 55+45 = 64+36 = 30+34+36'으로 말할 수도 있고, '360 = 216+144 = (9×24)+(6×24) = 15×24 = 15×(7+8+9)'로 말할 수도 있다. 10의 6은 100의 55, 360의 216, 우주는 여자로 시작해서 남자로 팽창하는구나.[19)]

6의 상징을 보면 하늘에는 일(日), 월(月), 성(星), 신(辰), 세(歲), 시(時)가 있고, 땅에는 육대주(六大洲)가 있으며, 사람에게는 육부(六腑)가 있다. 물의 입자가 육각이고, 눈(雪)도 육각이며, 벌집도 육각이고, 꿀의 입자도 육각이다.[20)]

육각은 원을 실현하는 가장 높은 효율성의 각이다.

『천부경』의 하경(下經 = 人經)은 인간의 원리를 기준으로 천지인의 섭리를 풀어준 것이다.

하나의 묘연함 속에서 만물이 오고간다.
쓰고 변해도 근본은 움직이지 않도다.
본래 마음은 본래 태양이니 밝음을 우러르면 사람 가운데 천지가 하나로다.

---

19) 박정진,『현묘경 여자(玄妙經 女子)』, 신세림, 2007, 142~145쪽.

20)『天符經』, 박재원 감수, 박판현 역해, 홍문관, 2010, 104~105쪽.

하나는 끝이라 하되 끝이 아닌 하나로다.

一妙衍/萬往萬來/用變不動本/本心本太陽/昻明人中天地一/一終無終一

『천부경』의 하경은 『천부경』의 대미를 장식하는 종장이다. 일시(一始)에서 시작한 『천부경』은 다시 일(一妙衍)에서 시작하고 있다. 우주만물을 아무리 궁리하고 궁리해보아도 묘할 수밖에 없다. 그 묘함은 연(衍)한, 즉 '넘치는', '이어져 있는' 것이다. 연(衍)은 연(延)이다. 우주를 천지인으로 구분했지만 이것은 이어져 있는 하나이다.

하경은 인간의 입장에서 천지인의 섭리를 풀어준 것이다. 대우주 속에서 인간이란 무엇인가? 음양오행사상에서 보면 천지인은 인간[人]을 중심으로 하늘[天]과 땅[地]이 대칭으로 존재하는 셈이다. 그 중심인 인간의 입장에 따라 천지는 통하기도 하고 막히기도 한다. 인간이 통하여 천지를 관통하게 되면 천지가 하나가 되고, 인간이 통하지 못하여 불통하면 천지가 막히게 된다.

하늘에 태양이 찬란하듯 '인간의 마음에 천지는 하나이다', '인간 가운데 천지가 하나이다' 등과 같이 '인중천지일(人中天地一)'은 사람에 따라 참으로 여러 가지로 해석된다. 사람은 천지 속에 하나로 있고 사람 속에 천지가 하나로 있다는 말이다. 여기서 사람의 모습을 한 하느님의 탄생을 시사하기도 한다. 천지라는 양극이 사람 속에서 하나가 된다는 것은 극과 극이 통하여 하나가 됨을 실현하는 셈이다.

사람 가운데 천지가 있다는 것은 바로 사람이 천지를 상징한다는 뜻이다. 이는 동시에 상징의 이중성으로 인해 사람은 천지(天地) = 혼백(魂魄) = 음양(陰陽)으로 나누어진다는 뜻이다. 다시 말하면 인(人) = 천(天)/지(地)라는 뜻이다. '/'은 중(中) 혹은 공(空) 혹은 무(無)의 의미를 내포한다. 그래서 '/'의 뜻은 때로는 대립의 '벽(wall)'이 되기도 하고, 때로는 대칭의 '비어 있음(void)'이 되기도 하고, 그 표시 자체가 '중(中) = 공(空) = 무(無)'의 의미가 된다.

중심은 비어 있다. 중심은 잡아야 한다고 잡을 수 있는 것이 아니다. 저절로 잡힐 때 중심이 잡히는 것이다. 중심을 한 번 잡았다고 저절로 지속할 수 있는 것이 아니다. 중심은 비어 있기 때문에 항상 다른 것이 들어올 수 있다. 항상

天	天一一	天	
人	人一三	人(天/地) *人中天地一	中/空/無/心
地	地一二	地	

*인간의 입장에 따라 천지는 통하기도 하고 막히기도 한다. 인간이 통하여 천지를 관통하게 되면 천지가 하나가 되고, 인간이 통하지 못하여 불통하면 천지가 막히게 된다. 그래서 성인(聖人)을 기다리게 되는 것이다.

다른 것이 들어올 수 있기 때문에 중심이다. 그렇기 때문에 중심을 공(空)이나 무(無)라고 하는 것이 더 이해하기 쉽다. 원효는 중심을 마음[心]이라고 했다. 그래서 일심(一心)을 주장했다.

그러나 말로써 일심을 주장하는 것이 말로써 일물(一物)을 주장하는 것과 다르다거나 그것의 반대라고 할 수 없다. 진정으로 일물에 도달한 자는 일물이 일심이고, 진정으로 일심에 도달한 자는 일심이 일물이다. 말로써는 중심에 있는지 없는지를 가늠할 수 없다. 세계에 중심이 없다는 것은 모든 것이 중심이라는 말에 다름 아니다. 중(中)은 공(空)이고 무(無)이고 심(心)이다.

인간은 참으로 마음의 존재이고, 마음이란 존재와 존재자를 오가는 것이다. 이것이 불교의 진공묘유(眞空妙有)이다. 노자는 이것을 현(玄)이라고 하고, 움직이지 않을 때는 묘(妙), 움직일 때는 요(徼)라고 했다. 이것은 또한 정중동(靜中動)이고 동중정(動中靜)이다.

우리는 서양철학을 동양철학과 비교할 때 혹은 동양철학 사이의 통합을 비교할 때 흔히 불교의 공사상이나 노장의 무위자연사상을 거론한다. 그리고 같은 점과 다른 점을 찾는다. 노장사상은 자연으로 돌아감을 역설하지만 그 언어적(단계적) 방법론이 없고, 불교는 언어적 방법론을 제시함으로써 고등종교의 대열에 합류한다. 불교의 장점은 방법론을 마련한 데 있지만 그것은 동시에 말[言]의 장애에 부딪히기 때문에 불리하기도 하다. 그래서 중국 선종(禪宗)은 불립문자(不立文字)를 선언했다.

원시·고대에는 자연 자체, 물 자체에 이르는 방법론을 별도로 가르칠 필요가 없었다. 자연과 거의 하나(일체)가 되어 살아간(살아가지 않을 수 없었던) 시절이다. 노장사상은 적어도 인류가 자연과 더불어 살아가는 모계적 사회를 잘 반영하고 있다. 그러나 후대에 가부장사회의 등장과 더불어 문명이 달라졌기 때문에 자연에 이르는 방법론의 제시가 필요했을 것이다.

『도덕경(道德經)』과 『장자(莊子)』를 비롯한 노장사상은 모계사회의 지혜들을 모은 것으로 보인다. 이에 비해 불교는 그러한 지혜에 도달한 석가가 다시 그것을 환기시킨 것으로 보인다. 석가는 왜 그것을 환기시키지 않으면 안 되었을까? 역설적으로 사람들이 종래처럼 살지 않기 때문일 것이다. 불교도 가부장사회와 연결된다.

고등종교는 가부장사회(왕조사회)의 도래와 함께 제사[祭]가 정치[政]에 적응한 시대의 산물이다. 그러나 고등종교 가운데서 불교만은 왕에게 깨달음이 우선임을 강조한다. 석가는 왕들의 금은보화 보시를 평하면서 언제나 깨달음보다 아래임(보잘것없음)을 강조했다. 그런 점에서 불교는 다른 고등종교의 방향과 도리어 역으로 진행된 것이라고 할 수 있다. 모성을 환기시킴으로써 권력이 허무함을 역설하고 있는 것이다.

물론 불교에도 가부장사회의 흔적이 많다. 이는 시대의 흐름을 거역할 수 없었기 때문이다. 다시 말하면 아무리 자연주의가 좋다고 하더라도 이미 문명은 그렇게 살 수 없었고(모계사회로 돌아갈 수 없었고), 그렇기 때문에 문명의 흐름을 따라가면서 자연주의를 역설하지 않을 수 없었다. 그런데 노장사상이나 불교사상도 실은 외래 종교이다. 물론 후대에 토착화되어 지금은 우리 문화의 바탕이 되었지만, 그 원천은 외래적인 것이다.

우리의 전통 회복에 대한 연구가 항상 여기에서 그치고 있다. 한민족의 전통사상이라고 할 수 있는 천지인사상과 연결하려는 노력을 게을리 하고 있다는 말이다. 천지인사상은 여러 종교의 원천을 설명할 수 있는 모델이 될 수도 있다. 천지인사상은 샤머니즘에서 고등종교에 이르기까지 모두를 꿰뚫을 수 있는 모델이 될 가능성을 내포하고 있다. 박시인(朴時仁)에 의해 천지인사상은 고대 유라시아 대륙을 횡단하는 사상의 원형이었을 가능성이 선구적으로 연구되었고,[21] 사실로 입증될 가능성이 점차 높아지고 있다.

21) 박시인, 『알타이문화사 연구』, 탐구당, 1982, 126~127쪽.

『천부경』은 학자에 따라, 사람에 따라 여러 가지로 조명하고 해석할 수 있는 길이 열려 있다. 이것은 고도의 상수학(象數學)이고 상징문화의 정수이기 때문이다. 상징문화는 순환하는 우주를 설명하는 고대의 과학이라고 할 수 있다. 오늘날도 상징은 문화를 설명하는 큰 개념이다. 상징은 서로 차이나는 것이나 상반된 내용을 동시에 가지고 있는 언어이다. 음양사상은 그 대표적인 것이다. 상징은 순환체계를 바탕으로 하는 과학이다. 이에 비해 근대과학은 인과론을 바탕으로 하는 직선체계의 과학이다.

단전호흡을 하는 사람들은『천부경』을 인체에 비유하고 호흡의 원리를 내포하고 있다고 해석한다. 학자에 따라『천부경』의 끊는 부분, 즉 마디의 장절을 달리하기도 하지만, 대체로 상경은 머리(상초)= 형이상학= 상단전, 중경은 가슴(중초)= 형이중학= 중단전, 하경은 배(하초)= 형이하학= 하단전으로 말하기도 한다.[22] 본래 상수학은 현대의 과학처럼 수를 실체로 보지 않는다. 그러나 수를 실체적으로 해석해도 적합성을 가질 경우가 있다.

『천부경』 해석에서 가장 중요한 것은 바로 ①과 ⑩의 만남이다. 이는『천부경』 자체가 순환론의 철학이기 때문에 필연적으로 ①의 '일시무시일'과 ⑩의 '일종무종일'은 만나야 하고 하나가 되어야 한다. 그리고 ①과 ⑩ 둘 사이에 '/'과 '이중성'이 성립한다. 시작은 끝이고 끝이 시작인 것이다. 그래서 원융을 달성한다. 이것은 단전호흡으로 볼 때는 운기(運氣)에 해당한다. 소주천(小周天), 대주천(大周天), 기경팔맥(奇經八脈)을 모두 운기하는 것이다.

『천부경』 해석에서 전문가들 사이에서 가장 논란이 되는 구절이 '하경= 인경'의 '일묘연 만왕만래'이다. 이 구절을 완전히 '하경'에 넣는 사람도 있고, '중경= 지경'에 넣는 사람도 있고, 또 '일묘연'만 중경에 넣고 '만왕만래'를 하경에 넣는 사람도 있다. 어느 쪽을 선택하느냐에 따라 중경과 하경의 글자 수가 달라진다. 상경에는 크게 이의가 없다.

한편 상수(象數)는 쉽게 말하면 상징적인 수인데, 수는 상수에서 태어나서 실수로 사용된다. 그중 중요한 수는 1, 2, 3, 그리고 0이고, 더 중요한 것은 0과

---

22) 박정진,『잃어버린 선맥을 찾아서』, 일빛출판사, 1992, 74~76쪽.

천	1	1은 1이면서 0이다.	↑↓
인	2/3/4/5/6/7/8/9	홀수(3/5/7/9)와 짝수(2/4/8)	
지	0(10, 0/1)	10은 0이면서 1이다.	

1이다.

십진법은 10이라는 숫자를 사용할 수 없고, 0에서 9까지만 사용할 수 있기 때문에 10을 0으로 표시한다. 0은 숫자의 포스테리오리(posteriori)이다. 또한 1은 0의 의미를 내포하고 있다. 0이야말로 숫자를 세기 전에 있는 숫자의 아프리오(a priori)이다. 그래서 진정한 1이다. 1 속에 0이 있기 때문에 1은 2로 나아갈 수 있다. 다른 한편 10은 0으로 표시되기 때문에 다음 단계의 10 이상의 숫자로 나아갈 수 있다.

천지인의 숫자는 순환론의 숫자이기 때문에 0과 1은 십진법의 처음과 끝에 있는 것이 아니라 하나가 된, 한 몸의 세트(1, 0)이다. 숫자이든 언어이든 경계선상의 것은 항상 이중적이고 애매모호하다.

한편 1은 0의 변형이고, 2는 1의 변형이고, 3은 2의 변형이고, 4는 사방(4)의 표시이고, 5는 S(운동)의 변형이고, 6은 다시 1(0의 위에)의 변형 혹은 5의 변형이고, 7은 2의 변형 혹은 북두칠성의 변형이고, 8은 3(∞)의 대칭적 겹치기 변형이고, 9는 6의 변형이고, 0은 원(圓)의 변형이라는 설도 있다.

1·2·3은 천·지·인을, 4는 땅을, 5는 닫힌 세계를 상징한다. 1~5는 형이상학의 세계를 상징한다. 6은 육화된 세계, 즉 형이하학의 세계를 상징한다. 6은 또한 여성을 상징하고, 7은 북두칠성 혹은 운명과 행운을 상징하고, 8은 세계의 이중성(운동성)을 상징한다. 9는 남자를 상징하고 0은 원점으로 돌아감을 상징한다. 이 밖에도 여러 설이 있다.

	수	화	목	금	토
生數	1	2	3	4	5
成數	6	7	8	9	0
	太陰			太陽	
*6은 만물지대모(萬物之大母)이다. 술수(術數)의 수이다.					

1	0의 변형, 天
2	1의 변형, 地
3	2의 변형, 人
4	사방(4)의 변형, 大地
5	S의 변형, 닫힌 세계
6	1의 변형, (5+1)
7	2의 변형, (5+2)
8	3(∞)의 변형, (5+3)
9	6의 변형, (5+4)
0	원(圓)의 변형, 열린 세계

7) 동양의 음양사상과 일반성의 철학

『천부경』의 삼재사상은 후대에 태극음양사상으로 변모한다. 동이족의 천지인사상과 동이족의 선가(仙家) 혹은 중국 도가(道家)의 태극음양사상은 똑같이 유무(有無)가 상생하는 역동적인 사상이긴 하지만 『천부경』이 3·1사상인데 반해 음양사상은 2·1사상이다.

3은 자연의 숫자이고, 2는 인간의 숫자이다. 3·1사상은 자연을 기초로 한 기(氣)철학을 바탕으로 하는 반면, 2·1사상은 인간을 기초로 한 이(理, 理性)철학을 바탕으로 한다. 3박자는 춤추는 동작이고 노래하는 동작인 반면 2박자는 행진하는 동작이고 노동하는 동작이다.[23] 1은 기이고(1 = 氣), 2는 이이다(2 = 理).

동양의 두 사상은 기철학이라는 사물의 역동성과 순환성, 그리고 일반성을 전제하기 않고는 통합되지 않는다. 기철학을 바탕으로 '3·1사상 = 2·1사상'의 패러다임을 만들어냄으로써 가능해진다. '인중천지일 = 태극음양'이 그것이다. 둘 다 무시무종(無始無終)으로서 절대성이 없는 하나[一]의 세계를 전제하

23) 호미질을 할 때도 3박자로 하면 오랜 노동에도 불구하고 관절이 아프지 않고, 2박자로 하면 관절이 아프다. 노동요는 3박자로 노동하게 함으로써 노동의 피로를 줄이는 지혜의 소산이라고 말할 수 있다.

<table>
<tr><td>天
(天經 = 上經)</td><td>일시무시일
(一始無始一)</td><td>양(陽)</td><td rowspan="3">무시무종(無始無終)으로서 절대성이 없는 하나(一)의 세계이다.
일이이(一而二) 이이일(二而一)/불교: 불일이불이(不一而不二)</td></tr>
<tr><td>人
(人經 = 中經)</td><td>인중천지일
(人中天地一)</td><td>태극음양
(太極陰陽)</td></tr>
<tr><td>地
(地經 = 下經)</td><td>일종무종일
(一終無終一)</td><td>음(陰)</td></tr>
</table>

고 있다. 이러한 세계는 '일이이(一而二) 이이일(二而一)'의 세계이고 '불이이불일(不二而不一)'의 세계이다.

동양의 음양사상은 음양대립사상이 아니다. 동양(동아시아)의 음양사상은 음(陰)을 말하면 양(陽)을 말하지 않아도 양이 으레 동시에 함께 따라다니는 것이다. 반대의 경우도 마찬가지이다. 음양은 단 한순간도 서로 떨어져 있지 않다. 다시 말하면 서로 떨어져서 대립하지 않는다. 그러한 점에서 음양사상에는 서양처럼 초월이나 선험이라는 개념이 없다. 음양사상에는 그것을 하나로 함께 묶어주는 것은 태극이라는 개념이 있지만 그것은 음양사상 위에서 군림하는 절대적인 개념으로서의 태극이 아니라 단지 음양사상을 동시에 함께 말하기 위해서 존재하는 개념이다.

음양사상에서는 가장 큰 것도 음양이고 가장 작은 것도 음양이다. 그러한 점에서 대소의 개념이 없다. 더욱이 시간과 공간의 개념도 없다. 음양의 역동적인 움직임만 있는 셈이다. 물론 음양사상에는 주체와 대상의 구분도 없다. 음양사상에는 도리어 음을 우선하는 경향이 있다.

음양사상을 서양철학으로 말하면 철학적 상징주의 혹은 상징주의 철학이라고 말할 수 있다. 서양에서는 상징이라는 용어를 명확하고 고정된 의미를 나타내는 언어(language)의 의미로 사용하지만, 동양의 한자문화권에서는 상징을 명확하지 않고 고정되지 않는 역동적 의미를 드러내는 언어(기호)로 사용한다. 따라서 상징은 명확한 대상을 나타내지 않기에 명확한 주체도 될 수 없다. 상징은 결코 대상이 될 수 없는 그 무엇이기에 어떤 것도 될 수 있는 포괄적인 그 무엇이다. 상징이야말로 기(氣)라는 용어와 함께 한자문화권의 문명적 특성을 드러내는 용어이다.

음양 상징과 함께 한자문화권의 천지인사상도 상징주의 철학에 속한다. 천지인은 그 무엇을 상징하는 것이지 결코 특정한 그 무엇을 나타내는 것이 아니다. 천지인은 물리적 하늘과 땅과 인간이 아니다. 천지인사상으로 인간을 바라보면 인간은 '간(間)'이 없는 인(人)일 뿐이다. 천지중인간(天地中人間)이 아니라 인중천지일(人中天地一)의 의미가 여기에 있다.

하늘 속에 땅이 있고, 땅 속에 하늘이 있고, 인간 속에 천지가 있다. 인중천지일을 인간이 아닌 다른 만물에 적용하면 만물중천지일(萬物中天地一)이 된다. 만물은 모두 자신의 가운데에 천지를 하나로 간직하고 있다. 역으로 천지의 산물이 만물이다. 그래서 심(心)은 물(物)이고, 물은 심이다. 이것을 천지인의 순환·동봉관계라고 할 수 있다.

동양의 전통사상인 천지인사상으로 볼 때 서양은 천지인정기신(天地人精氣神)의 정(精)과 신(神)을 합쳐 정신(精神)으로 삼고 나머지를 물질(物質, 육체)이라고 명명했는데 결국 동양의 기를 물질이라고 한 셈이다(氣=物質). 그래서 동양의 전통적인 기사상이 죽어버렸다.

天	氣	정신(精神)	신(神)의 빙의(憑依)	기(氣)의 복권을 통한 철학의 원시반본	일반성의 철학/소리철학
人	神	신인(神人)	신은 인간(人間)이다		
地	精	물질(物質)	신의 대상(피조물)		

필자의 일반성의 철학, 소리철학은 정신물질의 이분법체계에서 기사상을 회복하려는 철학이다. '기'의 회복을 통해 천지인정기신의 순환사상을 회복하려는 철학적 노력이다. 서양철학에서 인간은 천지의 사이에 있지만, 동양의 한자문화권에서는 인간 안에 천지가 있다. 그러기에 천지는 인간의 안과 밖에 동시에 있는 것이다. 이 말을 결국 안과 밖이 없다는 말이다.

상징은 필연적으로 우주를 기 혹은 기운생동으로 바라보게 하기 때문에 일종의 리듬이나 파동으로 우주를 보게 한다. 한자는 상형문자(象形文字)인데 역설적으로(교차적으로) 그것의 바탕에 깔린 철학은 역동적인 기운의 논리이다. 이에 비해 서양의 인도유럽어는 철저히 표음문자(表音文字)인데 역설적으로 그 바탕에 깔린 철학은 리듬이나 파동이 아닌 대상의 논리이다. 대상의 논리이기에 과학을 완성했다.

대상의 논리는 끊임없이 사물을 대상화하기 때문에 끝없이 대상을 찾아야 하고 대상의 끝에 시간의 반대 개념인 영원(永遠)이 있지 않으면 안 된다. 영원이라는 것은 대상의 다른 이름이다. 그래서 화이트헤드는 대상을 '영원한 대상(eternal object)'이라고 말하지 않았던가. 영원한 대상은 바로 이상이고 개념이고 추상이다. 이것은 또한 시간이고 공간이고 개체이다.

음양의 상징과 원리는 무엇인가? 음은 형상적으로는 요철(凹凸)의 요(凹)를 의미한다. 쉽게 말하면 움푹 들어간 것을 말한다. 양은 볼록 튀어나온 것[凸]을 말한다. 음은 음의 성질로 인해 숨는 특성이 있고, 양은 양의 성질로 인해 드러나는 특성이 있다. 음과 양은 상대적이라기보다 상관적(correlative)이다. 상대적인 것은 절대적인 것의 대립인데 반해 상관적인 것은 절대마저도 포용한다.

인간이 설정한 수많은 대립 개념은 모두 상대적이다. 따라서 절대를 우선하는 '절대의 상대'와 상대를 우선하는 '상대의 절대'는 다르다. 절대의 상대에는 절대가 있고, 상대의 절대에는 절대가 없다. 음과 양은 대립적인 것이 아니다. 예컨대 양이 절대적이라면 음은 그것을 포용함으로써 상관적이다. 그래서 음양사상은 상관적인 사상이다. 절대의 진정한 반대는 상대가 아니라 음양이다. 동양의 하늘사상과 태극음양사상은 서양의 절대유일신과 하나님사상과는 본래부터 다르다. 동양의 사상은 역동적인 것인 반면, 서양의 하나님은 유일불변의 동일성이며 정체적인 것이다.

동양사상에서는 인간이 바로 천지이고 태극음양인 것이며 처음부터 절대적인 시간과 공간의 개념이 없다. 그런 점에서 처음부터 인간은 인(人=人中天地)의 자연이다. 차라리 동양사상은 양보다는 음을 근본으로 하는 사상이다. 남성보다는 여성을 근본으로 하는 사상이다.

동양의 천지인사상과 태극음양사상은 동이족(동북아시아)의 사상이었는데, 점차 서진(西進)하면서 음양사상은 때로는 대립적인 것으로 변해갔다. 특히 남송의 성리학에서 그러한 양상을 강하게 보였다. 동서양을 가릴 것 없이 가부장제와 국가의 발달과 더불어 움푹 들어간 '음[凹]=여성'은 '나쁜 것', '부정적인 이미지(상징)'로 많이 사용되었고, 불쑥 튀어나온 '양[凸]=남성'은 '좋은 것', '긍정적인 이미지(상징)'로 선입관을 가지게 되었다.

그런데 세상은 점차 바뀌고 있다. 과거에는 양의 이미지가 좋은 것이었지

음(陰, --) = 나쁜 것 = 부정적인 것	짝수(偶), 땅(地), 어머니(母), 여자(女), 부드러움(柔), 고요함(靜), 아래(下), 오른쪽(右), 무거움(重), 흐림(濁), 어둠(暗), 뒤(後), 말단(末), 거꾸로(逆), 작음(小), 낮음(卑), 가지(枝) 등이다.
양(陽, -) = 좋은 것 = 긍정적인 것	홀수(奇), 하늘(天), 아버지(父), 남자(男), 강함(剛), 움직임(動), 위(上), 왼쪽(左), 가벼움(輕), 맑음(淸), 밝음(明), 앞(先), 근본(本), 바로(順), 큼(大), 귀함(尊), 줄기(幹) 등이다.

만 이제 음의 이미지가 좋은 것이 되고 있다. 그럼으로써 거꾸로 되는 것이 아니라 남녀 인간을 평등하게 제대로 놓은 것이다. 남녀는 동등하고 역동적인 것이고 조화로운 것이다. 양을 앞세우면 갈등과 전쟁이 되고 음을 앞세우면 조화와 평화에 가깝게 된다. 그런 점에서 음양조화(陰陽調和. 음이 앞서고 양이 뒤에 있다)가 옳은 것이다.

동양의 음양사상에서 남성을 양, 여성을 음이라고 한다. 음인 여성은 중간이 갈라진 둘[二, --]이고 남성은 갈라짐이 없는 하나[一, -]인데도 이것을 음의 중간 빈틈을 메운 것으로 보아 남성을 삼(三)이라고 한다. 이것은 삼천양지(三天兩地)로 표현된다. 여기서 양은 음에게 자신의 왜소함을 은폐하기 위해 과장한다. 음의 갈라진 틈새로 나온 양은 음의 낳아줌에 대한 고마움도 없이 오히려 자신이 나온 그 틈새를 일(一)로 쳐서 삼이라고 참칭(僭稱)하고 있다. 남성은 일과 삼으로 여성인 이(二)를 포위하고 있다.

이는 『천부경』의 석삼극(析三極)의 '3.1사상'과는 다른 것이다. 『천부경』의 사상은 역동적인 사상인 데 반해 중국의 음양사상은 서서히 역동성을 상실하고 정태적인 것으로 변모해갔으며 양을 우선하게 되었다. '하나'라고 하더라도 '역동적인 하나'가 있고 '정태적인 하나'가 있는 것이다. 가부장사회의 진전에 따라 세계관(우주관)은 서서히 역동성을 상실하고 정태적이 되었으며 그로 인해 위계적인 모습을 띠었다. 하늘은 서서히 초자아(초월적 존재)의 모습으로 변모했다. 그래서 중국 주도의 음양론은 음을 먼저 내세우면서도 양은 높고 옳은 것이며 음은 낮고 옳지 않다고 하게 되었다. 남성은 긍정적인 상징과 의미로 채워져 있고 여성은 부정적인 상징과 의미로 채워져 있다. 여성[凹]의 '비어 있음(골, 谷)' 혹은 '틈'은 남성[凸]의 '채워져 있음(마루, 宗)' 혹은 '튀어나옴'에 비해 열등한 것으로 간주되었다.

동양의 음양사상은 아주 오랜 전통을 가지고 있다. 음양사상은 이미『시경(詩經)』에 나온다.『시경』은 공자가 편집한 중국 최초의 시가총집으로 그 연대는 기원전 6세기 중·후반이다.

> 시경에는 음(陰)자가 8번 나오고 있는데, 그중 우(雨)자와 관련되어 나오는 경우가 네 개다. 기후와 바람, 음암(陰暗)의 뜻으로 사용되고 있다. 또 양(陽)은 18곳에서 사용하고 있는데, 11곳이 산과 물의 방위를 뜻하고 있다. 그 밖에 햇빛, 기후의 온난, 화창한 날씨 등을 나타내는 말로 사용되었다. (중략) 춘추시대에 들어와서 음양 개념이 형성되고 있다. 음양 개념의 최대 발전은 음양을 천(天)에서 발생한 육기(六氣) 가운데의 이기(二氣)로 파악한 것이다. 즉 춘추시대 이전의 기록에 보이는 음양 개념은 일광(日光)의 유무에 따라 형성된 현상을 의미할 뿐, 그 자체로 독립적인 의미는 갖지 못했다.[24)]

중국 음양사상의 중요성은 문화의 모든 면에 적용되는 것으로 발전된 데 있다. 이은봉이 정리한 음양사상의 주요 개념은 다음과 같다. 첫째, 모든 운동은 음양에서 일어난다. 둘째, 음양은 서로 호근(互根)한다. 셋째, 음양이 작용하는 힘이 생명이다. 넷째, 음양은 생명의 형화작용(形化作用)이다.[25)]

여기서 음양사상을 종합적으로 설명한 대목을 보자.

> 물(物)이 생생한 것은 무형에서 유형한 형질이 생하여 공간적으로 무한히 확대하고 시간적으로 무궁히 계승하는 것인데, 음양생명원(陰陽生命元)에는 형(形)이 없으니, 형이 없으면 또한 생명이 없는 것이다. 그러므로 생명원은 자체가 생성하기 위하여 스스로 무형으로부터 유형으로 변화함에는 반드시 생명→기(氣)→정(精)→형(形)의 순서를 밟는다. 또 천지간의 만물은 무형

---

24) 이은봉,『중국 고대 사상의 원형을 찾아서』, 소나무, 2003, 60쪽.

25) 같은 책, 60~63쪽.

과 유형으로 대별되어 있고, 유형은 모두 무형에서 생한 것이므로 이 유형한 물은 다시 무형으로 돌아가는 이(理)가 있다. 그러므로 만물에는 생하고 멸하는 현상이 있어 무형에서 생산 유형물(有形物)은 반드시 생멸이 있는 것이다. 처음부터 형이 생하지 아니한 자는 형이 멸할 것도 없는 까닭에 무형한 생명원은 생멸함이 없을 것이다. 그러므로 만물의 생명체는 영구히 계승되는 생명원을 내포(內包)하여 근본을 삼고 생멸하는 유형한 바탕을 얻어서 형질을 삼고 있으므로 만물에는 대대로 항구히 계승되는 작용이 있어 생하고 자라고 여물고 하면서 만물의 생생이 그치지 아니하는 것이다.[26]

'동이문명'을 중심으로 한 천지인의 삼재사상은 '하화(夏華)문명'의 등장과 함께 동아시아 질서가 중화(中華) 중심으로 개편되면서 음양오행사상으로 문화적 확대재생산을 이룬다. 음양사상이 음양사상(陰陽四象)이 아니라 음양오행(陰陽五行)이 되는 것은 홀수문화와 짝수문화의 통합에 따른 것이다. 중국의 음양사상은 갑골문에서 시작되었으나, 아마도 그 이전에도 있었던 것으로 짐작된다.

음양사상은 '천지(天地)→ 혼백(魂魄)→ 귀신(鬼神)→ 강유(剛柔)→ 음양(陰陽)'의 순으로 발전해왔다.[27] 아마도 처음엔 자연적인 상징에서 출발해 점차 추상적인 것으로 발전했을 것으로 짐작된다. 천지 다음에 혼백사상이 등장했다는 것은 자연 중심에서 인간 중심으로 변하고 있다는 것을 드러낸다. 이것이 다시 귀신으로 발전하는 것은 사후세계에 대한 관심이 증대되었음을 뜻한다. 이것이 강유로 된 것은 아마도 가부장사회와 관련이 클 것으로 보인다. 음양사상에 이르러 그야말로 본격적인 우주론을 구성한 것으로 보인다.

음양이라는 개념이 전국시대에 언어 개념으로서 성립했다고 하는 것은 음

26) 같은 책, 63쪽.

27) Marcel Granet, *The Religion of The Chinese People*, Maurice Freedman(tr.), New York: Harper & Row, 1975, pp.80~82.

양이라는 상징성으로써 보다 포괄적으로 이 우주를 설명하려는 구체적 시도가 진척되었다는 것을 의미하며, 이러한 시도는 단순히 관념적 발전이 아니라 그 문명을 이루고 있는 모든 요소, 사회, 경제, 정치, 예술, 문학 등등 그리고 의식주와 관련된 모든 과학문명, 건축업, 의류제조업, 기기제조업, 수학, 기하학, 음식제조업, 측량, 도량형, 교통기관, 의학 등의 종합적 협력관계에 의하여 발전된 것임은 매우 명백한 사실이다.[28)]

음양사상은 서양철학적 개념으로 보면 상징적 상호작용을 하는 울림이다. 예컨대 '남자는 여자를 울린다', '여자는 남자를 울린다', '하늘은 땅을 울린다', '땅은 하늘을 울린다'고 말할 수 있다.

'울림'은 '물질의 세계'가 아닌 '물(物)의 세계'라고 말할 수 있다. 인간은 물을 대상화하여 물상(物象)으로 만들어 세계를 추상화(디자인)하고 입체화(공간화)했다. 이는 모두 상상계와 언어와 생각하는 능력 때문이다. 사물을 대상화하는 데서 주체가 생기는 까닭에 주체와 대상은 가역적 관계에 있다. 대상이 있기 때문에 주체가 있고 주체가 있기 때문에 대상이 있게 된다.

그러나 인간은 여전히 자연적 존재로서 물(物)과 맞닿아(내통하고) 있다. 심물일체라고 할 수 있다. 과학이 물상을 통해 객관적 세계를 구성하듯이 마음(몸)은 예술을 통해 주관적 세계를 표현하고, 종교는 신앙의 대상을 설정함으로써 예술에게 마음껏 표현할 수 있는 소재와 주제를 제공해준다. 예술은 마음(감정)의 파동(共感, 心琴, 共鳴)을 형상화하는데 그것의 이면에는 무수한 음악적 리듬이 깔려 있다.

만약 마음이 어떤 물질의 작용이라고 밝혀진다면 인간은 더 이상 존재의 의미를 상실하게 될 것이다. 역으로 말하면 존재의 의미는 결코 물질적 작용이나 설명에 의해 밝혀지지 않는 것이고, 더욱이 의미라는 것도 마음이 없다면 존재할 수 없게 될 것이다. 의미는 마음의 작용이다. 의미는 마음의 소리를 맛보는 것이다. 마음의 작용(function)은 작용이긴 하지만 자연이나 신의 섭리

---

28) 김용옥, 『도올 논문집』, 통나무, 1991, 37쪽.

(攝理)와 같은 것이고, 과학이나 수학의 함수(function)와는 다르다.

마음은 본능과 같은 뿌리를 가지고 있지만, 마음에는 동물적 본능과는 다른 무엇이 있다. 인간은 '의미를 먹고 사는 동물'이다. 의미의 의(意)자는 소리 음(音)과 마음 심(心)의 합성이다. 음은 일반적인 소리인 성(聲)이 아니라 마음이 관계하는 어떤 법칙성 혹은 율(律), 리듬(rhythm)을 가지고 있는 소리이다. 다시 말하면 '마음[心]의 소리[音]'이다. 이러한 점에서 의미는 마음을 통과한 리듬이 있는 어떤 것을 뜻한다.

이는 동시에 의미 이전에 소리[音]가 있음을 의미한다. 의미 이전의 소리는 '기운(氣運)의 소리'이다. 이것은 '자연의 소리'라고 할 수 있다. 그러나 마음의 소리, 자연의 소리를 완전히 이분법적으로 잘라 말할 수는 없다. 소리는 점(點)들이 만나 이루는 직선의 연속(시간 혹은 공간)이 아니라 파동이다. 소리는 기(氣) 그 자체이다. 세계(우주)는 하나의 전체로 공명하고 있다. 세계는 완전히 끊어진 것이 아니기 때문이다. 마음이 곧 몸이고 몸이 곧 자연이다. 심물일체이다. 자연에 의미를 부여하는 것이 바로 문화이다.

소리를 비롯하여 모든 지각은 대상이 아니라 느낌이며 존재이며 상호주체이다. 그런데 이를 '시각-언어' 중심의 인식(의식)체계가 사물과 지각을 대상화하는 바람에 대상이 되어버렸다. 세계에는 '주체와 대상(객체)'이 아니라 '드러난 것과 드러나지 않는 것'이 있을 따름이다. 드러난 것은 현상이고 드러나지 않는 것은 존재이다.

주체와 객체, 신과 인간, 원인과 결과, 시작과 끝은 서로 동봉되어 있는데 이것이 마치 분리된 것처럼 되어버린 것이 알파벳문명권의 속성이다. 서양철학의 알파벳언어는 시각을 합리화한 언어이며 그것을 바탕으로 하는 철학은 시각 중심의 철학이다. 그런데 시각은 근본적으로 그것만을 물체에서 수용하지 못하고 반사하기 때문에 보이게 된다. 예컨대 우리가 빨간색이라고 인식하는 것은 다른 색은 물체에 흡수되고 빨간색만 흡수되지 못하고 반사되기 때문이다.[29] 물체에서 반사(거부)되는 것을 보고 그것이 '있다'고 생각하는 셈이

29) 빛이 프리즘을 통과하면 빨, 주, 노, 초, 파, 남, 보의 일곱 가지 색으로 나뉜다. 빛이 진행

다. 인간의 생각이 그런 것인지도 모를 일이다.

우리는 생각을 흔히 '반사(reflection)'라고 말하기도 한다. 무언가 자연의 자연스러운 흐름에서 거부(반사, 부정)되고 이탈되는 것만 우리 몸이 '있다'고 생각하는 것은 아닐까? 이는 몸이 아프거나 고통스러울 때 그것의 '있음'을 강하게 느끼는 것과 같다. 알파벳문명권의 과학이 우주를 '빅뱅-블랙홀'로 인식하는 것은 빛의 모든 성분을 흡수한 것을 블랙홀(검은색)이라고 하고, 반대로 모두 반사한 것을 빅뱅(흰색)이라고 하는 것과 같은 게 아닐까?

빅뱅과 블랙홀도 동봉되어 있는 것이다. 사물의 드러난 부분이 빅뱅이라면 사물의 드러나지 않는 부분이 블랙홀이다. 이것은 가장 큰 단위의 음양 현상과 같은 것이다. 서양문명은 이렇게 동봉되어 있는 것을 이분법에서 갈라놓고 설명하려고 한다. 이것이 시간과 공간의 거리재기이다. 시간과 공간이 없으면 둘은 하나의 근원에서 일어나는 동전의 양면과 같은 현상이다. 시각은 항상 사물의 평면을 구분하고 구별하는 데 익숙하다. 시각은 사물의 공명과 공존을 파악하는 데 미숙하다.

그러나 소리는 공명을 특징으로 한다. 소리는 어둠 속에서도 잘 울리고 잘 들린다. 그런 점에서 소리는 사물(존재)의 본성에 가깝다. 사물이 소리를 내는 것이 성(聲)이라면 인간이 소리를 내는 것은 목소리, 즉 음성(音聲)이다. 음은 말[言, 立]에 가로 왈(曰)을 합한 것이다. 사람의 목소리는 음이면서 동시에 말이다.

인간의 의미를 불교의 육근육식(六根六識), 즉 안이비설신의(眼耳鼻舌身意)로 말하면 의미는 신(身)과 안(眼) 사이에 있다. 이는 의미가 몸과 시각 사이에 있음을 말한다. 분명히 의미는 몸과의 상호관련성 속에 있으며, 눈에 의해 고정될 가능성이 높다. 눈이야말로 몸(마음)이 생성하는 의미, 마음의 소리[意= 音+心]를 고정시키는 것이다. 의미의 발생은 매우 현상학적인 영역이다.

인간은 소리를 의미로 전환시키면서 의미를 표상하는 것으로 기표를 설정

하다가 물체에 부딪치면 어떤 빛은 물체에 흡수되고 어떤 빛은 반사된다. 우리가 눈으로 보는 것은 반사된 빛이다. 빨간색만 반사하고 다른 색들은 모두 흡수하기 때문에 우리의 눈은 사과를 빨간색으로 본다. 물체가 빛의 모든 성분을 흡수하면 검은색으로 보이고, 반대로 모두 반사하면 흰색으로 보인다.

했으며, 그 기표는 사물에서 소리를 생략하고 사물을 물리적으로 대상화했다. 이것이 이성의 작용이다. 의미는 기본적으로 형태소의 단계이다. 형태소의 아래에 음소가 있듯이 인간의 문화에도 음소의 단계로 소리의 일반성이 있는 것이다.

8) 알파벳 문장구조로서의 철학

서양문명은 알파벳문명권임을 앞에서 언급했다. 이는 서양문명은 알파벳 문장구조라는 틀 속에 그 철학과 사상이 들어 있음을 의미한다. 문장구조는 마치 철학의 개체발생과 같은 것이다. 문장구조 속에 서양의 신화를 비롯해서 계통발생의 역사가 고스란히 들어 있다고 해도 과언이 아니다.

알파벳 문장구조를 흔히 육하원칙(六何原則), 즉 5W1H로 표시하기도 한다. 누가(who), 언제(when), 어디서(where), 무엇을(what), 어떻게(how), 왜(why)가 그것이다. 어떤 문장이라도 이 범주를 벗어날 수 없다.

알파벳 문장에는 반드시 주어가 있다. 주어(주체)가 반드시 있어야 한다는 것은 반드시 목적어(대상, 객체)를 두지 않을 수 없고, 주어와 목적어를 둔 문장은 반드시 소유격을 두지 않을 수 없다. 말하자면 주어와 목적어의 관계는 바로 소유관계이다.

예컨대 알파벳 문장에서는 자연현상에도 반드시 주어(가주어)를 둔다. '비가 온다(It rains)'라고 한다. It를 사용하는 것에 서양문명의 요체가 숨어 있는지도 모른다. 물 자체는 'Thing itself'이지 않은가. 이를 한글로 표현하면 '비 내린다(rains)'이고, 한자로는 '우(雨)'이다. 알파벳은 주어 집착적이라고 할 수 있다. 이는 소유 집착적이라고도 할 수 있다. 영어 문장에서는 시간과 장소를 표시하는 경우가 많다. 시간과 장소는 바로 소유를 나타내는 표상이다.

서양은 주부(주어) 중심의 주부적 문장이고 타동사와 행동을 중시한다. 서양의 '말씀'을 나타내는 'verbe'는 '동사'이기 전에 '언어'였다. 그래서 '언어적'이라고 할 때는 'verbal'이라고 한다. 이에 비해 한국은 술부 중심의 술부적 문장이고, 상태동사와 형용사나 부사를 중시한다.

서양의 알파벳 문장구조는 소유적 문장구조이다. 특히 소유동사(have, get)를 좋아한다. 이에 비해 동양의 한문과 한글은 존재적 문장구조이다. 이들의 상태동사는 일종의 형용동사라고 할 수 있다. 예컨대 알파벳 문장은 '팔이 긴' 사람을 '나는 긴 팔을 가지고 있다'고 한다. 이에 비해 한글은 '나는 팔이 길다'고 말한다. 알파벳 문장구조 가운데서도 영어는 특히 소유적 사고가 강한 편이다. 그것은 소유동사 'get+과거분사' 형태의 문장구조를 사용하는 빈도가 늘어나는 데서 현저하게 느낄 수 있다. 소유적 문장구조에는 목적어가 있기 때문에 수동태가 활발하다. 그런데 역설적으로 'have' 동사가 수동태가 없다는 것은 'have' 동사가 'be' 동사의 뜻을 가지고 있음을 유추케 한다.

서양의 문장은 처음부터 주어(주체)와 대상(객체)의 상호작용을 내포하고 있는 구조였다. 물리학과 현상학이 나올 수 있는 문장구조이다. 그 문장구조에서 그 철학이 나온 셈이다. 서양철학에서 관념론-정신주의와 유물론-물질주의는 같은 것이다. 양자의 교차도 있을 수 있다. 예컨대 사르트르의 실존주의는 '신체'를 중시하지 않는다는 점에서 관념적이면서 유물론적이다.

알파벳 문장구조를 축약하면 주어(I, 주체, 즉자)+동사+목적어(You, 객체, 타자)로 줄일 수 있다. 이는 주어와 목적어의 운동거래(運動去來)라고 할 수 있다. 이를 현상학과 존재론에서는 동봉왕래(同封往來)라고 한다. 말하자면 '주어↔목적어'의 가역반응 양상이다. 주어와 목적어는 명사이고, 두 명사 사이에 동사가 있다. 이때 동사는 존재이고 명사는 존재자이다.

'운동거래'는 물리학적인 영역, '동봉왕래'는 화학적인 영역에 비유할 수 있다. 이를 생물학적으로 말하면 개체발생과 계통발생이 같은 것에 비유할 수 있다. 개체발생과 계통발생은 시간을 초월하는 것이다. 인간의 신체 밖에서 진화적으로 전개되었던 것들이 신체 안에서 그대로 '존재재현'되는 것이기 때문이다. 예컨대 "난자가 수정하고 3주가 지나면 길이 2mm 정도의 '신경관'이 배(胚) 안에 생긴다. 이 신경관이 뇌의 기원이다. 신경관은 생명 진화의 역사에서는 약 5억 4천만 년 전(고생대 캄브리아기) 척추동물의 출현으로 거슬러 올라간다. 약 38억 년 전의 생명 탄생에서 약 32억년 동안의 역사를, 사람의 발생에

물리학	운동거래	물리학적 시공간	칸트 철학	
화학	동봉왕래	화학적 시공간	현상학	
발생학	개체발생=계통발생	시간과 공간이 없음	존재론	우주발생학

서는 약 3주 동안으로 줄이는 셈이다. 수정 뒤 4주 만에 척수에서 신경세포가 분화하기 시작한다."[30]

물리학을 칸트 철학에 비유할 수 있다면 화학을 현상학에, 발생학을 존재론에 비유할 수 있다. 물리학을 현상학적으로 말하면 '물리적 현상학'이고, 현상학을 물리학적으로 말하면 '의식의 물리학'이다. 현상학은 또한 '의식의 발생학'이라고 할 수 있다. 현상학을 발생학의 측면에서 보면 대상 의미의 발생학, 기표·기의의 발생학, 마음·몸의 발생학, 초자아의 발생학 등으로 명명할 수 있을 것이다.

우주 발생도 발생학적으로 접근할 수 있을 것이다. 어쩌면 시간과 공간의 탄생은 인간의 등장에서 비롯된 것일 수 있다. 우주적 '흐름'을 시간의 '현재'로 명명하고 현재적 시점에서(현재를 기준으로, 현재를 중심으로) 과거와 미래로 나눈 것이 모든 이분법·이원대립항의 기원이었을 것이다. 공간은 시간의 양화에 지나지 않는다. 다시 말하면 시간과 공간의 좌표(프레임) 어느 지점에 인간이 태어난 것이 아니라 인간의 탄생과 더불어 시간과 공간이 탄생했다고 하는 편이 옳을 것이라는 뜻이다. 시간과 공간의 탄생은 그것의 탄생 이전에 역설적으로 시간과 공간이 없다는 '무시무공(無時無空)'을 말한다.

알파벳 문장구조로 보면 시간(when)과 공간(where)은 부사가 된다. 시간과 공간은 주어와 목적어의 위치를 결정지어주는 역할을 한다. 시간과 공간이 흔히 실체가 있는 명사처럼 사용될 때는 '주어'와 '목적어'이지만 실은 부사이다. 자연(自然, nature)은 명사처럼 사용되지만, '자연스러운(natural)' 혹은 '자연스럽게(naturally)'처럼 형용사 혹은 부사로 해석되어야 맞다. 자연이 명사가 되면 추상이 되고 자연 본래의 생명력을 잃게 된다. 자연이 시공간이 되면 추상이나 기계가 된다.

---

30) 일본뉴턴프레스 편, 『뇌와 마음의 구조』, 강금희 옮김, 뉴턴코리아, 2012, 48~49쪽.

알파벳 문장구조에서 시간과 공간은 자연의 역할을 한다. 시간과 공간이 정해지면 자연이라는 말은 없어져도 되는 것처럼 인식된다. 말하자면 자연은 자연현상을 말하는 특별한 경우를 제외하고는 시간과 공간으로 환치되어도 좋은 것처럼 된다. 대부분의 경우 자연은 즉자적인 존재(空, 無, 氣)로서 마치 '없는 것처럼' 무기력한 존재로 되어 있다.

'무엇을(what, 목적), 어떻게(how, 수단), 왜(why, 이유)'는 인간(who) 주체(subject)를 행동하게 하는 '대상(object)군'에 포함시킬 수 있다. 이들은 대자적(對自的, 自我的)이거나 타자적(他者的) 공간이다. 이때 '왜'는 '필요'를 말하고, 인간의 이성과 직접적으로 관련되는 것으로 인간을 움직이게 하는 원동력 혹은 동인(動因)이 된다. 인간은 이성적인 동물이고 이유가 있는 동물이다.

문장구조, 즉 통사구조가 철학과 사상의 내용을 한정짓지는 않지만 적어도 그것을 표현하는 통사론의 법칙이나 음운론의 법칙은 제한되어 있다.

> 인간정신의 표상세계와 사회에는 무수히 다양한 어휘적 내용이 있지만, 통사론(統辭論)의 법칙이나 음운론(音韻論)의 법칙은 지극히 유한하게 제한되어 있다는 생각에서 우리는 레비스트로스가 의도하는 무의식의 법칙이 유한함을 짐작할 수 있다. 폴 리쾨르는 이러한 레비스트로스적인 무의식의 개념이 프로이트(S. Freud)적이라기보다 칸트적인 성격에 가깝다고 진단했다. 이러한 리쾨르의 진단은 레비스트로스의 구조주의를 '선험적 주체가 없는 칸트주의'라고 한 해석과 함께 대단히 탁월한 식견으로 꼽히고 있다.[31)]

앞에서도 말했지만 서양문명은 매우 '시각-언어' 중심의 문명으로 시각특권적(視覺特權的)이다. 인간의 몸에서 눈은 열리고 닫힘을 통해 빛과 만나며, 빛의 입자성은 방향을 낳고, 방향은 직선을 낳고, 직선을 시간을 낳고, 시간은 공간을 낳고, 시간과 공간은 대상을 낳고, 대상은 물질을 낳고, 물질은 과학을 낳았다고 볼 수 있다.

---

31) 김형효, 『構造主義의 思惟體系와 思想』, 인간사랑, 1989, 35쪽.

시간은 직선이고 선험적 양식이다. 시간에서 출발한 과학은 사물과 시각의 만남에서 비롯되는 것이다. 눈의 열고 닫힘은 고정된 의미를 생산한다. 인간은 결국 파동적 우주, 음양적 우주를 직선의 선분으로 이해하는 존재이다. 그런 점에서 원조차도 직선의 연장으로 볼 수 있다.

인간이 시간을 낳기까지 의식(현상학적 공간)과 의지(권력의 의지, 의지와 표상으로의 공간)가 개입된다. 의지는 의식과 욕망, 무의식과 몸의 바탕 위에서 성립된 것임을 현대 철학은 조명하고 있다. 대상을 만들어내는 현상학이 아니라 마음의 현상으로써 몸을 만들어내는 물학(物學)이야말로 서양철학이 동양의 지혜의 철학으로 넘어오는 전환점으로 볼 수 있다.

서양문명이 주도하는 산업문명은 인간을 정신병동으로 몰아넣고 있다. 인간은 정신병자가 되지 않는 한 이성적인 동물이다. 이 말은 인간이 이성적이기 때문에 정신병자가 된다는 말과 같다. 정신은 정신병이다.

여기에서 진화론상으로 볼 때 인간의 정신활동이 어떤 것인가에 초점을 맞출 필요가 있다. 네발짐승들은 실은 이동할 때 3박자로 이동한다. 달릴 때는 앞발과 뒷발을 모아서 2박자로 달리기도 하지만 걸어갈 때는 네 다리 중 반드시 한 다리를 땅에서 뗀 상태에서 이동한다. 이에 비해서 두 다리로 직립보행을 하는 인간은 2박자로 이동한다. 인간은 걸어갈 때나 달릴 때나 2박자이다. 인간은 춤출 때나 운동할 때에만 3박자로 움직인다. 인간이 2박자로 이동하는 것과 2진법(0, 1)의 발견은 상관이 있을 수밖에 없다. 2박자는 합리적인 사고와 관련이 있고, 3박자는 비합리적인 사고와 관련이 있을 것이다.

정신활동은 실은 문장구조 속에 드러난다. 문장의 주부(주어)와 술부는 이미 2박자이다. 주어가 어떤 행동(동작)을 하는 것은 대상(지향하는 혹은 관심 있는)을 전제하고 있고, 대상을 전제한 것은 세계의 분열이다. 주어와 술어는 이미 세계의 분열을 전제한다. 더욱이 주어가 목적어를 가질 경우 세계는 더더욱 확연하게 주체와 객체로 나뉜다. 알파벳 문장구조는 주체와 객체를 가장 확실하게 구분하는 문장의 사례이다.

알파벳 문장구조는 이미 그 속에 분열증을 내포하고 있다고 해도 과언이 아니다. 주어(주체, 정신)와 목적어(객체, 물질, 육체)의 확실한 구분은 이미 그 자체가 분열증이며, 이를 제대로 설명하기 위해서는 분열분석을 하지 않으면 안 된다.

그런데 지금 분열분석을 하는 것(의사)이 아니라 그 분열증(환자)을 치유하는 것이 중요하다. 결국 철학도 문명의 치유에 들어가지 않으면 안 되는 입장에 서게 되었다. 서양의 정신-물질 이원론은 동양의 심물일원론(心物一元論), 기일원론(氣一元論)으로 치유되지 않으면 안 된다. 서양철학은 정신에서 물질(육체)로의 중심이동이었으며, 물질은 결국 물 혹은 몸이 됨으로써 인간의 대상적 굴레를 벗어나게 되었다. 서양철학은 '물질'을 '물'로 전환함으로써 동양의 기 개념으로 넘어오는 다리를 넘은 셈이다.

인간의 몸에서 눈은 의식적으로 열리고 닫힌다. 그러한 점에서 의식은 눈과의 필연적인 관계에 있다. 그러나 외부로 열려만 있는 감각기관이 있다. 그것은 바로 살갗(촉각)과 귀(청각)와 여자의 버자이너(vagina)이다. 이들은 스스로를 닫을 수 없다. 물론 이들 기관도 마음의 열리고 닫힘에 따라 열려 있는 상태의 정도가 다르긴 하지만 완전히 닫히는 쪽으로 나아갈 수는 있다. 말하자면 열림의 정도에 차이가 있다. 그러나 형태론적으로 닫힐 수는 없다.

항상 밖으로 열려 있는 기관은 인간의 마음과 관련이 크다. 인간의 마음이야말로 항상 자신의 밖으로 열려 있는 기관이다(그렇기에 역설적으로 완전히 닫힐 수도 있다). 마음이 완전히 열려 있으려면 몸을 이완시켜야 한다(이것이 명상이고 단전호흡이다. 마음이 열려 있어야 우주의 기를 호흡할 수 있다). 몸을 이완시키면 살갗이 열린다. 살갗이야말로 가장 진실한 것이다.

머리가 진실한 것이 아니고 살갗이 진실한 것이다. 귀는 살갗의 연장이고, 이들 기관은 파동을 감지한다. 그러한 점에서 이것들은 가장 살아 있는 기관이다. 그래서 살갗은 '살아 있는'의 '살(la chai)'이다. 살아 있으려면 살갗이 살아 있어야 한다. 그런 점에서 한글의 '살다', '살아 있다'는 개념은 참으로 위대하다. '살아 있다'는 개념보다 더 정확하게 삶을 정의하는 개념은 없을 것이다.

'삶'은 '숨'과도 관련이 있다. 산다는 것은 우선 '숨'을 쉬어야 하는 것이고, 숨을 쉬어야 살아 있는 생명이기도 하다. '숨'자의 구성은 'ㅅ(인간)'+ '、(하늘 아래)'+'ㅁ(생명)'으로 인간의 '숨'도 되고 '삼'도 된다. '삼'이 '삶'이 되는 것은

'ㄹ'이 운동과 순환을 나타내는 자음이기에 '삼(숨)'이 계속되는(계속 쉬는) 것이 바로 '삶'이기 때문이다.

살아 있는 철학이 되려면 바로 한글의 '살'이 회복되어야 한다. 여성이 살갗의 접촉과 그것의 희열과 고통에 진실한 것은 자연의 진실과 통하기 때문이다. 이것은 남자의 머리에서 '구성된 진리'가 아니라 여자의 몸이 보여주는 '원초적인 진실'이다.

서양의 이성주의철학은 의미와 개념으로 구축된 보편성의 철학으로서 실은 지배를 위한 수단이었다는 것이 서서히 증명되고 있다. 말하자면 보편성이라는 것은 권력의 의지 혹은 권력의 수단에 지나지 않았으며 인간을 구속한 것이었음을 알 수 있다. 그러한 점에서 감정과 인정에 의해 삶을 영위해온 한국과 한국의 여성과 한국문화의 여성성은 지금까지 국가를 유지하는 데 많은 약점을 노출했음에도 불구하고 이제 평화의 선두주자로, 평화적 지구촌 삶의 모델로 등장하기에 손색이 없다.

세계 어느 민족보다 살아 있는(live) '살'을 좋아하고, 삶을 '살다'라고 말하고, '살아 있음'을 최고의 미덕으로 여기며 "개똥밭에 굴러도 이승이 좋다"고 말해온 '한 많은 민족'인 '한국인'은 소리철학으로 세계를 이끌어갈 것이다. 현상학자 후설은 '육체'로서의 'Körper'가 육체와 정신이 함께 뒤섞인 '살(Leib)'이라고 했다. 그러나 아직도 그에게는 관념적 환원주의의 잔재가 남아 있다. 메를로퐁티는 "나는 내 몸이다(je suis mon corps)"라고 말함으로써 후설의 현상학을 육체 쪽으로 더 진전시켰다고 할 수 있다. 의식은 몸의 의식인 것이다.

그런데 여기서 더 나아가 몸의 의식이 아니라 몸이 마음임을 알아야 한다. 마음은 몸의 가장 열려 있는 기관이다. 그래서 '안이비설신의'에서 마음인 '의(意)'가 가장 바깥에 있다. '의'의 뜻이 '마음의 소리[意= 音+心]'인 것은 참으로 의미심장하다. 우리는 여기서 소리가 의미의 출발인 것을 알 수 있다. 소리가 '의미의 출발'이라는 것은 소리가 '의미와 무의미의 경계'라는 것을 말한다. 소리의 의미가 시각으로 전환되어서 기호(기표/기의)가 되었다고 할 수 있다.

그런 점에서 마음은 '기관 없는 신체'이다. 이와 반대로 몸을 '신체 없는 기관'으로 보면 '기계의 세계'가 된다. 세계는 마음의 몸이고 동시에 몸의 마음이다. 세계를 몸의 관점에서 보면 '거대한 몸', 즉 대신(大身)이고, 마음의 관점에서 보면 '거대한 마음', 즉 일심(一心)이다.

인간의 감각기관이 지닌 특성을 철학적으로 말하면 남성적 눈은 빛의 입자성과 만나 대상을 낳고, 여성적 귀는 대상 자체가 없으며 소리의 파동성과 만나 세계가 본래 하나였음을 드러낸다. 이를 비유적으로 말하면 눈과 페니스는 그것의 직선성으로 인해 대상과 목적과 타자를 낳고, 귀와 버자이너는 그것의 파동성으로 우주와 하나가 되고 그 혼연일체(渾然一體, 混沌, 混元一氣) 속에서 생명을 탄생시킨다.

인간의 문화는 살갗에 옷을 입히고 야생적 사고에 옷을 입히는 것에 비유할 수 있다. 인간의 의식도 옷을 입는데 이를 '빙의(憑依)'라고 하는 것이리라. 결국 인간은 방향성을 가지는 의식과 의미를 만들어내고, 그것에 빙의되는 존재이다. 철학이라는 고상한 행위도 빙의의 일부일 수밖에 없다.

인간의 마음과 몸, 우주는 열려 있다. 살갗도 그렇고, 귀도 그렇고, 여성의 버자이너도 그렇다. 마음은 더더욱 그렇다. 불교는 제6의 기관으로 '마음[意]'을 설정했다. 이들 감각기관은 항상 밖으로 열려 있는 상태이다. 이것이 닫히면 살기 어려운 세상이다. 인간은 초월할 것이 아니라 본래(本來)로 돌아가야 한다. 본래로 돌아가는 것이 여래(如來)이다.

서양철학은 신(神)과 물 자체 사이에 인간을 두고 인간을 시간과 공간으로 설명하는 것이다. 결국 설명은 어떤 차원을 가지기 마련이며 어떤 차원이라도 그 차원의 위와 아래가 있기 마련이다. 또 그 차원의 시간적 선후와 입장의 좌우가 있을 수 있다. 서양철학의 근본은 개체이다. 그 개체 때문에 시공간이 성립한다. 만약 개체가 없다면 시공간도 없다.

동양의 음양사상은 세계를 끝없는 리듬의 연속, 말하자면 '음악적 리듬'과 같은 것으로 본다. 동양은 파동과 소리의 세계에 일찍부터 눈을 떴다고 말할 수 있다. 음양사상의 울림은 '대칭적인 세계', '동시성의 세계'를 전제하지 않으면 성립되지 않는다. 서양의 주체와 객체 사상과 동양의 음양사상은 근본적으로 다른 출발을 하고 있다. 음양사상에는 선험과 초월이 없다. 시간의 선험과 공간의 초월은 같은 것이다.

우리는 무심코 '초월'을 말한다. 시공간을 벗어나고자 하는 것이다. 그런데 시공간이 본래 없는 것이라면 초월의 의미는 '무(無)'가 된다. '초월'과 '무'는 정반대에 있는 것 같지만 시공간을 사이에 두고 원을 그리면서 서로 만난다. 둘은 원융되어야 하는 것이다. 무(無)는 유(有)의 반대가 아니라 어떤 근원적인 근거를 말한다.

그동안 서양철학은 유(有)의 관점, 소유(所有)의 관점 혹은 소유(所由)의 관점에서 운위되어왔다. 이것이 절대화되어 '유(唯)'의 철학이 생겨났다. 유심론과 유물론이 그 대표적인 것이다. 서구 문명은 가부장사회가 극단적으로 역사적 발전을 한 문화 유형이다. 서구의 기독교 신화(성경)와 신학, 과학, 유심론과 유물론은 결국 같은 것이다. 예컨대 "하나님(아버지)이 만물을 창조했다"는 문장구조 속에 집약된다. 서양철학은 '주어+동사+목적어'의 문장구조이다. 유물론은 유심론을 뒤집은 것으로 정반대인 것 같지만 실은 같은 절대성을 추구하는 같은 구조이다. 유물론은 유심론이고 유심론은 유물론이다. 유물론은 유심론의 마음이나 유신론의 신의 자리에 물질을 대입한 구조이다. 다시 말하면 유물론은 물질을 신처럼 숭상하는 신학이다.

서양의 알파벳문명권의 문장구조를 중심으로 구성된 서양철학을 동양철학과 비교하면 다음과 같다. 서양은 매우 가부장적 전통이 문장구조 속에 배어 있음을 알 수 있다. 서양은 자연과 여성을 소유하는 구조이다. 말하자면 '존재론적 존재'가 아니라 '소유론적 존재'의 입장에 있다. 서양의 철학과 신학과 경제가 하나인 것을 문장구조 속에서 발견할 수 있다. 문장구조(형태소, 구문)는 수학(미분, 적분)과 같이 차연의 결과이다. 이들은 모두 등식을 도출하는 것으로, 모르는 것을 없애버리거나 아는 것을 단정하는 지식이다. 이에 비해 지혜는 자신이 알지 못한다고 해도 '없음'이라고 단정하지 않는다.

서양의 가부장사회는 철저하게 여성을 소유(사유재산의 출발)하고자 했다. 서구 사회에서 여성운동이 먼저 일어난 것은 역설적으로 여성의 지위가 높았기 때문이 아니라 여성이 철저하게 소유물이었기 때문이다. 가부장사회는 여성에 대한 소유에 의해서 욕망의 증대와 함께 필연적으로 인구의 증가와 영토경쟁, 잡종강세, 그리고 생산과 재화의 확대재생산을 가져오고, 농업(목축)

혁명은 물론이고 산업화와 함께 사유재산제도와 자본주의의 강화를 불러왔다. 이는 역으로 인구의 증가와 함께 여성에 대한 소유, 영토경쟁, 잡종강세, 그리고 가부장사회가 된 피드백의 측면도 있다. 가부장사회에서는 필연적으로 재화의 낭비가 있을 수밖에 없다.

이러한 낭비는 재화의 확대재생산 아니면 전쟁으로 해소할 수밖에 없다. 여기에 과학이 참가하게 된다. 이유야 어떻든 결과적으로 인구의 증가가 모든 문명의 동인이 될 수 있다. 현재 지구의 인구가 65억 명에 이르고, 지구가 부양할 수 있는 인구의 한계가 100억 명이라고 하는 계산도 나오고 있다. 지구는 인류의 증식만을 위한 기계장치가 아니다. 모든 동식물이 함께 살아야 하는 에콜로지의 상황임을 주지시키는 것도 바로 이 때문이다.

다음 〈표〉는 알파벳문명권과 동양의 한자문명권을 문장구조 속에서 간단명료하게 비교한 것이다.

이상을 다시 요약하면 가부장사회의 성의 독점(여성의 성에 대한 남성의 독과점)은 결과적으로 재화의 낭비와 인구증가와 산업화와 전쟁을 가져왔다. 그런데 가부장사회의 신화는 그 원인을 여자의 유혹과 재생산(출산)에 두면서 정작 남성 본인은 일부다처제(혹은 一夫多妾制)를 하거나 외도를 하게 된다. 재화가 부족하거나 한정된 곳에서는 가부장사회를 유지할 수 없게 된다.

오늘날 남아 있는 모계사회와 일처다부제사회는 그러한 것을 증명하고 있다. 전쟁이라는 것은 결국 수컷(영웅)들의 정복과 자기과시의 산물이다. 신화와 철학과 종교와 사상과 제도는 실은 주어진 환경에서의 삶을 합리화해주는 언어적 장치(놀이)에 불과한 것인지도 모른다. 인간은 대뇌작용에 의해서 기억과 생각과 상상의 조합으로 가상을 만들고, 그 가상을 실재로 둔갑시켜서 초자연적인 것을 만들지만 결국 생물종의 일부에 불과하다. 그래서 남녀의 결합(혼인, 짝짓기)방식과 가족제도와 관련한 토대 위에서 인류의 문명을 재해석할 필요가 있다.

불교가 인간의 삶의 고(苦)를 없애기 위해서 기억에 대해서 무억(無憶)을, 생각에 대해서 무념(無念)을, 상상에 대해서 막망(莫妄)을, 즉 무념무상(無念無想)을 주장하는 이유가 여기에 있다. 그러나 불교가 인간의 문제를 궁극적으로 해결

알파벳문명권과 한자문화권의 문장구조와 철학

알파벳문명권

주어	동사	목적	비고
신(神): 유일신 (인간 속 신)	타동사 창조했다	만물	절대신 (인간중심주의)
주체	타동사(인위)	대상	과학(자연과학)
정신	이분법	육체(물질)	그것(It, Thing)
유심론(唯心論)	심물이분법 주객이분법	유물론(唯物論)	서양철학은 결국 유심론과 유물론으로 끝났다.
하나님(아버지: 남자)	창조	아담(남),이브(여자) 사탄(남자)	여자의 원죄(희생) *불완전한 창조
자유	선택(양자택일)	원죄(原罪)	
구속(救贖): 메시아	죄(罪)를 짓다	실낙원(Expelled From Paradise)	복락원(낙원복귀) *자연에는 죄가 없다.
예수 (십자가 사건)	무염수태 (無染受胎)	마리아, 요셉	서양의 기독교문화권 (소유의 길)

한자문화권

자연 (자연 속 인간)	자동사 저절로 생성	무위자연(無爲自然)	동양의 음양오행문화권 (존재의 길)
하나님(어머니): 마고(麻姑)	생멸(生滅: 興亡)	대지의 여신 만물지모(萬物之母)	자연에는 생멸과 흥망이 있을 뿐이다.
태초의 소리/ 無始無終/ 無時無空	소리(혼돈) 혼원일기(混元一氣)	대자연(大自然) 정음(正音)/정음(淨音)/ 정음(鄭音)	남자와 여자가 자리바꿈을 한다. 하늘은 마음에 있다. 正陰正陽, 地/天=泰卦
심(心)	심물일체 (心物一體)	물(物)	심물일체는 결국 소리와 공명(共鳴)이다.

하는 것은 아니다. 불교가 인간의 욕망을 완전히 제어할 수 없기 때문이다. 인간은 스스로를 멸종하게 내버려둘 수 없는 종의 번식을 본능적으로 추구하는 생물종이다. 욕망이 있다면 욕망을 제어하는 기제도 있을 것이다. 그러나 욕망과 욕망의 제어를 왕래할 뿐이지 완전한 욕망의 제어는 있을 수 없다. 설사 어떤 개인이 부처처럼 욕망을 완전히 제어했다고 할지라도 모든 인간이 그렇게 될 수는 없다.

욕망과 욕망의 제어는 동봉되어 있다. 모든 대립되는 것은 동봉된 하나에서 출발했을 것이다. 욕망과 제어는 작용과 반작용(반사)과 같다. 그렇게 보면 생각(reflection)도 반사(reflexion)이다. 반성은 반사의 다른 말이다. 이성의 역할 중에서 가장 큰 것은 욕망을 제어하는 일이었을 것이다. 그런데 이성이야말로 욕망이다. 그래서 인생이란 엎치락뒤치락하게 되어 있다.

본능과 본성을 자연으로 볼 경우 본성은 본능과 이성의 사이에서 이중성을 보인다. 욕망·의식·의지는 강도의 차이는 있지만 이미 이성이 강하게 개입된 것이고 도리어 숨기고 있다고 해도 과언이 아니다. 그래서 이들은 언어화할 수 있는 것이다. 이들은 하나의 방향을 추구하고 있고 그것을 무한대로 추구하고 있다. 무한대라는 것은 바로 시간과 공간을 프레임으로 하는 이성이다. 그래서 인간은 '자연의 인간'이면서 동시에 '인간의 자연'인 것이다. 본능이야말로 동물의 특성으로 천시되어야 할 것이 아니라 자연인 것이다.

자연이 생멸하는 것이라면 인간도 궁극적으로는 생성과 소멸을 피할 수 없다. 그래서 생멸이 진여이다. 생명을 자연의 선물로 받았듯이 죽음조차 자연의 선물로 받아들이는 자세가 인간에게 요구된다. 인간의 욕망과 이성은 죽음으로밖에 해결할 수 없다. 죽음이야말로 모든 것을 평등하게 한다. 사물에 대한 인간의 주인의식도, 초자아를 만들어서 권력을 행사하는 의식도, 모든 불평등의 구조물도 모두 제로 상태로 돌아간다.

모든 죽음은 평화롭고, 글자 그대로 안식(安息)이다. 생전에 무엇을 어떻게 했든 죽음으로 제로가 된다. 인간이 죽은 자에게 영광의 관을 씌우든 저주의 말을 퍼붓든 그것은 바람 앞에 흩어진다. 죽음은 모든 것을 흩어지게 하여 평등의 상태로 돌려놓는다. 죽음이야말로 존재의 문이고, 무의 문이다. 동일성이 있다면 바로 죽음이다. 동일성과 존재에서 만난다.

죽음을 통해, 죽음에 의해 인간은 비로소 평화와 안식을 얻는다. 죽음만 두려워하지 않는다면 말이다. 죽음이야말로 탄생처럼 자연 그 자체이다. 인간이 만들어낸 천지창조라는 것(통사구조)은 죽음의 그림자에 불과하다. 그런데도 생명과 삶에 익숙해진 인간은 죽음을 두려워하면서 부정적으로 바라보고 영생을 노린다. 죽음이 두렵고 어두운 것은 아니다. 만약 죽음이 없다면 그대는 무엇을 하고 영원을 보낼 것인가? 영생보다 더 무서운 것은 없을 것이다.

인간은 왜 자신이 태어난 어머니를 삶의 출발이라고 여기고 어머니를 천지창조의 여신이라고 하지 못하는가? 왜 가부장사회가 만들어놓은 허구의 사회와 역사에서, 시간과 공간의 우주에서, 아니면 성경에서 천지창조를 발견하고자 하는가? 이는 모두 시각의 환상 때문이다. 언어는 시각의 환상을 더욱 더 연장시켜준다. 시각-언어의 굴레 속에 있는 것이 인간의 앎의 한계이다.

지구상에 있는 생물종에게 영원함이 없다면 언젠가는 인종도 멸종할 수밖에 없다. 그렇다고 그 멸종이 오늘내일 다가오는 종말은 아니다. 인종의 종말에서 궁극적인 구원은 없다. 별도의 구원을 기대할 것이 아니라 죽음 자체가 구원임을 알아야 한다. 바로 여기에 허무주의일지라도 긍정적 허무주의가 필요한 것이다. 긍정적 허무주의는 '자아(주체)가 없는 세계'에의 긍정과 같다.

서양철학은 니체 이후 허무주의에 빠졌으며, 지금도 허무주의의 광풍 속에 빠져 있다고 해도 과언이 아니다. 니체 철학은 진정한 존재론과 해체주의의 출발이었다고 할 수 있다. 허무주의는 어디까지나 변하지 않는 실체를 전제하고 있고, 그것이 없는 것에 대한 실망으로 패배감에 젖는 사상이다. 말하자면 '유(有)의 무(無)'사상이다. 따라서 허무주의는 동양의 태허(太虛)사상이나 무사상, 공사상과는 다른 것이다. 서양은 허무주의를 거치면서 동양사상에 눈을 뜨고 스스로를 극복하고자 했다. 그러나 아직도 서양은 자아와 실체적 사고를 완전히 벗어나지는 못하고 있다.

니체의 허무주의는 그래서 양면성이 있다. 인간은 생멸하는 세계 전체(총체)에 대한 긍정(받아들임)을 통해서, 그것의 영원회귀를 통해서 대긍정을 할 필요가 있는 존재이다. 구원이 불가능한(필요 없는) 상황에서도 긍정을 할 필요가 여기에 있다. 죽음에의 긍정은 인간 개체 혹은 인간종도 초월해야 하는 것이다. 어차피 인간은 생각하는 동물이기 때문에 그 생각으로부터 자유롭기 위해서 그러한 결단이 필요하다.

니체에게는 종래의 성인(聖人)이라는 말 대신에 초인(超人)이라는 말이 필요했을 것이다. 초인은 스스로 우상화된 성인을 부정한다. 그런 점에서 예수도 없고 부처도 없다고 부인할 수 있다. 초인이란 의타적 구원을 기원하기보다 스스로 생멸하는 것을 긍정하는 초자아 혹은 보편성을 추구하는 새로운 인간상, 영원회귀의 상일 따름이다. 성인이라는 말에는 인간을 구원한다는 의미가 내포되어 있다. 그러나 초인이라는 말에는 구원이라는 의미가 들어 있지 않다. 스스로 멸(멸종)하는 것을 긍정하는, 죽음을 초월하는 의미가 내포되어 있다. 자연과 우주의 생멸로부터 누가 누구를 구원한단 말인가? 생한 것은 반드시 멸하며, 생멸은 거리가 떨어져 있는 것이 아닌 동시성의 것이라는 점을 상기할 필요가 있다. 찰나생멸이 곧 존재이다. 그렇게 볼 때 인간은 생멸 과정에서 시간과 공간이라는 제도를 만들어낸 특이한 존재인 것이다.

철학이 그동안 금과옥조로 생각했던 보편성은 무엇일까? 또 종교가 수많은 신자들에게 가르쳤던 하늘(하나님)은 있는 것일까? 하나의 거대한 '우주의 울림' 같은 것을 두고 하늘이라고 한 것이 아닐까? 그러한 점에서 전통적 하늘은 없다. 또 보편성이라는 것도 생각하는 동물인 인간이 가정한 '생각의 하늘' 같은 것은 아닐까?

니체는 "신은 죽었다"고 광야에서 외쳤다. 니체는 이렇게 말함으로써 서양 기독교의 유일신, '정신의 신'뿐만 아니라 변종 기독교인 마르크시즘의 무신론의 신, '물질의 신'마저 부숴버렸다. 유물론이야말로 서양철학의 꽃이자 완성이었다. 니체는 서양철학의 유심론과 유물론은 모두 해체해버린 해체철학의 첫 선지자였다.

그렇지만 '신은 죽었다'고 말하는 자체에 아직도 신의 흔적과 여운이 남아 있다. 서양의 절대유일신 문화권에서야말로 신을 죽이는 사태가 일어날 수 있다. 스피노자의 범신론마저 진정한 범신론이 아니었다. 샤머니즘, 애니미즘, 토테미즘을 비롯한 진정한 범신론 문화권에서는 신을 죽일 필요가 없다. 신이야말로 자연(신=자연)이기 때문이다. 범신론의 문화권에서는 신을 청[請神]하고 신과 놀고[娛神], 신을 보내는[送神] 굿판을 벌인다. 한국의 굿판은 신과 함께 노는 판이다.

서양의 절대유일신 속에는 도리어 인간이 들어가 있다. 그래서 인간중심주의 철학과 상통한다. 니체는 신 속에 들어가 있는 인간을 죽인 것이다. 인간을 죽이고 끝내 초인을 만든 것이다. 그래서 니체는 인간중심주의와 이성중심주의를 벗어나고자 했다. 그러나 그가 대안으로 내놓은 초인은 진정한 대안이 되지 못한다. 초인이라는 말 속에는 아직 기독교적 절대가 숨어 있다. 이것이 니체의 한계이다.

초인은 여전히 초자아의 변형이다. 적어도 초자아를 숨기고 있다. 초자아는 바로 현상학적 차원이다. 나는 니체의 말에 대해 존재론적으로 대답하고자 한다. "하늘[天]은 없다[無]."

그런데 이때 '하늘은 없다'라는 뜻의 '무천(無天)'은 같은 발음의 '무천(舞天)', 즉 '춤추는 하늘'이다. 모든 존재는 이제 있고 없음, 즉 '유무의 사실'이 아니라 동시성으로 이루어지는 '동정(動靜)의 사건'이다. '하늘은 없다'는 말의 뜻은 '이제 하늘이 땅으로 내려왔다' 혹은 '하늘과 땅이 이제 하나가 되었다'는 뜻이다. 이제 인간이 하늘이거나, 하늘이 인간의 땅으로 내려옴을 뜻한다. 이는 '인신(人神)의 시대', '신인(神人)의 시대'를 뜻한다. 이제 낯선 땅이나 낯선 행성에서 온 자를 성자라고 할 이유도 없다. 모든 사물과 사실과 사건은 동시적인 것이고 같은 질료적·소여적인 것 위에 존재한다.

우주의 울림을 하늘이라고 한다면 하늘은 굳이 저 높은 하늘에 있는 것이 아니라 모든 사물에 있는 것이 된다. 인공위성이 달에 착륙하고 화성을 탐사하고 여러 행성을 찾아가고 있는 마당에 하늘은 이제 지구라는 섬을 포함하고 있는 바다가 되어버린 지 오래이다. 인류는 지금 우주공간에서 유사시에 살 땅을 찾느라고 야단이다. 그러나 그 먼 거리에서 낙원이나 피안, 구세와 열반의 땅을 발견할 수는 없다. 구원은 스스로에게서 찾지 않으면 안 된다. 자신의 몸에 우주가 고스란히 전해져 있으며, 지금 살아 있는 것은 자신의 몸뿐이다. 구원은 자신의 몸이 결정하는 것이다. 내 몸 밖에 지금 있는 것은 없다. 내 몸은 개체의 몸이 아닌 우주 전체의 몸(자연)이다.

2
소쉬르의 구조언어학과 구조인류학

1) 소쉬르의 구조언어학을 넘어서

서양 철학사에서 라이프니츠와 소쉬르는 여러 학자들이 평가하는 것 이상으로 중요하다. 그들 이후의 많은 철학과 과학이 그들의 영향권하에 있기 때문이다. 소쉬르와 라이프니츠는 약 200년 차이가 난다. 라이프니츠가 미적분학을 발견했다면, 소쉬르는 구조언어학의 시니피앙(記標, 기호)-시니피에(記意, 의미) 이론을 수립했다. 미적분학이 과학의 세계를 수학적으로 지원했다면, 구조언어학은 인문학의 의미 세계를 분석하는 수학과 같은 역할을 했다.

라이프니츠는 수학적으로 사물과 사건의 운동을 양화시키는 데 결정적 수단인 미적분학을 제공했고, 소쉬르는 구조언어학으로 사물의 주체-대상을 시니피앙-시니피에로 바꾸었다. 이는 기표 중심의 세계를 말한다. 기표 중심은 극단적으로는 기의를 없앨 수도 있으며 기표를 절대적으로 만들 수도 있다. 기표는 기의의 현상학이라고 할 수 있는데, 그 현상학은 절대적 세계관을 만들 수도 있다.

라이프니츠와 소쉬르는 근대 서양과학과 인문학의 패러다임을 만들어낸 인물이다. 라이프니츠가 서양의 자연과학을 위한 수학적 기초를 마련했다면 소쉬르는 서양의 인문학을 위한 구조언어학적 기초를 마련했다. 구조언어학의 아버지이자 기호학의 창시자이며 구조주의의 원류로 불리는 스위스 출신 언어학자 소쉬르는 20세기 인문학에 가장 광범위하게 영향을 끼친 인물이다. 흔히 소쉬르가 없었다면 구조주의가 탄생하지 못했고, 레비스트로스의 구조인류학, 라캉의 정신분석학도 없었을 것이라고 평가하는 것에서 그 영향력의 강도를 짐작할 수 있다.

라이프니츠 (자연과학)	미적분학	미분·적분하여 종합함	추상-기계의 세계	사물-운동의 양화 (기계론적 계산)
소쉬르 (인문학)	구조언어학	시니피앙-시니피에	기호의 현상학	의미의 기표화 (사물을 기표로 봄)

소쉬르는 '능기(能記)=시니피앙(signifiant)'과 '소기(所記)=시니피에(signifié)'의 결합으로 언어를 설명했고, 시간을 따라가는 통시언어학보다 시간을 배제한 공시언어학 연구에 비중을 둠으로써 언어학적으로 시간을 초월하는 언어의 구조와 기능을 발견했다. 그는 또한 인간의 발성기관으로 표현하는 자연언어만 연구하는 것이 아니라 문자, 몸짓, 수화, 의례 같은 다양한 상징체계를 아우르는 기호학을 주창함으로써 언어학을 기호학의 일부로 만들었다.

그런데 그가 제창한 시니피앙-시니피에 이론은 서양문명에서 가장 획기적인, 서양의 이성주의를 벗어날 수 있는 출로(出路)를 연 사건으로 감탄을 금할 수 없다. 소쉬르 이전까지는 사물을 대상으로만 바라보았다. 사물은 인간 정신의 대상(물질)이었다. 소쉬르는 사물을 대상으로 보는 시각적 관점에서 완전히 벗어나진 못했지만 그것에 대응하는 기호(언어)체계로 사물을 대신하는 시니피앙-시니피에를 제안했다. 이로써 서양철학은 주체-객체의 이분법에서 한걸음 벗어날 수 있게 되었다. 이것은 서양의 인문학이나 철학이 시간(통시성)으로부터 벗어나는 혹은 대상으로부터 벗어나는 단초가 되었다.

그는 철학자로서는 크게 조명되지 않았지만 철학의 결정적 도구인 언어(기호)체계에 대해 공시적인 태도를 가짐으로써 세계 언어의 일반성에 도달하는 성과를 올렸다. 언어에 대한 통시적 태도는 한 문화권의 특수성과 결부되는 것이지만 공시적 태도는 언어의 일반성과 만나게 된다. 일반성은 자연의 구체성과 만나는 계기가 되고, 종래에는 자연의 무의식을 고취시키면서 인간의 자아와 의식에 대한 회의와 함께 세계를 무의식·무아에 이르게 한다. 그가 말한 '일반언어학'이라는 용어에서 '언어학'도 중요하지만, 실은 '일반'이라는 말이 더 중요하다.

주체와 객체를 설정하던 주객이분법의 서양철학은 소쉬르의 등장으로 시니피앙-시니피에의 세계가 되었다. 시니피앙-시니피에는 주체-대상을 대신하고, 더욱이 시니피앙과 시니피에의 관계가 임의적(arbitrary)이기 때문에 양자는 어떤 결정성이나 고정성을 가지지 않는다. 역설적으로 시니피앙과 시니피에가 임의적이기 때문에 언어(기호, 기표)는 서양철학에서 사물을 대상화할 수 있는 도구가 되었던 것이다.

서양문명이나 서양철학, 즉 알파벳문명에서 '임의적'이라는 말은 철저히 이성중심주의가 되는 결정적인 역할을 하는 동시에 반대로 반이성주의를 여는 역할을 한다. 다시 말하면 임의적이라는 말은 이성중심주의와 반이성주의를 동봉하고 있다. '임의적'이라는 말 속에는 오늘날 후기근대 철학의 대명사인 존재론과 해체론, 그리고 보편성의 신학(이성=신)에서 벗어날 수 있는 길을 열어주는 위대성이 내재해 있다.

시니피앙-시니피에는 서양문명을 원인과 결과라는 인과의 세계에서 능기(드러남)와 소기(숨음)의 세계로 전환케 하는 강력한 힘이 있다. 물론 능기-소기는 세계를 능기(기표) 위주로 보는 것이기에 소기에 속하는 '소리나 목소리'를 수동적 위치에 놓는 결함이 있지만 이는 서양 알파벳문명으로서는 어쩔 수 없는 것이다. 나중에 다시 언급하겠지만, 시각적 특성을 가진 기호는 그것 자체로 또 하나의 동일성을 유발한다는 점을 소쉬르는 몰랐을 것이다.

기호 자체가 동일성을 가지지 않는 것이라고 할지라도 그것을 사용하는 인간은 그것을 고정시키기 때문에 여전히 동일성의 그림자를 드리운다. 그러나 기호를 '고정된 의미'의 세계로부터 자유롭게 함으로써 일단 서양문명은 사물과 언어의 고정성과 결정성에서 벗어나게 되었다. 인류 문명사로 보면 서양의 정신-물질(육체)의 이분법적 세계가 동양의 음양의 역동적·일원적인 세계로 돌아오는 것을 의미한다.

능기와 소기는 바로 '능기=양, 소기=음'의 세계이기에 대상으로만 향하던 서양철학과 문명을 인간과 사물의 내부로 돌린 획기적인 사건이다. 이는 실질적으로 현상학의 원천 혹은 출발이라고 할 수 있다. 이제 시각적 대상의 세계가 아니라 '보이지 않는 세계'가 '보이는 세계'로 드러나게 된 것이다. 이로 인해 시각 중심의, 시각특권의 서양문명은 그것을 벗어나기 위한 위대한 첫걸음을 뗀 셈이다.

'시니피앙-시니피에'라는 언어학적 사건은 서양문명에서 이성주의 문화의 실질적인 해체를 주도한 신호탄이었다고도 말할 수 있다. 소쉬르가 말년에 제네바 대학에서 세 차례에 걸쳐 진행한 강의내용을 사후에 제자들이 편집하여 출간한 『일반언어학 강의(Cours de linguistique générale)』(1916)는 그 제목에서 언어와 문화의 일반성을 추구하고 있다는 점에서 주목된다.

소쉬르는 산스크리트어의 권위자였는데, 그가 산스크리트어 불경과 불교에서 상당한 영향을 받아 일반언어학을 착상한 게 아닐까 짐작하게 된다. 소쉬르가 언어의 구조를 설파하면서도 한편으로 불교의 탈존재론(脫存在論)처럼 언어의 궁극적 실체에 대해 굉장히 회의적이었던 것 같은 분위기가 감지되기 때문이다. 30여 개 언어로 번역된 소쉬르의 『일반언어학 강의』를 가리켜 '언어학의 성서'라고 말한다. 그러나 기독교의 성서가 신학주의와 이성주의의 관점에서 문제가 있듯이 그의 일반언어학도 기독교의 신학주의나 이성주의를 벗어나긴 했지만 여전히 인도유럽어를 기준으로 하고 있음을 비판하지 않을 수 없다.

소쉬르의 구조언어학은 우선 대상-시니피앙-시니피에로 삼각형을 이루고 있다. 여전히 사물을 대상으로 보고 있다. 이는 서양문명의 자장(磁場, context)이라고 할 수 있다. 그렇지만 시니피앙을 둠으로써 주체-대상의 이분법적 시각 혹은 대상적 시각에서 벗어나고자 시동을 걸었다고 할 수 있다. 소쉬르는 "언어는 말하는 주체의 기능이 아니다"라고 말한다. 다시 말하면 종래에 주체와 객체로 나뉘던 서양철학과 언어의 세계는 시니피앙과 시니피에의 세계로 변형된 셈이다. 이는 니체의 '신의 죽음' 선언 이후 시작된 서양의 반이성주의 철학 혹은 해체철학을 언어학적으로 뒷받침하는 것이다. 소쉬르의 구조언어학은 프로이트의 무의식이론, 베르그송의 생명철학, 후설의 현상학과 시대를 같이한다.

칸트의 이성철학 이후 주체와 대상으로 나뉜 인식의 세계에 언어학에서 '말하는 주체의 부정'이 이루어지고, 심층심리학에서 무의식이 도입되고, 생명의 창조적 진화가 거론되면서 서양철학계는 일대 지진을 경험한다. 의식의 세계에서 의미대상(주관적 대상)이 객관적 대상으로 이전되기 전 판단정지의 상태에서 일어나는 순수의식의 과정을 해명한 후설의 '의미대상으로서의 현상학'에 이어 메를로퐁티는 '몸으로서의 현상학'을 발표한다. '몸으로서의 현상학'[1] 세계는 느끼는 세계, 교감의 세계를 말한다.

시니피앙-시니피에에서 의미가 기호의 옷을 입는 관계는 마치 마음이 몸을 입는 과정과 다를 바 없다. 이들은 모두 시니피앙-시니피에의 등장과 함께 일어나는 동질적 성격의 문화 현상이다. 이것은 동양의 음양사상 세계를 이해하는 관문으로 들어가는 큰 발돋움이라고 볼 수 있다.

언어는 물론이고 세계를 시니피앙과 시니피에의 관계로 본다는 것은 동양의 음양사상이 '드러난 세계'와 그 이면의 '드러나지 않는 세계'로 보는 것과 흡사하다. 서양에서 이를 '보이는 세계=기호의 세계'와 '보이지 않는 세계=의미의 세계'로 받아들이기에 충분한 것이다.

소쉬르의 약점은 특히 처음에 소리를 시니피앙으로 설정했다가 점차 시니피앙의 대표성을 시각적 기호(문자)에 주었다는 것이다. 이는 알파벳문명으로서의 불가피성은 인정되지만, 시각주의의 한계와 그로 인한 시각적 고정성과 불변성의 그림자로부터 벗어나지 못하는 단초를 제공한다.

서양문명과 철학에서 '소리(청각)'는 마치 '문자(시각)'로 발걸음을 옮기기 위해 반동(反動)을 얻으려는 무도장에서의 거짓액션과 같다. 무도장에서 왼발을 제대로 옮기기 위해 오른발을 살짝 움직이면서 반동을 얻는 것과 흡사하다는 뜻이다. 서양문명은 또한 '하나님의 말씀'의 신학적 절대성에 주눅이 든 나머지 그 '소리 콤플렉스'로 인해서 무의식적(본능적)으로 소리의 불가침성을 인정하면서 소리를 외면한다. 예컨대 서양문명에서는 최초의 원인(first cause)이나 원문자(原文字)를 주장할 수는 있어도 어떤 절대성이 없는 원음(原音)과 같은 것을 상상하기 어렵다.

더욱이 시니피앙과 시니피에의 관계를 임의적으로 보는 소쉬르의 관점은 알파벳이나 인도유럽어적인 관점이다. 알파벳이 아닌 언어체계가 세계 도처에 얼마든지 있고, 특히 세계 언어의 양대 축을 형성하고 있는 한자문화권과

---

1) 조광제, 『몸의 세계, 세계의 몸』, 이학사, 2004 참조.

주체	→	시니피앙(SA)	→	양(陽, +)
객체		시니피에(SE)		음(陰, _)

한자문화권 속의 한글문화권에서 그러한 '임의성'이라는 것은 쉽게 일반화시킬 수 없다. 예컨대 상형문자(象形文字: idiogram)인 한자에서 '뫼 산(山)'은 실제 모습의 추상이긴 하지만 산의 상형을 간직하고 있다. 그래서 산의 기표인 시니피앙과 산의 의미인 시니피에가 임의적이지 않다. 대상과 시니피앙과 시니피에, 즉 삼자가 거의 붙어 있다고 할 수 있다.

상형문자로 구성된 한자에서 내 천(川) 등 자연의 외양과 글자가 닮은 경우는 부지기수이다. 그런 점에서 한자는 결코 임의적이라고 할 수 없고 비임의적이다. 한자어의 반 이상이 상형을 통해 구성되어 있다. 한자를 사용하는 중국인들은 으레 생활 속에서 한시(漢詩)를 주고받는다. 한자의 상형은 이미 의미를 내포하고 있어 여기에 사성(四聲) 음운(音韻)체계를 통해 운(韻)을 맞추기만 하면 한 편의 좋은 시가 되기 때문이다. 시를 짓는 것은 중국인들의 다반사이다.

표음문자(表音文字: phonogram)인 한글도 마찬가지이다. 소리를 닮은 글자를 많이 간직하고 있는 한글도 비임의적이다. 예컨대 '뻐꾹 뻐꾹' 하는 소리를 그대로 글자에 담은 '뻐꾸기'는 대상과 시니피앙과 시니피에가 임의적이지 않다. 한글은 세계 언어 중에서 의성어와 의태어를 가장 많이 가지고 있는 편이다. 그 대신에 한글에는 관념이나 개념을 나타내는 추상어가 적다. 한글은 또한 주어를 생략하는 경우가 많다. 이는 개념어나 추상어가 적은 것과 관련 있을 것이다.

한글을 사용하는 한국에서 개념이나 추상은 한자를 통해 표현되고 있으며, 한글이 창제되기 전에는 한자를 문자로 수천 년 동안 사용해왔다. 또한 한국인은 소리를 한자(문자)로 표현하기 위해서 훈민정음이 창제되기 전에는 이두(吏讀), 향찰(鄕札) 등의 방법을 썼다. 그래서 한자문화권 속의 한글은 소리와 의미의 관계에 있다. 한글의 소리에 따라 한자의 여러 의미가 붙는다. 한글은 기표이고 한자는 기의이다.

글자는 기본적으로 사물을 약호화(기호화)한 추상이다. 또한 추상은 사물의 구상과 멀어지는 것이기 때문에 대상과 시니피앙과 시니피에가 서로 임의적인 것이 기본이다. 그러나 기표와 기의의 임의성을 인류의 모든 언어에 공통적으로 일반화시킬 수는 없다. 알파벳과 한글은 완전한 추상기호이다. 그러나 한자는 상형의 이미지에 이미 의미가 따라다니기 때문에 완전한 추상기호가 되지 못한다. 그래서 한자는 과학적 탐구에 부적당한 문자이다. 한자는 처음부터 시(詩)이고 의미체이다.

같은 추상기호인 알파벳과 한글도 다르다. 알파벳은 추상성만 가지는 반면 한글은 기표와 기의의 관계가 임의적이지 않기 때문에 추상성과 함께 소리라는 구체성을 가지고 있다. 소리는 기운생동을 관념(개념)이나 이미지(형상)로 보여주는 것이 아니라 소리 그 자체로 기운생동에 바로 관여하게 된다. 한글의 기표는 단지 기의의 표상 혹은 현상일 뿐만 아니라 소리를 통한 '기(氣)의 운용체계'이다. 다시 말하면 한글은 추상적 기호이지만 자연의 소리를 그대로 드러낼 수 있는 구체성 때문에 기운생동에 관여하게 된다.

이 말은 매우 의미심장하다. 한글은 우주적 기운생동을 그대로 전하는 매개(매체)가 된다는 뜻이다. 이는 한글이 우주와 하나가 되는 기호라는 메시지를 간직하고 있다. 인간이 우주와 완전한 하나가 되기 위해서는 한글을 사용해야 한다는 뜻이다. 한글은 언어의 신령이고 한글을 사용하는 사람은 언어의 샤먼이다. 한글을 사용하는 한국인은 그래서 신령스럽고 신령에의 감화가 빠르다.

한글은 추상(문자)-구체(자연의 소리)의 문자이다. 그런 점에서 한글은 그 소리로 인해 우주의 원음(原音, 遠音) 혹은 원형적인 의미를 내포하고 있다고 할 수 있다. 그 원형은 우주의 음양(소리의 파동)을 전달하는 글자라는 의미이다. 말하자면 우주의 '음양적(陰陽的)·파동적(波動的)·전기적(電氣的) 전도체'라는 뜻이다.

한글은 소리를 잘 표시하기 위해서 형태음운론적인 층을 하나 더 가지고 있다.

인도유럽어문화권

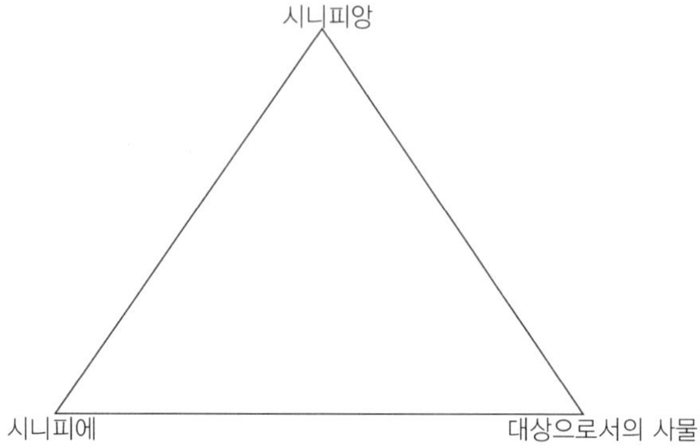

한자문화권

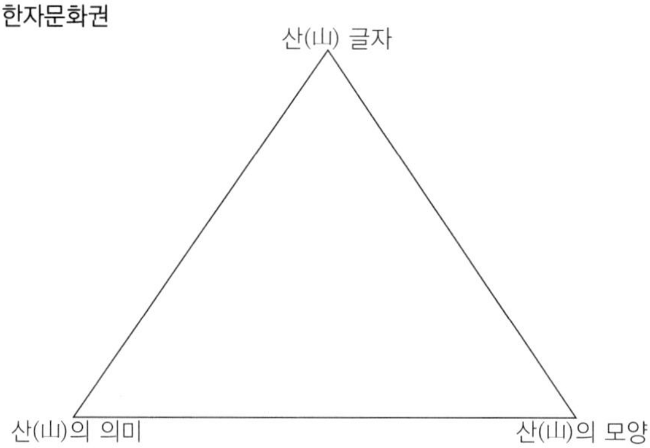

한글문화권

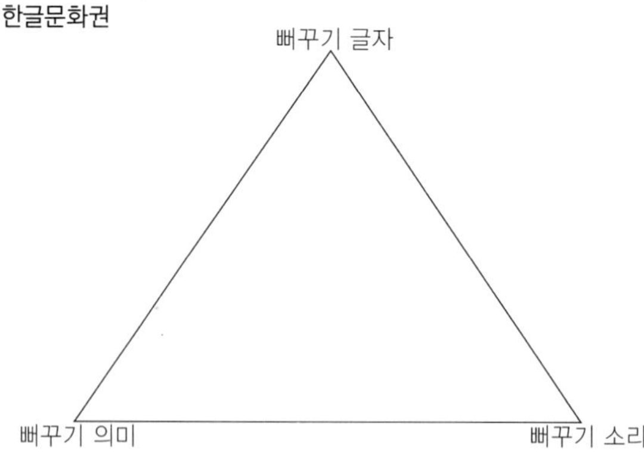

정음(正音. 한글)의 시스템은 음소의 평면과 음절 구조의 평면이라는 두 개의 층이 아니라, 여기에 형태음운론적인 평면이 더해진 3층의 구조로 되어 있다는 것을 알 수 있다. 정음의 형태음운론적인 성격은 한 글자만, 즉 한 음절만 보아서는 알 수 없다. 기본적으로 두 글자 이상의 문자열에서 나타나는 동적인 성격이기 때문이다.[2)]

특히 한글의 'ㅇ(이응)'(음절의 제로자모)은 소리를 잘 표현하기 위한 자모(字母)의 장치로서 매우 중요하다.

음절의 내부구조에서 'ㅇ'은 자신이 있는 자리가 비어 있음을 나타내어, 음의 평면에서는 앞의 종성을 그곳으로 옮겨주면 된다는 것을 시각적으로 쉽게 알 수 있게 한다. 초성 제로를 나타내는 자모 'ㅇ'은 (중략) '초성의 종성화'라는 음 평면의 메커니즘을 문자의 평면으로 끌어올 수 있는 것이다. (중략) 제로자모 'ㅇ'은 소리의 동적인 변용을 문자에 적용시키기 위한 결정적인 장치이다.[3)]

소리를 유연하게 표현하기 위한 'ㅇ'은 마치 수학의 '0'과 같은 구실을 하는 위대한 장치이다. 인도가 수학의 '0'을 발견했다면 한국은 'ㅇ'라는 제로자모를 발견한 셈이다. 그런 점에서 인도에서 발생한 불교의 '공(空)사상'과 자연의 소리를 그대로 전달하는 '한글'은 문화적으로 내통하는 그 무엇이 있다. '공(空)=소리=기(氣)'라는 등식이 성립한다.

소쉬르는 시니피앙-시니피에 이론을 근간으로 하는 자신의 언어학에 '일반언어학'이라는 이름을 붙였다. 이는 모든 언어에 적용되는 근본적인 언어학을 의미한다. 이는 언어학의 통사구조나 법칙을 의미하는 통사론이나 음운론이 아니라 의미론에 해당하는 것이다. 그러나 소쉬르의 시니피앙-시니피에

---

2) 노마 히데키, 『한글의 탄생』, 김진아 김기연·박수진 옮김, 돌베개, 2011, 210쪽.

3) 같은 책, 212~213쪽.

의 임의성은 모든 언어에 적용되는 것이 아닐뿐더러 지구상의 가장 많은 인구가 사용하는 한자에도 적용되지 않고 한글에도 적용되지 않는다.

우리가 여기서 발견할 수 있는 것은 자연의 모양을 본뜬 문자, 즉 상형문자인 한자와 자연의 소리를 흉내 내는 문자, 즉 한글은 사물을 '대상화(대상으로서 인식)'한다기보다는 사물을 '뜻(의미)'으로 혹은 사물 그 자체의 '소리'로 인식한다는 점이다. 한자와 한글에서 시니피앙과 시니피에는 알파벳에서만큼 임의적이지 않기 때문에 그 문자로 사물을 대상화하는 데 약했다. 다시 말하면 사물에 대해서 즉자적이었다. 그럴 경우 사물은 대상이 되는 것이 아니다. 사물은 직접적으로 의미체(한자)이거나 소리체(한글)이다. 이것이 간접적(타자적) 경로를 가지는 인도유럽어 혹은 알파벳문명권과 다른 점이다. 알파벳은 기호체라고 말할 수 있다.

한글문화권은 사물을 '사물= 소리체= 교감체(음성-시니피앙)'로 인식하고, 한자문화권은 사물을 '사물= 의미체= 은유체(시니피에)'로 인식한다. 이에 반해 인도유럽어는 사물을 '사물= 기호체= 대상체(문자-시니피앙)'로 인식한다. 인도유럽어권에서 출생한 소쉬르가 기호학을 창시한 것은 당연한 일이다. 지금까지 한글은 알파벳처럼 표음문자라고 분류했는데 정확하게는 '표음표의문자'라고 해야 할 것이다. 왜냐하면 소리에 의미가 있기 때문이다. 한글의 소리에는 기운(氣運, 氣韻)이 따라 움직인다.

이들의 문화적 특징을 보면, 한글문화권은 소리를 바탕으로 노래와 춤(가무)을 중심으로 하는 삶을 영위하게 되고, 한자문화권은 시(詩)를 중심으로 하는 삶을 영위하게 되고, 알파벳문화권은 과학을 중심으로 하는 삶을 영위하게 된다. 이는 언어적 특성에서 이미 도출되는 것이다.

한문은 품사가 결정되어 있지 않아서 다양한 의미를 함유하고 있고, 한글은 조사(주격, 목적격)가 결정되어 있어서 시퀀스에 구애되지 않으며, 그리고 알파벳은 위치(주어, 목적어)가 결정되어 있어서 공간적이다. 이런 사정을 메타포와 메토니미의 관점에서 보면 한글문화권은 메타포-메토니미의 역동적 관계를 중시하는 입장에 있고, 한자문화권은 메타포에 주력하고, 알파벳문화권은 메토니미에 주력한다고 볼 수 있다.

언어문화권	시니피앙과 시니피에의 관계	메타포-메토니미의 관계	문화적 특징	문화의 종합적 성격
한글문화권 (표음표의문자)	not arbitrary	메타포-메토니미	소리·가무(歌舞) 중심	교감체(음성-시니피앙) = 소리체
한자문화권 (표의문자)	not arbitrary	메타포	시(詩) 중심	은유체(시니피에) = 의미체
인도유럽어 문화권 (표음문자)	arbitrary	메토니미	과학(科學) 중심	대상체(문자-시니피앙) = 기호체

문자는 의미를 고정시킨다. 이에 비해 음성은 의미를 고정시키지 않는다. 음성은 의미를 흐르게 한다고 말할 수 있다. 더 정확하게 말하면 소리에는 의미가 없고, 사물에도 의미가 없다. 의미를 발생시키는 것은 인간이고, 그러한 점에서 문자를 사용하는 인간은 매우 현상학적 존재이다. 여기서 현상학적 존재라는 것은 인간이 메토니미의 세계를 메타포의 세계로 바꾸는 존재이고, 동시에 메타포의 세계를 다시 메토니미의 세계로 바꾸는 존재임을 의미한다. 이는 메타포의 세계, 즉 의미(마음)의 세계가 드러난 것이 바로 메토니미(몸)의 세계이고, 다시 메토미니의 세계가 메타포의 세계로 숨은 것이 '존재-사물'의 세계라는 것을 말해준다. 의미의 세계가 가능한 것은 의식(의지, 욕망)과 대뇌가 있기 때문인데 의미란 어쩌면 생물의 재생산 메커니즘이 대뇌로 그대로 복사· 전이(전염)된 것이라고 말할 수 있다.

2) 음양사상으로 본 소쉬르, 라캉, 들뢰즈[4)]

인간은 '자연의 인간'이지만 '의미 있는 문화적 체계'로 옮겨가는 문화적 동물이다. 인류학자 레비스트로스에 따르면 근친상간금기와 여성의 교환은 '자연의 인간'이 '문명의 인간'으로 넘어가는 문지방과 같다. 그러나 극도로 이성중심주의, 남성(남근)중심주의에 빠진 서양문명을 동양문명의 일원으로서 밖

4) 박정진, 『철학의 선물, 선물의 철학』, 소나무, 2012, 668~705쪽에서 재구성.

에서 바라보면 마치 어머니를 잃어버린 고아나 가족 같다. 그 어머니는 '자연'이고, 그 자연은 '소리'이다. 소리는 인간 이전(以前)이고 의식 이전이다.

> 인간은 그들의 욕구를 언어로 분절하는데, 이는 엄밀히 말해 그것이 더는 욕구가 아니라 요구가 된다는 의미이다. 요구는 언어와 같이 공유되고 재인 가능한 사회적 형식 안에서 분절된다. 나의 욕구에 대해 말할 때, (그럼으로써) 나는 욕망의 대상에 대한 무매개적 관계를 버리고 나의 욕망이 언어에 의해 구조화되도록 한다. 따라서 나는 법의 체계에 참가하게 된다. 이처럼 언어의 법에 종속되는 것은 오직 자연적 충족의 무매개적 대상(어머니)을 포기함으로써 가능하다.[5)]

들뢰즈에 앞서 욕망이론을 전개했던 라캉에게 남근(phallus)은 '특권을 가진 기표(privileged signifier)'였다. 그래서 라캉은 "주체는 결핍(manque)이요, 욕망(desire = 욕구[need]-요구[demand])은 환유"라고 말했다. 주체는 욕망의 대상으로 존재한다. 욕망만이 있다. 그래도 욕망이 주체라는 말은 아니다. 비어 있음이 욕망이기 때문이다.

> 대상은 신기루처럼 잡는 순간 저만큼 물러난다. 대상은 욕망을 완전히 충족시킬 수 없기에 인간은 대상을 향해 가고 또 간다. 죽음만이 욕망을 충족시키는 유일한 대상이다. 욕망은 기표이다. 그것은 완벽한 기의를 갖지 못하고 끝없이 의미를 지연시키는 텅 빈 연쇄고리이다.[6)]

> (그래서) 대상은 실재처럼 보였지만 허구가 아닌가. 대상을 실재라고 믿고 다가서는 과정이 상상계요, 그 대상을 얻는 순간이 상징계요, 여전히 욕망이 남아 그다음 대상을 찾아 나서는 게 실재계이다. 그리고 이때 실재라고

---

5) 클레어 콜브룩, 『들뢰즈 이해하기』, 한정헌 옮김, 그린비, 2007, 99~100쪽.

6) 권택영, 『자끄 라캉, 욕망이론』, 문예출판사, 1994, 18~19쪽.

믿었던 대상이 대(大)타자이고, 허구화된 대상이 소(小)타자이다. 그래서 '$ ◇ a'이라는 공식이 나온다. $는 주체이고, a(오브제 아, 혹은 프티 아)는 주체로 하여금 욕망을 끊임없이 불러일으키는 허구적 대상이다. 마름모꼴 ◇은 대상이 결코 주체의 욕망을 충족시키지 못한다는 결핍이다. 실재계에 나타나는 틈새요, 구멍이다.[7]

남근 중심의 욕망이 도달한 결론은 '여성은 없다'[8]이다. '여성은 없다'는 관점은 극단적으로 갈린다. 라캉식의 '여성은 없다'는 것이 있는가 하면, 주디스 버틀러처럼 여성은 사회적으로 구성된(교육된) 것이라는 의미에서의 '여성은 없다'가 있다. 버틀러가 동성애를 이론적으로 뒷받침하는 정향성을 갖는다면 라캉은 욕망의 관점에서 여성은 없다는 것이다.

'여성은 없다'라는 관점은 둘 다 서양문명의 확실성(정체성, 주체)을 바탕으로 하는 주장이다. 그러나 이것을 불확실성(이중성, 상징, 이미지)의 관점에서 보면 '없는 것이 여성이다(無卽陰)'는 말로 도치시켜야 한다. '없는 것(無)'이 보다 더 근원적인 것이고, 그것은 바로 여성[陰]이라는 관점이다. 음(陰)은 양(陽)의 근거이자 탈근거이다. 이것이 동양 음양론의 정통적인 핵심이다.

서양문명은 지금 일제히 오이디푸스 콤플렉스에 반(反)운동을 펼쳐야 하지만 동양문명은 비록 가부장사회에 함께 들어가긴 했지만 오이디푸스 콤플렉스 자체가 적거나 없기 때문에 그러한 반운동을 펼칠 이유가 없다. 이 점이 서양문화와 동양문화가 오늘날 직면한 가장 극명하게 차이가 나는 부분이며 경계이다. 라캉이 소속된 남근문화인 서양에서 여성은 자신이 남근을 가지고 있는 것처럼 '보이도록(to seem)' 한다고 한다. 그러나 그것은 불가능하다.

그녀는 스스로 남근이 되려는 목적을 가지고 자신의 행동을 모두 그 목적에

---

7) 같은 책, 19쪽.

8) 무음(無陰)의 해석을 역전시켜서 '무(無)는 음(陰)이다' 혹은 '음은 무이다'라고 말할 수도 있다. 이것은 한자 해석의 가역성 때문이다. 알파벳은 이러한 가역성을 인정하지 않는다. 알파벳이 이성주의로 가는 것은 처음부터 문자의 발생학에서 결정된 유전자이다.

맞는 이상적이고도 규정적인 형태로 투사시킨다. 그러나 그 이상은 곧 불가능한 것으로 드러난다. 왜냐하면 여성은 단지 성적 결합이라는 우스꽝스러운 행위(comedy) 속에서만 남근이 될 수 있기 때문이다(성적 결합이 우스꽝스러운 이유는 여성이 타자의 욕망의 대상이 되지 못하고 단지 남성의 성적 만족의 대상으로 간주되기 때문이다). (중략) 타자의 욕망의 대상이 되기를 원하고 타자에게 사랑받기를 갈구했던 여성은 자신의 소망이 이루어지는 순간 자신이 아닌 타자가 되는 것이다. 그녀는 자신의 사랑에의 요구를 전달할 대상을 남성의 육체에서 발견한다. 그러나 잊어버려서는 안 될 것은 육체의 기관이 욕망의 기표가 될 수 없다는 사실이다. (중략) 그러나 여성은 남성에게서 자신의 욕망의 기표를 발견하기 때문에 그녀의 욕망은 남성에 비해 덜 억압되어 있다(그녀는 결코 획득할 수 없는 남근 대신에 남성이 제공해준 또 다른 남근 즉 아이를 쉽게 소유할 수 있기 때문이다). (중략) 남근은 고정될 수 없는 기표이기 때문에 남성의 욕망은 늘 또 다른 여성을 향하게 되고 남성에게 여성은 처녀이거나 창녀일 뿐이다. 성적 대상으로서의 여성은 곧 애정의 대상으로 변모하고 남성의 욕망은 또 다른 여성을 향하게 되는 원심운동이 생겨난다. 계속해서 여성의 남근으로 남으려는 남성에게 불능(impotence)은 참을 수 없는 것이 된다. 반면 남성에게는 자신의 욕망이 억압된다는 사실이 여성의 경우보다 더 중요하게 인식된다.[9)]

라캉에 따르면 남성과 달리 여성에게는 '희열(jouissance)'이 있다.

'희열'이라는 게 있다. 우리는 지금 희열이라는 걸 다루고 있는데 육체의 희열, 그걸 표현할 수 있다면 아마도 그건 '남근을 넘어서(beyond the phallus)'일 것이다. 이 말은 꽤 그럴 듯하고 여성해방운동에 어떤 계기를 줄 수 있을 것이다. 남근을 넘어서 '희열'이라는 것 (중략) 이 '희열'을 '음부의(vaginal)'라고 부르고 자궁입구의 아래쪽에 대해 얘기하고 그 외 다른 바보 같은 얘기를

9) 권택영, 앞의 책, 271~272쪽.

할 수밖에 없었다. 만일 정말 그녀가 그것을 경험할 뿐 그게 무언인지 모른다면 우리는 이 악명 높은 불감증에 대해 의혹을 던질 수도 있으리라. (중략) 그들은 남근을 넘어서는 '희열'이라는 게 분명히 있다고 느낀다. 그것이 우리가 신비한 것이라고 부르는 것이다. (중략) 자신의 숙고하는 시선과 그를 바라보는 신의 시선을 혼동하는 것은 도착적인 '희열'이 그 속에 들어 있기 때문이다.[10]

라캉은 여성의 희열을 도착이라고 했지만 실은 도착이야말로 자신의 몸과 상대방의 몸을 바꾸는 것을 통해 완전한 복종과 완전한 해방을 동시에 실현하는 완벽한 것이다.

이리가레(Luce Irigaray)는 프랑스어 jouissance[11]를 남성의 '눈'의 시각으로 보는 관점이 아니라 여성의 '전신적 기쁨'으로 해석하면서 주이상스를 분절하면 j'ouis sens(나는 의미를 듣는다)가 된다고 한다.[12] 이는 '듣는다'는 의미가 여성의 귀와 나아가서 신체로 연결됨을 의미한다. 여성은 오르가슴을 몸 전체로 만끽하는 것이다. 단지 남성처럼 항상 만끽하지 않는다. 여성은 소리를 듣고, 소리를 질러야 오르가슴에 오를 수 있다. 이에 비해 남성은 시각에 의해 페니스가 직접 반응하고, 포르노 잡지 등에 의해 시각과 더불어 오르가슴에 도달할 수 있다.

남자의 페니스는 분기탱천(憤氣撐天)한다. 끝없이 군림을 위해 하나(1)가 되고자 한다. 이때의 하나는 이기적 하나, 남을 완전히 배제하는 하나이다. 이에 비해 여자는 자신의 자아(이기심)인 클리토리스(클리토리스는 페니스와 상동기관이다)를 보잘것없게 만드는 대신 커다란 자궁이라는 빈 구멍을 하나 더 준

10) 같은 책, 284~286쪽. 1982년 Jacqueline Rose가 영역한 *Feminine Sexuality*에서 옮긴 것이다. 원래 이 글[「신, 그리고 그 여성의 희열(Dieu et la jouissance de La Femme)」]은 Jacques Lacan, *Séminaire XX: Encore*, chap.6에 실려 있다.

11) 주이상스(jouissance)의 뜻은 *LE ROBERT* 프랑스 어원사전에 따르면 "내부적으로, 시적으로 즐기다/어떤 것에서 스스로 만족감을 느끼다(즐거워하다)"이다.

12) 채희철, 『눈 밖에 난 철학, 귀 속에 든 철학』, 리좀, 2005, 102쪽.

비하고 있다. 여자는 언제나 남을 받아들일 신체적 준비가 되어 둘(2)을 향하는 존재이다.

바로 그렇기 때문에 여자의 희열은 훨씬 오래가고 몸 전체로 퍼져가는 것이고, 경우에 따라서는 몸 전체가 페니스가 되는 총체성의 것이다. 예컨대 여성적 희열 같은 것이 아니면 결코 인간의 신체적 오르가슴을 자연 전체와 동일시하는, 무의식의 깊은 곳까지 미치는 오르가슴이 될 수 없다. 남성의 오르가슴은 자아에 매진하지만 여성의 희열은 무아지경으로 들어간다. 무아지경은 결코 결핍이 아니다.

여성은 남성과 교차하면서 오르가슴에 오른다. 따라서 교차할 시간을 주지 않으면 오르가슴에 도달하지 못한다. 이에 비해 남자는 자신을 고집스럽게 견지하면서, 제왕으로 만들면서, 여성의 오르가슴과 상관없이 이기적으로 그것을 달성한다. 여성은 남성이 오르가슴에 도달하기 전에 도달하는 법이 대체로(특별한 경우는 예외이지만) 없다. 남성과 함께 오르가슴에 도달하기 위해서 기다리도록 신체화되어 있다. 심지어 여성은 평생 오르가슴을 모르고 아이만 생산하는 성적 희생을 당할 수 있도록 설계되어 있다.

그런 점에서 여성의 무아(無我)는 스스로 무화(無化)를 기꺼이 받아들이는 몰아지경(沒我之境)과 자아상실(自我喪失)로 갈라진다. 남성성이 강한 여성은 자아상실의 위기에 빠진다. 이것은 여성이 몸주신을 받아들여 무당(巫堂)이 되는 메커니즘이기도 하지만 동시에 개인적으로 행복과 불행의 갈림길에 서는 것이 된다. 여성은 항상 양면성을 가지고 둘을 향한다.

남성은 의식의 차원에서 사회적 성취와 권력을 추구하지만 여성은 차라리 신체적 혹은 심리적 만족을 원한다. 남성은 초월을 원하지만 여성은 차라리 무의식으로 들어가기를 원한다. 무의식은 바로 자연이고 본능이다. 여성은 오이디푸스 콤플렉스를 당하지 그것에 걸리지 않는다. 여성은 사회적 언어(이름)에 연연하지 않는다. 여성은 섹스를 통해 자신을 버린다. 여성은 만족하면 사냥물이 되기를 원한다. 자연은 겉으로는 생존경쟁이지만 이면에서는 서로 상대의 먹이가 되는 희생(보시)의 관계이다.

남근 중심의 욕망은 주체의 '결핍(need)'이라고 할 수 있지만 여성 중심의 욕망은 결핍이 아니라 '비어 있음(empty)'이다. 다시 말하면 페니스를 가진 남성은 도리어 결핍(거세공포)을 가진 데 반해 페니스를 가지지 않은 여성은 비어 있음(남근 없음의 상실이 아니다)이 되어 페니스를 받아들여 자식을 생산한다. 이때 여성은 매우 생산적이다. 그래서 자연과의 관계에서 여성은 남성보다 당당하다. 여성은 희생을 위해 태어났다. 그러나 희생을 희생이라고 생각하지 않는다.

섹스 자체를 보면 남성은 직접적으로 오르가슴에 도달하는 반면, 여성은 남성에 의해 간접적으로 오르가슴에 도달한다는 점에서 저자세이지만 자연과의 합일이라는 점에서 여성은 고자세로 당당하다. 자식을 낳은 여자가 당당한 이유는 여기에 있다. 어떤 점에서 여자의 희열은 자연의 전체가 가동되는 무아의 오르가슴이다. 남성은 자아의 오르가슴지지만 여성은 무아의 오르가슴이다. 여근은 기표적으로 보면 상실이지만 기의적으로는 생산(reproduction)에 이른다. 남자는 그래서 욕망의 끝없음(환유)에 시달려야 하고, 몸 밖에서 생산(production)을 하지 않으면 안 된다. 남성의 생산은 자연으로 볼 때 어디까지나 간접적이다. 남성은 여성을 통해 자신의 유전자를 후세에 전한다.

존재와 존재에 대한 인식은 항상 반사적이고 이중적이고 교차적이다. 반사적인 것은 실은 이중적이고 교차적인 것이 거울의 형태이다. 거울의 형태는 항상 동일성을 추구한다. 그러나 동일성(실재)은 없고 거울 속의 가상실재만 있다. 실재와 가상실재를 구분할 수 없다. 실재(본질)의 현상이 재현이든, 가상실재이든, 실재라는 최초의 원인을 전제하는 것이기 때문에 만약 그것을 전제하지 않는다면 그것을 기초로 구성된 이론이라는 것은 무의미해진다. 그렇게 되면 주체와 타자라는 것도 무의미해진다.

그래서 주체가 없어지게 된다. 그렇게 보면 타자(대상)라는 것도 스스로 존재하는 것이 못 된다. 결국 실재계(현실계)는 상상계의 거울관계(효과)에 불과한 것이 된다(a-a'). 이제 세계에는 욕망만이 가득하게 된다. 욕망은 인간만이 가진 것 같지만 실은 그렇지 않다. 욕망(본능)은 우주만물 삼라만상에 편재(遍在)하는 것이다. 욕망은 의지가 있으면, 더 정확하게는 '의지의 세계'라는 관점에서 보면 모든 것에 존재한다.

동양적 이기론(理氣論)으로 보면 라캉의 욕망은 기(氣)에 가깝다. 욕망이나 기의 관점에서 보면 주체와 타자의 관계는 무의미하다. 주체와 타자가 상호관계 혹은 가역관계 속에서 수없이 왕래하다 보면(이렇게 돌고 돌다 보면) 타자는 타자가 아닌 '나'가 되고(타자의 타자는 '나'이다), 동시에 '나'는 '나'가 아닌 '그것(It, Es)'이 된다. 교차적인 것은 결국 순환적인 것이 된다. 주체와 객체는 수많은 대칭(대립)의 하나에 불과한 것이 된다. 교차하는 점 하나에 불과한 것이 되는 셈이다.

> 라캉은 이처럼 소쉬르의 언어학에서 영향을 받았다. 그런데 그는 소기를 능기 위에 두면서 그래도 개념적 요소를 청각적 요소보다 상위에 두었던 소쉬르의 구조(소기/능기)를 전도시켜(능기/소기) 능기의 청각적 요소를 소기의 개념적 요소보다 중시했다.[13)]

라캉의 이 같은 전도는 서양문명에서 매우 중요하다. 라캉은 데리다가 소리를 이성중심주의의 범인으로 몰아세우는 것과 달리, 기의(의미) 속으로 숨어 들어간 소리를 다시 기표로 끌어올림(구원해줌)으로써 무의식(소리, 즉 음소는 무의식의 차원에서부터 있음으로)을 의식의 차원에서 보기 시작했다. 이것이 그가 말하는 상징의 세계이다. 이 세계는 정확하게 말하면 사회적·객관적으로 소통되는 언어의 세계이다. 라캉은 의식은 말할 것도 없고 무의식도 언어에 의해 주형된다고 본다.

> 언어활동이 나 자신에 대한 나의 현존보다 앞섰다. 그 언어활동은 의식보다 더 나이가 들었고, 관객보다 더 늙었다. 모든 청중보다 하나의 문장이 당신을 기다렸고, 당신을 바라보고 관찰하며 당신을 감시하고 있고, 도처에서 당신 일에 관여하고 있다. 언제나 하나의 문장은 당신이 처녀지를 개척한다고 믿는 그곳에서 당신을 기다리고 있으며, 어디엔가 이미 날인되어 있다.[14)]

---

13) 김형효, 『철학적 사유와 진리에 대하여 1』, 청계, 2004, 153쪽.

필자가 왜 라캉의 '상징'을 이렇게 규정(자리매김)하느냐 하면 본래 상징은 객관적이지 않고 매우 이중적이고 애매모호하며 불투명한 것인데 라캉은 그것을 사회적이고 객관적인 언어로 사용하기 때문이다. 여기에서 거꾸로 서양 이성 중심의 시각문화적 성격을 읽을 수 있다. 라캉은 자신의 해석을 '기표의 해석'이라고 했다. 그가 소리를 기표의 자리로 회복시켰다고 해도 여전히 기표로 작용하는 것은 문자이다.

서양 알파벳 표음문자는 이상하게도 '소리'에 대한 콤플렉스에 가득 차 있다. 이것은 마치 '오이디푸스 콤플렉스'와 같다. 그런데 정작 이들은 소리를 본래의 소리의 특성대로 두는 것이 아니라 자기들 식으로 왜곡(절대화)해서 바라보는 습관이 있다. 소리만큼 주체가 없고, 고정적이지 않고, 형태가 없고, 변화무쌍한 것은 없다. 소리만큼 이(理)의 보편성이 아니라 기(氣)의 일반성을 나타내는 것은 없다.

라캉은 소리와 문자, 기표와 기의 사이의 전도에 대한 진정한 이유를 몰랐지만 적어도 후에 그것을 스스로 인식하기 시작했다. 라캉은 그것을 전도시키면서도 서양문명의 능기의 정체가 문자-시각적인 것임을 몰랐다. 그래서 소리-능기로 사회적 의미(집단적 의미)를 밝히려고 했다. 그래서 라캉은 여전히 남근주의자로 남을 수밖에 없었다.

여기서 '시각적'이라는 것은 능기의 두 가지 종류인 '음성과 문자' 중에서 '문자'를 말한다. 문자야말로 눈으로 볼 수 있는 것이기 때문이다. 눈으로 볼 수 없으면 결코 그것은 이성중심주의로 향하지 못한다. 문자야말로 음성이 사라진 다음에도 그 음성을 되살려낼 수 있는, 다시 말하면 사라진 부재의 음성이 현존의 음성이 되도록 하는 것이다. 흔히 음성은 현존(말한 사람이 현재에 있는)의 것이고 문자는 부재(말한 사람이 현재에 없는)의 것이라고 하지만, 문자야말로 음성의 현존을 살릴 수 있는 고정된 기호인 것이다. 서구 이성중심주의의 원죄는 바로 표음문자의 표음(파롤)에 있는 것이 아니라 그것을 기억하는

14) J. Derrida, *La Dissémination*, Seuil, 1972, pp.378~379; 김형효, 『데리다의 해체철학』, 민음사, 1993, 26~27쪽에서 재인용.

소기(개념적 의미)	×	능기(청각적 음성) = 파롤(parole)	→	Autre(상징계)는 능기의 주도권을 잡고 있다.
능기(청각적 음성) = 파롤(parole)		소기(개념적 의미)	→	*서구 남근이성주의를 벗어나지 못함

문자(랑그)에 있다. 그러한 점에서 개념(확정적인 의미)을 우위에 두었던 알파벳문명권에서 라캉의 전도된 능기는 그동안 능기로서의 역할이 사라졌던 청각적인 음성을 부활시킨 점에서는 공로가 크다. 그러나 그가 문자주의의 이성중심주의를 근본에서부터 벗어난 것은 아니다.

라캉은 실재계와 상상계와 상징계를 두고 있다. 라캉은 주체는 없다($ ◇ á) 고 하면서도 실재계(moi, a)와 상상계(autre, á)를 거울의 반사관계(a–á)로 보는 반면 상징계(Autre, A. 객관적 언어)를 이들과 독립적으로 설정한다. 바로 서양문명의 이성 중심이 라캉에게서도 드러난다. 아무튼 라캉은 상징을 객관적인 언어로 사용하고 있다.

상징계는 실재계와 상상계를 하나로 묶는(a–á) 것의 또 다른 반사로 설정되었다. 라캉의 실수(개인적인 것이 아니라 순전히 서양문명권의 일원으로서의 실수이며 특징이다)는 객관적 언어를 설정한 점이다. 만약 객관적 언어가 있다면 반드시 어디에선가 주관적인 언어가 있어야 한다. 그러나 라캉은 이를 무시하고 있다. 상징계가 '실재계나 상상계의 묶음'과 모순의 관계에 있지 않으려면 객관적 언어를 만들지 말고 이중성이나 애매모호함의 상징을 만들어야 한다.

상징이야말로 이중적이고 애매모호한 것이다. 상징은 언제나 다른 의미(시

라캉의 실재계, 상상계, 상징계

天	상상계	á (autre)	a–á (상상적 관계)
人	상징계 (언어)	A (Autre)	
地	실재계	a (moi)	
*라캉에겐 상징계가 중심이다. 이는 프랑스 철학의 언어중심주의와 통한다. 언어는 사물을 대상화하는 데 일조한다. 그런데 상상적 관계는 반사하기 때문에 양자 사이에 선후가 없다.			

언어(language)	상징(symbol)	상징(symbol)의 역동
라캉의 상징	↔	박정진의 상징
사회적·객관적 언어를 통해 무의식을 의식으로 해석함	이중성, 애매모호함	상징을 이중성의 표상으로 보고 세계를 다원다층으로 해석함

니피에)를 받아들일 준비가 되어 있는 '비어 있는 시니피앙'으로 언어 자체의 속성이다. 시니피앙을 우선하는 것은 의미의 생성과정을 살펴보지 않고 그저 사회적으로 타성화(개념화)된 의미를 객관적인 것으로 받아들이는 사회학적인 입장이다. 상징은 매우 집단무의식적(혹은 집단심리적)이고 신체적(physical)이다. 몸이야말로 의미가 생성되는 원천인 것이다.

인간의 몸을 무시하는 철학적 경향은 가부장사회로부터 발원된 것으로 여겨진다. 여성의 재생산능력을 숭배하던(여신숭배) 남성들이 사회적 생산을 늘려가면서 서서히 재생산(자연)의 몸을 무시하고 생산(문명)의 생산성을 과대평가함으로써 사회적 권력을 획득해갔다. 여기서 사회적 권력의 전도가 일어난다. 인간의 언어와 상징의 변천은 이러한 사회적 변화와 맥락을 같이한다. 본래 언어는 상징이다. 상징하는 것이 없으면 언어는 성립되지 않는다. 그럼에도 불구하고 남성은 언어를 사회적으로 규정하면서 철학적·정치적 지배에 성공한다.

이러한 점에서 상징은 여성의 것이고 언어는 남성의 것이다. 여성에게서 태어난 남성은 사회적으로 생활하기 위해서 여성(어머니)으로부터 독립하여야 한다. 상징과 언어의 관계는 이렇다. 사회적으로 생활하기 위해서 상징(다원다층의 생성적 의미)은 언어(사회적으로 약속된 의미)가 된 것이다. 라캉은 바로 여성의 상징성을 모른 채 남성 위주로 언어를 객관화하고 말았다. 객관화된 언어의 반대편에는 주관적(신체적) 언어(이것은 생성적이다)가 존재한다. 이것을 무시하는 서양문명은 상징을 언어로 규정한다. 그런 점에서 상징성의 부활이 요청된다.

다시 언어의 문제로 시야를 돌려보자. 알파벳을 기준으로 보면 능기(음성)는 능동적(적극적)으로 의미를 주는 것(의미하는 것= 의미의 기호)이고, 소기는 의미를 받는 것(의미 되는 것= 의미 그 자체)이다. 한자는 능기에 문자가 대입된

알파벳	능기(음성)에서 의미가 솟는다.	음운론에서 문자학으로 발전했다. 음성을 절대화함으로써 이성주의에 빠지게 되고 문자학에 이르렀다.
한자	능기(문자)에서 의미가 솟는다.	처음부터 문자학적(표지학적)이다. 의미를 상대화함으로써 처음부터 음양의 문자학을 이루었다.
한글	능기와 소기가 동시에 접근/ 교대하여 의미가 솟는다.	음운학에서 음운학을 고수했다. 음성을 상대화함으로써 음운학에 머무르면서 소리=의미가 되게 했다.

다. 이에 비하면 한글은 능기와 소기가 동시에 접근하여 교대하여 의미가 생기는 것 같다. 비유하자면 하늘과 땅이 서로 만나 의미를 생성하는 것이다.

엄격하게 말하면 라캉의 전도는 음성(청각)의 능기를 되살리는 것 같지만 실은 문자(시각)의 능기를 그대로 지속하고 있다. 능기의 음성(소리)을 부활시킨 점은 있지만 그러한 부활은 음성의 다원다층적 의미(생성적 의미)를 아직 완전히 부활시킨 것은 아니다. 그래서 그는 무의식을 소음(騷音)으로 여긴다.

음성의 능기는 생성적이기 때문에 고정된 의미를 고집하지 않는다. 음성(파롤)은 발화와 동시에 사라지고 음성이라고 생각하는 것은 음성에 대한 기억일 뿐이기 때문이다. 파롤은 발화와 동시에 부재가 되고 언어에서 현존은 문자이기 때문이다. 파롤이 이성주의를 이끌어갔다고 하는 것은 어불성설이다. 이성주의는 문자가 아니면 불가능하다. 바로 표음문자의 문자적 특성이 이성주의를 이끈 것이지 표음(음성)이 이끈 것은 아니다.

서구문명은 음성을 기의(의미)로 하고, 다시 기의를 개념화하면서 과학문명으로 줄달음질쳤다. 의미가 개념화되면서 시니피앙 중 청각은 사라지고 시니피앙 중 문자만 떠올랐다. 그래서 문자와 개념이 시니피앙과 시니피에의 자리를 차지했다.

라캉은 그동안 개념에 억눌린 청각을 부활시키는 역할을 했다. 음성은 제1의 의미가 되어 사라졌는데 라캉에 의해 다시 부활한 셈이다. 그러나 그렇다

소기(개념적)	×	능기(시각적 문자)=랑그(langue)
능기(청각적 소리)=파롤(parole)		소기(개념적)

고 라캉이 서구의 말-소리중심주의를 벗어난 것은 아니었다. 프로이트를 이은 라캉은 여전히 무의식의 꿈을 언어로 분석하고자 했다.

라캉이 소기와 능기를 전도시킨 것은 바로 그가 서양의 표음문자-능기 위주 문화권의 존재라는 것을 말해준다. 라캉의 이 같은 의도적 전도는 참으로 의미심장하다. 의미를 전달하기 위해서 고안된 언어, 다시 말하면 인간 언어의 도구적 측면을 역전시켜 언어가 인간의 문화를 지배하고 나아가서 자연을 지배하는 것이 된 인간문명의 성격이라는 것을 말해주기 때문이다.

라캉은 "모든 인간의 대화는 결국 일방적인 귀머거리의 대화이다. 즉, 대화는 상대방과 언어활동을 교환하지만, 그 말하기는 자기에게 이미 무의식적으로 설정된 자기 독백이다"라고 말한다. 이는 언어와 문화 속에서 자기교차를 읽은 까닭이다.

자기교차는 자기역설이며 동시에 자기보완이며 상관관계이다. 이는 역설적으로 언어와 문화가 어떠한 거대한 매트릭스와도 같은 교직성(la textualité) 위에서 항상 스스로의 법칙을 떠올리는 것을 가정하게 한다. 이는 양성성(兩性性, 陰陽性, 交配性, 二重螺旋構造) 위에서 단성성(單性性, 法則性, 正體性, 直線性)을 찾아가는 것이며, 그 단성성은 바로 정체성을 의미한다. 그래서 언어와 문화가 마련한 정체성은 양성성으로 구성된 자연에 비하면 불완전한 것임을 말해준다. 그 양성성을 회복하는 것이 바로 구조주의이고 구조주의의 대칭성이다. 그러한 점에서 구조주의는 자연주의이고, 적어도 자연주의로 가는 길목에 있다.

구조주의에서 흔히 사용하는 '/'은 '대칭성'과 '가역성'을 표시하는 동시에 대칭(혹은 대립)을 가능하게 하는 '비어 있음'을 나타낸다. '/'의 상하에 대칭적 관계에 있는 무엇이 들어오든 상관이 없다. 이는 음양관계라는 신랑과 신부를 맞이하기 위해 자연이 마련한 대칭의 신혼 방이다. 그런데 재미있는 것은 역사에서 '/'의 위와 아래가 권력적인 것, 예컨대 '권력자/피권력자'를 표현할 때도 사용된다는 점이다. 그런데 자연에서는 '태어난 자(피생산자)/낳은 자(생산자)'가 되고 노동에서는 '유산자(부르주아)/무산자(프롤레타리아)'가 된다. 이러한 전도를 어떻게 설명하여야 할까? 더욱더 재미있는 것은 자연의 피생산자가 역사와 노동에서 권력자가 된다는 점이다.

흔히 분자와 분모를 가르는 선(線)인 '/'은 '남/여'를 표시할 때도 쓰이는데 이는 "성별을 확실히 능기적으로 구별하려는 인류의 무의식의 반영"[15]이다. 이것은 흔히 '자(子)/모(母)'에도 쉽게 변용된다. 결국 '/'의 아래에 있는 것은 바탕이 되고, 위에 있는 것은 아래의 것으로부터 태어나는 혹은 탄생하는 혹은 솟아나는 것이 된다. 그러나 이는 동시에 재미있게도 '/'의 위의 것은 권력자를 나타내고, 아래의 것은 비권력자를 나타낸다. 다시 말하면 위의 것이 아래의 것을 지배한다. 이런 자연에 대한 문명의 권력적인 전도를 라캉은 이렇게 설명한다.

> 선(/) 아래에 소기가 숨음으로써 소기의 의미가 무의식적인 베일에 싸인다는 것을 뜻하지 않고, 인간의 일상적 표피적 가시적 언어활동은 하나의 능기적 연쇄로서 자기의 무의식 아래에 다른 능기들을 덮고 있음을 말하고자 하는 능기적 구별의 의미를 지시하는 것이다.[16]

그는 이어 "최종적 능기는 남근"이라고 말한다. 그는 "무의식의 밑바닥에 남근이 있다"고 말하면서도 그 최종 능기의 아래에 무슨 소기가 있는지에 대해서는, 상징적인 언어활동에서는 잡히지 않는다며 말하기를 회피한다. 이는 마치 오늘의 물리학이 빅뱅은 말하면서도 블랙홀에 대해서는 자신 있게 말하지 못하는 것과 같다. 빅뱅과 블랙홀을 능기와 소기로 표현하면 '빅뱅/블랙홀'이 될 수밖에 없다. 이에 필자는 '남근보다 더 밑바닥의 소기는 여근'이라 말하고자 한다. 말하자면 '최종 남근/최종 여근'이 된다.

라캉은 '주체는 무의식'이라고 말하면서도 '무의식의 자기(Self)'에 최종적으로 돌아가는 것을 피한다. 가부장사회에 길들여진 인간은 인간의 대명사를 대문자 'M'의 'Man'으로 했듯이 '남자'를 내세우고 '여자'를 은닉하고 싶은지도 모른다. 남자와 여자를 두고 어느 것이 더 뿌리가 되는지를 보는 것은 크게 어

---

15) 김형효, 『철학적 사유와 진리에 대하여 1』, 156~157쪽.

16) 같은 책, 157쪽.

<table>
<tr><th></th><th>남성</th><th>여성</th></tr>
<tr><td>표현형</td><td>Y</td><td>X</td></tr>
<tr><td>Sa</td><td>23XX+1XY</td><td>24XX</td></tr>
<tr><td>Sé</td><td>24쌍 XX</td><td>24쌍 XX</td></tr>
<tr><td>이면형(matrix)</td><td colspan="2">XX, XY(음양양성동체)</td></tr>
<tr><td colspan="3">*여성은 모체로서의 진화의 시간을 간직하고 있다. 우주는 양성동체이다.</td></tr>
</table>

렵지 않다. 태아는 잉태 후 6주 동안 여자이다. 6주 후부터 남녀 성별이 갈리는데 그 이전에는 남아나 여아나 모두 여자이다. 이는 남자에게 불필요한 젖꼭지가 생기는 것에서 알 수 있다. 인간의 염색체 수는 보다 분명한 사실을 보여준다. 인간의 염색체 수는 모두 48개로 여자는 'XX'쌍이 24개이고, 남자는 'XX'쌍이 23개이고 나머지 하나는 'XY'로 구성되어 있다. 이처럼 인간의 염색체는 대부분 'X'라는 염색체로 구성되어 있다. 이는 무엇이 바탕인지를 알게 한다. 이보다 더 평범한 증거는 여자가 아이를 낳는다는 점이다. 여자는 양성이 되기 전 단성일 때의 모체로서의 진화의 시간을 간직하고 있다.

우주는 겉으로 보면 음과 양, 남성과 여성이지만 속으로 보면 음양동체, 양성동체이다. 이것은 철학적으로 존재론의 이중성, 동시성, 공동거주 등으로 표현된다. 우주는 한 번도 단절된 적이 없다. 연장이라는 개념이 성립되는 것은 우주가 단절되었음을 전제하는 것이다. 그래서 연장이라는 개념은 맞으면서도 틀리는 개념이다.

라캉의 주장은 얼마든지 같은 내용을 두고 뒤집어서 해석할 수 있다. 무의식의 최종 밑바닥에 남근이 있는 것이 아니라 의식의 최고 꼭대기에 남근이 있다고 말이다. 라캉의 천재는 가부장제의 훈습에 의해 권력적 전도를 시도하여 언어학(능기/소기)으로 인간의 문화를 해석하는 길을 열었지만 동시에 가부장제가 범하기 쉬운 '능기(能記)의 우(愚)'를 범했다. 소기는 바로 여근이다. 라캉은 여근을 바라보는 것을 회피하면서 도리어 여근의 너머에 있는 초월적 팰러스를 본다. 이는 무의식과 초의식의 가역성에 기인하는 것이다.

남근과 여근도 그 이면에서는 동일성을 보유하는 것이 아니라 서로 전도되고 교차하는 것이고, 차이와 연장이라는 차연(差延)의 하나에 속한다. 라캉은 무의식의 항문(혹은 버자이너)을 통해 초의식의 팰러스를 본 것이다. 여자야말로 '비어 있음'의 실체이고, '허(虛)'이고, '무(無)'이고, '공(空)'이고, '중(中, 重, 衆)'이다. 여자를 이렇게 봄으로써 공(空)은 색(色)이 되고, 색은 공이 되는 것이다.

우린 또 이런 질문을 할 수 있다. "그렇다면 초의식의 최고의 능기 아래에 있는 소기는 무엇인가?" 필자는 초의식을 보면서 도리어 무의식의 버자이너를 본다. 초의식과 무의식은 양성동체의 머리와 항문이다. 라캉의 위대성은 바로 '능기/소기', '남/여'에 있다. 이는 소쉬르 이후 성립된 말이라는 기호는 개념적인 소기와 청각적인 능기로 이해되었던 것(말=개념의 소기/청각의 능기)을 '능기/소기'로 전도시킨 것인데 이것은 상징(symbol) 위주의 해석이다. 능기 위주의 해석은 결국 권력적으로 해석하는 것인데 이것을 존재론으로 해석하면 '최종 남근'이 아니라 '최종 여근'으로 해석되어야 한다.

'능기/소기'는 권력적인 것을 두둔하는 것이 아니라 발생학을 토대로 자연주의적으로 해석해야 할 것이다. 능기는 소기에서 태어났다고…. 왜 '최종 여근'을 찾지 않는가. 상징(언어)으로 말할 수 없다고 해서 생략하는 것은 가부장제의 횡포에 속한다. 바로 '말할 수 없음' 혹은 '없음', '비어 있음'에 동아시아 문명은 중심을 두고 있다는 것을 상기할 필요가 있다. 차라리 '최종 남근'의 능기에 대응하는 소기로서 '최종 여근'에 대해 말할 수 없다면 '+전자/-전자'라도 설정해야 할 것이다. 라캉의 '/' 부분이 바로 인간(人=天/地)이다. 인간은 '/'의 존재이다. 존재는 '/'이다.

라캉은 '타자의 담론으로서의 무의식을 삼인칭 단수의 중성대명사인 그것이 말한다(Ça parle)'라고 했다. 무의식도 말함으로써 존재하는 것이 된다. 말하지 않으면, 말로써 할 수 없으면 서양문화권에서는 존재하지 않는 것이 된다. 그러나 동양에서는 말로 하지 않아도 존재하는 것을 의심하지 않는다. 더구나 동양에서는 말로써 하는 것을 크게 신임하지 않는다. 『도덕경』의 '도가도비상도(道可道非常道)'는 그 대표적인 예이다.

자연에서 'It'는 흔히 가주어가 된다. 예컨대 '비가 내린다(It rains)'가 좋은 예이다. 문명은 주어(명사)를 필요로 한다. 그러나 자연은 명사(주체)를 필요로 하지 않는다. 자연은 주체 없이 그냥 유전(流轉, 遺傳)하는 것이다. 그런데 인간은

자연	상징 (symbol)	지시성	메토니미	아버지	절대신	부자관계	타자(It)	It (Ça)
	자연 (nature)	내포성	메타포	어머니	상대신	모자관계	거울반사 (만다라)	

자연에 가짜 주어를 만들어주어야 직성이 풀린다. 인간은 자연 속에서 꼭 주체를 만들고, 주체를 움직이게 하고, 주체의 대상으로 목적을 만들고, 목적에 다다르는 타동사를 만든다(물론 자연의 상태를 나타내는 자동사도 있다). 그런데 재미있는 것은 바로 가주어인 'It'가 다시 자연을 나타낸다는 점이다. 이것이 'It'의 이중성이다. 'It'라는 자연에서의 가짜는 도리어 자연의 진실을 나타내는 것이 되었다. 이것은 가부장사회의 역설이다.

자연과 언어, 자연과 문명의 대칭과 대립은 매우 이중적이고 가역적이기 때문에 존재가 존재자가 되고 존재자가 존재가 되는 반전과 교차의 연속이다. 그렇기 때문에 인간은 대립의 존재가 되기도 하고 대칭의 존재가 되기도 한다. 언어를 사용하는 인간은 부자관계를 이루는 것을 은유한다. 부자관계는 생산성의 관계이다. 그 사이에 남녀는 생식을 하고 결혼을 하고 종을 번식시킨다. 이것은 재생산의 관계이다. 언어를 사용하는 인간은 끊임없이 자연으로 돌아가고자 한다. 자연으로 돌아가고자 하는 인간이 모자관계를 회복하는 것을 은유한다. 이것은 또한 죽음을 받아들이는 것이기도 하다.

라캉은 '주체는 무의식이다'라고 말하면서도 나중에는 말하지 않는 무의식을 '소음(騷音)'으로 규정하고 그것에 최종적으로 돌아가는 것을 피한다. 소음이야말로 우주의 본음(本音)이고 원음(原音)이다. 본음은 혼돈의 소리이다. 본음에 가까울수록 혼돈이다. 그런데 라캉은 소음을 가정하면서도 그것을 인정하지 않고 그것의 기표만 인정한다. 그것이 남근이다. 그래서 그는 "무의식의 밑바닥에 남근이 있다"고 말한다.

여기서 라캉의 특성이 나오고 동시에 라캉의 한계가 드러난다. 라캉도 어쩔 수 없이 서구의 남근 이성주의를 벗어날 수 없는 것이다. 정확하게 말하면 그것은 남근이 아니다. 그런데 라캉은 그것을 남근이라고 하지 않을 수 없다. 라캉은 소리-기표를 인정했지만, 사회적·객관적 언어인 상징을 버릴 수 없었

<table>
<tr><td>문명
(언어의 탄생)</td><td>부자관계</td><td>사회화</td><td>생산</td><td>삶
(살인)</td><td>남근(말)</td><td>의식
(능기)</td><td rowspan="3">↑↓</td></tr>
<tr><td colspan="5">*자연과 문명의 사이에는 끊임없이 대칭과 대립의 반전과 교차와 반복이 있다. 교차는 극과 극에서 이루어진다.</td><td>교차
(교대)</td><td>주체는
무의식이다</td></tr>
<tr><td>자연
(그 자체)</td><td>모자관계</td><td>발생학</td><td>재생산</td><td>죽음
(부활)</td><td>여근
(騷音, 本音)</td><td>무의식
(소기)</td></tr>
</table>

다. 그래서 그는 무의식의 소리를 언어로 해독하려고 했다. 다시 말하면 무의식을 상징계로 환원시키고 등식화하려고 했다.

그는 소음이라는 소리를 남근 이외의 다른 것으로 상상하기 힘들었을 것이다. 이것은 서양의 정신-물질주의 이분법에서 아직도 그가 벗어나지 못하고 있음을 말한다. 그의 상징에 의한 정신분석이 서양의 남근 이성 중심의 문화권에서는 실제로 맞아떨어질 수도 있었을 것이다. 그래서 그는 그것을 보편적인 것으로 생각했을 것이다. 아마도 그가 가부장사회가 아닌 다른 사회, 예컨대 모계사회 같은 것을 상상했다면, 남근주의가 덜한 사회에 대한 이해가 있었다면 그렇게 하지 않았을 수도 있을 것이다.

라캉의 실재계에 주체는 없고, 대상만 있고, 그 대상은 상상계와 거울관계에 있다. 그 실재계에 주체는 없고, 욕망의 대상만 있고, 그 대상은 상상계와의 상상관계에 의해 존재하는 가장실재이다. 라캉은 욕망을 실재라고 하지 못하고, 더욱이 소리가 실재라는 것을 인정할 수 없었던 것이다. 눈에 보이는 것이 주체가 아니라는 것을 알면서도 실재를 인정할 수는 없었다. 단지 사회적 언어(기호)만이 있다.

필자가 생각하기에 '그 소음은 여근이다.' 여자의 소리는 무의식적이고, 본능적이고, 몰아적이고, 무아적이다. 따라서 '무의식의 밑바닥에는 여근이 있다'고 말해야 할 것이다. 남성성과 여성성은 교차된다. 실지로 섹스에서 남근과 여근은 하나가 됨으로써 완전한 하나가 된다. 그 결과 완전한 새 생명체(남자의 것도 아니고 여자의 것도 아닌)가 탄생하는 것이다. 생명의 재생산은 동일성의 반복(복제)이 아니다. 철학이나 종교와 과학마저도 동일성을 전제하지만, 생명체는 그것을 인정하지 않았다.

그런 점에서 인간이 이룩한 철학적 성과는 아직 생명체에 도달하지도 못했다고 할 수 있다. 인간의 철학은 이미 움직이는 세계를 환원하는 것이고, 사물(사건)을 왜곡하기 때문이다. 그 왜곡과 모순의 결과가 과학을 탄생시켰지만 말이다. 라캉의 상징(언어)으로서가 아닌 본래의 상징은 이중적 의미와 가역성은 물론 의미의 결정성을 가지는 것이 아니다. 상징은 교차되는 것이다. 동양의 음양 상징이 그 대표적인 것이다.

상징으로서의 남근과 여근은 전도되고 교차되는 것이다. 무의식과 초의식도 그렇다. 라캉은 무의식(자궁, 항문)을 보면서 초의식의 팰러스를 보고 있다고 할 수 있다. 라캉은 객관적 언어로 무의식에 들어가서 그 빈 공간에서 자신의 초의식인 남근만 보았던 것이다. 그의 상상계 거울에는 남근밖에 없었던 것이다. 서양 남근 이성주의 문명에서 남근이 없으면 '왜 없다'고 생각할까? 필자의 생각으로는 정반대로 여근을 가정해볼 수 있다. 초의식과 무의식은 한 몸의 머리(페니스)와 항문(여근)이다. 이것은 한 몸이 된 '남(초의식)녀(무의식)'와 다를 바가 없다.

라캉은 최종적으로 '최종 남근'에 머물렀다. 그 이상에 대해서 라캉은 언급하기를 거부했다. 아니 언급할 수 없다고 했다. 라캉은 적어도 하이데거의 '존재'의 파도를 보기는 했으나 그 물결에 잠수하기를 포기함으로써 '존재', '기(氣)의 존재'에 이르지 못하고 그의 후배인 데리다의 '차연(差延)'에게 주도권을 넘겨주지 않으면 안 되었다.

이 지점에 대한 김형효의 분석은 예리하다. 그는 "라캉의 '그것'이 본능적 소유의 욕망과 관계되는 반면에 하이데거가 말하는 '그것'은 본성적 존재의 욕망과 관련을 맺고 있다"[17]고 말한다.

> 그 남근이라는 최초의 능기 아래에 있는 소기가 무엇인지 주체의 인식에서 빠져나간다. 그것은 마치 낚시 바늘로 물고기를 잡을 수는 있으나 물 자체를 잡을 수 없는 것과 같다. 그것은 어쩌면 인간이 알 수 없는 실재적인 것(le

---

17) 같은 책, 173~174쪽.

réel)이 되어 칸트의 물 자체(la chose en soi)처럼 인간의 상징적인 언어활동에 잡히지 않는다고 라캉은 생각한다. 그러므로 무의식 자체의 '실재적' 의미는 과학적으로 알 길이 없다.[18]

라캉은 이렇게 말한다.

상징적인 것(le symbolique)의 낮으로 오지 않는 것은 실재적인 것(le réel) 속에 나타난다. (중략) 왜냐하면 실재적인 것은 기다리지 않는다. 특히 주체를 기다리지 않는다. 그 까닭은 그것이 말의 어떤 것을 기다리지 않기 때문이다. 그러나 그것은 거기에 그 자신의 실존과 동일하게 있는데, 우리가 들을 수 있는 것은 소음이다. 그리고 그 실재적인 것은 현실의 원리(le principe de réalité)가 바깥세계의 이름 아래 세워두었던 모든 것을 그의 격렬한 소음으로 침몰시키려 한다.[19]

라캉의 바로 그 '소음'이 태초의 혼란과 같은 존재 자체일지 모른다. 그는 태초의 혼란이, 정확하게는 카오스모스(chaosmos)가 바로 '소기(所記)로서의 여근'이라는 것을 모르거나 인정하려 하지 않는다. 소리는 무의식에서 의미로서 잠복해 있으면서 동시에 소리-시니피앙으로 떠오를 수 있기 때문에 어쩌면 여근이 실재인지도 모른다. 여근은 모성이 될 가능성에 있기 때문에 더욱 그렇다. 여근은 남근과 같은 차원에서 대칭관계에 있기 때문에 남근이 실재가 아니면 여근도 실재가 될 수 없다.

그러나 여근은 그것의 '빔(void)'으로 인해 자궁이라는 재생산 공간으로 이어지기 때문에 실재가 될 수 있다. 이것은 바로 여성으로서가 아니라 모성으로서의 여성이다. 모성은 남녀 양성이 있기 전부터 자연의 무생물에서부터 생물에 이르는 과정, 그리고 단성에서 양성으로 이르기까지 전 과정을 내포하고

---

18) 같은 책, 157쪽.

19) 같은 책, 157~158쪽에서 재인용.

있다. 여성만이 누릴 수 있는 수태와 발생학적 과정은 개체발생의 계통발생으로 인해 진화의 시간을 현재의 흐름으로 재현하고 있다. 여근과 소리는 닮은 점이 많다. 여자의 버자이너와 귀는 닮은 점이 많다. 수동성과 수용성, 그리고 동굴처럼 어둠의 터널을 가지고 있는 점 등이다.

라캉은 가부장사회의 오이디푸스 콤플렉스 문화권에 살았기 때문에 넘을 수 없는 한계에 직면한 듯하다. 그의 한계는 결국 상징(언어)으로 구성되는 사회적 질서 속에 안주한 점이다. 단지 능기와 소기가 전도될 수 있다는 것을 아는 체 말이다. 라캉은 이렇게 말한다.

> 상호주관적 의사소통에는 발화자가 수화자로부터 전도된 형식으로 자기 자신의 메시지를 받아들인다.
> 무의식은 주체가 약속에 어울리는 전도된 형식 아래서 망각된 자기 자신의 메시지를 수용하는 타자의 담론이다.[20]

라캉의 도식에서 인간의 욕망은 자신의 욕망과 타인을 욕망하는 욕망이라는 의미를 동시에 지니고 있다.

> 말하자면 욕망의 기제에는 주격과 목적격이 다 들어 있음을 말한다. (중략) 그런데 이 주격과 목적격의 두 가지 욕망의 기제가 전혀 상관성이 없는 이원적인 병립인 것은 아니다. 그래서 우리는 이원적이라는 용어를 쓰지 않고 이중적이라는 말로 표현했다. 즉 주격과 목적격의 이중적 욕망의 기제가 서로 돌고 도는 피드백의 순환관계를 형성하고 있는 것이다.[21]

이를 김형효는 “상상적인 것(l'imaginaire)은 주체적인 것과 비주체적인 것의 미분화를 가리키며, 그래서 그것이 상징적인 것에로 자리를 양보함으로써 사

---

20) 같은 책, 171쪽에서 재인용.

21) 같은 책, 169쪽.

라지는데, 실재적인 것은 상징적인 것과 어떤 상관관계를 맺지 않는다"[22]고 설명한다.

프랑스 철학의 언어중심주의는 라캉에게만 있는 것이 아니라 데리다를 비롯한 대부분의 현대 철학자들에게 내재해 있으며, 프랑스 철학의 합리주의적 특성과 연결된다. 이는 동시에 프랑스 철학의 언어 환원주의를 보여준다. 예컨대 라캉의 상징계 혹은 데리다의 텍스타일(textile)은 마치 언어의 그물망과 같은 것이어서 존재와 존재자 사이에서 소통하는 작용을 하지만 존재의 근원, 예컨대 공(空) 혹은 무(無)와 같은 것에 도달하는 것을 방해한다. 결국 이는 프랑스 철학이 존재론에 완전히 진입하지 못하게 한다.

이에 비해 독일 철학의 관념주의적 전통은 존재론의 반대에 있었기 때문에 도리어 존재론에 도달했다. 관념이야말로 처음부터 상상적이다. 철학은 그동안 사물에서 대상을 보았지만 존재를 보지 못했다. 대상이야말로 실재계와 상상계의 산물이다. 그래서 라캉의 주장처럼 상상계와 실재계는 서로 구별할 수 없을 정도로 닮아 있다(a–a'). 인간은 언어(A)를 통해 둘 사이를 왕래하고 있었다. 그러나 존재는 언어로 규정되는 것이 아니고, 대상(a)도 아니고, 대상과 닮은 것(a')도 아니다.

라캉의 상징계, 현실계, 상상계를 샤머니즘의 상징적 도구와 비교할 수 있다. 최첨단의 서양철학과 고대의 샤머니즘이 서로 상응할 수 있다는 것에서 인간의 생각이 지닌 원형성을 알 수 있다. 상징계(언어)는 무당의 도구인 칼에 상응하고, 상상계(반사)는 거울에 해당하고, 현실계(존재)는 방울에 해당한다. 칼은 '가르다'의 기물이고, 거울은 '비추다'의 기물이고, 방울은 '소리를 내는' 기물이다. 일반성의 철학의 관점에서 보면 존재는 소리이다. 그런데 소리의 세계에는 고정된 변화되지 않는 실체가 없다. 라캉이 현실계를 주체가 없는, '욕망의 대상으로서의 주체'라고 말한 것은 서양문화권(알파벳문화권)으로서는 최선을 다해서 존재에 대해 설명한 대목이다.

주체를 자아(의식)라고 생각하면 데카르트의 코기토 '나는 생각한다. 고로

22) 같은 책, 158쪽.

라캉	무당의 도구
상징계(언어): A	칼(가르다)
상상계(반사): a-a'	거울(비추다)
현실계(존재): a, $	방울(소리)

존재한다'가 성립한다. 그러나 주체를 자아라고 생각하지 않으면(무아, 무의식이라고 생각하면) 코기토가 성립하지 않는다. 라캉은 "내가 존재하지 않는 곳에서 나는 생각한다. 그러므로 내가 생각하지 않는 곳에서 나는 존재한다"고 말한다.

> 내가 존재한다는 생각은 나의 생각이라기보다 오히려 나의 자아의 존재를 먼저 보았던 타자로부터 온 것이다. 타자가 없으면 내가 존재한다는 생각을 가질 수 없다. 내가 존재한다는 생각뿐만 아니라, 또한 나의 사유도 내가 스스로 분비한 자기원인적 사유가 아니다. 나의 존재와 사유는 나의 외부에서 이루어진다.[23]

> 인간 존재는 그 자신의 바깥에서만 자기의 전체적이고 실감나는 형상으로서의 자기의 신기루를 본다.[24]

라캉은 극단적으로 이렇게까지 말한다.

> 언어활동은 타자(l'Autre) 속에 우리를 정초하기 위해서이고, 또 근본적으로 타자를 이해하는 것을 방해하기 위해서이다.[25]

라캉에게 "모든 인간의 대화는 결국 일방적 귀머거리의 대화이다. 즉, 대화

---

23) 같은 책, 189쪽.

24) 같은 책, 190쪽에서 재인용.

25) 같은 책, 188쪽에서 재인용.

는 상대방과 언어활동을 교환하지만, 그 말하기는 자기에게 이미 무의식적으로 설정된 'a-á'의 선에 의해 단절된 자기독백"[26] 일 뿐이다. 여기서 'a-á' 관계의 선(상상적 관계)은 중요하다.

> 모든 언어활동과 욕망의 중추이기 때문이다. 이 말은 모든 무의식의 언어활동이 나르시시즘과 공격성을 필연적으로 지닐 수밖에 없음을 뜻한다. 그리고 삼자관계(la relation triadique)로서의 상징적 질서가 이미 이자관계(la relation duelle)인 상상적 질서를 원형으로서 내부적으로 은닉하고 있다는 뜻이기도 하다. 그래서 라캉은 의식의 '전체적인 자기반성(la réflexion totale de soi)'을 펼치는 데카르트의 코기토(cogito) 철학을 붕괴시킨다.[27]

라캉은 '나'의 개념이 하나로 고정되어 있지 않다고 전제하더라도 "자아의 나르시시즘과 공격성이 희미해질 수 있다는 것과는 거리가 멀다. 그것은 전적으로 무의식의 기본 축이므로 결코 사라지지 않는다. 자아가 타자의 언어활동의 장소이며 동시에 자아주장의 행위라는 것은 'á-a'의 이중성을 단적으로 알려준다"[28]고 말한다. 그러나 아버지의 법이 그러한 자아의 공격성을 허용하지 않는다.

> 이상적 자아는 상상적 질서로서 자기가 어머니의 남근이라는 모자적·모녀적 존재의 일치를 뜻한다. 그 존재는 소유의 완전한 합일을 말한다. 그러나 아버지의 법과 사회질서는 그런 이상적 자아의 상상을 부정하고 사회질서와 아버지의 법을 자아의 이상(l'Idéal du moi)으로 여길 것을 명령한다.[29]

이처럼 라캉은 '아버지의 질서'를 강조한다. 라캉이 초월적 기표로서의 팰

---

26) 같은 책, 189쪽.
27) 같은 책, 189쪽.
28) 같은 책, 191~192쪽.
29) 같은 책, 192쪽.

러스를 말하는 것도 이 때문이다. 이를 거꾸로 말하면 라캉은 '어머니의 무질서(실제로 어머니는 무질서도 아니다. 도리어 어머니는 자유이다. 자유는 흔히 무질서로 보인다. 가부장사회는 이런 자유를 무질서로 상상한다. 물론 그렇기 때문에 극단적 가부장사회는 어머니의 자유, 다시 말하면 혼혈을 부정하고 순혈주의를 주장하면서 땅을 지배한다. 결국 가부장사회는 어머니의 지배라는 강박관념인 오이디푸스 콤플렉스 문화권이다)'를 인정하지 않는다. 그러나 아버지의 질서는 시공간적으로 한시적이고 제한적이다. 그래서 인류는 결국 공격성의 일환으로 전쟁을 벌이는 것이다. 초월적 기표로서의 팰러스는 결국 서구 문화의 기표주의를 말한다.

그러나 기의주의적 관점에서 보면 사태는 달라진다. 예컨대 부계사회는 아버지의 법에 의해 질서를 잡지만 모계사회에서는 아버지의 법이 아니라 어머니, 즉 여성의 감정에 의해 질서를 잡는다. 부계사회는, 더 정확하게 부계사회의 오이디푸스 콤플렉스는 어머니와 아들의 관계를 감시하지 않으면 근친상간이 일어날 것처럼 전제한다. 그러나 모계사회에는 그러한 감시를 하는 억압적인 경쟁자로서의 아버지가 없다. 그것을 외삼촌이 대신한다. 어머니의 성은 아들에게 열려 있는 것이 아니라 다른 남자들에게 열려 있고(그것도 무한정이 아니다) 아버지의 역할은 외삼촌이 하는 것이다. 다시 말하면 성과 질서가 분리되어 있다. 말하자면 좀 느슨한 소유관계이고, 그 소유관계는 이중적이고 애매모호하다.

그러나 모계사회에서 이루어지는 여성의 '성의 자유'(혹은 자유의 성)를 두고 난교를 연상하거나 아무런 질서도 없이 마구잡이로 성교가 이루어진다고 생각하는 것 자체가 바로 오이디푸스 콤플렉스의 산물이다. 모계사회의 콤플렉스는 바로 '나무꾼과 선녀' 이야기의 선녀 콤플렉스라고 할 만하다. 남자는 선녀를 트릭으로 아내로 삼지만 결국 선녀는 딸들을 데리고 하늘나라로 올라간다. 여기서 하늘나라는 남성(나무꾼)의 삶의 공간이 아니라 여성(선녀)의 삶이 공간을 말한다. 나무꾼은 항상 선녀의 주변에서 머물면서 언제 그녀가 하늘나라로 갈 것인가를 초조해하고 있다.

모계사회에서 남자는 자신의 집에서는 외삼촌이면서 아내의 집에서는 일종의 손님이다. 말하자면 여자에게 씨를 퍼뜨려주는 손님이다. 남자의 위치는 이중적이고 애매모호하다. 모계사회는 권력과 성이 일원화되어 있지 않다. 다시 말하면 권력(남자)이 성(여성의 성)을 소유하지 않는다. 모계사회에 초월적인 기표로서의 성은 필요 없다. 모계사회에서 성교는 여자의 감정에 따라 이루어진다. 여기서는 강제가 있을 수 없기 때문이다. 겉모양은 마치 가부장사회의 성을 사고파는 창녀의 모습(창녀가 아니라 성의 시혜를 주는 여신이다)이지만 그곳에서 이루어지는 거래는 남자들의 돈이라는 권력에 의해 이루어지는 것이 아니라 여자의 교감에 의해 이루어진다. 여자가 돈을 벌기 위해서 여러 남자를 한꺼번에 맞아들이는 일도 없다.

교환과 교감은 참으로 다르다. 교환은 서로 다른 종류가 객관적으로, 때로는 시장의 법칙에 의해서 거래되지만, 교감은 사람과 사람의 감정이다. 결혼을 여자의 교환[30]이라고 보는 것 자체가 가부장적 사고이다. 교환은 그것을 주재하는 자(남자)를 중심으로 일련의 일관성 있는 맥락을 갖는다. 그래서 교환에는 그 뒤에 도사리고 있는 권력자가 있다. 그러나 모계사회에서의 교감은 지속적인 것이 아니라 단절적이다. 감정은 시시때때로 달라지는 속성이 있기 때문이다. 무당과 영매의 교감이 대표적인 것이다.

어쨌든 라캉은 아버지의 법이라는 초자아는 "주체가 돈과 권력과 지식의 소유자로 합법적으로 등록할 것을 명령한다. 초자아의 윤리에 의해 자아의 이상이 정립되지 않는 경우에 인간은 아주 위험스런 소유의 질곡으로 빨려 들어간다. 가장 무서운 소유의 양식이 성적 도착의 퇴폐(la perversion)이다. 그런 성적 퇴폐는 상상적이고 자기도취적인 속성을 지닌다"[31]고 말한다. 나르시시즘과 공격성은 실은 인간 내부의 대칭이다.

---

30) 프랑스 인류학자 레비스트로스는 결혼제도를 '여자의 교환'이라고 해석했다. 그러나 실제로 여자는 누대에 걸쳐 남자의 교환을 통해 자신의 유전자를 재생산한다. 남자는 여자의 씨받이이다. 남자는 여자의 재생산을 위한 계기(자극)에 지나지 않는다. 남자는 여자의 매개변수이다. 그러나 그 계기, 매개변수가 기표가 된다.

31) 김형효, 『철학적 사유와 진리에 대하여 1』, 192~193쪽.

제정일치사회	모계사회	제사-사제(司祭) 우위 샤머니즘	소기(所記) 우위	무당이 영매에 의해 우주와 교감
제정분리과도기	⇅	⇅	⇅	⇅
제정분리사회	부계사회	정치-왕(王) 우위 고등종교	능기(能記) 우위	결혼은 여자의 교환이다

> 라캉은 인간에게 정신적으로 너무 많은 것을 기대해서는 안 된다고 보고 있는 것 같다. (중략) 상호성을 기대하지 않는 절대적 사랑보다 인간들이 서로 인간적으로 사랑하기를 요구한다. 이기적인 사랑이나 신경증적인 사랑은 역설적으로 바다와 같은 절대사랑의 존재가능성을 상상하기 때문에 나타나는 것이라고 본다.[32)]

여자는 왜 흔히 가부장사회의 논리에서 생략되는 것일까? 예컨대 기독교 신학에서도 성부와 성자와 성령을 삼위일체라고 말한다. 성모는 생략되었다. 삼위일체는 인간의 성부와 성자와 성령을 연결한 삼각형이다. 이에 비해 얼마든지 성자와 성령과 성모를 연결하는 삼각형도 생각해볼 수 있다. 이스라엘의 국기인 다비드의 별은 은연중에 원형을 내포하고 있다. 다비드의 별은 만다라의 한 종류이다. 만다라는 원을 지향한다. 자연의 대칭 혹은 대칭의 자연은 무수하다. 마치 원의 중심을 지나는 수많은 선들이 있는 것처럼 선들은 서로 통합될 수도 있고 다른 선들을 만들어낼 수도 있다. 선은 세계의 대칭을 상징하는 기호이다.

기표(능기)가 기의(소기)[33)]에 선행하는 것이 아니라 단지 기의, 즉 의미의 표상으로서 기표가 발생하는 것이다. 이때의 발생은 솟아오르는 것의 의미가 있다. 하늘에서 의미가 떨어지는 것은 아니다. 의미는 끝없는 정보의 파동이다.

---

32) 같은 책, 193~194쪽.

33) 흔히 능기는 기표로, 소기는 기의로 같이 사용된다. 그러나 김형효의 말에 따르면 능기와 소기라고 쓰는 것이 더 합리적인 것 같다. "고정된 기표와 기의가 있는 것이 아니라 능동과 수동의 역할에 따라 기호의 성격이 달라지기 때문이다. 즉 능기가 또 다른 능기에 비해 수동적이면 전의 능기가 소기로 변할 수 있다"(같은 책, 154쪽).

<table>
<tr><td>천</td><td>성부</td><td rowspan="2">성부
성자
성령
△</td><td>초월(超越)</td><td rowspan="3">다비드의 별
(△+▽=✡)</td><td rowspan="3">만다라(卍)
태극(☯)</td></tr>
<tr><td>인</td><td>성자/성령</td><td rowspan="2">▽
성자/성령/
성모</td></tr>
<tr><td>지</td><td>성모</td><td>생략</td></tr>
</table>

정보의 파동을 기표가 타는 것이지 기표가 정보를 만드는 것은 아니다. 의미는 파도이고 기표는 파도를 타는 것이다. 그런데 이것을 정반대로 기표의 파동을 의미가 타는 것으로 보기 쉽다.

동양철학에서의 여성은 '무한한 음(無之陰)'을 말한다. 음은 무한(無限, 無量)의 또 다른 이름이다. 유형의 것에 중심을 두면 없다는 것이 '있지 않음'이 된다. 그러나 무형의 것에 중심을 두면 '없음의 있음'이 된다. 이는 무한히 있음이다. 비어 있어야 무한히 있음이 된다. 팰러스 중심으로 보면 '여성은 그것이 없는 것'이 되지만 반대로 버자이너 중심으로 보면 여성은 '성이 없는 것'이라기보다는 우주 전체와 섹스를 하는, 다시 말하면 '팰러스가 없는 것이 아니라 모든 팰러스를 받아들이는 자족적 존재'가 된다. 가부장제는 여성을 '남근 없음'으로 몰아세우지만 실은 여근이야말로 어떤 남근을 받아들여도 자식을 생산하는 자연의 재생산에 참여하는 특권을 가진 것이다. 여성은 몸으로 이미 자족적이고 완성되어 있는 존재이다.

남근이 누리는 절정을 누리지 못하는 여근은 도착적인 희열(가짜의 절정)을 느끼는 것이 아니다. 여성의 절정은 주체(개체)를 넘어 자연으로 연결되는 통로, 혹은 자연의 종(種) 전체로 연결되는 주객일체의 잠시 동안의 무(無)–이것을 육체 자체의 열반이라고 말할 수 있다–에 이른다. 물론 이 속에서 남근과 같은 절정을 누리는 여근이 있을 수도 있지만 처음부터 여근의 설계는 절정만을 위한 것이 아니라 자연의 생산에 이르게 하는 자족의 시스템이다. 남근의 기표는 의미작용을 가능하게 하지만 여근의 기의는 이미 무한한 의미이다(여근은 무한한 의미의 창고이다).

발생학적으로 보면 실재계, 상상계, 상징계의 순으로 발전했다. 이것은 하부구조를 바탕으로 상부구조가 형성된 것과 일치한다. 실재계 없는 상상계는 있을 수 없고, 상상계 없는 상징계는 있을 수 없다. 결국 어떠한 경과를 거치든 실재계를 바탕으로 진화했고, 상징계는 인간 두개골의 용량 증가와 방향을 같이했다. 상상계는 상징계 이전에도 있었지만 실재계의 욕구불만이나 고통에 의해서 그것의 반운동으로서 발달했다고 해도 과언이 아니다. 다시 말하면 언어의 사용과 생식을 위한 섹스로부터의 자유와 해방은 종교적 상상계로 승화하기도 했다.

종교적 상상계, 예컨대 천국과 극락이나 지옥은 섹스의 연장 혹은 욕구불만의 해소, 그리고 그것을 언어적으로 승화시키는 것과 관련이 있고, 특히 죽음이라는 한계 상황에 대한 인간의 나름대로의 대처라고 볼 수 있다. 결국 죽음을 영원한 삶으로 도치시켜 놓고 때로는 죽은 뒤에 부활(기독교)한다는 처방을 내놓기도 하는 것이 인간이다. 부처(불교)가 된다거나 우화등선(羽化登仙, 신선교)한다는 것도 그런 것의 일종이다.

심하게는 죽어서 귀신(鬼神)이 되는 것조차도 상징계와 상상계의 합작이다. 현실계와 상징계, 그리고 상상계의 합작은 삶의 곳곳에서 발견할 수 있다. 어떻게 보면 인간은 집단적으로 정신분열, 강박관념, 콤플렉스를 앓고 있는 존재인지도 모른다. 현실계야말로 무위자연과 같은 차원에 있는 것인지 모른다.

무위자연의 진정한 의미는 여기에 있다. 남근과 기표에서 여근과 기의를 의미규정하면 수동적인 것, 소극적인 것, 부정적인 것, '없는 것'이 되지만 반대로 보면 여근과 기의는 남근과 기표의 바탕(matrix)이 된다. 문명과 존재와 남근은 자연을 배반한 것이지만 그것을 다시 반역하면 본래의 생성으로 돌아간다. 여근의 의미는 생성과 지혜와 깨달음의 완벽한 기의이다. '무상정등각(無上正等覺)'의 진정한 의미는 여기에 있다. 남근은 자아(自我)이지만 여근은 무아(無我)이다. 무아는 자아의 없음이 아니고 자아의 바탕이다.

이는 지금껏 우리가 대상이라고 여겼던 것은 대상이 아니요, 반대로 우리가 주체라고 여겼던 것은 주체가 아님을 말한다. 다시 말하면 주체와 대상이라고 하는 것은 서로 교환될 수 있는 주체-대상 혹은 대상-주체의 이원대립항에 불과하며 실재가 아니다. 실재는 무(無) 혹은 기(氣)라고 하는 편이 옳다. '무'를 '유'의 대칭으로 사용하여 '무'를 '없음'이라고 할 것이 아니라 '무'를 기표로 사용함으로써 의미작용을 일으켜서 '무'를 '의미 없음'이 아니라 '완벽한 기의'로, '무한한 의미'로 사용해야 한다. 이는 '매체와 타자가 바로 의미'라는 현대 예술철학과 미학의 개념과도 통한다.[34)]

자아의 남근은 존재에 머물지만 무아의 여근은 생성에 참여한다. 여기서 우리는 가부장제의 '정신-언어(기표)-남근'이 가지는 허위성과 '물질-몸(기의)-여근'이 가지는 실재성을 발견할 수 있다. 그래서 모계사회의 복원이 필요하고, 총체적으로 정신과 언어에 대한 대칭으로서의 물질과 몸을 비하하는 것이 아니라 신적(神的)인 것으로 격상하는 애니미즘이 필요하다(분자-되기). 이 애니미즘은 미신도 아니고 물신숭배도 아니다. 자본주의와 유물론이 똑같이 물신숭배에 빠지는 까닭은 애니미즘의 진정한 의미, 기(氣)의 세계를 모르기 때문이다. 그러한 점에서 우리는 원시·미개인들에게 배워야 한다.

서양문화는 동양문화와의 비교적 관점에서 보면 확실히 '팰러스 문화'이다. 남근 위주이다. 오이디푸스 콤플렉스 문화권이다. 그래서 라캉에 의하면 '그(the) 여성(女性)은 없다'는 데 도달한다. 이에 비하면 동양은 '버자이너 문화'이다. 확실히 음(陰)을 우선하는 문화이다. 그래서 '음양'이라고 하고 '양음'이라고 하지 않는다. 비록 지구적 가부장사회로의 전환에 동양도 함께했지만 말이다. 동양은 '음'을 존중하는 전통을 가지고 있다.

기표는 라캉에게는 팰러스적이지만, 들뢰즈에겐 전제적이다. 이는 모두 여성이나 모성의 자연성에 대한 무시와 지배로 드러난다.

> 기표는 자연적 욕망의 부정이고, 모성의 기원적 대상이 결여하는 것이다. 혼인 제도가 형성되면 여성들은 더는 욕망의 직접적(무매개적) 대상이 아니다. 이제 여성들은 교환되고 기표로서 기능한다. 욕망되는 것은 주체들이

---

34) 한국의 시(詩)에 '무의미시(無意味詩)'라는 것이 있다. 이는 '이미지즘(imagism) 시학'의 극치로 김춘수(金春洙) 시인이 주도했다. 이는 충분히 '사물(이미지) 자체가 시(詩)'라는 것에 이르는 것이다. 시에서의 '무의미시'는 미술에서의 '오브제'와 같은 것이다. 무의미시는 독자에게 의미를 맡기는 '무한한 의미의 시'가 된다. 나열된 이미지 속에서 독자들은 자신들의 시를 쓰는 것이다. 이는 매체가 의미라는 것과 같은 맥락이다.

> 서로를 자연이 아닌 다른 것으로 인식하는 것, 말하는 존재로서, 문화(팰러스적인/상상적인 것)를 위해 자연(여성적인/모성적인 것)을 포기한 존재로서 인식하는 것이다.[35]

라캉의 욕망이론이 들뢰즈의 욕망이론에 이르는 과정을 살펴보자. 들뢰즈에게 주체는 '욕망의 대상으로서의 주체'가 아니다. 이는 라캉에게서 꽤 멀어진 것이다. 들뢰즈에게 욕망은 주체 혹은 대상과 상관없는, 오직 생명의 긍정이자 생산이다.

들뢰즈의 욕망은 구조를 낳는다. 구조는 대칭이다. 대칭은 질서이다.[36] 구조의 해체는 대칭의 해체이다. 대칭의 해체는 무질서, 즉 카오스이다. 질서와 무질서의 변증법이 이때 발생한다. 그러나 이(理)의 입장에서 변증법이 일어나는 것과 기(氣)의 입장에서의 그것은 다르다. 전자가 서양이고, 후자가 동양이다. 이는 욕망하면서도 항상 불안해한다. 반면에 기는 욕망하면서도 항상 기다린다. 여자가 욕망하지 않는 것은 아니다. 여자는 움직이지 않으면서 정점을 기다린다. 여성은 영토화할 필요가 없다. 자신이 영토이기 때문이다. 따라서 여성은 남성의 영토화에 의해 영토화와 탈영토화를 동시에 경험한다.

들뢰즈는 『차이와 반복(Difference et Repetition)』에서 수동적 종합을 거론한다. "욕망이 먼저 생명 자체로서 존재하고 나서 유기체들을 종합하고 접속하고 생산한다고 생각할 때 비로소 설명될 수 있다."[37] 욕망은 생산이고 종합 자체이다.

> 우리가 욕망을 실재적으로 긍정하는 것은 오직 종합을 수동적으로 여길 때

---

35) 클레어 콜브룩, 『들뢰즈 이해하기』, 100~101쪽.

36) 구조인류학에서는 미개원시사회의 대칭적 세계를 비대칭적 세계로 전환시킨 것을 '문명적 질서'라고 말한다. 문명적 질서란 선형적 세계이다. 들뢰즈는 여기에 한 술 더 떠서 질서를 전복시킬 수 있는 카오스를 설정함으로써 '나무줄기'와 같이 두 개로 갈라지는 분기(分岐, bifurcation)를 질서에 포함시킨다.

37) 같은 책, 238쪽.

동양의 음양 생성에서 본 들뢰즈의 여성-되기(becoming-woman)

<table>
<tr><td colspan="2">존재론적(양음) 문화권(서양문화)/
팰러스(phallus)</td><td colspan="2">생성론적(음양) 문화권(동양문화)
/버자이너(vagina)</td></tr>
<tr><td>태양(=, 陽陽)</td><td>소음(==, 陰陽)</td><td>소양(==, 陽陰)</td><td>태음(==, 陰陰)</td></tr>
<tr><td>理發理局</td><td>理發而氣隨之</td><td>氣發而理乘之</td><td>氣發氣局</td></tr>
<tr><td colspan="2">시각문화/관음(觀淫)/반사적(反射的)</td><td colspan="2">청각문화/관음(觀音)/공명적(共鳴的)</td></tr>
<tr><td colspan="2">·라캉적 팰러스
·버틀러의 레즈비언 팰러스
·들뢰즈의 여성-되기: 아이-되기/동물-되기/분자-되기(becoming-woman)
·기표(記表, signifiant)의 하느님 = The God Father
·랑그(langue) 중심</td><td colspan="2">·무지음(無之陰)/무위자연(無爲自然)
·우주적 태음(太陰)/무상정등각(無上正等覺)
·지구 어머니(자연) 되찾기: 보이지 않는 것의 그릇-되기/태반-되기/애니미즘의 부활(The Great Mother, Mago)
·기의(記意, signifié)의 하느님 = The God Mother
·파롤(parole) 중심</td></tr>
</table>

에만 가능하다. 종합이 능동적인 것이라면 그것은 어떤 사물, 존재 혹은 주체의 활동이 되고 말 것이다. 그렇다면 그것은 존재하지 않는 것과 관계될 것이다. 주체는 자신의 세계를 종합할 것이고, 정신은 그 경험을 종합할 것이다. 그러나 수동적 종합은 존재를 우선하는 행위자나 주체에 정초하지 않고, 단지 생산과 접속만이 있음을 안다. (중략) 욕망은 차이의 긍정, 혹은 생산이다. 이는 차이가 그것 각각의 생성에서 상이한 것임을 시종 염두에 두고 있다. 그러나 우리는 이런 욕망의 긍정적 관념을 전(前)인간적인 수동적 종합과 함께 생각해 볼 필요도 있다. (중략) 그러므로 생성은 객관적 세계에 반응하는 행위자의 행위가 아니라, 욕망이고 종합이다. (중략) 생명의 종합이 수동적이라고 보는 것은, 그것의 전적으로 열린 내재적 본성, 즉 어떠한 조직화하는 바탕이나 우선적인 의도, 존재 혹은 형식 등에 종속되지 않는 본성을 인식하는 것이다. 욕망은 오직 욕망 자체로부터 그 자체만을 향하는 생명의 긍정이자 생산일 뿐이다. 어떤 행위자나 어떤 대상의 욕망이 아닌 것이다.[38]

38) 같은 책, 239~241쪽.

들뢰즈의 주장은 마치 불교의 진리에 대한 유물론적 해석에 접근하는 것처럼 보인다. 불교의 법(法)은 심(心)으로 접근할 수도 있고 물(物)로 접근할 수도 있기 때문이다. 흔히 우리는 불법을 심으로 해석하는 것을 즐긴다. 일체유심조(一切唯心造)나 일심론(一心論)이 그러한 예이다. 그러나 물로서 해석하는 것도 실은 주체가 없을 수 있으며, 주체가 없으면 자연적으로 대상도 없게 된다. 주체와 대상이 없으면 결국 불교적 제법무아(諸法無我), 제행무상(諸行無常)의 경지에 들어가게 된다.

들뢰즈는 불교를 '수동적 허무주의'라고 표현했지만 이것은 불교의 단면을 보거나 적어도 잘못 이해한 때문이다. 오히려 그의 사고는 불교에 가깝다고 할 수 있다. 단지 물질을 물로 바꾸면 된다. 극과 극은 통한다는 말이 있듯이 들뢰즈에게서 그런 측면을 보게 되는 것이다. 불교는 허무가 아니라 능동이며 환희이다.

니체는 불교를 '부정적 허무주의'라고 한 바 있다. 이것도 불교가 긍정이며 실상을 파악하는 맹렬한 구도임을 모르는 까닭이다. 이는 기본적으로 이성중심주의의 폐단과 실망에서 오는 허무주의에 빠진 서양의 철학자들이 그들의 시각으로 불교를 보고 있음을 드러낸다. 불교를 자연과학적으로 어느 정도 설명할 수도 있지만, 불교교리가 자연과학은 아니다.

불교는 시간과 공간을 전제하는 자연과학과는 정반대의 위치에 있다고 할 수 있다. 자연과학을 뒤집으면 불교가 되는 까닭이 여기에 있다. 불교를 자연과학으로 설명하는 것은 실체가 있어야 하는 자연과학과 실체가 없다고 부정하는 불교가 극과 극에서 통하기 때문이다. 정반대의 뒤집기는 점진적 혹은 단계적으로 설명하는 것보다 훨씬 효과적이다.

서양의 철학자들이 불교를 접하기는 하지만 제대로 불교의 정수를 아는가는 의문이다. 들뢰즈와 니체도 그렇지만, 하이데거와 데리다에게서도 불교에 대한 진정한 이해를 둘러싸고 문화권적 편차와 오해, 역설의 장벽을 느끼게 된다. 역설은 존재의 이중성에서 비롯되는 것 같다.

동서 문명의 철학적 전통에서 허무(虛無)를 해석하는 데도 이중성이 있으며, 존재를 해석하는 데도 이중성이 있음을 알 수 있다. 들뢰즈와 니체의 해석

<table>
<tr><td rowspan="3">공(空)=
자연(自然)</td><td rowspan="2">존재자
(소유)</td><td>소유적(능동적) 욕망</td><td>주체↔대상</td><td>라캉</td><td>주체는 욕망의 대상
(주체는 비어 있다)</td></tr>
<tr><td>유물론적(수동적) 욕망</td><td>기계적 체계</td><td>들뢰즈</td><td>생명의 긍정, 생산일 뿐이다</td></tr>
<tr><td>존재</td><td>진공묘유(眞空妙有)</td><td>주객초월·
주객해탈</td><td>불교</td><td>공즉시색, 색즉시공
(우주적·음양적 섹스)</td></tr>
</table>

에 차이는 있겠지만, 그 차이가 어떤 것인지 정확하게 알 수 없다. 이러한 이중성은 존재에서 피할 수 없는 것인지도 모른다. 존재는 존재자의 존재가 되고, 존재자는 존재의 존재자가 된다. 이러한 이중성을 각자의 입장에서 해석할 수밖에 없는 것이 또한 인간이며 철학이다.

라캉은 욕망을 주체와 대상의 이분법에서 벗어나서 전면적으로 토론한 철학자이다. 라캉은 '주체는 비어 있다'고 전제한다. 이는 욕망으로써 불교적 공(空)을 보려 한 것이라고 볼 수 있다. 주체는 비어 있기 때문에 욕망은 도저히 채워질 수 없는 것이다. 이것은 마치 공(空)과 욕망(慾望)을 교체한 것과 같다. 욕망은 채워지는 순간 다른 것을 찾는다.

욕망 가운데 가장 근본적인 욕망이, 생물이라면 종의 번식을 위한 성(性)의 욕망이다. 다른 욕망들은 성의 욕망의 변형이라고 해도 과언이 아니다. 권력의 욕망조차 그러하다. 색(色, 성욕과 물욕을 동시에 포함)에 대한 욕망을 우주적으로 극대화시킨 것이 공(空)일 수도 있다는 생각이 든다. 이를 역으로 해석하면 깨달음은 우주적 섹스(cosmic sex), 다시 말하면 '음양(陰陽)의 섹스' 혹은 '기운생동(氣運生動)의 섹스'라고 말할 수 있다.

불교에서는 세계를 삼계(三界)로 나눈다. 색계(色界), 욕계(欲界, 慾界), 무색계(無色界)가 그것이다. 삼계는 매우 어렵게 들리는데 실은 색계란 색(色)의 세계를, 무색계란 공(空)의 세계를 말하는 것이고, 그 사이에 있는 모든 것이 욕(慾)의 세계, 즉 욕계이다. 이 욕(慾) 속에 삼라만상이 다 들어 있다. 욕의 세계에서 색계와 무색계를 바라보면 바로 인중천지일(人中天地一)이 된다. 욕계=인(人), 색계=지(地), 무색계=천(天)이라 하면 불교사상은 『천부경』의 천지인사상과도 통하게 된다.

그러나 이들 세계는 순환적일 수밖에 없다. 세계를 이렇게 나누는 자체가,

혹은 이보다 더 세밀하게 나누는 자체가 매우 인간적인 것이고, 인간이성의 작용이다. '세계'라는 말은 이미 나뉜 세계이지만, 자연은 결코 이렇게 나누어져 있지 않다.

라캉은 '최종 팰러스'에 머문 반면 들뢰즈는 적어도 '여자-되기'에 이름으로써 가부장사회에서 탈출을 시도했다고 볼 수 있다. 그러나 그의 '여자-되기'는 유물론적 바탕에 의해서 '하이데거의 존재'나 '데리다의 차연'으로 넘어오지 못하고 한계를 노출한다. 유물론은 흔히 물질을 주장하기 때문에 이성주의가 아닌 것처럼 생각하기 쉬운데 실은 그것이야말로 헤겔의 변증법을 뒤집은 마지막 이성주의에 가깝다. 유물론은 물학이 아니다. 물학은 물질에 물활론적 사고를 가지고 있지만 유물론은 세계를 기계 혹은 전쟁기계로 보는 데 이른다.

들뢰즈는 능기에 '전쟁기계'를 놓고 소기에 '생명의 배아적 유입'을 놓는 데 그쳤다(전쟁기계/생명의 배아적 유입). 이것은 일견 유물론의 탈출구인 생기론(生氣論)인 것 같지만 실은 생기론(生機論)이다. 생기론인데도 불구하고 기(機)를 우선하는 기생론(機生論)이다. 유물론은 해석하기에 따라서 이성주의를 물질주의로 귀착시키면서 물활론으로 건너는 교량 역할을 한 것으로 보이지만 무신론적 전통으로 인해 그것에 실패한다. 들뢰즈는 자본주의에 매우 유화적인 태도를 취한다. 즉, 자본주의를 마치 유물론을 완성시키는 바탕, 토양, 자궁 정도로 생각하는 입장을 보인다. 이를 '능기/소기'로 보면 '유물론/자본주의'에 다름 아니다.

자본주의의 모순에 대한 반동으로 일어난 유물론이 이제는 자본주의의 풍요를 바탕으로 전쟁기계를 재생산하는 가부장적 사고의 일단에 다름 아니다. 유물론은 여성주의 혹은 모계주의와 연계성 및 친연성을 지니면서도 정작 구체적인 사안에 이르면 매우 정치지향적으로 돌변해 가부장적 권력경쟁의 태도를 취한다. 결국 그렇게 함으로써 소수의 공산당(사회당) 귀족들만 생산해냈다. 유물론은 실은 과학적 성과에 기생한 바가 크다. 유물론의 과업을 과학이 달성했다고 해도 과언이 아니다. 과학이야말로 인간이 유기체적 기계임을 증명하는 한편 인간사회에 경제기술적 풍요를 가져왔다. 물론 그 반대급부로 환경의 폐해나 재해를 야기했지만 말이다.

들뢰즈는 서구 문명의 문제점을 잘 알고 새로운 피난처로서 리좀(Rhizome)을 제창했다. 그러나 그는 여전히 '남근의 기표'에서 완전히 떠나지 않고 그것을 붙잡고 있다. 그것은 마치 권력의 허무를 말하면서도 그것을 끝내 놓아버리지 않는(놓아버리지 못하는) 서구 문명과도 같다. 예컨대 자아-주체가 죽으면 세계의 무엇이 달라지는가? 무아-타자에 세계를 맡겨둔다면 무엇이 문제인가? 이것은 기독교-자본주의와 유물론-사회주의의 대칭적 세계에서 다른 코드를 찾지 못하고 계속 갑론을박하는 끝없는 논쟁과 같다.

들뢰즈는 동양의 세계로 넘어오는 교량 역할을 하고 있다. 그러나 '-되기'는 아직 동양적 생성(becoming)의 세계로 들어온 것이 아니다. 생성의 세계로 들어오기 위한 워밍업이며 준비운동이다. 생성의 세계에서는 생멸이 바로 진여이다. 생과 멸은 이원대립항이 아니다. 생멸은 하나이다. 생성은 궁극적으로 '-되기'가 필요 없다. 세계가 하나인 그 자체이다. 인류는, 특히 서양문화권의 사람들은 들뢰즈라는 교량을 넘어오지 않으면 안 된다. 만약 들뢰즈가 생성의 세계에 완전히 들어왔으면 결코 자살하지 않았을 것이다. 저절로 죽음에 이르면 되는 것이다. 자살이라는 행위는 무슨 특별한 존재감에 의한 선택이다. 존재하지 않으면 자살하지도 않는다. '하이데거의 존재'나 '데리다의 차연'처럼 들뢰즈는 동양의 무(無), 무위(無爲), 공(空), 중(中), 도(道)에 이르지 못했다. 이는 물 자체 혹은 물을 유물(唯物) 혹은 물질로 본 때문이다.

인류는 이제 물에서 물활을 보아야 한다. 물 자체의 존재에 동거하는 자세를 가져야 한다. 생태계의 생물만 그런 존재가 아니라 모든 삼라만상이 실은 존재이다. 저마다 존재하고 있다. 이를 원효식으로 말하면 일심이문(一心二門), 우주적 마음과 진여와 생멸의 동거를 이루어야 한다. 이것이 동양의 '음(陰)의 사고'이다. '음'은 스스로 다른 것을 배태하고 포용하고 인정하지만 '양'은 자신만을 강조하고 남을 배제한다. 남을 배제하는 것이 소유이다. 소유적 사고에서 존재적 사고로 전환해야 하는 것이 바로 불교적 평등과 평화를 실현하는 길이다.

인류는 이제 그동안 발전의 신화에 눈이 어두워 비천하게 서랍 속에 처박아두었던 샤머니즘과 에콜로지를 다시 새롭게 끄집어내어 네오샤머니즘과 에코페미니즘의 관점에서 세계를 바라보지 않으면 안 된다. '인간은 무당이고 자연은 여자이다'라는 슬로건이 필요하다. 들뢰즈의 약점은 모계사회의 원리를 정확하게 모른다는 것이다. 또한 그것이 함유하고 있는 문명 전체의 의미를 소상히 모른다. 그러나 들뢰즈만큼 모계사회의 원리에 도달한 서양인도 드물다. 아마도 마르크스 이후에 가장 근접한 인물일 것이다. 한편으론 '욕망의 기계', 다른 한편으론 '신체 없는 기관', 그것의 종합으로서의 '리좀'으로는 '우주적 어머니'에 대한 이해가 불충분하다.

우주 삼라만상에 여성은 다원다층적으로 무수하게 많다. 그 여성 가운데 무의식적(탈의식적, 초월적이 아닌), 무상정등각적(전제적이 아닌), 최소공배수적(최대공약수적이 아닌), 일반적(보편적이 아닌), 생성적(존재적이 아닌) 존재, 즉 생성-존재가 바로 '하느님 어머니'이다. 이는 '하느님 아버지'의 정반대에 있다. 존재는 모든 존재자를 머금고 있다. 어머니처럼. 이것은 허무와는 다르다. 서양철학에서는 무(無)를 모른다.

여성은 진정 (천지를 창조한) '하느님 아버지'가 아니라 (저절로 천지가 된) '하느님 어머니'가 된다. '하느님 어머니', 즉 존재하지 않음이야말로 역동성과 열린 생성을 보장하는 것이다. 남근은 거세공포가 아니라 거세당함으로써 도리어 '욕망의 대상으로서의 여근'이 아니라 '생성의 우주적 어머니'를 발견하고 그것에 아이처럼(아이-되기) 안긴다.

'여자-되기'는 그 어머니를 발견함으로써 전쟁이 아니라 평화에 도달하게 하고, 일종의 태내(태반-되기)에서 원초적 우주의 평화를 깨닫게 한다. '여자-되기'의 궁극은 '어머니-되기'이다. '어머니-되기'는 최종적으로 '자연-되기'에 이를 수밖에 없다. 자연에서 너무 멀리 달아난 인간은 이제 각종의 '-되기'를 통해 자연으로 돌아갈 준비를 하지 않으면 안 된다. '자연-되기'는 전반적으로 '하늘 중심'의 사고방식을 '땅 중심'의 사고방식으로 바꾸는 것을 의미한다. 이전의 하늘 중심은 실은 인간 중심이었다. 그리하여 고등종교는 결국 과학과 같았다.

하늘 중심은 자연을 인간보다 아래의 것으로 취급하고, 자연의 수많은 동식물을 인간의 대상으로 하고, 그럼으로써 인간을 위한 수단(도구)으로 전락하게 했다. 땅 중심은 땅의 모든 것을 평등하게 대한다. 그래서 상대방이 되어 보는 '-되기'를 요구한다. 예컨대 인간은 이제 '여자-되기', '아이-되기', '동물-되기', '식물-되기', '분자-되기', '원자-되기', '기운-되기'를 통해 잃어버린 자연성을 회복하지 않으면 안 된다.

팰러스는, 즉 앞으로(pro-) 밀고 나아가는(들어가는) 것은 그 이전에는 없던 것을 자신이 생산하는 줄 안다. 인간의 모든 프로그램(program)은 그러한 의미를 내포하고 있다. 프로그램은 'pro(앞으로)'와 'gram(문자)'의 합성어이다. 문화, 문명이라는 프로그램은 남자들의 생산(pro-duction) 편이다. 여자들의 재생산(re-production)은 '반복(re-)'하는 것으로 창조적이지 않다고 은연중에 생각한다. 반복은 이미 있는 것의 되풀이라고 생각하기 때문이다. 흔히 재생산 혹은 모방이나 유희는 기존에 있는 것을 그대로 반복하거나 흉내 내는 것이라고 생각한다. 그러나 동일성을 전제로 반복하는 것은 없다. 모든 반복에는 '차이'가 숨어 있다. 결국 '차이의 반복'인 셈이다. 여자들의 재생산은 그 차이를 발견함으로써 생산을 회복한다.

문명은 어처구니없게도 여자들의 재생산(자궁 혹은 가정에서의)은 생산이 아니고(저절로 이루어지기 때문에 가치 없는 일이고), 남자들의 생산(공장 혹은 밖에서의)만 생산인 것처럼 오도해왔다. 자연의 재생산이야말로, '차이의 재생산'이야말로 자연의 가장 위대한 본성(본능)임을 망각했던 것이다. 남자들의 팰러스는 죽음조차 생산으로 만든다. 역사적으로 남은 존재들은 대개 남자들이다. 여자들은 남자들 속에 묻힌다. 여자들은 아이를 생산해서 남자들에게 제공하고 이름 없이 사라지는 존재이다.

그럼에도 불구하고 여자들은 억울해하지 않는다. 이는 여자들에겐 자연으로부터 이어지는 생명의 연결(연결망)이 있기 때문이다. 여자들에게는 남자들과 달리 자연으로부터의 소리를 듣는, 냄새를 맡는, 맛을 느끼는, 비언어적 소통체계가 있는 것 같다. 여자들이야말로 실질을 획득할 줄 아는 존재이다. 남자들은 혈통이라는 명분 혹은 명예를 비롯한 이차적으로 가공된 권력의 여러 형태를 추구하지만 여자들은 그것을 헌신짝처럼 버린다.

여자들은 자기 유전자의 연속을 위해 기꺼이 죽을 줄 안다. 여자들은 자연적으로 살신성인하는, 희생의 본능적 존재이다. 여자들에게는 아직도 토테미즘의 신앙이 남아 있다. 토테미즘이라는 상징의 절정은 우주만물이 서로의 몸을 교환하는 존재라는 데 있다. 그 교환이 때로는 전쟁을 통한 죽음의 교환일지라도 말이다. 인간과 동물은 서로 닮으려고 노력하는 동시에 상대를 먹이로 생각하는 관계이다. 이러한 관계는 신앙과 희생의 이중성을 갖는다. 모든 상징에는 이중성이 있다. 인간의 담론은 그 이중성 중에서 어느 한쪽을 택해 나아갈 수밖에 없다. 그러한 점에서 인간은 방향적 존재이다.

자연에는 보이지 않는 균형 잡기, 중용, 중도(중론, 중관), 중정, 중점 같은 것이 마치 움직이지 않는 그 무엇으로 있는 것처럼 보인다. 그러나 정작 인간은 그것을 잡을 도리가 없다. 만약 그것을 잡으면 그것은 이미 본래의 성질을 잃어버린 뒤이다. 인간이 잡은 것은 모두 움직이는 것뿐이다. 언어적으로 규정한 것은 이미 생동하는 자연이 아니다. 최선을 다해서 생동하는 것을 잡으려고 따라갈 뿐이다. 만약 하나의 언어(상징)나 개념(정의) 속에 안주하면 그 즉시 박제되어버린다.

들뢰즈는 현동성(現動性, positivity)과 내재성(immanence)으로 구조주의의 정태성을 넘어 생명의 변화 자체를 확보하려고 했다. 들뢰즈는 다음과 같이 내재성을 설명한다.

> 내재성은 소여(所與)에 대한 위임에서 출발한다. 오직 하나의 생명의 흐름 혹은 하나의 존재 면만이 있다. 이 면은 어떤 사물이나 존재-우리가 그것에 대해 관계를 갖는 어떤 사물-가 아니라 역동적이고 열린 생성의 흐름이어야 한다. 이것은 생명 전체 혹은 총체성이 주어진 것이 아님을 의미한다. 전체는 현실적인 것이 아니라 잠재적인 것인데, 왜냐하면 우리가 미래를 미리 알 수 없고 과거의 결과들을 결정할 수도 없기 때문이다. 그리고 이 잠재적인 전체는 존재들의 집합이 아니라, 생성의 포텐셜들 혹은 가능성들이다. 좀 더 중요한 것은 이런 생성이 균일하거나 동질적인 것이 아니며 변화가 지향하는 전면적인 목표나 목적이 없다는 점이다. 생명의 각 흐름은 그 생성의 구별되는 역동을 긍정한다. 다시 말해 진화의 경향 일반이란 없으며,

다만 독특성들의 분투하는 혹은 창조적인 변화만이 있을 뿐이다. 변화 혹은 생성은 하나의 목표나 목적에 도달하기 위해 발생하는 것이 아니다. 생명이 바로 변화 자체이다. 예컨대 유전적 돌연변이들은 생명의 변화하는 역능의 표현들이다. 즉 그것들은 어떤 형식이나 존재를 위한 변화들이 아니다. 생명의 역능은 생성, 자신 이외의 목적을 갖지 않는 하나의 생성이다.[39)]

들뢰즈는 차이나 흐름이 또 하나의 존재가 되는 것을 경계한다. 모든 생명이 그로부터 출현하는 통일체나 일자(一者)는 동일성이 아니라 그 자체와도 다른 차이라고 들뢰즈는 강조한다. 서양의 전통적인 사유의 문제점은 차이-생성이 아닌 동일성-존재에서 비롯되며, 문제가 아니라 해답에서 출발하기 때문에 차이-생성이 또 하나의 해답이 되어 동일성의 사유가 되어버리는 것에 있다고 말한다. 결국 차이-생성도 결과적 동일성이 될 위험에 처할 것이다.

들뢰즈의 차이는 차이-생성이고 생성-차이이다. 욕망(혹은 성욕)은 우주가 생성한 생성-차이이고 동시에 차이-생성이다. 이는 일견 『천부경』의 '일시무시일(一始無始一), 일종무종일(一終無終一)'의 무시무종(無始無終)을 의미하는 것 같다. 그러나 그의 유물론적인 기계적 세계관은 이면에 어떤 실체를 가정하고 있다. 그의 '기'는 '기(氣)-기계(氣系)'가 아니고 '기(機)-기계(機械)'이다. 들뢰즈는 데카르트 시계(時計)의 충실한 후계자이다.

우주는 욕망이 어떤 문화적 체계를 거쳤는지에 대해, 혹은 그것에 대한 부정과 그것의 차이에 대해 생각하지 않는다. 또한 우주는 어떤 한 생물종, 호모사피엔스에게 영원히 존속하는 특권을 주지도 않는다. 음양론은 인간종에게 해당하는 법칙도 아니다. 음양론은 우주적 생성-차이에 대한 동양적 지혜의 결정이다. 인간은 이제 인간종을 넘어 우주적 어머니, 태초의 허(虛)와 무(無)에 대해 생각할 때가 되었다.[40)]

---

39) 같은 책, 152~153쪽.

40) 들뢰즈는 불교를 수동적 허무주의라고 규정했다. 이는 불교적 세계를 너무 가볍게 본 것이다. 물론 그의 리좀(Rhizome)철학을 주장하기 위해서 행한 부정(negation)과 차이화(differing)의 결과이지만 불교적 세계는 인간의 상상계가 이룩한 가장 위대한 업적이

서양의 우주론은 천지창조에서조차 '존재의(닫힌) 우주론'이다. 이에 비해 동양의 우주론은 천지개벽(天地開闢), '생성의(열린) 우주론'이다. 동양의 우주론은 '태극↔ 음양'이지만 좀 더 복잡화하면 사상(四象)체계, 즉 '태음(太陰)↔ 음양(陰陽)↔ 양음(陽陰)↔ 태양(太陽)'이 된다. 여기서의 '태음'이 바로 '하느님 어머니'에 해당한다. 동양의 천지창조 신화, 정확하게는 천지개벽 신화에는 마고(Mago)라는 태초의 '나의 신', '하느님 어머니'라는 존재(정확하게는 존재가 아니라 생성)가 있다.

프로이트, 라캉, 들뢰즈에 이르는 발전 과정을 자세히 보면 서양의 페니스적 관점, 팰러스적 관점에서 동양의 버자이너적 관점에 이르는 도정이라고 할 수 있다. 들뢰즈는 팰러스적 관점과 버자이너적 관점의 사이에 있다. 본래 남성성과 여성성은 확실하게 구분되는 것이 아니다. 남성성 속에 여성성이 들어 있고 여성성 속에 남성성이 들어 있다. 반대의 인자를 이중적으로 가지는 것이다. 동성연애나 동성결혼의 경우도 표현형(Sa)은 동성이지만 이면형(Sé)에 남녀가 숨어 있다. 동성의 경우도 한쪽은 남자이고 다른 쪽은 여자이다.

가부장사회나 모계사회는 성의 이중성에서 어느 한쪽을 택한 것이다. 택일적 사고는 가부장사회의 것이고 모계사회는 이중적이다. 이중적이니까 차이를 말한다. 이중성(二重性)과 중성(中性)은 다르다. 음양사상의 음사상에서 보면 이중성은 역동성과 결부되는 것이지만, 양사상에서 보면 중성이 되기 쉽다. 중성은 양과 마찬가지로 단일성(單一性, 單性)을 주장하는 것이다.

서양문명은 확실히 머리(생각, 기억)와 입(소리, 말, 음식)을 중시하지만 그 반대편에 있는 임신기관과 배설기관인 자궁과 항문을 잊어버린다. 그래서 존재와 차이를 말하지만 여전히 팰러스 중심적이다. 팰러스가 배설·생식기관임에도 불구하고 마치 머리에 붙어 있는 양 착각하는 것이다. 이것이 서양문명을 권력지향적으로 만든다. 권력이란 존재 때문에 생기는 것이면서 동시에 허무도 그것에서 발생된다.

라는 점에서 주의가 요망된다. 더불어 동양의 음양적 세계는 끝없이 열려진 우주적 생성에 대한 동양적 지혜의 결정이라는 점에 주의가 요망된다.

표현형(Sa)	↔ (가역반응)	이면형(Sé)
언어(시니피앙) = 남성	언어↔사물(이중성)	언어(시니피에) = 여성 = 사물(신체)
He	언어 = 사물(중성) = It	We(She) = Web = networking
존재자 = 가상실재 = 재현	상징적 교섭	존재(실재) = 생성 = 재생

존재와 권력에 의해 발생하는 허무는 생성과 비권력에서 자각되는 허(虛)와 무(無)와는 다른 것이다. 후자는 존재에 의한 결핍이나 필요가 아니라 존재의 근원인 생성, 존재의 태반에 도달함으로써 느끼게 되는 만족이며 열반이다. 남자는 태생적으로 존재자적 인간이며 가상실재의 인간이다. 여성은 존재적(생성적) 인간이며 실재의 인간이다.

여성의 태반은 어떤 상징보다 더 상징적이다. 말하자면 신체적 상징이다.

> 아기의 미발달 상태와 타자, 즉 어머니에 대한 절대적인 필요성에 의해서 아기와 어머니 간의 상상적인 융합상태를 정당화시킵니다. 이 융합은 임신 중에 가졌던 유기적 융합의 연장으로 암암리에 제시되며, 아기가 주체로서 형성되기 위해 반드시 깨뜨려야 하는 것으로 생각됩니다. 제3자—그것을 아버지, 법, 아버지의 이름 혹은 다른 어떤 것으로 부르든—에 의해 이 융합을 깨뜨림으로써 아기가 상징계에 들어서고, 언어에 접근하는 것을 가능하게 해줍니다. (중략) 어머니의 자아와 아이의 자아, 혹은 그 반대간의 구분은 언어에 의해, 언어 안에서 의미를 얻기 전에 이미 존재한다고 생각합니다.[41)]

> 남성은 절대로 아무것도 주지 않으나, 그럼에도 불구하고 고갈되지 않고 기적으로 끊임없이 새로워지는 언어를 만들고 소모합니다. (중략) 임신한 여성이 아니라면 누가 자신의 몸을 먹도록 제공하겠습니까? (중략) 모체의 관용성, 풍성함, 충만함 등 천부의 재질을 가진 언어로 말하지만, 그 어떤 것도 빚지지 않은 사람에게 말합니다. 이 모체와 맺은 관계의 물질성은 사라지더라도, 언어는 모체로 만들어진 용법 안에서 고갈되지 않는 '모태'로 남습니다.[42)]

41) 뤼스 이리가라이, 『나, 너, 우리』, 박정오 옮김, 동문선, 1990, 44쪽.

태반은 모체와 태아의 타자 간에 상징적 교섭을 신체적으로 증명해주는 것이다. 이것은 융합도 아니고 침범도 아니다. 이러한 상징적 교섭은 고갈되지 않는 언어, 모국어로 연장된다.

> 태반은 태아가 형성한 것이지만, 태아와는 거의 독립된 기관으로 기능합니다. 이것은 두 가지 차원에서 중재역할을 합니다. 하나는, 태반은 모체와 태아의 중간에 위치하며, 이것은 모체와 태아의 조직이 서로 융합될 수 없음을 뜻합니다. 다른 하나는 태반이 두 기관 사이의 생체교환을 조정하는 체제를 구성한다는 것입니다. 단지 양적으로 교환을 조정할 뿐 아니라(영양물은 모체에서 태아로 공급되고, 배출물은 반대 방향으로), 모체의 신진대사도 역시 변화시킵니다. 모체와 태아 모두를 위해 모체의 물질을 변형시키고, 저장하고, 재분배합니다. 이렇게 어머니와 태아의 관계는 형성됩니다. 그래서 태아는 모체를 탈진시키거나 단순히 영양물을 얻는 수단으로 전락시키지 않고 자랄 수 있게 됩니다. 호르몬과의 관계를 살펴보면, 태반의 역할은 역시 흥미롭습니다. 초기에는 임신에 필요한 난소의 분비물을 유지하기 위해 태반은 모체의 뇌하수체에서 이것을 끌어옵니다. 그런데 후기에는 모체와 태아 모두에게 가는 스테로이드를 생산해 냄으로써 난소 자체에서 충당하게 됩니다. 게다가 호르몬 분비를 조정할 수 있는 자동제어체계를 갖게 되는 것 같습니다. (중략) 태반의 이와 같은 상대적 자율과 다른 사람의 몸에서 한 생명이 자랄 수 있게 하는 통제 기능은 융합(모체와 태아의 살과 피가 이루 말할 수 없이 섞여 있다)이나, 혹은 반대로 침범(모체에서 흡혈귀처럼 모든 영양가를 빨아먹는 이물체로서 태아를 보는 견해)의 형태로 환원될 수 없습니다. 융합이나 침범 등의 표현은 상상에서 나온 것에 불과하며, 복잡한 생물학적 실체와 비교할 때—극히 문화적으로 결정되어진 것이 분명한데—정말 보잘것없게 느껴집니다.[43]

---

42) 같은 책, 45쪽.

43) 같은 책, 40~41쪽.

신체적·상징적 교섭과 가부장사회로의 진행

가부장사회	아이	태반	모체
초언어(초의식, 초코드)	자아(의식, 코드)	↔	욕망(무의식, 탈코드)
부자관계	모자관계		(모녀관계?)
조국(祖國)-국어(國語)	모국(母國)-모국어(母國語)	신체적(상징적) 교섭	생명-재생

모체와 태반과 아이의 관계는 언어적으로 환원할 수 없는 그 무엇이다. 이것을 부모와 자식 간의 관계, 초월(초의식, 초코드)과 욕망(무의식, 탈코드)과 자아(의식, 코드)로 비유할 수 있다.

남자는 일(一)이고 여자는 일체(一切)이다. 남자의 '일'은 기표적·환유적이고 신태그마틱하다. 여자의 '일체'는 기의적·은유적이고 페러디그마틱하다. 여자의 일체는 온통 체(切)이지만 끊을 절(切)도 된다. 세계를 여성적으로 보는 것은 절편(切片)으로 보는 것을 말하고 동시에 절편으로 보아도 결코 전체가 손상되지 않음을 뜻한다. 일체에는 전체와 부분이 함께 공존한다. 말하자면 작게 쪼개진 전체와 같은 것이다. 전체이면서 동시에 부분이다. 남자의 일은 추상이다. 여자의 일체는 구상이다. 여자는 존재와 생성을 동시에 가지고 있다.

남자는 모방적 연쇄(representation chain = copy chain)이고, 여자는 자궁적 네트워크(matrix network)라고 할 수 있다. 남자는 공장에서 생산하듯이 생산하고, 여자는 자궁에서 재생산하듯이 생산한다. 자연은 하늘에게 자궁과 같다. 남자의 관념(임신)은 머리에서 이루어지는 은유 혹은 개념이고, 여자의 임신은 몸의 접촉으로 이루어지는 수정이고 환유이다.

흔히 기독교의 영향으로 창조론을 절대-일원론이라고 생각하고 동양의 음양론을 이원론으로 생각하는 오류를 범하고 있다. 그러나 반대이다. 창조론은 누가 무엇을 만들었다는 논리에 따라 세계는 만든 자, 즉 창조주(創造主)와 만들어진 자, 즉 피조물(被造物)로 구분된다. 이것이야말로 세계를 둘로 나눈 것이다. 세계가 저절로(스스로) 분열되었다고 하는 개벽론이 차라리 일원론이다. 개벽론은 스스로 탄생한 우주론이다.

앞으로 여러 차례 설명하겠지만 궁극적으로 창조론은 하이데거의 존재자론에 연결되고, 개벽론은 하이데거의 존재론과 연결된다. 동시에 보편론은 '보편론-존재자-시니피앙'으로 연결되고, 일반론은 '일반론-존재-시니피에'로 연결된다. 어떤 표상(형상)의 능기에도 드러나지 않고 숨어 있는 소기가 있으며, 어떤 소기에도 그 아래에 숨어 있는 다른 소기가 있다. 궁극적으로 우주에는 주인(주체)이 없다.

결국 주장하는 것은 진실이 아니다. 주장하지 않는 것, 침묵하는 것이 진실이다. 이는 능기(能記=記表)가 주인이 아니고 소기(所記=記意)가 주인임을 뜻한다. 그러나 능기는 자신이 주인이라고 주장한다. 그렇게 주장하기 때문에 능기이기도 하다. 이는 참으로 우주적 역설이다. 우주에는 중심이 없다. 그래서 중심이 설정되고 주장되어야 하는 것이고, 주장되어야 하는 것은 절대론을 내세우지 않으면 안 된다. 세계의 탄생은 언어에 의한 것이 아니다. 그런데 언어가 마치 세계의 탄생을 일으킨 것처럼 역전된 것이 우리가 알고 있는 철학의 세계이다.

마찬가지로 기호에 의해 의미가 발생하는 것이 아니다. 그런데 마치 기호가 의미를 발생하는 것처럼 생각한다. 의미는 스스로 발생하여 기호를 찾는다. 이것이 역전된 이유는 집단생활을 하는 생물종인 인간의 습관이나 제도에 의해 기호가 의미로 되었기 때문이다. 세계는 의미가 아니다. 세계는 기운생동이고 차이이다. 차이도 실체적 차이가 아니기 때문에 지각불가능성이다. 지각할 수 있다면 이미 차이가 아니다.

이에 대해 들뢰즈의 주장을 주목할 필요가 있다. 들뢰즈는 하이데거나 데리다와의 결정적인 차별을 뜻하는 발언을 했다.

> 사실 차이의 본질은 그것의 지각불가능성에 있다. 다시 말해 지각된 차이는 이미 동일화되거나 환원되거나 수축된(contracted) 것이다. 우리가 빨강과 파랑의 차이를 지각할 수 있는 것은 색 각각의 진동이 갖는 차이를 지각하지 못하기 때문이다. 요컨대 우리의 눈은 복합적인 자료들을 빨강이나 파랑이라는 단일한 음영 혹은 대상으로 수축시킨다.[44]

들뢰즈는 또 차이의 부정적인 이해를 다음과 같이 서술한다.

> 구조주의와 상-식은 차이를 체계 내에 위치시킴으로써 차이를 부정적인 동시에 외연적인 것이 되도록 한다. 상-식의 견지에서 차이가 부정적인 것은 자기-현시적이고 동일적인(즉자적) 사물들 사이의 관계에 의존하기 때문이다. 그래서 차이는 2차적인 것이 된다. 그리고 구조주의의 차이 또한 부정적인 것은, 그것이 어떤 비변별화된 존재 내에서의 변별화이기- 다시금 차이를 변별화하는 어떤 구조에 의존하게 하기- 때문이다. 구조적 차이는 그것의 효과를 통해서만 주어지고, 그 효과는 체계의 효과이다. 따라서 차이는 궁극적으로 우리가 결코 즉자적으로 포착할 수 없는(언어나 구조나 문화와 같은) 하나의 동일성으로 소급된다. 구조주의는 차이의 어떤 단일한 매개나 작인(作因)을 가정한다. 가령 기표작용이나 문화나 언어 일반이 그것이다. 모든 차이는 하나의 지배체계나 차이의 형식으로 환원되어왔고, 따라서 우선적인 것은 결코 차이가 아니라 변별화되는 어떤 것이다. 구조주의의 입장에서 차이는 어떤 가정된 전(前)-언어적 혹은 전(前)-변별적 실재가 분할되거나 '마름질'되거나 조직된 것이다. (중략) 실재성은 이제 구성되거나 종합된 것이다.[45]

들뢰즈는 차이에 대해서는 부정적인 데 반해 차이의 현동성을 강조한다.

> 우리는 차이나 종합을 인간 혹은 유기적 생명 내에 가둘 수 없다. 생명 자체가 차이이고, 종합이기 때문이다. 우리는 생명의 각 '지점'이 그 나름의 방식으로 스스로를 차이생성한다고 말할 수도 없는데, 왜냐하면 생명은 상이하거나 구별되는 지점들의 집합이 아니기 때문이다. 그것은 연속적인 차이이고, 우리가 이 차이의 연속선상에서 어떤 두 지점을 선택해도 그 사이에는 각기 '스스로의' 방식으로 그 이상의 무한한 차이가 존재한다.[46]

---

44) 클레어 콜브룩, 『들뢰즈 이해하기』 109쪽.

45) 같은 책, 110쪽.

결국 들뢰즈는 다음과 같이 말한다.

> 세계를 어떤 균일한 공간을 가로질러 서로 관계하는 등가적 지점들의 총체로서 이해하지 않고 오히려 곡선과 변곡에 착목한다. 따라서 어떤 세계가 (먼저) 있어서 그것이 변별화되는 것이 아니라 곡선 혹은 변곡이 있는 것이다. 요컨대 하나의 생명은 구별되고 무한한 변이 혹은 일탈로 이루어져 있으며, 어떤 차이와 생성의 곡선이나 사건도 다른 어떤 것과 같을 수 없다. 생명을 이루는 '원자' 혹은 가장 작은 단위는 사물이 아니라 차이의 사건이다.[47]

세계의 철학은 이제 존재와 생성의 양극에 도달했다. 존재는 반드시 생성을 되찾고 생성은 반드시 존재가 된다. 이것은 전체와 부분의 역동이기도 하다. 존재는 어디에선가 끊어짐이 있다. 그러나 존재의 한 끝에는 생성의 단서가 있다. 이것이 존재가 생성으로 들어가는 문이다. 존재는 부분이고 생성은 전체이다. 생성은 전체이면서도 잠재적 전체이다. 부분적 존재는 부정적 존재이다. 부정함으로써 존재하게 되는 것이다. 생성적 존재는 긍정적 존재이다. 긍정적 존재는 존재한다고 말하지 않는다. 존재를 말하는 것은 자신이 부분임을 말하는 것이다.

진정한 진리는 말하지 않는 진리이다. 반대 진리를 말하는 것이 아니라 말하지 않는 진리이다. 이것이 여성적 진리이다. 여성은 자식에게 자신의 이름을 붙이지 않는다. 그 이유는 자신은 이름이 아니라 몸이기 때문이다. 남성이 자식에게 자신의 이름[姓氏]을 붙이는 이유는 자신이 단지 이름이기 때문이다. 이름은 동일성이고, 동일성은 자기복제이고, 자기복제는 자기연장이다.

이상하게도 인류는 자기복제가 아닌 여자의 생산(출산)은 '재생산'이라고 하고, 자기복제에 불과한 남자의 복제생산은 '생산'이라고 한다. 그래서 인류의 이성에 의해 도출된 가부장제는 도착에 빠진 것이다. 결국 인류의 가부장

---

46) 같은 책, 110~111쪽.

47) 같은 책, 111쪽.

남성과 여성으로 본 존재와 생성

남성(권력화: 동일성 추구)	존재(실체가 있음: 잠재성의 특수한 형태)	점을 잇는 선과 면	차이의 관계 (관계의 구조)	정신의 종합 (인과관계)
여성(비권력화: 차별성 추구)	생성(실체가 없음: 잠재적 총체성)	무수한 점의 매트릭스(matrix, 자궁)	창조적 차이 (차이의 사건)	생명의 종합 (되기/생성의 접속)

제와 이성중심주의는 인간의 정신을 분열시키고 분열분석에 적합한 인류 문명을 도출해낼 것이다.

욕망과 권력과 이성(이들은 모두 이름들이다)은 자기복제를 하고 결국 자기우상에 빠지는 남성 중심의 위험한 놀이이다. 여성은 순전히 자기복제를 하지 않는다. 남성을 받아들여서 자기가 아닌 제3의 생명을 탄생시키는 것이다.

서양철학의 동일성은 남성 위주의 철학, 가부장제 철학의 소산이다. 철학도 이제 말의 생산이 아니라 침묵으로 다원다층의 음양을 세계를 느끼고 말하지 않음으로써 태극음양의 실체를 몸으로 느껴야 한다. 느끼는 것은 생성이고 전체이고, 아는 것은 부분이고 존재이다. 우주의 가변성과 불확실성이야말로 진정한 진리이다. 동양의 음양사상은 느낌과 이미지에서 출발했다. 음양은 처음부터 차이이고 반복이고 상징이고 생성이다. 음양은 끝없는 관계의 연속이다.

음양은 음 자체가 카오스이기 때문에 카오스를 추구하지 않는다. 카오스는 당연한 것이다. 어떻게 보면 음양사상은 카오스를 중심으로 우주적 질서를 표현한 것이라고 볼 수 있다. 음양의 기호인 '음(--)과 양(－)'은 의미 자체가 생성적이기 때문에 수많은 의미의 가능성이다. 그런데 음양사상의 일원상으로 태극이 있다. 태극은 다분히 생성론적인 음양체계에서 존재론적인 의미를 풍기지만 우주를 역동적이면서도 일원상으로 보게 하는 기호이다.

음은 양의 대칭으로서의 음이 있고, 음 자체로서의 음이 있다. 후자를 태음(太陰)이라고 한다. 양은 음의 대칭으로서의 양이 있고, 양 자체로서의 양이 있다. 후자를 태양(太陽)이라고 한다. 그런데 음양적 전통은 태음을 우선한다. 태음은 양이 들락거리는 구멍이고 그 구멍을 통해 양을 낳는다. 물론 동양 문화권에서도 역사적으로는 양(陽)을 중시했다. 이는 거의 전 지구적인 '가부장제

= 국가사회'의 영향으로 보인다. 동양에는 보이지 않는 것에 대한 경외의 전통이 선험적인 것으로 깔려 있다. 음은 상형처럼 비어 있는 것이 특징이다. 동양문화의 가장 밑바탕에는 비어 있음을 중시하는 도가(道家)나 선가(仙家)의 전통이 깊이 뿌리내려 있다.

3) 루소, 레비스트로스, 데리다48)

근대 서양철학에서 본격적으로 자연을 거론한 인물은 루소이다. 루소에 의해 자연은 다시 환기되면서 자연을 중심으로 인간의 문명을 바라보는 시발점이 생겼다고 해도 과언이 아니다. 처음엔 문학적 에세이스트 정도로 취급되던 루소는 갈수록 철학적·사회적·문화적 선각자로서의 조명을 받고 있다.

그런 점에서 루소와 칸트를 비교적 관점에서 바라보는 것은 매우 유익하다. 루소의 일반의지가 칸트의 이성주의와 보편성 추구를 촉발했던 것으로 보인다. 또한 일반의지 속에는 이성주의가 아니라 감성주의와 개인(개체)의 몸에서 일어나는 현상학적인 의지를 인정하는 의도가 숨어 있었던 것으로 보인다. 루소를 칸트와 똑같은 정도의 철학적 비중으로 다루어야 한다고 생각한다. 이성보다는 자연에 대한 철학적 관심과 비중이 높아가는 요즘, 루소에 대한 철학적 재평가와 함께 그의 이론을 발전적으로 계승하고 부활하는 작업이 요구된다.

중세 기독교 전성시대를 지나 근대 르네상스에서 인간주의와 인간예찬론에 빠졌던 서구는 바로크시대에 들어 인간에게서 다시 덧없는 자연을 본다. 인간을 자연처럼 불안정하고 형편없다고 생각한 것이다. 여기에는 자연에 대한 무시와 함께 자연을 여전히 덧없고 부족한 그 무엇이라고 여기는 태도가 깔려 있다.

데카르트에 의해 고전주의(Classicism)시대(17세기)가 시작되었다. 고전주의

---

48) 박정진, 『소리의 철학, 포노로지』, 소나무, 2012, 118~139쪽에서 재구성.

란 프랑스어 'classer(분류하다)'의 과거분사형인 'classic(이미 분류된)'으로 '좋은 것으로 분류된'의 뜻이었다. 로코코시대(17세기 말~18세기)는 바로크시대의 변형(복잡화)에 다름 아니다.

로코코시대는 뚜렷한 특징을 드러내지 못하는 가운데 같은 시기에 계몽주의시대가 시작된다. 계몽주의시대는 칸트, 라이프니츠(독일), 볼테르, 루소(프랑스) 등 여러 인물이 이끌었다. 18세기는 과학이 세상을 설명하는 도구가 될 수 있음을 실험하는 시기였다. 예컨대 수학은 자연 현상을 설명하고 예측할 수 있는 수단이었으며, 물리학과 화학의 과학적 발견이 시작되는 시기였다. 동물과 식물을 기술하고 분류하는 생물학과 생리학도 새로운 분야로 등장했다. 계몽주의(enlightenment)라는 말 자체가 빛을 던져줄 수 있는 철학과 과학을 의미했다. 루소는 계몽주의시대의 인물이다.

이런 분위기 속에서 루소는 자연에 대한 재해석과 함께 자연의 존재적인 측면을 부각하는 노력을 기울인다. 아마도 근대 서양 철학자 가운데 자연적 존재에 대해 가장 먼저 깨달은 자가 루소일 것이다.

칸트의 방에는 루소의 초상이 걸려 있었다고 한다. 칸트가 루소의『에밀』을 읽느라 한 번도 빠지지 않던 산책을 거른 일은 유명한 일화이다. 칸트는 루소로부터 사람을 존중하는 법을 배웠다고 한다. 극과 극은 통한다고나 할까? 필자가 보기에 서양 철학사에서 가장 큰 두 줄기 흐름은 데카르트와 스피노자가 아니라 칸트와 루소에 의해 이루어졌다. 서로 비슷한 시기에 살았던 이들은 근대 철학의 두 줄기를 개척했다.

루소가 인류학을 배우지는 않았지만 그 누구보다도 인류학적인 안목을 지니고 있었다는 점은 놀라운 일이다. 그는『인간불평등기원론』에서 축제에 대해 부정적인 입장을 견지하지만, 그것이 자연에서부터 발현된 것이라는 점을 조심스럽게 제기한다.

> 인간의 발효와 모방에도 기인하지만, 또한 자연적 원인도 무시할 수 없다고 생각했다. 왜냐하면 자연이 인간에게 재능의 불평등을 심어주었기 때문이다.[49]

자연의 차이가 불평등이 되었음을 지적한 대목이다. 루소는 이때 이미 자연의 차이에 대해 알고 있었으며, 이것을 불평등으로 표현했다.

루소는 '축제'를 통해 자연과 문명의 이중성에도 눈뜬 것 같다. 이는 레비스트로스가 '근친상간금기(incest taboo)'를 자연과 문명의 문지방이라고 한 것에 비할 수 있다. 자연과 문명을 가르는 선(線)·분기점은 때로는 갈라놓는(금을 긋는) 선이지만 때로는 갈라놓은 것을 통합하는(금을 지우면) 선이 된다. 그래서 모든 선 혹은 경계선은 이중적이고 불확실한 것이다. 경계선은 항상 의미가 포개져 있는 영역이다.

칸트가 루소에게서 영향을 받았음을 여러 정황증거로 추측할 수 있다. 루소는 자연주의자이면서 이상주의자이다. 루소에게는 이러한 이중성이 있다. 그런데 칸트는 루소에게서 영향을 받았지만 자연주의 대신에 이성주의를 넣었다. 이성주의는 이상주의자와 동거하게 된다.

> 금단의 열매를 먹은 것은 도덕적 타락의 시작인 동시에 육체적 고통의 출발을 의미한다. 그래서 자연의 역사는 신(神)의 작품이기에 선(善)으로 시작하지만, 인간의 역사는 인간의 작품이기에 악(惡)으로 시작한다. 칸트의 이런 주장은 루소에게서 영향을 받은 것 같다. 이러한 역사관은 인간의 역사가 어째서 필연적으로 필요악의 개념을 상정하지 않을 수 없었는가 하는 문제를 알려주고 있다. 필요악이 없으면 인간의 이성은 역사적으로 설명되지 않는다. 필요악은 곧 이기심이다. 즉, 금단의 열매는 동물에게 없는 이기심과 이성의 능력을 인간에게 주었다. 이성은 인간들의 '비사교적 사교성(ungesellige Geselligkeit)'의 갈등에서 성장하는 것이다. 그리고 그 갈등은 인간의 이기심과 아상(我相)을 전제하지 않고는 설명될 수 없다. 그래서 칸트는 역사의 필요악을 인간의 근본악이란 개념으로 다시 치환시킨다.[50]

49) 김형효, 『사유하는 도덕경』, 소나무, 2004, 19쪽.

50) 같은 책, 23쪽.

루소	칸트
자연주의자	인간중심주의자
일반의지	이성주의
사회계약론	자연과학
일반성의 철학	보편성의 철학
순수자연 신화	순수이성 비판
대리보충	이성적 존재
인간 불평등기원론	물리학적 시공간
민주주의	과학주의

루소와 칸트의 철학적 의미를 오늘에서 다시 반성해보면 다음과 같다. 루소는 인간의 권력이 인민의 일반의지를 소수 대표자에게 양보함으로써 성립된 것이라고 보고 권력의 출발을 '일반의지'에서 찾는다. 그는 개인의 자유이익과 공공의 자유이익을 동시에 생각할 수 있는 시민의 계약을 맺어 일반의지를 확인하는 정치사회를 확립할 것을 제안한다. 일반의지가 형성된 사회를 홉스가 말한 '공동의 힘을 갖는 커먼웰스' 또는 존 로크가 말한 '커뮤니티'의 실현으로 보았다.

루소와 칸트는 여러 점에서 대조적인 위치에 있다. 루소는 자연주의자였다. 루소의 일반의지로부터 '일반성의 철학'이 출발했다고 해도 과언이 아니다. 칸트는 인간중심주의자였으며, 그의 이성주의는 '보편성의 철학'을 대표한다고 말할 수 있다.

루소는 '순수자연'이라는 신화를 가졌으며, '대리보충'이라는 개념을 통해 자연의 결핍을 보완하는 이성적 작용을 가정했다. 그의 『인간불평등기원론』은 인류학적으로도 선구적인 업적으로 평가된다. 그는 결국 '민주주의'의 모델을 만들었다고 볼 수 있다. 칸트는 『순수이성비판』를 썼으며, 인간을 '이성적 존재'로 자리매김했다. 또한 그는 시공간 개념을 통해 '물리학적 시공간'을 철학적으로 뒷받침했으며, 『실천이성비판』과 『판단력비판』을 통해 진선미(眞善美)의 가치를 근대적으로 확립하는 한편 근대 과학주의의 선구자가 되었다.

니체의 '권력 의지'는 칸트의 보편성의 철학의 연장선상에 있다고 해도 과언이 아니다. 니체의 권력 의지는 자연의 비권력의 권력을 내포함으로써 보편성의 권력을 인정함과 동시에 루소의 일반의지로 돌아선 것이라고 말할 수 있다. 니체는 칸트를 돌아 루소로 귀향한 철학적 의미를 갖는다.

형이상학의 위기를 겪은 18세기를 대표하는 루소는 자연과 문화의 대립적 관점에서 음성언어를 위협하는 문자언어와 투쟁한다. 루소의 『언어기원론』은 원래 『인간불평등기원론』의 긴 주석이었다.[51] 『언어기원론』과 『인간불평등기원론』은 루소의 철학과 사상을 결정적으로 보여주는 저술이다.

데리다는 루소와 레비스트로스를 공격하면서 자신의 그라마톨로지를 완성해간다. 데리다는 특히 전범성(exemplarité)을 강조한다. 데리다가 전범성을 강조하는 이유는 전범성의 해체를 위해서이다. 그 전범성의 대표적인 인물이 바로 루소와 루소의 추종자인 레비스트로스이다. 그라마톨로지는 쉽게 말하면 루소 읽기(lecture) 혹은 레비스트로스 읽기라고 할 수 있다.

그런데 '읽기'는 기존의 문장화된 '텍스트'를 해석하면서 그것의 반대 의견을 내는 것이다. 그럼으로써 결과적으로 전범을 부수는 것이다. 데리다의 문자학은 바로 전범을 해체하기 위해 기술된 해체주의이다. 어떤 점에서는 데리다의 해체주의는 '텍스트주의' 철학과 '현장주의' 인류학의 정면대결이라고도 할 수 있다. 그래서 철학인류학적 해석이 필요한지도 모른다.

데리다는 루소의 『언어기원론』부터 공격한다.

> 언어기원론 전체를 지배하는 이 대립체계(정치-언어적인 예속/자유, 북쪽/남쪽, 분절/악센트, 자음/모음, 수도/지방//자족적이고 민주적인 도시국가)뿐만 아니라, 우리는 여기서 루소가 생각하는 역사적 고발의 이상한 태도를 인식할 수 있다. 이 태도는 결코 변하지 않는다. 분할되어 자기 자신으로부터 빠져나오는 어떤 기원 또는 중심으로부터 역사적인 순환이 기술되며 이 순환

---

51) 1754년에 처음 쓴 『언어기원론(Essai sur l'origine des langues)』은 1761년 라모에게 보내는 반격의 글로 증보·수정되어 독립적 논문이 되었다. 그리고 1763년 마지막으로 교정하면서 장(章)들로 나뉘었다. 이 시론은 1781년 『음악론(Traité eacutes sur la musique)』 속에 포함되어 있었다는 주장도 있다.

은 타락의 의미를 띠고 있지만, 진보와 보상적인 결과를 포함한다. 이 순환이 이루어지는 선 위에서 이전의 순환이 주는 보상적 결과를 무효화시키고, 나아가 이 결과의 진실과 이익을 나타나게 하면서 타락을 가속화시키는 새로운 순환들을 위한 새로운 기원들이 나타난다.[52)]

데리다는 기호학의 입장에서 루소 철학의 전반적인 '자연모방론'을 공격하려고 지루한 서술을 하지만, 루소는 문명의 진보와 복잡화가 타락(involution)[53)]으로 연결되고 다시 타락 속에서 순환을 통해 새로운 기원을 이룬다는 것을 진작 파악한 인물이다. 이 점에 대해 데리다는 루소를 '순수자연 신화'라고 비판하고 있다.

북방 미개인들의 침입은 역사적 타락의 새로운 순환을 가동시키면서 이전의 순환이 창출해 낸 '인간 정신의 진보'를 파괴한다. 사실, 철학이 가져온 불길하고 부패시키는 결과는 결과 자체에 의해 제한되었다. 그것의 체계는 이를테면 그것 자체의 제동장치를 포함하고 있었다. 다음 체계나 순환에서 이 제동장치는 사라져버린다. 그리하여 악의 가속화가 이루어지지만, 이 가속화는 새로운 내적 조절, 새로운 균형장치, 새로운 대리보충적인 보상(이 보상은 예를 들면 '자음의 풍부함과 딱딱함을 덮기 위해 모음의 소리를 강화'하는 데 있을 것이다)을 찾아낼 것이고, 그렇게 무한히 계속된다. 이 무한은 어떤 지평이나 심연, 진보나 추락의 무한이 아니다. 그것은 이상한 길을 따라가는 반복의 무한이다. 왜냐하면 또한 이전의 도식을 복잡화시키지 않을 수 없기 때문이다. 각각의 새로운 순환은 진보-퇴보를 가동시키고, 이 진보-퇴보는 이전의 진보-퇴보를 파괴하면서 우리를 보다 숨겨지고, 보다 오래되고, 보다 해묵은 자연으로 재인도한다. 진보는 우리로 하여금 동물성을

52) 자크 데리다, 『그라마톨로지에 대하여』, 김웅권 옮김, 동문선, 2010, 354쪽.

53) 인볼루션(involution)의 사전적 뜻은 얽혀 있음, 복잡함, 뒤얽힘이다. 생물학적으로는 퇴화, 생리학적으로는 퇴축, 문법적으로는 복구문이다. 문화적으로는 복잡함이면서 퇴화를 나타낸다.

위반하게 해주었던 진보를 무효화시키면서 언제나 동물성과 우리를 접근시키는 데 있다.[54)]

데리다는 '순수기원'이 존재하지 않는다는 입장이다.

데리다가 레비스트로스, 루소, 소쉬르 등의 상이한 경우들에서 보여준 것처럼, 대리보충성의 가능성 자체가 자율적이며 자족적인 체계의 심장부에서 본질적인 결여를 노출한다. 문자, 차이, 폭력은 그전에 있었던 순수하며 움직이지 않는 체계에서 일어난 그 어떤 것이 아니며 저절로 발생한 그 어떤 것도 아니다. 데리다 자신의 표현을 사용하면, 문자, 차이, 폭력은 기원에서 그리고 기원으로부터 이미 언제나 존재하며, 이것은 곧 (순수한) 기원이 존재하지 않음을 의미한다.[55)]

데리다는 이어 다음과 같이 해석한다.

루소는 예술의 본질이 모방이라고 확신했다. 모방은 현전을 이중화하고, 현전을 대리보충하면서 현전에 첨가된다. 따라서 모방은 현전하는 것이 외부적 모습으로 지나가게 한다. 생명이 없는 예술에서는 외부(외부적 모습)가 둘로 나누어지고, 그래서 그것은 외부 속에서 외부의 복제가 된다. 사물 자체의 현전은 이미 외부성 속에 노출되어 있다. 따라서 그것은 외부의 외부 속에 탈현전화되어 재현되지 않을 수 없다. 살아 있는 예술에서는, 특히 노래에서는 외부가 내부를 모방한다. 그것은 표현이 풍부하다. 그것은 정열들을 '묘사한다.' 노래를 하나의 그림으로 만드는 메타포는 모방의 개념이 지닌 공통의 권위 아래에서만 가능하고, 이 권위 아래에서만 노래의 미덕이 지닌 내밀한 면을 주체 자신으로부터 뽑아내 외부로, 공간 속으로 끌고 갈

54) 같은 책, 354~355쪽.

55) 자크 데리다, 『그라마톨로지』, 김성도 옮김, 민음사, 2010, 769쪽.

수 있다. 그림과 노래는 그 차이가 어떠하든 복제물들이다. 안과 밖은 그것들을 똑같이 분할공유하고, 표현은 이미 정열을 정열 밖으로 벗어나게 하기 시작했고, 그것을 드러내고 그려내기 시작했다. 이러한 면은 우리가 앞서 제시했던 것, 즉 모방은 단순한 행위에 의해 평가될 수 없다는 것을 확인해준다. 루소는 모방이 필요하고, 모방을 노래의 가능성과 동물성으로부터의 탈출로 격상시킨다. 그러나 그는 그것을 피표상체(피재현체)에 추가하지만, 이 피표상체에 아무것도 덧붙이지 않으면서 단지 대리 보충하는 복제물로서만 찬양한다. 이런 의미에서 그는 예술이나 모방(미메시스)을 대리보충으로 칭송한다. 그러나 그 칭송은 순간적으로 비판으로 선회할 수 있다.[56]

데리다는 "대리보충적인 모방은 아무것도 첨가하지 않기 때문에 불필요하지 않은가? 그리고 피재현체에 덧붙여 무(無)가 아니라면 이 모방적 대리보충은 피재현체의 통합성을 위해서는 위험하지 않은가? 자연의 근원적 순수함을 위해서는 위태롭지 않은가"[57]라고 질문한다. 데리다의 질문은 매우 칸트적이다. 그래서 그의 철학적 지평이 현상학적임을 드러낸다.

데리다의 자문자답은 이렇다.

맹목적인 무류성(無謬性)과 몽유병 환자의 확신과 더불어 대리보충성의 체계를 통해 이동하면서, 루소는 미메시스와 예술을 대리보충(그것은 무익하지 않을 때는 위험하고, 해가 되지 않을 때는 필요이상의 것이다. 그리고 실제로는 둘 다이기도 하다)으로 비난하는 동시에 그것에서 인간의 행운, 정념의 표현, 무생명으로부터의 탈출을 인정한다. 이런 식으로 해서 기호의 위상이 동일한 애매모호성에 의해서 표시된다. 기표는 기의를 모방한다. 예술은 기호들로 짜인다. 어쨌든 처음 보기에는 의미작용이 일종의 모방이라는 점에 근거해 『에밀』을 따라 모종의 우회노선을 취해보자. 모방을 다룰 때 나타나

56) 자크 데리다, 『그라마톨로지에 대하여』, 355~356쪽.
57) 자크 데리다, 『그라마톨로지』, 479쪽.

는 양가성은『시론(언어기원론)』에 있는 기호, 예술, 모방에 대한 구절들을 좀 더 명백하게 해줄 것이다.[58]

데리다의 공격은 루소의『에밀』로 넘어가서 계속된다.

그러나 이러한 좋은 모방은 벌써 그 안에 변질의 전제조건을 함축하고 있다.『에밀』에서 아동교육학의 문제는 그 점으로 요약될 수 있다. 아이는 처음에는 수동적이며, 어른의 모범은 먼저 기억 속에 각인되고 '그러고 나서' 마음속으로 들어간다. 그런데 그 모범은 마음을 감동시키지 않고 기억 속에만 머무를 수 있다. 반대로 마음과 기억이 서로 닮았기에 아이가 기억에 따라 모방하는 것으로 만족할 때도 마치 마음으로부터 우러나서 행동하는 것처럼 할 수 있다. 아이는 언제나 기호를 주는 것(시늉만 하는 것)으로 만족할 수 있다. 처음에는 좋은 모방은 불가능할 수 있고, 그 다음에는 올바른 사용으로부터 어긋나 타락할 수도 있다. (중략) "모방에 의한 모든 미덕이 원숭이의 미덕이며, 어떤 좋은 행위도 남들이 그렇게 하기 때문이 아니라 있는 바 그대로 그렇게 할 때만 도덕적으로 좋은 것이다. 그러나 아직 마음으로 느낄 수 없는 나이의 아이에게는, 행위를 모방하게 해서 그것이 습관이 되도록 해야 할 것이다. 그러는 동안 아이들이 분별력과 선에 대한 사랑으로써 그런 행동을 할 수 있게 되기를 바라는 것이다." 따라서 모방의 가능성은 자연의 단순성을 방해하는 것 같다. 모방과 더불어, 현전 속에서 암시되는 것은 위선이 아닌가? 하지만 이미 알고 있는 도식에 따라서, 루소는 좋은 모방이 자연적인 모방에서 해결될 것을 원했다. 모방에 대한 취향과 모방의 힘은 자연 속에 새겨졌다. 사악함 자체인 위선이 거짓 꾸밈처럼 모방의 변질이라면, 그것은 모방의 소산이 아니라 모방의 병이며 그 자연적인 결과가 아니라 괴물적 기형이다. 악은 모방의 타락, 모방의 모방에 기인한다. 아울러 이 악은 사회적 기원에 속한다.[59]

---

58) 같은 책, 479쪽.

데리다의 모방에 대한 공격은 '루소적 모방의 의미', 예컨대 자연 대 인간의 차원이 아니고 인간 대 인간의 모방 차원에 속하는 것이다. 데리다의 비판은 루소보다는 인간과 사회에 더 접근해 있다. 그래서 데리다의 루소 공격은 여전히 칸트적 입장이다.

데리다는 시종일관 루소의 반대 입장에 서기 위해서 칸트적 입장과 현상학적 입장에 선다. 데리다는 현상학의 영향을 받았지만, 정작 후설을 비판할 때는 후설의 '목소리의 현존적 표현' 대신에 '표기(표지)'를 내세우면서 논리를 펴간다. 이는 일종의 '이이제이(以夷制夷) 방식'이다.

후설은 '목소리의 말'을 '스스로 말하는 것을 듣는(hearing-oneself-speak)' 현존적 진리의 표준으로 여겨서 순수의식의 내면적 자가상의 현존적 진리로 인식한다.[60] 그러나 "데리다는 과거나 미래가 현재 중심의 파생체가 아니라 현재는 과거를 다시 당기고 미래를 미리 당긴 것으로 읽어야 한다고 주장한다."[61]

데리다의 시간론이 지닌 모순은 뒤에서 다시 자세하게 거론하겠지만 근본적으로 데리다는 현재의 입장에서 현재를 부정함으로써 과거와 미래를 바로 연결하는 태도를 취한다. 이는 현재를 기준으로(현재의 실체화) 시간을 과거와 미래로 나누고 다시 그것을 연결하는 전형적인 이분법적인 태도이다. 이러한 이분법적인 태도가 바로 현상학적인 태도이고 동시에 이성적인 태도이다. 이처럼 데리다는 이성적인 접근방식으로 이성주의를 비판하고 있는 것이다.

철학사에서 앞에 있는 철학들은 항상 뒤에 오는 철학에 의해 부정되기 일쑤이다. 구조주의와 해체철학도 합리주의에 대한 반동으로 생겨난 것이다. 합리주의의 마지막에 후설의 현상학이 있다. 하이데거나 데리다는 모두 후설의 현상학을 언덕으로 삼았으나, 하이데거는 존재론으로 현상학을 뛰어넘었고 데리다는 시종 현상학적인 차원에서 논의를 전개하고 있다.

하이데거는 후설의 직접 제자로서 현상학이 '의식의 학'이라는 것을 알고

---

59) 같은 책, 481~482쪽.

60) 김형효, 『철학 나그네』, 소나무, 2010, 41쪽.

61) 같은 책, 41쪽.

철학적 논의 자체를 현상학과 결별한 채 진행하지만, 데리다는 후설의 학문적 추종자가 되어 현상학적인 논리를 고수하면서 그의 그라마톨로지를 구성한다.

> 데리다는 후설 연구로써 철학여행의 시발점을 떠났다. 그래서 그는 그의 대선배인 폴 리쾨르와 함께 현상학과 해석학(l'herméneutique)의 합류점에서 철학적 문제의 발굴에 골몰하다가 리쾨르의 곁을 떠났다. 그가 후설의 현상학에 대한 근본적 부정의 논리를 찾았기 때문이다.[62]

데리다의 모든 비판은 표지학(문자학)의 전개를 염두에 둔 서술이다. 이는 데리다가 자신이 주장할 표지학이 탄생하기 전에 자연주의를 루소식으로 표현할 수밖에 없는 것에 대한 외면이다. 다시 말하면 데리다는 자신의 표지학을 루소에 대한 비판을 통해서 구축해나갔다. 데리다가 루소를 매트릭스로 해서 자신의 표지학을 완성해나간 측면이 있다는 것이다. 루소의 '자연과 본능과 모방'으로 이어지는 '음성언어 중심의 철학'에 대해서 '차이와 연장'을 전제로 한 '표지 중심의 철학' 말이다.

음성언어와 문자학(표지학) 사이에 표음문자라는 거대한 산이 솟아 있다. 그 산을 넘는 것은 쉬운 일이 아니었을 것이다. 데리다가 표지학을 진전시키는 데 한자와 같은 표의문자의 세계가 재료 및 아이디어를 제공했을 수도 있다. 서양의 철학을 '현존의 철학'이라고 비난한 데리다는 한자문화권의 상형문자 조성에서 오는 차이, 필묵의 전개(퍼포먼스)에서 오는 차이, 동양 음양문화권의 차이 등에 착안해 표지학을 전개한 것으로 보인다.

음성언어, 표음문자, 문자학, 표의문자 사이에는 상호작용이 느껴진다. '음성언어 ⇄ 표음문자 ⇄ 문자학 ⇄ 표의문자'의 상호작용 가운데 '문자학 ⇄ 표의문자'의 상호인력이 특히 크게 작용했을 것으로 생각된다. 표의문자인 한자는 그 상형성(象形性)으로 인해 간단한 선(線)·획(劃)·점(點)으로도 서로 다른 글자를 만들고 뜻을 다르게 하기 때문이다.

---

62) 김형효, 『데리다의 해체철학』, 민음사, 1993, 29쪽.

데리다의 표지학은 루소와 레비스트로스에 결정적으로 힘입어(상대의 힘을 이용해) 그들을 딛고 일어선 결과라고 해도 과언이 아니다. 레비스트로스와 루소가 없는 표지학은 상상할 수 없다. 이는 헤겔 없는 마르크시즘을 상상할 수 없는 것과 같다. 마르크스의 유물론은 헤겔의 유심론적 변증법을 유물론적 변증법으로 정반대로 전개한 결과였음은 주지의 사실이다. 마찬가지로 데리다의 표지학은 레비스트로스와 루소의 자료와 주장을 마치 씨름선수처럼 상대방의 힘을 역이용해 뒤집거나 엎어치기한 것이다.

데리다가 비판하는 레비스트로스 및 루소의 이론은 데리다의 이론과 대칭관계에 있다. 여기서 대칭관계에 있다는 것은 문제나 모순을 논리적으로 전개하여 가부(可否)를 따짐으로써 그것을 해결하고 다른 차원으로 넘어갈 수 있는 관계가 아니라 시뮬라크라와 같은 것이다. 어떤 모형에서 한 판을 떼어내는 것과 같은 것이다. 집합의 교집합 같은 것을 어느 한쪽의 것으로 주장하는 것에 흡사하다. 이는 내용(의미)의 변동 없이 기표만 변하는 것이다. 이는 마치 조선시대의 이기(理氣) 논쟁과 같다. '이(理) = 기표', '기(氣) = 음성'으로 대입해 보면 더욱 명확하게 알 수 있다. 현상학적 대칭관계를 역사적 대립관계로 전환해 논쟁을 벌이는 것은 매우 어리석은 일이다. 이러한 논쟁은 문제 해결이 아니라 각자의 논리 강화만을 가져오기 때문이다.

데리다의 '에크리튀르'라는 용어 자체가 레비스트로스에 힘 입은 바 크다고 하지 않을 수 없다. 레비스트로스는 문자를 폭력과 관련짓는다. 이에 대해 데리다는 같은 재료를 통해 역사성과 비역사성이라는 새로운 도출을 시도한다.

> 우리가 문자와 폭력에 동시에 낯설다고 말할 수 있는 지식과 특히 언어-과학적이든 아니든-가 있을까? 우리가 항상 그러했듯이, 부정적으로 대답한다면, 문자의 특수한 성격을 위한 이러한 개념들의 사용은 적절하지 못하다. 따라서 레비스트로스가 이어서 위와 같은 명제를 설명하기 위해 동원하는 모든 예들은 아마도 사실인 듯하고 설득력이 있는 것 같지만, 너무 사실적이고 너무 설득력이 있다. 그것들이 뒷받침하는 결론은 여기서 '문자'(다시 말해 통상적 의미의 문자)라고 불리는 것의 영역을 폭넓게 벗어나고 있다.

그것은 또한 비문자적 음성언어의 영역을 포괄하고 있다. 이 점이 의미하는 바는 폭력을 문자와 연결시켜야 한다면, 에크리튀르가 좁은 의미의 문자보다 먼저 나타난다는 것, 다시 말해 그것이 음성언어 자체를 여는 원문자나 차연 속에서 이미 나타난다는 것이다. (중략) 이는 문자의 소유와 관련된 것이 아니라 문자의 소유로부터 도출될 수 있다고 생각되는 것, 즉 민족들의 역사성 혹은 비역사성과 관련된 것이다. 그러한 경계의 제거는 값진 것이다.[63]

이들의 관계는 프랑스 근현대 철학의 연속선상에서 떠오른 구조주의와 후기구조주의의 관계처럼 전자가 없이는 후자가 없는 것과 같다. 이것은 프랑스 철학이 근·현대에서 보여준 또 하나의 이중성이며 대칭이라고 할 수 있다.

레비스트로스의 구조인류학은 인류문화의 보편적 구조로 집단무의식적 심층구조를 가정하고 있다. 그 심층구조는 '이원론(dualism)'과 '상호호혜성(reciprocity)'이다. 이것은 어떻게 보면 현상학의 의식의 이원대칭구조와 너무나 닮아 있다. 대칭구조는 기본적으로 한쪽이 없어지면 다른 쪽도 의미가 없어지는 구조이다. 말하자면 서로 반사하고 있는 거울의 구조이다. 이것이 대립구조가 되려면 물리적·역사적 시공간에 들어가야 한다.

레비스트로스에 대한 데리다 비판의 정점은 과학과 권력, 문자와 폭력과 소외를 논의하면서 극명하게 드러난다. 레비스트로스의 주장을 요약하면 다음과 같다.

1. 수천 년 동안 심지어 오늘날에도 문자는 권력을 지닌 엘리트의 특권이었다.
2. 문자의 사용을 통해서, 인간 기억력의 거의 무한한 팽창과 증식과 더불어 인간 존재에 엄청난 변형이 일어났다. 선사시대 중에서 가정 결정적으로 생산적인 시기의 하나인 신석기시대는 지금까지 알려진 어떤 문자 체계도 부재한 가운데 발생했으며, 바로 그 후에 생겨난 문명의 모든 성취는 그 같은 선사시대의 결정적인 시기에 기초한다.

---

63) 자크 데리다, 『그라마톨로지에 대하여』, 229~230쪽.

3. 문자의 발명과 19세기에 있었던 근대 과학의 팽창 사이에 존재하는 시기는 상대적인 정체 시기로서 그 시기에 있어서 지식의 양은 증가하기보다는 오르락내리락 동요했다.
4. 문자 출현의 유일한 역사적 상관물은 고도의 '카스트'와 계급 분화와 더불어 이루어진 도시들과 제국들의 형성이다. 문자 커뮤니케이션의 일차적 기능은 따라서 노예화하고 종속화하는 것이다. 문자의 지적 또는 미적 차원, 지식에 대한 초연한 추구에 있어서 나타나는 문자의 사용은 이 같은 기능에 견주어서 부차적이다.
5. 서양 국가들에서 식자성 유포는 국가 통제의 확장(예컨대 군복무의 도입)과 무산자 계층화의 진전을 동반했다. 국제적으로, 신생 독립국가들에로의 서양 지식의 수출은 신화화(mystification)와 조종(manipulation)의 도구가 될 수 있다.[64]

이에 대한 데리다의 공격을 요약해보자.

첫째, 문자의 발명과 과학적·문화적 진보는 서로 관계가 별로 없다는 레비스트로스의 주장의 근거가 무엇이냐고 묻는다. 이 같은 방식으로 오직 지식의 추구에서 문자의 실천을 제거함으로써 레비스트로스는 그의 핵심적 테제를 개진할 수 있었다. (중략) 데리다가 보기에 과학적 지식은 문자의 발명에 달려 있다. 모든 사람에게 동일한 채로 남아 있는 모든 객관적이거나 보편적인 진리, 공간과 시간을 통한 모든 곳에서 그것은 과학 지식이 문자를 통하여 보존되고, 기록되고, 전달되는 기초에서 가능하다. 둘째, 문자가 과학적 진보의 본질적 조건이 아니라는 이론의 최상의 증거는 역사적이다. 그는 자신의 논증을 지지하기 위하여 신석기시대의 예를 든다. (중략) 데리다는 인간 문화사 안에서 신석기의 특이한 중요성을 논쟁하지 않는다. 그가 문제 삼은 것은 신석기시대가 어떤 문자체계도 포함하지 않았다는 레비스

64) 자크 데리다, 『그라마톨로지』, 771~772쪽.

트로스의 편견이다. 레비스트로스의 설명에서 협소한 문자 정의가 작동하고 있음을 탐지한다. (중략) 도대체 지식의 수량이란 무엇인가? 우리는 콩을 세듯이 지식을 셀 수 있는가. 셋째, 문자의 발명이 주로 지식의 도구가 아니라 인간에 의한 인간의 착취를 야기시켰다는 것이다. 데리다는 이 같은 주장이 역사적으로 반반할 수 없는 것이라는 데 동의한다. 문자의 발명은 소수 엘리트층에 권력의 집중화를 가능케 했으며, 권력의 위임, 지연, 저장이다. 그런데 레비스트로스는 문자와 권력 사이의 관계를 진술하면서 충분히 멀리 나가지 않았다. 심지어 가장 원시적인 농업사회들 역시 경제적 방식으로 스스로를 조직화하는 순간부터 일종의 원문자를 소유하기 시작한 것이다. 그들의 수확물의 직접적 소비를 지연하고, 다음 계절을 위한 여분을 남긴다. 더구나 정치적 위계화의 수립을 정치적 착취와 지배와 동일시하는 레비스트로스의 무비판적 경향을 역사적·합리적 이유가 부족하다는 이유로 반박한다.[65]

요컨대 레비스트로스의 주장은 루소주의, 루소의 기원 신화에 의해 형성되었다는 것이다.

레비스트로스에 대한 데리다의 태도는 루소에게도 그대로 적용된다. 루소는 자연을 원형과 변형(모방)으로 설명한 반면 데리다는 자연을 그의 표지학의 입장에서 차연과 연장으로 새롭게 해석했다. 이것은 가부를 증명하는 것이 아니라 같은 재료를 두고 철저히 해석을 달리하는 입장이다. 이는 관심의 이동이나 해석의 옮겨감이다.

루소가 『고독한 산책자의 몽상』에서 연속적이고 미분절된 현재의 즐거움을 말하는 대목에 대해 데리다는 이렇게 해석한다.

마음은 신체기관이 아니다. 왜냐하면 그것은 차이 및 분절의 체계 속에 들어와 있지 않기 때문이다. 그것은 순수한 현전의 기관이기 때문에 신체기관

65) 같은 책』, 773~774쪽.

이 아니다. 루소는 거의 불가능한 이 상태를 생 피에르 섬에서 경험했다. 자연, 물, 흐름 등의 주제와 관련된 이 경험에 대한 묘사에 대해 많은 글들이 나왔다. 이 묘사를 순수한 모음화(모음발성)에, 자연적 언어 및 네우마(neuma)의 순수한 모음들에 비교하면서, 다만 우리는 이 묘사에서 나타난 네 개의 의미로 된 체계를 드러낼 것이다. 자기 자신에게 현전하는 즐거움, 즉 어떠한 외부에 의해서도 변질되지 않은 순수한 자가 정서는 신에게 부여된다. "그와 같은 상황에 있는 사람은 무엇을 즐기는가? 그것은 자기의 외부에 있는 아무것도 아닌 것이고, 자기 자신과 자기 존재 이외의 아무것도 아닌 것이다. 이 상태가 계속되는 한, 우리는 신처럼 우리 자신에 충족한 상태에 있다."66)

루소는 순수한 자가정서를, 그리고 대리보충의 면제를 신에게 부여한다. 루소는 신과 인간의 합일을 주장한다. 일종의 신인합일(神人合一)인 셈이다. 이 점에 대해 데리다는 이렇게 해석한다.

신과 우리 사이의 차이는 신이 보상을 배분하고 우리는 그 보상을 받는다는 것이다. 루소는 모든 도덕적 신학은 신에 대한 정성이 언제나 정당한 보상을 얻게 해줄 수 있다는 것을 함축한다.67)

데리다는 신과 인간의 관계를 '보상을 배분하는 존재'와 '보상을 받는 존재'로 이분한다. 어디까지나 신과 인간은 떨어져 있는 관계이다.

루소는 그러면서도 언어의 역사 속에서 단 하나의 기원, 단 하나의 제로지점을 설정한다. 그것은 남쪽이고, 생명의 열기이며, 정열의 에너지이다. 언어는 남방에서만 진정으로 형성된다. 루소는 '원초시기'를 설정한다. 이는 현생 인류의 열대지방 탄생과 관련이 있으며, 빙하로 인한 인류의 북방으로의 진출

---

66) 자크 데리다, 『그라마톨로지에 대하여』, 435쪽.

67) 같은 책, 437쪽.

이 상당히 후대에 일어나는 것과 맞아떨어진다. 루소가 보여준 상상력의 고고학과 그것의 언어와 관련된 전개는 참으로 의미심장하다.

> '원초시기'에는 지구 표면에 흩어진 인간들에게 사회라고는 가정밖에 없었고, 법칙이라고는 자연의 법칙밖에 없었고, 언어라고는 몸짓과 몇몇 미분절된 소리들밖에 없었다.[68]

루소가 말한 이 구절에 대한 데리다의 평가를 요약하면 다음과 같다.

> 이것은 선사적이고, 선사회적이고, 선언어적인 지층이다. 분산, 절대고독, 침묵만이 있는 상태, 또 기억도 없고, 예견도 없고, 상상력도 없고, 이성이나 비교의 능력도 없는, 성찰 이전의 느낌과 순간에 운명 지어진 경험만이 있는 상태, 그런 것이 사회적, 역사적, 언어적 모든 모험의 처녀지라는 것이다.[69]

데리다는 루소의 '원초시기'에 대해 의문을 제기한다. 과연 그러한 이분법이 실제 인간사회에서 일어나고 있느냐에 부정적인 태도이다. 데리다는 루소의 인류학적 태도에 철학적 이념형으로 맞선다. 이념이란 어떤 것에도 대칭을 만들어낼 수 있고 그것을 대립적으로 사용할 수 있다. 이념은 본래 하나의 대칭에서 다른 대칭으로의 이동이 용이한 것이다. 데리다는 바로 그것을 실천하고 있는 셈이다.

데리다는 어떤 점에서 철학적 질투를 하고 있다고 볼 수 있다. 마르크스가 헤겔의 절대정신에 유물론과 계급투쟁으로 맞섰듯이 데리다는 루소의 인류학적 철학 혹은 철학적 인류학에 형이상학적으로 현상학적 해체 투쟁을 벌이고 있는 것이다. 이는 때로는 매우 현학적인 태도와 냄새를 풍기지만 결국 철학적으로 '반대를 위한 반대'에 지나지 않는 이념형의 이데올로기적 투쟁이다.

---

68) 같은 책, 438쪽.

69) 같은 책, 439쪽.

해체철학은 서양 니힐리즘의 마지막 주자이다. 해체철학에는 철학적으로 무엇을 새로 세우는 것이 아닌 해체(deconstruction)로서 건축(construction)의 흔적이 내재해 있다. 이를 해체철학에서는 텍스트 내부적 해체라고 한다. 이것은 서양 허무주의의 마지막 모습이다. 그런 점에서 해체주의, 후기근대는 실체 없는 을씨년스러운 전장의 현장과 같다. 그런 점에서 해체주의는 존재론과 근본적으로 다르다.

루소는 문명과 관련한 여러 가지 주제에서 새로운 개념과 이념을 생산한 인물이다. 특히 『인간불평등기원론』에서 문명의 추이를 잘 분석했다.

> 모든 경제적 이익의 동기가 과학기술의 진보와 직결되어 있으므로 사회의 문명은 결국 이기심에 의한 생존의 욕망과 직결되어 있다. 문명(civilization)이란 문화(culture)가 더 이기적인 방향으로 지식화되고 분별성의 지식으로 전문화된 그런 기술사회를 일컫는다. 그러므로 문명화의 길은 운명적으로 자연화의 길과 다른 방향으로 자신을 선택한다.[70]

루소의 음성언어에 대한 찬양은 그의 자연주의와 맥락을 같이한다.

> 루소는 모순에 빠질 각오를 하고 문자를 필요욕구 쪽에 넣고, 음성언어를 정열 쪽에 놓는다. (중략) 다만 음성언어만이 정열을 표현하거나 자극할 수 있는 힘이 있다는 것이다. (중략) "정열들은 몸짓을 보이지만, 또한 악센트들도 가지고 있다. (중략) 가시적인 기호들은 모방을 보다 정확하게 만들지만 흥미는 소리를 통해 보다 잘 유발된다고 결론을 내리자."[71]

데리다는 루소의 대리보충성이 변증법으로 설명되지 않는다고 반박한다.

---

70) 김형효, 『철학적 사유와 진리에 대하여 1』, 264쪽.

71) 자크 데리다, 『그라마톨로지에 대하여』, 417~418쪽.

그(루소)는 분절을 원칙으로 하는 모든 것, 즉 분절과 더불어 체계를 이루는 모든 것(정열, 언어, 사회, 인간 등)에 긍정적 가치를 부여하면서 긍정하고자 한다. 그러나 그는 동시에 분절에 의해 삭제되는 모든 것(악센트, 생명, 에너지, 정열 등)을 긍정하고자 한다. 대리보충은 이 두 가능성의 분절된 구조이기 때문에, 루소는 이 대리보충을 분해하여 논리적으로 모순적인 두 개의 단순한 것들로 분리시킬 수밖에 없다. (중략) 긍정적인 것이 부정적인 것이고, 삶이 죽음이며, 현전이 부재라는 점과, 항상 그랬듯이 적어도 반복적인 대리보충성이라는 개념이 현전의 지평에 의해 지배된다면 이 대리보충성은 어떠한 변증법으로도 이해되지 않는다는 점 말이다.[72]

데리다는 현상학적인 차원에서, 때로는 역사변증적인 차원에서 루소를 공격한다. 그래서 루소의 생명, 에너지, 정열 등을 인정할 수 없었던 것이다. 루소의 대리보충성이 변증법적으로 이해되지 않는 것은 너무도 당연하다. 루소의 논의는 변증법의 역사적 차원이 아니기 때문이다.

여기서 데리다의 '문자'라는 것이 매우 주관적이며, 차라리 추상적인 '흔적'이라는 생각이 든다. 그런 점에서 그의 진술은 한 편의 문자추상을 보는 느낌이다. 데리다의 에크리튀르와 문자학은 한자문화권의 세례를 받은 것으로 한자와 서예에서 그 아이디어와 발상법을 얻는 것이다. 데리다는 미국 생활 기간 중에 중국의 전위예술가 쉬빙(徐氷)과 매우 친하게 지냈다. 쉬빙은 한자의 발음을 한 덩어리 서체로 창작해서 경전(text)을 작품화한 것으로 유명하다. 그는 중국 베이징의 최고 미술대학인 중앙미술학원의 부소장(부총장)을 지낸 인물이다. 데리다는 쉬빙의 작품론을 쓰기도 했다.

데리다는 한자의 음양적 구조, 음양관계에 큰 감명을 받은 듯하다. 그래서 그는 텍스트의 의미보다 그 바탕(아래)에 음양관계가 있는 것에 착안해서 그의 문자학을 정립하기에 이른다. 데리다는 텍스트를 텍스타일(textile)로 보고, 텍스타일 아래에 날줄과 씨줄로 편집되는 편물적(編物的) 음양의 세계를 가정

72) 같은 책, 428~429쪽.

하고 있다. 그러나 날줄과 씨줄은 역동적인 음양을 평면적으로 설명하는 방식이다. 텍스타일은 평면성, 즉 공간성이라는 제약을 벗어나지 못한다.

데리다의 텍스트 이론은 텍스트 내부에서 해체적 해석, 즉 발생학적 해석의 길을 연 것으로 볼 수 있다. 그는 텍스트 내부에 작자의 것과는 다른 안티텍스트를 설정함으로써 종래 텍스트 이론에 대해 이중적인 태도를 취한다. 이렇게 그는 '텍스트'를 해석하는 프랑스적 전통을 계승하면서 해체적 영역을 개발했다.

데리다의 논의는 현상학적이기 때문에 그의 진술이 역사(시간)를 따라가지만 종래의 역사학적 객관성을 보여주는 것은 아니며, 데리다 자신도 그것을 보장받으려 하지 않는다. 데리다의 논의는 기표적 문자주의를 견지하면서도 그 기표가 객관성이나 과학성이 아니라 주관성에 머무는 것을 즐긴다고 할 수 있다.

데리다는 루소의 인류학자적 안목과 레비스트로스의 인류학을 연결시키면서 그들의 학문적 연대를 매우 강하게 인식하고 있었던 것으로 보인다. 그래서『그라마톨로지』의 많은 부분을 이들 두 사람에게 할애했다.

> 레비스트로스는 마음으로뿐 아니라 이론적 정서라고 부를 수 있는 것을 통한 루소의 후계자로서, 루소와 일체감을 느끼고 있다. 그뿐 아니라 그는 자주 루소의 현대적 제자로 소개하고, 루소를 현대 민족학의 예언자일 뿐 아니라 설립자로 읽고 있다.[73)]

특히 데리다가 루소의『인간불평등기원론』과『언어기원론』의 일치를 모두에서부터 공격한 것은 마치 선제공격으로 기선을 제압하려는 태도로까지 느껴진다. 사실상 공격의 요점과 승패가 여기서 갈라졌다고 해도 과언이 아니다.

> 『인간불평등 기원론』으로부터『언어기원론』으로의 이동은 (중략) 순수자연

---

73) 같은 책, 191쪽.

상태로부터 막 태어나는 사회로의 변천에 기인한다 할 것이다. 하지만 이러한 명백성은 아직 그렇게 단순하지 않다. 왜냐하면 미분절된 것으로부터 분절된 것으로의, 순수자연으로부터 문화로의, 충만함으로부터 대리보충성의 유희로의 어떠한 계속성도 가능하지 않기 때문이다. 탄생을, 즉 대리보충의 탄생하는 존재를 기술해야 하는 『언어기원론』은 두 시기를 화해시켜야 한다. 자연 밖으로의 탈출은 점진적이며 동시에 갑작스럽고, 순간적이며 동시에 끝이 없다. 구조적 구분은 뚜렷하지만 역사적 분리는 완만하고, 힘이 들며, 점진적이고, 눈에 띄지 않는다. 이 이중의 시간성에 관해 『언어기원론』은 여전히 『인간불평등기원론』과 일치한다.[74)]

데리다는 레비스트로스가 『슬픈 열대』에서 '고유명사의 사용이 금지되어 있다'는 남비콰라족을 언급한 것에 대해 "비금기(non-prohibition)는 금기만큼이나 근본적인 말소를 전제한다. 비금기, 즉 고유명사에 대한 의식이나 그것의 드러냄은 본질적으로 돌이킬 수 없는 고유성을 복원시키거나 발견하게 할 뿐이다"[75)]라고 응수한다.

데리다는 문자가 없는 음성언어 사회에 문자언어가 침범함으로써 빚어지는 여러 가지 문화적 폭력성을 비판하는 루소와 레비스트로스의 주장에 대해 맞선다. 데리다는 기본적으로 음성언어가 생기고 문자언어가 후에 생겼다는 후성설(後成說)에 대해서 동시발생설, 즉 동시성을 주장한다. 이것은 목소리의 '표현'에 대해 '표기'의 동시발생설을 주장하는 데리다의 전략이다. 여기서도 데리다의 현상학적 입장을 볼 수 있다. 그는 눈으로 확인되는 문자에 더 비중을 두고자 한다.

그렇지만 발달된 문자언어(표음문자이든, 표의문자이든)에서 음성언어는 문자언어로 대체된다. 데리다는 문자의 개념을 광의적으로 혹은 무의미할 정도로 광범위하게 해석한다. 물론 그것이 그가 에크리튀르라는 용어를 개발한 입

---

74) 같은 책, 443쪽.

75) 같은 책, 197~198쪽.

장이지만, 그렇게 보면 유인원이나 고등동물이 자신의 영역을 표시하거나 기타 차별을 위해 자연발생적으로 그은 흔적도 문자에 들어가게 된다. 이에 따라 데리다는 레비스트로스가 문자가 없는 증거로 예를 든 남비콰라족의 호리병에 그려진 점선이나 지그재그, '파동 치는 수평적 선들'을 "문자의(통상적 의미에서의) 생성이 거의 도처에 있었다"[76]는 것을 드러내는 사례로 간주한다.

데리다는 문자의 기원과 과학의 출발이 같지 않음을 다음과 같이 주장한다.

> 그 누구도 문자(문자로 쓰인 표기, 왜냐하면 여기서 문제가 되는 것은 문자 표기이기 때문이다)가 과학의 충분조건이라고 생각한 적은 없다. 그리고 학자가 되기 위해 문자를 쓸 줄 아는 것으로 족하다고 생각하는 사람도 없다. 만약 우리가 그런 환상을 가졌더라도 많은 독서를 통해 충분히 그런 환상이 말끔히 없어질 것이다. 하지만 문자는 과학의 '필요조건'이며, 문자 없이는 과학도 없음을 인정한다는 것은 중요하며, 레비스트로스는 그 사실을 인정한다. 그러나 엄밀하게 따지면, 과학을 19세기에 시작된 것으로 보는 것은 무리이기 때문에 그의 모든 논증은 와해되거나 경험적인 대략적 추측에 불과하다는 멍에를 지게 된다.[77]

> 문자의 기원은 '지적인 것'보다 '사회학적 필요'를 나타내야 할 뿐만 아니라(이것은 너무 빈곤하고 진부하기 짝이 없는 언급이며 문자의 사회학적 특수성과 거의 상관없는 것이다) 이 같은 사회적 필연성이 '지배', '착취', '예속화', '배반' 등의 필연성이라는 사실을 보여주어야 한다.[78]

데리다는 문명의 문제를 현상학적 차연(差延)의 입장에서 풀어가려고 노력한다. 여기서 차연은 문자(흔적, 표지)의 입장에서 역사적(시간적)으로 축적되

---

76) 같은 책, 224쪽.

77) 자크 데리다, 『그라마톨로지』, 329쪽.

78) 같은 책, 329~330쪽.

는 것을 말한다.

> 오래전부터 소수의, 일개 카스트 또는 일개 계층이 손아귀에 쥔 문자의 힘은 계층의 서열화와 동일한 시간에 존재했으며, 나는 그것을 정치적 차연(différance politique)이라고 말하고자 한다. 정치적 차연은 무리들, 계층들, 경제-기술-정치력의 여러 수준의 구분, 권력의 위임(délégation de l'authorité), 자본화의 장치에 내맡겨진 지연된 힘이 그것이다. 이 현상은 동물 사회의 기원에서부터 농경제 사회에서 식량 저장의 성립과 더불어 정착화가 이루어지는 문턱에서 발생한다. 정황은 너무 명백해서 레비스트로스가 소묘하는 경험적 해설을 무한정 풍부하게 할 수 있을 것이다. 한 사회가 사회로서 생존할 때부터, 즉 일반적인 생명의 기원에서부터 조직화와 복잡성의 대단히 이질적인 수준에서 그 현전, 즉 그 지출 또는 소비를 차연시킬 수 있으며, 생산, 달리 말해 저장(réserve) 일반을 조직화하는 것이 기능할 때 이러한 구조는 겉으로 드러난다. 이러한 구조는 협의의 문자가 출현하기에 앞서 일어나지만 3000~4000년 전 몇몇 문자체계의 출현은 생명의 역사에서 놀라운 비약이라는 점을 간과할 수 없다. 차연의 힘은 놀랄 만한 속도로 증가했지만 최소한 수천 년 동안 그 조직체에 눈에 띌 만한 어떤 변형도 동반하지 않았다. 차연의 힘의 고유성이 확장됨에 따라 점차 생명은 그것을 변형시킨다. 만약 그것이 무한하다면(그 본질이 선험적으로 배제하는 것) 생명 자체는 동요가 없고 촉각으로 느낄 수도 없으며, 영원한 현전이 되어버린다. 즉 무한한 차연, 신 또는 죽음이다.[79]

데리다는 『그라마톨로지』에서 전반적으로 인간불평등의 기원과 과학의 기원이 문자의 기원에서 비롯된다는 루소와 레비스트로스의 음운론적 입장을 반박한다. 말하자면 그는 문자의 의미 확대와 함께 문자의 차연, 문자의 연속성이라는 입장에서 설명하고자 한다.

---

79) 같은 책, 330~331쪽.

데리다는 음성언어 사회에 문자언어, 예컨대 표음문자가 등장한 것은 타락을 드러내는 것으로 인정하지만 동시에 이전의 사회에 대한 전반적인 향수와 몽환에 대해서는 비판한다. 결국 데리다는 루소의 '보충대리'에 대한 탁월한 견해는 존중하지만 무문자사회에 대한 레비스트로스의 주장을 그의 민족지적 자료로 반박한다.

> 야만인의 자연적 무위(태만)는 여러 경험적 특징 중 하나가 아니다. 그것은 자연적 체계에 필수 불가결한 기원적 규정성이다. 그것은 인간이 야만 상태와 그 황금시대에서 벗어날 수 없었음을 설명한다. 야만적 인간은 좀 더 앞으로 나가기 위한 움직임을 가지고 있지 않았다. 휴식은 자연적이다. 기원과 목적은 타성이다. 불안은 휴식상태에서는 생겨날 수 없었고, 따라서 야만적 상태와 야만성, 그리고 끝없이 계속되는 봄에서는 오직 파국을 통해서만 도래한다. 지상의 체계에서, 엄밀하게 말해 예측불허의 어떤 힘의 결과로 인해서만 불안감이 발생한다. 그런 이유에서 태만의 인간학적 속성은 타성의 지리적-논리적 속성에 상응해야 한다.[80)]

여기서 '자연적 무위'를 '기원적 규정성'으로 보는 것은 매우 현상학적 태도이다. 일종의 역사적 현상학주의 혹은 현상학적 역사학의 태도인 것이다. 이는 야만인의 태만을 서구 문명인의 시각에서 보는 것이다. 태만은 논리가 아닌 것이다.

루소는 미개한 인간의 자연적 태만에 대한 재앙을 외재적인 것으로 설정하고 무기력한 체계의 안쪽으로부터는 발생할 수 없다고 가정한다. 이에 대한 데리다의 해석은 다음과 같다.

> 부정성, 악의 기원, 사회, 분절화 등은 외부에서 온다. 현전은 자신을 위협하는 것에 소스라치게 놀란다. 한편, 이러한 악의 외재성이 무이거나 거의 무

80) 같은 책, 568~569쪽.

에 가까워야 한다는 것은 필수 불가결하다. 또 자극, '가벼운 운동'은 무로부터 격변을 산출한다. 손가락으로 지축을 만지는 이의 힘은 지구 바깥에 있는 것으로 족하다. 거의 무에 가까운 힘은, 그것이 움직이게 하는 체계와 무관할 때부터 거의 무한정의 힘을 발산한다. 이 운동은 그 힘에 어떠한 저항도 대립시키지 않고, 적대적인 힘들은 지구의 내부에서만 작동한다. 가벼운 자극은 지구를 공허 속으로 이동시키기 때문에 강력한 것이다. 따라서 악 또는 역사의 기운은 무이거나 거의 무라고 할 수 있다. 이렇게 해서 손가락으로 세계의 축을 경도시킨 이의 익명성을 설명한다. 그것은 아마도 신은 아닐 것이다. 왜냐하면 루소가 그처럼 자주 언급하는 신의 섭리가 파국을 바랐을 리 만무하고, 신이 행동하는 데는 우연과 공허를 필요로 하지 않았기 때문이다. 하지만 악의 힘은 무였고, 어떤 현실적 효과도 전제하지 않는다는 점에서 그것은 아마도 신일 것이다. 그것은 십중팔구 신이다. (중략) 문제는 신이다. 신은 손이 없으며, 그는 어떤 신체기관도 필요로 하지 않는다. 신체기관의 분화는 인간의 고유함이자 악이다. 여기서 침묵의 운동은 웅변을 대체하지 않는다. 신은 말하기 위해서 입이 필요 없고, 분절하기 위해서 목소리가 필요한 것도 아니다.[81]

해체철학자인 데리다는 신(神)의 문제를 차연의 끝에서 악을 변호하는 변신론(辯神論)으로 등장시킨다.

문제가 되는 것은 확실히 신이라고 할 수 있다. 왜냐하면 악의 계보는 동시에 변신론이기 때문이다. 여러 사회와 여러 언어의 파국적 기원은 인간 속에서 잠자고 있던 잠재적 능력을 현실화하는 것을 가능하게 했다. 오직 우발적 원인만이 자연적인 가능태를 현실태로 옮길 수 있었다. 그러한 자연의 힘은 그 자체에 고유한 목적성을 일깨우는 데 충분한 어떤 동기도 함축하고 있지 않았다. 목적론은 외재적인 것이며, 시원학(始源學)의 파국적 형식이

81) 같은 책, 569~570쪽.

의미하는 것이다. 그 결과 무로부터 운동을 일으키는 손가락과, 이미 보았듯이 무로부터 일깨워지는 상상력의 자기 정서 유발 사이에서 그 친근 관계는 본질적이다. 상상력은 자연 속에 있지만 자연 속의 아무것도 그 각성을 설명하지 못한다. 자연에서 대리보충은 그 놀이로서 자연 속에 있다. 그 누가 자연 속의 결핍이 자연 속에 있다고 말할 것이며, 자연이 자신으로부터 벗어나는 파국 역시 자연적이라고 말할 수 있는가? 자연적인 파국은 법을 뒤엎기 위해 모든 법에 합치된다.[82)]

데리다는 언어학에 대해서는 루소의 수준을 더 평가한다.

루소는 최소한 소쉬르만큼 섬세하고, 레비스트로스보다는 분명히 더 섬세한 언어학자로 간주된다.[83)]

루소에 대한 데리다의 논의는 비판과 칭찬을 오간다. 루소는 재앙이 밖에서 온다고 했지만, 그것은 '예상하지 못했다는 뜻'의 예상 밖이라고 해야 옳다. 만약 예상을 했다면 그것은 밖이 될 수 없다. 또 재앙은 하늘의 노여움이나 천벌이라든지, 위에서 내리는 것처럼 생각하는 타성이 있는데 실은 밖이나 위에서 내리는 것이 아니고 안과 밑에서 솟아나는 것이라는 표현이 옳다고 생각한다. 만약 가장 큰 것의 밖이라면 더 이상 밖이 아니거나 안일 것이다. 밖이라는 개념은 위라는 개념과 다를 바 없다. 위의 반대 개념은 밑일 것이다. 시니피앙은 밖이고 시니피에는 안이다.

재앙이 밖에서 온다는 것에 대한 또 다른 반대론의 한 예로 인구론을 들 수 있다. 부양할 수 있는 적정선 이상의 인구 증가는 재앙을 가져온다. 그런데 풍요롭게 사는 것 자체가 이미 인구 증가를 가져오고 증가된 인구를 부양하기 위해서 또 다른 산업을 일으키지 않으면 안 된다. 산업의 각 단계마다 적정선

82) 같은 책, 570~571쪽.

83) 자크 데리다, 『그라마톨로지에 대하여』, 560쪽.

의 인구가 있다. 그러나 적정선은 필연적으로 무너진다. 수렵·채집시대, 유목·목축시대, 농업시대, 산업시대, 그리고 오늘날의 정보화시대는 실은 폭발적으로 증가한 인구를 부양하기 위한 이성과 경제와 과학의 노력들일지도 모른다. 인구 증가는 지진이나 화산, 그리고 기후의 급변 같은 천재지변이 아니라 인간 스스로 자초한 문제이다.

서양문화와 철학은 결국 밖의 문제에서 시작하여 밖의 문제로 끝난다. 시각 중심의 이성과 객관이라는 것이 그렇고, 맥락을 바꾸어 청각 중심의 시니피앙이라는 것도 그렇다. 재앙은 인간 안에서도 온다는 것을 상기할 필요가 있다. 그러나 밖에서 오든 안에서 오든 재앙은 대리보충을 필요로 한다.

> 재앙은 대리보충의 유희를 가동시킨다. 왜냐하면 그것은 지역적 차이를 기록하기 때문이다. '한없이 계속되는 봄'의 통일성에 그것이 계승하게 하는 것은 원리들의 이원성이고, 지역들의 양극화의 대립(북방과 남방)이고, 재앙을 규칙적으로 반복하는 계절들의 혁명이다. 재앙은 이를테면 즉석에서 장소와 기후를 변화시키고, 결국 더운 것과 차가운 것, 물과 불의 교대를 발생시킨다.[84)]

루소에 따르면 언어와 사회는 두 개의 원리, 즉 두 개의 의미 개념, 예컨대 '북쪽/겨울/추위/필요욕구/분절'과 '남쪽/여름/더위/정열/악센트화'의 대리보충적 관계에 따라 확립된다.

루소의 탁월한 상상력은 북쪽에서 날씨가 추운 겨울일 때 필요욕구는 규약을 창조한다고 생각한 점이다. 불은 자연적인 열기를 보충해준다. 북쪽의 인간들은 화로를 중심으로 모인다. 남쪽에서의 움직임은 반대이다. 그것은 더 이상 필요욕구로부터 정열로 가는 것이 아니라 정열로부터 필요로 간다. 그리고 대리보충은 화로의 열기가 아니라 물이 있는 곳의 서늘함이다. 루소는 인류가 더운 지방에서 태어났다고 말한다. 물이 최초 필요욕구와 더 많은 관련

84) 같은 책, 453쪽.

이 있는 이유는 "인간이 불보다 물 없이 살 수 없기 때문이다." 또 물이 최초의 정열, 다시 말해 사랑과 더 많은 관계가 있는 것은 "최초의 불꽃"이 "순수한 수정 같은 샘물"로부터 나왔기 때문이다.[85)]

루소의 축제에 대한 해석은 참으로 탁월하다. 데리다는 루소의 축제에 대한 견해를 이렇게 해석한다.

> 루소가 여기서 기술하는 것이 사회가 형성되기 직전도 아니고 형성된 사회도 아니며 탄생의 운동, 즉 현전의 연속적인 도래라는 점이다. 현전이라는 이 말에 적극적이고 역동적인 의미를 부여해야 한다. 그것은 작용중인 현전이고, 스스로 자신을 나타내고 있는 현전이다. 그것은 하나의 상태가 아니라 현전의 현재화이다. 자연상태와 사회상태 사이에 있는 상태가 아닌 것, 즉『고독한 산책자의 몽상』에서 현재처럼 계속되고 지속되었어야 할 이동이라는 것에는 규정된 술어들의 대립 가운데 어떤 것도 분명하게 적용될 수가 없다. 이 이동이라는 것은 이미 사회, 정열, 언어, 시간이지만 아직 예속, 선호, 분절, 척도, 간격은 아니다. 대리보충성은 가능하지만 아직 아무것도 이루어지지 않았다. 루소에 따르면 축제는 유희를 배제한다. 축제의 순간은 그 순수 연속의 순간이고, 욕망의 시간과 즐거움의 시간 사이에 차연이 없는 비차연의 순간이다. 축제 이전에는 순수 자연의 상태 속에서 연속의 경험은 없다. 축제가 끝나면 불연속의 경험이 시작된다. 축제는 연속적인 경험의 모델이다. 따라서 우리가 개념들의 대립들 속에서 고정시킬 수 있는 모든 것은 축제 직후에 형성된 사회이다.[86)]

축제에 이어 등장하는 근친상간에 대한 루소의 해석도 탁월하다.

> 축제 이전에는 근친상간이 없었다. 왜냐하면 근친상간의 금지도 사회도 없

85) 같은 책, 455쪽.

86) 같은 책, 457쪽.

었기 때문이다. 축제 이후에는 더 이상 근친상간이 없다. 왜냐하면 그것은 금지되기 때문이다. (중략) 모든 법들 가운데 가장 신성한 법인 근친상간의 금지를 근본적인 제도의 수준, 다시 말해 모든 다른 질서들을 지탱하고 합법화시키는 그 사회적 질서의 수준에 갖다놓기 위해 위와 같은 측면이 방패로 내세워질 수 있지 않을까? 근친상간의 금지가 수행하는 기능은 『사회계약론』에 명명되지도 설명되지도 않았지만 그것의 자리는 공백으로 표시되어 있는 것이다.[87)]

데리다는 '문자와 폭력'에 대한 주제를 루소에게 재연하는데 '목소리와 연민' 토론을 통해서 실현된다. 루소의 메타포에 대한 체계에서 자연적인 연민과 어머니와 아이, 부드러운 목소리에 대한 견해는 참으로 탁월한 것 중의 탁월함이다.

이 부드러운 목소리의 메타포 속으로 어머니의 현전과 자연의 현전이 실려오고 있다. 이 부드러운 목소리가 자연과 어머니의 목소리라는 것은 목소리가 드러내는 그대로의 모습에 따라 하나의 법칙으로 인정된다. 루소에게 목소리의 메타포는 이 점에 대해 언제나 주의를 환기시키고 있다. "어느 누구도 그것의 부드러운 목소리에 거역할 마음이 내키지 않는다." 왜냐하면 이 목소리는 부드럽기 때문이고, 동시에 자연적이고 절대적으로 시원적인 그것은 또한 준엄하기 때문이다. 이 모성적 법칙이 목소리이다. 연민은 목소리이다. 목소리는 언제나 그 본질에 있어서 미덕과 훌륭한 정열의 통로이다. 연민이 없는(가차 없는) 문자와는 반대로 말이다. 그런데 연민의 질서는 '법을 대신하고', 법을 대리보충한다. 여기서 법은 제도화된 법을 말한다. 제도화된 법 역시 자연법이 결핍되는 경우, 자연법의 대리보충이기 때문에, 우리가 분명히 알게 되는 것은 오직 대리보충의 개념만이 여기서 자연과 법의 관계를 생각하게 해준다는 것이다. 자연과 법이라는 두 용어는 대리보충

87) 같은 책, 458~460쪽.

> 성의 구조 내에서만 의미를 지닌다. 비모성적인 법의 권위는 자연적인 법에 대체됨으로써만, '거역할 마음이 내켜야' 했던 '부드러운 목소리'에 대체됨으로써만 의미를 지닌다.[88]

이에 대해 데리다는 '연민이 없는 질서는 문자의 질서인가'라고 의문을 제기한다.

> 우리가 문자를 철자로 읽거나 철자와 연결시킨다는 정도 내에서는 긍정이다. 그것은 우리가 문자를 그것의 메타포 속에서 이해한다는 정도 내에서는 부정이다. 그래서 우리가 말할 수 있는 것은 자연적인 법, 즉 연민의 부드러운 목소리가 다만 모성적 판단 기준에 의해 발설되는 것이 아니라는 점이다. 그것은 신에 의해 우리의 마음에 새겨진 것이다. 이때 그것은 자연적 문자, 루소가 이성의 문자에 대립시키는 마음의 문자이다. 이 이성의 문자만이 연민이 없다. 단지 그것만이, 자연적 정서의 이름으로 어린아이를 어머니와 연결시키고 죽음에 대항해 삶을 보호하는 금기를 위반한다. 연민의 법칙과 목소리를 위반한다는 것은 타락한 정열로 자연적인 정서를 대체하는 것이다. 그런데 자연적 정서는 좋은 것이다. 왜냐하면 그것은 신에 의해서 우리 마음에 새겨진 것이기 때문이다. 바로 여기서 우리는 신적 혹은 자연적 문자, 우리가 앞서 메타포적 이동의 위치를 정했던 그 문자를 만난다.[89]

데리다는 루소의 원초적 정열에 대해서는 '자기애를 우회적으로 지연시키는' 것이라고 응대한다.

> (루소의) 절대적으로 원초적인 정열, 신이 스스로 모순에 빠지지 않고는 우리에게 절멸시키라고 명령할 수 없는 그 정열은 자기 자신에 대한 사랑이

88) 같은 책, 304~305쪽.

89) 같은 책, 304~305쪽.

다. 우리가 알다시피, 루소는 그것과 이기심을 구분한다. 이기심은 그것의 타락한 형태인 것이다. 그런데 모든 정열들의 원천이 자연적이라고 할지라도 모든 정열이 자연적인 것은 아니다. (중략) 연민이 원천 자체도 아니고, 파생된 정념적인 흐름도 아니고, 다른 많은 것들 사이에 있는 획득된 정열이라는 것이다. 그것은 자기사랑의 최초 파생물이다. (중략) 이 파생은 이어서 입증된다. 그것은 자기애의 멀어짐이나 중단이라기보다는 자기애의 결과들 가운데 일차적이며 가장 필요한 것이다. 연민이 '자기애의 활동'을 적절히 조절한다면, 아마 연민이 그것에 대립하면서 그러는 것이 아니라 자기애를 우회적으로 표현하고, 그것을 지연시키면서 그렇게 하는 것이리라. 왜냐하면 이러한 조절은 '종 전체의 상호보존에 기여하기' 때문이다.[90]

데리다의 대표적인 주제인 '차이와 연장'은 주로 레비스트로스와 루소의 기존 주장에 의문을 제기하면서 완성되어간 흔적이 많다. 예컨대 다음과 같은 것이다.

레비스트로스는 우선 비문자사회(음성언어)와 문자사회(문자언어)를 구분하고, 전자에서 후자로의 진행은 문자의 폭력성에 연루된다고 언급한다. 이에 비해 데리다는 문자사회의 폭력성은 알파벳 표음문자의 이성중심주의에 기인한다고 생각한다. 다시 말하면 이성중심주의만 아니면 폭력성이 줄어든다는 말이다. 루소는 남방언어의 악센트에서 북방언어로의 분절로의 특징은 바로 자음(子音)의 공격성과 관계된다는 점에서 레비스트로스와 궤를 같이한다. 이는 대체로 남방=비문자사회=음성언어=평화·평등성, 북방=문자사회=표음문자=폭력성이라는 등식이 성립되기 때문이다.

레비스트로스와 루소는 음성언어에 이어 문자언어가 발생했다는 후성설을 주장한다. 이에 비해 데리다는 양자의 동시발생설을 주장한다. 이것이 바로 차이이다. 전반적으로 레비스트로스는 비역사주의의 입장에 있고 루소는 모성주의나 자연주의의 입장에 있는 반면에, 데리다는 상대적으로 역사주의

90) 같은 책, 306~307쪽.

레비스트로스	루소	데리다
비문자사회와 문자사회 (폭력사회로의 진행)	남방언어의 악센트와 북방언어의 분절(언어의 타락)	알파벳 표음문자 사회 내의 이성(理性) 문제
·음성언어에 이어 문자언어 발생 ·후성설(後成說) ·음성주의를 표방함	·음성언어의 대리보충으로서 문자언어 발생 ·후성설(後成說) ·음성주의를 표방함	·음성언어와 문자언어의 동시발생설 ·에크리튀르(標識, 혹은 差異의 발생) ·문자언어 내에서 음성주의 표방
문자언어와 폭력성의 상관관계	남방에 문명의 제로지점인 '원초시기'를 설정한다. 남방언어의 모음(母音) 중심은 평화를 상징한다. 북방언어의 빈번한 자음(子音) 사용은 공격성을 상징한다.	문자언어 안에서 이성주의와 폭력성의 상관관계
	연민과 어머니의 목소리와 자기애(이기적인 것은 자기애의 타락이다)는 같다.	하느님의 사랑 및 자기애의 우회적 지연(遲延)은 종(種)의 상호보존이다.
비역사주의	자연 및 모성주의	역사주의(차이와 지연)

의 입장에 있다. 이것은 데리다가 반이성주의 계열에 속한다고 하지만 여전히 서양의 역사주의 계열에 속해 있음을 말해준다. 역사주의는 이성주의를 숨기고 있는 것이라고 볼 수 있다.

데리다는 차연을, 들뢰즈는 차이와 연접을 통한 반복을 주장한다. 이들은 차이를 언급하지만 공통적으로 '연장'과 '반복'을 주장하며, 동일성을 주장하지 않지만 차이를 전제로 한 어떤 지속성(연속성)을 주장한다. 이는 동양의 음양론에서 말하는 음양의 조합과는 다른 것이다. 동양의 음양론은 메타포리컬(metaphorical)한데 비해 이들의 주장은 메타니믹(metonymic)하다. 서양은 지속적인 텍스트(text)를 주장하고 동양은 콘텍스트(context)에 만족한다.

가정을 자연적인 유일한 사회로 인정하는 루소는 자연적 사회로서의 가정과 문명사회의 조직화 사이에는 유사 및 이미지의 관계가 있다고 말한다. 지도자와 아버지의 이미지가 그것이다. 루소는 이렇게 말한다.

> "지도자는 아버지의 이미지이고, 민족은 어린아이들의 이미지이다. 모두가 평등하고 자유롭기 때문에 자신들의 유익을 위해서만 자유를 포기한다."

(그렇지만) 단 하나의 요소가 이러한 유사관계를 끊는다. 즉 정치적 아버지는 더 이상 자신의 아이들을 사랑하지 않고, 법이라는 요소가 그를 분리시킨다는 것이다. 따라서 최초의 규약, 즉 생물학적 가정을 제도적 사회로 변모시킨 규약은 아버지의 모습을 이동시켰다. (중략) 따라서 사회, 언어, 역사, 분절, 한마디로 말해 대리보충성은 근친상간의 금지와 함께 태어난다. 이 금지는 자연과 문화 사이의 틈새이다.[91]

프랑스 근대 철학에서 등장하는 분절(分節, 切斷, 切片)의 문제는 루소에 의해서 가장 먼저 눈에 띄게 제기된 셈이다. 이 분절은 우주론으로 소급된다는 점에서 눈여겨보아야 한다. 필자가 이 책의 서두에서 제기한 천지창조설과 천지개벽론의 문제이다. 서양은 천지창조설의 입장에, 동양은 천지의 개벽순환론 입장에 선다. 전자는 틈새를 제조론(製造論)의 계기로 사용하여 유시유종의 입장에 서며, 후자는 순환론의 입장에서 무시무종의 우주론을 정립한다.

말을 사용하는 인간의 등장은 자연을 인위적으로 분절하는, 분절의 등장을 의미한다. 문제는 말의 사용을 분절에 투사하느냐 아니면 말을 사용하지만 분절에 투사하지 않느냐의 문제이다. 말은 본질적으로 분절적이다. 여기에 인간의 모든 문제가 결부되어 있다. 이것이 시각문화와 청각문화의 문제이기도 하다. 세계를 청각적으로 보는 것은 공명·울림을 전제로 하기 때문에 주체가 없어도 된다. 이에 비해 세계를 시각적으로 보는 것은 시각적으로 공간으로 보이는 것을 메워야 하는 부담을 지닌다. 그래서 주체가 있어야 한다.

분절, 끊어짐은 그것을 연결해야 하는 문제를 제기한다. 이것은 자연으로부터 문화를 일으킨 인간의 문화 전반에 걸친 문제의 바탕이며, 사회·언어·역사·권력·환경에 이르는 모든 문제의 근거가 된다. 이러한 근거는 밖에서 오는 것이 아니라 안에서 솟아오른 것이다. 흔히 서양의 철학과 과학과 문화를 연구하는 학자들은 '위에서 혹은 밖에서' 온다고 하지만 실은 '아래에서 혹은 안에서' 솟아오르는 것이다. 이것은 이 책의 전체를 관통하는 문제의식이다.

91) 같은 책, 460~461쪽.

데리다는 루소와 인류학자 레비스트로스를 비판하면서 자신의 문자학(표지학)을 전개한다. 데리다에 의하면, 루소는 '문자언어를 대리보충의 차원으로 격하하고 충만한 음성언어를 찬양하며' 그의 주장이 그의 담론 자체에 의해 반박되는 내적 긴장- 예컨대 '말하고자 하는 것(vouloir dire)'과 '말하는 것(dire)' 사이의 긴장- 을 보인다. 또한 레비스트로스가 '문자를 폭력과 착취의 수단으로 간주하는 점'을 데리다는 비판의 대상으로 삼는다.[92)]

데리다의 비판이 때로는 일부 타당성이 있지만 루소의 고민과 레비스트로스의 비판을 확실하게 넘어서는 경지에 올랐는지에 대해서는 의문이다. 이것이야말로 데리다의 주장대로 해석의 차이 문제이다. 가부의 문제가 아니다. 인류 문명이 자연에 대해 '대리보충의 의미'를 갖는 것도 사실이고 '문자를 통해 착취'가 이루어진 것도 사실이기 때문이다. 문자언어의 풍부함과 복잡성이 인류의 행복과 평화를 위해 과연 무엇을 했는지 의문이 없지 않다.

데리다는 미개사회를 폭넓게 현지 조사한 20세기를 대표하는 인류학자 레비스토로스에 대해서 '해체주의의 문 앞에 있다'고 호평하면서도 문자 이론에 관한 한 그를 부정적으로 보고 있다.

> 데리다는 루소 읽기에 앞서 레비스트로스의 문자론을 분석한다. 그가 레비스트로스의 텍스트들을 다루는 이유는 그것들이 드러내는 이론적 흥미와 풍요로움, 그것들이 구조주의와 관련해 수행하고 있는 현재의 역할뿐 아니라, 이 인류학자의 공언된 '루소주의'가 고려되었기 때문이다. (중략) 데리다는『글쓰기[93)]와 차이』에서 레비스트로스가 자신의 신화 담론에서 탈중심적 해체론의 입구에 서 있다고 단언하고 있다. 그럼에도 불구하고『그라마톨로지에 대하여』에서 고찰되는 레비스트로스의 문자 이론은 문자를 폭력과

---

92) 같은 책, 560쪽.

93) '글쓰기'는 '쓰인 것'이라고 번역하는 것이 옳다. 데리다의 '에크리튀르'는 글쓰기가 아니라 '쓰인 것' 혹은 '흔적'을 의미한다. 영어로는 '에크리튀르'를 writing으로 번역하는데 이는 '글쓰기'와 '쓰인 것'이라는 두 가지 뜻이 동시에 있기 때문이다. 번역자는 이것을 엄격하게 구분하지 않고 번역한 것 같다.

> 착취의 수단으로 간주함으로써 음성적 로고스중심주의와 민족중심주의의 잔재를 벗어나지 못하고 있음을 보여주고 있다.[94]

> 책이란 무엇인가? 그것은 서구 형이상학에서 음성언어를 대리하는 문자언어로 인쇄된 것을 말한다. 책을 대체하는 것은 기호화된 모든 표기 수단을 의미하는 에크리튀르이다. 그런데 데리다는 이 책의 종말이 음성언어의 지배적 위치에 종지부를 찍는다는 의미에서 '음성언어의 죽음'을 또한 의미한다고 말한다. 음성언어는 에크리튀르의 종속적 위치로 전락하고 있으며, 그것의 은폐되고 감추어진 실체가 그 정체를 드러내기 시작하고 있다는 것이다.[95]

데리다는 결론적으로 미래를 전망하면서 로고스에서 비롯되는 합리성이 아닌 '메타합리성'을 주장한다. 데리다는 그래도 서구 철학자답게 혹은 철학자로서의 숙명적 직분으로 인해 여전히 '-합리성'을 추구한다. 데리다의 이 같은 주장은 음성언어와 문자언어, 음성과 문자의 문제가 아니라 문자와 이미지 사이의 문제이다.

문자는 이제 이미지의 일부이다. 이미지는 교직성을 기본으로 하고 있는데 그 교직성의 한 가닥(하나의 직선, 날줄 혹은 씨줄)이 문자이다. 그런 점에서 문자는 매우 일차원적이다. 이미지 시대는 디자인 시대이며 다양성의 시대이다. 이것은 합리성 대신에 다양성의 차이를 존중하며 모계(비권력)를 지향한다. 여성은 매우 디자인적이다. 데리다는 문자학에서 이런 이미지 시대를 예견한다. 그의 표음문자에 대한 공격은 모든 표음문자에 해당하는 것이 아니고(특히 한글은 제외된다), 알파벳 표음문자, 다시 말하면 데리다 자신이 속한 서구 문명의 표음문자에 대한 자체의 변증법적인 반성인 셈이다.

인류 문명이 왜 가부장사회로 진행되고 문자언어 중 표음문자가 직선적

---

94) 자크 데리다, 『그라마톨로지에 대하여』, 560쪽.

95) 같은 책, 553쪽.

문자(letter)시대	직선성	문자(표음)언어	합리성 추구	부계(권력)지향
이미지(image)시대	교직성	표의(상형)문자	디자인 추구	모계(비권력)지향

문명을 만들었는지에 대해서는 보다 많은 연구가 필요하겠지만, 문명의 진행이 결코 자유롭게 선택된 것이 아니었다는 점은 분명하다. 물론 생물의 삶이 선택과 적응의 결과이긴 하지만 결코 무한정으로 선택의 카드가 펼쳐진 것은 아니었다. 그 동인 가운데 가장 강력한 것이 인구의 증가이고, 증가된 인구를 부양하는 인구압이 사회·기술체계의 새로운 변화(때로는 개혁과 혁명)를 요구했다. 다시 말하면 괜히 가부장사회가 되지 않았다는 것이다.

흔히 극과 극은 통한다고 한다. 이는 극과 극이 서로 내포하고 있고, 이미 반영하고 있는 탓이다. 문명에서도 극과 극의 이동, 예컨대 자연에서 문명으로의, 음성언어에서 문자언어로의 이동은 자신도 모르게(어느 날, 우연히/혹은 필연적으로) 미끄러지듯이 성립되며, 그 경계가 애매모호할 뿐만 아니라 어떤 것은 시간적으로 동시에 전개될 수도 있다. 그런데 분명한 것은 보충대리적인 성격의 것이나 이성적인 것의 개입이 일어난 문명이나 문화는 반드시 몸에 익숙하게 하는 과정, 예컨대 양육이나 수련, 육화, 체화 등 몸의 동질화 과정을 거치는 자연스러움을 몸에 허락받아야 한다는 것이다. 이것을 '문명화'·'문화화'에 대한 반대 용어로 '자연화'라고 명명할 수 있을 것이다.

문화는 자연에서 미끄러지듯이 발생하여 다시 자연으로 회귀하는 메커니즘을 갖고 있다. 문화와 자연은 때로는 확연히 구별되기도 하지만 그렇지 않고 애매모호할 수도 있고, 시차적이기도 하지만 동시적·가역적으로 진행될 수도 있다.

언어는 음성언어이든, 문자이든, 표음문자든, 표의문자든, 그리고 어떤 원

자연	→/ ↔	문화, 문명 (문화화)	→/ ↔	자연 (자연화)
본능	미끄러지기 (동시성, 애매모호, 이중성, 가역성)	보충대리 (도구, 무기, 언어) 이성의 개입	몸에 익숙하기 (저절로)	양육, 수련, 육화, 체화 (수신, 형상화)

음성언어 (목소리)	표음문자 (알파벳)	표의문자 (한자 등 상형문자)	표의적 표음문자 (한글, 발음기호적)
차이 (본능적 차이)	이성(理性) (동일성/차이)	차이 (기호적=음양적 차이)	차이 (原音的 차이)

시적 흔적(기록)이든 차이를 바탕으로 한다. 만약 차이가 없으면 언어가 성립되지 않는다. 그러나 그 차이가 사회적이고 역사적인 것이 되면 차이는 불평등이 된다. 불평등은 단순사회에서는 성적인 구별이나 역할분담 같은 것으로 나타나고, 복잡사회에서는 계급이나 계층 같은 것으로 구체화된다. 그러나 보다 근본적으로는 인간의 이중성, 양성성, 애매모호성, 가역성과 관련을 맺는다. 이것을 천지인, 대리·대신·교대의 도식으로 표현할 수 있을 것이다.

우리는 서양 철학사에서 거의 동시대를 산 루소와 칸트를 잘 비교하지 않는다. 문필가로서의 루소는 잘 알아도 철학자로서의 루소를 잘 모르거나 과소평가하고 있기 때문이다. 루소는 우리가 생각하는 이상으로 철학적이다. 그의 철학은 서양 철학사에서 스피노자 이상으로 위대한지도 모른다. 칸트는 물 자체라는 용어를 통해 자연에 대한 존재론적인 탐색을 포기하고 자연과학의 시대를 연 반면에 루소는 존재론적인 탐색, 인류학적인 탐색의 문을 연 장본인이다.

칸트조차도 루소의 발표에 주목했다. 칸트는 루소의 『언어기원론』과 『에밀』 등에 큰 관심을 표명하고 루소의 자유와 평등, 일반의지, 도덕적 이상주의에 큰 성원을 보냈다. 일반의지는 보편적인 법칙을 주장하는 것이 아니라 교감하거나 공감을 통한 하나 됨 혹은 합의를 말한다. 루소의 일반의지는 서양문명이나 철학사에서도 매우 예외적인 존재가 되기에 족하다. 특히 루소의 '일반의지' 중에서 '일반'이라는 말은 서양문명이 약방의 감초처럼 신봉하는 '보편성'이라는 말과는 달리 '일반성'을 추구하는 철학의 발단으로 보인다.

흔히 서양문명에서는 '일반적이며 보편적인'이라는 말을 잘 사용한다. 그러나 루소는 그렇지 않았다. '일반의지'는 소수 엘리트에 의해서 만들어지는 보편성과는 달리 일반 백성, 보다 많은 다수의 참여를 전제로 한다는 점에서 특이하다. 그러한 점에서 일반의지는 이미 일반의기(一般意氣)의 개념을 내포

천	대리(평행)	문화(이성)	남자	정치(권력)
인 (천/지, 지/천)	교대 (교차, 교배)	이중성, 양성성 (가역성)	인간 (계급, 계층)	연민(사랑)
지	대신(평행)	자연(욕망, 정열)	여자	욕망(생산)

하고 있다. 집단의 엘리트에 의해 만들어지는(쌓아올려지는) 매우 건축적인 보편성과 달리 일반 대중의 저변에 떠도는(유행하는) 여론이나 의견을 토대로 하기 때문이다. 루소의 정치철학이나 사회철학이 지닌 특징은 권력의 불평등은 강자(지배자)나 약자(피지배자)를 모두 노예로 만든다는 독특한 이론에 연유한다.

> 루소는 권력에 대해 별로 언급하지 않는다. 왜냐하면 그는 정당하지 않은 모든 권력은 강자에게나 약자에게 모두 예속과 의존성을 야기한다고 보고 있기 때문이다. 예속과 의존은 루소가 인간에게 제일 중요한 절대적 가치로 여기는 자유와는 대립된 개념이다. 자기편애에서 비롯된 우월성에 대한 욕망, 다시 말해 권력에 대한 욕망은 남의 인정과 복종을 필요로 한다. 강자의 권력은 약자의 복종을 전제로 성립되며, 이 경우 강자는 권력의 실현을 위하여 약자에게 의존하게 되며, 약자는 자기생존을 위하여 강자의 명령에 의존하게 된다. 권력의 불평등은 자유의 파괴를 가져오며, 강자나 약자 모두를 노예로 만든다고 루소는 판단했기 때문에, 그는 모든 인간을 자유롭고 평등하게 만드는 정당한 권력을 창출하고자 했던 것이다. 루소는 일반의지에서 정당한 권력의 원천을 찾았다. 일반의지는 항상 올바르지만, 강력한 사적 의지에 억눌리게 되면, 일반의지는 침묵하게 되고, 결국은 정당한 권력은 사라지게 된다. 일반의지가 활성화되기 위해서는 종교나 교육의 도움이 끊임없이 필요하며, '습속, 관습, 여론'과 같이 시민의 마음속에 새겨진 법이 정치사회를 떠받치는 힘이 되어야 한다고 루소는 주장한다. 자기입법을 실현하는 일반의지를 통해 루소는 근대정치철학의 핵심문제인 개인과 공동체와의 조화, 권력의 균형을 꾀하려 했는데, 이것은 루소의 커다란 철학적 공헌이라 할 수 있다.[96]

칸트에게 자유의지가 있었다면 루소에게는 일반의지가 있었다. 자유의지는 보편성으로 발전했고 일반의지는 일반성으로 발전했다. 자유의지는 자유민주주의로 향하고, 일반의지는 한편으로는 자유민주주의의 대의정치로 다른 한편으로는 공산사회주의로 향했을지도 모른다. 대체로 전자의 과정은 잘 알려져 있지만(루소의 일반의지는 자유민주주의에 기여한 것으로 본다), 후자의 과정은 잘 알려져 있지 않다. 자유주의는 자유민주주의라고 말하고 공산사회주의는 인민민주주의라고 말한다. 둘 다 민주주의라는 말을 사용한다. 역사는 인간이 만들어가는 것이기 때문에 민주주의라는 말을 쓰지 않으면 결코 권력과 국가를 잡을 수 없기 때문이다.

이제 지금까지의 논의를 종합해보자.

데리다의 보충대리는 서양철학의 양대 축인 정신 계열과 물질 계열 가운데 정신 계열의 보충대리에 그치는 감이 있다. 이는 데리다와 정반대인 물질 계열의 입장에 있는 들뢰즈를 보면 더욱 선명해진다. 들뢰즈는 물질 계열에서 보충대리를 하고 있다. 데리다의 '차연과 문자학', 들뢰즈의 '기계주의와 리좀'은 프랑스 철학의 두 레일이고 두 수레바퀴이다.

보다 바람직한 것은 두 레일이 교차하는 것, 다시 말하면 정신 계열의 차이와 물질 계열의 차이가 만나는 교차, 차이들 간의 교차를 바라보는 '정신과 물질의 일반적 차원에서의 교차'가 필요하다. 이것은 기(氣)의 교차라고 할 수 있다. '기의 교차'야말로 포노로지의 교차이다. '포노로지의 교차'라는 관점에서 보면 정신/물질의 이분법도 교차의 좋은 예이다.

철학적 진화는 종래의 것을 배제하지 않고 포용해야 한다. 포노로지는 그라마톨로지를 포용한다. 나아가서 이성중심주의도 포용한다. 이성중심주의는 틀린 것이 아니라 한계를 가지고 있을 따름이다. 이성중심주의는 정신과 물질 사이의 한정교환이다. 포노로지는 철학적 소통에서 일반교환을 추구하는 철학이다. 그래서 종래의 것을 다 버리지 않는다.

---

96) 김용민, 「루소의 일반의지에 나타난 권력개념-정당성을 중심으로」, 『한국정치사상연구』 5집(2001, 가을).

그러나 교차의 관점에서 보면 상대적으로 정신 계열에 속하는 데리다보다 물질 계열에 속하는 들뢰즈에게 가깝다. 왜냐하면 포노로지는 물학(物學)을 추구하기 때문이다. 물론 들뢰즈의 프로이트적 유물론은 물학과는 다르지만 이성중심주의의 원류인 정신 계열보다는 그것에 반기를 든 물질 계열이 물학에 더 가깝기 때문이다. 유물론은 경우에 따라서는 물학으로 넘어가는 가교나 징검다리가 될 수 있다. 그래서 현대 철학을 하려면 진화론, 리비도론, 유물론을 기본으로 공부해야 한다.

기철학도 헤겔의 절대정신보다는 마르크스의 유물론과 더 교감되는 바가 많다. 적어도 유물론은 물상(物象)에서 상(象, 現象)을 버림으로써 물질을 주장했지만 물질은 물에 한 걸음 더 가까워진 셈이다. 물질은 문자(기호)보다는 자연에 더 가깝다. 유물론은 자연을 대상으로 보는 것만 극복하면 물학에 바로 들어갈 수 있는 접경에 와 있다. 문자는 자연의 표면의 기호이다.

'기의 교차학'의 관점에서 바라보면 데리다는 문자 강박관념에 빠져 있는 것 같다. 그래서 그는 상식적으로 문자의 역설인 문자학을 주장하고 있는 것이다. 그의 문자학은 '문자(文字)의 문자학'이 아니라 '공백(空白)의 문자학'이다. 데리다는 정작 '문자-이성주의'의 맥락에서 벗어난다고 하면서도 문자를 벗어나지 못하고 있다. 문자를 가지고 문자에서 벗어나려는 형국이다. 이것은 서양문명의 문명적 패러독스이며 아이러니이다. 데리다는 소리도 문자라고 말하지만, 억지로 소리를 문자라는 틀 속에 집어넣는 느낌을 갖게 한다.

소리를 문자 속에 집어넣는 것보다 문자를 소리 속에 집어넣는 것이 훨씬 용이할 것이다. 왜냐하면 소리는 자연과 네트워킹 되는 속성을 가지고 있기 때문이다. 어떻게 문자 속에 자연이 들어가는가? 자연 속에 문자가 들어가야 되지 않는가? 문자는 자연의 보충대리이기 때문이다. 이제 보충대리의 철학보다는 보충대신(補充代身)의 철학이 필요하다. 보충대신의 철학이야말로 자연의 재생산 시스템과 연결되기 때문이다.

문자학에는 어딘가 남성적 카피(copy)의 냄새가 있는 반면, 여성의 재생산에서는 자연과 연결되는 네트워크를 느낄 수 있다. 여성의 두 입술(two lips) 저편 어둠의 동굴을 거치면 자궁이 있는 것과 같다. 문자는 사물의 표면에 붙인 이름이지만, 소리는 무의식에서부터 솟아오르면서 우주적 울림에 참여하는 기분을 느끼게 한다. 목소리는 환원적인 것이 아니라 몸에서 터져 나오는 직접적인 것이다. 마치 여자가 자궁을 통해 아이를 생산하는 것과 같다. 그러나 글쓰기로 남은 문자와 흔적은 몸에서 떨어진 간접적인 것이다.

1. 데리다가 음성, 즉 '현존(現存, 現前)'을 이성중심주의의 원인으로 본 것은 서양문명의 자기순환적 착각이다. 그는 이렇게 대전제를 한다. "소리의 본질은 로고스로서의 '사유' 속에서 '의미'와 관계를 맺고, 그것을 산출하고, 수용하고, 발화하고, '재결집하는' 것과 직접적으로 근접해 있다."

   이는 분명히 음성(소리)이 이성이라고 한 것이다. 이러한 전제는 자기 음성이 자기환원적이라고 하는 잘못된 가정에서 출발한 결과이다. 이성은 본질적으로 자기환원적이다. 여기서 자기환원적이라는 것은 자기대상적이라는 의미이다. 소리는 대상도 아니고 주체도 아니다. 소리는 자연이고, 존재이고, 생명이고, 잡을 수 없는 것이다.
2. 루소의 '대리보충'은 자연의 결핍을 보완하는 합리적 대체물로서 자연 속에 내재하는 이성이라고 할 수 있다. 이는 '음성언어=자연=의미(기의)'의 결핍을 보충하는 뜻으로 '문자언어=문자=기표'를 규정한 것이다. 보충대리는 계속적으로 이어진다는 점에서는 '차연'의 원형이라고 할 수 있다. 데리다의 차연의 개념에는 루소의 대리보충의 영향이 크다.
3. 데리다의 문자학은 '문자'를 '기표'로 확대한 것이다. 문자는 물론이고 음성의 기표적 특성마저 문자로 편입한 것이다. 데리다는 음성에도 '기표성'이 내재해 있는 점에 착안해 '음성의 기의성'을 배제한 상태에서 '문자의 기표성'과 '음성의 기표성'을 포함하는 광의의 '기표적 문자학'을 제안한 것이다. 그가 이렇게 하여 이성주의를 탈출하는 것은 실은 현존(음성)을 이성중심주의의 원인으로 지목한 데 따른 것이다.

   데리다는 반이성주의를 실천하기 위해서 종래의 문자의 개념 속에 기표를 집어넣고 다시 문자로 피신한 셈이다. 그는 음성의 기표성을 문자학에 포함시켜놓고 문자학이 마치 음성도 포함하고 있는 것으로 위장한다. 바로 여기서 음성의 현존성(기의성)을 따로 빼내서 문자학을 벗어난 것이 필자의 소리철학, 포노로지이다.

4. 이를 두고 '기표적 문자학'이라고 명명할 수 있을 것이다. '기표적 문자학'의 문자 개념과 종래 언어(문자언어)의 문자 개념에는 적지 않은 차이가 있다. 기표는 현상학적 의미를 가지는 것으로서 기표와 기의 관계의 임의성을 전제로 이성으로 발전할 수 있지만 아직 이성은 아니다. 그러나 문자언어, 즉 표음문자이든 표의문자이든 문자는 추상이며 이성으로 전환할 수 있다는 점에서 음성의 현존과 같은 구체적 자연은 아니다.

5. 칸트는 루소의 대리보충의 대리(代理)를 이성(理性)으로 전환했다. 루소의 순수자연(신화학)은 칸트의 순수이성(철학)으로 변형되었다. 대리보충은 자연의 결핍(필요)을 전제로 한다는 점에서 이성이다. 루소는 칸트의 스승이다.

'대리보충'은 또한 미적분학의 모나드와 같이 무한대로 나아가는 연장의 성질을 가지고 있다. 데리다의 차연은 라이프니츠 미적분의 '연장' 개념을 현상학(의식학)의 차원으로 옮겨놓은 것에 불과하다. 그러한 점에서 루소의 '대리보충'은 데리다의 '차연'의 스승이다. 데리다는 프랑스적 전통에서 대리보충의 의미로 하이데거의 차연을 사용했기 때문에 현상학에 머무를 수밖에 없었다.

6. 근본적으로 서양문명에서는 기(氣)라는 개념이 없다. 그래서 기에 해당하는 것으로 '음성=자연'을 정하고, 음성은 '자신의 음성을 자신이 듣는다'는 점에서 현상학적 환원이라고 생각했다.

7. 음성은 기(氣)와 달리 기의(記意)도 되고 기표(記標)도 되기 때문에 이성주의의 원인으로 착각할 수 있다. 동양철학에서 일부 학자들이 기(氣)를 이(理)라고 착각한 것과 같다. 이는 '보편적이고 일반적인'이라는 말에서도 발견할 수 있다. 이는 '자연=자연과학'이라고 하는 것과 같다.

자연은 자연과학이 아니다. 자연과학은 문자언어의 등장에 의해 정립된 것이다. 기술과 자연과학은 다르다. 기술은 자연과학적 체계 없이도 가능하다. 기술은 사물을 직접 만지면서 일어날 수 있다. 그런 점에서 기술은 예술이다. 본래 'art'라는 말은 '기술'이었다가 나중에 '예술'로 바뀌었고, 기술은 'technique'가 되었다.

8. 데리다의 문자는 종래의 문자언어의 의미보다는 광의의 것으로 동양의 이(理, 文理, 紋理)에 해당하는 측면이 많다. '이'는 서양의 알파벳 표음문자의 이성(理性, 정신과 물질)과 다른 것이다. 차라리 한자 표의문자의 상(象)과 같은 것이다. 그런 점에서 데리다의 문자학은 문자라는 말을 사용하지만, 회화의 문자추상과 같다. 문자이긴 하지만 어떤 확정된 의미가 없는(혹은 의미를 지우는) 기운생동의 상(象)과 같은 것이다.

9. 문자의 발생은 역사적인 사건이 아니다. 문자의 발생은 시간적인 것이 아니라 인간의 발생학과 같은 생명의 사건이다. 발생학은 시간의 차원(시간의 차원은 이성의 차원이다)이 아니고 시시각각으로 전개되는 생멸(生滅)의 차원 문제이다. 이러한 생멸의 차원을 이해하지 못하고 시공간적으로 이해한 것이 이성이다. 구조란 사물을 현재를 기준으로 이원적으로 보는 것을 말한다. 예컨대 생과 멸 사이를 연장하고 지연한 차연이 바로 이성이다.

10. 과학이 문자의 힘을 빌린 것은 당연하다. 문자가 없으면 과학은 성립되지 않았을 것이다. 레비스트로스가 문자 없는 신석기시대에 오늘날 인간이 사용하고 있는 많은 과학적·문화적 레퍼토리가 다 확보되었다고 하는 것은 과학이라기보다는 기술이다. 문자 없이도 생활과 관련한 기술의 전수는 가능하지만 과학의 전수는 어렵다. 과학은 기술이 아니라 '시간과 공간의 학'이다.

11. 데리다는 루소의 '순수기원 신화'를 반박하면서도 그로부터 '대리보충'과 같은 결정적인 개념을 배우고 그것의 연장으로서 '문자학'과 '차연'을 성립시켰지만, 루소의 추종자인 레비스트로스가 문자(문자언어)는 과학에 기여한 바가 없다고 주장한 것에 대해서는 공격했다.

12. 데리다는 한편으로는 루소의 영향을 받아 반이성주의와 해체주의의 입장에서 문자학을 세우고 다른 한편으로는 과학이 문자언어에 의해 이루어졌음을 강조했다. 데리다에게 '문자'는 해체철학처럼 상반된 의미를 동시에 가진다. 결과적으로는 그는 반이성주의의 피신을 잘못한 셈이다.

13. 데리다의 해체주의는 텍스트 내부에서의 개념·의식·법을 가리지 않고 고

유의 동일성으로 현상을 전체화하여 지배하고자 하는 것에 저항한다. 그러나 텍스트를 쓴 자의 현존이 없는, 부재 상황에의 해체적 텍스트 읽기는 텍스트를 쓴 자의 음성이 원천적으로 배제되는 읽기이다. 이는 인간 사고의 근본적인 이원대립성에 기초해 구성된 모든 텍스트가, 텍스트 전체를 관통하는 개념과 반대되는 개념 앞에서는 무력하다는 것을 안 일종의 배면공격이라고 할 수 있다.

14. 우리는 여기서 '데리다의 모순'을 발견할 수 있다. 그의 문자학은 이성주의의 최고 생산물인 과학이 '문자'에 의해 이룩된 것임을 알면서도 '소리'를 이성중심주의의 원인으로 생각하고 있다. 데리다는 '문자'라는 말을 이중적으로 사용하고 있으며, 경우에 따라 내부(정신) 분열적으로 사용한다. 이는 레비스트로스를 공격하면서 드러났다. 레비스트로스는 문자가 과학의 발전에 기여하기보다는 폭력에 더 기여했다고 말했다.

그런데 그러한 시비는 하나만 알고 둘을 모르기 때문에 벌어진 것이다. 과학이 바로 폭력이다. 과학과 폭력이 서로 이중적이라는 점을 루소는 미리 알고 있었다. 과학과 폭력은 '위험천만한 보충대리' 같은 것이다. 과학은 보충대리이긴 하지만 폭력이 될 수 있는 위험한 것이다.

데리다를 비롯한 서양 철학자들은 우주의 '근원'인 '소리'를 '원인'으로 삼아 나아갔다. 이는 우주를 근본적으로 갈라놓은 것으로서, 그 후 분열된 우주 속에서 인간도 분열되었다. 이러한 모든 분열 사태의 원인은 시간(현재)의 등장이다. 현재를 만든 생물종이 인간이다. 현재에 사는 인간이 '현존재'이다. 소리에 의하지 않고는 우주는 하나로 돌아갈 수 없다.

15. 자연과학의 세계=등식의 세계=문자의 세계는 같고, 문자의 세계는 살인(자살)의 세계=사형의 세계이다. 자연의 세계=부등식의 세계=존재의 세계는 같고, 존재의 세계는 소리(선물)의 세계=증식의 세계이다. 소리야말로 '로고스'의 세계가 아니라 '존재'의 세계이다.

3
소리에서 포노로지(Phonology)의 탄생[1]

1) '말-소리중심주의'의 착오

서양철학의 '정신(Geist)'을 '천지인(天地人)-정기신(精氣神)'사상의 맥락에서 해석하니까 '정신(精神)'이 된 것이지만, 어쨌든 '정신'이 '기(氣)'를 잃어버리고 나니까 기도 정신에서 독립(대립)하여 '물질'이 되지 않을 수 없었다. 결국 '정신'과 '물질'은 대립하게 되었고, 그 대립은 영원히 이상과 조화를 향하지 않을 수 없게 되었다. 이것이 바로 정반합(正反合)이라는 변증법의 논리이다. 이런 정반합의 논리를 극복하기 위해서 역동성이 필요하고, 역동성을 보장받고 전개하기 위해서 전통적인 기철학의 도움과 부활이 필요하다. 역동성은 변증법이 아니다. 동양의 음양사상이 바로 역동성의 대표적인 모델이다.

천지(天地)와 이기(理氣)는 음양적이다. 서양의 해체철학자들이 개발한 교차배어(交叉配語. chiasmus)라는 말은 동양의 음양론에 대한 서양철학적 번안이며 해석이다. 그런 점에서 천지음양은 교차배어적이라고 말할 수 있다. 교차됨으로써 자연에서 문명이 발생하고 다시 이것이 피드백하고 순환한다. 인간은 '기(氣)의 동물'이면서 동시에 '이(理)의 동물'이다.

이(理)와 기(氣)도 실은 교차하는 것이다. 이것은 동일성의 철학, 보편성의 철학이 아니고 동시성의 철학이면서 일반성의 철학을 향하고 있다. 일반성의 철학은 이성중심주의 철학의 무화(無化)를 지향하는 심물일체(心物一體)의 철학이다.

---

1) 박정진 지음, 『소리의 철학, 포노로지』, 2012, 소나무. 위의 책을 참조하면 보다 상세한 진술이 있다. 많은 도움이 될 것으로 생각되기에 독자들에게 권하는 바이다.

天	氣	정신(精神)	이(理)	×	기(氣)
人	神	인간(天/地)	理/氣		氣/理
地	精	물질(物質)	기(氣)		이(理)

서양의 역사는 이성을 중심으로 전개되었기 때문에, 시간과 공간을 중심으로 전개되었기 때문에, 역사사회를 중심으로 전개되었기 때문에 변증법적으로 정반합을 거듭할 수밖에 없었다. 칸트에 이르러 이성(理性)을 만나 '정신=절대신=이성'이 되어 오늘의 과학에 이르렀다. 이성은 그 이면에 '정신=절대신'의 등식을 감추고 있다.

여기서 소리(phone)는 로고스(logos)에 포함되어 매개변수가 되고, 의미가 되고(所記 혹은 記意), 능기(能記)로서의 존재 의미를 상실하고, 있으나마나 한 것이 되어버렸다. 서양철학의 '사물=언어'를 극복하거나 벗어나기 위해서는, 세계(존재)의 진면목을 보기 위해서는 그 사라져버린 '소리'를 찾지 않으면 안 된다. 서양문명은 소리에 로고스를 투사해 삼켜버리는 오류를 범했다. 그 오류의 대가로 과학을 얻었다. 그러나 이제 그 과학이 자연의 생태환경에 근본적인 문제를 일으키고 있다. 과학은 존재의 근원을 보지 않게 하고 이용 대상으로 전락시켜버렸다.

과학은 결국 역동적인 자연(우주)의 사물을 정지시켜서 실체를 확인하고 그것의 운동과 관계를 시공간의 좌표(액자, 프레임)상에 정립하는 것이다. 그런데 자연은 실체가 없다. 자연을 두고 시공간에서 실체가 있는 것만 바라보고 실체가 있다고 말하는 사람도 있지만 실체는 없다. 결국 실체가 있기도 하고 실체가 없기도 하다.

서양문명에서 정신(주체)과 물질(대상, 객체)은 서로 대립(비대칭)하면서 보편성으로서의 이(理)를 찾는다. 이에 비해 동양의 이기(理氣)철학은 서로 대칭(대립이 아닌)을 이루면서 기(氣)를 완전히 물질화(대상화)시키지 않았다. 그래서 기 혹은 기질(氣質)이라는 용어가 남아 있는 것이다.

동양의 이는 서양의 이성과 다르게 물리학(과학) 단계의 이가 아니라 현상학(의식학) 단계의 윤리학에 머물렀다. 그래서 동양의 '이-기'는 성리학에서 만족하지 않을 수밖에 없었다. 서양은 '정신-물질'의 이분법에 따라 과학을 발전시켰으나 동양은 서양을 뒤따라가야 했다. 그러나 동양은 오늘날 '이-기'의 기철학사상을 통해 오늘날 반이성주의철학을 열 기회를 가지게 되었다.

기는 기파(氣波)라고 할 수 있고 소리는 음파(音波)라고 할 수 있다는 점에서 같은 파동(波動)으로 통합될 수 있다. 그 기 혹은 기질, 잃어버린 소리, 자연의 소리를 되찾는 것이 바로 소리철학, 포노로지이다. 무엇보다도 사물의 전체는 시각적으로 볼 수 없다. 다시 말하면 우주의 전체를 결코 볼 수 없다. 그러나 전체를 상징하는 소리는 들을 수 있다. 소리는 사물과 우주를 상징하는 메타포이다.

'말-소리중심주의'(logo-phonocentrism) = '말중심주의(logocentrism)' *소리(phono)는 있으나마나 한 것이다. 정기신(精氣神)에서 기(氣)가 빠지고 정신과 물질이 대립한다. '정신 = 절대신 = 이성(理性)' '정신의 대상 = 물질(物質)' *기(氣) = 에너지 = 소리(phone) = 포노로지(phonology)의 탄생

결국 기의 상실에서 비롯되는 '철학적 오디세이의 모험'이 서양 철학사가 된 것이다. 서양의 이성중심주의 철학은 처음부터 유물론을 배태하고 있었다고 해도 과언이 아니다. 그런데 이 같은 상황은 절묘하게도 서양 알파벳문명권의 '말-소리중심주의'에서 소리(phone)가 빠지면서 초래되는 '말-소리중심주의' = '말중심주의'가 되는 것과 상응하고 있다.2) 정신과 물질의 대립은 그 입장을 바꾸어도 얼마든지 설명이 가능하기 때문이다.

동양의 이기론은 흔히 이기불상리(理氣不相離), 이기불상잡(理氣不相雜)으로 설명된다. '이기불상리'는 '이와 기는 서로 떨어지지 않는다', '이기불상잡'은 '이와 기는 서로 섞이지 않는다'는 뜻이다. 전자의 뜻은 이와 기는 함께 따라다니는 동봉(同封)관계에 있다는 것이고, 후자는 이와 기는 자신의 성질을 잃고

---

2) 박정진, 『철학의 선물, 선물의 철학』, 소나무, 2012, 29~30쪽.

통합되어서는 안 된다는 뜻이다.

이를 동양의 음양론으로 설명하는 것이 더 적절할 듯하다. 음양은 대립이 아니라 상호보완의 관계이다. 상호보완관계는 항상 함께 있으면서도 동시에 서로의 역동성(동태성)을 잃어버리고 정태적인 하나가 되지 않는 것이다. 남녀는 흔히 대립관계처럼 설명된다. 그러나 남녀는 보완관계이다.

서양 이론으로 보면, 음양론은 전기(電氣)의 이론에 흡사하다. 전기의 플러스(+)와 마이너스(-)는 개념이 아니라 작용이다. 말하자면 작용하기 전에는 전기가 있는 줄 모른다. 이것을 두고 동시적이라고 할 수 있다. 전기는 플러스와 마이너스, 즉 음양이 함께 동시에 있는 것이다. 함께 동시에 있지 않으면 존재할 수 없다. 전기에 비유하면 과학은 전선(電線)과 같은 것이다. 전기를 사용하기 위해 전선을 만든 것이 과학이다.

그러나 음양론을 전기이론으로 환원하면 음양론이 축소된다. 음양론은 일반론으로 전기이론을 상징적으로 확대한 이론으로 보면 된다. 음양론은 인과론이 아니라 상징론으로 우주를 상징적 상호작용으로 보는 것이다. 이런 이론을 바탕으로 동양의 음양(오행)이론, 천지인사상, 『주역』, 한의학이론 등이 있는 것이다.

서양의 이성 중심의 대립적 세계관은 동양의 음양의 대칭적 세계관과 크게 다른데, 기(氣)라는 개념 아닌 개념의 존재 유무와 상관을 맺는다. 소리철학은 종래의 인간(이성) 중심의 보편성의 철학 대신에 물(物, physis) 중심의 일반성의 철학이며, 기철학을 토대로 하는 철학이다. 소리와 기는 밀접한 관계에 있다.

기는 논의의 차원에 따라 기운생동(氣運生動), 기운생동(機運生動), 기운생동(氣韻生動)으로 설명될 수 있다. 기운생동(氣運生動)은 생명의 차원으로 기의 일반성을 의미하고, 기운생동(機運生動)은 무형적 조짐, 즉 기미(機微)의 기운을 의미하고, 기운생동(氣韻生動)은 내재적 소리의 울림으로 음운론적 차원에서 이루어진다. 이들 차원은 서로 밀접한 관계에 있으면서 동시에 순환의 관계에 있다.

서양 알파벳문명권의 '말-소리중심주의'에서 소리가 빠지면서 '말-소리중심주의' = '말중심주의'가 되는 것은 서양문명이 이성중심주의를 토대로 구축되어 있음을 전제하고 있다고 해도 과언이 아니다. 소리야말로 우주적 전체성(총체성)으로, 우주적 존재로 돌아갈 수 있는 길이다.

한국이 세계 철학계에 독자적인 철학, 오리지널리티가 있는 철학인 '포노로지(Phonology)'를 낸 것은 유사 이래 처음이다. 철학은 언어를 사용하는 체계이기 때문에 언어를 해체하지 않고는(탈언어화하지 않고는) 이성중심주의를 벗어날 길이 없다. 현대 철학이 기댈 곳은 소리밖에 없다. 언어는 소리(음성언어)에서 출발했기 때문이다. 결국 소리에서 존재를 찾을 수밖에 없다. 이렇게 볼 때 과학의 물질이라는 개념에 대해서는 '기(氣)'라는 개념으로 피난처를 마련하고 철학의 언어에 대해서는 소리를 내놓음으로써 구원을 달성해야 한다.

포노로지는 마치 한글, 훈민정음 창제와 맞먹는 문화적 성취이다. 훈민정음은 아마도 포노로지의 탄생을 오래전부터 배태하고 기약하고 있었는지도 모른다. 포노로지는 세계에서 가장 자연에 가까운 철학일 것이다. 포노로지는 소리글자인 한글을 가진 한글문화권의 일원이기에 가능한 것이다. 따라서 포노로지는 한글의 철학적 금자탑이라고 말할 수 있다.

프랑스 철학자 데리다는 서양 철학사가 알파벳 소리글자의 조건으로 인해 문자기록을 폄하하고 '말-소리중심주의'를 진정한 것으로 여기는 철학적 전통에 빠졌다고 비판한다. 말은 자연적이고 진정한 것인 반면 글은 필요악으로서 방편으로 사용하는 것에 불과하다고 주장한다. 그는 이러한 서양철학의 경향을 '현존(présence)의 형이상학'이라고 부른다. 급기야 그는 '말-소리중심주의'가 이성중심주의의 원인이라고 지목한다.

> 바로 이 같은 로고스 속에서 소리(phonè)와의 근원적이며 본질적인 관계는 결코 단절된 적이 없다. 그 점을 보여 주는 것은 쉬운 일이며 나는 그것을 시도할 것이다. 소리를 어느 정도 암묵적으로 규정한 바대로라면, 소리의 본질은 로고스로서의 '사유' 속에서 '의미'와 관계를 맺고 그것을 산출하고, 수용하고, 발화하고, '재결집하는' 것과 직접적으로 근접해 있다. 가령, 아리스토텔레스가 "목소리가 발송한 소리는 정신의 상징이며 문자로 적힌 낱말들은 목소리가 발송한 낱말들의 상징이다"라고 적은 이유는 그 최초의 상징

을 산출하는 목소리가 정신과 본질적이면서 직접적인 근접성의 관계를 맺고 있기 때문이다. 최초의 기표를 산출시키는 목소리는 단지 다른 기표들 속에 있는 일개 기표가 아니다. 그것은 자연적 유사성을 통해 사물을 반영하거나 반사시키는 '정신-상태(état-d'âme)'를 의미한다.[3)]

과연 '소리'가 이성중심주의의 원인일까? 아리스토텔레스마저 그랬으니 데리다가 '소리=이성'이라고 하는 것은 당연한 것 같다. 서양 철학자들은 모두 여기에 동의할 수 있을 것이다. 그런데 동양 사람의 입장에서 볼 때 소리는 이성이 아니다. 소리는 의미도 없을뿐더러(의미도 없으니) 이성이 될 수 없다. 아마도 서양 사람들은 자신의 머릿속에 있는 이성을 소리에 투사했을 것이다. 생각 자체가 자신을 대상에 투사하는 것이 아니던가? 서양 사람들은 이런 자신의 투사에 속고 있다. 의미도 없는 것이 어떻게 이성이 되겠는가? 서양 사람들이 모두 그렇게 생각할 뿐이다.

'소리=현존=이성'은 다분히 기독교의 '하나님 말씀'의 '말씀'에 대한 반작용이라고 할 수 있다. 구조언어학적 분석에 따르면 말씀에는 분명히 파롤(parole)도 있고 랑그(langue)도 있다. 그런데 왜 랑그에 초점을 맞추고 말씀을 이성과 연결시켰을까? 이는 다분히 프랑스의 합리주의와 텍스트적 전통의 영향이거나 프랑스식 철학을 전개하다보니 그렇게 되었을 것이다. 그러한 점에서 데리다는 서양철학적 전통에 충실한 편이다.

그러나 현존은 하이데거식으로 보면 결코 이성이 될 수 없다. 현존은 숨어 있던 존재의 현현이다. 데리다가 현존을 '부재'로 본 것은 목소리의 말씀을 이성의 원인으로 본 때문이다. 물론 데리다는 후기에 목소리도 차이라는 것을 알고 에크리튀르와 다를 바가 없다고 했지만, 분명히 처음엔 그렇지 않았다.

결과론이지만 하이데거는 이데아의 이면에서 존재를 보고 존재론으로 나아간 반면, 데리다는 현존에서 이성을 보고 그것의 반대인 에크리튀르와 그라마톨로지로 나아갔다. 데리다가 나아간 방향은 다분히 현상학적 차원의 전개

3) 자크 데리다, 『그라마톨로지』, 김성도 옮김, 민음사, 2010, 49~50쪽.

이다. 데리다는『목소리와 현상학』을 쓰기도 했다. 하이데거는 현상학을 창시한 후설의 제자이면서도 존재론으로 나아간 반면 데리다는 후설에게 직접 배우지 않았으면서도 후설의 후계자를 자처하면서 현상학적 차원에서(설사 현상학에서 문자학으로 이동했을지라도) 자신의 그라마톨로지 이론을 전개해나갔던 것이다.

하이데거와 데리다는 똑같이 차연을 주장하면서 자신들의 철학을 전개해나갔지만, 하이데거의 '차연'이 존재론의 차원이었다면 데리다는 현상학의 차원이었다. 존재론의 차원이 '드러남'과 '숨음'의 숨바꼭질과 같은 것이라면 현상학의 차원은 대립된 것의 왕래와 같은 것이다. 존재론은 차원이 다른 것의 숨바꼭질이라면, 현상학은 차원이 같은 것의 왕래이다.

개별성에서 시간과 공간이 발생하고, 시공간의 발생에 따라 눈에 보이는 세계는 특수성의 세계가 되고, 특수성은 인간의 대뇌와 언어의 추상의 정신으로 인해 보편성을 향했다. 이것이 보편성의 정체이다.

하이데거의 존재론이나 데리다의 그라마톨로지는 일반성에서 보편성으로의 철학적 여정을 보편성에서 일반성으로 향하게 하기 위해 역순으로 나아간 것인데 이때 특수성을 차이로 보았지만 여전히 시간과 공간의 장애를 뚫지 못하고, 차이에 연장의 개념을 둠으로써 결과적 동일성에 머물렀다. 데리다는 공간에 걸렸고 하이데거는 시간에 걸렸다. 시간에 걸린 하이데거는 그래도 일반성의 철학의 경계에 도달했기 때문에 존재론을 주장했던 셈이다.

데리다의 그라마톨로지는 해체주의이지만, 하이데거의 존재론은 엄밀한 의미에서 해체주의라고 할 수 없다. 해체는 축조된 것을 해체하는 것이지만, 존재론은 본래 그러한 것을 깨달을 뿐이다. 그래서 데리다의 해체주의는 필연적으로 '유(有)의 무(無)'일 수밖에 없다. 존재론은 종래의 '존재[無]가 존재자[有]'였음을 밝혔을 뿐이다. 존재론은 무엇을 다시 세우지 않는다.

하이데거와 데리다의 생몰연대를 보면 하이데거가 앞서기 때문에 데리다가 하이데거를 배운(카피한) 것이지만 그는 자신의 프랑스 철학적 전통과 철학적 입장에 따라 현상학적 입장으로 퇴행했다. 데리다는 해체주의를 통해 존재론(존재론적 존재)에 도달하려는 태도를 취한 것으로 보인다. 존재론의 입장에서 보면 존재는 자연(존재=자연)이고 자연의 소리도 존재(소리=존재)이다. 존재와 이성은 다르다. 데리다는 하이데거의 '존재'를 자신의 입장에 따라 '생각하는(이성적) 존재' 혹은 '존재자'로 오독하거나 일부러 오해하면서 하이데거를 공격하기도 한다.

데리다는 '현존(現存, présence)' 대신에 '부재(不在, absence)'를 착안하고 '없음(nothing)'이라고 생각한다. 데리다의 부재는 '현재의 철학'이다. 현재에 매인 철학은 시간을 벗어날 수 없다. 그러나 하이데거는 '현존'을 '존재(Sein)'로 번안하면서 '존재'를 '무(nothingless)'라고 생각한다. 이것이 바로 데리다의 현상학과 하이데거의 존재론의 차이이다.

결국 하이데거는 '무(無) 차원의 존재론'을 전개했고, 데리다는 '유(有) 차원의 존재론'을 전개했다. 하이데거가 '존재와 무'의 '무'를 통해 불교의 '진공묘유(眞空妙有)의 존재론', '부진공론(不眞空論)의 존재론'을 전개한 반면 데리다는 서양의 이성중심주의 차원에서 '없음의 존재론'을 전개한 셈이다. 진공은 단멸공(斷滅空)이 아닌데 데리다식으로 말하면 '없음'이 된다.

하이데거는 존재론을 전개하면서 목소리의 현존을 존재로 인정한 반면 데리다는 '목소리의 현존' 대신에 '에크리튀르의 부재'를 제안하면서 '부재의 철학'을 전개한다. 결국 하이데거는 존재론을, 데리다는 부재론을 전개한 셈인데 데리다는 이성중심주의를 벗어난다고 하면서도 전통적 의미의 존재(하이데거의 존재자) 차원에서 부재론을 전개했고, 하이데거는 새로운 차원의 존재론을 전개했던 것이다.

데리다의 에크리튀르는 구조언어학의 기표와 기의 문제를 현상학적 차원에서 재연한 것뿐인데, 소리를 의미(기의)로 전환시키는 알파벳문명권의 타성에 따른 것이다. 그것은 소쉬르에 비해서 전혀 새로울 것도 없다. 소리의 표현적 성격과 문자(표지)의 표기적 성격을 서로 다른 것으로 보고, 소리를 자기환원적인 것으로 규정한 데 따른 것이다. 소리는 결코 자기환원적이지 않다. 오히려 문자야말로 그것의 기록성으로 말미암아 환원적이다.

데리다의 에크리튀르와 문자학은 문자가 범한 범죄를 소리에 책임전가하기 혹은 뒤집어씌우기에 해당한다. 그래서 그의 주장은 자주 궤변적이 될 수밖에 없었고, 자기모순에 빠지게 되면서 프랑스적 문체주의의 장막에 숨어 자기모순을 은폐하게 되었다. 한마디로 데리다는 하이데거의 존재론을 잘못 해석한 나머지 현상학으로 후퇴하는 철학적 후퇴에 범했다.

이는 실존주의자 사르트르가 존재론자인 하이데거를 오해한 것과 다를 바 없는, 같은 현상학적 차원의 프랑스적 오해이다. 프랑스의 철학자들은 하나같이 후설의 훌륭한 제자들이다. 다시 말하면 후설의 현상학은 프랑스에서 꽃을 피웠다. 그러나 현상학은 존재론이 아니고 의식학일 따름이다.

사르트르는 세계를 온통 의식 속으로 집어넣어버리고 초월적인 순수주체를 설정한다. 따라서 의식주체는 '대자(pour-soi)'가 되고, '대자'는 즉자로서의 '자기(le soi)'를 다시 설정하게 된다. 의식주체는 '미래를 향한 주체(sujet-au-futur)'가 된다. '자기'는 자기동일성과 자기통일성을 기하는 '사르트르의 자신의 통일된 즉자(le soi unifié de Sartre même)'가 되지만 항상 부정과 초월과 무화의 대상이 된다.

결국 이는 코기토('나는 생각한다. 고로 존재한다')를 '존재하는 나를 생각한다'로 봄으로써 주체는 자기일치를 이룰 수 없는 '대자로서의 의식'에 불과한 것이 된다. 사르트르는 '미래를 향한 존재의 표면'으로서 의식을 설정하지만, 표면은 이미 공간의 2차원이고 존재는 항상 1차원의 시간을 따라 무한대(사르트르식의 무한퇴행)로 나아가지 않으면 안 된다.

후설의 현상학의 충실한 제자인 사르트르와 데리다의 프랑스적 공통점은 항상 시각과 함께 공간의식이 따른다는 점이다. 이때 공간의식은 '표면'인데 사르트르는 '미래를 향한 존재의 표면(두께 제로)'이 의식인 반면 데리다는 '에크리튀르 하는 대상으로서의 표면'이다. 둘 다 공간에 매달려 있기 때문에 시간의 축을 따라서 무한대로 나아가지 않으면 안 된다. 무한대는 하이데거식의 '무(無)의 현상학'이다.

하이데거는 공간에서 사유를 시작하지 않고 시간에서 시작하였기 때문에 사르트르와 데리다처럼 공간(공간의 표면)에 매달리지 않고 시간을 벗어나서 역사로부터 자유롭게 된 셈이다. 그래서 현상학을 벗어나서 존재론을 구축할 수 있었던 셈이다. 하이데거에 존재론에 따르면 '존재=기(氣)=무[不眞空論]'가 된다. 이에 반해 데리다의 부재는 현상학적 현재의 차원에서 전개된 '글 쓴 자'의 '자아(自我) = 자가(自家) = 동일성'의 은폐로 귀착된다. 알다시피 현상학은 현재라는 시간을 전제하지 않으면 성립하지 않는 것이다.

현재는 자신의 비시간성의 틈을 메우기 위해 우상을 만들고, 그것을 매개로 과거와 미래를 연결한다. 그 우상 가운데 하나가 바로 시간이다. 시공간은 기운생동의 존재인 인간이 자신에게 하나의 정체성을 부여하고 장기적으로 하나의 틀에 매기 위한 장치이다.

데리다의 현존은 현재의 입장에서 부재가 되었는데, 부재는 '말한 자가 없다'는 의미도 되지만 동시에 '부재가 이성'이라는 이중적 의미가 있다. 이성은 텍스트에 의해 연결된다. 하이데거의 현존은 존재와 동봉관계에 있다. 데리다의 '부재'는 불교의 '공(空)'이 아니지만, 하이데거의 '존재'는 '공(空)' 혹은 '무(無)'와 동봉관계에 있다. 여기서 동봉관계라는 것은 하이데거의 존재도 불교적 무에 완전히 도달한 것은 아니라는 뜻이다.

데리다의 '부재'와 하이데거의 '존재'에는 여전히 '자아'가 숨어 있다. 부재는 공간적 자아, 존재는 시간적 자아에 잡혀 있다. 두 학자는 이성중심주의를 벗어나려고 노력했지만 여전히 서양 철학사의 이성중심주의에 갇혀서 그 창 너머로 동양의 불교철학이나 도가철학을 바라봤을 뿐이다. 두 학자는 역설의 철학을 혹은 이중성의 철학을 구사하고 있지만, 역설과 이중성은 여전히 그것을 가능하게 한 상대의 흔적을 가지고 있다. 다시 말해서 온전한 하나는 언어(言語)를 넘어야 도달하는 것이다. 아니, 언어를 넘는다기보다는 포기해야 한다. 언어로는 결코 본래의 세계에 도달하지 못한다.

이에 비해 소리는 처음부터 동일성이 없고, 목소리도 동일성으로 환원되지 않는다. 서양철학은 소리를 의미로 잘못 해석하는 바람에 동양의 법음(法音)에 도달하지 못했다. 이성주의의 범인은 소리가 아니라 문자이다. 문자가 있어야 문장이 되고, 문장이 있어야 이성이 존재할 수 있는 것이다.

인간의 생각이 지닌 근본적인 약점은 주어를 설정하지 않으면 안 된다는 데 있다. 은연중에 주어를 가정하지 않으면 어떤 말도 할 수 없다. 예컨대 '무엇이 없다'고 할 때도 없는 것의 주어를 가정하지 않으면 안 된다. 주어를 설정하는 데는 있고 없음, 즉 유무의 차이가 없다.

생각하는 주체가 곧 주어이고, 그것이 자아이다. 그래서 '생각하는 나를 존재'라고 했고, 후기근대에 와서 '존재하니까 생각한다'라고 그것을 뒤바꾸었을 따름이다. 생각과 존재를 왕래했을 따름이다. 생각이 존재를 규정하다가 이제 존재가 생각을 규정하게 되었을 따름이다. 철학은 인과를 따지는 논리였지만, 결국 논리학이 제일 싫어하는 순환론에 빠져버린 셈이다.

논리는 원인으로 돌아가는 환원주의의 산물이지만, 존재는 존재의 근본으로 돌아가고자 한다. 그것을 존재의 고향이라고 말할 수 있다. 둘의 차이는 전자는 원인으로 돌아가는 것이고, 후자는 고향으로 돌아가는 것이다. 원인과 고향의 차이는 무엇인가? 고향은 감성적 양식을 가지고 있다. 감성적 양식 가운데 가장 상징적인 것이 소리이다. 그래서 시인들은 사물의 소리를 듣는다. 소리는 사물의 고향이다.

감성적 양식은 원인(原因)이 아니라 원형(原形)이라고 할 수 있다. 감성적 양식은 인간이 발견한 것이 아니라 처음부터 주어진 것이다. 감성적 양식은 그래서 보편성을 운운하는 것이 아니라 만물이 가지고 있는 일반성이다. 보편성은 인간이 찾아낸 양식이지만 일반성은 주어진 양식이다. 예컨대 느끼는 세계, 감성의 세계는 그것을 대상화하지 않으면 결코 감각적 대상이 되지 않는다. 인간은 그것을 스스로 대상화해놓고 대상이라고 규정한다. 결국 느끼는 세계, 교감의 세계를 대상이라고 규정하는 것은 인간의 관념이고 생각이다.

생각하니까 존재하든, 존재하니까 생각하든 인간은 생각의 동물이다. 생각의 동물이 생각의 결과를 지칭한 것이 바로 철학이다. 철학은 인간이 살아가는 데는 필요하지만, 인간 이외의 다른 만물(자연)이 존재하는 데는 반드시 필요한 것은 아니다. 결국 철학은 인간이 살아가기 위해 만들어놓은 삶의 장치인 것이다. 인간은 자연이라는 하나의 덩어리를 그 어디엔가에서 깨뜨리고 소유하면서 살아가는 존재이다. 그런데 깨뜨린 것에는 절편이 있기 마련이다.

인간은 그 절편(단절된 면)을 어떤 방법으로든 연결시키려고 노력한다. 그것이 어떻게 연결된 것이든 땜질을 해야 한다. 땜질에는 땜질의 흔적이 있다. 그러나 땜질하는 것조차 인간의 생각 쳇바퀴가 한 일(가상, 상상, 망상)이다. 자연은 인간이 생각하는 것처럼 결코 연속성을 깨뜨린 적이 없다.

데리다의 논의는 현상학적인 차원에 있었음이 확실하다. 데리다는 서양철학의 이성중심주의를 벗어나겠다고 공언하면서도 도리어 이성중심주의의 근원이 되는 현상학(의식학)적 차원에서 이성을 공격했다. 하이데거의 존재론은 데리다에 의해 오해되었거나 후퇴한 셈이다. 현상학적 차원이란 의식학의 차원이다. 의식은 지향성(志向性)을 갖기 때문에 현재가 없으면 존재할 수 없다. 따라서 데리다의 철학은 현재론이라고 할 수 있다(현재는 시간이다). 데리다는 현상학적 차원에서 '현존'과 '표현'을 공격한 셈이다.

데리다는 현재(시간)라는 정지된 시점(지평, 공간)에서 현존을 바라봄으로써 현존을 부재로 바라보았다. 이는 현존을 현상으로 바라보는 현상학적 차원이다. 따라서 데리다가 현재에서 이원대립적인 것의 이중성과 왕래를 말했다면, 하이데거는 존재와 존재자(현존재) 사이를 왕래하는 존재론적 차원에서 존재를 바라본 셈이다. 데리다의 현상학적 왕래는 시간과 공간(시간과 공간은 둘 다 존재자이다)의 차이를 왕래하는 것이다. 따라서 데리다의 왕래는 '수평적 왕래(존재자적 왕래)', 하이데거의 왕래는 '수직적인 왕래(존재론적 왕래)'라고 할 수 있다.

데리다의 왕래는 헤겔이나 마르크스의 정반합이 이루어지는 차원에서의 왕래이다. 다만 데리다가 역사학(시간)이나 물리학(공간)으로 넘어가지 않았다는 점이 다르다. 그런데 헤겔이나 마르크스가 정반합의 일직선상의 발전(→)을 말했다면 데리다는 대립적인 것의 일직선상의 발전이 아닌 왕래(↔)를 말했을 뿐이다. 데리다는 존재론으로 들어가지 못했다. 데리다는 존재를 언뜻언뜻 바라보았을 뿐이다.

데리다의 시각은 비록 해체주의의 문자학이긴 하지만 여전히 남성적 시각이다. 이에 비해 하이데거의 존재론은 여성적 시각이다. 데리다의 진리는 남성적 진리라면 하이데거의 진리는 여성적 진리이다. 데리다의 진리는 텍스트의 진리라면 하이데거의 진리는 자연의 진리이다. 데리다의 진리는 산문적 진리라면 하이데거의 진리는 시적 진리이다.

앞에서도 언급했지만 '차연'이라는 개념을 처음 사용한 하이데거의 독일어

데리다: 남성적 시각	하이데거: 여성적 시각
남성적 진리	여성적 진리
텍스트의 진리	자연의 진리
산문적 진리	시적 진리
수평적(시공간적) 왕래	수직적(존재론적) 왕래

차연은 'Unter-Schied'이고 그 뒤를 이은 데리다의 프랑스어 차연은 'différance'이다. 그런데 '차연'이라는 말을 만들어가는 방식, 예컨대 기존의 단어에 조금의 변화를 가하는 모습은 비슷하지만, 하이데거의 'Unter-Schied'의 'Unter'는 '아래(under)'와 '안에(inter)'를 동시에 나타내는 의미가 있지만 데리다의 용어는 수평적(표면적) 이동(différence→ différance, 즉 e→ a)의 의미가 있다.

다시 말하면 하이데거의 용어는 수직성의 뉘앙스가 크고, 데리다의 용어는 수평성의 뉘앙스를 지니고 있다. 수평적 차이는 단순한 자리의 이동을 의미하지만 수직적 차이는 등급이나 차원의 다름을 뜻한다. 하이데거의 존재론은 종래 후설의 현상학과는 전혀 다른 차원의 철학이다.

데리다	차연(différance): e→a	différence	수평적 차이와 왕래
하이데거	차연(Unter-Schied): -	Unterschied	수직적 차이와 왕래

데리다는 '현존/부재'의 논의를 다시 '표현/표기'의 영역으로 넘겨 실제로 이중성과 애매호모함의 관계에 있는 양자를 철저하게 분리하면서 현존을 공격했던 것처럼 표현의 환원주의를 공격하는데 이는 '음성/문자'를 구분하여 루소의 음성주의를 공격하고 문자주의를 내세웠던 방식과 똑같다.

데리다는 레비스트로스의 구조주의적 이원대립항에 대해서도 관념주의 혹은 역동성의 부재라고 비판했는데 이것도 비판을 위한 비판의 수준을 벗어나지 못했다. 역동성을 설명하기 위한 구조를 두고 역동성이 부족하다고 하는 것은 레비스트로스가 남미의 원주민 사회를 참여관찰하며 찾아낸 집단무의식의 심층구조를 땀 한 방울 흘리지 않고 민족지를 통해 접하는 책상물림의 철학자가 그의 자료를 분석하면서 관념적이라고 하는 것에 불과하다. 이는 현학을 위한 현학 혹은 비판을 위한 비판에 지나지 않는다.

데리다 (프랑스의 합리주의적 전통)	하이데거 (독일의 관념주의적 전통)
현상학적 차원 차이: 수평적 왕래·이중성/메토니미적 존재론	존재론적 차원 차이: 수직적 왕래·이중성/메타포적 존재론
현존 → 부재(不在): 그라마톨로지/ 현재(존재자)라는 시점에서 존재를 바라봄	현존 → 존재(存在): 존재와 무(無)/ 존재와 존재자(현존재)를 왕래함
유(有)의 존재론/ 유(有)의 무(nothing) 부재론(不在論) 현재론(現在論)	무(無)의 존재론/ 무(無, nothingless)/ 존재론(存在論) *존재자: 無의 有

데리다는 확실히 '평면(공간)의 자아'를 가지고 있는 인물이다. 그렇지 않았으면 그가 결코 현존 대신에 부재라는 개념을 만들어낼 필요가 없었다. 그가 부재라는 개념을 만들어낸 데는 '현존'을 '현재'로 해석했을 가능성이 높다. 현재가 전제되어야 부재가 성립할 수 있기 때문이다. 그는 현재라는 구멍을 통해 '무(無)'를 바라보고자 노력한 인물이다. 현재라는 시간을 전제한 것은 그것(현재라는 점)이 놓이는 평면을 전제한 것 같다. 기록과 텍스트는 평면에서 이루어지는 직선적 시간의 흔적(궤적)이다.

표현과 표기는 둘 다 현존의 작업으로서 아무런 차이가 없다. 단지 표기는 물리학적 시공간에 흔적을 남기기 때문에 환원적이다. 표현과 표기는 목소리와 문자와 마찬가지로 현상학적으로 볼 때 이중성의 동봉관계에 있다. 말하자면 목소리에는 문자적 성격이 겹쳐 있고, 문자에는 목소리적 성격이 겹쳐 있다. 표현에는 표기적 성격이 겹쳐 있고, 표기에는 표현적 성격이 겹쳐 있다. 그런데 적반하장으로 데리다는 둘을 극명하게 갈라놓고, 목소리와 표현을 현상학적 환원주의로 보고 문자와 표기는 마치 그것을 벗어나는 것처럼 묘사하고 있다. 문자와 표기가 환원주의와 관계가 없다고 생각하는 데리다의 착각과 착시는 어디서 연원하는 것일까? 가깝게는 프랑스적 이성주의가 작용한 것 같고, 멀리는 유대-기독교주의의 신학적 콤플렉스로 인해 말씀(목소리)을 철저하게 이성중심주의의 원인으로 생각했기 때문이다.

그런데 역설적으로 '현존'이 아니라 '부재'야말로 이성중심주의를 있게 한 장본인이다. 말하거나 글을 쓴 사람이 '부재'해도 이어지는 것이 바로 이성이다. 만약 사람이 부재해도 이어지지 않는다면 이성의 발전은 없었을 것이다. 그런 점에서 합리성(합리적 이해나 동의)은 부재를 통해 실현된다고 해야 할 것이다. 그래서 모든 현존은 환원주의가 아니다. 현존이 합리성이 아니고 부재야말로 합리성이다.

하이데거가 '메타포적 존재론'이었다면 데리다는 '메토니미적 존재론'이라고 할 수 있다. 또한 하이데거가 '시적 존재론'이었다면 ,데리다는 '산문적 존재론'이었다고 할 수 있다. 하이데거가 '콘텍스트적(contextual) 존재론'이었다면, 데리다는 '텍스트적(textual) 존재론'이었다고 할 수 있다. 이성이란 다름 아닌 텍스트이다. 텍스트는 항상 어떤 콘텍스트에서 일어나는(드러나는, 떠오르는) 것이다. 더구나 텍스트는 항상 읽는 사람의 콘텍스트에 놓이게 된다. 그런 점에서 텍스트는 콘텍스트와 콘텍스트의 사이에 있는 셈이다. 콘텍스트가 존재인 것이다. 콘텍스트를 다른 말로 표현하면 기(氣)이다. 텍스트는 기분(氣分)에 따라 쓰여지고 기분에 따라 읽혀지는 것이다.

이성은 존재가 아니다. 글쓴이가 '부재'하더라도 그 글의 바통(연속성)을 이어갈 수 있으니까 이성중심주의가 가능한 것이다. 이성은 그런 점에서 매우 시간적인 작업이고 직선적인 작업이다. 이성은 '살아 있는 사람의 부재'이다. 도리어 '부재'를 통해 실현되어가는 것이 이성이다.

서양철학은 그동안 본질이 있다고 생각하고 현상을 과소평가해왔다. 본질이 어떤 것인가를 추구해온 것이 서양 철학사이다. 그런데 본질이나 보편성이 단지 인간이 구축(구성)한 것임이 밝혀졌다. 또 본질과 보편성을 추구하게 한 원동력이 이성이라고 했는데 이성조차 '위(僞, 人爲)'라는 것이 밝혀졌다. 그런 점에서 칸트의 이성은 해체될 수밖에 없는 지경에 처하게 된 것이다. 이성은 과학을 낳고 스스로를 해체하지 않으면 안 되게 된 것이다.

'위(僞)'라는 것은 그렇게 있는 것처럼 '체하는[僞善]' 것이다. '체하는'의 '체'는 '체(體)' 혹은 '문체(文體)'이다. 문학의 문체뿐만 아니라 철학도 체이고 문화도 체이다. 인간의 철학은 어느 나라의 철학이든 누구의 철학이든 자연이 마치 그렇게 있는 것처럼 체하는 것이다. 철학은 자연에 빗대어 말하는 '체'하는 방식이다. 만약 체하는 것이 없다면 인간은 결코 철학을 할 수 없었을 것이다. 그런 점에서 한국 사람은 한국식으로 체하는 것을 구성하지 않으면 결코 자신의 철학을 했다고 할 수 없다. 바로 이 점 때문에 철학이 자연환경 및 문화환경을 포함한 '풍토학의 산물'이라는 한계를 벗어날 수 없는 것이다.

철학적 풍토학의 입장에서 보면 하이데거는 독일의 관념주의적 전통에 충실하여 이데아의 이면에 있는(동봉되어 있는) 존재성을 간파하고 곧장 뒤로 돌아서서 '존재론'에 진입(직입)했다고 할 수 있다. 말하자면 플라톤의 이데아(idea)가 칸트의 이성(ration)으로 옮겨갔다가 뒤돌아서서 다시 이데아의 자리에 존재(Sein)가 들어선 셈이다.

이데아와 존재는 존재와 존재자의 사이처럼 이중성과 왕래의 동봉관계이다. 이데아야말로 존재에 투사된 존재자였던 것이다. 현상과 본질은 처음부터 이원화된 것이 아닌데 인간의 시각적 도착이 사물에서 정지된(실체의, 불변의) 어떤 것을 가정하고 그렇게 본 것이다. 이때의 뒤돌아섬은 어떤 방향을 가지고 계속 나아가는 것이 아니라 그냥 그 자리에서 돌아선 비약이다. 말하자면 점진적으로 나아가는 이성적 활동이라기보다는 사물에 깊이 침잠함으로써 얻을 수 있는 직관적·본능적 깨달음이라고 할 수 있다. 이 지점은 철학적으로 시간과 비시간의 경계라고 할 수 있다.

잡을 수 있는 시간은 과거라는 시간뿐이다. 그래서 현재라는 시간은 시간의 주인이면도 정작 셀 수 없다. 과거만 셀 수 있고, 미래도 또한 과거의 재구성에 지나지 않음으로 셀 수 있다. 셀 수 있는 것은 구체철학, 나아가서 생명철학이 아니다.

서양철학은 항상 플라톤의 주위를 맴돌고 있다. 그렇다면 플라톤의 주장과 입장은 무엇인가? 플라톤은 무상한 것이야말로 존재의 세계인 것을 처음부터 부정하고 그것에 이데아를 덧붙여서(상정하여) 시작했다. 왜 플라톤은 사물의 이면에 본질인 이데아가 있다고 한 것일까?

플라톤의 사상은 두 가지로 요약된다.

그(플라톤)는 절대적 지식을 인식하기 위한 조건으로 두 가지를 요청했는데

> 이런 요청은 (중략) 지식이 곧 의무가 되는(savoir = devoir) 측면을 연상시킨다. ① 절대적 지식이 되기 위해서는 인식이 무상한 감각세계에 종속되어서는 안 된다. 그래서 그는 감각세계를 초월한 이데아(idea)의 세계를 상정해야 논리적으로 지식이 가능하다고 여겼다. ② 절대지식의 인식은 최고의 절대성을 누려야 한다. 즉 절대성은 모든 감각적 제약으로부터 독립되어 관념의 자유로운 해방을 누리는 곳에서만 가능하다. 상기의 두 가지 요청을 합하면 플라톤의 철학은 감각적 방해가 사라진 곳에서만 진리의 추구가 완성될 수 있다는 그런 기조 위에 서 있는 셈이다.[4)]

오늘의 반이성주의적 입장에서 보면 플라톤의 '무상한 감각세계'는 도리어 사실의 세계이고, 그것의 '무상'이야말로 존재의 근거이고, 감각 또한 결코 대상(감각 = 대상)이 될 수 없다. 느낌의 세계, 교감의 세계는 감각의 주체와 대상을 확연하게 구별할 수 없고, 둘은 상관적 관계에 있을 수밖에 없는 상관적 존재이다. 플라톤은 이렇게 말한다.

> 존재(being)의 이데아는 운동과 정지의 이데아보다 더 상위의 위치에서 운동과 정지의 이데아들을 다스린다. 그래서 존재의 이데아가 최고의 이데아임에 틀림없다. 말하자면 모든 이데아들은 운동과 정지라는 매개를 통해 존재에 관여한다. 그런데 운동과 정지의 이데아와 같은 수준에 있는 다른 종류의 이데아들의 범주를 생각할 수 있다. 그것은 곧 같음(동일성)과 다름(타자성)의 이데아들이다.[5)]
>
> 긍정적으로 보면 모든 이데아들은 다른 존재의 이데아에 포섭되어 있고, 부정적으로 보면 모든 이데아들은 서로 자기 자신과 다르다는 입장에서 비존재에 관여한다고 말할 수 있다. 그래서 존재의 이데아는 아데아들을 통일하

4) 김형효, 『철학적 사유와 진리에 대하여 2』, 청계, 2004, 401쪽.

5) 같은 책, 403쪽.

> 는 이데아이고, 비존재의 이데아는 모든 이데아들을 다양하게 분산시키는 이데아에 해당한다. 그러므로 플라톤의 이데아들의 세계는 서로 다양성을 지니는 동시에 서로 통일되어 있는 그런 관계의 관여가 성립하는 세계라고 부를 수 있으리라. 플라톤은 『소피스트(Le Sophiste)』에서 이런 비존재의 이데아의 실재 때문에 현실적으로 오류의 가능성이 설명된다고 여겼다. 즉 이데아는 부정의 이데아들을 실재적으로 배척하면서 타자를 논리적으로 잉태하고 있다. 그래서 비존재의 실존이 없으면 오류를 담고 있는 판단은 실존할 수 없으리라.[6)]

우리가 주목하는 것은 바로 비존재의 이데아와 오류이다. 플라톤은 이데아를 주장했지만 이데아가 모든 것을 설명할 수 있다고는 생각하지 않았다. 그래서 이데아의 이면을 남겨두었다. 하이데거는 그 남겨둔 곳으로 철학적 원시반본을 시도했던 것이다. 그곳에서 하이데거는 플라톤이 그토록 싫어한 무상(無常)의 감각세계 자체를 대상이 아닌 '존재의 세계'라 불렀다.

서양철학은 기독교와 마찬가지로 '시작이 끝이요, 알파요 오메가'였다. 그래서 시작으로 돌아가지(환원하지) 않으면 결코 끝을 볼 수 없다. 즉, 철학이 시작되기 전으로 돌아가서 그곳에서 철학의 구원을 찾을 수밖에 없다. 서양철학과 기독교는 처음부터 오류를 안고 시작했던 것이다. 그 결과 '축복/재앙'의 이중성을 지니고 태어난 과학이라는 선물을 받았다. 자연은 오류의 끝에 진리가 있음을 끈질기게 기다려주었고, 그 진리는 모순을 안고 있는 모순의 진리임을 가르쳐주었다.

오늘의 존재론이나 해체주의 철학에서 보면 플라톤 철학은 비존재의 희생 위에 건축된 철학이다. 플라톤의 비존재가 오늘날 존재이고 모순이 진리이다. 존재와 비존재, 이데아와 시뮬라크르의 동봉과 공존이 세계의 진면목이다.

서양 철학사의 발전 과정을 보면 소크라테스와 플라톤이 등장하고, 플라톤은 이데아와 시뮬라크르(simulacres)[7)] 중에서 이데아를 선택했다. 플라톤도 시

---

6) 같은 책, 404~405쪽.

뮬라크르와 파르마콘(pharmakon) 세계가 있음을 인정했다. 플라톤은 세계의 원형인 이데아의 복제물을 현실이라고 하고, 현실의 복제, 즉 복제의 복제물을 시뮬라크르라 했다. 따라서 플라톤은 시뮬라크르를 실재하지 않는 가치 없는 것으로 여겼다. 그러나 이것이 역전되어 반이성주의의 맥락에서는 이데아 자체가 시뮬라크르가 된다. 나아가 이성과 신도 시뮬라크르가 된다.

데리다도 플라톤을 뒤집는 곳에 이성중심주의의 피난처가 있음을 알고 있었던 듯하다. 데리다는 로고스의 반대편에 파르마콘과 코라가 있음을 주장한 플라톤을 상기했다. 아이러니컬하게도 그는 이성주의의 탈출 아이디어를 플라톤에서 얻었던 것이다.

> 세계의 기원은 '그릇'이나 '자궁'과 같은 공간 속에 구도나 형태를 기록하는 것에 비유된다고 플라톤은 생각했다고 한다. (중략) 그런 빈 공간은 결코 플라톤이 그전에 주장하던 '현존의 형태'나 '형태의 현존'과는 다르다. 왜냐하면 그 빈 공간에 다양한 차이가 나는 것들이 기록되기 때문이다. 빈 공간은 스스로 말하는 것을 듣는 영혼의 목소리와 듣기의 그런 현존적 차원이 아니다. "장소, 공간, 모든 것들이 나타나는 그곳, 그 위에서 만물이 스스로를 나타내 보이는 그런 곳, 소굴(巢窟)이며, 자궁이고, 어머니이고, 유모 등과 같

7) 원래 플라톤이 정의한 개념으로 "이 세계를 원형(이데아), 복제물(현실), 복제의 복제물(시뮬라크르)"로 정의했다. 우리의 삶 자체가 이데아의 복제물인데, 복제는 언제나 원형을 그대로 담을 수 없는 것이므로 복제하면 할수록 원형과는 점점 멀어지게 된다. 따라서 플라톤은 시뮬라크르를 실재하지 않는 가치 없는 것으로 여겼다. 프랑스의 철학자 들뢰즈는 이를 새롭게 부활시켜서 "단순한 복제의 복제물이 아닌 독립성을 가진 개체"로 보았다. 즉, 원형을 단순히 흉내 낸 가짜가 아니라 원형과는 다른 정체성을 가진 역동적인 존재로 보았다. 프랑스의 철학자이자 사회학자인 장 보드리야르는 『시뮬라르크와 시뮬라시옹(Simulacres et Simulation)』에서 주로 대중과 미디어, 소비사회에 대한 개념으로 사용했다. 현대 사회에서는 모사된 이미지가 현실을 대체한다는 것이다. 시뮬라크르는 모든 실재의 인위적 대체물을 뜻하는 것으로 존재하지 않지만 존재하는 것처럼 아주 생생히 인식된다. 또한 시뮬라시옹은 실재가 파생실재로 전환되는 작업을 뜻한다. 현대인은 주로 대중매체 등에서 만들어지는 가상실재인 시뮬라르크 속에서 살아가게 되어 재현과 실재의 관계가 역전되었다.

은 모든 표현들은 우리로 하여금 만물을 담고 있는 공간을 생각하게 한다."[8]

그러나 데리다는 그의 합리주의적 접근방식 때문에 존재론의 영역에 하이데거처럼 바로 돌아서서 들어가지 못했다. 합리주의는 앞으로 나아가야 하는 타성 때문에 돌아설 수 없기 때문이다. 정확하게는 데리다의 합리주의는 공간주의(공간적 자아)이다. 이에 비해 하이데거의 철학적 이성은 시간주의(시간적 자아)라고 할 수 있다. 하이데거가 『존재와 시간』이라는 책을 썼음을 상기할 필요가 있다. 데리다는 에크리튀르를 주장했고 『그라마톨로지』라는 책을 썼다. 에크리튀르는 언제나 평면(공간)을 필요로 한다는 사실을 상기하자.

루소는 고대의 시뮬라크르 개념을 근대적 의미로 해석해 '재현', '모방' 혹은 '보충대리', '대리보충'이라고 명명했다. 재현을 시뮬라크르라고 할 수 있다. 전반적(총체적)으로 문명은 자연의 재현이다. 이데아는 존재의 시뮬라크르, 이(理)는 기(氣)의, 이성은 감정의, 시니피앙은 시니피에의, 문자는 소리의, 역사는 신화의, 과학은 종교의, 예술은 자연의, 언어는 사물의, 사물은 존재의, 남자는 여자의, 1은 0의, 2는 1의, 보편성은 일반성의, 신은 자연의 시뮬라크르이다. 동양의 태극음양사상은 시뮬라크르 사상의 전형이다. 시뮬라크르 개념은 시공간에도 적용된다. 시간은 흐름의 시뮬라크르이다. 공간은 시간의 시뮬라크르이다.

시간은 직선(1차원)인 반면 공간은 입체(3차원)이다. 시간(le temps)은 시간성(la temporalité)과의 경계에서 곧장 시간성(0차원, 무차원, 시간 그 자체)으로 갈 수 있지만 공간(3차원)은 현재의 시간(1차원)을 거쳐야 비시간(시간성)으로 갈 수 있다. 이것은 하이데거의 존재론의 시간보다 현상학적 후퇴이다. 그래서 데리다는 '현재의 비시간'을 통해 시간(과거와 미래)을 구성할 수밖에 없었다.

현재의 시간은 잡을 수 없기에 그 시간을 잡으려면 공간화하지 않으면 안 된다. 공간화된 시간이 바로 1차원(직선)의 시간이다. 시간을 공간화해야지만 시간을 재단할 수 있다. 공간화된 시간은 '틈(균열)의 시간'이고 '두께가 있는

8) 김형효,『데리다의 해체철학』, 민음사, 1993, 114~115쪽.

시간(현재)'이고, 이것이 바로 '깨어진 세계'이다. 시공간이라는 것은 인간의 탄생과 더불어 탄생한 것이고, 깨어진 세계는 인간과 더불어 시작된 셈이다.

시간은 존재와 소유의 분기점(경계)에 있다. 시간은 실체이고, 시간은 소유이고, 시간은 기계이다. 이를 거꾸로 말하면 시간이 없으면 실체가 없고, 시간이 없으면 소유가 없고, 시간이 없으면 기계가 없다는 말과 같다. 시간과 실체와 소유와 기계는 인간이 만든 제도이다. 그런 점에서 과학이라는 것도 시간과 공간의 추상이고 제도이다.

시간의 과거와 미래라는 것은 시간이라고 하지만 실은 기억이고 상상이다. 기억과 상상은 뇌와 상상계에서 이루어지는 구성된 시간이며, 구성된 시간은 구조적 시간 혹은 공간이다. 그래서 과거와 미래는 움직이지 않는 시공간이다. 현재는 항상 지나가버리지만 과거와 미래는 항상 정지된 공간처럼 그곳에 있어야 하는 것이다. 이를 통해 우리는 시간과 공간이 인간에 의해 구성된 것임을 알게 된다.

현재는 시간의 두께(거리)가 있다. 현재가 있음으로써 과거와 미래가 존재하게 된다. 그러나 시시각각 생멸에는 시간과 공간이 없다. '찰나'는 시간의 길이(시간의 최소단위)를 나타내는 용어이지만 편의상 시간성 자체의 의미로 '찰나'를 사용하고, 시간이 없는 생멸을 '찰나생멸'이라도 해두자. 시간의 현재는 찰나생멸이 아니다. 시간은 찰나생멸을 '현재'로 규정한 것에 따르는 후속조치의 결과이다. 현재의 비시간성에 의해 과거와 미래가 생긴 일련의 제도에 지나지 않는다는 뜻이다. 과학이라는 것도 실은 시간과 공간이라는 제도의 현상학이다.

찰나생멸의 시간과 공간이 없는 세계가 바로 기(氣)의 세계이고, 기의 세계는 자연이 세계이다. 자연에는 연장(연기, 보류)이 없다. 시간이 존재하면 분명히 시작과 끝이 있어야 한다. 시간의 시(時)는 시작(始作)의 시(始)이고, 간(間)은 종말(終末)의 종(終)을 내포하고 있다. 하지만 동시에 시간은 그것의 시간성으로 인해 시작과 끝이 있어서는 안 된다. 따라서 시간은 유시유종(有始有終)이지만 동시에 무시무종(無始無終)이다. 양쪽에서 어느 쪽을 택하는가는 택하는 자에게 달려 있다.

시간은 현재가 있어야 분명히 존재하는 것이지만, 현재는 지나가는 시간의 흐름(시간성)이기 때문에 구성할 수 있는 것이 아니다. 따라서 시간을 이성적으로 구성하기 위해서는 현재의 비시간성이 필요하다. 결국 현재의 비시간성 때문에 시간의 과거와 미래가 존재하게 된다. 존재로서의 '지속성'이나 '흐름'인 시간성(die zeitlichheit)은 있지만 존재자로서의 시간(die zeit)은 없는 것이라는 결론에 도달한다.

시간은 몸에 의해서 현재가 된다. 시간은 결국 몸의 현상학이다. 시간은 현재가 되는 동시에 드러나지 않는 존재로서 비시간이 되지 않으면 안 된다. 비시간이 되지 않으면 과거와 미래의 시간은 존재할 수 없기 때문이다. 그렇기 때문에 시간은 실재하지 않는 추상의 대표적인 것이다. 시간이라는 추상이 만들어낸 것은 공간은 물론이지만, 자유, 평등, 박애, 이상, 영원, 희망, 무한대, 메시아 등 부지기수이다. 문명의 모든 제도는 실은 시간이 만들어낸 추상작품이다.

이에 비해 자연은 시공간의 틀을 벗어나 있다. 자연은 시공간의 텍스트가 아니라 텍스트 밖에 있는 콘텍스트일 뿐이다. 만약 추상이 대뇌의 정신활동의 결과라면 정신이야말로 추상이고 정신의 산물인 문명이라는 것은 실은 제도추상, 기계추상이다.

시간의 과거는 기억(기록)이고 미래는 기억의 재구성이다. 그 구성과 재구성에 뇌와 상상계가 개입한다. 시각과 언어는 뇌의 활동이고, 여기에 상상계(상상의 시공간)가 개입하는 것이다. 따라서 객관적인 시간과 공간은 없다. 결국 시간과 공간이 있는 곳에서 인간이 탄생한 것이 아니라 생물의 진화와 인간의 탄생 과정이 바로 시간과 공간의 탄생과 같은 것이다. 거꾸로 말하면 인간이 없으면 시간과 공간이 없다. 그런 점에서 세계는 시간과 공간이 아니라 찰나생멸이며, 우주 저 멀리서 빅뱅과 블랙홀이 있는 것이 아니라 우리 몸의 어느 한 지점에 빅뱅과 블랙홀이 있는 것이다.

인간은 직관적으로 우리 몸에 빅뱅과 블랙홀이 있음을 알고 있다. 그것을 신(神) 혹은 정령(精靈)이라고 말했을 가능성이 높다. 동양의 천지인정기신(天地人精氣神)은 처음부터 서로 다른 것이 아니라 세계를 순환적으로 바라보는 상징으로 서양에서처럼 서로 구별되는 것이 아니었다. 정신과 물질이 이분되는 바람에 일반성의 철학이 되살리고자 하는 기(氣)가 보편성을 찾는 서양철학에서 사라졌다. 기는 자연 그 자체로서 본래 일반성이다.

서양철학은 우리 몸 안의 신을 밖으로 객관화시키고 대상화시켜서 신이라고 했을 것이다. 그런 점에서 우리 몸을 신(우리 몸= 신)이라고 해도 전혀 잘못이 없는 셈이다. 성현은 바로 이것을 깨달은 자들이다. 인간이 인위적·작위적으로 만든 것 이외에는 자연에 붙은 이름이 신(神)이든, 불(佛)이든, 심(心)이든, 물(物)이든, 기(氣)이든, 무엇이든 모두 같은 것이다. 우리가 어떤 신격을 대상으로 설정하고, 기도하고 발원하거나, 메시아를 기다리는 것은 우리 몸에 있는 신과 대화하는 것이고, 언젠가 우리 몸의 발현으로서 등장하게 될 메시아를 기다리는 것이다. 역사적인 메시아를 기다리는 것은 이미 몸속에 숨어 있는 은적의 신들이 현현할 것을 기다리는 존재론적 기도이다.

시간의 과거와 미래는 이성의 구성적인 작업이다. 미래는 과거의 재구성에 불과하다. 역사는 구성된 것이다. 따라서 '역사는 과거와 현재와의 대화'라는 카의 말은 성립되지 않는다. 현재와 시간은 비시간이기 때문이다. 또 역사학에서 흔히 언급되는 '과거는 미래의 거울'이라는 말은 매우 현상학적인 차원의 것이다.

시간은 이성이다. 데리다는 '현존'을 '현재'(현존= 현재)로 봄으로써 '부재'를 설정하지 않을 수 없었다. '부재'를 설정한 자체가 현상학적 차원에 있음을 증명한 셈이다. 이에 비해 하이데거는 '현존'에서 '존재'로 나아갔기 때문에 자연이 인간에게 주어진 선물임을 알았다. 하이데거는 이런 말을 한다. "존재는 있지 않다. 현존의 탈은적으로서 그것이 존재를 준다(Sein ist nicht, Sein gibt Es als das Entbergen von Anwesen)." 여기서 'Sein gibt Es'는 '자연= 주어진 것= 선물'임을 드러낸다. 존재는 선물이다. 그런데 선물과 현존과 현재는 모두 '눈앞에 제시해주는'의 뜻을 가진 라틴어 'praesens'(현재분사, 형용사) 혹은 'présenter'(동사)에 어원을 두고 있다.[9] 프랑스에서 'cadeau'라는 새로운 명사를 만들어 '선

9) 프랑스 어원사전 *LE ROBERT*, p.1620.

데리다	현존	présence	현존→ 현재(présent)
	현재	présent	현재→ 부재(absent)
하이데거	선물(존재)	cadeau(present) Sein gibt Es	현존→ 존재(Sein)

물'을 뜻한 것은 혼란을 막기 위해서이다.

프랑스어에서 'être'는 동사와 명사를 다 가리키지만, 독일어에서 'Sein'은 동사만 가리키지 명사형을 거의 뜻하지 않는다. 반면에 영어에서는 'being'은 프랑스어의 'être'처럼 구체적 개체들을 가리키는 명사가 될 수 있지만, 동사의 기능이 전혀 없다. 결국 프랑스어가 존재자와 존재의 관계를 가장 잘 내포하고 있는 셈이다.

être	동사, 명사	존재(esse)/존재자(ens)	존재-존재자적
Sein	동사	존재	존재론적
being	명사	존재자	존재자적

하이데거와 데리다를 칸트와 비교하면 다음과 같다. 칸트는 사물 그 자체를 설정함으로써 시간과 공간의 프레임(물리적 시공간)을 도출했다면, 하이데거는 시간 그 자체(시간성)를 설정함으로써 존재와 시간의 관계(존재론적 공간)를 사유했다고 볼 수 있고, 데리다는 공간 그 자체(공간성, 무한대)를 설정함으로써 에크리튀르의 평면(현상학적 공간)을 확보했다고 볼 수 있다.

하이데거	시간 그 자체 (시간성)	존재와 시간 (존재와 無)	시간의 자아 (존재론적 공간)
데리다	공간 그 자체 (공간성: ∞)	에크리튀르의 평면 (현재의 비시간성)	공간의 자아 (현상학적 공간)
칸트	사물 그 자체 (Thing itself)	시간과 공간 (사물을 계량)	시간과 공간의 자아 (물리적 공간)

이상의 시간과 공간론은 인과론(因果論), 인과응보론(因果應報論), 시공간을 벗어나는 시공초월·해탈로 설명할 수도 있다. 물론 이들 3차원에는 서로 겹쳐지는 영역이 있다. 인과론은 과학적 세계이고, 시공간론의 세계이고, 시간과 공간의 차이(만물에 실체가 있다)가 있고, 생멸의 거리가 있고, 자아의 현재성

인과론 (과학적 세계)	시공간론 (物理論)	시간과 공간의 차이 (만물에 실체가 있다)	생멸(生滅)의 거리 (자아의 현재성)	동일성(同一性)
인과응보론 (순환적 세계)	시간론 (緣起論)	시간의 차이 (만물에 불성이 있다)	생멸의 동시성 (순간은 영원이다)	동시성(同時性)
부처론 (해탈적 세계)	시공초월 (解脫論)	시간의 차이가 없음 (만물은 부처이다)	생멸의 진여론 (무아의 영원불멸)	기물성(氣物性) 동질성(同質性)

이 있는 곳이며, 동일성을 근거로 한다. 인과응보론은 순환적 세계이고, 시간론의 세계이고, 시간의 차이가 있고, 생멸의 동시성(순간은 영원이다)이 있고, 동시성을 근거로 한다. 부처론은 해탈의 세계이고, 시공초월의 세계이고, 시간의 차이가 없으며, 생멸을 떠난 진여의 세계(무아의 영원불멸)이고, 기물성(氣物性)을 근거로 한다. '기물성'의 세계는 기일원론의 세계이며 물의 세계이다. 이를 동질성이라고 한다. 그러나 이때의 동질은 동일(同一)이나 물질의 의미가 아니라 그냥 물의 세계이다.

독일의 관념주의는 시간처럼 1차원에서(2차원을 토대로) 흐르는 반면, 프랑스의 합리주의는 공간처럼 2차원(3차원을 토대로)으로 구성된다. 하이데거는 시간에서 시간성으로 들어가서 곧장 이데아의 이면에 있는 존재를 발견할 수 있었다. 이에 비해 데리다는 프랑스의 합리주의적 전통에 충실해 합리주의로 합리주의를 극복하느라 '부재론'을 전개했다. 합리주의는 시각-언어의 연쇄이면서 동시에 공간주의이다. 데리다의 눈에는 '현존'은 잡을 수 없는 것, '부재'였다. 그래서 그는 현상학을 비판하면서도 현상학(의식학)의 수준에 머물렀기 때문에 글쓴이가 없는 '부재'가 도리어 이성중심주의의 원인이 되는 줄 몰랐던 것이다.

데리다는 존재론에 들어가는 데 하이데거보다 불리한 입장에 있었던 것은 사실이지만, 그보다는 그가 주로 현상학적 논의의 수준에 있었기 때문에 하이데거의 존재론을 완전히 해독하지 못했다고 할 수 있다. 그래서 데리다는 목소리의 현존을 '현재=부재'로 읽고, 목소리와 함께 또 다른 '부재'인 에크리튀르를 창안했던 것이다. 그의 문자학은 그래서 '반(反)문자학'이다. 이는 하이데거의 존재가 종래의 존재의 '반(反)존재'인 것과 같다.

데리다는 목소리에 이성중심주의의 원인이 있다고 전제하는 바람에 결국 이성중심주의를 벗어나기 위해서는 문자로 달아나지 않을 수 없었다. 목소리의 '현존'을 '현재=부재'로 읽는 그 자체가 바로 서구문명의 자기투사, 자기모순의 폭로이다. 데리다의 철학적 공로는 그의 철학을 통해 철저히 서양문명과 서양철학의 모순과 내홍과 맹점을 자신도 모르게 폭로해준 점에 있다.

현상학의 수준에서 보면 대화와 독백도 '대화/독백'의 이중성 관계에 있다. 둘은 의식의 차원에서 겹쳐 있는 것이다. 대화하는 당사자들은 상대방을 보면서 말하고 있지만 실은 독백하는 것과 같다. 즉, 자신이 알아듣는 인식(의식)의 범위 내에서 상대방의 말을 받아들이기 때문이다. 반대로 독백은 혼자서 말하는 것 같지만 독백하는 자는 반드시 가상의 상대를 정해놓고 말한다. 그렇기 때문에 대화와 같은 것이 된다.

말-소리중심주의를 이성 중심의 원인(원죄)으로 지목하고 있는 서양문명권에서 태어난 데리다는 자연스럽게 문명적 피난을 표음문자가 아닌(소리가 없는) 표의문자로 갈 수밖에 없었다. 목소리에 대한 콤플렉스를 가진 데리다는 목소리를 의미로 숨긴 시니피에[所記]로 달아난 뒤 중국의 표의문자에 구원을 요청할 수밖에 없었던 것이다.

데리다는 기본적으로 프랑스 언어철학 혹은 담론철학의 전통 위에서 자신의 탈이성중심주의 철학을 구성했는데, 이는 결국 '능기의 철학'이 아니라 '소기의 철학'을 한 것이다. 그의 철학이 소기인 것은 '에크리튀르 한 자'보다 '에크리튀르 된 것'을 추구하기 때문이다. '에크리튀르 한 사람'은 부재하고 '에크리튀르 된 것'만 남아 있어 그것이 '쓰여진 것'이다. 쓰여짐을 당한 것은 바탕이고 바탕은 여백(餘白)이다. 그래서 그의 문자학은 '여백의 문자학'인 셈이다.

하이데거의 존재론과 데리다의 그라마톨로지를 능기와 소기의 관점에서 보면 둘 다 서양철학의 '능기에서 소기'로의 중심이동이라고 할 수 있다. 서양의 이성중심주의 철학은 '주체와 객체'의 세트(이원대립항)에서 '능기와 소기'의 세트로 이동한 뒤 다시 '능기에서 소기로의 중심이동'을 함으로써 해체철학에 들어섰다.

하이데거의 존재론은 독일의 이데아·관념주의의 전통 위에 있고, 데리다의 그라마톨로지는 이성·합리주의의 전통 위에 있다. 합리주의는 텍스트와 담론을 중시할 수밖에 없다. 하이데거보다 1.5세대(41년) 늦게 태어난 데리다는 하이데거의 존재론을 다 이해한 뒤 그것을 그대로 추종한 것이 아니라 프랑스의 철학적 전통에 따라 그라마톨로지를 다시 구성했다. 다시 말하면 그라마톨로지는 하이데거의 존재론에 대한 프랑스적 번역 혹은 변주였다. 이는 순전히 독창적인 것이라고는 할 수 없다. 일종의 문화 간 번역인 셈이다.

존재론은 이성주의의 차원 혹은 현상학적 차원에서는 도달할 수 없는 지점이다. 그러나 데리다는 후설을 그대로 따라가는 것이 아니라 현상학자를 사로잡고 있는 무의식의 욕망을 드러내는 해체의 방식을 취한 것으로 평가된다.

> 데리다는 후설의 전제들을 후설보다 더 일관적으로 지켜나감으로써 후설 자신의 결론과는 모순되는 귀결들을 끌어내고, 그리하여 이 현상학자를 사로잡고 있는 무의식의 욕망을 드러내는 수순을 밟는다. 데리다가 출발점으로 삼는 현상학적 언어이론-순수논리적 문법-의 기본 전제이자 혁신적인 통찰은, 말뜻(의미)은 이념적이라는 것, 그리고 한 표현에 말뜻을 부여하는 작용(의미지향)과 이 표현의 대상을 직관함으로써 의미를 충족시키는 작용(지향충족)은 서로 엄밀히 구분된다는 것이다. 이러한 지향과 직관의 구별은 대상직관에 대한 이념적 말뜻의 독립성과 자율성을 함축한다.[10]

데리다가 목소리-초월적 자기의식-를 해체하는 논증은 크게 두 가지로 나눌 수 있다.

> 첫째로 데리다는 자기의식이 순수 시간성의 차원에서 자기 촉발을 통해 확보하는 소위 절대적 내면성에 외부로 통하는 공간이 자리 잡고 있음을 보인다. 순수 내면성이란, 자기 목소리를 듣는 주체가 '같은 순간에' 이 목소리에 의해 표현되는 자신의 생각을 체험한다는 자기의식의 순간성에 부여될 수 있는 속성이다. 그러나 우리가 조금 전에 보았던 것처럼 현재의 순간이 지

10) 자끄 데리다, 『목소리와 현상』, 김상록 옮김, 인간사랑, 2006, 224~225쪽.

금과 비지금의 차이에 의해 산출되는 사이[間]라면, 자기 음성을 듣는 주체가 자기 생각을 알아듣기 위해서는 '지금'과 '비지금' 사이에 벌어져 있는 간격을 거쳐야만, 비지금이라는 바깥으로 나가야만, 세계로 외출해야만 한다. 시간이란 파지(retention)에 의한 표시적 우회가 만나는 사이 두기, 즉 공간화임을 밝힘으로써 데리다는 시간과 공간의 구별 및 안과 밖의 구별을 무너뜨린다. 이를 통해 내재(안)와 초재(밖)를 가르는 현상학적 환원, 이 환원을 통해 확보되는 구성적 의식 혹은 절대적 주관성 등 현상학의 주요 개념들이 폐기될 운명을 맡는다.[11]

데리다의 두 번째 논증은 독백 속의 초월적 의식이 누리는 자기 현전의 핵심에서 실은 초개인적인 언어, 상호주관적 언어에 의한 자기 소외가 일어나는 장면을 연출하는 것이다. 이는 인칭대명사를 사례로 목소리의 순수 자기 촉발적 삶에 찍혀 있는 죽음의 낙인을 읽어내는 것으로 이루어진다.[12]

어떤 대상에게 이름을 붙이는 것은 그 대상의 현존을 절멸시킴으로써 하나의 관념으로 이념화시키는 행위이다. 헤겔적으로 말하면 지칭 대상을 제거해버리는 이 살해적인 힘, 현상학적으로 말하면 사실성을 중립화시키는 이 환원의 능력이야말로 언어의 본질적 구조이다. 후설이 언어의 완성으로 간주한 완전한(충만한) 표현은 언어의 죽음과 다르지 않다.[13]

데리다의 논의는 어디까지나 현상학적인 차원의 갑론을박이고 해체이다. 현상학적인 논박은 시간과 공간의 전제 위에서 이루진다. 데리다는 특히 공간을 기조로 목소리의 시간적인 특성을 비판한다. 시간과 공간은 뒤섞일 수밖에 없다. 시간과 공간이 구별된다면 시간이야말로 공간의 1차원이다.

---

11) 같은 책, 223~224쪽.

12) 같은 책, 224쪽.

13) 같은 책, 225쪽.

시간과 공간은 처음부터 뒤섞이는 것이다. 시간이 없으면 공간도 없고 공간이 없다면 시간도 없다. 시간과 공간을 분리해서 사고하는 것은 입자적·실체적 사고이다. 자기 독백, 대상에 이름붙이기 등은 개체, 사물 등을 둘러싸고 이루어지는 주체-객체의 이분법적인 입자적 사고의 주제들이다.

그런데 소리는 입자가 아니고 파동이다. 목소리는 인간의 소리이지만 '존재의 소리'이다. 데리다는 목소리를 현상학적 차원에서 들었을 뿐이다. 존재는 시간과 공간을 초월하는 영역이다. 존재는 파동처럼 흐르는 것이고, 소리는 그것을 대표한다. 만물은 소리에 이르러 평등하게 된다. 이것이 바로 무상정등각(無上正等覺)이다.

결국 데리다의 에크리튀르는 현상학을 벗어나는 것이 아니었다. 말하는 것과 쓰는 것은 둘 다 행위가 일어나는 현존이다. 에크리튀르라고 현존을 벗어나는 것은 아니다. 다만 에크리튀르는 나중에 흔적과 기록이 남을 뿐이다. 데리다의 에크리튀르는 도리어 '문자시대'에서 '소리시대'로 넘어가는 인류 문명의 과도기에서 발생하는, '소리시대'의 전개에 반발하는 '문자로의 후퇴' 혹은 '소리의 문자로의 이해'에 해당하는 철학적 현상이라고 할 수 있다. 이것도 철학적으로 음양의 극적인 반전을 의미하는 것일 가능성이 높다.

해체철학자들은 시간의 문제에서 출발하는 공통점을 가지고 있다. 이들은 의식에서 철학을 출발하기 때문이다. 의식에 있어 양적인 구분= 공간적 구분= 물리적 구분은 대상의 특수성을 없애버린다. 이와 반대로 질적인 구분= 시간적 구분= 심리적 구분은 베르그송 철학에서 심리적 지속으로 논의된다.[14)]

> 이 시간의 개념은 베르그송의 철학에서 두 가지 뜻으로 나누어진다. 즉 심리적 지속과 물리적 시간이다. (중략) 이 시간적, 지속적 구분이 가장 구체적으로 체험되는 지대가 음악이다. (중략) (모차르트의) 혼(horn) 협주곡을 듣는 이는 이것이 하나의 멜로디로 이어져간다는 것을 또한 느낀다. 많은 이질적인 변화에도 불구하고 그 이질적인 변화들을 꿰뚫는 한 줄기의 연속적인 흐

14) 김형효, 『베르그송의 철학』, 민음사, 1991, 93쪽.

름이 선율로서 나타나 있음을 또한 안다. "질적인 구분은 역동적(dynamique)이다. 그 구분은 다양성을 하나의 유기체로서, 즉 각각의 계기에 언제나 현존해 있는 전체성으로서 생각한다. 각 계기는 총체적으로, 다시 말하자면 자기 안에서 자기의 뉘앙스를 지니고서 그러나 또한 전체성과의 관계 속에서 파악된다."[15)]

베르그송에 의해서 양적인 구분과 질적인 구분에 이어 '동질적 연속'과 '이질적 연속'으로 넘어가게 된다.

전자(동질적 연속)는 공간 속에서 직선이 계속 이어지듯이, 그 직선은 선분으로 쪼개지듯이 그런 성질을 지니고 있지만, 후자(이질적 연속)는 음악의 선율처럼 우리의 의식이 흐르되 그 흐름은 선분에서 선분으로 선이 이어지듯이 그렇게 연결되는 것이 아니라, 각각의 이질적인 경험들이 변화를 일으키면서도 음악의 선율처럼 그렇게 시간의 지속 속에서 흘러간다. (중략) 지속의 질적 경험은 개념으로 번역하기가 쉽지 않다. 그러나 그것이 양적인 구분을 짜깁기하거나 병렬시킨 동질의 연결을 오히려 근거짓고 있다고 보아야 한다. 이것이 베르그송의 입장이다. 즉, 베르그송에 의하면 우리의 의식이 지속하기 때문에 공간적이고 수학적인 연결을 인식할 수 있다는 것이다. 그런 점에서 '양적인 구분'은 '질적인 구분' 때문에 가능해진다. 예컨대 공간적이고 수적인 병렬이나 병치(併置)가 가능하기 위해, 병렬되어져야 할 요소들이 서로 우리의 의식에서 상호침투해야 하고, 그 요소들의 합계가 질적으로 하나의 진보나 전진으로 먼저 파악되어야 한다. 그래서 베르그송은 '의식의 흐름(le flux de la conscience, le courant de la conscience)'이 '양적인 누계(累計)'보다 인식론적으로 선행한다고 보고 있다.[16)]

15) 같은 책, 93~94쪽.

16) 같은 책, 94~95쪽.

존재와 시간과 직관의 문제는 베르그송에게서 제기되었다. 베르그송은 등질적 시간을 넘어섰고 "본능은 닫힌 직관이고 직관은 열린 본능"이라고 말했다.

> 그(베르그송)는 칸트적인 사유가 철학의 모든 방면을 지배하고 있는 과학기술주의 시대를 비판하면서 인간의 정신은 과학적인 이성의 영역으로 환원되지 않는 순수직관(l'intuition pure)의 영역이라고 선포했다. 그는 인간의 능력에 세 가지 지대가 있다고 분류했다. 본능(l'instinct)의 영역과 지능(l'intelligence)의 영역, 그리고 직관(l'intuition)의 영역이다. 지능과 직관의 두 영역은 서로 상반된 기능을 가지고 있다. 지능은 실용적이고 계산적인 이해관계의 전략에서 살아남기 위한 추리의 지성을 뜻하고, 직관은 간접적인 추리가 아니라, 단 한 번으로 시대의 본질을 꿰뚫어보는 통찰력을 말한다. 그러므로 직관은 오성적 계산과 논리를 동원해 문제를 풀어보는 능력과 달리 정신적인 본능으로서 정신세계의 중심에 도달하는 인간의 특이한 능력을 말한다. 본능은 이 지능과 직관의 두 능력을 약간씩 겸비한 이중성을 함의하고 있다. (중략) 본능은 닫힌 직관이고, 직관은 열린 본능과 같아서 닫힘의 폐색성과 열림의 개방성이 두 사이를 갈라놓는 큰 차이라 할 것이다.[17)]

베르그송은 직관을 '공평무사한 본능(l'instinct désintéressé)'이라고 불렀다. 베르그송은 정신주의 혹은 신비적 정신주의 계열에 속하면서도 정신의 대칭관계에 있는 물질을 대립적으로 파악하지 않고 생명과 물질의 숨바꼭질로 봄으로써 생명의 불꽃같은 비약을 설명했다.

> 불꽃은 그 중심부에서 폭발하여 공기 중으로 산개(散開)하고 있다. 불꽃이 어디로 어느 방향으로 치솟게 될지 아무도 미리 예측하지 못한다. 그 불꽃이 용출될 때, 지구의 중력과 공기저항 등에 따라 튀어오르는 방향이 달라질 수 있다. 바로 이 중력과 공기저항이 곧 자연계에 있어서 생명에 대한 물

---

17) 김형효, 『철학적 사유와 진리에 대하여 2』, 417~418쪽.

질의 저항과 같다. 생명은 비약을 원하나 물질이 그 비약을 밑으로 잡아당긴다. 그렇게 보면 자연계는 생명과 물질의 숨바꼭질과 같은 놀이가 생기는 지대다. 그러나 식물, 동물, 인간이 자연계에서 탄생했다는 것은 생명이 물질의 방해와 저항을 뚫고 무기력의 상자 속에 갇히기를 거부한 것의 결과이다. 물론 생명의 각 영역마다 특성상의 차이는 있다. (중략) 생성의 끝없는 흐름 안에서 의식과 자연과 생명이 서로서로 손을 잡고 있다. 생명을 통하여 의식은 자연세계에까지 연장되고 있고, 생명은 인간의 정신세계에까지 들어와 있다. 의식과 생명 사이에는 이질적인 장벽이 존재하지 않는다.[18]

베르그송의 장점은 '정신과 물질' 사이에 '의식과 생명'이 존재하고 있음을 상기시킨 것이다. 그 후 의식의 철학인 현상학이 전개되고 동시에 정신과 물질의 이분법에서 벗어나는 무의식의 철학인 존재론 철학이나 해체론의 철학이 등장할 공간을 마련했다고 할 수 있다.

데리다는 현상학의 초월적(절대적) 이념성의 문제를 해체하면서 의식(의미작용)과 직관(직관대상)의 만남(상호작용)에서 이루는 초월은 끝없이 차이(差移)를 이루면서 재생산되는 것이라고 말한다. 이념성이 비이념성을, 객관성이 비객관성을 대체하는 일은 무한히 이루어진다고 말한다. 이는 멀리는 플라톤의 존재와 비존재, 동일성과 비동일성의 설정에서 그 뿌리를 찾을 수 있다. 초월과 절대는 의식(의식의 지향)과 직관(직관의 열림)이 만나서 이루는 현상학적 허구이다. 초월적 이념의 끝없는 재생산은 의식과 직관의 덕분이다.

데리다의 현상학은 역설적으로 초월과 절대가 없음을 목소리와 표현의 현상학적 환원을 폭로함으로써 드러냈는데 문자와 표기는 객관적이라는 이유로 제외했다. 결국 그는 문자와 표기에 손을 들어줌으로써 객관적인 이성주의로 돌아간다. 이는 현재의 의식학인 현상학에서 존재론으로 들어가지 못하게 되는 결과를 초래한다.

차연과 이중성 등 그가 사용하는 여러 개념은 하이데거와 비슷한 것 같지만

18) 김형효,『베르그송의 철학』, 18~19쪽.

항상 의식의 차원에서 전개되는 관계로 근본적으로 다르다. 데리다는 현상학적인데 반해 하이데거는 존재론적이다. 따라서 데리다는 이성주의를 해체한 것 같지만 그러한 태도만 취하고 도로 이성으로 돌아간다.

존재론의 무(無)의 경지, 물(物)의 경지에 오르면 인간과 물은 서로 긴장하지 않고 저항하지 않는다. 심물일체의 경지에서 서로 소통하고 교감하면서 하나로 느낀다. 그래서 깨달은 자는 부자연스럽게(강제적으로) 일을 할 수 없다. 이것을 무위(無爲) 혹은 무위자연(無爲自然)이라고 말한다.

'무위' 또는 '무위자연'은 아무 일도 하지 않는다는 것이 아니라 자연스럽게 일하는 것이며, 아무 일도 하지 않을 때에도 기쁨에 차 있을 수 있음을 말한다. 또 어떤 행위를 하든 어떤 방향으로 가든 스스로에게 만족한다. 만물은 스스로(저절로) 연기(緣起)되어 있고(連結되어 있는 것은 아니다) 서로 매개일 뿐 자아(주인, 중심)를 주장하지 않는다. 그래서 그에게는 앞으로 죽을 자아도 없기 때문에 죽음이 안중에 없다(죽음을 초월하는 것이 아니다).

그에게는 시간도 공간도 없다. 그래서 존재신학적인 초월적인 신도 없다. 깨달은 자는 이미 만물과 통해 있고, 만물만신(萬物萬神)이 의기투합(意氣投合)하고 있으며, 시공간이 없는 곳에 존재하기 때문이다. 존재론에 도달한 철학자는 검소와 겸손과 침묵으로 일관할 수밖에 없다. 경제적 검소는 도덕적 겸손이고 검소와 겸손은 존재적 침묵으로 통한다.

부처와 예수는 이미 존재하지 않는 인물이다. 따라서 부처와 예수를 부활시키기 위해서는 '살아 있는 내'가 될 수밖에 없다. 과거와 미래의 부처와 예수는 없기 때문이다. 인간은 그동안 신 혹은 인신(人神)이 되기 위해 기도를 하는 등 백방으로 염원한 나머지 신을 육화(肉化)하고 신인(神人)이 되고자 했다. 이 때의 육화는 실은 체화체득(體化體得)을 의미한다. 신이 되었다고 해서 종래와 신체적으로 달라지는 것이 아니라 '자신의 몸에 존재하는 신'을 깨닫는 것이다. 육화와 체화는 정신적인 것이 신체적인 옷을 입는, 신체적인 것으로 변하는 것이다. 메시아나 미륵불은 미래의 시간에 강림을 기다리는 존재가 아니라 스스로 달성해야 하는 존재이다. 인간의 문명은 살아 있는 성인(聖人)을 죽이고 시간의 과거와 미래를 얻었다. 이는 성인과 시간을 치환한 것이다. 성인을 희생시킨 뒤에 성인을 찾는 것이 인간의 역사이다.

지금까지의 서양철학을 일별하면, 시공간을 만들고서는 시공간을 벗어나기 위해서 노력한 자승자박의 노동이었다. 시간과 공간은 인간을 노동하게 만든다. 시공간은 노동이고 기계인 셈이다. 자연은 이미 갖추어져 있는 소여(所與)이고 최초의 원인을 모르는(알 수 없는) 재생산이다.

그런데 소여와 재생산을 생산으로 바꾼 것이 서양의 역사, 인류의 역사이다. 애초에 플라톤이 현상의 이면에 이데아가 있다고 가정하는 것 자체가 이미 초월적 사고를 시작한 셈이다. 그러한 점에서 현상학은 플라톤의 초월적 사고를 의식의 영역에서 뒤에 인증한 것이다. 그러한 점에서 현상학은 의식학이다. 서양철학은 결국 시간과 공간이라는 초월적 차원을 사물에 덧씌워놓고 다시 시간과 공간을 초월한다고 야단법석을 떠는 것이라고 할 수 있다. 이것이 현상학적 환원의 정체이다.

하이데거는 스승인 후설의 현상학을 벗어나서 존재론을 전개했는데 데리다는 다시 후설의 현상학을 추종하면서 마치 자신이 후설의 현상학의 적자인 것처럼 행세했다. 그래서 『목소리와 현상』을 발표하며 현상학적 전개를 내보이면서 에크리튀르와 그라마톨로지의 개념을 강화했다. 그러나 데리다가 노력한 이성중심주의로부터의 피신작전은 현상학(이성)의 덫에 걸려 하이데거처럼 완수되지는 못했다. 이것이 그(혹은 프랑스)의 현란한 문체주의이다. 오늘날 프랑스 철학이 언어의 말장난 혹은 언어의 마술 혹은 문학적 문체의 성격을 갖게 된 것은 이러한 전통 때문이다.

프랑스의 이성주의철학 전통은 반이성주의나 해체주의를 추구하면서도 결국은 의식학으로 환원되고 이성적으로 전개된다. 그렇기 때문에 때로는 자가당착에 빠지기도 하고 자신의 출발점으로 돌아오는 자기순환론에 빠지기도 한다. 또한 그렇기 때문에 난해하면서도 여러 갈래로 전개되고 복잡다단하다.

2) 하이데거와 데리다 이해의 혼선과 비판: 데리다의 시간론과 현상학적 존재론의 모순

앞에서도 언급했지만 '차이와 연장'의 '연장'이라는 개념은 동일성을 완전히 배제한 것은 아니다. 동일성이 있을 수도 있고 없을 수도 있는 중간이라고 할 수 있다. 연장이라는 개념은 시간과 공간상의 연장인지, 아니면 시간과 공간이 없는(혹은 초월한) '무의 상태'의 연장인지에 따라 나뉜다고 할 수 있다. 후자는 동일성이 완전히 배제된 것이지만, 전자는 적어도 원인적 동일성은 아닐지라도 결과적(목적적) 동일성을 갖는다.

'차이와 연장'의 '연장'은 물리학적인 연장과 다른 개념이지만 변화를 반영하지 않은 관계로 동일성의 혐의에서 완전히 해방된 것은 아니다. 예컨대 동양의 음양 개념은 차이를 나타내면서도 동시에 변화를 나타내지만 하이데거와 데리다의 차이는 변화를 나타내지는 않는다.[19]

칸트 철학과 하이데거·데리다의 철학은 물리학과의 평행선을 이룬다. 하이데거와 데리다는 둘 다 라이프니츠의 모나드를 모방했다. 라이프니츠의 수학 세계가 뉴턴의 물리학 세계와 다를 바 없듯이 하이데거와 데리다의 철학이 완전히 실체론을 넘어선 것은 아니다. 나중에 더 상세하게 설명하겠지만 하이데거의 존재론에서 시공간의 개념을 넘어선 부분도 적지 않다. 그러나 종합적으로 보면 데리다는 존재론에 다가서는 태도를 취하지만 현상학적 차원에서 해체철학을 전개했다. 해체철학은 존재론처럼 보인다. 시공간의 해체는 현상학적으로 시공간이 본래 없었던 것처럼 오해될 수 있기 때문이다. 차연은 데

19) 만약 하이데거가 진정으로 불교적 세계로 들어왔다면 '차연'의 한자말이 '연기(緣起)'라는 불교적 의미가 들어간 '차연(差緣)'이지 않았을까 생각해본다. "차이나는 것이 연기적으로 계속해서 일어난다"는 의미의 차연(差緣) 말이다. 그러나 하이데거가 완전히 불교의 세계에 들어오지 못했다는 흔적이 발견된다. 그를 불교적 세계에 들어가지 못하게 마지막으로 잡은 것은 언어인 것 같다. '언어는 존재의 집'이라는 말은 '언어가 존재의 감옥'이 될 수 있음을 간과한 것이다. 언어는 근본적으로 존재를 느끼게 하는 도구이지만 결정적으로 존재를 배반하는 도구이다. 단지 언어를 메타포로 사용할 경우 존재의 집이 된다. 하이데거는 말년에 언어를 시적으로 쓰는 것에 매달린 것 같다.

<table>
<tr><td>뉴턴
(물리학)</td><td>칸트 철학</td><td>사물(실체)의 운동
(운동, 속도)</td><td rowspan="2">서양철학 및
과학의 실체와
연장</td></tr>
<tr><td>라이프니츠
(미적분학)</td><td>하이데거·데리다의 철학</td><td>모나드(실체)의 연속
(차이와 연속)</td></tr>
</table>

리다에게는 백색 신화의 일종이다.

> 형이상학적 사고가 철학사를 지배해왔기 때문에, 존재의 현존이냐, 아니면 그것의 부재냐 하는 갈림길에서 철학사는 늘 존재의 현존을 진리로, 부재를 비진리로 간주해왔다. 흔적의 차이와 흔적의 흔적의 차이를 무시해온 철학은 존재를 현존으로 나타내기 위해 차연을 지우지 않으면 안 되었다. 그리하여 '차이가 존재 자체보다 더 나이가 먹었음'을 서양 철학사는 오랫동안 망각해왔다고 데리다는 지적한다. 그런 망각이 백색 신화(la mythologie blanche)의 한 예이다.[20)]

그러나 데리다의 백색 신화는 지극히 서양적인 발상의 좋은 예이다. 목소리의 현존이 왜 형이상학인가? 이는 시각중심주의 탓으로 눈에 보이지 않는 것을 형이상학으로 생각했기 때문이다. 현존은 목소리(소리)처럼 아무것도 남기지 않고 지나가는 '지나가는 차이'에 불과한데 왜 그것이 형이상학인가? 형이상학이야말로 무엇을 쓰고 남기는 데서 시작하는 것이 아닌가? 도대체 쓰지 않고 텍스트가 없는 형이상학을 어떻게 생각할 수 있다는 말인가! 데리다의 에크리튀르와 그라마톨로지와 백색 신화는 마치 남 모르게 똥을 싼 사람이 휴지가 없어 하얀 벽에 엉덩이를 문지르고는 "나는 똥 안 쌌다"라고 떠드는 것과 같다.

데리다의 착각은 서양문명의 존재신학적 착각이다. 데리다는 철저히 '현재적 사고'를 한다. 현재를 무화시켜야만 시간이 존재한다고 생각한다. 도리어 현재가 있기 때문에 현재의 연장으로서 과거와 미래가 존재하는데도 말이다.

---

20) 김형효, 『데리다의 해체철학』, 민음사, 1993, 286쪽.

이는 서양철학의 착각 혹은 데리다의 도착이라고 하지 않을 수 없다. 이는 모두 '현존'을 '현재'라고 생각한 데서 기인한다.

> 현재의 무화에서부터 과거나 미래라는 관념이 존재하게 된다. 즉 과거와 미래의 시간은 자기부정이고, 무화인 현재 때문에 존재한다고 볼 수 있다. 그래서 시간은 현재의 성격부여(현재를 존재로 보느냐, 비존재로 보느냐에 따라)에 따라 비존재가 되기도 하고, 존재가 되기도 한다. 현재의 본질이 시간의 성질을 규정한다. 현재(지금)는 매우 이상한 개념이다. 그것은 존재이기도 하고 비존재이기도 하고, 시간이기도 하고 비시간이기도 하다. 이런 상반된 것이 동거하고 있는 공범주소(la syncatégorème)인 현재는 풀기 어려운 난제가 아닐 수 없다.[21)]

이처럼 시간의 현재(의식)에 살고 있는 인간은 현재의 무화와 함께 '비시간'을 설정함으로써 도리어 '현재의 비시간성' 때문에 과거와 미래가 존재하는 것처럼 인식하고 있다. 이는 한마디로 어불성설이다. 과거와 미래라는 시간은 그것을 인식할 수 있든 없든 현재(현재의 한 점)가 있기 때문에 존재하고 현재로 인해 서로 연결되는 것이다.

역설적으로 데리다는 현재의 시간성을 실체로 생각했기 때문에 현재의 비시간성(비실체)을 설정하고, 그것을 통해 과거와 미래의 시간성을 합리화하는 모순에 빠졌다. 예컨대 만약 현재가 실체라면 시간은 계속 이어지는 '실체적 현재'만 있게 된다. 그렇게 되면 과거와 미래는 존재할 수 없다. 그렇게 되면 (과거와 미래가 없기 때문에) 또다시 시간은 시간이 없게 되는 논리적 난관에 봉착하게 된다. 현재만 있는 시간이 무슨 시간(소용)이겠느냐는 것이다.

만약 시간이 실체가 아니라면 굳이 현재의 비시간성을 설정해(현재가 장애가 되지도 않는데) 과거와 미래를 설정할 필요가 없다. 그래서 시간은 실체여서도 안 되고, 실체가 아니어서도 안 되는 모순에 빠지게 된다. 말하자면 시간은

---

21) 같은 책, 280~281쪽.

처음부터 모순적 존재이다. 시간이라는 존재자는 애초부터 시간의 밖에 있는 존재를 잴 수 없다.

시간이라는 자체가 시작과 끝이 있는 유시유종이고, 원인과 결과가 있는 것이고, 실체적 존재이다. 동시에 시간은 무시무종으로 흘러야 하는 관계로 현재라는 시간은 비시간성을 설정해 과거와 미래를 통하게 해야 하는 이중적 몸짓을 하지 않을 수 없다. 현재라는 시간의 이중적 몸짓은 인간의 모든 개념이 안으로든 밖으로든 이중성과 모순성을 가지지 않을 수 없음을 의미한다.

인간이 시간을 가지는(전제하는) 한 시간으로부터 벗어날 수 없고 시간의 무한대로 갈 수밖에 없다. 무한대로 간다는 것은 시간을 실체적으로 본다는 것을 의미한다. 말하자면 끝없는 과거와 끝없는 미래 사이에서 인간은 비시간성의 현재의 한 지점에 있게 된다. 현재의 시간성과 비시간성은 모순관계에 있다. 이는 현재의 무화를 통해 과거와 미래를 실체화하는 실체적 사고의 맹점이다.

이러한 시간론은 현재의 비시간성을 통해 시간이라는 실체를 과거와 미래로 옮김으로써 과거와 미래를 실체화하는(실제로 있는 것처럼 착각하게 하는), 전반적으로 시간의 비실체적 성격을 감추는 속임수에 지나지 않는다. 현재라는 시간의 '없음(비시간성)'을 통해 과거와 미래의 시간을 '있음(시간성)'으로 바꾸는, 의식이 시간을 가지고 노는 야바위이다.

차라리 시간은 의식의 산물이고 무의식에 비시간을 설정함으로써 그 비시간으로 인해 과거와 미래가 영원으로 통하는 것으로 설명하는 것이 옳다. 현재의 무화가 과거와 미래를 존재하게 한다고 생각하는 관념보다는 말이다. 무의식과 초의식은 비시간적이거나 시간을 초월하는 개념이기 때문이다. 이는 현재라는 시간에 철저히 매여서 시간을 설명하다보니 '현재=순간'이고 '비시간=과거=미래=영원'이라고 하는 망발이다. 이는 결국 시간은 없는 것이고 의식의 산물이라는 것을 증명하는 것에 다름 아니다.

그래서 인간의 역사는 항상 과거를 황금시대 혹은 낙원시대로 설정하고 미래를 천국이나 극락 혹은 복락원의 시대로 설정하는 반면 현재는 고통의 연속 속에 있는 것으로 설정한다. 현재라는 시간은 없어서도 안 되지만 항상 부담스럽고 고통스러운 시간이다. 시간의 연속성은 시간의 영원으로 이어지고, 그야말로 영원은 '영원한 대상'이 된다. 시간은 인간을 영원한 대상을 만나기 위해 영원히 가지 않으면 안 되게 만든다. 그래서 시간은 이성이다. 그런데 시간적 존재인 인간은 영원히 가지 못하고 언젠가 죽게 된다. 그래서 미완의 인간은 영원으로 비약하지 않으면 안 된다. 이를 인도하기 위해 메시아(미륵불)가 필요하게 되는 셈이다.

인간은 순간(찰나)이 영원이라는 것을 모른다. 순간이라는 말이 있기 때문에 영원이 동봉관계로 존재하게 된다는 사실을 모른다. 종교적 초월이나 신비가 무의식과 초의식을 만나 이루어지는 것은 이 때문이다. 예컨대 과거의 예수(기독교)와 부처(불교)가 미래의 재림예수·미륵불로 환생하는 신화의 구조는 무의식이나 초의식에서 이루어지는 것을 의식의 장(시간의 장)으로 살짝 바꾼 것에 지나지 않는다. 이것이 종교의 비밀이다.

이러한 시간의 모순구조는 재림예수와 미륵불이 결코 현재(역사)에 나타나서는 안 되는 구조이다. 말하자면 두 성인은 '영원히 기다리는 대상'으로 남아 있어야 하고 그래야 '영원한 신앙의 대상'이 된다. 인간은 이러한 모순구조 속에 있다. 이 모두가 시간과 공간을 설정한 인간의 자기모순 혹은 정신의 도착이다. 순간의 끝에 영원이 기다리고 있어야 하는, 결국 순간은 영원이 되지 못하는 '직선적' 구조이다.

기독교는 무의식(무아)을 초의식(초자아)에 넣어버린 것이고, 불교는 초의식을 무의식에 넣어버린 것이다. 보편성의 철학은 무의식을 초의식에 넣어버린 것이고, 일반성의 철학은 초의식을 무의식에 넣어버린 것이다. 일반성의 철학이 불교철학과 만나게 됨을 알 수 있다. 물론 종교화되면서 우상화된 것을 제외한 진정한 불교철학을 말한다.

흔히 서양의 신화학자들은 제자리로 돌아오는 원운동 혹은 순환구조를 신화의 영원회귀라고 말한다. 이는 지극히 서양적인 발상이다. 이러한 원운동이야말로 실은 직선운동이다. 이것은 동일성의 구조이다. 이에 비해 동양의 '음양적' 구조는 원운동 혹은 순환구조가 아니다. 원운동이 아니라 나선적 운동을 하면서 다원다층적으로 순환한다. 나선적 운동은 무한대(∞)와는 다른, 태

의식(시간=자아)	과거	현재 (하이데거: 인간=현존재)	미래
무의식 (초의식=초자아=무아)	예수/ 석가	비시간 (데리다의 주장)	재림예수/ 미륵불

극운동(☯)이다. 태극운동은 무시무종의 운동이면서 처음부터 직선(직선운동)이 아니다. 자연은 처음부터 음양이 서로 역동하면서 운동하는 태극이다. 태극은 나선운동이기 때문에 큰 것도 없고 작은 것도 없는 무대무소(無大無小), 무시무공(無時無空)의 운동이다.

시간의 모순구조 때문에 서양 역사에서 '왕 중 왕', '재림 주'를 주장한 예수는 십자가에서 죽어야 했던 것이다(예수가 십자가에 못 박힌 사건은 서양철학이나 기독교 신학의 이성적 논리 혹은 시간론으로 볼 때 일어날 수밖에 없는 필연적인 사건이다). 예수는 특히 로마제국의 총독 앞에서 자신을 '왕 중 왕'이라고 주장하면서 현실적 권력과 맞섰기 때문에 죽음을 자초했다. 석가모니가 죽지 않은 것은 인도 북부(현 네팔 지역)의 카필라 왕국의 태자로 태어났음에도 권력을 버리고 구도의 길을 갔을 뿐만 아니라 나중에는 자신이 설한 말마저 모두 부정하고(지우고) 철저히 권력을 추구하지 않은 때문이다.

데리다는 현재의 한 시점(시간과 공간의)에서 비시간성이나 무를 바라보고 있다. 현재라는 시간을 결코 버릴 수 없다. 그래서 그의 차연은 하이데거의 '피안'에서의 차연이 아니라 '차안(에크리튀르가 일어나는 곳)'에서의 차연이다. 데리다는 '현존=현재'라고 보았기 때문에 현존을 대신해서 굳이 부재를 설정해야 했다. '부재'는 역설적으로 데리다의 사유의 전부를 바라볼 수 있는 개념이다.

우리는 데리다를 통해 서양의 이성중심주의와 과학주의, 그리고 기독교신학의 메시아론(불교의 미륵불도 마찬가지이다)의 정체를 바라볼 수 있게 된 셈이다. 과학은 생성적 우주 혹은 '과정(존재)으로서의 우주'를 무시한 채 원인과 결과를 관찰하는 것임을 알게 되었다. 또 서양의 기독교 신학에서 메시아는 현재에 존재해서는 안 되는 인물임을 알게 되었다.

'현재'는 분명히 시간임에도 불구하고 그것의 잡을 수 없음(찰나생멸)을 기화(機化)로 '비시간'이라고 규정하고, 그러한 역설을 바탕으로 과거와 미래를

시간론	과거	현재(현존)	미래
		시간성(실체적 시간)	
	과거 (데리다의 주장)	비시간성: 과정으로서의 시간 (데리다의 현존=현재=부재)	미래 (데리다의 주장)
메시아, 부처	예수(기독교)	메시아는 현재에 존재해서는 안 됨	재림예수
	부처(불교)	대승보살의 현재적 실천 정신	미륵부처
과학(인과론)	원인/기억/기록	과정(존재)으로서의 우주 생략	결과/예상/희망
쓰기-읽기	쓰여진 것	글 쓴 자의 부재	쓰여진 것 읽기
*서양문명에서 시공간과 과학과 신학은 일치를 보이고 있다.			

만들고, 현존인 현재를 뛰어넘어 과거와 미래의 대화로 시간을 이분화(二分化)했다. 이러한 이원대립구조는 시공간에서는 물론이고 신학, 과학, 쓰기-읽기에 이르기까지 같은 구조를 보인다. 결국 오늘의 서양문명은 합리적으로 시공간을 만든 데 따른 결과이다. 서양문명은 시공간·신학(종교)·과학·텍스트에 걸쳐서 동형을 보이고 있다. 이것이 이성중심문화의 종합적인 양상이다.

데리다의 시간론은 현재(현재라는 실체)에서의 논리 전개이기 때문에 어딘가에는 동일성의 그림자를 감추고 있다. 그것이 바로 연장의 개념이다. 현재의 시간성과 비시간성의 이중성은 시간의 과거와 미래 어느 한쪽의 동일성을 인정하는 것이다. 정확하게 말하면 동일성이 존재하게 되는 곳은 차이가 아닌 연장 쪽이다. 데리다의 현재와 시간에 대한 토론은 매우 의미심장하다. 그러나 이것은 어디까지나 시간이 있다는 것을 전제한 서술이다. 시간이 있다는 것은 공간이 있다는 것을 말하고, 시간과 공간이 있다는 것은 이성의 존재를 전제하는 것이다. 이성의 존재를 전제하는 것은 결국 초자아가 있다는 것을 말한다.

기독교의 유일절대신이 '신학적(종교적) 동일성', '원인적 동일성'이라면 절대시공간은 '과학적 동일성', '결과적 동일성'이다. 신학적 동일성은 시간을 기초로 하고, 과학적 동일성은 공간을 기초로 한다. 이들 동일성은 자아를 기초로 한 초자아이며, 둘은 이름만 달리할 뿐 같은 것이다. 그런 점에서 종교와 과학은 같은 동일성의 패러다임의 것이다. 세계를 예술로 보는 것만이 진정한 동일성으로부터의 탈출이다. 예술은 표현의 현존으로 존재의 은적을 현현하

원인적 동일성	신학적 동일성	기독교(유일절대신)	메시아사상	시간
결과적 동일성	과학적 동일성	자연과학(절대시공간)	사물의 연장	공간

는 과정일 뿐 동일성은 없다. 예술작품은 존재의 현상학이다.

서양문명은 철저히 자아의 문명이다. 우리는 이렇게 반문할 수 있다. "내가 없는데 어찌 내 죄가 있고, 내가 없는데 어찌 나의 연장이 있고, 내가 없는데 어디로 왕래할 수 있다는 말인가?"

자아와 이성과 이상은 인간의 특성이다. 이성적 인간은 결코 실현될 수 없는 이상일지라도 인간은 그것을 설정(가설)해야만 살아가는 존재적 특성을 지니고 있다. 이상은 정신적 무한대의 개념과 같다. 무한대는 실체가 있는 것의 연장 개념이기 때문에 그것의 점진성(漸進性)은 인간으로 하여금 대오각성하게 하지는 못한다. 그래서 이성을 뛰어넘으려면 깨달음이 필요하다. 깨달음은 이성적 작업이기도 하지만 동시에 이성을 뛰어넘는 것이다.

인간의 모든 문제는 이성에 있고 문제의 해결도 이성에 있지만, 이성으로는 결코 해결하지 못하는 것도 있다. 바로 인간을 자연성에 도달하게 하는 안심입명(安心立命)의 경지이다. 여기서 자연성이란 '마음의 현상으로서의 몸'이나 '몸의 현상으로서의 말'을 의미한다. 네이티브(native) 언어는 몸과 다른 언어이지만 언어가 몸과 하나 된 자연과 같다. 모든 예술의 최종 목표는 자연성에 도달하는 것이다.

이상은 항상 이 자연성에 도달하지 못한다. 역설적으로 자연성에 도달하지 못하기 때문에 이상이다. 일반성의 철학은 저절로 자연성에 도달해 현재(현존)에서 존재의 선물과도 같은 존재적 기쁨과 행복과 열락을 느끼는 것을 목표한다. 이것은 목표 아닌 목표이다. 일반성의 철학과 그것에 따르는 열락의 경지는 아마도 『반야심경(般若心經)』의 "반야바라밀다는 가장 신비하고 밝은 주문이며 위없는 주문이며 무엇과도 견줄 수 없는 주문이니, 온갖 괴로움을 없애고 진실하여 허망하지 않음을 알지니라. 이제 반야바라밀다주를 말하리라(故知般若波羅蜜多, 是大神呪, 是大明呪, 是無上呪, 是无等等呪, 能除一切苦, 眞實不虛, 故說般若波羅蜜多呪)"와 통하는 경지일 것이다.

그런 점에서 진정한 해체(해방)가 되려면 시간과 공간을 버려야 한다. 시간과 공간은 사회적 제도가 있듯이 과학을 위해 만들어낸 과학적 제도이다. 본래 자연은 해체해야 할 대상도 아니며 해체할 것도 없는 존재이다. 그냥 있는 그대로가 자연이다. 인간이 만든 시간과 공간이라는 프레임 속에 자연을 집어넣어 바라보는 철학적 방식을 버려야 한다.

데리다의 현상학적 노력은 목소리 혹은 소리에 대한 서양철학적 전통과 유대-기독교의 콤플렉스(자기모순)에서 시작된 것이며, 목소리(말하기)와 쓰기가 모두 인간이 자신을 드러내는 현존적인 행위라는 것을 모르고 '현존= 부재'라는 가정하에 행한 시도였다. 데리다는 후반기에 목소리가 자기동일성에 기초한 현상학적 환원이 아니라 '차이의 존재'라는 것을 인정했지만, 그것은 그야말로 현상학적 환원(의식학)의 끝에서 출발점으로 돌아온 환원의 결과였다.

처음부터 목소리가 '차이의 존재'라는 것을 알았으면 굳이 '부재'라는 개념을 만들어내지 않았을 것이다. 현존은 '드러난 존재', '현현된 존재'라는 의미이다. 이것은 하이데거의 존재론에 의해 존재로 승격된다. 현존은 존재자가 아니라 존재이다. 현존은 시간의 연속선상에 위치하는 것이 아니다.

데리다 이해의 혼선과 어려움은 시간(현재)과 공간의 차원에서 존재 혹은 무를 설명하려고 하기 때문에 발생한다. 이는 의식의 차원에서 무의식을 설명하려는 노력과 같다. 그래서 때로는 현란하게 설명하지만 자기모순에 빠지고 역설적인 상황과 부딪히게 된다. 무의식은 의식의 아래에 있는 것이 아니라 의식이라는 섬을 떠오르게 하는 의식의 바탕(매트릭스)이 되는 바다와 같은 것이다.

하이데거와 데리다를 굳이 구분한다면 데리다의 '차연'은 '차연(差延)'이고, 하이데거의 '차연'은 '차연(差緣)'이라고 할 수 있다. 비록 데리다는 공간을, 하이데거는 시간을 벗어나지 못했지만, 하이데거의 후기, 즉 『시간과 존재』의 시기에는 시간을 벗어난 것 같은 느낌을 강하게 풍기기 때문이다.

데리다가 창안한 여러 개념들을 보면 의식의 차원에서 무의식을 설명하는 것이 얼마나 어려운 일인가를 알게 된다. 데리다의 사상을 순차적으로 질서정연하게 설명한다는 것은 불가능하다. 왜냐하면 모든 것이 '직물 짜기'처럼 얽

데리다 (현상학)	시간과 공간의 뒤섞임/ 의식의 차원(Thing)	부재(nothing)	차연(差延)	직물 짜기
하이데거 (존재론)	존재(存在)와 무(無)/ 무의식의 차원(Thing itself)	존재(nothingless)	차연(差緣)	은적(隱迹)/ 현현(顯現)

혀 있기 때문이다. 데리다의 차연은 '시간의 공간되기', '공간의 시간되기'라고 말한다. 이는 그가 시간(현재)과 공간의 차원에서 논리를 전개하고 있다는 증거가 된다. 그러나 이에 비해 하이데거는 무의 상태에 있는 존재를 바탕으로 시간과 공간상의 존재자를 논한다. 데리다가 시공간상에서 차연을 논하는 대목을 보자.

> 차연의 시간상의 축에서 연기나 대기의 개념들이 등장했는데, 위의 두 개념에는 뉘앙스의 차이가 있다. 즉 전자는 능동적인 의미를 지니고 있고, 후자는 때를 기다린다는 수동적 의미를 지니고 있다. 능동적 시간과 수동적 시간이 차연의 시간적 날실에 공존해 있다. 그뿐만 아니다. 공간의 간격이나 차이도 차이화(la différentiation)를 생산하는 능동성과 구성된 구조로서의 차이라는 수동성도 동시에 깃들어 있다. 그러면 차연의 성격은 무엇일까? 데리다는 차연은 능동태도 수동태도 아니고 하나의 '중간태'라고 규정하고 있다. (중략) "그것은 중간태로서 생각되어져야 하기에 작용이 아닌 작용이고 대상에 대한 주체의 능동이나 수동으로서 생각되어질 수 없고 행위자나 수동자 또는 양측면의 어느 한쪽에서부터 출발하거나, 어느 한쪽을 겨냥해 생각될 수 없는 작용이다. 그런데 (중략) 중간태는 철학이 그것을 억압함으로써 자신을 구성해왔기에 능동태와 수동태로서 나누어주었던 것이다."22)

데리다는 현존을 자기동일적이라고 생각하는데 이는 잘못된 것이다. 목소리의 현존은 에크리튀르와 마찬가지로 차이이다. 그는 목소리가 분절되어야 언어활동이 가능하다고 하면서 기억을 '차이의 골'이라고 한다.

---

22) 같은 책, 213~214쪽에서 재인용.

내가 말을 하는 경우에 거기에는 앞 말의 흔적이 지금의 말에 이미 새겨져 있고, 또 음운론상으로 발음을 또박또박 분절하여 공간적 간격을 만들게 된다. 이처럼 시간적 흔적의 연기와 공간적 간격의 분절 없이 언어활동도 불가능하다. (중략) 흔적으로서의 보존이 곧 기억이다. 기억은 차이의 골과 다른 것이 아니라고 데리다는 생각한다. 데리다에 의하면 자기동일적인 현존만이 있는 경우에 기억은 생기지 않는다는 것이다.[23)]

현존은 현재라는 정지된 어떤 시점도 아니고, 자기동일적인 것도 아니고, 도리어 차이이다. 음운은 분절되어 공간적 간격을 가져야 언어활동이 가능하지만 소리는 분절되지 않고 공명한다. 데리다는 기억을 차이의 '골'과 다른 것이 아니라고 하지만 소리는 파동의 '골-마루[凹凸]'를 연결한 것이다. 존재의 틈(균열)은 파동의 골(凹)이다. 이러한 요철(凹凸)과 음양과 율동을 직선화·입자화한 것이 시간과 공간이고 과학이다.

그러나 데리다가 차연은 자기독립성을 가질 수 없다고 한 점은 해체철학의 진면목을 보여주는 대목이다.

대기로서의 차연은 시간적으로 차연이 흔적들의 연쇄성에 의하여 이해되어야 함을 말한다. 즉 대기로서의 차연은 텍스트의 세계에서 이른바 의미라는 것이 그 자체에서 절대적으로 성립할 수도 없고, 그 자체에서 자기 영역을 통괄하고 통어할 수 있는 독립성을 가질 수가 없음을 가르쳐준다. (중략) 시간적 차이의 다발 속에서 모든 이의 인생에서 그 어떤 요소도 원자론적일 수가 없다.[24)]

하이데거와 데리다의 '현존과 차연'의 차이를 종합적으로 비교하면 다음과 같다. 하이데거의 현존은 존재의 현현으로서 현재완료적이며, 차연은 '존재'

---

23) 같은 책, 214쪽.

24) 같은 책, 215쪽.

하이데거 (존재론적 차원)	존재(存在)의 현현(顯現)	현재완료적	존재(存在)의 연기(緣起)	관념적·음악적· 시간적	교향악
데리다 (현상학적 차원)	현재(現在)의 부재(不在)	과거완료적	흔적(痕迹)의 연장(延長)	시각적·미술적· 공간적	문자 추상

의 연기적(緣起的) 특성을 보이며, 매우 관념적·음악적·시간적이어서 한 편의 교향악을 듣는 느낌이다. 이에 비해 데리다의 현존은 현재의 부재로서 과거완료적이며, 차연은 '흔적'의 연장적(延長的) 속성을 가지고 있으며, 매우 시각적·미술적·공간적이어서 한 편의 문자추상을 보는 느낌이다. 하이데거는 존재론의 차원인 반면 데리다는 현상학적 차원이다.

하이데거는 시간(존재와 시간)에서 시작하여 시간을 초월한 반면 데리다는 공간(에크리튀르)에서 시작하여 시간이라는 현재에 예속된다. 여기에서 독일의 관념적·존재론적 전통과 프랑스의 구체적·실존주의적 전통이 극명하게 갈리게 된다.

데리다의 차원은 물리학에서 보면 시간과 공간을 뒤섞임으로 보는 특수상대성이론의 차원과 같다. 이것이 일반상대성이론에 들어가면 시간과 공간의 구별이 무의미해진다. 세계는 에너지로 일반화되기 때문이다. 특수상대성이론은 마치 현상학에서의 초자아와 무아의 결합처럼 보인다. 데리다의 차연이 신의 모습을 전혀 풍기지 않는 것도 아니다.

> 물론 차연은 어떤 경우에도 기독교적 신이나 신성일 수는 없다. 그럼에도 불구하고 차연은 파스칼(B. Pascal)이 말한 '숨은 신(Deus absconditus)'의 뉘앙스를 다소간에 풍기고 있는 것도 사실이다. 왜냐하면 데리다의 주장처럼, 차연은 스스로의 자기 모습을 지니지 않고 나타내지도 않지만, 모든 의미와 나타남의 가능근거이기 때문이다. (중략) 이런 차연의 성격은 에카르트가 말한 신, 스스로 나타나지도 않고, 말할 수 없고 그러나 그가 창조한 세계의 뒤안길에 있는 숨은 신을 연상케 하다. 그런 신에 대하여 우리가 아는 듯하면서도 모르기에 에카르트는 일종의 '현명한 무지(docta ignorantia)'와 같은 것으로 생각했다. 어쨌든 에카르트의 부정신학은 이성신학이 추구하는 본질

과 존재로서의 신은 아닐지언정, 신의 현존 자체를 부정하는 것은 아니다. 그런 점에서 신을 말로써 표현할 길이 없다는 부정신학의 입장과 '차연은 낱말도 개념도 아니다'라는 데리다의 생각이 반드시 일치하지는 않는다. (중략) '명명불가'라는 것은 예컨대 신처럼 어떤 이름도 접근할 수 없는 말할 수 없는 존재라는 것이 아니다. 이 명명불가는 명명의 효과를 만들고, 명사라고 하는 원자적이고 상대적으로 단위적인 구조를 만드는 (중략) 놀이이다.[25]

데리다는 신보다는 놀이에 초점을 맞춘다.

명명할 수 없는 차연은 차이화와 연기의 보충대리 속에서 자신의 유일의미의 고정화와 절대화를 거부하는 '웃음'이요, '춤'이다. 이 점은 카프라가 『현대물리학과 동양사상』에서 언급한 힌두교사상에서 시바의 춤과 같다. 시바(Shiva)는 우주의 율동을 표현하는 춤을 추면서 창조와 파괴의 두 면을 동시에 보여준다. 이상에서 논급된 생각들을 정리해 본다면, 차연의 명명불가(命名不可)나 무명(無名)은 말할 수 없는 진리의 존재를 표현한 것이 아니고, 모든 유명(有名)을 생산하는, 모든 유명의 결과를 잉태하는, 하나의 '변별성의 자궁'과 같다고 보아야 한다. 그래서 차연은 무한히 유명의 대리에 의하여 미끄러지고 연쇄화된다.[26]

철학이 과학이 말하지 못하는 '보이지 않는 세계'에 대해 발언하지 못한다면 아무런 의미가 없다. 이는 철학이 철학이기를 포기하는 것과 같다. 과학은 시간과 공간의 학이다. 그런 점에서 데리다의 시간과 공간의 뒤섞임과 같은 차원은 아직 과학을 뛰어넘은 철학이라고 보기 어렵다. 그런 점에서 과학의 특수상대성이론에 대응할 뿐이다. 철학의 일반상대성이론과 같은 소리철학이 필요한 게 사실이다.

---

25) 같은 책, 217~218쪽.

26) 같은 책, 218쪽.

'세계는 입자가 아니라 파동이다'라는 것에 대응하는 철학이 바로 일반성의 철학이고 소리철학이다. 그러나 일반상대성이론처럼 '세계는 에너지이다'라고 말하는 데 머문다면 과학으로 족하지 무슨 철학이 필요하겠는가? 그래서 '차이불이(差易不移)'의 철학이 필요하다. '차역(差易)의 의미로서의 차이(差易)'는 서양에서 차이(差異) 혹은 차연(差延)의 철학을 주장하는 일련의 철학자들에게 동양의 역(易)사상을 포함하는, '같은 발음의 다른 뜻'을 전달하는 묘미가 있다.[27] '차이(差易)'에는 서양의 차이(差異)·차연(差延)론을 극복하고, 동양의 전통적인 역사상을 계승하는 측면이 있고, '불이(不移)'는 '실체가 있는 것의 이동이 아니다'라는 뜻으로 한국의 동학(東學)사상을 계승하는 측면이 있다.

동학의 교조 최제우는 각지불이(各知不移)라는 말을 통해 기운생동하는 세계, 자신의 깨달음의 세계를 표현했다. '불이'야말로 '변화하지만 이동하지 않는 기의 세계'를 가장 잘 설명하는 개념이다. 기는 '차이'와 '불이'의 양면성과 이중성을 동시에 가지고 있다.

필자는 구한말의 '동학'사상 대신에 '중학(中學)'사상을 제안했고, 중학사상을 실천하는 것을 '중도(中道)'라고 명명했다. 결국 '차이불이'라는 개념은 필자가 제안한 중학사상의 구체적인 실현이면서 동시에 그것을 실천하는 중도를 목표로 하고 있는 철학의 진수이다. '차이불이'는 필자가 동서고금의 철학과 한국사상을 회통시키는 철학으로서 서양과 동양, 그리고 한국의 전통사상·철학에서 그 요체를 뽑아 만든 한국철학의 신조어이다. 말하자면 지금껏 거론해 온 일반성의 철학, 소리철학, 여성철학에 이어 필자의 철학의 구체성을 달성하기 위해 제안한 새로운 철학적 용어이다. 뒤에서 상술하겠지만, 차이불이에는 '세계(자연)는 변화하지만 동시에 변하지(이동하지) 않는 것'이라는 뜻이 내포되어 있다.

'차이(差易)'는 용(用, 以)·대상(對象)이고, '불이'는 체(體)·본체(本體)라고 할 수

---

27) '차이(差易)'는 북경대 출신의 손병철(孫炳哲) 철학박사와 함께 서양 철학사의 문맥에서의 차이(差異)와는 다른, 동양의 역(易)사상을 포함하는 '다른 뜻의 같은 발음의 차이'를 찾다가 만들어낸 용어이다. '차이(差易)'는 또 차연(差延) 대신에 '차역(差易)'으로도 쓴다.

차이(差易)	불이(不移)
이(理): 주체(主體)	기(氣)
용(用, 以): 대상(對象)	체(體): 본체(本體)

도 있다. '파동=기=소리'는 '본체'이다. 이들은 스스로 움직이지 않으면서 다른 것(남)을 이동시킨다. 이때의 '본체'는 '실체'의 '체'가 아니라 근본이라는 의미에서의 '체'이다. 이(理)는 용(用, 以)을 가능하게 하는 표상이다. 이는 기의 현상학이고 기표이다. 서양철학이나 동양의 성리학은 기를 이로 전도시킨 것에 불과하다. 인간은 왜 이것을 전도시켰을까? 자연을 이용할 생태학적 필요 때문일 것이다. 인간은 살기 위해서 자연을, 자연적 존재를 제도적 존재자로 전도시킨 셈이다. 제도적 존재자가 주어(주체) 행사를 해왔다.

주자의 성리학 체계는 본체(本體)인 기를 이로 전도시킨 것이다. 이는 서양철학이 본체인 자연을 이성으로 전도시켜 자연과학의 대상으로 만든 것과 같은 맥락이다. 이는 모두 인간이 자신을 자연에 투사한 인간중심주의의 결과이다. 성리학은 본체를 전도시켜서 삼강오륜의 윤리를 만들었고, 서양철학은 본체를 전도시켜서 자연과학을 만들었다. 따라서 서양철학이 자연과학을 넘어서고 성리학이 윤리학을 넘어서려면 기일원론을 기초로 하는 철학의 탄생이 필요하다.

그래서 주자가 '이발이기수지(理發而氣隨之) 기발이이승지(氣發而理乘之)'라고 한 것이나 이황이 말한 '이발기발(理發氣發)의 이기호발설(理氣互發說)'은 틀린 것이다. 이발(理發), 즉 이가 발한다는 것은 어불성설이다. 이는 스스로 발할 수 없다. 이승(理乘), 즉 이가 승한다는 것도 어불성설이다. 이는 무엇을 타는[乘] 주체가 될 수 없다. 이는 용(用, 以)일 뿐이다. 이는 체(體)인 체하지만 체가 아니다. 우주의 체는 기이다. 그래서 이이의 기발이승(氣發理乘)도 틀린 것이다. 이

	체(體)	용(用, 以)	학문과 과학	보편성	일반성
서양철학	자연(自然)	이성(理性)	자연과학(自然科學)	자연적	소리철학
성리학(性理學)	기(氣)	이(理)	삼강오륜(三綱五倫)	도덕적	

는 기의 표현으로서 기표이고, 기표로서 드러남이다. 이는 기의 현상학이다. 이통(理通)도 완벽한 것은 아니다. 이는 통하기도 하지만 불통의 원인이 되기도 한다. 세계에서 오직 통하는 것은 기뿐이다. 그래서 기통일원(氣通一元, 氣通一圓)의 세계가 진정한 세계이다. 이것이 혼원일기(混元一氣, 渾圓一氣)의 세계이다.

현상학과 존재론을 불교철학에 비교하면 현상학은 유식학(唯識學)에 가깝고, 존재론은 반야공(般若空)에 가깝다. 그런 점에서 데리다는 유식학의 차원이라면, 하이데거는 반야공사상의 차원이다. 그러나 둘 다 불교의 완전한 진리, 즉 진여(眞如)에 도달했는가는 의문이다. 이는 서양철학의 이성작용과 시공간 의식의 관여 때문이다. 이성은 어딘가에는 실체를 감추고 있기 때문이다. 하이데거는 '시간적 자아(이것은 물론 공간적 자아이기도 하다)'를 벗어나지 못했고, 데리다는 '공간적 자아(이것은 물론 시간적 자아기이도 하다)'를 벗어나지 못했다고 할 수 있다. 이것은 서양문명의 근본적인 한계이자 특징이다.

돌이켜보면 '차연'이라는 개념은 서양철학의 대상적 동일성, 물질적 동일성, 실체적 동일성, 최초의 원인적 동일성(신학적 동일성)을 벗어났지만 '자아적 동일성', '결과적 동일성'을 완전히 벗어났는가에 대해서는 의문이다. 차연의 '연장'이라는 개념은 서양 사람들이 수학과 과학에서 개발한 미분과 적분의 무한대의 개념과 같은 것이다. 어떤 것이 일정한 방향성과 시퀀스를 가지고 있다면 그것은 적어도 원인적 동일성은 아닐지라도 결과적 동일성은 내포하고 있는 것이다.

라이프니츠의 모나드론은 관념론이지만, 그래도 그 관념에 활동성과 무한성의 의미를 부여함으로써 '자연'으로 연결되는 여지를 남겨두고 있다. 물론 라이프니츠는 자연을 무기적으로 보지만, 무기적 자연에서 신에 이르는 물(物)과 심(心)의 차(差)를 연속적으로 만들어낸다고 보는 입장에서 주목된다. 라이프니츠의 미분학은 차연 논리의 선구였던 셈이다. 그는 무한대의 개념을 통해 모든 사물과 사건을 양화(量化)할 수 있었다. 그런데 양화할 수 있는 세계가 있지만 그렇게 하지 못하는 세계도 있다. 여기에 대해서는 다른 철학이 필요했는데, 이러한 서양철학의 욕구가 어느 정도 결실을 맺은 것이 바로 하이데거의 존재론과 데리다의 해체철학이라고 할 수 있다.

무한대는 동양과 불교에서 말하는 무(無)가 아니다. 무한대는 어디까지나 '유(有)의 관점에서 보는 무(無)'이다. 서양의 과학적 사고는 결코 무 혹은 무아를 받아들일 수 없는 문화적 맥락 위에 있다. 특히 서양의 근대 과학문명은 그렇다. '유'의 관점에서 보면 '무'란 있을 수 없는 것이며, 무한대일 뿐이다.

무한대는 서양의 '유(有) 철학'이 무(無)와 만나는 지점이다. 초월의식은 바로 의식이 '무'를 만나면서 무엇인가 말할 수 없는 존재를 느껴 이것에 붙인 이름이다. 그러한 존재에 대해 서양에서는 신이라고 하고 동양에서는 자연이라고 한다. 따라서 자연이라는 말에도 신이라는 의미가 들어 있고, 신이라는 말에도 자연이라는 말이 들어 있다. 서양은 유일신을 통해 자연에 이르고, 동양은 자연을 통해 유일신에 이른다. 인류가 만들어낸 모든 이름은 추상이고, 추상적인 이름은 바로 '흐름[流]'에 있다.

무(無)나 공(空)이나 중(中)의 진정한 개념은 바로 '흐름'에 있다. 흔히 중용의 중(中)이나 중도의 중(中)은 어떤 사이[間]의 가운데 지점, 고정된 지점을 의미하는 것으로 생각하기 쉽다. 그런데 역동하는 우주 속에서 그러한 중은 결코 실현되지 않는다. '중'은 흔히 이성적으로 말하는 이상이 아니다. '중'은 가변적 기준일 뿐이다. 인간은 이상을 설정해놓고 그것을 기준으로 살아가는 생물종이지만, 실질적인 우주는 그 '중'을 끝없이 왕래하는 우주이다. 그런 점에서 실질적인 세계는 언제나 양극단을 오가는 기운생동의 혼돈이다.

이러한 정황을 만물의 각자(총체)의 입장에서 생각하면 총체적인 흐름 속에 있기에 '중'은 항상 실현되고 있다고 할 수 있다. 그러나 이것은 객관적인 것은 아니다. 무(無), 공(空), 중(中)은 결국 같은 개념이다.

이러한 정황을 소리철학의 입장에서 보면, 기 혹은 소리를 '무', '공', '중'과 함께 같은 개념으로 포함하려는 것이 소리철학, 포노로지라고 말할 수 있을 것이다. 그런데 '기'와 '소리'는 '무', '공', '중'과 같은 개념이나 추상이 아닌, 구체이고 실질이라는 점에서 다르다. '기'와 '소리(파동)'는 시니피에가 아니라 시니피앙이다.

아무튼 이념적인 '중'은 단 한순간도 실현된 적이 없으며 동시에 실질적인

'중'의 소재(所在)를 잡을 수 없다. 역으로 잡을 수 없기에 흐름이기도 하다. 중용(中庸), 중도(中道), 무위(無爲)도 쉽게 잡을 수 있는 것이 아니다. 서양 근대 철학의 형평(衡平)이라는 개념도 그것의 소재파악과 잡기를 할 수 없다는 점에서 마찬가지이다. 잡을 수 있는 것은 이미 이(理)이고 용(用, 以)이다. 잡을 수 없는 것은 이가 아니다. 흔히 이상(理想)이라는 말은 낭만적인 것으로 받아들이기 쉬운데 적어도 막연하지만 대상과 목표가 있어야 이상이 된다. 대상은 이미 대상의 주체가 존재한다는 말이다.

우리는 흔히 인간의 행위를 두고 선악으로 판단을 한다. 하지만 지구상의 모든 문화에 적용되는 선과 악은 없다. 선과 악은 매우 인위적이고 유위적인 구분이다. 권선징악은 인류의 모든 문화의 보편성이지만, 그것의 기준은 다르다. 지금까지 인간의 선악을 논한 것은 대체로 근거가 빈약하다. 선과 악이 따로 있는 것이 아니라 본성이 미발(未發)된 것을 선이라고 하고, 기발(旣發)된 것을 악이라고 했다. 따라서 권선징악 사상은 지배논리에 불과하다. 대부분의 제왕학이나 통치학이 최고통치자를 권선징악의 범주에서 벗어나게 한 것에서 이를 확인할 수 있다.

선악은 같은 뿌리를 가지고 있다. 그래서 선악의 문제는 궁극적으로 해결될 수 없는 것이다. 선악은 이중적이고 양가적이다. 선과 악은 어떤 문화권이나 개인에서도 왕래할 뿐이다. 악은 위선(爲善, 僞善)에 있고, 선은 위악(爲惡, 僞惡)에 있을 수도 있다. 선과 악은 물론이고 정의(正義)와 불의(不義)도 보편적인 기준이 없기는 마찬가지이다. 문화권마다 시대마다 다른 것이 특징이다. 따라서 궁극적으로 선악과 의불의(義不義)를 따지는 인문학은 자연과학의 상대적 불확정성이론처럼 양극의 확률론으로 설명할 수밖에 없다. 확률론이란 100(%)을 근거로 일어날 가능성을 설명하는 것이다.

인간이 만든 모든 기준은 한시적이고 제한적이다. 일반적인 것은 자연뿐이다. 그런데 그 자연은 '흐르는 것'을 특징으로 한다. 흐르는 것 중 가장 큰 것은 풍(風)이다. 그러한 점에서 우리 민족의 풍류(風流)라는 개념은 참으로 자연주의자들의 관점이다. 자연은 바람이나 물의 흐름처럼 저절로 일어나는 것이며 아무도 제어할 수 없는 것이다.

자연은 신이고, 진정한 신은 자연이다. 범신(凡神, 汎神)은 자연을 신과 결부해서 말하는 개념이다. 그런데 '범신'은 각자의 '자신(自神: 自身 自信 自新, 自神)'에 대한 이름일지도 모른다. 이들 서로 다른 '자신'들은 이중성과 왕래성의 관계로 중첩되어 있다. '자신'은 인간이 스스로를 포함하여 '흐르는 것'에 대해 붙인 이름이다. 내 몸이 있고 내 믿음이 있고 나의 새로움이 있다면 바로 '지금 여기'에 흐르는 것은 신(神)에 이르는 것이 아니고 무엇이겠는가? 신은 결코 객관적 대상이 아니다. 지금 나를 둘러싼 기운, 기운생동이다.

세계를 기운생동의 관점에서 보면 하이데거는 '존재의 관점에서 존재자'를 바라봄으로써 '무(無)의 관점에서 유(有)'를 바라보는 것 같지만 그것도 완전하지는 않다. '연장'은 실체가 있는 것을 전제하는 개념이다. 서양문명으로서는 '차이'가 계속되는 것을 '연장'이라는 개념으로 표현할 수밖에 없었겠지만, '연장'은 그 안에 이미 실체 혹은 입자의 개념이 포함되어 있는 무한대의 철학적 표현이다. 그래서 '연장'에는 동일성(결과적 동일성)의 개념이 남아 있다.

하이데거야말로 동서양의 경계에 있다. 하이데거의 존재론과 데리다의 해체철학이 표방하는 '차연'은 겉으로 보기엔 이성중심주의를 벗어난 것 같지만, 대상으로부터 탈출은 했지만 여전히 자아로부터의 완전한 탈출(이것을 불교적 해탈이라고 하면 좋을 듯하다)을 수행하지 못하고 있는 듯하다. 압도적인 이성중심주의 및 과학적 사고에 물들어 있기 때문이다. 이는 암암리에 어떤 '동일성', '자아의 흔적'을 감추고 있다.

'연장'이라는 용어와 마찬가지로 서양의 후기근대 철학이 여전히 '실체' 혹은 '자아'를 버리지 못하고 있음을 드러내는 용어가 바로 '사물' 혹은 '물 자체'이다. '사물'이라는 말에는 어딘지 세계를 '실체', '도구' 혹은 '도구체계'로 바라보는 시선이 남아 있다. '사물'이라는 말에는 어딘지 세계를 무생물로 바라보는 시선이 드러난다. 왜 하이데거에게 사물은 '그것(It)'인가? '사물'을 그것이라고 하는 것은 실은 사물이 그렇게 있는 것이 아니라 인간이 사물을 그렇게 보는 것이다. 이것은 언어의 영향이다. 언어는 사물을 정지된 물체로 규정하는 타성이 있다.

하이데거의 '그것(It)' 속에는 존재와 존재자가 동시에 있다. 존재자의 '자(者)'

는 바로 구체성이 없는 추상적인 사물의 명칭인 '사물(thing) = 불완전명사'를 의미하고, 하이데거가 완전히 자연적 존재 혹은 불교적 공(空)의 세계로 들어가지는 못했다는 증거가 된다. 하이데거의 한계는 서양 이성철학의 한계이다.

언어는 하이데거의 말대로 '존재의 집'이 아니라 '존재의 감옥'이 될 수도 있다. 언어가 존재의 감옥으로 된 것이 바로 '사방에 창이 없는 방'으로서의 단자(monad)이다. 그 단자가 바로 사물(thing)이다. '단자'는 사물을 계량화할 수 있는 근거이고, 세계를 물질의 꽉 막힌 세계로 상상하게 하는 단초가 된다. 이것이 오늘날 자연과학의 세계, 물리학의 세계이다. 언어는 항상 '존재의 집'에서 '존재의 감옥', '사물의 단자'로 돌변할 수 있다. 인간이 사물(물질)의 감옥에서 벗어나려면 사물을 놓을 수밖에 없다. 사물을 잡고서 사물을 벗어날 수 없다. 사물을 놓고 놓지 않고는 인간 스스로에게 달렸다.

철학적 반이성중심주의를 끌고 가고 있는 존재론이나 해체주의 철학은 언어가 집이 아니라 감옥으로 변신하고 있음에 대한 본능적 반발이라고 할 수 있다. 사물은 본래 역동적인 '물(物)'인데 그것이 언어의 옷을 입으면서 '정태적인 사물'이 되었다.

서양철학은 언어로 인해서 인간을 자연으로부터 추방시켜버린 감이 없지 않다. 오늘날 인간은 자연성을 잃어버렸다. 이는 기독교의 유일신에 의한 '낙원추방'이 아니라 역설적으로 기독교가 도구적으로 생각했던 자연에 의한 '자연추방'이다. 낙원에서 추방된 것은 별 일이 아닐 수 있으나 자연에서 추방된 것은 인간존재를 잃어버리는 위험이 될 수 있다. 자연추방은 상상이 아니라 현실이다. 자연추방은 인간의 죄의식의 문제가 아니라 바로 인류의 생존과 직결되는 문제이다.

하이데거의 '언어는 존재의 집'이라는 구절에도 최종적인 자아가 남아 있다. 사람의 생각 여하에 따라 '언어는 존재의 감옥'이 될 수 있기 때문이다. 바로 언어의 이중성이 인간의 문제를 철학적으로 해결할 수 없다는 것을 말하고 있는지도 모른다. 언어가 없으면 철학을 할 수 없는데 철학은 언어를 버려야 하는 존재론적 상황에 이르렀다. 이것이 '현존재'인 인간의 막다른 골목이다.

서양문명은 자아를 버리고 무아로 들어가기가 본질적으로 어려운 문명이다. 서양문명에는 자아와 초자아가 늘 붙어 있으며, 그것을 통사구조(統辭構造)로 만들려고 하고 있다. 그 이유는 저들이 근대에 이룩한 문명은 '과학문명', '텍스트문명'이기 때문이다. 저들은 과학적 텍스트를 버리지 못한다.

서양 사람들이 자연으로부터 구원받는 길은 원시·미개사회의 '신물숭배(神物崇拜)'를 배우는 데 있다. 만물을 신으로 보는 저들의 관점과 태도를 배우지 않으면 안 된다. 세계는 지식공동체이기 이전에 교감공동체이다. 자연은 교감공동체이다. 자연은 굴곡이 있는 흐름이고 파동이다.

존재론은 철학이지만 존재는 논리로 느낄 수 없다. 존재는 기분이나 분위기 혹은 그것의 바탕(배경)인 기운생동이다. 논리로 설명할 수 없는 것을 논리적으로 설명하려고 하는 것이 존재론이다. 따라서 존재론은 논리적으로만 이해하는 것이 아니라 존재를 느껴야 이해되는 철학이다. 논리와 느낌 사이에 간극이 있다.

데리다는 '현존'을 이성중심주의의 원흉(괴물)으로 보고 그것으로부터 도망가기 위해서 '부재'라는 개념을 만들어내고 에크리튀르를 기초로 그라마톨로지를 구성했다. 데리다가 구축한 '부재'의 철학은 바로 '현재'의 철학이다. 그의 노력은 대단한 것임에도 불구하고 현재라는 시간을 버리지 못했고, 그렇기 때문에 에크리튀르에서 구원을 받으려고 했다. 이는 하이데거가 '존재와 시간'을 탐구하면서 시간의 흘러감의 속성인 무(無)에서 구원을 받기 위해 인간을 '세상에 존재함(das in-der-Welt-sein)'이라는 의미의 '현존재(Dasein = therebeing)'로 규정했다. 현존재의 뜻은 '본래 자리' 혹은 '있어야 할 자리'이다. 이것은 동양철학의 '자연', '자연적 존재'에 가장 가까운 말이다.

하이데거와 데리다는 구원이라는 관점에서 논리 전개상 시간과 공간의 교차관계에 있다. 데리다는 겉으로는 공간에서 시간으로 갔지만 이면에서는 시간에서 공간으로 갔고, 하이데거는 겉으로는 시간에서 공간으로 갔지만 이면에서는 공간에서 시간으로 갔다. 시간과 공간의 문제는 결국 같은 것이기에 서양문명의 피할 수 없는 자장(磁場 = context)이라고 할 수 있다.

현존(présence)은 현재(present)가 아니다. 현존은 현재로서의 'present'가 아니라 선물로서의 'Present'이다. 현존은 시간을 넘는다. 현존은 시간에 예속된 현재가 아니다. 목소리와 쓰기가 다른 것은 둘 다 현존적인 것임에도 불구하고 쓰기는 그것이 기록으로서 남는다는 데 있다. 현존이야말로 존재의 현상학이고 또한 존재는 선물이다.

'현재는 선물이다(present is the Present)'라는 말에도 실은 현존의 의미가 들어 있다. 현재라는 시간을 존재자적으로 사용하지 않는다면 말이다. 현재는 존재로 들어가는 틈이다. 현재는 존재와 존재자가 왕래하는 틈이고 문(門)이다. 인간이 은연중에 쓰는 말에도 이미 존재론적 존재에 대한 인식이 들어 있는 셈이다. 존재론적인 것과 존재자적인 것은 뒤섞여 있고 혼동되어 있다. 그것은 자연적 존재이면서 동시에 이성적 존재인 인간의 이중성에서 비롯된다.

한국인의 입장에서는 '기'철학이야말로 '존재'의 철학이고 '현존'의 철학이다. 현존이 서양철학의 이성중심주의의 원인은 아니다. 이성주의는 바로 '무엇이 기록됨'에 있다. 기록을 하자면 주어가 필요하다. 흔히 자아 및 주체와 관련해 인칭대명사의 문제를 거론하는데, 이것은 인칭대명사의 문제를 넘어 더욱 폭넓게 주어의 문제로 격상되어 논의되지 않으면 안 된다.

사람(인칭대명사)과 사물(지시대명사)뿐만 아니라 관념(개념)과 의식, 추상명사, 귀신, 분위기, 기운, 느낌 등 어떤 의식, 무의식의 것도 주어가 될 수 있다. 다시 말하면 모든 언어는 주어가 될 수 있다. 그래서 주어의 문제는 철학 전반에서 다루어야 할 주제가 되기에 충분하다. 주어가 통사구조를 만들고 그 통사구조는 사물과 물에 대해서 자신도 모르게 초월적 위치를 점유하고 있는 것이다.

주어에 의해 이끌어지는 문장(텍스트)은 기록의 바탕이 되고, 기록은 시간과 공간의 개념을 필요로 한다. 이성이 문장을 만드는 것이 아니라 문장이 이성을 만들었다고 하는 편이 옳다. 문장이 없는 이성은 허구이다. 문장이 시간과 공간, 그리고 과학을 만들어낸 것이다. 주어, 즉 이름이 사물의 정체성을 만들고 움직이는 사물을 정지시키는 환상과 환각을 만든다. 주어와 이름과 과학(실체를 토대로 하는)이야말로 가상이고 추상이고 인간이 만들어낸 것이다. 결국 기록이 과학이고 등식이다.

그런 점에서 에크리튀르야말로 이성주의의 원인이다. 에크리튀르로 이성주의를 극복한다는 것은 서양철학이 '말-소리중심주의'의 자기모순에 빠진 것에 지나지 않는다. 데리다의 그라마톨로지는 에크리튀르라는 개념의 창안을 통해 만들어낸 '하이데거 존재론의 프랑스적 짝퉁'이다. 그런데 그것이 현존을 철학적 공격의 대상으로 삼음으로써 철학적 환원주의에 빠진 것이다. 결국 서양철학적 순환에 빠진 셈이다. 서양철학적인 논리에서 볼 때 순환주의에 빠지면 철학적으로 실패한 것이 된다. 이러한 순환주의는 동양의 천지인사상이나 음양사상의 순환론과는 차원이 다르다.

서양철학에서 논의되는 여러 개념은 각자의 전통을 가지고 차이를 드러내고 있다. 그 철학적 차이는 다른 차이와 마찬가지로 무한대로 나아가지 않으면 안 된다. 그래서 차이의 연장으로서 차연이라는 개념이 성립되었을 것이다. 차이의 연장에서 공간에는 연장이라는 말이 적합하지만 시간에는 연장이 아닌 지연(遲延)이 더 적합할 것이다. 영원은 아직 오지 않았기 때문이다.

인간은 시간을 설정했기 때문에 영원을 설정하지 않을 수 없었고, 공간을 설정했기 때문에 부피가 있는 것을 중심으로 세계를 다루게 되었다. 그런데 이 연장의 개념이 바로 서양철학을 동일성에서 완전히 탈출하지 못하게 하는 족쇄이다. 세계를 어디에선가 끊었기 때문에 연장의 개념이 나오고 접속의 개념이 나오는 것이다. 연장과 접속은 생각의 끊음과 관련이 있다. 자연은 한 번도 끊어진 적이 없는데 인간을 그것을 끊어서 생각하는 것이다.

생각이야말로 자연(우주)을 끊는 가장 미세한 칼이다. 생각보다 무서운 칼은 없고, 생각보다 끊어진 것을 붙이는 풀은 없고, 생각보다 빠른 물체는 없고, 생각보다 느린 물체도 없다. 철학이 생각의 산물이라면 철학은 스스로에게 반란을 일으키지 않으면 자신을 완성할 수 없다. 철학을 포기하는 것이 철학의 완성이다. 철학은 철학의 포기를 철학해야 한다.

하이데거와 데리다는 '차이(差異)-연장(延長)'을 주장하고, 들뢰즈는 '접속(接續)-기계(機械)'를 주장한다. 이들이 차연을 주장하고 접속을 주장하는 이유는 결국 세계를 문장(언어)으로 나누었거나 물질(사물)의 구획으로 나누었기 때문에 필연적으로 세계를 연결시키지 않으면 안 되기 때문이다. 여기에는 서양문명의 이성중심주의가 내재해 있다. 이것은 결국 서양철학의 언어의 문제이다.

다시 말하면 언어를 메타포(은유)로 사용하지 않고 메토니미(환유)로 사용하려고 하기 때문이다.

서양의 절대신과 절대정신과 절대시공간(뉴턴 역학)은 같은 계열의 것이다. 이들 삼자는 이성중심주의 철학의 공모자들인 셈이다. 물론 여기에 자본주의도 들어가고 사회주의도 들어가고 심지어 과학주의도 들어간다. 인류는 새로운 문명의 패러다임을 요구받고 있다. 이에 과학에서 다시 상대성원리와 불확정성이론이 나오고 이것이 '상대적 불확정성이론'으로 종합됨에 따라 철학에 영향을 미쳐서 해체철학을 불러왔다. 그러나 이 해체철학들이 서양철학의 이성중심주의를 완전히 벗어난 것은 아니다. 그렇게 보면 '정신의 물질(대상이 되는 물질)'이 아니라 '물질(대상이 되지 않는 물질)의 정신'이 필요한 셈이다. 이것이 바로 물질이 아닌 물이고 물 자체이다.

철학이 과학의 '상대성원리(relativism)의 세계'를 극복하기 위해서는 '상관적인 세계(interrelation-world)'에 눈떠야 한다. 상대성은 절대성의 또 다른 절대성이기 때문이다. 이는 철학이 상대성원리의 에너지이론($E = mc^2$)을 넘어서야 함을 말한다. 상관적인 세계란 동양의 음양론의 세계를 말한다. 동양의 음양과 기의 세계는 에너지를 포함하지만 그 이상의 세계이다. 정확하게 말하면 에너지를 옮기는 파동의 세계이다. 상관적인 세계야말로 자연의 세계이다.

철학이 과학의 감옥에 갇혔다. 유기체에 대한 생각도 바뀌어야 한다. 유기체는 생명체이긴 하지만 생명 속에 메커니즘(mechanism, schema)이 들어간 것이다. 다시 말하면 생명체가 기계화 쪽으로 나아간 것이다. 유기체는 생명-기계의 복합물이다. 사람이라는 유기체가 추상-기계를 만들어내는 것은 이미 추상이라는 기계적인 대뇌작용이 개입하였기 때문이다.

이에 비해 자연은 내재성이고 순환성이고 재생성이고 반복성이고 진화성이고 본능성이다. 자연은 생명으로 가득 찬 혼원일기(混元一氣)의 세계이고, 교감의 세계이고, 소통하는 세계이다. 자연과학의 대상이 되는 자연이 아닌 자연은 저절로 돌아가는 세계이다. 자연이 주어가 되는 것이 아니라 동사이고 유동하는 세계이다.

인간은 항상 자연의 인간이다. 문명은 항상 자연의 문명이다. 그런데 항상 인간은 자신의 근본을 잊어버리고 더욱이 자신이 이 세상에 '던져졌다'고 생각한다. 그런데 '던져졌다'고 생각하는 것 자체가 인간을 던져진 존재로 만든다. 던져졌다는 생각 자체가 자연을 잃어버린 것의 반영이다. 이는 자신을 낳아준 어머니를 잊어버린 사고이다.

자신을 낳아준 어머니, 자연을 잊어버리고 그 탄생의 사건을 까마득히 잊어버린 채 자아를 찾아 나선다. 그 자아는 가공의 아버지(제3자)를 찾아 나선다. 자신의 몸 안에 천지와 부모가 다 들어 있는데 그것을 망각하고 자신의 몸 밖에서 원인과 구원을 찾는다. 대부분의 인간은 자신에게 속고 있다. 자신에게 속기 때문에 문제를 삼을 수는 없지만 그런 근본적인 속임은 언어와 사물이 일체가 아닌 데서 온다.

자연은 '스스로 그러한' 것이기 때문에 스스로를 지칭하지 않는다. 자연을 지칭하는 존재는 인간이다. 다시 말하면 생각하는 동물인 호모사피엔스는 자연을 지칭하는 존재로서 살아가기 시작한 셈이다. 그런데 그 지칭하는 행위에서 인간은 자연으로부터 스스로를 분리하고 이원화하고 대상화하지 않을 수 없는 지경에 빠졌다. 이때 '빠졌다'(이는 하이데거 존재론의 '던져졌다'라는 말과 통한다)라는 동사는 매우 운명적인 항거불능의 의미를 내포하고 있다.

무엇을 지칭한다는 것은 인간 삶의 조건이지만 그것이 처음부터 애매모호하다는 데 문제가 있다. 무엇을 지칭하려면 주어, 즉 명사(명사형)가 필요하다. 명사는 동사를 필요로 한다. 또 동사는 자동사와 타동사를 필요로 한다. 그런데 자연의 '스스로 그러한'의 '스스로'는 주어도 될 수 있고 부사도 될 수 있다. '그러한'은 동사도 될 수 있고 부사 혹은 형용사도 될 수 있다. 이렇게 '자연'이라는 지칭어는 처음부터 애매모호하다.

그런데 인간은 그 애매모호한 것을 분명하게 잘라야(끊어야) 하는 사명에 처하게 된다. 그것(대상, 사물)을 자르기 위해서 그것을 딱딱한 것, 알갱이가 있는 입자로 만들지 않으면 안 된다. 그런데 과연 인간이 자른 자연은 잘라졌던가? 나(I)와 너(You), 나와 사물(It), 나와 우리(We)는 분명히 구분되었던가?

'잘라야 하는 행위'는 자연이라는 물(物)을 향해 '칼로 물[水] 베기'하는 것과 같다. 그런 점에서 물(物)은 물[水]이다. 인간의 생각은 모든 사물을 대상화한다. '나'라는 용어도 이미 스스로를 대상화한 것이다. 생각은 지칭을 전제하지 않고는 시작도 할 수 없다. 바로 지칭하는 것에서부터 인간은 모순에 빠진 것이다. '나'는 '너'가 되고, '너'는 '나'가 되며, 너와 나는 거리가 멀어지면서 '그'가 되고 '그녀'가 되고 '그것'이 된다. 또 그것을 한데 묶기 위해 '우리'가 된다. 나 이외의 것은 모두 '사물'이 되어 타자가 된다. 이들 간에는 서로 왕래관계(가역관계)가 성립한다.

여기서 주목할 것은 서양문명권은 '물 자체'를 'Thing Itself'로 본다는 점이다. 물은 서양철학에서 물질로부터 벗어나는 개념의 출발이지만 여전히 타자로서의 물질의 흔적(냄새)을 풍기고 있다. 이것이 완전히 '우리'가 되어야 자연으로 돌아가게 된다. '우리(We)'는 어딘가 자연의 '망(Web)'의 성격을 내포하고(숨기고) 있는 것 같다. 또 'W' 자 속에 '여성(Wo-man)'이 숨어 있다.

만물이 하나가 되기 위해서는 '우리'의 관념을 사물 전체로 확산하지 않으면 안 된다. 우리는 자연이고 자연은 우리이다(자연= 우리). 자연은 '그것'이 아니다. '그것'에는 타자의 관념이 숨어 있다. 그래서 '그것' 뒤에 굳이 '자신(self)'을 붙여서 '그것 자체(Itself)'라고 하는 것이다. '그것 자체'의 'self'가 '자아(ego)', 즉 정신(spirit)이 되면 사물 자체는 물질(material)이 되어 정신과 물질이 이분화된다. 그래서 사물은 자연(自然= 物)과의 관계에서 이중성과 애매모호함의 위치에 서게 된다.

자연과 사물의 애매모호함은 감각동사에서도 두드러진다. 감각동사들은 감각하는 대상을 향해 '~을 감각한다'이기에 타동사적으로 사용되어야 하지만 자동사로 쓰인다. 또 '~을 가진다'라는 타동사는 '~이 있다'라는 자동사로 사용된다. 심지어 자연은 가주어(假主語, It)가 된다. 말하자면 진짜 주어가 아닌 가짜(임시) 주어라는 말이다. 지칭되는 것과 지칭하는 것의 운동을 나타내는 동사는 처음부터 애매모호함 속에서 출발한다. 그럼에도 불구하고 서양의 이성중심주의 철학은 지칭하는 자와 지칭을 받는 자 사이에 경계와 구별을 두고 정신과 물질의 이원화를 통해 과학을 이룬 '주체-대상으로서의 세계'를 구축했다.

이에 비해 동양철학은 지칭을 사용하기는 하지만 그렇게 명확함의 추구를 통해 자연을 이원화하지 않는 경향을 보인다. 이를 두고 '자연주의'라고 일단 말해두자. 동양의 자연주의 철학은 서양철학의 '정신-물질(육체)', '주체-대상'과 달리 몸과 마음의 일원화를 통해 '생명의 유동을 노래(호흡)하는 철학'의 특징을 보인다. 동양의 음양사상과 그 이전의 천지인사상은 그것을 대표하는 사상이다.

서양철학의 이성(理性)과 동양철학의 이(理)의 차이, 물질(物質)과 기(氣)의 차이를 현상학적으로 살펴볼 필요가 있다. 이는 기의 현상학이다. 이때의 실체는 기이다. 여기서 실체는 서양철학이 말하는 실체(substance)가 아니라 존재(Being)란 의미의 실체이다. 이에 비해 물질은 정신인 이성의 현상학이다. 이와 이성, 기와 물질은 같은 것이 아니라 현상학적으로 정반대의 위치에 있다.

현상학적으로 말하면 이성은 또한 이의 현상학이라고 말할 수 있다. 무한대는 무(無)의 현상학이고, 색(色)은 공(空)의 현상학이다. 일반적 일(一)의 현상학이 일체(一切)이고, 일체의 현상학이 보편적 일(一)이다. 동양의 이기론은 근대에 들어 서양철학을 만나서 좀 더 현상학적으로 나아간 것이라고 말할 수 있다. 이때 현상학적으로 나아갔다고 하는 것은 바로 과학적으로 나아갔다고 말할 수 있다.

결국 인간은 '자연의 성(性, sex)'을 '이성의 성'으로 환치하고 자연을 본능으로 격하하면서 본성의 자리를 이성이 차지하는 전도(절도)를 실현한 존재이다. 본성은 본능이 되면서 남성적 욕망의 대상이 되어버렸다. 남성은 본성적 존재가 되고, 여성은 본능적 존재로 요시찰 인물이나 감시의 대상이 되어버렸다.

감각은 본래 대상이 아니라 느낌과 교감이었다. 감각에는 안팎이 없다. 느낌이라는 것은 감각기관을 매개로 몸과 사물이 하나의 교감체가 되는 것이다. 그런데 이성이 등장하고부터 감각은 대상이 되었다. 말하자면 '감각적 대상'이 된 것이다.

감각은 대상이 아니라 느낌이다. 감각은 머리를 통해서 교감하는 것이긴 하지만 대상에 머무는 것이 아니라 서로 하나가 되는 소통이다. 감각은 이데아나 이성이 아니라 느낌이고 느낌의 공유이다. 감각의 세계는 끊어진 적이 없다. 자연의 세계는 끊어진 적이 없다. '칼로 물 베기'의 세계이다.

앞에서 '자른다(끊는다)'는 개념을 사용했는데 바로 그렇기 때문에 결코 '자를 수 없는 사물'로서의 개념이 필요하다. 그것이 바로 동양의 기라는 개념 아닌 개념이다. 기는 특히 보이지 않는 것이 느껴질 때 존재를 느끼게 된다. 기라는 개념을 설명하기 위해 여러 토론이 동원되었지만 결국 '자를 수 없는 사물'로 전제하는 것이 끊임없이 미세한 세계를 쪼개서 분석하는 현대 입자물리학의 진전에 대응이 될 것이다.

중국 위진남북조시대에 『조론(肇論)』을 쓴 승조(僧肇)의 물불천론(物不遷論)은 흔히 영화 필름에 비유되기도 한다. 영화는 실지로 정지되어 필름을 영사기로 돌려(정지된 스틸사진의 연속) 움직이는 활동사진으로 보이게 하는 메커니즘이다. 사물은 실지로 정지해 있다. 그러나 물불천론을 영화 필름으로 설명하는 것은 하나의 비유이다. 영화는 스틸필름의 연속이지만 그것이 활동사진이 되려면 영사기와 영사기를 돌리는 제3자(이것은 신이나 초월자를 연상시킨다)가 필요하다. 이는 라이프니츠의 '예정조화의 신'과 같다. 스틸필름은 단자(단순실체)가 아니다. 다른 기계와 기계를 돌리는 사람을 필요로 한다.

이는 자연 그 자체를 설명하는 것으로 부족하다. 자연에는 스틸필름이라는 고정된(움직이지 않는) 단자가 없을 뿐만 아니라 아무리 순간적으로 미세하게 잘라도(그렇게 자를 칼도 없지만) 더 이상 자를 수 없는 경지에 이른다. 즉, 자연에 영화 필름은 존재하지 않는 것이다. 영화 필름은 기계이며 인위이다.

물불천론이 물불천론이 되려면 '더 이상 자를 수 없는 물(物)'의 개념이 필요하다. 그것이 기이다. 이 말은 더 이상 대상이 되지 않는 존재가 필요하다는 말이며, 그 존재는 결코 개념이 아니어야 한다. 사물을 대상화하는 것이 아니라 그 대상을 하나의 징조(徵兆)로 바꾸는 상징이 필요하다. '기'야말로 찰나생멸의 다른 이름이고, 실체가 아니다. '기'를 실체로 보는 것은 아직 제대로 '기'를 모르는 사람이다. 기는 실체가 아닌 실재이고, 차라리 상징(象徵)이다. 그래서 우리는 상징을 통해서 '기'를 확인하는 것이다. 그런 점에서 상징은 기를 부르는 의미의 '기호(記號)가 아닌 기호(氣號)'이다.

상징의 징(徵) 혹은 징조야말로 존재를 대상화하여 증명하는 것이 아니라 존재를 부르는 것이다. 사물의 징조는 존재를 부르는 소리이다. 동양의 역학

(易學)은 바로 '징조의 학'으로서 '차연의 연장(시공간)'이 아니라 '차연의 틈(시공간초월)'에서 솟아나는 초월을 탐구한다. 그래서 역학은 시공간을 초월하여 예언하는 것이다.

영화 필름은 해체철학의 차연, 즉 차이와 연장의 개념을 잘 설명하는 비유이다. 해체철학자들은 사물을 물질이 아니라 차이 나는 것의 끝없는 연장으로 봄으로써 이성중심주의 철학을 극복한다. 그러나 그 개념은 여전히 시각적인 관점에서 벗어나지 못하고 있다. 그 속에는 서양철학의 맹점인 동일성의 개념이 잔존하고 있다.

'시각과 연장'이 아닌 개념으로 세계를 설명할 수는 없을까? 그것은 기분(氣分)이나 느낌으로 세계를 설명하는 일일 것이다. 앞에서 생각을 남성성으로 보았기 때문에 기분이나 느낌은 여성성의 관점이라고 할 수 있을 것이다. 생각 이전에 우리 몸이 세계와 소통하고 교감하고 있는, 우리 몸에 들어 있는 기분, 느낌, 도저히 설명할 수 없는 정체불명의 이것이야말로 존재의 근원이다. 이것이 기이고 또한 소리이다. 기는 파동이고 소리도 파동이다. 파동으로서의 코드가 맞는 것이다.

인간은 자연의 기, 기운생동을 이(理), 이성으로 해석하는 존재이다. 그리고 이성으로 해석하기 위해 개념과 정의를 필요로 했고 세계를 칸막이나 감옥에 가두는 일을 해왔다. 그래서 서양철학의 궁극에서는 '단자'가 필요했다. 서양철학의 차연과 접속은 서양과학의 미적분과 같은 차원의 사고이며 입자적 사고의 마지막이라고 할 수 있다. '연장과 접속'의 개념은 아직도 시공간적 사고를 벗어나지 못했다는 것을 증명하는 것이다.

존재는 설명하거나 해석하거나 그리고자 하면 존재를 벗어나게 된다. 존재를 언어로 설명하는 것을 철학, 수로 환원시켜 해석하는 것을 수학의 대수(代數), 그리고자 하는 것을 수학의 기하(幾何, 도형의 길이, 넓이, 각도 등의 양을 측정하거나 공간의 수학적 특성을 따지는 분야이다)라고 할 수 있는데, 이들의 특성은 다음과 같다. 현대의 자연과학은 이들의 종합이라고 할 수 있다.

문장에서 목적어이라는 말은 눈[目]이 표적(標的)한 것이라는 점에 유의할 필요가 있다. 문장의 주어는 기하의 중심과 같은 것이며 이는 결국 세계로부

생각-추상	철학(哲學)	주어(主語)	주어(主語), 동사(動詞), 목적어(目的語)	사물(事物)과 사건(事件)을 말과 문장으로 환원
	대수(代數)	등식(等式)	수(數), 방정식(方程式)	운동을 정지(靜止), 직선(直線)으로 해석
	기하(幾何)	중심(中心)	점(點), 선(線), 면(面)	운동을 면적(面積)과 원(圓), 타원(楕圓)으로 해석
*자연은 결코 개념이나 추상이 될 수 없다. 인간의 시각-언어적 특성이 자연을 그렇게 보게 한 것이다.				

터 등식을 추출하게 된다. 등식은 결국 수(數)를 통해 정지와 직선을 실현하는 것인데, 원과 타원도 직선의 연장이다. 그러나 이들은 모두 개념이고 추상이다.

물질에 대한 입자적 사고가 파동적 사고로 전환되지 않으면 존재의 진면목에 도달할 수 없다. 파동적 관점은 입자(실체)가 없는 것이다. 파동(전기·전자·전파), 즉 리듬(에너지의 흐름)만 있다. 기는 리듬이고, 리듬은 기이다. 바로 파동적 사고로 들어가는 입구가 '소리철학'이다. 파동적 세계에 대한 과학적 이해가 '상대적 불확정성이론'이라면 이에 대한 철학적 대안이 소리철학이다. 소리철학은 자연에 대한 은유의 철학이다. 그런 점에서 과학이야말로 자연의 은유에 대한 환유이고, 시는 역설적으로 절대자연이라는 환유에 대한 은유이다. 시와 철학과 과학은 은유와 환유를 교대하는 관계에 있다. 인류는 고대의 시적(詩的) 사고에서 여러 과정을 거쳐서 과학적 사고에 도달했고 다시 시적 사고로 원시반본하는 시점에 있다. 소리철학은 이에 부응해서 나온 철학이다.

소리는 로고스를 감싼다. 소리는 존재론적으로 '보이지 않는다'는 점에서 네거티브(nagative)이다. 그러나 보이지 않기 때문에 사람들에게 거부감 없이 매우 포지티브(positive)하게 받아들여질 수 있다. 로고스는 항상 긍정과 부정이 동시에 대립할 수 있는 반면 소리는 마치 생명(존재)처럼 받아들여진다.

철학의 존재이유는 그 답에 있지 않고 끝없는 물음에 있다. 물음은 내재해 있는 답이다. 이는 마치 육화된 것 속에 신이 내재해 있는 것과 같다. 신은 사람이 되고자 하는 것이다. 사람이 되고자 하지 않는 신은 없는 신이다. 신은 고정불변의 절대적인 것이 아니다. 육화되지 않는 신은 없다. 지금까지 인간이 신, 즉 인신(人神)을 필요로 했지만, 이제 신이 인간, 즉 신인(神人)을 필요로 한다.

서양철학의 주체-객체, 능기-소기, 존재자-존재, 에크리튀르-그라마톨로지의 변천

주체(主體) 정신(精神) 남성성	객체(客體) 물질(物質) 여성성
능동(能動) 능기(能記)	수동(受動) 소기(所記) = 의미 *소리의 의미화
존재자(beings) *장소(場所) 적이다	존재(Being) *idea의 전통 *소상(所場) 석이다
에크리튀르(écriture)	그라마톨로지(grammatology) *담론(discourse)의 전통
보편적 일자성(一者性) *삶의 관리감독 *삶의 도덕 강요 *삶의 진리성	일반적 포일성(包一性) *진정한 일(一) *삶의 본능음탕성 *삶의 생멸성(진여성)

답은 항상 부정될 위기에 있고(고정되어 있지 않고), 물음은 항상 기다리고 있다. 물음은 음(-)이고, 그 답은 양(+)이다. 물음의 차원에 따라 답이 결정되며, 물음의 콘텍스트에서 답의 텍스트가 떠오르는 것이다. 물음의 콘텍스트가 음(-)이고, 답의 텍스트가 양(+)이다. 철학은 답이 아니고 물음이다. 물음과 답은 동전의 양면이다. 물음이야말로 존재 그 자체이다. 인간은 '물음의 존재'이다. 인간이 묻는 순간 세계는 그 '묻는 수준'에서 펼쳐진다. 인간은 세계를 규정할 수 있는 것이 아니라 해석할 수밖에 없다.

데리다의 그라마톨로지는 서양철학이 '대상'과 '주체'의 대립에서 출발하여 '능기'와 '소기'로 전환한 뒤에 거둔 '소기 철학'의 큰 성과라고 하지 않을 수 없다. 데리다가 프랑스 철학의 전통인 담론의 문맥 위에 있다는 점에서 프랑스 철학의 발전임은 분명하다. 그러나 아무리 표의문자라고 하더라도 발음(parole)이 없는 문자는 없다. 표의문자라고 하더라도 일상의 언어생활을 위해서는 발화를 해야 하고, 발화는 현존이다.

목소리와 쓰기에는 인간적(인간 중심적인, 이성적인)인 것이 숨어 있다. 말하자면 초월적 이념 같은 것이 숨어 있다. 표현(목소리)과 표시(쓰기)의 차이는 그것의 의미생성과정에 있는 것이 아니라 그 결과에 있다. 목소리는 분산되지만

쓰기는 평면에 기록으로 남는다. 이성중심주의의 원인은 '현존'에 있는 것이 아니라 바로 '쓰여진 것'에 있다. 그래서 쓰기는 부재를 낳는 연속이고 부재(과거)와 부재(미래) 사이에서 쓰여진 것(기록)을 읽는 현존의 인간은 그때마다 부재를 현존의 의미로 부활시키면서 동시에 그 의미를 부정하는 쓰기를 계속하는 것이다. 이렇게 보면 쓰기야말로 시각적인 것이고 이성중심주의의 원인이다.

현재라는 말 속에는 이미 현존과 현존재와 존재론이 들어 있다. 과거라는 말 속에는 기록(기억)된 것이 들어 있고, 기록자의 부재와 기록된 것이 지워진다는 의미가 들어 있다. 그래서 과거에는 미래가 들어 있다. '나는 존재한다'는 말 속에는 현재가 들어 있지만, '나는 죽을 자로 존재한다'는 말 속에는 과거와 미래가 들어 있다. 결국 존재론이든 문자학이든 시간과 공간의 자아를 벗어날 수 없다. 이러한 논의가 말로써 이루어지는 것을 보면 언어의 자아를 생각할 수 있고 혹은 언어 자체가 자아라는 것을 알 수 있다. 자아는 인간과 시간과 공간과 언어의 산물이다.

사전적 의미에서 과거완료는 과거의 어느 때 이미 있었거나 행해졌던 동작을 나타내는 시제이다. 현재완료는 과거에 시작했던 동작이 현재에 끝났음을 나타내는 시제이다. 우리말에는 없는 시제이다. 우리말에는 과거와 현재가 혼합되지 않는데 영어에서는 두 가지 시제의 혼합이 가능하다. 자연은 스스로를 시간과 공간으로 인식하지 않는다. 과거, 현재, 미래라는 시간은 따라서 인위이다. 인간이 만들어낸 변화(운동)를 측정하는 단위가 시간이다. 자연은 단지 스스로를 느낄 따름이다. 자연은 어떤 것을(스스로를) 대상화하여 인식하지 않는다. 자연에서 시간은 과거, 현재, 미래로 구분되는 것이 아니라 하나의 변화나 운동의 흐름일 따름이다.

서양에서는 왜 완료시제를 사용하는 것일까? 과거완료시제는 과거+대과거(과거의 과거, 과거 이전 시기)이고, 현재완료시제는 현재+과거이다. 철학적인 의미에서 과거완료와 현재완료는 의미가 조금 달라진다. 현재완료는 현재를 표시하면서 동시에 현재를 벗어나기 위한 전략이다. 현재완료는 현재(시간)를 벗어날 수 있는데 과거완료는 과거보다 앞서 있기 때문에 현재(시간)를 벗어날 수 없다. 그래서 과거완료는 시간에 예속된다. 이에 비해 현재완료는 현재라는 시간에서 증발해버릴 수 있다. 현재가 생기는 바로 그 지점에서 모든 문명의 기준과 법이 생겨난다. 현재 때문에 시공간에 예속되고 기록과 소유가 시작되는 것이 곧 문명이다.

현재는 완료되어야 시간에 예속되지 않는다. 바로 현재가 완료되는 지점에 본질이 숨어 있다. 이것이 존재이다. 존재와 본질은 서양철학에서는 지금까지 이데아의 껍질 속에 숨어 있었던 셈이다. 따라서 본질과 존재는 이성의 시간과 공간상에서 정의될 수 없는 것이다. 이데아와 이성의 관계를 보면, 이데아가 시공간상에 투사된 것이 이성이다. 하이데거가 현재완료를 설정한 것은 그 이유이다.

사실 엄격하게 말하면 현재는 없다. 현재는 잡을 수 없기 때문이다. 현재가 없다는 것은 시간이 없다는 뜻이다. 현재완료는 현재를 사용하면서도 동시에 현재를 완료했다고 함으로써 현재를 벗어나는 이중적 전략인 셈이다. 시간의 초월이라는 것도 실은 시간을 전제하기 때문에 발생하는 것이다. 시간이 없다면 시간의 초월도 필요 없는 것이다. 인간은 스스로를 시간에 예속시켜놓고 다시 시간으로부터 탈출하는 자작극을 벌이고 있는 셈이다. 이는 비단 시간만의 문제도 아니고 신의 문제에서도 마찬가지이다. 자연은 스스로를 초월할 필요도 없기에 초자연이라는 것도 없다. 초자연은 자연을 대상화시킨 인간이 스스로 만들어낸 자작극이다.

현재완료가 철학적으로 새롭게 의미부여된 것은 하이데거에 의해서이다. 하이데거는 현재완료에서 과거로부터 끊어지지 않는 어떤 분위기, 습기(習氣) 같은 것이 현재적으로 작동하는 것을 상정했다. 이는 동양의 기의 세계, 기운생동의 세계에 접할 수 있는 단초를 열었다. 물론 그의 철학이 동양의 기철학에 이른 것은 아니지만 적어도 서양의 이성철학을 이성적으로 벗어날 수 있는 길을 연 셈이다.

하이데거의 존재론은 현재완료(현존하는 소리)의 철학이지만, 에크리튀르(쓰여진 것)를 주장하는 데리다는 과거 혹은 과거완료의 철학이다. 하이데거는 현재완료로써 현재의 시간을 무한대로 잘라서 기운생동과 찰나생멸을 볼 수 있는 기회, 기분을 느낄 수 있지만, 데리다의 과거완료는 그러한 기운생동을 접할 기회조차 없다. 말하자면 '쓰여진 것'은 그것을 읽는 독자가 자신의 기운생동을 집어넣음으로써 기운생동을 부활시킬 수밖에 없다. 마치 대본을 읽고 연기를 하는 배우와 같다. 하이데거는 현재완료로써 시간을 벗어나는 모양새를 취하고 있고 데리다는 과거완료로써 공간을 벗어나는 모양새를 취하고 있지만, 모두 시공간을 벗어나는 데 실패했다. 이는 서양 이성철학의 숙명적 한계이다. 결국 이성은 자연이 아니라는 결론에 도달한다.

시간의 현재는 시간의 한 점으로 설정되어 있지만 그것을 잡을 수 없고, 잡을 수 있는 것은 요지부동의 과거와 끊임없이 다가오는 미래일 뿐이다. 과거는 지나간 동일성이고 미래는 다가오는 동일성이다. 이것이 시간이고 인과(因果)이다. 결국 시공간과 인과의 세계는 자연이 아니라 인간이 설정한 제도라는 것에 도달한다. 인간은 시공간이라는 환상을 지금 보고 있는 것이다. 그 환상은 인간 내부(머리, 정신)로부터 발생한 신기루이다.

현재가 있으면 그것을 통해서 과거와 미래가 있게 된다. 과거에 매달려 살면 귀신과 함께 사는 것이고, 미래에 현혹되어 살면 신과 더불어 사는 것이다. 귀신과 신은 같다. 과거가 미래로 이전된 것이다. 인간은 찰나생멸하는 시간(현재)을 극복하는 방법으로 종교(과거 중심)와 과학(미래 중심)을 만들어낸 것이다. 과거와 미래는 겉모양은 다른 것 같지만, 미래는 인간의 상상계가 신기루처럼 발생시킨 과거의 재구성에 지나지 않는다.

시간을 벗어나서 존재에 이르기 위해서는 시간을 따라가서는 안 되고 시간을 놓을 수밖에 없다. 시간을 놓고 세계를 바라보라. 시간은 없다. 시간에서 도망가는 길은 현재를 놓아버리는 현재완료밖에 없다. 그런 점에서 하이데거는 서양철학자로서는 거의 유일하게 찰나생멸하는 존재를 엿볼 기회를 가졌던 셈이다.

하이데거가 스승인 후설의 현상학을 넘어선 것은 찰나의 기회였다. 인간은 근본적으로 현상학을 넘어설 수 없다. 왜냐하면 존재(존재론적 존재)에서, 혹은 무에서 이미 현상(현현)되어 있기 때문이다. 인간은 자신이 현상된 것을 가지고 순수의식이니 순수이성이니 말하고 있다. 세계의 모든 것을 다 버릴 수 있어야 찰나적으로 찰나생멸에 들어가게 된다.

시간에 예속된 것은 이미 존재가 아니다. 인간은 자신이 만든 시간의 노예가 되는 바람에 존재를 존재자로 인식하게 되었다. 바로 인식 자체가 존재자이다. 과거, 현재, 미래의 시간을 사용하는 것은 시간의 연속성을 말하는 것 같지만 철학적으로는 시간의 연속성 대신에 시간의 단속성과 단속된 시간을 연결하는 것이다. 그래서 과거시제를 사용하면 과거에 일어났지만 내가 모르는 일에 대해서 추측하고 재구성할 수밖에 없다. 과거나 과거완료는 존재자적이다. 현재완료를 사용하는 것은 과거에 일어난 일이 현재에도 영향을 미치는 것을 말하는 것 같지만 철학적으로는 그것보다는 순간이 영원이라는 것을 말하는 것이다. 시간이 이미 완료된 것을 말함으로써 시간을 부정하는 것이다. 현재완료는 존재론적이다.

하이데거는 현재완료의 차원이고, 따라서 시간을 벗어날 수 있는 경계지점에 있고, '존재/무'의 차원으로 나아간다. 그러나 아직도 시간(공간)적 자아, 즉 시간 속에 내포된 공간적 자아를 가진 차원에 해당한다. 그래서 존재는 내재적(therein)이다. 이에 비해 데리다는 시간의 차원, 현재의 차원에서 공간적 자아, 즉 공간 속에 내포된 시간과 비시간을 바라보는 차원에 있다. 그래서 시간은 텍스트이다.

하이데거 (존재, 無의 차원)	현재완료	존재(存在)/ 무(無)	시간(공간)적 자아	therein(존재는 내재적인 것이다)
데리다 (시간, 현재의 차원)	과거완료 현재, 현재분사	쓰여진 것 (écriture)	공간(시간)적 자아	textile(시간은 텍스트이다)

하이데거의 현재완료는 현재라는 시간을 부정할 수 있지만 데리다의 과거완료는 과거를 부정할 수 없다. 과거완료 이전에 과거가 이미 기억이나 기록으로 요지부동으로 버티고 있기 때문이다. 과거완료는 과거라는 시간을 인정하는 것이고, 현재완료는 현재라는 시간을 부정하는 것이다. 따라서 데리다는 시간을 초월할 수 없다.

존재는 이미(현재완료적으로) 부여된, 주어진, 선물과도 같은 것이다. 이것에 무슨 금을 긋고 흔적을 남기는(과거완료적으로) 것은 존재(자연)가 아니다. 흔적은 스스로 완전하지 않기 때문에(스스로 완전한 존재가 아니기에) 아직 빈 곳의 소리를 기다린다(원한다). 소리가 없는 곳은 없다. 파동은 소리이기 때문이다. 그러나 흔적은 소리가 아니다. 비록 소리가 잠시 동안의 흔적은 될 수 있을지언정 말이다.

문학, 역사, 철학, 과학, 종교 등 생각하는 모든 것은 환원주의의 산물이다. 이런 것들에 종사하면서 환원주의에 빠지지 않으려면 부단히 현재완료형으로, 창조적으로 임해야 하다. 그렇기 때문에 신도 생성적이지 않으면 귀신이나 마찬가지이다. 이름만 바뀌었을 따름이다. 여기서 창조적으로 임하는 것은 임기응변과 다르다. 말하자면 임운자재(任運自在)에 가깝다. 예컨대 철학은 현재완료적으로 매순간 진행하는 존재를 과거완료적으로 기록하는 것이다. 과거완료적 기록은 이미 존재가 아니고 존재자이다.

현재완료는 시간을 벗어나는 전략이고, 과거완료는 시간에 예속되는 것이다. 현재완료는 '살아 있는 신'이고, 과거완료는 '죽은 신'이다. 인간은 살아 있는 신을 섬기는 것 같지만 실은 죽은 신을 섬기고 있다. 신앙의 대상이 되는 신은 이미 죽은 신이다. 따라서 살아 있는 신을 섬기려면 부단히 기도하지 않으면 안 된다. 기도는 현재완료적이기 때문이다.

데리다가 크게 영향을 받고 구원의 아이디어와 힌트를 얻은 대표적인 상형문자(표의문자)체계인 한자문명의 중국은 발음으로 서로 다른 뜻을 전달하기 위해서, 언어생활에서 소리(파롤)로 의미의 차이를 빨리(제대로) 전달해야 하는 필요에 직면해서 사성(四聲)체계를 발달시키지 않을 수 없다는 점을 상기할 필요가 있다. 소리(파롤)야말로 문자보다 차이를 잘 나타낼 수 있는 기호이다.

과거	현재	미래	시간
과거완료	현재완료	미래완료	시간초월
	현존(présence) (소리, 목소리)		상징주의의 원인 (음악적 이미지)
부재(absence) (에크리튀르)	글 쓰는 행위 그림 그리는 행위	부재 (에크리튀르)	이성주의의 원인 (미술적 이미지)
나는 죽을 자로 존재한다	나는 존재한다	나는 죽을 자로 존재한다	주어가 없어야 존재(존재론적)가 된다
*인간(현존재)은 시간과 공간의 현상학적 존재이며 의미의 존재이다.			

소리는 이성중심주의의 원인이 아니라 차이를 나타내는 기호이며, 문자가 그것의 원인이다. 알파벳 표음문자의 문자가 이성주의의 원인인 것이다. 글은 글쓴이가 부재일지라도 다른 사람과 후세에 전달되고 시각적 객관성을 담보하기 때문에 이성주의와 과학의 원천이 된다. 소리(목소리)는 객관성을 담보하기 어렵기 때문에 이성주의보다는 상징주의의 원천이 된다.

그런데 문자와 문명은 서로 교차관계에 있다. 표음문자 체계인 알파벳문명권은 '사라지는 소리를 잡기(기록하기) 위해' 시각중심문명을 형성하고, 표의문자체계인 한자문명권은 도리어 '소리로(소리를 일으켜) 의미를 전달하기 위해' 청각중심문명을 형성하게 되었다. 시각중심문명은 '능기 중심의 과학문명'을 일으켰고, 청각중심문명은 '소기 중심의 시가(詩歌)문명'을 일으켰다. 시각중심문명권의 데리다가 피난 온 중국은 청각중심문명권이다. 소리를 의미라고 생각한 서양 알파벳문명권과 상형을 의미라고 생각한 동양 한자문명권은 의미를 두고 서로 교차하고 있는 셈이다.

소리는 이성(理性)으로 발달하는 것이 아니라 우주적 메타포에 불과하며, 감성(感性)을 자극하는 우주적 시(詩)에 불과하다. 한자를 사용하는 중국이 역설적으로 '시(詩)의 나라'가 되는 것은 소리로 의미의 차이를 내지 않으면 안 되었기 때문이다. 시와 예술은 기본적으로 '차이의 문명'이다. 서양의 하이데거나 데리다가 발견한 차이는 동양문명권에서는 일상적이고 일반적인 것이다. 이것을 서양의 철학자들은 뒤늦게 깨닫고 호들갑을 떨고 있는 것이다.

이는 마치 동양의 철학자들이 서양의 근대 자연과학정신을 알기 위해, 이성을 알기 위해 온갖 노력을 하는 것과 대척점에 있는 현상이다. 근대에 들어가기 위해 19~20세기에 동양의 철학자들이 당황했던 것처럼 후기근대인 21세기를 앞두고 서양의 해체철학자들이 동양철학에 경도되었던 것이다. 단지 이들의 해체철학이 동양철학에서 아이디어를 가져온 것이며, 그것을 서양철학의 전통 위에 재해석한 점을 제대로 고백하지 않았을 뿐이다.

서양의 해체철학자들은 동양에 고마움과 감사를 표해야 한다. 더 이상 그들의 해체철학을 가지고 군림하려 해서는 안 된다. 군림하려고 할수록 그들은 아직 동양철학의 진수에 도달하지 못했다는 사실을 선전할 뿐이다. 그래서 필자가 일반성의 철학, 소리철학, 포노로지를 서구에 제시하고 선물하는 것이다. 서양의 이성주의철학이 자연을 개척하고 자연으로부터 무엇을 빼앗았다면, 동양의 자연주의 철학은 자연으로 돌아가는 마음을 가지고 있다. 자연은 인간에게 한없이 선물을 한다. 자연은 선물하는 마음이다. 이것을 서양 철학자들은 깨달아야 한다.

데리다는 서양의 이성중심주의가 알파벳 '소리글자'의 '소리'에 원인이 있는 것이 아니고 '글자'에 있는 사실을 몰랐다. 에크리튀르든 문자이든 결국 기록되는 것 때문에 이성과 과학에 의해 이루어졌다는 것을 간과한 것이다. 데리다의 이 같은 모름(착각)은 서양문명권의 '(알파벳 표음문자)언어=사물'이라는 문명권(문화권)의 자장에 의해 비롯된 것일지도 모른다.

우리가 정신이라고 하는 것은 인간으로 하여금 사물을 소유하게 하는 것이고, 동시에 세계를 물질적 대상(대상적 물질)으로 환원시키는 것이 된다. 정신과 물질은 본래 확연하게 구분(이분)되는 것이 아니고 애매모호하고 이중적이다. 그런데 서구문명은 둘을 대립적으로 사용하면서 확연하게 구분한다. 그래서 서구인에게 세계는 정신과 물질 사이에 있게 된다. 정신과 물질의 이분법으로 인해 주체와 객체, 주관과 객관 등이 성립하고 동양의 기(氣)는 배제된다. 기가 회복되는 것은 에너지이론과 아인슈타인의 상대성이론이 등장한 뒤이다.

서양의 이성(理性)과 동양의 이(理)는 같은 점이 있기도 하고 다른 점이 있기도 하다. 이성은 사물을 대상으로 그리고 대립관계로 보지만, '이'는 '기'와 대칭관계에 있다. 여기서 대칭관계에 있다는 것은 동봉관계이거나 이중성 혹은 가역관계에 있음을 말한다.

서양의 이성은 사물로부터의 독립대립성으로 인해 과학의 물리와 의학을 만들 수 있지만, 동양의 이는 대립성의 결여로 인해 인간의 윤리와 한의학에 머문다. 전자는 필요와 도구를 잘 생산할 수 있지만 '살아 있는 생(生, live)'에 도달하지 못하고 '죽은 사물(物質, thing)'만 다룬다. 이에 비해 동양은 살아 있는 변화와 역동을 다룬다. 이것이 동양의 역(易)이다. 그런데 기(氣)는 이성도 될 수 있고 이도 될 수 있는 근본과 같은 것이다. 이성중심주의로 문명을 운영한 서양은 유심론과 유물론으로 대립되어 있다가 드디어 구조주의와 해체주의의 등장으로 철학적 구조물에 대한 해체를 시작하고 동양의 '무(無)' 혹은 '무위(無爲)' 혹은 '도(道)'를 향하고 있다.

인간은 한편으로 신화를 만들면서 다른 한편으로 신화를 해체하고 탈신화화하는 동물이다. 이것은 크게 보면 인간이 종교와 과학을 동시에 소유하는 까닭이기도 하지만, 이러한 동시성과 이중성이 역사를 이끌어가는 사건(기록된 역사가 아닌)으로서의 역사가 발생하는 이유이기도 하다. 이제 인간은 신화의 근본에 대해 질문을 던져야 한다. 신화는 왜 생겨나고 반복되어야 하느냐? 신화의 원천은 무엇이냐?

신화는 무의식의 언어로 각 문화권마다 다르며, 직관적·본능적 언어라고 말할 수 있다. 각 민족의 신화집단은 공동체 위기 때 신화를 불러 위기를 극복하고자 한다. 물론 신화는 궁극적으로 벗어나지 못하는 문화적·심리적 콤플렉스로 작용하기도 한다. 신화는 문제와 문제해결을 동시에 가지고 있는 모순·순환구조이기도 하다.

소리신화의 복원은 인류의 모든 신화, 모태신화[麻姑神話]의 회복이기도 하다. 소리는 만물의 정령이면서 원초적인 신의 원형이기 때문이다. 소리철학은 기철학의 완성이면서 심물일원론(心物一元論)철학의 완성이다. 소리는 또한 자연과학을 자연과학 밖에서(즉자적 입장에서) 봄으로써 역설적으로 자연과학을 완성한다. 소리의 복원을 통해 인류는 종교와 과학을 넘어서 예술로의 길을 갈 수 있을 것이다.

종교와 과학이 동일성을 추구하는 것이라면, 예술은 차이를 추구하면서도 결코 동일성을 용납하지 않는다. 종교와 과학은 존재에서 출발하여 존재자에 머물지만, 예술이야말로 존재론을 실현하는 현대적 신화이다. 세계는 종교와 과학이 아니라 예술을 통해 살아 있는 신화를 보게 된다. 살아 있는 것은 여성과 감정과 예술뿐이다. 종교와 과학은 살아 있는 것이 아니다. 예술은 은적되어 있던 시와 신화를 끄집어내어 현전시킴으로써 실질적으로 신의 역사적 부활을 실천하는, 살아 있는 신화적 본능의 현상학이다.

소리는 자연의 원초적 신화이다. 소리의 철학적 복원인 포노로지는 그러한 점에서 새로운 철학의 모색이면서 동시에 철학과 신화의 원시반본이다. 정기신(精氣神)에서 '기'가 빠진 것과 말-소리중심주의에서 '소리'가 빠진 것이 결국 이성중심주의를 초래했다.

그런데 왜 서양 철학자들은 소리의 현존이 이성중심주의의 원인이라고 생각하는 것일까? 그것은 기독교 존재신학의 전통과 음성의 현존에 대한 편견에서 비롯된다. 서양의 알파벳 문명은 음성을 기표와 기의로, 문자를 기표로 설정했기 때문에 상대적으로 문자는 기표를, 음성은 기의를 상징하는 것으로 고착되었다. 알파벳 표음문자의 음성(phone)이 이성중심주의의 원인이라면, 표의문자의 파롤(parole)은 같은 음성인데도 왜 이성중심주의의 원인이 되지 않는가?

서양 철학자들이 이성중심주의의 원인을 음성에 둔 것은 문화적 관성(타성)이거나 선입견, 아니면 착각이라고 할 수 있다. 그 착각의 원인은 소리의 울림이 공간에 '가득 참(영혼)', 그리고 '스스로 들을 수 있음(자기환원)'에서 기인하는 것 같다. 이것을 이성의 자기완결성(원리나 법칙)과 닮은 것으로 느꼈기 때문일 것이다. 음성의 의미는 존재신학과 만나면서 절대성과 결합하고, 그 의미는 결정적인 개념으로 둔갑한다. 그러나 본래 소리는 고정된 의미가 아니며, 결정적 개념은 더더구나 아니다. 소리에 결정적 의미를 부여하는 것은 어떤 종류의 것이든 권력의 작용이다.

서구문명은 '자연의 소리(sound, phone)'를 '말씀(logos)'이라고 하면서부터 자연을 왜곡하기 시작했다. '말씀'에는 이미 인간의 '생각(이성)'이 들어가 있다. 따라서 '말씀'은 순수한 소리가 아니다. 소리는 아무런 의미도 없고, 더욱이 소리에 의해 개념이나 이성이 발달할 수 없다. 만약 소리가 이성의 원인이라면 소리를 지르는 동물들은 왜 이성이 발달하지 않는가? 이성중심주의의 원인은 바로 에크리튀르, 즉 쓰여진 것, 그려진 것에 있다.

그런데 데리다는 적반하장으로 소리를 이성중심주의의 원인으로 생각한다. 소리는 이성도 아니고 아무런 의미도 없다. 이성중심주의의 원인은 소리가 아니라 무언가 쓰고 그리기를 통한 쓰여진 것과 그려진 것, 즉 에크리튀르이다. 쓰여지고 그려진 것은 당사자의 부재에서도 유지되기 때문에 과학과 이성이 가능하게 된다. 표지 혹은 표기는 완전한 소리의 보충대리가 아니다.

그것이 바로 이성이다.

이성은 인간이 구성한 불완전한 것이기 때문에 시대와 장소에 따라 다른 이성이 필요하다. 그것은 소리를 보충대리하는 것이 아니라 이성 자체의 보충대리이며, 이성의 불완전성에 기인하는 보충대리이다. 이성은 스스로 보충대리되지 않으면 안 된다. 소리는 완전한 것도 아니고 완전함을 추구하지도 않는다. 에크리튀르의 부재가 바로 존재자이다. 소리의 현존은 바로 존재이다.

서구문명이 파롤을 무시하고 랑그를 중시한 것은 가부장사회가 어머니의 존재를 무시한 것과 같고, 소리에 이성 중심의 원인을 찾고 뒤집어씌운 것은 기독교가 원죄를 여자(이브)에게 뒤집어씌운 것과 같다. 이런 남자의 반란은 문자의 등장과 때를 같이한다. 데리다의 문자학은 이성중심주의의 범인인 문자를 마치 인류 문명의 구원자인 양 도치시킨 철학이다. 이는 서구문명권의 일원으로 있는, 그럼으로써 공범자인(공범의식이 있는) 본인이 범인을 다른 사람으로 유도하거나 은폐한 것과 같다.

예컨대 후설의 "목소리의 말은 '스스로 말하는 것을 듣는(le-s'entendre-parler = hearing-oneself-speak)' 현존적 진리, 순수의식의 내면적 자가성의 현존적 진리로 인식한다"는 것에 대한 데리다의 공격은 서구문명권의 이성중심주의의 원인을 소리에서 찾는 잘못된 공격일 뿐이다. 소리는 자아도 없고, 의식도 없고, 의미도 없고, 소유도 없다. 따라서 범인이 될 수 없다. 소리는 마치 여자, 이브, 어머니의 신세와 같다. 아마도 서구문명은 모계사회라든가 가부장사회가 아닌 다른 사회를 모르기 때문에 문자의 차이에 대해 말할 수밖에 없을지도 모른다.

소리야말로 차이의 원본이다. 문자야말로 소리의 차이를 베낀 이차적인 것이다. 이는 음성언어가 문자언어보다 먼저 생긴 것에서도 알 수 있다. 음성언어는 동물에서부터 시작한 것이다. '소리의 현존성'에서 일점주의(一點主義)가 생기는 것처럼 데리다는 주장하지만 그것은 일점주의의 환원주의가 아니라 마치 고향으로 돌아가는, 존재의 본질에 돌아가는 자연주의이다. 오히려 데리다의 '문자의 부재성'에서 일점주의가 생긴다.

루소나 레비스트로스가 추구한 '문자가 없는 순수 말의 사회 = 자연적 유토피아' 혹은 '순수자연의 소리로서 공동의 삶을 영위한 공동체'는 이성중심주의의 맥락에서 일점주의와 같은 것이 아니라 '자연 그 자체' 혹은 '자연의 건강성', '자연의 야성'을 말함이다. 인간이 체온을 유지하고 식량을 구하기에 어려움이 없었던 지구 남쪽 열대 문명의 순수한 자연과 추운 지방에서 어떤 인위적인 필요를 일으켜야 살아갈 수 있었던 북쪽 문명과의 언어적 차이를 설명하면서 자연 상태를 동경하는 것을 '일점주의'라고 매도하는 것 자체가 이미 자신의 일점주의 시각을 투사한 것이다. 자연으로 돌아가는 것은 이성에 의해 원점으로 돌아가는 환원주의와는 다르다. 데리다는 루소와 레비스트로스를 이렇게 공격한다.

> 유럽민족이 아닌 민족들은 단지 잃어버린 좋은 천성의 지표, 순수하게 남은 토양의 지표로서, 또 우리 유럽사회의 문화의 구조, 생성, 특히 타락을 보여주는 영도(零度, degrė zéro)의 지표로 연구될 것이다. 늘 그렇듯이, 이러한 계보파악은 일종의 목적론이자 종말론이다.[28)]

루소나 레비스트로스의 자연주의는 이성주의적 환원이 아니라 자연주의적 순환이면서 원시반본이다. 데리다는 루소와 레비스트로스의 일반성 혹은 자연주의 전통을 오해하여 일점주의라고 비판했던 것이다. 일반성과 자연의 소리는 환원이 아니다. 언어(의미)가 환원을 만드는 장본인이다.

현지조사를 중심으로 하는 인류학자인 레비스트로스와 인류학자는 아니지만 현장성을 중시하는 루소의 글쓰기는 자연스럽게 사실을 토대로 글쓰기를 하고 그것을 분석하기 마련이다. 분석한다는 것은 구조를 밝혀내고 분석하는 일이다. 이에 비해 철학자인 데리다는 그러한 현지조사의 자료를 토대로 다시 2차적으로 가공을 한다. 데리다가 레비스트로스와 루소를 정태적이라고 비판하는 것은 입장의 차이인 것 같다.

철학자인 데리다는 개념을 통해 역으로 살아 있는 삶을 복원해야 하는 관

---

28) 자크 데리다, 『그라마톨로지』, 김성도 옮김, 민음사, 2012, 303쪽.

계로 삶의 에너지와 역동성을 포함하는 동태적 설명을 하고, 레비스트로스와 루소는 현장에 항상 에너지와 역동성이 있는 관계로 정태적인 구조 분석을 할 수밖에 없다. 구조주의에는 당연히 주장하지 않더라도 역동성이 내재해 있고 해체가 전제되어 있다. 구조주의의 구조는 결정성이 있는 것이 아니다. 그 구조 분석은 종래의 관념론과는 다른 것이다.

책상에 앉아서 책이라는 평면을 대하고 있는 데리다는 평면에서 살아 있는 동태적 설명을 해야 하는 관계로 '책'이 아닌 교차배어의 '텍스트' 개념을 만들어낼 수밖에 없었다. 데리다의 텍스트이론은 종래의 텍스트 읽기, 즉 담론 분석의 콘텍스트를 다원다층의 음양(날줄씨줄) 분석으로 대체한 것이다. 즉, 종래의 텍스트를 음양의 이중성으로 해체한 것이라고 할 수 있다. 데리다의 그라마톨로지는 종래의 텍스트를 무화시킨다. 즉, 텍스트는 이면에 여러 층의 음양(날줄씨줄)이 있는 교직물(textile)이 된다. 이는 텍스트의 어원을 거슬러 올라가서 텍스트를 음양의 구조로 해체하는 것이다. 데리다는 레비스트로스의 구조조의를 텍스트 읽기, 담론 분석에 적용한다.

그러나 데리다가 행한 텍스트의 음양적 해체는 완전한 해체가 아니라 어떤 텍스트의 평면을 가지지 않을 수 없다. 결국 텍스트의 평면에서 인간의 삶의 입체성이나 역동성을 설명해야 하는 셈이 된다. 이는 마치 문장을 읽으면서 언간(言間)을 읽어야 한다는 것과 같다. 그 언간에서 읽는 것이 바로 교차배어라는 주장이다. 이는 동양의 『주역』 괘(卦)에서 볼 수 있는 음양의 여러 층위를 연상케 한다. 다시 말하면 '텍스트의 주역 읽기'라고 할 수 있다.

데리다는 이성중심주의를 벗어난다고 하면서, 말소리 중심과 이성 중심의 연결에서 오는 콤플렉스 때문에 문자로서 문자를 벗어난다고 하는 문자학을 만들어낸 셈이다. 이는 종래의 텍스트 읽기나 담론 분석의 입장에서 보면, 옷을 입고서 옷을 입지 않았다고 하는 것이나 옷을 입지 않고서 옷을 입었다고 하는 것이나 다름없다. 텍스트를 음양의 이중성으로 환원한 셈이 된다. 음양(날줄씨줄)의 이중성은 텍스트의 상징적 읽기에 속한다.

인간은 자연에서 텍스트의 층을 만들어내는 존재이다(그래서 현존재이다). 텍스트 층이야말로 시간과 공간이 있어야 가능하기 때문에 바로 시간과 공간의 층이다. 텍스트를 만들어낸다는 것은 시간과 공간의 콘텍스트를 전제하는 것이 된다. 인간이 만든 텍스트는 갑자기 하늘에서 떨어진 것이 아니다. 텍스트를 만든 사람이 독자의 입장에서는 부재라고 해도 그 텍스트를 만든 사람의 역사적 콘텍스트는 있었을 것이다.

따라서 텍스트이론은 저자의 콘텍스트를 무시하거나 도외시하는 해석학이 될 뿐이다. 동시에 독자의 텍스트 읽기의 자유로움은 독자의 콘텍스트에 따라 텍스트를 읽는 것이 된다. 이렇게 텍스트이론은 이래저래 불완전한 이론이고, 저자의 콘텍스트와 독자의 콘텍스트 사이에 있는 이론일 뿐이다. 독자의 콘텍스트를 텍스트 읽기의 자유로움이라고 이름을 붙였을 뿐이다. 결국 텍스트는 언어의 산물이고 언어적 자아이다.

자연의 본능에서 텍스트와 콘텍스트가 하나이다. 자연은 인간에게 하나의 조건이 됨으로써 텍스트를 만들어내고, 인간은 텍스트를 만들어냄으로써 해석학적 존재가 된다. 인간이 해석학적 존재가 된다고 해서 본능이 없어지는 것은 아니다. 그 본능이 여러 층위의 콘텍스트로 나누어지고, 그 콘텍스트의 여러 층위에서 텍스트가 만들어지는 셈이다. 따라서 텍스트는 결정성이 없는 것이고 필연적으로 해체되지 않으면 안 된다. 그러한 해체를 데리다는 음양의 날줄씨줄이라고 한 셈이다.

하이데거는 동양 불교의 무, 공 혹은 노장의 무위자연 개념의 영향을 받아 존재론을 만들었고, 데리다는 동양 음양론의 영향으로 그라마톨로지를 만들었다고 볼 수 있다.

하이데거는 종래의 이데아 혹은 본질의 개념에 존재를 대입하고 현상에 존재자를 대입하는 한편 이들의 관계를 이성주의철학처럼 대립적으로 설정하지 않고 대칭적으로 혹은 이중성의 관계로 전환함으로써 결정성 혹은 결정적인 의미를 해체한다. 따라서 하이데거의 본질은 정태적인 대상존재가 아니고, 실존도 정태적 존재양식이 아니라 연출해야 할 가능존재의 양식이다.[29] 그래서 "현존재의 본질은 그의 실존 속에 있다"[30]는 명제를 내놓는다. 하이데거는

---

29) 김형효, 『하이데거와 마음의 철학』, 청계, 2000, 67쪽.

특히 후기에 이르면, 현존재로부터 출발하여 현존재의 존재를 분석함으로써 존재의 의미를 탐구하던 전기와 달리 존재 자체의 계시를 통해 존재의 의미를 인간에게 알려준다. 전기는 '세상에 던져진 존재(das Geworfensein)'를, 후기에는 '기도하는 존재(das entwerfende Sein)'를 탐색했다고 볼 수 있다.

이에 비해 데리다는 텍스트의 층에서 여러 층위의 텍스타일, 즉 교직성을 드러냄으로써 텍스트의 결정성 혹은 결정적 의미를 해체한다. 말하자면 하이데거의 존재와 존재자의 층에 걸쳐 데리다의 교직성이 있는 셈이다. 결국 하이데거는 독일의 관념론의 전통에 충실한 셈이고, 데리다는 프랑스의 담론분석의 전통에 충실한 셈이다. 말하자면 저들의 문화철학적 전통 위에서 저마다의 후기근대적 해체를 달성한 셈이다.

데리다의 그라마톨로지는 결론적으로 서양 시각-언어문명권의 전형적인 특성을 보이면서, 발로 현장을 가서 참여관찰을 하는 인류학자 혹은 인류학자적 입장과는 달리 안락의자에 앉은 철학자가 남의 문서를 보고 문서를 읽는(읽는 자, 독해자), 문서적(문자적) 입장(이것은 현상학적 입장이다)에서 '쓰여진 것'(이것이 '에크리튀르'이다)을 토대로 뒤집기를 하는 자기변명적 히스테리에 속한다. 이러한 뒤집기는 카피(copy)를 하고 카피한 사실을 숨기는 속임수로서 철학적 시뮬라크르에 속한다. 이는 모든 철학적 주장 혹은 진리에는 반대주장이 성립할 수 있다는 것을 안 지혜로운 철학자가 그 이전의(자신에 앞서간) 유명한 철학자를 상대로 계속 반대 주장을 펼치면서 자신의 입지를 굳혀간 철학적 정치행위인 것이다.

데리다의 그라마톨로지는 한마디로 당시에 최고 프랑스 지성이었던 루소를 물고 늘어지면서 루소의 열렬한 추종자인 레비스트로스, 그리고 하이데거의 스승인 후설을 차례로 자신의 카운터파트너로 상대하면서 철학적 타이틀매치를 한 '철학적 줄타기 심리'(혹은 반대 심리)를 드러낸 심리적 고백과 같은 것이다. 그래서 그의 철학은 후설을 공격하면서도 후설의 현상학에 머무를 수

---

30) M. Heidegger, *Sein und Zeit*, Frankfurt am Main: Vittorio Klostermann, 1927, S.42; 김형효, 『하이데거와 마음의 철학』, 67쪽에서 재인용.

밖에 없었다.

다시 말하면 데리다는 후설이나 루소, 레비스트로스의 읽기를 통해 상대의 말을 먼저 배우고, 그 말의 이면(혹은 이중성)을 끄집어내어 정반대로 해석하는 재치로 상대를 넘어뜨리는 것이다. 심지어 텍스트(text)와 차이(혹은 차연)이라는 말조차도 실은 루소가 아이디어를 암암리에 표출하고, 표지한 것이다.

물론 데리다의 이러한 성과의 이면에는 언어에 항상 반대가 되는 의미가 그늘(그림자)처럼 존재하는, 이중적 의미가 함께 도사리고 있다는 것을 미리 알고 있는 그의 능력에 힘입은 바 크지만, 전통적인 학문구축 방법에 비하면 구축하는 노력을 하지 않는다는 평가를 받을 수밖에 없다. 데리다는 도리어 구축하려 하지 않는, 그래서 해체철학자가 된 철학자라고 볼 수 있다. 그래서 구축하지 않은 그에게 문책을 할 수는 없다. 단지 구성적인 철학의 조종소리를 들을 따름이다.

해체주의(le déconstructionism)는 필연적으로 해체적이고, 해체(la déconstruction)를 하기 때문에 구축(construction)하는 것을 제대로 하지 못하거나 싫어할 수밖에 없다. 그런 점에서 해체주의는 어떤 것을 그대로 모방하는 것이 아니라 반대(마이너스)의 모방이라고 할 수 있다. 해체주의 철학은 구축하는 의미가 전제되는 '보편성의 철학'과 달리, 구축 이전으로 돌아가려는 '일반성의 철학'을 향하는 제스처가 있는 게 사실이다. 그러나 결국 구축하는(구성하는) 철학이 있기 때문에 해체가 가능한 것이고, 따라서 해체주의는 구축하는 철학의 성과, 즉 장애물(경계선)을 계속 건너는 장애물 경기자의 성격을 가질 수밖에 없다.

스스로 자료를 구하고, 그것을 정리하고, 가설을 세우는 등 자신의 학문을 세워가는 전통적인 구축에 비하면 그러한 인상을 지울 수 없다. 특히 그가 레비스트로스를 공격한 부분은 참으로 원시 미개사회에서, 남아메리카 사반나의 열대의 환경에서, 더위와 모기와 싸우면서 현지조사를 하고, 목숨을 잃을 뻔한 위기도 당하면서 구한 자료들을 단지 해석을 정반대로 하면서 자신의 이론을 정립해가는 모습은 그가 세운 이론의 정합성을 떠나서 얄미운 점이 있다.

이러한 관점에서 과연 해체주의가 구조주의에 대해서도 해체적인가에 대해서 심사숙고해 볼 필요가 있다. 해체주의는 모든 구성주의와 현상학에 대해서는 해체적인 것이 확실하다. 그러나 구조주의에 이르면 그것은 해체적이라기보다는 전도주의(顚倒主義)에 가깝다. 왜냐하면 그 해체라는 것이 대체로 기존의 이항대립이나 방향성에 대해서 다른 이항대립을 제시하거나 아니면 같은 이항대립의 경우, 정반대의 방향을 제시하기 때문이고, 나아가서 결국 이항대립의 대립적 성격을 무화시키기 때문이다.

같은 이항대립의 전도는 실은 해체라기보다는 대립항의 자리바꿈에 지나지 않아서 이것을 밖에서 보면 해체라기보다는 일종의 변형 혹은 변이에 불과한 것으로 보이기 때문이다. 이것은 결국 순열에서는 다르지만 조합에서는 같은 것이다. 구조주의는 실은 해체주의가 주장하는 것들을 모두 잠재하고 있었다고 해도 과언이 아니다. 데리다는 그것을 좀 더 분명하게 지상으로 떠올렸을 뿐이다. 따라서 해체주의는 독창적인 것이라기보다는 구조주의의 변형이라고 말해도 크게 항변할 게 없다. 말하자면 데리다는 루소와 레비스트로스의 연구결과를 재료로 하면서 그 재료를 해석하다가 에크리튀르, 문자학, 보충대리를 확대재생산하는 아이디어를 얻은 셈이다.[31]

이는 프랑스철학의 문학화를 드러내는 철학적 문체주의 계열의 철학의 정점이라고 할 수 있다. 사르트르 이후 문학이 되고 만 프랑스 철학은 철학자의 심리적 고백과 같은 것이고, 그렇기 때문에 프랑스 철학의 대부분이 현상학적 차원에 머물렀던 것이다. 그리고 그 마지막 주자가 데리다인 셈이다. 그라마톨로지는 서양철학(서양문명)의 정신병력과 같은 기록이다.

데리다는 처음부터 잘못된 가정, 즉 '서양철학= 현존의 철학'이라고 규정한 그 가정을 합리화하느라고 평생 진땀을 뺀 자기모순의 철학자이다. 그러나 그

31) 박정진,『철학의 선물, 선물의 철학』, 790~791쪽.

잘못된 가정을 통해 서양철학의 본래 모습을 드러낸 것이다. 이는 정신병자가 자신의 말 속에서 정신병을 드러내는 것과 같다. 서양철학은 처음에는 항상 '현존(음성)의 철학' 같았지만(그러한 태도를 취했지만) 금세 '문자의 철학'으로 돌아선 철학이다. 그래서 이성주의가 가능했던 것이다. 결국 데리다의 공격은 이성주의를 공격한 것이 아니라 자신을 공격한 셈이고, 이성주의에 의해서 자신(서양철학의 진면목)을 드러낸 셈이다.

독일은 문화적·혈통적으로 인도아리안-게르만과 연결되고, 프랑스는 그리스-로마와 연결된다. 그런 점에서 독일인인 하이데거는 불교적 마인드에 쉽게 접근할 수 있었지만, 데리다는 지나친 이성주의로 인해 불교를 쉽게 이해할 수 없었을지도 모른다. 또 같은 그리스-로마의 문명적 세례를 받았다고 하더라도 독일은 그리스적 특성을 더 보이고 프랑스는 로마적 특성을 더 보인다.

이집트의 석상들은 모두 눈동자가 멍하니 죽어 있다. 이집트 문명은 사후의 세계를 바라보기 때문이다. 그 대신 신은 흔히 눈동자로 상징되기도 한다. 이에 비해 그리스의 석상들은 모두 눈동자가 살아 있다. 그래서 그리스는 서양의 시각-언어문명의 원류를 이룬다. 이는 사후세계를 관장하는 신(神) 중심에서 인간중심주의로 전환한 것을 의미한다. 흔히 서양문명을 헬레니즘과 헤브라이즘의 결합이라고 본다. 이는 헬레니즘의 인간중심주의와 헤브라이즘의 신 중심이 문화적 융합을 이룬 것을 의미한다. 그런데 더 정확하게 말하면 신을 융합하긴 했지만 그것의 중심에 인간을 두고 인간의 이성을 중심으로 문명의 발전방향을 잡은 것이다. 따라서 서양의 유일절대신은 인간 중심으로 가기 위한 전단계적 조처라고 말할 수 있다.

서양의 시각-언어중심주의는 그것의 분석을 통해 절대를 낳았고, 절대종교에서 절대과학으로 문명을 이끌었다. 그런데 그 절대는 현대물리학에 이르러 커다란 저항에 부딪혔다. 상대주의의 등장이 그것이다. 상대주의는 물리학에서는 물론이고 문화 연구에서도 각광을 받았다. 물론 상대주의는 절대주의의 산물이다. 그런 점에서 상대주의는 절대주의와 결별한 것은 아니다.

절대든 상대이든 양자의 상호관계에 의해 성립된다. 이것을 우리는 상관관계성(interrelation)이라고 말한다. 상관관계성은 서양철학의 존재론이나 해체주의에 의해 이원대립적인 것의 이중성이나 왕래성으로 표현된다. 이중성이나 왕래성은 흔히 과학에서 말하는 확실성과는 정반대의 것으로 이원대립적인 것의 동봉성이다. 이는 이원대립적인 것을 추구하는 이성의 세계에 정면으로 배치되는 것이다. 그러한 점에서 하이데거의 존재론이나 데리다의 해체주의가 반이성주의를 표명하지만 과연 이성중심주의를 극복했는지는 의문이다.

도대체 이성주의로 불교의 '무', '공'을 어떻게 이해할 수 있을까? 이성주의란 보이지 않고 확인할 수 없는 것은 '없는 것(nothing)'으로 취급하는데 말이다. 그래서 서양의 차연의 실체는 동양의 음양의 비실체로 넘어오지 않으면 안 된다. 동양의 속담에 '궁(窮)하면 통(通)한다'는 말이 있다. 서양문명은 심각한 미로에 빠졌다. 그 미로는 어떤 상황을 미로라고 하는 그 자체이다. 그러나 본래 우주는 미궁이다. 미로와 미궁은 언뜻 보면 같은 말인 것 같지만 근본적으로 다르다. 미로는 벗어나야 하는 것이고, 미궁은 우주가 본래 미궁이라 벗어날 필요가 없는 것이다.

서양문명의 미로는 바로 '정신-물질'의 이분법이다. 서양은 그 이분법 때문에 끊임없이 무한대로 나아가야 하고, 시간은 과거와 미래이며 공간은 확장되는 것일 수밖에 없다. 이것은 이성의 장난이다. 동양문명의 핵심은 바로 '심물일체'이다. 심과 물은 한 몸이다. 한 몸의 떨어질 수 없다는 뜻이다. 화엄일승법계도(華嚴一乘法界圖)는 법(法)에서 시작하여 불(佛)로 끝난다. 여기서 심(心)은 불(佛)이고 법(法)은 물(物)이다.

3) 데리다의 해체주의가 지닌 한계

철학이 나와 너의 문제, 주체와 대상의 문제에서 벗어나는 일은 독일에서는 니체와 하이데거를 비롯한 존재론 철학에 의해, 프랑스에서는 레비스트로스와 데리다를 비롯한 구조주의·해체주의 철학에 의해, 영국에서는 화이트헤드의 과정철학에 의해 이끌어졌다. 데리다는 프랑스의 후기근대 철학을 이끌어온 세계적인 철학자이다. 해체주의 철학은 구조주의 철학이 있기 때문에 발생한 것이라는 점에서 구조주의와 해체주의는 쌍둥이라고도 할 수 있다. 구조가 없으면 해체를 할 수 없기 때문이기도 하지만 구조언어학의 절대적인 이해와 도움을 필요로 하기 때문이다.

해체는 그 이전에 축조(건축)가 있기 때문에 부차적으로 일어날 수 있는 일이다. 그렇기 때문에 처음부터 축조가 없었던 것과는 다르다. 해체는 그렇기 때문에 처음부터 기존의 것을 두고 가타부타하는 것이지, 새로운 철학의 수립과는 다르다. 좀 더 이 말을 진전하면 해체는 다음에 오는 무엇을 위해서 사전 정지작업을 하는 것이기도 하고 예축적(豫築的) 작업이기도 하다. 해체는 평지(平地)가 아니다.

해체는 평지(대지)의 텅 빈 곳에서 불어오는 바람소리, 자연의 소리를 들으려는 사전 몸짓인지도 모른다. 해체는 그래서 하늘의 영감(靈感)을 기다리는 것이 아니라 대지를 통해서 전해오는 교감, 대지의 네트워킹을 기다리고 있다. 지하는 더 이상 지옥이 아니라 생명이 움트는 장소이고, 생명을 위한 지진과 화산이 일어나는 지질과 같고, 그것으로 인해 생성된 동굴을 거느린 화산동굴계와 같다. 해체는 또한 수평선으로 상징되는 바다의 심연과 같다. 바다는 항상 새로운 생명의 탄생을 위해 파도치고 해일이 일어나는 곳이다.

해체철학은 주로 기존의 텍스트를 읽는 방식을 택한다. 말하자면 텍스트를 분석하는 것이다. 텍스트 분석에서 구조언어학의 절대적인 '도구적 기여'가 한몫하고 있다. 구조언어학은 철학사적으로 간단하게 말하면 시각에 의해서 '주체-대상'의 관점에서 바라보던 사물에 대한 인식을 주체의 부분에 언어를 대입하고 '시니피앙(signifian, 能記, 記表, Sa), 시니피에(signifié, 所記, 記意, Sé)'[32]로 자리매김한 것이다.

이러한 전환의 가장 큰 핵심은 사물을 바라볼 때 객관성 혹은 실재라는 것에 대해 근본적으로 회의를 제기하는 방식이다. 이것은 언어(기호)의 두 가지 관점으로 사물을 보는 것이다. 두 가지 관점에서 사물을 보는 것은 이중적이

---

32) 필자는 시니피앙(signifiant, 能記, 記表, Sa), 시니피에(signifié, 所記, 記意, Sé)를 시니피앙=능표(能表), 시니피에=소의(所意)라고 번역하는 게 바람직하다고 생각한다.

고 애매호모하다. 구조주의는 처음부터 이중성과 애매모호함을 가지고 출발했던 셈이다.

여기에 언어의 밖으로 사물을 지시하려는 외연성(denotation)과 안으로 의미를 함축하려는 내포성(connotation), 그리고 의미를 원천적으로 있게 하는 메타포(metaphor)와 그 의미를 고정시키려는 메타니미(metonymy)가 더해지면 언어학과 철학은 참으로 난해한 것이 된다. 언어를 어떤 동물보다 많이 사용하는 인간은 언어의 인습(因習, 因襲)에 빠져 마치 사물이 있고 언어가 있는 것이 아니라 언어가 있고 사물이 있는 것 같은 착각에 빠지게 된다. 이는 주객이 전도된 것이다. 그런데 주객이 전도되어 사는 것이 바로 인간의 문명이다.

유인원을 비롯하여 동물이 사용하는 간단한 언어를 인류학에서는 원문화(原文化, proto-culture)라고 한다. 인간이 직립하면서 몸의 에너지가 머리 쪽으로 많이 올라가 뇌의 용량이 증가하고, 적을 공격하는 가장 강력한 무기였던 입의 이빨(송곳니)이 무디어지면서 구강구조는 보다 많은 음운을 발할 수 있게 되었다. 앞발의 기능을 하던 손은 완전히 다른 도구를 사용할 수 있게 되었다. 인간은 보다 많은 도구를 사용하게 되었고 점차 의미의 동물이 되어갔다. 인간은 이제 무엇보다도 '의미를 먹고 사는 동물'이 되었다.

인간의 의식은 시간이 되었으며, 두발로 직립 보행하는 신체적 특성은 시각과 더불어 공간을 의식하게 했을 것이다. 시간과 공간은 원인과 결과를 낳고, 이 밖에 수많은 이분법의 원천이 되었을 것이다. 이분법은 결과적으로 과학을 낳았다. 시간과 공간은 그 자체가 무한대일 수밖에 없다. 따라서 시간과 공간의 개념을 갖고 있는 한 무한대를 추구할 수밖에 없다.

인간은 신체를 유지하기 위해 먹이를 만들어내는 이외에도 그와 더불어 항상 의미가 따라다니게 되는 이상한(?) 동물이 되었다. 집단적 동물인 인간은 사회적 존재임을 더욱 강화하게 되었다. 사회는 인간에게 사회적 언어를 강요하게 되고, 이로 인해 언어가 사물을 규정하는(언어〉사물) 이외에 다시 사회가 언어를 규정하는(사회〉언어) 사회적 동물이 되어갔다. 이것이 인간이 오늘에 이르게 된 진화의 과정이다.

의미는 흔히 사회적 통용으로 인해서 처음부터 사회적인 것으로 오해하기 쉽다. 언어가 사회적 소통을 위해 존재하는 사회적 약속의 산물이며 도구이기는 하지만, 의미는 처음부터 사람의 밖에 존재하는 사물이 아니다. 의미가 통용되는 것은 사람이 사회적 약속에 동의한 때문이다. 그렇다면 의미는 어디서 발생하는가? 인간 몸 안의 뇌구조에서 발생하고 그 발생에 몸 전체가 관계하고 있다는 사실이 밝혀졌다. 다시 말하면 몸은 의미 발생의 발전소이다.

의미, 즉 기의는 인간의 몸 안에서 발생한다. 의미는 매우 가변적이고 이중적이고 애매모호하다. 이러한 의미 발생의 구체적인 운반자(전류)는 바로 메타포(隱喩)이다. 메타포를 만들 수 있는 능력이 인간을 의미를 먹고사는 존재로 자리매김하게 만들었다. 메타포는 의미의 여러 층을 수직적으로 이동한다.

메타포가 하나의 층에 머물러 고정되는 것을 메타니미(換喩)라고 한다. 메타니미 때문에 학문과 과학, 이성적인 사고가 가능하다. 메타니미의 차원에서도 외연성과 내포성의 문제가 발생한다. 이는 언어가 가지고 있는 근본적인 상징의 성격 때문이다. 서양문명은 '언어=사물'(등식의 문명)을 실현하기 위한 문명체계이다. 이는 메타니미=시니피앙=외연성의 연결이다.

메타니미가 주체와 대상의 차원에 머문 것이 바로 객관적이라는 것이다. 객관적이라는 것도 실은 처음부터 존재하는 것이 아니다. 물론 객관성을 만들어내는 대상도 처음부터 존재하는 것이 아니고, 그것의 상대인 주체도 처음부터 존재하는 것은 아니다. 그런데 이것을 발견한 것은 그리 오래되지 않는다.

서양은 근대에 들어 구조언어학의 등장과 더불어 기표/기의를 발견하고, 그것과 메타포/메타니미가 관계되고, 인류학의 도움으로 그것이 원시주술시대의 동종주술/감염주술과 대응된다는 것을 알게 되었다. 시각중심문명은 기표〉기의, 청각중심문명은 메타포〉메타니미, 원시주술시대에는 동종주술〉감염주술의 경향을 보였다.

객관적이라는 사실이 시각 중심적 사고, 시각중심문명의 산물이라는 것이 최근에 공인되었다. 말하자면 객관성은 실재가 아니다. 객관성은 사회적(집단적)으로 약속한 정체성이고, 그 정체성 때문에 보편성이라는 것도 존재한다. 따라서 보편성은 절대적인 것이 아니고 문화의 산물임을 알 수 있다. 절대적인 보편성이라는 것은 없다. 단지 인간이 특정의 역사적 맥락에서 가장 폭넓

서양 시각중심문명 (이미지-미술)	기표	기의	주체-객관(의식)	기표 우선 과학철학시대
동양 청각중심문명 (소리-음악)	메타니미	메타포	주객일체	메타포 우선 예술시대
원시 주술시대 (축제-종합예술)	감염주술	동종주술	무의식/무분별	동종주술 우선 신화주술시대

게 필요를 인정하는 것이 보편성이다. 이것이 바로 니체가 말한 "인간은 사회적 유용성에 따라 '필요한 정도의 선에서만' 진리에 대한 욕망을 지니게 된다"는 것의 의미이다.

실재나 동일성은 없다는 것이 현대 철학의 상식이 되었다. 그러나 얼마 전까지만 해도, 인간이 남근이성주의에 빠져 있을 시기만 해도 실재나 동일성이 전제되었고 동일성은 보편성의 다른 말이었다. 인간의 역사는 동일성과 보편성의 합작으로 이루어진 권력의 거대한 연합 속에 진행된 셈이다. 지금도 역사에서는, 권력을 잡기 위해서는, 권력을 유지하기 위해서는 동일성의 철학이 필요하다.

동일성의 철학은 존재자의 철학이라고 할 수 있는데, 권력은 동일성에 기초하거나 강요하지 않으면(의식적이든 무의식적이든) 쌓아올리기 어려운 실체이다. 객관성, 동일성, 보편성은 매우 가변적이고 양면적이고, 중층적인 능기와 소기의 변신(의미는 능기와 소기의 역동적 중층구조의 연속이다)의 최상층에서 메타니미와 만나는 것이다. 그러한 점에서 그것은 매우 표면적인 것이다. 언어의 권력자(폭력자)로서의 군림은 이 층에서 이루어진다. 이 층이 남근이성주의가 위치한 곳이다.

해체는 이러한 수직적 구조(건축물)를 무너뜨리는 것이다. 해체에는 반드시 메타포와 메타니미의 문제와 만나게 된다. 특히 의미의 생산과 관련 있는 메타포가 의미의 사회적 유통과 관련이 있는 메타니미보다 관심의 대상이 된다. 해체가 여러 층위에서 메타포를 찾는 작업이 되는 것은 이 때문이다. 실지로 지대무외(至大無外)나 지소무내(至小無內)에 이르면 은유를 쓰지 않을 수 없다. 숨어 있으면서 존재를 나타내지 않기 때문이다. 잡을 수 없기에 환유가 불가

서양 시각중심주의	니체/데리다	은유적 구원	영원한(불임) 여인상	남자 생산체계
동양 청각중심주의	박정진	환유적 구원	살아 있는(임신하는) 여자	여자 재생산체계

능하기 때문이다. 영원한 여성성이나 절대적 남성성, 예컨대 여신이나 하느님 같은 것이 여기에 속한다.

그런데 메타포는 항상 메타니미로 변할 수 있기 때문에, 혹은 기표는 기의가 될 수 있기 때문에 수많은 논쟁과 비판이 있을 수 있다. 이것에 대한 확실한 이해가 없어서 불필요한 논쟁을, 오해와 시간낭비를 하는 경우가 적지 않다. 니체와 데리다의 여성성과 은유와 관련된 여러 논설들이 그것이다. 니체는 묘비명에 이렇게 썼다. "이제 나는 명령한다. 차라투스트라를 버리고 그대 자신을 발견할 것을." 니체는 자신이 다른 사람의 또 다른 은유가 될 것을 두려워했던 것일까? 은유적 구원은 진정한 구원이 아니기 때문일까?

구조주의와 해체주의가 등장하면서 의미는 가변적이고 불확실해져버렸다. 모든 개념은 관점에 따라 해체될 수 있고 해석은 다의적이 될 수밖에 없다. '텍스트가 콘텍스트가 되고 콘텍스트가 텍스트가 되는' 것이다. 고정된 의미와 텍스트는 없고 모든 텍스트는 '상황적 기호'로 해체할 수 있다. 동시에 콘텍스트 속에서 언제나 텍스트를 뽑아낼 수 있다. 텍스트는 이분법이다.

시니피에와 시니피앙의 중층적 연속과 메타포와 메타니미의 의미작용은 마치 여러 개의 코드로 구성된 악기처럼 느껴진다. 악기의 울림만큼 다의미(多意味, polysemy)와 의미의 역동성을 발산하는 것은 없을 것이다. 소리는 그 어떤 쓰기나 흔적에 비해 더욱 융합적이고 무아적이다. 악기가 소리를 낼 때 악기는 여자이고 악기를 소리 나게 하는 연주자는 남자이다. 이때 소리를 내는 것은 전적으로 연주자의 몫인가 아니면 악기의 몫인가? 악기의 역할에 더 비중을 두는 쪽이 은유에 편에 서는 것이고, 연주자의 편에 서는 쪽이 환유의 편에 서는 것이다. 버자이너의 여자는 악기와 같고 페니스는 연주자이다. 페니스(연주자)는 악기의 밖에 있다.

보편성과 복제는 밖에서 보는 시각과 모방행위가 있어야 가능하다. 일반성

남자(陽)	메타니미	시니피앙	외연성	보편성	연주자	이(理, 利)
여자(陰)	메타포	시니피에	내포성	일반성	악기	기(氣, 器)

은 안에서 보는 시각과 물질성이 없으면 불가능하다. 이는 남성성과 여성성을 말한다. 남성과 여성은 밖으로는 서로 대칭이지만, 남성은 다시 안으로 남성과 부성, 여성은 안으로 여성과 모성으로 분파된다. 남성과 여성은 동양 문화권에서는 음양사상에 포함된다. 동양의 한자문화권은 일찍이 음양사상을 완성했다. 그것은 바로 오늘날 서양에서 한창 활발하게 논의하는 구조-해체주의, 차이와 불확실성, 비결정성, 상징의 상호교환의 문제를 포괄하고 있다. 보편성은 지대무외와 관련 있고, 일반성은 지소무내와 관련 있다. 이상을 정리하면 남자는 메타니미= 시니피앙= 외연성= 보편성= 연주자= 이(理, 利)의 연결이고, 반면에 여자는 메타포= 시니피에= 내포성= 일반성= 악기= 기(氣, 器)의 연결이다.

이와 더불어 인문학은 메타포를 중시하지 않을 수 없고, 자연과학은 메타니미를 중시하지 않을 수 없다. 인문학은 메타포가 없으면 원천적으로 학문 자체가 불가능하다. 니체와 데리다 등 철학의 최고봉의 내용들이 메타포, 은유의 문제로 결말지어지는 것은 당연한 이치이다. 인문학은 마지막에 여성을 은유하는 것이 되고, 자연과학은 마지막에 사물을 환유하는 것으로 끝날 수밖에 없다. 신화와 철학이 남성성과 여성성의 은유, 그리고 그들의 교차로 가득 차 있는 것은 그 때문이다.

여자는 남자가 있음으로써 여자가 되었다. 만약 남자(수컷)가 탄생하지 않았다면 여자는 그냥 자연이었을 것이다. 결국 남자가 여자를 규정하는 셈이다. 왜 이러한 역전이 일어나는가? 언어는 처음부터 사물을 규정하는 것으로 태어났다. 이는 무엇으로부터 뒤에 태어난 것(태어남을 당한 것)은 앞의 것(태어남을 있게 한 것)을 규정하려고 든다. 반대로 앞에 있었던 것은 뒤에 태어난 것을 규정할 필요성을 느끼지 않는다. 보다 본질적이고 원천적인 것은 스스로를 규정할 필요가 없다. 인간이 사물(자연)을 규정하지 사물(자연)이 인간을 규정하지는 않는다. 자연은 인간을 멸종하게 할 수 있을지언정 규정하지는 않는다.

자연에 해당하는 것이 여자(여성성, 陰)에게 있고, 문명(언어)에 해당하는 것

인문학	메타포〉메타니미	여성을 은유
자연과학	메타니미〉메타포	사물을 환유

이 남자(남성성, 陽)에게 있다. 문명이란 자연을 카피한 것이다. 철학은 형이상학으로 매우 난해한 것 같지만 인간의 삶을 기준으로 검토해보면 의외로 쉽게 설명할 수 있는 대목이 있다. 생물종으로서의 인간은 섹스를 통해 종을 영속시킨다. 섹스에는 암수가 있고 인간에서는 남녀이다. 암수와 남녀는 도치된 것을 알 수 있다. 섹스를 할 경우 대체로 여자가 아래에 있고 남자가 위에 있다. 남성 상위 체형이다.[33] 이러한 생식과정을 보면 마치 복사기에서 카피하는 모습과 같다.

남자는 자신을 카피하기 위해 섹스를 하고, 그 결과인 자식에게 자신의 성씨와 이름을 부여한다. 그 과정에서 임신을 하고 출산을 한, 즉 바탕으로 참가한 여성의 흔적은 성씨와 이름에 없다. 이 과정에 있는 남녀의 전도에 주의를 기울일 필요가 있다. 카피는 필연적으로 전도를 하지 않을 수 없다. 여자는 몸으로만 자식이 자신에게서 증식된 것을 안다. 여자는 신체적으로 자식을 후손으로 알고, 남자는 신체보다는 출계(명분)로 그것을 믿는다.

이 과정은 남자[凸]가 여자[凹]를 카피하여 뒤집어 세운 것이다. 남자가 여자를 모방한 것이다. 물론 유전학적으로는 남자도 여자와 반반으로 유전자를 공유한 셈이지만 말이다. 여자는 재생산과정에서 유전자만 제공한 남자와는 달리 태아를 키우는 거의 전부를 담당했다고 해도 과언이 아니다. 그런 점에서 여자는 흔히 '배[腹]의 존재'라고 하고 남자는 '머리[頭]의 존재'라고 한다. 배의 존재는 무의식의 존재임을, 머리의 존재는 의식의 존재임을 말한다. 여자는 신체적 존재이고, 남자는 정신적 존재인 것처럼 느끼는 까닭은 무엇인가? 머리도 신체의 일부인데 왜 머리는 항상 신체와 별개인 것처럼 따로 떼어서 생각하는 것일까? 이는 은유적으로 생각하기 때문이다. 바로 이러한 생각 때문에

33) 이와 반대로 여성 상위 체위는 여성이 남성이 되려는, 남성을 모방하는 체위이다. 그러한 점에서 남근거세 연장선상의 페미니즘과 관련이 있다. 남성성과 여성성 사이에는 상징적 교환의 성격이 항상 내재하고 있다.

남자의 관념이 여성을 규정하게 된다.

'음' 자체는 매우 내포적이고 메타포적이다. 이에 비해 '양은 매우 외연적이고 메타니미적이다. 음은 기호적 상형으로 보면 비어 있지만 이미 양을 내포하기 위해서 혹은 임신하기 위해서 비어 있는 양상이다. 또 기호학에서 기호는 의미를 나타내는 기표이지만 기표가 있기 때문에 의미가 있는 것이 아니라 기표는 단지 의미를 표상하는 것에 불과하다. 발생학적으로 보면 의미가 먼저이다. 밖으로 표현하여 객관적으로 존재하고 있음을 나타내려면 기표가 필요하지만 이에 앞서 의미는 이미 존재하고 있다. 권력적으로 보면 기표가 우선이지만 권능적(능력적 혹은 역능적)으로 보면 기의가 먼저이다.

음양론으로 보면 음은 발생할 것을 미리 내포하고 있는, 임신의 개연성을 가지고 있는 바탕적인 존재이고, 양은 무엇으로부터 태어난 존재이지만 주인노릇을 하려는 존재자이다. 발생학적(생성론적)으로 보면 음은 능동적인 존재이고 양은 피동적인 존재이지만, 존재론적(존재자적)으로 보면 음은 피동적이고 소기적(所記的) 존재이고, 양은 능동적이고 능기적(能記的) 존재이다. 음과 양이 발생학과 존재론에서 서로 자리를 역전시키는 셈이다. 왜 존재와 존재자 사이에 역전이 일어나는 것일까? 이것이 음양의 상징적 상호교환이다.

여기서 '기(記)'라는 것이 문제의 관건이다. 기는 기호이고 동시에 의미이다. 그런데 '기(記)'에서 주도권을 잡는 것이 글자 그대로 능기(能記)이다. 이는 자연과 반대인 역전된 상황이다. 단도직입적으로 말해서 서양철학은, 남자와 여자가 섹스를 하고 아이를 낳아서 남자의 성씨를 달아주는 것과 같은 전도 행위의 소산이다. 모방(복사)한 것은 다시 바로 세워야 된다. 이는 성(姓)과 씨(氏)가 자연스럽게 두면 여자의 증여(贈與)혹은 소여(所與)인데 남자의 소유(所有)가 된 것과 같다. 이때의 증여와 소유는 바로 능기와 소기로 연결된다. 증여한 자는 반대로 소기가 되고 증여를 받은 자는 능기가 된다.

씨는 흔히 씨앗(seed)이라는 의미에서 남자를 말하고 부계를 상징하는 말인 것 같다. 그러나 씨는 모계를 말하는 것이었다.『훈몽자회(訓蒙字會)』에 따르면 씨의 훈인 '각시'는 이보다 이른 시기에 나온『월인천강지곡(月印千江之曲)』이나『월인석보(月印釋譜)』에는 '갓', '가시'로 나타나며 이는 '여자'를 뜻하는 말이

성(姓)	여(女)+생(生): 여자로부터 태어남	남자의 성(姓)
씨(氏)	여자인 각시(갓, 가시, gsjig)에서 어미-g의 탈락	남자의 씨(氏)

다. 씨(gsjig에서 후에 어미 -g가 탈락함)를 여자의 의미로 푸는 것은 모계로 이어졌던 모계사회에서의 '씨' 개념이 그 음과 함께 한반도에 전래된 것을 보여준다. 지(枝, ksjig)도 마찬가지로 훈이 '가지'이다.[34] 여기서 참으로 재미있는 것은 원래 출계는 모계이며 가족을 가지 치는 분가(分家)도 여자에 의해서 이루어짐을 나타낸다는 점이다.

'각시' 와 '가지'는 옛 가족의 형태를 고스란히 가지고 있는 중요한 우리말이다. 혈통과 분가는 원래 여자의 것이었다. 그런데 이것이 가부장사회로 이동하면서 전부 남자의 것이 되어버렸다. 여성은 남성 속에 예속되어버리거나 묻혀버린 셈이다. '씨'라는 말도 여성 혹은 모계를 뜻하는 말인데 이것이 남성 혹은 부계를 뜻하는 용어로 그 의미가 백팔십도로 전환되어버렸다. '아들', '새끼', '열매', '씨', '나', '남자' 등 여러 의미로 쓰이는 '자(子)'를 사용하여 남자의 성기를 말하는 '자지(子持, 씨를 가진 자)는 모계사회에서의 여성의 지위를 남자들이 찬탈한 것을 보여준다.

이는 가부장사회의 전도이다. 가부장사회는 자신을 뒷받침하는 철학적·신학적 이론(이데올로기)를 정립하지 않으면 안 되는데 이것이 서양의 시각 중심(이성 중심) 철학이고 종합적으로 서양문명이다. 남성 철학자들은 철학적으로 '자궁치환(transposition)'을 한다.

이런 자궁치환은 은유적으로 사용되는데 니체와 데리다가 자주 이용하는 수법이다. 니체의 경우에는 아버지의 위치에 있는 이전의 철학자들을 제거하려는 오이디푸스 콤플렉스 때문에 그의 욕망이 여성의 출산에 집중되었다는 것이다.

니체의 욕망은 자기를 무능력한 존재로 단정내린 자신의 철학적 아버지들

34) 최영애, 「중국고대음운학에서 본 한국어어원문제」, 『동방학지』 67(1990년 9월), 309~340쪽.

내용	그릇	자궁치환
의미(기의)	기표	의미는 몸에서 생성된 후 기표에게 줌
정충	자궁(질)	정충은 자궁의 아들에게 자기이름을 붙임

> 을 죽이고 위버멘쉬를 탄생시키기 위해 '존재의 자궁'을 충만하게 하기 위한 것이다. 니체는 여성이 되기를 원하는 것이 아니라 자신의 아버지들이 할 수 없었던 것들을 만들어내기 위해 강한 남성이 되기를 원하는 것이다.[35)]

니체는 초인이 되기 위해서, 아버지를 이기기 위해서 자궁치환을 한 반면 데리다는 산종(散種, dissemination)이라는 용어를 사용했다. 데리다의 산종에 대해 스피박은 다음과 같이 설명한다.

> 데리다는 의미론(semantics)과 정자(semen)라는, 근거는 없지만 어원적으로 유사한 두 단어를 자신의 텍스트로 변형시킨다. 식물을 생산해내는 것이 아니라 무한히 반복되는 씨뿌리기. 파종/정액주입이되, 씨뿌리기/수정이 아닌 흩뿌리기/산종. 씨는 헛되이 뿌려지고 아버지의 기원으로 다시는 돌아갈 수 없는 사정이다.[36)]

여기에 데리다의 여성인 체하는 모습이 적나라하게 드러난다. 산종이라는 것을 데리다는 '아버지의 기원으로 돌아갈 수 없는 사정'으로 보지만 이는 거짓이다. 실은 남자의 정자는 본래 산종적이라는 것을 잊고 있는 듯하다. 남자의 정충은 산종을 통해서 그중에 운 좋은 놈이 수정이라는 목표에 도달하는 구조이다.

35) Kelly Oliver, "Nietzsche's Woman: The Poststructuralist Attempt To Do Away with Women," *Radical Philosophy 48*, 1988, p.26; 신경원, 『니체·데리다·이리가레의 여성』, 소나무, 2004, 297쪽에서 재인용.

36) Spivak, "Translator's Preface," Deridda, *Of Grammatology*, lxv.; 같은 책, 297쪽에서 재인용.

산종은 처음부터 남성-부계의 표상이다. 그라마톨로지야말로 산종의 좋은 예이다. 그라마톨로지는 소리를 모방한 것이다. 들뢰즈의 '여성-되기(woman-becoming)'도 같은 것이다. 이것은 여성인 체하는 것이다. 여성인 체하는 것은 남성이기 때문이다. 여성은 차라리 남성인 체하지 여성인 체하지 않는다.

니체는 '초인'이 되기 위해서 자궁의 여성성을 탄력으로 사용하고 있고, 데리다는 '의미'와 '정자'를 같은 의미로 봄으로써 비록 아버지의 기원으로 돌아갈 수 없다고 하지만, 둘 다 스스로 서양의 가부장-이성중심문명의 자리에 위치하고 있음을 보여준다. 이들은 서양문명의 한계를 느끼고 출구를 찾고 있는(탈출을 시도하고 있는) 예언자들이고 선각자들이다. 데리다는 다의성이라는 해석학적인 개념을 '산종'으로 대체할 것을 주장한다. 데리다가 생각하는 산종은 해석이 진리의 표상이 될 수 없음을 뜻한다.

> 만약 텍스트의 단계를 벗어나 재전유하려고 하는 주제적 조화나 전체적인 의미라는 것이 없고, 의도나 실제 체험 등 상상적 상태에 위치한 전체적인 뜻도 없다면, 텍스트는 더 이상 (중략) 문헌의 다의성에서 분산되고 모여질 어떤 진리의 표현이나 표상이 아니다. 따라서 해석학적인 개념인 다의성은 산종으로 대체되어야 한다.[37)]

해체적 텍스트 읽기는 텍스트를 모방적으로 읽음으로써 효율적으로 해체를 달성하는 전략이다. 데리다의 텍스트 읽기의 요체를 보자.

> (해체작업은) 구조를 밖으로부터 파괴하는 것이 아니다. 그런 방법은 가능하지도 않고, 효과적이지도 않다. 그 구조내부에 존재하지 않는 한 정확하게 겨냥할 수 없다. (중략) 해체작업은 불가피하게 내부에서 작동하면서, 오래된 그 구조로부터 전복에 도움이 될 모든 전략적이고 경제적인 자원과 수단

---

37) J. Derrida, "The Double Session," *Dissemination*, Barbara Johnson(trans.), Chicago: University of Chicago Press, 1981, p.265; 신경원, 앞의 책, 338쪽에서 재인용.

을 이용하여, 그 부분이나 요소들을 구분할 수 없을 만큼 구조적으로 차용하는 것이다. 그래서 해체작업은 어떤 식으로든 그 자체가 작업의 희생이 된다.[38]

해체적 텍스트 읽기는 텍스트 내부에서 부정하는 것이기 때문에 견강부회하는 경우도 있을 수 있고, 일부러 반대 해석을 하는 수도 있다. 해석학은 의미를 생성하는 해석이 아닐 뿐만 아니라 남성성으로 텍스트를 덮어씌우는 것일 수도 있다. 또 그 속에서 아무리 다양한 의미를 파악하고 의미의 다양성을 열어놓는다고 할지라도 생성적 의미를 찾아내는 것은 아니기 때문에 기존의 것을 부정하는 것이 될 수도 있다. 산종으로 해결될 일은 아니다.

여기에서 방사는 메시지의 방사가 아니다. (중략) 산종의 유사-'의미'는 다시 접합되고, 조정된 의미의 조합으로. (중략) 복귀하는 것이 불가능하다. 그러면 산종은 그런 종류의 진리의 상실인가? 기의로서의 접근을 모두 부정적으로 금지하는 것인가? (중략) 산종은 항상 이미 분열되어 있는 의미의 생성을 인정한다. (중략) 따라서 우리는 거미줄의 중심인 양 산종으로 되돌아가지는 않을 것이다. 우리가 산종으로 되돌아간다면, 이멘(hymen)의 주름으로 되돌아가는 것처럼, 자궁이나 동굴의 음침한 백색으로, 자궁의 백색 위의 흑색으로, 흩뿌려진 방사의 장소이자 돌아올 수 없는 운명이며 분리의 장소로 가게 될 것이다. 우리는 '거미줄 같은 실'을 따라가지는 않을 것이다.[39]

결국 산종은 '원래적이고 중심적이며, 최종적인 기의, 진리에 적합한 장소'는 될 수 없으며 오히려 '반기원의 긍정'이다.[40]

---

38) J. Derrrida, *Of Grammatology*, Gayatri C. Spivak(trans.), Baltimore: John Hopkins University Press, 1976, p.24; 신경원, 같은 책, 362쪽에서 재인용.

39) Derrrida, "The Double Session," pp.268~269; 신경원, 같은 책, 338~339쪽에서 재인용.

40) Derrrida, "The Double Session," p.268; 신경원, 같은 책, 339쪽에서 재인용.

이는 아직도 동양 음양사상의 음사상에 도달하지 못한 것이다. 여성을 은유하는 음사상은 비록 본질론(실재론)이라고 하더라도 그 자체가 이미 본질(실재)을 주장하지 않기 때문에 남성을 은유하는 '양'의 본질론(실재론)과는 다름은 물론이고 자칫하면 실재의 부재론에 의해 정체성(혹은 주체)을 잃기 쉬운 여성을 보호할 수 있는 측면이 있다.

남성의 페니스는 스스로 실재의 부재라고 하더라도 결국 에크리튀르 하는 '쓰는 자'의 편에 있지만, 여성은 그 남성의 에크리튀르를 있게 하는 바탕(종이)이 될 수밖에 없다. 여성의 버자이너는 더욱이 소리를 들을 수밖에 없는 귀를 닮았다. 소리에 대한 데리다의 언급을 보자.

데리다는 니체가 그리스 신화에 나오는 인물인 '페르세포네(per se phone)'에 대해 언급했음을 상기한다. 페르세포네는 그야말로 '목소리 그 자체'이다. 그리스 신화에 나오는 저승의 여신 페르세포네(그리스어로 Περσεφόνη)는 제우스와 데메테르의 딸로서 저승의 신 하데스에게 납치되어 한 해의 반은 하데스의 아내이자 지하세계의 여왕으로, 반은 지상에서 어머니 데메테르와 지낸다. 페르세포네는 소리의 특성을 잘 나타낸 인물이다. 데리다는 레이리스가 곤충과 페르세포네의 공통점을 설명하는 부분을 인용한다.

> 이 곤충이 하는 일은 과일의 깊은 속을 파고 들어가 그 안에서 영양분을 취하는 것이다. 때로는 집게로 사람의 고막도 뚫고 들어간다는 점에서 깊은 청각의 나라. (중략) 지하 왕국에 갇혀 있는 데메테르의 딸과 닮았다.[41]

레이리스는 집게벌레와 페르세포네가 귀[42]와 목소리로 연결되는 것을 지적하여 둘 다 '동굴 같은 영역'에 속하는 것으로 설명한다.

> 지하세계의 신, 구멍을 뚫고 들어가는 곤충, 목소리가 형성되는 모체이자

41) 신경원, 같은 책, 252쪽에서 재인용.

42) 귀와 자궁의 모양은 닮은 데가 많다. 둘 다 동굴 모양으로 신체기관의 성격이 수동적이며 수용적이라는 점에서도 같다.

모든 소음이 진동하여 울리는 공명. 동굴은 이 모든 것이 합쳐지는 기하학적인 장소가 된다. 그리고 완전히 노출되어 있는 정신적 공간의 공동까지 숨 쉬는 것이 전달되도록, 보이지 않는 관이 존재의 가장 은밀한 밑까지 내려가기 (중략) 밖이며 동시에 안인 그 사이에 동굴 같은 곳이 있다.43)

데리다는 레이리스를 인용할 뿐만 아니라 소리에 대해서는 남다른 관심을 가지고 있었다. 데리다는 "중이(中耳)와 청각통로를 구분하는 고막조직이 직각으로 되어 있지 않고 사선으로(loxōs) 펼쳐져" 있음을 부각시키면서 "사선의 효과 가운데 하나가 영향을 주는 표면을 증대시켜서 진동능력을 확대하는 것"이라고 설명한다. 데리다는 '에쁘롱(épron, 衝角)'과 문체에 대해 다음과 같이 말한다.

문체는 마치 에쁘롱의 방식으로 전진하는 듯하다. 항해하는 뱃머리의 이물, 배의 부리, 바다의 공격에 대항하기 위해 앞으로 밀고 나아가 적대적인 표면을 가르는 배의 돌출부 같은 것이 그 예이다. 항해 용어를 쓰자면, 문체는 항구의 입구에 파도가 부서지는 충각(衝角)이라 불리는 돌출바위에 비교될 것이다.44)

그는 에쁘롱이 영어에는 'spur'에 해당되며, 독일어로는 '흔적, 자국, 표시, 마크' 등을 의미한다고 덧붙인다. 에쁘롱과 '흔적'은 의미의 차이에도 불구하고 서로 연관성이 있다.

에쁘롱의 문체란 길게 늘어지는 것으로서, 피해가면서도 꿰뚫어 관통하는 단어이다. 이것은 길게 잎의 모양을 한 뾰족한 도구로서 팽팽하게 둘러싸고 있는 조직과 그물 그리고 펼쳐진 돛에서 재난을 피하게 되는 힘이 나오게

---

43) 신경원, 앞의 책, 253쪽에서 재인용.

44) 같은 책, 250쪽에서 재인용.

된다.[45]

에쁘롱을 통해 베일을 찢고 흔적을 남기기도 하지만, 공포의 위협에 대항하는 보호수단으로 사용하는 경우도 있다.

> (그 경우 문체는) 현존, 내용, 사물 자체, 의미, 진리를 보호한다. 단 그 문체가 차이에 의한 베일을 벗기기로 이미(déjà) 순결을 빼앗겨(défloré) 입을 벌린 채 있는 틈이 아니라는 조건에서 말이다.[46]

데리다는 니체의 문체로서의 여성을 '에쁘롱'에서 은유한다. 문체의 이러한 특징은 '여성의 납치'에 해당한다는 것이 그의 결론이다. 여성의 납치는 여성을 빼앗는 것이고, 여성 그 자체에 도달하지 못하는 것이 된다. 여성은 에쁘롱이 아니라 바다인 것이다. 소리는 바다와 같다. 바다를 가르는 문체, 에쁘롱이 아니라 바다와 하나가 될 때, 주객일체가 될 때 도달하게 되는 지점이다. 소리야말로 바다이고, 바다야야말로 소리의 원시적 보고이다. 이러한 설명에는 어딘가 보이지 않는 곳에 남성 지배(남근이성중심주의)가 숨어 있다.

데리다가 포노로지에 도달하지 못한 이유는 서양철학의 이성주의의 원인을 '현존의 철학'에서 찾은 때문이기도 하지만 그의 여러 철학적 주장에는 서양문명의 실재에 대한 모방과 전시적 특성이 도사리고 있다. 그라마톨로지는 소리철학을 시각적으로 기술한 것이라고 볼 수 있다. 이는 마치 소리의 파장을 그래프화한 것에 비할 수 있다. 그러한 그래프에는 실질적인 소리의 울림(공명) 혹은 생명의 울림이 없다는 점에서 그라마톨로지는 결코 포노로지가 될 수 없다. 그러나 시각-언어문명권의 데리다로서는 소리철학을 최대한 표현했는지도 모른다.

데리다는 탁월한 철학자였고 예언적 철학자로 그가 몸담고 있는 서양문화

---

45) 같은 책, 250~251쪽에서 재인용.

46) 같은 책, 251쪽에서 재인용.

권의 영향으로 해체에는 도달했지만 존재에는 도달하지 못했다. 그는 짐짓 해체를 모방하고 있는 것이다. 그가 해체를 모방하고 있는 흔적은 곳곳에 있다. 그의 에크리튀르나 그것을 바탕으로 하는 그라마톨로지는 부재를 말하고 있지만, 실은 흔적을 통해 현재를 내세우고 있다. 그가 목소리의 표현보다 표기(표지)를 중시한 것에서도 볼 수 있지만 기표 중심의 철학자였다. 기표(표상)는 항상 진실 자체를 속이고 있는 것이다.

데리다는 남성적 시각에서 여성을 바라보고 있지 여성 자체가 된 것은 아니다. 그는 분명 여성을 소유하려고 하지 않지만, 여성(백지)에게 씨앗(혈통)을 주장하고 있지 않지만, 남성적 흩뿌리기(오염)를 하고 있다. 이것은 철학적 포르노라 할 수 있다. 데리다의 시각 중심의 흔적은 그의 '이멘(hymen, 처녀막=결혼)'[47] 에서도 드러난다.

> '산종'뿐 아니라 '이멘/처녀막', '칼집에 넣기/질 삽입(invagination)' 등은 데리다가 결정불가능성 은유로 사용하는 용어들이다. 남녀의 생식(기관)과 관련된 용어를 사용하는 점에서 그의 해체작업은 비록 전략일지라도 남근 경제 안에서 작동한다. 그렇기 때문에 올리버(Kelly Oliver)는 데리다가 라캉의 거세 경제를 거부함에도 불구하고 '자기거세'를 통해 여전히 거세 경제 안에 있다고 비판한다.[48]

니체·라캉·데리다의 여성에 모두 관통하는 '남근 가장 혹은 연극'에 대한 이리가레의 주장을 종합한 신경원의 결론은 이렇다.

---

47) 처녀막은 일설에 따르면 조상인류가 바다에 살 때 바닷물이 질 안으로 들어오지 못하도록 하려고 생겼다고 한다. 따라서 처녀막은 바다와 차단하는 막이기도 하다. 처녀막은 인류에게 바다시절의 흔적이기도 하지만 동시에 바다를 차단하는 것이기도 하다. 동시에 질 속에 숨어 있는 동굴을 감춘 것이기도 하다. 물론 그렇기 때문에 역설적으로 남성에 의해 파열의 아픔을 거치지 않을 수 없다.

48) Kelly Oliver, *Womanizing Nietzsche* , p.48; 신경원, 앞의 책, 323.

> 데리다가 전면적으로 라캉의 남근이성주의를 비판함에도 불구하고 여성의 가장(se donner pour)에 대한 데리다의 설명은 남근을 축으로 한 가면극에서 남근을 가장하는 라캉의 여성과 여러 면에서 유사하다. 남근으로 보이거나 남근을 가지려는 게임을 통해 두 성이 벌이는 '희극'에서 여성은 자신이 남근인 것처럼 연극을 한다. 니체와 데리다의 여성도 진리의 부재를 알면서 진리를 가장하므로 결국 라캉식으로 거세-진리를 믿는 '척하는' 여성처럼 연극하는 것이다. 여성은 남성 중심의 논리체계에서 '자아-정의에 생소한' 이질적인 존재로서 가면을 쓰고 '타자의 희극'을 연기하는 존재일 뿐이라는 이리가레의 주장은 니체, 라캉, 데리다의 여성 모두에 적용 가능할 것이다.[49)]

데리다의 여성과 진리에 대한 종합적인 견해를 보자.

> 사실 여성이 진리라면 적어도 여성은 진리란 없다는 것을 안다. 여성은 진리의 여지가 없다는 것도 알며, 아무도 진리를 지닌 이는 없다는 것도 안다. 여성은 진리 자체를 믿지 않으며, 실제 자신의 모습도 믿지 않는다. 또한 다른 이들이 자신을 어떤 식으로 믿더라도 그것을 믿지 않으며, 자신의 모습이 아닌 것도 믿지 않는다. 그리고 바로 그러한 이유 때문에 그는 여성이다.[50)]

데리다의 에쁘롱, 산종, 이멘 등 여러 곳에서 발견할 수 있는 여성성에 대한 시각은 항상 남성적인 입장에서의 이해이다. 여성성 자체에 대한 이해가 아니다. 이것은 남성성의 해체인 것 같지만 여성으로 하여금 잉태하게 만드는 남성성이 아니라 실은 의식이나 존재의 표면에서 놀고 있는 일종의 포르노그래피를 보는 시각이다. 데리다가 존재론에 도달하지 못하는 이유가 여기에 있다.

해체철학에서 남녀 성기의 비유는 때로는 전략적으로 성공하지만 동시에 그 전략에 본인 스스로 말려드는 결과를 초래한다. 성기는 항상 상대가 있는

---

49) 신경원, 같은 책, 309쪽.

50) 같은 책, 310쪽에서 재인용.

	남녀관계(자연수)	모자관계(분수)
주체-객체	남녀는 대칭의 관계	
주체/객체	남자가 여자를 지배한다.	
시니피앙/시니피에		아들이 어머니를 지배한다.
시니피앙-시니피에		여자가 아이를 낳는다.

이중적 은유이기 때문이다. 남녀의 성은 음양 관계이기 때문에 남성적 시각 안의 여성과 여성적 입장 안의 남성은 다를 수밖에 없다. 그러한 점에서 '남-여'가 아니라 '모(母)-자(子)'관계로, 더 정확하게는 '자/모'관계로 볼 필요가 있음을 깨닫게 된다. 이는 '주체-객체'가 '시니피앙/시니피에' 관계로 바뀐 것과 맥을 같이한다. 말하자면 후기근대 철학은 구조언어학이 발견한 '시니피앙/시니피에' 단계에 철학적으로 아직 이르지 못했음을 의미한다. 이는 서양문명의 남근이성주의 탓이다. '시니피앙/시니피에' 단계는 '자/모' 단계이다.

서양철학은 크게 보면 여성(자연)에 대한 남성적 카피(copy)의 성격에 해당하는 시퀀스이다. 서양 철학자 가운데 동양의 음양사상에 가장 근접하고 있는 이리가레는 다음과 같은 입장이다.

> 추상화된 여성의 몸은 마치 공기처럼 투명하다. 여성의 몸은 남성의 집이자 거처이지만 남성들의 개념에 맞추어 형성된 육체이다. 그 결과 여성의 몸은 추상화되어 공중에 갇혀 있는 상태이다. 지평선이 없는 공기이고, 경계가 없는 몸체이며, 윤곽이 없는 얼굴이다.[51)]

이리가레가 볼 때 니체의 육체나 대지에 대한 강한 긍정은 그 자신이 만든 환상일 뿐이며, 실제 타자의 몸에 대한 긍정이 아니다. 말하자면 철학적(시적) 은유로서의 육체나 대지일 뿐, 환유로서(역사로서) 그것은 아니다.

> 항상 당신의 영원에 맞추어 제공되는 여성의 몸으로부터 당신은 '예'라는

51) Irigaray, *Elemental Passions*, Routledge, 1992, p.49; 신경원, 같은 책, 299쪽에서 재인용.

	여자(재생산)	남자(생산)
메타포	아이를 낳지 못한다.	상상 임신(개념)을 한다(생산).
메타니미	아이를 낳는다(재생산).	피부접촉(성교)을 원한다.

> 대답을 들으며 무한하게 비축되어 있는 베일과 돛, 날개, 비상을 끌어낸다. (중략) 이 여성과 몸은 그녀 자신에 의해서나 당신에 의해서나 한 번도 말해 본 적이 없다. 그러므로 당신의 환상을 위해 쉽게 속일 수 있는 근원이 된다.[52]

그래서 이리가레는 '타자의 타자'를 주장한다.

> 여성은 관계 형성에서 타자와의 사이에 심연이나 영원 등의 틈으로 막혀 있지 않고, 스스로 자신과 타자를 감싸 안을 수 있는 능력을 지니고 있다. 또한 자신의 가치를 발견하고 즐기는 데 물질적인 대가를 필요로 하지도 않는다. 스스로를 감싸는 순간 형상과 물체라는 구분조차 순간적으로 사라진다. 그에 비해 남성은 이 같은 능력이 결여되어 있다. "남성은 스스로이든 다른 남성에 의해서든 자신을 감싸 안을 수 없다. 동일성의 논리 안에 머물기 때문에 타자와 자신을 주고받을 수 없다. 타자가 그에게 덮개(sheath) 역할을 해 줄지라도 그는 기껏해야 그것으로 포장할 정도이지 감싸 안는 것을 할 수 없다."[53]

이리가레의 '타자의 타자'는 '주체'가 아니라 '셀프(self)'이다. '셀프'는 '스스로 그러한' 자연이다. 인간은 더 이상 가상실재를 실재라고 생각하지 않아야 한다. 진정한 실재인 '자연=셀프'는 재현이 아니라 재생이고 재생산이다. 남자는 더 이상 가상실재인 생산을 가지고 여자의 재생산을 핍박하여서는 안 된다. 여자를 더 이상 '결핍의 존재', '남근 모방의 존재'로 여겨서는 안 된다. 여자는 스스로 자신의 재생산 능력(신비)의 의미를 제대로 파악하고 있지는

52) 신경원, 같은 책, 148쪽에서 재인용.

53) 같은 책, 154쪽에서 재인용.

않지만 대부분의 여자가 재생산을 담당해왔다. 여자의 재생산과 무지(無知)는 남자의 생산과 애지(愛知)보다 더 근본적인 것임을 말해준다. '애지 철학'의 무용론이 등장할 만하다.

이리가레는 본질론자라는 비난을 받으면서도 서양철학의 근본적인 개념들에 대한 반성을 촉구한다. 그리고 가부장적인 서양철학이 여성성에 의지해온 것들에 대해 과감하게 고백할 것을 촉구한다.

> 개념, 실체, 초월적 주체, 절대적 지식 등 철학 담론의 개념들을 '재검토'해야 할 필요성이 있다. 이 개념들이 여성적인 것 혹은 여성성에서 도용한 것이 있으면 그것을 밝히고 도용한 것을 '포기하도록' 하며 빌려온 것들을 되돌리는 작업이 필요하다.[54]

여성의 '쾌락의 지리학(geography of pleasure)'은 복합하고 미묘하다. 여성은 다양한 촉감을 우선한다. 이는 남성이 시각을 우선하는 것과 대조를 이룬다. 촉감은 동물적인 것으로 비하되어왔지만 촉감이야말로 감각의 환유로 시각의 은유보다 훨씬 근본적인 것이다. 흔히 남성 중심의 가부장사회는 근본적인 것을 동물적이라거나 본능적인 것이라는 레테르를 붙여서 경원시하곤 했다.

여성의 촉감적 특성을 노자의 『도덕경』에서는 '현묘(玄妙)'하다거나 '곡신불사(谷神不死)'라고 표현한다. 또 물에 비유하여 '상선약수(上善若水)'라고도 한다. 물이 땅과 같이 사이좋게 지내듯이 마음이 물과 같이 상선(上善)이 되면 그 마음은 땅과 친교하게 된다. 촉감과 피부적인 것이야말로 세계의 실재가 아닐까? 이것을 물질이라는 이름으로 동질화·표상화하지 않으면 말이다.

여성의 육체가 우주적 리듬과 규칙성을 따라가면서 재생산과 쾌락에 참여하는 것을 부정적으로 볼 필요는 없다. 남자의 생산보다 여자의 재생산이 보다 근본적인 생산이다. 재생산은 우주적 진리에 대한 규명이나 주장보다는 우주적 사이클에 참여하는 것이다. 인간은 여자의 재생산을 통해 우주의 주변에

54) 같은 책, 214쪽에서 재인용.

서 겉돌지 않고 우주적 신비와 운동과 변화에 깊숙이 참여한다.

남성 중심으로 발달한 과학은 오늘날 환경공해는 물론이고 단기간에 복구 불가능한 핵 사건을 일으키고 있다. 인류는 이제 문화 전반에서 자연에 대한 새로운 이해를 필요로 하고 있다. 여기에 여성성에 대한 이해는 필수이다.

이리가레는 '개체성과 성의 특수성'을 심으려는 의도에서 남성 중심의 성 보편성에 대해 비판하지만 필자의 일반성의 철학은 인간의 신체를 말하는 '개체성'(추상적 개인이 아닌)을 부각시키면서 동시에 보편성을 구축하고 있는 토대인 인간의 집단성을 상기시킴으로써 보편성의 허구(집단적으로 약속된 언어)를 고발하기 위해서 출발한 것이다.

철학의 진정한 해체는 마치 철학이 있기 때문에 이 세계가 존재하는 것인 양 착각(환상)하게 하는 것을 방지할 뿐만 아니라 철학이 시대와 환경의 필요성 때문에 부단한 의식적·무의식적 대화를 통해 만들어진다는 것을 알림으로써 철학이 마치 머리 좋은 사람에 의해 하늘에서 뚝 떨어진 것처럼 생각하지 않게 하는 일이다. 이는 세계가 마치 전지전능한 하느님의 말씀에 의해 하루아침에 만들어졌다는 비약과 환원에 빠지지 않게 하는 일과 같다. 생성의 과정에 대한 설명을 생략하거나 거두절미하고 어떤 등식을 만들어 내거나 강요하는 것은 철학이나 신학에서도 사기라는 것을 이해할 필요가 있다.

이리가레의 페미니즘은 남근·이성 중심의 본질론과 대항하면서 '일반성의 철학과 신학'과 뜻을 같이하는 '일반성의 페미니즘'을 위한 노력이라고 할 수 있다. 이리가레가 자신의 담론 영역을 생태학적·환경적 관점으로 확대하는 것은 필자가 샤머니즘을 존재론적으로 해석할 때 취하는 '에코페미니즘(eco-feminism)'이나 '생문화적(bio-cultural) 접근의 인류학'[55]과 맥락을 같이한다. 이리가레는 꽃과 뿌리뿐만 아니라 물, 흙, 불, 공기 등 자연 원소들이 우리의 존재를 구성하기 때문에 여성을 공기, 공중의 햇빛에만 노출시키려는 것은 타자를 공중에 가두고 남성을 흙의 심연에 스스로를 감금하는 결과를 낳는다고 경고한다.[56]

---

55) 박정진, 『성(性)인류학』, 이담북스, 2010.

56) 신경원, 앞의 책, 299쪽.

이리가레는 “부성 언어의 유희를 통해 여성의 자궁은 ‘남성들에 의해 장난감이 되고 은유로 전락되고 조롱거리’가 되었다”[57]고 주장한다. 이런 이리가레의 지적은 동굴 은유를 쓴 플라톤이나 여성 은유를 쓴 니체에게만 적용되는 것이 아니라 데리다도 마찬가지이다.

> 산종을 통해 부성적 기원뿐 아니라 모성적 기원과의 고립을 시도하고, 이멘 경제를 통해 이멘/처녀막이라는 용어가 지니는 육체적 중요성과 역사적 의미를 망각하고 지워버린다는 점에서 그도 같은 오류를 범하는 것으로 보아야 한다. 니체의 바우보의 음부와 마찬가지로 데리다는 기원, 정체성, 본질 등을 해체하고자 했던 의도가 명확했다. 또한 여성의 문제에서 ‘여성의 모습’을 납치한다고 밝혔다.[58]

신경원의 말대로 “여성의 성은 스스로를 감싸면서도 타자와 공유하며 스스로 타자가 될 수 있는 능력을 지니고 있다.”[59]

철학의 생각-반사(reflection)는 이제 재생-재활(recycling)로 바뀌어야 한다. 재생-재활은 여성의 재생산을 닮은 것이고, 그것은 필연적으로 우주의 리듬으로 표현된다. 여성의 월경은 그 대표적인 것이다. 이는 자연과 파동을 맞추는 것이다. 인간은 자연의 보이지 않는 파동과 삶을 맞추어야 하고, 파동의 보이지 않는 소리를 들어야 한다. 그래서 철학은 포노로지가 되어야 한다. 소리와 파동은 처음부터 고정된 주체가 없는 것이고 사회적 정체성도 없는 것이다.

남근·이성중심주의 철학은 마치 페니스처럼 철학적 팽창을 하지만 그것은 전시(과시)를 위한 팽창이다. 그것은 잠시 충혈에 의해 팽창하지만 스스로 증식에 이르지 못한다. 페니스는 증식에 간접적으로 기여하지만(계기에 불과하다), 증식 자체는 여성에 의해 이루어진다. 여성의 증식은 소리의 증식이고 우

57) 같은 책, 300쪽에서 재인용.

58) 같은 책, 300쪽.

59) 같은 책, 154~155쪽.

남자(G)	여자(P)
이성	감성
정신(마음)	신체(몸)
메타니미(기호)	메타포(의미)
시니피앙	시니피에
말(言語)	소리(phone)
모방연쇄	모체연결
가상실재	실재(空, 虛)
재현(再現)	재생(再生)
보편성(理)	일반성(氣)

주적 울림이다. 이는 바다를 닮았다. 여성의 블랙홀과 빅뱅에 의해서 우주는 팽창하고 수렴한다. 빅뱅은 거울 반사와 같다.

서양문명은 그동안 너무 '거울 반사'에 머물러 있었다. 이것은 '유리투명'으로 바뀌어야 한다. 거울은 뒷면은 차단되어 있어서 거울 뒤를 볼 수 없을 뿐만 아니라 자신의 상(像)마저도 좌우를 거꾸로 보게 한다. 유리는 자신을 보게 하면서도 상대방도 동시에 보게 한다. 이는 태양이 아니라 달과 같은 것이다. 태양은 다른 사물을 보게 하지만 너무 빛나서 정작 자신을 보지 못하게 한다. 태양은 직접 쳐다보면 흑점이 되고 만다. 그러나 달은 스스로를 보게 하면서도 다른 사물도 동시에 보게 한다. 달은 이중적이다. 어둠과 빛을 동시에 있게 한다. 그렇다고 태양처럼 사물을 그림자로 있게 하지도 않는다.

여성은 열려 있으면서도 닫혀 있는 것 같다. 여성의 열려 있음은 글자 그대로 '개벽(開闢)'이다. 가부장제는 여성이 닫혀 있기를 원한다. 남성은 닫혀 있으면서 항상 열려 있는 것 같다. 남성은 여성을 열려고 팽창한다. 그래서 음양(陰陽)의 세계이다.

동양문명을 달[月]의 문명이라고 하고, 음양문명이라고 하는 것은 참으로 현명하다. 동양-달-음이 인류 문명의 새로운 희망이다. 동양-달[月陰]-음(陰, 音)-블랙홀을 중심으로(청각중심문명) 보면 서양-태양[陽光]-양-색-태양계(시각중심문명)는 전자의 모방이고 카피이다.

서양문명은 여성 모방, 여성 카피이다. 남성, 철(凸)은 여성, 요(凹)를 카피하고 다시 바로 세워진 모습이다. 바로 세워질 때 자신의 카피물질(복사종이와 먹)이 있다. 그것이 정자이다. 남성의 정자는 씨를 뿌린 뒤(마치 카피를 하듯이 빛을 비추고는) 그것이 자궁에서 어떻게 커가는 과정에 대해서는 별 관심이 없는 채 아이를 낳으면 바로 자신의 것으로 한다(자신의 성씨를 붙여준다. 이것은 마크를 찍는 것이다). 이것은 권력의 과정이기도 하다. 이것은 위조지폐범과 같은 사기이다.

이러한 음양의 요철(凹凸, ∽)의 전개 과정을 시간의 흐름에 따라 차연(差延, 差異와 延期)시킨 것이 사인 곡선(코사인 곡선) 혹은 파동 곡선이다. 이중나선구조 혹은 새끼꼬기라는 것도 사인 곡선과 코사인 곡선의 합성이다. 음양의 운동은 강도에 따라 여러 가지 형태로 전개된다. 이런 음양의 운동을 원의 단위체로 표현한 것이 바로 태극(☯)이다.

4) 차이의 연장에서 음양의 왕래로: 차이불이의 세계

하이데거와 데리다가 사용하는 차연이라는 개념에도 동일성의 그림자가 있음을 보았다. 그것은 결과적 동일성이라는 그림자 아닌 실체이다. 어떤 것을 주어로 내세우지 않더라도 연장이나 연쇄, 시퀀스를 가지게 되면 그것은 은밀하게 동일성을 감추고 있는 것임을 알 수 있다.

서양문명이 구조언어학에서 소리와 문자의 차이를 기초로 기호학을 만들어내고, 철학에서 차연을 만들어낸 것은 참으로 획기적인 정신계의 혁명임에 틀림없다. 그러나 그것은 동일성에 대해서 차이성을 제안한 하나의 음양적 왕래에 지나지 않는다. 차이성에는 이미 동일성이 내포된 것이다. 이것은 상대에게 이미 절대(나의 것)가 들어가 있는 것과 같다.

세계를 설명하려는 어떤 노력도 결국 실패하고 마는 것은 바로 세계를 차이로 보는 것이 아니라 연장으로 보기 때문이다. 세계를 연장으로 보는 것은 이미 동일성을 감추고 있다. 이는 마치 불교가 연기론(緣起論)을 만들어놓고 변하지 않는 어떤 영혼이나 영대(靈臺)의 윤회를 주장하는 것과 같다. 이는 연기론이 아니라 연장론이다. 이를 바꾸어 말하면 서양의 후기근대 철학의 차연론은 잘못된 연기론에 해당한다고 볼 수 있다.

인간은 왜 변하지 않는 것을 노리고 염원하는 것일까? 그것은 만물이 변화하고 유전하기 때문이다. 인간은 이에 저항하는 대뇌를 가지고 그 속에서 자신이 잡고 이용할 수 있는 그 무엇을 노리고 있기 때문이다. 인간은 도구적 인간이기 때문이다. 언어와 이상은 실존(존재)을 유지해야 하는 생물종으로서의 인간이 역사적 전개에서 사용하는 보이지 않는 도구이다.

그렇다면 대안은 무엇인가? '차이의 연장'이 아니라 '음양적 왕래'가 하나의 새로운 대안이 될 수 있다. 음양사상은 동양에서 흔히 사용해온 개념이다. 따라서 결코 새로운 개념이 아니라고 할 수도 있다. 그러나 새롭게 해석하는 것도 하나의 대안이 될 수 있다.

차연과 음양의 결정적인 차이는 차연은 동일성을 감추고 있지만 음양은 그냥 '차이의 왕래'일 뿐이라는 데 있다. 어떤 연장이나 연쇄나 시퀀스의 개념이 없다. 그것에는 서로 다른 것, 즉 음과 양이 함께 동봉되어 있다. 음과 양은 하나의 세트이다. 그러나 그 세트는 같은 차원에서 연쇄를 가지고 있지 않다. 서로 다른 차원에서 제 나름대로 음양으로 동봉되어 움직이고 변화하고 있을 뿐이다.

이를 다원다층의 음양학이라고 말할 수 있을 것이다. 그러나 그 층위에 변하지 않는 그 무엇이나 기분은 있지 않다. 음양은 큰 것도 없고 작은 것도 없다. 어떤 차이의 연쇄도 없다. 세계는 어떤 실체도 없이 혹은 어떤 연결도 없이 저마다 제 흥에 겨워서 움직이고 변화하고 있는 따름이다. 그래서 음양은 결코 양화되지 않는다. 음양[凹凸]은 글자 그대로 '빔'과 그것에 알맞은 '채움'일 뿐이다. 우리는 자신도 모르게 음양에 의해 움직이고 있다. 양이 없는 것에서부터 양이 있는 것에 이르기까지 모두 음양이다. 따라서 후기근대 철학은 '양이 있는 것'에서 '양이 없는 것'으로의 철학적 이동일 뿐이다.

하이데거의 존재론, 데리다의 그라마톨로지, 필자의 '포노로지-일반성'의 철학은 '소기적(所記的) 입장'을 강화한 것이라고 할 수 있다. 여기서 '소기적 입장'은 전반적으로 '능기적(能記的)인 것'을 서양의 이성주의라고 보고 그 반

	소기적(所記的) 입장 = 음(陰)의 입장	능기적(能記的) 입장 = 양(陽)의 입장
하이데거	존재(Sein, Being)	존재자(Seienden, being)
데리다	텍스타일(textile)/ 그라마톨로지(grammatology)	북(book, text)/에크리튀르(éciriture)
들뢰즈	기관 없는 신체/ 머쉬니즘(machinism)	신체 없는 기관/매커니즘(mechanism)
음양기운 (陰陽氣運)	기(氣)	이(理)
박정진	기학(氣學) = 음양학(陰陽學) = 다원다층의 음양학(음양의 새끼꼬기)	

대편에 있는 것을 말한다. 소기적인 것은 '기(氣)의 입장'이고, 능기적인 것은 '이(理)의 입장' 혹은 '이성의 입장'을 말한다. 이것은 사유하는 능력, 사유하는 방식의 능산(能産) 혹은 소산(所産)의 문제가 아니라 사유의 위치가 어디에 있느냐를 말하는 것이다.[60)]

하이데거의 존재론과 데리다의 그라마톨로지를 동양의 음양사상과 이기철학의 패러다임으로 바꾸어 해석할 수 있다. 이 말은 이들 두 철학자가 동양의 음양철학적 패러다임을 수입해서 자신의 문화적 문맥에서 철학화했다는 것을 의미한다. 지금까지 거론하지 않은 들뢰즈의 '리좀 철학'도 마찬가지로 여기에 속한다.

하이데거의 존재론은 독일의 관념론적 전통 위에 있다. 존재자는 양(+)의 존재, 존재는 음(-)의 존재이다. 데리다의 그라마톨로지는 프랑스의 합리주의적(텍스트적) 전통 위에 있다. 에크리튀르는 양의 에크리튀르, 그라마톨로지는 음의 에크리튀르이다. 들뢰즈의 리좀 철학은 유물론적 전통 위에 있다. 그의

60) 능기적 입장과 소기적 입장은 브롱델(Maurice Blondel)의 입장인 능산적 사유(能産的 思惟, la pensée pensante)와 소산적 사유(所産的 思惟, la pensée pensée)와는 의미의 차원이 다르다. 브롱델의 능산적 사유는 학문을 안주시키는 것을 거부하고, 주체 내부에서 영혼이 갈망하는 것을 찾는 능동적인 사유를 말하고, 소산적 사유는 내면에서 솟아오르는 절실한 문제의식이 없이 수동적인 학습에 안주하는 사유를 말한다. 따라서 필자의 능기적 입장/소기적 입장과 브롱델의 능산적 사유/소산적 사유는 경우에 따라 반대가 되는 경우도 있다.

<table>
<tr><td></td><td></td><td>철학적 키워드</td><td>음(−)</td><td>양(+)</td></tr>
<tr><td rowspan="4">차이-연장)</td><td rowspan="2">하이데거의 존재론
독일의 관념론적 전통</td><td>존재자</td><td></td><td>양의 존재</td></tr>
<tr><td>존재</td><td>음의 존재</td><td></td></tr>
<tr><td rowspan="2">데리다의 그라마톨로지
프랑스의 텍스트적 전통</td><td>에크리튀르</td><td></td><td>양의 에크리튀르</td></tr>
<tr><td>그라마톨로지</td><td>음의 에크리튀르</td><td></td></tr>
<tr><td rowspan="4">접속-기계</td><td rowspan="2">들뢰즈의 신체
프랑스의 유물론적 전통</td><td>신체 없는 기관</td><td></td><td>양의 기관</td></tr>
<tr><td>기관 없는 신체</td><td>음의 기관</td><td></td></tr>
<tr><td rowspan="2">들뢰즈의 기계
프랑스의 유물론적 전통</td><td>메커니즘</td><td></td><td>양의 기계</td></tr>
<tr><td>머쉬니즘</td><td>음의 기계</td><td></td></tr>
</table>

'신체 없는 기관'은 양의 기관, '기관 없는 신체'는 음의 기관이다. 또 메커니즘(mechanism)은 양의 기계, 머쉬니즘(machinism)은 음의 기계이다. '기관 없는 신체'는 동양의 기 개념에 가깝고, '신체 없는 기관'은 이 개념에 가깝다.

신체 없는 기관, 기관 없는 신체는 들뢰즈가 서양철학적 문맥에서 만들어낸 기발한 용어다. '기관 없는 신체'는 신체는 있는데 기관이 없다는 황당한 말인데 알고 보면 추상적 우주가 아닌 '구체적 우주의 표현으로서 신체'라는 말을 사용한다. 이는 '우주적 몸으로서의 마음'을 말한다. 그러나 기관이라는 말에서 유물론을 읽을 수 있다. 반대로 '신체 없는 기관'은 우주적 몸인 신체는 없지만 '개별적 몸으로서의 기관'은 있다는 말이다. 이는 '개별적 마음으로서의 몸'을 말한다.

이런 후기근대 해체주의 철학의 경향은 하나의 차원에서 다른 차원의 개념으로 넘어가는 철학적 생산이 아니라 한 개념의 정반대 개념을 창출해서 종래의 개념을 해체하는 것이다. 이런 것을 음양관계라고 할 수 있다. 이는 서양철학의 모든 철학적 개념이 결국 음양관계의 소산이라는 것을 인정한 셈이다. 서양철학의 모든 개념의 이원대립항은 비대칭적 대립이 아니라 한 세트의 대칭에 불과한 것이라는 점을 서양철학이 인식한 셈이다. 해체철학이 행한 것은 다른 차원의 개념을 새롭게 창출한 것이 아니라 종래의 개념을 해체한 것에 지나지 않는다. 그래서 글자 그대로 해체철학인 것이다. 쉽게 말하면 해체철학은 철학의 새로운 건물을 신축한 것이 아니라 이미 세워진 철학적 건물을

동양의 기(氣), 음양론	하이데거	데리다
양(陽) 양음(陽陰)	존재자(beings, Seienden) = 일체(一切)	텍스트(text), 에크리튀르(écriture)
음(陰) 음양(陰陽)	존재(Being. Sein) = 일(一)	텍스타일(textile) = 콘텍스트(context)
기(氣) 음양기(陰陽氣)	기(氣): 기일원론(氣一元論)	음양(陰陽): 날줄씨줄 교차(交叉)

해체한 것이다.

이를 종합하면 이성주의 전통에 있는 서양 철학자들은 음의 세계를 이해하기 위해서 각자가 속한 철학적 전통 위에서 얼마나 노력을 했는가를 알 수 있다. 이들은 또한 자신들이 태어난 나라의 철학적 전통에 충실했다. 그래서 서양은 철학적인 의미에서 철학적이다.

동양의 기 혹은 음양론으로 보면 하이데거는 다분히 기일원론(氣一元論)을 향하고 있고, 데리다는 음양교차론(交叉論)의 입장에 있다. 하이데거는 세계를 '드러난 것'과 '숨은 것(드러나지 않는 것)'으로 나누는 반면, 데리다는 '드러난 것'을 중심으로 하되 그 이면에 날줄과 씨줄의 교차가 있음을 말하고 있다.

하이데거는 독일의 관념론적(이데아적) 전통 위에 있고, 데리다는 프랑스의 합리적(텍스트적) 전통에 있다. 두 사람은 서로 다른 철학적 개념과 그것을 바탕으로 하는 철학적 체계를 가지고 있지만, 서양의 과학적·이성중심주의적 전통에 대해 반기를 들고 있다. 이는 동양정신으로의 회귀라고 할 수 있다.

인간은 '말[言]을 하는 동물'이다. 말은 인간의 힘이고, 삶의 마디[節目]이고, 리듬이고, 살아가는 방식이다. 철학도 '말을 하는 동물'이라는 전제나 근거 위에 서 있다. 동물도 의식은 있지만 그 의식을 '복잡한 말의 체계'로 환원하지 않는다. 인간의 특성은 '말의 환원성(還元性)'에 있다고 해도 과언이 아니다. 인간의 문화를 자연에 대조하여 말한다면 '말의 환원성'에 있다. 인간은 말이라는 그물을 던져 사물(고기)을 낚는 어부와 같다고나 할까?

인간은 자연에 의미(언어)를 투사하는 존재이다. 인간이 의미를 만들고, 의미가 개념을 만들고, 개념이 절대를 만든다. 세상에 처음엔 의미가 없었다. 하이데거식으로 말하면 특정의 의미가 없는 것이 본래적인 의미이고 본래적 존재이다. 인간이 언어를 만들면서 의미가 발생하고 존재자가 태어났다. 자연이 저절로(자연스럽게) 인간을 만들었다면, 인간은 언어를 통해 인간이 되었다. 그래서 언어를 사용하는 인간은 존재와 존재자를 이중적으로 왕래할 수밖에 없는 존재이다. 인간은 '인간이 되어버린 동물'이다.

벙어리로 태어나지 않는 이상 인간은 소리(발음, 파롤)를 통해서 의사표현을 한다. 표음문자가 아니라 표의문자(상형문자) 혹은 어떤 문자라도 소리가 없으면, 소리가 따르지 못하면 지배적인 언어가 되지 못한다. 소리는 몸짓과 같다. 소리는 바로 몸이다.

알파벳 표음문자의 소리가 이성중심주의의 원인이라고 생각하는 데리다는 서양철학을 '현존의 형이상학'이라고 비판하는데, 이는 표음문자의 문자의 원인을 표음의 소리에 책임 전가하는 착오이자 도착이다. 우주의 소리는 원래 닫혀진 체계가 아니었는데 인간이 자신의 목청을 통해 닫혀 진 음소체계로 만들었다. 그것이 인류의 수많은 언어이다.

소리가 아닌 언어가 소유를 불러일으켰을지도 모른다. 이성중심주의란 다름 아닌 소유이고, 그것은 언어 때문에 발생한 것인지도 모른다. 소리에 의해 이성중심주의가 탄생한다는 것은 서양문명만이 주장하는 문명적 맹점이다. 문자(글자)로 인해 이성중심주의가 탄생할 수 있었고 기억에 의해 이성중심주의가 탄생한 것이다. 서양문명은 소리를 바로 이성과 결부시키는 버릇이 있는데 이성적 사고야말로 '쓰여진 것', '기록', '문자'에 의해 성립되는 것이다. 만약 문자가 없으면 이성중심주의가 탄생할 수 없다.

소리(목소리)는 발화되자마자 공기 중에 흩어지는 성질을 가지고 있고, 영원한 기억이나 특별한 녹음장비를 사용하지 않으면 기록되지 않는다. 소리(목소리)는 에크리튀르(쓰여진 것)가 아니다. 에크리튀르의 '에크리튀르 한 자'의 부재야말로 소리의 현존에 비해 기록과 과학의 원인이다.

사라지는 소리에 의해서 이성중심주의가 되었다는 것은 오해이다. 소리는 기록적인 것도 아니고 결정적인 것도 아니다. 소리의 의미는 고정적이지도 않다. 소리는 그 자체가 매우 은유적인 것으로서 듣는 이에 따라 여러 가지 의미맥락을 이룰 수 있다. 소리는 과학적으로 설명하는 데 효과적인 수단이 되지 못할 뿐만 아니라 보기에 따라 여러 가지 의미가 파생될 수 있는 해석학적인 대상이다.

'소리=로고스'라는 것은 서양문명의 선입관이며, 기독교 성경에 "태초에 말씀이 있었다"는 유대-기독교주의의 가세로 '하나님의 말씀=소리=로고스'라는 등식의 성립에 따른 결과이다. 소리는 결정적인 것도 아니고 절대적인 것도 아니다. 소리야말로 자연의 제1차적인 은유이다. 자연을 총체적으로, 하나로 말하려고 할 때 우리는 소리를 은유로 사용한다. 그런데 이 소리의 은유를 환유로 바꾸어 쓴 데서 '말-소리중심주의'가 탄생했다.

서양문명, 즉 유대-기독교주의는 소리를 말씀이라고 하고, 그것에 의미를 부여하고, 로고스의 껍데기를 뒤집어씌워 그것을 기호로 만들고, 그 기호에 고정된 의미(개념)를 부여하기 위해 문자체계를 만들었다. 그것이 알파벳이다. 기독교 성경의 '말씀(소리+로고스)'에 이미 로고스가 들어가 있다.

그러나 실제 소리는 무의미이다. 인간이 소리에 의미를 씌운 것이다. 서구의 이성중심주의는 소리 때문이 아니라 처음부터 로고스 때문이다. 그 로고스는 인간에 내재한 것으로 소리에 투사된 것이다. 소리에 투사된 이성을 가지고 이성중심주의의 원인을 삼은(혹은 책임 전가한) 것이다. 이는 여성에게 원죄를 뒤집어씌운 기독교 신학과 같다. 기독교는 철저히 가부장적이다.

소리(무의미)와 무극(無極)과 태극(太極)은 일반성의 것이다. 이것이 보편성의 것으로 둔갑한 것은 바로 가부장적 사고 때문이다. 무극과 태극의 논쟁이 벌어진 것은 태극 속에 무극의 성격이 있고 무극 속에 태극의 성격이 있기 때문이다. 또한 태극 속에 음양적 성격이 있고 음양 속에 태극의 성격이 있다. 무극, 태극, 음양은 겹쳐 있을 뿐만 아니라 동봉왕래적인 것이어서 잘라 말하기 어렵다.

데리다는 이성중심주의의 원인을 소리에서 찾는 서양철학적 전통 위에서 다시 그것을 벗어나는 데서도 소리에 원죄를 두는 철저히 서양철학적 해체를 시도하고 있다. 소리는 '현존의 형이상학'의 원인(원죄)이 아니라 그냥 소리(무의미한 우주의 파동)일 뿐이다. 에크리튀르, 즉 쓰여진 것은 순수한 자기-현존

소리(무의미) = 무극 = 태극 = 일반성	
하나님 아버지 = 보편성 = 말씀(소리+로고스) = 음양	
음(여성, 이브 = 원죄)	양(남성, 아담 = 순수)
소리(phone)	로고스(logos, 말)
파롤	랑그
감성	이성
여성주의, 모성적(여성의 해방)	남성주의, 가부장적(부계적)
소리-포노로지(Phonology)	에크리튀르(표지, 문자)-그라마톨로지
*말씀에 이미 로고스와 의미가 들어 있다. 소리는 무의미이다. 서구의 이성주의는 음의 희생위에 건립된 것이다. 그런데 데리다는 적반하장으로 소리를 에크리튀르 혹은 문자라고 한다.	

을 파괴하고 낯선 것을 도입함으로써 의미와 의미 사이에, 발화와 이해 사이에 그림자를 드리운다고 사람들은 생각한다. 문자를 2차 언어로 간주하지만 언어, 사회, 제도는 문자와 그 문자적 효과를 통해서 성립된다. 철학도 물론 문자에 의해서 이루어진다. 이성중심주의 철학은 더더욱 문자를 전제하지 않고는 성립될 수 없다.

데리다의 그라마톨로지는 알파벳 서양문명 자체 내에서는 전통 철학에 대한 반철학·해체철학이지만, 동아시아의 대표적인 철학인 천지인 삼재(三才)철학과 음양철학으로 볼 때 서양철학 자체 내의 '정(正)-반(反)'(이성중심주의-반이성중심주의) 운동이다. 이에 반해 필자의 '소리철학', 포노로지는 '정-반'의 또 다른 층위(평면, 위상)의 '반(反)'이다. 바로 이 때문에 포노로지는 서양철학은 물론 철학 자체의 반운동일 수 있다. 소리는 자연의 제1차적 은유이면서, 시(詩)를 가능하게 하고 음악(音樂)을 가능하게 하는 재료이자 존재이다. 고정되지 않고 결정되지 않고 변화무쌍한 존재 그 자체이다.

하이데거의 존재론이 데리다보다는 상대적으로 소리(음성)의 현존에 대해 존재론적 시각에서 우호적이기(존재의 소리를 들었기) 때문에 훨씬 동양(동양의 불교)에 가깝다고 할 수 있다. 음성은 말하는 사람이 듣기 때문에 현상학적 대상이 되기도 하고 환원주의에 빠진다고 하지만, 소리야말로 순환론적인 해석학의 문을 열면서도 해석학에 머무르지 않는 존재라고 할 수 있다.

하이데거는 같은 차연이라는 개념을 사용하고 있더라도 은적과 그것의 드러남으로서의 현현을 중심으로 철학을 전개하고 있기 때문에 데리다의 그라마톨로지와는 다른 존재론이 되는 것이다. 은적은 존재론의 핵심이다. 사물에 은적되어 있는 것은 무엇일까? 소리는 보이지 않는다는 점에서 다른 어떤 감각자료보다 은적되어 있다고 말할 수 있다. 만물은 소리로 통해 있다. 마음의 소리, 몸의 소리, 둘이 하나가 된 심물(心物)의 소리 등으로 통해 있다. 데리다의 철학은 존재론이 아니다. 따라서 하이데거의 '차연(Unter-Schied)'과 데리다의 '차연(différance)'은 차원이 다른 것이다. 그런 점에서도 하이데거의 '차연'은 불교의 연기(緣起) 개념의 '연(緣)'을 써서 차연(差緣)이라고 새롭게 번역하는 것이 옳을 것 같다.

말씀(parole+logos)은 말[言]과 로고스(logos, 씀)의 중첩으로 자칫하면 둘을 하나로 이해하기 쉽다. 소리와 로고스가 동시에 있기 때문이다. 서양문명은 이것을 급기야 로고스로 해석했다. 그래서 이성중심주의가 되었다. 로고스와 소리 가운데 소리가 더 원초적(원형적, 원본적)인 것이다. 만약 우주에 소리가 없다면 감정도 없고 살아 있음도 없다.

데리다는 철학적으로 미적분학의 수준에 머물러 있다고 할 수 있다. 서양수학의 미적분은 기독교와 마찬가지로 최초의 원인이라는 동일성을 가정하는 것은 아니지만 계속해서 이어지는 연장, 즉 무한대의 개념을 사용함으로써 모든 사물과 사건의 용적과 양을 계산하는 것이다. 이를 결과적 동일성이라고 할 수 있다. 데리다에게는 현재와 실체의 개념이 들어 있다.

이와 관련하여 들뢰즈의 차이-생성의 개념에 주목할 필요가 있다. 그는 비록 유물론적 전통 위에 있지만, 그래서 불완전한 것이긴 하지만 동양의 기철학의 개념을 수용한 것 같은, 물질(物質)에서 기질(氣質)로의 전반적인 전환을 꾀한 것 같은 태도를 보인다. 독일의 관념론적 전통 위에 있는 하이데거와 프랑스의 이성주의적 전통에 있는 데리다보다 프랑스의 유물론적 전통에 있는 들뢰즈는 우주적 생성론과 생명론에 더 접근한 것 같다. 그의 차이-생성 혹은 생성-차이는 동양의 생성하고 변이하는 역(易)의 세계에 접근한 듯하다.

서양 후기근대 철학자들인 데리다·하이데거·들뢰즈의 '차이(差異)' 개념을 구별하면 차연(差延), 차연(差緣?), 차생(差生)이 된다. 그러나 들뢰즈의 차생은

철학자	차이(差異)
데리다	차연(差延)
하이데거	차연(差緣)?
들뢰즈	차생(差生: 差異-生成)
박정진/손병철	차역(差易)의 의미로서의 차이(差易)
*서양의 차이(差異)라는 개념은 동양의 역(易)에 도달하기 위한 노정이라고 할 수 있다.	

아직도 동양의 역(易)사상과는 다르다. 그의 유물론적 전통에 이어지는 기계적인 세계관 때문이다. 들뢰즈의 유물기계론과 필자의 기일원론(氣一元論)은 다르다.

동양의 음양철학적 전통에 서 있는 필자는 '차이'를 같은 발음의 '차이(差易)'이라고 말함으로써 그들을 동양의 '역(易)'의 세계로 안내하고 싶다. 동양의 역(易)이란 개념을 굳이 서양철학에 상응하는 용어로 번역한다면 차역(差易)이라고 할 수 있다. 물론 '차역'의 '역(易)'은 '이(易)'로도 사용되는 것으로 변이와 간결을 표현하는 동양철학적 용어이다.

무엇보다도 동양사상에서 자연은 연장(연기, 보류)되지 않는다. 자연과 함께 이를 가장 상징적으로 표현한 음양도 연장되지 않는다. 음양은 연장이 아닌 상호관련성(상관성)의 개념이다. 상관성은 사물과 사건을 끊임없는 파동체로 보는 것이다. 더욱이 시간의 과거와 현재, 현재와 미래가 연장되어 있는 것이 아니다. 찰나생멸이 있을 뿐이다. 바로 찰나생멸이 기(氣)이고, 기는 역(易)이다. 기는 현재가 아니라 찰나순간이고, 이보다 더 미세한, 더 이상 자를 수 없는 그 무엇이다. '기'는 실체가 있는 현재의 한 정지된 지점이 아니고 끊임없이 변화생멸(變化生滅)하는, 화생만물(化生萬物)하는 찰나생멸일 뿐이다.

'차연'의 철학이 진정으로 동일성을 벗어나고 변화를 추구한다면 '차역(差易)의 차이(差易)'가 되어야 할 것이다. 그런데 차역은 차이가 자신의 직선성이나 일관성을 버리고 다른 평행선으로 교차(交叉, 交差)하면 이루어지는 것이다. 교차가 차역이다.

'차역의 차이(差易)' 속에는 동양의 주역사상은 물론이고 음양오행사상도 포함될 수 있다. 서양의 '차연'에서 '차역'으로 넘어올 때 그야말로 동양의 변화 사상, 상수(象數)와 상징의 세계에 들어올 수 있다. 그렇지 않고 종래의 '차연'을 고집하면 변화를 달성할 수 없다. 교차야말로 서양의 직선적 사고를 동양의 태극음양적 사고로 바꿀 수 있는 절호의 찬스이다. 이러한 교차에 대해 다른 책에서 상세하게 논의한 바 있기에 여기서는 생략한다.[61]

서양철학의 관념론자들보다 유물론자인 들뢰즈가 비실체적인 사고에 접근하고 있음은 극과 극은 통한다는 것을 보여주는 좋은 예이다. 그의 차이-생성 혹은 생성-차이의 개념은 하이데거와 데리다의 차연 개념보다 동양의 역(易)의 사고에 근접하고 있다. 그는 유물론적 전통에서 보기 드물게 역의 세계에 성공적으로 접근하고 있다. 그의 '기계(機械)'라는 개념을 '기계(氣系)'로 바꾸지 못한 것이 한계이다.

그럼에도 들뢰즈의 차이-생성 개념은 라이프니츠 이후 동양의 역(易)사상에 근접하는 최대의 성과인 것 같다. 그는 단자를 주장하는 것이 아니라 모든 점(點)으로부터의 탈주(脫走)를 주장하고 있으니 말이다. 이는 관념론자나 이성주의자보다는 차라리 유물론자가 실체적 사고만 극복한다면 기일원론의 세계에 먼저 도착할 수 있음을 시사한다고 할 수 있다.

세계는 '열려진 하나의 세계', '끊임없이 생성·변화하는 세계'이다. 그것이 바로 동양에서 말하는 자연이다. 그렇게 보면 자연 이외의 것은 없다. 그런데 인간은 자연 그 자체를 인식할 수 없다. 인간이 인식한 세계는 그것의 '닫혀진 것'일 따름이다. 그래서 존재는 알 수가 없다. 이는 일곱 가지 색 중 빨간색만 수용할 수 없었기(부정했기) 때문에 빨간색을 확인할 수 있는 것 같다. 존재가 아닌 것을 존재라고 하는 것과 같다. 정작 존재는 따로 있다. '부정의 세계에 갇혀져 긍정'을 하고 있는 형국이다. 세계의 중심(주인)이 없기 때문에 계속해서 중심을 설정해야 하는 운명과 같다.

서양은 포지티비티(positivity)의 세계이다. 서양은 양(陽)을 우선한다. 이에 비해 동양은 네거티비티(negativity)의 세계이다. 동양은 음(陰)을 우선한다. 서양의 이성주의는 하이데거의 존재론에 이르러 비로소 불교를 이해하기 시작했다.

---

61) 박정진, 『소리의 철학 포노로지』, 소나무, 2012, 256~288쪽.

서양	포지티비티(positivity)	양음(陽陰)	양(陽)을 우선	기독교, 유교
동양	네거티비티(negativity)	음양(陰陽)	음(陰)을 우선	불교, 도교, 선교

서양의 근대 혹은 후기근대 철학을 보노라면 동양의 불교나 도교의 영향을 배제할 수 없다. 어떤 점에서는 불교철학이나 노장철학을 배우거나 그것에서 힌트를 얻어 저들(독일, 프랑스, 영국) 나름대로의 철학을 세웠다고 볼 수도 있다. 그러나 저들의 철학을 두고 불교철학이라고 말할 수는 없다. 불교와는 또 다른 그 무엇이 있다. 동양의 불교나 노장철학을 카피해간 서양의 후기근대 철학들을 두고 동양의 그것과 같다고 평가하는 것은 오리지널과 재현(카피)을 동일선상에 놓는 처사이다.

한 걸음 더 나아가서 인도유럽어 계열에 속하는 서양의 유/무의 철학, 불교의 색/공의 철학을 동아시아 한자문화권의 무/유, 무위/유위(有爲)의 철학, 특히 음/양철학으로 번안하는 일은 매우 중요할 것 같다. 이러한 서양철학들은 모두 음양철학으로 번안됨으로써 철학도 자연의 파동 세계로 나아갈 수 있는 길을 열 수 있기 때문이다. 음양[凹凸]이야말로 철학적으로 난해한 용어들을 일상화할 수 있기 때문이다. 서양=양=유/유무=색=유위=시니피앙이고, 동양=음=무/무유=공=무위=시니피에이다. 동양의 무유는 서양의 유무와는 다르다. 동양의 무유는 상생한다.

서양	양(陽)	유(有)/유무(有無)	색(色)	유위(有爲)	시니피앙
동양	음(陰)	무(無)/무유(無有)	공(空)	무위(無爲)	시니피에

물질의 과학, 기독교의 종교, 불교의 철학, 유교의 윤리, 선교의 자연주의조차 우주의 본질(존재)인 체(體)에 아무런 변화를 줄 수 없다. 변화하는 것은 우주의 표면(존재자)인 용(用)일 뿐이다. 흔히 주자의 성리학에서는 이(理)가 체가 되고, 기(氣)가 용인 것처럼 말하지만, 실은 그 반대이다. 이는 용이고 기가 체가 된다. '이'가 '체'가 된 것은 인간 중심으로 사물을 보고 사물을 이용대상으로 규정하기 때문이다. 말하자면 인간이 주체가 된 '주체'의 '체'이다. 자연을 중심으로 보면 기가 본체(本體, 本質)가 되고, 그 본체를 이용할 수 있는 이(理, 以)가 용이 된다. 말하자면 이용(利用)의 용이다. 이(理)는 이용할 수 있을 때 이

차연(差延)	차이불이(差易不移: 不遷移)
이(理, 利)	기(氣, 不移)
용(用, 以)	체(體, 本)
이성주의(理性主義)/진리(眞理)/윤리(倫理)	물불천론(物不遷論)/부진공론(不眞空論)

(理)가 되고, 기는 결코 이용할 수 없기 때문에 체이다.

자연의 세계는 심물일체(心物一體)이다. 이는 머리[腦]-정신(精神)으로 연결되고, 기는 가슴[心臟]-마음[心]으로 연결된다. 심장이 자율신경으로 움직이고 뇌사(腦死)가 실질적인 죽음이 아닌 것은 심물일체이기 때문이다. 자연의 세계는 마음과 몸의 세계이다. 자연의 세계는 기의 세계이고 '기'의 세계는 차이불이(差易不移)의 세계이다.

차이불이의 세계는 '변하면서도(差易) 변하지 않는(不移) 세계'가 동시에 있는 것이다. 기는 실체가 없기 때문에 움직일 수 없다. '기'는 찰나의 생멸이며, 그렇기 때문에 멸할 것도 없는 불멸이다. 기는 결코 대상이 될 수 없는 존재를 의미한다.

차이불이의 세계를 부연 설명하자면 승조의 『조론』 중 '물불천론(物不遷論)'으로 가능하다.

> 어제의 사물은 스스로 어제에 있으니, 오늘로부터 어제로 이를 수 없고, 오늘의 사물은 스스로 오늘에 있으니, 어제로부터 오늘에 이를 수 없다(昔物自在昔 不從今以至昔 今物自在今 不從昔以至).[62]

이 구절은 어제의 물은 오늘로 이동하지 않고 오늘의 물은 어제로 이동하지 않듯이, 오늘의 물은 내일로 이동하지 않고 내일의 물은 오늘로 이동하지 않는 것을 말한다.

『주역』의 역(易)사상에는 변역(變易), 간역(簡易), 불역(不易)의 의미가 있다.

62) 孫炳哲, 『肇論通解硏究』, 台灣佛光山文敎基金會, 2001, 104쪽.

역(易)의 명칭에 대하여 『주역정의(周易正義)』에는 정현(鄭玄)의 설(說)을 인용하여 "역은 하나의 이름으로 세 가지의 뜻을 갖는다"고 했다. 세 가지의 뜻이란 이간(易簡)과 변역(變易), 불역(不易)이 그것이다.[63)]

이간(易簡)은 '알기 쉽고 좇기 쉽고 간단명료하다'는 뜻이다. 부연하면 '세상만물의 변화의 이치가 쉽고(易) 간단(簡單)하다'는 뜻이다. 복잡다단한 우주만물의 이치도 알고 보면 단순하다는 뜻이다. 변역(變易)은 '우주의 삼라만상은 한 순간도 변화하지 않는 것이 없다'는 뜻이다. 부연하면 '세상만물의 어떤 것도 변하지 않는 게 없다'는 뜻이다. 이는 불교의 '무상(無常)'과 통하는 개념이다. 불역(不易)은 '무궁무진한 변화의 현상 속에서 변하지 않는 일정한 법칙이 있다'는 뜻이다. 부연하면 '세상만물은 변하는 가운데 그 변화를 드러내는 불변의 이치[理]가 있다'는 뜻이다.

역(易)자를 설명하는 이치 가운데 일월설(日月說)이 가장 유력하다.

역(易)자가 일(日)과 월(月)의 회의문자라고 본 데서 유래한 것이다. 일은 양을, 월은 음을 상징하므로 결국 음양에 입각하여 일과 월을 상하로 결합했다는 이론이다. 역을 변역(變易), 교역(交易), 박역(博易)의 뜻으로 볼 때 일월설은『주역』에서 이상으로 여기는 것을 가장 바르게 표명했다고 보인다.[64)]

구한말 동학사상을 일으킨 수운(水雲) 최제우(崔濟愚)의 불연기연(不然其然)의 '그러하지 않으면서도 그러하다'도 같은 의미맥락이다.[65)] 특히 수운 선생의 각지불이(各知不移)사상은 차이불이의 철학적 용어를 만드는 데 결정적인 역할을 했다. 수운은 동학의 주문인 '시천주(侍天主)'의 시(侍)자를 설명하는 과정에서 내유신령(內有神靈)·외유기화(外有氣化)·각지불이사상을 표현했다. '각

63) 成百曉 譯註,『周易傳義(上)』, 전통문화연구회, 1998, 6쪽.

64) 같은 책, 7쪽.

65) 박정진,『철학의 선물, 선물의 철학』, 140~145쪽.

박정진	차이불이(差易不移)	기(氣)	기(氣)는 실체(substance)의 '체'(體)가 아니다. '기'는 체용(體用)의 '체'(體)이다.
승조	물불천론(物不遷論)	물(物)	물(物) = 기(氣)
『주역』	역이불역(易而不易)	역(易)	역(易) = 불역(不易), 불역(不易) = 이(理)
최수운	불연기연(不然其然)	연(然)	연(然) = 불연(不然), 불연(不然) = 자연(自然)

지불이'는 한국 전통의 기철학의 완성으로 여겨진다.

5) 최제우의 동학과 하이데거의 존재론 비교

구한말에 일어난 동학의 창시자는 수운 최제우이다. 기철학을 집대성해 『기학(氣學)』를 세상에 내놓은 혜강(惠岡) 최한기(崔漢綺)와는 21년 차이이다. 약 1세대이다. 최한기는 근대 자연과학시대의 전개를 앞두고 그것에 적응하기 위해 전통 기철학을 토대로 자연과학적인 우주관을 제시한 반면, 최제우는 서양 자연과학의 폐단을 미리 알고 서세동점의 시기에 매우 존재론적으로 동학이라는 사상체계를 만들어냈다.

인간은 자연(존재)에서 태어난 존재이지만 언어라는 수단을 통해 자연을 처음으로 대상화한 생물종(존재자)이다. 언어라는 수단을 사용한다는 점에서 주관적일 수밖에 없는 인간은 결국 객관적 대상(객체)과 주관적 대상을 만들어내지만 근본적으로 인간 문제를 해결하지 못하게 된다.

언어에는 사물을 대상화하는(밖에서 규정하는) 언어와 대상화하지 않고 단지 표상하는(안에서 드러내는) 언어가 있다. 전자가 사물의 객관성과 확실성을 추구하는 지시적(대상적) 언어라면 후자는 사물의 주관성과 불확실성을 내포한 내포적(상징적) 언어라고 할 수 있다. 전자가 편의상 언어라면 후자는 상징이다. 후자에는 반드시 의미의 이중성이 내재해 있다.

문제는 사물과 인간을 대상화하는 데 있다. 서양문명이 동양을 비롯한 제3세계의 문명을 대상화하는 시대적 불운에 처한 최제우는 전통 기철학으로 그것을 극복하는 자생적 철학으로서 동학을 제시했다.

<table>
<tr><td rowspan="4">사물과
언어의
층위</td><td>천지(天地)</td><td>사물(事物), 물(物)</td><td>존재(理事無碍)</td></tr>
<tr><td rowspan="2">인간(人間)</td><td>대상</td><td rowspan="2">지시-대상적 언어/
존재적 언어</td></tr>
<tr><td>언어</td></tr>
<tr><td>천지(天地)</td><td>사물(事物), 물(物)</td><td>존재(理事無碍)</td></tr>
<tr><td colspan="4">*내포-상징적 언어로 인간은 존재에 접근할 수 있다.</td></tr>
</table>

최제우는 포덕을 선언할 당시 영부(靈符)와 주문(呪文)를 제시했다(포덕1년, 1860년 음력 4월 5일). 그는 사람의 '마음'을 영부, 즉 신령한 '마을'로 표현했다. 영부를 해석하면, 인간의 마음은 원래 신령한 마을로서 한울님의 터전에 여러 집들이 모여 함께 살아가는 곳으로, 생명의 활동인 마을을 마음에 비유하기도 한다. 최제우는 이렇게 말한다.

> 나에게 영부 있으니 그 이름은 선약(仙藥)이요 그 형상은 태극(太極)이요, 또 형상은 궁궁(弓弓)이니, 나의 영부를 받아 사람을 질병에서 건지고 나의 주문을 받아 사람을 가르쳐서 나를 위하게 하면 너도 또한 장생하여 덕을 천하에 펴리라.[66]

2대 교주 해월(海月) 최시형(崔時亨)은 이렇게 부연설명을 한다.

> 궁을(宮乙)은 우리 도의 부도(符圖)니 대선생께서 도를 깨달은 처음에 세상 사람이 다만 한울만 알고 한울이 곧 나의 마음인 것을 알지 못함을 근심하시어, 궁을을 부도로 그려내어 심령이 쉬지 않고 약동(躍動)하는 모양을 겉으로 나타내어 시천주의 뜻을 가르치셨도다.[67]

'영부', '궁궁', '궁을'은 마음의 약동을 나타낸 것임을 알 수 있다. 약동은 그야말로 파동이다. 마음이야말로 존재의 약동을 그대로 지니고 있다는 뜻이다.

---

66) 천도교중앙총부, 『天道教 經典』, 천도교중앙총부출판부, 포덕 133년, 19~20쪽.

67) 같은 책, 434쪽.

마음은 곧 마을이다.

천도교 민간운동단체인 '한울연대'의 '시(侍)'자에 대한 해석은 마음과 마을을 묶는 탁월한 해석이다.

> 사람은 생명의 터전인 흙과 함께 마디마디들이 모여 함께 살아가는 마을이요, 그 마을은 신령한 곳으로 한울님을 모신 인간들의 신령한 마음을 옮기지 못하는 즉 한울님을 체화하는 삶(함께 사는 것)이라고 할 수 있다. 천국이다, 극락이다, 선경이다, 하는 것도 사람의 삶 속에 있지 그 어떤 초월적이고 사후에 있는 것이 아니라는 사실이 증명된다. 사람이 한울님을 모시고 하나 되어 살아가는 것, 전체생명과 개체생명이 결국 하나로 연결되어 함께 살아가는 것, 생사(生死)가 둘이 아니요 한울님과 사람의 관계에서 자연법칙에 의해 변화하는 것이라는 설명도 가능하다.[68]

동학의 주문인 '시천주(侍天呪)'의 강령주문은 "지기금지 원위대강(至氣今至願爲大降)"이고 본주문은 "시천주조화정 영세불망 만사지(侍天主造化定 永世不忘 萬事知)"이다. 여기서 특히 주목할 것이 '지기금지(至氣今至)'이다. 지기(至氣)가 무엇일가? 필자는 기철학을 바탕으로 하는 근본적인 '존재'를 '지기'라고 하지 않았을까 생각한다. 천지만물에 내재한 지극한 기운 말이다.

최제우는 시천주(侍天主)에서 '시'자의 설명을 내유신령, 외유기화, 각지불이로 표현했다.

> '시'라는 것은 안에 신령이 있고 밖에 기화가 있어 온 세상 사람이 각각 알아서 옮기지 않는 것이요. '주'라는 것은 존칭해서 부모와 더불어 같이 섬긴다는 것이요, '조화'라는 것은 무위이화요, '정'이라는 것은 그 덕에 합하고 그 마음을 정한다는 것이다.[69]

---

68) 천도교 민간운동단체 '한울연대' 사이트(cafe.daum.net/hanwoolsalrim).

69) 천도교중앙총부, 『天道教 經典』, 34~35쪽.

내유신령은 마음의 안에서 사물을 대상화하지 않으려는 깨달음으로 보이고, 외유기화는 마음의 밖에서, 즉 마을에서 역시 사물을 대상화하지 않으려는 의도로 보인다. 마음과 마을을 구분하지 않을 경우 결국 대상화하지 않으려는 의도를 읽을 수 있다. 각지불이는 존재의 일반성에 도달한 표현으로 보인다. 이때의 불이는 시공간 속에서의 불변이 아니라 시공 속에서 제자리에 있는 초월적 경지를 뜻하는 것으로 보인다. 초월하면 이동할 필요가 없다. 자신이 있는 곳이 바로 존재의 전체성이기 때문이다.

하이데거의 존재론에 따르면 존재는 존재의 가능성이고, 현존재인 인간에게 존재는 마음이다. 또 마음은 공동현존재로서 '마을'이 되고 마을은 다시 '마을의 길 닦음'으로 통한다. 최제우는 놀랍게도 당시에 이를 터득한 셈이다.

최제우와 하이데거의 생년이 65년 차이가 난다. 만약 최제우의 사상이 하이데거의 존재론과 유사하다면 이는 한국인의 철학적 사유능력에 대해 재고해야 할 문제가 된다. 동학은 근대에서 일어난 한국인의 주체적 철학운동의 시발점이 된다고 해도 과언이 아닐 것이다.

최제우의 여러 개념 가운데 존재론과 연결시킬 만한 주요 개념이 적지 않다. 먼저 '하늘[天]'의 개념이 '한울'로 달라진다. '천'은 '존재자'가 아니라 '존재'의 개념으로 달라진다. 이는 '대상으로서의 천(天)'이 '존재로서의 천'으로 탈바꿈하는 것을 말한다.

기독교의 하느님은 인격신이면서 '대상으로서의 신'이며 절대신이다. 대상으로서의 신이라는 말은 동시에 '주체로서의 신'이라는 말이다. 이것을 두고 존재신학이라고 한다. 그러나 동양에서는 하늘은 자연을 대표하는 의미로 사용해온 전통을 가지고 있다. 예컨대 자연자원을 천연(天然)자원이라고 한다. 하느님은 자연과 별개의 존재로, 초월적인 존재로서 자연을 창조한(제조한) 존재가 아니라 자연 자체를 말한다. 동학의 한울님=천주(天主)는 기독교의 천주(天主)와 말을 같지만 뜻은 정반대이다. 성경의 번역과정에서 같은 의미를 찾아보다 '천주'라는 말을 대입했지만, 정작 신학적 의미는 다른 것이다. 동학의 한울은 자연을 말한다. "봄과 가을이 갈아(갈마)들고 사시가 성하고 쇠함"70)을 말한다.

최제우(1824~1864)의 동학사상	하이데거(1889~1976)의 존재론
시천주(侍天主)	구원으로서의 존재론
내유신령(內有神靈) 외유기화(外有氣化) 각지불이(各知不移)	현존재(인간: Dasein)
지기(至氣)	존재(存在: Sein)
영부(靈符) = 마음, 마을	마음, 마을(Gegend)

동학의 한울(하늘)에 님을 붙여 '한울님'이라고 부르면서 인격적인(대상적인) 의미가 추가되지만, 그것은 신앙의 형태로 제도화하면서 어쩔 수 없는 과정이다. 그렇지만 근본적으로 동학의 한울은 자연의 의미가 크다. 한울님은 명사형이지만 그 이면에는 자연의 동사형이 숨어 있다. 이는 하이데거의 존재의 의미와 같다. 하이데거의 '존재'는 '스스로(저절로) 그렇게 되는' 동사형이다. 즉, 존재 = 자연이다. 이것을 설명하는 것이 다음의 여러 개념이다.

무위이화(無爲而化), 불연기연(不然其然), 동귀일체(同歸一體)가 그것이다. 무위이화는 『동경대전(東經大全)』의 「논학문(論學文)」에 나오는데 무위하면서도 변화하는 존재에 대한 표현이라고 할 수 있다. 이는 바로 자연이다.

> 우리 도는 무위이화라. (중략) 서양 사람은 말에 차례가 없고 글에 순서가 없으며 도무지 한울님을 위하는 단서가 없고, 다만 제 몸만을 위하여 빌 따름이라. 몸에는 기화지신(氣化之神)이 없고, 학에는 한울님의 가르침이 없으니 형식은 있으나 자취가 없고 생각하는 것 같지만 주문이 없는지라. 도는 허무한 데 가깝고 학은 한울님 위하는 것이 아니니, 어찌 다름이 없다고 하겠는가.[71)]

서양의 기독교 하느님과 다름을 천명하고 있다. 또 "자연의 이치가 없는 것이 아니다(不無自然之理)"[72)]라고 말한다. 무위이화는 동학이 노장의 무위자연

70) 같은 책, 15쪽.

71) 같은 책, 30~31쪽.

의 전통을 잇고 있음을 극명하게 드러내고 있다.

불연기연은 존재의 이중성을 일찍이 간파했음을 확실히 하고 있다.

> 그 그러함을 미루어 보면 기연은 기연이나 그렇지 않음을 찾아서 생각하면 불연은 불연이라(由其然而看之則 其然如其然 探不然而思之則 不然于不然).[73]

불연을 존재자, 기연을 존재에 대응시키면, 불연기연은 하이데거의 존재론과 흡사하다. 동귀일체는 또한 모든 존재는 결국 하나로 환원(還元)되는 것이 아니라 귀속(歸屬)한다는 점을 상기시키고 있다. 이는 하이데거가 모든 존재는 현존재에로 귀속한다고 하는 것과 같다.

동학의 2대 교주 최시형에 이르러서 이심치심(以心治心), 이천식천(以天食天), 양천주(養天主), 천지이기(天地理氣), 천지부모(天地父母), 심령지령(心靈之靈), 인시천(人是天), 부인수도(婦人修道) 개념까지 등장한다.

『동경대전』의 「해월선사법설(海月神師法說)」에 나오는 '이심치심'은 이렇다.

> 사람의 마음에 어찌 두 가지 뿌리가 있으리오. 다만 마음은 하나이지마는 그 씀에 있어 하나는 이심이 되고 하나는 치심이 되나니, 이심은 한울님 마음이요, 치심은 사람의 마음이니라.[74]

'이천식천'은 한울의 동질성과 이질성을 논하고 있다. 이천식천 중 '이천'은 동질성을, '식천'은 이질성을 말하고 있다.

> 내 항상 말할 때에 물건마다 한울이요 일마다 한울이라 했나니, 만약 이 이치를 옳다고 인정한다면 모든 물건이 다 한울로써 한울을 먹는 것 아님이

---

72) 같은 책, 29쪽.

73) 같은 책, 58쪽.

74) 같은 책, 361쪽.

없을지니, 한울로써 한울을 먹는 것은 어찌 생각하면 이치에 서로 맞지 않는 것 같으나, 그러나 이것은 사람의 마음이 한쪽으로 치우쳐서 보는 말이요, 만일 한울 전체(全體)로 본다면 한울이 한울 전체를 키우기 위하여 같은 바탕(同質)이 된 자는 서로 도와줌으로써 서로 기운이 화함을 이루게 하고, 다른 바탕이 된 자는 한울로써 한울을 먹는 것으로써 서로 기운이 화함을 통하게 하는 것이니, 그러므로 한울은 한쪽 편에서 '동질적 기화'(同質的 氣化)로 종속을 기르게 하고, 한쪽 편에서 '이질적 기화'(異質的 氣化)로써 종속과 종속의 서로 연결된 성장발전을 도모하는 것이니, 합하여 말하면 한울로써 한울을 먹는 것은 곧 한울의 기화작용으로 볼 수 있다.[75]

'심령지령'의 설명을 보자.

세상 사람은 천령의 영함을 알지 못하고 또한 심령의 영함도 알지 못하고, 다만 잡신의 영함만을 아니 어찌 병이 아니겠는가. (중략) 근본을 알지 못하고 한갖 글 외우기만 하니 한심한 일이로다. 이 근본을 투철하게 안 뒤에라야 바로 한울을 안다고 이르리라. 무엇으로써 음양이 되었으며, 무엇으로써 귀신이 되었으며, 무엇으로써 조화가 되었으며, 무엇으로써 명(命)이 되었으며, 무엇으로써 기운이 되었는가. 보였는데 보이지 아니하고, 들렸는데 들리지 않는 데 이르러야 가히 도를 이루었다고 할 것이요, 밖으로 접령(接靈)하는 기운이 있음과 안으로 강화(降話)의 가르침이 있음을 확실히 투득(透得)해야 가히 덕을 세웠다 말할 것이니, 그렇지 못하면 탁명(托名)이나 했다는 것을 면치 못할 것이라.[76]

여기서 심령지령은 허령지령(虛靈之靈)과 같은 의미이다. 이는 존재의 존재자를 말한다. 즉, 심령 = 허령 = 존재이고, 지령 = 존재자인 것이다.

75) 같은 책, 364~365쪽.

76) 같은 책, 274~277쪽.

존재	존재자
심령(心靈)	지령(之靈)
이심(以心)	치심(治心)
이천(以天)	식천(食天)
기연(其然)	불연(不然)
무위이화(無爲而化)	
동귀일체(同歸一體)	
인시천(人是天) = 현존재의 존재	
가역반응(↔)	

최제우와 최시형의 주요 개념은 모두 존재와 존재자를 동시에 말하고 있다. 이심치심, 이천식천, 심령지령, 그리고 이에 앞선 불연기연, 무위이화, 동귀일체 등은 모두 존재의 존재자를 말하는 것이다. 특히 인시천(人是天)은 현존재의 존재를 말한다. 인시천은 『동경대전』의 「해월선사법설」 중 '대인접물(待人接物)'에 나오는 대목이다.

> 사람이 바로 한울이니(人是天) 사람 섬기기를 한울같이 하라(事人如天). 내 제군들을 보니 스스로 잘난 체 하는 자가 많으니 한심한 일이요, 도에서 이탈되는 사람도 이래서 생기니 슬픈 일이로다.[77]

천지인을 관통하면 '인시천'의 경지에 오른다는 말이다.

동학의 여러 개념들은 해석 여하에 따라 얼마든지 하이데거의 존재론과 비교할 만한 내용이 많다. 이는 후학들의 과제이다. 우선 하이데거의 존재론과 같은 것이 동양과 한국의 사상사에 이미 존재했음을 지적하고 싶다. 서양의 존재론이나 해체론은 동양의 한자문화권에서는 일찍부터 있어온 익숙한 사상이고 철학이다.

윤석산은 시천주, 즉 '시천주조화정 영세불망 만사지(侍天主造化定 永世不忘 萬事知)'의 의미를 이렇게 설명한다.

---

77) 같은 책, 278쪽.

<table>
<tr><td>天</td><td>이심치심(以心治心)</td><td>理</td><td>父</td><td>존재</td><td rowspan="3">↑↓
인시천
(人是天)</td><td>自神</td></tr>
<tr><td>人</td><td>양천주(養天主)</td><td>理/氣</td><td>父/母</td><td>현존재
(존재자)</td><td>自信, 自新</td></tr>
<tr><td>地</td><td>이천식천(以天食天)</td><td>氣</td><td>母</td><td>존재</td><td>自身</td></tr>
</table>

> 수운 선생이 경신년 결정적인 종교체험의 순간에 한울님으로부터 '영부'와 함께 받았다는 '주문'은 곧 천도에 이르는 바른 길이 담긴 글이다. 즉 '영적 주체인 한울님 모심을 깨닫고 이 깨달음을 통하여 올바른 삶을 실천하는' 시천주(侍天主)와 '한울님의 덕과 한울님 마음을 체득하여 새로운 삶으로 거듭 태어나는' 조화정(造化定), 그리고 '한울님 모심을 깨닫고, 한울님의 덕과 한울님의 마음 모두를 체득하므로 한울님이 경지에 이르게 되어 우주 만사를 모두 알게 되는' 만사지(萬事知)에 이르는 길을 이 주문은 담고 있는 것이다.[78]

수운은 만사를 아는 지혜에 도달했던 것이다. 이것은 '지식의 철학'이 아니라 '실천의 도학(道學)'인 것이다.

6) 말씀의 '씀'과 '쓰다[用]', '쓰다(écriture)', '씨'

시(詩)와 철학을 존재론의 입장에서 따지면 시가 먼저이고 철학이 그 후이다. 그래서 시철(詩哲)이라고 한다. 우리가 무의식중에 말의 선후를 배열하는 것은 그것이 저절로(자연)이기 때문이다. 철학은 자연을 말하는 것 같지만 자연 그 자체가 아니다. 그러나 시는 자연 그 자체라고 할 정도로 가장 자연에 가까운 문화이다. 시는 소리와 일반성을 추구하고 철학은 의미와 보편성을 추구한다. '시철'은 일반성과 보편성이 함께 있는 정황을 잘 드러낸다. 철학은 보편성을 주인으로 삼음으로써 일반성을 종으로 만들었다.

---

78) 윤석산, 『동학교조 수운 최제우』, 도서출판 모시는사람들, 2004, 110쪽.

'말씀'은 '말의 씨를 뿌리는 것'을 은유하고 있다. 말씀은 말을 '쓰는[使用]' 것이고, 그것은 마치 말의 '씨(seed)'를 뿌리는 것과 같다. 말씀에는 '쓰다'의 의미와 '씨'의 의미가 동시에 들어 있다. 우리말에서는 아예 사용하는 것을 '쓰다(씨다)'라고 하지 않는가? 인간이 사용하는 것 중 대표적인 것이 '씨'가 아닐까? 우리말의 '씨'와 한자말의 '氏', 영어의 'seed'가 발음이 비슷한 것에 주목하자. 우리 속담 중 "씨 못할 놈"은 남자에 대한 최고의 악담이다.

우리말에서는 종이 위에 글씨를 쓰는 것도 '쓰다'라고 한다. 말을 하는 것도 '쓰는' 것이고 글씨를 쓰는 것도 '쓰는' 것이다. '말하는 행위'와 '쓰는 행위'를 '쓰다'라는 같은 행위로 간주하고 있다. 이를 철학적으로 말하면 같은 '현존적 행위'로 보는 것이다.

'말하다'와 '쓰다'는 같은 현존적 행위인데 그 차이는 말하는 행위는 그 소리가 사라지는 반면에 쓰는 행위는 그 흔적이 남는다는 데 있다. 둘의 행위는 현존적 의미로는 같은데 행위의 결과는 다른 것이 된다. 따라서 말하는 목소리보다는 쓰는 에크리튀르가 결과적으로 이성의 발달 혹은 이성중심주의의 원인이 된다.

한편 말씀의 '씀'과 '쓰다[用]' '쓰다(écriture)' '씨(semen, sememe)'의 어원학적 연관성에 대한 연구가 필요하다. 말의 씀으로 이루어진 철학은 바로 '씀'(쓰다, 쓸 用, 씨)과 관련되고, 씀은 바로 도구(道具) 및 이성(logos)과 관련됨을 유추할 수 있다. 따라서 '도구적 이성'이라는 것은 하나도 이상할 게 없다. '이성이야말로 도구이다.' 이성을 목적이라고 생각하는 것은 참으로 위험하다. 이는 도구를 목적으로 생각하는 것이기 때문이다.

서양이성주의의 종착역이라고 할 수 있는 마르크시즘이야말로 바로 도구를 목적이라고 생각하는 인류 최고의 철학적 질병이다. 그것이 소비에트 전체주의로 막을 내린 것은 철학적으로 이미 내정된 수순이었다. 마르크시즘은 또한 신을 부정하면서도 '물질'이라는 신을 새롭게 설정한 기독교신학의 변종(바이러스)이자 마지막 신학인 것이다.

비잔틴문명의 그리스정교는 러시아 땅에 전파되어서 현대에 이르러 공산주의라는 '지상천국'을 선전하면서 세계를 전쟁의 소용돌이로 몰아넣어 수많은 인명을 앗아간 변종 기독교인 공산체제를 만들어냈던 것이다. 소련도 그렇고 독일과 이탈리아와 일본도 그렇고, 제2차 세계대전은 이성이야말로 인류의 커다란 재앙이 될 수 있음을 충분히 경고하는 대사건이었다. 앞으로도 인간의 이성이 일으킬 재앙은 생각만 해도 끔찍하다. 과학의 무기체계와 과학이 이룩할 인공의 세계가 그것이다. 과학은 세계를 추상-기계의 세계로 바꿀 것이다.

따라서 지나치게 이성을 주장하는 것은 세계를 도구체계로 바꾸는 것이 되고, 이는 인간이 스스로의 목에 칼을 들이대는 것과 같다. 후기근대 철학이 이성중심주의에서 벗어나기 위해서 발버둥치는 것은 바로 이성으로 인한 위기가 인간의 삶의 환경에서 빈번하게 발생하기 때문이다. 이것은 또한 철학 자체의 문제와 한계를 드러내는 것이기도 하다.

이성이야말로 사물을 쓸 수 있게 하는 제1원인이 아닌가?! 그런데 이 '씨'의 문제가 인류가 역사의 어느 시점에서 모계사회에서 부계사회로의 전환한 것에 대해 답을 주고 있다. 음운학은 본래 '씨'가 남성의 것이 아니라 여성의 것이었음을 알려준다.

성(姓)과 씨(氏)는 모두 여자의 것으로 모계사회에서 유래했다. 성(姓= 女+生)은 글자 그대로 여자에게서 난 것을 의미한다. 씨도 모계사회의 '씨' 개념에서 유래했다.[79] 여자의 것을 남자의 것으로 슬쩍 옮겨온 것, 부계사회의 것으로 변형시킨 것이 가부장사회의 성씨라는 것이다. 그런 점에서 우리말 '쓰다'에 대한 광범위한 연구는 한국 철학의 진전에 큰 도움을 줄 것임에 틀림없다.

가부장제의 혈통[出系]을 조상의 입장에서 보면 하나[始祖]에서 계속해서 갈라지는 것이 된다. 즉, 1(n)→ 2(2n)가 된다. 이것은 혈통이 최초의 원인을 중심으로 권력이 된다는 뜻이다. 그러나 자손의 입장에서 바라보면 2(2n)→ 1(n)로 올라간다. 이는 첫 조상이 공동조상이 되는 셈이다. 공동조상이라는 말에는 전혀 권력적인 의미나 냄새가 없다.

공동조상이라는 말에는 굳이 남자에 의한 혈통을 따질 이유가 없다. 예컨

79) 이 책의 319~320쪽 참조.

부계출계(부계 권력)	보편성의 혈통: 始祖(實名性)	전쟁	보편성의 철학
동조집단(모계/부계)	일반성의 혈통: 同祖(匿名性)	평화	일반성의 철학

대 인류의 시조는 누구인지 몰라도 그 시조가 공동조상인 것은 틀림없다. 공동조상이라는 말에는 그 시조의 이름을 굳이 밝히지 않아도 되는 '익명의 편안함'이 있다. '누구나'의 공동조상이기 때문이다. 인류학에서 부계나 모계가 불분명하거나 이중적인 출계를 동조집단(同祖集團)이라고 한다. 이는 바로 자손의 입장에서 조상을 바라보는 것과 같다. 동조집단이라는 말에는 가부장적인 요소가 없다. '누구나'의 공동조상은 반드시 남자가 아니어도 된다는 뜻이고, 이 말은 '누구나의 장본인'은 여자라는 뜻이다.

혈통을 구조언어학적으로 본다면 기표는 남자이고 기의는 여자이다. 그동안 기표(남자)는 권력을 행사해왔다. 그러나 기의(여자)의 입장에서 보면 인류는 공동조상의 자손이다. 그러면 가부장제(국가)의 전쟁들처럼 심각하게 싸울 필요가 없이 평화를 얻을 수 있는 철학이 생성된다. 그것이 일반성의 철학과 통한다.

공동조상은 공동존재이고, 공동존재는 공동생활적(공동체적) 존재이기 때문이다. 남자가 보편성의 혈통이라면 여자는 일반성의 혈통이다. 일반성의 철학은 일반성의 혈통과 관련이 있다. 일반성의 철학은 여자의 철학이다. '여자에게서 태어나지 않는 인간은 없다.' 여자야말로 혈통에서의 일반성이다.

우리는 이러한 논의를 통해서 서양철학을 비롯하여 그동안 보편성을 추구하는 인류의 철학이 가부장제의 철학이었다는 것을 알게 된다.

남녀의 성기를 표현하는 말이 영어로 페니스(penis), 버자이너(vagina)이다. 처녀는 버진(virgin)이라고 한다. 한글은 좆(자지), 보지(씹)라고 한다. 그런데 재미있는 것은 남자의 '페니스와 좆'은 발음상 같은 어원을 발견하기 어려운데 여자의 성기는 발음의 비슷함을 볼 수 있다. '버자이너'와 '보지'는 거의 같다. 특히 영어에는 버자이너의 속어인 '포지(pussy)'라는 말이 있다. '보지'와 '포지'는 거의 같다. 왜 여자의 성기에 대한 발음이 같은가? 여자의 성기와 관련한 용어에서 어떤 일반성을 발견할 수 있다.

말씀 = 말(parole)+씀(쓰다, logos)	
말(parole, 공명)	씀(쓰다, logos, 用, 씨)
시(詩)	철(哲)
소리(音韻, 聲音)	철(哲) = 말(口)을 잡고(扌= 手), 끊음(斤)
감성(감정)	이성
일반성	보편성
소리-포노로지(Phonology)	에크리튀르(표지, 문자)-그라마톨로지(grammatology)
*모든 존재는 일반성과 소리에서 진정한 하나가 된다.	

철학인류학적으로 볼 때 서양철학은 처음부터 남성 위주였고 가부장제를 철저히 반영한 철학이었다고 할 수 있다. 필로소피(philosophy)의 뜻이 '애지(愛知)'이고, 그 말에서 주지주의(主知主義)를 느낄 수 있다. 필로소피의 번역인 철학을 해자하면 '철(哲)'에는 말[口]을 잡고[手= 扌], 끊음[斤]의 의미가 들어 있다. 철학은 처음부터 주지주의이고 이성주의였다.

철학은 모든 존재의 것이 아니라 인간(인간종)만의 것이고 인간의 특성이다. 그런 점에서 자연적 보편성이 아니다. 철학의 보편성이란 인간의 보편성이고, 적어도 인간이 바라보는 세계의 보편성이다. 다시 말하면 인간의 특성이 이성이고 보편주의고 존재자이다. 따라서 자연적 보편성은 보편성이라기보다는 일반성이라고 하는 편이 옳다. 보편성이 인과를 찾는 것이라면 일반성은 근본을 찾는 것이다. 인과는 보이는 세계, 유형의 세계를 대상으로 한다면 근본은 보이지 않는 세계, 무형의 세계에 대한 근본이다.

이제 철학은 보편성에서 일반성으로 코페르니쿠스적 선회를 해야 한다. 이는 인간과 인간성과 인간의 삶을 연구하기 위해 이제부터는 의미(개념, 추상)보다는 소리(몸, 구체)에 귀를 기울여야 함을 의미한다. 이는 자연의 존재를 만나기 위해서이다. 인간을 자연으로 되돌리기 위함이다. 보편주의로는 자연으로 돌아갈 수 없다. 보편주의는 이성의 착각이고 도착이다.

철학이 자연으로 돌아가는 길은 '소리'와 '기(氣)'를 통해서일 수밖에 없다. 이것은 종래 이성중심주의 철학의 반(反)철학임에 틀림없다. 소리철학은 더욱이 철학의 가치 중심(중심 가치)을 문자언어에서 다시 음성언어로 되돌리는,

언어의 발전을 소급하는 길이기에 철학을 무화(無化)시키는 측면이 없지 않다. 소리철학은 이성보다 감정을 중시하고, '정신-물질'보다 '자연-물 자체', 물(物)을 중시한다. 이는 새로운 애미니즘이며 새로운 샤머니즘이다. 철학이 '물'에 굴복했다. 사물(물질)은 물이 되었고, 천지를 창조한 시는 물 속에 숨어버렸고 신물(神物)이 되어버렸다. 물신(物神)이 아니라 신물(神物)이 된 것이다.

데리다는 "인간생활에서 순수하고 충만한 현존-기원(말, 로고스)을 인정할 경우 왜 이를 보충할 도구가 필요한지 알 수 없으며, 반대로 보충의 필요성을 인정하면 현존-기원의 불완전성, 결핍을 인정할 수밖에 없다"고 말하는데 보충대리는 소리 때문에 일어나는 것이 아니라 '쓰여진 글'의 불완전성, 한시성에 기인하는 것이다.

'태초에 말씀이 있었다'는 말은 절대적으로 서양문명 거짓이고 사기이다. 그런데 그러한 서양문명사를 '자체 비판(해체)'한다고 내놓은 것이 데리다의 에크리튀르이며, 그것을 종합한 것이 그라마톨로지이다. 데리다의 그라마톨로지는 '태초에 텍스트가 있었다'라는 말에 다름 아니다. 이때의 텍스트는 날줄씨줄의 직물이지 책이 아니라고 주장한다. 그러나 텍스트가 책이 아니라고 주장하지만 텍스트는 책이다. 책이란 직물(종이)의 평면(바탕)에 어떤 형태이든 에크리튀르 한 것이기 때문이다. 이는 서양미술의 입체파가 여러 평면(여러 시각의 평면)을 이어놓고 입체라고 명명한 것이나 다를 바 없는 아이러니이다.

데리다는 텍스트를 끝이 없는 것으로 상정하고 '텍스트 바깥은 없다(il n'y a pas de hors-texte)'는 유명한 말을 했다. 이 말은 마치 동양의 '가장 큰 것의 밖은 없다(至大無外)'와 같다. '가장 큰 것의 밖은 없다'는 것과 '가장 작은 것의 안은 없다(至小無內)'는 같은 것이다. 그렇다면 데리다는 '가장 작은 것의 안은 없다'는 뜻의 개념을 대칭으로 가지고 있다고 볼 수 있다. 그것은 무엇일까? 굳이 가정해본다면 그것은 무, 공, 무위, 기 같은 개념이 될 것이다. 결국 데리다는 '차이'와 '연장', 즉 차연의 개념으로 서양의 이성주의를 넘어서 그것을 해체하는 선봉에 선 셈이다.

데리다는 책과 다른 텍스트 개념을 통해 자신의 해체철학을 풀어간다. 그러나 그러한 텍스트조차 책과의 관계가 선명한 것은 아니다. 데리다의 텍스트를 어디에선가 끊으면 책이 된다. 단순한 끊음이라는 행위를 통해 텍스트와 책은 백팔십도로 갈린다. 책의 담론은 유시유종이다. 그럼에도 흔히 텍스트는 책과 동의어로 쓰인다. 텍스트와 책의 관계도 애매모호하다. 데리다의 텍스트라는 개념도 애매모호하다.

만약 누군가가 '기(氣)'라는 개념을 텍스트라는 개념과 연관해서 사용하면서 '기는 텍스트 이전(이후)이다'라고 말한다면 텍스트가 가지고 있는 문자 혹은 표지의 세계를 넘어서는 것이 된다. 말하자면 기는 텍스트가 들어가는 '미리 준비된 빈 그릇'과 같은 것이 될 것이기 때문이다. 기라는 개념을 증명할 수 없다면 그러한 가정은 인간의 마지막 가정이 될 수도 있다. '기＝존재'는 마지막 가정 혹은 마지막 테제가 된다.

말하여진 신화는 어떤 신화이든, 예컨대 성경의 천지창조와 심판과 부활은 유시유종과 무시무종을 동시에 애매모호하게 가지고 있다. 결국 말하여지지 않은 신화만 무시무종이다. 말하여지지 않는 신화는 자연뿐이다. 그렇다면 자연은 과연 말하지 않는 것인가? 말은 무엇인가? 여기에 이르면 그것도 증명하기에 만만한 것은 아니다. 쓰는 행위와 끊는 행위는 같은 것인가? 무엇을 이쪽저쪽으로 가른다는 점에서는 같지만, 쓰는 행위는 쓰인 선(線)을 평면에 보여주지만 끊는 행위는 끊어진 면(面)을 보여준다.[80)]

그렇다면 갈라지고 끊어진 것이 과연 갈라지고 끊어진 것인가? 도대체 알 수가 없다. 어쨌든 데리다는 우주의 교직성(交織性, la textualité)에 대해 주목한 서양 철학자이며 언어학자이다. 교직성과 차이를 주장하는 그의 해체철학은 동양의 무, 공, 무위, 기, 무시무종의 철학에 접근한다. 인위(人爲)는 유시유종이다. 자연은 무시무종이다. 그러나 이것조차 어떤 경우에도 대칭이 되는 것은 반드시 애매모호함을 지니고 있다.

데리다의 '텍스트 밖은 없다'에 대해 '자연은 텍스트가 아니다'라고 반문하

---

80) 인간의 글쓰기 행위라는 것은 삼차원적 끊어짐(분절, 절편), 혹은 설명할 수 없음에 대한 이차원적 붙이기(글쓰기, 담론)를 전개하면서 일차원적 우주 혹은 4차원적 우주, N차원의 우주를 설명하려는 노력인지 모른다.

고 싶다. 인간이 자연을 텍스트로 읽을 뿐이다. 데리다는 텍스트와 다른 텍스트를 연결하는 '텍스트 짜기(inter-texte)'는 선험적이고 최종적인 것이 없기에 무상행위(l'acte gratuit)라고 말한다. 그런데 그의 '텍스트 짜기'라는 말은 그 속에는 자연이 끊어진 적이 있는 존재임을 전제한다. 이 말에 이미 자연을 텍스트 짜기라는 인위로 보는 견해가 숨어 있다. 끊어진 곳(지점, 포인트)이 있으니 연결하는 것이다. 자연을 끊어진 것이라고 보는 것은 시간과 공간의 축으로 사물을 보는 것이다. 이것은 선험적인 무상행위가 될 수 없다. 그의 '선험적이고 최종적인 것이 없다'는 말은 자기사고의 합리화에 지나지 않는다. 자기합리화야말로 말장난이다.

이것은 존재신학적으로 '나는 알파(시작)요, 오메가(끝)이다'라는 말과 같다. 여기에 시작과 끝을 연결하는 서양문명의 천지창조의 제조적 사고가 들어 있다. 시간이라고 말하는 것은 공간이라고 말하는 것과 같다. 시간이라는 말 속에 간(間)자가 들어가기 때문이다. '간'이 들어가면 동시에 공간인 것이다.

시간은 흘러가는 것이다. 시간은 존재적인 것인데 이것은 사용하면 존재자가 되어버린다. 그런 점에서 시간은 공간이다. 그런데 우리는 습관적으로 이미 공간화된 시간을 시간이라고 한다. 이는 무(無)를 어떤 것의 근거처럼 사용하는 것이다. 무는 비근거의 근거이다. 말을 하기 위한 말과 같다. 그래서 '존재=시간=무'인 것이다. 하이데거의 '존재와 시간'은 바로 이것을 말하려는 것이다. 그런데 비근거의 근거로서의 시간은 알 수 없기에 존재를 존재자로 보는 오해가 생기게 된다.

이는 마치 스틸 사진을 적당한 속도로 돌려서 활동사진(영화)으로 보는 착각과 같다. 인간의 시각은 적당한 착각이 이미 내재되어 있기에 영화가 가능한 것이다. 만약 어떤 눈 밝은 이가 있어서 매 순간 스틸 사진을 잡아낸다면 그는 불행하게도 영화를 즐길 수 없을 것이다. 그러한 점에서 적당한 착각도 필요하다. 활동사진은 진정 활동하는 것이 아니다. 영화는 스틸 사진의 연결일 뿐이다. 영화는 사진의 편집일 뿐이다. 자연을 마치 텍스트 혹은 텍스트 짜깁기[編輯]로 보는 것은 자연을 영화로 보는 것이나 마찬가지이다. 자연은 영화(텍스트, 텍스트 짜깁기)가 아니다.

양(陽)	positive positivity	서양문명적 특징	양음론(陽陰論)	능기(能記)/기표(記標)	색(色)
음(陰)	negative negativity	동양문명적 특징	음양론(陰陽論)	소기(所記)/기의(記意)	음(音)

사진의 등장으로 인한 쓰기-말하기 혹은 그리기를 재해석하고 그것의 연장선상에서 물리학(시간과 공간의 짜깁기)의 특성과 '관음'의 특성을 '포지티브(positive), 포지티비티(positivity) = 볼록성(凸), 네거티브(negative), 네거티비티(negativity) = 오목성(凹)'으로 비교하면 다음과 같다. 이것은 마치 사상(四象)과 같다. 시각중심문명인 서양은 양을 위주로 '포지티브' = 서양문명적 특징 = 양음론(陽陰論) = 능기/기표 = 색의 특징을 보이는 반면, 청각중심문명인 동양은 음을 위주로 '네거티브' = 동양문명적 특징 = 음양론 = 소기/기의 = 음(音)의 특징을 보인다.

자연은 어떤 짜깁기를 할 수 없다. 짜깁기는 인위이고 제조이다. 자연은 그렇게 누더기처럼 텍스트를 연결하지 않는다. 자연은 한 번도 떨어진 적이 없기 때문이다. 흔적이니 차이니 주름이니 경계니 하는 것은 일견 동일성으로부터 벗어나게 하는 것 같지만, 결코 그것을 달성하지는 못했다. 이것들은 자연의 존재는 아닌 것이다. 이것들은 자연존재(자연심물, 심물자연)의 흔적, 존재자이다. 이것들은 존재로부터 솟아난(나타난) 것이다.

'현존'과 '부재'도 자아의 산물이다. 자아를 전제하지 않으면 이런 구분은 있을 수 없다. 하이데거는 현존을 극복하고 그것의 근거가 되는 현존재로 나아가는 존재론의 철학을 구성한 반면, 데리다는 현존을 극복하고 부재에서 문자학으로 나아갔다. 부연설명하면 데리다는 현존을 현재로 보고 에크리튀르(부재)를 찾은 반면, 하이데거는 현존을 현현으로 보고 은적된 존재를 찾았다고 할 수 있다. 하이데거는 비근거의 근거로 나아간 반면, 데리다는 문자의 공백에서 부재를 발견했다.

하이데거와 데리다는 출발은 다르지만 둘 다 주체와 중심을 해체하는 방식을 택하고 있다. 그러나 둘은 서양으로부터 완전히 탈출한 것은 아니다. 하이데거의 '현존재'는 한마디로 잘라 말하기 어렵지만, '세상에 존재함'으로 부연설명할 수 있다. '세상에 존재함'은 '바깥(인간)세상은 단적으로 인간들의 공동

陽의 陽(科學-物理)	陽의 陰(心理-物理)	陰의 陽(藝術=心物)	陰의 陰(宗敎=物)
과학(科學): 눈으로 보기/뉴턴 물리학 및 볼륨(입자)의 세계를 눈으로 보기/쓰기-말하기 혹은 그리기	관음(觀淫): 눈으로 음부(陰部, 陰府)보기/미시거시물리학/블랙홀(Black-hole)보기	사진, 영화, 비디오 등 사진을 통한 예술 전반/사물은 수많은 방점(畵素)의 연결, 매트릭스	관음(觀音): 귀로 세상 듣기/세계의 일원상(一圓相)을 소리로 듣기/사물에서 파동을 느낌
positive-positive	positive-negative	negative-positive	negative-negative
보이지 않는 것만을 봄	보이지 않는 것을 보려고 욕망함	보이지 않는 어둠에서 사물보기	보이지 않는 소리를 듣기
태양(太陽)/ 시각중심문화	소음(少陰)/ 시각→ 청각	소양(少陽)/ 시각← 청각	태음(太陰)/ 청각중심문화
이(理)	이(理)→ 기(氣)	이(理)← 기(氣)	기(氣)

생활이고 사회생활'이기 때문에 '공동존재'이다.

'텍스트 밖은 없다'는 말은 텍스트 결정론이다. 데리다는 이 말을 함으로써 이성이 아닌 또 다른 '텍스트의 절대성'을 설정했다. 그러나 어떤 텍스트일지라도 보이지 않는 콘텍스트상에 있을 뿐이다. 우리는 콘텍스트를 다 알 수 없다. 데리다의 텍스트이론은 '닫힌 텍스트'이다. '열린 텍스트 읽기'는 콘텍스트를 말하는 것 같지만 그것은 어디까지나 해석학적 열림이다. 텍스트의 닫힘 속에 있는 해석의 열림일 뿐이다. 그것은 시각적 다면체에 불과할 뿐이며, 역동적 세계 자체를 말하는 것은 아니다. 세계는 해석학적 대상이 아니라 '존재'이다.

'텍스트 밖에는 콘텍스트가 있다' 혹은 '태초에 텍스트(책)는 없었다. 소리가 있었다'를 주장하는 것이 바로 필자의 포노로지이다. 책 혹은 직물은 모두 인간이 만든 것이다. 포노로지는 텍스트(text, 文章)가 근거하고 있는 콘텍스트로서의 '문장(文場)', 즉 '문(文)의 자장(磁場)'을 주장한다. '문장(文章)'은 같은 발음의 '문장(文場=文의 磁場)'이 된다. 우주는 무한한 '소리의 콘텍스트'일 뿐이다. 그 콘텍스트 위에서 인간(역사적 인간)은 텍스트를 간간히 건져 올릴 뿐이다. 그것이 고전 혹은 성경이다. 자연의 소리에 비하면 고전과 성경은 얼마나 초라하냐!

그라마톨로지와 포노로지의 차이점을 비유적으로 설명하면 다음과 같다.

그라마톨로지는 에크리튀르라는 개념에서 출발한다. 에크리튀르는 바탕(종이, 바위 등)에 선을 긋거나 흔적을 남기는 혹은 글자를 쓰는 것이다. 에크리튀르는 글쓰기라는 동명사가 아니지만, 매우 주체적이고 남성적인 행위이다. 마치 페니스가 여자의 버자이너에게 정자를 뿌리는 것과 같다. 연필(pencil, pen)로 무엇을 쓰면(그리면) '쓰여진 것(에크리튀르)'으로 남는다.

이것은 매우 시간적인 행위이고 동시에 공간적(평면적)인 행위이고 역사적인 성격을 갖는다. 쓰지 않으면 역사는 없다. 쓰지 않아도 역사(사실의 역사)는 있는 것이 아니냐고 반문할 수 있지만 무엇이 사실인가? 쓰지 않으면 역사는 없는 것이다. 역사는 씀의 산물이다. 그래서 시간은 텍스트이다(시간= 텍스트).

포노로지는 '태초에 소리가 있었다'고 말한다. 포노로지는 공기라는 매질을 통해 소리가 파동하는 것에 비유할 수 있다. 이것은 보다 자연적이고 본래적이다. 이것은 주체가 아닌 본능(본성)의 발현으로 자연의 자연성을 그대로 간직하고 있다는 점에서 매우 여성적이다. 자연은 자기내포적인 행위(여자의 난자는 남자에게 가지 않는다. 여자의 것은 여자에게 남는다)로서 에크리튀르 이전의 문제이다. 이것은 에크리튀르가 시간적인 것에 비해 매우 공시적(共時的)이다.

진리가 가면인가, 가면이 진리인가? 본질이 가면인가, 가면이 본질인가? 진리와 가면은 동전의 양면이다. 진리는 가면의 앞이고 가면은 진리의 등이다. 존재자는 존재의 앞이고 존재는 존재자의 뒤이다. 한 가지 분명한 것은 진리와 가면이 동거하고 있다는 점이다. 마찬가지로 존재는 존재자와 동거하고 있다. 시공간과 시공은 동거하고 있다. 존재와 존재자를 착각하는 것은 당연하다.

동서양문명을 비롯하여 인류 문명은 가부장사회의 등장과 함께 경쟁사회가 되었고, 경쟁사회는 과학적 사고를 요구하게 되었다. 과학은 인위론이나 유위론(有爲論)의 철학세계에 속한다. 서양의 이성주의철학이 대표적이다. 동양의 유교철학도 여기에 속한다. 인위론의 철학은 다스림을 추구하기 때문에 진리나 정의를 제시하고 사람들이 이를 따르도록 요구함으로써 권력지향의 특성을 드러낸다. 동서양을 막론하고 인위철학과 자연철학은 항상 평행선을 그어왔는데 서양의 근대는 특히 인위철학이 우세한 시기였다. 상대적이긴 하지만 자연철학은 서양에 비해 동양이 앞섰다.

문명(文明, 文名, 問名)이란 마치 이런 것과 같다. 어느 신랑신부가 있었는데 어느덧 자식을 낳을 때가 되었다. 그래서 어느 작명가에게 자식의 이름을 지어줄 것을 부탁했다. 신혼부부는 자식에게 그 이름을 붙였다. 그런데 어느 날 작명가가 찾아와서 말했다. "그 자식은 내 자식이니 내놓아라." 부부는 하도 어이가 없이 "어찌 이 자식이 당신 자식이냐"고 반문했다. 그랬더니 작명가는 이렇게 말하는 것이었다. "그 자식의 이름이 무엇이냐? 내가 지어준 대로 부르고 있지 않느냐? 그 이름은 내 것이 아니냐?"

서양철학의 가장 큰 문제점은 남자와 여자, 아버지와 어머니 등의 이원대립항이 아니라 음양의 대립(조화)이 없이 단지 이름만 있는 것이 존재의 내용인 것처럼 행세하는 데 있다. 존재에 이름이 붙여진 존재자는 실제로 움직이는 것이 있긴 하지만, 존재는 없이 이름만 있는 것은 그야말로 말을 위한 말이고, 마치 위조지폐나 위조수표 같은 것이다. 이것은 생산이 없는 기호이다.

그렇다. 문명은 급기야 이름이 세계인 줄 안다. 이름을 지어주고 세계를 소유하려고 한다. 자연은 이름이 아니다. 자연은 이름 없이도 저절로 생멸하는 동사이다. 자연은 '누가, 언제, 어디서, 무엇을, 왜, 어떻게'라는 육하원칙이 아니다. 그것은 인간이 자연을 끊어놓은 것이다. 기독교 성경에 "나는 길이요, 진리요, 생명이다"라고 말하는 것과 서양의 이성중심주의 철학과 자연과학과 경제학도 같은 범주에 속한다. 문명이란 정확하게 말하면 가부장사회보다 더 지독한 것이다.

가부장사회의 남자(아버지)란 자식이 생성되는 데 조금의 역할(기여)을 하고 그 자식에게 자신의 성씨을 붙이는 것이 아닌가? 이에 비하면 문명은 자연의 길고 긴 생성과정에 아무런 역할을 하지 못했음에도 어느 순간(인간의 등장)을 기점으로 자신의 마음대로 세계에 대한 이름을 짓고 그 이름을 통해 좌지우지하고 횡포를 부린다. 인류는 그러한 점에서 모계사회를 통해 자연으로 원시반본하는 길을 찾아야 한다.

서양의 이성중심주의 철학은 변증법의 정반합이니 통합·종합·합일 등 합(合)을 이상적으로 생각한다. 이것은 일자(一者)에 대한 선입관이나 전제 혹은 선험 때문이다. 이에 비해 동양은 중용이나 중도, 도(道)를 이상적으로 생각한다.

이들의 특성은 일자보다는 총체성·전일성·통일성을 추구하는 경향이 있다. 동양사상에서 일(一)은 달성하는 것이 아니라 대자연에 이미 구현되어 있다.

서양의 사상은 정(正)에서 반(反)으로 운동하고 합(合)을 도출함으로써 합은 다시 정(正)이 되는, 직선적으로 나아가는 논리(여기에는 원도 포함된다)를 통해 이상(결과나 목적)을 추구하는 논리이다. 이에 비해 동양의 사상은 자연을 가장 완전한 존재로 보고, 현상은 그것의 연속성에 존재하는 정도의 차이로 보는 논리이다.

그런데 재미있는 것은 서양의 이성중심주의 철학에 반기를 든 해체철학이 동양의 '중(中)' 혹은 '도(道)' 이론에 접근한다는 점이다. 후기근대 철학들이 용어는 매우 난삽하게 떠벌리고 있지만, 그것을 파악하고 나면 서양철학이 그들 나름대로 동양철학에 접근하려는 몸짓을 하고 있음을 볼 수 있다. 따라서 오늘의 동양 철학자들이 서양철학을 이해하기 위해서 저들을 우상화하는 것은 인류의 철학 자체를 위해서도 도움이 되지 않는다.

서양철학은 그동안 진(眞, 眞實)이나 정(正, 正義)의 발견과 정립을 위해 노력했다고 평가할 수 있다. 그런데 후기근대 철학의 가장 대표적인 것이라고 할 수 있는 하이데거의 존재론과 데리다의 차연론은 중(中)과 도(道), 그리고 불교의 공 개념에 접근하고 있고, 이를 과거의 진실이나 정의보다 높게 취급한다. 중(中)은 항상 이원대립항의 균형을 잡아야 하기 때문에 연속되는 특징을 갖는다.

서양의 후기근대 철학은 차연이나 존재의 개념을 통해 동양철학의 '중'과 불교의 공 개념에 접근하고 있다. '차연=중', '존재(存在)=공'이다. 그러나 차연이나 존재의 개념은 아직 언어의 굴레를 벗어나지 못하고 있다. 그래서 여전히 시각-언어의 연쇄에서 벗어나지 못하고 있다. 시각은 뇌(대뇌)와 가장 강하게 연결되지만 청각은 가슴(몸)과 가장 강하게 연결된다. 음악을 가슴으로 듣는 것은 이 때문이다. 시각은 증명하려고 하고, 청각은 공명하려고 한다.

세계에 본래 일자나 중심이 없다. 만약 세계에 일자나 중심이 있다면 그것을 따로 세울 필요가 없다. 그것을 역사적으로 계속 세우면서 교체하는 것은 일자나 중심이 없기 때문이다. 중심이 없기 때문에 중심을 주장하며, 주장하기 때문에 주장된 것은 사라진다. 그런 의미에서 존재자나 부재는 존재나 차연을 증명한다(드러낸다)고 할 수 있다. 그 드러내는 표시나 표현이 없으면 존재나 부재를 알 수 없다. 역으로 드러내기 때문에 알 수 있다. 그 드러내는 것이 흔적이고, 문자이고, 언어이고, 소리이다.[81)]

서양의 성경 구조와 동양의 『도덕경』 구조는 일견 같은 것으로 보이지만 실은 정반대이다. 성경은 하늘의 하나님이 아담과 이브를 만들고(제조적 사고), 이에 하늘의 천사장(악마)이 이브를 유혹하여(이것은 아담을 대신하는 것이다) 타락케 하면서 하나님과 대립구조를 만들어낸다. 성경은 '제조(製造) 구조'이다. 이에 비해 『도덕경』은 도(道)는 일(一)을 낳고, 일은 이(二)를 낳고, 이는 삼(三)을 낳고, 삼은 만물(萬物)을 낳는다는 '낳는[生] 구조'이다. 이것은 둘 다 2·1(2↔1)구조이면서 3·1(3↔1)구조이면서 4·1(4↔1)구조이다(2·1↔ 3·1↔ 4·1).

'만든다는 구조'는 남성적 사고이다. 남성은 은연중에 자신이 여자에게 씨를 뿌려서 여자라는 아이 낳는 공장(자궁)에서 아이를 생산한다는 개념을 가지고 있다. 이에 비해 여자는 자신의 몸에서 태아가 형성되는 것을 느끼면서 스스로를 신비스러워하면서 아이를 낳는다. '낳는다는 구조'는 여성적 사고이다. 이것은 마치 선물과도 같은 것이다.

『도덕경』의 도(道)는 '하나의 전체에서 부분이 드러나는(낳은, 분열되는) 구조'이다. 이에 비해 성경의 구조는 '하나가 전체를 생산(제조, 창조)하는 구조'이다. 성경은 존재자적 구조이고 『도덕경』은 존재론적 구조이다. 말하자면 동양에는 이미 존재론적 구조가 있었던 셈이다.

아마도 하이데거는 『도덕경』의 무나 불교의 공의 개념을 알고 있었고, 이를 서양철학의 문맥에 접목시켜 존재론을 만들어냈을 것이다. 성경의 구조는 서양과학의 구조이다. 둘은 이름만 다를 뿐이다. 『도덕경』은 '(생성)되는' 구조이다. 이것은 '무위의 구조'이다. 성경은 '(창조)하는' 구조이다. 이것은 '유위의 구조'이다.

동양의 『도덕경』이 말하는 1(道, 無極, 太極)과 서양의 기독교가 말하는 1(하나님, 하나님아버지, 제1원인)은 다르다. 동양의 1은 도에서 저절로 나오는 반면 서양의 1은 그것이 나오는 곳이 없고 스스로가 천지창조를 한다.

---

81) 박정진, 『철학의 선물, 선물의 철학』 395~396쪽.

동양의 도는 도법자연(道法自然)으로 항상 그것이 '나오는 곳'이 있다. 그래서 도는 순환한다. 이때의 순환도 어떤 불변의 것이 있어서 순환하는 원(圓)이 아니라 끊임없이 역동하는 음양의 태극(太極)이다. 서양의 하나님은 보편성을 추구하면서 보편성인 반면 동양의 도는 일반성을 추구하면서 일반성이다. 도는 생즉물(生卽物)이고 물즉생(物卽生)이다.

보편성의 철학은 시각-언어(실체)-남자의 철학인 반면, 일반성의 철학은 청각-상징(소리)-여자의 철학이다. 동양의 전통 기철학을 '소리철학'으로 새 옷을 입힌 것은 인간의 몸으로 들어오는(느껴지는) '체화되는' '살아 있는 철학'을 수립하기 위해서이다.

끝없이 대상화되고, 절대화되고, 추상화되는 보편성의 철학보다는 한 몸이 되고, 하나로 느껴지고, 구체화되는 일반성의 철학이 파동의 시대, 에너지의 시대(자연과학적으로)에 맞는 철학적 용어이다. 파동과 에너지를 철학의 인문학적 용어로 바꾸는 데는 소리만한 게 없다. 소리야말로 그동안 간과했던 철학의 새로운 영역이다. 소리철학은 은유의 철학이며 시의 철학이다.

4
몸은 육체가 아닌 세계 그 자체

1) 마르셀과 메를로퐁티의 '몸'철학

우주(세계)는 하나의 몸이다. 서양 철학사에서 몸을 환기시켜준 철학자는 '구체철학(la philosophie concrète)'으로 알려진 가브리엘 마르셀과 '몸'철학자로 알려진 메를로퐁티이다. 두 실존적 현상학자에 의해 몸은 철학의 중심 주제로 들어오게 되었다. '몸'철학이 중요한 이유는 현상학과 존재론, 추상의 철학과 구체의 철학을 연결하는 가교 역할을 하기 때문이다. 마르셀은 '추상의 정신'을 매우 위험하게 본다.

> 어떤 사상이 결과적으로 '추상의 정신'으로 흐르게 되면, 결국 그 사상은 현실적으로 끔찍한 폭력을 반드시 낳게 된다. 종족주의 사상은 타종족을 살상하고, 종교적, 정치적 이데올로기에 노예가 된 정신은 다른 이데올로기나 종교를 증오하여 진리의 이름 아래 종교전쟁을 일으킨다. 계급주의의 신화에 젖은 사람은 다른 계급의 사람들을 죽여도 살인의 자의식을 갖지 않는다. 다른 적대계급에 속하는 사람들은 얼굴은 가진 인간이 아니라 잘못 쓰여진 오답과 같기 때문이다. 오답을 지우고 정답을 써야 한다. 그것이 마르크시스트가 말하는 계급투쟁이다. 그래서 마르셀은 "추상의 정신은 격정적 본질을 지니고 있고, 반대로 격정은 추상을 제조한다"고 지적했다.[1]

마르셀의 구체철학은 특히 음악의 정신과 연결된다는 점에서 소리철학과

1) 김형효, 『가브리엘 마르셀의 具體哲學과 旅程의 形而上學』, 인간사랑, 1990, 18쪽.

도 깊은 관련이 있다. 회화의 정신은 추상과 연결된다는 점에서 타당성이 있어 보인다. 메를로퐁티가 회화적 사고, 즉 '미리 앞서 있는(il y a)'인 반면, 마르셀은 음악적 사고를 하는 대조를 보이고 있다. 음악적 사고는 마르셀에게 '이차적(二次的) 실재(實在)'로서 '정신적 실재'를 말한다.

> 회화의 현상학적 경험과 달리 음악적 경험은 그것이 나로부터 오는지 아닌지, 그것이 이곳이 아니면, 다른 곳에서 오는지 단번에 말하기가 어려운 그런 경험이다.2)

> 이런 마르셀적인 음악의 경험을 트로와퐁뗀느 신부는 다음과 같이 부연해서 해석하고 있다. "음악적 존재는 공동체의 보이지 않는 일종의 증언처럼 현존이요, 영생의 한 방식이요. 보편적 표현에 있어서 감동이다."3)

그래서 마르셀의 음악의 정신은 '우리-모두(un nous-tous)'를 지향한다.

> 만약에 가브리엘 마르셀의 철학이 이와 같은 '우리-모두'의 경험에로 향하고 있다면, 마르셀의 '구체철학'은 바로 음악적인 체험이나 경험과 깊은 연관을 맺고 있다.4)

마르셀은 이른바 '추상의 정신'을 통해 추상을 철저히 배격한 철학자로 유명하다. 그의 '추상의 정신'은 뇌의 '추상작용'에 포로가 된 철학의 정신적 결론과 같은 뜻이다. 서양의 철학사는 대부분 여기서 자유롭지 못하다. 정신(주체)-물질(객체)의 이분법에 의한 서양철학은 바로 추상의 철학이기 때문이다.

서양철학의 기조를 추상의 정신으로 파악한 마르셀이 인간의 몸에 관심을

---

2) 같은 책, 36~37쪽.

3) 같은 책, 37쪽.

4) 같은 책, 37쪽.

갖는 것은 너무나 당연한 귀결이다.

> 몸을 중심으로 존재와 소유의 교호성을 가장 잘 분석한 이가 가브리엘 마르셀이라고 여겨진다. 메를로퐁티의 철학도 이 점에서 마르셀과 유사하다. 마르셀이 메를로퐁티보다 앞서 몸의 현상학적 의미를 밝혔는데, 이것이 메를로퐁티의 철학적 사유에 얼마만큼 영향을 주었는지 우리는 그의 침묵으로 알 수 없다. 하이데거의 사유가 데리다에게 분명히 영향을 끼쳤을 것 같은데, 데리다의 침묵으로 우리가 짐작 이상을 시도할 수 없듯이, 마르셀의 사유도 메를로퐁티에게 깊은 영향을 미쳤을 것 같은데, 그 이상의 자세한 내용을 우리로서는 알 수 없다. 아무튼 마르셀은 신체성(la corporéité)이 소유(l'avior)와 존재(l'être)의 경계지대라고 언명했다. (중략) 몸은 소유의 절대적 시발이지만, 또한 역설적으로 소유이기를 그치는 경계이기도 하다는 마르셀의 언설을 우리가 이해할 수 있다. 몸이 이처럼 우리의 마음을 지배하고 있기 때문에 마르셀은 "이미 아무것도 가지고 있지 않다(n'avior plus rien)는 것은 이미 나는 아무것도 아니다(n'être plus rein)라고 생각하려는 유혹"이며, 이것을 인간이 갖는다고 설파했다.[5)]

마르셀의 구체철학은 '깨어진 세계(le monde cassé)'라는 기본적인 바탕 위에 있다. 그 깨어진 세계는 '역사적인 깨어짐'이 아니라 '본질적인 깨어짐'이라는 데 문제가 있다. 따라서 역사적으로 문제가 해결될 수 없는 깨어짐이다.

시간의 연장선상에서 인간 문제를 궁극적으로 해결한다는 것은 불가능하다. 인간의 탄생은 도리어 '깨어진 세계'와 더불어 비롯된 것이고, 인간의 탄생은 바로 의식의 탄생이고, 의식의 탄생은 시간의 탄생이다. 의식은 기본적으로 의미의 세계라면 언어의 세계이다.

인류 역사에서 그동안 자행된 종교적 초월이나 철학적 개념 규정, 그리고 과학적 대상들은 모두 언어의 초언어적(meta-language) 현상들이었으며 '언어

---

5) 김형효, 『철학적 진리와 사유에 대하여 2』, 청계, 2004, 489~490쪽.

의 유희'였다고 말할 수 있다. 말하자면 이는 실재의 존재의 세계가 아니었으며 언어의 세계였다. 언어로 인류를 구원할 수는 없는 것이다. 종교적 구원이라는 것은 죽음이라는 한계상황을 피할 수 없는 인간에게 잠시라도 구원의 초언어로 죽음을 '위로하는 삶의 기제(지혜)'라고 말할 수 있다.

> (마르셀에 따르면) '화신으로서의 나의 몸(mon corps en tant qu'incarnation)'은 내가 나의 몸 안에서 느끼는 나 자신의 '두께 자신'과 같은 '체험된 두께(l'épaisseur vécue)'와 다른 것이 아니다. 이런 '체험된 두께'의 개념이 나중에 메를로퐁티에게 '살(la chair)'이란 개념으로 나타나게 된다.[6)]

마르셀에게 몸은 '동감적(同感的) 매개(la médiation sympathique)'이다. 이 말은 종래 몸을 '도구적 매개(l'instrument)'로 취급한 데 대한 반론이다. 몸이 도구가 될 경우 그 도구를 사용하는 영혼은 '물리적 영혼(l'âme physique)'이 되기 때문이다.

> '나의 몸'이 '동감적 매개'로 기술되는 한에서 '나의 몸'은 '순수 감수성의 개인적 선천성의 관념'으로 의미화된다.[7)]

이 말은 마르셀이 현상학적 입장에서 몸을 바라보고 있음을 의미한다.

> 내가 나의 몸을 바라보지 않고, 그 몸과 나 사이에 간격을 두지 않고, 또 그 몸이 나에 대한 대상이 아니고 내가 나의 몸인 한에서, 나의 몸은 나의 것이다.[8)]

'나는 나의 몸이다'라는 말은 '나'와 '몸' 사이에 가능한 열거할 수 있는 모든

---

6) 김형효,『가브리엘 마르셀의 具體哲學과 旅程의 形而上學』, 98쪽.

7) 같은 책, 100쪽.

8) 같은 책, 101쪽에서 재인용.

객관적 관계의 목록을 초월해 있기 때문이다. 그래서 우리는 마르셀과 함께 다음과 같이 말할 수 있다. "나는 이 몸이 적어도 느껴지게 되는 신비스런 관계 덕택으로서만 나의 몸이다. 그리고 그 느낌은 임의의 모든 느낌을 나에게 제약시켜준다."

마르셀의 몸철학은 '느낌(la sensation)'을 불가오류성(不可誤謬性)과 비개념성(非概念性)으로 파악하는 데서 완성도를 높인다.

> '근원적인 느낌(l'Urgefühl)'은 하나의 '뭉뚱그려진 총괄적 확실성'이지, 지식의 분류에 적합한 예비 자료의 성질이 아니기 때문이다.[9]

서양의 몸철학은 아직은 '정신'을 '마음'으로 대체하지 못하고 있다. 마르셀은 항상 느낌을 말하지만 동시에 반성을 놓지 않고 있다. 반성은 정신 쪽에 해당하고, 아직은 정신 쪽에 더 무게를 두고 있다.

> 마르셀이 말한 '가지성(可知性, l'intelligibilité)'의 개념이 '자유와 필연성의 융합(la fusion de la liberté et de la nécessité)'임을 알고 있다. 그 말을 다른 개념으로 치환하면 곧 '정신과 경험의 융합'이라고 보아도 좋을 것이고, 또 '능동성과 수동성의 융합'이라고 불러도 합법적이고, 좀 더 고전적인 개념에 따라 '로고스(logos)와 파토스(pathos)의 합일'이라고 하여도 본뜻을 어기지 않으리라. (중략) '자유'나 '필연성'은 정신의 안팎과 같다.[10]

그러면서도 두 세계의 존재방식은 문지방과 같다. 문지방은 구분하지만 동시에 공존케 한다.

느낌은 나의 실존이 세계에 존재하는 방식이다. 그 현상은 의심할 여지가

9) 같은 책, 115쪽.

10) 같은 책, 127쪽.

없으면서도 불충분하다. 왜 확실한가? 느낌은 세계를 현실로서 개시하고 있고, 그래서 모든 과학적 인식은 그 느낌을 출발점으로 갖고 있고, 그 느껴진 현실을 과학적 기술적 검증을 위한 필요불가결한 조건으로 이용한다. 그러면 왜 불충분한가? 느낌은 어쩔 수 없이 시간과 공간에 제약되어 있다. 더구나 느낌이 그 자체 '불가오류적'이지만 인간의 사유에 의하여 반성되어져야 한다. 인간은 언제나 감각적으로만 살지 않기 때문이다. 이 점을 르쎈느는 인간이 언제나 천진한 어린아이의 마음으로만 사는 것이 아니라고 고쳐서 표현하리라. 이미 우리가 살폈듯이 느낌의 오류는 사유(개관적)의 세계와 함께 등장하지만, 사유하면서 느낌의 원초적 무과오성을 상실하게끔 되어 있는 것이 지상에 사는 인간의 조건이다.[11]

이를 김형효는 이렇게 해석한다.

인간조건은 느낌이 생각으로 바뀌어야 하는 운명적 과정 자체이므로, 과학적 사유는 당위의 소산이 아니고, 자연의 산물이다. 그러므로 느낌은 어차피 상실되기 마련이기에, 그것은 불충분해진다. 생각이 느낌을 대신한다. 그런데 생각이 느낌을 대신하는 것으로 충분하다고 여긴다면, 인간은 과학으로 부족함이 없이 살아야 한다. 그러나 철학은 과학적 지식만으로 불충분하다고 여기는 데서 다시 출발한다.[12]

그래서 마르셀의 형이상학은 다시 사유에 의해 사유를 넘고자 한다.

"그런 점에서 형이상학의 문제는 사유에 의하여 사유를 넘어서 새로운 불가오류성, 새로운 직접성을 다시 발견하는 것과 같다." 그러므로 마르셀의 철학적 구조는 논증적인 '코기토(cogito)'의 축을 중심으로 해서 '객관 이하적

11) 같은 책, 141쪽.

12) 같은 책, 141쪽.

천	credo(나는 믿는다)/객관 이상적
인	cogito(나는 생각한다)/객관적
지	sentio(나는 느낀다)/객관 이하적

> (infra-objectif)'인 '센티오(sentio. 나는 느낀다)'와 '객관 이상적(supra-objectif)'인 '크레도(credo. 나는 믿는다)'의 두 날개를 갖고 우리가 잊은 또는 거의 잊어버린 낙원에로 재귀하려는 '여행하는 영혼(l'âme voyageuse)'의 의식과 같다. 그의 철학은 정신을 찾아, 정신과 함께 가는 순례자의 마음과 다르지 않다.13)

이는 동양의 천지인 구조로 설명할 수 있다. 그러나 객관성을 기준으로 '객관 이상적', '객관 이하적'이라고 한 것은 여전히 기독교와 서양철학적 기조를 벗어나지 않고 있다. 아직 '정신'이 '몸'으로 완전히 이동하지 않은 상태이다.

마르셀은 '내적 평정(內的 平靜, la recueillement)'이라는 문제와 만나면서 현상학에서 존재론적 영역으로 다가선다. 내적 평정은 물론 명상(冥想, la contemplation)과 관련된다.

> '내적 평정'의 행위는 어떤 이데올로기든 그 이데올로기에 젖은 혁명가가 그의 얼굴과 행동에 단말마적으로 그려내는 긴장이나 경련의 차원과는 전혀 다른 지대에 놓여 있다. 그와는 반대로, 그 행위는 우리에게 하나의 긴장완화(la détente)가 주는 고요함을 보여주고 있다. (중략) '긴장완화'라고 해서 그것을 심리적인 '정신해이(relâchement)'와 결코 혼동해서는 안 된다. (중략) '내적 평정'은 자유의 심화와 동일하고, 그 자유는 우리에게 긴장보다는 그것의 완화를 가져다주는 '증여'요, '은총'과 같다.14)

마르셀의 '내적 평정'은 기독교가 도달할 수 있는 명상의 최고경지로서 마치 불교의 '계정혜(戒定慧)'나 '선정(禪定)', '무량청정(無量淸靜)'에 해당하는 것이

---

13) 같은 책, 142쪽.

14) 같은 책, 155쪽.

라고 볼 수 있다.

이렇게 해서 마르셀의 몸철학은 기독교의 은총과 융합하게 된다. 그것은 인간의 정신이든 신의 은총이든 몸과 다른 제3자를 설정하게 된다. 그 뒤 '열린 영혼'이나 '신비'의 문제는 그를 초현상학적(超現象學的, hyper-phénoménologique) 영역으로 나아가게 한다. 그러나 그의 초현상학은 여전히 현상학이다. 현상학은 초월 문제를 이미 내포하고 있기 때문이다.

유신론적 실존주의자라고 말할 수 있는 마르셀이 '존재의 깨어짐'이라는 문제를 초현상학으로 푼 반면에 무신론적 실존주의자인 사르트르는 '존재의 현상'을 초현상성(tranpsphénoménalité de l'être)으로 푼 것은 대조를 이룬다. 사르트르의 존재(l'être)는 무(無, le néant)이다. 사르트르의 의식은 유물론적 사고 때문에 결국 무로 통한다.

사르트르는 현상학적 차원에 있었기 때문에 의식(그런 점에서 의식학이다)에 매달렸고, 또한 유물론자·무신론자였기 때문에 '의식=무'라고 생각하고, 결국 '존재=무'라고 규정하게 되고, '의식=존재=무'라는 결론에 도달한다. 그런 점에서 그의 실존주의는 하이데거의 존재론과 근본적으로 다르다. 그의 "실존은 본질에 앞선다"는 선언은 본질인 존재를 의식적으로 규정할 수 없었기 때문이다.

의식주체를 주장하는 사르트르와 몸주체를 주장하는 메를로퐁티는 다르다. 사르트르는 '나(대자로서의 나)는 내 몸을 부정(초월, 무화)하는 나(즉자로서의 나)이다'라는 입장에 있는 반면, 메를로퐁티는 '나는 내 몸이다'라는 입장이다. 사르트르에게 몸은 대자가 세계에 개입해 있는 방식인 것이다. 메를로퐁티에게 몸은 대자와 즉자의 혼합이며 이중성이다.

> 살아 있는 몸은 내부 없는 외부가 아니고, 주체성은 외부 없는 내부가 아니다. 즉 살아 있는 몸은 내부로서의 외부이고, 주체성은 외부로서의 내부이다. 살아 있는 몸과 주체성은 하나로 통일되어 있다.[15]

15) M. Merleau-Ponty, *Phénoménologie de la perception*, Gallimard, 1945, pp.68~69.

사르트르와 메를로퐁티는 둘 다 현상학적인 차원에 있긴 하지만 몸에 대한 입장은 다르다.

마르셀은 "나는 생각한다. 그러므로 존재는 존재한다(je pense donc l'être est)"[16] 고 말한다. 이는 '존재론적 관여(關與)' 혹은 '존재에 대한 사유의 관여'를 말한다. 관념론적 전통의 독일에는 '몸'에 관한 철학이 없다. 이에 비해 이성적이고 구체적인 전통의 프랑스는 '몸'철학을 통해야 마음으로 넘어갈 수 있는 특성을 보인다. 그래서 몸철학이 활발하게 전개되었다. 그런데 몸철학을 전개한 마르셀은 마음에도 각별하게 관심이 많았던 것으로 보인다. 마르셀은 프랑스 철학자답지 않게 마음에 관해 존재론적 사유를 했던 것으로 보인다.

> '본질'은 시공의 객관적 차이가 초월되는 곳이다. "본질은 해명되거나 또는 심지어 기술되는 것보다 오히려 빛나는 것에 속한다. 그 본질은 고향(le foyer)이다. 의식이 빛의 근원으로서 자신을 생각할 수 있는 것은 오로지 그 본질의 의식에 현존하는 한에서다." 이러한 관점에서 우리는 마르셀의 철학에서 '본질'과 '존재'의 개념을 접근시키거나 일치시켜도 별로 큰 오류를 범하는 것이 아니라고 본다. 객관적인 정의가 불가능하기에 비유로써 언급하자면 '본질'은 '빛나는 존재의 터전'이요, '존재'는 그 터전, 즉 '관념적 도시'의 '빛 자체'라고 하여도 과언은 아니리라.[17]

프랑스 철학자로서 보기 드물게 마르셀은 독일의 관념에 대해 가장 가깝게 다가간 듯하다. 그의 '관념적 도시'는 독일적인 데 비해 '빛 자체'는 프랑스적이다. 마르셀은 프랑스적 전통과 독일적 전통을 융합함으로써 존재론에 가장 가깝게 다가간 프랑스 철학자이다. 그러나 마르셀은 존재-존재자 가운데 존재자에 중심을 둔 반면 하이데거는 존재에 중심을 두는 차이를 보인다.

마르셀의 '본질적 깨어짐'은 인간이 본질적으로 그 깨어짐을 안고 태어났

---

16) 김형효, 『가브리엘 마르셀의 具體哲學과 旅程의 形而上學』, 195쪽.

17) 같은 책, 204~ 205쪽.

다는 것을 말해준다. 그 '깨어짐'은 인간의 등장으로 비롯된 세계이고, 그 깨어짐의 틈은 바로 인간의 등장을 의미한다. 그런데 그 깨어짐에서 태어난 인간이 스스로 그 깨어짐을 고치거나 극복한다는 것은 불가능한 일이다.

바로 '세계의 깨어짐'은 인간의 숙명과도 같은 것이고, 역설적으로 바로 깨어짐에서 모든 인간적인 모든 기준, 예컨대 시간과 공간이 탄생하고, 그로 인해 원인과 결과가 생기고, 도덕과 문명이 생긴 것이기 때문이다. 마르셀은 '내적 평정'이라는 초현상학으로 존재의 근본문제를 해결하려고 하지만 근본적인 치유는 되기 힘들다. 이는 문제가 문제를 치유하는 격이기 때문이다.

편의상 철학적으로 존재론에 해당하는 것을 '세계 안(in)의 존재'로, 현상학을 '세계에(to)의 존재'로, 그리고 물리학을 비롯한 과학의 세계를 '세계 밖(out)의 존재'로 분류해볼 수 있다.

세계 안의 존재는 존재론의 세계이고, 즉자적 세계이고, 자연의 세계이다. 자연의 세계는 주체가 없다. 따라서 '존재는 존재한다'의 세계이다. 자연의 세계는 생명의 세계이고, 천지개벽의 세계이다.

세계에의 존재는 현상학의 세계이고, 대자적 세계이고, 의식의 세계이다. 의식의 세계는 상호주체적 세계이다. 따라서 '나는 의식한다. 고로 존재한다'의 세계이다. 의식의 세계는 환원의 세계이고, 인간의 등장으로 깨어진 세계이고, 시간의 세계이다.

세계 밖의 존재는 자연과학의 세계이고, 타자적 세계이고, 사물의 세계이다. 자연과학의 세계는 추상의 세계이다. 따라서 '나는 생각한다. 고로 존재한다'의 세계이다. 자연과학의 세계는 기계의 세계이고, 공간의 세계이다. 자연과학의 세계는 제조의 세계이고, 천지창조의 세계이다.

이렇게 보면 마르셀은 현상학적 존재론이고, 메를로퐁티는 존재론적 현상학이다. 존재론의 세계는 '열린 세계 = 기운생동의 세계', 현상학의 세계는 '열리고 닫히는 세계 = 형태론적 장(場)의 세계', 과학의 세계는 '닫힌 세계 = 원자적 실체의 세계'라고 할 수 있다.

존재론의 세계, 즉 자연의 세계는 '열린 세계 = 기운생동의 세계', 현상학의 세계는 '열리고 닫히는 세계 = 형태론적 장(場)의 세계', 과학의 세계는 '닫힌 세

현상학적으로 본 '세계'와 '몸의 세계'

<table>
<tr><td>세계 안(in)의 존재</td><td colspan="2">세계에(to: ↔)의 존재</td><td>세계 밖(out)의 존재</td></tr>
<tr><td>존재론/自然</td><td colspan="2">몸의 현상학(의식학)/시간성</td><td>물리학(과학)/공간성</td></tr>
<tr><td>주체 없다</td><td colspan="2">상호주체적</td><td>대상적</td></tr>
<tr><td>reproduction(생명)</td><td colspan="2">reductionism(환원주의)</td><td>production(기계-제조)</td></tr>
<tr><td>천지개벽(天地開闢)</td><td colspan="2">인간의 등장으로 깨어진 세계</td><td>천지창조(天地創造)</td></tr>
<tr><td rowspan="2">마음/몸,
심물일체(心物一體)</td><td>가브리엘
마르셀</td><td>메를로퐁티</td><td rowspan="2">정신-육체(물질) 이분법</td></tr>
<tr><td>(←)구체철학</td><td>지각현상학(→)</td></tr>
<tr><td rowspan="2">존재론
(마음의 物學=心物學)</td><td>현상학적
존재론</td><td>존재론적
현상학</td><td rowspan="2">과학적(물리적) 현상학</td></tr>
<tr><td>기독교적
종말론
초월적 구원론</td><td>'살(la chair)': 삶,
살다, '살아 있다',
'살맛난다'</td></tr>
<tr><td></td><td colspan="2">현상학적 심리학</td><td>생리학</td></tr>
<tr><td>열린 세계
(기운생동의 세계)</td><td colspan="2">열리고 닫히는 세계
(형태론적 '場'의 세계)</td><td>닫힌 세계
(원자적 실체의 세계)</td></tr>
</table>

계=원자적 실체의 세계'라고 말할 수도 있을 것이다. 현상학의 세계는 의식의 세계이며, 의식의 세계는 시간의 세계이며, 시간의 세계는 인간 중심의 세계이다. 현상학의 세계는 인간생명과 기계적 메커니즘의 복합세계이고, 자연과학의 세계는 기계의 세계이다.

마르셀에 비해 메를로퐁티의 몸철학은 기독교적 세계관의 선입관이나 간섭이 없는 관계로, 보다 주관과 객관의 통합적인 자세를 취한다. 마르셀의 몸철학이 감각(sense)에 머물렀다면 메를로퐁티는 지각(sense-perception)으로 외연을 넓힌다. 메를로퐁티는 주관적 세계와 객관적 세계를 모두 부정하면서 그것을 통합하는 것으로 '인간의 몸'을 들고 있다. 다시 말하면 그의 '지각현상학'은 한마디로 '몸의 현상학'이라고 말할 수 있다.[18)]

몸철학의 본격적인 전개는 아무래도 메를로퐁티에 의해서인 것 같다. 메를로퐁티는 객관적 세계로부터 몸을 탈환하는 한편 지각하는 주체 또한 지각되

18) 조광제, 『몸의 세계, 세계의 몸』, 이학사, 2004, 236쪽.

는 세계임을 동시에 증명하는 데 몰두했다. 그는 과학적인 세계는 가짜의 세계라고 말한다.

> 우리는 흔히 과학에서 진짜 내 몸이라고 말하는 실재적인 나의 몸을 본질상 볼 수 없고, 만질 수 없는 것으로 여기게 됩니다. 왜냐하면 그렇게 과학적인 관점으로 본 실재적인 나의 몸이란 볼 수 있는(지각될 수 있는) 것이 아니기 때문입니다. (중략) 과학적인 사유에 충실하다 보면 진짜 존재하는 세계는 볼 수도 없고, 만질 수도 없고, 들을 수도 없는 것이고, 우리가 실제로 보고 만지고 들으면서 연속적으로 반응해나가는 세계는 가짜가 되고 맙니다.[19]

그는 몸은 물체의 환영에 의해 유혹되고 매혹되어 자신을 양도하고 '보는 자'와 '보이는 자'가 서로 위치를 바꾸며 둘은 하나가 된다고 주장한다. 또 보는 자는 보이는 것들, 즉 가시적인 것들의 영역에 편입되어 있다는 것이다. 이 가시성의 신비를 가능케 하는 것이 바로 몸이라는 것이다. 이로써 전통적으로 주체와 객체 혹은 주관과 객관의 이분법은 부정되기에 이른다.

메를로퐁티는 동물의 본능은 분절되어 있거나 결정되어 있지 않고 매우 상황적이라고 생각한다.

> 한 동물이 존재한다고 하고, 그것이 세계를 갖는다고, 혹은 그것이 세계에 존재한다고 말할 때, 그것이 그 동물이 세계에 대해 객관적인 지각이나 의식을 갖는다고 말하는 것은 아니다. 본능적인 활동들을 발동케 하는 상황은 전적으로 분절되어 있거나 결정되어 있지 않다. 본능이 행하는 실수나 맹목성이 잘 보여주듯이, 상황의 완벽한 의미는 소유되지 않고 있다. 상황은 단지 실천적인 의미를 제공할 뿐이고, 몸에 의거한 재인을 요청할 뿐이고, '열려 있는' 상황으로 체험된다. 그리고 상황은 동작들을 요구하는데, 그것은 마치 멜로디의 첫 음들이 그 자체로 인지되지 않고서라도 어떤 조를 요청하

19) 같은 책, 44~45쪽.

> 는 것과 같은 방식으로 이루어진다. 바로 이러한 상황이야말로 (곤충의) 다리들이 서로 대체하도록 하고 (수행해야 할) 명백한 과업 앞에서 대체되는 다리와 대체하는 다리가 서로 등가물이 되도록 허용하는 것이다.[20)]

메를로퐁티는 나아가 지각에서의 '대상-지평' 구조를 제안하면서 대상의 시간적 지평의 열림은 대상의 실체성을 근거 짓는다고 한다. 그는 "나의 시선 이전에 있었던 것과 마주할 수 있는 까닭은 단지 시간과 언어의 매개에 의해서이다"라고 전제하고 "나의 현재가 흘러간 과거와 다가올 미래를 자신 속에 압축시킨다고 할지라도 그것을 소유하는 것은 지향적인 상태에서일 뿐이다"고 한다.

> 반사는 객관적인 자극들의 결과가 아니다. 반사는 객관적인 자극들에 몸을 돌린다. (그런 다음) 반사는 객관적인 자극들에 의미를 부여하는데, 이 의미는 객관적인 자극들이 물리적인 작인들로서 각기 따로 갖는 것이 아니라, (객관적인 자극들이 한데 모여 이루는) 상황으로서만 갖는 것이다. 반사는 객관적인 자극들이 상황으로 존재하게끔 한다. (중략) 반사와 지각은 우리가 세계에의-존재라고 부르는 것인 선객관적인 시선(une vue préobjective)의 양태들이다.[21)]

메를로퐁티에게 '체화된 주체'는 중요한 개념이다. 그러나 이 개념을 이해하는 것은 쉽지 않다. 왜냐하면 '체화된 주체는 인식론적인 주체로 변형되기 일쑤고 체화된 주체가 사는 세계는 즉자적인 세계로 변형되기 일쑤'이기 때문이다. 이는 대상을 주체로 인식한다고 하면서도 대상이 되면 이미 주체로 인식하기보다는 대상으로 인식하기 쉽고 동시에 체화된 주체는 이미 대상이 없기 때문에 대상으로 인식한다고 하면서도 이미 세계를 주체적으로, 즉 즉자적

20) 같은 책, 105쪽에서 재인용.

21) 같은 책, 106쪽에서 재인용.

으로 인식하기 때문이다. 결국 주체와 대상이라는 말은 이미 실존을 표시하기에 한계가 있다. 실존은 몸을 중심으로 전개되는 현전하는 계기일 뿐이다.

메를로퐁티는 “우리가 살고 있는 세계는 바로 언어적이고 상호주체적인 세계”라고 규정한다. 그는 “말(발화)이 틀림없이 몸의 동작”[22]이라고 한다.

> 체화된 주체란 (중략) 바로 정신적인 삶을 넘어서서 자연적인 삶에 뿌리를 내리고 있는 주체입니다. 따라서 생각하는 주체를 정신적인 혹은 문화적인 삶을 사는 주체라고 한다면, 정신적인 혹은 문화적인 삶은 근본적으로 자연적인 삶에 그 뿌리를 내리고 있는 것이라 하겠습니다.[23]

> 몸에 관한 의식 자체가 혼동되기 때문에 늘 통일성을 확보할 수가 없고, 그저 함축적이고 어렴풋하다는 것이지요. 몸을 의식하려 하면 몸이 그 자신인 것과 항상 다른 무엇인 양 의식되고, 문화에 의해 변형되는가 하면 자연에 깊숙이 뿌리를 내리고 있고, 자신 속에 닫혀 있지 않으려 하면서도 자신을 결코 초월하지 않는 철저히 다의적이고 애매한 존재가 바로 몸이라는 것입니다. 그래서 몸을 아는 유일한 방법은 그저 전반적으로 그 몸을 사는 방법밖에 없다고 말합니다.[24]

몸은 정신과 육체, 주체와 객체, 기호와 의미, 추상과 구체가 상호작용하는 장소이다. 몸은 지극히 ‘대상적 현상학’의 공간이면서 동시에 ‘존재론적 현상학’의 영역이다. 말하자면 대상과 존재가 뒤섞이고 뒤바뀌는 장(場)이다. 우리 몸은 시공간의 압박을 받으면서도 동시에 그것을 벗어나는 장이다.

몸을 개체(개별성)로 볼 때는 소유가 있고 시공간에 제약을 받지만, ‘우주를 하나의 몸(살아 있는 몸)’으로 볼 때는, 다시 말하면 일반성으로 볼 때는 소유가

22) 같은 책, 256쪽.

23) 같은 책, 258쪽.

24) 같은 책, 264쪽.

있을 수 없고 시공간에 제약도 받지 않는다. 흔히 몸을 육체로 볼 때는 시공간의 대상이 되지만 '우주적 몸'과 연관된 '하나의 살아 있는 몸'으로 볼 때는 자기 안에 시간과 공간의 사이[間]나 거리(距離)를 둘 수 없다.

메를로퐁티는 공간의 문제를 지향성의 문제로 본다. 공간에는 시각적인 것만 있는 것이 아니고 촉각 혹은 청각적인 것도 있고 따라서 모든 감각이 공존하며 어디에선가 통일된 공간이다. 더욱이 공간에는 환상적인 공간, 기하학적 공간, 실존적인 공간 등 여러 공간이 있을 수 있다. 거울에 보이는 상은 좌우가 뒤바뀐 정립허상이고 빛이 볼록렌즈(수정체)에 생기는 상은 도립실상이다. 공간성이라는 것도 절대공간이 아니다.

메를로퐁티는 지각되는 공간이 객관적인 사물들 간의 관계에서만 나오는 것도 아니고 주관적인 의식의 구성에 의한 것만도 아니라고 말한다. 공간은 주체가 역동적으로 상황 지어진 전체적인 존재상태를 지칭하는 것이고 공간성은 주체가 세계 속에 닻을 내리면서 내속되어 있다는 것이다. 우리가 흔히 접하는 공간을 '낮의 공간'이라고 한다면 '밤의 공간', '꿈의 공간'도 있다. '밤의 공간'은 공간성이 반성에 의해 구성된다는 주장을 부정하는 근거가 된다. '꿈의 공간'은 상승과 추락의 주제를 가지고 있는데 이는 호흡(생명)과 욕망(성충동)과 관련이 있다.[25)]

도덕적 공간도 높고 낮음과 관련이 있다고 본다. 원시인들의 신비적인 공간에 대해서도 그는 이렇게 말한다. "방향과 위치가 거대한 감성적인 존재물의 거주에 의해 결정되는 신비한 공간이 있다."[26)] 원시인들은 마치 내가 내 몸에 대해 느끼는 듯한 공간성을 현실 공간 전체에서 느낀다는 것이다. 원시인들은 공간을 마치 내 몸 자체의 공간처럼 느낀다.[27)]

결론적으로 메를로퐁티는 제3의 공간으로 '인간학적인 공간(l'espace anthropologique)'을 제안한다.[28)] 그는 반성철학에 대해 공격하면서 "내용을 형식에

25) 같은 책, 351~352쪽.

26) 같은 책, 354쪽에서 재인용.

27) 같은 책, 355쪽.

28) 같은 책, 356쪽.

종속시키기 전에 내용 속에 형식이 상징적으로 '잉태되어 있음'을 다시 인식해야 한다"[29]고 말한다.

> 인간학적인 공간은 그 자체 자연적인 공간 위에 건립된 것으로 제공된다. (중략) 자연적이고 원초적인 공간은 기하학적인 공간이 아니다.[30]

메를로퐁티는 "내가 코기토를 발견하고 식별하는 것은 내 존재 자체인 심오한 초월의 운동이다. 즉, 그것은 나의 존재와 세계의 존재의 동시접촉이다"라고 말한다. 그는 이 이유를 다음과 같이 밝힌다.

> 의식은 철저히 초월(transcendence)이다. 수동적 초월이 아니라 능동적 초월이다. 우리는 수동적인 초월일 경우 그것은 의식의 정지일 것이라고 이미 말했다. 내가 봄(voir)과 느낌(sentir)에 대해 갖는 의식은 자체 속에 갇혀 있는 심리적인 사건에 대한 수동적인 표시가 아니다. (중략) 내가 갖는 봄의 의식은 봄을 실행하는 것 자체다. (중략) 봄은 행위이다. (중략) 내가 초월적인 것들의 장에 원초적으로 열려 있음으로써만, 말하자면 하나의 탈자(脫自, une extase)에 의해서만 내적으로 준비되는 활동이다. 봄은 자기 자신에 도달한다. 그러면서 보이는 사물 속에 결합된다. (보이는 사물에게) 붙들림(se saisir)은 봄의 본질이다. (보이는 사물에게) 붙들리지 않으면 봄은 아무것도 아닌 것에 대한 봄이 되고 만다.[31]

봄을 실행하는 것 자체가 봄의 의식이라고 말하는 것은 봄의 의식이 그야말로 '체화된 의식'이라는 말이다.[32]

메를로퐁티가 '붙들림' 혹은 '사물 속으로 달아남'이라고 하는 초월은 '엑스

---

29) 같은 책, 357쪽에서 재인용.

30) 같은 책, 362쪽에서 재인용.

31) 같은 책, 405~406쪽에서 재인용.

32) 같은 책, 407쪽.

터시(ex - stase) = 탈자(몰아)'이다. 지각하는 의식 자체의 근본 성격은 탈자적이다.[33] 그에게 코기토는 내가 세계에로 열려 나가고 세계가 나에게로 들어오는 통로이다.[34] 결국 지각의 상황을 상상을 통해 이념화하는 과정에서 순수 기하학적인 사유와 진리가 생산되는 것이지, 순수 기하학적인 영원한 이념이 먼저 있고 거기로 귀환함으로써 순수 기하학적인 사유와 진리가 성립되는 것은 아니라고 말한다. 코기토는 몸에 근거한 코기토일 수밖에 없다는 결론에 도달한다. 그는 또 '발화된 코기토'가 아닌 '침묵의 코기토'를 명시적으로 제시하고 그것이 발화된 코기토의 작용 가능성을 성립하게 하는 존재론적 기반임을 제시한다.[35]

그렇다면 그의 '침묵의 코기토'는 무엇을 말하는가?

> 우리가 데카르트를 읽으면서 갖는 코기토는 낱말들로 된 그리고 낱말들을 바탕으로 이해되는 발화된 코기토이다. 이 코기토는 자신의 목표에 다다르지 못한다. 왜냐하면 우리 실존의 일부, 즉 우리의 삶을 개념적으로 고정시키면서 의심 불가능한 것으로 확증하는 일에 몰두할 때, 그렇게 몰두하는 우리의 실존 그 자체는 고정화와 사유를 빠져나가 있기 때문이다. 여기에서 언어활동이 우리를 감싼다고 결론지을 수도 있을 것이다. 그리고 마치 실재론자가 외부 세계에 의해 자신의 존재가 결정된다고 믿듯이, 혹은 신학자가 신의 섭리에 의해 인도된다고 믿듯이, 우리가 언어활동에 의해 인도된다고 결론지을 수도 있을 것이다. 하지만 그것은 진리의 절반을 망각하는 일이 될 것이다. (중략) 만약 '발화된 코기토'가 나에게서 '침묵의 코기토'와 만나지 않는다면 나는 '코기토'니 '숨'이니 하는 낱말들에서 그 어떤 의미도 발견하지 않은 것이다.[36]

33) 같은 책, 408쪽.
34) 같은 책, 410쪽.
35) 같은 책, 418~420쪽.
36) 같은 책, 424~425쪽에서 재인용.

그는 '침묵의 코기토'를 설명하면서 "미리 존재하는 유일한 로고스는 세계 자체"[37]라고 한다. 이는 세계를 기(氣)로 바라보려는 배수진과 같다. 다시 말하면 일리(一理)를 전제해놓고 몸과 기, 기질을 논의하려는 속셈이다.

> 우리는 영원한 진리 혹은 일자에의 참여를 경험하지 않는다. 정작 우리가 경험하는 것은 되잡음의 구체적인 작용들이다. 이 작용들에 의해 우리는 시간의 우연성 속에서 우리 자신들과의 관계들, 그리고 타인들과의 관계들은 서로 결합시킨다. 한마디로 우리가 경험하는 것은 세계에의 참여(une participation au monde)이다. '진리에의 존재(être-à-la-vérité)'는 세계에의 존재와 구분되지 않는다. (중략) 우리는 시간에 붙들릴 뿐이다. 우리는 시간을 소유하지 않는다.[38]

여기서 눈여겨볼 것이 있다. 메를로퐁티가 말하는 '침묵의 코기토'라는 말과 '유일한 로고스', '진리에의 존재 = 세계에의 존재'라는 일련의 말들이 갖는 뉘앙스이다. 이들은 우리의 동양철학에서 일리(一理)라고 하는 것과 통한다. 다시 말하면 ' 침묵의 코기토 = 유일한 로고스 = 진리에의 존재 = 세계에의 존재'라는 등식이다. 메를로퐁티는 처음에 출발은 '간주체성'에서 했는데 이는 어떤 종류의 절대론(존재론)에 대해서도 부정한 때문이었다. 그런 그가 제3의 공간으로 '인간학적 공간'을 제안하고 그 구체적인 것으로 '몸의 공간', 즉 '체화된 공간'을 든다.

여기서 주의해야 할 대목이 있다. 조광제는 '침묵의 코기토'를 설명하면서 '기의(記意)의 과잉'을 언급한다.

> 말을 할 때, 정말이지 어디서 그런 말들이 쏟아져 나오는지 신비하기 짝이 없습니다. 발화 이전에 발화의 형태로 변화되고자 하는 사유들이 미리 만들

37) 같은 책, 423쪽에서 재인용.

38) 같은 책, 423쪽에서 재인용.

어져 축적되어 있는 것은 결코 아닙니다. 하지만 뭔가 있어야만 말이 되어 나올 것 아닙니까? (중략) 여기에서는 특별히 '기의의 과잉', '사유되는 사유'가 언급되고 있습니다. 그것은 실존적인 삶 속에 녹아 있는 코기토를 지적해내기 위한 것이라 여겨집니다. 말을 통해 사유되는 사유가 발동될 때 거기에는 사유하는 사유가 책임질 수 없는 기의의 과잉이 있고, 그것이 바로 사유되는 사유, 즉 침묵의 코기토라는 것이지요. 그리고 표현의 모든 신비는 바로 사유되는 사유가 사유하는 사유와 일시적으로 결합되는 데서 이루어진다는 것이지요.[39]

말을 주고받는다는 것은 그 말이 이끄는 상황 또는 지평을 함께 주고받는다는 것입니다. 그리고 그 상황 또는 지평은 몸 자신에 용해되어 있다는 것입니다. 따라서 그것들을 지성적으로 일일이 끄집어내어 설명하는 것은 처음부터 불가능한 것이지요.[40]

이는 "언어활동은 우리를 초월한다. 그러나 우리는 말한다"[41]는 메를로퐁티의 언명을 되새기게 한다.

메를로퐁티는 그의『지각현상학』에서 "미리 존재하는 유일한 로고스는 세계 자체"라고 했다.

세계는 아무리 퍼내도 마르지 않을 정도로 무진장하다고 했습니다. 다만 이때 세계를 천체물리학적인 우주로 보아서는 안 됩니다. 그것은 정신, 심리, 몸, 사물, 시간, 공간, 타인, 역사, 문화 등이 하나로 용해되어 있는 전체로서의 세계입니다. 또한 전체로서의 세계는 결코 신학적인 초월의 세계가 아닙니다. 설사 신학적인 초월의 세계가 있다고 하더라도 그것마저 현실 내재적

---

39) 같은 책, 420쪽.

40) 같은 책, 421쪽.

41) 같은 책, 421쪽에서 재인용.

> 인 것으로 여겨 자신 속에 포함해버리는 철저히 현실 내재적인 세계가 바로 이 전체로서의 세계입니다.[42]

메를로퐁티는 그러나 '체화된 의미'의 생산을 위해 다시 유일한 로고스에 도달하는 과정을 밟는다. 이 과정은 주기론자(主氣論者)들이 이기(理氣) 논쟁을 하는 과정에서 이(理)에 대항하기 위해서 기(氣)를 주장하지만 그것은 다시 중리(衆理)를 인정하는 것이 되고 중리를 다스리기 위하여 일리(一理)로 다시 돌아가는 것과 같다.

메를로퐁티는 시간론에서 시간이란 몸 자신이 이미 상황에 처해 있는 데서, 즉 '세계에의 존재'라는 데서 드러나는 것임을 알게 된다.

> 시간의 출구와 입구는 역시 주체인 나의 몸 자신과 대상인 세계인 것 같습니다. 대상인 세계 속에서 나와 주체인 나의 몸속으로 들어오고, 주체인 나의 몸에서 나와 대상인 세계 속으로 들어가는 회전/역회전의 운동을 반복하는 것이 시간이라 할 수 있을 것 같습니다. 그런데 사실 시간의 두 방향의 회전운동은 하나의 운동입니다. 즉, 같은 시간입니다. 마치 동일한 원의 운동이 위에서 보면 이쪽으로 돌고 밑에서 보면 반대쪽으로 도는 것으로 보이는 것과 같다고 하겠습니다. 그러니까 주체의 시간은 대상의 시간으로 전환하고 대상의 시간은 주체의 시간으로 전환하는 것처럼 보이지만, 주체의 시간이 곧 대상의 시간이고, 대상의 시간이 곧 주체의 시간인 것입니다.[43]

김형효는 메를로퐁티에 대해서 이렇게 말한다.

> 그(메를로퐁티)는 사르트르와 같은 수준의 탁월한 현상학자였지만 사르트르의 코기토 철학과는 다른 길을 갔다. 그도 코기토의 의식을 말하지만 그

42) 같은 책, 423쪽.

43) 같은 책, 434~435쪽.

의식은 바깥 세계의 앞에 선 투명한 의식의 주체가 아니고, 이미 바깥 세계와 혼융된 반심반물(反心反物)의 애매모호한 영역으로서 '반성 이전의 주체(le sujet pré-réflexif)'인 지각(la perception)이다. 그 지각도 무의식(inconscient)에 가까운 전의식적(préconscient)인 무심한 수준의 지각으로서(It is perceived)이다.[44)]

그(메를로퐁티)의 의식은 몸과도 이원적으로 분리가 안 되는 '살(la chair)'로서 어떤 실존적 분위기(une ambiance)와 다를 바 없고, 사회 역사도 실존의 지각과 함께 가는 공간 시간의 상황에 지나지 않는다. 구체적인 사회 역사를 떠난 추상적 사고는 무의미하다. 몸이라는 실존적 상황을 벗어난 생각이 공허하듯이, 또한 모국어의 말(la parole)로 표현되지 않는 생각은 틀이 안 잡힌 뜬 구름 잡는 헛소리일 뿐이다.[45)]

몸이라는 실존적 상황을 벗어나지 않은 '구체철학으로서의 철학'의 가능성을 열어가는 데 김형효의 주장은 크게 힘을 실어준 셈이다.

메를로퐁티의 '살'이라는 개념은 참으로 '살아 있는(live) 몸' 혹은 '구체적인 몸'을 말한다. 예로부터 한민족은 '살'이라는 말을 좋아했다. 우선 우리 몸을 '살'이라고 했고, 피부를 '살갗'이라고 했다. 또 살아가는 것을 '삶'이라고 했고, 살아가는 맛을 '살맛'이라고 했다. 또 살아온 햇수를 셀 때 '몇 살'이라고 했다. 한민족은 '살'로 시작해서 살로 끝나는 민족이다. 그런 점에서 한국만큼 자연적인 삶을 사는 민족도 드물다고 할 것이다.

가브리엘 마르셀은 감각 현상, 메를로퐁티는 지각 현상을 특징으로 한다. 마르셀은 감각 중에 청각 중심의 현상학을 전개한다고 말할 수 있고, 메를로퐁티는 시각 중심의 현상학을 한다고 말할 수 있다. 마르셀은 또 청각 중심이기 때문에 시각 중심의 메를로퐁티에 비해 대상적 사고를 하지 않는 편이다.

44) 김형효, 『철학 나그네』, 소나무, 2010, 13~14쪽.

45) 같은 책, 14쪽.

청각은 대상을 포착하고 유지하기가 어렵기 때문이다.

철학과 철학인류학의 다른 점은 원시인의 마음, 대칭적인 마음을 순수한 대칭으로서 알아주는 것이다. 서양철학은 원시인의 대칭을 대립으로 놓기를 원한다. 대립으로 놓아야만 역사적으로 발전을 합리화할 수 있기 때문이다. 그러한 점에서 서양철학은 변증법의 연장선상에 있고 발전론의 우상에 싸여 있음을 알 수 있다. 역설적으로 그렇기 때문에 서양은 근대에 들어 세계를 지배했는지도 모른다.

이기철학으로 볼 때 이것은 결국 이는 기가 되고 기는 이가 되는 셈이다. 즉, 이기는 짧은 순간에 '이＝기'라는 등식이 성립된다. 절대론과 존재론을 부정하던 메를로퐁티는 간주체성이라는 중간(과정)에서 출발하여 '몸이라는 장(場)' 을 통해 결국 주체와 객체를 물리쳤지만 다시 양극에 있는 절대론인 주리론(主理論)과 주기론(主氣論), 즉 이와 기가 말은 다르지만 결국 같다는 결론에 도달한다.

유리론(唯理論)과 주리론과 일리론(一理論)은 서로 다르다. 이에 반해 유기론(唯氣論)과 주기론과 일기론(一氣論)은 같다. 유리론은 절대유일적인 것이고, 주리론은 가부장적인 것이다. 일리론은 유리론이나 주리론과 달리 일기론으로 통할 수 있다. 한편 유기론과 주기론과 일기론은 모두 같다. 기는 어떤 말을 붙이든 같은 것이기 때문이다. 유기론과 주기론과 일기론은 기를 설명하는 한 방식에 불과하다. 일리론과 일기론은 말만 다를 뿐 같은 것이다. 세계를 권력이나 주장이 없이 하나로 보는 것이다. 둘은 보편론이 아니라 일반론이다.

철학을 말의 이분법에서 출발하여 그것을 부정하고 새로운 이분법을 창출하는 연속적 의식운동으로 볼 때 그것은 거대한 신화군(神話群)이라고 볼 수밖에 없다. 주체와 객체, 관념과 경험, 이성과 감성, 이와 기 등 철학의 낯익은 용어와 개념은 처음부터 신화적 이분법에서 출발한 것으로 이들도 역시 자신이 쳐놓은 순환론에 빠져버리게 된다.

새로운 철학은 단지 스스로 새로운 순환론에 빠짐을 인식하는 과정에 지나지 않는다. 철학은 따라서 신화적 담론에 의해 세계를 구성하고 살아가던 원시인들의 신화가 매우 불합리하게 보임에 따라 새로운 '비순환의 담론＝인과론'의 형식을 창출하기 위해 신화의 순환론을 일시적으로 혹은 어떤 폐쇄된 상태(작동적 조건)에서 '인과론= 합리성'으로 전환하여 순환론에 빠지지 않았음을 보여주는 잠시 동안의 속임수, 주술에 지나지 않는다. 아니면 변화하는 우주(역동적인 우주)에 발맞추어 '말을 사용하는 인간'이 새로운 철학적 혹은 담론적 유행을 만들어낸 '철학적 패션= 철학적 옷 입기'에 지나지 않는다.

이성이 창조적 이성이 되어야 하는 이유는 그렇지 않으면 기를 만날 수 없기 때문이다. 다시 말하면 창조적 이성만이 기운생동을 만날 수 있다. 그래도 창조적 이성은 이와 기의 경계선상에 있다. 그러나 존재의 전체성은 이성을 버리지 않으면 결코 도달할 수 없다. '존재하는 유일한 로고스는 세계 자체'라고 하거나, '코기토는 내가 세계에로 열려 나가고 세계가 나에게 빨려 들어오는 통로'라거나, '의식은 초월'이라는 것은 '몸'에서 가역성과 기운의 장을 발견한 것이긴 했지만 메를로퐁티는 아직 후설의 의식학의 수준을, 따라서 이성의 범주를 완전히 벗어나지 못했다. 그러나 메를로퐁티는 이미 이에서 기로 넘어가는 꼭짓점을 지난 느낌이다.

가브리엘 마르셀과 메를로퐁티의 현상학적 '몸'철학은 동양의 심물(心物)철학, 몸·마음철학, 기철학에 이르지 못하고 있다. 몸은 욕망과 소유와 쾌락의 출발이면서 동시에 거기서 욕망을 그칠 수 있는 존재론적 장소이기도 하다. 왜냐하면 모든 '있음'의 자리는 동시에 '없음'의 자리이듯이 출구(出口, ex)는 동시에 입구(入口, in)이기 때문이다.

몸은 소유와 존재가 공동 거주하는 곳이다. 현상학적 의식(자아)은 지상(시간과 공간의 있는)에서의 소유이고, 무의식(무아)에서 몸으로의 드러남은 존재(시간과 공간이 없는)이다. 그래서 존재론적으로 볼 때 우리 몸에는 시간과 공간이 없다. 이를 우주 전체의 몸으로 확대해도 마찬가지이다. 우주에는 주인도 없고, 주어도 없고, 초월적 존재도 없다. 이러한 것들은 모두 가부장제의 아버지(하나님 아버지)의 말씀, 천지창조 혹은 정언명령, 혹은 천명(天命)에 의해 발생한 위(僞)이다.

우리(인간)의 몸에는 가부장제가 없다. 우리의 몸에는 어느 특정 성씨(姓氏)의 계통이 없다. 단지 공동조상만 있을 뿐이고, 인류는 공동조상의 동조집단

(同祖集團)일 뿐이다. 그 동조집단을 거슬러 올라가면 어머니가 있을 뿐이다. 그 어머니는 누군지 정확히 모르겠지만 분명히 우리의 몸을 낳고 낳아준 연속이 있을 것이다. 그것이 몸의 진정한 차연(差延)이다.

몸의 차연은 인간이 시각적으로 사물에서 발견하는 차연과는 다르다. 시각적 차연은 차연이라고 하지만 여전히 (최초의 원인적 동일성은 아니지만) 최후의 결과적 동일성과 같은 동일성의 잔영을 내재하고 있다. 연속성이라는 것은 무한대를 가정하는 것이고 이는 하나의 연속된 흐름이기에 전체적 동일성 혹은 결과적 동일성을 가정하는 것이다. 무한대라는 것은 무의식을 의식화한 것이다.

가부장제의 우주론은 '자연적 존재'를 '소유적 존재'로 만들었다. 여기서 소유적 존재는 의식적 존재를 말한다. 의식적 존재는 대상화된 존재를 말한다. 이때 대상화는 현상학적으로 초월적 위치에 있는 것이 그렇지 못한 것을 대상화하는 것을 뜻한다. 그 초월적 위치에 있는 것이 남자이고, 더 정확하게는 남자 중에 가장 힘 있는 남자이다.

가부장제하에서 여자는 가장 힘 있는 남자의 소유물이다. 가장 힘 있는 남자가 모든 여자를 소유할 수 없기 때문에 남자들이 각자 여자를 소유하는 것이다. 여자는 남자의 소유가 되고, 자연은 인간의 소유가 되었다. 이때의 소유는 물론 사적 소유이다. 소유에 공동소유는 있을 수 없다. 공동소유는 이미 소유가 아니다. 그러한 점에서 존재는 소유가 아니다.

철학이 왜 가부장제라는 가족제도와 관련이 있는가? 이는 순수한 철학적 사유로는 도달하기 어렵다. 그래서 철학에 인류학이 필요한 것이다. 철학인류학이 되어야 철학이라는 순수사유가 가족제도라는 환경의 영향을 받은 것이며, 나아가 자연환경과 풍토의 조건에서 자유롭지 못하다는 것을 알 수 있다. 말하자면 지금까지 서양철학에서 전가의 보도처럼 사용한 '이성'이나 '자아'는 특정한 자연조건, 말하자면 이성(자아)이 발달해야 하는 환경의 산물이라는 것을 인정하지 않을 수 없게 된다. 그렇다면 지구상의 모든 인간이 이성을 발달시키지 않을 수도 있었다는 말이 된다.

쉽게 생각하면 삶의 조건이 인간이 살기에 적당했던 지역에서는 이성을 발달시킬 필요가 없었다는 말이 되고, 반대로 이성이 발달한 지역은 삶의 조건이 삶의 필요를 충당하기에 부족했던 곳임을 알 수 있다. 또 같은 지역에서라도 시기에 따라 삶의 조건이 나빴던 지역에서는 이성이 발달했을 것이라고 예상할 수 있다. 이처럼 이성은 필요의 산물이다. 필요가 이성이다. 거꾸로 말하면, 이성은 필요하지 않을 수도 있다. 철학은 이제 더 이상 이성에 머물러 있어서는 안 된다. 이성은 '필요선(必要善)'이라기보다는 '필요악(必要惡)'적인 요소가 많기 때문이다.

이성은 인간이 집단을 부양하고 삶을 영위하기 위해서 특별히 개발하고 강화한 것이다. 특히 이성은 추운 지방에서 삶을 영위해야 하는(인간의 체온을 유지해야 하는) 환경에 처한 북방민족이 근대에 이르러 강화한 것이며 과학에서 꽃을 피운 것이다. 따라서 순수이성은 없다.

다시 말하면 이성은 '몸'의 요구에 의해 발달한 것이다. 몸의 요구에 의해 발달한 이성이 몸을 지휘하고 몸을 규정할 수는 없다. 이는 부분이 전체를 총괄하고 넘어서는 것이다. 이는 마치 어머니로부터 출생한 아들이 어머니를 지휘하는 것과 같다. 이성은 가부장제의 산물이라는 것이 거꾸로 입증되는 셈이다. 이는 문명이 자연을, 산업이 인간을 종으로 지휘하는 것과 같다.

헤겔 철학이 마지막에 '주인과 노예' 관계와 그것의 역사적 왕래를 설정한 것은 이성철학 및 역사철학의 집대성자로서 당연한 것이다. 그러한 역사철학의 후예인 마르크스가 인간이 노예의 입장에서 벗어나도록 프롤레타리아의 계급투쟁을 설정한 것 또한 당연한 귀결이다. 이것이 서양철학의 한계이다. 서양철학은 마르크시즘에서 그 포물선의 정점을 이루었고, 그 정점에서 허무(虛無)를 처음 바라본 자가 니체였던 셈이다.

서양철학은 정신에서 벗어나기 위해 정신에서 출발할 수 없었고, 당연히 '육체'에서 '몸'으로 선회하지 않을 수 없었다. 몸철학은 허무주의에 빠져 있어서만은 안 되는 서양철학의 구출작전과도 같은 사명을 띤 일종의 전위부대, 아방가르드였던 셈이다. 몸철학에서 존재론과 해체주의가 배태되어 있었다. 몸에 대한 현상학적 접근과 해석, 몸을 가진 존재의 존재론적 사유를 시작한 것은 후속조치로서의 의미가 있다.

서양철학이 몸철학을 통해 '정신-육체(물질)'라는 이분법을 벗어나는 실마리를 마련했다는 점에서 몸철학은 서양 철학사에서 매우 중요한 위치를 점하고 있다. 몸철학은 언젠가는 마음철학에 도달할 가능성을 엿보였다고 말할 수 있다.

인간은 지각환상적(知覺幻想的) 존재이다. 그래서 시공간이라는 환상의 세계를 만들었다. 인간은 정신적 지각환상적 존재이기 때문에 물질적 환각으로 고통을 벗어나려고 생각한다. 서양 사람들이 섹스로서 현실적 분열과 고통을 극복하려는 것은 저들로서는 당연한 것이다. 섹스는 그들에게 남은 자연이고 본능이기 때문이다. 서양 사람들은 철저하게 몸의 밖에서 문제를 일으키고 문제 해결의 수단도 밖에서 찾는 메커니즘이다. 결국 정신은 물질이고 물질은 정신이다. 정신과 물질의 왕래가 서양철학이 도달할 수 있는 한계이다.

서양 사람들의 '나는 생각한다'라는 생각에는 이미 밖으로 향하는 지향이 들어 있다. 즉, 남(대상, 타자)이 들어 있다. 동양 사람들은 몸 안에서 문제 해결의 묘법을 찾는다. 동양 사람들의 명상은 마음을 컨트롤하는 것이 아니라 마음을 내려놓는 것이다. 마음을 내려놓는다는 것은 마음을 타자로서 컨트롤하는 것이 아니라 자기자신으로 돌아가는 것이다.

세계는 처음부터 자기자신이다. 자기자신에는 남(대상, 타자)과의 거리가 없다. 말하자면 시간과 공간이 없다. 동양 사람들은 양심, 즉 인간의 본래 마음의 소리를 듣는다. 만물은 본래 생명이다. 본래 생명은 인간에 의해 파악된 세계인 추상-기계가 아니다. 본래 생명은 구체-생명이다.

이때의 구체-생명은 마르셀이 인간의 신체(몸)을 가지고 말하는 의미의 구체-생명이 아니라 '만물이 곧 생명이다'라는 뜻의 구체-생명이다. '만물이 생명'이라는 말은 불교가 말하는 '만물에 불성이 있다'고 말하는 것과 유사한 것 같지만 그렇지는 않다. 후자는 만물에 불성이 있기 때문에 깨달음의 여지가 있다는 뜻인 반면, 전자는 '만물은 이미 부처'라는 말과 같다. 만물이 깨달아야 하는 것조차 부정하는 것이다. 구체-생명은 곧 '만물-생명'이라는 뜻이다.

철학이 '만물-생명'이라는 명제에 이르게 됨으로써 기독교와 불교가 양극단에서 함께 포함되는(동봉되는) 언어문명권인 인도유럽어의 '절대주어(主語)'의 문법을 벗어나게 된다. 인간은 어떤 것의 주어로부터 벗어남으로써 만물의 본래 모습, 더 정확하게는 찰나생멸로 돌아간다. 이것은 시간과 공간이 없는 세계로 돌아가는 것이다. 찰나생멸은 탄생과 죽음 사이에 거리가 있는 생사(生死)가 아니다.

만물은 본래 기운생동하는 생명이다. 이것이 동양의 물즉심(物卽心), 심즉물(心卽物)이다. 서양의 정신-물질 이분법이 물즉심, 심즉물에 이르기 위해서는 처음부터 정신과 물질을 이분화하지 말아야 한다. 우주 자체가 생명이다. 그런데 서양의 기독교와 이성중심주의 문명은 사물을 이용할 수 있는 대상(물질)이라고 하고 인간의 물질을 육체로 본다. 그래서 여호와 신이 흙으로 빚은 인간(물질)에게 생명(신의 숨)을 불어넣어서 인간 생명이 탄생한 것으로 보고 있다. 이는 인간의 인위와 작위를 자연의 무위에 앞선 것으로 보는 역전(逆轉)이며, 무엇보다 신이 생명을 불어넣은 것으로 봄으로써 신과 생명을 이원화시켰다.

신과 생명의 이원화는 자연과 인간을 이원론으로 보게 한 셈이다. 이로 인해 서양의 이성주의는 과학을 통해 자연을 마음껏 이용하는 대상으로 하는 한편 기독교는 인간 영혼의 구원을 신의 초월적 힘에 의존케 하는 종교와 과학의 완전한 공모, 즉 신과 인간의 공모를 달성했다. 인간은 신에 의해서, 신은 인간에 의해서 자신의 영역을 넓히는 제국을 달성한 셈이다. 그러나 이러한 인간 문명의 종합적인 결과로 인간은 지구상에 '추상(抽象)의 병균'으로 자리매김하게 될 운명에 직면했다.

마음철학에 도달할 수 있는 가능성이야말로 존재론적 가능성이다. 몸이 마음이 되지 않는 한 몸은 '정신-육체' 이분법에서 자유롭지 못하다. 마음철학에 도달하지 못한 몸은 정신 속에 자아를 숨기고 있으며, 기껏해야 물아일체(物我一體) 혹은 심물합일(心物合一)의 단계에 머물게 된다. 물아일체는 정신 속에 자아를 잡고 있는 것이며, 그렇기 때문에 물은 아직 육체나 물질에서 완전히는 벗어나지 못하고 있다. 심물합일은 심과 물이 합일되어야 하는 바로 그 '합일'에서 역사적으로(시간적으로) 물(物)에 도달해야 하는 까닭으로 정신 속에 주체(자아)를 설정하고 있다. 심물합일 속에는 무한대로 통합(통일)해야 하는 정반합의 합일, 즉 변증법의 합이 포함되어 있다.

심물일체이든 물심일체이든 일체가 되어야 마음과 몸이 하나가 된다. 이때의 일체는 주체로서의 일체가 아니라 본체(本體)로서의 일체이다. 우주의 근본에 도달하려면 완전히 자아(주체)를 놓아야 한다는 뜻이다. 그러한 점에서 서양의 몸철학은 미완성의 심물철학, 미완성의 물심철학이다. 물에서 심으로 도달하든 심에서 물로 도달하든 상관없이 어느 쪽이든 도달하면 된다. 서양철학이 진정한 존재론에 도달하려면 바로 여기에 도달해야 한다. 그렇다면 동양의 심물철학, 동양의 몸·마음철학을 살펴보자.

가부장제의 허구에 의해 발생한 자아도 없고 주인도 없는 자연에서의 생사(生死)나 일반적 의미의 생멸(生滅)은 존재의 당연한 것이며, 굳이 이것은 진여(眞如)라고 말하지 않아도 된다. 그래서 존재론이나 존재론적 현상학의 입장에 서면 매사에 초연하게 된다. 자아가 없는데 무엇이 걱정인가? 소리에는 자아가 없다.

신의 천지창조는 제조적(製造的) 사고의 시작이다. 성경에는 다음과 같은 구절이 있다. "여호와 하나님이 땅의 흙으로 사람을 지으시고 생기를 그 코에 불어넣으시니 사람이 생령이 되니라"(개역개정 창세기 2:7). "하나님께서 땅의 흙으로 사람을 지으시고 생명의 숨을 그의 콧구멍에 불어넣으시니 사람이 살아 있는 혼이 되니라"(킹 제임스 흠정 역).

두 문장은 엄격한 의미에서는 뜻이 조금 다르지만, 흙으로 인간을 만들고 이어 생명을 불어넣어서 살아 있는 인간을 만든 공통점이 있다. 이에 따르면 생명은 제조된 뒤에 불어넣어진 것이다. 태초에 생명보다 제조가 먼저 있었다. '제조→생명'의 순이다. 기독교적 생명체는 제조의 뒤에 오고, 그 제조는 나중에 기계가 되는 것이다. 이미 성경에 제조적·기계적 사고가 숨어 있다. 성경은 생명을 중시하는 것 같지만 자세히 보면 제조적 사고가 우선이다. 성경은 또한 자연을 별로 중요하게 생각하지 않는다. 자연은 인간이 다스리는 대상이다.

예수는 "나는 길이요, 진리요, 생명이다"(요한복음 14:6)라고 말한다. 생명이 길이나 진리에 비해 뒤에 나온다. 불교의 '만물에 불성이 있다'는 사고와 반대이다. 더욱이 만물부처·만물생명의 관점에서 보면 '나는 생명이요, 진리요, 길이다'라고 거꾸로 배열되어야 마땅하다.

인간은 자신의 제조적 사고를 신에 투사해 신이 천지를 창조한 것처럼 해놓고, 그 제조적 사고를 자신의 권한으로 도로 가지고 왔다. 이것은 신의 소유이다. 신을 소유한 인간은 이제 마음대로 신을 부리게 된 것이다. 전지전능한 신의 자리에 인간을 대신 놓은 것이다. '신이 천지를 창조했다'는 성경 구절은 '내가 무엇을 만든다'는 과학의 구절로 대치되었다. '나(인간)는 생각한다. 고로 존재한다'는 바로 신으로부터의 인간 독립선언이나 마찬가지이다. 그런데 근본적으로 둘은 하나이다.

기독교의 인격신은 인간이 신에게 부여한 것이기 때문이다. 인격신의 등장은 바로 세계의 깨어짐이다. 신은 천지를 창조한 것이 아니라 세계의 깨어짐의 원인이다. 만약 신이 등장하지 않았다면 세계는 깨어지지 않았을 것이다. 그 깨어짐의 틈바구니에서 솟아난 것이 바로 시간과 공간이다. 유일-절대신의 기독교나 절대시공간의 과학은 같은 것이다.

절대라는 말은 상대적인 세계를 어디선가 끊어버린(깨어버린) 것이다. 깨어진 세계의 원인이 깨어진 세계를 구원한다고 하는 자가당착에 빠진 것이 바로 기독교이다. 또한 오늘날 세계의 문제를 만든 과학이 그 문제를 해결하겠다고 하는 것은 자가당착이다. 인간은 그렇게 자가당착적 존재이다.

기독교를 믿는 지역의 사람들이 비교적 다른 종교를 믿는 지역보다 잘 사는 것이 그만큼 다른 지역의 재화를 착취하고 약탈했기 때문이다. 의식과 의지와 욕망은 이성의 변형이다. 과학의 토대가 되는 이성도 욕망이고 기독교도 욕망이다. 기독교와 과학은 자연의 입장에서 볼 때는 일종의 질병이다.

인간은 마르셀의 '깨어진 세계'에서 초월적 구원을 추구할 것이 아니라 깨어진 세계의 안으로 다시 돌아가야 한다. 그 깨어진 세계의 안은 어머니의 세계이다. 이것이 기독교의 마리아의 세계이고, 불교의 관세음보살의 세계이다. 깨어진 세계는 가부장사회 혹은 권력을 추구하는 사회의 모습이다.

2) 동양의 심물철학과 마음·몸철학

동양철학자라면 누구나 심물과 이기에 관심이 크고 저마다 독특한 심물론과 이기론을 제안하고 전개한다. 이는 마치 서양철학자들이 정신과 물질과 신(神)에 대해서 나름대로 자기주장을 전개하는 것과 같다.

필자는 기본적으로 심물일원론(心物一元論)의 입장에 있다. 그러나 한자말로 된 동양철학의 심물에 그치지 않고 한글의 마음과 몸의 입장에서 이를 다시 보고자 한다. 그래서 결국 '심= 마음', '물= 몸'의 입장에 도달하고자 한다. 결론부터 말하면 한자말인 심물은 이미 두 글자이기 때문에 항상 이원화될 가능성이 있다. 그러나 한글의 '마음'과 '몸'은 한 글자인 'ᄆᆞᆷ'에 그 뿌리를 두고 있기 때문에 처음부터 일원적이라는 데서 필자의 '소리'철학과 상통한다.

하이데거의 존재론을 보면, 동양의 철학을 열심히 공부하여 독일의 철학적 전통과 연결시킨 흔적이 많이 보인다. 하이데거의 존재론을 본래의 동양의 심물과 연결시키면 '심물존재(心物存在)'가 된다. '심물존재'를 영어로 번역하면 'mind-physical Being(mental-physical Being, spiritual-physical Being)', 'heart-physical Being' 등으로 생각할 수 있을 것이다.

동양의 마음은 독일어의 'geist'나 프랑스어의 'esprit', 영어의 'mind'도 신통치 않다. 이것도 서양의 정신-물질(신체) 이분법의 영향권 안에 있다. 차라리 프랑스어의 'coeur(심장)'이 적당할지도 모르겠다. 동양에서는 예로부터 심장을 생명의 원천으로 보기에 차라리 심장으로 번역되는 'heart'를 생각할 수도 있다.

아무튼 '심물= 심물존재= 심물소리= 마음·몸(ᄆᆞᆷ)철학'이 된다. 그래서 소리철학은 필연적으로 한글의 철학이다. 소리야말로 우주가 일원이라는 것을 증명하는 셈이다. 필자의 일반성의 철학은 소리철학으로, 소리철학은 심물철학, 마음·몸철학으로 되면서 그 포괄성과 제일성(齊一性)을 넓혀간다. 결국 마음의 소리는 몸의 소리가 되고 마음의 의미는 몸의 의미가 된다.

하이데거는 마음과 몸의 소리와 의미에 대해 귀 기울일 줄 아는 보기 드문 서양 철학자였다. 하이데거는 존재를 논하면서도 '존재의 목소리(Stimme des

Seins)'[46] 라는 말을 많이 사용했다. 목소리는 자칫 현존의 목소리로 오해되기 쉽다. 그러나 이 목소리는 현상학적인 것이 아니라 존재가 존재에게 말을 건네는 것이다.

> (이것은) 교응적인 사유이기에 묻는 자가 물어진 것에 다가가는, 즉 귀를 기울이는 사유이고 물어진 것에서부터 응답이 메아리처럼 되돌아오는 것에 영향을 받는 사유이다. 이런 사유를 우리는 상관적(相關的) 사유라고 불러도 좋으리라.[47]

동양의 심물론은 서양의 정신과 물질의 이분법과는 본래부터 다르다. 동양의 심(心)이 서양의 정신(精神)이 아니고, 동양의 물(物)이 서양의 물질(物質, 肉體)이 아니라는 뜻이다. 그래서 동양의 심물론은 서양의 유심론 및 유물론과 근본적으로 다르다. 극단적으로 말하면 서양의 유심론은 유물론과 같다. 유심이 있기에 유물이 있는 것이다.

심물은 잠시라도 떨어져서는 안 된다(心物不相離). 동시에 심물은 서로 혼합되어서도 안 된다(心物不相雜). 심물은 동봉(同封)되거나 동거(同居)하는 것이다. 심물은 가역왕래(可逆往來)하고 있다. 이것은 세계의 역동성을 보장하는 것이고 세계가 '역동하는 하나의 장(場)'임을 말한다.

이는 유심론과 유물론으로 대립된 서양과는 달리 심즉물 물즉심이고, 심즉시물 물즉시심(物卽是心)이다. 심물은 심과 물의 등식(=)이 아닌 가역(可逆, 往來, ↔)을 뜻한다. 따라서 여기서 사용하는 물을 물질로 보는 것은 잘못이고, 심을 정신이라고 보는 것도 잘못이다.

세계는 물이기 때문에 심을 주장하고, 세계는 심이기 때문에 물을 주장한다. 이미 세계의 물을 체물(體物)했기에 심을 주장하고, 이미 세계의 심을 체심(體心)했기에 물을 주장한다. 심물과 물심에는 역설이 내재해 있기 때문에 선

46) 김형효, 『하이데거와 마음의 철학』, 청계, 2000, 37쪽.

47) 같은 책, 55쪽.

불리 심물을 선후와 상하로 말하는 것은 잘못이다.

그럼에도 불구하고 학문의 효용성으로 볼 때 인문학은 궁극적으로 '심물일원'이 아니면 존재이유가 없다. '물심이원(物心二元)'은 자연과학의 특징이라고 할 수 있다. 인문학이 보이지 않는 세계와 비언어적 세계에 대한 추구라면, 자연과학은 보이는 세계와 언어적 세계를 추구한다. 그러한 점에서 마르크스의 유물론은 사회과학의 과학화라는 이름으로 전 세계적으로 동원된 종교와 과학, 하늘과 땅의 유착이다. '존재의 역동성'을 '사회적 혁명성'으로 전환한 것이다. 유심론이 있기에 유물론이 있고 주체가 있기에 객체가 있는 것이고 보면 둘은 한통속이다. 결국 유심-유물, 주체-객체는 서로 대립하는 것 같지만, 동양적 음양론의 시각에서 보면 음양의 한 현상인 대칭의 역사적(시간적) 전개에 불과한 것이 된다.

세계는 유심도 아니고 유물도 아니며, 본래 자연이고 본래 소리이다. 신(神, 萬神)은 만물의 주체이면서 동시에 신앙의 대상이 된다. 물(物, 萬物)은 대상으로서의 물질이면서 동시에 질료의 주체가 된다. 그러한 점에서 말은 자연을 분리하고 이원화하는 원인이고 원수이다. 그래서 이원화된 한자 '심물(心物)'보다는 하나로 발음되는 '소리'가 더 자연의 혼원일기를 나타내는 말이다. '소리'는 자연이 본래 하나라는 것을 잘 나타낸다.

합일, 통일 혹은 통합이라는 말은 나누어진 것을 하나로 만들거나 되돌린다는 뜻이다. 이 말 속에는 인위가 숨어 있거나 전제되어 있다. 합일이나 통일은 역사적·변증법적인 결과이다. 이에 비해 심물일원은 역동적인 상관관계를 말한다. 이것은 역사적·변증법적이 아니고 상징적이다. 여기서 상징적이라는 말은 양자의 관계가 이중적이고 가역적이라는 뜻이다.

심물론은 흔히 유심론과 유물론의 통합처럼 생각하기 쉬운데 그보다는 유심론과 유물론 이전, 양자의 대립 이전의 상황이며 심물의 분별이 없는 경지이다. 유심론은 유물론과 마찬가지로 이분법의 소산이다. 이것보다는 일심론(一心論), 일물론(一物論)이 훨씬 세계의 일원상을 드러내는 적합한 말이다. 인간이 말하는 심은 결코 심이 아니며 물은 결코 물이 아니기 때문이다.

'자연'이나 '소리'라는 말에는 인위가 아니라 무위·무형의 의미가 강하다.

		문화	心物	주체(神, 萬神)↔ 대상(物, 萬物)	시각-언어
혼원일기(混元一氣), 심물존재(心物存在), 심물(心物)소리	天	종교(神 = 心)	心物一元 (인문학)	만신(萬神)은 신앙의 대상이면서 만물의 주체이다	invisible nonverbal
	人	천/지 = 종교/과학	사회과학	주체/대상: 인간은 개체이면서 집단이며, 집단이면서 개체이다	예술(art)의 유희세계
	地	과학(物)	物心二元 (자연과학)	만물(萬物)은 인간의 대상이면서 질료의 주체이다.	visible verbal
*마음속의 천지는 상징적인 관계이고, 종교는 이러한 마음속의 천지의 상호작용이다.					

모든 인위는 자연이나 본래가 아니라는 점에서 한계가 있다. 우주는 시시각각 빅뱅이고 시시각각 블랙홀이다. 우주는 스스로 내놓은 것을 스스로 거두어들여야 완벽한 존재가 되기 때문이다.

인간의 안에 음양이 있고 인간의 밖에 음양이 있을 뿐이다. 세계는 다원다층의 음양의 세계이고, 그렇기 때문에 다원다층의 음양학이 존재한다. 바로 다원다층의 음양학이 소리철학, 포노로지이다. 세계는 이제 종교와 과학이 지배하는 시대가 아니라 예술의 유희(遊戱)세계이다. 예술의 유희세계에 걸맞은 철학이 소리철학이다. 혼원일기(混元一氣) = 심물일원(心物一元) = 심물(心物)소리 = 심물존재(心物存在) = 심물음양(心物陰陽) = 자연이다.

최근 손병철은 그의 「물파주의 선언문」에서 독특한 '심물론철학(心物論哲學)'[48]을 전개한 바 있다. 필자의 소리철학과 그의 '심물론철학'은 기철학을 바탕으

---

48) 심물론철학(心物論哲學, Philosophy of Psycho-physicalism). 심물론에 의한, '심물 그 자체'가 본래 하나라는 심물일원론(心物一元論)의 철학이론이다. 미술평론가 손병철(孫炳哲)이 1997년 새로운 미술운동의 창립을 선언한 「물파주의선언문(物波主義宣言文, Manifesto of Mulpaism)」에서 처음으로 사용한 철학용어로 '심물철학(心物哲學, Philosophy of Simmul)'으로도 쓴다. 물심양면(物心兩面)의 이원론으로 분리된 서양철학과는 근본적으로 차별되는 철학이다. "사람의 마음은 기운(人心氣也)"이라는 새로운 명제와 '심물지기(心物之氣)'의 물파예술론은 기철학을 바탕으로 하고 있다. 이에 앞서 손병철은 1996년 북경대학 철학박사 논문인 「肇論通解及硏究」에서 승조의 '조론' 해석에 심물불이(心物不二), 심물합일(心物合一), 심물상생(心物相生), 심물자연(心物自然)이란 용어와 함께 '심물론(心物論)'을 사용했는데, 60년 전 발간된 그의 스승의 경문(經文)인 『자성반성성덕명심도덕경(自性反省聖德明心道德經)』에서 처음 발견된다.

로 하고 있다는 공통점을 가지고 있다. 필자는 심물합일이나 통일·통합 등을 현상학적인 차원으로, 심물일체를 존재론적 차원으로 본다. 역사·사회적 입장과 존재론적 입장은 다른 것이다.

동서양의 철학들은 정도의 차이는 있지만 은연중에 '물'을 대상으로 보는 경향이나 타성에 젖어왔다. 이는 '인간 중심'이나 '신 중심' 사고를 반영한 것이고, 동양의 이철학적 전통도 서양의 이성철학과는 다르긴 하지만 예외는 아니다. 그래서 동양의 기철학적 사고와 체계가 필요한 것이다. 서양의 이성중심주의 철학은 바로 유심론적 철학과 유물론적 철학을 낳았다.

유물론적 철학도 이성중심주의 철학의 산물이다. 기철학은 본질적으로 이성중심주의 철학이 아니다. 그러한 점에서 유물도 유심도 아니다. 유물론과 유심론의 통합이라는 것도 실은 이성주의의 연장선상에 있다. 심물의 통합이나 합일이라는 것도 역사적 변증법의 산물이다. 통합이라는 것은 본래 하나인 것이 아니라 둘 혹은 여럿으로 갈라진 것을 하나로 통합하는 것인데 반해 기일원론은 유물, 유심 이전의 '하나의 총체성(전체성)'으로서의 우주라고 말할 수 있다.

인간을 중심으로 보거나 신을 중심으로 보면 '물'을 대상화하지 않을 수 없다. 우주의 전체성과 총체성을 말할 때, 예컨대 물과 심이라는 두 단어를 쓰면 아무리 그것의 합일을 주장한다고 하더라도 어딘가에 이분법의 흔적이 남아 있다. 이것은 궁극적으로 인간이 사용하고 있는 언어의 문제이다. 그래서 동양의 선(禪)불교에서는 불립문자(不立文字)를 주장하고 있다. 이는 문자나 언어를 사용하면 이미 '나누어진 세계'를 전제하게(빠져들게) 되기 때문이다.

동서양을 막론하고 하늘[天]과 마음[心]을 높이는 반면, 땅[地]과 몸[物]을 천시하는 경향이 있어왔다. 서양의 경우 물질숭배에 빠진 것은 근대 과학문명을 이루고부터이다. 이는 오랫동안 하늘과 마음이 천지와 심물을 대표했기 때문이다. 이제 적어도 이 둘을 나누거나 차별하지 않는 것이 현명할 것 같다. 우주는 '기운생동의 총체상'이고 '하나의 공명하는 소리'이다. 물은 '대상으로서의 물질'이 아니라 물 자체, 물 전체, 일기(一氣)이다.

소리에는 하늘과 땅이 없다. 소리에는 심과 물이 없다. 소리에는 인간과 사물의 구분이 없다. 소리는 소리일 뿐이고 공명하는 파동만이 있을 뿐이다. 그래서 '소리=기'이고 둘은 하나인 것이다. 서양문명의 이성주의와 이원론, 그리고 동양의 주리적(主理的) 사고를 극복하려면 '기철학'과 '소리의 철학'이 필요하다.

서양에는 동양의 '마음'에 해당하는 단어가 없다. 독일어의 'geist'와 프랑스어의 'esprit'는 '정신'으로 번역되며, 마음이 아니다. 영어의 'mind'도 마음으로 번역되기는 하지만 동양의 '마음'이 아니다. 프랑스어에서 'coeur'를 심장을 나타내는 말로 차라리 '마음'으로 변역될 만하다. 이는 동양의 마음이 심장과 관련 있는 것이고 보면 상통하는 바가 있다. 기독교에서는 'spirit'를 '성령'이라고 한다.

서양의 현상학이 성공한 것은 바로 '몸'의 발견에 있다. 마르셀의 구체철학, 메를로퐁티의 '몸'철학은 그 좋은 예이다. 현상학의 나머지 영역, 예컨대 의미대상, 초월성, 기호의 발견은 종래 물리적 시공간에서 벌어지는 과학, 종교, 언어가 의식에서 어떻게 구성되는지, 그 발생학을 밝힌 것에 불과하다.

서양의 몸철학은 서양철학이 동양의 마음으로 통할 수 있는 교량 역할을 했다. 특히 메를로퐁티의 '살'은 바로 몸이 물질이 아니며 마음이라는 것을 말해준다. 서양철학은 이제껏 정신과 물질을 찾았다. 오늘날 서양과학은 유물론의 바통을 받아 실질적으로 물질로서의 정신을 증명하려고 노력하고 있다. 유물론은 사회과학적으로는 실패했지만, 자연과학적으로는 아직 진행되고 있는 셈이다.

오늘날 과학철학은 철학이 과학의 시녀 노릇을 하면서 과학을 인문학적으로 해석하고 뒷받침하고 있다. 과연 철학이 과학의 시녀로서 그 삶을 마쳐야 하는 것인가? 정신과 물질의 이분법으로는 철학이 과학을 어찌 할 도리가 없다. 그러나 철학이 마음과 몸을 되찾을 때 과학을 다시 앞설 수 있을 것이다. 과학이 아무리 발전해도 설명하지 못하는 세계가 있다. 그 세계는 바로 마음[心]·몸[物]의 세계이다.

철학은 더 이상 보편성, 형상, 원리나 법칙을 찾는 보물찾기가 아니다. 철학은 이제 우주를 구성하고 있는 일반성, 질료, 사물에 귀를 기울여야 하고, 사물을 대상으로 이용하려고 하는 인간 중심의 목적론이 되어서는 안 된다. 이제 철학은 개념의 구성이 아니라 존재일반, 존재 그 자체, 물, 그리고 삶 그 자체에 도달해야 한다.[49]

일반성의 철학이라는 관점에서 보면 만물은 평등하고 행복하다. 이것이 불교의 부처이고 해탈이다. 이를 두고 만물에 불성(佛性)이 있다고 말한다. 만물은 불성이 있는 것이 아니라 이미 부처이다. 만물은 구성되어 있지 않고 서로 연관되어 있다. 이를 불교에서는 연기(緣起)라고 한다. 이를 다시 후대에 제자들에 의해 혹은 인간의 자아의식과 설명에 의해 초자아적 구성철학으로 바꾼 것이 오늘날 불교라는 종파적 종교이다. 그러한 점에서 불교마저도 없어지는 것이, 종교가 없어지는 것이 바로 불교가 추구하는 무상평등(無上平等), 무상정등각(無上正等覺)의 세계가 아닐까? 초자아적 의미의 부처도 없다.

결국 철학은 반(反)철학이 될 수밖에 없고 종교는 반(反)종교가 될 수밖에 없다. 철학은 '삶을 유지하기 위한 말의 체계'이다. 시공간의 차이에 따라 저마다의 철학이 다른 것은 저마다의 삶이 다르기 때문이다. 철학이 있기 전에 삶이 먼저 있다. 삶은 무의식적이고 본능적이다. 인간은 여전히 자연이고 본능이다. 자연의 일부로서 이성이, 자연의 일부로서 본성이 있는 것이다. 이것을 서양에서는 이성(理性)이라고, 동양에서는 성리(性理)라고 말해온 것이다.

따라서 철학은 삶을 후차적으로 정리하면서 삶에 피드백으로 영향을 주는 것이다. 그런데 그동안의 철학은 삶을 선험적으로, 초월적으로 정리하는 의식적이고 이성적인(도덕적인) 작업이었다. 인간은 '생각하기 때문에 사는' 존재가 아니고 '살기 때문에 생각하는' 존재이다. 그런데 생각하는 동물인 인간은 삶과 생각을 서로 피드백하면서 살아간다. 후기근대의 해체철학은 삶에 더 비중을 두는 철학적 선회이다.

철학은 인간의 삶을 관리·감독하는 것이 아니고 삶의 본능과 본성을 관망·해석하는 것이다. 관망·해석의 정점이 바로 관음(觀音)이다. 철학은 이제 삶의

49) 박정진, 『철학의 선물, 선물의 철학』, 소나무, 2012. 이 책에 보다 상세한 진술이 있다. 많은 도움이 될 것으로 생각되기에 독자들에게 권하는 바이다.

<table>
<tr><td>서양철학</td><td>동양철학</td><td>한국철학</td><td rowspan="4">몸</td></tr>
<tr><td>추상화·개념화</td><td>심물일체(心物一體)
이치(理)/기운(氣)</td><td>몸·마음일체</td></tr>
<tr><td>정신/육체, 주체/대상</td><td>심(心)
천(天)/인(人)</td><td>마음</td></tr>
<tr><td>물(物, physis)</td><td>물(物)
정(情)/경(景)</td><td>몸</td></tr>
</table>

이런저런 소리를 듣는 것일 수밖에 없다. 그러한 점에서 철학은 보편성의 시대에서 일반성의 시대로 선회하고 있다.

그동안 이성중심주의 철학은 보편성 속에 일반성을 넣어버렸고, 마치 일반성을 매개변수처럼 사용했다. 이는 철학의 전체주의라고 말할 수 있다. 철학의 전체주의는 삶의 전체성(totality, wholism)을 무시하고 삶을 경직되게 하고 획일화하는 데 기여했다. 삶은 본능적으로 가장 활발하게 교류하고 교차하게 되어 있는데 철학과 도덕과 제도는 인간의 삶을 자신의 뜻에 맞도록 칸막이에 넣어서 삶을 차단했다. 그런 점에서 인간은 '도덕적 삶'이 아니라 '축제적 삶'으로 돌아가야 한다. 물론 그동안 인간의 삶이 축제를 잊어버린 것은 아니다. 자연으로부터 발생한 본능적이고 축제적인 삶은 언제나 자신을 달성하고야 마는 성질을 가지고 있다. 축제적이고 재미있는 삶을 영위하기 위한 철학적 뒷받침이 필요한 시점이다. 인간의 삶은 도덕이나 과학으로 해결할 수 없다.

서양 철학사에서 정신과 대립되는 육체, 주체와 대립되는 대상이 아닌 물(物, physis) 혹은 물 자체에 대한 관심은 스피노자, 니체, 프로이트, 베르그송, 하이데거로 이어진다.

베르그송은 생명의 창조적 진화를 주장한다. 또 지성과 직관을 구분하고 직관에 기초를 둔 형이상학이 지속·생성·진화를 파악하여 그것으로써 과학을 보완해야 한다고 주장한다. 또 사회는 폐쇄된 사회와 개방된 사회의 두 가지가 있는데, 개방된 사회를 지향해야 한다고 역설한다. 베르그송의 장점은 '정신과 물질' 사이에 '의식과 생명'이 존재하고 있음을 상기시킨 것이다. 그 후 의식의 철학인 현상학이 전개되고 동시에 정신과 물질의 이분법에서 벗어나는 무의식의 철학인 존재론 철학이나 해체론의 철학이 등장할 공간을 마련했다고 할 수 있다.

프로이트는 직접적으로 해체철학에 공헌한 것은 아니지만 의식 대신에 무의식을 주창함으로써 의식적 차원에서 논의되던 철학적 담론을 무의식과 욕망의 차원인 심층으로 들어가게 한 공로가 있다. 프로이트는 꿈을 무의식에 은폐된 소원성취라고 해석한다.

후설의 현상학과 프로이트의 무의식의 세례를 받은 라캉은 무의식을 언어로 환원시킬 수 있다고 주장한다. 라캉에게 욕망은 언어이다. 말(언어)은 허공(백지)에 던지는(그리는) 페니스인 셈이다. 모든 비어 있는 것(자연)은 버자이너이고, 그것을 채우는 것은 페니스(남성)인 것이다. 데리다의 에크리튀르는 같은 현상학적 차원으로서 단지 이성 중심의 철학을 해체의 시각에서 바라볼 뿐이다. 그렇다고 이성 중심을 완전히 벗어난 것은 아니다.

원시·미개인들은 자신의 몸에 '보디페인팅'을 한다. 이는 자신의 표현의 욕구를 몸에 실현하는 셈이다. 자신의 몸을 마치 그림의 바탕(素) 혹은 캔버스·백지처럼 생각하는 것이다. 마찬가지로 남자는 여자를 그러한 백지처럼 생각하는 경향이 있다. 남자들이 여자의 몸에 정충(씨)을 뿌리는 성적(생리적) 행위는 심리적으로 여자의 몸에 글씨를 쓰는 것과 같으며, 그러한 행위는 문명이라고 말하는, 사회적 공간에서 제도를 만들고 물리적 시공간에서 과학을 형성하는 것으로 은유된다. 결국 남자들의 여자들에 대한 관음증과 과학은 불가분의 관계에 있다.

여자의 자궁(구멍)은 자식을 낳고, 남자들은 폭발하는 인구를 부양하기 위해서 전쟁도 불사하고 산업을 발달시키고 과학을 발달시켜서 오늘날 우주를 정복하기에 이른 셈이다. 관음증은 천문학과 입자물리학이라는 거시·미시 물리학을 형성하기에 이른다. 아마도 인구 증가라는 동인이 없었으면 인류의 문화는 오늘날처럼 거대한 외연을 형성하지 않았을 가능성이 높다. 성경의 낙원 추방은 결국 외연을 넓힌 것이다.

서양철학은 매우 가부장적 철학을 구사하고 있다. 이는 어쩌면 인도유럽어문명권 전체의 문제이기도 하다. 인도유럽어문명권 속에서 불교는 기독교와 대척점에 있기는 하지만 초월성이나 절대성에서 완전히 제외되는 것은 아니다. 불교는 기독교에 비해서는 가부장적 요소가 덜할 뿐만 아니라 어떤 점에서는 모성적 요소를 매우 강조하는 편이지만 음양사상을 위주로 하는 한자문명권과 비교하면 여전히 가부장적이다.

기독교와 불교의 큰 맹점은 바로 몸에 대한 부정적인 생각이다. 그러한 점에서 기독교와 불교는 인류에게 베풀어준 많은 종교적 기여와 교리적 장점에도 불구하고 몸에 대한 부정적인 생각을 퍼뜨린 이데올로기로서의 단점이 있다. 이들에 의해서 몸은 얼마나 큰 상처와 모독과 오해를 받았던가? 두 종교의 결정적 결함은 바로 몸에 대한 잘못된 생각에 그 근본적인 병인이 있다.

인간이 여인(여성)의 몸으로부터 태어나는 것이 무슨 잘못인가? 이것보다 인간 스스로가 자연의 산물임을 깨닫게 되는 사건은 없다. 여성에게 태어남은 기독교의 천지창조보다 훨씬 위대한 천지개벽의 사건이고, 진실한 사건이다. 그 태어남은 우주적 빅뱅과 블랙홀의 현존적(현재적이 아니다) 사건이다. 이때 현존적이라 함은 자연과 조금의 간격과 차이도 없는 자연 그 자체의 사건, '존재적 사건'이라는 뜻이다.

불교는 이 사건, 인간의 탄생을 고(苦)의 시작으로 보았고, 기독교는 여인의 몸에서 태어남을 모독하기 위해서 무염수태(無染受胎)를 주장했다. 이 얼마나 남성의 위선과 거짓이 한꺼번에 저장된 이데올로기의 초월적 산물인가! 생멸은 당연한 것이고, 여자가 남자를 만나서 아이를 낳는 것은 만고의 진리이다. 이는 불교와 기독교가 태어나기 이전에 일어난 인류의 일상이고 인간을 인간이게 하는 사건이다.

이것 말고 진리가 어디에 있고, 길이 어디에 있고, 생명이 어디에 있고, 빛이 어디에 있다는 말인가? 이것 이전에 무엇이 있다는 말인가? 불교는 진리라는 말보다 진여라는 말을 씀으로써 진정한 진리가 어디에 있는가를 은유적·암시적으로 표명하고 있다. 진여란 진리(眞理)의 이(理)가 아니라 '~ 같은(然)'의 의미인 여(如)자를 진(眞)의 앞에 두고 있다. 그런데 여(如)는 계집 여(女)자와 구멍 구(口)자의 합성어이다. 진여의 상징을 종합적으로 말하면 진리란 여성성에 도달하기 위해서 가부좌를 틀고 있는 인간(남성)에 지나지 않는 것이다.

가부장제의 시작과 더불어 여성은 몸을 재생산하는 어둠의 대명사가 되고, 남성은 빛이 되고 진리의 담당자가 되었다. 인간의 초월의식은 가부장제의 의식적 반영의 결과이다. 그와 더불어 인간의 몸은 천시되었고, 어둠의 대명사가 되었고, 여성은 음란한 동물이 되었다. 이는 모두 아이를 낳지 못하는 남성의 여성에 대한 콤플렉스의 반영이고 자기투사인 것이다.

가부장제와 더불어 여성은 아이를 재생산하는 공장으로서의 의미를 갖게 되었고, 남성은 아이 대신에 인간의 몸의 밖에서 다른 생산을 하는 것(공장생산)을 최고의 가치(가격)로 매기면서 가부장제의 연장인 국가와 이를 뒷받침하는 고등종교와 정의와 도덕이라는 깃발을 앞장 세워 세계를 정복과 지배의 제물(대상)로 삼았던 것이다.

여기에 전 지구적으로 유행한 하늘[天]사상은 가부장제의 형성에 지대한 공헌을 했다. 하늘을 흔히 자연을 대신하는 용어로 자리매김하면서 권력을 행사하기 시작했고, 그 권력은 전제주의를 넘어서 때때로 전체주의의 광풍으로 몰아쳤다. 전체주의란 가부장제의 거짓과 위선에 대한 자연의 보복인 것이다.

우주(자연)의 전체성은 은유적으로 달성될 수밖에 없다. 은유는 단지 말이 그렇게 되는 것이고, 흘러가는 것이고, 결코 그 전체성을 소유하거나 정지시키지 않고 노래하기 때문이다. 이에 반해 전체주의는 전체성을 환유적으로(역사적으로) 실현하려는 것이기 때문에 항상 실패로 끝난다. 환유는 존재에 대한 소유이고, 소유는 전체성을 깨뜨리기 때문이다.

전체주의란 가부장제에 의해 등장한 절대주의(의식)가 자연의 모성성(무의식)에 대한 향수를 잊지 못해 간헐적으로 발광하는 인간의 무차별적인 정치적 테러인 것이다. 그런데 이 전체주의는 항상 이상주의 혹은 낭만적 이상주의의 천사를 표방하다가 급기야는 그 악마성을 드러낸다. 기독교 성경의 구조는 천사가 악마가 되고 악마가 천사가 될 수 있는 이중성을 드러낸다. 마르크시즘이야말로 역사적으로 실천된, 천사가 악마가 되는 구조이다.

이 모두 인간의 몸과 구체성(생명성)에 대한 정신과 추상성의 폭력인 것이다. 인간은 자연적 존재이면서 동시에 제도적 존재자이다. 제도라는 것은 필요한 것이지만, 그 필요가 존재 자체를 위협할 때 인간은 속수무책이 된다. 그래서 필요는 위험한 필요인 것이다. 몸과 구체성에 대한 폭력은 남성의 여성에 대한 철학적·형이상학적 폭력인 것이다.

정신(마음의 변형)을 형이상학이라고 하고, 물질과 육체(몸의 변형)를 형이하학으로 한 것 자체가 잘못된 철학적 분류이다. 몸은 형이하학적 존재가 아니다. 몸이야말로 존재의 진면목으로서 세계의 현존이고, 시공간을 초월한(시공간의 틀에 매이지 않은) 존재로서 세계적 물(物)에 관여하는 주인이며 매개이다. 몸이 없는 세계에의 관여란 없다.

가부장제, 남성의 초월의식이란 인간의 몸을 떠난 의식화이며 자연이 아니다. 전반적으로 초월의식이란 인간의 의식이 무의식의 전체성과 만나면서, 그 전체성에 이름을 붙이면서 비롯되는 허상이며 허명이다. 그것은 위선과 인위와 위(僞)의 극치이며, '너무도 인간적인'(니체의 말) 권력 의지의 출발이다. 그러한 점에서 미래의 철학은 인간의 몸으로, 여성으로 돌아가야 한다. 그곳에 인간의 평화와 평등과 자유와 사랑이 있다.

3) 기독교와 불교의 이면에 있는 철학과 과학: 기독교는 불교의 현상학, 불교는 기독교의 존재론

기독교와 불교는 둘 다 가부장사회의 고등종교로서 하나님과 성모 마리아를, 부처와 관세음보살 등 남성성과 여성성의 신격을 두고 있지만 여성성을 원죄(기독교)와 관련짓거나 죄업이 많기 때문에 과중한 수련(불교)의 과정을 거쳐야 하는 것으로 본다. 이는 우주적 여성성에 대한 모독일 뿐만 아니라 폄하 내지 심지어 음모적 성격을 가지고 있다고 해도 과언이 아니다. 그러한 점에서 불교도 가부장사회를 지원하는 이데올로기적 성격이 강한 편이다.

불교와 기독교는 둘 다 인도유럽어문명권의 종교로서 불교의 중동 유대지방의 한 지파가 기독교였을 가능성이 높다. 라다크의『이사전』[50]은 더욱더 불

50) 라다크는 예수의 이야기로 추정되는『이사전(Issa傳)』이 발견된 곳이다. 이사(Issa)란 예

교와 기독교가 하나의 뿌리였음을 연상케 한다. 기독교와 불교의 공통점을 찾는 것은 어렵지 않다. 특히 '절대(하나님 아버지)'라는 말을 '마음'에 넣어버리면 기독교는 불교가 된다. 이는 초의식의 '무의식으로의 여행'이라고 할 수 있는데 초의식과 무의식의 융합이다. 기독교의 신약은 구약과 달리 비유법이 많이 등장하는데 이는 불교에서 크게 영향을 받은 것으로 보인다.

기독교는 불교의 유대지방의 한 지파가 로마의 힘을 빌려서 세계종교화된 것이다. 불교적 교리를 유대지방의 사람들이 알아듣게끔 말하면 바로 기독교가 되는 것이다. 이는 기독교의 십계명이나 불교의 중심 계율의 내용이 크게 차이 나지 않는 데서도 알 수 있다. 불교 교리상 부처는 중성이라고 하지만 이는 후대의 논리적(합리적) 조작이고, 실제로 부처는 남성이다. 이는 기독교의 예수가 남성인 것과 같다. 알파벳 표음문자, 나아가서 인도유럽어의 욕망과 의지가 언어에 잘 반영되어 있다. 서양철학과 과학, 기독교와 불교는 같은 뿌리라는 것을 인식할 필요가 있다. 기독교나 불교뿐만 아니라 모든 고등종교는 강도의 차이는 있지만 경전에 초월적 세계를 담고 있다. 이는 가부장제의 전지구적 분포와 국가의 등장과 관련이 있다.

그러나 진정한 부처는 원시모계사회의 괴물(유령, 귀신)이다. 괴물이라는 초자아는 가부장사회가 되면서 괴물이 아닌 선(善)의 화신(化身)으로 포장되었다. 부처는 없기(nothing) 때문에 있는 존재이다(nothingless). 신도 없기 때문에 있는 존재이다. 찰나생멸의 현존(비시간의 점)을 현재로 설정하고, 그것을 기준으로 과거와 미래로 이분화한 것이 예수-재림예수, 부처-미륵부처이다.

국가가 등장하기 이전에 이미 인류는 초월적 존재가 필요했다. 마을사회, 부족사회에서 국가사회로 넘어가면서 지역을 떠나서 사람들을 지배하고 설득할 수 있는 보편성과 문화적 장치가 필요했던 것이고, 종교나 정치철학이

수(Jesus)의 동양식 이름인데 페르시아, 아프가니스탄을 비롯한 중앙아시아의 광범위한 지역에서 '이사'라는 인물에 대한 이야기가 전승되고 있다. 1887년에 러시아의 언론인인 니콜라스 노토비치(Nicolas Notovich)가 캐시미르를 거쳐 라다크를 여행하면서 헤미스 사원에서 『이사전』을 발견했다. 1894년 프랑스어로을 출간하고 나서 세상에 알려지게 되었다(영문판 이름은 *The Unknown Life of Jesus Christ*).

이를 뒷받침했던 것이다.

인간은 의식적인 존재이다. 모든 존재가 의식적인 존재는 아니지만 인간은 의식적인 존재이다. 의식이라는 말은 철학사로 볼 때 현상학의 등장과 더불어 많이 사용되긴 했지만, 의식의 등장은 인류학적으로 볼 때 인간의 대뇌용량의 증가와 관련 있다. 의식과 무의식, 초의식의 관계를 보면 의식이 생겼기 때문에 그것과 다른, 의식 이전에 형성된 것을 무의식 혹은 본능이라고 지칭하고, 무의식을 포함하면서 의식 전체를 총괄하여 지칭하는 초의식이 필요했을 것이다.

말하자면 무의식과 초의식은 의식이 생성됨에 따라 자연스럽게 형성된 것이다. 1과 3(1↔ 3)이, 혹은 2와 1(2↔ 1)이 가역·왕래하는 역동적 구조가 대뇌에서 발생한 셈이다. 인간 의식의 발달은 구석기시대부터 시작되었다. 언어의 사용과 종교와 예술의 등장은 이를 잘 웅변해주고 있다. 그러나 의식은 특히 신석기시대에 비약적으로 집중적으로 발전했고, 이는 초기 국가시대와 맞물린다. 초의식의 발달은 국가의 등장과 밀접한 관련이 있을 것이다.

의식은 언어와 의미의 문제이고, 언어는 세계를 향해 열린 우주적 틈새(균열, 열림, 포개짐)로써 인간을 규정한다. 이는 마치 인간이 어머니의 몸에서 태어날 때 자궁이라는 틈새를 통해 나온 것에 비유할 수 있다. 인간은 어머니의 몸이라는 자연의 틈새에서 태어났지만, 동시에 언어의 틈새를 통해 다시 태어난다. 인간은 무엇보다도 말하고 쓰는 존재이다.

언어의 등장 이전에는 자연의 변화와 생멸에 따라, 즉 만물은 본능적(자연적)으로 살았을 것이다. 이를 흔히 인간의 의식적 역사와는 달리 무의식의 역사 혹은 진화의 역사라고 말하기도 한다. 의식의 역사보다 무의식의 역사가 비교가 안 될 정도로 길다. 무의식의 역사는 마치 영원과도 같아서 의식의 역사는 순간에 비유될 정도이다.

인간의 의식은 초의식은 물론 무의식에 대해서까지 언어, 즉 통사구조로 설명하고자 한다. 통사구조는 반드시 '주어(주체 의식)'를 필요로 한다. 이는 애초에 자연적 존재이면서 동시에 자연을 바라보는 '밖의 의식(주체-객관적 의식, 타자 의식)'이 있었기 때문에 가능한 일이다. 이는 인간이 어떤 실체(substance, identity, reality)를 가정하는 실체적 사고를 하기 때문일 것이다. 실체가 있어야 '안-밖'이 존재하기 때문이다.

인간이 정신적 동물임을 스스로에게 선언한 호모사피엔스사피엔스라는 명명 자체가 인간의 초월성과 함께 인간이 역사적 존재임을 과시하는 것이다. 인간의 이중성은 의식과 무의식, 의식과 초의식, 무의식과 초의식의 관계에서 발생한다. 의식과 무의식의 이중성은 역사적 존재이면서 자연적 존재라는 것을, 의식과 초의식의 이중성은 역사적 존재이면서 종교적 존재라는 것을, 초의식과 무의식의 이중성은 종교적 존재이지만 여전히 자연적 존재라는 것을 말해준다.

의식과 언어는 인간을 우주적 틈새의 존재로 만들었고 초의식을 만들었다. 초의식 및 초월성과 연결되는 철학적 용어들은 부지기수이다. 초자아, 초월적 이념, 초월적 주체, 영원한 대상, 신, 부처, 천국, 극락, 그리고 시간과 공간도 초월성을 담을 수 있는 프레임이 된다. 이렇게 보면 인간의 문명은 수많은 초월성으로 둘러싸여 있음을 확인할 수 있다. 그런데 정작 그 초월성은 인간의 의식이 무의식과 만나면서 만들어낸, 무엇을 지칭해야 하는 존재의 특성으로 인해 발생한 가공(허구)의 존재이다. 마치 유령과 같은 것이다.

철학이 그동안 신주처럼 받들던 보편성이라는 것도 실은 추상과 초월의 산물이다. 어떻게 보면 인간은 초월의 유령과 더불어 살아온 셈이다. 초월의 세계가 영혼의 세계이든 의식의 세계이든 혹은 무의식의 세계이든 간에 현상학의 초월적 이념의 세계와 통한다. 이 초월적 이념과 직관적(주관적) 대상이 물리적(시각적) 세계로 옮겨오면 물리적 대상이 된다.

초월적 의식과 물리적 대상, 신앙의 대상은 쉽게 선후·상하·좌우·내외로 전이될(미끄러질) 수 있다. 이는 초월적 주체와 대상의 교체를 통해 이루어진다. 이러한 초월적 주체와 대상을 만드는 것도 실은 본능적 직관이거나 직관적 본능의 결과였기에 결코 틀렸다고 나무랄 수는 없다. 그렇게 살도록 저절로 만들어진 것이다. 이성적 존재로서의 인간도 자연이 그렇게 살도록 만들었기에 여전히 자연이다.

초자아는 자아를 유지하기 위해 필요한 것인지도 모른다. 통사구조의 주어는 누구나 될 수 있고 또 여럿일 수 있다. 그런 점에서 주어는 복수이다. 그래서 복수인 주어를 관장하는 초월적 주어가 또 필요하다. 그래서 자아는 초자아를 필연적으로 발생시킨다. 초자아가 바로 초월적 자아이다. 인간의 생각 자체가 자연에 대해 초월이고 추상이다. 초자아는 자아(의식)가 무의식(자연, 어머니)을 만나서 이루어지는 의식적 아버지 대부(代父, God father)인 셈이다. 인간은 오랫동안 대부와 더불어 살아왔다. 실지로 생부(生父), 즉 생물학적 아버지가 있지만 그것을 크게 의식하지 않은 채, 때로는 잊은 채 살아왔다. 또한 대지(大地)의 여신을 잊어버렸다. 대지의 여신이 바로 몸이다.

대상으로서의 신을 섬기는 '신앙(信仰)'과 스스로의 깨달음을 추구하는 '신행(信行)'은 다르다. 신앙은 절대유일신에게 모든 것(원죄와 구속)을 맡기는 신앙의 형태라면, 신행은 스스로에게 절대성을 부여하는 행위이며 실천이다. 신행은 스스로에게 모든 책임과 인과응보를 묻는다. 기독교는 신앙이라면 불교는 신행이다.

그러나 기독교가 의타종교로서 인격신인 절대유일신(여호와)을 섬기면서 다른 신을 섬기지 말라고 하는 것과 불교가 자력종교로서 인간 스스로의 깨달음을 목표 삼은 것은 언표(기표)상으로는 정반대인 것 같지만 현상학적으로는 같은 것일 수 있다. 인간의 종교는 대상으로서의 초자아를 두고 있기 때문이다. 기독교가 하나님을 대상으로 믿는 것이라면 불교도 부처님을 대상으로 믿는 것이라고 할 수 있다. 신앙의 대상이라는 것은 현상학적 영역에서는 초월적 이념이다. 이것이 어떻게 신앙의 형태를 갖느냐는 것은 서로 다른 문화권 혹은 문명권의 문제이다.

불교와 기독교가 같은 뿌리를 가지고 있다는 것은 기독교보다 약 500여 년 앞선 불교가 중동의 유대문명권에 전파되고 변이된 것이 바로 기독교라는 뜻이다. 인도-티베트의 부처는 유대-기독교문명권에서 쉽게 유일신으로 번역될 수 있다. 불교의 법화경이 번역된 것이 기독교라는 설은 그 좋은 예이다. 동시에 불교적 자각은 다른 신을 믿지 말라는 말로 번역될 수 있다. 그렇게 설명하지 않고 어떤 말로 절대유일신 문화권에서 부처를 설명할 수 있을 것인가?

자연에는 본래 우상(偶像)이 없다. 그런데 인간이 만든 세계는 도처에 우상이라는 환상이 존재한다. 우상은 인간이 만든 것이다. 인간은 우상을 만들어야 직성이 풀리는 존재이다. 불교에 우상이 없음을 깨달은 자가 기독교의 중동과 서양에 건너갔을 때 이를 어떻게 설명할 것인가? “나 이외의 다른 신을 믿지 말라.” 이렇게 말할 것이다.

이것이 기독교의 절대라는 것이다. 이때의 ‘나’는 각자 ‘자기 자신’ 혹은 ‘말하는 자, 자신’ 혹은 ‘객관적인 절대신’이 될 것이다. ‘나’라는 말도 애매모호하다. 또한 애매모호하기 때문에 많은 신앙인을 끌어들일 수 있는 것이 종교이다. 기독교는 한마디로 불교 법화경의 유대교·유대문명권의 번안이라고 해도 과히 틀리지 않는다. 이 같은 사실은 미래 인류 종교 통합의 청신호가 된다. 불교와 기독교가 그 뿌리가 같음을 안다면 유교와 기독교, 나아가서 유교와 선교의 통합도 불가능한 것이 아닐 것이다. 그래서 유·불·선·기독교의 통합이 이루어질 수도 있을 것이다.

우리는 그동안 문화권의 자장(磁場)을 간과하고 경전의 언표적 어구에만 몰두했다. 인류 문명사로 볼 때 불교 경전들이 한자로 번역된 것은 인류 문명의 융합 가운데 최고의 불꽃이었지만, 이보다 먼저 있었던 것이 불교의 탄생이다. 이 점을 흔히 간과하기 쉬운데 불교의 탄생이야말로 인류의 동서고금의 문명의 융합의 결과였다. 한자문명권과 인도유럽어문명권의 만남에서 비롯된 것이다. 나중에 부처님이 된 싯다르타라는 인물은 바로 그 완충지역(경계지역)의 작은 왕국인 카필라성의 왕자가 아니었던가!

석가모니의 설법이 있은 지(불교가 세상에 모습을 드러낸 후) 약 500년 뒤에 그리스도교가 탄생했다. 또 거의 1천 년 뒤에 불교 경전의 번역이 한자로 이루어졌으며, 불교가 탄생한 지 2,500여년 만에 서양의 해체철학자들은 불교와 기독교와 서양철학의 뿌리가 같음을 확인하게 된다. 기독교는 불교의 현현, 현상학이라고 말할 수 있고, 불교는 기독교의 은적, 존재론이라고 말할 수 있다. 참으로 인류 문명사의 긴 여정이라고 하지 않을 수 없다.

서양의 해체철학자들이 불교에 심취하는 것은 당연하다. 이들은 서로 매우 이질적인 것을 만난 게 아니라 서양철학의 오랜 여정 끝에서 자신의 고향을 찾은 셈이다. 불교만큼 존재를 철학화한 것, 존재를 철학적 언어로 환원시킨

(설명한) 것이 인류 문명에 또 있을까? 불교의 역설의 진리는 바로 해체철학자들의 전범이었고, 출구였고, 구원이었다.

서양의 절대-상대론은 동양의 음양론에 완전히 굴복하게 될 것이다. 음양은 실체가 없는 사상이다. 음양사상은 불교사상보다 자연과 존재, 자연적 존재에 정통한 사상이다. 불교는 서양의 인도유럽어와 동양의 한자문화권의 음양사상이 인도 북부 및 네팔 지역에서 만나서 이룬 인류 최고·최대의 문화 융합의 산물이었다. 격의불교는 그러한 성과를 다시 한자로 옮겨놓은 것에 불과하다. 생멸조차도 음양이다. 이기도 음양이다.

이에 비해 한글문화권의 소리철학사상은 자연이 소리라는 것을 일찍이 터득한 민족의 자연철학사상으로서 이미 절대-상대론을 넘어선 것이다. 자연이야말로 존재이고, 존재는 그러한 점에서 자연적 존재이다. 인간이 만든 모든 문명은 제도적 존재자이다.

존재는 인류의 고향이고 어머니이다. 존재는 아버지처럼 부계(父系)라는 거짓출계와 가공의 권력을 만들지 않는다. 어머니와 자식은 몸으로 연결된 존재이다. 몸 이외의 다른 언어가 필요 없다. 태초에도 그렇고 지금도 그렇다. 어머니(암컷)가 자식(새끼)을 낳는 일은 그렇다. 남자(수컷)가 여자(암컷)를 사랑(교미)하는 것도 그렇다. 이를 두고 일반적이라고 말할 수 있다. 보편적인 것은 가공이지만 일반적인 것은 자연 그대로이다.

서양철학의 존재론을 동양철학에 비유하면 존재는 태극음양에 해당하고, 존재와 존재자의 관계는 음양, 존재자와 존재자의 관계는 양음이 된다. 존재자의 단계는 태극이 이미 음과 양으로 갈라진 것이다. 그런데 그 갈라짐이 음을 우선하느냐 양을 우선하느냐에 따라 갈라짐의 성격이 달라진다. 양을 우선하면 존재자를 우선하는 것이 되고, 음을 우선하면 존재를 우선하게 된다. 결국 존재자 대 존재자는 양음의 관계가 된다. 양음의 관계는 색공(色空)의 관계, 유무(有無)의 관계와 같다.

존재는 '기-구체성-조상(祖上)'과 연결되고, 존재자는 '이-추상성-신(神)'과 연결된다. 그런데 서양철학의 이성과 동양철학의 이는 다르다. 이성과 성리는 다른 것이다. 이성은 사물을 '주체-대상'의 이분법으로 보는 반면 성리는 사물을 '이-기'의 상관성으로 본다. 그래서 동서철학의 비교에서 편차와 간극이 생기게 된다.

철학은 물리학을 기준으로 형이상학에서 출발했다. 그러나 오늘날의 철학은 형이상학에서 형이하학으로 내려왔을 뿐만 아니라 언어의 차원을 벗어나서 '느낌의 철학'으로 넘어가고 있다. 느낌의 철학은 대상화된 감각이 아니라 느낌의 교감이나 소통 그 자체를 말하는 것이다.

'느낌'이 철학의 화두가 되는 순간 일상의 삶을 사는 모든 사람은 이미 철학자이다. 삶 자체가 철학이 된다. 이것은 그동안 보편성을 추구하던 철학과 달리 '일반성의 철학'이며 '생활의 철학화'이다. 이것은 또한 필자가 예술인류학에서 주창한 '생활이 바로 예술이다'라고 하는 '생활의 예술화'와 같은 맥락이다.

철학인류학과 예술인류학은 철학과 예술의 해체라고 할 수 있지만, 그보다 철학과 예술을 통해 존재에 도달하는 것이다. 느낌을 강조할 경우 소리는 양심의 소리, 마음의 소리에서 '심정(心情)의 소리'가 된다. 심정의 소리는 정(情)이 통하는 교감의 세계를 지칭한다. 느낌은 몸을 기반으로 하는 것이며, 몸을 통해 세계의 마음으로 통하는, 세계의 일반성으로 통하는 것이다.

일반성의 철학은 누구에게나(무엇이나) 해당되는 것, 예컨대 남자와 여자, 전기의 플러스(+)와 마이너스(-), 음과 양 같은 것을 철학적 은유로 사용하는 철학이다. 이들 개념(상징)들은 독립적인 정의를 갖기보다는 매우 상호적이고 이중적인 개념들이다. 이것을 '철학의 상징시대'라고 말해도 좋을 것이다.

일반성의 철학은 해체철학의 종결자이다. 일반성의 철학은 삶의 철학을 지향한다. 멀리 형이상학으로 떠났던 철학과 예술이 일상으로 돌아온 셈이다. 모든 존재(사물을 포함)는 그 나름대로 삶이다. 그것을 '자기자신(self, das Selbst)'이라고 말할 수 있다. '자기자신'은 '존재 자체(Sein selbst)'를 의미하는데, 이것은 자아(ego)가 아니고 범아일여(梵我一如)의 의미에 가깝다. 가장 자기자신적인 것이 바로 자연이다. 일반성의 철학은 '자연적 존재'를 회복하고자 하는 자연주의 계열의 해체철학이다.

앎의 철학은 사물을 대상화는 것에서부터 시작하여 그것을 소유한다. 대상화는 소유의 출발인 셈이다. 앎의 철학은 언어학상 소리를 개념화(의미화)하여 사물을 대상화하고 대상의 반사적 존재로서 주체를 설정하는 '대상-주체'의 철학이다. 이에 비해 삶의 철학은 사물을 대상화하는 것을 거부하고 스스로 생성(생멸)하는 것으로 보는 '생성-존재'의 철학이다. 소리철학은 삶의 철학 계열에 속한다. 어떤 의미도 삶을 대신할 수 없다. 삶은 어떤 의미로도 환원되지 않는다.

'소리철학'은 소리를 무의미한 것으로 본다. 무의미는 존재 자체이다. 의미가 없어도 존재는 살고 죽는 생멸의 과정에 있다. 생멸 자체가 의미가 될 수 있지만 의미가 있기 때문에 생멸하는 것은 아니다. 의미에도 소유적 의미가 있고 존재적 의미가 있다. 소유적 의미는 소유의 출발이다.

인간은 왜 그토록 사물을 대상화하지 않으면 안 되었던가? 아마도 인구 증가에 그 원인이 있는 것 같다. 늘어난 인구를 부양하기 위해 대상과 소유의 개념이 강화되고 모계사회는 부계사회로 바뀌었을 것이다. 소유에서 가장 먼저 시작된 것이 남자가 여자를 소유하는 것이고, 그다음이 토지의 소유였을 것이다. 철학도 삶을 위해서 앎의 철학으로 전환했을 것이다. 이제 삶의 철학으로 돌아가야 한다.

보편성의 철학과 일반성의 철학이 다른 점은 '다원다층의 해석학'으로 보면 다음과 같다. 우선 보편성의 철학은 남자의 철학, 아버지의 철학이고, 일반성의 철학은 여자의 철학, 어머니의 철학이다. 남자의 철학은 초자아를 만들어서 이룩한 자연에 대한 카피이고 재현이고 추상-기계를 만드는 철학이었다. 이에 비해 여자의 철학은 자연을 회복하는 철학, 구체생명의 철학이다.

그동안 철학이 가부장제를 기초로 한 남자의 철학이었던 것을 몰랐던 것은 모계모성을 기초로 하는 일반성의 철학이 없었기 때문이다. 일반성의 철학의 등장으로 보편성의 철학의 정체가 드러난 셈이다. 앞으로 보편성의 철학은 일반성 철학에 포용된다. 이것을 두고 일반성의 철학의 포일성(包一性)이라고 할 수 있다.

보편성의 철학과 일반성의 철학은 대립되는 것이 아니다. 이는 마치 어머니가 자식을 낳고 자식을 보듬는 것과 같다. 자식의 입장에서 보면 자신은 개

	상징적 상호작용	
앎의 철학		삶의 철학
머리(대뇌)의 철학		몸(마음)의 철학
'대상-주체'의 철학 *전체에서 부분으로		'생성-존재'의 철학 *모든 것을 전체로
소리→ 개념(서양철학)	소리 ↔ 의미	소리 = 무의미(소리철학)
소유의 철학		존재의 철학
추상-기계의 철학		구체생명의 철학
눈의 철학(시각-언어)		귀의 철학(청각-상징)
도덕적 삶		축제적 삶

체이지만, 어머니의 입장에서 보면 자식은 별도의 개체가 아니라 자신의 분신(分身)인 것이다. 보편성의 철학은 시공간(프레임, 좌표)의 철학이고, 일반성의 철학은 무(無)시공간(소리, 混沌)의 철학이다. 이는 한국에 전해 내려오는 '마고신화'의 맥락이다. 보편성의 철학은 유시유종(有始有終)의 철학이고, 일반성은 무시무종(無始無終)의 철학이다. 이는 한국에 전해 내려오는 『천부경』의 맥락이다.

노자 『도덕경』의 맥락에서 보면 보편성의 철학은 무명(無名)-천지지시(天地之始)-묘(妙)라면, 일반성의 철학은 유명(有名)-만물지모(萬物之母)-요(徼)이다. 그러나 둘은 동일한 현(玄)에서 나왔기 때문에 노자철학으로 보면 전체가 일반성의 철학 계열이라고 할 수 있다. 보편성의 철학은 '개체-집단-추상-보편성'의 쌓아 올라가는 철학인 반면, 일반성의 철학은 '개체-사물-구체-일반성'으로 구성된 것을 해체하는 철학이다. 보편성의 철학이 삶-부활의 철학이라면, 일반성의 철학은 죽음-소멸의 철학이다. 보편성의 철학은 자유의 철학이고, 일반성의 철학은 평등의 철학이다. 그러나 자유와 평등은 사랑, 자비, 인으로 해결되지 않으면 안 된다.

보편성의 철학은 이성-이상(理想)의 철학이고, 일반성의 철학은 생활-생멸의 철학이다. 보편성의 철학이 정신-물질의 철학이라면 일반성의 철학은 무, 공, 허, 기의 철학이다. 여기서 정신과 물질을 한데 묶은 것에 주의할 필요가 있다. 이는 서양의 이성중심주의 철학을 일반성의 철학이라는 입장에서 볼 때

보편성의 철학	일반성의 철학	참고
남자의 철학-아버지의 철학	여자의 철학-어머니의 철학	
시공간(프레임, 좌표)	무(無) 시공간(소리, 混沌)	부도지 *마고(麻姑)
유시유종(有始有終): 빅뱅-블랙홀	무시무종(無始無終)	『천부경』(天符經)
무명(無名)-천지지시(天地之始)-묘(妙)	유명(有名)-만물지모(萬物之母)-요(徼)	『도덕경(道德經)』: 현(玄)
개체-집단-추상-보편성	개체-사물-구체-일반성	일반성의 철학
개체의 삶-부활	개체의 죽음-소멸	죽음의 수용(受容)
자유	평등	사랑, 인, 자비
이성(理性)-이상(理想)	생활(生活)-생멸(生滅)	
정신-물질	무(無), 공(空), 허(虛), 기(氣)	동양철학

같은 차원의 대칭(대립)임을 천명하는 것이다. 정신이 보편성에 도달하려면 물질을 대상으로 추상화의 과정을 거치지만, 마음이 일반성에 도달하려면 몸을 가지고 구체화의 과정을 거친다.

일반성의 철학은 철학의 블랙홀이면서 동시에 '블랙홀의 철학'이다. 이 말은 블랙홀은 만물이 사라지는 곳이면서 동시에 만물이 살아나는 이원대립항의 왕래의 철학, 이중성의 철학임을 말한다. 일반성의 바탕에는 태초의 여신 마고 신화가 있다. 일반성의 철학은 블랙홀로 상징되는 여자의 '틈(구멍)'을 넘어서 진정한 여신을 발견하는 철학적 작업이 될 수 있다. 그런데 그 여신은 형상을 가진 것이 아니라 형상이 없는 우주의 존재, 바로 소리이다. 아마도 어떤 누가 우주의 가장 멀리(꼭대기)서 바라본다면(들어본다면) 우주는 소리의 혼돈(잡음)일지도 모른다.

'블랙홀(hole)'이 '신성한(holy)'이 되는 셈이다. 'holy'의 뜻은 두 가지로 나뉜다. '신성한'의 의미가 있는가 하면 속어로 '지독한'의 의미도 있다. 전자의 예는 '성령(holy spirit)', 후자의 예는 '지독한 섹스(holy fuck)'가 될 것이다. 삶은 항상 두 가지로 나뉜다. 마음도 그렇고 몸도 그렇다. 윤리적인 입장에서 어느 한쪽을 도외시할 수 있지만, 마음에 들지 않는 존재를 없앨 수는 없다. 한쪽을 없애면 다른 한쪽도 없기 때문이다.

'신성한'은 명사도 동사도 아닌 형용사 혹은 부사이다. 명사는 사물에 대한 이름으로서 주어가 되기 때문에 통사구조의 원인이 된다. 명사는 주어 혹은 목적어가 되며 반드시 동사를 동반해야 움직이고 작용하는 것이 된다. 문장의 중심은 항상 주어와 동사와 목적어인데 '신성한'의 의미가 형용사와 부사인 것은 이미 권력이 아니라 비권력이라는 말에 다름 아니다.

흔히 기독교와 불교는 서양과 동양의 문명을 대변하면서 여러 가지 측면에서 반대의 입장에 서는 것이 일반적이다. 그러나 기독교는 불교가 유대문명권에 전파되면서 예수라는 특출한 인물에 의해 토착화된 경우에 해당된다고 보는 견해가 늘어나고 있다. 말하자면 불교의 법화경적 세계관이 유대문명권의 안목으로 번안된 것이 기독교라는 뜻이다. 물론 유대에서 출발한 기독교는 로마에 입성함으로써 오늘날의 세계적인 종교가 된다.

불교나 기독교는 어계(語系)로 보면 모두 인도-유러피언 언어문명권에 속한다. 불교는 공(空)을 바탕으로, 기독교는 색(色)을 바탕으로 세계관을 전개하고 있다. 그런데 공과 색은 반야사상이나 화엄사상에서 보면 하나이다. 둘은 인도유러피언 언어(문화권)의 상징적 상호관계에 있다.

인류 문명사에서 가장 큰 문명교류사적 사건은 인도의 불교가 히말라야 산맥을 넘어(우회하여) 중국의 한자로 번역된 사건이다. 이는 언어나 사고방식 체계가 전혀 다른 문명권 사이에서 일어난 문화융합의 가장 성공적이고 찬란한 경우이다. 이는 이원체계를 일원체계로 번안한 사건이다. 인도-유러피언의 '공-색 이원론'이 동아시아의 '태극-음양의 역동적 일원론'으로 번안된 일이다.

이는 '눈-빛의 문명 체계'를 '귀-소리'의 문명 체계로 번안한 대역사였다. 이러한 번안이 가능하게 된 바탕은 물론 인간에게 내재한 복논리(bio-logic)의 능력 때문이다. 절대는 상대의 절대이고, 상대는 절대의 상대이다. 마음과 몸은 상대이다. 정신과 육체는 절대이다.

기독교에서 말하는 무소부재(無所不在), 즉 '있지 않는 곳이 없다(없는 곳이 없다, 모든 것에 있다)'는 실은 서양문명의 시각-언어의 입장에서 보면 '무(無)'가 된다. 그렇다면 기독교의 '무소부재'는 불교의 무나 공을 유(有)와 실(實)의 관점에서 표현한 것이라고 볼 수 있다. 불교의 공즉시색 색즉시공(空卽是色 色

卽是空), 즉 '공이 색이고 색이 공이다'는 철학적으로 '공의 현상학이 색이고 색의 존재론이 공이다'라고 말하는 편이 훨씬 명료하다. 이는 '불교의 현상학이 기독교이고 기독교의 존재론이 불교이다'라는 말과 같은 맥락이다. 그러한 점에서 기독교와 불교는 같은 뿌리를 가지고 있다. 단지 문화권의 차이에 의해 같은 것을 다르게 표현할 따름이다. 불교와 기독교의 만남은 동서고금의 만남이라고 할 수 있다.

반야사상의 '색즉시공 공즉시색'과 화엄사상의 '일즉일체 일체즉일'은 양쪽을 가역왕래하기 때문에 서양의 이성주의철학처럼 이분되는 것은 아니다. 그러나 둘은 해석 여하에 따라 뉘앙스가 다를 수도 있다.

화엄사상은 아무래도 교학이기 때문에 문자에 얽매이기 쉽다. 화엄의 일즉일체 일체즉일, 즉 "하나가 전체이고 전체가 하나이다"는 해석 여하에 따라서는 미분과 적분의 의미와 통할 수 있다. 미분과 적분은 실체가 있고, 그것은 무한대의 개념과 통한다. 화엄사상에는 일(一)의 사용으로 인한 동일성의 흔적이 있다.

화엄사상의 일은 동일성의 일로 오해될 소지가 있다. 보편성의 일은 실체가 있는 반면, 필자가 주장하는 일반성의 일은 실체가 없다. 화엄사상의 일은 보편성의 일이 아니고 일반성의 일이라는 증거가 없다. 화엄의 일체(一切)는 또한 일반성과 다른 개체성(個體性)으로 오해될 수도 있다. 다시 말하면 화엄의 일과 일체는 보편성과 개체성 사이의 왕래로 오해될 수도 있다. 화엄사상은 일반성의 일에 이르지 못할 수도 있다. 화엄사상은 서양 철학사에서 볼 때 스피노자의 범신론(단일한 신의 실체와 만물의 양태론)이나 라이프니츠의 단자론(근본적인 실체)과 통한다. 즉, 실체론적 해석이 가능하다는 뜻이다.

반야사상은 선종에 가깝기 때문에 불립문자이다. 반야의 공즉시색 색즉시공, 즉 '빈 것은 꽉 찬 것이고 꽉 찬 것은 빈 것이다'는 '은적(隱迹, 隱閉)과 현현(顯現)'을 가역한다는 점에서 존재론적이다. 반야사상은 공의 사용으로 인해 동일성의 혐의로부터 벗어난다.

일즉일체와 일체즉일은 인과적이고 환원적인 혐의가 있다. 이는 일(一)자의 추상성과 동일성에 기인한다. 일즉일체는 원인과 결과 혹은 창조와 피조의 의미가 있고, 일체즉일은 환원의 의미가 있다. 물론 화엄사상에 '일즉일체 일체즉일'은 화엄일승법계도(법성게)의 '일중일체(一中一切) 다중일(多中一)', '일즉일체(一卽一切) 다즉일(多卽一)'로 완화되긴 하지만 역시 교학 중심의 화엄학의 특성으로 인해 문자를 벗어나지 못하는 한계가 있다.

불교의 화엄과 반야, 동양의 이기론을 통합해서 말하면 "공은 일(一)을 상징적으로 만들어 일의 한정성을 극복하고, 기는 공을 완전히 진공(眞空)이 아닌 살아 있는 것으로 만든다"라고 말할 수 있다. 기는 결코 문(文)이 아니기 때문이다. 쉽게 말하면 기는 기분이고 분위기이다. 기를 담는 그릇은 허이고 공이다. 비어 있어야 기가 담긴다. 그래서 허기(虛氣, 空氣)이다.

승조의 사론(四論)인 물불천론(物不遷論)과 부진공론(不眞空論), 반야무지론(般若無知論)과 열반무명론(涅槃無名論)의 의미가 바로 여기에 있다. 승조의 물론(物論)은 유물론이 아니고 그 물은 결코 주체-대상이 되지 않는 물이다. 그러한 점에서 물은 기이다(物=氣).

이를 동양의 이기론 관점에서 보면 기를 이로 해석하거나 아니면 이를 기로 해석하는 이중성(왕래성, 가역성)을 볼 수 있다. 또 기를 입자가 아닌 우주에 충만한 에너지로 봄을 알 수 있다. 이렇게 (저에너지 상태의) 충만한 에너지는 어떤 계기에 의해 입자가 되고, 그 입자에 반하는 반입자(反粒子)를 동시에 발생시키게 된다. 이것이 필자가 이미 말한 기소(氣素=粒子)이고 기소(氣疎=反粒子)이다. 둘은 동시에 발생하지 않으면 안 된다.

미시세계의 움직임은 매우 어렵게 보이지만 실은 음양이 동시 발생하는 이치와 같다. 공과 색, 일과 일체는 서로 분리되고 왕래한다. 그러나 음양은 결코 분리되지 않는다. 따라서 음양은 음이 양으로 되거나 양이 음으로 되는 경우는 없다. 음과 양은 독립적인 주어가 되지 못한다. 주어가 되면 이미 본래의 의미를 상실한다.

음양은 실은 하나의 역동적(易動的) 기운생동이다. 음과 양이라 말하지만 잠시라도 분리되지 않는다. 말을 하기 위해 분리되는 인상이 있지만, 음을 말하면 양이 숨어 있고 양을 말하면 음이 숨어 있다. 음양은 숨음과 드러남이다. 음양이 양음이 되면 드러남이 우세하고, 양음이 음양이 되면 숨음이 우세하

인과적(존재자적) 원인↔ 결과/환원적	비인과적(존재적) 무시무종(無始無終)/공존적	자연적(순환적) 음양↔ 양음(순환적)
일즉일체↔ 일체즉일(화엄)	공즉시색↔ 색즉시공(반야)	음양↔ 양음의 교체
동일성(同一性)	동시성(同時性)	동시성-순환성
보편성(普遍性)	일반성(一般性)	소리-기운생동
일자성(一者性)	포일성(包一性)	태극-음양성
이(理), 원리(原理), 법리(法理)	기(氣), 기분(氣分), 분위기(雰圍氣)	역동적(易動的) 기운생동(氣運生動)
남성성(陽陰): 1	여성성(陰陽): 2	남성성-여성성(兩性性): 3(1)
동일성(同一性)의 혐의가 있다	진공(眞空)의 오해의 소지가 있다	세계는 기운생동, 파동의 세계이다

다. 음양은 차이와 연장이 아니다.

음양은 상호보완적이며, 음양-양음의 끝없는 교체로 변화하는 까닭에 하나의 고정된 장 혹은 스테이지를 가질 수 없다. 음양은 미세한 소리이고, 미세한 기운생동이다. 우주는 중심이 없는 음양의 역동적 운동이다. 모든 것이 중심이고 모든 것이 중심이 아니다. 자연에는 중심이 없다.

그러나 인간의 세계에는 바로 중심이 없기 때문에 중심과 기준이 필요하다. 인간은 시공간 속에서, 역사·사회 속에서 항상 중심을 만들어왔다. 중심과 기준이라는 것은 바로 시공간의 산물임을 알 수 있다. 인간은 자연의 총체성·전일성(全一性, All-Einheit)에서 인간의 절대성·일전성(一全性, Ein-Allheit)을 만들어가는 존재이다. 이것 자체가 바로 세계의 상호가역성을 말하는 것이다.

화엄의 일(一)에서 반야의 공(空)으로, 그리고 음양의 음(陰)으로 논리의 중심을 이동하면서 이제 세계는 숨음(비어 있음)에서 드러남(채움)으로 중심 논리를 바꾸어야 한다. 세계의 제일 근본(밑바닥)에는 허기(虛氣)가 있다. '허기'는 음기(陰氣) 혹은 음기(音氣)이고 파동이다. 음기(音氣)는 파동의 골과 마루를 가지고 있다. 골은 음기(陰氣)이고 마루는 양기(陽氣)이다. 세계의 근본 단위는 파동이고 소리이다.

이는 성질상 절대리(絶對理)를 추구한다. 절대리는 상대기(相對氣)를 전제하지 않을 수 없다. 이것은 서양의 과학문명과 같은 차원, 예컨대 뉴턴 역학과 상대성 원리의 발상을 하고 있다. 우주는 절대적으로 보면 절대적이고, 상대적으로 보면 상대적이다. 단지 동양과 서양의 차이는, 서양은 운동을 수식화(數式化)하는데 반해 동양은 그것을 수식화하기보다는 상대적 상징 개념으로 쓰고 있다는 점이다. 동양의 이기론은 수학을 동원하지 않고 있기 때문에 근대 물리학에 도달하지 못했고, 음양오행을 따지는 한의학을 발달시켰다. 물리학은 법칙인데 반해 음양오행의 상징론은 은유(隱喩)이고 따라서 시(詩)이고 '시(詩)의 과학'이다.

서양의 물리학은 시공간(시공간의 개념)을 바탕으로 하고 있고, 한의학은 음양론을 바탕으로 하고 있다. 시공간론과 음양론은 정반대의 양극에 있지만 그것을 벗어나면 같은 것을 말하는 것이다. 이는 결국 동양의 태극음양론과도 통한다. 음양론이라는 것은 처음부터 시공간론이 아니라 상징적 우주론이다. 상징적 우주론은 시각-언어 문화권(보이는 세계를 중심으로 하는 문화권)의 입장이 아니라 청각-상징 문화권(보이지 않는 세계를 인정하는 문화권)의 우주론이다. 그런데 둘은 결국 만나게 된다.

시각은 밖으로 나가서 사물을 포착하고, 청각은 안으로 받아들여 가슴으로 통한다. 시각은 언어와 결합하여 과학을 만들어냈고, 청각은 언어와 결합하여 상징세계를 만들어냈다. 서양은 전기·전자·전파를 만들어내서 사용하고(이것은 대상가능성을 이용가능성으로 옮긴 것이다), 동양(동아시아)은 삶을 기의 기운생동으로 파악해 음양 상징으로 운영했다. 어느 것이든 세계 안에 있기 때문에 통하기 마련이다.

인간은 복논리적 존재이다. 인간의 생존의 어떤 계기에(인구 증가로 인해) 인과적인 사고가 필요했을 것이고, 그렇기 때문에 과학을 발달시켰고, 또 그 과학으로 인해 생태환경의 위기가 도래했기 때문에 다시 인과적 사고를 멀리하고 환경의 전체적인 체계유지를 도모하는 사고가 최근 들어 요구되고 있다.

인류문화를 통틀어 볼 때 그래도 가장 대척점에 서면서 서로 교통한 대표적인 문화권은 인도-유럽어문명권과 동아시아의 한자문명권이라고 할 수 있을 것이다. 이를 음양 상징의 체계로 분류하면 다음과 같은 특성을 발견할 수 있다. 여기서 '빛-시각-언어문명권'과 '소리-청각-상징문명권'을 확인할 수 있다.

인도유럽어문명권과 동아시아 한자문명권의 차이

자연: 음양 상징(음양↔ 양음)		
인도유럽어문명권		동아시아 한자문명권
인도	유럽	동아시아
空(一)	色(一切)	음양상징(리듬)
空卽是色, 色卽是空/一卽一切, 一切卽一		태극(太極, 太虛)-음양오행
눈/빛(입자, 電氣)/photon(photo-)		귀/소리(파동, 氣)/phone(phono-)
기독교(神: 自我)/불교(佛: 無我)		유교(仁: 關係)/샤머니즘(神明)/도교(道)
좌뇌(左腦)		우뇌(右腦)
복논리(bio-logic)		

기독교와 불교는 세계를 고통으로 본다는 점에서도 같다. 기독교의 원죄는 근본적으로 세상을 고통으로 보고(낙원에서 추방당한) 그 원인을 원죄에 두는 개념이다. 불교의 사성제는 고집멸도(苦集滅道)이다. 고통을 가장 앞에 두고 있다. 그러한 점에서 기독교는 매우 불교적이다. 다만 그 고통을 어떻게 극복하느냐에 따라 두 종교의 처방이 달라진다.

기독교는 천국을 설정했고, 불교는 극락을 설정했다. 천국과 극락은 현세의 고통에서 그곳으로 피신하는 공통점이 있다. 그러나 기독교는 세계를 하나님과 자신의 관계로 보는 반면 불교는 세계를 스스로의 문제로 보게 하는 경향이 있다. 무엇과 무엇의 양자 관계로 보는 것과 스스로의 문제로 보는 것은 겉으로는 매우 다른 것 같지만 결국 같은 것이 된다.

기독교는 신앙으로서 절대유일신을 믿음의 대상으로 밖에 두지만 불교는 신행으로서 자신의 안에 절대를 두고 스스로를 절대에 이르게 한다. 기독교는 정신과 육체를 이분화하는 문화권이다. 이에 비해 불교는 마음과 몸이 하나인 문화권이다. 기독교는 불안에서 출발하여 절대자에게 구원을 기도한다. 불교는 평안에서 출발하여 스스로에게서 깨달음을 얻는다. 기독교는 타력(他力)종교이고, 불교는 자력(自力)종교이다.

그러나 불교와 기독교가 같다고도 할 수 있다. 하나님과의 양자 관계는 항상 '스스로의 고백(告白)이나 기도(祈禱)'이고, 스스로의 문제나 깨달음이라는

기독교	신앙(信仰), 타력종교	밖(外)의 절대	정신/육체	불안(exterior)
불교	신행(信行), 자력종교	안(內)의 절대	마음/몸	평안(interior)

것은 항상 '자기와의 대화(對話)'이기 때문이다. 결국 자기 혹은 스스로가 신이고 부처인 셈이다. 기독교 안에 불교가 있고, 불교 안에 기독교가 있다. 신이나 부처가 자기 혹은 스스로인 것은 마치 대상(타자)인 양 설정한 것일 뿐이다. 인간에게는 자기를 타자화하거나 타자를 자기화하는 속성이 있다. 이것이 존재의 비밀이다.

인도의 불교를 받아들이던 중국의 격의불교 시대에 불교의 '열반(涅槃, 니르바나)'은 '도(道)'로 의역(意譯)되었다. 나중에 그것이 (다른 문화권인 관계로) 오해의 여지가 있어서 그대로 음차하여 '열반'으로 수정했다. '열반= 도', 열반을 도로 번역한 것을 결코 틀렸다고 할 수 없다. 자아를 강조하는 문화권(서구문화권)과 자아를 강조하지 않는(자아보다는 관계를 중시하는) 문화권(동양문화권), 나아가 무아(無我)를 강조하는 문화권(인도문화권) 간의 번역은 참으로 오해의 여지가 많다.

문화권이라는 스스로의 자장을 인정한다면 기독교의 신(神)은 『도덕경』의 무(無)이다. '신'은 '무'로 해석되어야 한다. '신'과 '무'는 정반대의 개념이지만, 정반대의 문화권에서는 정반대야말로 같은 개념이라고 할 수 있다. 서로 다른 문화권에 살고 있는 인간은 때때로 같은 뜻을 정반대의 말로 사용하고 있고, 때때로 정반대의 뜻을 같은 말로 사용하고 있다. 이것도 이중적이고 애매모호하다.

인간의 생활에서 종교가 중요한 까닭은 신의 진위나 가부를 알려주기 때문이 아니라 신을 설정함으로써 결과적으로 인간의 문화총량에서 행복지수를 높이는 데 유리하기 때문이다. 신의 유무나 생사가 중요한 것이 아니다. 신은 인간을 위해 존재한다. 심하게 말하면 신은 인간이다. 그러나 이때의 인간은 인간중심주의의 인간이 아니다. 도리어 신 중심의 인간이다. 신이 없으면 인간은 스스로를 다스릴 확률이 줄어든다. 인간은 신을 설정함으로써 스스로를 다스릴 확률을 높인다.

종교는 과학과 달리 '진리의 문제[眞]'라기보다는 '삶의 문제[善]'에서 출발하고 있다. 물론 과학도 삶의 필요성과 관련이 없는 것은 아니지만, 그 내용에서 과학은 순수한 진리를 추구하고 종교는 삶의 문제를 해결하거나 삶의 문제에서 진리를 추구한다. 이는 실천의 문제이다. 이 점은 칸트가 『순수이성비판』과 『실천이성비판』에서 지적한 바이다.

인간은 왜 삶의 특수한 것들을 보편적인 것으로 승화시키지 않으면 안 되는가? 이것은 판단력의 영역이고 미(美)의 문제이다. 칸트의 『판단력비판』은 가장 나중에 저술되었지만 실은 가장 근본적인 것이다. 자연을 '무목적의 합목적적인 것'으로 규정했고, 그것은 순수이성과 실천이성이 존재하는 바탕인 셈이다. 그러한 점에서 판단력의 미(美)는 어머니와 같다.

미(美)는 소유나 권력을 추구하지 않고 그냥 표현되고 드러나는 데 만족한다. '미'는 본질적으로 존재적이다. 시는 본질적으로 존재적이다. 예술의 조화는 경쟁이라기보다는 둘이 하나가 됨으로써 함께 동시에 존재하는 공동 존재적 성격을 갖는다. 조화의 하나는 제1원인이나 동일성의 하나와는 다른 것이다. 다르기 때문에 하나가 되는 것이다. 서로 다른 것에 대한 포용이 숨어 있는 것이 아름다움, 미이다. 그러나 진이나 선은 자기 것을 강요한다.

동서양 문화재의 거의 전부가 기독교미술과 불교미술인 것은 우연이 아니다. 미는 강요하지 않는, 그냥 표현되고 드러나는 데 만족하기 때문이다. 그리고 또 유형의 물질로 남는 것이 미술이기 때문이다. 동서양의 기독교 및 불교미술에는 동서양의 진선미가 다 들어 있다. 그런데 겉으로는 서로 다른 것 같지만 깊숙이 들여다보면 같다. 그 속에는 인간신과 인간부처가 있다.

이제 일반성의 철학이 보편성의 철학을 해체한다. 보편성은 철학적 허구이다. 이는 문학이 허구를 통해 진실을 찾는 것과 같은 구조이다. 그런데 철학은 문학적 허구에 머물러서는 안 된다. 철학은 문채(文彩, 文體)가 아니기 때문이다.

기, 일반성, 소리는 가장 낮은 단계의, 어느 곳에서나 있는, 근본적인 존재이다. 기에 방향과 의미가 붙으면 의기(意氣)가 되고, 일반성에 의지(意志)가 붙으면 일반의지(一般意志)가 되고, 소리에 의지가 붙으면 음악(音樂)이 된다.[51] 그런데 소리의 의지는 '권력의 의지'가 아니다. 소리의 의지는 '파동의 의지'이고 '놀이의 의지'이다. 그런 점에서 소리철학의 정점은 놀이이다. 소리철학은 마지막에는 '놀이철학'이 된다. '권력의 의지'도 소리철학의 일부이지만, 소리철학은 '비권력의 의지'이다.

세계는 무엇을 가지고 노느냐의 차이밖에 없다. 이런 것을 두고 성현들은 근본적으로 서로 다른 것처럼 말했을 따름이다. 만물은 모두 같다. 여기서 같다는 것은 등식의 의미가 아니라 같은 존재의 위치에 있다는 뜻이다. 하나의 돌과 하나의 사람은 같은 존재적 위치에 있다.

자유의지는 본래 기독교 신학에서 출발한 것이고, 권력의 의지는 역사와 자연에서 출발한 것이고, 비권력의 의지인 일반의지는 자연과 존재에서 출발한 것이다. 위로는 불멸의 초자아인 영혼이 없고, 아래로는 가부장제의 종자(種子)가 없다. 이것을 의식에서 있다고 하는 것은 바로 인간이 의식의 존재, 현상학적 존재이기 때문이다. 인간의 몸이야말로 바로 일반성이고 자연 그 자체이다. 시간과 공간에 의해 찢어지는 우주가 아니다.

서양의 근대철학의 유심주의를 결정적으로 바꾼 세 인물을 든다면 다윈, 프로이트, 마르크스이다. 그러나 이들의 공통점은 인간중심주의이다. 서양문명의 인간중심주의가 얼마나 강한가를 엿볼 수 있다. 다윈은 자연의 진화론을 주장했지만 인간을 정점으로 하는 진화론이기에 인간 중심이다. 마르크스는 유물론을 주장했지만 헤겔의 유심론의 입장을 유물론으로 전향한 것이기에 인간주의이다. 프로이트는 의식을 바탕으로 무의식을 주장했기에 다분히 의식의 연장으로서의 무의식이다. 초의식도 마찬가지로 의식의 연장이다. 프로이트의 무의식에서 초자아가 등장하는 이유는 이들이 모두 의식의 산물이기 때문이다.

---

51) 피타고라스라는 이름을 들으면 많은 사람들이 '피타고라스의 정리'부터 떠올리는 것을 보면 피타고라스를 수학자로 인식하는 것 같다. 아닌 게 아니라 피타고라스는 '만물은 수'라는 주장을 펼쳤다고 하니 본인부터가 자신을 수학자로 생각한 것 같다. 그런데 피타고라스라는 이름은 수학사에만 등장하는 게 아니다. 철학사에도 늘 등장하는 건 그런 대로 이해할 수 있는데, 서양 음악 이론의 역사를 말할 때 거의 틀림없이 피타고라스로부터 시작하는 것은 다소 의외일 수 있다.

	인간 중심		자연 중심	동양철학
다윈	인간정점 진화론	→	자연존재론	심물일체론
마르크스	유심론에서 유물론		물론(物論)	
프로이트	의식에서 무의식		심론(心論)	

그렇다면 이를 동양철학의 자연 중심에서 바라보면 어떻게 발전해야 할까? 다윈의 진화론은 자연존재론으로, 유물론은 물론(物論)으로, 무의식은 심론(心論)으로 바뀌어야 한다. 이들은 다시 심물일체론으로 종합되어야 한다. 이렇게 보면 서양철학은 하나의 세계인 자연을 인간 중심으로 둘로 나누어서 분석하고 그럼으로써 자연과학을 만들어냈지만 자연을 잃어버렸다. 자연은 심물이 따로 있는 것이 아니라 일체이고, 심물의 구별 자체가 없는 것이다.

5
언어는 세계 분열과 대상(對象)의 주범이다

1) 언어와 대상, 세계의 분열

언어가 하나의 몸인 우주를 갈기갈기 찢어놓는다. 인간은 우주적으로 볼 때 틈새(균형, 벌어짐, 포개짐)의 존재이다. 틈새는 반드시 그 틈새를 둘러싼 세계, 특히 그 속은 잘 알 수 없지만 맞닥뜨리는 표피(表皮), 표면(表面)의 세계와 관련을 맺는다. 그러한 세계는 인간에게 현상(現象)의 세계이고, 그러한 세계와 관련을 맺는 것이 바로 인간의 표현(表現)과 표기(表記)이다.

음성언어든 문자언어든 언어는 세계를 경계 짓지만 그 경계는 항상 이중성을 내포하고 있다. 경계선에는 항상 이원대립항들이 동시에 포진하고 있다. 그럼에도 불구하고 역사와 문화는 그 경계와 차이를 통해 소유를 만들어내고 그 소유를 절대적 혹은 독점적으로 만들었다. 이는 자연의 공공재 성격과 배치되는 것이다.

인간은 그러한 불안정한 언어를 사용하면서 모순적으로 공동소유와 공동이익이라는 것을 추구해왔다. 역사는 분명 자기모순적이다. 이는 인간성에서부터 비롯되는 것이라는 점에서 궁극적인 개선이나 구원의 여지가 없어 보인다. 부단히 공동선(公同善)을 위해서 노력할 수밖에 없다. 그러한 해결 없는 노력 자체가 인간의 삶인지도 모른다.

서양철학은 사물을 언어로 대체(환치)하려는 극단적인 노력의 한 예로 보아야 한다. 그러한 '시각-언어-사물'의 연대는 서양철학이 하나의 맥락에서 동일성을 추구하게 하고 있는지 모른다. 언어적 합의는 동일성의 강요를 숨기고 있다. 그러나 세계는 하나의 맥락이 아니고 다원다층의 맥락에서 역동하고 있는 것이다. 그 역동이라는 것도 대립하는 것이 하나의 세트로 함께 묶어져 있는(동봉되어 있는) '음양적 역동'이다. 세계는 그 자체가 음양적 역동이다. 역동하는 우주는 직선이나 원(타원)이 아니라 태극이며 이중나선구조이다.

흔히 우리는 시공간을 초월한다고 한다. 그러나 실은 시공간을 초월하는 것이 아니고 인간이 초월적이고 이념적이기 때문에 초월적인 신과 시공간을 만들었다는 편이 옳다. 인간이 초월적이지 않으면 시공간을 만들지 않았을 것이다. 시간의 선험과 공간의 초월은 같은 것이다. 초월적인 것은 선험적인 것이다. 선험이 없으면 초월도 없다. 초월이 공간에 대한 은유라면 선험은 시간에 대한 은유이다.

자연을 기준으로 보면 기계라는 것이 도리어 초월적이다. 우리는 쉽게 기계를 손으로 잡을 수 있고 눈으로 볼 수 있는 형상(구상)을 가지고 있다는 점에서, 그리고 물질적·수단적 대상으로 다룰 수 있다는 점에서 초월적이라고 생각하지 않는다. 그러나 역동적인 자연은 실제 인간의 대상이 되기 위해 존재한 것이 아니고, 인간보다 훨씬 오래된 자연적 존재이자 물질(物質)이 아닌 물(物)이다.

이(理, 理性)는 선험성이고 초월성이고 시공간이고 환원성이고 연장성이고 창조성이다. 종교와 과학은 같은 연원을 가지고 있다. 서양의 기독교(유일신)와 이성 중심의 철학과 과학은 같은 것이다. 말하자면 절대적 대상(對象)을 전제하는 문화체계이고 '(신앙의) 대상으로서의 신', '(사물을 대상으로 보는) 대상의 철학', '대상의 과학'인 셈이다. 대상은 사물을 이미 대립적으로 보는 것이다. 이것은 언어와 시각의 결탁이다. 서양의 이성중심주의 철학은 실은 '시각-언어 특권적인 철학'이다.

철학은 모든 것을 대상으로 하다가 과학에 그 하나하나를 다 내주고 현재 아무것도 가진 게 없다. 이제 다른 대상을 찾을 것이 아니라 '대상이 없는 철학'을 해야 한다. 그렇다면 대상이 없는 철학이 과연 가능할까라는 의문에 직면한다. 바로 대상이 없는 철학의 한 예가 일반성의 철학이고 소리철학이다.

무엇을 대상으로 하는 것 자체가 권력이다. 인간은 사물을 대상화하여 자연과학이라는 권력을 얻었고, 신을 대상화하여 신의 종복이 되었다. 이 둘은 서로 방향만 반대이고 같은 것이다. 서로 가역적인 관계에 있다. 인류사를 보면 인간은 제정일치시대에 신을 섬겼지만 제정분리시대인 국가시대에 들어가면서 신 대신 왕을 만들어냈다. 고대의 왕들은 비록 신의 권력을 신탁(神託, 信託)받은 것이었지만 실질적으로 신보다 우위에 섰다. 그러다가 중세에는 종교(고등종교)의 힘을 빌려 다시 신이 우위에 섰지만, 근대에는 다시 인간이 과학(근대과학)의 힘을 빌려 우위에 서게 됐다.

이렇게 신과 인간은 서로 권력을 왕래하는(가역하는, 거래하는) 관계였다. 인간의 권력은 종교적 권력이든 과학적 권력이든 언어의 힘을 빌리는 것이다. 그래서 문명적 권력이 아닌 자연적 권력에 대한 관심과 복권이 요구된다. 언어는 신화에서 제도, 기술, 경험에 이르는 인류 문명을 구성하는 모든 것의 바탕이다.

자연은 증명되기 위해 존재하는 것이 아니다. 자연은 존재 그 자체로서 존재한다. 자연은 스스로를 풍길 따름이다. 이것은 정확한 개념의 언어로서 실행하는 증명과 다르게 언어로 보여주는 것이 아니라 상징한다고 말할 수 있다. 이때의 상징이란 언어가 사물을 대상으로 보는 것에서 다시 사물 자체로 돌아가는, 다차원적인 의미를 내포하는 부름이고 요구이다. 자연과학의 세계가 언어체계라면 자연은 상징세계이다.

차라리 기계야말로 자연을 초월한 추상이다. 정신이나 이성, 물질이나 기계라고 하는 것이 손에 잡히는 대상을 상대하기 때문에 구체적인 것이라고 생각하기 쉬운데 도리어 자연은 손에 잡히지 않고 흘러가는 유동(流動)이다. 유동은 유동체가 아니다. 유동체라고 하면 이미 잡히는 것이기 때문이다(잡히는 것은 대상이고 이용 가능한 것이다).

칸트는 인식과 실천의 객관적 기준을 선험적 형식에서 찾고, 사유가 존재를, 방법이 대상을 규정한다고 했다. 칸트는 사유와 방법을 이분화했지만 이미 사유가 사물을 대상화했다. 이는 사유가 존재를 존재자로 결정함을 의미한다. 그런 점에서 칸트의 존재는 존재자이다. 사유가 존재를 결정하는 것이 아니라 존재를 이미 대상화하는 것이다.

생각이 절대이다. 생각 자체가 흐르는(끊어지지 않는) 세계를 끊은 것이고, 그것 자체가 절대이다. 생각은 감각(느낌)을 대상화한다. 대상은 기계이다. 생각은 추상이고 기계에 이른다. 우주론은 생각이 확대된 시공간이고, 자연을 시공간으로 바꾼 것이다. 자연은 계산에 의해 움직이는 것이 아니고 스스로 역동하는 변화무쌍한 역동체이다. 자연은 시작도 끝도 없는 것이고, 스스로 생멸을 반복하는 존재이다. 이것을 잡히는 것으로, 대상으로, 이용 가능한 것으로 바꾼 것이 과학이다.

유동하는 자연의 입장에서 보면 손에 잡히는(감각하는) 것, 무엇이 있다고 생각하는 것, 육근육식이 모두 추상이고 추상은 결국 기계이다. 추상이 기계가 되는 출발을 코기토에서 시작한다. "나는 생각한다. 고로 존재한다"는 말은 생각하기 전에 존재하는 것을 도치한(간과한) 결과이다. 생각이 곧 존재라고 했는데 그 존재는 존재자였음이 하이데거에 의해 밝혀졌다.

따라서 코기토는 "나는 존재한다. 고로 생각한다"로 고쳐지지 않으면 안 된다. 그런데 여기에 또 문제가 있다. 바로 그 생각의 결과가, 생각이 규정하는 모두가 추상이라는 점이다. 생각하는 존재인 인간은 생각을 벗어날 수 없고, 따라서 추상을 벗어날 수 없다는 모순에 봉착한다. 추상이란 실제로 있지 않은 것이다. 그런데 그 추상에 의해 기계가 만들어졌다는 점을 간과할 수 없다.

기독교 성경에도 하이데거의 존재론적인 존재가 있다. 여호와 하나님을 설명하는 과정에서 "나는 나다" 하는 대목이다. 바로 그러한 존재론적 존재가 있기에 그 다음에 천지창조를 하는 제조적(製造的) 하나님이 존재할 수 있는 것이다. 따라서 결국 "나는 존재한다. 고로 창조(제조)한다"라는 말이 성립하는 셈이다. 이 말은 "나는 생각한다. 고로 존재한다"는 말에 앞선다. 존재하는 존재는 생각하는 존재보다 앞서며, 생각하는 존재는 제조하는 존재이기 때문이다. 인간의 생각이 바로 제조이기 때문이다.

생각은 존재를 규정할 수 없다. 인간의 생각은 기계라는 것을 만들어냈고, 세계를 기계적인 환상으로 도치했다. 과학은 기계(기술)이거나 기계를 있게 하는 원리에 불과하다. 세계는 과학에 의해 기계가 되었고, 이것은 데카르트가 떠올린 시계와 같은 것이다. 데카르트의 시계는 칸트에 이르러 보다 추상적인 시공간이 되었고 시공간은 과학이 되었다.

생각은 세계를 대상적 존재로 전환시킨다. 대상적 존재는 기계이고 과학이다. 과학은 존재를 규정할 수도 없고 따라서 세계의 문제를 해결할 수도 없다. 그렇다면 과학이란 무엇인가? 과학은 세계를 바라보는 것이고, 바라보기 위해 끊어놓은 것이다. 결국 끊어놓은 것을 새로 조립하는 셈이다. 그런데 바로 그 끊어놓는 세계만큼 세계를 조립하고 나머지는 모르는 채 관망한다. 그 과정에서 세계는 기계가 되고 만다.

자연은 구체이고 생명이다. 자연은 구체적으로 느끼는 교감의 세계이다. 자연은 결코 대상이 아니다. 자연과학이 자연을 대상으로 만들었다. 과학은 세계를 추상-기계로 만든다. 구상도 추상의 한 종류이다. 물질도 정신의 한 산물이다. 물질은 기계로 환원된다. 사물을 대상으로 하는 정신이 물질을 낳았던 것이다.

유물론이나 유심론은 같은 차원의 것이다. 그런데 서양의 헤겔류의 절대정신주의를 유심론이라고 하고, 그 반대인 마르크스의 물질주의를 유물론이라고 번역하는 것은 적당치 않다. 동양의 마음과 몸은 정신과 물질을 논의하는 차원과 다르기 때문이다.

동양의 마음과 몸은 본래 서양의 정신과 물질이나 정신과 육체처럼 대립적인 것이 아니다. 서양적 육체는 개체적 몸인데 반해, 동양의 몸은 개체적 몸을 의미하기도 하지만 때로는 개체를 떠난 우주의(자연의) 전체적 몸을 나타내는 이중성을 가지고 있다. 마음은 개체적 몸이고, 몸은 전체적 마음이다. 동양적 세계에서는 '세계는 몸이고 마음이다.' 몸과 마음은 처음부터 서로 상호작용(가역)하는 존재이다. 따라서 세계는 몸에서도 바라볼 수 있고 마음에서도 바라볼 수 있다.

몸은 마음의 환유이고, 마음은 몸의 은유이다. 몸은 마음의 닫힘이고, 마음은 몸의 열림이다. 그러나 몸과 마음은 역동적인 상호관계에 있다. 몸과 마음은 일체(一體, 一切)로 같은 것을 서로 반대편에서 바라보는 것에 불과하다. 이때 반대편이라는 것은 대립이 아니고 주체와 대상이 아니다. 대상에는 이미 주체가 투영되어 있다.

몸과 마음은 음양관계에 있다. 그렇기 때문에 몸이 마음이고, 마음이 몸이다. 심(心)이 물(物)이고 물이 심이다. '몸= 물, 마음= 심'이다. 서양의 정신과 육체를 음양의 관점에서 풀이하면 정신은 정(精)의 신(神)이고 신(神)의 정(精)이다. 육체는 육(肉)의 체(體)이고 체(體)의 육(肉)이다. 음양론의 세계에서는 어떤 것도 하나로 존재할 수가 없다. 상대를 존재케 하는(받쳐주는, 보완하는), 상대를 상대이게 하는 존재가 있다. 음양의 세계는 끝없는 다원다층의 세계이다. 그런 점에서 음양의 세계야말로 진정한 존재의 세계이다.

그렇다면 '생각'은 구체적으로 무엇이고 무엇을 의미하는가? 생각은 주어 없이는 불가능하다. 주어는 주체의 세계이고, 주체의 세계는 중심이 있는 세계이고, 중심이 있는 세계는 절대의 세계이다.

주어 없이는 생각을 수행하기 어렵다. 적어도 주어가 아니면 가주어라도 만들어야 한다. 예컨대 자연이라는 용어도 가주어인 셈이다. 주어가 없으면 무엇을 지칭할 수 없기 때문에 생각을 시작할 수 없다. 생각은 주어의 산물이다. 주어가 있으니 움직이는 세계를 따라잡기 위해 동사가 필요하다. 목적어는 주어를 뒤바꾼 것이다. 결국 문장의 주어가 생각이고 주어가 주체인 셈이다.

바로 주어와 목적어의 관계가 서양철학의 전부이다. 마르크스는 헤겔의 목적어를 주어로 바꾸었다. 둘은 결국 같은 것이다. 이것은 '나(I)와 너(You)', 즉 자와 타자의 관계이다. 주어가 되는 모든 것은 타자이다. 그래서 삶의 공동체인 '우리(We)'를 회복하려고 하지만 서양철학이 운영하는 세계는 결코 그것에 도달할 수 없다. 서양철학과 과학은 '웹(Web)'이라는 기계를 만들어냈지만, 진정한 '우리'를 찾아낼 수 없다. 서양철학이 구축한 세계는 추상-기계의 세계이기 때문이다.

정신이 물질을 만들었다. 정신이 곧 물질인 것은 정신이 자신의 프레임 속에 넣은 것이 물질이기 때문이다. 그렇다면 물질 이전에 어떤 것이 있어야 하는데 그것이 바로 물(物)이다. '물'은 거대한 전체, 역동하는 전체이지 부분이 아니다. 물은 인간의 인식으로 잡을 수 있는 것이 아니다. 그동안 물질이라고 하는 것은 대상으로서의 물(어떤 프레임 속에 담긴 물)이었으며, 대상의 원인자는 정신이었기 때문에 물질은 정신이다. 서양철학이 마르크스의 유물론에서 끝난 것이 이를 잘 증명하고 있다.

마르크스에 이어 니체는 '신은 죽었다'고 선언함으로써 서양철학의 죽음과 종언을 선언했다. 서양철학이 그동안 신이라고 했던 것은 바로 인간이었고, 인간은 정신이었다. 인간은 신을 빌려 자신의 정신을 드러냈던 것이다. '신이 세계를 창조했다'는 말은 더 이상 효험이 없게 되었다. 그런 점에서 지금 기운생동하지 않는 신은 '없는 신'이며 '죽은 신'이다. 기운생동하지 않는 신은 바로 우상이며, 우상은 언젠가는 허물어진다. 흐르지 않는 것은 허물어진다. 풍류(風流)하지 않는 것은 허물어진다. 그런 점에서 절대적인 신을 신봉하는 기독교는 반면교사(反面敎師)이다.

인간은 사물을 인식하면서 사물(事物, 物)을 대상화하여 사물의 역동하는 실재를 놓쳐버리고 추상과 개념의 프레임(생각의 틀, 생각의 액자) 속에 집어넣었기 때문에 사물과의 교감을 감각대상이라고 했다. 그러나 인간이 그동안 대상이라고 한 것은 대상이 아니며, 진정한 대상과의 교류나 교통은 개념 설정이나 추상이 아니라 교감이다. 교감이야말로 존재의 진정한 면모이며, 느낌의 세계이다.

그런 점에서 물(物)은 심(心)이다. 화가의 마티에르(matière)는 물질이 아니라 물이며 그것은 곧 마음이다. 물은 결코 대상화할 수 없다. 물은 프레임의 안에 있는 것이 아니라 프레임의 안과 밖에 동시에 있다. 인간은 물을 제어할 수 없다. '대상화된 모든 것은 인간이다.' 인간이 제어하는 것은 인간의 생각이며 추상이며 기계이다. 대상화된 것 속에 신과 귀신도 들어간다. 천지인과 음양은 때때로 대상화된 것처럼 사용하지만 결코 대상화된 것이 아니다.

무위의 세계는 인간에 이르러 물을 심으로 바꿈으로써 개체와 의식을 만들어내고, 의식은 마음의 현상학으로서 눈에 보이는 물질(육체, 육화된 세계)의 세계를 의식하게 만들었다. 이것이 당위의 세계이고 인위의 세계이다. 그러한 점에서 진선미는 구별될 수 없다. 진선진미(眞善眞美)한 것은 없는 셈이다.

절대란 인간의 생각이며, 진정한 절대는 자기이며 자기밖에 없다. 따라서 절대신에 도달하는 것은 자기이며 자신(自神)이다. 그런 점에서 '나 이외의 다른 신을 믿지 말라'는 예수의 말씀은 객관적인 것이 아니라 자기만이 느낄 수 있는 진정한 자신의 세계이다. 당시 복음을 '말하는 예수'는 진정한 자신의 세계였으나, 그것을 '기록하는 제자들'의 복음은 예수의 진정성과는 차이가 있었던 것이다.

그 결과로 지금 남아 있는 '성경에 기록된 예수', '제자들이 쓴 기록'은 현존적 실재가 아니다. 기록(언어에 의한)은 진정한 실재가 아니며 실재를 전해주기 위해 인간이 개발한 호모사피엔스의 재능이며, 능력이며, 역능(力能)이며, 삶의 방식이다.

기록은 또한 기억이고, 기억 때문에 과거가 존재한다. 필자의 기일원론, 심물일원론의 입장에서 보면 위진시대의 최고 불교철학자 승조의 '물불천론(物不遷論)'도 과거와 미래를 인정한다는 점에서 (과거와 미래가 서로 옮기지는 않지만) '시간론'을 인정하는 것이다. 그러나 필자의 심물일체론이나 소리철학은 시간과 공간을 초월하는 것이 아니라 아예 시간과 공간이 없다고 하는 입장이다. 기일원론, 심물일원론의 기(氣)는 정지했기 때문에 움직이지 않는 것이 아니고, 실체가 없기 때문에 움직일 수 없을 뿐만 아니라 움직일 필요도 없다. 우주는 어떠한 것으로도 끊을 수 없는 것이다. 그런데 인간은 그것을 자기 나름대로 끊어서(재단해서) 사용하는 존재일 따름이다.

우주의 실재는 추상과 보편성의 결과가 아니고 재현도 아니다. 지금 일어나고 있는 것만이 우주의 실질적인 세계이다. 우주의 실질적인 세계는 보편적인 세계가 아니고 일반적인 세계이다. 일반적인 세계는 만물을 안을 수 있는(담을 수 있는) 물심의 세계, 심물의 세계이다. 이러한 세계는 동양의 음양과 천지인과 같은 순환적인 상징의 세계이다.

서양철학의 정신은 물질이 되고, 서양철학의 유물론은 '정신의 물질'의 종착역이 되었다. 정신이 주인이던 서양 철학사에서 물질이 주인이 된 전도로서의 유물론은 서양의 이성중심주의 철학의 마지막 주자였다. 유물론 이후 서양철학은 해체되지 않으면 안 되었다.

언어는 인간의 생각이 사물에 투사된 것이다. 언어는 세계를 분열시킨다. 언어는 분열된 세계를 다시 연결하려고(연결시키려고) 노력하지만 결코 언어로 분열된 세계는 연결되지 않는다. 언어로 연결된 세계는 세계와 분리된 언어 자체의 연결(즉, 構文)에 지나지 않는다. 그러나 언어 중에도 음성언어는 비록 세계를 분열시키는 시니피앙(능기)으로 사용되지만 소리는 침묵으로 돌아가기 때문에 세계를 분열시키는 것 같지만 세계를 분열시키지 않고 시늉만 하다가 본래의 세계로 돌아간다.

소리는 환원되는 것이 아니라 침묵으로 돌아갈 뿐이다. 그러나 문자는 세계를 분열시킨다. 그래서 표음문자이든 표의문자이든 문자는 세계를 분열시킨다. 결국 세계를 분열시키는 것은 문자언어이다. 인간은 언어를 포기할 때라야만 분열되지 않는 본래의 세계로 돌아갈 수 있다. 데리다의 착각은 서양문명, 즉 알파벳 표음문자의 착각이겠지만 소리 때문에 세계의 절대와 환원이 있는 것처럼 생각하는 도착에서 비롯되었다.

따라서 문자학은 문자의 변명에 지나지 않는다. 문자학은 서양문명의 이성주의를 벗어나기(극복하기) 위해 내놓은 잘못된 처방이며 억지변명이다. 말하자면 이런 구절과 같다. '세계는 문자이지만 결국 문자가 아니다.' 만약 이 구절을 거꾸로 하여 '세계는 문자가 아니기 때문에 문자로 드러났다'고 하면 선종(禪宗)의 말과 같이 된다. 데리다는 거꾸로 알고 있는 것이다.

이에 비해 하이데거는 운이 좋다. 아니, 운이 좋은 것인지 현명한 것인지 모르겠지만, 하이데거는 서양 알파벳문명권의 이성중심주의를 벗어나는 과정에서 소리에서 문자로 도피하지 않고 정면 돌파를 하여 소리의 내부를 들여다보다가 침묵에 이르렀다. 말하자면 침묵의 전체성에 도달한 셈이다. 그래서 하이데거는 침묵의 전체성을 존재라고 하고, 침묵에서 드러나는 것을 존재자로 함으로써 이성중심주의를 벗어나는 데 유리한 고지를 점령했다.

그러나 하이데거도 언어의 마지막 장애물(그물)에 걸려들었다. 사물을 존재자로 본 것이다. 사물이 존재자인 것은 사물(사물 자체) 때문이 아니라 인간의 언어 때문이다. 인간의 언어가 사물을 사물이게 한 것이다. 하이데거의 의미에서 사물은 존재이다. 결국 언어가 사물을 존재자이게 하는 범인인데, 하이데거는 이것을 어렴풋이 알았지만 정확하게 간파하지 못했던 것이다.

서양의 근대철학은 '물 자체(Thing Itself)'라는 말의 갈라짐, 즉 'Thing'과 'It'와 'self'의 분열에서 시작된다. 칸트의 '물 자체'는 서양철학과 문명의 운명을 예언하거나 선지한 셈이다. '사물(Thing)'은 '대상으로서의 사물(things = object)'이 되고, 자연은 'It'가 되고 'self'는 '자아(ego, subject)'가 되어버렸다.

It	3인칭 중성대명사(단수) '물학(物學)'을 지향	인간중심주의 (자연과학 = 물질 = 대상)	남성(父系) = 기표	That (Thing)
We	3인칭 대명사(복수) 자연과 인간은 공동체	자연주의적 성향 자연 = 생명 = 공동체	여성(母系) = 기의	We(b) (Weave)

원시·미개사회와 동양사회에서는 자연을 'It'라고 부르기보다는 '우리(We)'라고 한다. 왜 서양에서는 3인칭 중성대명사를 쓰고, 동양사회에서는 3인칭 대명사를 사용하는 것인가? 문화의 집단무의식(일반성)과 초의식(보편성)에서 다른 무엇이 있기 때문이다. It = That(Thing), We = Web(Weave)의 의미가 숨어 있는 것 같다.

영어에서 'It'(단수)와 'we'(복수)는 3인칭에 속한다. 이 3인칭이 동서양문명 차이의 열쇠가 된다는 것은 문명이 철학적으로는 언어로 환원되는 것을 드러내는 셈이다. 동양철학으로 보면 세계는 '그것'이 아니라 '우리'이다. 우리는 '웹(網)'이다. 웹은 '함께 사는 공동체'이다. 인간은 사물이라고 하는 무기물과 생물과 더불어 살고 있다. 'we'는 3인칭대명사(복수)로 자연과 인간의 공동체 사상을 내포하고 있으며, 자연주의적 성향으로 자연 = 생명 = 공동체를 나타낸다. 'It'는 3인칭 중성대명사(단수)로 사물에 대한 통칭이며, 인간중심주의를 표방하면서 자연과학 = 물질 = 대상을 나타낸다.

그런데 여기에 동서양문명의 중대한 갈림길이 있다. 심하게 자아(I, ego) 중심, 인간 중심, 이성 중심 문화로 발전한 서양은 인칭대명사를 써서는 인간 중심을 벗어날 수 없기 때문에 차라리 중성대명사(It)를 통해 그것을 극복하고자 한다. 이는 매우 아이러니컬하다. 중성대명사를 통해 물학(物學)에 도달하고자 하는 것이다. 그러나 심학(心學)과 물학을 나누는 것 자체가 세계를 둘로 나누는 것이다. 심학과 물학을 나누니까 실용학(實用學, 實學)으로서의 과학이 존재하는 것이다.

유물론을 통해서 정신주의를 극복하고자 하는 문화적 콤플렉스에 젖어 있는 서양철학은 물(物)이라는 말을 창안했는데 이 말 속에는 서양문명의 이성 중심과 그것을 벗어나려는 반이성주의가 동시에 숨어 있다. 그야말로 '물'의 이중성·양면성이라고 할 수 있다.

하이데거의 의미대로 말하면, 이 세계는 '존재의 세계'이다. 존재의 세계는 인간의 언어에 의해 방해될 수 없다. 언어는 단지 그 표면과 현상을 스쳐가는 무상(無常)의 행위, 즉 제행무상(諸行無常)에 불과한 것이다. 결국 언어에 의해 결정된 모든 법은 법이 아닌 법이다. 즉, 제법무아(諸法無我)이다.

문명이 이룩한 모든 범행의 범인은 언어이다. 언어는 발화되는 순간에 세계를 가르고 만다. 특히 그것이 문자로 기록될 때 더욱 그렇다. 언어란 무엇이고 문명이란 무엇인가? 언어란 인간 의식의 산물이다. 의식이란 의미를 생산하는(발생하는) 현상학적 과정이다. 현상학적 과정은 인간의 자연에 대한 환유의 과정이기도 하다. 인간은 또한 자연에 대한 은유의 과정으로서 의미를 가지기도 한다. 인간은 언어를 사용함으로써 은유와 환유라는 두 종류의 의미 생산 구조를 가진 셈이다. 은유는 시적 의미, 환유는 과학적 의미이다.

인간의 문명은 자연에 대해 먼저 언어를 통해 대응한다. 언어는 인간과 사물을 '자연적 존재'가 아닌 '영원한 존재(주체 혹은 대상)'로 만드는 힘을 가지고 있다. 그래서 언어를 사용하는 인간은 자신도 모르게 사물을 소유했다고 착각하게 한다. 마치 언어는 물고기(사물)를 잡은 그물과 같은 것이다. 사물을 소유했다고 착각할 때 사물은 물질이 된다. 이렇게 언어는 존재를 소유로 전환하는 대표적인 수단이다.

특히 생물학적 분류학이나 철학적 분류학을 통해 언어는 마치 존재인 양, 개체인 양 행세한다. 더욱이 언어는 스스로를 초월적 지위에 놓는 것을 마다하지 않는다. 언어 자체가 이미 추상이며 초월이다. 그래서 언어를 사용하는 한 철학은 자연적 존재에 이르지 못하는 원천적 딜레마를 안게 된다.

인간의 문명은 언어 이외에도 소유로의 전환을 꾀하는 수단을 가지고 있다. 음식의 저장기술과 화폐 및 유가증권의 저축기술이다. 저장이든 저축이든 흘러가는 자연적 존재를 소유적 존재로 바꾸는 힘을 가지고 있다. 발효는 대표적인 저장기술이고, 화폐는 대표적인 저축기술이다. 이와 더불어 빼놓을 수 없는 기술이 바로 자연에 대한 모방인데, 예술과 교육이 대표적인 예이다. 발효와 저장, 저축과 모방의 공통점은 '무엇을 쌓아간다'는 점이다. 이것이 바로 소유이다. 존재는 흘러가는 것이지 쌓이지는 않는다.

물론 모방에 창조가 전혀 관계하지 않는 것은 아니다. 오히려 창조의 근본은 모방과 유희에 있고 그것이 예술과 교육에서 두드러진다. 이런 모방과 유희에 대해 최초로 언급한 사람은 아리스토텔레스이다. '예술은 자연의 모방이다.' 그 후 모방에 대해 의미심장한 언급을 한 인물이 바로 10여 년 차이로 태어난 루소와 칸트이다. 평소에 루소를 존경한 칸트는 루소에게서 많은 영향을 받았다. 그 영향은 때로는 공감으로 인해 같은 방향으로 나아가게 했고, 때로는 현실적인 대안을 모색하느라 반대 방향의 길로 나서게 했다. 이것이 자연주의자 루소와 이성주의자 칸트를 있게 했다.

루소는 발효와 모방에 대해 언급했다.

> 인간은 자연적으로 선하면서도 동시에 완성가능성을 띠고 태어났기에 그런 드라마가 인간에게 출현하게 된다. 그 완성가능성 때문에 인간은 자연 상태에 머물 수 없다. 그래서 우리가 자연 상태의 선은 곧 실낙원의 운명과 같다고 말한 것이다. 루소의 인간론은 인간의 성선론과 인간의 자유로운 완성가능성의 이중적 운명을 동시에 조명해야 이해 가능하다. 루소는 이 이중성을 '모방(l'imitation)'과 '발효(la fermentation)'라고 표현하기도 했다.[1)]

칸트는 예술은 인간의 유희본능에서 발현된다고 주장했다. 자연적 존재를 소유적 존재로 바꾸는 기술은 이 밖에도 여럿 있을 것이다. 그런데 소유적 존재로 바꾸는 것의 궁극적인 의미는 무엇인가? 이는 자연적 존재에 대해 정체성 혹은 등가 혹은 등식을 대체하거나 혹은 보충대리하는 일이다. 보충대리라는 것은 연장이며, 연장의 세계는 시공간의 세계이다. 수사학적으로 보면 이것은 메토니미이다. 메토니미는 환치나 교환을 가능하게 한다. 이는 등식의 세계이며 자연과학의 세계이다.

하지만 인간이 아무리 자신의 자연적 존재를 소유적 존재로 전환하더라도

---

1) 김형효,『물학, 심학, 실학』, 청계, 2003, 516쪽.

육신을 가지고 있는 한 자연의 '대신(代身)체계', 에콜로지(ecology)를 벗어날 수 없다. 그래서 인간은 여전히 자연적 인간이다. 인간은 문화적 존재이면서 여전히 자연적 존재이다. 그래서 본능과 욕구와 노동과 더불어 살아가지 않을 수 없다. 그래야 의식주를 해결하고 자손을 번식시킬 수 있다. 그러한 점에서 문화란 자연의 입장에서 보면 허영(虛榮)일 수도 있다. 결국 문화란 자연적 존재인 인간이 마련한 의족(義足)과 같은 것이다. 생각과 의식이라는 것도 동물로서의 인간이 삶을 영위하기 위해 이동하는 광범위한 수단일지도 모른다.

이렇게 볼 때 철학이라는 것도 의식의 산물이고 자연적 존재에 대한 인간의 환원주의적인 추상에 지나지 않는 것인지도 모른다. 서양철학의 실질적 종착역이라고 할 수 있는 마르크스의 유물론은 서양의 이성중심주의가 이룩한 절대정신(정신주의)의 탑을 해체하는 정반대의 철학이었지만, 이성중심주의로써 이성중심주의를 벗어나려고 노력한 단말마적 마지막 축제에 지나지 않는다고 할 수 있다.

마르크스가 주장하는 노동가치설이야말로 이성중심주의와 다를 바 없다. 마르크스의 유물론은 서양문명이 대상으로 한 물질에 주체를 투사함으로써 사물을 대상화하는 이성주의로부터 벗어난 것 같지만, 사물을 대상화하는 욕망을 무시함으로써 그야말로 역사적으로 실패하고 만다. 결국 그가 주장한 공산사회주의라는 유토피아는 부익부 빈익빈이라는 결정적 문제점을 지니고 있는 자본주의보다 못한 꼴이 되었다.

자본주의야말로 (교환의 수단이 아니라) 화폐 자체를 가치화한 인간 저장기술의 마지막 꽃(설사 그것이 악의 꽃이라고 할지라도)이고, 과학은 언어를 수단으로 사용한 사물(우주공간)에 대한 소유기술의 꽃(설사 그것이 자연을 황폐화한다고 할지라도)이라고 할 수 있다. 이들 모두 등식을 만들어내는 '등식의 기술'이다. 자연적 존재는 등식의 존재가 아니다. 자연은 순환적 존재이고, 왕래적 존재이고, 서로 중첩적 존재이고, 이중적 존재이다. 그렇기 때문에 자연은 부등식의 존재이다. 이를 등식으로 변하게 한 물리·화학적 기술이 바로 화폐와 과학이 아닐까? 자본주의야말로 모순을 안고 있음에도 불구하고 생산성(자연의 재생산성에 대체되는)을 높이는 구실을 하고 있는 것이다.

자유자본주의는 공산사회주의보다 역설적으로 인간이 자연으로 돌아가게 하는 힘을 가지고 있다. 자본주의는 빈부의 격차라는 문제를 가지고 있음에도 불구하고 평등과 정의를 내세우는 공산사회주의보다 상대적으로 인간이 보다 잘 살 수 있게 하는 힘을 가지고 있는 것 같다(그렇다고 자본주의가 완성된 사회체계라고 말하는 것은 아니다).

어쩌면 자본이야말로 인간을 보다 자유롭게 하고 자유를 보장하는 효과적인 수단이 될 수도 있겠다는 생각이 든다. 이는 마치 피임약이 여성의 자유와 인권을 실질적으로 진전케 한 원동력이 된 것과 같다. 인간의 욕망과 이욕(利慾)을 부정할 것이 아니라 함께 살아가면서 창조적으로 제어할 필요가 있다. 비록 욕망을 제어하기 위해 새로운 창조적 이상을 제안하고 이를 철학이 뒷받침할지라도 말이다.

그런 점에서 언어는 분열의 주범이면서 동시에 통합의 주인이 될 수도 있다. 모든 상반된 것은 동시에 존재한다. 그렇기 때문에 절망과 희망도 동시에 있다. 상반된 세계 자체가 인간 중심의 산물이기에 문제를 낳지만 동시에 문제를 해결할 것이다. 자본주의는 적어도 자연의 모성성(혹은 재생산)과 연결되는 자궁을 가지고 있는 것 같다. 여성의 자유의 확대와 여권의 신장은 실은 자본주의가 이룬 것 같다. 그런 점에서 자본주의는 인류의 여성시대 혹은 모성시대로의 회귀를 위한 사회경제적 준비였는지 모른다. 그렇게 볼 때 유물론은 여성시대를 위한 이데올로기적 선언이었고 이를 완성한 것은 자본주의라고 말할 수 있다.

화폐야말로 이데올로기보다 훨씬 더 인류를 자유와 평등으로 가깝게 인도하는 수단은 아닐까? 사리사욕과 부정부패, 과잉욕구와 부익부 빈익빈은 그런 점에서 화폐의 문제가 아니라 화폐를 다루는 인간의 문제이다. 이제 인간은 장기적으로 남의 이익이 나의 이익이 된다는 것을 깨우칠 필요가 있다. 이는 비단 인간사회에만 해당되는 것이 아니라 인간을 둘러싼 생태환경에도 적용되는 말이다.

인간만이 홀로 살 수는 없다. 그런 점에서 페미니즘과 에콜로지가 만난 에코페미니즘(eco-feminism)의 자세가 필요하다. 에코페미니즘은 또한 샤머니즘의 복원과 연결되어야 할 것이다. 샤머니즘은 인류가 개발한 환경과의 공존, 즉 공동생활과 화평을 주장한 고대 사상이기 때문이다. 인류는 바야흐로 고금소통, 동서소통의 시대를 맞고 있다.

물론 자본주의가 자연만큼 완벽한 체계는 아니지만, 적어도 자연에 가장 가까이 있는 체계인 것 같다. 그 까닭은 자본주의는 비록 사물을 기호로 만들지만 욕망을 인정하기 때문에, 사람들의 이기심을 충족시키기 때문에 자연에 가깝다. 자본주의의 문제는 자리(自利)에서 자리이타(自利利他)로 사람들의 마음을 돌려놓으면 되는 것이다. 이것이 비록 쉽지는 않지만 어느 정도 달성할 수 있다는 것이 역사적으로 증명되고 있다.

마르크스 학파의 최종주자인 들뢰즈는 언어가 분열시킨 세계를 연결시키기 위해 온갖 접합(接合)이론으로 노력했지만, 특히 메커니즘(mechanism)의 개념성을 벗어나기 위해 머쉬니즘(machinism)을 창안하면서 노력했지만 기계는 어느 지점에서 끊어진다는 사실을 몰랐다. 결국 들뢰즈는 기계(機械, 器界)의 기(機, 器)에 매달린 셈이었다. 왜 서양철학자는 서양과학자의 수준에 도달하지 못하는가?

아인슈타인이 내놓은 에너지의 법칙($E=mc^2$)은 바로 세계가 주체(주어, 정체성)가 없는 것임을 천명했음에도 불구하고, 마르크스주의자들은 물질에 주체를 주기 위해 헛된 땀을 흘리고 있다. 세계는 물질이 아니고 물활(物活)이고 활기(活氣)이다. 들뢰즈의 기(機, 器)는 기(氣)가 되어야 하고 세계는 기계(氣系)가 되어야 한다. 기(氣), 즉 에너지는 이용할 수 있는 것이지만 결코 소유를 인정하지 않는다. 에너지 불변의 법칙은 이를 말한다. 에너지야말로 영원한 공유물이다. 인간의 에너지는 기통(氣通), 기감(氣感)을 통해 전이된다.

동양의 『주역』에 '함(咸)'괘가 있다. '함'괘는 『주역』 64괘 가운데 31괘 '咸=澤/山=☱/☶'괘이다. 이것은 소녀(小女, 신부)가 소남(小男, 신랑) 위에 있는 형국이다. 소녀가 위에 있어서 무리 없이(강압하지 않고) 교합이 가능한 경우이다. 다시 말하면 비어 있는 것이 꽉 찬 것 위에 있는 형국이다. 그러나 역사는 그렇게 진행되지 않는다. 함괘 다음에 바로 항(恒=雷/風=☳/☴)괘가 따르기 때문이다. 이것은 장남(長男, 남편)이 장녀(長女, 아내) 위에 있는 형국이다.

『주역』은 총 64괘로써 만물과 인사의 변화의 모습을 설명하고 있는데 크게 1괘에서 30괘를 상경(上經)이라고 하고 31괘에서 64괘까지를 하경(下經)이라고 한다. 상경은 천지만물의 변화이치를 설명하고 하경은 인사의 변화이치를 설명한다. 상경은 천도(天道)가 위주이고 하경은 지도(地道)가 위주이다. 미래 후천의 여성시대에는 지도가 더 중시된다.

31괘는『주역』에서 1괘인 건(乾)괘에 맞먹는 괘이다. 말하자면 천지의 이치의 '건'괘가 인간의 이치의 '함'괘에 대응되는 셈이다. 함(咸)괘에 '마음 심(心)' 자를 넣으면 감(感)이 된다. '함'괘는 인간의 마음이 들어가지 않는 상태이다. 마음이 들어가지 않으면 아직 교감이 되지 않는다.

후천의 시대에는 '교감이 되지 않는 세계는 없다.' 교감이 될 때에만 세계는 있는 것이다. 원리가 중심이 되는 시대는 물러가고 교감이 중시되는 시대로 접어들 것이다. 그래서 언어보다 마음이 중요하다. 그러한 점에서 '세계는 마음'이라고 말할 수 있을 것이다. 인간은 마음이라는 말을 빌려서 세계의 소통을 표현하고 있다.

그러나 마음이라는 것도 말일진댄 세계를 완전히 연결시키지는, 본래의 상태로 돌려놓지는 못한다. 세계는 단지 인간의 온갖 횡포(개념적 斷定, 혹은 決定)에도 불구하고 세계의 연결성, 하나 된 세계를 잃지 않고 있을 따름이다. 세계는 본래 하나이다. 이것은 '개념의 하나님', '절대의 하나님', '(스스로) 나는 나다'라고 하는 하나님도 아니다. 언어의 의미에서 보면 세계는 침묵이다.

'나는 나다'라는 말보다 해석이 극단적으로 갈리는 경우는 드물 것이다. 이때의 '나'는 하나님도 될 수 있지만 필부필부도 될 수 있다. '나'는 무한소(無限小)도 될 수 있고 무한대도 될 수 있다. 세계는 '나'이면서 동시에 '나'를 넘어서야 하는 것이다. 철학은 '나의 문제'이면서 동시에 '나의 문제를 넘어서야 하는 것'이다.

세계의 도처에는 '눈에 보이는/눈에 보이지 않는 플러그'가 있어서, 혹은 '눈에 보이는/눈에 보이지 않는 매개(媒介, 靈媒)'가 있어서 서로 통하고 있는지도 모른다. 우주는 플러스, 마이너스의 거대한 전기체이다. 그러한 전기반응(전기반응도 氣반응체계의 일부이다)을 바탕으로 우주가 구성되며, 우주는 수많은 층위를 가지면서 서로 작용하고 있다. 인간이라는 존재는 그러한 체계 속의 하나일 뿐이다.

철학은 이러한 기(氣)반응체계, 전기반응체계의 세계를 언어로 표현하고 문장으로 재구성하는 '대리(代理)체계'이다. 인간은 철학을 구성하지만, 인간의 삶은 우주의 '대신(代身)체계' 속에서 살아가면서 생멸한다. 그런데 그 대리체계는 남자의 세계이고(남자가 주로 담당하고), 대신체계는 여자의 세계이다(여자가 주로 담당한다).

철학은 언어에 의해 구성되며, 말하자면 남자의 대리체계에 속한다. 언어에 의해 구성되는 대리체계를 담당하는 남자는 처음부터 초월적이다. 언어와 시간과 공간은 처음부터 초월적이기 때문이다. 초월적이라는 말은 상상계를 가지고 있는 것에서 연유하는데, 상상계는 언어(상징계)를 통해 표현되며 언어를 통해 의미의 세계(의미망)를 구성(구축)한다. 현실계는 욕망(기운생동의 인간적 형태)으로 가득 차 있다.

라캉의 말대로 욕망은 주체가 없다. 주체가 있다면 '욕망의 대상으로서의 주체'이다. 그런데 욕망과 대상과 주체는 모두 언어로 표현된다. 언어체계는 항상 주어를 전제한다. 따라서 언어가 주체(주어)인 셈이다. 그런데 언어로 표현되지 않는 세계는 언제나 존재한다. 우리는 언어로 표현되는 만큼만 세계의 존재를 확인하는 것이다.

그런데 남자는 그 표현되지 않는 세계에서 항상 자신의 페니스(이것은 보편성이다)만 본다. 라캉은 언어에서 소리의 존재적 의미를 재생시켰지만 마지막에는 페니스만 확인하는 '팰러스(phallus) 중심'의 서양철학의 굴레를 벗어나지 못했다. 들뢰즈의 여성-되기, 아이-되기, 동물-되기 등의 '무엇-되기'도 팰러스 중심에서 벗어나지 못하고 있다는 증거일 뿐이다.

이에 비해 여자는 표현되지 않는 세계에 대한 포용성(이것은 일반성이다)을 가지고 있다. 이것은 보이는 세계보다 보이지 않는, 숨어 있는 세계가 더욱 큰 여자의 성기와 같다. 여자의 자궁에서 이루어지는 생명 탄생의 신비는 여자도 모른다. '자연의 여자'는 무궁무진하며, 이곳이야말로 '길이요, 진리요, 생명'인 것이다.

말하자면 여자는 표현되지 않는 세계 혹은 세계 자체, 자연과 내통하고 있는 셈이다. 여자는 자연의 상속자이다. 자연의 상속자가 아닌 남자는 그 대신 선(善)과 정의(正義)와 '권력체계'를 만들어냈다. 선과 정의는 대리체계를 담당하는 남자가 만들어낸 필요의 산물이다. 선과 정의는 그러한 점에서 자연의 산물인 존재가 아니라 인위의 산물인 존재자이다.

문명과 남녀를 한마디로 은유하면, 남자는 여자(자연)의 아들로 태어나서 여자의 남편(문명)으로 살아가며 아버지(가계, 국가)의 혈통(권력)을 이어가는 존재이다. 이에 비해 여자는 자연의 상속자인 어머니로서 재생산(출산)을 하면서 비권력적으로 살아가는 자연 그 자체이다. 남자는 여자를 통해 자연과 매개된다고 할 수 있다. 여자는 남자가 바라볼 수 있는, 소유할 수 있는 자연이다. 남자의 페니스는 추상-기계이고 여자의 몸은 자연-생명이다. 자연(우주)은 기운생동이고 소리이다. 여자는 그 자체가 파동이다.

빛의 철학과 소리철학은 해(햇빛)와 달(달빛)에 비유될 수 있다. 인간은 남성(Man, 陽)이고 자연은 여성(陰, Woman)이다. 남성은 총(shoot)이고 언어이다. 여성은 항아리이고 생명이다. 그런 점에서 여자는 남자의 희망이다. 여자는 세계를 분열하는 언어를 좋아하지 않는다. 여자의 언어는 세계를 교감하게 하는 '필요선(必要善)의 언어'인 반면 남자의 언어는 세계를 끊어버리는 '필요악(必要惡)의 언어'이다. 여자는 세계의 교감을 즐기는 존재이다. 남자는 교감하는 세계를 끊어서 자신의 문장으로 규정하고 정의하기를 즐긴다. 따라서 남자는 여자를 지배하려고 한다. 그러나 여자(어머니)의 몸에서 태어나지 않는 남자는 없다.

빛의 철학	햇빛/해/남성	총(shoot)/언어	페니스(기계)	공장의 생산(제품)
소리 철학	달빛/달/여성	항아리(달항아리)	여성의 자궁	생명의 생산(재생산)

인류는 세계를 분열하는 언어에서 세계를 교감하는 언어로 돌아가지 않으면 안 된다. 교감하는 세계만이 진정한 하나의 세계이다. 이것은 언어의 보편성 혹은 보편성의 언어를 추구하는 것이 아니라 언어의 일반성, 세계의 일반성을 추구하는 것이다. 바로 이러한 일반성을 추구하는 것이 소리철학이다.

세계는 소리이고, 잠재되어 있는(드러나지 않은) 소리이다.

바타유의 언어에 대한 총체적 평가를 보자.

> 언어는 우리에게 중요한 총체를 한데 모아 보여주는 동시에 흐트러뜨리기도 하는 도구라고 할 수 있다. 언어 안에 매몰되면 우리는 무엇이 중요한 것인지를 포착할 수 없는 것이, 중요한 전체는 많은 문장들이 거기를 겨냥함에도 불구하고 상호의존적인 절의 형태 속에 꼬리를 감춰버리기 때문이다. 우리는 이어지는 문장들 속에 묻혀 버린 총체를 찾으려고 관심을 늦추지 않지만, 깜빡거리는 문장들을 볼 뿐 찬란한 빛은 보지 못한다.[2)]

바타유는 이어 철학에 일침을 가한다.

> 어떤 물질적인 만족으로도 진정시킬 수 없고, 어떤 언어의 유희로도 기만할 수 없는 그 기다림! 우리는 정상을 탐색한다. 개인적으로는 그 탐색을 무시할 수도 있다. 그러나 인류 전체는 정상을 희구한다. 그것만이 인류를 정의해주고, 그것만이 인류를 정당화시켜 주고, 그것만이 인류에게 의미를 주기 때문이다. 그 정상, 절대적 순간은 철학의 추구와는 다른 것이다. (중략) 철학이 자신만의 의문에서 벗어나지 못하는 한 절대적인 순간은 적어도 철학을 초월한다. (중략) 철학이 문제 삼지 않는 의문은 없다. 그중에도 절대의 의문은 에로티즘의 절대의 순간(에로티즘의 침묵)이 대답으로 주어지는 의문이다.[3)]

결국 언어도 게임이고, 금기의 위반의 게임으로 이어진다.

> 노동과 비교해볼 때, 위반은 게임이다. 게임의 세계에서는 철학이 붕괴된다.

---

2) 조르주 바타유, 『에로티즘』, 조한경 옮김, 민음사, 2011, 319쪽.

3) 같은 책, 320쪽.

(중략) 언어의 게임도 금기의 위반의 게임과 같은 게임을 한다. 말을 마치자면, 총체적인 문제를 다루는 철학은, 가능하면, 금기와 위반의 역사적 분석에서 새 출발해야 할 것이다. 철학은 그것들의 기원에 대한 비판을 근거로, 거기에 반박하면서, 다시 말해 철학을 위반하면서, 존재의 정점을 건드려야 할 것이다. 존재의 정점은 오직 위반의 충동(의식의 전개에 근거한 사고가 노동에 힘입고 있으면서도 스스로 노동에 종속될 수 없음을 알기에 마침내 노동을 초월하려는 위반의 충동) 안에서만 그 온 모습을 드러낸다.[4)]

수컷의 입장에서 보면 권력은 노동에서 오고 노동은 또한 권력이지만, 암컷의 입장에서는 노동보다 놀이가 더 중요하다. 암컷은 수컷의 권력에 지배당하는 척하면서 실질적으로 수컷의 노동을 부리는 지배자가 된다. 수컷의 권력을 플러스 권력이라면 암컷의 권력은 마이너스 권력이다.

이는 인간의 성행위에서도 잘 드러난다. 수컷은 노동(페니스를 세워야 하고, 직선의 피스톤운동을 오래 지속한 끝에 오르가슴에 도달한다)을 하지만 암컷은 수컷이 노동한 결과 성감대의 마찰과 마사지(접촉·감염·주술)에 의해서 여러 차례 오르가슴을 즐긴다. 여성은 자연을 닮았고 자연의 상속자이다. 여성의 쾌락에서 훨씬 더 놀이와 파동적 세계를 느낄 수 있다. 여성은 소리의 존재이다.

인간은 살기 위해서 일상적인 노동을 해야 하지만 노동이 전부는 아니다. 인간은 무언가 게임할 것을 찾고 있으며, 그 게임은 놀이이다. 그런 점에서 노동과 놀이는 대척점에 선다. 노동이 놀이가 되고 놀이가 노동이 되는 사회가 가장 행복한 사회일 것이다.

그렇다면 놀이는 어디서부터 오는가? 그것은 우주적 파동, 소리에서 시작된다. 우주의 소리야말로 파동과 놀이를 감추고 있는 존재의 진면목이다. 이제 '태초에 말씀이 있었다'가 아니라 '태초에 소리가 있었다'라고 말해야 한다.

흐르는 물의 빛과 소리는 금파(琴琶: 거문고와 비파. 지금 파도치는)의 소리와

---

4) 같은 책, 321~322쪽.

갈고, 맑은 마음의 바탕 소리는 덕화로 화생만물 하네(流水光音琴琶聲, 淸心性音德化生).[5]

2) 한글과 소리철학

한글, 즉 훈민정음 창제의 의미는 그동안 한자문화권에서 살면서 수천 년의 한자 사용에도 불구하고 음성언어로 존재해온 한글을 잊어버리지 않고 지켜내면서 1443년에 이르러 문자언어로 정착한 데 있을 것이다. 여기에 집현전 학자들(한문에 능한 중화주의의 기득권자)의 방해에도 불구하고 세종대왕을 도운 공주와 궁녀와 여성들의 도움이 컸음이 뒷이야기로 전해진다.

여성은 소리에 민감한 동물이다. 한국의 여성들이 상형과 의미로 구성된, 따라서 쓰거나 그리지 않으면 의사전달을 제대로 할 수 없는 표의문자인 한자를 배우고 익히기 어려워했고 사용하기도 어려워했음을 짐작할 수 있다. '암글'이라는 멸시에도 불구하고 살아남은 한글이야말로 한국을 세계적으로 만들 국보 1호임은 물론이고 인류의 최고 문화유산이다.

한글은 세계의 모든 언어의 발음을 표기할 수 있을 뿐만 아니라 소리를 통해 인류의 삶과 철학의 일반성을 연구할 수 있는 기회를 제공한다. 소리가 인간 삶의 일반성을 보존하고 있기 때문이다. 일반성의 철학은 지금까지 피지배적인 위치에 있었던 여자(여성, 여성성)를 철학적으로 복권시킨다. 살아 있는 철학이 되기 위해서는 '소리'가 복권되어야 한다. 인간의 발성기관의 발음을 기초로 세종대왕이 만들어낸 세계적 표음문자인 한글의 '소리'가 복권되어야 한다.

소리철학, 포노로지는 한마디로 한글을 사용하는 민족만이 만들어낼 수 있는 철학이다. 그것도 표의문자인 한자문화권에서 표음문자인 한글을 사용하는 문화에서 만들어낼 수 있는 문자이다.

---

5) 聖德道 편찬, 『自性反省聖德明心道德經』, 57쪽.

한국어의 '소리'는 한자(어)의 '성(聲)'과 '음(音)'에 대응하며 경우에 따라서는 '운(韻), 향(響)'에도 대응됨을 확인했다. 이에 대하여 한자의 '성'은 모든 소리를 포괄하는 일이 많았고 초분절음, 자음과 모음에 대해서도 사용하여 왔으며 사람의 목소리에 대하여는 '성음(聲音)'이라는 말을 사용하여왔다. '음'은 그 범위가 극히 좁아서 아음, 설음 등의 분절음에 국한하여 사용되어왔다.[6]

한글은 알파벳과 같은 표음문자, 추상기호이지만 사물을 대상화하는 데 약하다. 알파벳은 기표와 기의가 임의적이기 때문에 기표가 절대적(사물을 他者化)이 될 수도 있는 반면, 한글은 임의적이지 않기 때문에 그렇지 못하다.

한글은 사물을 즉자화(卽自化)하기 때문에 저절로 자연과 하나가 되는 데 탁월한 문자라고 할 수 있다. 한글은 자연의 소리를 죄다 발음할 수 있기 때문에 세계 문자의 발음기호로서 손색이 없다. 다시 말하면 한글은 자연 그 자체인 것이다. 그런 점에서 한글은 일반성의 문자라고 할 수 있다. 소리야말로 언어의 일반성이기 때문이다. 한글을 사용하면 사람들은 저절로 자연이 된다. 또 자연과 자신을 구분하지 못한다. 그래서 자연 속의 인간이 된다. 한글만큼 '인간의 자연동형론'을 유도하는 문자도 없을 것이다.

한글은 알파벳과 달리 역설적으로 자모 자체가 의미를 가진 문자이다. 그래서 문자와 소리, 문자와 의미의 이중성과 애매모호성을 잘 표현할 수 있는 소질을 가진다. 특히 한글 자모 가운데 홀소리(ㆍ, ㅣ, ㅡ)는 우주만물의 이중성의 극치를 표현할 수 있는 것이다. 아래 아(ㆍ)는 안팎을, 이(ㅣ)는 좌우를, 으(ㅡ)는 상하를 나눈다. 그런데 여기서 나눈다는 것은 경계라기보다는 차이의 구분을 위한 것이다. 홀소리를 하늘 기호, '천부(天符)'라고 해도 과언이 아니다. 홀소리가 더 근본을 이루며 닿소리는 태어나는 것이다. 그래서 홀소리를 모음(母音)이라고 하고, 닿소리를 자음(子音)이라고 한다.

독립적인 모음체계, 모음과 자음을 가장 확실하게 구분하는 나라가 '태초

---

6) 고영근, 「소리, 음(音), 성(聲)」, 한국미디어문화학회 엮음, 『소리』, 커뮤니케이션북스, 2005, 25쪽.

천부(天符)의 기호, 한글 자모의 특징과 소리의 이중성					
天	圓	○	ㆍ	안팎	원점
人	角	△	ㅣ	좌우	수직
地	方	□	ㅡ	상하	수평
상징	상형기호	닿소리/모양	홀소리	음양이중성	좌표

의 하나님 어머니'라 할 수 있는 '마고(麻姑)' 신화를 지니는 것은 당연하다. 한국에서 마고 신화가 전해 내려오는 것은 결코 우연이 아니다.

닿소리도 물론 문자가 되기 위해서는 발음을 가지지만, 특히 홀소리는 소리의 차이를 통해 의미의 표현을 확대하기 위한 것이다. 실로 한글 자모를 '천부의 기호'라고 생각하면 소리의 철학, 포노로지의 발견도 결코 우연이 아닌 철학적 필연이며, 우주적 필연이라고 하지 않을 수 없다.

홀소리가 중요한 것은 홀소리가 닿소리의 상하 사이에 있는 중성이라는 점이다. 한글은 닿소리(초성)+홀소리(중성)+닿소리(종성)의 체계로 구성되어 있다. 그런데 이 점이 바로 한글이 '홀소리(母音) 중심'임을 확실히 표방하는 문자가 되게 한다. 한글의 이러한 체계는 음(陰)의 체계임을 말하는 동시에 의미의 이중성을 내포하고 있다. 우리는 흔히 '아(ㅇ+ㅣ+ㆍ)' 다르고 '어(ㅇ+ㆍ+ㅣ)' 다르다고 한다.

한민족은 소리를 통해 우주의 이중성과 상징성을 간파하고, 이를 문자화한 '소리의 민족'이다. 소리를 통해 우주적 신비를 깨달은 민족이다. 또 자모를 안팎, 상하, 좌우(선후)로 배치하여 표현하지 못하는 소리와 의미가 없게 했다. 특히 원(圓, ○)과 점(點, ㆍ)이 하나임을 발견한 '원점(圓點)의 민족'이다. 한글이야말로 인간이 낼 수 있는 '원(原)소리'이고 동시에 '원(原)문자'이다. 그래서 세계 모든 언어의 발음기호가 될 수 있다.

--(陰)의 체계		
ㅡ	ㆍ	ㅡ
	ㆍㅣㅡ	
초성	중성	종성
	이중성	

세계문자의 원(原)소리, 원(原)문자				
呂	닿소리(자음)	○, □, △	ㄱ, ㄴ, ㄹ, ㅁ, ㅂ, ㅅ, ㅇ, ㅈ	팔려(八呂) = 몸뼈
律	홀소리(모음)	·, ㅣ, ㅡ	ㅇ, ·, ㅣ, ㅡ	사율(四律) = 본음(本音)

세계문자의 원(原)소리, 원(原)문자의 구조론						
呂	·	ㅡ	○, □, △	의미어	의미	알파벳/율(律)이 없음/위치 문법
律		ㅣ	·, ㅣ, ㅡ	기능어	관계/울림	한글/율(律)이 있음/기능어 문법

이를 한민족 고유의 '마고' 신화, '율려(律呂)'의 관점에서 보자. 율려는 팔려사율(八呂四律)을 뜻한다. 팔여사률은 음악에서는 팔풍사위(八風四位, 음악은 정치의 기본), 정치학에서는 팔정사단(八政四檀, 和白)으로 통했다. 한글은 본음의 음상이 반조하는 울림이 크기 때문에 감정과 느낌을 잘 전달한다. 그래서 한국은 '심정(心情)문화'를 이루고 '심정'이 '하나님'이 되는 문화이다.

알파벳에는 율(律)이 없어지고 여(呂)만 있기 때문에 '의미'에 치중할 뿐만 아니라 어순에 의존하는 '위치문법'이 된다. 이에 비해 한글은 율이 있기 때문에 의미보다는 울림이 있는 '기능어문법'이 된다.

소리에 의한 철학체계, 소리에 의한 문명체계를 생각하지 않으면 결코 언어와 세계의 실재 간의 간격을 메울 수가 없다. 필자는 오래전부터 '고조선문명체계'가 소리에 의한 문명체계, '기(氣)문명체계'일 것이라고 가정한 바 있다.

한글의 가장 단순한 예로 '아어우으이'가 '알얼울을일'이 되는데, 알 = 물질, 얼 = 정신, 울(우리) = 공간, 을(늘) = 시간, 일 = 인간(일을 해야 하는 인간)을 의미한다. 이는 가장 단순한 기호로서 가장 광대무변한 우주의 실재를 표현한 것으로 해석된다.

아	어	우	으	이
알	얼	울(우리)	을(늘)	일
물질	정신	공간	시간	인간

기호와 의미는 임의적이라고 하는데 반드시 그런 것은 아니다. 한글의 소리에는 어떤 원초적인 의미가 있을 수도 있다. 그것은 물론 고도로 분화한 것은 아니지만 수직과 수평으로 퍼져가는 파동의 음운과 함께 원초적인 시간과

공간, 인간의 삶이 내재해 있다.

한글에는 이미 기호에 어떤 원초적인 의미가 있다. 홀소리는 물론 닿소리에도 원초적인 의미가 있을 수 있다. '가, 나, 다, 라, 마, 바, 사, 아, 자, 차, 카, 타, 파, 하, ㆍ, 아, 야, 어, 여, 오, 요, 우, 유, 으, 이'에는 시공간의 다원다층의 의미가 있다.

3) 한글의 우주론적 의미

혼원일기(混元一氣)에 대한 것으로 율려를 들지 않을 수 없다. 율려는 팔려사율을 뜻한다. 구선 스님은 "ㄱ, ㄴ, ㄹ, ㅁ, ㅂ, ㅅ, ㅇ, ㅈ을 천부(天符) 팔음"[7]이라고 했다. 그에 따르면 ㄱ은 본성의 밝은 성품을 나타낸다, ㄱ은 수직선(ㅣ)에 중심을 두니 양이다. '공간'은 둘 다 ㄱ으로 시작한다. ㄴ은 수평선(ㅡ)에 중심을 두니 음이다. ㄴ은 음양 이기(二氣)를 나타낸다. ㄹ은 음양 이기의 순환을 나타낸다. 이로써 사대(四大)인 지(地), 수(水), 화(火), 풍(風)이 생긴다. ㅁ은 음양이기의 중첩으로 물질계(허달)가 씨앗을 맺음을 나타낸다(ㅁ은 땅을 형상화한다). ㄷ은 본질과 현상이 동떨어지지 않음을 나타낸다. 『천부경』에서 무궤화삼(無櫃化三, 無의 聖櫃는 변하여 3이 된다)의 뜻이다.

한글에서 ㄷ, ㅁ, ㅂ은 그릇을 나타낸다. ㄷ은 열린 그릇, ㅁ은 닫힌 그릇, ㅂ은 그릇에 물이 담긴 모양이다. ㅍ은 물질입자가 운동을 하니 파동이 된다. 천부팔음에서 ㄷ이 들어가지 않는 것은 ㄷ이 천부 팔음과 나머지를 연결하기 때문이다. ㅍ에서 파동(波動)과 '팔(八)'이 나온다(ㅍ은 ㅁ에서 사방에서 가지가 돋아난 것이다). '팔다리'도 여기에 해당한다. ㅂ은 물질계에서 한 물질이 생겨남을 나타낸다, ㅅ(ㅿ)은 물질입자가 빛이 되고 의지와 의식이 생김을 나타낸다, ㅿ은 바로 인간을 나타내기도 한다. 예컨대 사람은 'ㅅ = 서로 의지해서, ㅏ = 확장을 도모하고, 라= 더욱 확장을 계속하더라도, ㅁ = 한계가 있음'을 나타낸다.

그런데 홀소리의 경우도 '아, 어, 오, 우'가 사음이고 '아, 야, 어, 여, 오, 요,

7) 구선, 『觀, 한글 자음 원리』, 연화, 2008.

우, 유'가 팔음이다. '으, 이'는 중앙의 토로서 기본음이다. 닿소리의 경우도 ㄱ, ㄴ, ㅁ, ㅅ이 사음이고 ㄱ, ㄴ, ㄹ, ㅁ, ㅂ, ㅅ, ㅇ, ㅈ이 팔음이다. ㅇ은 중앙의 토로서 기본음이다. 그래서 팔려사율은 닿소리에도 적용할 수 있고 홀소리에 적용할 수도 있다.

구선 스님은 불교의 십이연기를『천부경』으로 연결시키기도 했다.[8] 시기적으로 보면 불교보다『천부경』이 먼저이기 때문에 인류의 최고(最古)· 최고(最高) 경전으로서『천부경』이 자리매김하는 데 이의가 없을 것이다. 한글과 그 소리는 우주 원음(原音)으로서 인간이 우주와 일체가 되는 우아일체(宇我一體)의 길로 안내하는 문자가 될 가능성이 높다. 한글, 소리, 율려,『천부경』은 인류 최고의 문화원형· 패러다임이었을 것이다.

율려는 질서에 대한 반대로서의 혼돈이 아니라 혼돈 같은 질서의 의미이다. 즉, 카오스모스(chaosmos)이다. 시인 김지하에 따르면, 동학(東學)의 '지극한 기운(至氣)'의 내용인 '혼돈한 근원의 우주질서(混元之一氣)'라는 패러다임이나 '태극 또는 궁궁(太極又形弓弓)'의 원형, 그리고 정역(正易)의 '여율(呂律, 동아시아 전통우주론인 율려[律呂]의 반전개념[反轉槪念])'과 옛 역사서인 부도지(簿都誌)의 '팔려사율(八呂四律)', 그리고 최해월의 '나를 향한 제사(向我設位)'와 강증산의 '천지굿' 또는 '천지공사(天地公事, 혼돈질서에 의한 우주재판)' 등이 모두 그것이다.[9]

율려는 선천 5만 년 동안 우주와 삶을 지배해왔던 이성, 질서, 남성성, 제왕, 율법의 통섭적(統攝的) 음악 원리를 말한다. 이것은 본래 '여율(呂律)= 음양(陰陽)'이었는데 가부장사회가 되면서 '율려= 양음'으로 바뀌었다. 따라서 율려를 복원하자고 하는 것은 잊어버린 옛 예악을 복원하자는 뜻이고 그 진정한 뜻은 여율로 복원하자는 뜻이다. 이는 본래대로 복본하는 것이다.

부도지는 본래의 것을 말한다. 율려는 하늘의 직녀성(織女星)과 관련이 있는 것 같다. 직녀가 하늘에 갇혀 일 년에 한 번씩 칠월칠석에 사랑하는 견우(牽

8) 구선,『觀, 십이연기와 천부경』, 연화, 2008.

9) 김지하,「소리에 대한 한 생각」, 한국미디어문화학회 엮음,『소리』, 12~13쪽.

牛)를 만나는 것은 여성으로 대변되는 인간이 남성으로 대변되는 제왕의 속박으로부터 벗어나서 자유를 찾는 심우도(尋牛圖)의 장면을 연상시킨다. 직녀의 직(織)은 소리[音]를 실로 짠다는 뜻을 가지고 있다.

소리를 실로 짠다는 것은 바로 카오스가 단순히 무질서가 아니라 '카오스모스'라는 원초적인 혼원일기라는 뜻이다. 카오스이론은 오늘날 과학적 수식으로 정리되어 있다. Y = aX(1-X)이다. 여기서 나온 Y의 값을 다시 Y = X로 하여 X에 계속 대입해가면 된다. 이것은 $X_{n+1} = aX_n(1-X_n)$이다. 서양 신화에서 직녀성은 '거문고자리'이다. 동서양의 별자리와 관련한 신화나 전설은 유사성을 보인다.

김지하는 또 이렇게 말한다.

> '소리의 몸, 즉 육체성 안에서 에코적인 것과 디지털적인 것의 이중교호관계'에 대한 '영성적 신체학'이 요구되며 이때에 비로소 음악과 무용과 시와 연극 또는 굿, 제의 등의 새로운 차원의 창조적 연관이 나타날 것이다. 그늘, 또는 흰 그늘을 매개로 하는 '한(恨)과 흥(興)', 나아가 '요(謠)와 설(說)' 그리고 '비(比)와 부(賦)' 등이 『시경(詩經)』과 『악경(樂經)』(禮記의 樂經), 『율려신서(律呂新書)』나 『악학궤범(樂學軌範)』 등의 이른바 카오스를 억압하는 로고스적 코스몰러지! '봉건적 음악정치학'의 낡고 완강한 봉인을 풀고 본디의 '카오스모스'의 세계로 나와야 하는 것이다.[10]

『삼국유사』보다 약 860년 전에 만들어진 『부도지(符都誌)』[11]에 대해 우리는 보다 전향적인 해석을 해야 할 필요가 있다.

한국 사람은 왜 자신의 말의 어순을 강하게 고집할까? 어쩌면 그러한 어순의 글이 고대에 있었던 것은 아닐까? 조선 세종조에 훈민정음(한글)이 만들어지기 전까지 문자도 없는 말의 체계(어순체계)를 어떻게, 왜 유지해왔단 말인

10) 같은 글, 12~13쪽.

11) 박정진, 『新符都誌-하느님 어머니, 마고(麻姑)』(2014 출간 예정).

가? 왜 그 어순체계를 버리지 못했단 말인가? 그 고대 한글체계(또는 한글 어순의 한문체계)가 한문체계(한문 어순의)에 의해 압도당했지만 종래의 어순을 버리지 못한 것은 아닐까?

고대 한문은 종종 한글의 어순으로 읽어야 뜻이 더 잘 통하는 까닭은 무엇을 말하는가? 한문체계란 중국 한족이 동아시아를 제패하면서 동이족의 고대 한글체계 또는 한글 어순의 한문체계(목적어+동사)를 한문 어순의 한문체계(동사+목적어)로 바꾸어버린 것은 아닐까? 한국 사람들은 그 바뀐 문자체계에 적응하느라 이두, 향찰, 구결, 토를 다는 부산을 떨었던 것은 아닐까?

영어는 주어 명사와 동사를 강조하고, 한글은 목적어 명사를 강조하고, 한문은 동사를 강조한다. 이것은 분명히 중요한 사실을 암시한다. 영어는 움직임을 중시하되 주체를 더욱 강조하고, 한문은 움직임 그 자체를 강조하고, 한글은 주체보다는 대상을 강조한다. 여기서 우리는 하나의 보편론을 끄집어낼 수 있다. 영어를 사용하는 사람은 주체를 중시하고, 한문을 사용하는 사람은 주체와 객체의 관계 양상을 중시하고, 한글을 사용하는 사람은 주체가 없이 대상 그 자체를 중시한다는 사실이다.

인류의 언어는 주체를 중시하느냐, 관계를 중시하느냐, 대상을 중시하느냐의 세 갈래로 나눌 수 있다. 여기서 중요한 것은 대상을 우선하는 언어보다는 적어도 주체 혹은 주체와 대상의 관계를 중시하는 언어가 세계를 재패한다는 점이다. 주체를 중시하면 대상에서 주체 쪽으로 힘을 모으는 반면 대상을 중시하면 대상 쪽으로 힘을 주게 된다. 주체와 대상의 관계 양상을 중시하면 힘의 균형을 중시하지 않을 수 없다.

한문은 조사체계 언어이면서 어순에서 명사보다 동사를 강조하는(동사+목적어 명사) 언어체계이다. 심지어 동사의 명사화를 통해 동사를 주어로 사용하는 데서 가장 특징을 보인다. 한문은 같은 조사체계 언어이면서 주어를 생략하는 경향에서는 한글과 같지만 어순에서는 한글(목적어 명사+동사)과 다르고, 어순에서는 영어와 같지만 영어가 반드시 주어를 사용하는(주어 명사+동사+목적어 명사) 점에서 다르다.

한문은 한글과 영어의 중간에 있다. 한문에서는 어딘가 한글식의 조사와 어순체계의 잔존성이 강하게 느껴지며 명사를 강조하는 언어체계에서 동사를 강조하는 언어체계로의 전환이 강하게 느껴진다. 한문은 어순에서 영어와 한글의 절충이다. 즉, 문장의 앞부분은 영어 어순이다가 문장의 뒷부분에는 한글 어순이다. 한문은 그래서 앞에서 뒤로 뒤에서 앞으로 매우 심하게 흔들리는(운동하는) 문장이다.

영어는 '과학의 언어'이고 한글은 '시의 언어'이고 한문은 '도덕의 언어'이다. 여기에 언어와 생활의 역설이 있다. 주체를 중시한 영어는 대상을 더욱 잘 파악하는 객관적인 언어가 되고, 대상을 중시한 한글은 주체를 잘 표현하는 주관적인 언어가 되고, 주체와 객체의 관계를 잘 파악한 한문은 도덕의 언어가 되었다.

한글의 과학성은 굳이 이 자리에서 거론하지 않더라도 잘 알려져 있다. 한글은 세계에서도 보기 드물게 별도로 홀소리(모음)의 자모(字母)를 가진 글자이다. 알파벳이나 일본의 가나에는 홀소리가 없다. 다른 표음문자는 닿소리(자음)와 홀소리(모음)의 확실한 구분 없이 대체로 닿소리의 일부를 홀소리로 대신해서 사용하고 있다. 그런데 한글은 닿소리와 홀소리를 구분함으로써 홀소리를 확실히 하고 있다. 우리 조상들은 왜 홀소리를 만들었을까? 왜 그것을 독립적인 의미의 홀소리라고 했을까?

한글은 유라시아 대륙의 자음자모(子音字母) 로드(road)의 마지막 진화이며, 모음자모(母音字母)의 형태화를 이루었다. 소리를 잡은 데 귀신같은 귀를 가진 한국인은 자음과 자음 사이의 빈 공간을 빠져나가는(관통하는) 바람 같은 모음을 형태화할 수 있었던 것이다. 거꾸로 말하면 자음은 모음의 발음을 위한 음향 장치의 구실을 했던 셈이다. 모음은 본래 자모로서 독립성을 가지지 않았다. 한글은 그러한 모음의 공허(空虛)를 모음자모로 채웠던 것이다. 이것은 언어에서의 공즉시색 색즉시공이다.

한글은 모음자모를 잡아낸, 세계 문자사에 일찍이 없었던 초유의 문자이다. 더구나 한글은 음양의 역동성을 반영하여 입체적이고 역동적인 문자 시스템을 확립했다. 한글을 만든 사람들은 15세기에 이미 서양이 20세기에 들어와서야 찾아낸 음소(音素)를 발견하고 세계에서 가장 과학적인(사물의 모양이 아니라 발성기관의 모양을 딴) 음운학을 완성했던 것이다. 이것은 문화의 보편성이 아니라 인간이면 일반적으로 가지고 있는 발성기관을 토대로 한, 일반성을 기초로 한 보편성에 대한 도전이었다.

언어학에서 형태소의 차원은 의미층이지만, 음소의 차원은 의미가 없다. 의미가 없다는 것은 의식학의 입장에서는 받아들일 수 없을 뿐만 아니라 죽음과 마찬가지이다. 이것은 마치 유기체에서 무기체로 되는 것과 같고, 유신론에서 무신론으로 되는 것과 같은 큰 위기이다. 그러나 음소의 차원은 무의식과 본능의 차원이다. 무의식과 본능의 차원은 의식적인 의미는 아니어도 존재론적 의미를 숨기고 있다. 이는 의식의 차원에서 사물을 만날 때 드러나는 의미이다. 그래서 존재는 존재의 가능성이고 존재의 의미가 된다.

그런 점에서 포노로지는 음소의 차원에서 소리의 의미를 찾는 존재론의 새로운 방법이다. 소리는 존재이다. 소리는 사물 그 자체이다. '말해진 언어'가 '쓰여진 언어'가 될 때 음의 리얼리티, 현존은 사라지고 부재가 된다. 말하는 속도, 강약, 높낮이, 인토네이션 등도 사라진다. 쓰여진 언어에서 살아남는 것은 추상화된 음소와 음절구조, 음의 공백이다. 그렇다면 쓰여진 언어는 말해진 언어에서 음의 차원을 없앤 것인가? 쓰여진 언어에는 말해진 언어가 지닌 시간의 선후관계성 대신에 위상적인 공간이 생긴다.

쓰여진 언어는 말해진 언어가 갖는 음악적 대위법이나 선율을 잃어버리는 대신에 텍스트를 얻는다. 이것은 새로운 시공간이다. 하나를 잃는 대신에 다른 하나를 얻는 셈이다. 이것이 철학을 만들었고 과학을 만들었다. 이것은 존재자들이다. 그렇다면 말해진 언어, 즉 소리는 존재가 되지 않을 수 없다. 소리철학은 그런 점에서 근본적으로 반(反)철학적이다.

자음자모는 후에 닿소리가 되고 모음자모는 홀소리가 되었다. 닿소리는 발음할 때 날숨이 혀, 이, 입, 입술 따위에 의해 일정한 장애를 받아서 나는 소리이며 성대가 울리는가 울리지 않는가에 따라 유성음과 무성음으로 나뉜다. 홀소리는 성대의 진동을 받은 소리가 목구멍이나 입, 코와 같은 조음기관을 지날 때 그 통로가 좁아지거나 막히는 따위의 장애를 받지 않고 나는 소리이다.

한글은 닿소리를 초성과 종성에 동시에 씀으로써 보다 많은 음소의 조합으로 어휘와 표현을 풍부하게 하는 한편 자연의 모든 소리를 표현할 수 있는 결정적인 이득을 얻었다. 닿소리를 종성에 사용하는 데 따른 이용가치(도구가치)는 이루 말로 헤아릴 수 없을 정도이다. 종성을 초성으로 사용하는 것은 얼른 생각하면 쉬운 일인 것 같지만 공기의 떨림에서 음을 잘 듣고 음을 잘라내지 못하면 불가능한 것이다. 음을 미분하는 청력을 가지지 않고는 도저히 실현 불가능한 성취였다.

한글의 자모는 세계에서 가장 확실하게 모음(10자모)을 정립한 문자체계이다. 모음은 자음과 자음 사이에서 마치 존재자의 중심(근거) 같은 존재의 역할을 한다. 모음은 바람 혹은 공기로 목청을 떨게 하여 유성음이 되게 한다. 유성음은 목청을 떨어 울리며 내는 소리인데 모든 모음과 비음(鼻音) 'ㄴ', 'ㅁ', 'ㅇ'과 유음(流音) 'ㄹ'이 이에 해당된다. 무성음은 목청을 떨지 않고 내는 소리이다. 자음의 ㄱ, ㄷ, ㅂ, ㅅ, ㅈ, ㅊ, ㅋ, ㅌ, ㅍ, ㅎ 따위가 이에 해당한다.

자음은 대부분 무성음이다. 모든 모음은 유성음이다. 유성음은 소리의 살아 있는 유기체이다. 유성음은 그것 자체가 마치 노래(口音은 그 대표적인 것이다)와 같으며 음악이 된다. 모음은 마치 어머니(어머니의 자궁)처럼 단어를 살아 있는 생명체로 만든다. 만약 모음이 없다면 소리는 거의 형성되지 않는다. 그럼에도 불구하고 모음은 철자의 구성에서 많은 비중을 차지하지 않고 비권력적이다.

한글의 자모에서 점(點)은 매우 중요한 철학적 우주론을 가지고 있다. 점은 선(線)의 시작인 동시에 0차원이 될 수도 있다. 한글에서 하늘[天]은 점(點=·)으로 표현하고 땅은 수평(—), 인간은 수직(ㅣ)으로 표현한다. 하늘은 흔히 원(圓, ○)과 공(空)으로 표현하는데, 원과 점은 같은 것을 표현하는 셈이다. 점과 선의 쌓임이 해체되는 것과 함께 형태소는 제로로 돌아갈 수밖에 없다. 모음에서 아래 아(·)는 현재 사용되지 않고 숨어버렸다. 아래 아가 숨어버린 것은 아(·)가 존재의 유무를 나타내기 때문이다.

한글은 원과 점의 우주론을 문자에서 실현한 문자체계이다. 이것은 문자에서 적분으로서의 원과 미분으로서의 점을 동시에 문자체계에 실현시킨 동아시아 철학의 대장정이기도 했다. 원방각(圓方角. ○, □, △), 천지인(天地人. ·, —,

ㅣ)의 전통철학이 문자 속에 새겨진 것이었다. 한글의 자모에 모음과 자음은 있는데 왜 아버지의 음인 부음(父音)은 없는가? 자모만큼 우주를 상징하는 것은 없다. 자모는 모자(母子)를 기초로 한다.

우주의 근본은 모자관계라고 할 수 있다. 아버지[父]는 나중에 부가된(돌연변이로) 존재이다. 훈민정음의 창제는 한민족의 역사와 문화에서 자아나 정체성을 찾는 가장 큰 분수령이었다. 한자·한문 사대문화주의 혹은 원리주의 대(對) 정음(正音) 민주혁명파의 일대 접전이었다. 최만리를 필두로 하는 사대문화주의는 집요했고, 세종대왕은 백성을 사랑하는 민주주의로 대응했다. 비로소 말하는 대로 글을 쓰게 되어 민주주의가 첫걸음을 내디뎠다. 말의 계급화에서 벗어나게 되었던 것이다.

한글 창제 이전의 아주 옛날부터 '율려의 나라' 전설이 있었다. 율려는 '소리의 음양'을 나타내는 것이다. '율려'는 소리의 '울림'을 뜻하는 '울려'(울리다)와 음운에서 관련이 있는 것 같다. 울리는 것이 율려인 셈이다. 한글의 소리는 위대하다. 한글의 소리를 뜻으로 표현한 것 같은 한자의 단어는 부지기수이다. 한글 창제로 인해서 인간이 의미를 발생시키는(만들어가는) 현상학적 혹은 심리적 혹은 상징적 과정을 파악하는 일이 진일보되었다.

한글 발음이 같은 한자는 같은 뜻을 가지기 쉽다. 그러나 종종 같은 발음의 단어가 정반대의 뜻을 가지기도 한다. 이는 같은 발음으로 서로 정반대의 뜻을 전달하고자 하는 편의가 아니라 인간의 의식에서 정반대의 뜻은 가장 멀리 떨어져 있는 것 같지만 실은 동거하고 있기 때문이다. 이것이 언어의 상징성이다. 더 정확하게는 상징적 역전(逆轉)이다.

언어는 의사표현 도구로서 편리하지만 상징성 때문에 문맥을 잘 살펴야 한다. 언어의 의미는 고정된 객관적인 것이 아니라 매우 상황적이다. 언어는 의미하는 것(시니피앙)과 의미되는 것(시니피에)으로 구성되지만, 말은 '의미하는 것'이 아니라 '의미되는 것'이다. 대화하는 당사자를 통해 의미가 전달되지 않으면 무의미한 것이다.

닿소리는 발성 과정에서 어디에 닿는(닫힌) 소리다. 홀소리는 어디에 닿지 않고 나아가는 열린 소리이다. 소리를 열고 닫는 개폐로 파악한 것은 참으로 위대한 업적이다. 필자가 '역동적 장의 개폐이론(DSCO)'으로 인문학적 패러다임을 만든 것이나 소리의 철학인 '포노로지(Phonology)'를 만든 것은 모두 한글문화권의 구성원으로 태어난 덕분이다. 포노로지는 한글을 만들어가는 에크리튀르 혁명의 역혁명이기 때문이다. 한글이 발성기관의 소리를 분석해 그것을 다시 문자체계로 만들어낸 것이라면, 포노로지는 문자체계에 의해 잘라진(끊어진) 우주를 본래의 모습으로 돌려놓는 철학이다.

4) 소리, 이미지, 문자

말에는 소리의 욕구와 이미지의 욕구가 동시에 들어 있다. 그런 점에서 말은 소리이며 동시에 이미지이다. 그래서 소리글자와 뜻글자가 있다. 소리글자라도 글자에는 이미지가 있다. 뜻글자라도 글자에는 소리가 있다. 어느 쪽의 글자를 사용하더라도 나름대로 소리와 뜻을 다 가지고 있다. 흔히 소리글자는 뜻을 표현하는 데 불리하고 뜻글자는 소리를 표현하는 데 불리하다고 생각한다. 반드시 그렇지는 않다. 소리글자인 로마자는 훌륭하게 뜻을 표현한다.

뜻글자인 한자도 소리를 다르게 표현하기 위해 최선을 다한다. 한자의 사성은 그 좋은 예이다. 같은 발음의 글자를 음의 고저와 장단을 통해 다른 발음의 글자로 만듦으로써 소리만 듣고 다른 뜻을 알게 한다. 반드시 시각적으로 이미지를 보지 않아도 알게 한다. 말의 시작은 소리이다. 소리가 먼저이고 문자는 그다음이다. 문자가 없는 말은 생각할 수 있어도 소리가 없는 말을 생각할 수 없다.

소리와 뜻을 동시에 생각할 때 영어는 양자의 장점을 지구상의 어떤 언어보다 풍부하게 가지고 있는 언어이다. 한글은 뜻을 표현하는 데는 불리하다. 한글을 사용하는 우리는 그 뜻의 표현에서 한자말을 사용하지 않을 수 없다. 한글만 써놓으면 무슨 뜻인지 알기 어려울 때가 많다. 그렇다고 한자처럼 사성을 쓸 수도 없다. 왜냐하면 같은 글자는 같은 이미지이기 때문이다. 결론적으로 문화를 위해서는 한자를 공부하지 않으면 안 된다. 한글의 단어를 넓혀

갈 수는 있지만 한자말을 커버할 수는 없다.

어쩌면 우리의 한글과 일본의 가나는 한자문화권이라는 공통적 기반 위에서 소리글자로 변신한, 한자가 낳은 불완전한 소리글자라고 할 수 있다. 이때의 불완전함이란 글자 자체의 불완전함이 아니라 문명적 전승으로 볼 때의 불완전함이다. 그래서 잘못하면 토씨만 한글로 쓰고 뜻은 한자로 쓰는 글자라고 조롱받을 수 있다. 한글의 시작인 훈민정음을 '백성을 가르치는 바른 소리'라고 한 것은 처음에 한글이 바른 소리를 표현하기 위한 글자였음을 말한다.

훈민정음이 발전을 거듭하여 오늘날의 한글로 정착했다. 한글 창제의 또 다른 의미는 한자말과 다른, 소리글자로 있었던 우리의 고대 문화체계를 복원하고 기록하게 한 점에 있다. 그래서 순수 우리말에 대한 연구를 거듭하면 중국과는 다른 우리의 고대 문화체계를 복원할 수 있는 희망이 있다. '나라말이 중국과 달라 그 발음을 제대로 하기 위해 창제한' 훈민정음이 역으로 '중국과 다른 우리의 고대 문화를 복원하는' 뜻밖의 선물을 가져다줄 수도 있다. 이것은 문명적으로 큰 행운이다.

그러나 우리가 한자 공부를 게을리 한다면, 한자말을 통해 표현하던 뜻을 영어로 대체한다고 생각한다면 이는 큰 잘못이다. 물론 부분적으로 필요에 따라 영어를 사용할 수 있다. 그러나 영어로 한자말을 대체할 수는 없다.

한글은 한자문화권에서 소리의 편의를 도모하기 위해 만들어진, 소리에서는 가장 완벽을 기할 수 있는 과학적인 표음문자이다. 궁하면 통한다고 극에서 극으로의 전환에 성공한 글자이다. 로마자문명권은 일찍이 상형문자에서 알파벳을 만들어 표음문자를 이룩했고, 한글은 한자문명권에서 뒤늦게 표음문자의 발명에 성공한 셈이다.

모든 글자는 기록을 위해 존재하지만 일상적으로는 어떤 글자라도 발화하지 않으면 안 되는 까닭에 소리로 향하고 있다. 소리야말로 문자의 혼이다. 음성언어가 문자언어보다 먼저인 것은 문화 이전에 자연의 본능이다. 한자문화권에서 표음문자는 한글과 가나에서 이루어졌다. 물론 한글이 가나보다는 과학적이고 진화된 문자체계이다. 한자문화권에서 한자를 사용하지 않는 것은 수천 년 동안 닦아온 문화적 기득권을 포기하는 것이나 마찬가지이다. 그렇게 하면 문명적으로 확대재생산을 할 수 없고 퇴보될 수밖에 없다.

이는 로마자문명권이 필요할 때 어원을 찾는 것과는 다르다. 예컨대 영어는 영어만으로 소리와 뜻을 효과적으로 표현할 수 있다. 한글은 한자말을 빌리지 않으면 뜻을 표현하기 어렵고 의미를 잃어버리기 쉽다. 다행히 한자와 한글은 단음절 체계이기 때문에 글자의 수와 음절의 수가 일치해 같은 분량의 공간에 병행할 수 있다.

소리야말로 문자의 혼이다. 소리야말로 자연의 혼이다. 소리가 없는 자연을 생각할 수 없다. 소리는 바로 존재이다. 음성언어는 존재와 존재자의 사이에 있다. 음성언어는 그래서 이중적이다. 문자를 닮아 소리에 계급적인 부분이 있기는 하지만 소리의 본능은 계급과 차별이 없이 차이만 있을 뿐이다. 문자야말로 차이를 계급과 차별로 만든 주인공이다.

문자는 자연에 대한 배반이다. 세계의 감각은 가장 원시적인 촉각에서 시작했고, 그 촉각을 시공간에서 비약하게 한 것이 청각이다. 그래서 귀는 보배이다. 문자는 시각의 영역에 속한다. 문자는 청각의 팽창을 종이(바탕)에 집약하는 조직적인 기호체계이다. 문자는 그러한 수축을 통해 시간과 공간을 집약하고 역사를 가능하게 했다.

그러나 문자보다 소리(발음)가 더 본질적이다. 그래서 소리에 충실한 문자가 최고의 문자가 되는 것은 당연하다. 그래서 한글은 최고의 문자이다. 세종대왕은 최고의 문자를 만들기 위해서가 아니라 백성이 제대로 소리를 내게 하려고 훈민정음을 만들었다. 세종의 백성을 생각하는 마음, 그 근원적인 마음에 세계에서 최고의 글, 한글을 만드는 행운이 찾아든 것이다. 본질적이고 근원적인 것은 서로 통하게 마련이다.

한자와 한글은 아주 먼 옛날, 한 문화권의 두 언어였는지 모른다. 이것이 문자언어체계로 발전하면서 문자(글)는 한자로 발전했으나, 한자를 사용하는 중국과 한국에서 점차 발음(소리)이 달라졌다. 이에 발음의 달라짐이 심해지고 나라 안에서도 서로 통하기 어렵게 되자 세종대왕이 훈민정음을 만들어 그 발음을 통일하고자 했다.

최근 홍산(紅山)문화, 요하를 중심한 고대 문화의 발견은 홍산문화의 주인

공과 동이족을 연결시키게 하고, 홍산문화의 주인공들이 남하하여 중국의 상고의 하(夏)·은(殷)·주(周) 문화를 만들었을 가능성을 높이고 있다. 이에 따라 한자의 고형인 갑골문, 금문, 과두문자 등을 동이족과 연결시키기도 한다. 상고시대 동북아시아의 문명이 동이에서 서이(西夷)로 중심이동했음을 생각하면 다음과 같은 추측이 가능하다.

한자는 동이족이 만들었고 한글은 조선족이 만들었다. 동이족은 우리 민족의 먼 조상이요 조선족은 더 가까운 조상이니 결국 동방의 문자는 모두 우리 민족이 만든 것이 된다. 다시 말하면 우리 민족은 표의문자와 표음문자를 모두 만들어낸, 문자를 만들어내는 데 달인인 '문자달인(文字達人) 민족'이 된다.

이와 관련해 한자를 읽는 발음기호는 오래전부터 있었던 것으로 생각되는데 한자나 한글이 '반절' 또는 '초성-중성-종성'의 체계로 되어 있다는 것은 매우 유의미하다. 특히 한자가 모두 단음절인 것은 의도적으로 어떤 음성언어체계 또는 발음(소리)에서 단음을 취했음을 나타내며, 한글은 이 음성언어체계 또는 발음(소리)체계에서 발전한 것임을 알 수 있다. 즉, 그 음성언어체계 또는 발음체계를 보다 과학적이고 체계적으로 분석하고 정리하고 자음과 모음을 만들어 한글이라는 가장 과학적인 표음문자체계로 만들어냈던 것이다.

이를 종합하면 고래로 전해온 음성언어체계와 그간에도 소리의 통일을 위해 있었을 수 있는 발음기호체계가 표음문자체계로 발전했던 것이다. 한자와 한글의 같은 음성언어체계설은 어순체계에서도 미루어 짐작할 수 있다. 한글을 순순(純順)으로 보면 영어는 역순(逆順)이다. 그러나 한자는 얼핏 보면 영어식 같으나 실은 한글식의 순순과 영어식의 역순이 합해진 지그재그식이다.

다시 말하면 한자는 한글과 같은 '목적어+동사'의 순순체계에서 '동사+목적어'의 역순체계로 바뀌었는데 그 옛날 순순체계의 습관을 버릴 수 없어 이를 소화하기 위해서 순순을 인정하는 지(之)자를 번번이 사용하고 있다. 또한 이(以)와 소(所)는 역순을 쉽게 하기 위해 사용하고 있다. 다시 말하면 이(以)와 소(所)가 나오면 영어식으로 읽어나가면 되고, 지(之)가 나오면 한글식으로 읽으면 된다.

전반적으로 한자에 한글과 같은 순순체계가 많이 남아 있다고 할 수 있다.

왜냐하면 한문의 이(以)와 소(所)는 긴 문장을 몇 개의 단위로 묶어주면서 진행하는 역할을 하며 동시에 지그재그식으로 읽어나가지만 특히 문장이 명사로 끝날 때 그 명사는 주동사의 바로 옆에 있는 영어와 달리 문장의 가장 마지막에 있다. 마찬가지 이치로 '동사+목적어'의 체계를 '주어+동사'체계로 해석해야 하는 경우가 많은 것도 이를 증명하고 있다. 이를 영어의 가주어와 같은 것으로 볼 수 있지만 영어의 가주어는 언제나 주동사의 바로 옆에 있다는 점이 다르다. 다시 말하면 한문은 순순체계의 어순을 이(以)와 소(所)를 써서 역순체계인 양 바꾸지만 여전히 순순체계의 인력을 벗어나지 못하고 있다.

특히 고대 문헌으로 올라가면 갈수록 이 같은 현상은 두드러진다. 여기에 더해서 어순을 바꾸는 경우가 의외로 많은 것도 바로 순순체계의 인력이라고 할 수 있다. 다시 말하면 한문은 한글과 같은 순순 음성언어체계의 목적어와 동사를 동사와 목적어의 순으로 바꿈에 따른 어순체계의 혼란을 이(以)와 소(所)로 커버하지만 여전히 그 옛날 순순 음성언어체계를 잊지 못하고 있는 것이다.

6
소리는 존재이고 삶이다

1) 소리는 존재, 구체-생명

존재(의 본질)는 소리이다. 시(詩)는 소리를 통한 존재에의 은유이다. 그런 점에서 철학의 존재론은 '시의 철학'이라고 할 수 있다. 이미지즘이 시를 '듣는 시'에서 '보는 시'로, '청각의 시'에서 '시각의 시'로 탈바꿈(미술화)했지만 여전히 시는 소리와 내밀한 관계를 유지하고 있다. 인간의 문명에서 소리를 보존하고 있는 것은 시와 음악이다.

동양과 서양의 철학의 차이를 시와 철학의 관점에서 해석하면, 동양의 '시에서 비롯된 시철(詩哲) 철학'과 서양의 '시를 배제한 철학'은 서로 상반되는 위치에 있다. 소리를 배제한 철학은 사물을 이원화하고 과학이 될 수밖에 없다. 서양철학의 후기근대 철학, 해체철학은 과학에 주도권을 빼앗긴 철학이 동양의 시철로 선회하고 있다고 할 수 있다. 동양에서는 시와 철학이 여전히 함께 있었고 서양에서는 시와 철학이 분리되었다가 다시 합하려는 움직임을 보이는데 이것이 바로 반이성주의, 해체주의 철학이라고 할 수 있다.

그러나 아무리 선회한다고 해도 서양의 이성중심주의 철학으로 동양의 '시철'에 도달하는 길은 험난하기만 하다. 그래서 필자는 '소리철학, 포노로지'를 주장한다. 서양의 이성중심주의 철학은 소리철학을 통해서 시와 철학이 함께 있는 곳으로 귀향하게 되는 것이다.

서양철학은 어느 차원, 어느 맥락에서 논의하느냐의 차이에 불과하다. 철학의 차이라는 개념은 교차에 의해 보완되지 않으면 안 된다. 차이는 평행적일 수 있지만, 교차는 평행적인 것이 만나고 엇갈리는 것이다. 그런데 서양의 차이는 자세히 보면 동일성을 바탕으로 하거나 전제한 개념임을 알 수 있다.

결국 모든 개념은 반대개념과 왕래하지 않을 수 없다. 다시 말하면 모든 개념은 절대적이지 않다는 뜻이다.

창조론은 진화론의 환원이다. 다시 말하면 진화론을 환원적인 관점에서 보면 창조론이 된다. 인간은 진화적으로 태어나서 환원적으로 죽는다. 그런데 진화적으로 죽는 것이 영원회귀이다. 죽어서 천국이나 극락으로 간다고 하는 것은 환원주의의 산물이다. 죽어서 천국이나 극락으로 가는 것은 하늘(추상적이고 상상적인)로 가는 것이다. 아버지의 '정신(精神)-혼(魂)'으로 돌아가는 것이다. 이것은 땅 냄새가 나는 고향(구체적이고 상상적인)으로 가는 것과 다르다. 고향으로 가는 것은 환원이 아니라 어머니의 '마음[心]-몸[魄]'으로 돌아가는 것이다. 전자는 존재자로 돌아가는 환원론인 반면 후자는 존재로 돌아가는 존재론이다.

데리다가 목소리의 현상학을 주장한 것은 옳다. 현상학적으로 볼 때 대화와 독백은 서로 현상학적으로 왕래한다. 목소리는 자연의 소리에 비해 쓰기와 같은 것이다. 이미 인간이 개입되었기 때문이다. 목소리는 인간의 소리이다. 소리에는 의미가 없지만 인간의 목소리와 음악에는 의미가 있다. 그래서 목소리에서 쓰기로 나아가는 것이 아니라 목소리에서 소리로 나아가야 자연과 합류하게 된다.

목소리는 현상학의 영역이지만 소리는 존재론의 영역이다. 해체철학의 차이라는 것은 의식학적으로 동일성을 가정한 개념이다. 종래의 동일성이 선험이나 초월의 원인적인(보편성을 향한) 것이었다면 해체철학의 동일성은 결과적인 것이다. 그래서 차이의 개념은 동일성을 결과에 후치(後置)시킨 것에 불과하다. 여기서 후치는 인과의 동일성을 벗어난 것이 아니라 전후의 순서 바꿈에 불과한 것이다. 물론 이것이 인과의 왕래를 전제하는 개념이기에 이성중심주의를 벗어나기 위한 서양철학의 발전이기는 하지만, 그것이 완전한 존재에 다다른 것은 아니다.

완전한 존재란 인과의 차원이 아니라 그것의 바탕이 되는 영역을 말하며, 언어로는 표현할 수 없는 차원이다. 이것은 언어와 분석철학의 대상이 아닌 것은 물론이고 시공간 차원의 대상이 아니다. 여기에 도달하기 위해서는 대상과 언어와 분석뿐만 아니라 표현과 표지와 차이마저 포기한 상태가 되지 않으면 안 된다. 다시 말하면 완전히 '흐름의 세계'로 돌아가지 않으면 안 된다. 마치 강물이 흘러가듯, 빛이 비추듯, 소리가 메아리치듯 흘러가는 '지금 파동 치는 세계'가 아니면 안 된다. 그래서 '소리철학'이 필요하다.

빛은 영어로 'photon(photo-)'이고 소리는 'phone(phono-)'이다. 빛과 소리의 어간(pho)은 같다. 그래서 빛과 소리는 어원학적으로 그 원천을 소급해보면 '같은 것이면서도 다른 것'일 확률이 높다. 빛은 입자이면서 파동이고 소리는 파동이다. 아마도 소리가 더 원천일 가능성이 높다. 빛은 소리의 파동이 입자로 전환된 것이고 그래서 파동이면서 입자인 것이다. 빛이 입자가 됨으로써 물리적 세계가 생성됐을 것이다.

음악과 미술의 비유는 소리의 존재적 성격에 대한 이해를 높이는 데 효과적이다. 몇몇 서양철학자들은 소리의 존재성에 접근한 듯하다. 특히 마르셀의 구체철학은 그 대표적인 것이다.

메를로퐁티는 회화의 성격을 다음과 같이 말한다.

> 메를로퐁티는 '비상의 사유(la penseé de survol)'로서의 과학과는 반대로 회화는 미리 앞서 있는 '있다(il y a)' 속에 뿌리를 박고 있다고 말하고 있다. 따라서 메를로퐁티에 의하면, 회화는 '존재의 설계도(les épures de l'Être)'다. "반대로 음악은 존재의 설계도, 존재의 흐름과 역류, 존재의 성장과 파열, 존재의 소용돌이와 다른 것을 그려내기 위하여 너무 세계와 지시 가능한 것의 이쪽에 놓여 있다. 화가만이 오직 아무런 평가의 의무 없이 모든 사물에 대하여 정면으로 응시하고 있다"라고 메를로퐁티는 말하고 있다. 그는 음악과 회화를 그렇게 비교했다.[1]

회화에 대한 메를로퐁티의 견해와 마르셀의 음악에 대한 견해는 매우 대조적이다.

---

1) 김형효, 『가브리엘 마르셀의 具體哲學과 旅程의 形而上學』, 인간사랑, 1990, 35쪽.

"보이는 수준에서 흩어져 있고 미완성적인 모든 것이 그 완성을 발견했던 것은 나에게 있어서 이차적 실재의 부인할 수 없는 증언이었던 음악, 거의 오로지 음악뿐이다." 이 '이차적 실재'라는 개념은 마르셀의 경우에 감각적 실재를 넘어서 있는 정신적 실재를 뜻한다. 그래서 마르셀의 철학에서 음악의 진실성은 보이는 것의 직관 속에서보다 오히려 저 너머의 것에 대한 마중이나 안으로의 모음 속에서 빛난다. 음악은 진실로 저 너머에 있는 보이지 않는 것을 우리에게 느끼도록 해준다. 이런 마르셀적인 음악의 경험을 트로와퐁뗀느 신부는 다음과 같이 부연 해석하고 있다. "음악적 존재는 공동체의 보이지 않는 일종의 증언처럼 현존이요, 영생의 한 방식이요, 보편적 표현에 있어서 감동이다." 이 해석처럼 음악은 마르셀의 철학세계에서 정신적 공동체로 향하는 내적 평정의 와중에서 탄생되는 안 보이는 만남의 경험을 창조한다.[2)]

메를로퐁티와 마르셀을 비교한 김형효는 다음과 같이 정리한다.

좋아하는 음악을 듣는 모든 이가 그 음악을 통하여 형성하게 되는 '우리-모두'는 출구 없이 안달하는 '나'도 아니고, 사유 일반의 주체인 '누구든지'도 아닌 새로운 영역이다. 만약에 가브리엘 마르셀의 철학이 이와 같은 '우리-모두(un nous-tous)'의 경험에로 향하고 있다면, 마르셀의 '구체철학'은 바로 이 음악적인 체험이나 경험과 같은 깊은 연관을 맺고 있다.[3)]

절대정신을 주장하는 헤겔은 『정신현상학』에서 이러한 음악의 특성을 개념에 이르지 못한 것으로 혹평한다. "음악적 사유는 내재적이고 객관적인 유일한 양상인 개념에 이르지 못하고 있다."[4)] 여기에 서양 이성주의철학의 결

---

2) 같은 책, 37쪽.

3) 같은 책, 37쪽.

4) G. W. Hegel, *La phénoménology de l'espirit* I, trad. de J. Hyppolite, Editions Aubier, 1998, p.183; 김형효, 같은 책, 38쪽에서 재인용.

정적 맹점이 존재한다. 마르셀이야말로 보기 드물게 음악이 지닌 '우리-모두'의 특성에 주목한 서양철학자이다. 마르셀의 음악에 대한 철학적 견해에 대해 김형효는 다음과 같이 종합적으로 정리한다.

> 음악이 우리를 사유의 세계에서 자유스럽게 하고, 인간은 자유 자체에 의해서만 철학적 사유를 하게 된다면, 마르셀에게 있어서 음악적 사유와 철학적 사유는 같은 자유의 두 가지 화신(化身)과 다를 바가 없다고 하겠다. 그런데 음악적 사유가 그 음악을 사랑해서 듣는 모든 이에게 '우리-모두'의 존재론적 공동체를 형성케 한다면, 그 공동체는 역시 철학적 사유에 의해서만 하나의 진리로서 해명되어져야 마땅하다. 음악이 우리 모두에게 다 다르면서도 하나가 되는, '내적 평정(le recueillement)'을 창조해주는 것과 같이, 철학은 음악적 정감과는 다른 방법에서 그 '내적 평정'을 형성할 수 있도록 우리를 도와야 한다.[5)]

김형효는 음악적 사유에 도달하는 철학의 탄생 같은 것을 기대하고 있는 듯하다.

> 음악적 사유에 관한 헤겔과 마르셀과의 차이는 마치 빠스칼이 말한 '이성'과 '마음'의 차이와 유사한 데가 있다. 빠스칼(B. Pascal)이 말한 '마음(le coeur)'은 '이성(la raison)'이 도달할 수 없는 인식의 근원인 한에서 '정감성'이다. 빠스칼의 표현처럼 "이성의 부인보다 더 이성에 적합한 것은 없다"고 말함이 타당한 것으로 여겨지는 지대가 있다. 그래서 빠스칼은 오직 '마음'의 질서만이 우리를 타인에 대하여 현존하도록 한다고 술회했다. 마르셀은 이 빠스칼의 생각을 본받아, 음악은 이성의 질서가 아니고 마음의 것에 속한다고 본다.[6)]

5) 김형효, 같은 책, 39~40쪽.

6) 같은 책, 38쪽.

그러나 음악과 소리는 다르다. 음악은 이성에 비해 마음이지만, 소리에 비해서는 이성이 관여한 것이다. 각 나라의 음악은 각 나라의 사고방식과 삶의 리듬이 가미된 텍스트이다. 그래서 보다 완전하게 동일성의 철학을 완전히 벗어나기 위해서는 '소리'로 돌아가지 않을 수 없다.

모든 것을 통합하고 원융하는 데는 소리만한 것이 없다. 소리는 선택하는 것이 아니라 공명하기 때문이고, 다른 무엇을 찾고 추구하는 것이 아니라 그냥 어떤 것이든 합류하고 관여하고 하나가 되어 결국 소음(騷音)이 되는 것을 마다하지 않기 때문이다. 소리는 다면체일 뿐만 아니라 아예 면이 없다. 소리는 언제나 하나로 공명하고 끝내 침묵한다. 침묵 속에도 소리가 내재해 있다.

서양철학이 소리철학에 이르는 도정은 서양의 철학이 동양의 철학으로 귀환하는 것을 의미하는데 이는 역사의 순환과 같은 방향이다. 인류의 역사는 동에서 서로 진행했고, 지금 한국에 그 에너지가 집중되어 있다. 이성의 입장에서 보면 역사는 헤겔의 주장처럼 절대정신으로 움직여야 하겠지만, 정작 역사는 이성보다는 기운생동에 의해 움직이고 있다. 이성이 역사를 지배한다면 서양은 영원히 동양을 지배해야 하고 천상에 이르기까지 서양이 인류역사를 지배해야 할 것이다. 그런데 그렇지 못하다.

한국에서 소리철학이 등장한 것은 하이데거가 주장하는 '신기원의 원리(Epochal Principle)'의 의미가 있다. '신기원의 원리'는 후설의 '판단정지(epoche)'와는 다른 개념으로, 인식이나 지각과 관련되는 것이 아니라 역사와 형이상학과 관련된다. 소리철학은 한 패러다임에서 다른 패러다임으로의 전환기적 위기가 아니라 더 이상의 새로운 문화적 패러다임의 생성이 불가능하게 된 시기에 인류문명 전체를 되돌아보는 시점에서 등장했기 때문이다.

소리철학은 플라톤이 갈랐던 시의 세계를 도리어 철학으로 끌어들이는 의미가 있다. 소리철학은 시의 소리인 운율을 철학의 영역에 끌어들이는 한편 과학적·철학적 실체의 자리에 우주적 소리인 성음(聲音)을 치환하는 의미도 곁들여진다는 점에서 반(反)철학적이고 초(超)철학적이다. 소리철학은 심지어 시간과 공간의 존재에 대해서도 부정적인 입장을 취함으로써 과학에 의해 정복된 철학의 영역에 과학을 다시 복속시킴으로써 철학의 영역을 우주로 확대

		플라톤(詩哲)	하이데거(시인적 철학자)	박정진(소리철학자)
시철 (詩哲)	철학	이데아(idea)	은적(隱迹), 현현(顯現)	소리, 파동
	시	시(詩)를 버림	은유(隱喩), 비유(比喩)	메타포↔메토니미

하는 우주시대의 철학을 처음으로 제안하는 의미도 있다.

플라톤은 시인이자 철학자인 시철(詩哲)이었다. 그러나 플라톤은 시를 포기하고 철학의 길로 들어섰다. 하이데거는 시의 의미를 환기하는 입장으로 돌아섰다. 다시 말하면 하이데거는 시를 철학적으로 해석한 철학자인 셈이다. 하이데거의 존재의 은적·은폐 및 현현은 시의 은유나 비유에 견줄 수 있다.

시와 철학은 교차한다. 시니피앙-시니피에, 메타포-메토니미는 교차하여 시니피앙-메토니미, 시니피에-메타포로 연결된다. 시인은 메타포의 의미를 통해 메토니미의 기호에 도달한다. 이것이 시인의 형상화 작업이다. 그러나 철학자는 메토니미의 기호에서 메타포의 의미로 들어간다. 이를 시니피앙과 시니피에로 견주면 시니피앙은 메토니미이고 시니피에는 메타포이다.

의미의 발생은 현상학적으로 노에시스(noesis)-노에마(noema)로 설명할 수 있지만 메타포-메토니미로도 설명할 수 있다. 의미(意味)란 바로 '마음의 소리(意=音+心)'이기 때문이다. 시인만 비밀스럽게 알던 의미 세계의 생성적 과정을 일반인에게 전달한 것이 바로 시니피앙과 시니피에이다. 의미는 본래 있는 것이 아니라 인간의 몸(물론 뇌를 포함)에서 생성된다. 이는 마치 여자의 몸에서 자식이 발생되는 것과 같다. 여자는 자식을 낳고 인간(남자)은 의미를 생성시키는 셈이다.

한편 소리철학은 인문학의 진화론과 같은 것이다. 종래의 철학이 언어적 환원론이었다면 소리철학은 진화론적 존재론이라고 할 수 있다. 말하는(발화하는) 것이나 기록(에크리튀르)하는 행위는 모두 인간의 현존적인 작업이다. 말하기는 공간에 파동으로 글을 쓰는 것이고, 글쓰기는 종이에 기록으로 말하는 것이다. 말하기와 글쓰기는 근본적으로 다르지 않다. 그런데 기록이 되면 환원이 된다. 글쓰기는 바로 그 때문에 전통적으로 가장 먼저 환원적인 작업이 되었다. 물론 소리도 녹음기의 등장으로 인해 환원적인 것이 되었고, 사진의 등장으로 빛도 환원적인 것이 되었다.

가장 환원적인 작업의 원천은 인간의 기억이다. 기억이야말로 인간의 뇌에 혹은 몸에 기록된 것이기 때문이다. 시시각각 이루어지는 기억은 일견 흘러가는 것 같지만 그것을 정지시킨 것의 결합이다. 이에 반해 '존재는 흘러가는 제행무상' 혹은 '저절로 그러한 심물자연'이다.

지금까지 존재를 말할 때 무, 무위, 공, 허, 자연, 마음 등으로 표현해왔다. 그러나 이들은 모두 개념이다. 그렇기 때문에 이들 개념이 단지 개념이 아니라는 것을 설명하는 노력과 수고가 필요했다. 그러나 소리는 개념이 아니다. 소리는 몸과 같은 구체이면서 동시에 몸과 달리 볼륨을 가지고 있지 않아서 눈이 아닌 귀로 확인되는 존재이다.

소리는 눈에 보이지 않기 때문에 구체(具體)이면서도 실체가 아니며 본체이다. 다른 소리와의 공명으로 인해 결코 자아(개체)를 가지지 않으면서도 전체성과 조화를 이루는 존재이다. 그런 점에서 음악은 소리철학의 가장 훌륭한 영매이다. 존재는 소리이다. 그런데 단지 우리는 항상 모든 소리를 들을 수 있는 조건에 있지 않다.

소리야말로 구체-생명의 근원이다. 소리, 즉 자연은 육체(물질)가 아니라 몸·마음이며, 우주적 본체이며, 우주적 총체이다. 따라서 시공간을 넘어서는 것이다. 시공간을 넘어서는 것이기 때문에 인간의 힘으로 잡을 수 없다. 구체-생명은 존재론적 존재이며, 무이며, 기이다. 구체-생명은 내부 없는 외부이며, 외부 없는 내부이다. 결국 내외가 없다. 따라서 시간의 선후, 공간의 상하, 물질의 내외가 없는 것이 구체-생명이다. 물리학은 물론이고 생물학, 생화학, 심리학, 생리학으로 알 수 없는 것이다.

이것을 기독교에서는 신이라고 불렀을 것이다. 기독교와 서양철학은 이러한 점에서 이(理)와 기(氣)를 바꾼 이기(理氣)의 전도이다. 서양철학은 지금껏 이와 기를 전도시켜서 생각해왔다. '정신-물질'의 밖에 있는 기는 신 혹은 '물자체'라고 규정하고 합리적인 논의에서 밀쳐두었던 것이다. 다시 말하면 서양철학은 구체적인 우주인 몸과 생명과 기운생동을 추상과 기계로 바꾸었던, 보충대리했던 셈이다. 지금까지 서양철학의 운위한 보편성의 정체는 바로 추상(정신)-기계였다. 세계는 구체(몸)와 대신(代身)의 체계이다.

그렇다면 도대체 생명은 무엇일까? 부분의 합은 전체가 아니다. 전체는 항상 부분의 합에 플러스알파가 있다. 그 알파가 바로 생명이라고 할 수 있다. 그 알파가 본질이다. 수학적으로 셀 수 없는, 논리실증주의로 알 수 없는 그 무엇, 그것이 바로 생명이다. 세계는 로직(logic)으로 움직이지 않는다. 로직으로 움직이지 않는 그것이 생명이다. 우리는 음악과 소리를 통해 세계가 하나의 몸이라는 것을 알 수 있다. 소리는 보이지 않는 몸이다. 생명의 몸, 구체는 잡을 수 없다.

2) 몸과 파동, 그리고 소리

서양철학자들이 대체로 이성중심주의의 원인을 음성에 둔 것은 일종의 문화적 관성(타성)이거나 선입견, 아니면 착각이라고 할 수 있다. 그 착각의 원인은 소리의 울림이 공간에 '가득 참(영혼)', 그리고 '스스로 들을 수 있음(자기환원)'에서 기인하는 것 같다. 이것이 이성의 자기완결성(원리나 법칙)과 닮은 것으로 느껴졌기 때문일 것이다.

음성의 의미는 존재신학과 만나면서 절대성과 결합하게 되고, 의미는 결정적인 개념으로 둔갑한다. 그러나 본래 소리는 고정된 의미도 아니고 결정적 개념은 더더구나 아니다. 소리에 결정적 의미를 부여하는 것은 어떤 종류의 것이든 권력의 작용이다. 음악의 예를 보자.

> 원래 음악은 의미론적으로 중립적이다. 그런데 권력은 이 음악에 의미를 부여함으로써 예(禮)의 부속물로 만들었다. 그리고 나중에는 예에도 밀려 「악기(樂記)」가 『예기(禮記)』에 편입되는 과정에까지 이르렀다.[7]

---

7) 김근, 『漢詩의 비밀(시경과 초사편)』, 소나무, 2008, 142쪽.

이 같은 현상은 '소리와 의미'에도 그대로 적용할 수 있다. 말하자면 이렇게 변용할 수 있다. "원래 소리는 의미론적으로 중립적이다(소리에는 의미가 없다). 그런데 이성(理性)은 이 소리에 고정된 의미를 부여함으로써 이성중심주의 철학의 종속물(희생물)로 만들었다. 그리고 나중에는 이성중심주의의 원죄를 뒤집어씌우기까지 했다."

'음악은 사회적 신분[貴賤]을 구별하는 기호'[樂殊貴賤]임에도 불구하고 도리어 계층과 계층 사이를 잇고 소통을 이루게 한다. 이는 음악과 소리의 일반성을 웅변하고 있다. 다시 말하면 문자와 의미는 계층을 이루게 하지만, 음악과 소리는 계층을 상쇄하고 대동단결하게 하는 힘이 있다. 문자가 소유의 권력에 봉사하지만, 소리와 음악은 자연의 권력을 표출한다.

그렇다면 기(氣)와 소리(phono)는 어떤 관련이 있는가? 그런데 소리는 공기(空氣)의 매질을 타고 이동하는 것이다. 다시 말하면 공기가 없으면 소리는 불가능하다. 그렇다면 기철학을 회복하는 것과 언어에서 소리를 회복하는 것은 분명히 어떤 관련이 있을 것임에 틀림없다고 해야 할 것이다.

서양철학의 입장에서 천지인·정기신·음양사상을 바라보면 이것은 마치 '철학의 선물'이거나 '선물의 철학'과도 같다. 자연이 인간에게 베풀어준 철학, 무의식의 대칭이라는 것이 살아 있는 철학이기 때문이다.

동양문명도 물론 가부장사회로, 국가제국사회로 진입했지만 서양문명에 비해서는 그 절대성을 추구하는 정도가 약했다고 할 수 있다. 동양 사회에서도 예컨대 '의식의 철학'에 속하는 유학(주자학)이 세워졌으니 '무의식의 대칭'의 철학이 살아 있었기 때문에 오늘날 새로운 철학에 접근할 수 있게 된 셈이다. 동양은 철학적 복논리(複論理, bi-logic)를 가진 셈이었다. 그런 점에서 동양철학은 서양철학에 대해 아무런 콤플렉스를 가질 필요가 없다.

도리어 동양철학의 시대가 돌아온 것이다. 이 말을 동양철학이 세계철학사

서양철학 (가부장 철학)	논리(logic)	이성중심주의	정신/물질	의식의 철학
동양철학 (모성 철학)	복논리(bi-logic)	상징(象徵)주의	천지인-음양사상	의식-무의식 철학

에 기여할 시점이라는 말이다. 그동안 동양이 서양에 적응하느라 고생을 해왔는데 이제 서양이 동양에 적응할 차례이다. 역시 세계를 돌고 돈다. 동양사상의 천지인·음양오행사상이 남아 있는 것은 마치 여자가 남자에게 선물인 것과 같다. 이것을 철학적으로 말하면 '여자는 남자의 의미'이다.

천지인은 상징(象徵)이다. 흔히 상징이라는 말을 실체적(실재적)으로 사용하고 있지만, 그것은 실은 고정된 의미가 아니고 얼마든지 의미의 변용(變容)·이전(移轉)·전도(顚倒)가 가능하고, 결국 상호 겹치는 이중성을 통해 움직이는 전체로서의 세계가 순환을 하고 있음을 말한다.

천지인의 인(人)과 인간(人間)은 다르다. 인은 천지인의 상호 관련성 속에서 차이로서의 존재이지만, 인간은 이미 천지와 독립적으로 인간이다. '간(間)'자는 시간 및 공간과 함께 인간이 상징을 지시적·대상적으로 사용하고 있음을 내포한다.

시간을 말하면 공간은 자동적으로 있게 되고, 시간과 공간을 말하면 자동적으로 인간이 있게 된다. 결국 모든 철학적 논의가 시간과 공간, 그리고 인간을 떠나서는 말할 수 없다는 것이 된다. 만약 어떤 철학자가 시간과 공간, 그리고 인간을 인정하지 않는다고 하더라도 논의를 위해서는 일단 시간과 공간, 그리고 인간을 하나의 관점(觀點)에서라도 최소한 전제하지 않으면 안 된다는 뜻이다.

예컨대 『존재와 시간』을 쓴 하이데거는 시간을 관점으로 사용했다. 그는 '존재는 무(無)'라는 결론에 도달하고, 따라서 '시간은 결국 무(無)'라는 결론에 도달했지만, 그의 철학은 시간을 축으로 전개된 철학이라고 말할 수 있다. 데리다의 『그로마톨로지』도 '차이'의 철학을 주장했지만 그 이면에는 공간을 축으로 전개된 철학이라고 말할 수 있다. 결국 이들이 철학을 하는 이유도 실은 인간이란 무엇인가에 대한 답을 얻기 위해서라고 볼 때 철학적 담론은 언표하든 하지 않든지 간에 인간이라는 축을 깔고 있다.

서양철학은 상징을 지시적이고 대상적 언어로 사용해왔다. 물론 상징이 서양문학에서조차 그렇게 사용되어왔다는 것은 아니다. 또한 철학에서 상징을 내포적이고 비유적 의미로 전혀 사용되지 않았다는 말은 아니다. 인간이 사는 곳에는 언제나 같은 것이 있기 마련이다. 이에 비하면 동양철학은 상징을 처음부터 구조적으로 사용한 경향이 두드러진다. 결국 서양의 주류 철학이 그랬다는 의미이다.

하이데거의 존재론적 의미에서 인간은 존재이면서 존재자이고, 동시에 존재자이면서 존재이다. 인간은 지표(地表)에서 솟아오르면 존재자가 되고 지표로 도로 들어가면 존재가 된다. 이때의 지표는 존재의 지표이다. 이때의 지표는 땅이라는 실체적 의미가 아니라 '어떤 것에서 어떤 것으로' 나타난다(솟아오른다)는 의미의 경계·분기선(分岐線)으로서의 지표이다. 지표라고 한 또 다른 이유는 서양철학이 하늘[天]이라고 하면 항상 천지창조의 제조적 신을 연상하는 존재신학적 전통을 피하기 위한 점도 있다.

인간은 존재의 지표(표면)를 뚫고 나타나기 전에는 '존재'이다가 지표를 통과하면서 그 통과의 틈(구멍)과 함께 '존재자'가 된다. 존재자가 된 인간은 상징적 작용(언어작용)을 통해 세계를 이원대립항으로 이해하기 시작하고, 그 이원대립항은 때로는 대칭적 혹은 때로는 비대칭적으로 이중성을 드러낸다.

대칭적 세계는 문명의 발달과 더불어 점차 비대칭적인 세계로 돌변한다. 인(人)이 인간(人間)이 된 것과 마찬가지로 인간은 시간과 공간 속에서 대립적으로 살게 된다. 천지인 중에서 인간만이 간(間)자를 사용한다. 천간(天間), 지간(地間)이라는 말은 없다. 천지간(天地間)은 있어도 말이다. 천지 중(中)에 있는 것이 인이고, 인 중에 있는 것이 천지이고, 천지간의 사이[間]에 있는 것이 인간이다.

하늘의 이치를 흔히 천리(天理)라고 하지만 때때로 섭리(攝理)라고 한 것은 참으로 기발한 아이디어이다. 섭리의 섭(攝)자에는 귀 이(耳)자가 세 개 들어 있고, 앞에 손을 나타내는 제방 변이 들어 있다. 왜 세 개의 귀가 필요한가? 하늘의 소리, 땅의 소리, 사람의 소리를 들으라는 뜻일 것이다. 음식물을 먹을 때도 섭생(攝生), 섭취(攝取)라고 한다. 하늘 아래, 땅 위의 음식, 그리고 사람이 개발한 음식을 골고루 먹으라는 뜻일 것이다.

인간은 이제 인이 되거나 인류(人類)가 되어야 한다. 인간은 하늘과 땅 사이에 있는 존재가 아니라, 하늘에 땅 사이에 있는 상징적 존재이며 애매모호성의 존재이다. 천지인은 모두 상징이다. 상징은 애매모호성이다. 자연은 천지인이고, 천지인은 자연이다. 인간은 자연의 일부로서 인류가 되어야 한다. 그런 점에서 서양은 '시각-언어문명권'의 특징을 드러내는 반면 동양은 '청각-상징문명권'의 특징을 드러낸다고 볼 필요가 있다.

이성중심주의 철학은 인과론의 세계이다. 탈(脫)이성주의는 인과론의 탈피이면서 단도직입적으로 말하면 순환론의 재등장이라고 말할 수 있다. 순환론이란 최초의 원인이나 동일성이나 정체성을 전제하는 것이 아니라 실재(존재, 본질)는 모르지만 자연의 순환처럼 차이가 있는 것들의 변역(變易)이다. 자연은 역(易)이다.

이러한 순환론은 의식적인 것이라기보다는 무의식적인 것이고, 인위적인 것이라기보다는 자연적이고 본능적인 것이다. 순환론이란 대체로 남성적이고 가부장적인 특징이라기보다는 모계적이고 모성적인 특징을 우선하는 것이기도 하다. 그런데 순환론은 이성주의가 철학의 중심에 들어서기 전에 인류가 공통적으로 누린 사고방식 내지 철학으로서 결코 낯선 것이 아니다. 예컨대 동양의 천지인사상이나 음양론, 불교의 윤회사상, 도가의 무위자연주의 등이 대표적이다.

서양철학의 오디세이 탐험은 플라톤에서 칸트까지이다. 칸트에 이르러 이성중심주의 철학이 완성되면서 철학은 과학을 탄생시킨다. 더 이상 철학이 할 일이 없어진 셈이다. 철학은 과학의 시녀로 전락하지 않을 수 없었다. 물론 그 사이에 서양철학도 나름대로 이성의 굴레를 벗어나기 위해 온갖 몸부림을 쳤다. 여기에 해당되는 인물이 스피노자, 니체, 베르그송, 하이데거, 데리다 등이다. 이들의 철학적 고행은 모두 천지를 연결하는 기(氣)를 잃어버리고, 세계를 대립적으로 바라본 결과이다.

기(氣)는 우주의 가장 밑바닥, 무의식에 있는 무한집합의 소(素)와 같은 것이다. 그러한 점에서 기소(氣素)이다. 한걸음 더 나아가면 '소'는 아무리 작아도 결국 입자를 나타내기 때문에 이것을 '파동'으로 변화시키기 위한 용어로서, 비어 있음을 나타내는 '트일' 소(疏, 疎)라는 '같은 발음의 글자'가 필요하다. 같은 발음을 택하는 것은 '소'자의 이중성을 표현하기 위해서이다.

<table>
<tr><td>자연-무의식</td><td colspan="4">의식-이성-역사-자연과학</td><td>소리-무의식</td></tr>
<tr><td rowspan="2">천지인(天地人)
정기신(精氣神)
음양오행(陰陽五行)사상
일반성(一般性)의 자연(自然)</td><td>정신(精神)</td><td>신(神)=
절대신</td><td>이성(理性: 플라톤,
칸트, 마르크스까지)</td><td>헤겔의
'절대정신'</td><td rowspan="2">기(氣), 기소(氣素, 氣疏),
음소(音素)의 층위=
무의식
포노로지(phonology)</td></tr>
<tr><td>물질(物質)</td><td colspan="2">서양철학의 오디세이 탐험</td><td>마르크스
의 '유물론'</td></tr>
</table>

소(疏)의 의미는 '트다, 통하다, 트이다, 막힌 것이 트이다, 멀다, 친하지 않다, 우활(迂闊)하다, 서투르다, 늦다, 길다' 등이다. 그래서 기를 기소(氣疏, 氣疎)라고 하는 것이 더 적합할 것 같다.

소리는 공명이고, 공명은 애매모호성이다. 공명은 사물과 사물 사이, 만물과 인간 사이, 인간과 인간 사이를 겹쳐 있다. 인간이 공명을 느끼는 것은 '몸(신체)의 존재'이기 때문이다. 인간의 몸은 세계로 열려 있고, 몸은 생명의 파동을 지니고 있다. 인간의 몸은 유기체 속에 기계적 메커니즘을 동시에 가지고 있는 애매모호성이다. 그런 점에서 인간의 몸은 생명과 기계 사이에 있다. 인간의 이성중심주의는 세계를 추상-기계로 만들어놓았다. 바로 그 추상-기계를 벗어나기 위해서는 세계를 소리의 세계, 공명의 세계로 돌려놓지 않으면 안 된다. 공명의 세계에 도달하면 몸은 마음이고 마음은 몸이다.

몸의 파동성과 공명성을 가장 잘 아는 사람은 춤추는 사람, 무용가이다. 무용가는 몸과 세계가 하나가 되어 공명할 곳을 찾아간다. 종국에는 몸과 세계가 분리되지 않은 지점까지 가서 통째로(온몸으로) 울리고 떨리는 리듬을 맛본다. 그런 점에서 몸은 마음이 현상학적으로 드러난 예술이다. 이를 두고 몸은 존재론적으로 '예술적인 존재'라고 말할 수 있을 것이다.

이를 우주론으로 확대하면 우주야말로 하나의 몸이며, 하나의 몸의 퍼포먼스라고 말할 수 있다. 모든 존재는 그 퍼포먼스에 참여(관여)하고 있는 셈이다. 이때 우주론이라고 하면 시간과 공간이 이미 개입된 개념이기 때문에, 굳이 우주라는 말을 쓰지 말고 자연이라고 하면 자연은 시공간의 거리가 없이(인간학적인 시공간도 없이) 저마다 파동하고 있다고 말할 수 있다. 이때 그 파동의 주체는 없다. 파동의 특성은 언제 어디서 시작했는지 그 반사나 지향을 알 수 없기 때문이다.

춤은 근원적인 세계의 울림이고 떨림이고 리듬이다. 춤은 몸으로 포장된(형상화된) 세계 자체의 기운생동에 참여하는 것이다. 춤이 기계체조와 다른 점이 물리적인 중력을 극복하는 데 있다. 더 정확하게는 그 중력을 극복하는 것이 아니라 그것을 잊어버리는 데 있다.

몸은 근본적으로 몸이 가지고 있는 유기체의 메커니즘적인 것에 저항하고자 한다. 아마도 이는 세계의 생명의 근원, 기운생동에 도달하고자 하는 몸의 욕구 때문일 것이다. 무용가가 자신의 뜻대로 몸을 굴신하지 못한다면 몸은 저항체가 된 것이다.

춤추는 몸은 우주 본래의 기운생동을 맛보는 것이고, 그러한 점에서 우주는 '춤추는 우주'이다. 춤추는 몸은 시간과 공간을 자신의 몸속으로 빨아들이는 것 같은 기분에 젖게 될 것이다. 말하자면 제대로 춤을 춘 무용가는 시간과 공간을 제 몸속에 넣음으로써 역설적으로 시간과 공간을 초월한 셈이 된다. 좀 더 나아가면 시간과 공간이 처음부터 없었다는 것을 알게 된다.

춤추는 몸에는 의식과 정신이 없으며 따라서 반성과 지향조차도 잊어버린다. 춤출 때 의식과 정신은 필요 없는 상태로 극대화된다. 자신을 망각한 채 추는 춤, 탈아의 상태에서 엑스터시에 이르는 춤, 이것은 옛 무당들이 체험하던 것과 같다. 탈아는 바로 우주와 하나가 되는 순간이다. 일종의 우주여행을 하는 셈이다.

무당이 자신의 몸주와 접신하는 것은 각자 무당의 사정이겠지만, 춤추는 몸이야말로 존재론적으로 가장 존재의 근원에 닿아 있는 몸이다. 춤은 우주 운동의 근본적인 리듬을 닮았고 그것을 지상에서 맛보는 것이다. 춤추는 몸 그 자체가 우주이다. 우주는 그 몸 밖도 없고 몸 안도 없다. 춤추는 몸은 안팎이 없다. 몸 그 자체가 우주이다. 춤추는 몸은 우주가 시간과 공간이 없이 본래 파동이며 소리라는 것을 잘 말해준다.

노자는 『도덕경』(제14장)에서 이렇게 말했다. "보아도 보이지 않는 것을 이름 하여 '이(夷)'라고 한다. 들어도 들리지 않는 것을 이름 하여 '희(希)'라고 한다. 잡아도 얻지 못하는 것을 이름 하여 '미(微)'라고 한다. 이 삼자는 말로써 따져서 밝혀낼 수 없다. 그러므로 혼돈스러우면서도 하나가 된다. 그 위라서 밝지 않고 그 아래라서 어둡지도 않다. 끝없이 이어지니 이름 할 수도 없고 다시 물이 없음에 돌아가니 바로 모양이 없는 것의 모양이라고 말할 수 있다. 물이 없는 것의 모양이니 바로 황홀이라고 말한다. 맞이하여도 그 머리를 볼 수 없고 따라도 그 뒤를 볼 수 없다. 옛날의 도를 잡고서 지금의 있음을 다스리면 옛 시원을 알 수 있다. 이것을 '도의 실마리'라고 말한다(視之不見名曰夷聽之不聞名曰希搏之不得名曰微此三者不可致詰故混而爲一其上不皦其下昧繩繩不可名復歸於無物是謂無狀之狀無物之狀是謂恍惚迎之不見其首隨之不見其後執古之道以御今之有能知古始是謂道紀)."

'이(夷)'가 하필 동이족을 말할 때 '이'인 것은 묘한 상상력을 불러일으킨다. '보아도 보이지 않는 것'을 추구하는 것이 혹시 동이족과 관련 있는 것은 아닐까? 흔히 '이(夷)'는 '대(大)+궁(弓)'의 조합으로 '활을 잘 쏘는 민족'으로 통하는데 활은 '눈에 보이지 않게 날아가는' 것이 아닌가.

'희(希)'가 '들어도 들리지 않는 것'은 결국 소리의 극한과 경계에 이름을 말하는데 '소리에 민감함'을 드러내는 것이 아닌가. 그 들리지 않는 소리, 즉 '신의 소리'를 듣기 위해 안달하는 것이 '희망(希望)'이라면 '빙신(憑神)의 민족'에 어울리는 말이다.

'미(微)'는 현대 물리학이 좋아하는 말이다. 바로 미립자가 그것이다. 가장 작은 미시세계를 탐구하는 현대 물리학은 가장 작은 것이 가장 큰 것이라는 결론에 도달하고 있다.

그렇다면 기(氣)를 이러한 세 가지 특성을 동시에 가진 개념으로 상정한다면 어떨까? 시각과 청각과 촉각에 이르기까지 관통하는 개념으로서 기(氣) 말이다.

예로부터 한민족은 '빙신의 민족'이고 동시에 기와 관련된 수많은 용어와 속담을 가지고 있는 민족이다. '기가 차다', '기가 막힌다', '기가 통한다', '기가 죽는다', '기가 살아난다' 등 이루 헤아릴 수 없을 정도이다.

기백(氣魄)과 혼령(魂靈)이라는 말이 있다. 기(氣)는 백(魄)과 통하고 혼(魂)은 영(靈)과 통한다. 혼백을 '하나의 항(opposition)' 혹은 '하나의 기둥(column)'에서 논의할 것이 아니라 교차하는 것으로 보면 '기'는 더 이상 보편성을 위한, 보편성에 종속되는 것으로서가 아니라 새로운 일반성을 위한, 일반성의 철학을 위한 바탕이 되어야 한다. 기는 영의 교차적 반대편에 있는 것이다. 그래서 영혼이나 영원을 추구하는 것은 이성주의의 결과임을 새삼 인식하게 된다.[8)]

그렇기 때문에 '기'는 반이성주의철학을 위해 탄생한 개념인 것이다. '기'라는 개념은 과거에서부터 동양에서 있어왔지만, 반이성주의라는 철학적 전선에서 새롭게 의미 부여된 반철학적 개념인 것이다. 이는 칸트가 '물 자체'와 '신'을 인간의 오성과 이성의 범주 밖으로 쫓아냄으로써 이룩한 철학적 성과를 무화시키는 것이다. 그런 점에서 기철학은 '마이너스 철학'이다. 극단적으로 말하면 종래의 '쌓아가는 철학', '건축하는 철학'에 대해 '지우는 철학', '허무는 철학'을 하는 셈이다.

기철학은 본질적으로 미리 개념 규정을 하고 철학을 전개할 수 없다. 그래서 끊임없이 이성주의와 보편성의 철학에 반대되는 입장을 견지함으로써 저절로 터득되는 것이다. 기가 물질, 즉 '기 = 물질'인 것처럼 전제하고 기철학을 전개하는 것은 또 다른 이성주의이다. 이것이야말로 이와 기가 유착되는 것의 전형적인 예이다. 기는 결국 이론을 세우지 않고 달아남으로써 스스로를 증명하는 해체주의적 방식을 택하지 않을 수 없다. 이것이 필자가 기철학을 '마이너스 철학'이라고 명명하는 까닭이다.

한마디로 '포노로지' 철학의 소리는 생사를 초월한, 존재 이전의 존재, 존재의 근원과 같은 것으로, 그것을 감각하게 하는 것으로 소리를 설정하고 있다. 포노로지는 소리의 혼돈과 소리의 질서 사이에 있다. 포노로지 철학이 음악과 다른 점은 음악처럼 일정한 형식을 갖추지 않고, 그때그때에 따라, 상황에 따라 (산발적으로 있는) 의미를 찾아가는 철학이라는 데 있다. 그래서 언제나 자연의 소리, 창조적인 소리를 듣지 않으면 안 된다. 포노로지의 의미는 고정되어 있지 않다. 유기적인 세계와 교감하려면 고정되어 있어서는 안 된다. '나'도

8) 비디오아트의 창시자 백남준은 인간의 영원숭배에 대해 이렇게 말했다. "영원의 숭배는 인류의 가장 오래된 질병이다(the eternity-cult is the longest disease of mankind)" (〈Symphonie Nr. 5〉).

함께 포노로지의 파동과 울림(공명)에 참가해야 한다.

필자는 진화론을 발전의 의미가 아닌 것으로 새롭게 해석할 필요가 있다고 생각한다. 진화를 '앞으로 나아가면서 변화한다'는 뜻으로 말이다. 이 말을 겉으로 보면 단순한 것 같지만 실은 환원주의를 배제하면서 세상에 변하지 않는 것은 없다는 것을 선언할 뿐만 아니라 정체성·동일성은 없다는 것을 함의한다. 이는 문명의 환원주의와 정체성 확인 혹은 강요에 정면으로 도전하는 자연주의이다.

진화론은 서양문명이 내놓은 자연주의의 총화이다. 진화는 반대편에 퇴화를 동반하고 있다. 진화와 퇴화는 공동존재이기 때문이다. 진화와 적응이라는 개념은 생물학은 물론 자연의 생성과 변화를 설명하는 가장 좋은 틀이다. 진화론이야말로 무엇을 전제하지 않는 철학적 일반론, 다시 말하면 필자의 일반성의 철학, 존재론의 완성으로서의 일반성의 철학, 소리의 철학, 포노로지의 완성에 주요한 동반자이다.

기독교적 창조론자들은 아직도 진화론을 거부한다. 창조론자들은 자연에다 무엇을 덮어씌우려고 한다. 이것을 빙신의 일종이라고 말할 수도 있다. 인간(개인) 중에는 항상 무엇에 의존해야 하고 삶에서 믿음의 대상을 설정하지 않으면 불안을 이기지 못하는 부류가 있다. 이와 함께 어떤 문화권(중동 사막의 문화권)에서는 절대신앙(유일신)을 세우지 않고는 살아갈 수 없는 지역도 있다. 더욱이 신이라는 것을 설정해(만들어) 스스로의 어려움을 극복하고, 심지어 자기열락(법열)에 젖는 부류도 있다. 이런저런 이유로 신앙이 존재하는 것이지만 종교의 폐해 또한 적지 않다.

종교적 사고와 과학적 사고는 같은 것이고, 동시에 인간종에게 필요한 것이고, 또한 필요할 뿐만 아니라 이미 선택하기 전에 인간문화를 구성해왔다. 종교적 사고와 과학적 사고는 주체적 사고와 대상적 사고의 진수이다. 주체와 대상은 원천적으로 이중적이고 애매모호하며 가역적인 관계에 있다.

그런데 그러한 점을 인간이 잘 이용하고 있다고 해도 과언이 아니다. 인간은 주체와 대상이라는 두 발 혹은 두 손을 사용해서 지금껏 잘 생존해왔다고 말할 수도 있다. 존재는 주체도 아니고 대상도 아니다. 그런데 절대종교는 주체를 고집하고 절대과학은 대상을 고집한다. 과학과 종교는 언어를 최고의 수단으로 한다.

언어는 대상과 존재의 사이에 있다. 따라서 언어는 대상적 언어이기도 하고 동시에 존재적 언어이기도 하다. 대상적 언어는 수단적 언어이고, 존재적 언어는 본능적 언어이다. 본능적 언어에서 세계는 바로 몸이다. 원시인들은 본능적으로 삶을 영위해간다. 몸은 스스로 제가 살 길을 찾아간다. 만약 그렇지 않았으면 인간종은 지구상에서 이미 사라졌을 것이다.

인간은 신을 만들어 만물을 자기 마음대로 다스리려고 시도하는 존재이다. 만물에 인간이 포함되는 것은 당연하다. 따라서 세상은 자칫 잘못하면 다스리려는 인간과 다스림을 당하는 인간으로 갈라지게 된다. 생각하는 존재인 인간종은 집단적 차원에서 보면 만물을 대상화하면서 자신도 대상화하는 모순에 빠지게 된 셈이다. 그러나 종교나 과학이 대상화의 폐해를 저지할 수 없다는 데 인간의 궁극적인 문제가 있다. 인간의 사고는 결코 자연의 대안이 되지 못하는 것 같다. 자연적 존재로서의 인간을 회복하는 것이 미래 인간이 살아남는 길이다.

진화생물학자 도킨스(Richard Dawkins)는 자연선택(natural selection)을 새롭게 거론하고 있다.

> 진화가 무작위적(non-random) 작은 유전적 변화들의 작위적인 생존을 통해 적응적으로 작위적인 방향으로 나아간다는 최소한의 이론, 곧 자연선택 이론이 다원주의의 핵심이다.[9)]

> 각각의 종 안에서도 어떤 개체는 번식에 유리한 유전형질(유전자)이 다음 세대에 더욱 풍성해지도록 다른 개체보다도 더 오래 살아남는 개체를 남기고 죽는다. 이것이 유전자를 어떤 규칙에 의거하여 무작위적이 아닌 차등적으로 재생산하는 자연선택이다. 자연선택의 결과 지금의 우리가 있게 된 것이다.[10)]

---

9) 리처드 도킨스,『악마의 사도』, 이한우 옮김, 바다출판사, 2005, 157쪽.

도킨스는 자연선택을 유전자 풀(gene pool)의 '긍정적이며 건설적인 조각자'[11]에 비유한다. 도킨스의 주장에서 특히 주목되는 것은 귀에 대한 설명이다. 그는 진동을 감지할 수 있는 피부의 특성이 점자 진화해 귀가 되었다고 기술한다.

> 귀는 어떻게 시작되었을까? 피부는 진동하는 물체와 접촉하면 그 진동을 감지할 수 있다. 그것은 우리 몸의 어느 부위의 피부든 마찬가지이다. 이것이 촉각기능의 자연스런 발달 과정이다. 자연선택의 결과 이 기능은 점진적으로 발달하여 아주 미세한 진동도 감지할 수 있을 정도의 민감한 촉각이 형성된다. 그런 다음 이번에는 자동적으로 시끄러운 소리가 공기를 진동시킬 때 이것을 감지할 수 있을 정도로, 또는 소리가 작더라도 진동원이 가까우면 그것을 감지할 수 있을 정도로 민감해진다. 자연선택은 이제 공기를 진동시키는 진동원이 더욱 멀어져도 그것을 감지할 수 있는 특별한 기관(귀)을 진화시키도록 한다. 처음부터 끝까지 단계적으로 발전을 거쳐 완전한 귀로 진화하는 연속적인 개선이 있을 것이라고 추측하는 것은 아무런 무리가 따르지 않는다.[12]

또한 도킨스는 눈의 점진적이고 누적적인 진화를 설명한다.[13] 결국 그는 "누적적 정도에 의한 누적적 선택이 지금까지 제안해온 생명의 복잡성 설계의 존재를 설명할 수 있는 유일한 대안이다"[14]라고 신진화론의 핵심을 말한다.

도킨스의 주장에서 필자는 특히 귀의 발달에 관심을 갖지 않을 수 없다. 인간의 감각 중에서 가장 멀리 감지할 수 있는 기관이 귀이다. 서양의 말-소리 중심주의가 기독교적 유일신을 섬기는 존재신학에 빠진 것은 바로 멀리서부

---

10) 리처드 도킨스, 『이기적 유전자』, 홍영남 옮김, 을유문화사, 2006, 27쪽.

11) 리처드 도킨스, 『무지개를 풀며』, 최재천·김신하 옮김, 바다출판사, 2009, 347쪽.

12) 리처드 도킨스, 『눈먼 시계공』, 이용철 옮김, 사이언스북스, 2007, 157쪽.

13) 리처드 도킨스, 『악마의 사도』, 211쪽.

14) 리처드 도킨스, 『눈먼 시계공』, 317쪽.

터 들려오는 소리를 듣는 귀에서 영향을 크게 받은 것이 아닌가 하는 상상 때문이다. 하늘로부터 들려오는 듯한 음성은 우주 전체를 상징하는 것처럼 다가오고, 그것이 역설적으로 이성으로 둔갑했을 가능성이 있기 때문이다. 예컨대 아무리 하느님이 말해도 그것을 듣지 못하면 존재하지 않는 것이 된다. 말하는 자보다는 듣는 자에게 우선권이 있다.

여기에 소리와 이성의 교체가 생길 여지가 있다. 소리가 이성이 된다는 것은 다른 문화권(특히 동양문화권)에서는 설득력이 없다. 소리는 이성이 아니라 자연이다. 자연의 순수한 파동이다. 소리만큼 자연적인 것은 없다. 소리는 자연 그 자체이다. 그런데도 서양은 소리가 이성이라고 말한다. 그래서 알파벳 음성언어(소리글자)는 이성주의철학을 낳는다.

하느님의 소리를 듣는 귀는 진화의 산물이다. 진화와 창조는 공동존재이면서 동시에 전도나 역설을 내포하고 있다. 진화론과 창조론은 새로운 통섭을 하지 않으면 안 된다. 신의 창조와 창조적 이성은 다르다. 전자는 진화론과 정면으로 배치되지만, 후자는 진화론의 도움을 받을 수도 있다. 그 좋은 예가 창진적(創進的) 이성 혹은 이성의 창진성(創進性)이다.

도킨스는 생물의 이기적 유전자를 주장하는데, 자리이타(自利利他)야말로 한쪽에서 이기주의를 실천하고 동시에 다른 쪽에서 이타주의를 실천하는 생물의 양면작전이다. 생물은 이런 이중적인 전략으로, 예컨대 개체의 삶에서 이기주의를, 집단의 삶에서 이타주의를 동시에 실천해왔다. 이타주의의 대표적 실례는 자식을 위해 부모가 희생하는 것에서 볼 수 있고, 이기주의의 대표적 실례는 모든 생물(자식들)의 삶에서 확인할 수 있다.

신은 없다. 신은 있다고 해도 인간이 이해할 수 있는 존재가 될 수 없다. 신이 만약 인간이 이해할 수 있는 존재라면 그러한 신은 이미 인간이며(인간신, 인신) 신이 아니다. 신은 존재에서 가부(可否)의 대상이 될 수 없다. 대상이 될 수 없다는 것은 주체도 될 수 없다는 뜻이다. 신이 있다면 인간의 어떠한 것도 책임지지 않으면 안 된다. 만약 인간의 자유나 선택이 개재되면서 신이 모든 악에서 면죄부를 받게 된다면 결국 신은 인간의 선택에 의존하는 신이 된다. 그렇게 되면 신은 신이 아니다. 신은 성현보다 못하다.

진화론과 창조론은 결국 하나로 통합되지 않으면 안 된다. 이들은 음양 대칭관계에 있다. 진화론의 비약(돌연변이)은 창조적이고, 창조론의 지속은 진화적이다. 귀의 진화, 귀야말로 인간의 감각이 가장 멀리, 가장 포괄적으로 자연과 우주를 대하는 감각기관이다. 따라서 소리라는 감각이야말로 보다 일반적인 일반성의 철학 혹은 개념철학이 아닌 감각철학의 선두에 설 수밖에 없다.

데리다의 문자학은 문자의 공백을 문자를 바탕으로 주장하고 있기 때문에 개념철학에서 완전히 탈출할 수 없다. 개념철학이 원인적 동일성의 철학이라면 차연의 철학은 결과적 동일성의 철학이다. 이에 비해 소리의 철학은 동일성이 아닌 생명의 철학이다. 개념은 추상으로 통하고, 차이는 무한대로 통하고, 생명은 무(無)로 통한다. 소리는 언어 이전의 종교요, 언어 이전의 과학이요, 언어 이전의 예술이다.

3) 음(音)과 수(數)에 대하여

소리[聲]와 음(音)은 다르다. 소리가 귀에 들리는 자연 그대로라면 음은 인간이 의식적으로 말[曰] 혹은 의미(意味)를 세운 것[立]이다. 입(立)은 말씀 언(言)을 뜻하는 것이기도 하다. 음(音)과 말[言]은 같은 뜻이다. 훈민정음(訓民正音)이라고 할 때의 음은 말을 뜻한다. 음은 소리가 일정한 리듬을 가진 것으로 추상화된 것이다. 소리가 추상화되었다는 것은 소리의 수학화의 길과 통한다. 음은 수의 실체라기보다는 관계로 출발했다. 이것이 후에 수의 실체의 길을 열어놓았다.

음과 수에 대해서는 피타고라스의 정리를 거론하지 않을 수 없다. 그가 수학의 아버지가 된 것은 결코 우연이 아니다. 그런데 그 수학이 '소리'와 '음'의 경계에서 열린 것이라는 점을 생각하면 자연과 문명의 문지방이 '소리 = 성음(聲音)'이라는 것을 알 수 있다.

서양음악의 이론은 피타고라스로부터 시작한다. 그가 최초로 음악이론(소리의 높낮이에 대한 이론)을 처음 만들었다는 기록은 플라톤의 저작을 비롯해서 여러 곳에서 확인할 수 있다. 피타고라스 이전에도 소리이론이 있었겠지만 문헌기록이 부족한 편이다.

6세기 초의 철학자 보에티우스에 따르면 "피타고라스가 신의 안내를 받아 대장간 옆을 지나는데 듣기에 좋은 어울리는 소리가 들렸다"고 한다. 그 어울리는 소리를 관찰해보았더니 망치의 무게 사이에 6:8:9:12의 정수비가 성립했다는 것이다. 예컨대 무게가 12:6인 망치, 즉 비가 2:1인 망치를 같이 치면 높이만 다를 뿐 같은 소리, 즉 한 옥타브 차이의 소리로 들렸다고 한다. 또한 9:6, 즉 3:2인 경우에는 옥타브 다음으로 아름다운 음정인 완전5도(diapente) 차이로 들렸으며, 8:6이나 12:9인 경우, 즉 4:3의 비율에서는 완전4도 차이가 나는 것으로 들렸다는 것이다. 2:1, 3:2, 4:3의 비율로 나아가면 한 옥타브 차이의 소리, 그다음 완전 5도, 그다음은 완전 4도의 차이가 나는 셈이다. 여기서 음의 조화가 탄생했다. 서양음악의 조화는 바로 한 옥타브 차이의 소리가 높이만 다를 뿐 같은 소리라는 것에서 출발한다.

실제로 이러한 비율대로 망치로 소리를 내면 피타고라스의 이론대로 들리는 것은 아니지만 망치 대신 적당한 탄성을 갖는 현의 길이로 바꿔 소리를 내면 상당히 근사치에 도달하는 것을 알 수 있다. 예컨대 기타에서 줄의 3/4, 2/3, 1/2 등의 비를 갖는 곳에 프렛(fret, 핑거보드에 붙여 놓은 금속조각)이 있음을 볼 수 있다. 이 지점에 기타 줄이 닿도록 하여 줄을 튕기면 운지하지 않을 때(개방 현일 때) 소리보다 4도, 5도, 8도(옥타브) 높은 소리가 난다. 기타 줄의 양 끝을 기준으로 대략 3/4, 2/3, 1/2 등의 지점에 프렛이 있음을 알 수 있다.

피타고라스는 2:1, 3:2, 4:3의 간단한 정수비에 대단히 감동했다고 한다. 5:4나 6:5 같은 정수비를 생각하지 않고 4에 그친 것은 삼각수 1, 2, 3, 4의 합 10이 '완전하고 성스러운 수'라는 자신의 생각에 꿰맞춘 면이 있다. 이것은 4원소설이나 4계절에서 엿볼 수 있는 숫자 4를 신비하게 본 면도 있었다고 생각된다. 더욱이 한 옥타브 높은 음정을 완전5도 낮추면 그 비가 1/2을 2/3로 나눈 3/4이 되어 완전4도가 된다는 사실은 자아 도취할 수밖에 없는 상황이다. 그래서 피타고라스는 급기야 세상의 모든 것이 수라는 주장에까지 이른 것이다.

피타고라스와 그 학파는 특히 완전5도의 비율인 3: 2를 대단히 중요시하여, 다른 음정도 이 비율의 누적으로 설명한다. 예를 들어 완전5도로 두 번 높이면 9:4의 비율이 되는데, 이는 2:1보다 큰 비이므로 원래 소리보다 한 옥타브 이상 높은 소리이다. 피타고라스는 한 옥타브 낮춘 비율인 9:8에 해당하는 음정도 원래 음정과 비교적 조화를 이루는 소리라고 생각하고 이를 기본 구성 단위로 생각했다. 마찬가지로 완전5도로 여러 번 높이거나 낮춘 후 원래 음과 한 옥타브 이내의 음으로 비율을 조정하여 크기순으로 늘어놓은 것이 이른바 7음계의 효시이다.

동서양의 음계가 서로 다른 것 같지만 실은 모두 7음계를 기초로 하고 그것의 사이에 5음의 반음을 둔 것이라는 학설이 대두되고 있다. 7+5는 12음계이다. 1주일은 7일이다. 7일을 삶의 리듬으로 살아가는 것이 인간이다. 그 사이에 반음과 같은 것이 5개 있다. 인간은 일상의 삶을 연주하고 있는 연주가라고 말할 수 있다.

『천부경』의 「지경(地經)」에 '삼사성환오칠(三四成環五七)'이라는 구절이 있다. '삼과 사를 움직여 오와 칠에서 환(環)을 이룬다'는 뜻이다. 이는 우주적 순환을 상징한다. 가야금은 12줄(7+5=12)이다(거문고는 6줄). 수는 우주의 기운생동의 마디를 상징한다. 음악도 그 마디에 충실해야 좋은 소리를 낼 수 있다.

12수는 인간의 삶과 관련이 많다. 1년은 12달, 하루는 낮과 밤이 각각 12시간(24시간)이고, 십간십이지(十干十二支)도 12이다. 12는 사계절(4×3=12)의 순환을 나타낸다. 이렇게 12수는 계절의 순환과 하루의 변화를 나타내며, 자연의 변이를 나타내는 대표적인 상징수이다.

음(音)의 관계는 수(數)의 관계가 되고, 수의 관계는 다시 수의 실체가 되어 오늘날 수학의 기초가 되었다. 수학의 정립으로 오늘날 서양의 과학이 정립되었다고 해도 무방하다. 그런 점에서 피타고라스는 서양과학의 출발이라고 할 수 있을 것이다. 그렇다면 서양음악과 서양과학은 기원이 같은 셈이다. 음악이야말로 기호적(언어적) 추상의 출발이다. 그런 점에서 음에서 소리로의 원시반본이야말로 존재의 근본에 도달하는 하나의 방편이 된다.

수를 관계의 비례로 생각하면 수는 많고 적음의 양의 문제가 아니고 질의 문제가 된다. 비례의 수학은 마치 예술의 비유와 같다. 그런데 수를 실체화하면 수는 양의 문제가 되고 끝없이 나아가는 무한대를 설정하지 않을 수 없다.

예술(藝術, 詩)	비유(比喩)	은유(隱喩): 소리(音) 및사물의 상징화	구체-생명/기(氣)/ 기운생동(氣運生動)
음(音), 수(數)	비례(比例)	존재의 근본	심(心)/물(物)/자연(自然)
과학(科學)	비율(比率) 비교(比較)	환유(換喩): 수(數) 및 사물의 실체화	추상-기계/이(理)/이성(理性)

과학에서 비례는 비율이 되고 비교가 된다. 이는 환유이다.

수학은 구체의 음을 추상의 수로 실체화하여 과학의 수단으로 쓴 기호이다. 수를 실체화하면 과학이 되고, 소리를 상징화하면 예술이 된다. 음과 수에 이미 시와 과학이 내포되어 있는 것이다. 음악은 소리를 재료로 하지만 소리는 아니다. 음악은 텍스트이지만 소리는 텍스트가 아닌 콘텍스트이다. 콘텍스트는 역동적이고 흩어져 있다. 마치 자연의 소리와 같다. 소리는 기의 집산을 잘 드러낸다.

4) 철학은 언어, 추상-기계

칸트가 말하는 인식의 근거로서의 '통각적(統覺的) 주체'는 생각할 때마다 자기 앞에 대상을 정립해야 한다는 점에서 추상이다. 이는 코기토를 말한 데카르트에서 시작된 것이다. 데카르트의 시계는 추상과 기계를 잘 보여준다.

> 『방법서설』은 기계론과 정신론의 협조를 말한다. 특히 이 문제는 『방법서설』 제5부의 큰 몫을 차지한다. 이 5부는 모든 자연의 현상은 기계의 성분이 제공하는 모델에 따라서 해석되어야 한다는 이론을 명백하게 한다. "우주 전체에는 한 가지의 같은 물질만이 있으며, 우리는 그 물질이 널리 퍼져 있다는 사실에 의해서만 그 물질을 알고 있다"라고 데카르트는 그의 이론을 요약하는 한 공식에서 말하였다. 그러나 데카르트가 물질에서 정신과 관계되는 것을 없애 버린다 할지라도 그는 인간을 오직 육체로만 축소시키는 일을 매우 삼간다. 그 점에서 데카르트는 기계론자이지 물질주의자는 아니다.

> 다른 한편으로 그가 물질의 개념을 순수화시켰다면, 그는 마찬가지로 정신의 개념을 순수화시켰다. 그래서 그는 정신을 오직 사유만으로 정리한다. 그래서 그에게는 이원적인 표현이 강력하게 남아 있다.[15)]

데카르트는 물질주의자가 아니라 처음부터 기계주의자이다. 정신과 물질은 순수한 개념이다. 기계는 물질적 질료를 필요로 하지만 그것을 구성하는 것은 정신이며, 기계는 추상의 산물이다.

그동안의 서양철학은 시각-언어를 중심한 추상 혹은 기계를 발명하는 철학이었다. 추상은 기계에 이른다. 세계를 하나의 기계로 보는 것이 서양 근대철학의 끝이었다. 추상-기계의 출발점과 도착점은 시간과 공간이다.

추상-기계 혹은 시간과 공간은 시각-언어가 보여주는 환(幻)의 세계이다. 우리는 그동안 시각에 의해 연출된 현실의 세계가 아닌 세계를 환상의 세계라고 했는데 도리어 현실이야말로 환상의 세계라는 것을 알게 되었다. 장자의 나비의 꿈과 같은 것이다.

인간은 스스로 만들고 스스로 부수는 자업자득의 존재이다. 하늘은 스스로 돕는 자를 돕는다는 구조도 마찬가지이다. 원죄와 구원도 마찬가지의 구조이다. 인간은 자연에 스스로를 투사한 뒤 그것(자연에 투사한 것)을 대상으로 추출하며 살아온 셈이다. 다시 말하면 철학과 과학은 자연으로부터 추상과 기계를 뽑아낸 셈이다. 이를 철학적으로 말하면 인간은 이성을 자연에 투사하며 살아왔다고 할 수 있다. 이성은 때로는 선이지만 때로는 악이다. 선악은 실체가 있는 것이 아니라 왕래하는 상징적 운동일 따름이다. 이는 인간이 그렇기 때문이다. 정령(spirit)이라는 것도 스스로를 투사한 것이기는 마찬가지이다.

그런 점에서 깨달음이라는 것도 실체가 없다. 깨달음은 '자아-타자'의 거울구조로부터 '자연의 자기자신'으로 돌아오는 '성년(成年)의 자각'을 의미한다. 자연으로 돌아오면 개체가 없어진다. 자연은 개체가 아니고 전체이기 때문이다. 자연은 무의식이고, 그 무의식 속에 언어로 구성된 어떠한 통사구조도 없다.

---

15) 르네 데카르트, 『방법서설』, 김형효 역, 올재클래식스, 2014, 42쪽.

인간이 만든 언어는 물론이고 정신과 물질을 비롯한 모든 대립적인 언어의 세계, 모든 기계의 세계는 모두 환(幻)의 세계이다. 이들은 자연의 물(物)에서 추출해낸 것들의 조합에 지나지 않는다. 시각-언어의 세계는 본래 있는 기 혹은 물의 세계를 카피 혹은 재현한 것에 지나지 않는다.

들뢰즈의 '기관 없는 신체'는 우주를 '하나의 몸'으로 바라봄으로써 서양철학이 동양의 '기일원론'에 도달하는 직전의 방식이다. 다시 말하면 유물론자가 기에 도달하는 방식이다. 이것은 유물론자가 유기론(唯氣論)으로 전향할 수 있는 직전의 논리이다. 들뢰즈의 '추상기계' 역시 서양철학이 동양의 기의 세계관에 도달하려는 직전의 방식이다. 다시 말하면 유물론자가 보편적인 것(추상)과 일반적인 것(기계)을 연합해서 보는 방식이다. 유물론자는 논리를 감각적 차원에서 논의하지 않으면 안 되기 때문이다.

우리는 들뢰즈를 통해 거꾸로 서양을 바라볼 수 있다. 이는 데리다의 '현존 = 부재'라는 개념을 통해 거꾸로 서양을 바라보는 것과 같다. 그들이 얼마나 철저하게 이성적인 것인가를!

들뢰즈의 추상기계는 필자의 그것과 다르다. 들뢰즈는 어디까지나 유물론적 입장에서 세계를 '추상기계'라는 입장에서 바라보는데 반해 필자는 서양철학 자체가 세계를 '추상' 혹은 '기계' 혹은 '추상기계'로 바라본다는 입장이다. 필자는 그러한 서양철학의 세계를 다시 바라보는 입장에 서 있다. 결국 필자의 입장은 세계는 추상 혹은 기계 혹은 추상기계가 아니라는 것이다.

프랑스의 철학적 전통에는 이성주의, 반이성주의, 구조주의, 유물론이라는 네 갈래의 흐름이 있다. 그러나 그 저변을 관통하는 것은 여전히 이성주의이다. 반이성주의도 이성주의이고, 구조주의도 이성주의이고, 유물론도 이성주

	추상	추상기계	기관 없는 신체
들뢰즈	세계는 추상(보편성)-기계(일반성)의 연합	추상적 디아그람/물질-기계: 기물(器物)의 세계관	기관 없는 신체: 차이-생성/ 유물론자(唯物論者)
박정진	철학은 추상-기계, 자연은 구체-생명/ 소리철학	서양철학 자체가 추상 혹은 기계를 생산한다고 봄. 기물(氣物)의 세계관	역동적 장(場): 차이(差易)/ 유기론자(唯氣論者)

의이다. 들뢰즈의 철학은 유물론적 이성주의라고 말할 수 있을 것이다.

들뢰즈는 세계를 물질에 의해 구성된 '추상기계'의 접속으로 바라본다. 그러나 필자는 세계를 기에 의해 연기되는 '구체생명'으로 바라본다. 들뢰즈는 유물론을 기초로 '기계(機械, 器物)의 세계관'을 갖고 있는데 반해 필자는 기철학을 기초로 '기물(氣物)의 생명관'을 갖고 있다고 할 수 있다. 들뢰즈의 추상기계는 다음과 같이 설명할 수 있다.

> 들뢰즈와 가타리는 『천의 고원』에서 디아그람을 '추상 기계(machine abstraite)'라는 개념을 통해 해명하고 있다. 들뢰즈에게는 두 가지 종류의 추상이 존재하는데, 첫 번째 것은 플라톤적인 의미에서의 추상적인 형식으로 "추상적인 것은 설명하지 않는다. 오히려 그것 자체가 설명되어야 한다"고 비판할 때의 그 추상이다. 두 번째의 추상 개념은 '통상적인 의미의 추상과는 반대가 되는' 추상기계라는 개념을 통해 발전시킨 것이다. 첫 번째 추상은 선험적 형식으로서 그 형식들이 어떻게 세계 속에서 실현되고 추출되는지를 묻는 것으로, 들뢰즈는 그것을 "어느 한 점에서 다른 점으로 나아가는 것이 아니라 두 점 사이를 지나가고 중단 없이 분지하고 분산된다"고 하는 폴록의 선으로 그려진 공간으로 지적한다. 반면에 추상기계는 어떤 조건에서 새로운 것 혹은 특이한 것이 그 형식들의 '바깥에서' 생산될 수 있는지를 묻고, 추상적인 코드가 아니라 오직 추상적인 디아그람으로만 표현될 수 있는 것으로 본다.[16]

들뢰즈의 '욕망(Desire)과 욕망하는 기계(Desiring machines)'의 개념을 보자.

> 생명을 말 그대로 하나의 기계로 보는 관념(AO)은 우리가 어떤 생산된 질서, 의도, 전체, 목적을 상상하기 전에 기능과 접속에서 출발하도록 해준다.

---

16) 존 레이크만, 「질 들뢰즈의 입장: 추상 미술을 보는 새로운 안목」, 이영철 엮음, 『비평·매체·제도 분석: 현대 미술의 지형도』, 시각과언어, 1988, 76~ 84쪽.

> 그러므로 욕망하는 기계는 접속들이 계열화된 결과이다. 예컨대 가슴과 접속한 입, 양란과 접속한 말벌, 한 떼의 새들을 지각하는 눈, 장난감 기차와 접속한 아이의 신체 등이 그러하다. 이런 방식으로 욕망을 사유하면 근본적인 결여로서의 욕망을 극복하게 된다. 들뢰즈·카타리에게 욕망은 삶에서 독립하거나 분리된 신체들에 의해 추동(욕동)된 것이 아니다. 그들은 모든 생명이 태생적 상실과 외상(trauma)을 극복하고 정지(무기물)의 상태로 돌아가기를 소망하는 죽음-욕동 개념에 반대한다. 욕망은 상실이나 분리가 아니라 접속이다. 다시 말해 우리는 결여하거나 필요해서가 아니라, 삶이 투쟁과 자기-강화의 과정이기 때문에 욕망하는 것이다. 욕망은 증대하는 연장, 접속, 창조이다. 욕망은 닫힌 유기체나 자아에서 기원하지 않는다. 그것은 욕망이 유기체와 자아를 생산하는 생산적인 생명의 과정이기 때문에 '기계적(machinic)'이다.[17]

이를 통해 유물론자인 그가 원인론적 동일성을 벗어나긴 했지만 여전히 결과론적 동일성의 소유자임을 알 수 있다. 이는 그가 라이프니츠의 모나드(monad)의 세례를 받았음을 보여준다. 특히 '욕망은 증대하는 연장, 접속, 창조이다'라는 말에서 그것을 실감할 수 있다. 들뢰즈는 모나드를 '모든 관계에 우선하는 자기충족적인 실체'로 본다.

> 각 모나드는 그 자신의 지각된 관계들을 창조함으로써 그 자신의 관점으로 세계 전체를 지각한다. 그러므로 모나드가 존재하는 만큼 수많은 세계들이 존재하게 된다. 생명 전체는 다만 각 모나드에 의해 열린 모든 무한한 지각 작용들 혹은 세계들의 총합인 것이다.[18]

라이프니츠는 단자를 정신적인 것도 물질적인 것도 아닌 중립적인 것으로

---

17) 클레어 콜브룩, 『들뢰즈 이해하기』, 한정헌 옮김, 그린비, 2007, 38~39쪽.

18) 같은 책, 33쪽.

파악했는데, 들뢰즈는 이를 좀 더 물질적인 혹은 기계적인 것으로 바뀌었다는 점이 다르다.

유물론은 본래부터 유심론의 원인적 동일성을 결과적 동일성으로 옮겨놓은 데 지나지 않는다. 프랑스 후기근대 철학자들인 데리다와 들뢰즈는 하나같이 앞에 있던(원인적) 동일성을 뒤로(결과적) 옮겨놓으면서 마치 이성주의 혹은 정신주의를 벗어난 것처럼 행세하고 있다. 이것은 철학적 야바위이다.

그럼에도 불구하고 들뢰즈의 '차이-생성'은 필자의 '기' 혹은 '차이(差易)'을 닮았고, '기관 없는 신체'는 '역동적 장'을 닮았고, 추상기계는 '다원다층의 음양학'을 닮았다. 그러나 눈에 보이는 것, 즉 시각을 중심에 둔 서양철학은 유심론이든 유물론이든 우주의 본질인 '소리'에 도달하지 못하고 추상 혹은 기계를 발견하고 생산할 따름이다. 그런 점에서 소리철학은 들뢰즈 이후 유심과 유물을 통합하는 세계철학계의 새로운 진전이다.

필자가 사용하는 개념인 생(生)은 생물이 아니고 물(物)은 물질이 아니다. 따라서 필자가 간혹 사용하는 '생즉물(生卽物) 물즉생(物卽生)'의 생은 생물이 아니고 물은 물질이 아니다. 대상이 아니다. 물질은 정신이 규정한 개념의 산물이기 때문이다. 필자는 정신과 물질이라는 개념을 같은 뿌리에서 나온 하나의 세트 '정신-물질'로 본다. 이에 비해 물은 심(心)의 현상이고 몸은 마음의 현상이라고 본다.

동양의 유기론은 서양철학의 이성중심주의의 영향으로 유물론으로 해석되기도 하는데 이는 잘못된 것이다. 마르크스는 동양의 기 혹은 물을 물질로 이해했다. 이는 서양철학의 절대정신 혹은 이성주의 탓이다. 서양의 유심(정신)-유물(물질) 이분법은 동양의 '기'라는 개념을 수용하는 데 원천적으로 한계가 있다. 양자의 맥락이 다르기 때문이다. 동양의 이기론(理氣論)과 심물론(心物論)은 서양의 정신(유심)-물질(유물)론처럼 이분법적이 아니라 상호적이다. 이분법의 비대칭적인 것이 아니라 대칭적인 것이다. 서양의 이성, 즉 정신

<table>
<tr><td rowspan="2">유기론(唯氣論)</td><td rowspan="2">이(理)/기(氣)</td><td>이(理) = 정신-물질</td></tr>
<tr><td>기(氣) = 물(物)·몸/심(心)·마음</td></tr>
</table>

을 동양의 이에 대입하니 기가 저절로 물질이 되어버린 것이다. 서양철학에서 동양의 기에 가장 접근한 것이 물이라는 개념, 물론(物論, physis)이다.

동양의 이는 서양의 이성과 다르게 물리학(과학) 단계의 이가 아니라 현상학(의식학) 단계의 윤리학에 머물렀다. 그래서 동양의 이는 성리학(性理學) 단계에서 만족하지 않을 수 없었다. 그래서 서양은 '정신-물질'의 이분법에 따라 과학을 발전시켰으나 동양은 '이-기'의 기철학을 통해 오늘날 반이성주의 철학을 열 기회를 가지게 되었다.

인간의 눈은 눈에 보이는 대로 사물(그것)이 있다고 생각한다. 그래서 눈에 보이는 상형(象形)으로 사물을 표시(의미)한다. 그것이 의미이다. 따라서 의미는 글자 그대로 상형으로 소리와 마음을 포획한(잡은) 것이다. 그래서 의미는 의(意)의 맛[味]이다. 눈으로 보는 것과 마음으로 보는 것을 구별하자면, 마음을 '마음의 눈'이라고 하는 것이 좋겠다. 마음의 눈으로 본다는 것은 눈에 보이지 않는 것을 보는 의미도 있고, 한쪽 면만 보는 눈에 비해 여러 면을 한꺼번에 동시에 총체적·종합적으로 보는 것을 말하기도 한다. 마음의 눈은 시각보다는 오감이 총체적으로 동원되어 보는 것을 말하기 때문에 도리어 '몸으로 느낀다', '기감(氣感, 機感)으로 본다'고 하는 편이 옳을 것 같다.

문자는 처음부터 사물에 이름을 입힘으로써 사물을 잡았다고 생각하는 어리석은 어부와 같은 '종자(從字) 주술'이며 또한 '종자(從子) 주술'이다. '종자(從子) 주술'은 사물이 어머니라면 문자는 그것으로부터 태어난 자식과도 같은데, 어머니로부터 태어난 자식이 주인 행세를 하는 것에 비할 수 있다.

『도덕경』의 "말할 수 있는 도는 상도가 아니고 이름 붙여진 이름은 상명이 아니다(道可道 非常道 名可名 非常名)"라는 대목에 주의할 필요가 있다. 말하는 것도 그렇지만 그것에 못지않게 이름붙이는 것도 항상(恒常)이 아니다. 말과 이름은 이미 순수한 소리가 아니다. 문자의 사용은 우주 본래의 소리와 마음을 문자에 가두는(구속하는) 것이다. 그래서 인간은 그 문자의 감옥에서 벗어나기 위해서, 즉 본래의 소리와 마음을 찾기 위해서 계속 다른 의미를 생산해야 한다. 이는 마치 시시포스 신화와 같다. 그러기 위해서 시간과 공간은 연장되어야 한다. 역설적으로 시간과 공간이 있기 때문에 연장되는 것이다. 그러나 인간이 생산한 의미가 소리와 마음을 되찾아줄 수 없다. 의미 자체가 소리와 마음을 구속한 것이기 때문이다. 결국 의미를 버리는 것이야말로 의미로부터 벗어나는 것(인간의 자유)이고, 그것이야말로 소리와 마음을 해방하는 것이다.

표음문자는 눈에 보이는 상형을 토대로 의미를 생산한 것이 아니라 상형을 점점 추상화하여 그것에 소리와 의미(소리+마음)를 가둔 것이다. 표음문자는 표의문자보다 눈에 보이는 사물로부터 벗어난 추상기호를 사용하여 사물을 표시하기 시작한 것이다. 그래서 소리를 이중으로 가둔 셈이다. 알파벳 표음문자가 소리를 절대화(이성중심주의의 원인)한 것은 소리를 절대적으로 가둔 역설이고 자가당착이다. 소리는 우주의 마음이다. 의미 자체는 마음을 한 곳에 집중한 것(관심)이고, 그것은 이미 초월이다.

표의문자가 표음문자에 비해 더 시적(詩的)인 것은 소리를 덜 가두었기 때문이다. 한글 표음문자가 알파벳 표음문자와 다르게 본래의 소리와 마음을 잃지 않는 것은 한자문화권(표의문자)의 울타리 안에 있었기 때문이다. 음성언어를 사용하든 문자언어를 사용하든 언어를 사용하는 것은 이미 초월과 선험을 시작한 것이다. 언어는 이미 언어의 주술이다. 언어가 있는 곳에는 의미가 있고, 의미가 있는 곳에 초월적 이념이 도사리고 있다. 우주 본래의 소리와 마음(청정한 마음)으로 돌아가는 것만이 인간이 초월적 이념과 욕망(욕심)으로부터 벗어나는 길이다. 천국이나 극락 자체는 인도유럽어의 욕망이다.

한국문화에서 포노로지 철학이 탄생한 의미는 한자문화권이라는 표의문자 속에서 한글(훈민정음)이라는 표음문자의 교차관계가 이루어진 것이라고 볼 수 있다. 알파벳은 소리를 의미로 전환시키면서 문자를 독점적으로 기표화했다. 그러나 한글은 한자의 의미체계를 자신의 소리 속에 내재화했다. 소리를 철학화한다는 것은 알파벳문명권에서도 어렵고 한자문명권에서도 어려운 것이다.

일반성의 철학으로서의 포노로지는 소리와 목소리를 구분하지 않고 동시에 일반적인 사물의 소리와 악기의 소리도 구분하지 않는다. 그것은 사물이든 생물이든 악기든 그 물(物)의 존재적 성격(실존적 성격)에 의해 드러날 뿐이다. 음악은 소리에 어떤 일정한 형식이나 조형이 가미되는 예술이다. 그러나 음악적 텍스트(작곡)는 일반적인 언어의 텍스트와는 다르다. 음악의 텍스트는 상징체계라고 할 수 있다. 예컨대 음악은 자연을 논리적으로 해석하는 것이 아니라 모방하면서 은유한다.

음악은 소리를 재료로 하는 은유의 예술이다. 음악은 문학에 비하면 시(詩)이지 산문은 아니다. 음악은 언어 대신에 음(음계)을 사용하여 시를 쓰는 것이라고 할 수 있다. 비단 피아노의 시인인 쇼팽이 아니더라도 모든 음악가는 음의 시인이다. 그런 점에서 음악은 존재 자체가 아니다. 존재 자체가 일정한 예술적 형식이나 조형에 담긴 것이라고 볼 수 있다. 음악보다는 소리(목소리, 사물소리, 자연의 소리)가 존재이다. 존재인 음(音)은 음악처럼 반드시 악(樂)이 아니다. 고(苦)도 될 수도 있고 악(惡)도 될 수 있다.

존재는 소리다. 소리는 존재이다. 소리가 다르면 존재가 다르다. 우리 눈에 같은 사물로 보이더라도 소리가 다르면 다른 존재이다. 존재는 가능성이다. 소리도 가능성이다. 소리는 의미와 무의미 사이에 있다. 의미와 무의미를 왕래한다. 시시각각 달라지는 존재의 의미를 잡기(고정시키기) 위해 문자가 생겼다. 음성언어는 정확한 의미를 전달하는 데 한계가 있다. 소리가 같으면 의미도 같고 소리가 다르면 의미도 다른 것은 의미의 세계에서 효용성의 한계가 있기 때문이다. 그래서 문자언어가 생겼다.

문자는 동음동의(同音同義)를 넘어서 동음이의(同音異義), 동어이의(同語異義) 등 의미의 세계를 확충하기 위해 필요한 것이었다. 문자는 소리를 고정시키지 못했지만 의미를 확대하고 고정시키는 데 큰 역할을 했으며, 문맥에 따라 의미가 달라지는 것을 용납함으로써 인간의 언어생활에 지대한 공헌을 했다. 결국 문자는 의미가 되었으며, 소리가 없이도 의미가 전달되었다.

그러나 문자만 가지고 언어생활을 할 수 없다. 문자는 결국 소리를 내야 하기 때문이다. 발음(발성, 발화)을 전제하지 않는 문자는 없다. 말하지 않는 문자(글)는 인간을 지배할 수 없다. 인간은 말하고 싶은, 소리 지르고 싶은, 노래하고 싶은 동물이다. 왜냐하면 소리가 존재이기 때문이다. 소리가 없으면 벙어리로 사는 것이나 마찬가지이다. 문자의 발생으로 소리가 같아도 의미가 다를 수 있게 되었다. 같은 소리도 정반대의 의미를 가질 수 있게 되었다. 이것이 소리의 이중성이다.

문자는 '말-소리중심주의'의 관점에서 보면 소리의 보충대리이지만, 문자는 그것 자체가 이성이다. 따라서 문자는 필요가 없으면 사라진다. 이성이 보다 본질적(근본적)인 것이 아니라는 뜻이다. 문자는 몸에 붙어 있지 않는 도구이다. 문자는 생물학적 진화와 아무런 상관이 없다. 문자와 이성은 인간 뇌의 산물이라는 뜻이다. 뇌가 잘못되면 문자와 이성은 무의미하다.

이에 비해 소리는 몸에 붙어 있는 도구이면서 존재이다. 인간은 뇌가 잘못되어도 소리는 지른다. 소리는 존재이면서 존재자이다. 문자는 존재자이다. 음성언어는 존재이면서 존재자이다. 문자언어는 존재자일 뿐이다. 데리다의 에크리튀르 혹은 표지학(문자학)은 문자(표지)를 써놓고 문자가 쓰여지지 않은 지면(지표)의 공백을 바라보는 형국일 뿐이다. 문자는 추상이다. 상형문자라고 하더라고 추상으로 향한다. 그러나 소리는 공기(허공)를 타고 전달되기 때문에 결코 추상이 아니고 구체이다.

허공은 소리를 잠재하고 있고, 어떤 경우에도 표면을 수용하는 가장 큰 그릇이다. 그러한 점에서 일반성은 일반성(一般聲)이다. 인간은 그 소리를 의미화 한다. 특히 목소리는 인간의 발성기관을 통해 나오는 소리라는 인간적 특수성이 있다. 그래서 소리철학을 언어학의 음운학(phonology)에서 'P' 대문자 포노로지(Phonology)로 명명했던 것이다.

소리철학에 따르면 죽음은 시스템(체계)에 소리가 없는 것이다. 사람으로 말하면 숨을 쉬지 않으면 죽은 것이다. 그런 점에서 '안식(安息, 숨을 멈추다, 숨을 편안히 하다)'은 참으로 위대한 말이다. 그런데 더 위대한 것은 '안식'과 같은 발음인 '안식(眼識: 눈으로 인식하다)'이 있다는 점이다. 앞의 '안식'과 뒤의 '안식'은 같은 소리이지만 정반대의 의미를 갖는다(소리의 장단과 고저로 차이를 두기는 하지만). 이처럼 소리는 생멸과 정반(正反)을 동시에 갖고 있다. 그래서 소리는 상징이다.

우주는 하나의 소리이다. 하나의 소리를 계속 '송(頌, 誦, 送, song)'하면, 염불하거나 암송하면 우주의 하나에 도달한다. 지식은 아무리 많아도 소리 하나를 이기지 못한다. 지식과 문자는 추상이고 보충대리이기 때문이다. 그래서 차라리 무식쟁이가 되어서 하나의 소리, 화두(話頭)에 매진하는 것이 도(道)에 이르는 길이다. 선불교는 바로 이것에 정통한 것이다.[19] 화두는 공안(公案)인데 텍스트적 의미가 중요한 것이 아니라 집중을 위한 방편이면서, 역설의 불교의 백미이며 꽃이다. 불립문자(不立文字)를 실천하는 역설이다.

소리는 간접적인 것이 아니다. 소리는 직접적이다. 소리는 존재이고 본능이다. 소리는 기억이 아니다. 인간은 뇌의 동물로 살아 있기 때문에 기억을 통해서 감각되고 감지된 것을 재구성하지 않을 수 없지만, 소리는 인간을 한없는 '존재의 바다'로 여행하게 한다. 그 여행은 죽음도 넘어서는 해방이자 빈 곳을 향해 가는 쾌락이다.

한글은 세계에서 처음으로 모음을 체계화한(소리로 정확하게 잡아내고 분류한) 표음문자이다. 한국인은 우뇌가 발달했고, 모음을 체계화하는 것은 우뇌의 발달과 관련성이 높다. 신경학자들에 따르면 뇌의 1차 청각피질은 개별적인 소리의 특성에 집중하는 반면 2차 청각피질은 소리들 간의 관계에 집중한다고 한다. 소리들 간의 관계는 화성관계를 의미한다. 우뇌는 순수한 진동수로 구성된 소리를 들을 때에는 좌뇌보다 나을 바 없지만 상음(上音, overtone)이 풍부한 음에서 실력을 발휘한다. 언어에서 하모니가 발달한 모음소리를 분석하는 일에 월등하다.

청각피질은 소리를 들을 때마다 그것을 정리해두는 녹음기로서 작용하는 것이 아니다. 만약 그렇다면 소리의 배열을 거꾸로 할 경우 그것이 만들어낸 신경학의 패턴도 뒤집혀야 하는데 결코 그렇지 않다. 앞뒤가 뒤바뀐 소리는 전혀 새로운 반응을 낳는다. 청각피질은 각각의 소리를 따로 다루지 않고 항

---

19) 신라 성덕왕의 셋째아들로 출가하여 중국 사천지방에서 정중종(淨衆宗)을 일으킨 무상선사(無相禪師)는 '인성염불(引聲念佛)'을 통해 사람들을 제도했다. 그는 '무억(無憶), 무념(無念), 막망(莫忘)'의 삼구어(三句語)를 주창하는 한편 화두(話頭)를 통해 사람들로 하여금 존재의 궁극, 깨달음에 도달하게 했다. 그는 하나의 소리에 집중하는 방법을 통해 '염불하는 자가 누구인가', '누가 염불을 하는 것인가(念佛是誰)'를 깨닫게 함으로써 염불선과 선종의 경계선상에서 그 원조가 되었다. 우리 민족은 예로부터 소리에 매우 예민했던 것으로 보인다. 선불교는 시공을 초월하여 열반에 드는 것을 목표로 한다.

상 바로 전에 일어난 것과의 상관관계에서 소리를 해석한다. 청각피질은 형태론적이고 게스탈트(Gestalt)적이다.

청각이야말로 일반성의 철학과 궁합이 맞다. 이는 시각이 보편성의 철학과 궁합이 맞는 것과 같다. 소리철학은 서양의 이성중심주의 철학을 동양의 광의의 상징주의 철학으로 넘어오게 하는 교량과 같다. 이는 좌뇌와 우뇌의 교량 역할을 하는 뇌량(腦梁)과 같다. 서양철학은 이제 소리철학을 통해 좌뇌의 자연과학에서 우뇌의 자연으로 피난해야 한다.

음악은 우주의 소리와 파동에서 오는 리듬을 이성적으로 프로그램화, 가공하는 것이다. 음악에는 이성이 작용한다. 그러나 소리에는 이성의 작용이 없다. 소리라는 소재의 일반성과 일반성의 철학의 연관관계를 여기서 이해하면 참으로 다행이다. 일반성의 철학, 소리철학은 구체철학이면서 은유철학이다. 이는 종래의 철학이 보편성의 철학이면서 추상철학, 환유철학인 것과 대조를 이룬다.

소리에는 의미가 없기 때문에 소리는 어떤 의미도 들어갈 수 있는 의미의 존재론이며 존재론적 의미이다. 소리는 존재론적 메타포이다(존재자적 메타포가 아니다). 소리는 의미의 메타포이다. 소리는 더욱이 존재론의 개념이 아니고 존재론의 실체이다. 그러나 소리는 잡을 수 없는, 결코 대상이 될 수 없는 실체이다. 음악은 자연의 2차적인 은유인 동시에 환유적 성격을 가지고 있다. 자연에 대한 1차적인 은유는 소리이고, 그러한 점에서 소리는 자연 그 자체라고 해도 크게 틀리지 않는다. 소리는 음악과 달리 문화문법이 전혀 없다는 점에서 소리철학, 포노로지는 새로운 철학으로서의 가능성을 갖는다.

자연의 전기, 기, 파동, 에너지는 소리에 의해 은유된다. 자연의 총체성은 소리에 의해 은유될 뿐이다. 자연의 총체성을 시각화하려는, 환유하고자 하는 어떤 노력도 수포로 돌아간다. 음악이 음악인 것은 소리와 파동을 소재로 하고 있기 때문이다. 소리와 파동은 비극과 희극도 아니고 파멸도 구원도 아니다. 단지 생멸일 뿐이다. 생멸이 소리의 진여이다.

소리의 파동은 실체가 아니고 삼라만상의 상호관계(상관성)의 원천이다. 파동은 상호관계일 뿐이다. 파동의 흐름, 그 오르내림을 보라. 파동은 비어 있음이 이루는 결(물결)이다. 파동은 둘이면서 하나이고 하나이면서 둘이다(1→2, 1→2). 파동은 음양의 원천이고, 음악의 원천이고, 모든 굴곡의 원천이고, 결코 스스로 원인이 되지 않는다.

파동은 시시각각 태초이면서 종말이고, 생멸에 의해서 사라지지 않는다. 파동은 춤이고 파동의 우주는 '춤추는 우주'이다. 소리철학이 그리는 우주는 '춤추는 우주'이다. 그것은 동시에 '시공간의 우주가 아니라 자연'이다.

입자(개체)는 모든 실체의 원인이다. 입자는 시간과 공간의 산물이고, 하나의 방향으로 운동하지 않으면 안 되는 이성의 원인이고 보편성의 원인이다. 보편성의 철학은 시각과 언어의 합작품이라는 뜻이다. 소리는 음악의 소재이지만, 소리는 자연의 가장 일반적인 것이다. 따라서 일반성의 철학으로서 소리철학이 등장할 수 있는 것이다.

일반성의 철학은 소리 이외에도 다른 감각과 언어가 연합하는 구체철학(미각의 철학, 후각의 철학, 촉각의 철학 등)의 길을 터놓았다고 할 수 있다. 철학이 굳이 시각이나 청각과 연합하는 '언어(개념)의 놀이'로 제한될 필요는 없다.

지금까지 한국인의 철학은 서양철학은 물론이고 동양의 불교철학, 유교철학까지 외래에서 들어온 것을 배우고 가르치고 번역하고 요약하는 것이 전부였다. 철학은 으레 외국에서 들여오는 것이고, 그래서 남의 철학을 요약 잘하는 철학자나 지식인이 '내로라' 하는 지식인으로 통했다. 이들 철학자는 거드름을 피우면서 남의 철학이 자신의 철학인 양 스스로를 속이고 마취되었다. 급기야 철학과 선진 문물은 외국에서 들어오는 것이라는 사대 체질에 빠졌다.

외국에서 철학을 수입하는 것이 잘못은 아니다. 시대에 맞는 철학을 수입하고 그것을 이해함으로써 당대의 세계문화와 어깨를 나란히 하는 것은 매우 중요하다. 이것은 세계적 보편성에 도달하는 것이고, 그것을 공유함으로써 문화 선진국임을 대외에 표방할 수 있다. 그러나 역사적으로 항상 외래철학, 수입철학에 의존하는 것은 문화적 독립과 민족적 자긍심에 상처를 주고 집단무의식의 저변에 '사대주의'라는 콤플렉스를 형성한다. 이러한 집단 심리에서 좀체 벗어나기 어려운 것도 사실이다. 더 이상 외래철학에 주눅들 필요가 없다. 『천부경』을 비롯해서 우리에게도 훌륭한 전통철학의 자산이 많다. 전통철학의 입장에서 서양철학을 다시 바라볼 필요가 있다.

서양철학은 '눈의 철학', 시각을 중심으로 한 철학임이 속속 드러나고 있다. 눈의 철학은 대상의 철학이고 과학의 철학이다. 눈의 철학은 시간의 철학이고 공간의 철학이다. 서양철학은 '개념적 은유'를 '개념'으로 전환함으로써 은유를 떼어버리고 개념의 벽돌로 쌓아올린 철학이다. 이는 과학을 탄생시켰으나 더 이상 갈 길을 잃어버렸다.[20] 그런데 잃어버린 은유를 찾아오는 철학이 바로 '소리철학', '귀의 철학'이다.

> '눈의 정신'과 달라 '귀의 정신'은 그 본질에 있어서 '초현상적으로(hyper-phénoménologiquement)' 존재한다는 것이다. 참고삼아 독일어의 '듣다'인 'hören'의 행위를 생각하게 되면, 그 들음(hören)은 '순종'이나 '귀의(歸依)'의 뜻인 'Gehörigkeit'를 표현한다. '귀의 정신'이 지니고 있는 고유함은 자연법칙처럼 우리를 강요하는 그런 진리는 아니지만, 그 소리를 들음으로써 오히려 듣기 전보다 우리를 더 자유스럽게 하는 힘을 가지고 있다.[21]

귀의 철학이 다시 필요한 이유는 눈의 철학이 산업화·과학화로 자연을 황폐화시켰고 여러 가지 환경문제를 야기했기 때문이다. 인간이 자연으로 돌아가기 위해서는 귀를 중시하지 않을 수 없게 되었다.

'귀의 철학'인 포노로지는 일반성의 철학이면서 생태 균형을 고려하는 에콜로지의 철학이며 어머니의 철학이다. 보편성의 철학이 바벨탑과 같은 '첨탑의 철학'이라면 일반성의 철학은 바다와 같은 '수평의 철학'이며 초원과 같은 '지평의 철학'이다. 보편성의 철학, 수직의 철학, 아버지의 철학은 환경으로부터 필요 이상으로 자원을 낭비하여 자연에게 보복을 당할 처지에 이르렀다. 이에 다시 자연과 더불어 균형을 잡으며 살아가는 모습을 회복하지 않으면 안 되게 되었다.

---

20) 박정진, 『철학의 선물, 선물의 철학』, 소나무, 2012, 237~255쪽.

21) 김형효, 『가브리엘 마르셀의 具體哲學과 旅程의 形而上學』, 39쪽.

'포노로지'는 소리에서 아이디어와 힌트를 얻은 철학이다. 철학은 말(언어)에 의해 구축되는데 어떻게 소리로 철학을 만든단 말인가라고 반문할 수도 있다. 귀의 철학은 눈의 철학이 '환유의 철학'인데 반해 '은유의 철학'이다. 소리는 자연을 은유하면서도 자연의 전체성(총체성)을 잃지 않는 감각재료이다. 이는 자연의 총체성을 절단하고 그 절단면을 다시 연결하여 '연결된 평면'으로 자연을 바라보는 시각철학과는 다른 철학이다. 소리는 자연의 은유이고, 문자에 의한 환유와는 다르다.

철학이 존재론에서 일반론에 이르면 모든 문자철학은 소리철학의 각주(footnote)이다. 플라톤마저 소리철학의 각주이다. 인간은 문자를 너무 과대평가했고, 언어(단어)의 조립에 의해 이루어지는 구문(텍스트)으로 자연을 대체하려고 했다. 인간이 보는 자연은 표면에 불과했다. 자연 이면의 소리, 저 깊은 곳의 소리를 들어야 한다. 소리는 존재의 구체이고 실체(고정되지 않은, 정체성이 없는)이다.

철학은 고상한 것이 아니다. 철학은 재미있어야 하고, 위대한 동상처럼 존재하는 것이 아니라 음악처럼 시처럼 흐르고 변화해야 하고, 사람을 즐겁게 하여야 한다. 소리를 박제한 서양철학이 아니라 소리를 해방시키는 소리철학이 필요하다. 그러한 점에서 '태초에 말씀이 있었다'는 '태초에 소리가 있었다'로 수정되어야 한다.

존재의 근본에 도달하는 사람을 일컬어 성인(聖人)이라고 했다. 성인의 본래 글자는 성인(聲人)이었다고 한다. 소리를 듣는 사람이다. 음악이 문명이라면 소리는 자연이다. 여기서 자연의 소리를 듣는 것이 존재의 깨달음에 도달하는 방편임을 알 수 있다. 그래서 소리철학이 중요한 것이다.

소리[聲]를 알면 성인(聖人)에 이른다. 성인 성(聖, 耳+口+王)자는 소리를 듣는 귀[耳]를 우선하고, 그다음에 말을 하는 입[口]을 두었다. 세계는 구멍[口]에서 시작했다. 귀도 구멍이고, 입도 구멍이고, 인간의 몸에는 9개의 구멍[竅]이 있다. 여자는 남자보다 생산의 구멍, 자궁(子宮)이 하나 더 있다. 바로 생산의 구멍이 존재의 비밀이다.

남자의 구멍과 여자의 구멍이 합해지는 것이 합궁(合宮)이다. 이것이 바로 역학에서 말하는 음양의 쌍십교통(雙十交通)이다. 천지만물은 각자가 수준에서 항상 합궁하고 있다. 음악은 귀로 하는 '존재의 섹스'와 같다. 소리는 귀로 통하는 존재의 본질과 같다. 옛 샤먼-왕(shaman-king)은 천지인을 관통한 사람이며, 그러한 사람이 왕(王, 천지인을 관통하는 의미가 있다)이 되었다. 성인은 바로 천지인(天地人 = 耳口王)을 관통한 사람, 천지인과 교감하는 사람을 말한다.

인간은 이성을 통해 성음(聲音)의 세계를 추상-기계의 세계로 만들었다. 그동안 인간이 본 것도 추상-기계의 세계이고 인간이 만든 것도 추상-기계의 세계였다. 유전자 조작과 컴퓨터도 결국 기계의 조작에 지나지 않는다. 디지털시대가 되면서 인간은 더욱더 기계의 노예가 되고 있다. 디지털은 세계를 이진법의 세계로 전환하면서 디지털 환상(fancy), 즉 보이는(virtual) 세계로 인간의 신체적·지각적 만족을 대신하게 하고 있다. 지구촌은 시공간이 없어지고 더욱 가까워지고 있지만 인간은 '살갗이 부딪히는 진짜 세계' 대신에 '디지털 가짜 세계'에 만족하고 있다.

구체-생명의 세계는 결코 인간에게 자신을 만지도록 하지 않을 것이다. 구체-생명의 세계는 소리와 음악을 통해 인간에게 세계가 하나의 몸임을 느끼게 할 것이다. 구체-생명의 세계는 찰나생멸의 세계이다. 생이 모든 문제를 만들었다면 멸은 모든 문제를 해결했다.

잡을 수 있는 것은 이미 추상-기계이다. 로직으로 움직이는 세계는 추상의 세계이고 기계의 세계이다. 추상-기계의 세계는 구체-생명의 세계의 반대편에 있다. 하늘 중의 진정한 하늘은 '추상의 하늘'이고 육지 중의 진정한 육지는 바다이다. 추상의 하늘을 천리(天理)라고 하고 구체의 바다를 기해(氣海)라고 말한다. 보편성이 추상-기계의 세계라면 그것에 포함되지 않는 세계는 일반성의 세계이다. 일반성의 세계가 바로 구체-생명의 세계이다.

지금까지 논의한 보편성과 일반성, 추상-기계, 구체-생명, 이와 기, 기표와 기의를 정리하면 다음과 같다.

보편성	정신 - 육체	이성	추상 - 기계	이(理, 기계)	기표(記標) - 문자
일반성	마음 - 몸	감정	구체 - 생명	기(氣, 소리)	기의(記意) - 소리

7
동양의 음양철학을 번안한 서양의 해체철학들
하이데거의 존재론, 데리다의 그라마톨로지, 그리고 포노로지

서양의 해체철학들은 하나같이 동양의 음양철학을 번안하여 '차이(差異)' 혹은 '차이의 복제(複製)'라는 말을 사용하면서 각자의 문화권, 예컨대 하이데거는 독일의 철학적 전통, 데리다와 들뢰즈는 프랑스적 철학적 전통에서 해체철학을 전개하고 있다. 서양의 후기철학들이 복잡한 언어를 사용하는 것은 이성중심주의 철학에서 나름대로 벗어나기 위한 철학적 몸부림(철학적 용어 만들기)이라고 할 수 있다. 이 말은 저들의 철학적 용어를 다 이해해야 저들의 철학적 수준에 도달하는 것은 아니라는 뜻이다.

서양철학은 '언어'와 '존재'의 곡예를 하고 있다. 데리다는 언어의 차원에서 놀면서 에크리튀르를 주장하며 에크리튀르를 한 바탕(문자의 공백)을 상기시키고, 하이데거는 존재의 차원에서 놀면서 존재자(도구화된 존재)를 상기시키고 있다. 데리다의 바탕은 하이데거의 존재에 해당하고, 하이데거의 존재자는 데리다의 문자에 해당한다. 그러나 둘은 서로 다른 평면에서 교차하고 있다. 데리다는 존재자의 평면에서 놀면서 존재를 향하고 있고, 하이데거는 존재의 평면에서 놀면서 존재자를 향하고 있다. 두 철학자는 차연(差延: 공간적 差異와 시간적 遲延)에서 서로 만난다. 데리다의 차연은 'différance'이고, 하이데거의 차연은 'Unter-Schied'이다. 철학자 김형효는 이렇게 말한다.

> 우리는 하이데거의 개념인 Unter-Schied를 데리다가 사용한 différance와 같은 의미로 본다. 그래서 그 개념을 '차연(差延)'이라고 우리는 번역한다. 어떻게 보면 데리다의 différance는 하이데거가 이미 그보다 먼저 말한 Unter-Schied의 사유방식에서 빌린 것이 아닌가 의혹이 든다.[1)]

데리다가 '차연'이라는 단어를 만드는 수법은 하이데거를 닮았다. 데리다는 기존의 '차이(différence)'에서 'e'를 'a'로 바꾸어 '차연(différance)'이라고 했다. 이는 하이데거가 '차이(Unterschied)'를 둘로 쪼개서 '차연(Unter-Schied)'이라고 한 것과 매우 유사하게 보인다. 기존 단어에 조금의 변화를 가했지만 발음과 글자는 거의 같다. 아마도 하이데거의 영향을 받은 데리다가 하이데거의 생각을 빌린 것이 아닌가라고 김형효는 추측한다.

그런데 하이데거가 데리다보다 이른 세대이다. 데리다와 하이데거의 생존 시기의 차이는 40여 년이다. 40여 년이면 약 1세대 반 혹은 2세대의 차이이다. 누가 누구를 베낀 것인가는 자명해진다. 데리다의 문자학은 하이데거의 프랑스적 번안 혹은 표절(데리다가 하이데거에서 아이디어를 얻는 것으로 표명하지 않았기 때문에)에 해당한다. 데리다는 철학적 엎어치기에 능한 것 같다. 그의 문자학도 실은 문자의 엎어치기가 아닌가!

데리다와 하이데거는 둘 다 약점을 지니고 있다. 물론 약점이 강점으로 비치기도 한다. 데리다의 에크리튀르와 문자학은 공백의 문자학이 되었고, 하이데거는 존재를 발견했지만 그의 사물은 존재자에 머물렀다.

데리다는 '문자'와 '문자의 바탕'을 뒤집는 서커스를 했다. 그 뒤집은 바탕을 가지고 문자학이라고 명명한 것이다. 이것은 이름을 붙여놓고 '이름은 이름이 아니다'라고 하는 수법이다. 이것은 '이름은 이름이 아니기 때문에 이름이다'라고 완성되어야 한다. 데리다는 '말-소리중심주의'의 소리에 대한 강박관념 때문에 소리를 '절대성=로고스'로만 인식하고 더 이상 소리에 대한 반대 측면, 예컨대 소리의 상대성, 소리의 무아성, 소리의 소산성(消散性, 疏散性), 소리의 은유성에 대한 의미를 생각하지 못했던 것 같다.

소리는 근본적으로 비어 있는 의미공간과 같은 것이다. 따라서 소리는 그 속에 절대성은 물론 전혀 다른 상대적 의미, 온갖 의미가 들어갈 수 있는 바탕이라는 것을 간과했다. 소리는 위(하늘)에서 혹은 아래(땅)에서 다가오는 것이 아니라 사방(四方, 上下左右)에서 다가온다.

---

1) 김형효, 『하이데거와 화엄의 사유』, 청계, 2002, 95쪽.

데리다는 철저하게 에크리튀르와 문자학으로 자신의 철학을 전개하는 데 주력했다. 이는 공간(평면 혹은 입면)에서 에크리튀르 하는(선을 긋는) 것이고, 에크리튀르의 시간은 흔적으로 남는다. 데리다는 결국 공간과 시간을 벗어나지 못한다. 그래서 그는 세계를 차이의 연속으로 설명했다. 에크리튀르가 이성중심주의를 해체하고 극복하는 철학적 전략인 것으로 주장했다. 그러나 에크리튀르가 어떤 바탕에 이루어지는 것이지만 결코 바탕을 드러내려고 행해지는 것이 아니라는 점을 간과했다. 에크리튀르는 여백이 아니다. 여백이 에크리튀르를 드러내는 것 같지만 상호관련성 속에서 드러낸다. 그래서 불교의 무나 공, 노자의 무위와 무위자연의 경지에 이르지 못하고 있다.

데리다의 그라마톨로지가 지닌 특징이자 강점이면서 약점은 '에크리튀르'에 있으며, 그것은 '공간(평면)'을 전제한다. 하이데거의 존재론의 특징이자 강점이면서 약점은 역시 '시간'에 있으며, 그것은 '시간'을 전제한다. 공간과 시간은 대상이다. 하이데거는 시간을 가지고 공간을 벗어난 것 같지만, 데리다는 공간을 가지고 시간을 벗어난 것처럼 보일 뿐이다. 시간과 공간을 가지고 핑퐁을 한 것에 불과하다.

결국 하이데거와 데리다는 '차이'를 주장함으로써 이성중심주의에서 벗어난 것 같지만 사물의 이면에 들어오지 못하고 있다. 이들의 차이는 '표면의 차이'에 불과하다. 시공간을 없애버리면 '차이'조차 없어진다. 이성을 전제하지 않으면 차이도 없어진다. 만약 철학이 '차이'조차 없애버리면 '세계에 던져졌다'고 생각할 필요도 없고 죽음을 두려워할 필요도 없어진다. '세계에 던져졌다'는 것 자체에 보이지 않는 '자아(나)'가 전제되어 있으며, 죽음이 두려운 것은 삶에 길들여진 '삶의 자아'가 전제되어 있다. 하이데거와 데리다의 철학적 스승인 니체의 '허무주의'를 허무를 극복한 '긍정의 철학'이라고 하지만 그 이면에는 아직도 허무를 극복하지 못한 '자아'가 도사리고 있다.

자아를 버리지 못하면 인간은 세계를 다면체(다중체)로 보거나 표면의 차이로 볼 수밖에 없다. 다면체나 차이는 시각적 차이이며, '시각-언어-대상'의 연속에서 벗어나지 못한 것이다. 시각 중심의 서양문명에서 언어는 시각을 대신하며, 대상은 언어로써 외연을 넓힌다. 서양의 시각 중심 문화는 이성 중심 문화를 도출했으며, 사물의 외연을 넓히는 데 성공했지만 사물의 내포(內包)에 도달하지 못했다. 사물의 외연을 넓힌 것이 보편성이고, 사물의 내포에 도달하는 것이 일반성이다. '차이'는 사물의 외연과 내포의 사이에 있는 것이다.

어쩌면 데리다와 하이데거는 서양철학자로서는 최선을 다해서 서양철학의 '대상의 굴레'에서 벗어나서 동양철학의 그것에 도달하려고 노력한 흔적이자 결과일지 모른다. 다시 말하면 서양철학은 더 이상 동양의 정수에 들어오지 못한다는 말이다. 동양의 그것에 도달하기 위해서는 동양에 살아볼 수밖에 없다. 아니면 서양에서라도 동양적인 삶을 살아보는 수밖에 없다. 사는 것과 아는 것은 근본적으로 다른 것이다.

'아는 것(앎)'의 편에 있는 철학은 '사는 것(삶)'의 편에 있는 인류학을 이기지 못한다. 삶은 무엇보다도 현장을 떠나서는 알 수 없는 느낌의 세계이고 교감의 세계이다. 삶은 맛보는(지금 느끼는) 감각의 세계이다. 철학은 지금껏 감각을 대상화해왔고 대상화된 감각을 감각이라고 해왔다. 그러나 그것은 '대상화된 감각'이다. 대상화되지 않은 감각은 몸에서 몸으로 통한다. 이를 교감(交感) 또는 전율(戰慄)이라고 한다. 이것에는 생각이 끼어들 여지가 없다. 대상화되지 않는 감각이야말로 진정한 존재의 세계이다.

그런데 데리다와는 달리 소리를 오해하는 덫(소리=이성)에 걸리지 않았던 하이데거는 왜 사물을 존재자로 보았을까? 이는 사물을 사물(존재자)로 규정하는 언어의 영향이다. 그는 언어를 존재를 담는 그릇이라고 했다. 하이데거는 언어를 존재와 존재자를 연결하는 도구로 사용한다. 그래서 그에게는 존재의 언어와 존재자의 언어가 있는 셈이다. 그는 서양철학의 관습대로 사물을 존재자로 보았다. 그는 사물을 존재자로 보지 않고 존재로 보기 위해 노력했지만, 사물에서 존재자의 흔적을 버릴 수 없었다.

하이데거는 "존재는 시간의 흐름 속에서만 가능하고 시간 밖에 따로 실유(實有)하는 존재가 없다"고 말한다. 물론 존재를 파악하는 것은 시간 속이지만, 시간조차 인간이 만든 것이기 때문에 '존재는 흐름 자체'라고 하는 편이 옳다. 하이데거는 여전히 시간이라는 언어를 의식하기 때문에 흐름 자체에 이르지 못하고 있다. 하이데거의 '현존재=선존재(先存在)'는 시간성을, '존재의 초월성'

은 공간성을 반영하는데, 이는 칸트의 시간과 공간에서 아직 완전히 벗어나지 못함을 드러낸다. 시간과 공간이 과학을 위해 인간이 만든 제도라는 것을 인식하지 못한 결과이다. 서양철학은 '존재=무(無)'에 다가서면서도 마지막 단계에서 시간과 공간이라는 언어를 버리지 못한다.

하이데거는 궁여지책으로 시간의 실체성을 버리기 위해 '시간의 시간화(時間化, Zeitigung)'라고 말한다. '시간의 시간화'는 사실상 성립되지 않는 말이다. 그의 현존재는 시간성에 대한 본래적 이해를 통해 단순한 기대와 망각이 아니라 과거와 미래를 기재와 도래로서 지금 이 순간에 함께하는 방식으로 경험할 수 있다. 따라서 현존재의 운명은 시간성에 밀접하게 연관되어 있는 것이다.[2] 이 점에 대해서 하이데거는 다음과 같이 말한다.

> 시간성은 개개의 모든 탈자태에서 전체적으로 시간화된다. 다시 말해서 시간성의 그때마다의 온전한 시간화의 탈자적 통일성 안에 실존, 현사실성, 그리고 빠져 있음의 구조 전체-이것은 염려(쿠라) 구조의 단일성이다-의 전체성이 근거하고 있다.[3]

그의 시간성은 '시간 자체'이거나 시간이 아닌 셈이다. 이는 칸트가 '물 자체'라고 한 것과 같다. 시간이야말로 인간으로 하여금 우주적 전체성을 잃어버리게 하는 것인데 역설적으로 시간성으로 전체성을 회복하는 것으로 설명하고 있다. 이는 역설적으로 '시간의 자아'가 남아 있음을 말한다.

하이데거는 무(無)의 실체성을 버리기 위해 '무의 무화(無化, Nichtigung)'라는 말도 한다. 이는 시간과 무의 실체성을 버리기 위한 의미이기도 하지만 동시에 아직 시간과 무의 실체성 혹은 자아를 지니고 있다는 의미도 된다. 그래서 억지로 실체성을 버리기 위해 시간을 초월하는 말로 '시간화'를, 무를 초월하는 말로 '무화'를 사용하고 있다. 이는 역으로 말하면 서양철학의 전통에서 칸

---

2) 최상욱, 『하이데거와 여성적 진리』, 철학과현실사, 2006, 162쪽.

3) 같은 책, 162쪽에서 재인용.

트 철학의 패러다임인 시간과 공간을 벗어난다(초월하거나 극복한다)는 것이 얼마나 어려운지를 증명하고 있다.

김형효는 하이데거의 '무(無)가 무화(無化)한다(das Nichts nichtet)'라는 말을 노자의 '무위이무불위(無爲而無不爲)'와 같다고 본다. 하이데거의 존재론을 불교와 노장철학과 연결시키고 회통하게 하는 것이 김형효의 동서철학 회통전략이다.[4] 엄격하게 말하면 이는 꿈보다 해몽이 좋은 것이다. 해몽이 좋은 것은 김형효가 불교와 노장철학이 발생한 동양의 철학자이기 때문이다. 김형효는 가급적이면 하이데거가 불교나 노장과 통했으면 하고 비교분석하면서 상응 시키는 해석학적 노력을 경주한다.

김형효는 데리다에게서도 마찬가지 노력을 펼친다. 데리다의 에크리튀르는 평면이 없으면 실행할 수 없는 것이다. 그런데 데리다는 에크리튀르를 통해서 텍스트(textile)를 실현할 수 있고 텍스트는 교차배어적(交叉配語的)이라고 말하고 있다. 이는 공간을 벗어난 것 같지만 실은 '공간의 자아'를 벗어나지 못하고 있는 것이다.

역설적이지만 하이데거가 시간을 말하지 않았으면 그의 '존재'는 불교의 진여에 도달했을 것이다. 이는 데리다에게도 그대로 적용된다. 그는 쓰여진 것(에크리튀르)을 말하지 않았으면 불교의 진여에 도달했을 것이다. 즉, 하이데거는 시간이라는 개념을 타고 진여에 도달했으나 시간을 버리지 못했고, 데리다는 쓰여진 것을 타고 진여에 도달했으나 쓰여진 것을 버리지 못했다고 할 수 있다.

김형효의 단순 번역 작업이 아닌 번역철학, 해석철학의 노력이 동서고금의 철학적 소통에 큰 기여를 하고 있음은 물론이다. 그러나 동양의 철학을 혹은 동양철학의 아이디어를 독일 철학의 전통이나 프랑스 철학의 전통에서 번역하거나 그것을 바탕으로 새롭게 전개한 철학을 다시 동양철학으로 번역하고 비교하는 것은 자칫하면 해석학적 편차를 낳을 수 있다. 예컨대 '동양→ 서양 → 동양'의 순환 번역이 될 수 있다.

---

4) 박정진, 『철학의 선물, 선물의 철학』, 소나무, 2012, 163~164쪽.

서양의 후기근대 철학자의 면면을 볼 때 그들은 하나같이 겉으로는 이성과 실체를 극복하고 있는 듯하지만 이성과 실체를 은밀하게 감추고 있다. 스피노자, 베르그송, 니체, 하이데거, 데리다, 들뢰즈 등이 모두 그렇다. 서양은 결코 이성과 실체를 버리지 못하고 말까?

그러한 점에서 김형효는 서양철학의 반이성주의를 과대평가한 측면을 갖는다. 물론 동양의 불교철학과 노장철학에 익숙한 그에게 서양 철학자들의 그러한 태도가 일견 크게 부각될 수도 있고, 반가운 나머지 동양철학의 그것에 도달한 것처럼 느낄 수도 있다. 그러나 엄밀하게 보면 후기근대 철학자들은 각자의 철학적 용어 속에 이성을 은닉하고 있다.

서양은 아직도 상념(想念)에 빠져 있다. 생각에도 여러 종류가 있지만 상(想)은 상대(相)에 잡혀 있는 마음[心]이고, 염(念)은 지금(今)에 잡혀 있는 마음 상태이다. 이것은 실체와 현상에 빠져 있음을 말한다. 하이데거가 비교적 서양의 이성중심주의에서 가장 멀리 빠져나온 셈이다.

서양에 불교 경전이나 노자의 『도덕경』이 소개된 것은 19세기경으로 알려져 있다. 특히 쇼펜하우어의 철학은 불교에서 영향을 크게 받은 것으로 연구되고 있다. 20세기에는 서양 철학자와 지식인 사회에서 이러한 책들이 거의 상식화된 상태였다고 해도 과언이 아니다. 하이데거나 데리다가 동양의 책들을 보지 않았을 리 없다. 또 설사 직접 보지 않았다고 하더라도 간접적으로 영향을 받았을 것이고, 서양철학의 이성중심주의를 탈피하기 위해 노력하고 있던 철학자들이 그냥 지나쳤을 리가 없다.

하이데거나 데리다의 철학을 동양철학과 비교분석하는 것은 의미는 있지만 획기적인 작업이라고 말하기는 곤란하다. 왜냐하면 이들이야말로 불교철학이나 노자철학을 자신의 문화문법이나 철학적 전통에서 새롭게 해석하기 위해서 혹은 동양철학을 토착화함으로써 자신의 철학적 영양분으로 사용하기 위해서 번역(번안)했을 것이기 때문이다. 단도직입적으로 말하면 하이데거나 데리다는 존재론이나 그라마톨로지를 정립할 때 이미 동양의 영향을 받았을 것으로 생각된다. 두 철학자의 사상을 선불교의 양대 산맥인 간화선(看話禪)과 묵조선(默照禪)과 비교해보자.

인도의 불교가 중국에 전파·번역되는 과정에서 격의불교(格義佛教)를 거치게 되는데 이때 불교사상의 번역은 중국의 노장사상에 의해 많이 이루어진다. 불교와 노장사상은 서로 사상적으로 통하는 바가 많았다. 그런데 불교가 완전히 중국화되는 과정에서 다시 선불교가 등장하게 된다. 그런데 선불교야말로 노장사상의 자연주의를 분모로 한 불교의 중국화이다.

중국 선종은 크게 간화선과 묵조선으로 나뉜다.[5)] 이를 존재론과 그라마톨로지와 비교해보자. 간화선은 화두를 잡는 것을 중시하고 묵조선은 좌선을 중시한다. 1,700개의 화두공안 중에서 100여 개를 추린 것이『벽암록(碧巖錄)』이다. 간화선승은 화두공안을 타파해야 한다. 그런데 화두공안은 사제 간에 있었던 자연의 순간적 상황을 깨달음의 말로 주고받은 것이다. 그런데 이것을 모르고 공안의 문맥 자체만 해독해서는 깨달음에 도달하지 못한다. 화두의 이면에는 자연 그 자체가 내용으로 있는 셈이다.

묵조선승은 어두침침한 방 한쪽에서 희미하게 비치는 빛을 느끼면서 눈을 반쯤 감은 채 좌선을 한다. 좌선을 할 때 그 빛 자체가 깨달음으로 다가오는 것은 어두움 속에 있기 때문이다. 희미한 빛은 어두움과 저절로 하나가 된다. 이는 마치 달빛과 같다. 달빛은 빛이지만 어두움과 대립하지 않는다. 달빛은 어두움과 함께 공존하고 있다. 어두움 속의 사물들은 서로 존재를 대립하지 않는다. 빛과 어두움이 공존하는 것은 사물들이 본래 공존하는 존재임을 말한다.

묵조선승은 좌선을 통해 자신의 내면을 관조하면서 우주의 소리를 듣는다. 소리는 어두움에 상관하지 않는다. 도리어 소리는 어두움 속에서 더 잘 들린

---

5) 간화선은 수행과정에서 겪는 망상으로 인한 혼침을 다스리고 화두일념을 유지해야 한다. 화두일념이란 화두를 들어 통째로 간파하여 추호의 의심도 없이 그 전체를 체험하여 자신이 화두 자체가 되는 것이다. 이런 까닭에 고봉원묘(高峰原妙)는 간화선 수행에서 대신근(大信根), 대의문(大疑問), 대분지(大憤志) 세 가지를 필수적인 요소로 언급했다. 묵조선은 묵조의 수행으로서 묵은 몸의 좌선이고 입의 침묵이라면 조는 마음의 관조이고 본래성불에 대한 자각이다. 좌선은 몸의 자세이고 깨침이다. 곧 좌선은 깨침의 수단을 넘어 깨침의 본질이다. 나아가서 모든 존재가 본래부터 깨침을 구비하고 있는데 이를 본증자각이라고 한다. 이것은 필연적으로 몸과 마음과 감각과 언설을 초월하는 모습으로 등장하는데 이것을 신심탈락이라 한다.

<table>
<tr><td rowspan="2">부처
(佛)/
自覺</td><td>묵조선(黙照禪)
희미한 빛</td><td>간화선(懇話禪)
텍스트(公案)</td><td>존재자
(法理)</td><td>에크리튀르
(문자)</td><td>밝음
(빛)</td><td>남성적
선(禪)</td><td rowspan="2">↕</td></tr>
<tr><td>암묵(暗黙)
선방(禪房)</td><td>자연(自然)
콘텍스트</td><td>존재
(氣質)</td><td>텍스타일
(음양교직)</td><td>어두움
(소리)</td><td>여성적
선(禪)</td></tr>
</table>

다. 빛은 어두움과 대립하고 어두움을 닮은 그림자를 사물의 종속으로 만들지만 어두움은 소리와 함께 본연의 우주를 그대로 현실로서 노출한다. 좌선은 그러한 정황을 가장 잘 깨닫게 해주는 수도방식이다. 선승은 어두움 속의 희미한 빛을 통해서 자신과 우주가 하나 됨을 느끼는 것이다.

빛보다 소리가 우주의 근본이다. 그동안 시각-빛으로 연결된 세계가 근본적인 세계의 실재처럼 인식되어왔는데 실은 청각-어두움으로 연결된 세계가 보다 근본적인 세계임을 소리철학은 말하고 있다. 빛은 어두움의 일부이다. 빛과 어두움의 관계를 남자와 여자의 관계에 비유해볼 수 있다. 빛-남자-문자, 어두움-여자-소리로 연쇄시킬 수 있다.

이러한 패러다임은 선방의 좌선에도 적용해볼 수 있다. 빛과 어두움이 공존하는 참선에서 '빛-밝음'에 중심을 두는 선을 '남성적 선'이라고 할 수 있고, '어두움-소리'에 중심을 두는 선을 '여성적 선'이라고 할 수 있다. 여성적 선이 보다 근본적인 선이다. 빛은 파동이면서 입자이긴 하지만 빛을 강조하면 입자를 강조하는 것이 되고, 결국 과학에 진리의 자리를 내주게 된다. 이는 서양의 이성중심주의 철학이 시행착오를 해온 것이다. 새로운 철학은 소리를 중심으로 전개하지 않으면 안 된다. 여성-소리-어두움의 연쇄를 깨닫는 것이야말로 미래 철학을 여는 것이고, 우주의 근본에 도달할 수 있는 첩경이다. 어두움이야말로 존재이다.

하이데거나 데리다의 철학을 불교나 노장철학과 비교해보면 공통점이 있지만 동서양 철학자들의 사상이 꼭 같다고는 말하기 어렵다. 이들은 동양철학에 근접하기는 했지만 자신의 철학적 전통이나 문화문법에 의해서 해석할 수밖에 없기 때문에 한계가 있다. 서양철학은 강한 자아의식을 가지고 있다. 이에 비해 동양은 자아의식이 덜한 편이다.

필자가 생각하기에는 서양철학자 중에서 하이데거, 데리다, 영국의 화이트헤드는 불교철학이나 노장철학에서 크게 영향을 받았거나 아이디어를 얻었던 것으로 보인다. 그러나 그들의 문화적 혹은 철학적 문법과 전통으로 인해서 어떤 특징과 한계를 드러낸 것으로 보인다. 예컨대 독일의 하이데거는 관념이성, 프랑스의 데리다는 이론이성, 영국의 화이트헤드는 경험이성이라고 말할 수 있다. 이들은 모두 자신의 이성을 버리지는 않고, 예컨대 뒤집어서 이성중심주의를 벗어나려고 노력했던 것 같다.

하이데거는 '존재'를 뒤집어서 '존재자'로 규정하고 '존재'를 새롭게 규정했다. 데리다는 '현존의 소리' 대신에 '현재의 문자'를 대치하고 '현재'를 '부재'로 뒤집었다. 화이트헤드는 '창조적 진화'의 선상에서 '이성'을 뒤집어서 '창조적 이성'으로 바꾸어놓았다. 이는 모두 종래의 입장과 완전히 결별하는 것은 아니다. 이들 모두 이성의 연장선상에 있다.

불교는 시공을 초월해야 하는 것임에도 하이데거와 데리다는 여전히 시간적·공간적 자아의 흔적을 가지고 있다. 또 화이트헤드는 여전히 이성주의의 입장을 버리지 못하고 있다. 시간과 공간을 자포자기하지 않으면 결코 깨달음에 도달하지 못한다. 이는 자아와 이성을 버리는 것이다.

만물(萬物)은 만물이 실현하는 것이 아니고 허공(虛空)이 실현하는 것이다. 허공은 완전히 비어 있는 것도 있고 완전히 꽉 채워진 것도 있다. 이것이 바로 '공=기', 공즉기(空卽氣)이다. 허공은 시작과 끝이 없다. 시작과 끝이 있는 것은 자연을 어디선가 절단한 것이다.

'만물은 불성을 가지고 있다'는 것은 만물의 존재가능성을 말하는 것 같지만 만물과 불성이 어떤 차이가 있는 것처럼 느끼게 한다. 차이가 있으면 어디엔가 동일성도 숨어 있다. 우주만물에 동일성은 없다. 따라서 '만물은 불성을 가지고 있다'는 말은 '만물은 이미 부처이다'라고 해야 한다.

인간은 이성 때문에 부처가 되지 못하고 있다. 인간의 이성이 악이다. 순수이성은 악을 순수라고 한 것이다. 이는 자연에 대한 인간의 자가당착이다. 인간은 이성 때문에 자연을 인간으로 본다. '인간의 자연'이 아니라 '자연의 인간'이 회복되어야 한다. 자연은 자연이다.

부처는 '공(空)=기(氣)=음(音)=심(心)=물(物)=생(生)'이다. 이것을 의기투합

철학적 특징			불교철학과의 비교를 통해 본 한계성
하이데거	존재론	시간성(zeitlichkeit)	차연: 시간적 자아의 흔적
데리다	그라마톨로지	부재성(absence)	차연: 공간적 자아의 흔적
화이트헤드	과정철학	창조적 이성(創造的 理性)	이성주의의 연장[6]
*시간적 자아는 결국 공간적 자아이고 시공간적 자아는 결국 이성적 자아이다.			

(意氣投合), 만물만신(萬物萬神)이라고 할 수 있다. 서양철학은 바로 여기에 도달하는 것이 힘들었을 것이다. 그래서 하이데거의 존재론, 데리다의 그라마톨로지, 화이트헤드의 과정철학이라는 징검다리를 놓았던 것으로 보인다. 그러나 그들은 아직도 그들의 이성 때문에 본래의 자연으로 돌아오지 못하고 있다.

하이데거와 데리다는 존재론과 그라마톨로지로 이성중심주의를 벗어나려는 철학적 노력을 감행하고, 화이트헤드는 현실적 존재를 중심으로 하는 과정철학으로 새로운 우주론을 전개했지만 여전히 서양철학의 이성 중심이나 이성의 범주를 완전히 벗어나지는 못하고 있다. 이는 서양의 이성주의가 얼마나 강력한지 그리고 서양문명이 이성주의 문명임을 다시 입증하는 것이다.

이성은 자연의 일부를 필요에 의해 끊는 것이고, 그 끊어진 절편을 인간은 다시 연결해야 한다. 자연은 인간이 아무리 끊으려고 해도 끊어지는 것이 아니다. 자연은 어떤 경우에도 스스로 연결되어 있다. 이에 비해 인간이 인위적으로 만든 것은 항상 끊어진 것이다. 그래서 그 절편을 이어야 한다. 이는 마치 남자의 족보나 권력 같다. 족보나 권력은 어디에선가 끊어지기 마련이고 다시 이어야 한다. 그래서 인위와 존재자와 남자는 같은 것이다.

자연과 존재와 여자는 본래 이어져 있다. 이들이야말로 순수하기 때문에 순수하다고 말하지도 않고, 선(善)을 인위적으로 만들어 윤리라고 말하지도 않는다. 이들은 자연스럽게 자연을 재생산해주고 사라진다. 이들은 이름을 남기지 않는다. 이름을 남기는 것은 인위이고 존재자이고 남자이다. 남자가 소유적 존재, 존재자적 존재라면 여자는 존재적 존재, 존재론적 존재이다.

6) 박정진, 『도올 金容沃』, 불교춘추사, 2001, 41~45쪽.

서양의 해체철학은 '있다[有, 在]'에서 완전히 해방된 것이 아니다. 서양의 해체철학자들은 무와 공을 말하고 있지만 여전히 '있다'의 흔적이 남아 있다. 그것은 문화적 관습과 의식적 훈습 때문이다. 하이데거와 데리다의 차이도 실은 표면의 차이에 불과하다. 이는 이면에 끊어진 단절이나 절편을 숨기고 표면에 드러난 차이를 강조하는 것뿐이다. 표면의 차이가 동일성을 지우고 진정한 차이가 되려면 그 차이마저도 지워야 한다. 이는 동양의 음양사상처럼 같으면서 다르고 다르면서 같은 것이 동시에 이루어질 때(동봉되어 있을 때) 가능해진다.

원효의 '동이론(同異論)'과 '불일이불이(不一而不二)'의 사상은 다음과 같다.

> 평등일미(平等一味)하여 성인은 다를 수가 없고, 유통유별(有通有別)하여 성인은 같을 수 없다. 같은 수 없다는 것은 같음(同)이 다름(異)과 가까이 한다는 것이요, 다를 수 없다는 것은 다름이 같음과 가까이 한다는 것이다. 같음은 다름에서 같음을 변별한 것이고, 다름은 같음에서 다름을 해명한 것이다. 같음에서 다름을 해명한즉 같음이 나누어져서 다름이 되는 것이 아니고, 다름에서 같음을 변별한즉 다름을 녹여서 같음이 되는 것이 아니다. 진실로 같음은 다름을 녹인 것이 아니므로 이것이 같다고만 말할 수 없고, 다름은 같음이 나누어진 것이 아니므로 이것이 다르다고만 말할 수 없다. 다만 다르다고만 말할 수 없으므로 이것이 같다고 말할 수 있고, 같다고만 말할 수 없으므로 다르다고 말할 수 있다. 따라서 말함과 말하지 못함이 둘이 아니고 별개의 것이 아니다.[7]

원효의 사상을 흔히 '화쟁(和諍)사상'이라고 말한다. 이때의 '화쟁'이란 '쟁(諍)'을 '화(和)'하는, 분쟁을 화해하는 것이라고 생각하기 쉬운데 실은 '화'와 '쟁'이 동봉되어 번갈아간다는 뜻이다. 역사적으로서 보면 화쟁은 전쟁을 평화로 바꾸기도 하지만, 존재론적으로 보면 '화'와 '쟁'은 일심(一心)의 이문(二

7) 김형효, 『원효의 대승철학』, 소나무, 2006, 158~159쪽

門)과 같고 '불일이불이'의 관계에 있다.

불교사상이나 동양의 음양사상은 변증법이 아니다. 이들 사상을 변증법적으로 설명하려고 하면 그 자체가 이미 빗나간 것이다. 불교의 공색(空色)사상이나 음양사상은 무엇을 현상학적으로 통일하거나 역사적으로 정반합의 합을 이루는 것이 아니고, 더욱이 차이가 연장되는 것이 아니며, 변화 그 자체이다. 처음부터 시공간을 벗어나 있다. 변화는 잡을 수 없는 것이다. 잡을 수 있는 것은 이미 변화가 아니다.

서양의 차이는 변화하지 않고 연장하니까 기통(氣通)되지 않고, 같은 것의 복제와 재현만 있게 된다. 연장이라는 개념은 수(數)의 역사에서 실체론적 수학이 등장하고부터 필연적으로 등장하지 않으면 안 되는 것이었다. 수를 실체로 보면 세계는 수로써 영원히(무한대) 계속되지 않으면 안 되는 세계이다. 그래서 서양문명은 영원(종교, 예술)과 무한대(과학)를 사랑하고 추구하며, 서양사에서 메시아는 영원과 무한대를 달성하기 위해 현재(현재의 한 지점)에 나타나서는 안 된다. 서양사에서 메시아는 필연적으로 죽게 될 운명을 타고난 존재이다.

'연장'이라는 개념 속에는 이렇게 서양문명이 결코 벗어날 수 없는 족쇄와 같은 것이 내재해 있다. 이것이 이성의 세계이고 이상의 세계이다. 이성이 새롭게 무엇을 추구하고 창조하는 것은 시간의 역사(서양사에서 시간은 항상 공간화된 시간이다)에서 피할 수 없는 것이지만 그것은 결코 만족을 얻지 못한다. 이것이 서양사에서 이성과 욕망의 정체이다. 이성과 욕망은 다른 말로 하면 차연이다.

'차연'은 실체가 있는 운동이고, 유무가 이원대립적인 것이고, 주인과 노예가 되는 것이고, 역사와 혁명이 있는 것이고, 영원과 무한대가 있는 것이다. 유무가 상생하고 음양이 상생하는 '차이(差易)'가 되어야 그 차이는 진정한 역동성을 갖게 될 것이다. 서양은 논리로 풀려고 하니까 결국 이율배반에 빠진다. 세계는 본래 '동(同)/이(異)'의 구조이다.

동양의 음양적 사고에서 존재라고 말할 때 존(存)과 재(在)는 다르다.[8] '존'은 음이고, '재'는 양이다. 존은 아직 드러나지 않는 '바탕'이고, 재는 드러난 '있음'이다. 존은 재의 바탕이다. 그러나 서양에서는 존재(Being)를 한 단어로 사용한다. 존재의 진정한 의미는 무한히 드러나지 않은 그 무엇이다. 존재는 시간과 공간이 아니고 시간과 공간의 바탕이 되는 그 무엇이다. 이것을 동양에서는 공 혹은 무라고 한다.

하이데거는 '존재와 시간', '시간과 존재' 등 시간이라는 말을 많이 사용한다. 공간은 '현존재(Dasein)'의 '현(Da: 저기)', 즉 '장소성(Topos)'에 있다. 결국 하이데거의 존재론은 시간과 공간이라는 개념을 완전히 벗어난 것이 아니다. 때로는 시간과 공간을 벗어난 것 같지만, 때로는 그것을 벗어나지 못하고 있다. 시간과 공간이라는 개념 자체가 존재자라면 하이데거는 존재와 존재자 사이를 왕래한 셈이다.

인간을 다시 '현존재'라고 규정한 '존재와 시간'의 하이데거는 아직 시간을 벗어나지 못했기 때문에 의식학을 완전히 벗어난 것은 아니었지만(전기), '시간과 존재'의 하이데거는 시간을 벗어난 것 같다(후기). 전기의 시간이 1차원이었다면 후기의 시간은 제로(0)차원의 시간 자체이다. 후기의 시간은 흘러감 그 자체이다. 후기의 존재는 현존재(존재자)를 벗어난 것으로 보는 전·후기의 분리가 필요하다.

물론 하이데거가 존재를 사건으로 보는 것은 존재의 사물화를 벗어나기 위한 철학적 전략이지만 존재에는 사물의 흔적이 있다. 사물에는 시간과 공간의 개념이 적용된다. 하이데거가 시간과 공간이라는 개념을 가지고 있는 한 그것 자체를 초월 혹은 선험하는 말을 써야 한다.

존재는 시간도 공간도 아니다. 그런데 시간과 공간은 존재자이다. 초월이나 선험이라는 말을 사용하는 한 하이데거는 시간과 공간을 전제하는 칸트의 존재론에서 완전히 벗어나지 못한다. 그래서 그는 항상 존재론에서도 비본래적 존재/본래적 존재, 시간에서도 비본래적 시간/본래적 시간 등으로 비본래적/본래적으로 나눈다.

시간과 공간은 사물과 스스로를 대상으로 파악하는 인간이 만들어낸 과학

8) 박정진, 『소리의 철학, 포노로지』, 소나무, 2012, 243~245쪽.

적 제도이다. 과학은 시간과 공간의 산물인 셈이다. 서양철학은 과학을 만들어놓고 과학에 철학의 주도권을 넘겨준 뒤 아무것도 할 일이 없었다. 그러나 철학은 다시 '시간과 공간이 본래 없었다'는 것으로 부활의 길을 열 수 있게 되었다.

시간과 공간이 있는 한 철학은 과학을 넘어설 수 없다. 시간과 공간이 있는 한 과학은 입자를 벗어날 수 없다. 아무리 작은 입자를 쪼개는 데 성공했다고 하더라도 그것은 입자이기 때문이다. 입자는 양화(量化)를 가진다. 그래서 입자가 아닌 파동이나 소리에서 새로운 철학의 가능성을 모색하지 않을 수 없다. 파동과 소리는 양화와 시간과 공간을 벗어나게 된다.

아울러 철학은 이제 주어의 문제가 된다. 시간이든 공간이든 또 다른 무엇이든 주어(명사)는 자연의 본래 모습을 왜곡하는 것에 도달하게 된다. 유심론이든 유물론이든 어느 것이 맞느냐는 것을 떠나서 심이든 물이든 그것이 주어가 되어버리면 그것의 유무나 진위를 떠나서 이미 존재 그 자체로부터 떠나게 된다. 예컨대 '신이 있다'고 하든 '신이 없다'고 하든 이미 스스로의 모순에 빠지게 된다. 신이 없다고 할지라도 신을 전제하지 않고는 '없다'고 말할 수 없게 된다. 또한 신이 있다는 말도 신을 이미 전제한 것이기 때문에 '있다'의 의미가 반감된다. 따라서 어떤 것이든 주어가 되면 그것의 유무나 진위를 논하는 것이 무의미하게 된다. 주어는 세계의 전체로부터 이탈한 것이다.

주어가 자아이고 자아가 초월이고 초월이 언어이다. 언어 중 최고의 언어는 시간과 공간이다. 언어를 사용하는 인간은 주어(주인)와 대상(노예)을 왕래할 수밖에 없다. 시간과 공간이 있는 한 인간은 그것에 매여 살 수밖에 없다. 시공간에 매여 사는 한 태초가 지금이고 지금이 태초라는 것을 알 수 없게 된다. 깨달음은 언어의 지식이 아니라 모든 것이 한순간(영원)에 있음을 아는 것이다. 영원은 대상이 아니다.

인류가 지구상에 등장한 이후 실현한 최고의 발명은 신이라는 개념이다. 인간은 신을 통해 온갖 어려움을 극복하고 욕망을 확대재생산해왔다. 그런데 신을 이용하는 방법 중에는 신을 대상화하는 것이 있고 주체화하는 것이 있다. 신을 대상화한 것의 대표적인 예가 기독교의 절대신이다. 이에 비해 신을 주체화한 것의 대표적인 예가 샤머니즘이다. 신들리고 신나고 신 올리는 것이 샤머니즘이다.

애니미즘이나 샤머니즘은 만물과 인간이 기를 주고받은 관계라는 것을 전제한다. 만물은 단순히 인간의 대상으로서 존재하는 것이 아니라 스스로 그만큼 존재한다. 근대 이전에 인간은 신화와 종교에 의지해서 삶을 이끌어온 부분이 많다. 언어의 환원성에 의존하는 과학의 등장은 인간이 자신과 만물을 대상화하여 그것을 이용하는 길을 열어주었다. 그러나 인간은 우주로부터 소외되는 반대급부를 받게 되었다. 과학은 시간과 공간의 틀 속에 인간을 가두는 결과를 초래했다. 이제 철학은 다시 인간이 시공간의 족쇄를 풀어버리고 자신의 현존적 흐름이 우주적 사건의 전체성이라는 것을 깨닫게 해야만 한다. 이것이 행복이고 기쁨이고 열락이고 열반이다.

하이데거의 존재론은 무에 도달했지만 더 나아가 시간과 공간이라는 개념을 완전히 벗어나는 존재론이 되어야 하는 시대적 요청을 받고 있다. 시간과 공간이 없는 존재론이 바로 필자의 포노로지이다. 소리는 처음부터 사물에 대한 실체가 아니라 사물에 대한 은유이다. 소리는 처음부터 언어와 달리 사물에 대한 주인(소유)을 요구하지 않는다. 소리는 사물에 대한 보이지 않는, 드러나지 않는 본질을 은폐하고 있다가 누가(무엇이) 요구하면(두드리면) 드러난다는 점에서 가장 존재적이다.

한편 하이데거의 존재를 굳이 '마음'이라고 할 필요는 없다. 물론 서구 이성중심주의 문화에서는 마음이라고 해야 존재에 다가설 수 있지만, 그렇지 못한, 예컨대 비이성적인 혹은 직관적인 문화 혹은 원시·미개사회의 대칭적 사고에 길들여진 문화에서는 존재를 마음이라고 할 필요가 없다. 이미 물이 심이다. 존재를 '몸'이라고 해도 전혀 상관이 없다.

흔히 불교의 진리를 말할 때 대중적으로 회자되는 일체유심조(一切唯心造)의 유심(唯心)이라는 말은 엄밀한 의미에서 적절하지 못하다. 유심은 유물(唯物)과 대립적인 위치에 서기 때문이다. 불교의 진리는 대립적이지 않다. '일체유심조'가 맞다면 '일체유물조'라고 해서 틀릴 것도 없다. 심물일체이기 때문이다.

심물은 항상 함께 있는 것이 완전하다. 이는 몸과 마음이 함께 있는 것과 같다. 정신과 물질(육체)은 애초에 둘로 나뉘어 있지만 말이다. 일반성의 철학을 말할 때 '심물'이 기보다 못한 것은 그것이 이미 개념적으로 많이 사용되었기 때문이고, 기가 '소리'보다 못한 것은 이와 대립적인 위치에 있기 때문이다.

칸트가 비판을 유보한 '물 자체'는 마음이고 '신'도 마음이다. '물 자체'와 '존재', '신'은 같다. 존재는 '존재 자체'이다. '존재 자체'에 대해 '어떻게'라고 물으면 '그 자체'에서 벗어날 수밖에 없다. '무가 무엇인가'라는 질문은 '무'를 어떤 것, 존재자로서 전제할 때 가능하다. 그래서 선불교는 불립문자, 교외별전(教外別傳)을 주장한다. 인간은 물 자체와 신 사이에 시간과 공간을 만들어 세계를 시공간의 교직 속에 두고 바라보는 셈이다. 그래서 인간이라는 말 속에 간(間)이 들어가는 것이다. 인간이라는 말은 시간과 공간이라는 말과 동의어이다.

하이데거의 존재론, 즉 존재와 존재자는 동양의 음양론의 번안이고, 존재와 존재자와 현존재는 천지인의 번안이다. 하이데거의 존재론이 어렵고 난해한 것은 서양의 이성 중심 철학으로 동양의 상징철학을 해석하려고 하기 때문이다. 음양이 존재자의 차원에 들어가면 음양 대립이 되고(주체와 객체가 되고), 음양이 존재의 차원에 있으면 음양 대칭(음양 가역왕래)이 된다.

서양철학과 문명은 '남성적 자아'를 버리지 못해 '여성적 무아'의 경지에 도달하지 못하고 있다. 서양은 '여성적 무아'와 '자연의 무위'를 두려워한다. 아는 것이 시공간이며, 아는 것이 차이이다. 이러한 것들은 모두 남성적 자아의 산물이다. 사는 것은 아는 것이 아니며, 그러한 점에서 사는 것은 여성적 자아이다. 아는 것은 사는 것을 조금 도울 뿐이며 아는 것은 사는 것의 필요에 잠시 응할 뿐이다.

존재자의 차원은 시공간의 차원을 말하고, 존재의 차원은 시공간을 초월한 것이다. 여기서 시공간의 초월은 시공간을 설정했기 때문에 오는 서양철학적 인과론의 설명(알리바이)에 지나지 않는다. 실제로 시공간이 없으면 선험이나 초월은 없다. 정확하게 말하면 동양의 음양론에는 시공간이 없다. 음양론은 상징이다. 천지인도 마찬가지로 상징이다. 이러한 상징(이미지, 불확실하고 불투명하고 가변적인 이미지)을 언어(확실하고, 시각적으로 대상과 주체가 고정되고 대립하는 언어)로 전환하니까 서양의 이성중심주의가 된 것이다. 음양은 대칭이고 동시(동시성)에 있는데 양음은 대립(비대칭)이고 간격을 두고 동일성을 요구하고 있다.

> 포스트모더니즘은 근대에 형성되어 헤게모니를 갖고 있는 총체적 이념에 반기를 들면서, 주체와 객체를 이분법으로 나누는 오류에 기초해 객체를 표상화하는 객관화의 체계를 해체시키고자 한다. 또한 그것은 감각적 지각 유형 중 한 가지에 불과한 관찰력에 특권을 부여하는 상징체계를 거부하면서 다중성을 강조하고, 동시적 문화적 담론의 갈래가 여러 가지 있을 수 있음을 인정한다. 그러므로 포스트모더니즘은 과학적 지식과 권위를 무시하면서 새로운 인식론적 지평을 열고자 한다.[9]

과학을 대표하는 것은 시간과 공간이라는 개념이다. 과학적 지식과 권위를 무시하는 것으로 시간과 공간을 해체하는 것 이상의 해체주의 철학은 없다. 왜냐하면 서양철학은 시간과 공간을 둘러싼 담론이었기 때문이다. 칸트 이전에도 시간과 공간을 전제하고 있었으나 칸트를 분수령으로 하여 시간과 공간이 서양철학의 정점을 이루었으며, 니체 이후 서양철학은 시간과 공간을 서서히 해체하기 시작했다. 그러나 아직도 완전한 해체는 아니다. 철학이 과학에 대비하여 살길은 시간과 공간을 해체하고 존재 그 자체, 자연 그 자체에 숙연해지는 일이며 자연의 소리를 듣는 일이다.

하이데거는 세계의 존재를 이해했으나 그것을 설명하는 데 약간의 혼선을 겪는다. 이는 그가 시간이라는 개념을 쓰기 때문인데 시간은 이미 존재자이다. 시간은 공간과 대립되는 별개의 개념이 아니라 시간은 이미 공간이다. 그래서 시간을 쓰면 존재는 존재자가 된다. 시간을 쓰면서 존재를 무라고 하는 것은 모순이다. 그래서 비본래적 시간과 본래적 시간을 말하게 된다.

---

9) 최협, 『부시맨과 레비스트로스』, 풀빛, 1996, 235쪽.

하이데거는 무라는 개념을 쓰면서도 비본래적 무와 본래적 무를 나누지 않으면 안 되었다. 무는 '없다'는 뜻만이 아니라 비어 있는 존재의 근거이기 때문이다. 하이데거는 본래적 무를 통해 존재에 도달했다. 그의 무에는 이중성이 있는 셈이다. 이는 일즉일체(一卽一切) 일체즉일(一切卽一)에 완전히 도달하지 못한 화엄승과 같다. 존재는 존재자에게 귀속된다. 존재가 존재자에게 귀속되면 존재자는 존재를 소유하게 된다.

존재와 존재자 사이는 여성의 '음부나 입술'을 지나는 것에 비유할 수 있다. 이 둘은 생식과 말하는 본능을 상징한다. 존재(본능)에서 존재자로 떠오르면 존재자/존재의 대칭은 시간에 의해 존재자/존재자의 대립으로 변한다. 이것은 마치 여성의 음부가 드러나면 대립하는 남성과 같다. 이는 동시에 입술이 말하고 싶은 것과 같다. 전자는 남성이 들어가는 곳이고, 후자는 말이 나오는 곳이다.

숨어 있던 존재(여성)가 드러나면 남성(존재자)은 경쟁한다. 이것은 사물의 경계를 상징한다. 사물 자체가 대상으로서의 물질이 되는 순간이다. 존재는 물 자체이고 존재자는 대상이다. 하이데거는 존재의 입장에서 존재자를 다루고 있다. 이에 비해 데리다는 존재자의 입장에서 존재를 다루고 있다.

데리다는 그의 에크리튀르(세계의 표면만 긁는 것)를 산종(散種, dissemination)에 비유한다. 이는 남성이 여성에게 자신의 씨앗인 정자(semen), 즉 의미론(semantics)을 심으려 하지만 달성하지 못하는 불임(不姙)을 말한다. 그는 에크리튀르를 바다를 항해하는 배의 에쁘롱(épron, 衝角, 뱃머리, 이물)에 비유한다.[10] 에쁘롱은 바다를 가르지만 바다가 아니다. 에쁘롱은 여자가 아니고 그것의 아래에 있는 바다가 여성이다. 그래서 데리다는 완전한 '공(空)의 바다'를 모르고 있다. 말하자면 공즉시색 색즉시공에 도달하지 못한 사이비 선사와 같다.

하이데거와 데리다, 두 철학자는 자아와 동일성을 벗어나려고 하면서도 그 흔적을 완전히 제거하지 못하고 있다. 하이데거는 시간의 자아, 데리다는 공간의 자아의 흔적을 남기고 있다. 말하자면 하이데거는 시간을 벗어나고자 하

---

10) 박정진,『철학의 선물, 선물의 철학』, 773~774쪽.

	시간	공간	
데리다	에크리튀르(écriture)	부재(不在, absence)	그라마톨로지 (grammatology)
하이데거	존재(Sein)	현(Da)	존재론(存在論)
박정진	울림의 장(場)만 있고 시간은 없다	울림의 장(場)만 있고 공간은 없다	포노로지(Phonology)

는 '시간화의 시간화' 혹은 '존재의 무의 무화(無化)'에, 데리다는 글쓴이의 부재와 에크리튀르 그 자체에 자아를 남기고 있다. 그런데 시간의 자아가 있으면 공간의 자아도 있고, 공간의 자아가 있으면 시간의 자아도 있게 된다. 이는 시공간은 같은 차원이기 때문이다.

이들 철학자에게 이성과 시간과 공간의 프레임은 은연중에 작용하는 것 같다. 이성중심주의에서 벗어나려면 우선 이성을 생각하지 않으면 안 된다. 바로 이 점이 두 철학자의 이론에 이성의 흔적, 자아의 흔적이 남아 있게 작용한다. 이성과 시간과 공간은 은유를 통해서라도 남아 있게 된다. 시간과 공간이 있는 한 철학은 보편성에서 벗어날 수 없다.

이에 비하면 포노로지는 '울림[共鳴]의 장'만 있고 시간과 공간이 없다. 시간과 공간이 없다는 것은 사물을 대상화하여 변화나 운동을 재지 못하는 차원이라는 뜻이다. 그래서 본질적으로 해체적이다. 모든 존재는 실체도 없이 의미도 없이 흩어져 있다. 누가 명령을 한다면 그것은 이미 존재가 아니다. 존재는 흩어져 있어서 더욱 아름답다. 진정한 자연의 철학은 '일반성의 철학'이다.

이는 철학이 과학을 탄생시킨 진화 과정과는 정반대 방향이다. 이제 철학은 과학이 남긴 후유증을 치료하는 데 역점을 두어야 한다. 철학은 세계의 숨어 있는 의미를 드러내고, 존재자적 입장이 아니라 생성적 입장에서 사물을 바라보는 분위기를 만들어내야 한다. 이는 우주의 동시적 공명을 전제한다.

일반성의 철학이라는 관점에서 보면 보편성은 시간과 공간의 무화를 추구하는 인간 대뇌의 노력이다. 그 결과 하이데거와 데리다는 차이 혹은 차연을 추구한다. 차이는 시간과 공간의 개념을 완전히 탈피한 것이 아니다. 그래서 동일성에서도 완전히 탈피한 것이 아니다. 필자의 포노로지는 차이가 아닌 공명을 추구하고 있다. 공명은 동일성을 완전히 벗어나서 동시성을 추구한다. 동시성은 시간과 공간을 벗어난 '존재의 전체성'을 상정하고 있다.

모든 존재는 소리를 잠재하고 있다. 소리는 마치 모든 존재의 본질과 같다. 존재의 어느 지점에도 소리가 있고, 존재자적(분자적)/존재적인 것(분모적인 것), 남성적인 것/여성적인 것이 있고, 인간과 생물, 생물과 무생물의 차이가 없다. 인간은 심장박동(맥박)이라는 기본적인 리듬과 호흡이라는 멜로디를 가진 동물이다. 그러나 이 모든 것의 근본은 소리이다.

존재자는 본래 없는 것이고, 문자는 본래 없는 것이다. 인간은 소리를 말(음성언어)로, 말을 다시 문자(문자언어, 표음문자, 표의문자)로 만들어낸 존재이다. 존재자와 문자는 인간이 인위적으로 만들어낸 비본래적인 것이고, 자연에서 2차적인 것이다. 철학은 자연을 빙자하기 위해 내놓은 언어적 가상이다. 철학적 언어는 결코 자연을 죄다 설명할 수 없다. 설명할 수 있는 것은 일부분이고 일면일 뿐이다. 그래서 소리가 언어보다 훨씬 자연에 가까운 은유이면서 자연의 총체성에 대해서 접근하는 유일한 길이며 자연을 훼손하지 않는 시적·예술적 태도이다.

하이데거가 존재자로서 존재를 설명하고, 데리다가 문자로서 여백을 설명하는 것은 자연 자체가 아니고 자연 자체를 반사하거나 생각하는 것에 지나지 않는다. 자연 자체는 생각을 통해 도달할 수 있는 것이 아니고 직관하거나 느껴야 한다. 느끼는 세계야말로 전부이고, 살아 있는 것이고, 끊어지지 않는 세계이다. 인간의 자아로 인해, 언어로 인해 세계는 불연속의 것이 되어버렸다. 여기서 본능과 본성이 분리되어버렸고 성(聖)과 속(俗)이 분리되어버렸다.

본능과 본성은 연속과 불연속의 관계에 있다. 자연은 본능의 세계이다. 본능의 세계는 충동적이라고 하지만 철학적으로는 즉자적인 세계이다. 그런데 인간이 본능을 본성으로 만들었는데 여기에는 이미 언어가 개입해 있고(그래서 性理가 된다), 언어로 인해 즉자적인 세계는 인간과 자연이 대자(對自)하는 대자적인 세계가 되고 말았다. 대자적인 세계는 서로 교차함으로써 타자적(他者的)인 세계가 된다.

본성은 성기(性起, Ereignis)함으로써 존재(본래적 언어)와 존재자(비본래적 언어)를 만들었다. 여기서 비본래적 언어, 즉 존재자가 성리(性理)이고, 본래적 언어, 즉 존재는 성기(性起)이다. 그런데 서양철학(하이데거)은 성기라는 개념은 설정했지만, 그것의 내용이 '성기(性氣)'인 줄 모른다. 따라서 결코 대상화될 수 없는 기 개념을 설정함으로써 서양철학의 이성중심주의 철학을 극복하고 자연의 본능을 회복하게 되는 철학으로 돌아오는 것이 오늘날 철학의 할 일이다. 기는 결코 기라는 개념이 아니기 때문에 기이다.

칸트의 존재론적(인식론적) 공간에서 하이데거의 존재론(본질론)을 전개하는 것은 오해를 불러일으키기 십상이다. 하이데거의 존재론은 현상학이 아니다. 하이데거의 존재론을 현상학적인 차원에서 논의하는 것은 잘못된 일이다. 이런 오해가 빚어지는 것은 하이데거가 서양의 이성중심주의를 벗어났음에도 아직 보편성에서 완전히 돌아서지 않았기 때문이다. 하이데거는 존재론의 설명과정에서 보편성에서 돌아섰다가 다시 유턴하고 있다. 이는 하이데거가 서양철학의 보편성과 일반성의 유착을 인식하지 못하고 있는 데서 기인한다.

데리다의 결정적 오류는 목소리(소리)의 현존에 이성중심주의의 원죄(원인)를 둔 데 있다. 왜 그렇게 생각하는 것일까? 이성중심주의는 에크리튀르(쓰여진 것)에 있다. 목소리는 내는 행위이나 쓰는 행위는 현존성에서는 같다. 그러나 목소리는 허공에서 사라지고(시각적으로 남지 않고), 쓰기는 그 결과가 남는다. 그렇기 때문에 쓰기는 쓰는 사람의 부재에도 다른 사람 혹은 후세에 전달되고 계승되기 때문에 이성중심주의를 가능하게 한다. 이성은 사람의 부재에도 이어지는(이어가는) 것이다. 도리어 부재에도 이어지기 때문에 이성이 가능한 것이다. 이성은 부재에서 일어나는 것이다.

부재는 시간과 공간을 만들어낸다. '나는 죽으려고 존재한다'는 말, 이것은 이미 이성주의다. 여기에는 전생(前生)들이 죽었다는 과거의 시간에 대한 인식이 전제되어 있고, 나도 언젠가는 죽을 것이라는 미래의 시간에 대한 인식이 전제되어 있으며, 과거와 미래를 연결하는 가교로서의 현재 시간이 전제되어 있다. 이는 이미 시간(공간을 포함)을 대상화하고 있다.

시간이라는 언어(의미)는 사물을 대상화하고 동시에 사물은 이미 시간으로 인해 대상화된 결과이다. 그래서 인간은 시간 자체, 공간 자체, 사물 자체를 말

존재자 (인간= 현존재)	이(理)	양(陽)	인문 (人文: 紋, 汶)	문리 (文理)	물리 (物理)	이성(理性): 추상-기계
존재(자연)	기(氣)	음(陰)	기(氣) = 일반성 = 심(心) = 물(物) = 자연(自然) = 구체-생명			

한다. 여기서 '자체'를 말하는 것 자체가 시공간과 사물의 입장에서 그렇지 않은 반대편의 것을 말하는 것이 된다. 우리는 여기서 중대한 결론에 도달하게 된다. 부재라는 개념에 의해 이성주의가 생긴 것은 물론이고, 한 걸음 더 나아가서 이성은 부재한 것, 존재하지 않는 것이라는 데 도달한다. 이성에 의해 문리(文理)가 생기고, 이것은 인문적이다. 이성은 나아가서 물리(物理)가 된다. 이것은 자연과학이다. 이성은 인간에 의해 출현된 것이다. 인간은 존재하지 않는 이성에 의해 살아가는 셈이다.

그런데 이성은 인간이 두발로 직립 보행하는 데서 비롯되었다고 볼 수 있다. 수직으로 서면서 시공간이 생기고(수평적 시간에 이어 수직적 공간의 형성) 대뇌가 발달하여 이성이 생겼다. 하늘과 이성이 동일한 것(하늘= 이성)이고, 둘을 동격에 놓는 생물학적 버릇(습관) 같은 것이 생겼을 것이다. 이성의 등식도 여기서 비롯되는 것인지도 모른다. 하늘과 이성은 다른 동물에게는 정작 없는 것인지도 모른다. 이것은 인간이 만든 가상일 뿐이다.

현존이야말로 존재이다. 미지의 존재로부터 드러난 존재인 현존이야말로 현재(시간의 현재)가 아니라 미지와 연결된 존재이다. 존재의 현존성에 저항한 것이 부재에 기초한 쓰기이고, 쓰기의 결과인 에크리튀르가 바로 이성의 원인이다. 이성은 쓰기에서 비롯되는 것이고 결국 수(數)이고 양화(量化)이다.

데리다의 오류는 그 자신의 오류일 뿐만 아니라 서양문명·서양철학 자체의 오류이고, 궁극에는 과학의 오류이다. 과학의 오류는 언젠가는 인간존재를 멸하게 될 것이다. 이것이 인간의 비극이다. 그러나 인간뿐만 아니라 모든 존재는 죽음이라는 비극에 노출되어 있다. 그러한 점에서 비극은 비극이 아니다. 인간만 죽음을 비극이라고 생각한다. 인간이 비극인 이유는 미래라는 시간을 설정함으로써(이는 과거를 설정한 것과 같다) 미리 죽음을 생각하기 때문이다. 죽음은 없는 것이다. 죽음은 순간이고 순간은 영원한 것이다.

죽음은 시간으로부터 비롯된다. 그러한 점에서 하이데거가 인간을 현존재라고 한 것은 참으로 탁견이다. 이는 데리다와 달리 하이데거는 목소리의 현상학(현상학적 환원)에서 에크리튀르로 도망(탈출)한 것이 아니라 존재의 궁극, 즉 '무의 존재'(이것이 존재론이다)에 도달했기 때문이다. 그러나 하이데거도 시간과 언어의 굴레에서 완전히 벗어나지 못했다. 하이데거는 목소리(혹은 종소리)에 우호적이었으나 소리를 철학적으로 해석하는 소리철학으로 '철학적 진전'을 하지 않았기 때문이다.

데리다의 문자학(표지학)은 소리철학에 철저하게 반면교사이다. 그의 문자학은 '발가벗은 임금님' 우화의 반대이다. 재단사의 속임수로 '눈에 보이지 않는 옷'을 입었다고 생각하고 실지로 발가벗고 거리를 행차한 임금님의 이야기와는 반대로 데리다는 문자라는 옷을 입은 사람을 두고 나체를 보고 있다고 주장하는 것 같다. 말하자면 사람이 입은 옷은 보지 않고 나체만 보는 것과 같다.

하이데거의 존재론은 '임금님의 귀는 당나귀 귀' 우화에 비유할 수 있다. '임금님의 귀는 당나귀 귀' 우화는 『삼국유사』와 그리스·로마 신화에 나온다. 『삼국유사』의 내용은 신라 제48대 경문왕의 이야기이다. 경문왕은 왕위에 오르자마자 귀가 커지더니 급기야 당나귀같이 커졌다. 이 사실을 아는 자는 왕의 관을 만드는 복두장이뿐이었다. 복두장이는 그 비밀을 말하고 싶은 것을 참고 있다가 나이가 들어 죽음의 문턱에 이른 어느 날, 대나무 숲에 가서 '임금님의 귀는 당나귀 귀'라고 외치게 된다. 그 뒤에 바람에 불 때마다 대나무 숲에서는 '임금님의 귀는 당나귀 귀'라는 소리가 메아리쳤다고 한다.

하이데거는 바람이 불면 울려오는 '임금님의 귀는 당나귀 귀'라는 존재의 소리를 들을 수 있었다. 그는 인간(현존재)이라는 존재에서 존재자를 분리하는 데(존재자의 감옥에서 존재를 탈출시키는 데)는 성공했지만 사물은 여전히 언어라는 감옥에서 탈출시키지 못하고 있다. 사물을 존재자로 고정시킨 서양철학의 전통을 완전히 극복하지는 못한 것이다.

바람의 소리를 통해 들려오는 존재의 진실은 들었지만 '말하지 않는(못하는) 사물'의 소리(파동)는 시공간의 제약으로 듣지 못한 것이다. 시공간을 벗어나야 사물은 존재가 된다. 실은 사물도 존재인 것이다. 존재자는 단지 사물(존재)의 표면에 인간이 발명한 언어(기호)를 덮어씌운 것이다. 이것이 기표이다. 기표는 나아가서 사물의 주인이 되어 사물을 대상화한다. 그러한 점에서 기표는 권력이다. 기표가 사물의 권력이 된 것이 과학이고, 시공간의 그물에 사물을 가두어버리는 것이 과학이다.

필자의 소리철학, 포노로지는 데리다의 그라마톨로지에 대항하는 새로운 철학이면서 동시에 하이데거의 사물을 존재자로 보는 철학, 즉 '사물= 존재자'에 대항하는 철학이다. 하이데거가 사물을 존재자라고 본 것은 '언어= 존재자'를 '사물= 존재자'로 오해한 때문이다. 현존재인 인간이 사용하는 언어가 사물을 존재자로 만든 셈이다.

소리만큼 사물 전체에서 울리는 것이 없다. 소리는 안과 밖이 없다. 소리는 사물 그 자체이다. 소리는 사물의 발가벗음이다. 소리는 사물의 시(詩)이다. 소리는 서로 공명함으로써 언어의 은유가 도달하는 것에 도달한다. 그런 점에서 포노로지는 철학의 시이다. 철학이 속는 줄도 모르고 속는(스스로를 속이는) 언어의 놀이에서 사물의 존재 자체를 은유하는 소리로 들어온 것이다. 인간은 자신이 사용하는 도구인 언어에 속은 것이다. 언어는 세뇌의 주술력이 있다. 사물을 존재자로 규정한 것은 인간의 언어이다. '사물= 존재'이다.

사물을 존재자로부터 존재로 해방시키는 철학이 소리철학이다. 소리철학은 사물과 생물과 인간을 같은 차원에 있게 하며, 모든 인간의 삶의 의미를 동등하게 한다. 이제 철학은 언어의 굴레를 벗어나서 소리, 기, 에너지의 차원에서 사물과 소통해야 한다.

지금까지 전개해온 하이데거와 데리다의 철학을 천지인사상과 음양사상을 기준으로 포노로지와 비교하면 다음과 같다.

철학은 이제 보편성을 포기해야 한다. 철학의 대명사인 보편성을 포기하는 것은 철학 자체를 포기하는 것이기도 하다. 철학은 심지어 음악적 보편성마저 포기해야 한다. 철학은 음악적 텍스트에서 소리의 리듬(우주적 파동= 음파)으로 돌아가야 한다. 일반성의 철학에서는 모든 존재와 삶이 동등하다.

이것은 아폴론적 질서와 보편성이 아니라 디오니소스적 혼란과 축제이고, '비극의 탄생'에서 한걸음 더 나아가서 '이성적 낙천주의(理性的 樂天主義)'나 '기

		앎의 철학/삶의 철학		삶의 철학	
		하이데거	데리다	박정진	
천	양 (남성성)	존재자 (시간성)	에크리튀르 (공간성)	소리(氣) (無시공간성)	음(音)은 깊이를 모른다
인	양/음 천/지	현존재(現存在): (존재자/존재)	부재(不在)	공명(共鳴: 소리는 사물의 전체성에 대한 은유)	
지	음 (여성성)	존재/무(無) 해체철학	텍스트(교차배어) 해체철학	콘텍스트(다원다층적이다) 일반성의 철학	
		존재론	그라마톨로지	포노로지(철학의 시)	

독교적 낙원주의(基督敎的 樂園主義)'가 아닌 '자연적 낙천주의(自然的 樂天主義)'로 통하는 일반성의 철학을 향하는 것이다. 자연적 낙천주의는 한국문화가 세계에 내놓을 수 있는 철학이다.

이성적 낙천주의는 소크라테스적 낙천주의이고 기독교적 낙천주의는 천국을 설정하여 구원을 열망하는 것으로 둘은 말을 다르지만 거울의 이쪽저쪽에 있는 같은 것이다. 이에 비해 자연적 낙천주의는 무엇을 새롭게 추구하는 것이 아니라 가급적 자연 그대로의 삶, 본능과 본성에 충실한 삶을 말한다.

필자의 포노로지는 동양의 천지인사상, 음양사상을 토대로 서양철학을 새롭게 해석하면서 대안으로 내놓은 철학이다. 그러한 점에서 포노로지는 새로운 존재론 철학이면서 관념철학이 아닌 구체철학, 이성철학이 아닌 감각철학, 환유철학이 아닌 은유철학에 속한다.

'포노로지'는 한국문화의 '소리를 위주'로 하는 특징에서 탄생한 것이며, 동시에 한국문화의 비논리적인 내홍(內訌) 혹은 비철학적인 맹점에서 탄생한 것이라고 할 수 있다. 그런 점에서 한국문화가 21세기에 이룩한 '르네상스 중후군'의 일환일 가능성이 높다. 즉, 그동안 철학을 수입만 해오던 것을 입장을 바꾸어 수출하게 되는 제1호이다. 인류문화의 철학적 일반화와 새로운 보편화를 위해 한국문화가 세계에 참여한 업적이라고 볼 수도 있다. 어쩌면 인문학이 성립한 후 한국문화가 거둔 최고의 성과일지도 모른다. 문화적으로 보면 소리를 토대로 한글이라는 문자를 창제한 뒤에 일어난 소리를 토대로 한 철학의 탄생이라는 이정표가 된다.

한글이 1443년에 창제되어 1446년에 반포되었으니 한글문화권에서 실로 560여년 만에 소리철학이 탄생한 셈이다. 한글과 소리철학의 탄생은 한자가 지닌 형태소의 의식적 의미와 시각적 의미를 해체하고 음소의 무의식의 의미와 청각적 의미를 새롭게 구축해 중화문화로부터 문자와 문화의 완전한 독립을 선언하는 것이다. 이는 음소의 존재성과 존재자성을 왕래하는 성질의 발견에 따른 것이었다. 소리는 사물이 아니면서 사물(존재)을 나타내고(은유하고), 문자는 사물이 아니면서 사물을 지칭한다(환유한다). 소리는 존재이고 문자는 사물을 왜곡한다.

8
서양철학의 시각 - 언어, 거울, 욕망, 의지 그리고 나르시시즘
서양 철학사의 반이성주의 속에 숨은 이성주의

서양철학은 한마디로 여전히 '너 자신을 알라'는 화두 안에 있다. 이 말에는 '너 자신도 모르면 남(나, 소크라테스)을 알 수 없다'는 함의가 들어 있다. 서양철학은 어디까지나 '지(知)의 놀음'이다. 이것이 인도유럽어의 반대편에 있는 인도 불교에서는 '나는 누구인가'의 화두로 바뀌었다. 이 말에는 나를 아는 것이 깨달음[覺]이라는 함의가 들어 있다. 그런데 깨달음의 내용은 '나[我]는 무아(無我)이다.' 깨달음의 내용은 '나'의 부정이다. 결국 지(知)의 앎이나 깨달음의 각(覺)이나 모두 순환에 빠진다.

앎도 깨달음도 모두 무의미하다. 그런 점에서 불교의 깨달았다고 하는 것조차 버려야 한다. 이 세계에는 '나(주체, 주어, 주인, 중심)'가 없다. '나'를 말하는 순간 이미 '나'의 소유가 된다. 말은 불완전한 것이다. 말은 소유의 출발이기 때문이다. 그런데 재미있는 역설은, 내가 말을 하면 혹은 내가 무엇을 가지려고(소유하려고) 하면 '아무것도 없지만(nothing)' 내가 가지려고 하지 않으면 '모든 것이 있다(nothingless)'는 것이다.

하이데거는 지금까지 서양철학이 존재라고 규정한 것이 존재가 아니라 존재자임을 밝혀냈다. 데리다는 소리(말씀)의 현존성을 서양철학의 이성중심주의의 원인으로 지목했다. 라캉은 욕망을 모두 페니스의 언어로 환원할 수 있다고 주장했다. 메를로퐁티는 인간의 몸(살)에 대한 관심을 통해 종래의 '대상으로서의 현상'을 '현존으로서의 현상학'으로 바꾸는 전환점을 마련했다.

이에 앞서 스피노자는 물질의 세계에도 신이 있음(물질의 세계와 신의 세계가 다르지 않음)을 주장하는 범신론의 세계를 전개했다. 니체는 '신은 죽었다'고 선언하면서도 세계를 '권력의 의지'로 보았다. 과연 세계는 스피노자의 범신

데카르트(René Decartes): 1596.~1650

스피노자(Benedict de Spinoza), 1632~1677

라이프니츠(Gottfried Wilhelm Leibniz), 1646~1716

루소(Jean-Jacques Rousseau), 1712~1778

칸트(Immanuel Kant), 1724~1804

헤겔(Georg Wilhelm Friedrich Hegel), 1770~1831

쇼펜하우어(Arthur Schopenhauer), 1788~1860

다윈(Charles Robert Darwin), 1809~1882

키르케고르(Søren Aabye Kierkegaard); 1813 ~ 1855

마르크스(Karl Heinrich Marx), 1818~1883

니체(Freidrich Wilhelm Nietzsche), 1844~1900

프로이트(Sigmund Freud), 1856~1939

소쉬르(Ferdinand De Saussure), 1857~1913)

베르그송(Henri Bergson), 1859~1941

후설(Edmund Husserl), 1859~1938

화이트헤드(Alfred North Whitehead), 1861 ~ 1947

하이데거(Martin Heidegger), 1889~1976

마르셀((Gabriel Marcel), 1889~ 1973

바타유(Georges Bataille), 1897~1962)

라캉(Jacques Marie Emile Lacan), 1901~1981

사르트르(Jean Paul Charles Aymard Sartre), 1905~1980

메를로퐁티(Maurice Merleau-Ponty), 1908~1961

레비스트로스(Claude Levi-Strauss), 1908~2009

리쾨르(Paul Ricoeur), 1913~ 2005

바르트(Reland Barthes), 1915~1980

알튀세르(Louis Althusser), 1918~1990

들뢰즈(Gilles Deleuze), 1925~1995

푸코(Michel Foucault), 1926~1984

데리다(Jacques Derrida), 1930~2004

보드리야르(Jean Baudrillard), 1929~2007

(汎神)이고, 니체의 권력의 의지일까?

근대 서양철학은 크게 데카르트-칸트 계열과 스피노자-니체 계열로 나눌 수 있다. 스피노자-니체 계열은 자연의 '스스로 움직임'에 대해 인정하는 반면 데카르트-칸트 계열은 자연을 철저히 '대상으로' 본다. 그러나 스피노자의 범신은 기독교의 절대신이 들어 있는 범신이다.

스피노자의 범신은 기독교의 유일신이 전제된 상태에서 그것의 자연으로의 확대이기 때문에 동양의 범신론과는 다른 것이고, 라이프니츠의 단자론도 신의 물질로의 확대라는 측면이 있기 때문에 양자는 유일신의 원인적 동일성은 아니지만 자연 혹은 물질의 결과적 동일성에 봉사하게 된다.

데카르트-스피노자-라이프니츠로 이어지는 서양 근대철학사의 출발은 해석 여하에 따라서 정신주의이면서 동시에 물질주의이다. 따라서 서양의 근대철학사는 유심론적 전통과 동시에 유물론적 전통이 공존하는 양상으로 전개될 수밖에 없었다. 서양 철학사에서 유심은 유물이고 정신은 물질이다.

서양철학은 크게 두 갈래로 나누어진다고 하지만 그 속에는 서양철학적 발상, 서양문명적 태도가 숨어 있다. 그것은 다름 아닌 시각-언어를 기초로 하는 의식(지향성), 거울(반사성), 욕망(필요성), 의지(권력성)를 관통하는 나르시시즘(narcissism)이다. 시각-거울의 연쇄는 입자적·실체적 사고라고 할 수 있다. 나르시시즘과 오이디푸스 콤플렉스의 관계를 보면, 나르시시즘이 성적(性的)으로 전환한 것이 오이디푸스 콤플렉스이다. 둘은 결국 같은 것이다. 나르시시즘은 미소년의 중성적(中性的)인 것이고, 오이디푸스 콤플렉스는 양성적(兩性的)인 것이다.

다윈의 진화론을 비롯하여 니체의 권력의 의지, 라캉의 욕망이론, 하이데거와 데리다의 차연의 철학은 그 속에는 이성을 감추고 있다. 서양 철학사의 맥락에서 볼 때 진위도 이성에 있고, 생멸도 이성에 있고, 선악도 이성에 있다.

이성을 벗어나야 안심입명(安心立命)에 이를 수 있다는 점에서 만족을 모르는 서양문명은 불행하다. 이성이 문제를 해결하는 것이 아니라 오히려 모든 문제의 근원이었다. 이제 이성마저 놓아야 한다. 무엇을 잡고 해결하는 것이 아니라 모든 것을 놓아야 한다. 잡았기 때문에 모든 문제가 발생했다. 잡았기

서양 철학사의 반이성주의 속의 이성주의	
다윈	진화론(인간 중심의 분류학)
니체	권력의 의지
라캉	욕망(요구-수요)이론
하이데거와 데리다	차연(差延)의 철학

때문에 고통이 따르고, 잡았기 때문에 스스로를 속박하지 않으면 안 되었다. 자유와 평등은 이성적으로 생각해서 언젠가 실현되거나 해결되는 것이 아니다. '해(解)가 곧 결(決)이다.' 결자(結者)인 이성이 해지(解之)해야 한다(結者解之).

다윈의 진화론은 인간에 이르기까지의 진화론적 분류학을 마련함으로써 인간중심주의를 벗어나지는 못했다. 무엇보다도 '무엇이 무엇으로 진화했다'고 하면 세계의 실체를 인정하는 격이 된다. 니체가 세계를 '권력의 의지'로 본 것은 선언적·은유적으로는 반이성주의라고 하지만 논리적·환유적으로는 이성주의를 숨긴 서양철학의 자기고백이라고 할 수 있다. 라캉의 욕망의 이론도 마찬가지이다. 라캉은 욕망은 언어(symbol)로 설명할 수 있다고 한다. 무엇보다도 라캉의 욕망 속에는 남성의 페니스주의가 숨어 있다. 존재론의 하이데거와 해체철학의 대명사인 데리다의 차연의 '연장'이라는 개념 속에 이성이 들어 있다.

이들은 모두 크든 작든 인간중심주의와 언어중심주의, 이성주의를 표방하고 있다. 이성주의의 보편성의 철학은 자연과 남을 관리하거나 지배하는 지배의 철학이고 권력의 철학이다. 니체가 고백한 '권력의 의지'는 동시에 '비권력의 권력'을 동봉하지만, 서양철학의 가장 밑바닥에 은폐된, 숨어 있는 본질과 같은 것이다. 권력의 의지마저도 이성임을 만천하에 공개한 셈이다.

서양의 입자적·이성적 사고에 반하는 사고를 파동적·실재적 사고라고 할 수 있을 것이다. 입자적 사고는 개체적 사고이고 개체적 사고는 거울반사(자아불투명)의 사고인 반면, 파동적 사고는 전체적 사고이고 해인삼매(海印三昧, 무아투명)의 사고이다. 거울은 불투명의 뒷면이 있어야 비친다. 그런 점에서 자아는 거울의 뒷면과 같은 것이고 거울반사는 자아의 정체성(상상력도 포함) 같은 것이다. 그 정체성은 불투명한 것이라고 할 수 있다. 이에 비해 파동적 사고는 바다의 파도와 같다. 파도는 불투명의 정체성이 없고 파동 치는 물결만 있을 뿐이다. 바다는 자아의 정체성이 없기 때문에 투명하여 깊은 곳까지 그대로 드러낸다. 이를 해인삼매라고 할 수 있다. 서양의 나르시시즘과 해인삼매는 다르다.

나르시시즘은 연못 속에 비친 자신의 얼굴의 아름다움에 빠져 스스로 연못 속에 빠져 숨진 나르시스의 신화에서 나온 말이다. 서양철학에는 어딘가 나르시시즘의 혐의가 있다. 나르시스의 연못 대신에 거울이 있다. 예컨대 데리다는 현존성이라는 '꽉 찬 소리'를 혐오해서 눈으로 볼 수 있는 문자(문자의 에크리튀르적 속성)로 피신했다.

거울과 시각의 문제는 칸트의 물 자체의 문제, 예컨대 인식을 표상작용이라고 믿는 한 표상 뒤에 있는 물 자체의 인식을 풀리지 않는 수수께끼로 남겨놓는다. 현대의 분석철학자나 구조주의철학자들에 의해 철학이 정신이나 관념에서 언어나 개념의 문제로 넘어왔지만 언어가 또다시 거울의 역할을 하고 있다. 그래서 서양철학은 시각-언어의 연쇄(감옥)로부터의 탈출을 요구받고 있다.

라캉은 욕망의 거울을 통해(거울을 통해 타자를 발견하고 타자를 통해 욕망의 대상으로서의 주체를 발견하고) 욕망을 언어로 환원시키는 데 몰두했다. 니체는 세계를 권력의 의지로 해석했다. 권력의 의지는 니체의 거울이 된 셈이다. 서양철학의 시각 특권적 속성, 거울의 이미지는 어떤 서양철학자도 비켜갈 수 없는 나르시스의 연못이다. 데리다는 문자에, 라캉은 욕망에, 니체는 권력이라는 거울에 최종 기착했다.

이들은 모두 반이성주의 속의 이성주의이다. 이를 현상학적으로 말하면 모두 기호(기표), 페니스, 초자아의 변형이다. 데리다의 문자, 라캉의 욕망, 니체의 권력의 의지는 가부장사회의 지배욕을 숨기고 있다. 그런데 이들 모두에게 여전히 거울 이미지가 숨어 있다.

지금까지 서양철학 주류의 인식론은 정신이 물질적 대상을 심상에 표상함으로써 인식이 이루어진다는 입장이다. 칸트는 정신이 대상을 적극적으로 구상한다고 한 점이 다르긴 하지만, 칸트 이후에도 여전히 표상작용(대상, 현상,

가부장사회	보편성(존재자)	초자아(超自我), 자아(自我)	종교, 윤리(倫理)	지배욕
모계사회	일반성(존재)	무아(無我), 무(無)	천도지덕(天道地德)	자연성

서양철학	화가(남성)의 입장	표상작용	대상, 현상, 기호	시각-언어 중심
동양철학	음악가(여성)의 입장	파동작용	기운생동의 세계	청각-상징 중심

기호)이라고 하는 데는 변함이 없다. 이는 사물을 화가(남성)의 입장에서 바라보는 것에 견줄 수 있다. 이에 비하면 동양의 음양철학이나 기운생동의 철학은 음악가(여성)의 입장에 있다고 할 수 있다.

서양철학의 이러한 특성은 시각-언어의 합작으로 연출해내는 속임수, 거울의 가면효과이다. 거울은 상상계이고, 이성이야말로 상상계가 아니면 불가능하다. 거울은 처음엔 '남(他者, 心象, 物象)'을 보여주다가 결국 거울 속의 이미지가 '나(卽自, 心物)'임을 알게 함으로써 나와 남(나↔ 남)을 왕래하게 한다. 인간은 자기가 투사된 타자를 본다.

좀 더 부연하면, 시각-언어는 시각-공간-언어-이성-구성이다. 인간이 자신이 본 대로 세계가 있다고 생각하는 것, 세계는 자신의 언어로 규정하는 대로 있다고 생각하는 것, 이것이 바로 문제이다. 서양철학은 사물(대상)을 본 것이 아니라 자신을 본 것뿐이다. 서양철학은 사물을 투과하지 못하고 자신을 비추는 데 그친 셈이다. 심과 물은 같은 것으로, 한쪽이 다른 쪽을 표상하는 것이 아니라 서로 대등하게 존재한다. 그래서 심상(心象)과 물상(物象)의 해방, 즉 심물일체의 철학이 필요한 것이다.

세계는 욕망이고 의지이지만 그것에도 양면성이 있다. 니체의 '권력의 의지'만 해도 그렇다. 세계를 '권력의 의지'로 볼 수 있지만, 그것에도 '플러스 권력의 의지'가 있고 '마이너스 권력의 의지'가 있다. 그것을 필자는 '일반의지'라고 생각한다. 루소는 일반의지의 개척자이다. 일반의지의 권력은 '비권력의 권력'이다.

세계는 의지도 없이 스스로 자기만족을 하면서 흩어져 있다. 그 흩어져 있는 존재들이 저마다 소리를 지르고 있는 것이다. 만물은 등급이나 등차가 없이 모두 그렇게 있다. 흩어져 있는 만물에게 의지가 있다고 생각하는 것은 어딘가 인간중심주의적인, 인격적인 혹은 신학적인 요소를 감추고 있는 것이다.

그동안 신과 인간은 철학적·신학적 동업자였다. 그런데 지금에 와서 신을 죽이고 살리고 하는 것은 둘이 의기투합을 하지 못한 결과이다. 최초의 원인인 유일절대신의 '원인적 동일성'과 결과를 중시하는 과학의 '결과적 동일성'이 충돌한 까닭일 것이다. 본래 원시·미개사회에서는 물이 신이고 신이 물이었다. 그런데 이것을 둘로 갈라놓고 시공을 따지고, 인과를 따지고, 시종을 따지다 보니 그렇게 된 것일 것이다.

의지는 무엇을 향하고 있는, 방향성이 있는 것이다. 무엇을 향하고 있다는 것 역시 인간주의적인 발상이며 목적지향적이다. 이러한 목적지향은 비단 칸트적인 무목적의 합목적성이 아니라고 할지라도 거기에 자아와 주체의 흔적이 있다. 예컨대 권력의 의지에도 남성적 시각이 있다. 남성적 시각은 사물(자연)을 여성으로 보고, 여성을 바라보듯이 한다. 이것은 페니스의 시각이다. 시각-언어-페니스의 연합이다. 이들의 연합이 바로 서양철학의 거울이다.

라캉은 여성의 희열, 소리 저편에 페니스가 있다고 생각한다. 여성은 오르가슴에 오를 때 페니스를 필요로 하지만 희열의 순간에 페니스를 떠올리는 것은 아니다. 여성은 단지 자신의 희열에 몸을 내맡길 따름이다. 그런 점에서 여성의 세계는 몸이다. 서양철학에는 남성적 시각이 끈질기게 도사리고 있다. 서양철학에서 신을 사형 선고해버린 니체조차 남성적 시각에서 자유롭지 않다. 라캉처럼 여성이 희열의 순간에 남성의 페니스를 생각하고 있다고 여기는 착각이야말로 서양철학의 진면목이다.

의지와 욕망은 본능이나 본성과는 다르다. 본능과 본성은 자연으로부터 유전된 것이지만 의지와 욕망은 그것이 아무리 자연에 가깝다고 해도 그 속 어딘가에는 인위와 유위가 들어 있다. 의지와 욕망에는 어떤 방향과 목적이 숨겨져 있다. 방향과 목적이 있다는 것은 여전히 자아적 혹은 개체적(주체적, 실체적) 사고라고 하지 않을 수 없다.

서양철학자들은 의지와 욕망이라는 단어를 통해서 에너지와 기운생동을 표현하고 있지만 여전히 우주의 진정한 기운생동의 세계, 무량청정(無量淸靜)의 세계, 공의 세계, 무의 세계, 무위의 세계를 보지 못하고 있다. 어떤 측면에서 의지와 욕망은 자연에 가깝다기보다는 이성의 변형이라고 할 수 있다. 이것이 표상의 세계에 머무르는 서양철학의 한계이다.

의지와 욕망 속에 숨은 이성은 상상계에서 이루어진다. 이성은 상상계와 상징계(언어)의 연합으로 이루어지기 때문에 끝이 없는 무한대이다. 이때 언어는 과거이고 상상은 미래이다. 서양철학은 과거의 언어로 미래를 재구성할 뿐이다. 현재는 비시간으로 없다. 진정한 주체는 없다. 그래서 현존으로서의 존재는 없다. 이것이 표상에 머무르는 서양철학의 한계이다.

지나친 이성주의에 의해 잃어버린 자연의 본능이나 본성을 회복하기 위해서 서양철학은 의지와 욕망을 주요 주제로 삼고 있고, 그러한 재해석을 통해 자연성을 회복하려는 과정 중에 있는 것도 사실이지만 의지와 욕망이라는 용어에는 지속적인 추구나 축조적인 쌓기가 들어 있기에 이성적이라고까지 말할 수 있다.

서양의 후기근대 철학들은 자아를 벗어나기 위해 그리고 인간중심주의를 탈피하기 위해 온갖 철학적 노력들을 경주하고 있지만, 결국 인간을 벗어나지 못하고 있다. 이는 서양철학이 언어를 버리지 못하기 때문이다. 지식을 사랑하는 '애지(愛知)의 철학'인 필로소피(philosophy)는 그것의 본래의 말의 뜻을 벗어나지 못하는 최면에 걸려 있다.

철학은 자신이 설정한 초자아나 초월성의 최면에 걸려 있는지도 모른다. 철학의 이러한 측면은 인간이 스스로 설정한 그 무엇에서, 그 무엇의 빙의(憑依)에서 벗어날 수 없는 '자기속임의 존재' 혹은 '자기만족의 존재'라는 것을 말해준다. 그런 점에서 모든 인간은 '초월적 이념을 가진 무당'이다. 무당에도 작은 무당, 큰 무당이 있듯이 철학에도 큰 철학자, 작은 철학자가 있을 수 있다. 큰 철학자는 '지혜의 철학자'일 것이다.

'애지의 철학'은 '무지의 지혜'로 바뀌어야 한다. 세계는 자아도 아니고 주체도 아니다. 그렇게 바라보는 자체가 자신을 투사하고 있는 거울에 속고 있는 것이다. 그런 점에서 인간은 자신에게 속을 수밖에 없다. 왜냐하면 자신의 몸으로 세계에 대항(적응)할 수밖에 다른 도리가 없기 때문이다. 그런데 서양 사람들이 그 대항이라는 것을 시각을 중심으로 하고 있다는 데 세계 이해의 근본적인 문제와 한계가 있다.

서양철학의 신학적·인간주의적인 특성은 시각에서 비롯된다. 시각을 기초로 언어를 쌓아가고, 그 쌓아간 언어의 바벨탑 때문에 세계의 진면목을 보지 못하는 것이다. 바로 그 초점성(焦點性), 집중성(集中性), 집합성(集合性) 때문에 최초의 원인이라는 동일성을 벗어나야 한다고 하면서도 벗어나지 못하는 것이다.

칸트의 이성철학 이후 니체를 정점으로 반이성철학으로 돌아섰지만, 니체의 권력의 의지는 물론이고 라캉의 욕망이론 등 그 이후의 여러 후기근대 철학에서 여전히 이성의 잔재와 흔적을 볼 수 있다. 이는 반이성주의철학의 이성주의라고 말할 수 있다.

권력의 의지 혹은 욕망 이론 등에는 이성의 변형적 의미마저 있다. 그러한 점에서 서양철학은 여전히 이성중심주의이면서 동시에 철학 자체가 이성의 산물임을 다시 발견하게 된다. 이는 물론 철학의 결정적 도구가 언어이기 때문이다. 언어를 떠나서는 철학을 할 수 없는 것인가?

권력의 의지이든 욕망이든 모두 양의 세계와 함께 음의 세계가 있음이 확실하다. 세계는 항상 다른 차원으로 이분화될 수 있는 것이다. 서양은 항상 양의 세계를 우선하는 역사적·문화적 전개를 해왔고, 동양은 음의 세계를 우선하는 역사적·문화적 전개를 해왔다. 그래서 동양은 항상 '음양'의 문화적 성격을 갖는 반면 서양은 '양음'의 문화적 경향을 갖는다. 이성이란 바로 양의 성격을 말한다.

양의 세계는 '권력의 의지'의 세계이고, 음의 세계는 '일반의지'의 세계이다. 양의 세계는 '페니스'의 세계이고, 음의 세계는 '버자이너'의 세계이다. 양의 세계는 헤겔의 '제한경제학'의 세계이고, 음의 세계는 바타유의 '일반경제학'의 세계이다. 자연은 제한이 없는데 인간은 스스로 다스리기 위해 제한을 만들었다. 권력이란 제한을 만든 것이다. 이것이 문명이고 제도이다. 결국 양의 세계는 '지배의 세계'이고, 음의 세계는 '피지배의 세계'이다. 피지배의 세계를 '음의 지배'라고 말할 수 있다. 세계는 음과 양, 플러스와 마이너스의 세계이다.

서양철학은 빛-시각 중심의 반사(反射)철학이다. 소리의 철학은 소리-청

양(陽, 凸)의 세계	양의 권력의 의지(문명의 권력)/ 권력(權力)의 의지(意志)	양의 욕망(페니스의 욕망)/ 헤겔의 제한경제학/ 지배의 세계
음(陰, 凹)의 세계	음의 권력의 의지(자연의 권력)/ 일반의지(一般意志)	음의 욕망(버자이너의 욕망)/ 바타유의 일반경제학/ 피지배의 세계

양의 문화적 성격	이성(理性), 성리(性理)	만물은 결정체(실체, 粒子)이다.
음의 문화적 성격	기(氣), 기질(氣質)	만물을 분산체(비실체, 氣疏)이다.

각 중심의 공명(共鳴)철학이다. 빛은 입자이면서 동시에 파동이다. 빛에 파동의 측면이 있다는 것 자체가 파동이 보다 더 근본적인 것임을 말하는 증거이다. 빛은 반사되는 것이고 반사는 결국 표상이다. 표상은 생명 그 자체가 아니기 때문에 울리지 않는다. 일종의 존재의 카피와 같은 것이다.

이성의 눈으로 보면 만물은 결정체(실체, 粒子)이다. 그러나 반이성 혹은 소리의 관점에서 보면 만물은 분산체(비실체, 氣疏)이다. 이성의 가장 근저에는 시공간이 도사리고 있으며 시계가 도사리고 있다. 그 시계를 멈추게 하지 않는 한 인간은 스스로의 속박으로부터 벗어날 수 없다. 이성 속에는 이성이 결코 극복하지 못할 것이 내재해 있다.

지금까지 인류의 근대는 서양의 입장에서 세계를 바라보았다. 이제 동양의 입장에서 세계를 바라보아야 할 때가 되었다. 왜냐하면 서양의 이성주의는 인간이 몸담고 살아야 할 자연을 너무 황폐화시켰기 때문이다. 자연과 인간의 관계 속에서 인간의 존재가치에 대한 재고와 반성이 필요한 시점이다.

만물은 태초(태초도 없지만)처럼 지금도 흩어져 있다. 말하자면 지금이 태초이다. 누가 누구의, 무엇이 무엇의 기준이 될 수 없다. 그냥 그렇게 흩어져 있는 것이다. 이것은 버려져 있는 것이 아니고, 스스로 자기에게 만족한 채 흩어져 있는 것이다. 흩어져 있기에 구원이 필요한 것도 아니고 죽여야 하는 신도 없다. 만물은 돌아갈 고향조차 없다. 스스로가 이미 고향이기 때문이다.

우리가 사물이라고 지칭할 때는 그것은 이미 대상화된 사물이다. 그러나 대상화되지 않는 물(物)이 신이다. 그러한 점에서 스피노자의 범신론조차 실은 사물에도 신이 있다고 함으로써 신학적 요소를 완전히 벗어났다고 할 수 없다. 세계의 진면목은 물이 있을 뿐이다. 물은 신이라는 말을 쓰지 않아도 스스로 존재하는 신이다.

그러한 점에서 신학적 의미가 없는 '신바람과 같은 물의 애니미즘'이 필요하다. 이것을 네오애니미즘 혹은 네오샤머니즘이라고 부를 수 있을 것이다. 현대인은 원시·미개사회의 '물신숭배(fetishism)'[1]를 마치 기독교인이 하나님을 숭배하듯이 사물을 숭배하는 것처럼 생각한다. 이는 현대인이 자신의 의식을 그들에게 투사한 결과인데 도리어 현대의 기독교인이야말로 물신숭배를 하고 있다. 하나님을 인격적 대상 혹은 실체적 대상으로 보기 때문이다.

원시·미개사회의 원주민(선주민)은 사물을 신으로 숭배하는 것이 아니라 사물 속에 신성이 내재한 것으로 본다. 그래서 사물 자체가 바로 신물(神物)인 것이다. 이는 사물을 자신과 같은 몸[物]으로, 심물일체로 대하는 것이다. 그들에게 몸과 물은 분리되지 않았으며, 몸도 정신의 대상이 되는 물질(육체)이 아니었다.

오늘의 현대인이 원시·미개인들이 대하는 것처럼 '신물숭배'로 물 혹은 신을 느끼게 되면 인류는 오랜 방황 끝에, 길고 긴 역사의 노정 끝에 원시반본(原始返本)을 한 셈이다. 어쩌면 인간의 타락과 종말은 천국과 극락에서 구원받는 것이 아니라 새로운 신물숭배를 통해 인간이 자연과 하나가 될 때 저절로 이루어질 가능성이 높다.

자연은 실체(입자)의 연속이 아니라 파동(파장)의 파도와 같은 일렁임이다. 파도와 같은 일렁임은 '직선의 연장'의 세계가 아니라 사인 곡선과 같은 '태극운동의 세계'이다. 세계의 물(物, 水)은 태극운동을 하고 있다. 이 운동은 전후·상하·좌우·내외가 없이 움직이고 있다. 그러니까 일정한 방향과 양이 없다. 그냥 '흩어져 흐르고 있는' 것이다. 자연의 신은 그저 '흩어져 흐르고 있는' 것이다. 자연의 신은 한 곳에 모여 있지 않다.

---

1) 박정진, 『굿으로 보는 백남준 비디오아트 읽기』, 한국학술정보, 2010, 277쪽. 필자는 페티시즘에 대한 새로운 해석을 위해 'fetishism(物神崇拜)'의 f를 대문자 F로 바꾸어 'Fetishism(神物崇拜)'으로 부르면서 뜻은 정반대로 해석하는 시도를 처음 했다.

이제 물을 신이라고 해도 괜찮고, 신을 물이라고 해도 괜찮다. 이것은 유물론이 아니다. 마르크스가 유물론(절대물질론)을 제창한 것은 헤겔의 절대정신론(유심론)의 절대성에 절대성으로 반발한 것이고, 절대성으로 대안을 내놓은 것이다. 매우 서양적인 처방이었다. 니체가 신을 죽이고 마르크스가 유물론을 내놓은 것 자체가 서양문명과 이성중심주의의 한계를 드러내고 있다. 서양문명은 '실체와 초월과 절대'의 문명이었기 때문이다.

서양철학의 반이성주의는 변증법을 통해 수시로 실현되었다. 정반합의 반은 앞의 합리적 명제에 대한 이성주의적 반명제의 연속이었다. 오늘날 반이성중심주의는 그러한 점에서 마지막 변증법이라고 할 수 있다. 반이성중심주의는 여전히 이성적으로 실현되고 있다는 점에서 이성주의의 한계를 극복하게 될지는 미지수일 뿐만 아니라 여전히 이성의 흔적을 지니고 있다. 그 흔적을 하이데거와 데리다에게서 찾아볼 수 있다.

서양문명은 소리[音聲]를 이성으로 치환하고, 신을 정신으로 치환했다. 헤겔의 정신(절대정신) 현상학이 마르크스의 물질(유물론)이 된 것은 서양문명의 당연한 귀결이었다. 정신의 현상학이 물질이었던 것이다. 동양의 관점에서 보면 기독교의 인격신은 신의 현상학이다. 정신도 신의 현상학이다. 고로 인격신은 정신이다. 기독교의 인격신이 데카르트의 '나(인간)', 헤겔의 '절대정신'으로 변형되는 것은 당연하다. 무엇보다도 시간은 시(時)의 현상학이다. 공간은 공(空)의 현상학이다.

인류학적으로 볼 때 인간의 초월의식과 초월적 이념은 언제, 어디서 온 것일까? 그 출발은 역시 가부장사회에서 찾을 수밖에 없다. 그렇다면 수천 년을 거쳐 인류의 보편적 제도가 된 가부장제는 서양의 근현대 문명에 이르러 과학문명과 기독교를 통해 그 초월의식의 꽃을 피운 셈이고, 동시에 그 조락(凋落)을 맞게 된 것이다.

인류의 원시·미개 혹은 고대에 있었던 것으로 상정되는 모계사회는 자연과 무의식과 집단무의식과 관련이 있고, 부계사회는 역사와 문명과 의식학(현상학)과 관련이 있다. 모계야말로 자연스러운 흐름이고, 부계는 인위로, 의식적으로 만들어진 것이다. 그러한 점에서 샤머니즘은 모계사회와 부계사회의 경계지점에 있다. 샤머니즘은 그 이전의 정령숭배의 전통을 이으면서도 다른 한편으로 그 정령을 초월적인 존재로 세우는 역할을 한 분기점이다.

샤머니즘은 모든 종교의 원형으로서의 정령을 초월적 신으로 설정했으며, 현대의 자연철학(존재철학)은 그 초월적 신을 초월의 자리에서 만물만신의 평등한 자리에 내려오게 함으로써 만물이 하나라는 것을 깨닫게 했다. 신물숭배는 인간중심주의의 끝이다.

'물신'과 '신물'은 그것 자체가 이미 이중성과 동봉의 관계에 있다. 인간의 정신이 물질과 스스로의 관계를 끊어놓은 바로 그 자리에 이중성이 도사리고 있다. 결코 끊어지지 않는 '물의 자연'을 끊어놓은 까닭에 그 경계는 '끊어지지 않는 것(其然)', '자연스러운 것(自然)'이면서도 동시에 '끊어진 것(不然)', '자연스럽지 않는 것(文明)'이다. 과학은 단지 끊어진 것을 이용하는 것일 뿐이다. 시각은 공간이고 언어는 시간이다. 시간은 텍스트이고, 텍스트는 기술이다. 결국 시각-언어의 서양문명은 시간과 공간의 과학문명이 될 수밖에 없었다.

신바람은 다른 무엇보다도 소리와 더불어 온다. 신바람은 마치 음악처럼, 또한 음악이 흐르면 춤을 추고 싶은 그런 심정으로 온다. 신바람은 질서정연함으로부터 오는 것이 아니라 혼돈으로부터 온다. 혼돈으로 들어가야 신을 만난다. 시작도 끝도 없는 곳으로 가야 신을 만난다. 그 신을 설명하고자 하면 자기모순에 빠진다. 그것이 주어의 모순이며 함정이다. 이것은 절대의 모순이며 함정이다.

최초의 원인을 찾는 서양철학의 동일성 신앙, 혹은 기독교의 절대신, 혹은 물리학적 소립자의 발견과 같은 인간중심주의로는 신바람을 만날 수 없다. 신바람은 진정으로 자연으로 돌아갈 때 만난다. 무시무종의 세계가 바로 신바람의 세계이다. 그것은 인간의 시각이 미치지 않는 '미궁의 소리의 세계'이다. 미궁은 미로(迷路)가 아니고 미신(迷信)이 아니다. 미궁은 우주의 자궁이다. 미궁은 스스로 만족하고 있는 물의 세계이다. 물은 희열에 빠져 소리 지르는 여성이다.

신과 기는 인간이 스스로를 비우면 비울수록 커진다. 따라서 자신을 가장 많이 비운 사람일수록 가장 '큰 신'이 된다고 할 수 있다. 보다 많은 사람, 인류 전체를 위해 자신의 목숨을 희생하는 사람에게 신이 다가가는 것이다. 신은 자연이다. 여자는 자연이다. 여자는 진리나 윤리와 거리가 멀지만 진실하고 아름답다. 마치 저 스스로에 만족하고 있는 자연처럼 말이다.

9
유형지학(有形之學)·무형지학(無形之學)으로

1) 유형지학, 무형지학

형이상학으로 출발한 서양철학은 그 정점에서 정신의 자리에 물질을 놓고(유물론), 신의 자리에 인간을 놓고(인간중심주의), 형이하학에 있던 물리학마저 추상과 기계에 지나지 않음을 알게 된다. 여기에 이르러 서양철학은 유형에서 무형을 찾아야 한다는 것임을 깨달았다. 형(形)이 있는 것의 상하를 따지던 철학은 형이상학과 형이하학이 모두 시간과 공간의 학이라는 것을 알게 되었다. 이제 철학은 형이상학-형이하학의 분류에서 '무형(無形)의 학'과 '유형(有形)의 학'으로 새로운 자리매김을 해야 한다.

'무형'이라고 해서 '없는 것'이 아니다. 단지 눈에 보이는 형이 없어서 보이지 않을 따름이다. '무형지유형(無形之有形)', '유형지무형(有形之無形)'이다.

유형지학은 이학(理學)에 속하고 무형지학은 기학(氣學)에 속한다. 유형지학은 바로 이성학(理性學)이다. 이성학에는 그동안 서양철학이 논했던 대부분의 분야, 형이상학인 철학과 의식학인 현상학과 형이하학인 물리학이 포함된다. 여기서는 절대성이 강조되고 정신/육체, 추상/기계, 입자(물질)/에너지(상대성이론)가 논의된다.

기학은 서양철학에서 다루지 못한 새로운 분야로 무형지학이라고 말할 수 있다. 무형지학은 기학과 '몸'학을 포함한다. 무형지학에는 무의식학(본능학), 존재론(철학), 집단무의식학(구조인류학), 그리고 순수기학으로 우주적 파동론과 소리철학이 포함된다. 여기서 가장 중요한 것은 무의식과 관련되는 부분을 무형지학에 포함시켰다는 점이다. 형이상학과 형이하학의 관점에서는 무의식이나 욕망을 형이하학에 포함시킨다. 그러나 무의식은 형이하학이 아니다.

<table>
<tr><td rowspan="3">이학
(理學)</td><td rowspan="3">유형지학
(有形之學)/
이성학(理性學)</td><td>형이상학</td><td>철학(metaphysics)</td><td rowspan="3">절대: 정신/육체,
추상/기계,
입자(물질),
상대: 에너지</td></tr>
<tr><td>의식학</td><td>현상학</td></tr>
<tr><td>형이하학</td><td>물리학(physics)/
형이하학</td></tr>
<tr><td rowspan="3">기학
(氣學)</td><td rowspan="3">무형지학
(無形之學)/
기학(氣學)/'몸'학</td><td>무의식학(본능학)
존재론(철학)</td><td>욕망(상징, 언어)
존재/존재자</td><td>空, 中道, 無爲自然,
이중성(ambiguity)</td></tr>
<tr><td>집단무의식학</td><td>문화의 심층구조</td><td>이중구조(dualism)</td></tr>
<tr><td>기(氣)학</td><td>파동론, 소리철학</td><td>파동: 에너지 전달</td></tr>
</table>

형이하학은 자연과학이다.

무형지학은 무의식학, 존재론('존재와 무'론), 집단무의식학 등과 같이 전통적으로 서양철학에서 무의식과 관련되었던 분야를 포함한다. 이는 철학의 새로운 분류학이다. 동양의 기학 혹은 기철학을 무형지학의 대표적 분류 개념으로 사용했다. 여기서는 전통적으로 불교와 노장철학에 포함되던 욕망을 해결하거나 억제하는 해결책으로서 공, 중도, 무위자연사상 등과 이들에 내재한 이중성을 논의하고, 집단무의식학은 문화의 심층구조에 담긴 이중구조를 밝힌다.

그리고 파동론과 소리철학은 에너지 전달체계로서의 파동과 소리에 대한 철학적 의미를 탐구한다. 파동은 에너지가 아니다. 파동은 단지 에너지를 전달할 뿐이다. 그런 점에서 기와 에너지는 다른 것이다. 그동안 서양철학의 영향으로 기는 흔히 물질과 동의어로 사용되었고, 기학은 마치 유물론처럼 취급되기도 했는데 이는 잘못이다.

유물론은 정확하게 말하면 '유물질론(唯物質論)'으로 기학의 범주가 아니라 이학의 범주에 속한다. 유물론에서 다루는 '대상화된 대상으로서의 물질'은 현상학적으로 '드러나는 것으로서의 물질(物化)' 혹은 '드러나는 것으로서의 육체(肉化)'와는 다른 것이다. 그러한 점에서 물질과 육체라는 말 대신에 '몸'이라는 말을 사용함으로써 현상학이 유물론과 차별을 기하는 것이 논리적이다.

유물론적 설명은 때때로 종래의 유심론적 해석보다 현상학과 잘 맞아떨어지는 경향이 있다. 이는 현상학에 물질적 대상으로 향하기 위해 주관적 대상을 설정하는 '대상으로서의 현상학'과, 드러나지 않는 세계가 드러나는 세계가

이학(理學) *눈에 보이는 세계 및 추상-기계의 세계	thing, nothing, seiendes	물신(物神)숭배(fetishism): 현대문명인	有의 차원/ 현상학 환유적(換喩的) 세계
기학(氣學) *눈에 보이지 않는 세계 및 상징의 세계	nothingless, sein	신물(神物)숭배(Fetishism): 원시·미개인	無의 차원/ 존재론 은유적(隱喩的)·상징적(象徵的) 세계

되는 '육화로서의 현상학'이 있기 때문이다. 전자는 시공간의 물리적 세계로 나아가고, 후자는 존재의 몸을 드러내는 것이 된다. 현상학의 물질화(物質化)와 육화를 통한 존재자와 물(物, 존재)의 드러남은 시각적으로(결과론적으로) 유물론에 흡사하다.

'유형의 학'은 '이의 학'이고, '무형의 학'은 '기의 학'이다. 기는 눈에 보이지 않지만 없는 것이 아니다. 기학이 등장함으로써 그동안의 서양철학이 '유형의 학'이었음을 분명해졌다. 이학은 '눈에 보이는 세계' 혹은 '추상-기계'의 세계를 다루는 범주이고 환유적 세계이다. 기학은 '눈에 보이지 않는 세계' 혹은 '상징의 세계'를 다루는 범주이고 은유적·상징적 세계이다. 이학은 'thing', 'nothing', 'seiendes'에 속하고, 기학은 'nothingless', 'sein'에 속한다. 이학은 물신숭배에 속하며 현대 문명인들이 여기에 빠져 있다. 기학은 신물숭배에 속하며 원시·미개인들의 삶이라고 할 수 있다.

동양의 이기론의 관점에서 서양철학을 다시 범주화하면 원시·미개인의 주술적 사고와 하나도 다르지 않다. 환유적 사고는 주술에서 접촉주술이었고, 은유적 사고는 동종주술이었기 때문이다. 도리어 보이지 않는 세계에 대한 규정은 후퇴한 감이 있다. 현대인이야말로 물신숭배를 하고 있으며 물신숭배의 눈으로 원시·미개인을 바라본 셈이다.

현대인은 자기 자신을 바라보거나 자신을 투영한 나르시스에 불과한 셈이다. 단지 나르시스는 자신의 아름다운 미모에 반해서 호수에 빠졌지만 현대인은 자신의 일그러진 추한 모습을 바라보고 놀라고 있는 것이다. 그 현대인을 철학적으로 치유하려면 역설적으로 원시·미개사회의 신물숭배를 되찾지 않을 수 없다. 이것이 네오애니미즘이고, 네오샤머니즘이다. 이를 관통하는 사상은 여성성(女性性)이다. 따라서 종래의 여성운동과 같이 남성을 닮아가는 페

음양론(陰陽論)	양(陽) 양기(陽氣)	색(色)	존재자 (存在者)	채워져 있음 입자(粒子)	남성	페니스
	음(陰) 음기(陰氣)	공(空)	존재 (存在)	비어 있음(氣疏) 소리(音과 聲)	여성	버자이너

미니즘이 아니라 여성성 자체를 높이는 네오페미니즘이 필요하다.

이를 위해서는 동양의 전통 기철학과 음양사상의 부활이 절실하다. '기'철학의 입장에서 바라보면 동양의 음양철학에서 전통적으로 불러오던 '음양의 순서'를 '음양'으로 되찾게 되는 장점이 있다. 철학은 그동안 '음양이 거꾸로 된 양음'의 순서였으며, 그로 인해 이가 기를 다스렸다. 음양이 양음이 됨으로써 양을 우선했다가 다시 음양이 됨으로써 음이 제자리를 찾아야 하는 것이다. 음양은 음을 양처럼 주장하지 않고 본래 음의 자리를 지킨다.

불교적 공사상과 그것의 영향으로 발생한 서양의 존재론은 동아시아의 음양론으로 재해석될 필요가 있다. 이는 물학적 성격을 보다 생물학적 혹은 생태학적(생태학적)으로, 나아가서 생기론적(生氣論的) 전통으로 해석하고자 함이다. 공과 존재는 음양철학의 입장에서 볼 때는 '음'이고 구체적인 남녀로 볼 때는 여성이다. 따라서 동양의 음양론의 입장에서 해석하면 '철학의 추상성이나 보편성'이 아니라 '삶의 구체성과 일반성'으로 철학을 삶에 내려오게 할 수 있고, 철학을 보다 삶에 가깝게 할 수 있는 장점이 있다.

2) 네 갈래의 현상학

현상학은 실은 본질학이다. 현상학은 처음부터 현상학을 하려고 한 것이 아니라 '양파껍질 같은' 본질의 세계를 탐구하다보니까 저절로 드러난 것이 현상학이다. 따라서 칸트 철학 이후 벌어진 철학적 논의들은 모두 현상학에 포함될 수 있다. 이렇게 자리 잡은 현상학에 처음으로 반기를 든 것이 하이데거의 존재론이다. 하이데거는 현상학에 만족할 수 없었다. 하이데거는 현상학이 아닌, 아직도 본질을 탐구하는 그 무엇에 '존재론'이라는 말을 덧붙였다.

아이러니컬하게도 현상학의 주창자인 후설은 제자인 하이데거가 현상학에 최초로 반기를 듦으로써 존재론이 현상학이 아님을 최초로 확인하는, 다시 말하면 하이데거 다음으로 존재론을 처음 확인하는 경계선상의 인물이 되었다. 존재론의 등장 이후 철학은 크게 칸트 철학, 현상학, 존재론의 세 파로 나뉘었다.

그런데 철학이 철학 자체를 아무리 대단하다고 하더라도 언어가 없이는 철학행위가 불가능하다. 언어도 하나의 현상임에는 틀림없다. 그래서 철학은 언어현상을 철학의 범주에 넣지 않을 수 없다. 현상학의 범주에서 언어는 어느 자리에 놓아야 할까? 언어는 선험의 자리일까 아니면 초월의 자리일까? 언어는 모든 현상을 설명하는 철학적 도구이니까 초언어가 아닌가?

인간의 몸 혹은 몸으로서의 세계는 그동안 정신과 물질의 이분법에 따라 '대상으로서의 육체'가 되었고 스스로를 느끼는 '존재로서의 몸'을 상실했다. 이러한 인식은 '의미대상으로서의 현상학'이 주도했으며 '육화로서의(몸으로서의) 현상학'이 이에 저항한 것은 서양 철학사에서 최근의 일이다.

여러 감각 중에서 시각을 가장 많이 쓰는 인간은 눈앞에 보이는 사물을 우선 대상화하지 않을 수 없다. '의미대상으로서의 현상학'은 사물을 '밖(out, ex)에서 보는 시각'(관찰자의 시각)에서 연유했으며, '육화로서의 현상학'은 사물을 '안(in, im)에서 느끼는 몸'(삶에의 참여)으로 사는 데서 연유했다.

지금까지 기호학은 철학과 별도로 언어학에서 취급했지만 기호학이야말로 '기호의 현상'으로 현상학에 포함되어야 한다. 현상학은 기호학에서 그 단초를 열었다고 해도 과언이 아니다. 기호학의 '기표/기의'는 바로 현상학의 원천과도 같다. 현상학의 입장에서 기호학을 바라보면 기호학은 '기표로서의 현상학'이 된다. 이것은 의미의 세계가 기호로 드러남을 의미한다. 세계는 그야말로 기호로 가득 찬 세계이다. 기호는 마치 사물과 같은 위치에 선다. 이제 세계는 '드러난 세계/드러나지 않는 세계'로 나뉜다.

다음의 <표>에서 '의미대상으로서의 현상학'에 포함된 초월적 이념을 별도로'초월적 이념의 현상학'으로 설정할 수 있다. 이것이 바로 신앙적 대상을 가지는 종교의 세계이다. 기독교식으로 말하면 '하나님의 말씀'의 세계이다.

현상학		시니피앙-시니피에
의미대상으로서의 현상학 수평·연장적 현상학(→)	육화(肉化)로서의 현상학 수직·상승적 현상학(↑)	시니피앙으로서의 현상학 기호의 현상학(←)
초월적 이념/ 주체-대상의 발생	몸으로 드러남/한 몸의 세계	의미의 세계가 기호로 드러남
의식적(주관적) 대상	'살'로서의 몸	기호로 가득 찬 세계
신앙적 대상/의식적 대상/ 물리적 대상	살아 있는 '몸의 존재'	기호(언어)가 사물을 대신함

'의미대상으로서의 현상학'은 과학과 연결된다. '육화로서의 현상학'은 예술이다. 가장 훌륭한 예술은 허공의 표면에서 솟아오른 것 같은, 저절로 드러난 것 같은 예술일 것이다. 그러한 작품은 존재의 소리를 공명한다.

지금까지의 논의를 종합하면 네 가지의 현상학을 제시할 수 있다. 의식을 둘러싸고 상하좌우에 현상학이 포진하고 있는 셈이다. 기호와 과학은 반대 방향의 입장에 있다. 종교와 예술도 반대 방향의 입장에 있다. 그런데 반대 방향의 입장에 있는 것이야말로 상호 보완되는 장르이다.

인간의 의식을 중심으로 벌어지는 현상학의 입장에서 인류의 문화를 종합적으로 말하면, 종교(↓)의 대표적인 예는 하나님의 말씀이고, 과학(→)은 의식의 대상화이고, 예술(↑)은 존재(마음)의 소리이고, 기호(←)는 사물의 기호(언어)화라고 말할 수 있다. 종교와 예술, 과학과 기호는 서로를 풍성하게 하면서 상대방의 도구가 된다. 종교가 없는 예술을 생각할 수 없고, 예술이 없는 종교를 생각할 수 없다. 또 기호가 없는 과학을 생각할 수 없고, 과학이 없는 기호를 생각할 수 없다.

네 가지는 자신의 순수성을 끝까지 지킴으로써 상대방을 위해 봉사한다. 이는 마치 음이 음을 지킴으로써 양을 즐겁게 하고, 양이 양을 지킴으로써 음을 즐겁게 하는 이치와 같다. 또 남자가 남자를 지킴으로써 여자를 즐겁게 하고, 여자가 여자를 지킴으로써 남자를 즐겁게 하는 것과 같다.

현상학은 자아(의식)를 기초로 성립된다. 현상학은 자아학(egology)이다. 현상학적 공간은 의식의 공간이다. 의식의 공간은 여러 차원에서 나눌 수도 있고 합할 수도 있다. 의식의 특성은 '흐르는 것', 지향하는 것(intention)으로 그것

현상학의 네 갈래 I

현상학 (의식학)	초자아/초의식	초월적 이념의 현상학	종교(↓)	하나님의 말씀
	자아/의식	대상으로서의 현상학	과학(→)	의식의 대상화
	무아/무의식/몸	육화로서의 현상학	예술(↑)	존재(마음)의 소리
	기호/사물	기호로서의 현상학	기호(←)	구조언어학/기호학

현상학의 네 갈래 II

	초월적 현상학 (초의식)	
기호의 현상학 (안으로)	현상학	대상의 현상학 (밖으로)
	육화의 현상학 (무의식)	

을 어디서 절단하느냐는 전적으로 현상학자 개인의 몫이다.

철학은 현상학을 통해 물리적 공간에서 의식적 공간으로 공간이동을 한 셈이다. 현상학은 물리적 공간으로부터 스스로를 철저히 차단(판단정지)하는 대신 철저하게 의식의 공간에서 사물을 생각함으로써 철학에서 심리적 특성을 보인다. 그렇더라도 심리학과는 다르다.

이를 언어의 측면에서 보면, 칸트의 선험이라는 것도 언어이고, 초월이라는 것도 언어이고, 신도 언어이고, 대상도 언어이다. 따라서 칸트는 언어를 초언어(meta-language)로 사용한 셈이다. 그렇다면 언어가 아닌 것은 무엇인가? 물자체 혹은 몸이다. 그런 점에서 물 자체와 몸은 서양철학이 스스로의 틀을 벗어날 수 있는 출구와 같다. 지금 일어나고 있는 삼라만상의 모든 현상은 존재의 현현이다.

현상학적 공간은 기본적으로 의식의 공간이기 때문에 '상황적(contextual, situational) 장(場)의 공간'이다. 현상학에서 심리적 공간의 특성은 '연장'과 '왕래'라고 할 수 있다. 연장이라는 개념은 물리적 공간에서 그대로 전이한 것이고, 왕래라는 개념은 물리적 공간(작용과 반작용)과는 전혀 다른 것이다. 만약 어떤 철학이 '연장'의 개념을 사용하면 아직 실체적 사고를 버리지 못했고 현상학적 차원이라고 할 수 있다. 실체가 없으면(물리적 실체이든, 의식적 실체이든) 연장이라는 개념은 성립되지 않는다.

현상학의 의식은 초의식과 무의식으로 연장되고 왕래된다. 또 사물은 기호로 연장되고 왕래된다. 그래서 초의식은 무의식이 되고 사물은 기호(언어)가 된다. 이것이 의식의 공간의 특성이다. 다시 말하면 의식을 중심(매개)으로 네 갈래의 현상학이 성립하게 된다.

현상학은 서로 가역왕래하기 때문에 네 갈래의 현상학은 각자의 입장에서 다른 것을 볼 수 있고 해석할 수 있다. 예컨대 육화의 현상학의 자리를 기본적으로 예술이 차지하고 있지만 이를 종교적으로 해석하면 불교의 색신(色身, 부처)이나 기독교의 성자(聖子, 예수)를 놓을 수도 있다. 이를 의미론으로 보면 형이상학적 의미, 메토니미의 의미, 메타포의 의미, 기호의 의미로 나눌 수 있다.

이렇게 보면 니체의 권력의 의지는 초의식(초자아)에 해당한다. 그래서 초인을 등장시킨다. 라캉의 욕망은 무의식(무아)에 해당한다. 그래서 욕망은 끝이 없다. 그런데 이들은 모두 언어(기호)로 환원될 수 있다. 언어로 환원될 수 있다는 것은 의식(자아)을 중심으로 사방으로 펼쳐진(연장된) 것이라는 점을 상기시킨다.

언어(기호)-의식(자아)-대상(의미)을 연결하는 수평축인 시간의 축과 초의식(초자아)-의식(자아)-무의식(무아)을 연결하는 수직축인 공간의 축이 만나는 장이 바로 현상학적 영역이다. 수평축은 흐름과 넓이, 즉 지평이다. 수직축은 높이와 깊이, 즉 고저와 두께이다. 시간과 공간이라는 개념이 발생하는 장이 바로 현상학의 영역이다.

그렇더라도 현상학의 중심은 '의미대상으로서의 현상학'이다. 물론 현상학의 대상은 주관적 대상이겠지만 말이다. 자아(의식)는 대상을 발생시킨다(만들어낸다). 자아는 절대이고, 절대는 대상이기 때문이다. '자아= 대상= 절대'이다. 절대는 과학(기술, 제도)의 등장과 더불어 시공간이 되었다. 절대는 아인슈타인의 상대성원리에 의해 상대라는 것이 입증되었다. 따라서 상대는 절대의 상대인 셈이다. 그런데 절대와 상대의 관계는 상관적이다. 상관적이라는 말은 절대와 상대를 포용한다.

인류 역사의 개통발생과 인간의식의 개체발생은 인간 태아의 개통발생과 개체발생과 같다. 자아는 기호를 만들고, 초의식을 만들고, 무의식을 만들고, 대상을 만들었다. 이러한 현상학의 근원이 기호라는 것을 안 것은 기호학이 탄생한 근대의 일이다. 이들은 모두 기호화할 수 있는 인간의 힘(능력= 역능)이다.

지구상에 인류가 등장한 것은 대체로 300만 년 전에서 500만 년 전 무렵으로 보고 있다. 인류의 진화 단계를 보면 대체로 다음과 같다.

오스트랄로피테쿠스(Australopithecus, 500만 년 전~300만 년 전)

호모 하빌리스(Homo Habilis, 300만 년 전~150만 년 전): 도구의 사용

직립원인(Homo erectus, 150만 년 전~30만 년 전): 불의 사용

호모 네안데르탈인(Homo Sapiens Neandertalensis, 30만 년 전~10만 년 전): 언어의 발달과 종교의 등장

현생인류(Homo Sapiens Sapiens, 10만 년~3만 5천 년 전): 종교와 예술의 등장, 모계사회

중석기(1만 년 전~8천 년 전): 식물재배의 시작, 모계사회

신석기(8천 년 전~5천 년 전): 가부장제의 시작

청동기(5천 년 전~3천 년 전): 국가의 성립(가부장제의 확립)

철기(3천 년 전~서력기원): 제국의 성립(가부장제의 확대재생산)

고대(서기전 10세기~서기후 4세기)

중세(4~14세기)

근세(15~18세기)

근대(19~20세기)

후기근대(21세기 이후)

문화인류학적으로 볼 때 문화에서 가장 먼저 발생한 것은 도구를 사용하는 인간인 '도구적 인간(Homo Habilis)'이다. 그다음은 초월적 대상을 섬기는 신앙(종교)의 탄생이다. 신앙은 언어와 더불어 중기구석기인 '네안데르탈인'에 의해 발생한 것으로 연구되고 있다. 그런 점에서 인간은 무엇보다도 '종교적 인간

(Homo religlosus)'이다. 그다음은 예술의 탄생이다. 예술은 '현생인류(Homo Sapiens Sapiens)'에 의해 등장했다. 예술의 탄생은 종교의 심화와 관련이 있는 것 같다. 마음에 있는 것을 눈에 보이는 형상(몸)으로 육화하고 싶은 욕구가 있기 때문이다.

단순한 도구의 사용에서부터 종교, 예술, 과학의 탄생을 이끈 원동력은 무엇보다도 기호(언어, 문자)의 탄생이다. 이렇게 보면 현상학은 '의식의 자궁'과 같아서 이곳에서 인류문화사 혹은 역사의 개통발생과 같은 개체발생이 이루어진 것을 알 수 있다.

이를 다시 현상학(의식학)을 중심으로 정리해보자. 사실 무의식과 초의식도 의식을 기초로 성립되는 것이다. 또한 사물을 대상화하는 것과 기호화하는 것도 의식을 기초로 성립된다. 의식이 없다면 현상학의 네 갈래는 없는 것이다.

'의미대상으로서의 현상학'과 '초월적 이념의 현상학'은 인간을 논리적으로 관찰하게 하고, '육화로서의 현상학'과 '기호로서의 현상학'은 인간을 비논리적으로 혹은 해체적으로 살게 하고, 더 나아가면 존재적으로 살게 한다고 말할 수 있다. 이를 후기근대 철학에 연결시키면 전자의 차원에서 구축된 '구성적 세계'를 해체한 인물이 데리다라면, 후자의 차원에서 '육화 이전의 존재', '기호 이전의 존재'를 탐색한 인물이 하이데거라고 할 수 있다.

'의미대상으로서의 현상학'은 지식으로 통하는 '앎의 세계'이고 '육화로서의 현상학'은 느낌으로 통하는 '삶의 세계'와 연결된다. 앎과 삶은 처음부터 그렇게 다르다. 인간은 앎과 삶의 이중적 존재이다. 흔히 전자를 '지식의 삶'이라고 하고, 후자를 '지혜의 삶'이라고 한다. 전자는 '소유의 삶'으로 귀착하고, 후자는 '존재의 삶'으로 자리매김한다.

이런 관점에서 보면 하이데거의 존재론은 현상학의 밖에 있다. 그렇다면 현상학의 어느 곳에서 현상학을 탈출했다는 말인가? 적어도 현상학의 무의식(무아)과 맞닿아 있는 곳에서 탈출(이탈)했던 것 같다. 그런 점에서 예술이야말로 존재론의 존재로 탈출할 수 있는 출구인 셈이다.

그런 점에서 하이데거의 존재론은 시와 철학이 분리된 이후 다시 둘이 하나가 되게 한 시의 철학, 은유의 철학이라고 할 수 있다. 니체가 음악의 여신에게 구원을 요청한 것처럼 하이데거는 시의 뮤즈에게 구원을 요청했다고 말할 수 있다. 둘은 결국 같은 것이다. 언어의 음악이 시이고, 음악의 언어이기 때문이다. 둘은 서로 왕래한다.

예술은 현재에도 살아 있는 신화이며 야생의 세계이다. 인간은 예술을 통해 몸 혹은 자연성과 연결된다. 존재론은 마음의 현상학으로 몸을 넘어서 마음의 세계로 훨훨 날아간다. 존재론은 개별성(개체)으로서의 몸을 넘어서 전체성(일반성)으로서의 마음으로 나아간다. 그런 점에서 존재론은 인간 개체의 '마음의 존재론'이거나 우주적 전체인 '몸의 존재론'이다.

그런 점에서 하이데거가 사용하는 연장의 개념은 현상학적 차원의 그것과는 다르다. 다시 말하면 존재론적 차원의 연장의 개념이라고 별도로 말할 수밖에 없다. 하이데거의 차원은 현상학적 차원과는 다른 그 무엇이다. 하이데거의 '차연'을 불교적 연기의 의미가 들어 있는 '차연(差緣)'이라고 함이 옳다. 이는 의식의 연장인 '무의식(무아)의 차원'이 아니라 '무의 차원'이다.

인간은 복논리로 살아가는 존재이다. 하나는 '이성적인 삶'에 있고, 다른 하나는 '느낌의 삶'에 있다. 만물(존재)의 본질적 특성은 '느낌의 삶'에 있다. 이러던 것이 점차 고등동물로 진화하면서 '느낌의 세계(본능의 세계)'에 '앎(의식)의 세계'가 개입하여 확장되고 영장류를 거쳐 인간이 등장하게 된 것이다. 인간의 등장은 관찰자로서의 삶을 강화한 셈이다. 다시 말하면 관찰자로서의 삶의 강도(정도)를 높인 셈이다.

철학은 태생적으로 '밖의 시각', 즉 '앎'의 편이다. 철학이 '안의 시각', 즉 '삶', 특히 존재로서 느끼는 삶을 집중적으로 겨냥한 것은 최근의 일이다. 두 갈래의 '앎'과 '삶'의 전통은 철학의 탄생부터 평행선을 그으면서 긴장관계를 유지해왔지만 후기근대 철학에 이르기까지 '앎의 철학'이 판정승을 했다고 볼 수 있다. 그러다가 '앎의 철학 전체'를 다시 밖에서 바라보면서, 그것이 '앎의 철학'이었음을 다시 정립하면서 '삶의 철학'으로 돌아선 셈이다. 존재는 항상 대립된 것의 경계선에서 반대쪽으로 돌아선다. 이 말은 인간이 그렇게 사물을 파악하는 존재라는 뜻도 된다.

어쩌면 존재는 본래 그렇게 대립되어 있는 세계, 이분되어 있는 세계가 아닌 '하나의 세계', '하나의 몸'의 세계인데 이것을 인간(인간의 이성)이 이분대립된 세계로 인식한 결과, 그렇게 있는 것처럼 되어버린 것인지도 모른다. 인간은 자신의 특성(인식적 특성)을 자연에 투사하여 자연이 본래 그렇게 있는 것처럼 생각하는 것이다. 이는 인간이 자연을 보는 것이 아니라 인간이 인간을 보는 것이다.

인간은 왜 절대 혹은 자아, 초자아를 숭상하는 존재일까? 인간은 왜 세계를 조각조각 끊어놓고 그것을 다시 연결해야 직성이 풀리는 것일까? 인간은 왜 세계를 언어로 구성된 통사구조로 인식해야 직성이 풀리는 것일까? 이러한 철학의 특성은 지금껏 인간이 발생시킨 모든 철학에 숨어 있다. 물론 유심론과 유물론에도 들어 있다. 그래서 인간은 자연(자연으로서의 인간)으로 돌아가기 위해 자신이 쌓아놓은 철학의 탑을 해체하지 않을 수 없게 된 것이다.

마르크스가 유물론을 내놓은 후 니체는 신의 사망선고를 내렸다. 그런데 참으로 재미있는 것은 유물론은 기독교 신의 자리에 물질을 넣은, 종래의 신을 대신한 '새로운 신'이었으며, 니체가 사망선고를 내린 신은 도리어 인간이며 '인간이라는 신'이었던 것이다. 아직 '진정한 신'은 죽지 않았는지 모른다. 아니, 신이 진정한 신이라면 죽을 수 없다.

이러한 서양철학의 자가당착적(자기모순적) 전개과정은 정신병자와 전혀 다르지 않다. 허수아비를 보고 그것이 실재(사실)인 줄 아는 미치광이 연극을 보는 것 같은 기분이다. 이는 소설의 돈키호테가 아니라 현실의 돈키호테, 의식의 돈키호테이다. 철학이 마지막에 이른 것이 돈키호테란 말인가! 이성의 본질이 바로 돈키호테였다는 말인가!

이처럼 철학은 정신병자를 바라보는 관점에서 인간을 바라보아야 하는 자가당착적 시점에 도달했다. 정신병자야말로 인간의 본질을 가장 잘 드러내는 존재이다. 인간은 처음부터 정신이상자적 특성, 예컨대 강박관념, 편견, 도착된 관념에서 세계를 다시 구성한 것은 아닐까? 인간은 태생적으로 정신분열적이며, 그러한 위치에서 분열된 세계를 자신의 방식으로 조합한 것이 인간이 인식하고 구성한 세계가 아닐까? 이성이라는 것은 정신분열과 공동거주하는 애매모호함의 위치에 있다.

세계는 인간이라는 존재가 지구상에 등장하면서 그 '틈'에서 분열되기 시작했다. 인간은 그 '틈 밖'의 세계를 자신의 개체(자아)와 더불어 시공간의 세계로 바꾸었으며, 그 후 자신의 외연을 계속 넓혀왔다. 인간은 넘쳐흐르고 있다. 인간의 추상기계는 아무리 우주를 왕래한다고 해도 지구와 같은 생명의 환경을 만들어낼 수 없다. 인간이 그 분열을 멈추려면 그 틈으로 다시 들어가지(돌아가지) 않을 수 없다. 그 귀환은 멀리 있는 것이 아니라 자신의 '안'이다. 그것은 내재성이다.

기독교 신학도 '내재성'을 가지고 있다. 예수와 함께한다는 의미의 '임마뉴엘(immanuel)'이다. 이는 외부에 초월적 존재로서 예수나 신을 두고 그것을 인간의 안에 다시 받아들이는 과정이다. 그러나 여기서 말하는 내재성은 초월적 존재를 상장하지 않고 자신의 내부에 있는 창조적 존재를 느끼는 것이다. 만약 인간이 나눈 '안과 밖'의 개념을 무의미한 것으로 생각한다면 둘은 통할 수도 있다. 결국 인간은 '안과 밖'의 대립에 봉착해 있는 셈이다.

인간은 필연적으로 '안'을 절대화하거나 '밖'을 절대화하지 않을 수 없는 존재인가? 유물론은 유심론과 마찬가지로 절대론으로서 물의 상대론적 특성을 간과할 뿐만 아니라 결정적으로 '보이지 않는 세계에 대한 부정'을 통해 '세계를 보이는 것으로만 봄으로써' 신을 부정한다. 유물론은 신을 부정하면서 인간주의를 선언하지만, 신을 부정함으로써 인간마저 부정하는 절대물질에 빠진다. 이는 헤겔이 절대정신에 빠진 것과 같다.

유물론의 결정적 폐해는 그러한 사고방식을 이데올로기화함으로써 '거리의 깃발과 혁명'의 이미지를 통해 세계의 전체성을 전체주의로 변하게 한 데 있다. 철학적 실천은 혁명적 실천이 됨으로써 철학적이기를 포기하고 유물론 자체를 도그마화함으로써 또 하나의 신학이 되게 했던 것이다. 결국 유물론은 기독교 신학의 변종인 셈이다.

신학적으로 볼 때 서구의 근대는 기독교와 유물론기독교라는 양대 세력의 대결이었다. 둘의 공통점은 '인간주의(Humanism)'이다. 인간주의라는 말은 매우 솔깃한 주의주장이다. 그러나 그 이면에는 자연으로부터 태어난 인간을 배제하는, 그럼으로써 자연을 무시하는, 그럼으로써 자연으로부터 소외되는, 심지어 스스로로부터 소외되는 주장을 담고 있다. 사르트르의 실존주의는 철학적으로 성공한 것이라기보다는 그러한 인간의 처함(처절함)을 심리적으로 잘 기록하고 고백한 문학이라고 할 수 있다.

실존주의는 현상학과 존재론 사이에 있는 것 같다. 예컨대 철학자의 위치는 존재론 쪽에 있으면서 철학적 사고는 현상학 쪽에 있다. 그래서 철학자가 구체적으로 진술하는 내용은 현상학이다. 실존주의 현상학 중에서 성공한 것이 '몸'을 중심으로 철학을 전개한 마르셀의 '구체철학'과 메를로퐁티의 '지각의 현상학'이고, 실패한 것이 바로 사르트르의 '유물론적 실존주의'이다. 사르트르의 실존주의는 하이데거의 존재론을 철학적으로는 후퇴시킨 것이었으며 동시에 '유물론적 현상학'(현상학은 프랑스적 입장이다)의 입장에서 오해한 것이다. 이는 '인간의 몸'과 '자연의 몸'을 즉자로서 무시한 철학적 징벌이었다. 사르트르의 문학작품『구토』는 그 좋은 예이다.

'몸'학은 그동안 육체나 물질로 취급되던 몸을 '정신과 육체', '정신과 물질'처럼 정신의 대상으로 취급하는 것이 아니라 존재의 근본임을 깨닫게 한다. 우주는 '하나의 살아 있는 몸'인 것이다. 만물은 모두 자신의 체계를 유지하기 위해 최선의 노력을 다하고 있는 '몸=물(物)'로 바라보아야 한다. 그래서 심물(心物)이다.

'심물존재론'의 입장에서 서양철학을 전체적으로 조감하면 존재론과 현상학, 과학으로 나눌 수 있고, 이들 사이의 왕래가역을 생각할 수 있다. 예컨대 칸트는 본질(플라톤의 이데아)에 해당하는 '신'과 '물 자체'를 논외로 두고 이성과 시공간(대륙의 합리론과 영국의 경험론을 통합함)을 설정했고 자연과학에 이르는 길을 만들었다. 이는 본질의 현상학이 이성이고, 이성의 현상학이 자연과학이 된 셈이다. 헤겔은 칸트의 이성론을 다시 독일의 관념론으로 회귀시켜 절대정신을 토대로 절대관념론을 집대성했다. 이는 신의 현상학이 정신이고, 정신의 현상학이 물질이 된 것이다.

마르크스는 이를 뒤집었다. 말하자면 물질의 현상학이 정신이 되고 정신의 현상학이 신이 되는데 그 신의 자리에 신을 두지 않았다(무신론). 니체는 마르크스를 다시 유신론의 입장에서 정리했다. 즉, 세계는 권력의 의지이고 권력의 의지의 현상으로 이 세계가 있고 이 세계의 현상학이 신이 되는데, 그 신에 대해 사망선고('신은 죽었다')를 내렸다. 하이데거는 플라톤의 이데아(본질)를 다시 '존재(종래의 존재와 정반대의 의미)'로 규정하면서 과학기술과 현상학의 세계와 종언을 선언하고 존재의 은적을 선언한다.

하이데거는 어떤 점에서 플라톤의 출발점에 다시 돌아와서 그 이름만 '이데아'를 '존재'라고 한 셈이다. 데리다는 하이데거의 존재론을 프랑스의 텍스트 전통에서 재해석하는데 이때의 텍스트(종래의 텍스트와 정반대의 의미)는 무의미의 텍스트이다. 이를 종합적으로 보면 서양철학은 아직도 이성주의의 전통을 벗어나지 못했다. 이것이 서양철학의 철학적 자장(磁場)이고 문맥이다.

10
성결학(聖潔學)에서 오물학(汚物學)으로
인간의 대명사 맨(Man)을 통해 본 가부장의식의 허구

1) 성결학과 오물학

서양 철학사에서 근대 철학의 시작은 누가 뭐라고 해도 데카르트이다. 그러나 데카르트의 철학에는 유일신의 신학이 내재되어 있었다. 이에 데카르트 철학을 곧바로 해체하기 시작한 선두주자가 스피노자이다. 그리고 과학을 철학적으로 뒷받침한 인물이 칸트이다. 칸트 철학의 충실한 계승자였던 헤겔은 철학이 장만할 수 있는 모든 음식을 테이블에 올려놓는다. 마르크스는 헤겔의 모든 음식에 '물질'이라는 소스를 뿌렸다. 니체는 서양철학의 해체에 결정적인 종지부 찍은 선언적 인물이다. 하이데거는 그 선언을 조목조목 강령으로 만들었다. 조르주 바타유는 서양 철학사에서 그의 역할만큼 부각되지 못하고 묻힌 인물이지만, 인류 문화의 금기(禁忌)와 그것이 깨어지기 위해 존재하는 이중성을 간파한 문화철학자이다.

바타유는 철학을 고상한 고담준론인 성결학(聖潔學, hagiology)에서 오물학(scatology)으로 끌어내린 인물이다. 바타유야말로 유일신의 신학에서 완전히 해방된 최초의 서양철학자인지 모른다. 바타유는 "헤겔의 정신현상학은 정신에서 일어나는 모든 현상을 말했는데, 단 두 가지 '웃음과 놀이'를 설명하지 못했다"고 말했다. 결국 '일(arbeit)'만 남은 셈이다. 이 점은 헤겔이나 마르크스나 같다. 마르크스는 단지 헤겔을 뒤집은 것이기 때문에 제3의 관점(또 다른 타자의 관점)에서 보면 같다고 할 수 있다.

바타유는 '무지(無知)의 철학(philosophy of non-savoir, philosophy of non-knowing)'을 주장하여 '애지(愛知)'의 철학(philosophy)을 완전히 역전시켰다. 이렇게 보면

서양철학에서 최고의 반란자는 니체가 아니라 바타유이다. 데리다에게 크게 영향을 끼친 프랑스 철학자 바타유는 하이데거처럼 죽음을 삶에서 가장 본질적인 것처럼 보지도 않고, 헤겔처럼 노동을 통해 극복해야 할 심오한 것으로 보지 않는다.

> 죽음은 죽음일 뿐이고, 삶에 대한 절대적 부정이며 어찌 보면 무의미다. 하지만 바로 그러한 이유에서 죽음은 철저한 위반이며, 의미체계의 프레임으로부터 벗어날 수 있는 가장 극적인 행위인 셈이다. 바타유는 죽음을 가장 무의미한 낭비로 본다. 그렇기 때문에 죽음은 일반경제학 최고의 행위다. 사실 죽음 자체는 변증법이니 체계니 의미니 하는 모든 것들을 궁극적으로 초월하고 있기 때문이다.[1]

바타유 철학의 백미는 양성으로 번식하는 동물(인간)의 불연속성과 연속성으로 인도하는 죽음에 관한 것이다.

> 번식하는 존재들은 서로 구분된다. 새로이 번식된 존재들은 그것을 낳아준 모체들과 다르며, 새로 태어난 존재들은 그것들대로 서로 다르다. 각 존재는 다른 존재와 다르다. 그 존재의 출생, 사망 그리고 사는 동안의 사건들에 (중략) 직접 관계하는 존재는 본인뿐이다. 그는 혼자 태어나며, 혼자 죽을 수밖에 없다. 어떤 한 존재와 다른 존재 사이에는 뛰어넘을 수 없는 심연이 가로놓여 있으며, 거기에는 단절이 있다. (중략) 여러분과 나, 우리는 불연속적 존재들이기 때문이다.[2]

그는 또 이렇게 말한다.

---

1) 박영욱, 『데리다 & 들뢰즈, 의미와 무의미의 경계에서』, 김영사, 2009, 143~144쪽.

2) 조르주 바타유, 『에로티즘』, 조한경 옮김, 민음사, 2006, 13쪽.

번식은 존재들을 불연속성으로 안내하며 존재들 간의 연속성을 위기로 몰아넣는다. 즉 번식은 죽음과 고리처럼 서로 연결되어 있다는 말이다. 존재들의 번식과 죽음에 대해서 내가 이렇게 말하는 이유는 존재의 연속 또는 죽음은 결국 (중략) 둘 다 매혹적이다. 그리고 에로티즘을 지배하는 것 역시 연속성 또는 죽음에 깃든 매혹이다.[3)]

그는 무성생식에 대해서는 번식의 순간에 연속성이 있다고 말한다.

무성생식의 경우, 세포처럼 아주 단순한 개체는 생장점에서 분열한다. 우선 두 개의 핵이 형성된다. 그 순간 한 개이던 개체가 두 개로 된다. 그러나 이 경우 한 개체가 다른 개체를 낳았다고 볼 수는 없다. 새로운 두 개체는 처음 개체와 동등한 자격을 갖는 산물이다. 처음 개체는 이미 사라지고 없다. 본질적으로 말하면 그것은 죽어 없어졌다. 왜냐하면 그것은 그것이 생산해 내 두 개체의 어느 쪽에도 살아남아 있다고 볼 수 없기 때문이다. (중략) 단 번식의 순간에는 연속이 있었다.[4)]

양성생식의 생물은 죽음으로써 연속에 이르고 무성생식의 생물은 번식의 순간에 연속이 있다. 생물은 불연속에서 연속으로 혹은 연속에서 불연속으로 이행하고 있는 셈이다.

양성생물이 번식하는 순간은 시간의 현재가 시간성에서 무화(無化)가 되고 비시간성에서 과거와 미래의 연속을 얻는 것과 닮았다. 번식의 순간에서는 '불연속= 무화'이다. 현재는 잡을 수 없기 때문에 무화이고 불연속이다. 그래

	과거	현재(번식)	미래
양성(兩性)	연속(생전)	불연속	연속(죽음)
무성(無性, 비시간성)	불연속	연속	불연속

3) 같은 책, 13~14쪽.

4) 같은 책, 14쪽.

서 연속은 현재가 아니라 생전(과거)과 죽음(미래)에 있을 수밖에 없다. 무성생물은 이와 반대이다. 번식하는 현재야말로 연속이다. 결국 무성(無性)은 무(無)인 셈이다. 이는 무가 존재인 것과 같다. 철학에서 말하는 존재자는 양성생물의 번식에서 비롯되는 것이고, 존재는 무성생물의 번식에 내재한 그 무엇인지도 모른다. 무성생물이 아니라 무생물, 즉 만물은 이미 부처인지도 모른다. 그런데 인간만이 부처를 찾아 헤매고 있는 것은 아닌지?

시간과 공간도 실은 유성생물에서 비롯된 것인지도 모른다. 번식을 위해서 상대의 성(性)을 찾아야(식별해야) 하는 필요에 의해 시공간이 발생한 것은 아닐까? 시간이 인간의 의식의 산물이라면 인간의 의식(언어)은 만물의 연속을 불연속으로 만드는 주범이라는 생각이 든다. 인간이 만든 시간 때문에 영원은 달성되지 못하고 언제나 연기(연장)되고 보류되어야 하며, 인간이 만든 공간 때문에 인간은 항상 초월해야만 한다.

서양문명에서 영원과 이상과 메시아는 항상 기다리는 존재가 되지 않으면 안 된다. 메시아가 현재에 나타나면 메시아가 아니고, 심지어 죽어야 하는 운명에 처하게 된다. 이 모두 연장되는 세계 때문이다. 연장은 인간 이성의 도구이자 심각한 폭력이다. 순간이야말로 영원이고, 도처에 널브러진 만물은 부처이다.

인간의 무엇을 추구하는 것, 인간의 이성이야말로 모든 문제의 시작이다. 무엇을 문제화하는 인간이야말로 문제인 셈이다. 그러나 인간은 이성을 버리고 살아갈 수 없다. 그래서 '역사적 존재'로서의 인간은 항상 나름대로 그때그때의 원칙과 기준을 만들어가면서 살아갈 수밖에 없으며, 기존의 법칙과 예법이 맞지 않을 때 수정하거나 재창조(혁신, 혁명)할 수밖에 없다.

인간이 지금까지 가장 숭고한 것으로 여겼던 깨달음은 무엇인가? 자연에서 바라볼 때 깨달음은 무슨 의미가 있는가? 인간의 깨달음은 인간종 내부 혹은 인간가족 내부의 문제가 아닌가? 인간의 깨달음이 자연에 무엇을 보탰는가?

깨달음도 실은 자아의 연장선상에 있다. 자아가 없으면 깨달음도 없다. 깨달음이 자아의 문제라면, 주어·주체·주인의 문제가 되고 필연적으로 그것에 대립하는 술어·객체·노예의 문제가 된다. 또한 의미의 이중성에 봉착하게 된다. 만약 인류의 역사가 이중성 가운데 하나를 선택해야 하는 것이라면, 이것은 인간을 도박적 존재, 놀이의 존재에서 벗어날 수 없게 만든다. 섹스에 이어 도박이 인간을 설명하는 중요한 키워드가 됨을 알 수 있다.

> 주인과 노예의 변증법에서 주인이 자신의 생명을 거는 행위를 일종의 도박으로 해석한다. 주인이 노예와 대립할 때 자신의 생명을 거는 것은 도박에서 밑천을 거는 것과 거의 비슷하다. 죽거나 완전히 이기거나인 것이다. 데리다는 이때 생명을 '거는 것'을 '도박(놀이)에 거는 것'과 마찬가지라고 말한다.[5]

바타유는 헤겔의 주인과 노예의 변증법의 역전의 역전을 시도한 셈이다. 주인과 노예, 삶과 죽음 자체가 이미 가역적인 것이다. 이것은 굳이 어느 한쪽에 중심을 주면 역전의 역전을 거듭할 수밖에 없는 것이다. 인간의 철학이나 역사는 이러한 역전의 역전인 것이다. 진리의 반대가 모순이 아니라 모순이야 말로 진리인 것이다.

바타유는 소유의 철학을 '지배권(mastership, maîtrise)의 철학'이라고 하고, '지상권(sovereignty, souveraineté)의 철학'을 대안으로 주장했다. 지상권의 철학이란 바로 태양의 낭비, 강물의 범람 같은 보시의 철학을 말한다. 이는 인류학적으로 증여의 철학, 부등가교환의 철학을 말한다. 바타유는 니체의 권력의 의지의 대안으로 애매모호한 초인을 등장시킨 것이 아니라 '지배권' 대신에 '지상권'을 내놓았다. 지상권은 초인에 대한 구체적이고 실천적인 예시이다.

> 아낌없이 지출하려는 사람은 현실적으로 이 세상을 지배하려는 '지배권(la maîtrise)'을 포기한 이를 말한다. 이런 사람의 마음을 바타유는 현실적 지배권 대신에 초과적 사유를 상징하는 '지상권(la souveraineté)'이라고 불렀다.[6]

---

5) 박영욱, 앞의 책, 144쪽.

6) R. Sasso, *Georges Bataille et le système du non-savoir*, Editions de Minuit, 1978, p.118; 김형효,

바타유는 헤겔 철학 역시 하이데거의 철학과 마찬가지로 죽음의 철학이라고 말한다. 헤겔의 변증법에서 핵심을 이루는 개념이 '부정(die negation)'이며, 헤겔 철학에서 부정을 가장 분명하게 드러내는 개념이 바로 죽음이기 때문이다.[7]

바타유는 헤겔과 하이데거의 접점, 혹은 그것에서 서로 정반대의 방향으로 갈라지는 경계영역에 대한 이해가 충분했던 인물이다.

인간의 삶을 결정하는 것은 삶이 아니고 죽음이다. 삶에서 삶을 바라보는 것이 아니라 죽음에서 삶을 바라보고 다루어야 인간의 삶의 진정한 모습을 볼 수 있다. 죽음이 있기 때문에 수많은 사원이 있다. 인류 문화재의 대부분이 죽음과 관련된 교회이거나 사찰이나 사원이거나 피라미드이다.

인간은 흔히 생물의 생존경쟁을 약육강식의 세계라고 말해왔다. 과연 생물의 세계가 약육강식의 세계인가? 양육강식은 폭력을 의미하고, 폭력은 권력의 원형으로 해석되기도 한다.[8] 생존경쟁을 폭력으로 보는 관점은 대폭 수정되어야 한다. 과연 자연계가 양육강식의 폭력의 세계인가? 자연을 그렇게 바라보는 것이야말로 인간의 시각이 아닌가?

자연은 어쩌면 개체(개별)가 아니라 집단(개체군)을 위한 집단적 공희(供犧)의 세계인지 모른다. 인간의 희생정신이 인간만의 것이 아니고 도리어 자연의 것일 가능성이 높다. 자연은 지속적인 자아가 있기보다는 무아 혹은 본능의 상태에서 삶을 영위한다고 하는 편이 옳다. 자연의 먹이연쇄 구조는 표면적으로는 양육강식의 세계 같지만 그 이면을 들여다보면 자신의 신체(몸)를 남을 위해 제공하는 체계이다. 이를 폭력의 체계, 권력의 체계로 본 것도 인간이 자신(인간정신)을 자연에 투사한 것일 가능성이 높다.

섹스, 도박, 폭력과 관련해서 일어나는 문제들은 자연의 것이 아니라 인간

『철학적 사유와 진리에 대하여 2』, 청계, 2004, 655쪽에서 재인용.

7) 박영욱, 앞의 책, 134쪽.

8) 박정진, 「폭력의 근원에 대한 인류학적 상상」, 『비폭력연구』 제6호, 비폭력문제연구소, 2011.

이 등장한 이후에 벌어진 일들이다. 인간은 권력체계의 동물이다. 자연의 생태계는 불확실성을 용인하면서 균형을 취하고 있다. 그러나 인간의 이성은 그러한 불확실성을 포용하려 하지 않고 확실성을 찾기 때문에 세계를 이분시키고 대립시킨다.

인간의 이성이야말로 악(惡)의 근원이다. 이성은 가장 강력한 언어적 도구이고, 세계를 대상으로, 세계를 적대적으로 만드는 장본인이 아닌가? 그렇기 때문에 역설적으로 이성은 끊임없이 선(善)을 찾고, 윤리와 진리를 강조한다. 진리와 윤리는 이성의 자체 문제를 해결하기 위한 스스로의 조작인 셈이다.

자연은 스스로 그렇게 있는, 스스로 만족하는 아름다움, 미(美)이다. 이렇게 보면 이성의 산물이라고 할 수 있는 진과 선은 미를 카피한 조작일 가능성이 높다. 한 걸음 더 나아가서 자연적인 것이야말로 선이고, 인간적인 것이야말로 악의 출발이 아닌가? 악의 문제가 일어난 것은 분명히 인간에 이르러서이다. 악으로 인해 선이 등장한 것이다. 자연을 흔히 야만 혹은 악으로 규정하고 인간을 선으로 향하는 존재로 그리는 것은 참으로 인간이 자신의 것인 악을 자연에 뒤집어씌운 꼴이다. 인간의 이성이야말로 모든 악과 도착(倒錯)의 출발이며, 생태 파괴의 장본인이다.

물론 그것은 직립 보행하면서 두개골의 용량이 급격하게 늘어난 생물종인 인간의 생존방식이기도 하다. 그러한 점에서 인간적인 것조차도 자연인 것은 사실이다. 인간의 직립 보행은 확실히 두개골의 용량을 늘리는 데도 작용했지만 동시에 네발짐승이 차지하는 지표의 표면적을 줄임으로써 좁은 지역에서 많은 인구를 거주하게 하는 결정적인 장점을 가지고 있다.

섹스, 도박, 폭력, 살인, 악 등의 문제가 모두 인간에서 비롯된 것이라는 점을 상기할 필요가 있다. 특히 인간의 이성과 남성성, 그것의 지배욕과 소유욕에서 비롯된 것임을 알아야 한다. 인간 내부에서는 그 원인과 책임을 여성 혹은 여성성과 관련되는 것에 뒤집어씌웠다. 그동안 인류는 이런 부정적인 것들을 모두 자연에 뒤집어씌웠다. 자연에 인간의 섹스와 같은 것이 어디에 있으며, 자연에 인간의 도박과 같은 것이 어디에 있으며, 자연에 인간의 폭력과 같은 것이 어디에 있으며, 자연에 인간의 살인과 같은 것이 어디에 있으며, 자연에 인간의 악과 같은 것이 어디에 있단 말인가?

레비스트로스는 철학에 문화라는 종자를 접붙이고 집단무의식이라는 새 영역을 일구면서 철학적 구조를 집단무의식의 차원으로 깊이를 더한 인물이다. 그에 따르면 인간은 호모사피엔스사피엔스의 등장 이후 하나도 달라진 게 없다. 현대 문명의 복잡다단한 요소와 문화항목(메뉴)은 원시·미개 문명 속에 고스란히 다 들어 있다. 현대 문명은 그저 겉모양과 형식만 요란할 뿐 그 속 내용은 원시·미개인들과 다를 바가 없다. 그런데 그 내용들이란 것도 실은 가부장제 이후의 것이 대부분이다.

우리가 접하고 있는 철학의 대부분은 남자 중심의 문명에서 나온 남자 중심의 철학이다. 남자들은 역사에서 그동안 조상(祖上)을 찾는 데 혈안이 되어 왔다. 조상 '조'자는 갑골문에서 '제사를 모시는 상(床, 床石)' 혹은 '안 보이는 것을 보는 것(示)'의 의미와 '또 차(且)'의 합성으로 귀신(혹은 신)의 이어짐을 의미한다. 또한 일설에 따르면 '하늘에서 내려오는 빛[示]'과 '남자의 성기[且]'를 상징하는 말이기도 하다. 조상은 남자들의 초월의식을 지탱하는 기둥이다.

부계사회의 조상 '조'자에 비해 모계사회의 흔적을 드러내는 글자로 '성(姓)'이 있다. '성'은 부계의 성씨를 나타내지만 실은 계집 '여(女)'와 날 '생(生)'의 복합어로 '여자에게서 나는' 것을 상징한다. 여자는 남자보다 '몸'과 관련이 있다. 여자는 자식을 생산함으로 인해 조상보다 자식에게 관심이 많을 수밖에 없다. 그래서 이분법에 의해 남자는 형이상학적 동물이고 여자는 형이하학적 동물, 남자는 정신적 동물이고 여자는 육체적 동물처럼 오인되기도 했지만, 몸을 재생산하는 것은 여자의 특성임에 틀림없다. 과연 최초의 조상이 남자인가도 의문이지만, 과연 최초의 조상이 있었는가도 의문이다. 생물학적으로 가장 확실한 것은 어머니이고, 어머니의 어머니로 올라가는 소급이다. 그렇게 되면 최초의 어머니(미토콘드리아 이브)가 나타날 것이고, 그것은 남자 없이 처녀생식을 했을지도 모른다.

이때의 처녀생식은 하나님이라는 초월적 남성의 권위를 위해 마리아가 무염수태했다고 알리바이를 꾸민 처녀생식과는 달리 '여성을 최초의 근거'로 삼는 것이다. 그런 점에서 구스타브 쿠르베의 〈세계의 기원(The Origin of the World)〉

이라는 작품은 옳다. 유전인자로 보면 인간의 탄생은 태초에 하나의 실체가 아니라 CTAG라는 네 가지 염기의 조합이었던 것으로 보인다. 또 여자의 유전인자인 X 중 하나가 Y로 변한 것이 남자인 것으로 보인다.

인간이 생산되는 여자의 성기와 자궁은 갈라진 채로 태초에 대해 아무 말을 하지 않고 그저 열려 있다. 그 열려짐은 개벽(開闢)이다. 열리고[開] 열림[闢]이다. 그 열려짐은 누구도 주인이 아님을 의미하고 누구도 주인이 될 수 없음을 의미한다. 남자들이 스스로 절대신(하나님 아버지)을 내세워 자신들이 주인 혹은 조상이었다고 한 것은 역사적·권력적 조작이다.

인간이 아는 것은 탄생 이전과 죽음 이후에 대해 아는 것이 없다는 사실이다. 죽음은 언젠가는 다가올 것임을 알지만, 그래서 삶은 현상학적으로 '죽으려고 사는 것'이지만, 죽기 직전까지 자신이 죽는다는 사실을 인정하지 않는 것이 또한 인간이다. 이는 자아와 연장의 개념 때문이다. 세네카는 "인간은 항상 시간이 모자란다고 불평하면서 마치 시간이 무한정 있는 것처럼 행동한다"고 말했다.

탄생과 죽음은 인식 이전의 문제이고, 흘러가는 삶 또한 인식 이전의 문제이다. 인간은 그 흘러감 속에서 자신이 인식한, 잡은 것만 의식하고 있을 뿐이고, 그것이 기억과 기록으로 있을 뿐이다. 여자로부터 태어난 인간은 따라서 자신이 아는 것만 알 뿐 대부분을 모르고 있다. 그래서 서양철학의 아버지 소크라테스는 "너 자신을 알라"고 철학적 아프리오를 외쳤다. 이 말은 '너 자신도 모른다'는 말로 통한다.

인간은 천지창조에 대해 환원적인 담론을 구성하고 신화와 우주론을 남겼다. 우리가 잘 알고 있는 것이 기독교의 천지창조이다. 여자를 중심으로 보면 세계는 천지창조가 아니라 천지개벽으로 설명하는 것이 더 옳다. 천지개벽의 우주관은 우주가 절대적 하나에서 시작한 것이 아니라 작은 요소들의 집합이고 그것의 행렬(matrix)이라는 것은 말해준다.

여성과 모계사회를 대한 성(性)과 금기의 상관관계, 가부장제와 고등종교의 평행적 등장 등은 인간 문화의 진실을 해명하는 데 한걸음 다가설 수 있게 한다. 이는 이제 철학도 인간을 형이상학적으로 논하는 것을 그치고 형이하학적으로 설명해야 하는 대반전의 시점에 도달해 있다.

형이하학의 입장에서 보면 인간은 여자이며, 항상 남자라는 초월적 존재를 설정(상상)하면서 또한 바꾸어가면서 살아가는 사랑을 기다리는 존재이다. 인간은 언제나 비어 있고, 그것을 채워주는 초월적 남자를 기다리는 여성이다. 그래서 여성은 고등종교에 미친다. 그러나 고등종교에 미치는 여성은 성결적 존재가 아니라 성의 법칙에 충실한 오물적 존재이다. 성에 충실한 삶이야말로 파동적 세계에 충실한, 파동적 세계를 즐기는 삶이다. 여자를 하늘에 거꾸로 세워놓은 것이 우주의 참 모습인지도 모른다.

남자를 인간의 대표로 보는 것은 인간중심주의의 적나라한 반영이다. 인간의 대명사가 'Man'에는 '인간은 남자(man→Man)이고 여자(Woman)는 인간이 아니다'라는 관념이 숨어 있다. 남자와 여자에게는 오늘날 역설이 존재한다. '여자는 인간이 아니라서 동물적이다. 여자는 동물적이라서 도리어 인간적이다. 남자는 인간이라서 동물적이 아니다. 남자는 인간적이라서 도리어 동물적이다.'

서양에서는 여자를 열등한 인간으로 보는 것이 지배적이었다. 여성에게 참정권이 주어진 것은 100년밖에 안 되는 극히 최근의 일이다. 하이데거와 데리다는 세계의 여성성에 대한 이해를 시도했고 부분적으로 성공하긴 했으나, 서양철학의 눈-시각-언어-남성주의 혹은 자아 중심의 흔적을 보이고 있다. 말하자면 보다 큰 여성성, 대모(大母, great mother), 태음(太陰, 太音)에 대해서 모르고 있다. 세계는 왜 '음(音)'인지 '소리'인지 모르고 있다.

'음'이라는 한글 발음은 세계의 근본에 대해 많은 은유를 품고 있다. '음'은 왜 '음양'이 되었는가? '음(音, 陰)'에서 '양(陽, 量)'이 생겼다. 이것은 파동에서 물질이 생겨났음을 의미하고, 음양의 운동과 이치가 사물의 근본임을 말해준다. 그 '음(音, 陰, 飮, 吟 淫)'의 근본이 여성성이다. 세계의 근본은 여성이다. 세계는 왜 인간(Man)에 대해서 여성성(Woman, World Wide Web)인지, 세계는 왜 생산이 아니고 재생산인지, 여성성은 왜 귀-청각-상징-여성주의의 연쇄 속에 있는지에 대해 서양철학은 좀 더 고민할 필요가 있다.

우주를, 삶을 남성 중심으로 생각하면 인간 중심이 되고, 여성 중심으로 생각하면 자연 중심이 되는 이유는 어디에 있을까? 남성 중심은 어딘가 '으로부터 밖으로 나온(ex-, existence, 원심력운동)' 존재라는 의미가 숨어 있다. 여기엔 어딘가 자궁으로부터 나온 존재라는 함의가 있다. 이에 비해 여성 중심은 어딘가 '안에 내재한(in-, immanence, 구심력운동)'의 의미가 숨어 있다. 여기엔 자궁에서 인간을 잉태하는 존재라는 의미가 숨어 있다. 여성은 자연의 상속자인 셈이다. 그런 점에서 여성은 물학적(物學的) 존재이고 남성은 인학적(人學的) 존재이다. 여기서 물학적 존재라는 것은 본래적인 자연의 존재라는 뜻이다.

여자는 인간의 상속자는 아니지만 자연의 상속자이다. 여자는 자연적인 속성인 재생산의 주체이다. 여자가 재생산의 주체라고 해서 남자를 천상적-정신적인 것으로, 여자를 지상적-육체적인 것으로 규정해 여자를 비하하는 것은 참으로 자연적 진리를 모르는 소치이다.

인간은 문명 이전에 자연적(원시·미개적) 존재로 살았다. 즉, 자연에 가깝게 살았다. 문명이라는 것도 풍토의 산물이고 보면 여전히 자연이긴 하지만. 원시·고대사회에서는 천지에 제사를 지내고, 자손(생식)을 번식시키는 것으로 삶을 영위했다. 다시 말하면 제사와 생식(섹스)은 삶의 두 기둥이었다. 제사는 다른 동식물의 육신을 채취하거나 잡아서 천지에 봉헌(奉獻)하는 일이고, 생식은 자신의 육신을 지상에 이어가게 하는 일이다. 따라서 이 두 가지 일은 서로 연관 없는 별도의 일인 것 같지만 실은 상징적으로는 하나의 일이고 동시적인 일이다. 바타유는 제사와 생식을 이렇게 말한다.

> 애정행위와 제사가 드러내는 것은 육신이다. 제사는 동물의 질서 잡힌 삶 대신 기관들의 맹목적인 충동을 들어서게 한다. 성적 발작도 마찬가지이다. 성적 발작은 성기를 팽창시키며, 맹목적인 유희는 마침내 연인들의 의지를 초월한다. 성찰의 의지 대신 피로 부푼 기관의 동물적 충동이 자리 잡는다. 이성으로는 도저히 억제할 수 없는 폭력은 성기를 자극하여 폭발 직전까지 몰아가며, 그러다가 갑자기 희열이 오고, 폭풍우는 극복된다. 의지가 자리를 비우면 육신의 충동은 한계를 넘는다. 육신은 예의의 규칙과는 대립된 과잉으로 우리 안에 있다. 육신은 기독교적 금기에 사로잡힌 사람들의 타고난 적인데, 그러나 만약 시간과 장소에 따라 다른 형태로 성적 자유를 억압

하는 막연하면서도 보편적인 어떤 금기가 있다면, 내 생각에 육신은 위협받는 그 자유의 회귀를 구현한다.[9)]

동물과의 연관성 속에서 인간의 성을 바라보면, 생식으로부터의 성의 자유와 일탈, 혹은 성의 이중성과 애매모호성이 또 다른 인간의 자유와 행복을 주었는지도 모른다. 그렇다면 문명은 성의 자유로부터 획득한 몸과 마음의 자유를 가지고 도리어 성을 구속했는지도 모른다. 인간의 문명은 여러 측면에서 자연의 역설과 환원을 통해 자신의 영역을 구축했을 가능성이 높다.

필자는 인류 문화를 대표하는 '성(性)·성(姓)·성(聖)'이 실은 성(性, sex)에서 비롯되고, 이들 삼자는 서로 순환관계에 있다는 것을 설명한 바 있다.[10)] 이들 삼자가 순환관계에 있다는 것은 기운생동이 있기 때문에 가능한 일임은 물론이다. 따라서 성(性)으로 대표되는 인간의 본성을 중심으로 원시·고대의 성력(性力)신앙, 성(姓)으로 대표되는 왕권과 인간의 각종 권력제도, 성(聖)으로 대표되는 종교적 초월성과 성스러움이 결국 같은 근원을 가진 변형(변이)이다.

성결학과 오물학을 네 갈래의 현상학에 대입하면 초자아=성(姓)/성(聖)이고, 자아=인성(人性)/물성(物性)이고, 무아=성(聖)/성(姓)이다. 초자아와 무아는 성(姓)과 성(聖)을 순환관계에 따라 순서를 바꾼 것이다. 한편 자아=인성/물성은 동봉관계에 있다. 인성이든 물성이든 모두 기의 현상학에 불과하다. 이는 이가 기의 현상학이라는 것과 같은 이치이다. 결국 수직적 순환관계는 수평적 동봉관계와 같은 것이다. 우주는 수직적·수평적 순환동봉관계에 있다.

여기에 인간의 언어라는 변수를 고려하면 '성(性)·성(姓)·성(聖)'의 관계는 언어로 환원된다. 언어는 사물과의 관계에서 본질적으로 환원적이다. 인간의 문화는 '자연(존재)의 현상학', '기의 현상학'이었던 셈이다. 현상학의 등장으로 인해 인간의 문화가 언어라는 점이 명백해졌다. 인간은 언어적 동물이다. 언어는 인간의 본능과도 같다. 인간은 언어에 의해 길들여지고 그것에 의해 살

9) 조르주 바타유, 앞의 책, 105쪽.

10) 박정진, 『성(性) 인류학』, 이담북스, 2010.

현상학의 네 갈래 III

초자아/초의식	초월적 이념의 현상학	종교(↓)	성(姓)/성(聖)
자아/의식	대상으로서의 현상학	과학(→)	인성(人性)/물성(物性)
무아/무의식/몸	육화로서의 현상학	예술(↑)	성(聖)/성(姓)
기호/사물	기호로서의 현상학	기호(←)	언어(言語)

아간다. 특히 어릴 때 어머니로부터 물려받은 모국어는 인간의 평생을 좌우하는 근본 언어가 된다. 인간은 자궁에서 태어나고 모국어로 다시 태어난다. 아이는 무의식적으로 자신이 배우는 언어에 맞게 뇌를 가공하고 안면의 신경조직을 특별한 방식으로 형성한다. 마찬가지로 도전과 실패의 과정을 통해 유아는 어머니의 개성에 따라 자신의 기초적인 행동양식을 직관적으로 형성할 것이다. 유아가 지속적으로 살아남을 가능성은 부모와의 조화로운 관계에 의존하기 때문이다.

인간의 탄생 이야기는 기독교의 성결학적인 창세기가 아니라 여성의 자궁으로부터 태어나는 오물학의 입장에서 바라보는 것이 사실적이다. 인간이라는 생명체는 여성의 자궁으로부터 세상에 태어났으며, 이것의 연장인 모국어를 바탕으로 하는 인간의 인식 세계는 우주의 찢어진 틈으로 나온 것이라고 설명하는 것이 옳다.

이는 인간이 여자의 '씹(보지)'에서 나온 것을 말하는 것과 같다. 그 '찢어진 틈(le clivage)', 혹은 '입 벌림(le béance)'이 바로 '씹(씨의 집)'이며, 이들은 포개지는 '두 입술(two lips, 음순)'이다. 그 씹(2)에서 나온 것이 스스로를 하나(1)라고 하며, 나(I)라고 하며, 남성의 '불알(ㅣ)'이라고 하는 것이다. 이들의 세 글자는 수직으로 세워진 공통점이 있다. 수직으로 세우는 것은 인위적이다.

한국말에 '씨알'이라는 말이 있다. 이는 참으로 우주와 생명의 신비를 알려주는 말이다. '씨알'이란 '씹'에서 나온 '알(불알, 씨불알)'이라는 뜻이다. 그 하나는 따라서 절대이며 동시에 상대이다. 그 하나는 불완전이며 동시에 완전이다. 성(性)의 중심은 여성의 씹이다. 남성의 좆이 아니다. 그래서 섹스를 하는 것을 속어로 '씹한다'고 하지 '좆한다'고 하지 않는다.

인간 생명의 탄생을 성스러운 성결학으로 바라볼 것이 아니라 오물학으로

<table>
<tr><th>여성성</th><th>남성성</th><th>여성성</th><th>음양사상</th></tr>
<tr><td rowspan="3">씹, 두 입술(two lips: 음순)의 하나</td><td>하나(1)</td><td rowspan="3">한자(漢字)에서 일(一)은 수평이다</td><td rowspan="3">씹(씨의 집)
씨알(씹에서 나온 불알, 씨불알)</td></tr>
<tr><td>나(I)</td></tr>
<tr><td>불알(ㅣ)</td></tr>
</table>

바라보아야 진리와 선악이 아닌, 진실과 사실에 접근하게 된다. 생명의 탄생이 배설과 관계가 있다. 우주는 배설함으로써 이어진다. 이러한 배설의 사실을 성결학과 기독교 신학에서 신학화, 형이상학화, 초월화한 것이다. 이것은 모두 가부장제와 깊은 관련이 있으며 가부장제의 소산이라고 할 수 있다.

기독교의 무염수태는 성결학의 출발이다. 무염수태가 오염수태(汚染受胎)라는 사실을 상기함으로써 오물학을 새롭게 전개할 필요가 있다. 오물학의 입장에서 보면 '플라토닉 러브'는 또 다른 의미의 섹스를 언어로 치환해 '플라토닉'으로 변형시킨 것이라고 할 수 있다.

인간의 배설은 재생산으로 이어지는 사건이다. 천상과 지상은 하나이며, 똥과 꽃의 세계가 둘이 아니다. 결국 성결학은 오물학이고, 오물학은 성결학인 셈이다. 성결학과 오물학은 동봉관계에 있다. 성결학이 아닌 오물학의 입장에서 보면 그동안 인간이 시간과 공간을 설정하여 세계를 선후(시간)·상하(공간)·좌우(대뇌)·내외(시각)로 구분하고 차별화하고 계급화한 것은 인간사회를 지배하기 위한 전략이었다는 것을 알게 된다. 성결과 오물은 세계의 표상과 기표일 뿐이다. 세계는 존재와 기의로서 숨어 있다.

세계는 성결과 오물의 표리일 뿐이다. 표리의 세계는 지표(地表)와 그것의 이면인 지리(地裏)이다. 표리는 파동이다. 파동의 요철은 '표리(凹=裏, 凸=表)'이다. 존재(사물)는 그런 점에서 촉감의 파동에서 시작하여 소리의 파동으로 확대 재생산된다. 표리를 중심으로 보면 세계는 감염주술의 메토니미 세계이다. 이것을 시간과 공간이라는 메타포(의미)로 번안하여 다시 메토니미로 전환한 것이 이성의 세계이다. 이성은 시각-언어 특권의 세계였다.

서양철학은 소리(기표)를 의미(기의)화하여 소리를 기표에서 제외시키는 동시에 소리를 절대화(하나님의 말씀)함으로써 임의적인 기표-기의의 세계를 주체-객체의 세계로 묶어버린 특징을 갖는다. 이것은 다른 말로 페니스의 철학

남자, 입(lips)	말(言)/생산(production)	추상	기계	기계적 우주관	빅뱅/태양
여자, 씹(two lips)	수정(受精)/재생산(reproduction)	구체	몸	생물적 우주관	블랙홀/태음

이고 문명이다.

우주의 빅뱅(태양)은 페니스이고 빛이다. 우주의 태허(태음)는 블랙홀이고 어두움이다. 가장 가까이 볼 수 있는 태허는 보지(씹, 씨알)이고 가장 가까이 볼 수 있는 빅뱅은 좆이다. 빛은 페니스이고 어두움은 보지이다. 남자는 입(lips)으로 말[言]한다. 말은 생산이고 추상이고 기계이다. 여자는 씹(two lips)으로 수정(受精)한다. 씹은 재생산이고 구체이고 몸이다. 오페라의 아리아를 부르는 천상의 소프라노나 섹스의 절정에서 소리 지르는 여성이나 모두 몸의 똑같은 희열이다. 남자는 기계적 우주관을 갖고 여자는 생물적 우주관을 갖는다. 둘의 차이는 바로 음양의 차이이다. 음은 몸이고, 양은 기계인 셈이다.

이상과 언어는 어쩌면 인간의 성이 발정기를 가지는 동물적 본능의 포지티브시스템에서 상대적으로 항상 즐길 수 있는 네거티브시스템으로 변한 이후에 오는 문화적 변화인지도 모른다. 영원한 사랑, 플라토닉 러브, 아가페적인 사랑은 영원한 섹스의 변형일지도 모른다. 어떤 것의 포지티브는 네거티브와 항상 상호관련성 속에 있다. 이것은 음양이나 남녀의 이치와 같다.

인간 섹스의 네거티브시스템, 즉 특정한 시기(발정기)에 본능적으로 섹스해야 자손(재생산)을 퍼뜨리는 것으로부터의 '자유(free)'는 '제한의 없음[無]'과 동의어이다. 인간 '섹스'의 프리한 성격, 즉 '섹스 프리'가 가부장사회의 출발과 더불어 여러 가지 인간의 문화 형태로 변했을 가능성이 높다. 우선 자유를 발생시켰고, 여성에 대한 남성의 소유를 불러일으키면서 창녀를 만들었고, 여성의 소유로서의 권력[姓]을 만들었고, 이브(여성)의 원죄를 만들었고, 급기야 오늘날 최악의 '프리섹스'를 만들었을 가능성이 높다.

동물의 교미는 인간에 이르러 그것의 '자유' 때문에 '사랑'이 되지 않으면 안 되었고, 대뇌의 발달에 따른 의식은 '자유'와 이성을 향하지 않으면 안 되었을 것이다. 자유는 사회적 동물인 인간에게서 '평등'으로 변형되었을 것이다. 더욱이 '자유'에 내포된 의미인 '무(無)'는 '자유'를 넘어서 '성스러움(聖, saint)'으로 발전했을 가능성이 높다. 말하자면 성(性)과 성(姓)과 성(聖)은 현상학적 의식의 발생학과 관련성을 가지고 있을 확률이 높다.

인간에 이르러 동물의 성적 에너지가 대뇌의 생각하는 힘으로 변형된 것은 확실하다. 왜냐하면 인간의 성욕과 욕망은 인간의 이성과 상상의 패턴과 너무나 닮아 있기 때문이다. 이들은 모두 무한대로 향하고 있다. 결국 자유, 평등, 박애는 섹스와 이성의 변형들이다. 자유와 평등과 박애는 끝없는 연장이다. 이성은 시간과 공간을 만들었고 최종적으로 과학을 발견했을 것이다. 과학은 사물을 등식화하는 것이다. 과학은 시간과 공간의 산물이다. 말하자면 시간과 공간이 과학을 만들었다.

시공간 형성의 알리바이는 현재라는 시간을 통해 이루어졌는데, 현재를 기준으로 그 이전을 과거로 그 이후를 미래를 만들었다. 천지창조 신화는 그 대표적인 사례이다. 천지창조는 시작과 종말을 가지고 있고, 그 사이에 시간이 가로놓여 있다. 그렇게 됨으로써 시간은 '순간과 영원'(찰나생멸)의 동봉성과 결별하고 과거와 미래를 연결하는 연장을 택하지 않으면 안 되게 된다.

재림메시아인 예수와 재림부처인 미륵부처는 기독교와 불교의 신앙 대상이기도 하지만 그보다는 찰나생멸을 깨닫지 못한 이성의 작품이라고 할 수 있다. 그러한 점에서 참다운 진리(진실, 사실)는 이성의 진리라기보다는 직관의 진리이다. 지금까지 인간의 이성은 인간을 보다 잘 살게 하고 만물의 영장으로서의 인간을 보증하는 징표와도 같았다. 그런데 문제는 권력과 욕망, 국가와 제국이 이성의 화신일 뿐만 아니라 이성이 살인을 하고 자살하게 하고 전체주의를 만들었다는 데 있다. 문제를 일으킨 장본인에게 문제 해결을 맡겨는 순환론과 모순에 빠진 것이다.

이성적 특성은 남성적 특성(정신, 하늘, 아담)에 가깝다. 성결학은 여성적 특성을 오물(월경)과 속악(俗惡, 육체, 땅, 이브)으로 바라본 것이다. 인간이 여성의 몸으로부터 태어나는 존재인 것을 성결학에서는 '원죄' 혹은 '타락'으로 생각한다. 암컷으로부터 태어나는 것은 모든 동물의 자연스런 특성임에도 불구하고 이 자연스런 특성으로 벗어나는 것이 성결학의 목표인 것 같다. 기독교의 무염수태가 그 대표적인 것이다. 이는 남성의 콤플렉스 혹은 이성의 콤플렉스라고 할 수 있다. 가부장사회는 자연인 남성보다 초월적인 남성인 신과 자연인 여성의 무염수태를 설정함으로써 상징세계에서 초월적 남성에게 권력을 양보하는 대신 일상사회에서 남성의 정치적 권력과 사제권을 보장받았다.

남성은 여성을 천사로 생각하는 동시에 불길하다고 생각한다. 그러한 점에서 성결학과 오물학은 모두 틀린 것이다. 성결학과 오물학은 자연을 이원대립적인 것으로 분리한 데 따르는 이율배반이다. 성결학과 오물학은 둘 다 '자연이라는 존재'의 현상학이다. 서구문명을 흔히 헤브라이즘과 헬레니즘의 결합으로 보는데, 오늘날 이성(언어)과 상상계(상상의 거울)의 합동연출임이 밝혀지고 있다. 그 사이에 자연으로서의 인간은 없다. 자연에는 성결도 오물도 없다. 자연은 자연일 뿐이다.

오물학은 성결학에 빠져 있는 가부장사회가 진정한 자연인 여성성으로 복귀할 수 있는 경과과정을 알려주는 의미를 가진다. 다시 말하면 오물학을 거치면서 자연은 무엇이든 오물이나 똥과 같은 것을 지니고 있고 이를 배설하지 않으면 안 된다는 점을 인식하게 해준다. 빛이 있으면 그림자가 있듯이 음양은 항상 함께 있는 것이다.

모계사회의 여신은 부계사회로 넘어오면 창녀가 된다. 옛날 샤먼은 통치자로서 샤먼-킹이었지만 오늘날의 샤먼은 한낱 동네에서 푸닥거리나 하는 무당에 지나지 않는다. 무당은 귀신을 빙자하기는 하지만 단골들의 질병과 액을 물리치고자 하는 여성적 희생의 마음으로 무아지경에서 굿을 한다. 오늘날 과학의 입장에서 이를 미신이라고 하지만 그 이면에 심정의 교감과 마을사회 내 기통(氣通)이라는 의미를 내재하고 있는 것이다.

남녀의 섹스는 본능적으로는 자손을 번식하는 행위이지만, 남자는 여자를 소유하기 위해 섹스를 하고 여자는 존재의 무아지경에 도달하기 위해 섹스를 한다. 여성의 무아지경이 바로 재생산과 연결되는 생명의 '보충대신 체계'에 관여하는 것이다. 이는 남자의 자아가 '보충대리 체계'에 대응하는 것에 비견할 수 있다.

모계사회의 이면에는 일처다부제의 성격이 있어 한 여자와 여러 남자의 성적 관계가 전제되어 있다. 부계사회의 이면에는 일부다처제의 성격이 있어 한 남자와 여러 여자의 성적 관계가 전제되어 있다. 이렇게 보면 가족제도와 도덕은 지역과 시대의 산물이라고 할 수 있다. 성결학과 오물학은 그래서 함께 있는 것이다. 천상적인 것이 있으면 속세적인 것이 있기 마련이다.

인간은 다른 동물에 비해 상대적으로 뇌와 성기가 큰 생물종이다. 만약 인간이 망한다면(멸종한다면) 바로 뇌와 성기 때문이거나 둘 중 하나 때문일 것이라고 주장하는 진화생물학자도 있다. 인간의 섹스프리(sex-free)한 특징과 대뇌가 서로 상승작용을 하여 인간으로 하여금 자유를 상상하게 하고, 시간과 공간이라는 추상을 만들게 하고, 오늘의 과학을 만들게 하였지만 동시에 오늘날의 프리섹스를 만들었을지도 모른다. 결국 인간은 섹스프리에서 프리섹스 사이에 있다. 그런데 인간의 욕망이 무한대이기 때문에 도리어 욕망을 제어하는 금욕을 생각할 수 있는 게 인간의 대뇌이다. 종교의 금욕이라는 것도 섹스프리한 특징에서 반전·비약했을지도 모른다. 말하자면 욕망과 대뇌가 서로 길항작용을 할 수도 있다.

다시 말하지만 프리(free)라는 것은 자유가 될 수도 있고 동시에 무(無)가 될 수도 있다. 서양에서는 무보다는 무한대라는 개념(개념-실체)을 좋아하는데 무한대와 무는 서로 다를 것 같지만 같은 뿌리에서 나온 것이다. '무한대'는 '무'의 현상학이다. 이는 시간이 '시(時)'의 현상학인 것과 같다.

인간은 사물로의 환원을 거부하는 존재이다. 섹스프리를 즐기면서 종국에는 사물화인 죽음에 저항하는 수단으로 추상-기계를 만들었다. 그 추상 가운데는 종교적(초월적) 천국과 극락도 있고, 대뇌의 도움을 받아 자연을 물리적(기계적) 우주로 바꾸어놓고 끝없는 우주정복에 나섰다. 인간은 두 가지 초월, 종교적 초월과 과학적 초월을 도모해온 셈이다. 이는 물론 언어가 전제되지 않으면 안 된다.

인간은 자연의 존재적 불연속(엄격하게 말하면 불연속도 연속도 아닌데 자아의 연속을 위해서 불연속이라고 한다)을 자아의 연속(이것은 인위적 연속이다)으로 바꾼 동물이다. 말하자면 생물학적 불연속과 존재적 느낌을 문화적 의식과 시공간적 연장을 통해 연속으로 바꾼 동물이다. 그 의식이 이성이고 권력이고 과학인 것이다.

기독교 성경은 역설적으로 인간의 종말을 종말론으로 극적으로 보여준다. 종말론에서 구원론을 제기한 것은 대뇌의 초월적 사고의 합리화였으니 '성의 원죄적 성격'과 원죄로 인한 '분별식의 발생'을 연결한 것은 참으로 인간의 철저한 자기반성이라고 하지 않을 수 없다. 성경은 분명히 인간의 '성적 능력'과 '대뇌 분별식'의 상관관계를 드러내고 있다.

> 그러자 뱀이 여자를 꾀었다. "절대로 죽지 않는다." 그 나무 열매를 따 먹기만 하면 너희의 눈이 밝아져서 하느님처럼 선과 악을 알게 될 줄을 하나님이 아시고 그렇게 말하신 것이다. 여자가 그 나무를 쳐다보니 과연 먹음직하고 보기에 탐스러울뿐더러 사람을 영리하게 해 줄 것 같아서 그 열매를 따 먹고 같이 사는 남편에게도 따 주었다. 남편도 받아먹었다. 그러자 그 두 사람은 눈이 밝아져 자기들이 알몸인 것을 알고 무화과나무 잎을 엮어 앞을 가렸다.[11]

> 야훼 하느님께서는 "이제 이 사람이 우리들처럼 선과 악을 알게 되었으니, 손을 내밀어 생명나무 열매까지 따먹고 끝없이 살게 되어서는 안 되겠다." 고 생각하시고 에덴동산에서 내쫓으시었다. 그리고 땅에서 나왔으므로 땅을 갈아 농사를 짓게 하셨다.[12]

성경은 적어도 인간의 원죄와 이로 인한 종말을 예언하고 있다. 성(性)과 대뇌, 그리고 종말의 커넥션을 연결시키고 있다. 성경은 참으로 천지창조와 종말을 다루는 인간 중심의 경전이라고 말할 수 있다.

---

11) 국제가톨릭성서공회,『공동번역성서』, 창세기 3:4-7.

12) 같은 책, 창세기 3:22-23.

2) 시간과 공간 및 인간 존재의 특성

이 시점에서 서양철학 혹은 인간의 문명을 구성하고 있는 것에 대한 종합적인 반성이 필요하다. 도대체 문명이란 무엇인가? 도대체 시간과 공간은 어디서 오는가? 시간과 공간은 정말 우주의 실재인가? 결론부터 말하면 시간과 공간은 없다. 인간의 생각이 시간과 공간을 만들었다.

모든 존재는 자신을 알 수 없다. 자신에게 너무 가까이(시간과 공간이 없을 정도로) 있기 때문이다. 시간과 공간이 없다는 것은 객관적으로 알(느낌) 수 없다는 뜻이다. 따라서 내가 아는 것은 모두 남이다. 자신을 투사한 남(타자)이라고 생각하는 것이 자기이다. 남이라고 할 때 시공간이 생긴 것이고, 시공간이 생길 때 이미 남인 것이다. 남(타자)은 시공간과 같은 의미이다. 자기는 시공간이 없이 단지 자신을 살아갈 따름이다.

생각을 남성성으로, 존재를 여성성으로 보면 생각의 탄생을 다음과 같이 설명할 수 있다. 생각(정신)은 언어를 만들고 언어는 생각을 만들었다. 둘은 피드백 관계에 있다. 이 피드백 관계는 직립 보행하는 인간이 손(앞발)을 사용함으로써 대뇌와의 상호관계에서 대뇌용량의 증가에도 관여하는 메커니즘이다.

생각은 기억(과거)을 만들고 상상(미래)을 만들었다. 생각은 또한 시간과 공간을 만들었다. 과거와 미래는 시간이지만, 현재는 시간으로서의 의미가 아니다. 매 순간순간 찰나가 현재(그래서 하이데거는 현재완료라는 개념을 사용했다)이니 간(間)이라는 것이 없다. 현재는 순간이고 순간은 영원이다.

생각은 시간적(순차적)으로 진행되지 않지만(순환적이거나 동시적이거나 구성적이다) '흐름(시간성의 흐름)' 때문에 시간을 만들었다. 그 '흐름'은 나중에 인과를 만들고 선악을 만들었다. 생각은 시간을 만드는 것과 함께 시간이 거처할 공간을 만들었다. 생각이 공간을 만드는 바람에 물질(물질은 정신과 같은 차원이다)을 만들었다. 물질은 양화(量化, Quantumization)의 결과이다. 생각하는 인간이 자리하고 있는 지점(공간성, 장소성)이 여기가 되고, 조금 떨어진 곳이 저기가 되고, 더 먼 곳은 거기가 되었다. 이것은 시간과 보조를 맞춘다. 결국 시간은 공간이 되는 셈이다.

생각은 대뇌의 운동이긴 하지만 공간적 운동이라고 생각하지 않는다. 그러나 인간은 진화과정에서 생각보다 공간적 운동을 먼저 했다. 운동은 소뇌가 담당하고 있다. 더욱이 인간으로 진화하기까지 생명체는 산소를 공급받아야 하기 때문에 숨을 쉬어야 했다. 이렇게 보면 인간의 근거는 생명체의 숨(呼吸, 息)에 이르게 된다. 제 아무리 대단한 사람이라도 숨을 쉬지 않으면 죽는다. 그렇게 보면 숨은 생멸과 관계되는 차원이다.

그동안 철학은 형이상학이라는 이름에 걸맞게 인간을 하늘의 존재(하늘-사칭 혹은 가칭으로)로 그리는 데에 급급했다. 이것이 보편성의 정체이다. 그렇다면 일반성의 철학은 무엇인가? 간단히 말하면 하늘이 아니라 땅의 존재로서의 인간을 되돌아보는 것이다. 이는 인간으로서의 동물이 아니라 '동물로서의 인간' 혹은 '식물로서의 인간'을 되돌아보는 것이다.

인간의 인식이나 의식이라는 것은 원천적으로 자연의 전체성(총체성)으로부터 벗어난 것이고, 이에 따르는 경계선상의 불안, 특히 죽음에 대한 불안을 인간은 견뎌내야 한다. 다른 한편 자연의 전체성으로 돌아갈 때의 경이나 환희도 불안과 마찬가지로 경계선에서 얻는 종합적인 기분이다. 불안과 경이는 방향은 반대이지만 결국 같은 연원을 가지고 있다.

이와 관련해 인간이 동물의 본능을 마치 닫혀 있는 자연 혹은 기계적인 자연처럼 생각하는 것은 큰 잘못이다. 동물은 자연의 전체성으로부터 이탈한(축출된) 것도 아니고 항상 전체성을 향하여 열려 있다. 인간이야말로 동물적인 본능에 따라 움직일 때는 자연의 전체성을 향해 열려 있지만 그렇지 못할 때는 자연으로부터 닫혀 있는 것이다. 그러나 인간은 자신이 자연으로부터 닫혀 있으면서 열려 있다고 생각하고, 열려 있는 자연의 본능은 닫혀 있다고 생각하는 도착에 빠져 있다. 인간은 근본적으로 도착적 존재이다.

이러한 되돌아보기는 환원이 아니라 존재의 근거를 찾아보려는 노력이다. 생각은 본질적으로 환원적 성격을 가지고 있다. 환원은 원인을 찾지만 존재의 근거를 찾는 노력은 존재의 공통 기반에 대해 철학이 노력하는 것이고, 그런 점에서 매우 형이하학적이다. 그렇다고 철학이 형이하학을 하자는 것은 아니다. 형이하학을 고려한 형이상학을 하자는 것이다.

시간과 공간 및 인간 존재의 특성

시간	과거	현재	미래	인과성	환원주의 하늘-되기
대뇌(大腦)	기억(기록)	생각(진리, 사실)	상상(연상)	보편성	천지창조주의
선(禪) 불교	무억(無憶)	무념(無念)	막망(莫妄)	깨달음(自覺)	즉심시불(卽心是佛)
공간	저기(there)	여기(here)	거기(over-there)	양화(量化)	장(場)의 장소화(場所化)
소뇌(小腦)		운동(이동, 사건)		사건성	운동-행동
숨골		생멸(生滅)		생멸성	여자-되기
동물		본능			동물-되기
식물		뿌리			식물-되기
생물				생식(生殖) *단전호흡 (丹田呼吸), 명상(冥想)	양성(兩性)의 발생 기운생동(氣運生動)
음양상징학 (인문사회학)		다원다층의 음양			
전기(電氣) (물리화학)		전기체(電氣體)			
무생물		물질(혹은 물활)			땅-되기 사물-되기
존재의 근거		현(現)사실 현(現)사건		일반성	진화주의 (主語 없음)

인간의 뿌리는 식물에 이르고 또한 동물의 본능에 이른다. 그렇게 보면 형이상학이라는 철학은 존재의 표면에서 설왕설래하는 셈이다. 동물-되기, 식물-되기, 아이-되기, 여자-되기 등의 '-되기'는 철학의 형이하학화 혹은 철학의 '사물-되기', '땅-되기'라고 부를 수 있다. 철학의 '-되기'는 현실적으로 그렇지 못하다는 것을 반증한다. 그렇더라도 사물-되기, 땅-되기는 존재의 근본에 가까워지는 운동이다. 사물의 표면에 물리·화학의 전기체(電氣體)가 있고, 그 위에 전기체를 인문·사회학화한 음양상징학이 있을 수 있다.

문명사회는 한마디로 가부장사회를 말한다. 가부장사회는 자연스럽게 남성적 상징과 특징과 기능이 우선하는 경향을 보일 수밖에 없다. 여성적 특징과의 상대적 관점에서 볼 때 남성적 특징은 감정보다는 생각, 정지보다는 운

존재의 근거 찾기

남자/하늘-사칭	하기(doing)	가부장사회(국가)	역사, 문명	존재자	양음(陽陰)
여자/땅-되기	되기(-becoming)	여자-되기, 아이-되기, 동물-되기, 식물-되기, 사물-되기	자연, 본능	존재 /자연 회복	음양(陰陽)

동, 본능보다는 이성, 근거보다는 원인, 자연보다는 문명이 된다. 그래서 인간의 대표성을 남자(Man)가 차지하고 그것을 남자(man)와 구별하기 위해 대명사(M)로 전환한 것이다. 후기근대의 철학적·사회적 운동은 자연의 음양이 문명의 양음으로 전도된 것을 다시 음양으로 바꾸려는 노력이라고 볼 수 있다.

오늘날 전 지구적으로 퍼져 있는 명상운동은 실은 '숨쉬기 운동'으로서 존재의 근거를 향하는, 더 정확하게는 존재의 근거로 생각을 돌리는 운동이다. 숨을 편하게 깊게 쉬는 것만으로도 인간은 존재의 근거에 돌아가고 자신의 뿌리와 본능에 다시 접속되는 것이다.

인간의 대명사가 대문자 '맨(Man)'이 된 것은 철학을 반성하는 데 매우 좋은 소재이다. 이는 남녀관계가 권력관계로 된 것을 상징한다. 왜 우먼(woman, 자궁을 가진 인간, womb+man)은 권력(출계)에서 밀려났을까?

남자의 관점에서 보면 아이를 낳는 여자는 동물에 가깝다. 아이를 만드는 데 남자의 정충이 관계하지만, 남자는 그 사실을 모르고 한동안 지냈다. 여자가 아이를 낳는 것은 하늘(혹은 삼신할머니)의 점지라고 생각했다. 아이를 낳는 여자는 신적인 존재였다. 그래서 여자는 태양이었고 신이었다(여자는 여신이 아니었다).

대부분의 모계사회는 남자의 부성(생물학적 수컷)을 인정하지 않는 경향이 있는 반면에 대부분의 가부장사회는 여자의 모성(생물학적 암컷)을 무시하는 경향이 있다. 인도 남부의 네이어족과 같은 모계사회에서는 아버지의 역할을 외삼촌이 맡고 있다. 가족은 '어머니와 그의 자녀들로 구성된 하나의 친족단위'로 규정된다.

혈연, 핏줄은 생물학적인 관계가 아닌 문화적 관념이다. 호주 북부의 원주민 티위족은 부성(父性)을 인정하지 않는다. 티위족은 남자 없이도 여자가 언제든지 임신할 수 있다고 믿는다. 여자는 정령에 의해 임신하기 때문이다. 그 대신 아이에게 아버지를 만들어주기 위해 남편은 항상 있어야 한다. 그래서 여자는 태어나자마자 남자와 혼인해야 하고, 할머니일지라도 혼자된 여자는 재혼해야 한다. 생식에서 남자의 역할을 무시하는 경향은 호주 원주민 사회 및 태평양 제도의 여러 종족에서 볼 수 있다.

모계사회가 남자의 부성을 인정하지 않는 관습은 나중에 가부장사회로 전환한 후 '부성의 빈자리'를 어떤 형태의 '초자아'가 자리 잡는 데 유리한 메커니즘이 된다. 부계사회는 각 가정에서 남자가 부성의 자리를 담당하지만 국가사회로 접어들고 고등종교가 탄생하면서 초자아적 존재, 초월적 존재로서 왕이나 신을 세우지 않으면 안 되게 되었을 때 그 빈자리는 쉽게 심리적·의식적으로 제공되었다. 그렇게 보면 모계사회와 고등종교(가부장사회의 종교)는 교차관계에 있다.

모계사회에서 남자의 생식적 역할(정충을 제공하는)은 무시되었고 남자의 역할이 단지 여자와 그 여자가 낳은 아이를 보호하는 것이었던 반면에, 부계사회에서는 그 반대로 여자의 생식적 역할(여자도 난자를 제공한다는)이 무시되었고 여자를 단지 남자의 밭으로 인식했다. 부계사회가 되면서 여자의 '씨(semen)'의 성격은 없어지고, 여자는 완전히 백지가 된다. 남자는 여자의 백지에 무엇을 그리고 그것을 자신의 소유로 한다. 이는 자연에 금을 긋고, 경계선을 표시하고, 의미를 부여하고, 자신의 소유로 하는 것과 같다. 여자는 그러한 점에서 의미의 발생(의미/무의미), 의미의 바탕이다. 여자는 자연이고, 소리이고, 본능이고, 즉자이고, 근본백지(根本白紙)이다. 남자는 생각이고, 말이고, 쓰기이고, 타자이고, 추상기계이다.

여자라는 존재는 언어학의 의미론에서 소리의 입장과 같다. 소리는 시니피앙(기호)이면서 동시에 시니피에(의미)이다. 문자(표음문자이든 표음문자이든)라는 기호는 소리(기호/의미)를 의미로 전환하면서 소리를 지배하기 시작한다. 소리는 자연으로부터 분리되는 것이 아니라 자연 그 자체이다. 실지로 여자는 '소리치는(울다, 울리다) 존재'이다. 소리로써 자신을 표현한다. 여자는 소리가

여자	자연(소리, 본능)	즉자적(卽自的) 존재	근본(根本) 백지(白紙)	vagina, paper, vowel
남자	생각(말, 쓰기)	타자적(他者的) 존재	추상(抽象)기계(機械)	penis, pencil, consonance

없으면 존재감이 없다. 남자의 관점에서 보면 '여자 = 구멍[空, 洞] = 소리 = 파동 = 백지'이다.

남자의 관점, 문명적 관점에서 보면 여자는 자연이고 제로(0)이다. 여자는 자연으로부터의 거리(距離, 間)가 없는 존재이다. 가부장사회가 되면서 여자는 결혼의 '교환 기호'가 되는데 이때 여자(0)로부터 가까운 거리에 있는 사람끼리는 결혼이 금지된다. 이것이 금친상간금기의 내용이다. 이는 여자(신부)라는 중심을 남자(신랑)의 집으로 이동하고, 다시 여자를 중심으로 가까운 반경의 결혼을 금지하는 것이다.

여자는 문명/자연의 경계선일 뿐만 아니라 시간과 공간의 개념이 약하다. 여자는 스스로 몸으로 생산(재생산)을 하는 관계로 자연을 시간과 공간이라는 제도로 나누는 개념이 약하다. 또한 시공간 개념이 약한 여자는 권력경쟁에서도 약하다. 여자는 권력과 전쟁을 필요로 하지 않는 생물종 '평화의 인간'이라고 말할 수도 있다.

태초의 신은 여자였다. 여신은 태양이었고, 그것은 신비스러운 거물 현(玄), 현묘(玄妙)였다. 축제는 여신에게 여신과 가까운 동물과 식물을 바치는 제사였고, 축제 기간 중에 여신은 만인에게 공유되는 선물이었다. 신들이 반인반수(半人半獸), 반신반인(半神半人)인 것은 자연의 매개와 순환을 상징한다.

여신은 '공유되는 신'이었고 '희생의 신'이었다. '보편성의 신'이 아니라 '일반성의 신'이었다. 여신은 처음부터 자연과 거리가 없는 '일반성의 신'이었다. 이는 나중에 자연과 거리가 있는, 그럼으로써 그 거리를 무화(無化)시키지 않으면 안 되는 '남신의 보편성'과는 거리가 멀었다.

가부장제의 남신(하나님 아버지)은 여신의 지위를 찬탈하고 폐위시킨다. 남신의 등장으로 인해 '희생의 신'은 '지배의 신'으로 전환되었다. 이것이 권력이다. 가부장사회의 출계(혈통)는 권력의 출발이다. 그런 점에서 그 이전 모계사회의 여자의 권력은 비권력의 권력이었던 셈이다.

여자는 비어 있고 보이지 않는 중심이기 때문에 도리어 문명에서는 지배를 당한다. 이는 자연이 인간에게 지배를 당하는 것과 같다. 그러나 인간이 자연을 지배한다고 생각하는 것은 인간의 착각일 따름이다. 남자가 여자를 지배한다고 생각하는 것도 이와 같다. 인간의 지배라는 것은 인간 스스로가 자연을 전도시킨 자가당착적 생각에 지나지 않는다. 인간(남자)의 생각은 자연(여자)의 전복(顚覆)일 따름이다.

그러나 여자(자연)는 백지가 아니라 자궁이다. 우주는 인간(남자)이 정복해야 할 주인 없는 영토(황무지)가 아니라 자궁이다. 우주는 수많은 네트워크이고 기감(氣感, 機感)의 체계이다. 우주라는 말 자체가 자연을 우주적 시공간으로 구획한 것이다. 우주는 남자가 상상력을 발휘하여 마음대로 그림을 그리는 그런 백지가 아니다. 남자라는 동물은 나아갈 방향과 의식과 직선과 시간과 페니스를 바라본다. 그러나 그 너머에 자연의 버자이너, 소리의 자연, 기의 자연이 숨어 있다.

우주는 시각적 환(幻)이다. 시각적 환의 이면에는 청각, 후각, 미각, 촉각 등 감각의 세계가 숨어 있을 뿐만 아니라 그것의 바탕에는 조금의 빈틈도 없는 기의 세계가 매트릭스로 깔려 있다. 우리가 지금 무엇을 보고 있다면 그 매트릭스의 하나의 연결(항렬)을 보고 있을 뿐이다.

이것은 문자와 그림의 세계가 아니라 사진과 음악의 세계로 은유된다. 더 정확하게는 사진과 음악의 세계가 아니라 기운생동의 세계이다. 기운생동의 세계에서는 죽음조차 기운생동의 계기일 뿐이다. 모든 것은 '기의 계기'일 뿐이다. '기의 계기'는 일반성이다. 기는 일반적으로 흩어져 있는 것이다.

문자와 그림이 세계를 지배하는 시대에서 사진과 음악이 세계를 지배하는 시대로 이미 와 있다. 이것은 남성의 시대가 아니라 여성의 시대이다. 여성의 시대는 느낌의 시대이고, 예술의 시대이고, 스스로 흥겨워하는 시대이다.

철학은 생물(生物, 섹스)과 물(物, 전자기적 반응)의 존재와 삶을 형이상학적으로 변형한 것에 지나지 않는다. 비유적으로 말하면 여성적 우주를 남성적 우주로 바꾼 것이고, 여성적 '한 몸의 우주'를 남성적 '시간과 공간의 우주'로 바꾼 것이다.

이성을 가진 인간은 시각과 언어를 통해 사물을 대상화하는 '가면의 동물'이다. 인간을 뜻하는 'person'이라는 말은 본래 가면을 뜻하는 말이었다. 인간은 얼굴에 가면을 씀으로써 (얼굴의 가면을 벗고) 진실(본능)을 보이는 것은 이 때문이다. 이성적 인간은 자연의 모습을 잃고 스스로 가면을 쓴다. 그런 점에서 인간은 스스로에게 속고 있는지도 모른다.

인간은 본래 변태적이다. 변태적(변용적)이기 때문에 자연에 본래 있는 것을 두고 별도로 자유와 평등과 사랑을 찾아 나선다. 변태적이기 때문에 이성적이고 창조적이면서 자연적 능력 이외에 과학과 종교와 예술을 할 수 있는 능력을 가지고 있다. 인간은 본래 도착적이다. 도착적이기 때문에 금기를 만들고 또한 깨뜨린다. 인간이 변태적이고 도착적인 것은 놀이의 형식과 같다. 그런 점에서 인간에 의해 저질러지는 살인과 폭력은 자연적인 생명의 도착에서 비롯되는 극단적인 놀이이다. 결혼이 여자의 교환이라는 것은 남녀의 사랑과 섹스에서도 '수(數)의 실체'와 등식을 구성하는 이성의 집요한 해석이다. 결혼을 여자의 교환이라고 해석하기보다 음양의 상생이라고 하는 편이 옳을 것 같다.

남자는 직선(시간)이고 기울기이고 여자는 원(공간)이고 곡선이다. 우주적 남성성은 우주적 여성성을 훔치는 것(도둑)이고, 우주적 여성성은 자신의 여성성(몸)을 내주는 것(희생)이다. 모든 남자는 본래 도둑(도인)이고, 모든 여자는 본래 창녀(여신)이다.

11
자연은 우주가 아니다
시간과 공간은 없다

순간은 영원이다. 자연은 우주가 아니다. 자연은 시간의 집인 우(宇), 공간의 집인 주(宙)가 아니다. 자연은 한정된 시공간이 아니다. 자연을 우주라고 하는 바람에 인간은 우주 속에 갇힌 존재가 되었다. 우주를 벗어나려면 결코 우주여행을 해서는 안 된다. 인간이 스스로 족쇄로 만든 시간과 공간을 떨쳐버려야 한다. 자연은 주어가 없다.

데리다는 어떤 철학자보다도 시간의 현재가 가지고 있는 함의에 대해 토론을 한 인물이다. 데리다가 시간에 대해 큰 관심을 가진 이유는 그가 철학적 문제들을 토론하고 있는 차원이 바로 현재이기 때문이다. 하이데거는 『존재와 시간』을 썼지만 시간이라는 차원을 초월한 시간 자체, 즉 시간성(zeitlichheit)이나 시간의 흐름에 더 관심이 많았다고 하는 편이 옳을 것이다.

데리다의 논의는 '시간의 공간되기와 공간의 시간되기'의 차원이다. 이는 시간과 공간을 인정하는 것임을 물론이고, 시간이 있으면 공간이 있고 공간이 있으면 시간이 있다는 것을 전제하는 것이기도 하다.

> 차연의 시간적 실인 기억, 대기, 연기, 유보, 저장, 유예 등의 개념과 차연의 공간적 실인 차이, 거리, 행간, 사이, 자간 등의 개념이 서로 다르면서도 동시에 시간이 공간으로 또 공간이 시간으로 변용될 수 있음을 말한다. 왜냐하면 기억도 차이이고 간격도 차이이기 때문이다.[1]

---

1) 김형효, 『데리다의 해체철학』, 민음사, 1993, 214쪽.

그러나 지금, 즉 현재라는 것은 존재치 않는다. '지금(le maintenant)'이라는 것은 하나의 막연한 개념이지 '지금'이 확실하게 존재한다고 볼 수 없다. 왜냐하면 "지금은 이미 없고 동시에 아직 존재치 않는 것으로 여겨지기" 때문이다. 그렇게 보면 '지금'이라는 시각은 사실상 존재치 않는 비존재자로 구성된 것으로 여길 수밖에 없다. '지금'의 존재가 없고, 과거와 미래 같은 비존재자의 사이에서 지금이 관념적으로 성립한다면, '지금'은 존재론적 현존이 될 수가 없다. 이것을 다른 말로 바꾸면 "시간의 요소로서의 '지금'은 그 자체 시간이 아니다. '지금'은 시간으로 변하여서만, 즉 존재하기를 그치고 지나간 존재나 닥쳐올 존재의 형식에서 무화(無化)에로의 통과 속에서만 오직 시간이 된다"고 볼 수 있다.[2)]

데리다의 주장에 따르면 시간은 존재하기를 포기해야 성립함을 알 수 있다. 그는 서양지성사에서 스스로의 존재를 부정하는 존재로 이해할 수밖에 없다고 말한다.

'지금'의 현재라는 것이 그 자체 시간적인 것이 아니고 자기 스스로의 존재를 부정하는 행위에서 이해될 수밖에 없다는 결론이 나온다. (중략) "지금은 바로 자기의 반대이자 자기 스스로를 부정하는 행위이다. 지금은 자기 자신 속에 자기의 비존재를 갖고 있다." 그런데 시간과 공간은 불가분의 관계가 있다. 시간은 불가시적인 것이어서 인간이 시간을 의식함은 공간지각의 변화와 운동에 의해서 가능하다. 그래서 예로부터 시간의 핵심으로 현재의 '지금'을 상정했듯이, 공간의 핵심으로 사람들은 공간의 '일점'을 상상했다. 그런데 이 일점도 사실상 공간을 점유하지 않는 추상적 공간일 뿐이다. 이 점에서 '지금'과 '일점'은 유사성이 있다. 그래서 헤겔은 시간과 공간이 서로 공통적인 성질을 지니는 '일점(un point)'이라고 여겼다. "시간은 점의 관점에서, 점으로부터 생각될 수 있다. 점과 시간은 서로 서로 관계를 맺는 순환

---

2) 같은 책, 277쪽.

속에서 생각되어질 수 있다." 지금이 시간을 가능케 하지만 그 자체 시간이 아니고, 점이 공간의 원형이지만 그 자체 공간이 아니기에, '지금'과 '점'은 자기 자신의 존재를 부정한다는 점에서 상호 공통적이다. 그래서 '점'과 '지금'은 상호 교환될 수 있는 개념으로 오래전부터 표상되어왔다.[3]

데리다는 시간의 이중성에 대해 주목한다.

"시간의 의미는 비시간으로서 현재에서 출발하여 생각되어진다." 여기서 우리는 미묘한 생각에 접하게 된다. 현재는 비시간적이지만, 시간에 의미를 준다는 것이다. 이것은 점이 비공간적이지만 공간에 의미를 준다는 것과 같다. 현재는 시간처럼 운동이나 변화의 가능성이 아니다. 그래서 비시간으로서의 현재는 존재의 현행태(energeia)처럼 운동이나 시간의 규정을 가능케 해주는 현행적 행위요 목적이어야 한다. 현재라는 비시간적 관념이나 본질이 없이는 시간의 변화, 운동, 과거와 미래도 사유될 수 없다는 것이다. 이렇게 보면 현재는 비시간적이지만, 시간이고, 비존재이지만, 존재이다. 왜냐하면 현재는 시간의 가능태(dynamica)적 변화에 종속되지 않으니까 비시간적이지만, 그러나 그 현재는 시간의 의미를 가능케 해주고 시간의 개념을 낳게 하기에 "현재는 시간 속의 무시간성이거나 무시간성 속의 시간이다."[4]

데리다의 시간성에 대한 결론은 다음과 같다.

시간은 현재분사에 따라서 존재하고 있는 현재일 수밖에 없다. 따라서 시간은 시간이 무엇이라는 것이 아닌 한에서만, 즉 현재로서 존재하고 있는 것인 한에서만 하나의 존재자일 수 있었다는 결론이 나온다. 그러므로 시간이 비존재자(불순한 것, 결합된 것)로서 이상하게 생각되어진다는 것은 시간이

3) 같은 책, 277~278쪽.

4) 같은 책, 279~280쪽.

현재로부터 출발하여 자기 존재 속에서 생각되어지기 때문이다.[5)]

데리다는 현재의 시간성은 현재분사로서 존재할 수밖에 없다고 말한다. 그는 결국 현재라는 시간의 입장에 서서 시간의 이중성(존재-존재자)을 토론하고 있는 시간론자이다. 그래서 그의 차연은 현상학적 차원의 것이 된다.

현재처럼 느껴지지만 '시간이 아닌 현재'를 한국인은 '지금(至今)'이라고 한다. 지금은 현재가 아니다. '지금'은 '이제 막 다다른'의 뜻으로 '순간'의 뜻이 들어 있다. 한국인의 '지금'이라는 말은 '지기금지(至氣今至)'의 줄인 말이다. 지기금지의 뜻은 '지극한 기운이여 이제 이르소서!'이다. 이 말 속에 이미 기철학이 숨어 있다. 기와 신(神)을 중시하는 한국인의 철학이 '지금'이라는 말에도 들어 있다.

앞의 글에서 '지금'이라는 단어는 시종 '현재'와 같은 말로 쓰이고 있다. 한국인이 왜 '지금'이라는 말을 만들었는지 모르는 까닭이다. 한국인이야말로 '기'라는 단어가 들어가는 수많은 속담을 가진 '기의 민족', '기의 나라'가 아닌가? 한국인은 일찍이 현재와 병행해서 '지금'이라는 말을 함께 사용했다. 정지의 현재가 아닌 역동하는 현재를 표현하기 위해서이다.

시간과 공간은 없다. 기의 흐름만 있다. 시간과 공간은 인간이 '기의 흐름'을 현재적으로 계량하기 위해 만들어놓은 제도이다. 하이데거에 따르면 존재가 무이듯이 시간도 무이다. 시간이 있다면(이것은 공간이 있는 것이 된다), 그것은 이미 존재자이다.

자연에는 시간이 없다. 자연은 무이고 무아이고 무의식이다. 자연은 우주적 시공간의 현상 혹은 물리적 시공간이 아니다. 자연에는 연장(보류)이 없다. 자연은 본래적인 것이며 현상도 아니다. 현상은 인간이 자연을 의식화하고 객관화했기 때문에 빚어진 과학적·대상적 오류이자 가상이고 추상이다. 그래서 과학은 오류의 역사이다. 자연은 지금도 '스스로 그러한' 본질로서 저절로 변화·생성을 거듭하고 있다.

---

5) 같은 책, 280쪽에서 재인용.

<table>
<tr><td>자연의 인간동형론</td><td>정신-물질 이분법</td><td rowspan="2">정신이 절대(절대정신)를 만들고 절대가 상대(상대성원리)를 만든다. 정신의 대상이 물질이다.</td></tr>
<tr><td>인간의 자연동형론</td><td>심물일체</td></tr>
<tr><td colspan="3">*물(物) = 몸(마음) = 기(氣)는 같은 의미이다. 물은 물질이 아니다.</td></tr>
</table>

시간과 공간은 본래 없는 것인데 인간에 의해 성립되었으며, 시공이라는 감옥을 벗어나야 인간이 진정 행복해질 수 있다는 것을 알아야 한다. 절대시간과 절대공간은 이미 총체적 존재로서의 그것이 없다는 것을 말하는 것과 같다. 절대는 그것이 없기 때문에 절대이다. 인간은 자신의 삶을 위해서 없다는 것을 역설적으로 있다고 한다. 그것의 이름이 절대이다.

인간이 그동안 자연에 대해 말한 것은 자연의 인간동형론(anthropomorphism)의 산물이다. 인간과 자연은 상호관계 속에 있다. 인간이 아무리 자연으로부터 벗어났다고 해도 인간은 자연이다. 그러한 점에서 인간은 자연동형론(physiomorphism)의 존재이다. 자연과 인간은 이중성의 관계에 있다. 어느 한쪽에서 다른 쪽으로 일방적으로 가는 것이 아니다. 인간동형론에 있던 철학은 이제 자연동형론의 존재인 스스로를 깨닫고 있는 것이다.

동양철학에서 말하는 물은 물질이 아니라 자연과 같은 의미로 몸(마음) 혹은 기와 동의어이다(物 = 몸·마음 = 氣). 물질은 정신 중심의 사고인 정신주의에서 발생한 것이며, 오히려 정신의 파생체이다. 그런데 유물론자들은 거꾸로 정신이 물질의 파생체라고 말한다. 이는 정신이 물질을 초월적 입장에서 규정한 것을 간과하거나 거꾸로 본 것이다. 정신이나 물질은 같은 차원의 용어이다. 이에 비해 물은 정신과 물질의 이분법에서 자유롭다.

자연의 인간동형론은 자연을 인간처럼 보는 것이고 인간의 자연동형론은 인간을 자연처럼 보는 것이다. 인간의 자연동형론은 심물일체와 통한다. 자연의 인간동형론이 발전하면 정신-물질 이분법이 된다.

물의 자연, 자연의 물은 시공간이 없다. 시공간이 있으면 물이 물질이 된다. 그 물질을 대상으로 바라보는 주체가 정신이다. 정신이 절대(절대정신)를 만들고, 절대가 상대(상대성원리)를 만든다. 정신의 대상이 물질이다. 헤겔의 절대정신과 마르크스의 유물론은 겉으로는 정반대인 것 같지만 실은 뒤집어놓은 같은 것이다.

우주는 인간이 자연을 바라보는 하나의 틀(frame)이라는 점에서 여전히 자연이지만(인간이 자연이기 때문에) 자연은 우주 속에 갇히지 않는다. 자연은 움직이지 않고도(物不遷論) 스스로에게 만족한다. 동시에 만물은 끊임없이 움직이는 무아무상(無我無常)한 존재이다(諸法無我, 諸行無常). 모순이야말로 자연의 이중성을 드러내는 진리이다.

인간이 생각을 하고 깨달음으로써 자연이 움직이는 것은 아니다. 자연이 움직이기 때문에 인간이 존재하고 인간의 모든 사상(事象, 事狀)은 자연의 움직임에서 드러나는 것이다. 모든 자연은 태초의 동등함과 평등함을 가지고 지금도 저마다 움직이고 있다. 자연은 개체가 아니고, 그 자체가 신비이고 신이다. 신비와 신은 따로 있는 것이 아니다. 인간을 포함한 만물 자체가 신이고 신비이다.

자연에는 주어가 없다. 주어가 발생한 것은 인간의 생각 때문인데 주어 자체가 이미 자연에 대해서는 초월적 사고이고 자연을 대상화하는 특성이다. 현상학은 자연을 대상화하는 원인과 메커니즘을 밝힌 철학적 성과이다. 자연은 현상이 아니라 존재이고, 자연의 존재에 대해 철학적으로 접근한 것이 하이데거의 존재론이고, 이를 주체(자아)와 유물론적 실존주의와 역사적 실천주의의 입장에서 오해(해석)한 것이 사르트르의 실존주의이다.

이는 하이데거의 존재론에 대한 프랑스식 오해라고 할 수 있다. 이러한 오해는 데리다에 의해서도 수행되었는데 이들은 모두 현상학적 차원에서 존재를 해석했기 때문이다. 사르트르는 "도구와 같은 존재에서는 본질이 존재에 앞서지만 개별적 단독자인 실존에서는 존재가 본질에 앞선다. 인간은 우선 실존하고 그 후에 자기가 자유로운 선택과 결단의 행동을 통해서 자신을 만들어 나아간다"고 말한다.

우리는 사르트르를 통해서 서양문명·이성문명의 정신적 질병을 바라볼 수 있다. 사르트르에게 즉자적 존재인 자연은 기괴하게 보이고 구토를 일으키게 하지만, 인간이 만든 도구는 본질(본질 규정)을 가지고 있는 존재이다. 인간이 본질을 알 수 없는 현상이 곧 본질인 실존인 것이다. 세계를 객관화시키지 않고는 직성이 풀리지 않는, 세계를 시공간에 놓지 않고는 견딜 수 없는 것이다.

사르트르에게 존재는 실존이다. 결국 실존이라는 주체를 설정함으로써 자유의 길로 나아가지 않을 수 없었던 것이 사르트르이다. 이는 그가 현상학에 머문 존재론자(실존론자)였음을 말한다. 따라서 그의 '존재와 무'는 현상학적 차원의 '무'이다. 이는 하이데거 존재론의 '무'와 다르다. 하이데거의 '무'는 '없는 것(nothing)'이 아니라 '없지 않음(nothingless)' 혹은 불교의 진공묘유(眞空妙有)의 무였던 것이다.

사르트르의 '무'와 데리다의 '무'는 역사와 시간(현재)이라는 점에서 통한다. 사르트르는 역사(타자의 감옥)에서, 데리다는 시간(현재에서의 부재)에서 'nothing'으로서의 '무'였던 셈이다. 사르트르는 실존주의를 내걸었지만 현상학적 유물론자로서 '자유의 길'을 갔고, 데리다는 문자학을 내세우지만 현상학적 추상주의자로서 '문자(흔적, 표지)의 길'을 갔다. 여기에 들뢰즈의 현상학적 기계론을 보태면 프랑스 철학의 진면목과 일관성을 볼 수 있다.

이들은 모두 같은 현상학적 차원에 있다. 이들뿐만 아니라 라캉, 폴 리쾨르 등 프랑스 철학자들은 하나같이 현상학적 차원에 머물거나 그것으로 돌아갔다. 여기에 몸철학자로 알려진 마르셀과 메를로퐁티를 보태면 몸이 없는 현존은 없기 때문에 현존은 현재가 된다. 현재는 프랑스인에게는 두께가 있는, 살점이 있는 현재인 것이다. 결국 프랑스 철학은 현재의 몸(신체)과 이성의 시공간의 합작이라는 결론에 이르게 된다. 이성과 신체에 대한 프랑스인의 집착은 프랑스 철학의 특징이다. 후설의 현상학이 프랑스에서 많은 추종자를 거느리고 꽃피우는 것은 이 때문이다.

자연에서 존재(본질)와 현상은 나뉘지 않는다. 현상은 '존재의 현상'이고 존재는 '현상의 존재'이다. 그러한 점에서 자연은 대상적 의미의 현상이 아니다. 자연을 현상이라고 지칭함으로써 우리는 현상학과 물리적 우주에 갇힌 셈이며, 자신으로부터 스스로 소외되고 고독하게 되었다. 이것을 우주적 시공간에 갇혔다고 말할 수 있다. 인간은 스스로 자기가 만든 우주라는 감옥에서 벗어나기 위해 온갖 발버둥을 치고 있는 것이다. 그 감옥(시공간)을 벗어버리면 본래의 세계, 전혀 다른 세계가 전개되는 데도 그렇게 하지 못하고 있다.

하이데거	존재론 nothingless	therein/ (over-there)	존재와 시간	시간에서 장소(공간) 필요
데리다	문자학 nothing	on-face	에크리튀르	장소에서 시간(텍스트) 필요
박정진	소리철학 풍류도(風流道)	over-flow	풍류도 (바람, 섹스)	시공초월에서 흐름 필요

시간과 역사 속에 갇혀 있으면 아무리 자유와 평등을 찾아도 그것을 찾을 길이 없다. 그것은 인간의 몸 밖에 있는 것이 아니라 인간의 몸 안에 있으며, 찾으려고 해서 찾을 수 있는 것이 아니라 가만히 있기만 해도(도리어 가만히 있어야) 찾아지는 것이다. 자연의 만물은 지금 제자리에서 만족하고 있다. 자연의 만물은 통사구조에 의해 연결되는 것이 아니라 연기(緣起)로서 연결된다.

물리학의 우주론은 우주의 생성·변화를 오해하게 만든다. 물리학은 실체와 운동의 법칙으로 우주를 설명한다. 이는 시간과 거리로 우주를 설명하는 것이다. 그래서 현재 우주는 137억 년 전의 빅뱅으로부터 시작되었다고 생각하고 있다. 마치 우주가 저 멀리 어디서 시작한 것처럼 생각하는 것이다. 또 그때 시작한 우주가 지금도 저 멀리에 있는 것처럼 착각하는 것이다.

이것은 과학적 신학이다. 과학적 환원주의이다. 우주의 과거는 지금 없는 것이다. 우주의 미래도 없는 것이다. 우주의 현재도 없는 것이다. 우주(존재)는 현재라는 시간이 아닌 '현존의 흐름' 속에 있다. 현존은 잡을 수 없다. 그러나 잡을 수 없다고 해서 '없다(nothing)'고 해서는 안 된다.

자연은 물리학의 최대 성과인 빅뱅과 블랙홀의 설명처럼 저 멀리 우주적 시공간에 있는 것이 아니라 지금도 우리 옆에서 일어나고 있는 모든 '현상 아닌 현상'이다. 빅뱅과 블랙홀은 과학으로 설명하는 성경의 '알파요 오메가'인 것이다. 빅뱅과 블랙홀은 인간이 발견한 우주적 이중성의 한 예에 불과하다. 빅뱅과 블랙홀로 설명하더라도 그렇다. 그것은 시간적으로 수백억 년 전에 일어난 것이 아니라 지금도 우리 주변에서 일어나고 있는 일상의 것들이다. 예컨대 인간의 태어남과 죽음도 빅뱅과 블랙홀이다. 또 남자는 빅뱅이고 여자는 블랙홀이다. 날숨은 빅뱅이고 들숨은 블랙홀이다. 낮은 빅뱅이고 밤은 블랙홀이다. 인간의 만남은 빅뱅이고 헤어짐은 블랙홀이다. 그래서 의기투합(意氣投

合) 만물만신(萬物萬神), 만물만신 의기투합이다.

우주의 시공간을 '틈'의 입장에서 생각해볼 필요가 있다. 예컨대 땅 위를 기어가는 벌레는 우주를 표면으로 생각할(느낄) 것이다. 촉감으로 살아가는 벌레는 우주를 접촉하는 표면으로 느끼고 자신이 꿈틀대며 나아갈 수 있는 틈이라고 생각할 것이다. 방향감각도 없이 어디론가 1차원적으로 나아갈 수 있어야 다행이라고 느낄 것이다.

촉감으로 살아가는 벌레나 아메바에서 고등동물로 진화하여 오늘의 몸[身]을 가지게 된 인간은 의미의 입장에서 경계선상에 있다. 안(眼)·이(耳)·비(鼻)·설(舌)·신(身)·의(意)에서도 알 수 있지만 의미는 몸에서 비롯되기 때문이다. 더 정확하게는 이 시퀀스를 원으로 만들면 바로 만나게 되는 것이 몸과 눈[眼]이다. 의미는 이 둘의 만남에서 가장 강력하게 피드백 되어 생성되고 고정된다.

인간은 이로 인해 세계를 의미의 공간으로 만든다. 그런데 벌레의 입장에서 보면 시공간은 단지 틈이고, 그 틈으로 수축(收縮)할 뿐이다. 수축은 파동적으로 나아가는 것이다. 우주는 이러한 단순한 것을 바탕으로 구축되어 있다. 수축과 팽창을 반복하는 운동이 자연인 셈이다. 이것을 가장 간명하게 밝힌 것이 동양의 태극·음양(陰陽, 凹凸)사상이다.

음양의 음은 파동의 골이고, 양은 파동의 마루이다. 세계의 시공간을 해체하고 1차원적으로 보면 세계는 직선이 아닌 파동의 굴곡 곡선을 그으며 움직이고 있는, 마치 바다의 파도와 같이 출렁이고(일렁이고) 있는 전체상이다. 이것을 입체(실체, 입자)로 해석한 것이 현대 물리학이다. 세계는 초점(중점, 중심)이 없으며 초점불일치의 세계이다. 인간은 그 중심을 찾으려고 헤매는 이성적 존재이다. 그런 점에서 인간은 존재의 존재자(현존재)이다.

태극은 서양의 동일성과 같은 정태적(실체적)인 것이 아니라 역동적인 것이고, 음양은 대립적인 것이 아니라 상보적인 것이다. 자연은 낮은 것에서부터 높은 곳에 이르기까지 역동하고 있으면 실은 낮은 것도 없고 높은 것도 없다. 한꺼번에 총체적으로 역동하는 것이지, 인간이 측정하듯이 거리와 차이를 두고 역동하는 것이 아니다.

존재는 지표를 걸어 다니는 페니스와 같다. 지표에 틈(구멍)이 있어서 다행히 걸어 다니는 데 마찰이 일어나지 않는다. 입체적인 사고와 시공간적인 사고를 해체하면 존재는 1차원적으로 혹은 촉감에 의해 꿈틀거리며 이동해가는 벌레처럼 된다. 이는 촉감의 세계이다. 촉감의 세계는 파동의 세계이고 파동의 세계에는 시공간이 없다.

존재는 무와 허이다. 서양처럼 실체적 사고를 하면 허무주의에 빠지겠지만 존재론적 사고를 하면 '무'와 '허'야말로 존재의 근본이고, 위(僞)는 인간의 행위의 근본이다. 철학자의 대부분이 남자들이기 때문에 여성성에 대해 전면적으로 고찰할 때가 되었다.

인간(남자)의 일생은 여자(어머니)의 틈새에서 태어나서(탄생) 배우자(아내 혹은 다른 여자)의 틈새에서 작은 죽음(섹스의 엑스터시)을 경험하다가 어느 날 대지라는 여자의 틈새[墓穴]로 들어가는 운명이다. 이러한 일생은 틈새에서 틈새로 이어지는 삶이다. 만약 우주의 시공간이 없다고 가정하면 우주는 무시무종(無始無終)의 파동적 흐름이다.

남자(자아)는 자유(초자아)를 찾고, 여자(무아)는 평등을 찾은 존재이다. 둘이 어긋나서 사랑할 대상을 찾을 수 없게 된다면 사물은 삭막하기 이를 데 없는 존재가 된다. 사물은 감옥처럼 다가올 것이다. 사물이 감옥처럼 되는 것은 사물을 타자로 받아들이고 타자와의 경쟁을 생각하기 때문이다. 자연은 음양의 집이지 시간과 공간의 집이 아니다. 자연은 시간의 집이 아니고 공간의 집도 아니다. 자연을 우주라고 하면서 세계는 물리적 대상으로 변해버렸다. 자연은 기운생동이고, 기운생동은 바로 소리이다. 소리는 역동하는 실재이다.

인류의 역사를 남녀로 비유하면 이렇게 말할 수 있을 것이다. 남자(인간)는 여자(자궁)에게서 태어나서 여자에게서 완성된다. 이때 여자는 자연이고 남자는 인간이다. 남자는 여자의 십(10, 씹)에서 태어나서 십(10)에서 완성된다. 한글로 섹스 하는 것을 '씹'한다고 한다. 이는 섹스에서 여성의 주도적인 위치를 말한다.

남자는 노동하는 존재이다. 노동은 자연에서 태어난 인간이 자연의 재생산이 아닌 생산을 위해 투입하는 에너지를 말한다. 노동은 농업에서 공업으로 확대되었고 결국 공장 생산을 의미하는 것으로 변했다. 남자는 노동하는 기계와 같다. 남자의 페니스는 기계와 같고, 남자의 생각이라는 것도 결국 기계이다.

여자는 자연의 상속자이다. 여자는 호흡하듯이 섹스하고, 남자는 기계처럼 섹스 한다. 남자는 섹스에서도 노동의 일꾼이다. 남자는 피스톤처럼 움직이고 여자는 호흡하듯이 수축한다. 남자의 페니스는 권력적이고 위압적인 반면, 여자는 애무를 받으면서 온몸으로 수축한다. 여자의 섹스가 촉각과 청각(이들은 파동이다)과 온몸으로 하는 섹스라면, 남자의 섹스는 시각과 미각과 후각(이들은 입자이다)과 뇌의 섹스라고 할 수 있다. 남자는 섹스에서도 존재자적이고 여자는 존재론적이다.

여자는 자연으로 연결되는(돌아가는) 문을 가지고 있다. 자연과 존재의 본래 모습으로 들어가는 문과 같은 것이 여자이다. 그 문은 열리고 닫히면서 수축하고 있다. 이는 우주적 운동과 수축을 은유하고 있다. 여자의 이러한 존재론적 특성이 소유론적 특성을 가진 남자에게는 두려울 수밖에 없다. 그래서 남자는 여자에게 원죄를 뒤집어씌운다.

그동안 인간의 섹스 행위에 대해 해학적인 이야기와 실용적이고 과학적인 해석은 많았지만 철학적 해석은 그리 많지 않았다. 어쩌면 섹스야말로 인간을 주기적으로 자연으로 돌아가게 하는, 존재에 돌아가게 하는 자연의 선물이면서 욕망의 장치인지도 모른다. 현대인에게 섹스마저 없으면 그들은 자연으로 돌아가지 못하고 영원한 미아가 될지도 모른다. 그래서 현대인은 섹스에 더욱더 골몰하고 있는지도 모른다.

섹스의 클라이맥스는 인간이 자연의 도도하게 '넘치는 흐름(overflowing)'에 편승하게 하는 몸의 장치이다. 그러한 '넘치는 흐름'은 바로 철학적 존재론의 '저 너머(overthere)'의 의미가 있다. 물론 존재에 대한 철학적 깨달음은 무에 도달하는 것이지만, '넘치는 흐름'은 비록 짧은 순간이지만 그것과 유사한 기분에 젖게 한다. 엑스터시는 생멸이 함께하는 순간이다. 엑스터시는 프랑스어로 '작은 죽음'이다.

엑스터시는 물질이나 기관의 경지라기보다는 '물의 경지'에 가깝다. 클라이맥스를 흔히 무아지경으로 묘사하고, 그것을 경험한 사람들은 흔히 '~로 갔다 왔다'고 말한다. 이것은 무당이 신들릴 때 황홀경을 지나 엑스터시에 도달

<table>
<tr><td>종교적 수도(修道)</td><td>득도(得道), 깨달음
존재의 궁극에 도달함</td><td>천상천국, 극락세계
저 너머(overthere)</td><td rowspan="3">형이하학에서 형이상학의 과정에 이르는 무아지경(無我之境)</td></tr>
<tr><td>무당 굿(接神)</td><td>트랜스(trance)
엑스터시(ecstasy)</td><td>혼(魂, spirit) 이탈
우주여행(宇宙旅行)</td></tr>
<tr><td>섹스(再生産)</td><td>클라이맥스(climax)
물(物)의 현상학</td><td>물(物)의 넘치는
흐름(overflowing)</td></tr>
</table>

하는 것과 유사하다. 무당은 '하늘(영혼) 여행'을 한다. 무당의 탈혼(脫魂)된 영혼이 상상계의 하늘을 여행하는 셈이다. 분명 여기엔 우주적 기운생동과 접(接, 接神)하는, 전기적으로 전염(電染, 傳染)되는 공통의 그 무엇이 있다.

클라이맥스에 도달한 남녀는 자신의 몸이 물(水)처럼 어디론가 흘러가는 것 같은, 빠져 달아나는 것 같은, 자신의 개체가 우주적 전체와 하나가 되는 것 같은 기분에 젖게 된다. 그런 점에서 섹스도 물(物)의 현상학이다. 형이하학에서 형이상학에 이르는 전 과정의 공통점은 무아지경에 도달하는 점이다.

재미있는 것은 성적인 엑스터시에 인간의 상상계가 동원되고 절정의 방출을 신체적으로 담당하는 방아쇠에 항문의 조임이 작용한다는 점이다. 이것은 머리(대뇌)의 하늘[天]과 신체(성기관)의 땅[地]이 한 지점에서 만나 이루어내는 생물의 재생산과 쾌락이 동시에 실현되는 최고의 행위이다. 이것은 동시에 작은 죽음이다. 삶의 절정은 죽음과의 잠시 동안의 자리바꿈이고 거래인 셈이다.

한국인은 흔히 사회적으로는 금지된, 배우자 이외의 사람과 사랑하는 불륜(不倫)을 '바람났다'고 한다. 영어에서는 '사건을 저지르다(to have an affair)' 혹은 '속이다(cheat)'라는 단어를 쓴다. '바람'은 참으로 한국적인 말이다. 영어보다 훨씬 자연스러운 말이다. 바람피운다는 말에는 '그저 바람과 같은', '바람처럼 왔다 가는', 어찌 보면 바람처럼 자연현상일 뿐이라는 의미도 있다. 바람이라는 단어에는 시비도 없고, 과대포장도 없고, 호들갑도 없고, 어떤 심각성도 부여되지 않는다.

우주적 존재론이 남녀 음양(섹스)관계에 다 들어 있다. 존재는 저 멀리 우주적 시공간에서 창조되고 생멸되는 것이 아니라 우리의 몸속에서 지금 생멸을 거듭하고 있다. 태초와 종말은 지금 우리 몸속에 있으며, 물리학적 시공간에서 벌어지고 있는 것만이 아니다. 물리적 시공간은 물리적으로 바라볼 때 전개되는 존재의 전개양상(현상)이지 존재의 본질은 아니다. 존재의 진면목은 도리어 시각으로 대상화되지 않는 우리 몸속에 있다.

소동파의 시구(詩句) 가운데 여산진면목(廬山眞面目)이라는 말이 있다. 여산 안에 있기 때문에 여산의 진면목을 볼 수 없다는 내용이다. 소동파 시의 의미로 볼 때 물리적 우주, 시공간의 우주야말로 여산이다. 여산진면목 대신에 우주진면목이라는 말이 생길 법하다. 우주 안에 있기 때문에 우주의 진면목을 볼 수 없다. 그렇다면 우주 밖에서 보면 우주를 잘 볼 수 있을까? 아니다.

아무리 우주 밖으로 나아가도 결코 우주의 진면목을 볼 수 없다. 우주의 진면목은 내(우리) 몸 안에 있다. 더 정확하게는 우주(자연)에는 안팎이 없다. 우리 몸이 우주이고 자연이다. 우주는 느껴야 한다. 느끼는 우주가 진짜 우주이다. 이를 두고 우주반진면목(宇宙反眞面目)이라고 할 수 있을까?

물질의 진리는 대립된 세계가 만나는 곳에서의 긴장과 운동(원심력과 구심력)에 있지만, 심물의 진리는 대립된 세계의 이중성과 역동성에 있다. 물을 느끼는 것은 마음뿐이다. 이를 내관(內觀)이라고 말한다. 마음이야말로 모든 물과 조응한다. 심물은 하나이다. 인간의 시각이 이를 차단한 것이다.

세계는 필연도 아니고 그렇다고 그것의 반대인 우연도 아니다. 세계는 인간의 세계이고, 자연은 자연이다. 자연은 필연이나 우연이 아닌 자연이다. 굳이 말하자면 심물일체, 음양자연이다.

동양의 역학적 우주관인 하도낙서(河圖洛書)로 볼 때, 여자의 십(10)은 비어 있는 십이고, 남자의 십은 차 있는 십이다. 이것을 100으로 말하면 45대(洛書), 55(河圖)이다. 우주의 참 모습은 음양의 모습이고, 음양의 모습은 남자와 여자에게서 극명하게 드러난다. 남자는 하늘(생각, 우주)이 되었다가 대지(생멸, 자연)로 돌아간다. 진정한 구원은 여자이다. 비어 있는 여자에게로 들어가야 남자는 구원되는 것이다. 여자를 원죄의 장본인으로 몰면 결코 구원은 없다.

여자의 생식이 없으면 세계는 어디에 있을 것인가! 남녀가 하나 된 모습을 동양의 역학에서는 "구구광명(九九光明) 십십교통(十十交通, 雙十交通)"이라고 한다. 남녀가 만남으로써 각자가 완성되고, 이것은 남녀, 즉 둘의 완성이라고 해서 '이중천지(二重天地)'라고도 한다. 이는 또한 선천(先天) 상극(相剋)시대를 마

	여자	여성성(十, 卍)
거리	0(zero): 자연과의 거리 무(無), 중심	원(圓), 원융(圓融)
본능	구(口), 식구(食口), 구멍(hole)	먹는다, 씹는다
상징	0, 1(10), 십(十), 씹, 씹는다	X, 卍(신비, 비밀)
자연/문명	근친상간금기의 중심	자연과 문명의 경계선이다.
시공간	무(無) 시간, 무(無) 공간	여자는 시공간 개념이 약하다.
신(神)	태초의 신(神)은 여자였다. 여신은 태양이었고, 그것은 신비한 현(玄)이었다.	축제는 여신에게 동물과 식물을 바치는 제사였다. 여신은 '희생(犧牲)의 신'이다.
가부장제 남신(男神)	가부장제의 신은 남신(男神: 하나님 아버지)으로 여신의 지위를 찬탈하고 폐위(廢位)시킨다.	가부장제의 남신의 등장으로 '희생의 신'에서 '지배의 신'으로 전환된다.

감하고 후천(後天) 상생(相生)시대를 의미하기도 한다.

한국은 지구상에서 가장 여성성이 강한 나라이다. 그래서 한국은 인류 문명을 개벽(開闢)할 나라이다. 한국은 동이족의 나라로서 선천 인류 문명의 시원을 이루었으면서 다시 후천 인류 문명의 시작을 주도할 것이다. 선천은 천지(天/地) 비(否)괘의 운이었지만 후천은 지천(地/天) 태(泰)괘의 운이다. 다시 말하면 여성이 주도하는 세계이다.

모계사회로 시작한 인류는 가부장사회를 5천여 년 운영했지만 이제 다시 모성사회로 돌아가는 셈이다. 돌이켜보면 가부장사회가 단지 남자들의 권력 쟁취를 위해 만들어진 제도는 아니었다. 인구 증가와 더불어 여자는 자신이 낳은 아이를 양육하기 위한 보호자가 필요했고, 인간종 내부의 생존경쟁이 치열해지고 전쟁이 빈번함에 따라 그 보호자로서 아버지를 필요로 했다.

이렇게 보면 문명의 발달(농업혁명, 산업혁명, 정보혁명)도 실은 인구 부양을 위해 사회적 결속력과 밀도를 강화하기 위한 것인지도 모른다. 고도로 발달한 인류 문명은 현재 정보화사회로 치닫고 있다. 문명이 발달할수록 자연과의 거리는 점차 멀어지고 있다. 현대 사회는 아예 가짜 이미지, 가짜 상징기호에 의해 살아가는 사회라고 할 수 있다.

남성 중심의 시각-언어-과학의 문명보다 여성 중심의 청각-상징-자연으로의 회귀가 현대 철학과 문명의 화두가 되고 있다. 여성은 자연의 본래적 존재이고 육감(肉感, 六感)의 존재이다. 여성은 안·이·비·설·신·의, 즉 육근육식(六根六識)의 존재이면서 동시에 그것의 종합인 육감의 존재이다. 여성은 의미의 존재이면서 의미 이전의 존재인 음(音)의 존재이다. 음의 존재라는 것은 의(意)에서 마음을 제외한 물의 존재라는 뜻이다. 음은 물질이 아니고 물이다. 무명(無名)은 세계의 본래 모습이다.

여성은 6(六, 肉, 陸, 育)의 존재이다. 남성은 이것을 거꾸로 세운 9(九, 究, 構, 久)의 존재이다. 남성의 시대, 가부장사회는 모계사회를 거꾸로 세운 것이다. 인간만이 심과 물을 이원화한다. 이것은 가부장사회 이후의 일이다. 모계사회, 인간 이전에는 심물이 같은 것이었다. 여성시대인 지천(地天=地/天)시대는 만물이 통하는 태(泰)괘의 시대이고, 원시반본의 시대이다. 원시반본의 시대는 육감의 시대이다. 육감시대야말로 직관은 물론이고 직감(直感)의 시대이고, 자연 본래를 회복하는 시대이고 세계이다.

철학은 일반성의 철학, 소리철학에 이르러 '시간과 공간이 없다'는 말을 공공연하게 말하게 되었고, 그럼으로써 물리학과 천체물리학, 양자역학의 종속상태에서 벗어날 수 있게 되었다. 요즈음도 수백억 광년의 거리에 있는 우주 행성의 폭발을 관찰하는 천체물리학의 이야기를 종종 들을 수 있다.

우리는 흔히 별의 거리를 잰다. 그 옛날에 폭발한 별은 지금 없는데도 그것이 있는 것처럼 가정하고 말이다. 언제부터 인간은 달과 별의 거리와 시간을 잿던 것일까? 언제부터 세계는 시간과 공간이 되었던가? 거리를 재지 않고는 살 수 없는 현대인들! 현대인들은 별과 같은 존재인지를 모른다.

별의 거리를 재는 것보다 우리 자신이 그 폭발한 별과 같은 존재라는 사실을 아는 것이 중요하다. 지금 존재하는 모든 것은 같은 데서 출발하여 흩어져 있는 존재들이다. 이게 일반성이다. 일반성은 있는 그대로를 말하는 것이고, 보편성조차 포함하는 것이다. 지금 흩어져 있는 모든 만물은 같은 것이다. 이것이 일반성의 철학이고 제물론(齊物論)이다.

철학이 독자적인 정체성을 확립하려면 과학의 용어를 피하는 것이 좋다. 그런 점에서 철학은 물리학의 에너지 개념과는 다른 기, 기질, 소리, 파동의 개념을 통해 자신의 영역을 새롭게 구축해야 한다. 소리철학은 그 길은 연 것이라고 말할 수 있다. '기'를 에너지로 번역하면 설명이 잘 될 때도 있지만 기와 에너지는 같은 것(등식관계)이 아니다. 예컨대 에너지는 상대성원리로 설명할 수 있지만, 기는 상대성원리로 설명할 수 없다. 상대성원리는 빛의 속도(30만 km/sec)라는 상수(常數), 즉 절대성을 기준으로 구성되어 있다. 말하자면 절대성의 상대성이라고 말할 수 있다. 절대주의와 상대주의, 즉 절대-상대주의는 상관주의(correlativism) 혹은 음양 상관주의의 한 예라고 할 수 있다.

'기'는 상대적이라기보다 상관적(相關的)이다. 상대주의 속에는 절대주의가 포함되어 있기 때문이다. 이때 상관적이라는 말은 '기'라는 말 속에는 에너지가 없는 상태의 허기(虛氣)를 가정할 수 있기 때문이다. 에너지는 기의 일부이고 에너지가 기의 드러난 현상학이라면 물질은 에너지의 현상학이다. 이는 몸이 마음의 현상학인 것과 같다.

'기=마음=몸'이다. 이는 '이=정신=물질'과는 다르다. 도리어 '기'는 '허기'로서의 의미가 더 크다고 할 수 있다. '허기'가 '기'의 근본이다. 허기가 없으면 기는 그것을 담을 그릇이 없다. 허기는 음기(陰氣)이다. 음기는 에너지가 없는 공허(空虛)이다. 이것을 기소(氣疏)라고 명명해보자.

기는 파동이고 파동은 소리이다. 파동은 에너지를 전달하지만 에너지 자체는 아니다. 파동은 에너지를 전달하는 매개와 같은 역할을 한다. 기를 파동이라고 할 때 '허기'는 파동의 마루[凸] 부문이 아니라 골[凹] 부분이라고 할 수 있다. 음양과 요철은 동시에 있는 상관적인 것이다. 우주에는 에너지로 설명할 수 없는 그 무엇이 존재한다. 그것이 존재의 근본이고 파동이다.

빛도 그 파동을 올라탄다[乘]고 말할 수 있다. 파동은 운동 그 자체, 소리 그 자체, 존재의 그릇[器] 아닌 그릇[氣]이다.

물질	눈에 보이는 입자	감각할 수 있는 물질 (물질)	뉴턴 역학 보편성(절대성)
에너지	눈에 보이지 않는 에너지	눈에 보이지 않는 물질 (전기, 전자)	상대성원리 상대성(절대성의)
파동 (음양, 凹凸)	우주의 본래적 운동성 및 변화성	만물의 근본적 존재 (전파, 파동)	기(氣), 소리 일반성(氣疏)

12
문명의 교차와 비밀

1) 자연과 문명의 블랙박스, 천지음양의 교차배어

문명은 이름이 세계인 줄 안다. 이름을 지어주고 세계를 소유하려고 한다. 그러나 자연은 이름이 아니다. 자연은 이름이 없이도 저절로 생멸하는 동사이다. 자연은 '누가, 언제, 어디서, 무엇을, 왜, 어떻게'라는 육하원칙이 아니다. 인간이 자연을 끊어놓은 것이다. 이것이 시간과 공간의 프레임이다.

인간은 자신도 모르게 자신이 탄생하기 이전의 세계를 상상하고 전제한다. 에덴동산이나 황금시대라는 '과거에 살기 좋았던 시대'가 그 대표적인 것이다. 자신이 탄생하기 이전의 세계를 상상하는 것은 동시에 자신이 죽은 이후의 세계를 상상하게 하고 전제하게 한다. 과거와 미래는 같은 것이다.

왜 인간은 시간이라는 것을 만들어 그것을 잡으려고 하고 조작하려고 하는 것일까? 현재(현재는 시간이다) 아닌, 흘러가는 현존에 대한 두려움을 가지고 있는 것일까? 인간은 왜 현존을 이성이라고 생각하는 것일까? 이는 현존에 이성을 투사하는 것이다. 현존(자연)을 이성(문명)으로 바꾸려는 의지를 가지고 있기 때문이다. 이것이 인간의 속성이다.

서양철학은 무슨 말을 한다고 해도 시간과 공간에 예속되어 있다. 이에 비해 동양의 천지신사상이나 음양사상은 시간과 공간을 잡으려 하지 않는다. 세계의 변화에 상징(서양에서는 상징을 언어로 사용하지만, 동양에서의 상징은 서양의 언어가 아니라 메타포이다)으로 적응하려 한다. 상징은 처음부터 실체나 정체성이 없다. 상징은 언어가 아니다.

서양적 의미의 언어나 시간과 공간을 사용하면서, 즉 실체나 정체성을 가정하면서 그것을 벗어나려고 아무리 발버둥 쳐도 그 흔적을 지울 수 없다. 서양의 해체철학에는 시간과 공간의 동일성이 여전히 남아 있다. 선험적으로 앞에 있던 것을 뒤로 돌린 것뿐이다. 이것은 서양철학적 트릭이다.

기독교 성경에 있는 다음의 말을 기억할 필요가 있다. "나 이외의 다른 신을 믿지 말라." 이 구절의 '나'는 참으로 양극단을 포함하고 있다. '나'는 절대적인 대상이면서 동시에 절대적인 주체이다. 절대적인 대상도 될 수 있고, 절대적인 주체도 될 수 있다. 그렇다면 궁극적으로 주체와 대상은 하나인 셈이고, 세계는 절대적인 것이 된다. '나' 혹은 '신', '주체'와 '대상' 그리고 '절대'는 같은 차원의 말이다. 즉, 이들은 서로 침투하고 왕래하는 말이다.

서양철학의 결정적 흠결은 바로 '시각 특권적 성격'에 있다. '시각과 언어'의 연쇄에 의해 시간과 공간을 만들고, 그것을 통해 사물을 대상화했던 것이다. '대상'이라는 글자 하나에 서양철학의 모든 것이 매여 있다. 자연(사물)을 교감하는 것이 아니라 대상화하고(그래서 자연은 사물이다) 분석함으로써 세계를 분열시키는 것이다. 서양철학은 분열시킨 것을 다시 종합하려고 애를 쓰는 자업자득에 불과한 것이다.

세계를 진정으로 느끼는 것은 '나'밖에 없다. 느끼는 것은 그것(세계)을 대상으로 하는 것이 아니라 함께하는, 주객일체가 되는, '본래의 하나'가 되는 것이다. 지금까지 인간은 '느낌의 세계'를 느끼는 순간에 그것을 대상으로 만들어 버렸다. 세계를 대상으로 만들지 마라. 눈은 세계를 대상으로 만든 장본인이다. 눈은 우주의 실상을 가서 보아야 하지만 귀는 제자리에서 우주의 소리를 듣는다.

자연은 인위에 의해 결코 단절된 적이 없다. 자연은 인위도 아니고 의식도 아니다. 자연은 무위이고 무의식이다. 자연에게는 무위와 무의식, 초월과 초의식이 하나이다. 정확하게 말하면 자연에게는 초월이나 초의식이 없다. 초의식은 '의식과 무의식의 역동적 만남'에서 비롯되는 것이기 때문이다. 초의식은 인간의 철학적 허구이다. 따라서 하늘, 초월, 초월적 이념은 허구이다. 시간과 공간을 만드는 것도 초의식이다.

초의식과 무의식을 구분하는 것은 인간이다. 인간이 인간적 특성인 '간(間)' 때문에 둘의 사이를 갈라놓았고 떨어져 있는 것처럼 보았던 것이다. 세계는 인간에 의해서 갈라졌다. 갈라진 세계는 인간의 세계이다. 인간의 세계와 자연의 세계가 동일한 것은 아니다. 인간은 '자연의 인간'이기도 하고 '인간의 자연'이기도 하다.

성선설을 주장한 맹자의 공적은 성선설에 있는 것이 아니라 그것을 주장함으로써 인간의 마음이 자연이라는 것, 즉 성즉심(性卽心)을 알아낸 것에 있다. 또 성악설을 주장한 순자의 공적은 성악설에 있는 것이 아니라 인간의 모든 행위가 위(僞)의 구조 위에 있음을 알아낸 것에 있다. 성선설과 성악설은 모든 인간이 만들어낸 대립구조와 마찬가지로 이중성과 동봉의 관계에 있을 뿐이다.

인간의 세계는 인간의 세계이면서 동시에 자연의 세계이다. 그래서 인간의 세계에는 자연적인 것과 인간적인 것이 공존한다. '세계(世界)'라는 말 자체가 인간의 눈으로 본(해석한) 세계를 말한다. 인간은 세계를 벗어날 수 없다. 단지 생각하지 않을 때 인간은 자연으로, 본래의 존재로 돌아간다. 그래서 생각을 벗어나야 살맛이 나는 것이다.

'인간은 존재하기 때문에 생각한다'가 아니라 '인간은 살기 위해 생각한다'로 철학적 명제를 바꾸지 않으면 안 된다. 삶을 떠나서 생각을 다루는 것은 결국 허무한 일이 될 뿐이다. 인간은 주어진 환경, 어머니로부터 주어진 환경에서 살아왔을 뿐이다. 어머니로부터 주어진 환경을 떠나서 아버지로부터 말과 글로 이어진 문화를 습득한 것이 문화이고, 그 문화의 핵심은 자아이다. 자아를 벗어나지 못하는 인간을 나무랄 수는 없다. 인간은 자아적 존재이기 때문이다.

그러나 아버지의 자아보다는 어머니의 무아를 생각할 필요가 있다. 그 길만이 인간이 자연으로 귀환하는 유일한 길이기 때문이다. 아버지에서 출발하여 분별하고 단죄하고 싸우지 말고 죽음을 두려워하지 말아야 한다. 자연의 어머니에게는 항상 죽음과 삶이 함께 있다. 아버지에게만 삶과 죽음이 둘인 것이다. 아버지는 자신의 삶을 위해 상대를 죽인다. 그러나 어머니는 승자이든 패자이든 그들을 낳았고 그들을 데려갈 뿐이다.

자아로 인해서, 주어로 인해서 자연의 연속성이 깨어지고, 문명은 바로 그 깨어진 틈을 메우고 통합하기 위해 변증법적 이상과 조화를 꿈꾼다. 그러나 역사적인 이상의 추구는 언제나 한시적일 뿐이고 다른 이상을 대안으로 내놓음으로써 나아간다. 이는 시간과 공간이 있기 때문에 시공간의 초월이 있는 것과 같다.

바타유가 말한 '금기(禁忌)와 배반(背反)'은 자연과 문명의 이중성을 드러낸다. 금기가 있기 때문에 배반이 따르는 것이다. 가부장사회는 자연의 재생산 시스템을 생산 시스템으로 바꾸었다. 생산 시스템은 노동과 가족제도와 질서의 체계를 의미한다. 그리고 재생산 시스템으로 돌아가는 특정한 기간을 두었는데 그것이 축제이다.

가부장제 문명의 비밀은 금기(근친상간금기, 월경금기), 원죄(이브), 결혼(여성의 교환, 외혼제), 재화의 순환으로 이어진다. 결국 여성의 성을 억압하고 다스리면서 인구를 조절하고 재화를 순환하는 데 주안점이 있다. 여기에서 여성은 매개부호(/)가 되고 때로는 희생된다. 결혼 상대의 집안이 전쟁 상대가 되는 모순관계에 봉착하기 때문이다. 이는 '친구/적', '선물/약탈'의 이중성이다.

사람들은 축제 기간 동안 자연 본래의 재생산 시스템으로 돌아간다. 이 기간 동안 질서 체계에서 해방을 맞는 것이다. 여기서 해방의 의미는 모든 질서 체계의 붕괴를 의미하며, 무질서로 돌아가는 것이다. 무질서로 돌아간다는 것은 가족제도로 보면 모계적 특성으로 돌아간다는 뜻이다. 모계적 특성으로 돌아간다는 것은 소유에서 무소유로 돌아간다는 것을 의미한다.

그러한 점에서 가부장사회의 종교인 기독교나 불교는 보편성이라는 이름으로 자연을 억압하는 것으로 작용한다. 종교적 절대자(예수 그리스도, 석가세존)를 추구한다는 점에서 기독교와 불교는 마찬가지이다. 기독교의 성부, 성자, 성인이라는 체계가 그렇고, 불교의 법신, 응신, 보신이라는 체계가 그렇다. 가부장사회는 '하늘=아버지'로 이루어지는 질서 체계를 의미한다. 그런 의미에서 축제의 특징을 요약하면 여성의 성을 해방하는 것을 의미한다. 이것은 섹스의 해방이다. 섹스의 해방은 진정한 사육제(謝肉祭)이고 사육제를 통해서 사람은 진정한 신인 육(肉)을 만난다. 그래서 남자에게 여자는 고기[肉]이고 신이다.

동양에서는 예로부터 사람이 죽으면 육체(肉體, 氣魄)는 땅으로 돌아가고 영혼(靈魂, 精神)을 하늘로 올라간다고 말한다. 이것은 동양의 음양론에 따른 설명이다. 그런데 하늘은 어디에 있는가? 인간이 쳐다보는 하늘도 실은 하늘의 별에 도착하면 하늘이 아니라 땅이다. 지구도 실은 하늘의 별 중 하나이다. 기백(氣魄)은 체(體, 氣, 神)이지만 영혼(靈魂)은 용(用, 以, 理)에 불과하다.

이렇게 보면 하늘은 가상의 이름일 따름이다. 인간의 이치도 하늘과 마찬가지이다. 이치가 어디에 있는가? 인간이 구성한 것이 이치이다. 혼이 어디에 있는가? 백이 떠난 것을 두고 혼이 떠났다고 말한다. 천(天)-이(理)-혼은 없다. 있는 것은 지(地)-기(氣)-백(魄)일 따름이다. 천-리-혼은 단지 남성의 지배를 위해서 만들어놓은 인위·제도일 따름이다.

천(天)	이(理)	혼(魂): 영혼(靈魂)	남성	지배의 원리	용(用)
지(地)	기(氣)	백(魄): 기백(氣魄)	여성	자연의 원리	체(體)

종교의 '하늘[天]'이라는 개념은 두발로 직립 보행하는 인간이 위를 쳐다보면 있는 푸른 하늘이 아니다. 인간이 스스로를 혹은 남을 다스리기 위해 설정한 것이다. 하늘은 하나님(하느님, 한울님)이 되었고, 하나님이 인간을 다스려왔다. 하나님은 절대신이 되었고, 지역에 따라서는 조상신[鬼神]의 자리를 대신했다.

신이든 귀신이든 인간이 스스로에게 내재된 것을 밖으로 드러내어 그것을 대상화하여 제사하는 것이 종교이다. 호모사피엔스가 지상에서 가장 먼저 행한 것이 바로 제사이다. 적어도 네안데르탈인(중기구석기시대)에서 시작되었다고 고고인류학자들은 추정하고 있다. 그다음에 예술이 현생인류인 크로마뇽인(후기구석기시대)에 의해 시작되었다고 추정된다. 과학이 발생한 것은 훨씬 후대의 일이다(전기구석기시대의 인간이 돌도끼를 만든 것도 과학기술이라고 할 수 있긴 하지만). 그런데 종교와 예술과 과학의 탄생을 이렇게 일선적인 단계론으로 말하는 것은 불합리하다. 왜냐하면 종교도 예술일 수 있고, 과학도 예술일 수 있기 때문이다. 더 정확하게는 예술이기보다는 놀이일 수 있기 때문이다. 현대의 인류학자 가운데는 인간을 '놀이의 동물'로 규정하는 사람이 늘어나고 있다.

사육제는 고대에서부터 있어온 인간의 거대한 놀이였다. 스펙터클이었다. 사육제는 근본적으로 문명을 자연으로 돌리는 일이고, 자연을 추억하는 기간이며, 본능을 회복하는 기간이며, 여자라는 고기를 먹으면서 신(나에게 몸을 선물한 여신)을 추억하는 제사이다. 가부장사회는 주기적인 사육제를 통해 자연과 본능을 회복하면서 동물과 인간, 인간과 신 사이의 거리를 좁히면서 겹치는 영역을 희생 혹은 영웅으로 만들었다.

가부장사회는 여자를 카피한 것이고 스캔한 것이다. 가부장제는 근본적으로 존재(존재의 자연)를 소유(소유의 자연)로 역전시킨 것이다. 이는 자연스러운 섹스에 대한 배반이다. 자연은 그에 대한 보복으로 뒤에서(보이지 않는 데서) 은밀하게 문명을 배반하지 않을 수 없게 되었다. 이것이 금기와 배반, 법과 위법(범죄), 선과 악의 상호배반이자 상호가역작용이다. 자연은 어떻게든 살아야(생존해야) 하고, 문명은 질서를 부여하면서 자연을 다스리려고 한다.

가부장사회 생산 시스템의 가장 높은 곳에 천지창조가 있다. 천(天)은 가상체계의 가장 높은 곳에 있는 명령자[天命]이다. 천지창조의 마지막 날인 7일째에 안식일이 있는 것은 일주일 단위로 노동시간의 마지막에 축제를 두어 자연의 재생산 시스템(부활)으로 돌아가기 위한 것이다. 가부장사회란 자연(여성)을 모방한(카피한) 거대한 문명(남성)의 가상체계이다. 이것은 자연의 시공간에서 벌어지는 재생산 시스템을 모방하여 사회적 시공간의 생산 시스템으로 변형시킨 것이라고 말할 수 있다.

가부장사회가 왜 생산 시스템을 필요로 했는지는 정확히 알 수 없지만, 인간 개체군의 증가, 즉 인구 증가에 그 원인을 둘 수밖에 없다. 그런 점에서 이성은 필요이고, 필요는 언어를 낳고, 언어는 과학을 만들었다. 과학은 자연을 자연과학적 대상으로 만들었고, 그 결과 인간은 자연을 잃어버림으로써 스스로 소외되는 지경에 처하게 되었다. 왜냐하면 인간의 근본은 자연이기 때문이다.

인류는 지구상에 출현한 후 본능적으로 삶을 추구했다. 다시 말하면 삶은 인간의 불변의 목표였다. 삶의 영위는 먼저 일을 요구했고, 그다음 놀이를 필요로 했다. 삶의 본능은 종족 보존으로 이어졌다. 이것은 삶의 연장이기도 했다. 그러니까 인간의 성(性)은 '일의 성격'과 '놀이의 성격'을 동시에 가지는 것이었다.

그러나 성행위의 결과가 아이의 생산으로 이어지고 이것은 일의 양을 증가시키는 것이었다. 인구의 증가가 그것이다. 인구의 증가는 일의 증가로 이어지고 일의 증가는 여러 산업의 발달로 이어졌다. 인구의 증가에 따라 그들을 부양할 능력을 필요로 했고 그러기 위해서는 생산량을 늘리든가 인구 증가를 조절하는 기술이 필요했다. 생산량을 획기적으로 끌어올리는 산업(수렵채집, 유목, 농업, 목축업, 공업, 기타 산업)을 발전시키는 것은 힘든 일이었다. 이 때문에 인구의 조절을 위해 성, 특히 아이를 생산하는 여성의 성을 관리하는 전략(여아를 살해하는 것도 포함)을 택한다.

인간 집단의 크기가 커짐에 따라 권력관계는 불가피했고 권력이 성에 개입하기 시작함에 따라 권력을 가진 자는 권력을 가지지 못한 자의 성을 유희대상으로 삼게 된다. 남성 위주의 권력구조의 확립과 이에 따라 권력과 성의 관계는 남성이 여성을, 권력을 가진 남성이 권력을 가지지 못한 남성의 여성 가족을 유희의 대상으로 삼는 것으로 발전한다. 성은 이때부터 본격적인 놀이의 영역으로 확대된다.

산업의 발달과 함께 삶이 풍부해질수록 성의 자유는 발달한다. 부양능력에 대한 의구심이 줄어들기 때문이다. 이 말은 부유한 계층에게는 필연적으로 성의 자유의 확대가 허용됨을 의미한다. 이와 동시에 성의 방종과 무질서를 막기 위해 불륜의 성을 죄악시하는 도덕과 종교의 역할이 생겨났다. 그러나 그것은 본능을 이기지 못했고 단지 부분적인 정화의 역할을 했을 뿐이다. 물론 성관계에 대한 규제는 결혼제도뿐만 아니라 여러 억압 장치를 통해 이루어졌다. 그러나 그것은 정도의 차이에 불과했다.

인간은 삶에 대한 전략을 발전시키는 것과 함께 죽음에 대한 전략도 발전시켰다. 죽음에 대한 경험의 부족은 죽음을 공포의 대상으로 받아들이게 만들었다. 따라서 우선 죽음을 삶의 연장으로 상정했다. 그리고 인지가 발달함에 따라 죽음 후의 세계, 즉 사후세계가 삶에서 이루지 못한 욕구를 충족하는, 다시 말하면 꿈의 세계와 같은 기능을 하도록 했다. 여기에 종교가 가세하면서 죽음 후의 세계야말로 진정한 삶의 세계, 즉 영원한 삶의 세계인 것처럼 치환되는 계기가 마련되었다. 여기에 인간의 상상력이 크게 작용했다.

고등종교는 신에 대한 절대성을 강화해 죽음의 세계야말로 절대적인 종교의 세계와 하나가 되는 절호의 기회가 되는 것으로 상정한다. 다시 말하면 죽음의 세계를 상대적인 세계의 정상에 있는 절대적인 세계로 묘사함으로써 종교와 절대적 보편성을 일치시키는 또 다른 진전을 이룩한다. 인간의 삶의 양식 중 하나였던 종교는 이제 거의 본능처럼 인간에게 작용하고 있다.

그러나 그것이 자연의 일부인 본능으로 자리 잡기엔 문제가 많다. 예컨대 자연적인 것과 배반되거나 상치되는 종교적 진리가 많기 때문이다. 인간이 종교의 힘을 빌리지 않고 죽음을 공포로 대하지 않을 수 있다면, 사후의 세계에 삶에 대한 욕구를 투영시키거나 연장하지 않는다면 종교는 힘을 발휘하지 못할지도 모른다. 자연에서 죽음은 당연한 섭리이다. 성은 자연의 산물(선물)이고 무의식의 것이다. 반면에 종교는 문화의 최대의 산물이고 초의식의 것이다. 이 두 가지는 모두 인간을 이끄는 기둥이다.

과학은 삶의 기술을 발전시키지만 인간 존재의 영원한 도구로 존재할 수밖에 없다. 인간은 성을 통해 자손을 번식시키면서 동시에 자유로운 성이 삶의 질서를 송두리째 파괴하지 않도록 종교에게 성을 관리하는 감시자의 역할을 맡기는 영원한 이중주 속에 있게 된다. '성의 무의식'과 '종교의 초의식'이 하나가 되는 방법이 있을 수 있다. 일과 놀이의 성격을 동시에 갖는 '성'과 삶의 죽음의 성격을 동시에 갖는 '종교'는 인간의 영원한 삶의 동반자이다. 또 양자가 하나 됨으로써 완전한 삶이 된다.

인간이 다른 많은 제도(예컨대 자유민주주의라든가 공산사회주의라든가)를 삶의 보조수단으로 하고 있지만 이러한 사회적 제도는 과학기술처럼 단순한 수단으로 끝나는 것에 불과하다. 민주주의야말로 사회적 동물인 인간의 영원한 이상이다. 그러나 그것이 영원한 이상이기 때문에 결코 실현되지 않을 망상(妄想)이고 망상(望想)이다. 인간은 망상의 동물이다. 그러나 그 망상이 인간의 삶의 힘이 되는 것을 어찌할 수 없다.

자유, 평등, 박애, 영원, 천국, 극락 등의 이상적인 것들은 모두 인간적인 것이다. 자연은 결코 이런 망상을 하지 않는다. 자연이 이 망상에서 자유롭지 못한 것은 인간을 탄생시켰기 때문이다. 그러나 자연은 인간종을 영원히 생존하게 하지 않을 것이다. 자연은 어떤 존재에게도 특권을 주지 않는다.

성과 종교는 삶의 시작이자 끝이고 끝이자 시작이다. 그러나 제도와 기술은 삶의 과정의 필요물일 따름이다. 성이 결과하는 것은 생명이고 종교가 제시하는 것도 생명이다. 양자는 생명에 대한 인간의 접근방법이라고 볼 수 있다. 그런데 종교는 기적이나 이적행위를 통해 자연의 이치를 배반하거나 초월해 자연이 이루는 것을 보다 직접적으로 실현하는 것처럼 설명해 자연과의 모순관계를 받아들이게 하는 경우가 많다.

자연은 순환적인데 종교는 직접적인 것처럼 이야기한다. 천지창조의 경우도 그렇다. '태초에 말이 있었다.' 이것은 절대신의 말에 의해 천지가 창조되었다는 주장의 시작이다. 인간이 우주의 처음을 모르는 상태에서 이 신비(무지)를 해결하는 길은 우주의 타자인 절대신을 설정하는 것이었을지도 모르겠다. 또한 생명을 비롯한 우주의 창조 과정을 설명할 수 있는 방법이 없었기 때문에 객관적 타자인 절대신의 말에 의해 우주가 창조되었다고 말할 수밖에 없었는지도 모른다. 이것은 한편으로 매우 인간적인 해결방법이기도 하다. 인간이야말로 거대한 자연에 대해 가장 '말'의 특성을 갖는 존재이고 말에 의해 다른 존재와 차별성을 갖는다.

말은 상징이다. 상징은 직접적으로 사물이 되는 것은 아니다. 따라서 '신'이라는 우주 전체와 대등하게 설 수 있는 존재와 '말(상징)'을 결합시킴으로써 우주의 시작에 대한 설명을 일단 해결하게 된다. 인류의 모든 문화에는 이 같은 상징이 신화 형태로 존재한다. 인간은 이후 존재에 대한 전제, 즉 아프리오(aprio)를 해결함으로써 적어도 지상에서 다른 고차원적인 활동을 위한 걸음을 뗄 수 있었다. 다시 말하면 '말'과 '신'은 오히려 합리적일 수밖에 없는 인간적인 표상이라고 할 수 있다.

그 후 인간은 우주에 대한 많은 의문을 풀고 해답을 얻었다. 인간이 우회적이고 순환적인 경험을 통해 알던 자연의 진리들을 직접적이고 인과적인 법칙으로 알게 된 것이다. 그러나 자연, 거대한 우주는 아직도 전혀 그 신비를 드러내고 있지 않았다고 해도 과언이 아니다. 우주와 생명에 대한 신비는 과학이 발달하면 할수록 신비를 키워가고 있는 느낌이다. 이것을 '신은 영원히 달아나고 말은 신을 따라잡고 있다'고 표현할 수도 있다. '말'과 '신'의 결합을 통해 태초에 대한 의문을 잠정적으로 해결했으나 그것이 여전히 불가지(不可知)의 것으로 존재한다는 말이다. 인간의 등장과 함께 우주의 정신과 육체는 숙명적으로 분리되고 인간은 이 분리된 것들을 다시 결합하는 반복적인 행위를 하게 된다.

인간은 자신의 세계에 대한 이해의 한 방법으로 정신을 독립시켰지만(이것은 말의 존재방식이다) 우주에 돌아오기 위해 육체를 회복해야 하는 순환의 고리에 돌아와야 한다. 인간은 우주와 생명의 신비를 해결하기 위해 '말'과 '신'의 결합뿐만 아니라 '말'과 '성(性)'의 결합을 시도해야 한다. 성의 비밀이야말로 우주의 비밀이기도 하다. 생명은 말이 아니라 성에 의해 탄생한다는 사실은 더 이상의 논의를 필요로 하지 않는다. 인간은 우주의 이해가 아니라 우주와 하나가 되기 위해 '말'과 '신', '성'을 하나로 통합해야 한다.

신은 정신적인 측면과 육체적인 측면을 동시에 공유한다. 신은 말이면서 동시에 우주의 육체이다. 이것은 신을 만들어낸 인간도 그렇다는 말에 다름 아니다. 정신과 육체의 분리와 통합은 마치 분류학의 나무와도 같다. 자연[神]이 분류학의 정점에 있고 그 아래의 정신은 정신과 육체로 분리되고 육체 또한 정신과 육체로 분리되는, 그런 연속인 셈이다.

인류의 모든 종교는 정신과 육체 중 정신을 더 중시한다. 이것은 인간의 인간중심주의 소산이다. 이것은 신의 속성인 '말'과 '육체[性]' 가운데 말의 편견에 지나지 않는다. 여기엔 말이 가진 신화(소리를 재료로 하기 때문에 비물질적인 것처럼 느껴지고 이것이 비가시적인 세계와 결합함으로써 초월성과 의미작용을 동시에 가지는 특성), 즉 의미는 처음부터 존재하지 않았기 때문에 소멸할 육체도 가지지 않는다는 점이 작용했지만 이 같은 이성주의나 이성신(理性神)은 이제 더 이상 설득력을 상실하고 있다.

육체(성)를 중심으로 우주를 설명하는 방법의 부활이 필요하다. 그래야만 정신과 육체의 균형 잡기가 이루어진다. 말은 이제 정신적 목적(시작이자 끝)으로서가 아니라 도구로서 기능하고 있으며 오히려 육체를 배반하고 있다. 육체를 인간의 철저한 도구로 전락시킴으로써 육체에서 정신을 빼앗아가고 있다. 정신과 육체가 하나가 되는 길은 두 가지이다. 하나는 정신에 육체를 합치는 것이요 다른 하나는 육체에 정신을 합치는 것이다. 전자는 인류가 지금껏 많이 해왔다. 후자는 아직 인류가 제대로 하지 못했다.

자연과학의 발달로 물질을 다루는 인간의 기술이 그 어느 때보다 확대된 현대야말로 이것을 실현해야 할 때이다. 그러나 여기엔 육체를 중심으로 정신을 합치려 하다가 정신을 육체에 빼앗길 수 있는 위험이 따른다. 정신과 육체는 원래 하나이다. 그런데 분리된 것들이 하나 되는 길은 양자의 균형을 잡는 일이지 어느 한쪽이 다른 한쪽을 없애는 일은 아니다. 어떻든 정신 속에서 육체를 보는 것보다 육체 속에서 정신을 보는 쪽이 앞으로 인류가 시도해야 할 균형 잡기의 과제가 될 것 같다. 이러한 작업을 하면서 전제되어야 하는 것은 인간은 자연에서 태어나서 자연으로 돌아간다는 사실이다. 그것이 가장 '하나됨'의 표본이기 때문이다.

성은 인간을, 생명을 탄생시키는 신비이지만 생명은 보다 더 큰 우주로 돌아간다. 성은 우주 육체의 일부이기 때문이다. 정신은 우주 육체의 표상이다. 인간의 특성인 상징, 즉 언어적 행위의 완성은 상징이 우주 육체의 일시적인 표상에 불과하며 말을 도구로 사용하는 인간의, 너무나 인간적인 한계라는 사실의 인정일 것이다. 말은 성과 하나가 되어야 하고 더 나아가 우주의 육체와 하나가 되어야 한다. 비록 육체를 말이 관리한다고 하더라도 말은 도구적 속성을 면할 길이 없다.

말은 처음에 정신의 목적적인 것을 지향했으나 과학의 발달과 더불어 너무도 수단적인 것으로 탈바꿈되어 정신을 육체로부터 분리시키는 역할을 했다. 한편 종교는 교리의 정신중심주의에도 불구하고 의식(축제)을 통해 육체를 환기시키는 역할을 하면서 육체를 목적적인 것으로 지켜왔다. 정신과 육체, 과학과 종교, 수단과 목적의 상호치환은 인간의 이중성과 삶의 모순성을 그대로 보여준다. 이것이 인간의 삶의 방식이다. 이것은 하나가 되어야 하면서도 둘이 되어야 하고 둘이 되면 다시 하나가 되어야 한다.

문명은 인간이 만들어낸 자연의 모방과 유희라고 할 수 있다. 자연의 순환은 그 텍스트이다. 자연은 생명에서 죽음으로 돌아가는 것을 대수롭지 않게 여긴다. 자연은 자아가 없기 때문이다. 자연의 순리란 그런 것이다. 자아가 없는 자연은 죽음이 바로 부활이기 때문이다. 이것을 인간은 자아가 있는 죽음으로 해석하고 그 죽음에서 부활하기 위해서 온갖 노력을 한다. 참으로 자아의 부활을 꿈꾸는 인간은 어리석은 자이다. 인간은 자아라는 불연속을 가진 존재이면서 존재자이다.

서양문명을 포함한 인류 문명의 여러 개념과 상징을 통섭하는 의미에서 인류 문명의 이원대립항들을 찾아보면 다음과 같다. 천지는 음양, 즉 상징적으로 남녀라고 할 수 있다.

천의 계열을 보면, 남자는 페니스-문자, 굿기, 에크리튀르-부재-불연속-자아-삶-이데아-로고스-전쟁-금기, 배반-인간-과학, (고등)종교-문명-시간과 공간-동일성-이-이상향-영혼(영원)으로 이어지는 특징을 보인다. 이에 비해 지의 계열을 보면, 여자는 버자이너-소리, 사물-현존-연속-무아-죽음-실체-파토스-생존경쟁(평화)-본능, 섹스, 에로티즘-동물-제사, (원시)축제-자연-공즉시색-일즉일체-기-기운생동-고기, 피(영생)로 이어진다.

이와 같은 천지음양, 교차배어를 보면 '여자는 남자의 희생이다(여자는 남자의 고기다)", "여자는 희생이기 때문에 신이다(여자는 자신의 몸을 바치기 때문에 신이다)"라는 결론에 도달한다. 이 말을 잘못 해독하면 여성을 비하하는 발언 같지만 실은 여자는 자연의 상속자라는 뜻과 함께 남자는 여자를 통해 자연으로 돌아간다는 의미가 내포되어 있다.

인류학자 레비스트로스는 결혼을 '여자의 교환'이라고 정의했다. 말하자면 여자는 인류 사회의 순환을 연결하는 매개·촉매인 셈이다. 그러나 이것은 가부장사회를 기준으로 하는 해석이다. 모계사회에서 여자가 교환의 기호가 될 수 없다. 가부장사회에서 여자가 교환의 기표가 되는 것은 소리가 문자라는 기표의 의미가 되는 것과 여성이 남근의 욕망의 대상으로서의 기표가 되는 것과 같은 맥락이다. 그러나 철학인류학, 소리철학의 관점에서 보면 여자와 소리와 욕망의 기표는 기표라기보다는 자연의 선물과도 같은 소여(所與)일 따름이다. 결혼이란 '여자에 의한 존재의 연결'이며, 소리는 자연의 일반성이며,

여성도 남성을 욕망의 대상으로 하는 주체가 될 수 있다.

천지음양은 교차되는 것이다. 천지음양의 교차가 자연과 인간과 문명의 비밀이다. 인류는 가부장사회에서 다시 모계사회 또는 모(母)중심사회로 돌아가고 있다. 지구촌이 하나의 마을이 되어버린 지금 세계를 움직이는 원리는 '지천(地天)시대'이다. 가부장사회의 '천지(天地)시대'에서 지천시대로 들어가고 있는 것이다.

지천시대는 그동안 천(天)이 자연의 대표성을 가진 데에 반해 지(地)가 그 대표성을 갖는 것을 말한다. '천＝하늘＝남성'이 권력을 갖는 시대에서 '지＝땅＝여성'이 권력을 갖는 시대가 되었음을 말한다. 하늘은 너무 추상화되고 객관화되어 그 자연성을 상실하고 말았다. 이에 반해 땅은 구체성(실질성)과 존재성으로 인해 자연성을 지니고 있다. 땅이야말로 자연인 것이며 대지의 위력을 지니고 있다. 환경과 생태 문제가 삶의 전면에 등장함도 맥을 같이한다. 말하자면 남자를 중심으로 운영되던 문명이 여자를 중심으로 돌아가는 형국이다.

인간은 자연을 벗어나는(초월하는) 것 같지만 결국 자연으로 돌아가지 않을 수 없다. 인간은 계속 여자의 자궁으로부터 재생산되어야 하니까 말이다. 남자가 건설한 문명이라는 것은 궁극적인 해결(행복, 복지)이 되지 못한다는 것을 인류 역사는 증명해주고 있다. 삶을 기준으로 죽음을 부정적으로 볼 필요가 없다. 죽음은 문명의 불연속에서 자연의 연속으로 돌아가는 것이다. 그렇다고 죽음을 미화하거나 찬미함으로써 죽음 자체를 목적하는 것은 죽음을 왜곡하는 것이다. 자연적 죽음이야말로 존재에 충실한 죽음이다.

살아 있는 생물, 유기체는 부단히 자연의 연속성으로 돌아가고자 한다. 죽음이야말로 바로 연속성으로 돌아가는 회귀이다. 그러한 점에서 유성생식의 섹스는 자연으로 돌아가는 미로가 아니라 미궁이다. 이것은 종교의 살아 있는 축제와 같다. 섹스는 종교의 바이블처럼 문자로 구성된 것이 아니라 우리 몸에서 몸으로 연결되는 생명의 축제이다. 인간의 문명에서 자연적인 것은 이제 사랑과 섹스뿐인지도 모른다. 문명이 이루어낸 삶의 시공간의 확대는 기계이며, 자연이 아니다. 사랑과 섹스는 자연적 본능이 연결해주는 자연의 선물이다. 자연적 죽음과 섹스에 대한 새로운 해석이야말로 일반성의 철학, 소리철학의 미래적 과제이다. 이는 물론 여성성에 대한 새로운 철학적 해석과 맞물려 있다.

철학적으로 본능에 대한 복권이 이루어져야 한다. 본능을 동물적인 것으로 비하하고 왜곡한 것이 문명의 역사였다. 본능을 왜곡하는 한 인간은 자연으로부터 소외되고 왜곡되는 수밖에 없다. 본능을 왜곡함으로써 인간은 본능의 변태를 경험하고 동물보다 더 탐욕적이 된 것을 은폐할 수 없을 것이다.

인간은 본능을 감추기 위해 여러 사회적·문화적 장치를 개발했으며, 여러 가지 본능의 변형을 문화적으로 생산해놓았다. 이것이 '성(性, 姓, 聖)'이라는 글자 속에 숨어 있다. 성적(性的)인 숭배와 쾌락, 권력[姓]의 지배와 도취, 종교적 믿음과 성현(聖顯) 현상, 그리고 자연의 본성(本性)에 이르기까지 이들은 순환과 변형의 관계에 있다. 이것은 인간의 몸에서부터 시작하여 사회적 시공간으로의 확대재생산과 상징적 시공간의 상상을 거쳐 다시 자연으로 돌아오는 순환적 성격을 가지고 있다. 그런 순환과정에서 성(性)의 원형은 여러 단계의 변형을 이룬다.[1)]

인간의 자유는 어디에서 오는가? 이를 진화론이나 발생학적으로 보면 한정된 발정기가 있는 동물과 달리 인간이 발정기 없이 언제나 섹스 할 수 있게 된 것에서 찾을 수 있다. 또 인간의 암컷(여성)은 수임기가 동물처럼 신체적으로 확실하게 외부로 드러나지 않고 감추어져 있는 관계로 인간의 수컷(남자)은 항상 수태를 시키기 위한 행위를 하지 않으면 안 되었다. 인간의 성적 자유와 해방은 발정기로부터의 자유와 수임기의 애매모호성에서 비롯되었고, 양자는 서로 피드백 효과를 가졌다고 할 수 있다.

물론 인간의 섹스가 반드시 성기라는 기관에 의해 이루어진다는 유물론적 결정론을 가져서는 안 된다. 섹스는 성기에 의해 이루어지지만 그것보다는 훨씬 더 신체적인 것이다. 말하자면 섹스는 신체 없는 기관에 의해서만 이루어지는 것이 아니라 기관 없는 신체에서 이루어지는 것이다. 섹스는 생각보다 훨씬 더 몸 전체의 사랑 행위이다. 그런 점에서 섹스는 성기의 행위가 아니고

---

1) 박정진, 『성(性) 인류학』, 이담북스, 2010, 49~58쪽.

몸이고 마음의 행위이다.

그런 점에서 인간의 자유는 성의 자유와 해방의 형이상학적 변형 혹은 변이라고 할 수 있다. 이는 여성의 정치적 권리를 비롯한 자유와 평등의 신장이 피임약의 등장으로 급진전된 것에서 찾아볼 수 있다. 피임약은 물의 현현이고 현상학이다. 바타유는 종교적 신비체험과 에로티즘의 일치를 다음과 같이 말한다.

> 신비 체험의 길을 정진하는 사람들에게는 성 보나방튀르가 표현한 바, '관능의 밀물이 흘려보내는 용액에 흠뻑 젖는' 일은 드물지 않다. 루이 베르나르 신부는 성 보나방튀르를 인용하여 우리에게 '그것은 신비가들의 신비 체험에 고유한 어떤 것'이라고 기술한다. (중략) 육욕의 체계와 신비주의의 체계가 근본에 있어서는 다르지 않음을 입증하는 것이다. (중략) 사유에 의한 신비체험도 결국 성행위의 결과를 낳을 수 있고, 거꾸로 에로티즘도 신비체험의 결과를 낳을 수도 있다는 것이다. 사실이 그러하다면, 상호적 작용 또한 진실일 것이다. 아닌 게 아니라 힌두교도들은 탄트라 예배 중에 성적 자극의 도움을 받아 신비체험에 도달한다. 힌두교도들은 정신적으로 깨끗하고 젊고 아름답고 고상한 파트너를 선택하는데, 다만 중요한 것은 최종적인 순간에 이르러 사정하는 대신 육체적 포옹을 벗어나 정신적 황홀 상태를 체험하는 것이다. (중략) 성 체험과 신비 체험은 비슷한 원칙을 따르고 있으며, 그것들의 교류는 언제나 가능하다.[2)]

> 신비 체험은 그것의 본질인 죽음을 향한 충동의 정도에 비례해서 해탈 다시 말해서 최고의 긴장된 순간에 이를 수 있다는 것이다. (중략) 공간 감각을 잃은 주체는 우주와 자신조차 구분되지 않는 무한 현전에 묻힌 채 이제 시간의 흐름도 초월한다. 그는 영원의 순간에 빨려든다. 필경, 미래나 과거로부터도 끊긴 그는 동시에 모든 순간에 존재한다. 그리고 그 순간은 그에게만

---

2) 조르주 바타유, 『에로티즘』, 조한경 옮김, 민음사, 2006, 289쪽.

은 적어도 영원이다.[3]

물리적 시공간에서의 절대성과 주관적인 신비 체험이나 성적 체험의 절대성은 정반대이다. 전자는 물리적 시공간에 예속되는 반면 후자는 물리적 시공간을 초월하여 순간의 영원에 빠져 들어간다.

바타유는 유혹과 억압의 이중성이 신비 체험을 푸는 열쇠라고 말한다.

> 우연, 그것이야말로 아무것도 그 탄력을 완화시킬 수 없는, 그것이 없이는 결코 절대성을 보장받을 수 없는 행운이다. 나는 금욕을 서원하는 수도사처럼 어떤 순간에는 내 몸을 행운에 던지고, 무턱대고 맡겨야 한다. 의지가 개입하면, 다시 말해, 죽음, 죄악, 영적 고통을 피해 생명을 유지하려고 하면, 무심한 자아포기의 유희는 끝나고 만다. 자유로운 유희가 없으면, 현재는 언제나 미래에 구속당한다. 아마 미래에 대한 배려와 현재의 자유는 양립이 가능할 수도 있을 것이다. 그러나 유혹에 빠지면 모순이 터져 나온다. 에로티즘의 과실들은 이따금 무겁다. (중략) 신비 체험의 의미를 파악하고자 하는 나는 유혹과 억압이 신비 체험을 푸는 열쇠임을 다시 한 번 확인해 두지 않을 수 없다. 존재의 가능성을 극단적으로 밀고 나가기 위한 방법으로 우리는 우연한 성적 무질서를 택할 수도 있는 것이다. 얼핏 보기와는 달리 그 단순한 순간은 고뇌의 순간이며, 고뇌에 이은 황홀한 순간에 다름 아니기 때문이다.[4]

인간의 문명은 이원대립항의 연속이다. 이 이원대립항들은 하나의 지평과 대상의 연장에서 변증법적 합일을 추구하기도 하지만 다른 한편 이원대립항의 이중성과 교차에서 해탈과 환희를 꿈꾼다. 억압과 일탈, 구속과 자유, 고뇌와 황홀은 동시에 벌어지는 것이다. 이것을 단지 대립적으로 보는 이유는 인

3) 같은 책, 290~291쪽.

4) 같은 책, 292~293쪽.

천(天) 양(陽)	남	페니스 (penis)	문자, 긋기 에크리튀르	부재(不在) (absence)	불연속 (不連續)	자아 (自我)	삶 (生)
지(地) 음(陰)	여	버자이너 (vagina)	소리, 사물 목소리	현존(現存) (présence)	연속 (連續)	무아 (無我)	죽음 (死, 滅)

천(天) 양(陽)	이데아(idea)	로고스 (logos)	전쟁	금기(禁忌), 배반(背叛)	인간	과학, 종교(고등)
지(地) 음(陰)	실체(reality)	파토스 (pathos)	생존경쟁 평화	본능(本能), 섹스, 에로티즘	동물	제사, 축제(원시)

천(天) 양(陽)	문명	시간, 공간	동일성 (同一性)	이(理)	이상향(理想鄕)	영혼 (영원)
지(地) 음(陰)	자연	공즉시색 (空卽是色)	일즉일체 (一卽一切)	기(氣)	기운생동(氣運生動)	고기, 피 (영생)

간이 스스로를 시공간에 가둔 까닭이다.

서양문명은 철저히 시각-언어 중심이다. 그래서 나중에 존재론이나 현상학에서 '보이는 세계'와 '보이지 않는 세계'를 구분하더라도 '보이는 세계'를 중심으로 '보이지 않는 세계'를 설정한다. 그러나 동양의 청각-상징 중심 문명은 '보이지 않는 세계'를 중심으로 '보이는 세계'를 설정한다. 청각은 처음부터 '보이지 않는 세계'이기 때문이다.

시각 중심의 문명은 공백이나 허공이라고 하더라도 절단면이나 절단선, 즉 선이나 면을 완전히 없앨 수 없다. 그래서 공간의 부동의 중심이나 중심을 통과하는 선이나 면을 극복할 수 없으며 기준이나 법, 원리를 추구하지 않을 수 없다. 이에 비해 청각 중심의 문명은 그러한 부동의 중심이나 선·면이 없다. 소리의 파동은 그것 자체가 이미 물결치는 파동으로 공명체를 이룬다. 공명은 처음부터 원인으로 존재하는 것이 아니라 결과로서 이루는 것이다. 서양의 시각-언어 중심 문명과 동양의 청각-상징 중심 문명은 그것 자체가 교차배어(交叉配語)의 관계에 있으며 음양 관계에 있다.

교차배어는 서양철학의 존재론이나 현상학에 등장하는 철학용어이지만 실은 동양의 음양사상을 서양철학적 맥락에서 번안한 것이다. 교차배어, 음양사상으로 인류의 문명을 바라볼 때 서양이 양이라면 동양은 음이다. 양인 서양은 빛[陽]을 중시하고, 음인 동양은 소리[音]를 중시한다. 그렇다면 왜 서양의 클래식은 유명한가, 혹은 서양음악이 지배적인 음악인가라고 반문할 수 있다. 서양의 화음 중심 음악은 수학적이고 공간적인 협화음의 짜임으로 구성되어 있다. 서양의 음악적 텍스트(작곡)는 연주에 의한 소리의 공명 때문에 필연코 음악이지만 실은 매우 시각적이고 미술적이라고까지 말할 수 있다.

인간이 인간성(자연으로서의 인간성, human nature)을 잃은 것은 사물과 인간을 대상화하는 사회적 제도와 과학적 이용 때문이다. 그러나 제도와 과학 없이 인간은 살 수 없다. 결국 철학은 원점으로 돌아올 수밖에 없다. 지금 눈앞에 보이는 것이 인간이다.

2) 서양의 시각문명 대 동양의 청각문명

서구문명은 존재를 시각적으로 보지만 동시에 시각을 존재로 본다. 이는 어디서부터 비롯되는 것인가? 서구문명 안에서는 서구문명을 제대로 객관적으로 볼 수 없다. 그래서 동양 특히 동아시사 한자문명권에서 볼 필요가 있다. 서구 알파벳문명권과 동양 한자문명권 사이에는 교차의 비밀이 숨어 있다.

서양문명은 눈-시각에서 출발한다. 플라톤은 '눈에 보이는 것'은 사물의 표면에 불과하기에 사물의 이면에 '눈에 보이지 않는' 사물의 실재가 있다고 보고, 사물의 실재를 이데아(idea)라고 불렀다. 이것에 기독교의 신의 음성(말씀)이라는 '눈에 보이지 않는 것'이 강화되어 헬레니즘과 헤브라이즘의 융합이라는 서구문명이 완성된다. 이 과정을 보면 눈-시각을 출발점으로 해서 눈에 보이는 것과 눈에 보이지 않는 것의 교차, 그리고 눈에 보이지 않는 것의 강화로서 신의 음성이 있었던 셈이다.

눈-시각문명으로서의 서구문명은 인간의 신체와 관련해서는 남성 위주의 시각-페니스문명으로 전개된다. 이것은 인간의 대명사로 대문자 M의 'Man'을 사용하는 데서 확연히 볼 수 있다. 시각-페니스문명은 언어와 연합전선을 구축한다. 언어는 사물에 대한 언어이다. 언어는 페니스와 같고, 사물은 백지와 같다. 사물은 언어가 이름 붙이는 대로 혹은 규정하는 대로 존재한다. 과학은 사물의 언어로의 환원에 다름 아니다. 눈-시각-페니스-언어의 연쇄가 서구문명이다.

눈-시각-페니스-언어의 연쇄는 남성적(남성 위주의) 특성이다. 이에 비해 귀-청각-버자이너-상징은 여성적(여성 중심의) 특성이다. 양을 남성이라고 하고 음을 여성이라고 할 경우 음양은 대칭관계인데 양음은 대립관계가 된다. 양이 앞서면 대립관계가 된다. 음양의 자연은 양음의 문명이 되어 오늘에 이르렀다. 그 양음의 관계를 문명사에서 보면 가부장제(국가)의 시작이라고 할 수 있다.

인류 문명은 인구 증가와 함께 어느 순간부터 가부장제를 운명하지 않으면 안 되었다. 가부장제에는 생존경쟁에서 살아남아야 하는 경쟁과 사냥과 전쟁에 대한 강박관념이 숨어 있다. 그래서 서구문명은 사물에 대해 폭력적이고 사디즘적이다. 그래서 구원과 평화와 평등도 목표로서 설정하지 않으면 안 된다. 서구문명은 목표를 위해 사물과 인간을 수단화하지 않으면 안 된다. 그리스의 이데아는 로마에 이르러 이성으로 강화되고, 이성은 중세 스콜라철학을 거쳐 근대에 이르러 과학으로 진행되었다.

오늘날 서구의 해체주의 철학자들은 이러한 서구문명의 이성중심주의를 극복하기 위한 여러 방식을 선보이고 있다. 그런데 데리다는 서구문명의 출발점인 눈-시각의 과정을 간과하고 알파벳 표음문자의 '말-소리중심주의'에 그 책임을 돌리는 우를 범하고 있다. 너무 표음문자의 표음에 치중하는 모습이다. 이에 따라 데리다는 표음이 아닌 문자에서 철학적 탈출구를 모색한다. 이것이 그의 '에크리튀르'이고 '표지학', '문자학'이다. 이는 다분히 한자문명권의 영향 혹은 한자에게 구원을 요청하는 모습이다.

이에 비해 하이데거는 플라톤의 이데아 대신에 사물의 실재로서 '존재(Being)'를 설정한다. 그래서 우리가 시각적으로 확인하는 표면은 존재의 드러난 모습이라고 말한다. 플라톤의 이데아와 하이데거의 존재가 다른 점은 전자는 이데아를 찾아서 계속적인 발굴과 파악과 관찰– 이것은 과학적 언어에 의해 수행된다– 을 해야 하는 강박관념을 갖는 데에 반해, 후자는 존재의 드러나지 않는 부분을 본질로서 인정하고 있다는 것이다. 후자는 사물과의 화해를 시도하고 있는 셈이다.

그러나 하이데거는 사물을 존재자로 규정한다. 이는 하이데거가 아직 언어의 '존재에의 그릇(도구)'이라는 입장을 버리지 못하고 있기 때문이다. 언어의 메타포적(은유적) 기능을 알면서도 메토니미적(환유적) 기능을 인정하고 있기 때문이다. 사물은 더 이상 도구가 아니다. 언어의 메타포적 기능이 비록 사물의 도구화(대상화)를 약화시킨다고 하더라도 사물의 물활성(物活性)에 이르지는 못한다. 그래서 하이데거의 물학(物學, physis)은 한계가 있다.

'물학'은 적어도 대상을 실체로 보는 '대상적 실체'의 개념에서는 벗어났지만 '자아의 실체'를 벗어나지 못한 흔적을 드러낸다. 바로 '물학'의 명칭에 '물'이 들어 있는 이유이다. 물이 심물이 되어야 실체론에서 완전히 벗어나 공(空, 色卽是空 空卽是色)에 도달할 수 있다.

하이데거의 물은 대상적 '사물(Thing = It)'의 흔적이다. 왜 그것을 굳이 '물'이라고 할까? 이는 니체가 죽었다고 하는 그 '신'에 '유일신'의 흔적이 남아 있는 이치와 같다. 만약 그 '신'이 '유일신'이 아니라면 사형선고까지 할 필요가 없지 않는가? 유일하기 때문에, 절대적이기 때문에 사형선고를 내리지 않을 수 없었다.

'물학'의 '물'은 일견 불교의 연기론(緣起論)과 같다. 그러나 물학에는 연기론도 있지만 연장론의 흔적이 숨어 있다. 물학에 물질을 바라보는 자아의 시각 혹은 시선이 숨어 있기 때문이다. 말하자면 물아일체(物我一體)의 단계이다. '물아일체'가 심물일체(心物一體)가 되어야 한다. 불교의 연기론에는 '자아의 연속성' 같은 것이 없다.

불교에도 영혼불멸설과 같은 자아의 연속성이나 실체성을 주장하는 해석이 있지만, 그것은 연기를 설명하려고 하는 방편에 불과하고 근본적으로 불교는 불멸하는 영혼은 없다고 본다. 불교의 연기론은 서양 기독교 및 과학의 실체론과 동아시아의 음양론 사이에 있는 성격이 강하다. 이는 원이 직선과 태극 사이에 있는 것과 같다. 불교의 연기론이 주장된 인도·네팔 지역도 유럽과 동아시아의 경계지점에 있다.

유럽	인도, 네팔(석가의 탄생지)	동아시아
실체론(實體論)	연기론(緣起論)	음양론(陰陽論)
직선(直線, 圓)	원(圓: 圓融)	태극(太極)

연기의 이어짐은 어떤 특정의 방향성과 자아성을 가진 것이 아니다. 또 이어지는 것의 어떤 지점(指點, 地點)의식 혹은 초점(焦點)의식 같은 것이 없다. 그냥 이어져서 일어나는 것에 불과하다. 말하자면 본래 흩어져 있는 것들의 찰나적인 집산(集散)과 운동 자체와 같다. 말하자면 물결과 파동(바다의 파도)과 같다. 진정한 연기론은 음양론이다. 무엇보다도 불변의 실체가 없다.

'연기'를 연속성이라고 보는 것은 보는 사람의 시각 초점과 시선(視線)에 연유한다. 연장은 '으로부터 밖으로'의 의미를 나타내는 'ex(원심력 운동)'이다. 서양문명의 시각-언어적 특성은 불교적 연기를 이해하는 데 방해가 된다. 그래서 차라리 시각보다는 청각을 활용해 소리를 들으라고 하는 것이다. 이를 관음(觀音)이라고 한다.

서양철학과 서양과학의 핵심적인 정체성은 바로 'ex-'에 있다. '존재'를 'exist, existence'라고 하고 '연장'을 'extension'이라고 한다. 서양 사람들은 '으로부터 밖으로'의 콤플렉스에 빠져 있다. 좋은 의미이든 나쁜 의미이든 그렇다. 어떤 상실감, 추방과 같은 것이 있다. '추방'이라고 할 때 가정 먼저 떠오르는 것이 바로 기독교의 '낙원 추방(Expelled From Paradise)'이다.

EX~(밖)	exist	존재론적 존재(Being)	세계로 던져짐	밖(ex)에서 안(in)으로 들어와야 한다. 신물(神物) 숭배
	extension	뉴턴 역학 및 자연과학 (물리적 延長/量化)	세계로 외연을 넓힘	
	Expelled From Paradise	성경의 낙원 추방: 실낙원(失樂園)	선악과를 따먹는 원죄를 지어 낙원에서 추방	

기독교 성경에 따르면, 낙원 추방은 '이브'인 여자가 뱀의 유혹에 빠져 선악과를 따먹고 아담도 이브의 말을 듣고 선악과를 따먹은 뒤 갑자기 성기(性器)의 부끄러움을 알게 되고 그로부터 선악의 분별이 생기게 된 이야기이다. 결국 추방의식, 버려짐의 의식, 던져짐의 의식, 그리고 연장의식의 분기점과 계기는 악마와 성에 있고 그 결과는 선악의 분별이다. 그 추방의 중심에 여자가

있다.

그런데 분별의 정점, 말하자면 분별의 꽃이라고 할 수 있는 것이 바로 시간과 공간이다. 시간과 공간의 프레임이 없으면 분별도 없기 때문이다. 결국 '추방과 악마와 성과 시공간'은 함께 동봉되어 있는 그 무엇이다. 기독교 성경을 신화적으로 설명하면 선악과를 따먹고 그 원죄로 인해 추방된 '실낙원'의 이야기이지만, 과학적으로 말하면 시간과 공간의 등장을 의미하고, 인류학적으로(철학인류학적으로) 상상하면 인류의 모계사회의 흔적을 발견할 수 있다.

모계사회에서 여자의 성은 특정한 남자에 의해 소유된 것이 아니라 마을사회의 남자에 의해 공유되었다. 그때는 남자의 시각에 의한 '여자의 소유'라는 의식조차 없다. 말하자면 간통, 외도, 창녀라는 의식도 없었다. 이러한 의식은 가부장사회가 등장하면서 남자가 여자를 소유하고부터 비롯된 것이다. 그렇게 보면 원죄의식과 외도의식 등은 가부장사회의 의식이고 시각이라는 것을 알 수 있다.

여기서 성의 욕망도 출발하는 것을 알 수 있다. 성의 욕망은 인간에 이르러 발정기가 없어지는 것과 관련이 있다. 발정기에만 성행위를 하는 '닫힌 형태'이던 성이 생각만 하면 언제나 성행위를 할 수 있는 '열린 형태'로 변했고, 동물의 '생식을 위한 성'에 덧붙여 '쾌락을 위한 성'으로의 추가변이가 일어난 것을 간과할 수 없다. 기독교 성경은 인간에게 일어난 이러한 사건을 우화적으로 설명한 것에 지나지 않는다. 모든 남자는 모든 여자와 언제라도 성행위를 할 수 있다는 사실 말이다.

가부장사회(인간 의식의 발전과 관련을 맺는다)에 들어오면서 성과 관련된 이러한 엄청난 전회(轉回)를 여자(여자는 남자에 비해서는 무의식과 관련이 크다)에게 책임을 물어 '여자는 다른 남자와 외도할 수 있다'고 규정하고 원죄를 후차적으로(소급적으로) 물은 것이 성경의 아담과 이브 이야기이다. 말하자면 성경의 이야기는 환원적인 이야기이다. 욕망의 끝없음은 바로 성의 전회와 관련이 있다.

우리는 여기서 또 한 가지 놀라운 사실을 발견할 수 있다. 가부장사회는 여자를 중심에 두고 벌어지는 소유와 윤리뿐만 아니라 시간과 공간의 프레임을 발생시킨 출발이라는 점이다. 인간은 낙원에서 추방됨으로써 시간과 공간을 생각하지 않으면 안 되는 필요에 직면하게 되었던 것이다. 그 시간과 공간의 식과 프레임을 통해 생각을 하고 도구를 생산하고 언어를 생산했던 것이다 인간은 다른 동물이 가지고 있지 않는 시간과 공간의 프레임에 의해 험한 세상, 험한 생존의 세계에서 지금까지 살아남을 수 있었다.

우리는 흔히 필요를 필요악이라고 말한다. 이 말에는 은연중에 필요는 '악'이라는 의미가 내재해 있다. 왜 필요가 악인가? 필요에 의해서 악이라는 개념이 발생했던 것이다. 따라서 우리는 낙원 추방의 이야기에 함축된 성(性)의 대전회(大轉回), 욕망의 끝없음, 모계사회에서 가부장사회로의 전회(轉回), 필요와 악의 등장, 시간과 공간의 필요 등을 읽을 수 있다. 앞에서 말한 'ex-'의 의미가 여기에 있는 것이다.

서양문명 속에 도사린 연장이라는 개념은 물질주의와 연결되고, 문제의 해결을 밖에 외재(外在)하는 것에서 구하는 것과 연관이 있다. 하이데거는 왜 인간이 밖으로 던져졌다고 생각했던 것일까? 어머니의 몸 밖으로 나오는 출생이라는 것이 왜 '던져진' 것일까? 이는 처음부터 어머니를 잃어버린 사고이다. 어머니를 잃어버림으로써 스스로 자연으로부터 소외되고 도시문명을 향해 끝없는 방황을 했던 셈이다.

여성의 출산이야말로 자연의 본래의 모습이며, 우주의 무시무공으로 연결되는 자연적 은혜로 돌아가는 행위이며, 그 자체로 신비와 만족을 안고 삶의 광채에 휩싸이는 생산이다. 여성은 스스로의 출산을 통해 자신이 신임을, 진정한 창조자임을 아는 것이다. 이는 자연의 즉자적 만족이자 경이이다.

인간은 이제 세계와 우주를 기계로 보는 것을 중단해야 한다. 기계와 우주의 밖에는 구원이 없다. 밖으로 연장되는 것은 이성의 환각에 불과하고, 남성의 허위의식과 가상에 불과하다. 이것은 인간의 맹점이다. 인간은 선후·상하·좌우뿐만 아니라 안팎의 관념에서 벗어나야 한다. 시간의 선후, 공간의 상하, 생각의 좌우, 자연의 안팎에서 벗어나야 한다. 모든 것을 기계로 해결하려는 태도를 버려야 한다.

(인류학자) 레슬리 화이트 이론의 가장 극단적인 외연(外延)은 문화의 성격이 '사람을 위한 문화'에서 '사람으로부터 분리된 문화'로의 전이가 진행되고 있다는 전망이 아닐까 한다. 이제 문화는 독립된 체계로서 인간으로부터 외재(外在)하여 구속력을 갖게 됨으로써, 장차 그것은 인간과 기계적으로 관련되어 있어 우리가 그것을(이것은 흔히 '이면의 드라마'라고 한다) 잘 이해하지 못하는 상태가 될 수도 있을 것이다. 그렇게 되면 마르크스가 중요시했던 소외의 과정은 이제 그 내용과 의미가 달라지게 된다.[5)]

인간은 나온 문(추방된 문)으로 다시 들어가야 하는 철학적·문명적 대전환의 시기에 직면해 있다. 동양철학은 심물일체의 전통 속에 있다. 이는 물이라고 하여 몸(의식)의 바깥에 대상으로 있는 것이 아니라는 관점이다. 그런 점에서 물은 심이다. '물'은 '마음'이다. 그러한 점에서 '물'을 '몸'으로 번역하면 적당할 것이다. 물은 자연이지 육체나 물질이 아니다.

몸(마음)은 물이고 물의 세계는 일원적이고 역동적이다. 몸은 정신과 육체로 분리되는 것이 아니라 정신과 육체를 하나의 역동적인 것으로 만드는 곳이고 성욕과 사랑의 이중성이 교대되는 곳이다. 따라서 몸이야말로 철학적 이중성과 애매모호성이 실현된, 이들의 육화라고 말할 수 있다. 몸을 육체로 보거나 몸을 정신으로 보는 순간 인간은 본래의 세계(일원상의 세계)를 잃고 방황하게 된다.

철학은 '몸'에 이르러 드디어 일원적인 세계에 돌아온(귀환한) 셈이다. 참으로 길고 긴 여정이었다. 철학이 인간의 삶의 진면목에 도달하는 것은 어떤 여정보다 길고 긴 여정이었다. 거의 2천 년이 걸린 철학적·형이상학적 여정이었다. 그 여정의 종착지는 '몸(마음)'이다. 성욕과 사랑을 이분화(이원대립화)하는 것은 참으로 어리석은 일이다. 성욕이 사랑이고, 사랑이 성욕이다. 어디에서 출발하던 사랑하면 그만이다. 인간은 포유류 중에서 유일하게 가장 오래 하나의 짝과 사랑하는 동물이다. 아마도 이것은 자손을 키우기 위한 생물학적 전

5) 최협, 『부시맨과 레비스트로스』, 풀빛, 1996, 232쪽.

략이었을 것이다.

남자와 여자는 똑같이 자신의 DNA를 전하고자 한다. 그러나 그것을 전하는 방법은 반대이다. 남자는 생리적으로(수많은 정충 생산) 여러 여자를 찾고 여자는 생리적으로(한정된 난자의 생산) 완전한 한 남자를 만나기를 원한다. 이는 불교의 화엄학이나 반야경의 논리를 닮았다. 남자는 일(一)의 입장에 있고, 여자는 일체(一切)와 다(多)의 입장에 있다. 남자는 공(空)의 입장에 있고, 여자는 색(色)의 입장에 있다.

그러나 뭐니 뭐니 해도 가장 완벽하게 남녀의 성 혹은 자연과 일치되는 사상은 동양의 음양사상이다. 음양사상에서 여자는 음이고 남자는 양이다. 여자는 비어 있음이고 남자는 채워 있음이다. 둘은 서로 상보적인 관계에 있고 동시적인 관계에 있다. 음이 없으면 양도 없고, 양이 없으면 음도 없다.

서양철학이 자연(자연적 존재)으로 돌아가려면 동양의 심물일체 사상을 받아들이고 이에 더해 원시·미개사회의 '물신숭배사상'(물신숭배는 문명인들이 말하는 사물을 대상으로 숭배하는 사상이 아니라 사물과 자신이 하나라는 사상이다)을 이해해야 한다. 원시·미개사회에서는 물은 심일 뿐만 아니라 신이다. 세계를 '신'으로 느껴야 자연과 하나가 될 수 있다. 이것이 원시·미개인들의 '신물숭배(神物崇拜)'이다. 신물숭배는 신물일체, 물신일체(物神一體)를 말한다. 이때의 신은 서양의 유일신도 아니고 스피노자의 범신도 아닌 '물의 활성(活性)으로서의 신'이다. 세계는 '신'으로 가득 찼다. 이것을 받아들이면 '신명(神明)의 세계'가 된다.

물학은 유물론과 다르다. 그러나 물학에는 사물을 대상으로 보는 여운이 남아 있다. 헤겔의 정신현상학의 절대정신과 자본주의에 대한 반대로 일어난 마르크스의 유물론이나 유물사관과 그것을 기초로 한 공산사회주의는 서양의 이성중심주의 문명을 벗어나려는 노력의 일환으로 볼 수 있지만 과학적 사회주의(사회적 과학주의)라는 낭만적 이상주의로 인해 서구문명의 이상주의와 유토피아의 마지막 실패로 끝나고 말았다.

헤겔의 정신현상학은 후설의 현상학이 본격적으로 등장하기 이전에 이미 정신의 현상학으로 물질과 과학을 탁월하게 설명했지만, 마르크스에 의해 물질의 현상학이 정신인 것으로 역전되면서 서양철학은 주체와 대상, 정신과 물질 간의 헤게모니 싸움이 되었다. 현상학적으로 보면 양자는 상호가역적인 것으로 본래 이중적이고 애매모호한 성질의 것이었다.

서양 철학사에서는 신의 현상학이 정신이고 정신의 현상학이 물질이었던 셈인데, 물질이라는 막다른 골목에 처한 철학은 드디어 물질의 현상으로 정신을 자리매김하는 심각한 허무주의를 드러냈다. 신의 죽음을 선언한 니체의 허무주의에 앞서 이미 마르크시즘은 인간 정신의 허무의 그림자를 짙게 드리우고 있다. 마르크스가 인간 정신의 허위에 대해 포문을 열자마자 니체는 신의 존재 자체를 부정하기에 이른다. 이는 서양 철학사의 발전 과정을 근본적으로 부정하는 사건이었다. 마르크스의 반란은 헤겔의 주인과 노예의 원리에서 예상될 수 있는 것이었다. 인간의 노예(대상)이던 물질이 드디어 주인에게 도전한 셈이다.

헤겔의 정신현상학은 칸트가 이룩한, 대륙의 관념론과 영국의 경험론의 종합인 이성철학을 다시 절대정신·절대관념론으로 돌아서게 한 것이다. 따라서 자연스럽게 그 반발로 유물론이 나왔던 것이다. 유물론은 과학과 함께 서양철학의 마지막을 장식한 철학이다. 그 뒤 서양철학은 동양의 자연주의철학인 도학(道學)이나 음양론, 불교철학을 저들 나름대로 각색한 것밖에 없다.

마르크시즘도 서양문명의 언어주의에 의한 추상과 이성에 의해 이성적 순환론(이성적 늪)에 빠진 셈이다. 서양의 언어주의는 라캉에 의해 극단을 보인다. 프로이트의 영향을 강하게 받은 마르크시스트이며 욕망의 철학자인 그는 서양철학의 언어절대주의를 강하게 드러낸다. 라캉에 의하면 언어인 상징계(A)가 실재계(a)와 상상계(a')를 좌지우지한다. 여기서 주체는 욕망의 대상으로서의 주체가 되어 분열된다. 라캉의 언어는 팰러스와 결탁하여 여성의 희열을 도착적인 것으로 바라본다.

라캉의 상징계와 실재계와 상상계의 관계는 남자(상징계)가 여자(상상계)를 욕망(실재계)하는 것과 같다. 그 욕망의 나타남은 '상상적인 관계(a-a')'를 통해 이루어지고, 언어(상징계)는 그것을 분석한다. 언어로 욕망을 분석할 수 있다는 것은 '언어 = 사물'의 등식에 충실한 서양문명의 특징을 보여준다.

라캉은 여성의 희열을 도착이라고 했지만, 실제로 도착이야말로 자신의 몸과 상대방의 몸을 바꾸는 것을 통해 완전한 복종과 완전한 해방을 동시에 실현하는 완벽한 것이다. 이리가라이는 프랑스어 '주이상스(jouissance)'를 남성의 '눈'으로 보는 관점에서 벗어나 여성의 '전신적 기쁨'으로 해석한다. 주이상스를 분절하면 "j'ouis sens(나는 의미를 듣는다)'가 된다.[6] 이것은 '듣는다'는 의미가 여성의 귀, 나아가 신체로 연결됨을 의미한다.

여성은 오르가슴을 몸 전체(이때의 몸 전체는 자연으로 연결된다)로 만끽한다. 여성의 오르가슴은 몸 전체의 오르가슴이다. 단지 남성처럼 항상 만끽하는 것은 아니다. 여성은 소리를 듣고, 소리를 질러야 오르가슴에 오를 수 있다. 여성의 귀는 버자이너인 셈이다. 나아가서 여성의 몸 전체는 버자이너인 셈이다.

남성은 시각에 의해 페니스가 직접 반응하며, 포르노 잡지 등에 의해 시각과 더불어 오르가슴에 도달할 수 있다. 남성의 오르가슴은 페니스의 오르가슴이다. 남자의 페니스는 분기탱천한다. 끝없이 군림을 위해 하나가 되고자 한다. 이때의 하나는 이기적 하나, 남을 완전히 배제하는 하나(1)이다.

이에 비해 여자는 자신의 자아(이기심)인 클리토리스(클리토리스는 페니스와 상동기관이다)로 보잘것없게 만드는 대신 커다란 자궁이라는 빈 구멍을 하나 더 준비하고 있다. 여자는 언제나 남을 받아들일 신체적 준비가 되어 둘(2)을 향하는 존재이다. 바로 그렇기 때문에 여자의 오르가슴은 훨씬 오래가고 몸 전체로 퍼져가는 것이다. 여성의 멀티오르가슴은 바로 그것의 증거이다.

여성은 경우에 따라서 몸 전체가 페니스가 된다. 여성이 오르가슴에서 몸 전체를 활처럼 휘면서 소리를 지르고 발작하는 것은 바로 이 때문이다. 예컨대 여성적 희열 같은 것이 아니면 결코 인간의 신체적 오르가슴은 자연 전체와 동일시하는, 무의식의 깊은 곳까지 미치는 오르가슴이 될 수 없다.

남성의 오르가슴은 자아에 매진하지만 여성의 희열은 무아지경으로 들어간다. 무아지경은 결코 결핍이 아니다. 여성의 희열은 결핍이 아니라 비어 있음으로써 느끼는, 가득 차는, 만족 중의 만족이다. 여성은 남성과 교차하면서

---

6) 채희철, 『눈 밖에 난 철학, 귀 속에 든 철학』, 리좀, 2005, 102쪽.

오르가슴에 오른다. 따라서 교차할 시간을 주지 않으면 오르가슴에 도달하지 못한다. 이에 비해 남성은 자신을 고집스럽게 견지하면서, 자신을 제왕으로 만들면서, 여성의 오르가슴과 상관없이 이기적으로 그것을 달성한다. 페니스는 자아, 이기적 자아인 셈이다. 여성은 남성이 오르가슴에 도달하기 전에 도달하는 법이 대체로(특별한 경우는 예외이지만) 없다. 남성과 함께 오르가슴에 도달하도록 신체화되어 있다.

사물은 혹은 여성은 언어에 의해 좌지우지되는 것이 아니다. 사물은 느낌이며, 소리이며, 리듬이며, 따라서 상징이며 기운생동이다. 사물은 기운생동의 상징이다. 동양문명 특히 동아시아 한자문명권은 오랫동안 여기에 길들여져 있다. 동양과 여성은 귀-청각-상징-감정(은유)-자연주의로 연결되는 문화적 특성을 가지고 있다. 이를 '청각-상징' 특권적 문명이라고 말할 수 있다. 간명하게 말하면 '시가(詩歌) 문명권', '은유의 문명권'이다. 이에 비해 서양과 남성은 눈-시각-언어-이성(환유)-자연과학(물리학)으로 연결되는 문화적 특성을 가지고 있다. 이를 '시각-언어' 특권적 문명이라고 말할 수 있다. 간명하게 말하면 '철학 문명권', '환유의 문명권'이다.

서양문명과 동양문명은 대척점에 있다. 동양문명도 인류사의 발전과정에서 가부장제를 채택했지만 서양문명과 비교할 때 모계적·모성적 특성을 잔존시키고 있다. 이것이 동양의 자연주의(자연과학주의가 아닌)와 음양사상에 집약되어 있다.

이상의 논의를 서양의 존재론적 시각에서 해석하면, 동양문명권을 존재론의 문명권으로, 서양문명권을 존재자의 문명권으로 볼 수 있다. 하이데거가 존재와 존재자를 구별한 것은 서양철학·서양문명권의 동양철학·동양문명권으로의 이해 혹은 선회, 심하게는 중심이동이라고까지 할 수 있다.

현대 철학은 이제 존재론적인 차원과 현상학적인 차원을 분명히 구분할 필요가 있다. 존재론적 차원은 '수직적 존재론'이다. 수직적 존재론은 존재와 존재자의 상호관계(상관성)를 말하는 것이다. 이에 비해 존재자와 존재자 사이의 상관성은 '수평적 존재론'이다. 수평적 존재론은 현상학적 존재론이라고 말할 수 있다. 하이데거의 수직적 존재론은 대칭적 존재론이고, 데리다의 수평적 존재론은 비대칭적 존재론이라고 할 수 있다. 전자의 수직적 존재론은 사물의 (밑)바탕을 중시하고, 후자의 수평적 존재론은 사물의 (뒤)배경을 중시한다.

데리다가 에크리튀르를 기초로 그라마톨로지를 주장한 것은 시각-언어문명권의 문화적 자장에 소속되었기 때문일 것이다. 그래서 이성중심주의의 원인을 소리에 두고, 소리를 먼저 거론하면서도(이는 소리에서 逆反하기 위해서이다) 결국 문자에로 나아갔다고 할 수 있다. 시각-언어문명권은 역설적으로 소리에서 절대성(중심성)을 느끼고, 청각-상징문명권은 문자에서 절대성을 느낀다. 자신의 반대에서 절대성을 느끼는 셈이다. 청각-상징문명권의 문화적 자장에 소속된 필자는 이성중심주의의 원인을 문자에 두고, 문자를 먼저 거론하면서도 결국 소리로 나아갔다고 할 수 있다. 데리다와 필자는 서로 반대편에 위치한 셈이다. 이는 남성이 여성에서 중심을 느끼고, 여성이 남성에서 중심을 느끼는 것에 비유할 수 있다.

동양문명권은 문화의 전반적인 형태론으로 볼 때 '음악-음악적'이고, 서양문명권은 '미술-미술적'이다. 전자는 느낌(존재감)을 중시하고, 후자는 존재(존재자)를 중시한다. 전자는 느낌을 존재로 느끼며 '전체적 느낌'을 지니고 있는 반면, 후자는 느낌에 선험을 대입하여 '개체적 선험론'을 갖는다.

동양문명권은 느낌을 중시하기 때문에 시공간이 필요 없다. 천지인사상이나 음양사상의 천지음양론은 시공간의 우주론이 아니다. 그러나 서양문명권은 선험론으로 인해서 시공간을 필요로 한다. 서양의 우주론은 시공간의 우주론이다. 전자가 소리(疏理, 消理)에 민감하고, 후자는 입자(粒子, 立子)를 중시한다. 전자는 전체적 느낌에 민감하고, 후자는 개체적 감각을 우선한다.

전자는 사물과의 교감, 즉 느낌 자체를 중시하기 때문에 주어가 필요 없다. 주어가 필요 없다는 것은 설명할 필요를 느끼지 않는 것과 같다. 그러나 후자는 설명을 필요로 한다. 전자가 자연적인 삶을 중시하고 후자가 자연과학을 발달시키는 것은 같은 맥락이다. 전자는 자연과 더불어 살면서 죽음을 존재의 필연적인 결과로 당연히 받아들인다. 생멸긍정(生滅肯定)을 한다. 이는 일반론적 사고이다. 그러나 후자는 선험론을 전제함으로 인해 시공간으로부터의 초

서양의 '시각-언어'문명권/이성 중심	동양의 '청각-상징'문명권/자연 중심
존재자적 문명권 현상학적 존재론	존재론적 문명권 존재론적 존재론
수평적 존재론(二元對立) 비대칭적 존재론/주객대립	수직적 존재론(隱迹-顯現) 대칭적 존재론/음양대칭
(뒤)배경	(밑)바탕
미술-미술적	음악-음악적
존재(존재자)	느낌(존재감)
개체적(個體的) 선험론(先驗論)	전체적(全體的) 느낌(feeling)
시공간 설정, 입자(粒子)	무(無)시공간, 소리[音聲]
주어(主語) 설정	주어(主語) 없음
초월론(超越論)	일반론(一般論)
영혼불멸(靈魂不滅)	생멸긍정(生滅肯定)
개체(個體) 우선, 혼(魂) 우선	전체(全體) 우선, 백(魄) 우선

월론, 영혼불멸을 주장하게 된다. 이는 보편론적 사고이다. 전자가 전체 우선, 백(魄) 우선이라면, 후자는 개체 우선, 혼(魂) 우선이라고 말할 수 있다. 동양문명권은 '청각-상징적'이고 서양문명권은 '시각-언어적'이다. 전자가 '기 문명체계'라면 후자는 '이 문명체계'이다. 이 밖에도 여러 차원의 대칭을 만들 수 있을 것이다.

한국은 예로부터 '기의 나라'이다. '기'의 나라였기에 도리어 철학이 융성하지 못했다고도 볼 수 있다. '기'는 철학의 '이'와 배치되기 때문이다. 고조선을 비롯한 고대에는 '기 문명체계'를 이루어 살았다. 그러한 전통 때문에 순우리말에는 '기'와 관련된 말이 많다.

한편 동양의 한자문명권은 상형문자인 한자, 즉 에크리튀르에서 출발했기 때문에 그것을 어떻게 읽느냐에 따라 차이를 발견해야 하는 강박관념에 빠져 있다. 그래서 소리, 즉 '보이지 않는 것'에서 출발한다. 이는 소리(말씀)에 대해 절대성(절대적인 의미)을 부여한 알파벳 표음문자와는 다른 입장을 취하는 것이다. 처음부터 소리의 차이에 민감한 문명을 이룩했다.

데리다는 문자에서 뒤늦게 차이를 발견했지만 한자문명권은 일찍이 상형문자에서는 물론이고 소리에서 차이를 발견했다. 한자는 상형의 차이를 바탕으로 글자와 의미를 만들어내고 소리의 차이를 통해 의미의 차이를 쉽게 알아듣기 위해 사성(四聲)체계를 만들어냈다. 사성체계는 시(詩)의 원천이 되었다.

한자문명권은 문자와 소리에서 그 차이를 존중했다. 한자문명권은 소리를 절대적으로 보지 않았기 때문에, 굳이 서양의 알파벳문명권과 비교하면 소리의 차이를 기초로 문명을 이루었다고 볼 수 있다. 서양이든 동양이든 문자언어를 이룬 것은 마찬가지이다.

소리의 차이(문자의 차이는 물론이고)를 통해 이룩한 문명이 동양의 한자문명권이고 한의학이고 음양론이다. 한자문명권은 이데아를 설정하지 않았고, 소리에 절대성도 부여하지 않았다. 소리 그 자체를 존재(실재)라고 여겼다. 이것은 귀-청각-상징(음양)-은유[詩]-한의학(기운생동)으로 연결되는 자연주의라고 할 수 있다.

서양의 해체주의 철학자들은 동양에서 힌트나 아이디어를 얻어 자신의 문화권에서 번안하여 자신의 철학을 전개했을 가능성이 높다. 그러면서도 그 같은 사실을 숨기거나 사실을 인정하면서도 영향을 받은 것은 아니라는 주장을 하고 있다. 하이데거나 데리다가 살았던 시기에는 이미 동양의 음양사상이나 주역사상, 불교사상 등이 서양에 보편적으로 소개되어 있었다. 하이데거는 일본의 선불교 학자들과의 교류하며 불교의 무사상이나 공사상에 영향을 받았고, 데리다는 레비스트로스에 대한 관심을 통해 동양의 음양사상에 영향을 받은 것 같다.

구조언어학의 개척자인 소쉬르는 동양의 음양사상이나 불교사상에 영향을 받았음을 실토하고 있는데, 구조주의 혹은 해체주의 계열의 서양철학자들은 모두 동양 철학의 세례를 받았다. 그중에는 동양철학의 영향을 실토하는 사람도 있고 부정하는 사람도 있다. 하이데거는 선불교를 접하긴 했지만 영향을 받지는 않았다고 말했다. 그러나 그의 철학의 전개를 보면 선불교나 노자철학의 영향을 받지 않고는 도저히 구사할 수 없는 내용이 많으며, 영향의 흔적을 곳곳에서 찾아볼 수 있다. 하이데거의 존재는 동양의 자연이다. 그러나 존재는 자연, 무위, 무에 이르지 못하고 있다.

데리다는 특히 동양철학의 접함을 한마디도 언급하지 않으면서 영향을 부정하고 있다. 그러나 데리다의 문자학에서 불교의 공사상의 영향을 읽을 수 있다. 즉, 공사상을 프랑스 문화적 문법으로 번안하기 위해 노력한 흔적이 역력하다. 그래서 텍스트에 대해 새로운 해석을 했다. 텍스트의 '여백의 문자'는 쉽게 말하면 동양화의 '여백의 미'와 같은 차원의 말이다. 그러나 그의 철학은 동양의 허나 공에 이르지 못하고 있다. 이는 모두 언어에 대한 집착 때문이며 언어를 벗어나지 못하기 때문이다.

서양철학자 중에서 쇼펜하우어와 니체는 불교철학의 영향을 강하게 받았다. 그 후 서양철학자들은 직간접으로 동양철학적 소스에서 자신의 철학적 영양을 찾고 있으며, 종래의 서양철학과는 다른 철학을 생산하기 위해 몸부림치고 있다. 그러나 그들은 동양철학이 근본적으로 시각-언어의 계열이 아니라 청각-상징의 계열이라는 점을 간과하고 있다. 다시 말하면 하이데거, 데리다, 라캉 등은 모두 동양철학의 세례를 받았고 그들 나름의 언어(자기전통의 철학)로 서양 이성중심주의 철학을 해체하는 해체철학을 구사하고 있지만 모두 도교철학의 무위자연이나 불교의 무사상, 공사상에 이르지 못하고 있다.

그 주된 이유는 그들의 이성주의철학을 구성하는 언어 때문이다. 말하자면 그들의 철학을 구성하는 데 결정적인 역할을 한 철학적 개념들과 언어들이 도리어 철학의 출구를 마련하는 데 장벽이 되고 있는 것이다. 그래서 그들은 역설의 언어를 구사하지만, 여전히 언어와 자아에 의해 출구를 찾는 데 방해를 받고 있고 어딘가에 자아의 흔적을 남기고 있다.

이런 관점에서 보면 서양의 해체철학을 동양의 전통 철학으로 번역하고 소개하는 것은 동서고금의 철학을 통합적으로 이해하는 것이지만 다른 한편으로는 동양의 영향을 받아서 만들어진 서양철학을 다시 수입하여 번역하면서 그들의 철학을 이해하려고 노력하는 이중의 작업이라고 할 수 있다. 이는 우리에게 익숙한 것을 우리에게 낯선 언어로 다시 이해하려고 노력하는 꼴이다.

나는 포노로지를 내놓으면서 탈근대를 꿈꾸는 니체를 평한 하이데거의 말을 그에게 되돌려주고 싶다.

서양인들의 역사에서 무엇인가가, 요컨대 오래전부터 여태까지 완성되어 있지 않은 것이 종언을 고하고 있다는 것을 니체는 날카롭게 통찰하고 있다. 그러나 이러한 완성은 여태까지 놓쳐버린 조각들을 끌어 모으는 것은 아니다. 완성이란 조각조각을 기워서 짜 맞추는 식으로 보완하는 것은 아니다. 오히려 완성이란 전체를 전체 안에서 우선 확보하고 또 그렇게 지금까지의 것을 전체에 준해서 개변(改變)시킴으로써 비로소 전체를 이루게 되는 것이다.[7)]

나는 또 이렇게 말하고 싶다. "포노로지는 서양철학을 짜 맞춘 것이 아니다. 서양철학에서 지금까지 없었던 전체를 동양철학으로부터 만들어내고(끌어내고), 그 전체 안에서 지금까지의 서양철학을 전체에 준해서 개변시킴으로써 비로소 전체를 이루었다."

1966년 《슈피겔》과 가진 대담에서 하이데거는 다음과 같이 말했다. "내가 확신하는 것은 현대 기술세계가 발원했던 동일한 장소로부터만이 어떤 전환이 준비될 수 있다는 것입니다. 그러므로 그 전환은 선불교나 그 밖의 다른 동양의 세계 경험을 수용하는 것을 통해서는 일어날 수 없습니다. 사유를 바꾸기 위해서는 유럽의 전통과 그것을 새롭게 우리의 것으로 하는 것이 필요합니다. 사유는 동일한 유래와 규정을 가지고 있는 사유를 통해서만 변화됩니다."

그렇다면 서양철학은 영원히 서양철학자들의 전유물이 되어야 하고, 서양철학자들은 서양철학의 자장에서 벗어날 수 없다. 동양에서 아이디어를 가지고 가더라도 그것을 철학적으로 전개하는 것은 서양 철학사적으로 동일한 유래와 규정을 가지고 있는 사유를 통해서만 변화되니까 말이다.

이 말은 '철학적 동일성'을 은연중에 전제하고 있다. 서양철학은 철학적 동일성을 부정하고 해체하지만 여전히 동일성의 그림자를 안고 있다고 할 수 있다. 이것이 바로 이성의 그림자이고 하나님의 그림자이다.

이에 비해 동양철학은 처음부터 동일성을 전제하지 않는다. 음양사상이 그렇고 선불교가 그렇다. 그래서 동양 사람들은 서양 사람들처럼 동일성을 벗

---

7) 마르틴 하이데거, 『사유란 무엇인가』, 권순홍 역, 길, 2005.

어나고자 하는 강박관념을 가지지 않는다. 세계는 항상 동일성을 벗어나 있기 때문이다. 내가 보기에 가장 동일성이 없는 것이 소리이고, 그것을 바탕으로 한 것이 소리철학, 포노로지이다. 소리철학에 의해 세계 철학의 주도권은 동양으로 넘어왔다. 이는 하이데거의 말대로 '신기원의 원리'이다. 인류는 동서고금을 되돌아보는 안목에서 신기원을 마련하지 않으면 안 되는 철학적으로 시점에 와 있다.

한글의 자모인 닿소리와 홀소리, 시공간, 동양의 불교철학 및 천지인사상, 서양의 근대 철학을 비교하면 다음과 같다.

0차원에 불교의 찰나생멸 = 닿소리 원음(ㅇ) = 홀소리 원음(·) = 혼천(渾天)/무천(舞天) = 무/공사상이 있다. 서양의 존재론은 0차원에 이르지 못하고 있다. 소리철학은 0차원이다. 1차원에는 시간 = ㅇ(이응) = ·(天) = 천(天, 하늘) = 존재론, 2차원에는 공간 = ㄱ(기역) = ㅣ(人) = 인(人, 사람) = 현상학, 3차원에는 입체 = ㄴ(니은) = ㅡ(地) = 지(地, 땅) = 칸트 철학이 있다.

차원	시공간	닿소리	홀소리	천지인(天地人)	서양철학
0차원	찰나생멸	원음(ㅇ)	원음(·)	혼천(渾天)/무천(舞天)	무(無)/공(空)
1차원	시간	ㅇ(이응)	·(天)	천(하늘)	존재론
2차원	공간	ㄱ(기역)	ㅣ(人)	인(사람)	현상학
3차원	입체	ㄴ(니은)	ㅡ(地)	지(땅)	칸트 철학
*소리철학은 0차원의 철학이다.					

13
문무(文武) 순환의 해석학[1)]
다원다층의 음양학

인간이 살아가는 삶의 의미 층은 다원다층적(多元多層的)이다. 이것을 '역동적(力動的, 逆動的, 易動的) 장(場)'이라고 할 수 있다. 말하자면 의미의 층은 마치 문(門)을 열고 닫는 것 같은, 눈꺼풀을 열고 닫는 것 같은 것이라는 뜻이다. 이것을 언어의 표층적 의미에서 다루게 되면 의미는 하나의 층에 머무르게 되고, 하나의 의미를 강요하게 되고, 권위주의나 전체주의에 빠지게 된다. 이는 결국 불통하고 만다.

물론 하나의 층에서 소통을 위해 보편성을 찾는 역사적·사회적 사회통합의 노력이 필요하겠지만, 근본적으로 차이와 다양성을 인정하지 않고 언어의 어느 한 층위에서 말한다면 이는 인류의 소통에 도움이 되지 못할 뿐만 아니라 불통과 갈등의 원인이 된다. 따라서 의미가 소통되려면 그 여러 층위를 잘 알아야 한다. 다른 의미의 층에서 서로 말하는 것이 불통이다. 열심히 말하고 담화를 나누지만 소통되지 못하는 게 오늘의 현실이다.

오늘날 지구촌의 다양한 인류 문화는 소통이라는 과제를 안고 있다. 존재가 아니라 소통이 문제이다. 무엇이 어떻게 존재하는가는 이제 철학의 핵심 주제가 될 수 없다. 존재의 본질은 알 수 없기 때문이다. 언급된 것은 이미 본질이 아니기 때문이다.

소통하려면 언어의 장벽을 넘는 노력을 해야 한다. 그러기 위해선 최소한 여러 층위를 제시해야 한다. 의미의 층은 다 헤아릴 수 없지만 현 상황에서 다음과 같은 층을 제시해본다.

---

1) 박정진, 『한국문화와 예술인류학』, 미래문화사, 1990, 91~108쪽; 박정진, 『철학의 선물, 선물의 철학』, 소나무, 2012, 509~543쪽 참조.

문무 순환의 해석학: 다원다층의 음양학

공간적(시간적) 층위	역사-사회적(場所的) 층위: 역동적(力動的, 逆動的) 장의 층위	동일성의 층위	권력적 층위, 보편적 층위/이(理)/문(文)
시간적(시공초월적) 층위	시공초월적(場)의 층위: 역동적 (易動的) 장의 층위	동시성의 층위	비권력적 층위
텍스트적 층위	의미론적 층위	음양대립적 층위	텍스트는 콘텍스트의 표층이다
콘텍스트적 층위	상황적 층위	음양통합적 층위	모든 텍스트에 콘텍스트의 심층이 있다
문자학적 층위	교차배어적 층위	음양상징적 층위	그라마톨로지(grammatology) 층위
존재적 층위	존재-존재자적 층위	이중적 층위	존재론적(ontology) 층위
음운적 층위	샤먼적 층위	의식-무의식 층위	포노로지(phonology) 층위
자연적 층위	무의식적 층위	심물일체 층위	자기희생적·일반적 층위/기(氣)/무(武, 舞, 巫, 無)

표의 가장 아래에 자연적 층위가 있다. 자연적 층위는 무의식적 층위로서 심물일체적 층위이다. 물심양면적 층위가 아니다. 이것은 때로는 일심적(一心的) 층위일 수도 있고 일물적(一物的) 층위일 수도 있다. 이 층위에서는 심즉물, 물즉심이다. 여기서는 심도 심파(心波)이고, 물도 물파(物波)이고, 심파는 물파이고, 물파는 심파이다.[2] 따라서 심물과 물심은 하나이다. 파동이 됨으로써 우주는 '춤추는 우주'가 된다.

또한 이 층위에서는 문(文, 紋)을 중시하는 것이 아니라 무(武, 舞, 巫, 無)를 중시한다. 무야말로 춤이고, 굿이고, 자아를 잃어버리는(초월하고, 극복하는) 경지인 망아(忘我)에 도달할 수 있기 때문이다. 자신의 목숨과 소유를 벗어날 수 있는 경지이다. 무예는 몸을 '물(水, 物)'처럼 쓰는 행위이다. 무예는 육체를 움직이는 것이 아니라 몸을 물 흐르듯이 쓰는 무의식적 행위이다. 이는 우주를 소리로 인식하는 행위와 같다. 다시 말하면 무예를 한다는 것은 몸속에 내재된 소리를 몸을 통해 자연스럽게 강약을 조절하면서 음악처럼 흐르게 하는 것이다.

2) 孫炳哲, 「第二物波主義 宣言文」(2007)에서 심물지파(心物之波)가 언급되었다.

무(巫)	종교	'무'자는 인간의 문화(文化)를 대표하는 용어로 서로 통한다.
무(武)	무예	
무(舞)	예술	
무(無, 无)	철학	
무(貿)	경제	

한글의 '무'자 발음으로 인간의 문화를 총체적으로 설명할 수 있다. 무(巫)는 종교를 말한다. 종교의 본질은 고등종교까지 무(巫)가 본질이다. 인간의 제도로서의 종교는 기복하는 것일 수밖에 없다. 무(武)는 무예를 뜻한다. 무(武)는 운기(運氣)를 통해 몸을 움직이면서 살아가는 인간의 근본적인 동작일 수밖에 없다. 문(文)과 반대가 되는 것이지만 문의 바탕이 되는 것이 바로 무(武)이다. 무(舞)는 예술을 뜻한다. 무(舞)는 뮤즈의 여신인 음악을 거느리는 예술로서 종합예술적 성격을 갖는다. 무(無, 无)는 철학이다. 불교의 철학은 무(無)의 철학이며, 특히 존재론의 철학은 무(無)의 경지에 이르는 것을 말한다. 끝으로 무(貿)는 경제를 뜻한다. 재화의 오고감이다. 이처럼 '무'자는 인간의 문화를 대표하는 용어로 서로 통한다.

무(武)는 특히 음(音)과 통한다. 바로 인중천지일(人中天地一), 사람 가운데서 하늘과 땅이 하나가 되어 통하는(電流하는, 電生하는) 행위이다. 이를 인류학적으로 보면 인간이 수직으로 직립 보행하면서 잃어버린 능력인 동물의 생명조절을 회복하는 것이기도 하다. 동물은 네 발로 걸어갈 때 신체 전체를 움직이면서 나아가고 그렇게 하면서 생명을 유지해간다. 이는 선후·좌우·내외의 전신운동이다. 전신운동은 온몸의 내장에서부터 머리에서 발끝까지 한꺼번에 동참하는 전체적 운동이다.

이에 비해 인간은 수직으로 직립 보행하면서 척추로 중력을 감당하면서 걸어간다. 이는 상하가 중심을 잡으면서 나아가는 구조이다. 이것은 네발동물의 선후·좌우·내외 운동과 다르다. 인간의 직립 보행, 즉 상하 중심의 운동은 항상 중심을 유지하는 데 신경을 쓰고 긴장하지 않으면 안 된다.

직립 보행의 중심 잡기는 신체적으로는 중심 잡기이지만 의식적으로는 주체, 자아 형성으로 나중에 질적인 변화를 불러온다. 인간의 신체는 머리-발을 중심으로 보면 삼각형이고, 어깨-꼬리뼈를 중심으로 보면 역삼각형의 합이다. 그런데 역삼각형의 마지막 아래쪽 꼭짓점인 꼬리뼈는 중력을 받아야 하는 까닭으로 몸을 경직되게 만드는 흠이 있다.

그래서 모든 운동은 평소에 몸 전체의 경직성을 푸는 동시에 꼬리뼈의 중심 잡기를 통해 사방으로 신체를 자유롭게 전개하는 것을 목표로 한다. 네발짐승의 경우 운동의 중심은 배꼽이다. 척추동물은 운동의 방향성에서 좌우대칭구조를 갖고 운동의 중심은 당연히 꼬리뼈, 즉 천골이다. 모든 운동은 몸의 균형을 잘 잡으면서도 네발짐승처럼 자유롭게 몸을 움직일 때 그 효과가 배가된다.

그런 점에서 무예는 네발동물의 능력을 회복하는 것이라고 할 수 있다. 무(武)는 동물-되기이다. 인간은 척추에 의해 자신이 고정된 우주의 어느 지점에 있는 것으로 생각한다. 무예는 척추에 대한 인식을 없애고 동시에 중력을 없애려는(중력에 도전하는) 행위라고 할 수 있다. 무예는 혼돈 혹은 소리와 밀접한 관계에 있다. 무예야말로 혼돈에서 질서를 잡아가는 것이다. 그렇기 때문에 질서가 아니다.

우주는 음악이라기보다는 춤[舞]이다. 우주는 몸이고 몸을 율동하는 것이기 때문이다. 우리 몸 안에 우주의 모든 신비와 비밀이 숨어 있다. 동물은 음악적 우주, 율동적 우주에 쉽게 이른다. 동물은 몸 전체를 율동으로 움직이면서 율동적 우주, 율동적 자연에 살고 있다. 이에 비해 인간은 직립 보행으로 인해 대뇌의 용량은 커졌지만, 사물을 정지시켜서 보고, 자신의 입장에서 정지된 상태로 중심을 두고, 그것을 통해 사물을 제어하려고 한다.

그런 점에서 척추를 없애는 노력을 하는 것이 무예이다. 척추로 인해 나중에 생기는 주체·자아의식 때문에 인간은 음악적 우주와 율동적 우주에 이르기 어렵다. 인간중심주의가 바로 자연에 배치되고, 여러 문제를 일으키는 것은 척추의 수직적 공간성과 대뇌의 언어적 기억 때문인지 모른다.

그래서 무(武, 舞, 巫, 無)의 경지에 이르는 것이 중요하다. 이는 불교에서 말하는 공즉시색 색즉시공의 층위이고, 일즉일체 일체즉일의 층위이다. 원시·미개사회의 이것은 자기(ego)를 완전히 초월한 상태로 우주와 일체됨으로써

동물	인간
네 발로 걸어감(율동적 우주)	직립 보행(공간적 우주)
네 발로 걸어가면서 신체 전체를 율동함	척추로 중력을 감당하면서 운동함
선후좌우내외(先後左右內外)	상하좌우내외(上下左右內外)
몸 전체를 율동으로 생각함. 음악에 쉽게 이름	척추 중심(주체, 자아): 음악에 이르기 어려움

자기를 우주를 위해 바칠 수 있는 단계이다.

이성주의철학과 성리학에서는 욕망을 제어하는 것이 이성인 것처럼 말한다. 그러나 이성이야말로 시간과 공간이라는 초자아를 만들어내고 유일신 등 여러 종류의 초자아를 만들어낸 장본인이다. 이성은 욕망의 수단이 되고, 이성적인 교육을 받은 사람일수록 욕망의 노예가 된다. 이들은 마치 자신이 영원히 살기라도 하는 것처럼 음식과 재화를 준비하고 저장과 저축을 일삼는다.

그러나 정작 욕망을 제어하는 사람은 의식적인 사람이 아니고 무의식적인 사람이다. 부처야말로 무의식적인 존재이다. 자아와 무의식이 만나서 부처라는 초월적 존재가 탄생했다. 그 초월적 존재의 본질은 무의식에 뿌리를 박고 있다. 무의식의 바닥에 어머니, 인류의 어머니, 대지의 여신이 똬리를 틀고 있다. 인간의 깨달음은 이성이 아닌 무의식에 있다. 무의식에 침잠하면 깨달음에 도달한다. 이는 본래로 돌아가는 것이지 결코 초월이 아니다. 우주적 소리와 기운생동을 느낄 때 우리는 비로소 죽음에 이르러도 안심입명할 수 있다.

소리철학은 성기학(聲氣學, 性氣學, 性器學)이라고 말할 수 있다. 성리학의 성즉리(性卽理)가 심학에서 심즉리(心卽理)가 되고, 심즉리는 다시 소리철학에서 심즉기(心卽氣)가 되며, 소리철학에서 심즉기는 물즉기(物卽氣)가 되고 종합적으로 성즉기(性卽氣)가 되면서 성기학(性氣學)으로 완성된다. 따라서 소리철학은 동양의 성리학, 심학, 물학을 기철학을 토대로 '성기학'으로 집대성한 것이다.

서양 철학사는 유심론(유정신론)에서 유물론(유물질론)으로 전환하는 역사였다면 동양 철학사는 기학·기론에서 이학·이론으로의 전환이었다고 할 수 있다. 흔히 지금껏 자연을 말할 때는 본능(本能)이라고 했다. 그리고 여기에 인간의 참여가 들어간 것을 본성(本性)이라고 했다. 그런데 본능이야말로 자연이고 본성이야말로 문화이다. 자연의 본능은 겉으로는 약육강식 같지만 실은 꼭 필요한 동식물만을 자신의 먹이로 취하는 반면, 사람의 본성처럼 무한대의 욕망에 시달리지 않는다. 그런데 서양의 이성중심주의에 해당하는 동양의 철학은 성리학이다. 따라서 서양의 이성주의에 반이성주의의 기치를 높이 들려면 당연히 동양의 기학을 바탕으로 하지 않을 수 없다.

물론 오늘의 '기학'은 서양의 이성주의와 존재신학론, 동양의 성리학, 심학, 물학은 물론이고 불교까지 포용해야 하는 입장에 있다. 과거의 것을 다 포용하지 못한다면 새로운 철학이라고 할 수 없을 것이다. 더욱이 어떤 것도 벗어날 수 없는 그물과 같은 매트릭스를 가정하고 있는 일반성의 철학은 그것에서 빠져나가는 것이 있어서는 안 되는 입장에 있다. '공(空) = 기(氣) = 음(音) = 심(心) = 물(物) = 생(生) = 일반성 = 부처.'

서양철학은 처음부터 본질론(본체론)이었고 현상학이었다. 본질이라는 변하지 않는 실체가 있다는 것인데 그렇기 때문에 사물은 끊임없이 본질의 현상이었던 셈이다. 따라서 본질론은 현상학과 다른 것이 아니다.

본질(본체)-현상은 서양 철학사에서는 대립적인 위치에 있지만 실은 하나이다. 서양철학과 사상의 모든 대립, 즉 양변에 있는 것은 결국 같은 것이고 동일성을 추구하는 것이다. 예컨대 기독교는 원인적 동일성이고 과학은 결과적 동일성이다.

서양철학은 원인적 동일성에서 결과적 동일성으로 이동하는 여정이었다. 하이데거의 존재론에 이르러서야 존재가 본질-현상의 이원대립이 아니라 불일이불이(不一而不二)라는 것을 알게 된 셈이다. 이는 동양의 자연사상 혹은 음양사상의 영향을 받은 것이다.

서양철학이 으레 '보편적이고 일반적'으로 말하는 것은 바로 현상학에서 출발한 것을 의미한다. 다시 말하면 '현상에서 존재로의 여정'이었음을 말하고 있다. 이를 '일반적이고 보편적'으로 전도시켜야 존재론, 즉 '존재에서 현상으로의 여정'에 도달할 수 있다. 동양의 자연사상과 음양사상은 본래 존재론이다.

'보편성과 일반성의 교차관계'[3]에서 기를 무와 연결시켜서 무기(武氣)라고 했다. 이는 무야말로 기에 의해 움직이기 때문이다. 문리(文理)보다 무기(武氣)가 몸과 바로 연결되고 자연 그 자체이다. '일반성(마음) = 천지기화(天地氣化) = 무기(武氣) = 기(氣, 神氣) = 자연성[根本能] = 기·물(비결정성)'이라고 한 것을 상기할 필요가 있다. 무(武)는 문(文)이 육화된 것이다. 무는 기(氣, 氣運生動)가 육화된 것이다.

그런데 이 경지에 이르면 우주적 여성성과 모성성에 도달하게 된다. '수평성 = 평등성 = 모계/지(地)'로 본 것에 유념할 필요가 있다. 우주적 여성성과 모성성에 대한 이해를 하는 경지에 이르면 우주적 무의식과 근본에 대해 알 수 있게 된다. 이것은 '빛 = 시각 = 언어'보다는 '어두움 = 청각 = 소리'에 우주적 근본성을 부여하는 것이다.

자연적 층위는 모든 인간이 남자(Man)가 되는 것이 아니고 여자(Woman)가 되는 장이다. 여기서 여자가 된다는 것은 자신의 몸을 바침으로써 스스로가 신이 되는 경지이다. 자기 몸을 바치지 못하면 신이 되지 못한다. 신이란 자기 몸을 바치는 자이다.

여자는 자연의 상속자이다. 그래서 몸을 바침으로써 우주를 잇는다. 여자가 아이를 낳는 재생산의 가치는 인간이 할 수 있는 최상의 가치이다. 이것은 자연과 통하는 가치이다. 남자의 생산이 가지는 가치는 인구를 부양하기 위해서 만들어진 부차적인 가치이다.

남자의 생산은 여자의 재생산을 카피한, 스캐닝한 파생적 가치이다. 여성적 재생산을 중심으로 삼는 자연을 남성적 생산을 중심으로 재구성한 것이 바로 문명이다. 이것이 가부장사회의 원리이다. 인간이 오늘날 접하고 있는 신화, 철학, 종교, 과학 등 문화의 모든 제도는 역사의 어느 순간(추축시대, 기원전 5세기 전후)부터 본격적으로 진행된 가부장제의 산물이다.

지금까지 서양은 물론이고 동양에서 행해진 모든 철학은 가부장사회의 철학이라고 할 수 있다. 동양의 음양사상문화권은 그 정도가 약했을 따름이다. 우리는 가부장사회와 너무 가깝게 지냈기 때문에, 혹은 가부장사회밖에 모르기 때문에 우리가 말하는 철학이 가부장사회의 철학인 줄 몰랐던 것이다. 그

3) 이 책의 38쪽 〈표〉 참조.

러나 이와 다른 철학이 존재하지 않았던 것은 아니다. 문명에 의해 가려졌을 뿐이다. 동양의 도가사상이 대표적이다.

도가사상은 자연주의, 더 정확하게는 무위자연의 철학이다. 그런데 우리는 도가철학을 말하면서도 그것이 모계사회, 모성 중심적 사회의 철학이라는 것을 절감하지 못했다. 도가철학을 하는 분들도 '여성성을 중시하는구나' 정도였지 여성성을 중심으로 하는 사회를 떠올리지 못했다. 인류학은 미개원시사회를 연구함으로써 모계사회, 모성 중심적 사회의 철학을 알아냈다.

모계사회는 부계사회가 스스로를 밖에서 바라볼 수 있는 기회를 제공했을 뿐만 아니라 비소유(非所有)를 현대인에게 가르쳐주었다. 그렇다고 오늘의 우리가 모계사회로 돌아가자는 이야기는 아니다. 돌아갈 수도 없다. 세계는 순환될지언정 환원되지 않기 때문이다. 단지 모계적 사고, 모성적 사고를 통해서 인류 사회를 보다 더 살기 좋은 사회, '비소유하려는(양보하려는) 복지사회, 복지국가, 복지세계'를 만드는 데 기여할 수도 있도록 하자는 것이다.

그러나 이것은 역사적 층위의 것은 아니다. 역사적 층위는 앞에서 살펴본 의미의 층위 표에서 가장 위에 있다. 가장 아래에 있는 층위와 가장 위에 있는 층위는 수직적인 구조에서는 가장 멀리 있지만 순환적 구조에서는 가장 가까이 있다. 여기서 '보편적 이'와 '일반적 기'의 연속과 불연속이 있다.

남성성인 양은 드러나는 것인데, 남성성이 드러나지 않으면 자연은 저절로(그 자체가) 여성성인 음이다. 음양이 양음으로 된 것이 역사이고, 공간이고, 과학이고, 가부장사회이다. 자연은 여성성이다. 자연(여성)에서 태어난 인간(남성)은 문명을 이루었지만, 다시 자연(자신이 태어난 고향)으로 돌아가지 않으면 안 될 위기에 처해 있다.

여성의 자식을 위한 아가페적인 사랑, 헌신적인 사랑만이 인류를 구원할 수 있다는 점을 자각할 필요가 있다. 이러한 층위가 인류 사회에 없었던 것은 아니다. 지금까지 그 층위가 있었기 때문에 인류 사회가 지금만큼이라도 지속되어왔다고 볼 수도 있다. 그런데 이 층위에 대해서 다시 반성하는 이유는 바로 그 층위에서 문화적으로 위험의 신화가 왔기 때문일 것이다. 사실 이 층위에서 성인(聖人)이 탄생한다. 이것은 '스스로 신이 되는' 자신(自神)의 층위이다.

극단적인 예로 도가의 시해선(尸解仙)을 들 수 있다. 이것은 다름이 아니라 자신의 목숨을 자연에 바치는, 사회에 바치는 죽음이다. 성인들은 자연의 거룩함이 바로 희생이라는 것을 몸소 알았고 실천했다.

가부장사회의 철학뿐만 아니라 종교도 마찬가지이다. 가부장사회는 가부장적인 종교를 가졌다. 예수와 부처의 의도와 상관없이 기독교와 불교는 제도적으로 가부장사회의 종교였다. 기독교와 불교를 믿는 사제나 신도는 대체로 자신의 몸을 바칠 줄 모르며, 입으로만(말로만) 자신의 몸을 바친다. 이는 모계(모성)의 정신이 부족함을 의미한다.

자연과 모계와 음양을 기준으로 음양과 양음, 이기와 문무를 정리하면 다음과 같다.

<table>
<tr><td rowspan="2">도(道):
자연(自然)</td><td>양음
(陽陰)</td><td>명(名)</td><td>ㅣ(남성 심볼)
가부장사회</td><td>구(久, 構)</td><td>상구지리
(常久之理)</td><td>이(理):
존재자</td><td>보편성
문(文)</td></tr>
<tr><td>음양
(陰陽)</td><td>도(道)</td><td>ㅡ(여성 심볼)
모계사회</td><td>통(通, 洞)</td><td>허무적멸
(虛無寂滅)</td><td>기(氣):
존재</td><td>일반성
무(武)</td></tr>
</table>

『도덕경』의 도(道)를 '자연=음양'으로 보면 음양이 모든 것의 바탕이고, 양음은 그 위에 덧붙여진 2차적인 것이 된다. 가부장사회는 음양을 양음으로 도치한 것으로 남성을 강조하면서(권력화하면서) 자연을 재구성하는 것이다. 가부장사회는 자연을 재구성하기 위해 자연에 이름을 붙이는 능기(能記)자이다. 자연은 음양을 그대로 유지하는 모계사회로 소기(所記)자이다.

가부장사회는 구(久, 構)를 추구한다. 이를 영구(永久, 永遠, 久遠, 救援) 혹은 구성(構成) 혹은 자연의 재구성이라고 설명할 수 있다. 구(久)는 '오래다, 변하지 아니하다, 오래 기다리다' 등의 뜻을 가진다. 구(構)는 '얽다, 글을 짓다, 집을 짓다, 생각을 짜내다, 꾸미다, 맺다, 인연을 맺다, 일으키다, 만들어내다' 등의 뜻을 가진다. 한자문화권에서 보면 남성 심볼 'ㅣ'은 뚫은 곤(ㅣ), 정수리 신(囟), 물러날 퇴(退), 하나님 신(神)의 의미를 가진다. 이것은 인류에게 농사를 가르쳐준 신농씨의 이름자(상징), 최초의 남자이름이라고 한다.

모계사회는 통(通, 洞)을 추구한다. 이를 소통하고 교감하는 것이라고 말할 수 있다. 통(通)은 '통하다, 꿰뚫다, 두루 미치다, 걷다, 보급되다, 탈 없이 통하다, 환히 비치다, 통하게 하다, 오가다, 왕래하다' 등의 뜻을 가진다. 통(洞)은 '꿰뚫다, 골, 골짜기, 굴, 동굴, 바다, 공허하다' 등의 뜻을 가진다. 여성 심볼 'ㅡ'은 한 일(一), 하나, 한 번, 첫째 일(一), 처음, 혹시, 오로지 일(一), 온(온통) 일(一) 등의 뜻을 가진다. 이것은 신농의 딸이며 황제 헌원의 부인인 뉘조(嫘祖)의 이름자(상징), 최초의 여자이름이라고 한다. 누에를 상징한다고 한다.

'ㅣ'과 'ㅡ'을 비교하면 진정한 일(一)은 후자임을 알 수 있다. 'ㅣ'(수직성)은 인위적으로 세워야 하는 것이고, 'ㅡ'(수평성)은 그냥 있으면 되는 것이다. 'ㅣ'은 양과 하늘을 상징하고, 'ㅡ'은 음과 땅을 상징한다.[4]

부계사회는 양음을 추구하고 상구지리(常久之理), 즉 '이＝보편성'을 추구하는데 이 보편성은 존재자이다. 이를 추구하는 것은 서양의 기독교와 과학, 그리고 동양의 유교이다. 모계사회는 음양의 존속과 허무적멸(虛無寂滅), 즉 '기＝일반성'을 추구하는데 이 일반성은 존재이다. 허무적멸을 추구하는 것은 동양의 도교와 불교이다. 동양의 선교(仙敎)는 도교보다 더 자연에 가깝다.

이는 문을 추구한다. 따라서 문리(文理)는 세계의 표면, 표상(表象)에 불과하다. 기는 무를 추구한다. 더 정확하게는 기와 무는 모든 것의 바탕이다. 따라서 무기(無氣)는 '역동하는 우주의 몸'이다. 인간이 지상에 존재하는 한 문과 무는 순환하고 가역하지 않으면 안 된다. 문은 무를 위해 평생을 바쳐야 하고, 무는 문을 위해 평생을 바쳐야 한다. 이는 남자가 여자를 위해 평생을 바쳐야 하고, 여자가 남자를 위해 평생을 바쳐야 하는 것과 같다. 양자는 음양으로 상호보완의 관계에 있기 때문이다.

음운론적 층위는 바로 필자가 제안하는 층위이다. 바로 포노로지의 층위이다. 샤먼적 층위이면서 의식과 무의식이 오가는 의식-무의식 층위이다. 존재적 층위는 존재론적 층위이다. 존재-존재자적 층위이면서 언어적 층위에 들어가는 이중적 층위이다. 하이데거의 층위이다. 문자학적 층위는 그라마톨로지의 층위이다. 이 층위는 교차배어적 층위이면서 음양상징적 층위의 시작이다. 그런데 이들 층위는 서로 겹치는 부분이 있다. 해석학적 층위 자체가 이미

4) 조옥구, 『21세기 신설문해자』, 백암, 2005, 22~36쪽.

층위 간의 소통과 가역과 왕래를 전제하는 방식이기 때문이다.

이들을 '역동적(力動的, 逆動的, 易動的) 장'의 세 층위로 보면 다음과 같다. 하이데거와 데리다는 시공간에서 탈출을 시도하지만 시공간의 흔적을 지니고 있다. 이에 비해 포노로지는 시공간이 없는 무(無)시공간이다.

역동적(力動的)	칸트(뉴턴)	시공간(時空間)	칸트와 뉴턴의 시공간
역동적(逆動的)	하이데거(시간) 데리다(공간)	시공간에서 탈출: 시공간의 흔적이 있음	존재론, 그라마톨로지의 시공간
역동적(易動的)	박정진(無시공간)	무(無)시공간	소리철학, 포노로지의 시공간

해석학적 여러 층에는 항상 콘텍스적 층위와 텍스트적 층위가 함께 있다. 이 층위 아래의 층위들도 아래의 것은 콘텍스적 층위이고 위의 것은 텍스트적 층위의 상호관계에 있다. 물론 공간적(시간적) 층위와 시간적(시공초월적) 층위도 콘텍스트적 층위와 텍스트적 층위가 된다. 공간적 층위가 텍스트적 층위이고, 시간적 층위가 콘텍스적 층위이다.

콘텍스트적 층위는 상황적 층위이고 음양통합적 층위이다. 이 층위에서 모든 콘텍스트는 텍스트의 심층구조이다. 모든 텍스트에 콘텍스트가 내재하고 있다. 텍스트적 층위는 의미론적 층위이면서 음양대립적 층위이다. 이 층위에서 모든 텍스트는 콘텍스트의 표층구조이다. 모든 텍스트는 콘텍스트를 내포하고 있고, 콘텍스트는 텍스트를 외재하고 있다.

시간적(시공초월적) 층위는 '역동적 장'의 층위이다. 이 층위는 동시성의 층위이며 비권력적 층위이다. 이 층위는 일반성의 층위이면서 기(氣)와 무(武)의 층위이다. 공간적(시간적) 층위는 역사적·사회적 층위이다. 이것은 '역동적 장소'의 층위이며, 동일성의 층위이며 권력적 층위이다. 이 층위는 보편성의 층위이면서 이(理)와 문(文)의 층위이다.

모든 층위는 콘텍스트와 텍스트를 오가는 층위이다. 텍스트를 콘텍스트화하고, 콘텍스트를 텍스트화하지 않으면 안 된다. 따라서 상호간에 위에 있는 층위는 텍스트에 속하고 아래에 있는 층위는 콘텍스트에 속한다. 해석학은 책, 텍스트를 계기로 자기를 읽는 것이다. 자기를 읽는다는 것은 자기를 둘러싼 여러 층위의 콘텍스트를 읽는 것이다. 글쓰기는 자신의 콘텍스트 위에서 텍스트를 고정(기록, 기억, 표지)시키는 행위이다.

세계를 총체적인, 끊어지지 않는, 연속의 하나로 볼 수 있는 진정한 일(一)은 무엇일까? 여러 의미 층위가 해체되고 마지막까지 남는 일(一)은 무엇일까? 그것이 일반성이다. 진정한 일은 '일반성의 일'이며 수평이고 평등이다.

진정한 일은 수직이 아니다. 일(一)자를 보라. 수평으로 누워 있지 않는가? 수직(丨)의 일(1)은 일(一)을 세운 것으로 무언가 새로 구성하려는(만들려는) 시도(試圖, 意圖)가 있는 것이다.

기, 즉 에너지는 결코 대상(목적)이 될 수 없는 존재이다. 진정한 일은 기에서 실현된다. 이, 즉 보편성은 글자 그대로 두루 편력하지만 가짜 일이다. 기, 즉 일반성은 하나의 그릇(혹은 胎盤)처럼 제자리에서 있지만(제자리에서 돌지만) 진정한 일이다. 빛보다 빠른 속도로 달릴 필요도 없다. 기는 이미 제자리에 있다. 가장 빨리 움직이는 변화이면서 전혀 움직이지 않는 불변이 기이다. 기는 세상이 있는 그 자체이다. 기는 만물을 떠받치는 보이지 않는 그릇처럼 존재한다. 그것이 일반성(一般性, 一盤性)이다.

지금까지 말한 인간 문화를 '역동적 장의 개폐(開閉)이론' 및 천지인 개념을 넣어 종합적으로 보면 다음과 같다.

인간의 특징은 '존재자'에 있다. 인간이 언어를 사용하면서부터 세계는 둘로 갈라졌고 또한 다시 재구성되기 시작했다. 이를 거꾸로 보면 세계는 '본래

인간 문화(역동적 장의 개폐)

남자(場所)-페니스(penis): 재(在)-문(文)	여자(場)-버자이너(vagina): 존(存)-무(武)
눈-언어-공격(사물의 대상화)	귀-상징-유혹(자신의 소리를 듣는다)
가부장사회-이성-보편성-환원주의	모계사회-본능-일반성-자연주의
형이상학적 폭력(ego의 확대)	자연적 삶(self:자연으로 돌아감)
전체주의(全體主義)	전체성(全體性: 總體性)
이(理): 존재자: 所有, 實	기(氣): 존재: 空, 無
텍스트(text)	콘텍스트(context), 텍스타일(textile)

천지인 사상, 존재론, 역동적 장의 개폐 이론, 텍스트 이론의 상관관계

천	인	지
천	인= 천/지	지
존재	현존재= 존재자/존재	존재
Sein	Dasein(Seienden)	Sein
개(開): open	역동적 장(場)의 개폐(開閉): open/close	개(開): open
context	text/context	context
+(−)	0	−(+)

존재의 세계(본래적인 존재의 세계)'였고, 한없이 '열려 있는 세계'였다. 도리어 인간이 등장하면서 세계가 닫혔다. 인간이 바라보는 세계는 '닫힌 세계'였다. 따라서 인간은 세계를 항상 새롭게 규정하지 않으면 안 되었다. 새롭게 규정하는 자가 바로 이성이고 권력자였다.

이성이나 성리는 본래의 성, 즉 본성으로 돌아가야 한다. 본성을 되찾기 위해서는 기질(氣質)로 돌아가지 않으면 안 된다. 기질은 대상적 물질이나 물리가 아니다. 기질은 생기(生氣, 生起)이다. 기질은 리듬의 세계이고, 리듬의 세계는 호흡의 세계이다. 호흡의 세계는 역동적으로 개폐하는 세계이다.

14
철학인류학으로 본 종교와 성(性)
제사와 섹스의 유비에 대하여

철학과 인류학의 만남, 인류학과 철학의 만남은 종래 철학과는 다른 면을 보여줄 가능성이 높다. 인류학은 인간의 생활을 떠나서는 철학을 하지 않기 때문이다. 그런 점에서 인류학은 철학의 가능성이다. 철학은 생활을 언어로 환원하는 작업이다. 따라서 언어로 결코 환원되지 않는 용어를 개발할 필요가 있다. 이는 대상(언어=대상)이 되지 않는다. 그것이 바로 기(氣)라는 개념이다. 기는 서양과학에서는 에너지에 해당한다. 인간은 에너지를 사용할 수는 있지만 소유할 수는 없다.

철학은 어떤 경우에도 언어로 구성되지 않으면 안 된다. 그러나 언어의 구성으로는 결코 자연을, 자연적 존재를 온전하게 설명할 수 없다. 여기에 철학의 결정적(운명적) 딜레마가 있다. 특히 사물을 지칭하기 위한 언어의 명사는 결정적으로 자연의 사물을 배반하고 만다. 명사는 사물을 정지 상태로 만들어 버리기 때문이다. 언어는 명사를 통해 주체나 정체성을 정하고, 그 주체가 동사를 통해 움직이는 방식을 취한다. 그래서 주체(주부)와 동사(술부)는 구조적으로 이원화된다. 예컨대 '신은 만물을 창조했다'라고 할 경우 신과 만물은 이원화된다. 신은 만물과 결코 떨어져 있는 것이 아닌데도 말이다.

인간은 언어로 생각한다. 그런 점에서 생각 자체가 이미 세계를 분열시키고 있는 셈이다. 이것은 인간이 사용하는 언어의 구문과 문법의 문제이다. 인간 문법을 무의식 단계에서 설명하는 변형생성문법은 주어와 목적어의 위치 바꿈이나 평서문을 의문문으로 말함으로써 의미 전환을 변형생성적(變形生成的)으로 설명할 수 있지만 자연의 생성 자체를 설명하는 것은 아니다.

자연에서는 움직이는 것이 결코 이원화되지 않는다. 이원화되는 세계의 주범은 언어이다. 인간은 언어를 사용하는 '생각하는 동물'이다. 그러나 동시에 인간은 자연의 일부로서 자연의 총체성을 지니고(부여받고) 있다. 그 총체성은 무생물에서 식물·동물까지 망라하는 것이다. 인간은 생각하는 존재로서 '두뇌'와 자연의 총체성과 연결되는 '몸'을 동시에 가지고 있다. 이를 설명하는 것이 반인반수 혹은 반신반인 혹은 인면수심 등과 같은 이중성의 용어이다. 인간의 이중성은 오래전부터 이해되었던 듯하다. 그것이 제정일치시대의 신화이고, 종교이고, 정치이다. 신화와 종교는 모든 인류 문명의 원형성(原形性) 혹은 원형상(原形象)을 내포하고 있다.

인간의 초월적 사고가 가장 잘 드러나는 것이 신 혹은 천이라는 용어이다. '신'과 '천'은 자연(총체성)을 말하는 것이고, 그 속에 동물, 식물, 무생물을 포함한다. 신화는 초월적 사고가 드러나는 이야기이지만 그래도 자연의 총체성에 무게를 두고 있다. 이에 비하면 종교는 진정한 초월적 사고의 시작이다. 종교의 초월적 사고는 인구 증가와 더불어 그대로 정치에 반영되고 확대과정을 거쳐 국가를 탄생시켰다. 초월적 사고는 이어 정치의 지배관념을 자연에 투사하여 생태로부터 분리된 경제와 자연과학을 탄생시켰다. 결국 종교와 정치와 경제와 과학은 모두 초월적 사고의 산물이며 그 변형이다.

진정한 초월의 신은 가부장제와 더불어 시작되었다고 보는 것이 옳다. 그 이전의 모계사회의 여신은 자연과 함께하는 내재성의 신이었으며, 자연 그 자체인 경우가 많았다. 신이 자연으로부터 독립하여 절대성을 가진 것은 가부장사회의 요구(자연으로부터의)와 인간의 필요와 깊은 관련이 있다. 그렇게 보면 가부장제의 권력자인 남성적 특징이 초월성의 진정한 요체이다. 그 요체를 단적으로 말하면 '시각과 페니스'이다.

신이라는 어원의 발생과정을 보면 애니미즘에서 샤머니즘, 그리고 고등종교로 발전한 것 같다. 절대유일신은 상대(相對)의 세계를 벗어난 '자연의 순간(자연을 자른 단면)'이거나 '자연 밖에 존재하는 어떤 것'이다. 이것은 존재할 수 없는 이미 추상의 세계이다. 인간이 보편성이라고 하는 것은 추상의 세계이고 추상의 산물이다. 추상은 결국 기계로 통한다.

자연의 구체(具體)는 전체로서 움직이는 어떤 것이다. 그런 점에서 자연은 총체성이다. 자연의 존재를 지칭하면 바로 존재자가 된다. 지칭하는 것은 추상의 세계이다. 인간의 언어에 의해 자연은 존재에서 존재자가 되었다. 철학의 역사는 그런 것이었다. 이런 사실이 밝혀진 것은 하이데거의 존재론 등장 이후 최근의 일이다.

서양 철학사에서 이성은 대상과 동시에 성립되었다. 주체와 대상은 같은 말이다. 대상은 언어에 의해 성립되는 것이다. 만약 언어가 없었다면 자연은 결코 자연의 총체성으로부터 분리되어 대상이 되지 않았을 것이다. 그런 점에서 서양에서 이성과 대상의 관계는 이분법적이며, 동양의 이기(理氣)관계와는 다른 것이다. 이기는 함께 있으며 서로 가역하고 왕래하는 동봉적인 것이다.

자연의 차원에서 보면 자연은 존재이고 인간은 존재자이다. 그런데 인간이라는 존재자는 특별히 현존재라고 부른다. 존재자이면서 동시에 존재를 드러내기 때문이다. 현존재라는 뜻은 '언어를 사용하는 존재'라는 뜻이라고 해도 과언이 아니다.

인간의 언어 중에는 인간적인 것도 있고 인간 이전의 것도 있다. 전자를 인간의 언어라고 할 수 있고, 후자는 자연과 교감하는 언어라고 할 수 있다. 인간은 반인반수 혹은 반신반인으로 신화에 등장한다. 반인반수는 인간의 무의식, 잠재의식과 관련이 있고, 반신반인은 초의식, 초월과 관련이 있다.

언어의 초월 문제는 반신반인에서 출발한다. 인간이 언어를 사용하면서 초월(transcendence)이나 선험(transcendental, a priori)의 개념이 등장했다. 초월은 공간적인 것 같고 선험은 시간적인 것 같지만 둘은 결국 같은 것이다. 어쩌면 인간이 사물에 언어를 입히는 것 자체가 이미 초월의 출발인지도 모른다. 철학에서 현상학의 공적은 초월적 이념성을 밝힌 데 있다.

현상학을 극복하고 존재론에 도달한 하이데거조차 인간이 존재에 도달하기 위해서는 초월의 언어를 사용해야 하는 것처럼 주장하는데 이는 아직 칸트적 존재로부터 완전히 탈출하지 못한 증거이다. 초월의 언어를 사용할 것이 아니라 언어를 포기(일종의 자포자기이다)해야 존재의 일반성에 도달할 수 있게 된다. 여기서 포기란 영원이나 생각의 구성 자체를 포기해야 함을 말한다.

이는 하늘[天]이나 하늘의 태양(太陽), 남성적(이성적) 사고 자체를 포기해야 하는 것이고, 서양철학이 그동안 '눈[眼]의 구성'을 통해 쌓아왔던 말의 바벨탑을 포기해야 함을 말한다. 말의 구성이나 바벨탑을 포기하는 것은 철학의 보편성을 포기하는 것이다. 여기에 이르면 그동안 서양철학이 가부장제의 산물이라는 것을 알게 된다.

인류의 삶의 차원에서 보면 여자(여성성) 혹은 모계·모계사회는 존재의 역사에 해당하고, 남자(남성성) 혹은 부계·가부장사회는 존재자의 역사에 해당한다. 그동안 철학을 인간의 '생각의 산물' 혹은 '합리성의 경쟁'이었다고 보는 견해가 지배적이었다. 그러나 철학은 삶의 생태와 깊은 관련성을 가진, 예컨대 가부장사회나 모계사회 같은 사회제도와 상호관련성 속에 성립되었다는 것을 인정할 필요가 있다. 여기에 철학인류학의 영역이 새롭게 등장한다.

인구 증가와 더불어 인류 문명사회의 대부분은 부계·가부장사회로 되는데 이것이 제국의 역사이다. 제국의 역사에서 작은 나라 혹은 여성적 특성의 나라, 평화지향적인 나라는 멸망하거나 사대국가나 종속국가로 살아가야 했다.

역사의 차원에서 보면 인간의 역사는 자연을 인간에게 귀속시키는 역사이다. 이는 역사(시간)에서 존재가 현존재에 귀속되는 것과 같다. 가부장사회·국가사회에서 여자는 남자에게 귀속된다. 나아가서 피정복국가는 정복국가 혹은 제국에 귀속된다. 결혼의 차원에서 보면 여자-모계사회는 공유적 존재(비소유적 존재), 공유적 사회인데 반해 남자-부계사회는 소유적 존재, 소유적 사회이며 '결혼= 여자의 교환'이라는 특성을 보인다. 공유적 사회는 재생산을 높이 평가하지만, 소유적 사회는 생산을 재생산보다 높게 평가한다.

일상생활의 차원에서 보면 존재의 사회는 자연에 가까운 생태적응(자연의 선물, 교환)의 사회인데 반해 존재자의 사회는 문명에 가까운 경제생활(노동, 경제행위)의 사회이다. 이를 좀 더 기계화된 사회를 기준으로 기계와 자연의 차원에서 보면 존재의 사회는 자연의 재생산(약육강식, 축제)을 중심한 사회이고, 존재자의 사회는 기계적 생산(능률, 노동)을 중심한 사회이다. 전자는 원시·미개사회, 원주민사회를 말하고 후자는 문명사회, 가부장사회를 말한다.

철학은 언어의 놀이이다. 철학의 존재론은 철학적 용어가 존재론의 차원에서 놀이적 성격이 있음을 밝혀냈다. 존재론적 사건은 드러남과 감춤의 유희이다. 이는 비대칭적 대립이 아니라 대칭적 대립이기 때문이다.

> 하이데거의 대립은 동일한 존재 안에서 벌어지는 존재방식의 차이를 뜻한다. 따라서 드러난 것은 다시 감추어질 수 있고 감추어진 것은 또다시 드러날 수 있다. 이런 의미에서 하이데거는 '대립'이라는 개념을 탈취, 투쟁 혹은 유희라는 개념을 통해 해명하고 있다. 하이데거의 경우 드러남과 감춤의 투쟁은 윤리적, 현실적 심각성이 아니라 유희라는 특징을 띤다. 그에 의하면 존재의 진리는 비진리의 반대가 아니다. 오히려 진리는 옳음/틀림이라는 전통적 구분을 벗어난다. 하이데거의 경우 존재의 개방성 혹은 존재에 개방적으로 들어섬이란 표현은 반드시 밝은 빛 안에 들어서는 것을 뜻하지는 않는다. 왜냐하면 그의 경우 어두움 자체가 곧바로 빛의 대립 개념은 아니기 때문이다.[1)]

철학은 언어의 메타포를 메토니미(개념메타포)로 만들어 개념화함으로써 세계를 재구성한다. 시(詩)의 메타포는 존재론적으로 말하면 존재론적 메타포이고, 메토니미는 존재자적 메타포가 된다. 메타포는 세계를 여러 층으로 겹치게 하면서 의미 전환을 통해 세계의 총체성을 보여주는데 이를 메토니미(개념)로 바꾼 것이 철학이다. 존재론은 메토니미로 바뀐 철학에게 다시 메타포를 돌려주는 철학이다.

메토니미(존재자)가 된 철학적 언어를 메타포(존재)로 돌리는 근본적인 힘은 어디서 오는 것일까? 그것을 필자는 기에서 찾는다. 기는 사물(事物, Thing)과는 다르다. 사물은 인간의 시각적 대상이 된 것이지만, 기는 결코 대상이 되지 않는 사물이다. 부연 설명하면 기는 결코 정지하지 않는 것이고, 결코 자를 수 없는 것이고, 결코 계산할 수 없는 것이다. 기는 일반성의 철학을 가능하게 한, 개념 아닌 개념이다.

이성중심주의 철학은 세계를 이성으로 환원시킴으로써 이기의 상호작용을

---

1) 최상욱, 『하이데거와 여성적 진리』, 철학과현실사, 2006, 415쪽.

차단하고 기를 세계 속에 깊숙한 곳에 은폐(은적)시켰다. 그런데 존재론이 그것을 끄집어낸 것이다. 서양철학에는 기라는 개념이 없다. 그래서 칸트는 '사물 자체'라고 했고, 하이데거는 '존재'라고 했다. 그런데 동양의 기라는 개념과 '사물 자체', '존재'는 다르다.

서양철학의 '사물 자체', '존재'라는 개념에는 사물을 대상(물질)으로 보는 선입견 같은 것이 있다. 그래서 그것을 대신하는 용어로 '그것(It)'이라는 3인칭 단수 지시대명사를 쓴다. 예컨대 'Es gibt(there is)', 'Ding an sich(Thing itself)'라고 말한다. 정확하게 말하면 'Es gibt'는 'there is'가 아니라 사태 자체(gibt에는 자연의 선물의 개념이 포함되어 있다)를 강조하고 있다. 이는 존재자적 지평에서 존재론적 지평으로 되돌아감을 의미한다. 그러나 '그것'에는 아직 사물의 흔적이 있다.

동양의 기라는 개념에는 살아 있는 '근본적인 움직임(운동)'이 있다. 그 운동이 기라는 파동(입자가 아니라)이다. 동양의 기라는 개념에는 사물의 개념이 없다. 동양의 기에는 본질적으로 양기와 음기가 있다. 이는 마치 전기의 운동에 비유할 수 있다. 세계에는 보이지 않는 플러그가 있어서 음양 전기를 통하게 한다. 이것은 차라리 네트워크 혹은 연결망(Web)이다. 네트워크와 망은 원시·미개사회의 우리(We)라는 개념과 통한다.

양기와 음기는 서로 유희나 놀이를 하고 있다. 기철학적 세계는 세계를 파동의 세계로 만든다. 일반성의 철학이 기철학을 토대로 하는 것은 이 때문이다. 물리·화학의 전기를 인문철학으로 말하면 파동(波動), 음파(音波), 즉 '소리철학'인 것이다.

철학과 삶이 놀이가 되는 것은 기가 파동이기 때문이다. 세계는 처음부터 놀이의 세계이고 축제의 세계이다. 인간은 상상의 공간에 삶의 시간을 그리면서(흩뿌리면서) 살아가는 '놀이의 존재'이다. 그 놀이의 종목만 다를 뿐이다. 존재의 실재는 인간의 의지와 관계없는 놀이인지도 모른다. 심하게는 축제도 삶의 놀이이고, 섹스도 양성생물의 등장 이후에 벌어지는 생물의 질펀한 놀이이다.

이성은 노동과 같은 것이고, 노동은 이성과 같은 것이다. 이에 비해 축제는 놀이와 같은 것이고, 놀이는 축제이다. 일상의 놀이는 일상의 축제이다. 놀이하는 순간 인간은 축제로 들어간다. 인간은 본능적으로 놀이의 존재이다. 인간이 노동을 싫어하는 것은 바로 창조적 존재이기 때문이다. 창조적이라는 말의 진정한 의미는 놀이라는 개념 속에 있다. 노동은 인간의 의식과 관련 있고, 축제와 놀이는 인간의 무의식과 관련 있다. 그런 점에서 놀이와 축제 속에서 이루어지는 일(노동)이야말로 가장 바람직한 일이고 노동이다.

인류의 축제에서 주인과 노예가 서로 뒤바뀌는 것이 광범위하게 허용되고, 일상의 얼굴이 아닌 가면이 허용됨으로써 삶의 노동에서 오는 스트레스와 피로를 풀게 하고, 재창조의 힘(에너지)을 되찾게 하는 것은 '놀이의 인간'을 이해하는 단초이다. 인간의 성행위가 자손을 재생산하는 메커니즘에서 벗어나 놀이와 쾌락의 수단이 되는 것은 놀이의 인간을 이해하지 않고서는 도저히 설명할 수 없을 것이다. 이것을 윤리적인 잣대로, 선악으로 재단해서는 결코 해결할 수 없을 것이다. 선악은 인간이 만든 것이기 때문에 절대적인 기준이 될 수 없을 뿐만 아니라 인간은 선과 악을 왕래하는 존재일 뿐이다.

선악과 진위와 미추는 절대적인 것이 아니고 상대적인 것이며, 인간의 자기중심주의를 나타내는 것에 불과하다. 그러나 인류의 각 문화권의 구성원들은 문화권별로 기준을 마련하여 매우 상황적으로 진선미의 도덕질서를 잡아간다. 주인과 노예의 역설적 상황과 뒤바꿈이야말로 삶의 딜레마가 아니라 삶의 숨구멍이며 기운생동의 길로 나아가는 것이다. 인류의 수많은 축제와 놀이는 삶의 보수적 질서와 절대성에 대항하는 인간의 놀이 의식의 소산이다.

헤겔은 『정신현상학』의 '주인과 노예의 변증법'에서 주인과 노예의 역설적인 상황을 연출한다. 그 까닭은 인간의 의식은 본래부터 '자기의식'이기 때문이다.

> 자기의식으로서의 인간은 다른 자기의식을 필요로 하지만 동시에 그를 철저하게 배척해야 한다. 왜냐하면 인간은 누구나 자신이 자유롭기를 원하기 때문이다. 인간은 다른 누군가를 필요로 한다는 점에서 그에게 종속될 수밖에 없지만, 동시에 그로부터 완전하게 벗어나기를 바라는 것, 이것이 본래부터 인간이 처한 역설적인 상황인 것이다. 헤겔이 보기에 인간의 자기의식은 바로 이와 같은 딜레마에 빠져 있다.[2)]

헤겔은 인간이 이러한 딜레마 상황에서 빠져나올 수 있는 극단적인 방법을 두 가지 가정한다. 다른 자기의식을 완전히 무시하든지, 아니면 자신을 무시하든지 하는 것이다. (중략) 헤겔은 전자의 유형에 해당하는 인간을 주인이라고 부르며, 후자에 해당하는 인간을 노예라고 부른다. (중략) 주인과 노예는 이미 갈등의 관계인데, 누가 주인이 되고 노예가 되는지는 어느 누가 더 주인이 되고자 하는 강력한 의지를 지니는가에 의해 결정된다. (중략) 자신의 죽음까지도 불사하는 사람이 주인이 되는 것이다. 반면 죽음 앞에 공포를 느끼고 타협하는 인간은 노예가 된다.[3)]

그런데 헤겔의 '주인과 노예의 변증법'에서 주인이 승리하고 노예가 실패하는 것이 아니다.

노예는 주인과의 싸움에서 졌지만, 죽음을 자각함으로써 자신의 현존재를 넘어서고자 한다. 그리하여 노예는 주인보다 더 우월한 위치에 설 수 있게 된다. 이에 반해 주인은 자신의 죽음을 절대 부정했으므로 죽음에 대한 공포를 느낄 가능성을 상실했다. 그는 이제 자신이 하고 싶은 모든 것을 노예에게 명령하기만 하면 된다. 하지만 이렇게 노예에게 모든 것을 명령하기만 하면 된다는 점에서 주인은 노예 없이는 못 사는 존재가 되며 노예에 의존하는 존재가 된다. 약간 빗나간 예가 될 수 있지만, 가부장사회에서는 남자가 여자보다 훨씬 더 의존적이라는 역설이 나타난다.[4)]

주인과 노예의 변증법에서 전도 현상은 헤겔 철학의 정수이다. 그러나 헤겔 철학이 노예의 편에 서는 것이야말로 이성주의의 엄숙주의나 경제주의와 과학주의에 빠지게 한다.

---

2) 박영욱, 『데리다 & 들뢰즈, 의미와 무의미의 경계에서』, 김영사, 2009, 137~138쪽.

3) 같은 책, 138~139쪽.

4) 같은 책, 139쪽.

> 헤겔의 철학은 죽음을 비웃는 주인의 태도를 비난하며, 노예의 자각에서 진정한 삶의 모습을 찾는다. 노예는 죽음에 대한 두려움을 느끼고 그 대가로 노동을 해야 하지만, 노예의 무(無)에 대한 자각과 노동을 통한 끊임없는 자기개발과 변화야말로 궁극적인 인간적 삶의 모습이라는 것이다. 바타유는 이러한 헤겔철학을 '진지함'의 철학이며, '경제적인 철학'이라고 표현했다.[5)]

헤겔 철학에 대해 '일반경제학'을 주장하는 바타유는 헤겔의 반대 입장에 선다. 바타유와 같은 편에 있는 데리다는 헤겔의 입장을 '제한경제학'이라고 부른다.

> 바타유는 헤겔의 철학이 궁극적으로 체계나 의미에 포섭되지 않는 무의미한 찌꺼기를 무조건 거부하는 철저하게 경제적인 철학이라고 비난한다. (중략) 비경제적인 것, 혹은 무의미한 것이 인간의 삶을 더욱 풍요롭게 만들 수 있다는 생각이 깔려 있다. 사실, 인간의 삶은 헤겔의 철학적인 기대와는 달리 '무의미한 찌꺼기'들로 가득 차 있다. (중략) 낭비로 이루어진 것이 바로 삶인 것이다. (중략) 바타유는 진짜 경제적인 것이란 오히려 낭비하는 데 있다고 본다. 왜냐하면 인간 행동의 궁극적인 목표는 행복해지는 것이며, 행복은 어떠한 방식으로든 자신의 에너지를 방출시키는 행위와 관련이 있기 때문이다. (중략) 헤겔이 가장 소박하고 유치한 상태로 간주했던 바로 '지금 여기'에서부터 즐거움이 존재하는 것이다. (중략) 바타유는 이러한 비경제적인 모델의 경제학을 오히려 '일반경제학(l'économie générale)'이라고 부른다.[6)]

지금까지 웃음과 놀이는 철학보다는 예술이나 오락 및 예능에서 다루어온 분야이다. 고도의 복잡다단한 철학도 실은 철학자 자신의 언어로 게임을 하는 '언어의 놀이'이다.

---

5) 같은 책, 140쪽.

6) 같은 책, 141~142쪽.

바타유는 '무지의 철학'을 주장하며 '애지'의 철학을 완전히 역전시켰다. 데리다에게 크게 영향을 끼친 프랑스 철학자 바타유는 하이데거처럼 죽음을 삶에서 가장 본질적인 것처럼 보지도 않고, 헤겔처럼 노동을 통해 극복해야 할 심오한 것으로 보지 않는다. 바타유는 고대의 제사와 성교의 공통점에 대해 이렇게 말한다.

> 제사는 의도적 위반이며 거기에 희생당하는 존재의 돌연한 변화를 지켜보기 위한 고의적 행위이다. 존재가 죽음을 맞는다. 그는 죽기 전까지는 개체성에 갇혀 있다. (중략) 그의 존재는 아직은 불연속적인 것이다. 그런데 죽음에 의해 그는 돌연 존재의 연속성에 이르며, 그의 개별성은 사라진다. 이 난폭한 행동은 제물의 한계 특성을 빼앗아가는 대신 그에게 무한정, 영원을 부여해서 그가 신성의 세계에 돌입하도록 하는데, 자 이 격렬한 행동을 어떻게 의도된 행위가 아니라고 말할 수 있겠는가.[7)]

바타유는 제사에 이어 성교도 같은 관점으로 바라본다.

> 욕망하는 대상(희생물)의 옷을 벗기고, 그 안에 깊숙이 파고 들어가고 싶은 사람의 행위가 의도적인 것이듯이 위의 행위도 의도적인 것이다. 피의 제사장이 제물로서의 인간 또는 동물을 해체시키듯이 사랑하는 남자는 사랑의 대상인 여자를 해체시킨다. 여자는 그녀를 덮치는 남자의 손아귀에 그녀의 존재를 빼앗긴다. 여자는 타인과 거리를 두고 지키던 그녀의 단단한 요새가 일단 무너지면 수치심도 잃는다. 그녀는 갑자기 생식 기관에서 터져 나오는 성적 유희에 몸을 맡기며, 마구 파고들어 그녀를 넘치게 하는 비인격적 폭력에 그녀를 연다.[8)]

---

7) 조르주 바타유, 『에로티즘』, 조한경 옮김, 민음사, 2006, 102~103쪽.

8) 같은 책, 103쪽.

희생물을 바치는 제사에서 삶의 절정과 경건성을 동시에 느끼는 것과 섹스의 절정에서 죽음이라는 경건한 미지의 대상을 연상하는 것은 왜일까? 섹스를 통해 삶의 절정과 죽음, 즉 생멸이 함께 있는 것을 느끼는 것은 일상적 공간이 아니라 일탈의 공간이다. 일상의 공간에서는 그렇게 차별되는 것이 제사에서는 함께 있고, 섹스에서는 동시에 대립되는 것마저도 함께 있다. 삶과 죽음은 이중성이고 애매모호하고 가역적이다.

육체라는 것은 무엇일까? 육체야말로 생명을 지니고 있는 것이 아닌가! 그동안 우리는 종교적 엄숙주의에 의해 육체를 너무 등한시하거나 무시한 것은 아닐까? 육체에 비해 정신이나 영혼이 생명의 진수이며 생명을 대표하는 것처럼 생각하는 데 길들여졌던 것은 아닐까?

죽기 직전까지 죽음은 가상일 뿐이다. 죽음은 시간의 과거와 미래의 연상작용에 의한 것이다. 살아 있는 어떤 사람도 죽음을 경험하지 못한다. 죽음은 경험의 대상이 아니다. 삶과 죽음은 연속이 아니라 불연속이다. 바로 불연속이기 때문에 모든 종교는 그것을 연속시키기 위해 온갖 경전적 노력을 기울인다.

존재의 사회에서는 자연적 재생산과 축제로 생활을 영위해나가는데 반해 존재자의 사회에서는 기계적 생산과 능률로 생활을 영위해나간다. 이것을 바타유식으로 일반경제학의 눈으로 보면, 존재의 편에서는 생태균형(먹이연쇄, 충분한 음식)을 이루는 일반경제인데 반해 존재자의 편에서는 수지균형(공급과 수요, 가격의 결정, 시장)으로 대변되는 제한경제가 된다.

인간의 종교의식(儀式), 초월의식(意識)은 성행위의 변형이거나 재현일 가능성이 높다. 여성의 성기야말로 무이고, 무의식이고, 무위자연의 상징이고, 자연으로 돌아가는 '출구이자 입구'이다. 이에 비해 남성의 성기는 유(有)이고 유의식(有意識)이고 인위이다.

인간의 삶은 여러 차원에서 볼 수 있다. 여러 차원을 편의상 존재와 존재자로 구분하면 다음과 같다.

이(理)/ 기(氣)	이(理): 보편성의 철학 언어/이성(理性)/사물/대상(對象)	기(氣): 일반성의 철학 기운생동(氣運生動)/운동성/파동/음파
존재자/ 존재	존재자(언어)	존재
자연/문명	인간(현존재: 언어를 사용하는 존재), 문명(陽, –, 陽陰)	자연은 존재이며 음이다. 자연(陰, --, 陰陽)
인류의 삶/ 가족-사회	남자(남성성) 부계·가부장제	여자(여성성) 모계·모계사회
역사	제국(帝國)	한국(약소국, 피정복국, 피식민국)
공통의 특징	존재는 현존재(인간)에 귀속된다. 남자는 여자를 소유한다(소유의 징표: 반지, 목걸이). 정복국가는 피정복국가를 소유한다(국가-제국의 등장).	
결혼	소유적 존재(여자의 교환)-소유적 사회/남자는 생산을 한다.	공유적 존재(비소유적)-공유적 사회/여자는 재생산을 한다.
일상생활	경제생활(노동, 경제행위)	생태적응(자연의 선물, 교환)
기계/자연	기계적 생산(능률, 노동)	자연적 재생산(약육강식, 축제)
경제	수지균형(제한경제학)	생태균형(일반경제학)

15
아버지의 철학에서 어머니의 철학으로
소리철학, 포노로지는 어머니의 철학이다

니체의 철학은 권력의 의지로 요약된다. 니체가 마르크스 이후 서양철학의 해체를 선언하는 외침의 신호였다면 프로이트는 이를 심층심리학으로 뒷받침했다. 말하자면 권력의 의지가 의식의 차원이었다면 리비도는 무의식의 차원으로 의식의 차원을 뒷받침하는 것이었다. 니체가 말하는 권력의 이중성 가운데 하나는 문명과 이성의 권력이었고, 다른 하나는 자연과 감정의 권력이었다. 하이데거에 이르러 전자는 존재자가 되고 후자는 존재가 되었다. 플라톤의 이데아(idea)는 이성(ration)으로 갈 수도 있고 존재(Sein)로도 갈 수 있는 갈림길에 있었는데 하이데거에 이르러 이성에서 존재로 돌아섰다.

프로이트의 리비도는 라캉에 이르러 보다 폭넓은 욕망이 되었다. 그런데 니체와 프로이트의 공통적인 요소는 바로 서양의 이성주의와 남근주의가 같은 뿌리를 가지고 있다는 사실에서 연유한다. 이성은 남근이다. 남근은 이성이다. 어떻게 보면 권력의 의지야말로 이성이고, 이성은 권력의 의지의 산물이다. 인간은 권력의 의지를 가진 존재이고, 그 의지로 인해 이성을 발달시켰다고 말할 수 있다. 결국 이성이라는 기표의 내용은 권력의 의지였던 셈이다. 또한 이성은 남근성에서 비롯된다.

인류학적으로 볼 때 인간의 이성은 가부장제와 국가의 시작과 더불어 발달했을 것으로 보인다. 보다 넓은 지역을 다스리기 위해서는 모계사회가 아닌 부계사회가 필요했고(부계사회는 남자 혈통을 중심으로 출계를 이루며 전쟁을 수행하고, 여성은 신랑의 집으로 시집간다), 이성의 힘이 필요했다. 이성이 아니면 다스릴 수 없었다. 그래서 이성은 피드백적으로 발달했고, 근대에 이르러 과학을 탄생시키고 말았다.

과학의 탄생 이후 서양철학은 갈 길을 잃어버리고 할 일을 놓쳐버렸다. 그래서 한때 과학철학이 유행했다. 철학이 과학에 봉사하게 된 것이다. 철학은 모든 것을 대상으로 하는 '학문의 아버지' 같은 학문이기도 하지만 동시에 모든 것을 대상으로 하기 때문에 특별히 어느 하나를 대상으로 하는 학문이 아닌, '대상이 없는 학문'이기도 하다. 오늘날 철학은 '대상이 없는 학문'이 되어야 할 운명 앞에서 심한 좌절감을 겪고 있다. 따라서 현대 철학은 철학에서 출발할 것이 아니라 그것을 둘러싸고 있는 삶의 환경, 즉 문화와 인류에서 출발함으로써 스스로를 더욱 명확하게 인식하는 계기를 삼아야 한다. 이는 서양철학이 인류의 삶의 공간에서 어떤 지평 위에 놓여야 하는가를 사색하게 한다.

니체 이후 서양철학은 심한 허무주의에 빠졌다. 후에 이러한 허무주의를 철학적 해체라고 이름 붙였다. 허무주의의 관점에서 바라보면 마르크스는 인간의 정신과 신, 역사와 사회에 대한 허무주의이고, 하이데거는 존재에 대한 허무주의이고, 데리다는 텍스트에 대한 허무주의이다. 철학은 처음부터 삶에 대한 부정과 허무에서 출발했다.

이데아를 가정한 것이 서양철학의 출발이라면, 이데아는 가정이고 가정을 바탕으로 하는 모든 철학은 가설에 불과하다. 그런 점에서 모든 철학은 해체될 소지를 안고 있다. 인간 존재의 특성이 가정과 구성과 해체이다. 그렇다면 인간이 가정하지 못하고, 구성하지 못하고, 해체하지 못하는 것이 무엇인가? 이것이 바로 철학에서 찾고 있는 존재의 본질이다.

여기서 존재의 본질이라는 것도 현상에 대한 가정이다. 또한 현상도 본질에 대한 가정이다. 가정은 자체 내에서 상대를 포함하고 있다. 본질도 가상의 본질, 현상도 가장의 현상인 셈이다. 인간 존재의 특성이 가상에 있다면 결국 그 가상을 어떻게 받아들이느냐가 문제이다.

철학이 삶의 부정과 허무에서 출발했기 때문에 삶을 위해 부정과 허무, 즉 철학하기를 포기하든가, 아니면 삶의 긍정(대긍정)으로 돌아가지 않을 수 없다. 철학은 철학하기를 멈추든가, 이성이 시키는 이상향을 향해 용감하게 진군하든가, 철학하기를 삶의 긍정으로 돌리든가, 아니면 자살에 이르든가 네 가지 중 하나를 선택해야 하는 기로에 서게 된다.

철학하기의 문제는 철학적 허무주의가 삶의 부정으로 갈 것인가 아니면 긍정으로 갈 것인가이다. 그러한 점에서 '학문의 아버지'로서의 철학이 아니라 '학문의 어머니'로서의 철학이 기대된다. 원래 탕아는 집으로 돌아가고, 집으로 돌아와서는 어머니를 찾기 마련이다. 자신을 실질적으로 낳아준 어머니를 찾는 것은 자연의 본능이다.

흔히 '나는 태어났다(I was born)'고 말한다. 이때 존재동사 'be'를 쓰는 것은 당연하다. 그러나 '내가' 태어난 것은 아니다. '나'라는 주체(주어)는 본래 없었다. 구체적으로 말하면 어머니로부터 태어난 '나'라는 생명은 어머니의 선물이다. 우리는 오랫동안 가부장제의 문화적 관습에 젖어서 생명이 어머니의 선물이라는 것을 심각하게 인식하지 못했다.

'어머니의 생명의 선물'을 가부장제 문명은 '아버지의 씨(semen)'가 어머니에게 뿌려져서 저절로 탄생한 것처럼 말한다. 혹은 '아버지 날 낳으시고 어머니 날 기르시니'라고 말한다. 이는 여성적 가치를 형편없이 폄하하는 것이고, 여성적 재생산(자연의 재생산 전통을 계승한)을 무의미한 것으로 전락시키는 것이다. 이는 언어학에서 문자와 소리가 시니피앙 경쟁을 하면서 문자가 시니피앙을 독차지하고 소리로 하여금 시니피에가 되도록 한 것과 같은 이치이다. 그때부터 철학은 어머니를 잃었고 소리를 잃어버렸다. 소리는 어머니의 것이 아니라 아버지(절대적인 아버지, 유일신)의 소유가 되고 말았다. 서양의 이성중심주의 철학은 소유의 개념을 숨기고 있다고 해도 과언이 아니다. 이성은 대상이고 소유이고 언어이다. 따라서 그동안 대상이 되었던 '감정'과 '존재'와 '사물 그 자체'(기운생동)가 '어머니의 철학'을 이끌어갈 것이라는 점을 짐작할 수 있다.

철학하는 인간은 자신이 자연의 산물, 자연의 선물이라는 것을 잊고 있다. 이는 자신을 낳아준 어머니를 잊거나 잃어버린 것과 같다. 아니면 이름 모르는(달아난) 아버지를 찾아서 헤매는 것과 같다고 할 수 있다. 철학적 아버지는 더 이상 없다. 이제 철학적 어머니로 돌아갈 수밖에 없다. 가장 확실한 것은 어머니가 나를 낳았다는 사실이다. 어머니는 세계의 출발과 최초의 원인을 가정하지 않고도 나를 존재케 한다. 어머니는 자연의 상속자이다. 어머니, 자연이야말로 인간이 돌아갈 수 있는 근거이다. 어머니에서는 본질과 현상이 이원화되지 않는다. 어머니는 본질이자 동시에 현상이다. 본질과 현상의 구분이 무의미하다. 모든 구분이 무의미하다.

모든 서양철학의 원인은 가부장사회였으며, 모든 서양철학은 가부장사회를 유지하기 위한 것이었다. 아버지는 권력이었고, 문명의 모든 명사와 의미는 아버지를 대신했다. 아버지를 대신하던 기호들을 모두 어머니의 기호로 바꾸지 않으면 안 된다. 서양철학은 가부장사회와 '남근의 철학'이었다. 이제 가부장사회를 포기하고 '여근의 철학'이 되어야 한다. 이제 본성으로서의 이성(性理)이 아니라 이성보다는 본성, 이성보다는 감정, 이성보다는 섹스, 형상보다는 질료, 정신보다는 물질, 물질보다는 기, 생산보다는 재생산의 의미를 더 부여하는 여근의 철학이 되지 않으면 안 된다.

동양에는 예로부터 음양론과 무위자연이라는 여근의 철학이 있었다. 대자연의 어머니는 보이지 않는 소리이고 무의미이다. 자연의 소리는 말씀이 아니다. 어머니는 말하지 않는다. 어머니는 느끼게 한다. 어머니는 말로써 통하지 않고 느낌으로 통한다. 어머니는 느낌으로 통하는 말을 가지고 있다.

말은 동일성과 아버지를 추구하고, 느낌은 차이와 어머니를 그냥 드러낸다. 아버지는 종(種)이고 어머니는 산종(散種)이다. 아버지는 하나[一]와 페니스를 요구하고, 어머니는 하나의 페니스를 인정하지 않는다. 어머니는 비어 있을 뿐이다. 어머니는 진정한 하나이기 때문에 하나를 요구하지 않는다. 어머니는 진정한 근거이기 때문에 근거를 요구하지 않는다.

아버지-눈-시각의 철학에서 어머니-귀-청각의 철학으로 전환하지 않으면 세계는 대립과 비대칭으로 인한 갈등과 전쟁으로 점철될 것이다. 무엇보다도 자연을 대상으로 보는 것으로 인해서 자연의 일부인 인간은 스스로를 소외시키는 입장에 처하게 될 것이다. 인간이 죽음으로부터 자유롭게 되려면 반드시 어머니의 철학으로 전환해야 한다. 이것이 진정한 해체철학의 갈 길이고, 현대 철학의 마지막 전회(轉回)가 될 것이다.

진정한 근거는 본질과 현상을 구분하지 않는다. 어머니는 자연의 상속자이다. 인간이 만든 아버지(하나님 아버지)의 의미를 포기하면 바로 대자연(땅의 어머니, 지구 어머니)은 우리에게 생명을 주었듯이 기쁨을 준다. 자연은 생명을 주었듯이 죽음을 준다. 자연의 죽음은 인간의 죽음처럼 어둡고 칙칙하지 않다. 자연에서 죽음은 생명 대열의 한 변화에 불과하다.

데카르트는 '나는 생각한다. 고로 존재한다'고 했다. 생각이 존재를 규정한 것이다. 그 후 서양철학은 수많은 우여곡절을 거친 뒤 '나는 존재한다. 고로 생각한다'에 이르렀다. 존재가 생각보다 먼저라는 말이다. 이는 생각에 의해 규정되지 않는 존재가 먼저 있다는 뜻이다. 그리고 생각의 산물을 존재자로 명명했다. 그러나 이렇게 존재의 본질에 다가섰지만, 여전히 선후의 시간론에 빠져 있다.

시간론은 공간론이다. 시간과 공간은 동시적으로 있는 것이다. 사물은 공간론의 지배를 받아 존재자가 되었다. 사물이 존재자가 되지 않는 길은 없을까? 시간론으로 말하면 현재는 잡을 수 없다. 현재는 말이 현재이지 실은 과거와 미래로 갈라진다. 현재는 갈라지는 분기점(경계선)일 따름이다. 그래서 시간은 과거와 현재의 이중성이고 애매모호성이다. 시간의 이러한 특성 때문에 인간이 파악하는 모든 것은 이중성이고 애매모호성이다. 시간론의 현재는 순간이고, 엄격하게 말하면 없는 것이다. 그렇다면 현재가 없는 시간은 무엇인가? 인간이 설정한 가상(假想, 假象)이다.

현재가 없기 때문에 하이데거의 존재론이나 실존주의는 '드러난 현재'로서 현존을 말한다. 현존과 현재의 차이는 무엇인가? 현존의 존(存)은 '시간의 잉태'를 내포하고 있는 개념이고, 현재의 재(在)는 '시간의 출산'을 내포하고 있는 개념이다. 다시 말하면 시간조차도 현현과 은폐의 이중성을 갖는다. 시간은 인간이 드러낸, 제도화한 것에서 벗어날 수 없다. 결론적으로 말하면 시간은 과학을 위한 제도이다.

이제 세계는 주체와 객체가 아니라 드러난 것, 즉 '현현(顯現, 顯顯)과 드러나지 않는 것, 즉 '은적(隱迹, 隱閉)'을 말하는 것이다. 시간론에서는 '순간은 영원'이라는 결론에 도달한다. 시간과 역사, 철학과 삶의 문제는 논리적으로 말하려고 하면 할수록 자기모순에 빠지기 때문에 실존주의나 해체철학자들조차도 서로 위치하고 있는 지점이 다르다.

과학은 시간과 공간이라는 우주론으로 자신이 보고 싶은 것, 볼 수 있는 것만 본다. 이제 철학이 자신의 물음(잉태)과 응답(출산)으로 낳은 자식인 과학과 결별할 때가 되었다. 과학은 저 잘났다고 부모를 떠나는 자식과 같다. 세계는 본래 그렇게 되어 있던 것이다. 부모와 자식의 관계와 같다. 또 남자와 여자의 관계와 같다. 남자는 여자의 자식이다. 문명은 남자이고 여자는 자연이다.

시간과 공간은 떨어져 있다가 서로 뒤섞여 시공간이 되었고, 이제 인간으로 하여금 시공간을 벗어날 것을 요구하고 있다. 철학은 시간과 공간을 넘어서지 않으면 안 된다. 역사라는 것도 실은 시간의 흐름을 텍스트화한 것에 지나지 않고, 사회는 사회적 거리에 지나지 않는다. 역사와 사회가 중요한 것이 아니다. 어느 시대 어느 곳에 살더라도 자신의 삶에 만족하는 법을 배우는 것이 철학의 임무라고 할 수 있다.

인간은 스스로 행복해지지 않으면 안 되는, 스스로 행복해질 수밖에 없는 존재이다. 인간의 행복과 불행은 인간 스스로에게 달린 것이다. 어떤 경우에도 행복해야 할 수 있는 철학이 필요하다. 어떤 경우에도 현존에 행복해야 한다. 인간은 존재하기 때문에 행복하다.

인간은 생각하기 이전에 이미 살고 있다. 살고 있다는 것은 생각(존재자)과 존재 이전의 문제이다. 사는 것(삶)은 '사건으로서의 존재(존재적 사건)'이기 때문이다. 미래의 철학적 명제는 코기토에서 이렇게 발전하는 것이 아닐까?

나는 생각한다. 고로 존재한다.(코기토)
나는 존재한다. 고로 생각한다.(존재론)
나는 존재한다(나는 느낀다). 고로 춤추고, 노래한다.(소리철학)
모든 존재는 춤추고 노래한다.(소리는 춤추고 노래하는 사물의 표지이자 내용이다.)

인류 문명은 이상하게도 주기적으로 한 번씩 전체주의에 빠졌다. '모든 존재는 춤추고 노래한다'는 사실을 모르기 때문은 아닐까? 그런 점에서 소리철학은 인류 구원의 철학이 되어야 한다.

전체주의는 처음에는 마치 구원이라도 되는 것처럼 등장한다. 그러나 마지막에는 인류를 전쟁과 파멸, 속박과 감옥으로 몰아넣는다. 소리철학의 관점에서 보면 전체주의는 '여자의 자식인 남자'가 '여자'를 잃어버릴 때 발생한다. 그 여자는 우주적 전체성을 유지하고 있는 자연이다. 결국 전체주의는 인간을 통한, 인간에 의한, 인간에 대한 자연의 보복이다.

왜 인류는 전체주의에 빠지는가? 남성 중심의 가부장제가 원인이다. 가부장제는 주기적인 발작으로 자연의 총체성에 대한 회복을 불러일으키면서 전체주의를 주장한다. 전체주의는 '나쁜(악마적) 여자'와 같다. 그런데 '나쁜 여자'가 지나가고 나면 '좋은(구원의) 여자'가 등장한다. 나쁜 여자는 파괴적 여성이고 좋은 여자는 헌신적 여성이라고 말할 수 있다.

남자는 스스로를 원인으로 생각하지만 여자는 남자의 근거이다. 여자의 비어 있는 근거(자궁)로부터 남자가 생성되었다. 인류의 문화(문명)가 남자/여자에서 출발하여 마지막으로 전체주의/전체성에 이르는 과정을 일별하면 다음과 같다.

인류 문명을 종합적으로 바라보면 다원다층의 이원대립항을 만들어낼 수 있다. 이 이원대립항은 실지로 대립하는 것이 아니라 구조적으로 대칭하는 것이다. 대칭한다는 것은 서로 상호작용(가역작용)을 한다는 뜻인데, 이것을 남성적 관점에서 보면 대립(비대칭)하는 것처럼 보인다.

우선 남자(남성성)와 여자(여성성)로 나누면, 남자/여자, 문명/야만(자연), 부계(가부장)-권력/모계-비권력, 생산/재생산, 공장/자궁, 과학기술/예술, 종교/신화, 월경금기/월경, 근친상간금기/근친상간, 정신(신)/육체(물질), 언어/소리(비언어), 시간(시간초월)/무시간(무시무공), 신(神)/원죄, 선-아담/악-이브, 주체/객체, 능기/소기, 의미/무의미, 의식/무의식, 도덕(양심)/무질서(섹스), 소통(언어)/교감(비언어), 이/기, 이성/감정, 천지(天地)/함감(咸感), 존재자/존재, 가상(假想, 假象)-이미지/실재(空卽是色, 一卽一切)-기운생동, 전체주의/전체성, 나쁜 여자(악마적 여성)/좋은 여자(구원의 여성) 등으로 나눌 수 있다.

남자는 여자를 원죄의 존재, 금기의 존재로 본다. 남자는 여자를 야만의 존재, 객체적 존재로 본다. 남자는 여자를 무의미의 존재로 본다. 그러나 여자야말로 의미의 존재이고 실재의 존재이다. 여자는 스스로를 비워서 교감하는

남자(남성성)	여자(여성성)
남자	여자
문명(권력)	야만(자연)
부계(가부장)-권력	모계-비권력
생산	재생산
공장	자궁
과학(기술)	예술(기술)
종교(가부장제신화)	신화(모계신화)
월경금기	월경
근친상간금기	근친상간
정신(정신)-신(신)	육체-물질
언어(기호)	소리(비언어)
시간-시간초월	무(無)시간-무시무공(無始無終)
신(神)-아담-선(善)	원죄(原罪)-악마-악(惡)
주체	객체
능기(能記)	소기(所記)
의미	무의미
의식	무의식
질서(도덕양심)	무질서(섹스)
소통(언어)	교감(비언어)
이(理)-이성(理性)	기(氣)-감정(感情)
천지(天地)	함감(咸感)
존재자	존재
가상(假想)-이미지(image)	실재(實在:空卽是色, 一卽一切)-기운생동
전체주의(全體主義)	전체성(全體性: wholism)
나쁜 여자(악마적 여성)	좋은 여자(구원의 여성)

'함감의 존재'이다. '함감의 존재'는 스스로를 비워서 다른 것을 채우는 혹은 스스로를 비워서 다른 존재를 드러나게 하는, 존재의 근원과 같은 '존재론적 존재'이다.

여자는 예술적 존재이고, 신화적 존재이다. 여자는 세계를 대칭적인(대립적이 아닌) 세계로 본다. 여자는 자연과 더불어 항상 함께 있는 존재이다. 여자의 건강성을 유지하는 사회, 여자가 건강한 사회가 웰빙·웰다잉 사회이다.

아버지의 철학은 역설적으로 나쁜 여자, 전체주의를 만들어낸다. 나쁜 여자의 역사적 실체가 소련의 소비에트체제, 독일의 나치즘, 이탈리아의 파시즘, 일본의 군국주의이다. 상징적으로 볼 때 남자도 나쁜 남자, 좋은 남자가 있고, 여자도 나쁜 여자, 좋은 여자가 있을 수 있다. 이는 천사와 악마의 현대적 해석이라고 할 수 있다. 선악에도 존재론적 선악이 있고, 존재자적(도덕적) 선악이 있다. 존재론적 선악은 선과 악이 동시에 공존·동봉하는 선악이고, 존재자적 선악은 선과 악이 역사적·공간적으로 대립하는 선악이다.

니체의 '존재의 어머니'는 존재론적 어머니로서 어머니의 철학으로 철학의 방향을 전환한(암시한) 최초의 근대 서양철학이다. 그러나 어머니의 철학은 음양론 전통의 동양에서는 낯선 것이 아니다. 음양론은 바로 음을 우선하는 어머니의 철학이다. 아버지의 철학은 서양의 이성중심주의 철학, 합리성의 철학인데 이것이 도구적 이성으로 변질되는 바람에 가장 형이상학적 폭력이 되었다. 이것은 눈-시각-언어의 철학이다. 이제 귀-소리-상징의 철학으로 선회할 것을 시대는 요구하고 있다.

어머니의 철학은 자연으로부터 분리된(소외된) 인간이 자연의 전체성을 회복하는 철학이 될 것이다. 언어, 이성, 생산은 자연의 모방에 불과한 사이비 자연이고, 허수아비·껍데기에 불과하다. 이는 오늘날 가상실재의 세계를 만들어냈다. 인간은 실재의 기운생동하는 세계, 존재의 어머니, 소리철학 시대로 가야 한다.

남자의 바람[風]은 눈에서 시작하고 여자의 바람은 목소리[音]에서 시작한다는 말이 있다. 포노로지는 어머니의 철학이다. 소리는 사물의 존재이고 본질이다. 사물을 더 이상 '대상으로서의 사물'로 보지 않으면, 남성-눈-시각-언어의 눈으로 보지 않으면 소리가 사물의 존재이고 본질임을 알게 된다. 포노로지는 여성-귀-청각-상징의 눈으로 사물의 소리를 보는 것을 의미한다. 이것이 관음(觀音)이다. 여자(자연)는 소리를 지르고 남자(인간)는 그 소리를 본다.

관음이라는 말 자체에 남성적 시각이 있는 것은 사실이다. '관음'이라는 말은 불교적 깨달음을 극적으로 말하는 용어이다. 그런데 관음이라는 말에는 시각과 청각의 교차가 있다. 그러한 교차가 없으면 육근육식(六根六識)의 세계에서 감각은 저마다의 길을 갈 뿐 별도의 깨달음이 있을 수 없다. 여기서 우리는 교차 혹은 교대에 주목할 필요가 있다.

인간이 자연으로부터 물려받은, 다시 말하면 몸 받은 기본적인 소여는 신체와 함께 탁월한 정신활동을 할 수 있는 대뇌를 가진 동물이라는 데 있다. 그래서 '신체의 신(身)'과 '정신의 신(神)'은 평행적인 관계를 이루지만 인간의 몸에서 교차한다. 견성(見性)이라는 말도 마찬가지이다. '본성을 저절로 본다'는 말이다. 깨달음은 어떤 감각에서 출발했든지 간에 '보다[觀, 見]'에서 이루어지고 '언어'로 말하여지지(기록되지) 않으면 객관화될 수 없다. 결국 시각과 언어의 연쇄의 결과라고 말할 수밖에 없다. 물론 이것은 과학적인 사물의 표상을 보는 관찰과는 다르다.

그런데 관음은 불교적 일심(一心)으로 혹은 우주적으로 보면 깨달음이지만, 남녀관계로 보면 같은 한글 발음의 여러 단계 '관음'이 된다. '관음'의 가장 낮은 단계는 관음(觀淫)이다. 이것을 중간에서 중화시키는 것이 관음(觀陰)이다. 관음(觀陰)은 그것의 상징성-음양 상징성-으로 관음(觀淫)의 물질성(物質性, 肉體性)을 중화시키면서 관음(觀音)에 이르게 한다.[1)]

소리는 사물과 사물을 둘러싸고 있는 대기(大氣)를 포함한 사물 전체의 울림이다. 우리는 소리를 통해서 우주의 전체에 도달한다. 이것을 '우주적 공명'이라고 말할 수 있다. 소리는 사물의 표지이자 동시에 내용이다.

소리 음(音)은 빛처럼 무엇을 확연하게 밝혀주는 것은 아니다. 어두움[暗]에서 빛[日]이 독립하여 뛰쳐나옴으로써 음(音)이 남는다. 그래서 음은 어두움과 관련이 있다. 음은 어두움 속에서도 울린다. 사물이 소리를 내는 것은 사물에 비어 있는 공간이 있고, 공기 중에 매질(媒質)이 있기 때문이다.

하이데거는 "음성적 발화(소리, 목소리)는 영혼의 체험을 드러내는 표지이고, 글은 소리를 드러내는 표지"임을 지적한다. 그리고 "글과 소리는 모든 사람에게 동일하지 않지만, 그럼에도 이렇게 서로 상이한 글과 소리는 동일한 영혼의 체험에서부터 나온다"[2)]고 지적한다.

---

1) 박정진, 『철학의 선물, 선물의 철학』, 소나무, 2012, 612~614쪽.

<table>
<tr><td rowspan="2">암(暗)</td><td>일(日)</td><td>지상(地上)</td><td>일상(日常)</td><td>물리(物理)</td><td>정신(理性)</td><td>남자(마음)</td><td rowspan="2">몸</td></tr>
<tr><td>음(音)</td><td>사물(事物)</td><td>음악(音樂)</td><td>음악(淫樂)</td><td>육체(氣質)</td><td>여자(몸)</td></tr>
</table>

글은 소리의 표지이고 목소리는 영혼의 표지이다. 영혼은 외부 사물의 표지이다. 사물에서 영혼을 끌어낸 셈이다. 이것은 애니미즘이다. 그러면 정지된 사물은 움직이는 사물인 물활(物活)이 된다. 그렇다면 움직이는 사물의 표지는 무엇일까? 바로 소리이다. 결국 우주는 '소리-사물-영혼-소리(목소리)-문자'의 표지를 갖게 된다. 소리는 사물의 내용이고 사물은 영혼의 내용인 반면, 목소리는 영혼의 표지이고 문자는 목소리의 표지이다. 그런데 소리는 두께가 없기 때문에 안팎이 없다. 그래서 소리는 스스로 대립하거나 분열하지 않는다.

인간과 자연, 남자와 여자, 시각-언어와 청각-상징, 사물과 소리는 서로 대칭이면서도 교차대칭을 하는 관계에 있다. 남자는 사물을 대상(부분)으로 생각한다. 남자는 시각-언어의 존재이다. 남자는 1→2(一而二)의 존재이다. 남자는 지식의 존재(존재자)이다. 남자는 관음(觀音)한다. 이에 비해 여자는 사물을 총체적으로 생각한다. 여자는 청각-상징의 존재이다. 여자는 2→1(二而一)의 존재이다. 여자는 지혜의 존재이다. 여자는 청성(聽聲, 見性)한다.

남자는 자연을 어두움이라고 생각한다. 그런데 어두움 속에서는 사물을 볼 수 없다. 그런데 자연은 스스로를 볼 수 없지만, 스스로를 볼 필요도 없다. 자연과 인간, 남자와 여자의 4자 관계는 얼마든지 대칭하고 교차할 수 있다.

서구의 이성중심주의 철학은 사물을 너무 대상화했다. 그동안 인간종의 삶의 필요에 의해 사물을 대상화했지만, 이제는 그 해악이 심화되어 전반적으로 사물을 보는 방식을 바꾸지 않으면 자연으로부터 보복(재앙)을 받을 처지에 있게 되었다. 이성중심주의는 과학을 낳았지만 인간의 소외 문제를 해결할 길이 없으며 여러 환경 문제를 야기하고 있다. 이에 자연을 여성으로 보는, 따라서 여성중심주의적 철학과 사고가 필요하게 되었다.

---

2) 최상욱, 『하이데거와 여성적 진리』, 철학과현실사, 2006, 368~370쪽에서 재인용.

남자는 사물을 대상(부분)으로 생각한다./ 남자는 시각-언어의 존재이다./남자는 1→2(一而二)	**남자는 지식(知識)의 존재(존재자)이다./ 남자는 관음(觀音)한다.**
남자는 자연의 진리(眞理)를 발견하고자 한다. 남자는 이성적 존재이다.	남자는 여자의 그곳(there)을 보고자 한다.
남자는 자연의 그것(It)을 발견하고자 한다.	남자는 여자의 소리(목소리)를 듣고자 한다.
남자는 자연을 무지(無知, 卽自)라고 생각한다.	남자는 여자를 무지(無知, 自然)라고 생각한다.
남자는 자연을 어두움이라고 생각한다. 어두움 속에서는 사물을 볼 수 없다.	남자는 여자를 개척(정복)한다고 생각한다./남자는 여자는 재생산이라고 생각한다.
여자는 자신의 소리를 듣고자 한다. 소리는 어두움 속에서도 들을 수 있다.	**자연은 스스로를 볼 수 없다./ 자연은 스스로를 볼 필요가 없다.**
여자는 영혼의 소리를 듣고자 한다.	자연은 스스로의 소리(바람소리)를 지을 뿐이다.
여자는 자신의 사물(몸= 마음)을 느끼고자 한다. 여자는 소리로 표현한다.	자연은 사물(사물= 영혼)의 교감체이다. 소리는 사물의 표지이다.
여자는 어둠 속에서 스스로를 느끼기 위해 눈을 감는다(눈을 뜨면 방해가 된다).	자연은 스스로를 느낄 따름이다.
여자는 사물을 총체적으로 생각한다./ 여자는 청각-상징의 존재이다./여자는 2→1(二而一)	**여자는 지혜(智慧)의 존재이다./ 여자는 청성(聽聲= 見性)한다.**

동양은 일찍이 우주를 여성 중심으로 보는 철학과 사상을 가지고 있었다. 대표적인 것이 바로 동양의 도(道)이다. '도'는 형이상학이면서 동시에 형이하학이다. 형이상학적인 도는 서양철학의 이(理, 理性)와 비슷하지만, 형이하학적인 '도'는 물질을 대상으로 보는 유물론의 그것과는 다르다. 동양의 도는 실체를 포함하면서도 동시에 실체가 아니다. 『도덕경』의 제1장을 보자.

> 말할 수 있는 도는 영원한 도가 아니다. 이름 할 수 있는 이름은 영원한 이름이 아니다. 이름이 없는 것이 천지의 시작이고 이름이 있는 것은 만물의 어머니이다. 그러므로 항상 욕심이 없으면 그 묘함을 보고 항상 욕심이 있으면 그 나타남을 본다. 이것은 둘 다 같은 데서 나오지만 이름은 다르다. 같은 것을 '현'이라고 한다. 현 중의 현은 중첩된 묘의 문이다(道可道非常道, 名可名非常名. 無名天地之始, 有名萬物之母. 故常無欲以觀其妙, 常有欲以觀其徼 此兩者同出, 而異名, 同謂之玄. 玄之又玄, 衆妙之門).[3]

도(道)	
도(道): 말하다	도(道): 말하여지지 않는 도
유명(有名): 밝음	무명(無名): 어둠
요(徼)/유(有)	현묘(玄妙)/묘(妙)
천지지시(天地之始)	만물지모(萬物之母)
양음: 양력(陽曆)/생일(生日)	음양: 음력(陰曆)/출생(出生)
부(父)/존재자	모(母)/존재

여기서 한 가지 의문스러운 부분은 '유명만물지모(有名萬物之母)'이다. 직역하면 "이름이 있는 것이 만물의 어머니다"라고 해석되어 마치 이름이 어머니에서 비롯된 것처럼 느껴진다. 부계사회적 시각에서 보면 어머니는 몸을 주고 아버지가 이름을 준다. 이 구절의 진정한 뜻은 어머니로부터 태어나니 이름을 얻게 된다는 뜻일 것이다.

그런데 이름이 어머니에서 비롯된다는 것은 무엇을 말하는가? 우리는 '성(姓)'을 떠올리게 된다. '성'은 '어머니에서 태어남'을 바로 드러내는 단어이다. 다시 말하면 『도덕경』의 '유명만물지모'의 명(名)은 아마도 아이가 나서 처음 세상으로부터 받는 이름인 성명(姓名)일 것이다. 이는 모계사회의 흔적이다. 이후 가부장사회에서 이름은 남자의 전유물이 되었다. 여자는 물 자체, 대상, 시니피에, 메타포로 존재한다. 이에 비해 남자는 사물에 이름을 붙이는 자, 주체, 시니피앙, 메토니미로 존재한다.

'유명만물지모'는 모계사회적 관점에서 쓴 것이다. 그러나 철학적으로 볼 때 진정한 이름[名]은 아버지로부터 부여받은 것이고 부계사회의 일이다. 따라서 오늘의 입장에서 '무명천지지시(無名天地之始)'는 '시(始)'자에서 여성성을 드러내고 있는 까닭으로 그대로 두고 '유명만물지모'는 '유명만물지부(有名萬物之父)'라 바꾸어야 할 것이다. '여성=자연'이고, '이름=남성'이기 때문이다.

『도덕경』의 '유명만물지모'는 승조의 『조론(肇論)』 가운데 제4론인 '열반무

3) 박정진, 『철학의 선물, 선물의 철학』, 649~651쪽에서 재인용.

명론(涅槃無名論)'에 의해서 제자리를 찾게 된다. 진정한 어머니는 이름이 없다. 도(道)에 이른 자는 이름이 없다. 동양의 도학(道學)의 결론은 이름이 없는 것이다. 이름이 없는 것이 자연이다. 불경이 처음 한문으로 번역될 때 '열반(涅槃)'을 '도(道)'로 번역한 것은 크게 참고할 만한 일이다.

『도덕경』의 첫 구절은 도의 '숨어 있음/드러남'이라는 이중성을 보여주는 부분이다. 말하는 것은 드러남이다. 그렇다면 평소에 도는 숨어 있는 셈이다. 천지의 시작은 이름이 없다. 이름이 있으면서 만물이 있게 되었다. 이를 하이데거의 존재론으로 보면, 드러남은 존재자이고 숨어 있음은 존재이다.

그렇다면 도가 드러나지 않으면 실재(존재)가 없는 것인가? 실재가 없는 것은 아니다. 눈에 보이지 않는 존재일 뿐이다. 그것을 기라고 해도 좋고, 때로는 에너지라고 해도 좋다. 여기서 만물이 태어난다. 사람의 태어남의 근거는 어머니이고, 어머니는 자연과 연결된다. 여자가 어머니가 되는 것은 태아를 키우고 낳는 법을 알기 때문이 아니다. 그것을 몰라도 아이를 낳기 때문에 어머니가 된다. 말하자면 아이를 낳는 근거의 근거는 자연이다.

서양의 양력은 사람이 지상에 태어난 것을 기준으로 나이를 계산한다. 이에 비해 동양의 음력은 갓난아이가 태어나면 어머니 뱃속에서 태아로 있던 10달을 계산에 포함한다. 어머니를 감안하는 셈이다. 예컨대 말하여지지 않는 상태, 보이지 않는 상태, 뱃속에 있던 상태를 존재에 포함한다. 동양이 음력을 채택하는 이유는 매우 의미심장하다.

소리는 우주의 메타포이고, 음악은 소리의 메타포이고, 시는 음악의 메타포이고, 그림은 시의 메타포이다. 사물은 소리이고, 소리는 사물의 입이다. 소리는 사물의 꽃이다. 과학적인 발명과 발견은 한자로는 '피는' 꽃[花]과 관련이 있다. 발명과 발견의 '발(發)'은 '핀다'는 의미를 갖고 있다. 과학이라는 것도 사물로부터 핀 꽃이다. 그런데 그 꽃은 '조화(造花)'이다. 이것을 발음은 같지만 뜻이 다른 '조화(調和)' 혹은 '조화(造化)'로 바꿀 필요가 있다.

하이데거는 언어를 '입의 꽃(die Blume des Mundes)'이라고 말한다. '입의 꽃'의 소리는 울림이지만, 그 울림은 단순히 입과 혀의 울림이 아니라 입과 혀를 둘러싼 존재 세계로부터 기인한다. 즉, '입의 꽃'은 육체적 기관인 입과 혀가 아니다. 이런 현상은 날씨나 주위 환경에 따라 그리고 민족이 경험한 현상에 따라 소리의 발화가 달라지는 것을 통해 알 수 있다. 언어가 소리에 기인한다고 할 때 그것은 언어가 단순한 입을 통해서가 아니라 그 민족을 둘러싼 대지와 하늘, 그리고 역사적인 사건들을 통해 익혀져서 '육화(肉化)된 혀'를 통해 말해지는 것을 의미한다.[4)]

하이데거는 '존재론적인 혀'를 '고향을 부르는 숨결'이라고 표현한다. 하늘, 대지, 인간, 신의 울림이 조율된 것이다. 이 네 가지 음성은 전체적으로 무한한 관계를 이끌어낸다. 이는 동양의 천지인사상으로 회귀하는 것과 같다. 신은 이들 삼자를 통합(조율)하는 역할을 한다. 이 신은 인신(人神)이거나 신인(神人)일 것이다. 이 신은 기독교의 신처럼 죽은 신이 아니라 대지와 더불어 살아 있는 신이다.

하이데거는 데리다와 달리 서양문명의 '말-소리중심주의'의 '소리'에 대한 콤플렉스가 없었기 때문에 니체에 가장 가깝게 다가설 수 있었다. 하이데거는 소리에 매우 민감하면서 친화적이다. 그래서 존재론에 도달했을 가능성이 높다. 소리야말로 현존이면서 또한 존재가 아닌가!

하이데거는 사중물(四重物, das Geviert)을 주장한다. 이는 자연이라는 전체성을 설명하기 위해 자연적 상징을 활용하는 것이라고도 볼 수 있다. 상징이 아니고서는 전체성을 설명할 방도가 없기 때문이다.

> 하이데거가 말한 사중물(四重物, das Geviert)은 하늘과 대지와 불사적인 제신(諸神)과 죽게 되어 있는 인간을 가리킨다. (중략) 저 'das Geviert'를 '사중물(四重物)'이라고 번역한 이유는 마치 사중주(사중주)의 음악 연주에서 네 악기가 따로따로 노닐면서 하나의 화음을 내듯이, 이 세상의 모든 '사(事)'를 하이데거가 하늘, 대지, 인간, 제신(諸神) 등의 네 존재자가 벌이는 놀이로 비유하기 때문이다.[5)]

---

4) 최상욱, 『하이데거와 여성적 진리』, 370쪽.

5) 김형효, 『하이데거와 화엄의 사유』, 청계, 2002, 116쪽.

천지인(天地人) 상징(象徵)	하이데거의 사중물(四重物)	불교의 사대(四大)
천(天)	하늘	풍(風)
인(人)	제신(諸神)/인간	수(水)/화(火)
지(地)	대지	지(地)

하이데거의 사중물은 상징과 은유로써 개념어를 축조하는 대부분의 철학적 글쓰기와 달리 어떤 총체성을 표현하기 위한 비유에 속한다고 할 수 있다.

그런데 하이데거의 사중물을 동양의 천지인사상이나 불교의 사대(四大)와 비교할 수 있다. 하이데거의 하늘과 대지는 천(天)과 지(地)에 대응된다. 나머지 제신과 인간은 인(人)에 포함시키면 무리가 없을 것이다. 하이데거가 제신을 등장시킨 것은 니체가 '신은 죽었다'고 선언한 것과 대조를 이룬다. 제신이란 바로 범신을 말하고 범신은 자연을 말하기 때문이다. 니체가 '신은 죽었다'고 말했을 때의 신은 기독교의 존재신학적인 신이었다. 그러나 하이데거의 신은 스피노자의 전통과 연결되는 신이다. '물 자체'가 '신'이 되는 것이다.

이는 칸트가 보류했던 '물 자체'와 '신'이다. 칸트에 의해 분리되었던 '물 자체'와 '신'은 하이데거에 의해 다시 본래의 하나로 된 셈이다. 천지인에서 인간을 내세워 인간 중심으로 세계를 바라보면 제신은 사라진다. 그러나 인간 중심이 아니라 천지인의 순환 속에 인을 자리하게 하면 세계는 '제신의 세계'가 된다.

하이데거의 사중물은 불교의 사대와도 비교할 수 있다. 불교의 지수화풍(地水火風)에서 풍(風)은 천(天)에, 지(地)는 당연히 지(地)에, 수화(水火)는 인간에 대응된다. 수화를 인에 대응한 것은 인간을 비롯하여 모든 생물체가 수화의 순환의 산물이며 수화에 의해 존재하기 때문이다. 풍을 천에 대응한 것은 풍이야말로 가장 큰 기운생동의 운동체이기 때문이다.[6]

하이데거의 후기 철학은 점점 동양의 천지인사상이나 불교의 사상에 접근함을 볼 수 있다. 그는 또한 태조모(Ahnin) 동산에서의 언어를 추구한다. 그런데 한국에는 '마고(麻姑)'[7]라는 창조의 여신이 있다. '하나님 어머니'와 같은 마

---

6) 박정진, 『철학의 선물, 선물의 철학』. 185~186쪽.

율(律)	보편성	시니피앙	예악(禮樂)	양(陽)
여(呂)	일반성	시니피에	성음(聲音)	음(陰)

천	하늘	신(神)의 울림(律呂)과 조율(調律). "태초에 소리가 있었다."	태초의 어머니 신(神): 마고(麻姑): 므네모쉬네
인	인간		
지	대지		

고는 율려(律呂)라는 '소리의 여신'이다. 율려를 시니피앙과 시니피에로 보면, 율은 시니피앙이고 여는 시니피에이며, 율은 보편성이고 여는 일반성이다. 이를 천지인사상에 대입하면 다음과 같다. 마고는 '태초의 언어'가 '소리'임을 말하는 신화이다.

한자어로 어머니는 모(母)이다. '모(mo)', '마(麻, ma)', '무(無, mu)'는 능기적인 발음의 유사성으로 인해 소기적인 의미의 유사성을 부른다. 혹시 여자의 하늘성이 '무'이고, 여자의 땅성이 '마'이고, 여자의 인간성이 '모'라고 하면 어떨까? '무'가 여신이다. 이들은 천지인이 순환하는 것처럼 순환하는 관계에 있다.

어쨌든 철학은 이제 남성성이나 가부장성(家父長性)이 아니라 여성성이나 가모장성(家母長性)으로 중심이동을 하고 있다.

---

7) '마고(麻姑)'는 한국에 전해 내려오는 『부도지(符都誌)』에 등장하는 '태초의 여신'(太祖母)이다. 『부도지』는 신라의 박제상(朴堤上)이 쓴 신화체의 역사서이다. 박제상은 한국의 선비정신과 충신의 효시라고 할 만한 인물이다. 조선시대 생육신의 한 사람인 매월당 김시습(金時習)은 한국 최초의 한문소설 『금오신화(金鰲新話)』의 저자로 알려져 있지만 『부도지』를 전한 인물로도 중요하게 평가된다. 그가 『징심록(澄心錄)』 15지(誌), 박제상의 아들인 백결선생이 보탠 「금척지(金尺誌)」, 자신이 보탠 「징심록추기」 등 총 17지(책)를 전하지 않았다면 우리는 『부도지』의 존재도 모를 뻔했다. 『부도지』는 『징심록』의 제1지이다. 그러니까 『징심록』의 일부이다. 『부도지』는 박제상이 삽량주 간으로 있을 때 쓴 역사서로, 보문전 태학사로 있을 때 열람할 수 있었던 자료를 회고하고, 가문에서 전해 내려오던 비서를 정리하여 저술했다. 영해박씨 가문에는 예로부터 전해오던 비서가 많았는데 아마도 이 가문은 박혁거세를 비롯하여 한민족(동이민족)의 혈맥을 잇는 중요한 위치에 있었던 것으로 보인다. 불행하게도 이 가문에 전해오던 귀중한 옛 문서들은 조선조에서는 생육신인 김시습 등과의 친분, 최근세사에서는 남로당 총책임자인 박헌영(朴憲永)으로 인해 수난과 압박을 받아 상당 부분 유실되었다.

<table>
<tr><td rowspan="3">여자
(女子)</td><td>천</td><td>무(無)</td><td rowspan="3">'모'와 '마'와 '무'는 능기적인 발음의 유사성으로 인해 소기적인 의미의 유사성을 부른다. '무'가 여신이다.</td></tr>
<tr><td>인</td><td>모(母)</td></tr>
<tr><td>지</td><td>마(麻)</td></tr>
</table>

근대 서양철학의 분수령은 니체이다. 하이데거, 데리다, 들뢰즈 등은 모두 니체의 제자들이라고 할 수 있다. 들뢰즈는 니체와 마르크스의 제자라고 말할 수 있다. 그런데 니체는 음악을 통해서 인간과 세계가 하나가 된 그리스를 철학적 모델로 생각했다. 하이데거는 시간을 통해서, 데리다는 공간을 통해서, 들뢰즈는 리좀(뿌리)철학과 머쉬니즘(machinism)을 통해서 니체의 사상에 도달하고 있다고 말할 수 있다. 이들 세 철학자들은 각자 다른 입장에서 니체에 접근하고 있으며 니체를 확대재생산하고 있다고 말할 수 있다.

그러나 이들은 니체를 극복하지 못했다. 이들은 모두 여성주의를 표방하고 있지만 니체의 여성에 이르지 못하고 있다. 니체의 여신은 디오니소스이다.

> 여러 예술을 모든 예술작품의 필연적인 생명의 원천으로 간주되는 유일한 원리로부터 이끌어내려고 노력하는 모든 사람들과 정반대로, 나는 그리스인들의 두 예술 신 디오니소스와 아폴론에 시선을 두고 이 두 신에게서 가장 깊은 본질과 최고의 목표에 있어서 서로 다른 두 예술세계의 대표자들을 본다. 아폴론은 개별화의 원리를 찬란하게 변용하는 정령(精靈)으로서 내 앞에 서 있다. 가상에 의한 구제가 진정으로 달성되기 위해서는 아폴론에 의지할 수밖에 없다. 이에 반해 디오니소스의 신비적인 환호성에 의해서 개별화의 속박은 분쇄되고 존재의 어머니들에게 이르는 길, 사물의 가장 깊은 핵심에 이르는 길이 열리게 된다. 아폴론적 예술로서의 조형예술과 디오니소스적 예술로서의 음악 사이에는 거대한 대립이 존재하는바, 위대한 사상가들 중에서 오직 한 사람만이 이러한 대립을 분명하게 보았다. 그는 그리스 신화의 상징적 표현의 안내를 받지 않고도 음악에 모든 다른 예술과는 다르면서도 그것들보다 뛰어난 성격과 근원이 있음을 인정했던 것이다. 왜냐하면 음악은 모든 다른 예술처럼 '현상에 대한 모사'가 아니라 '의지 자체

의 직접적인 모사'이며, 따라서 세계의 모든 물질적인 것에 대해서 형이상학적인 것, 모든 현상들에 대해서 물 자체를 표현하기 때문이다.[8)]

니체의 여성은 음악이고 디오니소스이다. 음악은 물 자체의 예술이고 형이하학적인 예술이다. 그렇다면 철학이 일반화를 지향한다고 할 때 음악은 어디로 향해야 하겠는가? 당연히 음악은 그것의 질료인 소리로 향해야 한다. 소리는 결코 대상화되지 않는 물 자체의 마지막 상징이며 은유이다. 니체가 찾는 궁극적인 '존재의 어머니'는 아마도 소리일 것이다.

그런데 소리야말로 동양의 허와 공으로 통하는 매개이고 영매이다. 소리는 특별히 연주되지 않아도 존재하는, 우주에서 항상 잠재되어 떠도는, 바람[風]과 더불어 흐르는[流] 우주음악이다. 이 우주음악은 화성(和聲, 和音)이 없는 산조(散調) 또는 무조(無調)음악 같다.

동양의 '허'와 '공'에 도달할 수 있는 철학이면서 동시에 서양의 디오니소스 음악과도 통하는 소리철학, 포노로지야말로 니체의 계승자이다. 우주의 소리는 모든 움직이는 것, 사건의 상징이면서 은유이다. 소리는 정지된 사물의 사실이 아니다. 소리는 음악보다 더 존재의 본질에 도달하는 존재 자체이다.

현대 철학자들이 니체를 극복하지 못하고 존재의 본질에 도달하지 못한 원인은 소리의 본질에 도달하지 못했기 때문이라고 여겨진다. 소리야말로 우주의 일반성을 확인하는 실체이면서 종래의 '보편성의 철학'아닌 '일반성의 철학'을 위한 근거이다. 소리야말로 우주의 드러남인 현현과 숨김인 은폐의 숨바꼭질이 존재임을 증명하는 것이다.

소리는 우주의 비어 있음을 증명하는 시이며 은유이다. 동시에 비어 있음에서 드러나는 세계의 울림, 세계 그 자체이다. 소리는 음악처럼 우주의 의지이면서 기운생동하는 기운생동 그 자체이다.

동양과 서양은 그 문명을 구성하는 철학과 역사와 전통이 너무 다르다. 서양은 이성중심주의로 인해 남자 중심, 언어 중심, 권력 중심이다. 서양은 시공

---

8) 프리드리히 니체, 『비극의 탄생』, 박찬국 옮김, 아카넷, 2007, 197~199쪽.

간을 바탕으로 하는 자아 중심과 역사주의로 인해 사물을 대상화하는 것에 익숙해 있다. 이는 남자가 여자를 보는 방식이다.

여자-모성을 중심으로 '어머니주의(motherism)'[9]로 세계를 재편해야 하는 까닭은 권력으로부터 가장 멀리 벗어나 있어 인간이 만든 제도 가운데 권력으로부터 벗어나는 데 가장 유리한 것이기 때문이다.

여자(여성, 여성성)의 철학과 남자(남성, 남성성)의 철학을 특징적으로 정리하면 다음과 같다. 여자의 철학이 심=물=마음=몸=기=생이라면 남자의 철학은 심리=물리=정신=육체(물질)=이=기계의 특징을 보인다. 가부장적 남자의 철학에 길들여진 인류는 여자 특히 어머니를 이해하면 심즉물(心卽物), 심즉기(心卽氣), 물즉생(物卽生)을 쉽게 알게 된다. 그래서 여자의 철학, 어머니의 철학이 요구된다.

여자의 철학/ 일반성의 철학	심(心)	물(物)	마음	몸	기(氣)	생(生)
남자의 철학/ 보편성의 철학	심리(心理)/ 현상학	물리(物理)/ 물리학	정신	육체	이(理)/ 추상(抽象)	기계(機械)

산업사회에 이은 오늘날의 정보화사회도 증가(폭발)하는 인구를 부양하기 위한 결과인지도 모른다. 그러나 현대인은 군중 속의 고독한 존재가 되어 있다. 고독이라는 병의 원인을 찾는 것도 중요하지만 병을 치료하는 것이 더 중요하다. 세상에 자신을 태어나게(출생하게) 한 어머니를 중심으로 사회 전반을 재편하는 것이 고독을 치료하는 가장 근본적인 처방일지도 모른다.

철학인류학적으로 볼 때 인간은 자연의 선물 혹은 산물이면서 자연을 벗어나지 못한다. 인간은 자연적 인간일 수밖에 없다. 인간은 '자연적 인간'이다. 인간의 자연성(본능)을 해치면 혹은 자연성을 억압하면 자연은 인간에게 여러 가지 형태로 보복한다. 예컨대 환경재해와 공해와 고독은 대표적인 자연의 보복이다. 고독은 정신적 공해이다. 인간의 고독은 대표적인 정신적·육체적 질병이며 문화적·신체적 질병이다. 고독으로부터 오는 질병은 이루 셀 수 없다.

---

9) 필자의 신조어(新造語)이다. '어머니주의(motherism)'는 '여성주의(feminism)'와도 다른, 그러면서도 신화적인 모성주의(母性主義)와도 다른, 매우 현재적·현존적 개념이다.

인간이라는 개체와 사물이라는 개별성은 시간과 공간으로부터 비롯되었다. 그런데 이제 인간은 시간과 공간으로부터 벗어나고자 한다. 이것이 초월(공간)과 선험(시간)의 문제이다. 돌이켜 생각하면 자유는 시간으로부터 벗어나고자 하는 것인지도 모른다. 평등은 공간(사회)으로부터 벗어나고자 하는 것인지도 모른다. 사랑(인, 자비)은 남(타자, 적)이 된 인간으로부터 벗어나고자 하는 것인지도 모른다.

서양의 민주주의 정신인 자유, 평등, 박애도 자연으로부터 벗어난 인간의 의식과 이성의 산물이라고 볼 수 있다. 이는 역사적으로 실현 불가능한 이상이며, 실현 불가능하기 때문에 역사적 과제가 된 것이라고 보아야 옳다. 서양의 이성은 영원히 추구해야 할 과제, 즉 영원한 대상을 좋아한다. 그런데 영원한 대상은 실은 언어이다. 언어는 심물 혹은 기가 아니기 때문에 영원히 추구해도 결코 실현할 수 없는 대상이다.

어원상으로 물질주의(Matter = material = Mater = mother)와 공산사회주의가 여성시대를 준비하는 미래철학에 적합하지만, 여성시대를 인도하는 철학은 정신주의 계열인 자유자본주의라는 것이 역사적으로 증명되고 있다. 자유자본주의는 많은 문제점에도 불구하고 국가주의 혹은 공산사회주의보다 인간에게 양호한 것으로 나타났다. 자유자본주의는 역설적으로(교차적으로) 풍요와 사랑의 나누기 등으로 공산사회주의의 목표를 달성하고 있고, 공산사회주의는 잘못된 허상의 이데올로기가 되어버렸다.

자유와 화폐는 하나의 짝과도 같다. 자유 없는 화폐도 생각할 수 없지만, 화폐 없는 자유는 더더구나 생각할 수 없다. 물론 화폐의 모임인 자본은 화폐와는 다르다. 그래도 자본이 발생하는 문제점을 화폐는 후발적이지만 치료해가고 있다. 이제 자본은 하나의 자유로운 기호이며 존재론적인 기호이다. 물질이 아니라 자본이 하부구조이다. 자본은 역사적으로 자유의 실천이고 상상력의 실천이라고 하지 않을 수 없다.

자본주의의 화폐(자본)는 부익부 빈익빈을 비롯한 수많은 차별과 불평등, 계급, 계층을 초래했지만 역사적으로(이데올로기가 아닌) 인간의 본능을 사회문화적으로 가장 잘 소화하고 표현하고 있다고 볼 수 있다. 적어도 문제점을

<table>
<tr><td rowspan="3">자연
(自然)</td><td>천
(天)</td><td>시간(時間)</td><td>자유
(시간· 의식으로부터의 탈출)</td><td>사랑
(愛)</td><td>자유자본주의
(부패한 풍요사회)</td></tr>
<tr><td>인
(人)</td><td>인간(人間)</td><td>박애
(남· 타자· 고독으로부터의 탈출)</td><td>인(仁)</td><td>자연-어머니주의
(검소한 자연주의)</td></tr>
<tr><td>지
(地)</td><td>공간(空間)</td><td>평등
(공간·사 회로부터의 탈출)</td><td>자비
(慈悲)</td><td>공산사회주의
(실패한 지상천국)</td></tr>
</table>

스스로 해결해나갈 수 있는 존재의 가능성, 잠재성을 보여주고 있다.[10]

유물론, 공산사회주의는 이데아로부터 출발한 이데올로기로서 철학이 낳은 '나쁜 여자', '질투하는 여자'라는 것이 증명되고 있다. 평등의 실현을 위한 계급투쟁이 생산보다 파괴에 주력하고, 인류의 복지를 주장하면서도 정작 복지는 간 곳이 없고 욕망의 억제와 뒤틀림으로 인해 생산의 부족과 생활의 하향평준화, 성적 퇴폐와 가난을 면치 못하고 있다. 공산사회주의는 허상의 이데올로기만 선전하는 전체주의적 허상 가운데 하나라는 것이 증명되었다. 그래서 소비에트체제는 종말을 고했다. 공산사회주의는 인간의 언어가 생산한 사회적 허구이며 이상적 허상이라는 것이 증명되었다.

인간의 이성 이전에 자유와 평등과 박애는 하나였는데 이성으로 인해 분리되었기 때문에 이성적 자유· 평등· 박애라고 할 수 있다. 이성적으로 납득되지 않는 자유는 자유가 아니며, 이성적으로 입증되지 않는 평등은 평등이 아니며, 사랑조차도 이성적으로 이해되지 않으면 사랑이 아니다. 서구문명에는 항상 이성이 은폐되어 있다. 이성이 아닌 것처럼 위장하지만 속을 파헤쳐보면 이성이 드러난다. 이성이 없는 자연은 본래 자유이고, 본래 평등이고, 본래 박애로 가득 차 있다. 그렇기에 자유와 평등과 박애는 인간이 도저히 이성적으로 실현할 수 없는 이상이기도 하다. 천지인사상에 자유와 평등과 박애를 대입하면 천= 시간= 자유, 지= 공간= 평등, 인= 인간= 박애가 된다.

오늘날 인간 사회는 자연으로부터 너무 멀리 떨어진 탓으로 여러 문제점을 안고 있다. 그래서 자연으로 돌아가기 위해서 사물-되기, 동물-되기, 아이-되

10) 박정진, 『철학의 선물, 선물의 철학』, 538~543쪽.

기, 여자-되기, 식물-되기 등 여러 가지 '-되기'운동을 펼치고 있는지도 모른다.[11] 그러나 현대 사회의 고독은 다른 한편으로 '-되기'를 '-과 섹스하기'라는 병적 현상으로 만들고 있다. 섹스는 인간이 자연성을 가장 가깝게 느낄 수 있는 것이지만, 건강한 섹스가 아닌 섹스는 마약과 같은 것이 될 위험이 있다.

이에 섹스보다는 여러 가지 예술치료가 인간의 자연성을 회복해주는 대안으로 등장하고 있다. 시(詩)치료, 음악치료, 미술치료, 무용치료, 연극치료, 체육치료, 명상치료, 말하기치료 등이 그런 예이다. 예술이 치료가 되는 것은 예술이야말로 현대의 살아 있는 신화이기 때문이다. 현대인은 자연의 건강한 신화를 잃어버리고 있다. 현대 사회의 인간은 극도의 비대칭성(대립성)으로 인한 각종 스트레스에 노출되어 있다. 예술은 비대칭성을 대칭성으로 전환시키는 데 매우 효과적이며, 더욱이 원시자연의 건강성을 회복하게 해준다.

여러 치료 가운데 특히 아무런 조건 없이 이루어지는 연극치료, 말하기치료가 섹스하기보다 훨씬 지속적이고 전반적인 치료임이 증명되고 있다. 인간은 말하고 싶은 존재이다. 인간은 담론적 존재이다. 허상의 이데올로기보다 일상적이고 평범한 담론을 통해 소통하고, 그러한 소통으로 사회와 인생을 구축해나가는 것이 바람직하다.

인간은 건강한 사랑과 함께 사회적 소통을 위한 담론의 자유로운 생산을 각자의 사회에 맞게 실현해야 한다. 아울러 궁극적으로는 가부장사회의 폭력성과 허구성에서 벗어나 어머니의 모성성, 즉 자연의 전체성을 회복함으로써 삶의 건강성과 의식의 고향을 되찾아야 한다.

여자는 느끼며 살고, 남자는 생각하며 산다. 생각하며 사는 남자는 자연과 별도의 세계를 구축해야 하고, 느끼며 사는 여자는 자연과 별도의 세계를 구축할 필요가 없다. 그런데 남자 속에도 여성성이 있고 여자 속에도 남성성이 있기 때문에 그러한 가역과 교차가 인간의 세계를 이룬다. 여자인 은유는 환유(남자)를 낳고, 환유는 다시 은유(여자)로 돌아간다. 은유의 부분은 환유이고, 환유의 전체는 은유이다. 인류는 동종주술(同種呪術)의 시대에서 감염주술(感

11) 박정진, 『철학의 선물, 선물의 철학』, 524~530쪽.

染呪術)의 시대로, 남자의 시대에서 여자의 시대로 돌아간다.

여자는 섹스를 할 때 왜 온몸을 뒤척이면서 시종 소리(신음)를 내고 울고불고 하는가? 남자는 왜 섹스를 할 때 그러한 여자를 바라보면서 지배자(권력자)로서 회심의 미소(자부심)를 짓고 목표(대상화)를 달성하듯 하는가? 바로 여기에 철학의 모든 비밀이 숨어 있다.

지금까지의 이성주의철학은 남자의 철학이었고 '지배의 철학'이었다. 소리철학은 여자의 철학, 어머니의 철학이다. 소리철학은 소리의 공명에서 짐작할 수 있듯이 공생·공존·공영을 추구하는 '평화의 철학'이며, 인간을 포함한 만물을 대상으로 여기지 않는 '교감의 철학'이다. 소리철학은 이성중심주의 철학과는 달리 특별히 말할 것이 없다. 단지 자연으로부터 주어진 것을 인정하는 것에 불과하다. 그런데 자연을 인정하는 것이 어렵다. 인류는 오랫동안 자연으로부터 '너무 멀리' 떨어져 나왔고 멀어졌기 때문이다.

소리철학을 진정으로 이해하는 자는 자신의 몸을 기뻐하고 즐거워하고 소리 지르는 여자와 같다. 이것은 특별히 무엇을 인위적으로 하는 것은 아니다. 소리철학에는 특별히 주장하는 것도 없다. 소리철학은 철학의 중심도 없다. 주장하는 것도 없고 중심도 없는 철학이 어찌 철학이 되겠느냐고 한다면 그저 타고난 것을 느끼고 만족하라고 말하고 싶다.

다만 욕심이 없고, 욕망이 적고, 비어 있어야 소리가 더 잘 들린다는 점에 유의해야 한다. 사물을 바라볼 때 이용을 생각하기보다 사물 자체를 흥겨워해야 한다. 사물의 소리를 들을 수 있어야 한다. 자신의 마음을 비우지 않으면 사물의 소리를 들을 수 없다. 자신의 양심의 소리를 들으려면 자신의 마음에 침잠하여 한없는 깊이에 도달하고 직관해야 그 소리를 들을 수 있듯이, 깊은 명상에 들어 나와 남의 구별이 없어지고 저절로 자아가 없어지고 증발해야 사물의 소리를 들을 수 있다. 이는 사물의 이슬과 같다. 밤새 사물들이 증발하여 하늘에 올라 아침이슬로 다시 내린 것을 받아먹어야 그 단맛, 감로(甘露)를 알 수 있다.

그런 점에서 소리철학은 우주적 차원의 전기 작용이고, 우주적 차원의 단전호흡이고, 우주적 차원의 섹스이다. 이때 사람은 남자가 아니라 여자가 되어야 한다. 그런데 여자가 되어 몸 밖의 다른 남자를 섬기는 것이 아니라 '몸 안의 스스로의 남자'를 섬겨야 하고 '몸 안의 스스로의 여자'를 섬겨야 한다. 이것이 역학에서 말하는 음양의 쌍십교통(雙十交通)이다.

그동안 인류는 사물을 대상화함으로써 생존경쟁에서 살아남고 필요를 충당했지만 그 반대급부로 자연을 잃어버리고 참다운 삶의 기쁨과 행복과 만족을 잊어버렸다. 소리철학은 느낌의 철학이다. 예술인류학이 느낌의 인류학이듯이 소리철학은 느낌의 철학이다. 어떤 삶도 예술이 아닌 삶이 없듯이 어떤 존재도 소리가 아닌 것이 없다.

16
기철학과 상대적 불확정성이론

기철학을 서양의 철학과 과학으로 설명하는 것은 쉬운 일이 아니다. 왜냐하면 입자나 대상이 아닌 것에 대한 철학적 명명이 쉽지 않기 때문이다. 그래서 서양철학은 동양의 기를 물질과 같은 개념으로 설명하기 일쑤였다. 마르크스주의자들은 특히 '기'를 물질로 해석하면서 유물론에 편입시키기도 했다.

그러나 동양의 '기'는 사물의 바탕이 되긴 하지만 그렇다고 물질은 아니다. '기'는 이분법적으로 보면 물질도 아니고 정신도 아니며, 물질에도 있고 정신에도 있는 것이기도 하다. 그렇다고 '기'가 라이프니츠의 모나드(monad, 單子)는 아니다. 모나드는 '넓이나 형체를 가지고 있지 않으며, 무엇으로도 나눌 수 없는 궁극적인 실체로서 모든 존재의 기초'이다. 그러나 '기'는 실체가 아니다.

모나드가 '사방에 유리창이 없는 물체'인데 반해, '기'는 '사방에 유리창이 있는 물체'이다.[1] '기'는 눈에 보이지 않는 물질이고 분위기이다. 서양철학으로 풀이하면 '기'는 모순에 빠지고 만다. 기는 눈에 보이지 않는다는 점에서 추상적인 것으로 오해하기 쉽다. 그래서 기를 이로 오해하는 사람도 있다. 그 단적인 예가 철학자들과 학자들이 무심코 사용하는 '보편적이며 일반적인'이라는 말 속에 숨어 있다. '기'는 보편적이 아니고 일반적이다.

현대물리학, 특히 상대성이론과 불확정성이론이 융합된 '상대적 불확정성이론'에 이르러서야 어느 정도 '기'에 대한 설명이 가능해졌다. 양자역학은 세계의 무아성(無我性)이나 공성(空性)을 이해하는 길을 터주었다. 또 불교의 무량(無量)에 대한 이해를 도와주는 역할을 했다. 뉴턴 역학은 물질의 질량과 운동과 속도를 계량함으로써 질량이 있는 것을 연구하면서도 양을 연구한다고

---

1) 박정진, 『한국문화와 예술인류학』, 미래문화사, 1990, 112~113쪽.

표방하지 않았지만, 정작 질량이 거의 없는 물질을 연구하면서 양자역학이라는 이름을 붙인 것은 어떤 것의 경계지점에 있는 경우 이것이 저것을 드러내고 저것이 이것을 드러내는 이치 때문이다. 경계지점은 개념에서도 왕래하게 되어 있다.

빛은 입자이면서 파동이다. 이러한 빛의 이중성은 맥락에 따른 동봉왕래성이라고 할 수 있다. 양자역학으로 보면 사물은 이중성, 즉 중첩의 원리를 가지고 있다. 사물의 실체성이 있느냐 없느냐는 현대물리학의 근본적인 과제이다. 양자역학의 이중성과 중첩의 원리는 해체철학의 개념과 같은 차원이다. 이중성의 원리는 해체철학의 이원대립적인 개념의 이중성·왕래성·가역성과 맥락이 통하고, 중첩의 원리는 차이와 경계의 이론과 맥락을 같이한다. 양자역학은 물리학의 해체철학이라고 말할 수 있고, 해체철학은 철학의 양자역학이라고 말할 수 있다.

상대론적 양자역학에서 중요한 개념은 스핀(spin, 전자가 고유의 운동량을 가지고 움직이는 자전운동)과 진공(眞空)이다. 스핀은 전자, 양자, 중성자가 가지고 있는 자석의 성질 같은 것이다. 전류의 흐름(회전, 운동)과 상관없이 전자로 인해 자석의 성질을 갖는 것이다. 즉, 양자 차원의 입자는 자체적으로 운동한다.

전자의 자전운동은 만물의 본성이 움직이는 것임을 말해준다. 전자를 기반으로 하는 세계에서는 항상 동(動)이 먼저이고 그다음이 정(靜)이다. '정'은 항상 정중동(靜中動)이다. 움직이는 것에는 소리가 있다. 우리가 그 소리를 못 들을 따름이다. 스핀은 결국 회전하는 것의 소리(sound)일 수밖에 없다.

일반적으로 진공은 '아무것도 없는 것'이다. '어떤 구(球) 안에서 공기를 완전히 뺀 것'을 진공상태라고 한다. 그러나 양자역학의 진공은 아무것도 없는 것이 아니다. 어항 속 물고기를 예로 들어 진공을 설명할 수 있다. 어항 속의 물고기는 물이 있는 상태를 '아무것도 없다'고 느낀다. 무엇이 있다고 생각하는 것은 어항 속에 '공기방울이 있을 때'이다. '공기방울 있음= 물체 있음= 물의 없음'이다. 역설적으로 '물이 꽉 차 있음= 물체 없음= 아무것도 없음'이다.

진공은 어느 에너지 차원 아래에 입자가 꽉 차 있는 것을 말한다. 어느 에너지 차원 아래에서 한 입자가 위로 올라가게 되면(이때 에너지가 들어가야 한다),

불교적 반야론(般若論)	색(色)·유(有)/공(空)·무(無)	공(空)/무(無)	공즉시색 색즉시공
유기론적(唯氣論的) 우주론	기소(氣素)/기소(氣疎)	기(氣)	기일원론(氣一元論)의 세계
양자역학적(量子力學的) 우주론	스핀(spin)=자체운동=소리 입자(粒子)/반입자(反粒子)	어느 에너지 상태 아래의 입자가 꽉 차 있음	입자와 반입자의 쌍생(雙生)
음양철학적 우주론 (다원다층의 음양론)	양(陽)/음(陰) 수평적 음양/수직적 음양	음(陰) 음(音, 淫, 飮)	음양의 역동적 관계(關係)

위에는 올라간 입자가 있게 되고 그 밑에는 '입자의 없음(反粒子)'이 된다. 이것을 물리학에서는 쌍생성(雙生成)이라고 한다.

그런데 왜 우리는 진공상태를 아무것도 없다고 생각하는가? 그것은 어항 속 물고기처럼 아무것도 없다고 느끼는 세계에 우리가 살고 있기 때문이다. 어쩌면 존재가 너무나 당연해서 주의하지 못했을 가능성이 높다. '아무것도 없다'고 느끼는 그것이 바로 존재의 근본이고 바탕이다. 이것이 '근본 아닌 근본'이다. '존재론적 존재'이다. 우리는 '존재자적 존재'를 존재라고 하면서 살아왔다.

인간의 생각은 물속의 공기방울과 같고, 물고기가 공기방울을 수면으로 떠올리는 것과 같다. 인간의 생각이 입자라면 생각하지 않는 것을 반입자라고 할 수 있다. 이는 '인간은 존재하기 때문에 생각한다'고 하면서 '인간은 생각하기 때문에 존재한다'고 도치해서 생각하는 것과 같다. 이때 존재[氣]에서 입자[素]가 나오고 입자가 생기는 것과 동시에 반입자[疏]가 생긴다. '생각=입자'이고 반입자는 존재에서 생긴다. 그러나 존재가 반입자는 아니다. 반입자는 입자를 중심으로 존재를 보는 것이다. 존재는 반입자가 아니라 저절로(그냥) '자연스러움=존재'이다.

17
귀신과 신에 대하여

서양의 기독교는 절대유일신을 믿는다. 그 유일신은 인간의 눈으로 확인할 수 있는 '대상으로서의 신'이며 인격신(人格神)이다. 또 역사적인 신이다. 말하자면 기독교의 신은 절대적인 신앙의 대상이 되는 신이다. 이는 과학이 사물을 인간의 대상으로 삼는 것과 같다. 전자는 결코 수단화할 수 없는 우러러보는 대상이고, 후자는 수단화하는 대상이다. 둘은 방향은 다르지만 대상이라는 공통점을 가지고 있다. 서구문명은 절대적인 대상을 정신(마음)에 지니고 있는 셈이다. 상대적인 세계를 절대적으로 끊은 것이다.

세계를 절대적으로 끊었다는 것은 세계를 수(數)의 세계로 환원했음을 의미한다. 세계를 셀 수 있고 바로 끊을 수 있기 때문에 등식의 세계를 추구할 수 있다. 다시 말하면 세계를 절대적으로 끊지 않았으면 등식의 세계를 추구할 수 없다. 그렇다면 서양의 종교와 과학과 경제는 한 통속이다. 이렇게 신의 문제는 경제의 문제로 연결된다. 이성중심주의 혹은 인간중심주의로 인한 서양문명의 병은 참으로 그 뿌리가 깊다고 할 수 있다.

세계는 과연 끊을 수 있는 것인가? 우리는 이렇게 반문하지 않을 수 없다. 적어도 그렇게 끊을 수 있다고 하면 그 반대인 끊어지지 않는다는 입장에서 그것의 가부를 판단할 수밖에 없다. 인간에게 서구인과 같은 특성이 내재해 있는 것은 사실이다. 가만히 보면 인간의 이데아나 이성이 그 끊음의 정체라는 것을 알 수 있다.

사물의 배면(뒤)에 있던 이데아가 사물의 전면(앞)에 나오고, 다시 그것이 사물의 위로 뛰어오르고(초월), 다시 그것이 사물의 밑바탕(근본)으로 내려온 것이 서양의 이성중심주의 철학이라면 이것은 분명 인간 스스로 그렇게 보았기 때문에 혹은 그렇게 태어났기 때문에 그렇게 되는 문제이다.

사물을 인간 중심으로 바라보지 않을 수는 없는가? 서구문명은 하늘과 땅 사이에 인간(人間)이 있는 구조이다. 이는 겉으로는 하늘과 땅을 섬기지만 혹은 하늘을 섬기고 땅을 깔보지만, 어디까지나 천지의 핵심은 인간이다. 인간만이 '간적(間的) 존재'로 위치한다. 다시 말하면 천간(天間)이나 지간(地間)은 없다. 하늘과 땅 사이에 있는 인간은 시공간의 인간이고, 시공간의 인간은 역사적 인간이고, 역사적 인간은 현상학적 인간이고, 현상학적 인간은 물리적 현상학의 인간이다. 물리적 현상학의 인간은 심물, 즉 마음과 몸이 하나인 줄 모른다. 물리적 현상학의 인간은 결국 물질주의에 빠지게 되는데, 그 물질주의는 바로 정신주의이다.

이에 비해 동양 혹은 동아시아의 천지인사상은 천지인이 순환구조를 이루는 순환적 해석학이다. 말하자면 인중천지(人中天地), 즉 인간 속에 천지가 내재한다. 사람의 몸속에 천지가, 천지신명이 내재한다. 몸이 바로 마음이다. 그래서 모든 인간은 저마다 무당이다. 그런데 그 무당은 제 수준만큼 무당이다. 만물도 제 수준만큼 신명을 내재하고 있다. 그러나 기독교는 신·신명을 역사적으로 혹은 현상학적으로 해석한다. 신이 외재(外在)하여 하늘에서 신명(성령)이 내려와야 신을 접하게 된다고 해석하는 것이다. 이것이 서양문명과 동양문명의 차이이다. 천지인사상으로 보면 본래 사람의 몸에 신명이 있는 셈이다.

어느 쪽이 더 신을 숭상하는 것인가? 겉으로 보면 기독교가 훨씬 더 신을 숭상하는 것 같다. 왜냐하면 기독교는 객관적으로 신을 드러내기 때문이다. 이에 비해 천지인사상에서 신은 본래 인간의 몸속에 있기 때문에 객관적으로 드러낼 필요를 느끼지 않는다. 기독교처럼 그렇게 교회에서 전시하지 않아도 된다. 예컨대 가만히 장독대나 은밀한(정갈한) 장소에서 천지신명에게 빌면 되는 것이다.

한자의 신(神)은 본래 귀신(鬼神) '신'이다. 어원학적으로 혹은 발생학적으로 귀신이 신보다 먼저이다. 귀신은 주로 조상신들이다. 인간의 삶의 범위가 넓어지고 넓은 지역에서 확대 재생산된 귀신이 오늘날 고등종교의 신이나 부처이다. 말하자면 신이나 부처는 인간의 삶의 공간의 확대와 더불어 발생한 것이다. 귀신이나 신의 문제를 인간의 몸을 기준으로 해석하면, 우리 몸속에 살아 있는 조상을 밖으로 드러내어 경배하는 것이 조상제사이고, 이보다는 더 오래된 것 같은 천지창조의 신(부처)을 경배하는 것이 고등종교의 제례의식이다.

기독교의 유일신과 불교의 부처를 함께 놓는 것은 일견 불합리하게 느껴진다. 기독교의 신은 천지를 창조한 신이며 인간으로부터 처음부터 객관적으로 존재하는 신이고, 부처는 스스로 우주적 깨달음에 도달한 각자(覺者)이기 때문이다. 전자는 처음부터 신이고, 후자는 나중에 깨달은 사람이다. 그러나 출발이야 어떻든 현재 신앙적으로 초월적인 대상이라는 점이 둘의 공통점이다.

그렇다면 귀신도 신앙하고 있다면 이미 초월적 대상으로 섬기는 것이 아닌가라고 반문할 수 있다. 물론 그렇다. 그러나 조상신인 귀신은 내 몸과 가장 가까운 거리에 붙어 있는 존재이다. 고등종교의 신이 추상적이라면 조상신은 구체적이다. 고등종교의 신도 추상에서 구체로, 우리 몸으로 느낄 수 있다. 그러나 그것이 본래 그런 것은 아니다.

옛날 사람들은 귀신을 신으로 썼지만 오늘의 사람은 신을 귀신으로 쓴다. 귀신과 신은 같은 것이다. 이는 과거와 미래가 같은 것인 이치와 같다. 귀신이든 신이든 인간은 자신의 몸(마음)속에 있는 존재의 근본(원인)을 밖으로 끄집어내어 제사를 지내는 '의례적(儀禮的) 존재'이다. 그러한 점에서 인간은 본질적으로 '놀이의 존재'이다. 의례라는 퍼포먼스는 인간으로 하여금 삶에 도취케 하는 마력을 지니고 있다. 특히 의례에는 생멸의 이중성(동시성) 문제, 삶과 죽음의 경계, 희생(犧牲)과 푸닥거리로서의 축제(祝祭) 등과 함께 인간의 상상력이 개재되어 있어서 인간은 의례를 위해 존재하는 동물처럼 보이기도 한다.

기독교나 불교의 의식, 유교의 조상제례는 인류의 대표적인 제례이다. 이들 제례의 공통점은 모두 신을 대상으로 섬기고 있다는 것이다. 과연 신앙과 믿음의 대상으로 신을 제사지내는 것이 옳은가? 이는 자못 형식에 치우칠 우려가 있다. 오늘날 인류사회의 일부인, 유물론을 섬기는 공산사회주의는 신을 부정하고 있다.

유물론과 무신론은 신과 사물을 분리해 놓고 그것을 대상으로 하는 것에서 비롯되었다. 서구문명은 처음부터 유물론은 배태하고 있었던 셈이다. 서구의 유심론(절대정신주의)과 유일신은 도리어, 뜻하지 않게, 유물론과 무신론을 낳은 셈이다.

그러나 동양의 심물론(心物論)은 심이 곧 물이고 물이 곧 심이기 때문에 유심(唯心)이나 유물(唯物)을 말하지 않는다. 그렇게 말하면 이미 심물일체론을 벗어나기 때문이다. 심물일체론은 급기야 신물일체론(神物一體論)이 된다.

신들을 대상으로 섬기는 데 그치는 것이 아니라 참으로 자신의 몸속에서 (마음으로) 천지신명이 하나가 되는 것을 느끼는 자세가 요구된다. 서구의 천지인간(天地之人間)의 자세나 태도가 아니라 항상 천지일체를 느끼는 인중천지일(人中天地一)의 자세와 태도이다. 심신일체와 동시에 심신일체(心神一體)의 경지에 들어가야 인중천지일이 실현된다. 신들은 우리 몸과 마음속에 살아 있다. 현재에 살아 있는 것만이 존재하고 있다. 현재에 살아 있지 않은 것은 존재하고 있지 않은 것이다. 기호로 혹은 책 속에 있는 것은 살아 있는 것이 아니다.

수신제가치국평천하(修身齊家治國平天下)가 아니라 자신(自身, 自信, 自新, 自神)에 이르러야 한다. 내 몸을 중심으로 (마음으로) 믿음을 가지고 날마다 새롭게 자신을 일깨우면서 스스로 신을 느껴야 한다. 날마다 새롭지 않으면 신이 아니다. 신은 지금 이 순간에도 역동적으로 움직이고 있다. 그것은 보편성, 초자아, 초월적 존재자가 아니라 세계에 흩어진 일반성, 무의식, 무아의 존재이다.

서경덕(徐敬德)의 「귀신사생론(鬼神死生論)」(『화담집(華潭集)』에 수록)은 이 분야에서 주목할 만한 글이다.

> 정호(程顥), 장재(張載), 주희(朱熹) 선생의 글에는 죽음과 삶 그리고 귀신(鬼神)의 실상에 대한 논설이 갖추어져 있다. 그러나 그것이 그렇게 되는 지극한 이치는 설파하지 못했으며, 모두 끌어내기는 했으나 밝혀내지는 않고 후학들로 하여금 스스로 깨닫도록 하고 있다. 이리하여 후세의 학자들은 그 내용들 중에 하나만 알고 둘은 이해하지 못하게 되었으며, 그 대강만을 전하고 세세한 것은 보지도 못하게 되었던 것이다. 나는 세 분 선생들의 미묘한 뜻을 한데 얼버무려 전체적으로 논하려 하는데, 역시 오랜 예로부터 지녀온 의문을 깨치기에 족하리라 믿는다(程張朱說極備死生鬼神之情狀. 然亦未

肯說破所以然之極致, 皆引而不發, 令學者自得. 比後學之所以 得其一, 而不得其二. 傳其粗, 而不見十分之精. 某慾浮三先生之微旨, 以爲鶻突之論, 亦足以破千古之疑).

정호(程顥) 선생이 말씀하시길 "죽음과 삶, 사람과 귀신은 하나이며 둘이고, 둘이면서도 하나이다"고 했는데 이것으로 충분히 설명된 것이다. 내 생각으로는 죽음과 삶, 사람과 귀신은 다만 기(氣)의 모인 것과 흩어진 것의 차이가 있을 뿐이다. 모이고 흩어진 차이만 있지 '있음(有)'과 '없음(無)'의 차이가 없는 것은 기(氣)의 본체가 그러하기 때문이다(程曰, 死生人鬼, 一而二, 二而一, 比盡之矣. 吾亦曰, 死生人鬼, 只是氣之聚散而已. 有聚散而無有, 無氣之本體然矣).

기(氣)가 맑게 한데 어울리어 맑게 텅 비어 있는 것은 한없는 허공 속에 가득 차 있는데, 그것이 크게 모인 것이 하늘과 땅이 되었고, 그것이 작게 모인 것이 만물이 된 것이다. 기(氣)가 모이고 흩어지는 형세에는 미약한 것과 뚜렷한 것, 오래되는 것과 빠른 것이 있다.(氣之湛一淸虛者, 瀰漫無外之虛, 聚之大者爲天地, 聚之小者爲萬物. 聚散之勢, 有微著久速耳)

시간과 공간의 밖에 무엇이 없으면 시간과 공간을 말할 수 없다. 시간과 공간의 밖은 시간과 공간이 없는 것이다. 시간과 공간도 무(無, 舞)에서 유(有, 由)로 나왔다.

기억(記憶)의 신이 귀신이고 기운(氣運)의 신이 신이다. 귀신즉시신(鬼神卽是神)이고 신즉시귀신(神卽是鬼神)이다. 과거즉시미래(過去卽是未來)이고 미래즉시과거(未來卽是過去)이다. 세계와 현재는 왕래하는 것일 뿐이다. 죽은 귀신을 찾지 말고 살아 있는 신을 찾아라. 신을 찾으면 제대로 귀신이 된다.

인간은 물론이고 만물은 현존적 존재이다. 현존적으로 흘러가는 우주 속에서 인간은 내 안의 귀신(조상)과 신(신명)을 다스리기 위해 제사를 지내고 축제를 벌여왔다. 또 내 안의 천지를 다스리기 위해 천지에 제사를 지내왔다. 이것이 신화와 종교에 의지해서 삶을 이끌어온 인간의 진면목이다.

언어의 환원성에 의존하는 과학의 등장은 인간이 자신과 만물을 대상화하고 그것을 이용하는 길을 열어주었다. 그러나 그 반대급부로 인간은 우주로부터 소외되었다. 과학은 시간과 공간의 틀 속에 인간을 가두는 결과를 초래했다. 이제 철학은 인간이 시공간의 족쇄를 풀어버리고 자신의 현존적 흐름이 우주적 사건의 전체성임을 깨달을 수 있게 해야 한다. 이것이 행복이고 기쁨이고 열락이고 열반이다.

모든 구조는 음양으로 팽창하고 음양으로 수축한다. 모든 구조는 음양으로 진화하고 음양으로 환원된다. 구원(기도)의 구조나 깨달음(명상)의 구조, 소유(정복)의 구조나 자유(비소유)의 구조, 도둑(도피)의 구조나 피안(열반)의 구조, 복종(믿음)의 구조나 유희(풍류)의 구조나 모두 같다.

동양의 유기론은 흔히 서양철학의 이성중심주의의 영향으로 유물론으로 해석되기도 하는데 이는 잘못된 것이다. 서양의 유심(정신)-유물(물질) 이분법은 동양의 '기'라는 개념을 수용하는 데 원천적으로 한계가 있다. 이는 양자의 맥락이 다르기 때문이다. 동양의 이기론과 심물론은 서양의 정신(유심)-물질(유물)론처럼 이분법적이 아니라 상호적이다. 이분법의 비대칭적인 것이 아니라 대칭적인 것이다. 서양의 이성, 즉 정신을 동양의 이에 대입하니 기는 저절로 물질이 되어버린 것이다. 서양철학에서 동양의 기에 가장 접근한 것은 바로 물론(物論, physis)이다.

세계는 상대적이기 때문에 절대적이고 절대적이기 때문에 상대적이다. 만물은 시시각각 빅뱅이고 시시각각 블랙홀이다. 만약 우주가 완벽한 존재라면 스스로 내놓은 것을 스스로 거두어들이지 않으면 안 되기 때문이다. 우주는 결코 쓰레기, 잉여의 인간이든, 잉여의 생산이든, 잉여를 만드는 존재가 아니기 때문이다. 이기론과 심물론 자체가 '불일이불이(不一而不二)'의 관계에 있다. 이것을 가지고 일(一)이냐 이(二)냐 하며 논쟁하는 것은 무의미함은 물론이고, 현상학적 차원이다.

서경덕이 "기는 끝내 흩어져 사라지지 않는다"고 말한 대목은 의미심장하다. 실체론적 사고에 의하면 생멸하지 않는 것이 없다. 그러나 실체론적 사고에서 벗어나 존재론적 사고, 파동적 사고에 들어가면 존재와 파동은 사라질 수 없는 것이다.

일반성의 철학에 따른 '일반성의 존재'는 인간 중심 혹은 신 중심의 사고에 의해 '초월적인 존재자'로 변모한다. 여기서 종교가 탄생한다. 종교는 자연과 존재와 무를 '유(有)의 관점'에서 대상화하고 텍스트화한 것이다. 이 대목의 독해에는 주의가 필요하다. 잘못하면 실체적 사고의 맥락에서 읽을 수 있기 때문이다. 그렇게 되면 기를 다시 존재자로 환원시키게 된다. 그렇게 되면 바로 유물론이다. 흔히 유기론이 유물론이 되는 까닭이다.

무엇(인간)이 어디에서 어디로 간다는 것은 모두 시간과 공간에 예속된 사고일 뿐이다. 영혼도 그렇고, 천국과 극락과 지옥도 그렇고, 귀신과 신도 그렇다. 인간은 왜 그렇게 생각하는 것일까? 인간(人間) = 시간(時間) = 공간(空間)이다. 그래서 인간이다. 그러나 기일원론의 관점에서 보면 모든 것은 기의 집산이며 변화무쌍일 뿐이다. 기일원론의 관점은 불교의 관점이며, 더 올라가서는 『천부경』의 관점이다. 불교의 제행무상·제법무아는 바로 이것을 말한다.

『천부경』의 인중천지일은 천지의 안에 있는 인간이 인간 밖에 있는 천지를 다 포함하니 결국 무시무종이다.

> 크고 작은 것이 태허(太虛)에 모이고 흩어지고 하는데, 비록 크고 작음의 차이는 있지만 한 포기의 풀이나 한 그루의 나무 같은 미소한 것이라 할지라도 그 기(氣)는 끝내 흩어져 사라져 버리지 않는다. 하물며 사람의 정신(精神)과 지각(知覺)같이 크고 오래 모인 기(氣)야 말할 게 있겠는가? 몸과 넋이 흩어지는 것을 보면 영원히 사라져 버리는 것 같기도 한데, 여기에 대하여는 모든 이가 생각해보지 않을 수 없을 것이다. 비록 앞의 세 분 선생들의 제자라 하더라도 역시 모두 그 궁극적인 것에는 풀이하지 못했으며 모두 찌꺼기들만 주어모아 자기의 설을 만들어내고 있다(氣之湛一淸虛者, 瀰漫無外之虛, 聚之大者爲天地, 聚之小者爲萬物. 聚散之勢, 有微著久速耳. 大小之 聚散於太虛, 以大小有殊, 雖一草一木之微者, 其氣終亦不散, 況人之精神知覺, 聚之大且久者哉! 形魄見其有散, 似歸於盡, 沒於無. 此處率皆不得致思. 雖三先生之門下, 亦莫能皆諸其極, 皆掇拾粗粕 爲說爾).

기(氣)는 맑게 한데 어울리어 맑고 텅 비어 있는데, 태허(太虛)의 움직임이 양

(陽)을 낳고 고요함으로 음(陰)을 낳음에 근원을 두고 있다. 그것의 모인 것이 점점 쌓이면서 넓고 두껍게 됨에 따라 하늘과 땅이 되었고 우리 인간이 된 것이다. 사람이 흩어짐에 있어서는 몸과 넋은 비록 흩어지지만 한데 어울리어 맑고 텅 비어 있는 것에서는 끝내 흩어지지 않는 것이다. 태허(太虛)의 맑게 한데 어울려 있는 가운데로 흩어지려 해도 결국 모두 같은 기(氣)인 것이다. 그 지각의 모임과 흩어짐에는 다만 느리고 빠름이 있을 뿐이다. 비록 가장 빨리 흩어지는 것으로는 하루나 한 달이 걸리는 것들이 있는데, 그것은 물건 가운데에서도 미소한 것들이지만 그 기(氣)는 역시 끝내 흩어지지 않는다(氣之湛一清虛, 原於太虛之動而生陽, 靜而生陰之始. 聚之有漸, 以至博厚爲天地. 爲吾人. 人之散耳, 形魄散耳, 聚之湛一清虛者, 終亦不散. 散於太虛湛一之中, 同一氣也. 其知覺之聚散, 只有久速耳. 雖散之最速, 有日月期者, 乃物之微者爾, 其氣終亦不散).

왜 그런가 하면 기(氣)가 맑게 한데 어울려 맑고 텅 비어 있는 태허(太虛)는 그 시작이 없음으로 그 끝도 없기 때문이다. 이 이치야말로 기(氣)가 지극히 오묘한 까닭이 되는 것이다. 학자들이 진실로 이러한 경지에까지 공부를 하게 된다면 비로소 수많은 성인들이 다 전해주지 않은 미묘한 뜻을 엿볼 수 있게 될 것이다. 비록 한 조각 촛불의 기(氣)가 눈앞에서 흩어지고 있는 게 보인다 하더라도 그 나머지 기(氣)는 끝내 흩어지지 않는 것이다. 어찌 기(氣)가 무(無)로 없어질 수 있겠는가(何者, 氣之湛一清虛者, 旣無其始, 又無其終. 此理氣所以極妙底. 學者苟能做工到此地頭, 始得覷破千 聖不盡傳之微旨矣. 雖一片香燭之氣, 見其有散於目前, 其餘氣終亦不散. 烏得氣之盡於無耶).

18
주술로 바라보는 현대 문명
인간은 복논리적 존재

1) 은유와 환유

우리는 주술(呪術, magic)이라고 하면 대뜸 미신을 떠올린다. 그러나 이는 현대인의 인간 중심 혹은 과학 중심의 사고라고 말하지 않을 수 없다. 오늘날 과학만능의 맹신이야말로 어떤 점에서는 미신이라고 하지 않을 수 없고, 심하게는 에코파시즘(eco-fascism)이라고 규정할 수도 있다.

우리는 주술을 통해 현대 문명과 과학을 보다 비교론적으로 바라볼 수 있다. 주술(呪術)은 '주문(呪文)+기술(技術)'로 문화의 복합성 혹은 문화총체성을 지니고 있는 용어이다. 다시 말하면 인류의 문무(文武)문화의 원형을 고스란히 간직하고 있는 용어이다. 즉, 주술=주문+기술=문+무=인문+과학이라고 설명할 수 있다.

주술에는 동종주술(同種呪術)과 감염주술(感染呪術)이 있다. 이것은 오늘날의 현대 문명까지 설명할 수 있는 틀이다. 동종주술은 사물을 직접 만지거나 접촉하지 않고 그것을 생각하거나 상상하는 유비(類比) 혹은 유사(類似), 그리고 등식을 추구하는 것에 비할 수 있다. 자연으로부터 약간 분리된 것을 뜻한다. 감염주술은 직접 만지고 접촉하고 접속하고 본래 하나였던 우주를 느끼는 세계, 생멸하는 세계, 몸으로 부딪히는 양육강식의 세계, 세균감염의 세계 등 세계의 전체성과 총체성과 관련 있다. 자연과 하나인 세계를 뜻한다.

주술은 문장의 비유법인 메토니미(환유) 및 메타포(은유)와도 통한다. 주술과 비유법은 서로 통하면서 때로는 교차하기 때문에 이분법적이지 않다. 말하자면 은유에서 환유가 나오고 환유는 다시 은유의 세계에 합류한다. 이러한 교차의 과정으로 인해 인간의 종교와 과학과 예술이 존재하게 된다. 이는 물론 소통(疏通, 交通)의 세계 및 교감(交感, 感染)의 세계를 이루는 원동력이다.

현대 철학은 고금소통을 실천한 탓인지 구조와 대칭, 대칭의 이중성, 대칭의 교환과 등식, 차이와 연장, 가역성과 애매모호성에 대해 눈을 뜨기 시작했다. 특히 인간의 무의식에서 일어나고 있는 일이 언어학적 메타포 및 메토니미와 같다는 것에 주목하면서 고대 및 원시인의 마음 연구에 박차를 가하고 있다. 또한 구조언어학의 시니피앙(能記)과 시니피에(所記)를 학문 전체에 원용하면서 동양의 천지인사상이나 음양사상, 불교사상, 노장사상 등과의 연결에 골몰하고 있다.

> 메타포(metaphor)라는 단어는 두 가지 그리스어인 '그 위에'를 뜻하는 'meta'와 '~을 넘어서 전하다'라는 뜻의 'pherein'으로 이루어져 있다. 은유는 어떤 단절을 뛰어넘어 하나의 사고에서 다른 사고로 도약할 수 있도록 해준다. 은유는 동시에 지각되는 여러 수준의 다양한 의미를 내포하고 있으며, 언어에 유연성을 부여한다. 이런 유연성이 없는 경우 커뮤니케이션은 대개 흥미가 반감되고 때론 곤란해지며 아예 불가능할 때도 있다. (중략) 은유는 시와 신화를 낳았으며, 또한 종교의 비유와 민담의 지혜를 이해하는 데에 필요불가결한 것이다.[1)]

언어는 본질적으로 초월적이다. 알 수 없는 사물에 이름을 붙이면서 그것을 표지(標識)로 사용한다. 이름을 붙이는 것은 사물을 표지로 환원시키는 과정이고, 그 과정이 계속되는 것은 초월의 힘이다. 그래서 언어는 초월성과 일반성을 동시에 공존(공동거주)시키고 있다. 메타포이든, 메토니미이든 '메타(meta, meto)'가 붙어 있다.

메타포는 수직적 이동을 가능하게 하고, 메토니미는 수평적 연결을 가능하게 한다. 메타포는 의미의 발생, 의미의 내포성, 표현과 관련이 있고, 메토니

1) 레너드 쉴레인, 『알파벳과 여신』, 조윤정 옮김, 파스칼북스, 2004, 42~43쪽.

의미의 발생	
메타포의 의미	현상학적 의미(메토니미의 의미)
신체의 차원(의식, 무의식 차원)	의식의 차원(의식학)
메타포(metaphor) → 메토니미(metonymy)	의미작용(noesis) ↔ 관념적 대상(noema)
감정적 의미가 중심	개념적(명제적) 의미가 중심
상상력에 크게 의존	이성에 크게 의존
시(詩)의 탄생	과학(科學)의 탄생

미는 의미의 환유, 의미의 외연성, 표지와 관련이 있다.

의미의 발생은 메타포의 차원에서 말할 수도 있고 현상학적 차원에서 바라볼 수도 있다. 메타포는 신체의 차원으로 의식과 무의식을 다 포용하고 감정적 의미가 중심을 이룬다. 메타포의 의미는 사물을 과학적으로 바라보지 않게 하는 것이다. 이는 사물을 존재적으로 바라보게 하고 물질(物質)을 물(物)로 바라보게 한다. 이에 비해 현상학적 의미는 의식의 차원에서 이루어지며, 주로 개념적(명제적) 의미가 중심을 이룬다. 현상학적 의미의 여러 갈래 중에서 분명히 사물을 과학적으로 바라보게 하는 갈래를 찾을 수 있다. 현상학의 주관적 의미는 의식의 영역을 떠나 자연과학의 객관적인 의미가 된다.

현상학은 마음의 현상으로서의 몸을 바라보는 '몸[物]의 현상학'과 정신의 대상으로서 물질을 바라보는 '정신의 현상학'으로 크게 나뉜다. 전자는 세계를 '드러나는 것/드러나지 않는 것'으로 나누는 반면 후자는 '정신/정신의 대상'으로 나눈다. 그런 점에서 현상학은 의식학이다.

은유는 흔히 시적 상상력이나 수사의 도구처럼 생각해왔다. 그러나 레이코프와 존슨은 다음과 같이 주장한다.

> 은유의 본질은 한 종류의 사물을 다른 종류의 사물의 관점에서(in terms of) 이해하고 경험하는 것이다. (중략) 우리는 인간의 사고과정의 대부분이 은유적이라고 주장하려고 한다. 이것이 인간이 개념체계가 은유적으로 구성되고 규정된다는 말의 의미이다.[2)]

오히려 인간의 개념 체계가 은유의 산물임을 주장하는 것이다. 그러한 점에서 "은유는 언제나 은유적 개념을 뜻하는 것으로 이해되어야 할 것이다."[3]

레이코프와 존슨은 인과관계조차 체험적 게슈탈트로 이해될 수 있다고 제안한다. 이는 인과관계를 적절히 이해하기 위해 해체 불가능한 원소와는 다른 구성요소들로 간주하는, 부분보다 더 기본적인 것으로 전체로서 받아들이는 것을 의미한다.[4] 주관주의와 객관주의를 넘어서서 제3의 체험주의적 종합을 꾀하는 그들은 주관주의와 객관주의의 신화를 분석·비판하면서 상상적 합리성을 대안으로 내어놓는다.

레이코프와 존슨이 제시한 객관주의의 신화는 다음과 같다.

① 세계는 대상들로 구성되어 있다. 대상은 그것을 경험하는 모든 사람, 또는 여타의 존재와는 독립성을 갖는다.

② 우리는 세계 안에 존재하는 대상을 경험함으로써, 또 그 대상이 어떤 속성을 지니며 어떤 방식으로 상호 관련되어 있는가를 알게 됨으로써 이 세계에 대한 지식을 얻는다.

③ 우리는 이 세계 내의 대상을 범주와 개념의 과정에서 이해한다. 이 범주와 개념은 대상이 그 자체로(본유적으로) 갖는 속성들과 그것들 사이의 관계에 상응한다.

④ 객관적 실재가 존재하며, 우리는 그것에 관해 객관적·절대적으로, 그리고 무조건적으로 참 또는 거짓의 어떤 것을 말할 수 있다. (중략) 과학은 주관적 한계를 넘어서서 보편타당하고 편견 없는 관점에서 이해에 도달할 수 있는 방법론을 우리에게 제공해준다.

⑤ 낱말은 고정된 의미를 갖는다. 즉 우리의 언어는 우리의 사고의 관점이 되는 개념과 범주를 표현한다.

---

2) G. 레이코프, M. 존슨, 『삶으로서의 은유』, 노양진·나익주 옮김, 박이정, 2006, 24~25쪽.

3) 같은 책, 25쪽.

4) 같은 책, 143쪽.

⑥ 우리는 객관적일 수 있고, 객관적으로 말할 수 있지만 그것은 다만 명료하고 정확하게 정의된, 즉 올바르고 직접적이며 실재에 합치될 수 있는 언어를 사용할 때만 가능하다.

⑦ 은유, 그리고 다른 종류의 시적, 환상적, 수사적, 또는 비유적인 언어는 객관적인 대화에서 언제나 제외될 수 있는 것이며 또한 제외되어야 할 것이다.

⑧ 객관적이라는 것은 일반적으로 좋은 것이다.

⑨ 객관적이라는 것은 합리적이라는 것이다. 주관적이라는 것은 비합리적이며, 감정에 굴복하는 것이다.

⑩ 주관성은 위험할 수 있다. 왜냐하면 그것을 우리를 실재로부터 멀어지게 할 수 있기 때문이다.[5]

레이코프와 존슨이 제시한 주관주의의 신화는 다음과 같다.

① 대부분이 일상적인 실제 활동에서 우리는 우리의 감각에 의존하며, 우리가 신뢰할 수 있는 직관을 계발한다. (중략) 우리 자신의 감각과 직관은 우리의 행위에 있어서 최선의 지침이 된다.

② 우리의 삶에서 가장 중요한 것은 우리의 느낌, 미적 감수성, 도덕적 관행, 그리고 정신적 자각이다. 이것들은 순수하게 주관적이다.

③ 예술과 시가는 합리성과 객관성을 넘어서며, 우리를 느낌과 직관이라는 보다 중요한 실재들과 접맥시켜 준다. 우리는 이성보다는 상상력을 통해 이 자각을 얻는다.

④ 상상력의 언어, 특히 은유는 우리의 경험에서 특이하고, 개인적으로 의미 있는 측면을 표현하는 데 필수적이다. 개인적인 이해의 문제에 있어서는 낱말이 갖는 일상적으로 합의된 의미는 쓸모가 없을 것이다.

⑤ 객관성은 위험할 수도 있다. 왜냐하면 객관성이 개개인에게 가장 중요하고 의미 있는 것을 간과하기 때문이다.[6]

---

5) 같은 책, 306~308쪽.

레이코프와 존슨은 체험주의를 대안으로 주장한다.

> 우리는 진리가 다만 상상력을 통해서만 얻어지며, 외적인 상황에 의해서 제약되지 않는다는 주관주의적 대안을 수용하지 않으며, 절대적이고 무조건적인 진리가 있다는 객관주의적 입장도 거부한다. (중략)우리가 은유에 그렇게 강한 관심을 보이는 이유는 은유가 이성과 상상력을 융합하기 때문이다. 이성은 최소한 범주화와 함의, 추론을 포함한다. 상상력은 자신의 다양한 측면 중의 하나로서 어떤 사물을 다른 사물의 관점에서 보는 것- 우리가 '은유적 사고'라고 부르는- 을 포함한다. 그래서 은유는 상상적 합리성이다.[7]

그들은 은유를 사용하는 상상적 합리성이 가능하다고 주장한다.

> 우리의 일상적 사고의 범주가 대부분 은유적이다. 일상적인 사유가 은유적 함의와 추론을 포함하기 때문에 일상적인 합리성은 바로 그 본성에 있어서 상상적이다. 시적 은유를 은유적 함의와 추론의 관점에서 이해한다고 하면, 시적 상상력의 산물도 똑같은 이유 때문에 본성상 부분적으로 합리적이라는 것을 알 수 있다. 은유는 완전히는 이해할 수 없는 것, 즉 느낌, 미적 경험, 도덕적 실천, 영적 지각 등을 부분적으로 이해하는 데 필요한 가장 중요한 도구들 중의 하나이다. 상상력의 이러한 활동은 합리성을 결여한 것이 아니다. 그것은 은유를 사용하기 때문에 상상적 합리성을 사용한다. 체험주의적 접근은 또한 공평성과 객관성의 가능성에 대한 객관주의 신화와 주관주의 신화 사이의 간격을 메워줄 수 있다.[8]

이는 여자의 재생산을 몸에서 생산되는 것이라고 하찮게 여기고 남자들의

---

6) 같은 책, 308~309쪽.

7) 같은 책, 315쪽.

8) 같은 책, 315쪽.

샤먼/종교(氣): 주술(呪術)	동종주술 (homeopathic magic)	메타포 (metaphor)	유사성 (similarity)	예술, 상징	↑↓
	감염주술 (contagious magic)	메토니미 (metonymy)	접촉성 (contact)	학문(과학), 경제	

생산만 생산이라고 여기던 남자들에게 여자의 재생산이 인간의 삶에서 보다 근본적 기능을 하고 있음을 일깨우는 것과 같다. 철학적인 개념과 과학적 사유는 은유를 바탕으로 하며 은유가 몸을 통과해서 일어나는 것이라는 사실은 철학계에 큰 변화를 몰고 왔다.

은유는 몸(마음)-상상력과 관련이 있고, 문화적으로는 시(운율)-예술(종교)과 관련이 크다. 은유는 여성적 특성과 관련이 많다. 이에 비해 환유는 정신(물질)-이성과 관련이 있고, 문화적으로는 산문(인과)과 관련이 크다. 환유는 남성적 특성과 관련이 많다. 그러나 이들이 서로 가역하지 않으면 안 된다.

은유의 역사는 아주 오래되었다. 은유는 원시인의 동종주술에 그 뿌리가 있다. 환유는 접촉주술에 그 뿌리가 있다. 동종주술은 처음부터 시간과 공간을 넘어서서 생각하는 것이고, 접촉주술은 시간과 공간에 얽매이는 것이다. 그러한 점에서 현생인류, 즉 호모사피엔스사피엔스는 종의 등장 이후 전혀 진화하지 않았다는 것을 알 수 있다. 은유=동종주술, 환유=접촉주술이라면 말이다. 필자는 이미 은유와 주술의 관계를 밝힌 바 있다.[9]

인간이 상징적 의미를 창안하는 방법 중에서 가장 대표적인 대립(對立)인 '좌/우'는 시각적인 특성을 보인다. 남자는 좌뇌적이고, 여자는 우뇌적이다. 남자는 보다 시각적이고 여자는 청각적이다.[10] 여자들이 아름다운 시에 약한

---

9) 박정진, 『한국문화와 예술인류학』, 미래문화사, 1990, 240~243쪽.

10) 대체로 남자는 시각적인 자극에 더 반응하는 반면, 여자는 청각적인 자극에 더 또렷한 반응을 보인다. 남자에게 여성의 나체 사진을 보여주며 동공의 크기 변화를 측정하면 거의 예외 없이 변화를 보인다. 하지만 여자에게 남성의 나체 사진을 보여주면 반응이 다양하다. 동공이 커지는 여자도 있고 그렇지 않은 여자도 있다. 대신 여자에게 사랑의 장면을 묘사한 달콤한 애정소설을 읽어주면 더욱 많은 여자들의 동공이 커진다. 남자와 여자는 감각기관에서도 이처럼 큰 차이를 보인다. 이런 비유도 있다. 남자는 시각적

은유	몸(마음)	상상력	시(운율)	예술(종교)	동종주술	여자/청각적
환유	정신(물질)	이성	산문(인과)	과학	접촉주술	남자/시각적

것은 그 때문이다. 시는 근본적으로 청각(운율)적이다. 남자들이 보다 과학적인 이유는 과학이 시각적인 것에 의존하기 때문이다. 청각은 은유적이고 시각은 환유적이다. 인간의 근본은 여성적인 것에 있다. 여성적인 것을 바탕으로 남성적인 것이 덧붙여졌다.

인간의 특징은 환유보다는 은유에 있다. 환유는 비록 엄정한 구문(構文)의 완성을 통해 과학의 발전에 기여하지만, 인간의 보다 많은 활동영역은 은유적 능력과 연계되어 있다. 그런데 은유의 생성적 의미는 몸에서 일어나므로 신체적 환유의 과정을 거치지 않을 수 없다. 결국 은유와 환유는 상호보완적일 수밖에 없다.

> 개념적 은유의 존재와 편재성에 대한 증거는 급속이 증가하여 은유가 어떻게 사고를 구조화하는지에 대해 훨씬 선명한 구도를 제공했다. (중략) 1980년대 초반에 레이코프와 코브체시는 분노 은유의 체계가 다양한 언어와 문화에 걸쳐 분노 자체의 생리학으로부터 생겨난다는 사실을 보여주었다.[11]

더욱이 은유가 합성된다는 사실을 발견하게 된다.

> 레이코프와 터너(G. Lakoff and M. Turner)는『냉철한 이성을 넘어서(More than Cool Reason)』에서 심층분석을 복합적인 시적·문학적 텍스트의 은유에

이고 후각적이고, 여자는 청각적이고 촉각적이다. 남자는 성공지향적이고, 여자는 관계지향적이다. 남자는 객관적·논리적(추상적)이고, 여자는 정서적·구체적(실제적)이다. 남자는 이성적이고 여자는 감정적이다. 어려운 일을 당할 때 남자는 골치(머리)가 아프다고 말하고, 여자는 가슴(감정)이 답답하다고 말한다. 남자는 경쟁심을 잘 느끼고 여자는 질투심을 쉽게 느낀다.

11) G. 레이코프, M. 존슨,『삶으로서의 은유』, 384쪽.

> 적용했다. 그 분석은 상상력의 구조를 드러내주었다. 즉 새로운 은유적 개념- 경험을 조직화하고 이해하는 새로운 방식- 이 단순한 개념적 은유들을 조합해서 복합적 은유를 형성함으로써 발생한다는 것을 보여주었다. 결과적으로 혁신이나 참신성은 기적적인 것이 아니며, 뿌리 없이 나오는 것도 아니다. 그것들은 다른 평범한 개념적 기제와 함께 일상적인 은유적 사고의 도구를 사용함으로써 구성된다.[12)]

레이코프와 터너는 나아가 은유와 환유를 둘 다 포함하는 합성 사례를 고전적인 '저승사자(Grim Reaper)'에서 발견했다. 은유와 환유의 복합적 사용이 인간 언어생활의 수직·수평구조였던 셈이다. 은유이론과 신경이론의 만남은 '은유의 신경이론'으로 발전했고 개념적 은유가 신경 '지도(map)'나 '사상(寫像, mapping)'을 통해 신경적으로 계산된다는 사실을 밝혀냈다. 신경 전도는 전기적 작용이 없으면 성립될 수 없다는 점에서 언어란 전기적 작용이 인간의 신체(특히 대뇌)에서 언어적 형태로 전환된 것이라는 주장이 성립된다. 전기적 전도는 언어에서 통사적 구문으로 전환되지 않으면 언어가 성립되지 않는다. 전기적 전도와 언어의 관계는 다음과 같다.

전기적 전도	+	0	-	이진법
통사적 구조	좌(언어의 비대칭)	/	우(언어의 대칭)	이분법
*통사구조는 대체로 대칭적으로 구성된 언어의 복잡한 조합(복합구조)이다.				복합구조

언어는 신체로부터 독립적으로 일어나는 체계가 아니다. 언어는 은유(환유가 있긴 하지만)에서 그 특징을 드러내고, 과학은 신체와 물질에서 환유(개념적 은유가 있긴 하지만)의 특징을 드러낸다.

인간은 은유적이고 환유적이다. 은유와 환유는 서로 통하는 통로가 있으며 가역적이다. 은유는 의미의 층이 언제라도 다원다층적으로 생성될 수 있음을 전제하는데, 이는 의미의 비결정성과 자유를 뜻한다. 그러나 환유는 어떤 의미라도 하나의 맥락에서 결정화할 수 있음을 보여준다. 이는 하나의 콘텍스트

12) 같은 책, 386쪽.

를 통해서 텍스트로 나아갈 수도 있고 반대로 다시 콘텍스트로 환원될 수 있음을 뜻한다. 이는 콘텍스트의 텍스트화, 텍스트의 콘텍스트화라고 말할 수 있다.

은유와 환유는 천지인사상이나 태극·음양 관계와 흡사하다. 은유적인 것도 상투적이거나 제도적이거나 지시적인 것이 되면 환유적인 것이 되고, 환유적인 것도 개념적 은유에서 보듯이 은유를 바탕으로 성립된다. 인간의 몸은 DNA에서 보듯이 수많은 대칭적인 것의 조합이며, 전기적 전도체이며 동시에 매개체이다. 이성주의와 빙신(憑神)은 겉으로는 전혀 다른 것 같지만 실은 소통되는 것이다. 철저한 이성주의는 철저한 빙신과 다를 바 없다. 누구나 합리적이 될 수도 있지만 동시에 빙신에 들 수도 있다.

신경 전도의 문제는 차이를 있게 하는 인간의 신체적 특성으로 보인다. 만약 신경 전도가 없으면 차이라는 것은 존재할 수 없으며 인간이라는 존재도 없을 것이다. 그러한 점에서 신경 전도는 '차이'를 공통으로 하는 담론에서 배제되어서는 안 된다. 신경 전도는 몸의 차이이며 인간이 차이를 느끼게 하는 근본이라는 점에서 차이의 새로운 형태로 지도(mapping)를 포함하는 것이 좋을 듯하다. 이를 데리다와 들뢰즈의 차이와 관련시키면 다음과 같다.

천지인사상으로 본 차연, 지도, 반복

天	데리다	차연(différance)	차이와 연장
人	신경 전도	지도(map, mapping)	지도(차이)와 전도
地	들뢰즈	반복(répétition)	차이와 반복

천지인사상으로 본 은유와 환유, 몸과 마음

천	은유	환유	몸	마음	음	양
인	은유/환유	환유/은유	몸/마음	마음/몸	/	/
지	환유	은유	마음	몸	양	음

음	↔	양
은유	↔	환유

'차이'를 주제로 한 논의에서 인지심리학의 괄목할 만한 제의는 동음이의성(同音異義性)의 부적절성을 지적한 것이다.

> 일반적으로 강동음이의성(强同音異義性) 견해는 우리가 은유적 개념들의 체계 속에서 발견했던 관련성을 설명할 수가 없다. 즉 동음이의성 견해는 우리가 체계적인 방식으로 설명한 모든 현상을 우연적인 것으로 간주한다.[13)]

> 약동음이의성(弱同音異義性) 견해가 강동음이의성 견해보다 더 나은 것은 바로 그러한 관련성의 가능성을 인정한다는 점이다. 특히 약동음이의성 견해는 단일 낱말이 표현하는 다양한 개념은 많은 경우에 유사성에 의해서 관련될 수 있다고 주장한다. 약동음이의성 견해는 그런 유사성을 주어진 것으로 받아들이며, 비록 어떤 은유의 구조화도 사용하지는 않지만, 그런 유사성이 우리가 관찰해 온 모든 현상을 설명하는 데에 충분하다고 가정한다. (중략) 약동음이의성 입장에서 드러나는 부적절성은 대부분 그 입장이 이해와 토대 형성의 문제에 대해 별 관심이 없다는 사실과 관련되어 있다. 이러한 부적절성은 물론 강동음이의성 입장에도 동일하게 적용될 것이다.[14)]

인간의 문화에서 '나 중심 지향성'은 벗어날 수 없는 것인가?

> 쿠퍼와 로스는 우리 문화의 원형적 구성원이 무엇인가에 대한 우리 문화의 견해가 우리 개념체계 속의 개념들의 지향성을 결정한다는 점에 주목한다. 정상적인 사람은 개념의 참조점을 형성하며, 우리의 개념체계 안의 무수히 많은 개념은 그 원형적인 사람의 속성들과의 유사성 여부에 따라 지향성이 주어진다. 사람은 전형적으로 직립 자세에서 여러 기능을 수행하고, 앞쪽을 향해 보거나 이동하고, 대부분의 시간을 여러 가지 행위를 하면서 보내고,

13) 같은 책, 203쪽.

14) 같은 책, 204~205쪽.

> 자신을 기본적으로 '선하다'고 보기 때문에, 우리 자신을 '아래'보다는 '위'를, '뒤'보다는 '앞', '수동적'보다는 '능동적', '나쁜'보다는 '선한' 존재로 간주하려는 근거를 경험 안에 두고 있다. 우리는 현재의 장소에 있으며 현재의 시간에 존재하기 때문에 우리 자신을 '저기'보다는 '여기'에 있으며, '그때'보다는 '지금' 있는 것으로 생각한다. 이것이 로스가 말하는 '나 중심' 지향성(ME-FIRST orientation)을 결정한다.[15)]

문화적인 지향성은 낱말들의 어떤 어순이 다른 어순보다 더 정상적이라는 사실에서도 드러난다. '더 정상적인', '덜 정상적인' 것으로, 심지어 '정상', '비정상'으로 나뉘기도 한다. 동양문화권에서는 '음양'으로 나뉜다. 동양문화권에서는 음양이라고 해서 음을 양에 앞세우긴 했지만 여전히 가부장사회의 영향으로 실제 사회(역사)에서는 대체로 양을 '좋은 것', 음을 '나쁜 것'에 해당시키고 있다. 물론 이것은 때에 따라 가변성이 있다. 음양은 언제나 전도가 가능하고 교체가 가능한 대립항이다. 놀라운 사실은 인과관계조차 원형적 혹은 범형적으로 본다는 점이다.

> 우리의 인과관계 개념은 반복적으로 나타나는 속성들의 복합체가 특징짓는 원형의 관점에서 정의되기 때문에 전체론적(holistic)이며, 그러한 속성으로 분석될 수 있으며, 또한 광범위한 변이가 가능하다.[16)]

서구문명의 '제조론적 세계관'도 은유적 세계관의 바탕 위에 성립한 '서구문명적 지향성'의 표현이라고 할 수 있다. 서양문명은 가부장사회의 특징이라고 할 수 있는 '남성 우위', '이성 우위', '존재자 우위'의 확실한 예이다.

지금까지의 논의에서 은유는 환유보다 더 근본적이라는 사실을 알았다. 말하자면 은유가 먼저 있어야 환유가 가능하다. 따라서 언어는 사물에 대해 본

---

15) 같은 책, 232~233쪽.

16) 같은 책, 146쪽.

질적으로 은유적이다. 이는 언어가 사물에 대해 본질적으로 유비라는 관점에 정면으로 배치된다. 유비는 동일성을 근거로 하고 있는 반면 은유는 그렇지 않다는 점에서 주목할 만하다.

이는 필자의 예술인류학이 사물과 사건을 (원인과 결과가 아닌) 원형(archy-type)과 변형(transformation) 관계에서 고찰해 들어가는 것과 맥락을 같이한다. 예술인류학의 출발은 메타포를 사용하는 시인의 감수성을 기반으로 하여 그것을 언어와 문화로 확대한 것이다. 시와 예술은 인간의 메타포를 사용하는 능력의 산물이다. 학문(과학)은 인과와 법칙을 추구하고, 종교는 우주론과 믿음을 추구한다. 그 사이에 예술이 있다. 예술은 학문과 종교의 사이에 있는 이중성의 그 무엇이다.[17)]

처음부터 세계는 자연의 무시무종의 예술이며 은유이지, 유시유종의 천지창조와 같은 환유가 아니다. 그렇다면 자연의 일부로서 태어난 인간은 우주 전체 속에서 사물의 연결 혹은 구성하기를 즐기는 존재라고 보는 편이 옳다. 이는 철학이 결국 보편성을 내세우는 말의 미학 혹은 말의 유행임을 반증하는 셈이다.

예술인류학은 예술과 인류학이 만나서 만들어낸, 인문학의 새로운 분과학문으로 손색이 없다. 포스트모던 인류학자들이 실제로 새로운 민족지에 대해서 논의하고 있는 것은 예술인류학의 발상과 매우 근접해 있다.

> 과학적 이론은 불가능하다. 과학도 하나의 이야기에 불과하여 (중략) 원주민의 다양한 목소리를 보여주고 (중략) 민족지는 타문화를 표현하는 것이 아니라 시(詩)와 같이 읽는 이의 느낌을 자극하는 것 (중략) 민족지가 타문화를 제대로 표현했는가의 문제는 포스트모더니즘의 시대에는 의미가 없다.[18)]

17) 박정진, 『한국문화와 예술인류학』, 73~90쪽.

18) 이정덕, 「인류학적 포스트모더니즘에 대한 비판적 검토」, 『비교문화연구』(창간호), 서울대학교 비교문화연구소, 1993, 126~127쪽.

예술인류학은 인류학의 토대 위에서 문화의 상징적 측면과 상징체계를 연구하는 분야이다. 예술인류학은 동양의 자연사상을 토대로 과학(학문)과 예술과 종교 사이의 관계를 기철학을 토대로 논의하는 한편 예술을 문화의 중심에 놓는 문화연구방법이다.[19)]

본래 개념과 은유는 서로 다른, 서로 충돌하고 모순되는 관계에 있다. 전자는 의미의 엄정성을 요구하고, 후자는 의미의 중첩이나 이중성을 허용하고 요구한다. 그런데 철학적·과학적 개념은 '개념 은유'이며 따라서 개념의 밑에 은유가 숨어 있다. 은유는 개념에서도 그것의 기반인 셈이다. 정반대되는 것이 동거하고 있는 것이다. 정반대의 것이 동거하고 있기 때문에 존재가 성립된다. 이것은 중요한 사실이다. 인간은 언어의 사용에서조차 처음부터 서로 반대되는 것의 동거를 허용한다. 이것은 다른 사물과 사건에서 교차가 일어나는 것을 반영하고 있다.

> 철학자들은 모든 사람들이 생각하고 추론할 때 사용하는 것과 동일한 인지적 자원을 사용한다. 그들은 우리의 다양한 통속 이론들을 규정하는, 인지적 무의식을 담고 있는, 또한 전반적인 문화와 전통이 공유하는 속성들인 일반적 은유들을 사용하며, 형이상학과 인식론으로부터 윤리학과 정치이론에 이르기까지의 분야에서 그들의 중심적 이론들의 핵심을 형성하는 것을 보았다. (중략) 핵심적인 은유적 사상(寫象)들은 철학자들의 사유에서 공통적인 추론 패턴을 규정하며, 철학자들의 핵심적 이론들을 연결해주는 일반화들을 드러내준다.[20)]

철학은 질료적인 것과 표상적인 것의 끊임없는 연속이다. 그것은 언어학을 기반으로 하는 철학에서 기표와 기의로 나타났다. 그런데 철학의 개념과 은유

---

19) 박정진, 『한국문화와 예술인류학』 참조.

20) G. 레이코프, M. 존슨, 『몸의 철학』, 임지룡·윤희수·노양진·나익주 옮김, 박이정, 2002, 781쪽.

도 그러한 관계에 있다는 것이 드러나고 있다. 은유는 개념을 밑에서 받쳐주고 있다. 따라서 은유가 질료이고 개념이 표상인 셈이다. 이는 마치 남녀 사이, 더 정확하게는 가부장제의 남녀 사이와 같다. 여자는 질료이고 남자는 표상이고, 여자는 은유이고 남자는 개념이다.

여기서 우리는 중요한 사실을 발견할 수 있다. 보다 본질적인 것은 항상 숨어 있다는 것이다. 다시 말하면 '전체' 혹은 '전체와 관련되는 것'이 있는 반면에 '부분' 혹은 '부분과 연루되는 것'이 있다. 자연은 문명에 비해서 숨어 있고, 음성은 문자에 비해서 숨어 있고, 여자는 남자에 비해서 숨어 있는 위치에 있다. 이것을 남자의 입장에서 보면 무언가를 은폐하고 동시에 누락하는 것이다.

레이코프와 존슨은 인간에 대한 전통적인 서구적 개념으로 탈신체화된 이성, 문자적 이성, 근본적인 자유, 객관적 도덕성을 든다. 그들은 이에 덧붙여 신체화된 인간 개념을 주창하며, 신체화된 이성, 은유적 이성, 제한된 자유, 신체화된 도덕성, 본질주의를 넘어선 인간 본성을 주장한다.[21]

> 인간 본성은 오히려 변이, 변화, 진화의 관점에서 개념화되며, 단순히 중심적인 특성들의 고정된 목록의 관점에서 개념화되지 않는다. 변이를 보이고 변화하는 것은 우리의 본성의 일부이다.[22]

은유적 개념(체계)은 부각과 은폐를 통해 '그 은유와 일치하지 않는 개념의 다른 측면에 초점을 맞추는 것을 방해한다는'점과 언어의 많은 부분이 '복합 은유'에 의해 구조화된다는 것에 주목해야 한다. 특히 한 개념이 다른 개념의 관점에서 은유적으로 구조화되는 구조적 은유가 아니라 상호관련 속에서 개념들의 전체 체계를 조직하는 지향적 은유는 큰 관심을 끌기에 충분하다. 지향적 은유는 우리 몸의 공간적 지향성과 관련 있기 때문이다. 공간적 지향성은 우리가 현재 몸을 가졌고, 그 몸이 우리의 물리적 환경에서 현재와 같이 활

---

21) 같은 책, 798~802쪽.

22) 같은 책, 803쪽.

동한다는 사실로부터 생겨난다.[23] 지향적 은유, 예컨대 위/아래, 안/밖 등의 은유가 문화적으로 다양하다는 지적은 놀랍다.[24] 결론적으로 그들은 이렇게 말한다.

> 우리의 근본적인 개념의 대부분은 한 개 또는 그 이상의 공간화 은유의 관점에서 구성된다. 각 공간화 은유에는 내적인 체계성이 있다. (중략) 다양한 공간화 은유들 사이에는 전반적인 외적 체계성이 있는데 그 체계성이 그 공간화 은유들 사이의 정합성을 규정한다.[25]

지향적 은유는 공간화를 수반한다는 점에서 필자의 예술인류학 모델인 '역동적 장의 개폐이론(DSCO)' = 다원다층의 음양학과 깊은 관련성을 맺는다. 이들은 모두 '안/밖' 혹은 '위/아래'의 개념을 기반으로 한다. 안/밖이나 위/아래의 개념은 문화적으로도 다양하지만 그 자체로 유효하다. 예술인류학 모델은 공간의 역동성을 기초로 하면서 그것의 개폐에 따라 다른 구조적 은유들의 변형을 구성한다.

은유는 개념뿐만 아니라 존재의 성립에도 관계한다. 존재론적 은유는 사물의 경계나 구분이 명확하지 않을 때 그것을 명확하게 범주화하기 때문이다. 존재론적 은유에는 '개체 은유'와 '실체 은유'가 있다.[26] 이는 존재의 명사화와 관계가 깊다. 개체나 실체나 모두 명사이기 때문이다.

존재론적 은유 가운데 '그릇 은유'는 참으로 중요하다. '그릇 은유'는 인간의 지향성에서 비롯된다.

> 우리들 각각은 경계 짓는 표면과 안-밖 지향성을 지닌 하나의 그릇이다. 우리는 우리 자신의 안-밖 지향성을 표면에 의해 경계 지어지는 다른 물리적

---

23) G. 레이코프, M. 존슨, 『삶으로서의 은유』, 37쪽.

24) 같은 책, 37~46쪽.

25) 같은 책, 47쪽.

26) 같은 책, 48쪽.

천지인사상으로 본 존재론적 은유

天	물질	↑↓	물건	구조적 은유(개체, 실체 은유)	+
人	그릇		그릇	전도적 은유(지향적 은유)	의인화
地	물건		물질	구조적 은유(개체, 실체 은유)	–

대상에 투사한다.27)

'그릇 은유'에는 '땅 영역'과 '시야'가 있다. 만약 '사건, 행동, 활동, 상태'를 가정하면 사건과 행동은 은유적으로 '물건'으로 개념화되고, 활동은 '물질'로 개념화되고, 상태는 '그릇'으로 개념화된다.28)

존재론적 은유 가운데 가장 직접적인 것은 '의인화'이다. 가장 명백한 은유는 물리적 대상을 사람으로 구체화하는 은유이다. 결국 물건, 물질, 그릇, 의인화가 존재론적 은유의 핵심 내용이다. 이것은 은유하고자 하는 것이 실체적이든 비실체적이든 실체가 있는 것으로 보는 방식이다. 이것은 존재의 명사화와 깊은 관계가 있다. 이를 역으로 보면 그릇 은유와 의인화에 의해 존재를 파악하고 있다고 해도 과언이 아니다.

은유와 환유는 다른 종류의 과정이다. 은유는 원칙적으로 한 사물을 다른 사물의 관점에서 생각하는 방식이기 때문에 은유의 중요한 기능은 이해이다. 반면에 환유는 일차적으로 지시의 기능을 갖는다. 즉 환유는 한 개체를 사용함으로써 다른 개체를 대신한다. 그러나 환유가 순전히 지시의 장치만은 아니다. 환유도 역시 이해를 돕는 기능을 수행한다.29)

환유의 종류에는 '부분으로 전체를 대신함', '생산자로 생산품을 대신함', '사용되는 물건으로 사용자를 대신함', '통제자로 피통제자를 대신함', '기관으로

27) 같은 책, 66쪽.

28) 같은 책, 66~69쪽.

29) 같은 책, 77쪽.

책임자를 대신함', '장소로 기관을 대신함', '장소로 사건을 대신함' 등이 있다.[30)]

> 문화와 종교의 개념체계는 본성상 은유적이다. 상징적 환유는 일상생활은 물론 종교와 문화를 특징짓는 정합적인 은유적 체계들 사이의 결정적인 연결기제이다.[31)]

놀라운 사실은 인과관계조차 원형적 혹은 범형적으로 본다는 점이다.

> 우리의 인과관계 개념은 반복적으로 나타나는 속성들의 복합체가 특징짓는 원형의 관점에서 정의되기 때문에 전체론적(holistic)이며, 그러한 속성으로 분석될 수 있으며, 또한 광범위한 변이가 가능하다.[32)]

원형적 인과관계의 은유적 확장으로서 이들이 제안하는 것은 '만들기(making)'이다. '만들기'는 '물건은 물질로부터 나온다' 혹은 '물질은 물건으로 변한다'라는 은유의 관점에서 개념화된다. 이는 '만들기'라는 타동사적 관점과 '변한다'와 '나온다'라는 자동사적 관점을 모두 포함하기 때문에 그동안 존재론적 철학에서 논의의 쟁점으로 삼은 것이 실은 모두 하나의 뿌리, 은유에서 확장된다는 것을 보여준다.[33)]

> '만들기' 개념은 (중략) 탄생이 있다는 사실만큼이나 근본적인 인간의 경험으로부터 자연스럽게 창발한다. 태어날 때 어떤 물건(갓난아이)은 하나의 그릇(어머니)으로부터 나온다. 그와 동시에 어머니의 물질(그녀의 살과 피)이 그 갓난아이(그릇 물건) 속에 들어 있다. 탄생(과 또한 작물의 성장)의 경험은 '창조'라는 일반적인 개념의 토대를 제공하는데, 그 '창조' 개념은 물리적 물

30) 같은 책, 77~83쪽.

31) 같은 책, 85쪽.

32) 같은 책, 146쪽.

33) 같은 책, 148~149쪽.

만들기의 은유

물건은 물질로부터 나온다. ex)나는 한 장의 신문으로 비행기를 만들었다.	존재론의 타동사적 관점
물질은 물건으로 변한다. ex) 그 물이 얼음으로 변했다.	존재론의 자동사적 관점
창조는 탄생 ex)그의 저작은 풍부한 상상력의 산물이다.	존재론의 자동사적 관점
(상태에 의한 사건의) 인과관계는 (상태/그릇으로부터 사건/대상의) 창발 ex)그는 좌절감 때문에 시장을 쏘았다.	존재론의 자동사에서 타동사로의 전환

건 '만들기' 개념을 핵심으로 갖지만, 또한 추상적 개체에게로 확장된다. 우리는 이 토대를 일반적인 창조에 대한 탄생 은유에서 볼 수 있다.[34)]

인과관계 개념은 '직접 조작'이라는 원형에 근거하는데, 직접 조작은 우리 경험에서 직접 생겨난다. 원형적 핵심은 은유에 의해 정교화되어 폭넓은 '인과관계' 개념을 이끌어내는데 그 '인과관계' 개념에는 특수한 경우가 많이 있다. 여기에 사용된 은유는 '물건은 물질로부터 나온다', '물질이 변해서 물건이 된다', '창조는 탄생', '(상태에 의한 사건의) 인과관계는 (상태/그릇으로부터 사건/대상의) 창발' 등이다.[35)]

결국 인간의 모든 사고와 이해의 뿌리는 인간의 신체적 활동에 있으며, 복잡하고 추상적인 사고조차 신체의 활동을 토대로 하는 은유의 확장을 통해서 이루어진다. 이는 언어에서 타동사와 자동사의 가역으로 나타난다. 타동사는 현재진행형을 씀으로써 자동사의 분위기를 도모하고, 타동사 가운데는 아예 자동사처럼 쓰이는 동사(get, have, keep)도 있다. 이는 존재와 존재자의 이중성이 언어적으로 적응된 것이다. 서구문명의 '제조론적 세계관'은 은유적 세계관의 소산이다.

34) 같은 책, 150쪽.

35) 같은 책, 152쪽.

환유 (metonymy)	지시하거나 무엇을 대신함	텍스트(text: 氣의 특정 방향 파도타기)	시니피앙(문자)
은유 (metaphor)	구조적 은유, 지향적 은유	콘텍스트(context: 氣의 파도)	시니피에(음성)

은유는 언어를 구성하는 무의식과 같다. 따라서 기(氣)의 파도와 같다. 이것은 콘텍스트라고 할 수 있다. 콘텍스트는 때로는 임기응변일 수도 있다. 사회적 동물인 인간이 항상 임기응변으로 사는 것은 바람직하지 않지만 우주의 역동적인 모습 자체는 임기응변에 가깝다. 존재는 이성이 아니라 감성이고, 감정이고, 느낌이고, 한시도 움직이지 않은 것이 없고, 시시각각 변한다. 존재는 배열하는 방식이나 형상이 아니라 질료 자체이다. 이때의 질료는 한계가 있는 물질이 아니라 무량수(無量數)의 것이고, 무한대와 동시에 무한소의 것이다. 존재는 대소, 선후, 상하, 좌우, 안팎이 없다. 말하자면 존재는 기운생동의 콘텍스트에서 나온 환유이며 텍스트이다. 환유는 수많은 기의 파도를 타고 한 방향으로 나아가서 텍스트를 드러내는 것이다.

이것은 또한 시니피앙, 시니피에와 대응된다. 시니피앙은 환유, 시니피에는 은유이다. 시니피앙에는 문자와 음성이 있지만 대표는 역시 문자이다. 음성은 처음엔 시니피앙이다가 문자와의 시니피앙 경쟁에서 밀려나서 시니피에가 된다. 왜냐하면 음성은 본질적으로 몸의 산물이고 자연의 산물이기 때문이다. 자연에 상대적으로 가까운 것이 시니피에로 자리 잡는다.

하이데거의 존재론에서 존재와 존재자라는 정반대의 개념은 은유라는 개념에서 보면 하나의 뿌리를 갖는 것이다. 이를 토대로 둘(존재와 존재자)은 처음부터 이중적인 것이 될 수밖에 없는 운명을 지니고 있었다고 말할 수 있다. 개념과 은유가 만약 하나의 뿌리를 갖는 것이라면 둘(존재와 존재자)은 가역하고 순환한다. 인간은 우주의 창조자로 혹은 피조물로 동시에 살도록 되어 있었다고 할 수밖에 없다. 어떤 의미도 보이지 않는 맥락이 있어서 안으로 이분(내부 분열)되고 밖으로 이분(외부 분열)될 수 있다. 맥락은 보이지 않는 존재의 출구나 균열과도 같다. 텍스트는 존재의 균열의 효과이다.

하이데거는 서양 철학사가 존재라고 규정한 것들이 실은 존재자였다고 밝혀냈다. 그렇다면 철학은 왜 존재자를 존재라고 규정했을까? 존재자에게는 존재의 흔적이 있기 때문이다. 존재로부터 솟아남이 존재자인데, 존재는 흘러가는 스스로를 인식하고 표현하기 위해 존재자를 토해내지 않을 수 없다. 존재자는 존재의 인식이고 의식이다. 의식의 연장과 왕래가 초의식이고 무의식이기 때문에 존재는 무의식이 아니고 무다.

이성은 어떤 이유에서건(대체로 인구 증가에 따른 가부장제의 실현으로 여겨지지만) 삶의 필요에 따라 발생한 것이다. 이성 자체는 존재의 필요에 의해 구획된 경계로서 자연의 흐름에 따라 삶을 영위하기에 인구집단의 크기가 커짐에 따른 인간종 내부의 생존경쟁(전쟁) 결과로 일어난 효과로 해석할 수도 있다. 따라서 철학은 이제 가부나 진위, 정의와 부정의의 문제가 아니라 생존의 문제가 된다. 이성의 발달은 합리성과 정의를 위한 것이 아니라 삶의 결과로서 그러한 선을 긋지 않으면 안 되었던 인간종 내부의 사정에서 비롯된 것이다.

인식의 기준은 절대적인 것이 아니라 상대적인 것일 뿐더러 그것 자체가 하나의 선(線)이며, 기준이며, 차이이며, 경계이다. 그렇다면 오늘날 다시 이성이 심판대에 오른 것은 이성의 결과가 인류의 삶에 긍정적인 면보다 부정적인 면으로 다가오기 때문이다. 철학은 고도의 의식 작업 같지만 실은 생존이고 유행으로서 무의식의 작업이다. 만약 욕망이 자연과 인간에 공통적으로 흐르는 (끝없는) 힘이라면 그 힘은 이성에 의해 한번 크게 단절된 혹은 경계선이 그어진 것이다. 이성이 다분히 욕망을 다스리는 역할을 한 것이다. 그러나 이성과 의식은 우주의 거대한 흐름 속에서는 작은 주름에 불과하다.

후기근대 철학의 존재론이나 해체주의 철학의 효과는 존재의 드러난 경계나 흔적(주름 혹은 그 어떤 미세한 표현이나 표시일지라도)이 존재자이고 이성임을 밝혀낸 것이고, 거기에 반드시 틈(闖)과 공(空)이 숨어 있을 것이란 점을 지적한 것이다. 이는 시공간의 문제, 즉 '간(間)'의 문제가 '동일성'의 문제에서 '차이' 혹은 '차이의 반복' 문제로 탈바꿈된 것이라고 말할 수 있다. 그러나 동일성의 문제에서 완전히 해방된 것은 아니다. 이는 존재와 존재자 사이에 이중성과 애매모호함이 깃들어 있다는 말이다.

인간은 복논리적 존재이다. 복논리적 존재라 함은 철학적으로 존재와 존재자 사이를 왕래하는 존재라는 뜻에 다름 아니다. 그 중간 영역을 버릴 수 없다. 존재와 존재자 사이는 비약으로 이루어져 있다. 이는 불교의 돈오점수와 같다. 돈오는 갑자기 깨닫는 것이고 점수는 점차적으로(쌓아가면서) 깨닫는 것이다. 존재는 돈오이고 존재자는 점수이다. 인간은 비시간적 존재이면서 동시에 시간적 존재이다. 이는 수학의 집합에서 공집합(空集合)이 있는 이유이기도 하다.

2) 메시지와 마사지

복논리적 존재로서의 인간은 어디서 연원하는 것일까? 호모사피엔스사피엔스의 특징으로 크게 대뇌와 섹스의 자유를 들 수 있다. 인간은 영장류 가운데 가장 뇌 용량이 크고 고환도 큰 편에 속한다. 생각이 나면 언제나 섹스를 할 수 있는 소질을 타고난 인간의 의미는 무엇인가?

인간은 생각하면서 섹스하고 섹스하면서 생각할 수 있는 존재이다. 바로 이러한 섹스와 생각의 왕래 때문에 동물에게는 닫혀 있었던 것이 인간에 이르러 무의식으로 열렸다. 무의식은 본능과 다르다. 인간의 무의식은 본능이 아니라 보이지 않는 통사구조를 가지고 있다. '섹스의 자유'와 '무의식의 열림'은 깊은 상관성을 가지고 있다.

섹스와 생각을 대비시키면서 동시에 손과 생각을 떠올리지 않을 수 없다. 인간의 생각은 바로 손과 대뇌의 피드백이라고 할 수 있다. 직립 보행을 하고부터 동물의 앞다리가 변형된 인간의 '손'은 이동하는 데 쓸모가 없어지고 무언가를 잡는 데만 사용되었다. 잡는 행위가 생각과 소유로 이어지는 첫걸음이라고 할 수 있지 않을까? 다시 말해서 인간의 생각은 '손으로 잡는 것'이 '뇌에서 의식화'한 것이고, 이것은 필연적으로 소유관념을 낳는다. '손에 잡은 것은 내 것이다'(물건), 혹은 '생각에 잡힌 것은 내 것이다'(아이디어)라고 상정할 수 있다. 소유는 축적을 낳는다.

<table>
<tr><td>생각(大腦)/
의식</td><td>메시지(message)/
말(language)</td><td>인위적/존재자적
(의식적)</td><td>머리
(통사구조)</td><td rowspan="3">인간은 생각하며 섹스하고 섹스하며 생각하는 존재이다.</td></tr>
<tr><td>손(手, 잡다)</td><td>자유, 이중성</td><td>선택의
경계지점에 있음</td><td>손</td></tr>
<tr><td>섹스(sex)/
무의식</td><td>마사지(massage)/
접촉(contact)</td><td>본능적/존재적
(무의식적)</td><td>성기
(자연의 흐름)</td></tr>
</table>

여기서 중요한 것은 섹스와 생각의 성격의 문제이다. 섹스는 매우 본능적이며 동시에 존재적이다. 생각은 매우 인위적이며 동시에 존재자적이다. 섹스는 마사지이고 생각은 메시지이다. 섹스는 육체적이고 생각은 정신적이다. 섹스가 자연의 흐름에 편승하는 것이라면 생각은 항상 인위적으로 통사구조를 만들려고 한다. 자연의 흐름은 인간에 이르러 통사구조가 된 셈이다. 그런데 인간의 신체구조상 손은 머리와 성기 사이에 있다. 손을 어디로 쓰느냐에 따라 인간은 존재적일 수도 있고 존재자적일 수도 있다. 손을 대뇌와 연결하느냐 성기와 연결하느냐는 인간의 자유이며 이중적이다.

한글 발음으로 '손'은 '손님'이며 하늘에서 내려오는 신탁을 무당은 '빈손'이라는 의미인 '공수(空手, 神託)'라고 한다. 하느님이나 부처님에게 '빌다'고 할 때의 '빌다'는 '비어 있다(空)' 혹은 '빌리다'와 어원학적으로 관계가 있을 것이다. '비어 있어야' 빌 수 있고 빌릴 수 있지 않은가. 손은 '잡는 것', 즉 소유와 '비어 있음', 즉 공 사이에 있다.

언어학자와 철학자들의 주장은 인류학적 성과와도 연결된다. 무의식이 언어를 구성한다는 관점이다. 일본의 인류학자 나카자와 신이치(中澤新一)는 이렇게 말한다.

> 무의식이야말로 현생인류의 대뇌에 실현된 새로운 타입의 뉴런 접합양식에 의해 처음으로 가능해진 심적 현상입니다. 그것은 고차원의 유동적 지성으로서, 현실에 적응한 다양한 지성영역에 얽매여 있지 않고 자유로운 활동을 하게 되었습니다. 결국 이때 인간은 외부의 물질적 세계로부터 자유를 무의식계의 성립이라는 형태로 실현했다고도 할 수 있습니다. 그런 의미에

서도 '마음'의 현상을 물질적 과정으로 환원시키려고 하는, 여러 형태의 저속한 '유물론' 등은 이 시점에서 이미 가능성이 없다는 선고를 받았다고도 할 수 있지 않을까요? 무의식을 갖게 됨으로써, 우리의 마음은 현실로부터 자유로울 수 있게 된 것입니다.[36)]

현생인류의 언어에서 구체적인 단어의 표현은 무의식 쪽에서 자율적인 운동을 통해 밀어붙이는 '스스로를 구성하는 질서'와 완성된 언어체계로서 '이미 구성된 질서'가 서로를 규정하고 알력다툼을 벌이고 있는 장소에서 이루어진다는 거지요. 유동적인 무의식에 내재하는 운동 경향이 언어구조를 밀어올리는 거라고도 할 수 있고, 언어구조가 무의식에 영향을 미쳐, 운동성향을 결정하는 거라고도 할 수 있습니다. 어찌 되었든 현생인류의 언어는 단순히 '시스템'(체계)으로서 작동하지 않으며, 시스템의 움직임에는 반드시 무의식이 강력한 영향력을 미치고 있다는 겁니다.[37)]

인간은 원시·고대에서부터 의식과 무의식, '구성된 질서'와 '구성하는 질서'의 갈등 속에서 살아왔다. 이는 존재와 존재자, 대칭성과 비대칭성을 오가는 이중적인 논리, 복논리에 의해 살아왔음을 말한다.

메타포나 형이상학을 전반적인 메타언어(metalanguage)와 관련해 이해할 필요가 있다. 메타포는 뇌의 유동성을 진화시킨 결정적인 요체이다. 언어는 필연적으로 시 혹은 신화를 향해 가는 길과 철학 혹은 과학으로 가는 두 길을 창출했다. 인간은 이 둘 사이를 왕래하면서 삶을 개척해온 생물종이다.

메타언어의 대표적인 것이 형이상학임은 물론이다. 그런데 형이상학은 '삼각형의 건축 쌓기'이다. 그 삼각형의 꼭짓점에는 보편성이 군림한다. 이것은 매우 권력지향적이다. 이것은 정치학이고 가부장적 방식이다. 이것은 분류학의 유(類) 개념 찾기이다. 그런데 우리는 그 반대의 '역삼각형의 뿌리 찾기'를

---

36) 나카자와 신이치, 『대칭성의 인류학』, 김옥희 옮김, 동아시아, 2005, 88쪽.

37) 같은 책, 89~90쪽.

하지 않으면 안 된다. 이것은 분류학의 종(種) 찾기이다. 항상 새로운 종이 나타날 가능성이 있다. 이것은 무의식의 뿌리 찾기이다. 그런데 무의식의 뿌리 찾기는 매우 물적(物的)인 것을 찾는 것으로 항상 열린 생성적 해석학을 요구한다. 이것은 매우 집합적이다. 이것을 '일반성을 찾는 여정'이라고 할 수 있다. 일반적인 기반, 만물(존재)의 평등한 기반, 그 집합의 기반을 의미한다.

인류는 그동안 '거짓 뿌리 찾기'를 해왔다. 이것이 가부장제의 친족체계이다. 여성, 즉 모계를 완전히 무시한 친족체계 속에서 여성은 혼인의 기호로 취급되어왔다. 인류사를 보면 적과 혼인한 경우가 많았고, 혼인을 하는 사이에 전쟁을 일으키는 경우도 많았다. 이는 인간의 정신계를 지배하는 법칙과 물질계를 지배하는 법칙이 다름을 의미한다. 둘은 서로 교차하고 있다. 교차는 교환을 의미한다. 여자의 교환인 혼인을 통해 재화의 교환이 일어난다. 이것이 언어에 고스란히 드러난다.

> 언어의 목적은 소통에 있다. 음성기호로 표시할 수 있는 감정이나 사상, 가치, 의무, 권리 등을 서로 교환하기 위한 것이다. 언어는 교환을 통해 나와 타자를 이어주는 통합의 기능을 갖는다. 마찬가지로 물질의 교환, 여자의 교환을 통해 경제체계와 친족체계를 설명할 수 있다. 레비스트로스는 친족의 기본구조에서 세 층위의 교환, 즉 언어의 교환, 물질(선물)의 교환, 여자(배우자)의 교환을 통해 인간의 문화와 사회적 통합을 체계적으로 설명한다.[38]

인간은 분절언어 덕분에 발음과 사유를 자유롭게 할 수 있었다. 이중분절은 의미를 생성시키는 원동력이었다고 할 수 있다.

> 인간이 동물과 다른 점은 바로 분절언어(分節言語)를 사용한다는 점이라고 레비스트로스는 말한다. 분절언어의 원칙은, 마르티네(André Martinet)에 따르면 일차분절은 언어의 가장 작은 의미단위인 단소(單素, 形態素)에 관계되

---

38) 클로드 레비스트로스, 『신화학: 제1권 날 것과 익힌 것』, 임봉길 옮김, 한길사, 2005, 18~19쪽.

는데, 이 단위의 하나하나는 음성형태(音聲形態, forme vocale)와 의미를 갖고 있다. (중략) 이차분절은 의미를 갖지 않는 음소와 관계하는데, 음소의 결합으로 의미를 갖는 단소를 만든다. 이런 이차분절의 덕에 인간 언어는 몇 십 개의 작은 음소를 사용하여 수십만 개의 음성형태와 의미를 갖는 단소를 만드는 것이다. 야콥슨도 마찬가지로 언어활동의 두 개의 층위를 의미론적인 층위(일차분절)와 음운론적인 층위(이차분절)로 구별한다.39)

언어의 이중적 의미의 문제도 여기에서 나온다. 이는 결국 '2→1', '1→2'의 방식이다. 이러한 애매모호함은 우주적 역동의 근본이다. 이것은 모순이 아니라 역동의 근본이고 자기완결적인 우주의 모습이다. 전기의 플러스와 마이너스는 둘이면서 하나이고 하나이면서 둘이다. 레비스트로스는 구조인류학에서 인간의 집단무의식에 도사린 이것을 이원론과 상호호혜라고 명명했다.

유전자 분석을 할 수 없었던 인류의 조상들은 가부장적 친족체계를 통해 형이상학적 뿌리 찾기를 해왔다. 친족체계와 혼인은 여자의 교환을 통해 이루어졌다. 그런데 놀랍게도 인류의 무의식은, 무의식을 반영한 원시·고대의 신화학은 동식물과의 혈연관계를 알고 이를 신화에 반영했다. 이것이 애니미즘과 토테미즘에 남아 있다. 애니미즘, 즉 정령숭배는 동물과 관련이 많다. 애니미즘은 동물은 물론이고 식물과 광물에도 정령이 있다고 믿는다.

애니미즘은 남성보다 여성과 더 관련이 있는 것 같다. 융의 심리학에서는 여성적 영혼을 아니마(anima)라고 하고 남성적 영혼을 아니무스(animus)라고 한다. 여성은 남성적 아니무스를, 남성은 여성적 아니마를 새끼 꼬듯이 가지고 있다고 말한다. 애니미즘은 오늘날 기사상과 관련되어 새롭게 조명될 필요가 있다. 토테미즘은 분명히 인간 집단의 규모가 커지면서 부족의 조상 및 정체성과 관련을 맺고 있다. 애니미즘과 토테미즘을 종합한 샤머니즘은 조상신과 자연신에게 빙신되는 것으로 초월적 신을 모시는 출발이라고 말할 수 있다.

왜 인간은 샤머니즘을 발명(발견)했던 것인가? 인간의 자가 치유를 위해서

39) 같은 책, 25~26쪽.

일 것으로 짐작된다. 정신적 혹은 자연적 질병에 걸린 원시·미개 사회의 인간은 그것을 치유할 특별한(마땅한) 의술이나 대책이 없었을 것이다. 그래서 무의(巫醫, shaman-medicine)에게 의존했다. 오늘의 의사도 각종 발달된 의술을 통해 치유행위를 하지만 생명 자체를 다루지 못한다는 점에서는 마찬가지이다.

샤먼은 자기최면에 의해 초자아를 생산하고 그것과 대화하고 교류하고 소통하며 자신을 치유했을 가능성이 높다. 초자아는 초월적 존재이면서 동시에 영원한 대상이다. 초월적 존재는 자아와 시간과 공간을 가지고 있으면서도 그것을 초월하는 권능을 지니고 있다. 그것은 또한 영원한 대상이 되어 인간으로 하여금 시간과 공간을 초월한 상태에서 여기(이승, 현세)에서 저기(저승, 내세)로 갈 수 있도록 한다. 물론 초자아가 가능한 것은 인간이 언어와 상상계를 가지고 있기 때문이다.

필자의 일반성의 철학은 샤머니즘과 깊은 관련을 가지고 있다. 이것은 사물의 심물적 특성-물적 특성과 심적 특성이 하나인 것-을 부활시켜(정신과 물질의 이분대립적 상태와는 다르다) 세계의 전체성(총체성)을 회복하는 것이기 때문이다. 이것은 '인간으로서의 신'은 죽이고, '신으로서의 인간'을 부활시키는, 기독교적 신이 아닌 진정한 신을 되찾는 것이기도 하다. 그러한 점에서 무의식(무아)은 초의식(초자아)과 서로 왕래하는 이중성의 관계(상호관련성)에 있다.

세계를 분열된 바로 그 자리(틈새)에서 뒤집으면 분열되지 않은 '온전한 세계'가 된다. 온전한 세계가 되면 정신적 질병은 바로 치유되고 다른 신체적 질병도 서서히 치유되는 효과를 누리게 된다. 질병과의 생사를 건 사투에서 이긴 사람은 무당이 되고 진 사람은 시름시름 죽게 된다. 이것을 사람들은 무병(巫病)이라고 부른다.

인간의 무의식은 자연의 흐름과 만남으로써(소통함으로써) 때로는 동물의 영(靈, spirit)과도 만나게 된다. 이는 자궁 속 태아가 발생학적 과정에서 개체발생에서 계통발생을 거치는 것과 같다. 인간의 의식과 무의식의 세계는 자궁 속 태아의 발생학적 과정과 상사관계를 이룬다. 이는 자궁에서 진행되는 발생학적 과정들이 인간의 대뇌에서 그대로 복사 전이된 것이 아닌가를 의심케 한다.

옛 무당들은 그러한 질병에서 생환한 사람들이다. 그래서 무당들은 일상적

인간이 처한 어려움에 주술을 베풀고, 예언을 하고, 심지어 자연과 소통하는 것이다. 때로는 자연의 기운생동을 받아 치유력을 높이기도 한다. 이것이 신비한 기의 세계이다. 인간은 그러한 점에서 자가 치유적 존재이다. 이는 자연의 자가 치유적 능력이 인간에게도 내재해 있음을 말해준다.

한국에서는 샤머니즘도 활발하지만, 그것과 다른 신선교(神仙敎) 계열의 종교도 적지 않다. 샤머니즘이 아니마 계열이라면 신선교는 마나 계열이다.[40] 어느 계열이든 서로 통하는 점이 있고, 완전히 구분되는 것은 아니다. 인간은 자연의 인간이고, 인간적인 것은 자연적인 것이기 때문이다.

인류는 자연과 혈연적 뿌리를 닿고 있고, 그 뿌리는 그동안 가부장사회에서 무시된 여자에게 연결되어 있다. 여자는 자궁 속의 개체발생에서 계통발생의 과정을 전부 답습(복기)한다. 여자의 자궁에서 이루어지는 친족체계는 인간에게만 적용되는 것이 아니라 동식물 전체에 적용되며, 보다 일반적이다.

진정한 뿌리 찾기는 형이하학적 뿌리 찾기인 유전자 분석이다. 유전자는 집합이다. 집합은 실체가 있는 것이 아니다. 집합은 조합이며 조합의 배열이다. 그래서 집합은 항상 태초의 것이 중요하지 않고, 앞으로 조합되는 새로운 것이 중요할 뿐이다. 유전자의 조합은 근본적으로 거짓이 없다. 이는 태초의 것이 없기 때문이다.

여자의 몸에서, 자궁에서 이루어지는 재생산은 가부장사회의 족보와는 다르다. 여자에 의해 이루어지는 몸의 족보는 인류가 멸망하지 않는 한 결코 끊어지지 않는다. 이것이 바로 '미토콘드리아 이브'이다. 자연은 거짓말을 하지 않는다. 그러나 문명은 거짓말을 한다. 그래서 물리학적으로 말하는 우주의 출발(빅뱅과 블랙홀)보다 우리 몸에 내장된 출발이 더 중요하다.

가부장사회의 족보는 어느 지점에서는 끊어지고(이미 끊어졌거나 앞으로 끊어질 것이다), 족보를 유지하려면 인위적으로 조작되어야 한다. 가부장사회의 철학도 가부장사회의 족보와 마찬가지 신세이다. 모든 철학은 가부장적이다. 모계사회는 결코 언어로 이루어지는 철학을 만들지 않았을 것이다. 모계사회

---

40) 박정진, 『잃어버린 선맥(仙脈)을 찾아서』, 일빛, 1992, 136~137쪽.

<table>
<tr><td>가부장사회
(문명)</td><td>동종주술
(同種呪術)</td><td>유사성
(similarity)</td><td>메타포
(metaphor)</td><td rowspan="2">X</td><td>메토니미</td><td>과학
(철학)</td></tr>
<tr><td>모계사회
(자연)</td><td>감염주술
(感染呪術)</td><td>접촉성
(contact)</td><td>메토니미
(metonymy)</td><td>메타포</td><td>예술
(삶)</td></tr>
</table>

는 접촉에 의해 이어졌을 것이기 때문이다. 이에 비해 부계사회의 족보는 삼각형의 꼭짓점(태초의 하느님)으로부터 시작(소급)된다. 이것이 기독교를 비롯한 가부장제의 신화학이다. 이것은 필연적으로 태초의 근친상간을 가질 수밖에 없다. 왜냐하면 하나에서 시작했으니까. 그래서 근친상간을 금지하는 방식을 명시적으로 택한 것이다. 이것이 바로 문화(문명)이다. 모계의 방식은 하나의 성씨(姓氏)를 강요하지 않기 때문에 저절로 근친상간이 되지 않는다.

인류의 가부장사회와 모계사회를 주술 방식과 연결해 살펴보면 다음과 같다. 가부장사회는 동종주술, 유사성, 메타포의 연결이라면 모계사회는 감염주술, 접촉성, 메토니미로 연결된다. 이때 메토니미는 과학의 그것이 아니라 자연의 그것이다. 그런데 메타포와 메토니미는 나중에 교차된다. 자연의 메타포와 메토니미에서 문명의 메타포와 메토니미로 전환되기 때문이다. 예술은 자연의 메토니미를 메타포로 읽고 과학은 자연의 메타포를 메토니미로 읽는다.

오늘의 철학이나 과학의 방식은 가부장제의 성립과 깊은 관계가 있다. 오늘날 철학과 과학의 방식은 다른 것 같지만 실은 같은 것이다. 인간이 인위적으로 설정한(가상한) 이데아를 통해 사물도 이데아로 보는 것이다. 서양의 정신과 물질은 결국 같다. 그러한 점에서 헤겔의 절대정신이나 마르크스의 유물론은 같은 것이다. 이것은 시각-언어의 연쇄이며 시각특권적인 철학이다.

인간의 의미(시니피에)와 의식의 원천이자 뿌리는 바로 인간의 몸이다. 특히 여성의 몸이다. 인간의 몸에 우주의 시간이 다 들어 있다. 그런데 진정한 의미를 생성하는 여성의 몸은 자유롭지 않다. 이는 시니피에는 자의적이지 않다는 것과 통한다. 이에 비해 의미를 담는 기호인 시니피앙은 자유롭다(자의적이다). 이것이 인간(인간의 문명)이 자연을 지배하는 이유이다. 물 자체는 권력이 될 수 없다. 남자는 시니피앙이고 여자는 시니피에이다.

누군가 '언어 이외에 의미 있는 처소를 알려달라'고 한다면 '몸이다'라고 말

메타언어

메타포(metaphor) *지질학, 집단무의식, 언어학	형이상학(metaphysics) *일종의 메토니미(metonymy)이다
1→2(원시·고대 신화학의 방식) 이중분절(二重分節)	2→1(과학의 방식), 1→2(가부장제 신화학의 방식)
자연적/무의식적/생성적/여성적(모계적) **몸**	역사적/의식적/해석적/남성적(가부장적) **머리**
의미의 생성 context/text 시니피에는 자의적이지 않다(난자에 비유)	개념의 정립 text/context 시니피앙은 자의적이다(정충에 비유)

할 수 있다. 몸이야말로 살아 있는 신화이고 살아 있는 우주이다. 일반성의 가장 밑바닥에 몸이 있다. 가부장제는 몸을 언어로 전복하여 해석한 셈이다. 진정한 인류의 시간 기록은 역사책의 문장(구문)에 있는 것이 아니라 지질(땅) 속에 있고, 의식에 있는 것이 아니라 무의식에 있고, 언어의 의미론의 층에 있는 것이 아니라 음운론의 층에 있다.

여자는 자궁에서 잉태(conceive)하고, 남자는 머리에서 인식(concept)한다. 남자는 잉태를 하지 못하는 대신 인식을 하는 셈이다. 인식은 잉태의 모방이다. 인식은 인위이고 잉태는 자연이다. 철학은 바로 머리의 산물인데 머리의 바탕이 몸이라는 것을 생각할 때 그 정점에 이른다. 철학이 머리(모든 분별)를 무화시킬 때 무에 도달하고 진정한 철학과 삶에 도달한다.

재미있는 것은 자궁 속 태아에서 머리가 가장 나중에 생긴다는 점이다. 그런 점에서 몸이 머리보다 먼저이다. 그런데 나중에 생긴 머리가 몸의 중추(중추신경)가 된다. 이는 피부세포가 뇌세포보다 먼저 생기는 것을 말하는데 무엇이 존재의 근본인지 말해준다. 인간은 그동안 진화의 결과를 뒤집어서 머리에서 몸을 생각한 셈이다.

메를로퐁티가 지각을 중시하면서 지각현상학을 주장한 것은 인식이 아닌 지각의 담당자인 '몸'에 대해 환기를 한 것이다. 메를로퐁티는 객관적 세계로부터 몸을 탈환해야 하는 한편 지각하는 주체 또한 지각되는 세계임을 동시에 증명하는 데 몰두했다. 그는 몸은 물체의 환영에 의해 유혹되고 매혹되어

地	人	天
	메타언어	
물리학(physics)	메타포(metaphor)	형이상학(metaphysics)
과학(science)	시(poem)-신화(mythology)	철학(philosophy)
등식적 사고	대칭적 사고	비대칭적 사고
과학 일반	예술 일반	이성철학
메타포-개념적 메타포의 매개		

자신을 양도하고, '보는 자'와 '보이는 자'가 서로 위치를 바꾸고, 둘은 결국 하나가 된다고 주장한다. 또 보는 자는 보이는 것들, 즉 가시적인 것들의 영역에 편입되어 있다는 것이다. 이 가시성의 신비를 가능케 하는 것이 바로 몸이다. 이로써 전통적으로 주체와 객체 혹은 주관과 객관의 이분법이 부정되기에 이른다.

메를로퐁티는 나아가 지각에서의 대상-지평 구조를 제안하면서 대상의 시각적 지평의 열림은 대상의 실체성을 근거 짓는다고 말한다. 그는 "나의 시선 이전에 있었던 것과 마주할 수 있는 까닭은 단지 시간과 언어의 매개에 의해서이다"라고 전제하고 "나의 현재가 흘러가 과거와 다가올 미래를 자신 속에 압축시킨다고 할지라도 그것을 소유하는 것은 지향적인 상태에서일 뿐이다"라고 말한다.

이는 의식을 다시 생각하게 한다. 의식이란 무엇인가? 의식은 대뇌 작용의 산물인가 아니면 몸의 산물인가? 의식은 양쪽의 어느 하나에 속하는 것이 아닌 것 같다. 대뇌와 몸의 상호작용의 산물이다. 그러나 의식은 하나의 실체를 가진 것이 아니다. 그것은 글자 그대로 '작용(function)'인 것 같다. 이때의 상호작용은 '몸에 장치된 생물학적 매트릭스'인 대뇌와 신경계 및 몸의 복합적 산물이라는 뜻이다. 여기서 '매트릭스'라는 용어는 매우 중요하다. 매트릭스는 실체가 없는 관계망과 같은 것으로서 실체적으로는 없는 것인데 순간적으로 드러나는 것이다. 매트릭스는 물질 혹은 매트리스(mattress)가 아니다. 차라리 매트릭스는 영혼이라고 하는 편이 옳다.

'몸에 장치된 생물학적 매트릭스'는 의식의 자궁과 같은 것으로 의식의 연기(緣起)인 셈이다. 인간은 생각하는 동물이다. 그런데 생각은 언어 없이는 불가능하다. 갓난아이의 언어 습득과정은 어머니에 의해 이루어진다. 그래서 모국어가 중요하다. 어머니는 자궁에서 아이를 생산한 뒤 세상에서 살아가도록 촘스키가 말하는 '몸에 장치된 생물학적 바탕'에 자신의 언어를 주입한다.

촘스키가 말하는 보편언어는 '현상으로서의 언어'가 아닌 자연언어에 공통된 특성들의 집합이다. 그의 언어생득설은 인간이 언어능력을 타고났다는 가설이다. '플라톤의 문제'라 부르는 언어생득설은 두뇌 속에 장치된 언어 습득 장치에 언어자료를 주면 주어진 언어를 구사한다는 가설이다. 이는 충분한 영양을 주면 신체가 발달하는 것과 같다. 언어능력도 일정한 조건만 충족되면 성장하다가 한계시기에 이르면 성장을 멈춘다.

촘스키의 보편언어는 '일반언어'에 해당한다. 지배적인 것이 아니라 자연언어에 공통된 특성들의 집합이고, 그에 따른 문법인 변형생성문법은 집합의 행렬이기 때문이다. 생물학적 바탕은 생물학적 매트릭스로 변하면서 인간을 영혼의 세계로 인도한다. 영혼의 세계는 실체가 없다. 단지 '영혼'이라고 말할 뿐이다. 영혼은 개체가 아닌 우주적 전체이다. 우주적 전체는 그야말로 '존재'로서 개체(존재자)가 될 수 없다. 개체가 되면 이미 전체가 아니다.

철학과 이상은 남자(가부장사회)가 자궁에서 일어나는 '여자의 잉태(재생산)'를 모방하여 대뇌(생각, 再考)로 옮긴 '가상의 잉태(생산)'에 지나지 않는다. 여자가 몸(자궁)과 가슴에서 느끼고 행하던 덕(德)을 확대하여 머리(생각)와 우주적 시공간 혹은 법계(法界)에서 실현한 것이 바로 남자의 생각이고 깨달음이다. 그렇게 보면 깨달음이라는 것도 남자들이 설정한 가상에 불과한 것인지 모른다. 깨달음이라는 거창한 말도 모계사회에서 부계사회로 전환하면서 생긴 허영과 환영에 지나지 않는지도 모른다.

남자의 정신적 희열은 여자의 육체적 오르가슴에 비유할 수 있다.

> 오르가슴은 뇌 전체에 영향을 미치는 독특한 과정이어서 몸 전체로 느낀다. 오르가슴은 환희의 물결이 너무 강한 나머지 신경계가 작동을 멈춘다. 따라

서 고통에 대한 감각이 무디어지고 오로지 환희만 느낀다.[41]

오르가슴이 신경계의 작동을 잠시나마 멈추게 하는 것은 신경계의 작용으로 활성화되는 뇌의 생각과는 대립적인 관계에 있다. 생각과 오르가슴은 정반대의 과정이다. 오르가슴의 입장에서 보면 인간의 생각하는 능력은 뇌의 마스터베이션 과정이라고 할 수 있다.

남자의 오르가슴은 직선적·선형적(피스톤적) 오르가슴이고, 여자의 오르가슴은 곡선적·원형적(버자이너적) 오르가슴이라고 할 수 있다. 원형적 오르가슴은 수직과 수평적 오르가슴을 모두 가진다. 남자의 오르가슴은 선(線)적 오르가슴이고 여자의 오르가슴은 면(面)적 오르가슴이다.

여자는 두 가지 오르가슴을 가지고 있다. 하나는 클리토리스 오르가슴이고, 다른 하나는 질 오르가슴이다. 그런데 클리토리스(남자의 페니스에 해당) 오르가슴은 '하늘로 붕 떠올라가면서 몸 안으로 들어가는 수직적 느낌'이고, 질 오르가슴은 '몸 전체에 확 펼쳐지면서 몸 밖으로 흘러나가는 수평적 느낌'이다. 전자는 남자의 초월적 사고에 해당하고, 후자는 남자의 평등적 사고에 비유된다. 또 전자는 공간적 사고에 해당하고, 후자는 시간적 사고에 해당한다. 남자들의 사고와 여자들의 오르가슴을 비유하는 것은 과학적인 것은 아니지만(사고와 오르가슴은 서로 종류가 다른 것이기 때문에) 충분히 교차될 수 있는 것이다.

남자는 별도의 시공간을 설정하고 설계도나 지도를 가지고 있다면 여자는 몸 자체가 느낌의 시공간이다. 시공간은 시공간을 설정했기 때문에 발생한다. 인간의 수많은 문화적 현상이라는 것도 실은 시공간의 소산이다. 역사와 과학도 시공간의 산물이다. 시간과 공간이라는 언어는 그것보다 오래된 사물을 규정하고 사물을 좌지우지한다. 여자의 몸에서 태어난 존재인 남자가 여자를 좌지우지하는 것과 같다.

여자는 섹스를 거쳐 질과 자궁의 재생산(출산)을 통해 인구를 증가시키지만,

41) 미국 뉴저지 주립대학 배리 코미사루크 교수의 주장.

천	인	지
남자(man)/가부장사회	인간(Man)	여자(woman)/모계사회
뇌(현상학적 자궁) * 의미의 생산 페니스(penis)/펜(pen)	모방(재현) * 남자가 여자를 모방	자궁(재생산) * 자손의 재생산 버자이너(vagina)/바탕 종이
철학(性理) 문명 **message** (情報):시각	본성(本性) 성기(性起) 본능(本能)	성(sex, 性) 자연(性器) **massage** (按摩):촉각
concept(개념) 하나님/삶의 이상성과 영원성 **재생각(rethinking)**	성령(聖靈: parakletos) 클리토리스(Clitoris)	**conceive(잉태)** 마리아/삶과 죽음의 동시성과 양면성 **재생산(reproduction)**
理法 형상(形相)/ **자연의 복사(copy)**	천지중인간(天地中人間)/ 인중천지일(人中天地一)	氣質(室) 질료(質料)/ **자연 그 자체**

남자는 머릿속에서 생각을 거쳐 질료와 형상의 변증법적 과정을 통해 이데아(이념, 이성, 이상)를 생산해낸다. 여자는 '자연 그 자체'이다. 이때 여자의 생산은 으레 재생산이다. 그러나 남자의 생각은 재생각이라고 여기지 않는다. 생각도 재생각이다. 생각은 자연의 복사이다.

남자는 지금까지 없었던 것을 생산하거나 생각한다고 말하면서 재(再)자를 붙이기 싫어한다. 여자가 자궁에서 태아를 발생하는 발생학적 과정과 달리 남자가 대뇌에서 의미를 생산하는 발생학적 과정이 현상학이다. 여자는 자손은 재생산하고 남자는 의미를 생산한다. 이것을 천지인의 순환구조로 보면 다음과 같다.

가부장사회는 흔히 '아버지 날 낳으시고, 어머니 날 기르시니'라고 말한다. 이는 여자(어머니)가 낳은 아이를 아버지가 낳은 것처럼 카피하거나 훔치는 것과 마찬가지이다. 가부장사회는 심리적으로 자연을 훔치는 특성을 가지고 있는 것인지도 모른다. 남자 중심으로 이루어지는 이성이나 진리도 그런 것일지도 모른다. 여자(어머니)를 부정한 서양철학은 본질은 모른 채 본질의 복사 혹은 재현만 생산하면서 가상본질(실재)을 중간중간에 설정하는 끊임없는 철학적 여정을 계속해왔다. 이는 마치 어머니를 잃어버린 아이가 어머니를 찾는 형국과 같다. 그런데 그 어머니는 바로 물(物)이고 심(心)이다. 남자는 여자(어머니)의 자식이다. 그 어머니는 물리와 심리가 아니다. 물=심=기=생이다.

결국 인간이 이룩한 근대의 과학문명은 현상학적(주관적 의미 혹은 대상) 장(場)의 영역, 의식의 시공간을 객관적(물리적) 시공간의 의미로 옮겨온 것에 지나지 않는다. 존재론의 시공간은 의식의 시공간이 아니라 물리적 시공간과 동시에 겹쳐져 있으므로 오해하기 쉬운 영역이다. 이 영역이 바로 '산은 산이요, 물은 물이다'라는 선승의 화두 영역이다. 그래서 존재론은 어렵다. 존재론은 현상학, 의식학이 아니다.

재미있는 것은 천(天)에 해당하는 메시지(message)와 지(地)에 해당하는 마사지(massage)가 대칭된다는 점이다. 그리고 성령(parakletos)이 실은 클리토리스(Clitoris)의 변형이라는 사실이다. 마시지는 몸(心物의 현상학으로서)이 있어야 가능하고, 메시지는 의미(현상학의 의미작용으로서)의 전달이다. 메시지의 의미는 몸에서 생성된다.

마셜 매클루언이 쓴『미디어는 마사지다(The Medium is the Massage)』라는 책을 떠올리게 한다. 물론 이 책의 마사지는 촉감을 나타내는 것이 아니라 '미디어를 둘러보다'는 뜻이다. 그러나 매클루언은 메시지와 마사지를 입체적으로 동시에 보는 시각을 가지고 있다.

> 모든 미디어는 인간이 지닌 재능의 심리적 또는 물리적 확장이다.[42)]

> 쓰기가 발명될 때까지 인간은 음향적 공간 안에서 살았다. 방향도 지평선도 없는 무한한 상태에서, 원시적 본능에 의지하고 공포에 압도당하며, 이성(理性)이 부재(不在)하는 감정의 세계에서 살았다. 말은 이 늪에서 해쳐가는 길을 제시해주는 지도(地圖)이다. 깃털펜이 말에 종지부를 찍었다. 깃털펜이

42) 마셜 매클루언, 　퀸 피오리,『미디어는 마사지다』, 김진홍 옮김, 커뮤니케이션북스, 2012, 26쪽.

> 신비의 껍질을 벗긴 것이다. 깃털펜은 건축물을 만들고 마을을 세웠으며, 길을 닦고 군대를 모으고 관료주의를 낳았다. 깃털펜은 문명의 주기가 시작되고, 어둠에서 이성의 빛 속으로 발걸음을 내딛기 시작함에 있어서 기본 상징어였다. 양피지를 넘기던 손은 마침내 도시를 건설했다.[43]

매클루언은 이렇게 말한다. 돈은 가치의 통역자이고, 알파벳은 시간과 공간의 통역자이고, 전기는 에너지의 통역자이고, 정보는 물리적인 모든 것의 통역자이다. 그는 모든 미디어를 통해 마사지하는 인간의 원형을 보았지만 소리의 철학은 마사지를 통해 존재를 본다. '존재는 마사지이다.'

인류는 모든 존재로부터 영혼을 갈망하고 있다. 인류 문명은 수직적이고 인과적인 과학의 세계, 산업의 세계, 도시의 세계, 관료의 세계, 물질의 세계에서 수평적이고 감정적인 세계, 느낌의 세계, 자연의 세계, 공동체의 세계, 소리의 세계로 돌아갈 것은 요구하고 있다. 그래서 소리철학이 지금 나온 것이다. 그동안 세계 철학계는 소리가 철학이 될 줄을 모르고 있었다. 소리철학은 우주의 기운생동의 변화에 의해 지금 일어난 연기(緣起)에 지나지 않는다.

우주 현상과 인간의 구조, 남녀의 섹스 현상은 상동(相同)이다. 인간은 섹스의 클라이맥스를 통해 적어도 우주의 한 단면을 볼 수 있고 우주의 현상을 유비할 수 있다. 또한 섹스도 우주 현상이고 본질이고 존재이다. 섹스는 삶과 죽음의 양면성과 동시성을 가장 잘 드러내는 사건이다. 여자의 절정은 이것을 가장 잘 드러낸다. 여자의 촉각이야말로 자연의 가장 근본이다. 이에 비해 남자는 죽음보다 삶의 이상성과 영원성을 추구한다. 남자의 이상과 영원성은 허구이다. 남자의 시각은 자연의 재구성이다.

인류의 문명을 진위나 선악의 구조가 아니라 남성-남성성과 여성-여성성의 구조로 풀면 다음과 같은 가설을 세울 수 있다. 가부장사회-문명사회는 정도의 차이는 있지만 여성의 성을 희생으로 삼으면서 여성의 성을 억압하는 사회이며 여성의 성을 관음(觀淫)하는 포르노로지(pornology)를 생산한다. 원시

43) 같은 책, 48쪽.

모계사회에서는 그런 관음을 유발할 필요가 없었다. 여성의 성은 본래 공유하는 것이었고 남성을 중심으로 하는 부계출계, 즉 권력이 구성되지 않았기 때문이다. 원시 모계사회에서 남성은 여성을 소유하지 않았다. 미래의 모성중심사회 혹은 신(新)모계사회에서는 여성의 쾌락의 소리를 듣는 포르노로지가 아니라 여성의 소리 자체가 우주의 본질을 은유하는 것이라고 보는 포노로지의 철학이 필요하다.

'천(天)-메시지-개념=포르노로지'('='는 교차적 연쇄)의 연쇄와 '지(地)-마사지-잉태=포노로지'의 연쇄 혹은 교차적 연쇄는 언어와 소리를 통해 문명의 교차와 역설을 설명할 수 있다. 메시지는 시각-언어의 합작이고, 마사지는 촉각-청각의 합작이다. 마사지가 여성과 연결되고, 메시지가 남성과 연결되는 것은 의미심장하다. 메시지와 마사지, 둘의 발음이 유사한 것은 둘 사이의 복제 혹은 재현을 함축하고 있다고 여겨진다. 또한 철학적 깨달음과 과학적 발견과 발명, 성적 오르가슴과 무당의 엑스터시와 기독교의 성령은 같은 뿌리를 가지고 있을 가능성이 높다.

이러한 가설이 세상에 드러날 수 있는 것도 지천(地天=地/天)시대, 여성시대에 들어왔기 때문이다. 현재 세계는 『주역』으로 보면 천지(天地=天/地=否)의 시대에서 지천(地天=地/天=泰)의 시대로 전환하고 있다. 이에 철학과 다른 문명도 이러한 기운생동의 흐름에 합세하는 것이다.

남자와 여자를 특징적으로 보면 남자는 상상력(추상, 구상)의 동물이다. 여자는 촉감(피부, 정감)의 동물이다. 인간은 깨달음의 동물이다. 깨달음은 성령에서 클리토리스까지 포괄하는 그 이상의 것이며, 천지를 관통하는 것이다. 이것을 천지중인간(天地中人間)에서 인중천지일(人中天地一)로의 전환이라고 말할 수 있다. 인간에게 깨달음의 희열과 바꿀 수 있는 것은 없을지도 모른다.

그러나 깨달음은 인간의 뇌(가슴)가 생산한 우주어머니이다. 그동안 인간의 생각과 문명은 언어를 가지고(언어를 사용함으로써) 자연을 환원시키거나 도치시켰다. 그것은 인간의 추상 능력에서 비롯된 것으로 심리적으로도 도착된 것이다. 따라서 문명의 병을 치유하려면 소리철학, 포노로지 철학이 필요하다.

생각은 철학과 과학을 이룬 원동력이었다. 생각을 대변하는 문장(구문)에는

천	인	지
가부장사회 남성	인간(Man)	모계사회 여성
메시지(message) 시각-언어/동종주술	존재/소통	마사지(massage) 촉각-청각/접촉주술
concept(개념) 재생각(rethinking) 상상력(추상, 구상)의 동물	성령(聖靈: parakletos) 클리토리스(Clitoris) 깨달음의 동물	conceive(잉태) 재생산(reproduction) 촉감(피부, 정감)의 동물
포르노로지(pornology)/ 천지(天地)의 시대	천지중인간(天地中人間)/ 인중천지일(人中天地一)	포노로지(phonology)/ 지천(地天)의 시대
*'oh my god'이라는 표현은 '좋을 때', '나쁠 때', '놀랐을 때' 등 극단적인 경우에 사용한다. 이것은 인간이 은연중에 양극단은 통한다는 인식을 하고 있음을 드러낸다. 'god'은 천지의 양쪽에 다 통하는 말이고, 그러기에 '생사(生死)'에 통하는 말이다.		

항상 주어가 존재한다. 주어가 존재하는 한 세계는 분절되지 않을 수 없다. 세계는 주어가 아니다. 그런데 인간은 주어를 만들어냈다. 세계를 누가 창조했다고 주장하는 것도 인간이다. 시간과 공간이라는 개념을 만든 것도 인간이다.

인간은 자연과 동격의 용어로 신을 만들어냈다. 신은 자연이면서 동시에 자연과는 차이가 있다. 인간은 그 차이를 통해 자연을 '시간과 공간의 우주'로 변형하고, 자연 그 자체(사물 그 자체)로부터 분리하고, 시간과 공간의 좌표상에 실체를 설정하고, 그것의 연장을 우주라고 했다. 연장의 개념 속에는 실체가 숨어 있다. 신이라는 말 속에 인간이 들어 있다. 결국 신은 인간인 것이다.

철학은 신이라는 말을 신학에게 물려주면서 신에 해당하는 다른 말을 찾아냈다. 그것이 존재이다. 그동안 존재라는 말은 서양 철학사에서 하나의 개념이나 추상으로 사용되었다. 그러나 하이데거에 의해 존재는 존재의 자리를 회복하게 되었다. 존재는 다른 말로 설명할 수 있는 것이 아니라 존재 자체이고 존재 가능성이다. 존재라는 말을 서양 철학사의 맥락으로 따라가면 매우 어려운 용어로 생각되지만, 서양 철학사를 따라가지 않고 동양의 본래 자연을 생각하면 쉽게 이해된다. 존재는 자연이다(존재=자연).

존재는 자연과학의 대상이 아니다. 존재는 본질적으로 대상이 아니다. 결코 대상이 될 수 없는 것, 대상이 아닌 것을 존재라고 한다. 그래서 존재는 설명할 수 없다. 존재를 설명하려고 하면 존재를 배반하게 된다. 존재는 단지 느낄 뿐이다. 모든 현상은 본질(존재)이다. 이 세계에 존재(본질)가 아닌 것은 없다.

인간만이 존재가 아닌 현상을 바라본다. 그런 점에서 '실존은 본질에 앞선다'는 말도 필요 없다. 실존과 본질의 선후조차 없다. 존재는 선후·상하·좌우·안팎이 없다(인간이 그것을 만들었을 뿐이다). 존재는 어떤 방향도 없다. 존재는 의미가 없다. 존재는 항상 그 자리에 있을 뿐이다.

철학의 철(哲)자를 해자하면 '말[口]을 잡는[扌=手] 동시에 끊어버리는[斤]' 이중성의 의미가 있다. 철학의 운명은 말을 하지 않는 침묵을 향하고 있음을 철학이라는 용어에서 역설적으로 보여주고 있다.

19 문화 콤플렉스와 종교 및 예술

1) 인류 문화의 콤플렉스와 신화, 종교

인류학은 문화를 문화복합 혹은 문화체계라고 말한다. 이는 문화가 단순한 것이 아니라 설명하기 어려운 복합체이거나 체계성을 가진 것임을 드러낸다. 문화는 자연과 같기도 하고 다르기도 하다. 문화는 자연과 평행적이기도 하고 교차적이기도 하다. 문화는 때론 역설적이고 모순적이다. 이러한 복합적인 것이 뭉쳐진 것을 '콤플렉스(complex)'라고 한다.

문화 콤플렉스는 심리 콤플렉스와도 통한다. 또 문화·심리 콤플렉스는 인류의 종교적 특성과도 통한다. 이들 콤플렉스를 신화라는 이름으로 말할 수 있다. 이들 사이에 어떤 일관성과 시퀀스를 느낄 수 있다. 문화 콤플렉스와 신화와 종교는 긴밀하게 연관된다. 이는 신화나 종교가 문화의 콤플렉스, 즉 문화의 복합성을 상징체계를 통해 드러내기 때문이다. 말하자면 문화의 집단심층심리와 상징의 현상학이 신화이고 종교이다.

인류의 문명은 '문명-부계사회'와 '원시-모계사회'를 양쪽 기둥으로 삼고 그 사이에 기독교, 유교, 불교, 선도 등 네 가지 종교를 배열하여 각각의 문화적 특징을 만들어냈다. 문명-부계사회의 가장 극단적인 콤플렉스는 오이디푸스 콤플렉스이다.[1] 오이디푸스 콤플렉스는 같은 성씨의 두 남자인 아버지와

---

1) 박정진, 「신데렐라 콤플렉스에 대한 신해석」, 『문학/사학/철학』 통권 8호, 한국불교사연구소·발해동양학한국학연구원, 2007, 14~40쪽. 필자는 동서양 및 유라시아의 신화와 전설을 분석한 후 '신데델라' 이야기는 모계사회에서 부계-가부장사회로 넘어오는 과정의 원형 신화임을 밝혔다. 오이디푸스 콤플렉스는 완전히 부계사회로 이전된 이후의 이야기이다.

아들이 한 여자(어머니와 아내)를 서로 차지하려고 경쟁하는 심리상태이자 심리구조이다. 이는 경쟁이 가장 치열한 구조이다. '하나님 아버지'라는 말 속에 그 사회의 구조적 의미가 다 들어 있다. 이러한 사회는 최초의 원인인 동일성을 추구하는 사회이다. 오늘날 서구 사회가 대표적이다.

그다음의 가부장사회 콤플렉스로 신데렐라 콤플렉스를 들 수 있다. 신데렐라 콤플렉스는 여자가 가부장사회 속으로 들어가 왕자(구세주)를 만나 모든 문제를 한꺼번에 해결하는 구조이다. 신데렐라 콤플렉스는 전 지구적으로 분포한 콤플렉스이며 신화이다. 신데렐라 콤플렉스의 계모와 딸들은 가부장사회의 시각으로 해석할 때는 나쁜 계모와 나쁜 딸들의 연대이지만, 실제로 그들은 모계사회의 주류 세력인 어머니-딸들이다. 신데렐라 이야기는 이들이 아버지와 딸로 구성된 (어머니와 아내가 없는) 가족에 편입되면서 가부장사회에 들어간 신데렐라를 질투하는 구조이다.

신데렐라 콤플렉스와 마찬가지로 전 지구적으로 분포하고 있는 나무꾼과 선녀 이야기는 아버지 중심의 가부장사회의 반대편에 있는 원시-모계사회의 신화이다. 모계사회의 기본적인 가족 구성은 여자와 아이들이다. 남자인 나무꾼은 방외자이다. 그래서 선녀와 자녀들이 하늘나라로 떠나지 못하도록 전략을 짜면서 전전긍긍하며 불안에 떨고 있다. 나무꾼과 선녀 신화에서는 여자가 하늘이며 하늘나라에 산다. 지상의 남자는 하늘의 방외자인 셈이다. 자식들도 남자의 자식이 아니다. 여자는 하늘과 바로 통하는 천상의 신분이다. 여자가 어떤 남자의 씨를 받든 그 자식은 여자의 자식이다. '바람이 낳은 자식'이라는 의미의 바람둥이는 그 대표적인 잔존이다.

모계사회에서 부계사회로 조금 이동(진전)한 나무꾼과 선녀 버전이 고부(姑婦) 콤플렉스이다. 고부 콤플렉스는 성씨가 다른 두 여자가 아들이면서 남편인 한 남자를 놓고 서로 차지하려는 구조이다. 여기에 여자들의 한(恨) 구조가 생긴다. 한국이 대표적인 사회이다. 민요 〈아리랑〉이나 대중가요 〈한강〉은 이를 잘 드러낸다. 고부 콤플렉스는 오이디푸스 콤플렉스만큼 치열한 구조는 아니다. 이는 부계사회(남자들 간)의 권력투쟁 구조가 아니라 모계사회(여자들 간)의 질투 구조이기 때문이다.

이들 콤플렉스는 인류의 종교 혹은 고등종교와도 무관하지 않다. 모계사회의 구조를 가장 극단적으로 부계사회화한 것이 바로 기독교 성경의 구조이다. 모계사회의 아버지 없음을 가장 강력한 아버지의 있음 구조로 역전시킨 것이다. 그런데 성경 속에서 역전된 모계사회의 구조를 읽을 수 있다.

인류의 대표적인 종교인 기독교와 불교를 비교해보자. 기독교는 파더 콤플렉스를, 불교는 마더 콤플렉스를 감추고 있다. 기독교의 예수(하나님의 아들)에게 아버지 요셉은 무의미하고, 석가모니의 어머니 마야부인은 일찍 죽었다.[2] 예수는 파더 콤플렉스에 걸려 있고, 석가는 마더 콤플렉스에 걸려 있다고 말할 수 있다. 기독교는 '하늘나라에 가서 영원한 아버지'를 만나 구원을 받아야 하고, 불교는 '어머니를 그리워하다 보니 만물이 부처'라고 말하게 된다. 기독교는 영원한 하나님 아버지를 찾으면서 마리아를 통해 아들인 구세주 예수로 중심을 이동한 반면, 불교는 영원한 깨달음을 추구하면서 소승의 부처에서 대승의 보살로 중심을 이동했다.

기독교는 천지창조와 종말과 천국의 세계관을 가지고 있고, 구세주를 기다리며 천상천국으로 승천하는 구조이지만, 불교는 삼천대천세계(三千大天世界)의 세계관을 가지고 있고, 스스로 부처나 보살이 되어 극락용화(極樂龍華) 세계에 오를 것을 제시한다.

이러한 양극단의 정중앙에 있는 선도(仙道)는 유·불·선을 통합할 뿐만 아니라 문명의 모든 콤플렉스가 해소된 지상선경(地上仙境)과 선악(仙樂)을 추구한다. 선도의 목표는 인간이 신선(神仙)이 되는 것이다. 이때 샤머니즘은 원시반본의 종교로서 재조명된다.

기독교는 초의식이 강하고, 불교는 무의식이 강하다. 유·불·선의 입장에서 보면 기독교는 실천을 중시한다는 점에서 선(仙)에 포함시킬 수 있다. 오늘의 입장에서 유·불·선을 해석하면 유교는 사회학이고 불교는 철학이고 기독교는 종교이다. 기독교가 종교인 것은 대부분의 사람들이 신앙을 할 때 초자아(초월적 존재)를 신앙의 대상으로 섬겨야 성령에 빠져들거나 접신하기 쉽기 때

---

2) 박정진, 『불교인류학』, 불교춘추사, 2007, 17~24쪽.

문이다. 이는 우상을 섬기지 말라는 기독교의 이율배반이다.

기독교는 천을 유일절대신 '하나님 아버지'로 설정했고, 이를 이성으로 정립했다. 그러나 서양의 실체론적 의미에서의 천과 이가 아니다. 굳이 설명하자면 상징적 의미에서의 '천'과 '이'가 있을 뿐이다. 동양의 기철학을 중심으로 보면 '천'과 '이'는 기의 표현형으로서 존재할 뿐이다. '기'는 실체가 있는 것이 아니기 때문이다. '기'는 찰나이고 찰나생멸일 뿐이다.

기철학의 입장에서 보면, '천'과 '이'의 설정은 본래 하늘이 없기 때문에, 본래 이성도 없기 때문에 설정한 것이라고 말할 수 있다. 본래부터 있었다면 굳이 그것을 주장하거나 설정하지 않아도 자연스럽게 천리(天理)의 뜻으로 움직인다. 사람에 의해 주장되는 천리는 지배와 질서를 위한 설정이다. 하늘과 이성은 그것 자체가 이중성과 양면성의 것이다.

동양에서도 천과 이가 주장되었다. 유교는 기독교와 마찬가지로 가부장제를 지원한 종교로서 '천'과 '이'의 개념으로 질서와 지배를 달성했다. 유교의 천은 기독교의 '하나님'과 같은 뜻으로 번역되기도 하지만 근본적으로 다른 것이다. 유교의 '천'에는 천지 혹은 자연의 의미가 내포되어 있다. 따라서 동양의 '천'에는 절대성의 개념이 약하다. 이는 유교의 이가 서양의 이성과는 다른 것과 같은 이치이다. 유교를 비롯한 동양의 이는 기의 표현형, 드러남으로 존재할 뿐이다. 이는 체(體)가 될 수 없다. '이'는 '기'의 드러남의 모양, 패턴일 뿐이다.

근대화의 전개과정에서 유교는 서양의 유대-기독교문명권의 합리주의에 대응해서 유교적 합리주의로 해석되면서 근대성을 달성하는 데 큰 역할을 한 것으로 평가된다. 이는 서양의 눈으로 볼 때 그렇게 보였을 따름이다.

기독교문화권과 유교문화권은 근본적으로 다르다. 서구의 기독교문화권은 자유와 평등과 사랑을 추구하지만 사회에는 항상 계급과 불평등이 있었고, 이로 인해 19세기에 유물론과 계급투쟁이 생겨났다. 유물론은 서양문명의 기독교와 이성주의가 만들어낸 사생아라고 할 수 있다. 이와 반대로 유교문화권은 음양사상을 기반으로 천지·남녀를 음과 양의 상호보완으로 보고 있다. 그래서 계급투쟁이 그렇게 치열하지는 않았다. 음양사상이 자체적으로 완충적인 역할을 했기 때문이다. 물론 유교문화권도 실제 역사에서 계급(계층)의 갈등을 벗어날 수 없었다. 그런 점에서 보편적인 인류의 역사는 음양을 대립적으로 보고 사회는 그것을 권력화하고 계급(계층)화했다고 볼 수 있다. 서구는 이성중심주의 문화권이었고, 동아시아는 음양문화권이었다. 음양문화권도 이성을 중시하지만, 그것은 어디까지나 음양의 상호역동성을 전제하는 가운데 이루어진 것이다.

흔히 서양문명은 여성을 존중하고 동양문명은 여성을 천시한다고 생각하는데 이는 문명의 표층구조를 읽은 것이다. 문명의 심층구조는 그 반대이다. 서양문명이야말로 여성이 없다. 이는 여성이 결혼하면 남성의 성씨로 완전히 들어가는 것(자신의 본래 성씨를 없애버리는 것)에서 알 수 있다. 서양에서는 '여성의 없음'을 감추기 위해 여성을 존중하는 것처럼 문화를 만들어간 것이다. 반대로 동양은 여성을 무시하는 것 같지만 실은 여성을 존중하는 사회이다. 이는 음양사상 속에 이미 음인 여성을 존중하는 사상이 기본적으로 깔려 있기 때문이다. 음양사상은 기운생동의 세계관을 밑바탕에 깔고 있다.

기운생동의 세계는 자연주의를 바탕으로 태초의 창조주가 없는 무시무종의 세계이다. 무시무종은 다른 말로 하면, 혼돈의 세계이며 혼돈의 세계는 소리의 세계이다. 빛은 질서를 주지만 소리는 어두움과 함께 있다. 어두움은 빛보다 더 근본적인 세계이다. 어두움의 세계는 소리의 세계이다. 소리의 세계를 신화화한 것이 바로 '하나님 어머니'라고 할 수 있는 인류 근본 신화인 '마고 신화'이다.

마고 신화는 원시모계사회의 신화이다. 마고 여신은 흔히 '마고할미' 신화로 지구상에 흩어져 있다. 이는 '하나님 아버지'와 대조되는 신화이다. '아버지'보다는 '할머니'가 보다 근본적인 원형이다. 여기서 '아버지는 할머니의 아들= 남자는 여자의 아들'임을 알 수 있다. 마고 신화를 통해 여성성이 우주에서 보다 근본적인 원형 신화, 모태 신화, 태반 신화임을 알 수 있다. 마고는 혼원일기(混元一氣)의 세계를 제시하고 있다. 혼원일기의 세계는 소리의 세계이다.

참고로 한국과 중국과 일본의 문화를 비교문화론적 시각에서 바라보면 다음과 같이 말할 수 있다. 문화 속에는 환경적 특성과 유전적 특성, 역사적 특

문화 콤플렉스, 심리 콤플렉스, 종교

문명-부계사회	기독교(유교)	선도(仙道)	불교	원시-모계사회
문명(남자가 여자를 소유함/남자가 여자의 성을 억압함)	파더 콤플렉스(father-complex)/영원한 아버지를 찾음/구원/남자 중심의 질서를 도모함	유불선(儒佛仙) 통합/네오샤머니즘/마고(麻姑) 신화로 원시반본	마더 콤플렉스(mother-complex)/영원한 어머니를 찾음/깨달음	자연(남자가 여자를 소유하지 않음/남자가 여자의 성을 억압하지 않음)/우주는 본래 혼돈임
오이디푸스 콤플렉스	신데렐라 콤플렉스	지상선경(地上仙境) 선악(仙樂)	고부(姑婦)콤플렉스	나무꾼과 선녀 콤플렉스
같은 성씨의 두 남자(아버지와 아들)가 한 여자(어머니, 아내)를 두고 경쟁	여자가 가부장제 속으로 들어가서 왕자를 만나 모든 문제를 해결하는 구조이다.	문명의 모든 콤플렉스를 해소하여 선경(仙境)을 이룬다.	다른 성씨의 두 여자(시어머니와 며느리)가 한 남자(아들, 남편)를 두고 경쟁	기본적인 가족 구성이 여자와 자녀들이다. 남자는 방외자로서 불안하다.
천지창조(天地創造) 신화/구세주	하늘나라(天國)/마리아에서 하나님으로	신선(神仙)을 추구함/자연회귀	삼천대천(三千大天) 세계/부처에서 보살로	혼원일기(混元一氣) 신화/마고(麻姑)신화

성과 문화적 특성, 그리고 이들의 상호작용을 통한 문화심리복합이 들어 있다. 이런 것을 두고 문화 콤플렉스라고 말하는 것이리라. 어쩌면 인간과 사회는 문화 콤플렉스에 의해 자신을 삶의 방식을 전개하는지도 모른다. 문화의 콤플렉스가 없다면 굳이 어떤 방향을 택해 나아갈 필요가 없을 것이다.

2) 동아시아 삼국의 예술과 풍류도

풍류(風流)는 동아시아에서 공통적으로 발견되는 미학 개념이다. 그러나 같은 풍류라는 말을 사용하지만 한국과 중국과 일본의 문화적 양상은 다르다. 한국문화의 특징을 한마디로 말하면 풍류 혹은 정(情)이라고 말할 수 있다.[3] 동아시아에서 풍류라는 개념을 쓸 때는 신 혹은 신선이라는 개념이 내포되어 있다. 특히 풍류에 도(道)를 붙여 풍류도라고 할 때는 더더욱 종교적 특징을 보인다. 한국에서는 무교(巫敎)가 되고, 중국에서는 도교(道敎)가 되고, 일본에서

3) 박정진, 『예술인류학으로 본 풍류도』, 이담북스, 2009.

는 신도(神道)가 된다.

한국문화에서 풍류는 구체적으로 무교문화와 맥이 닿아 있다. 또한 한국적 풍류는 무교적 전통에서 찾지 않으면 안 된다. 풍류도는 요즘으로 말하면 예술이나 종교뿐만 아니라 학문까지 포함하는 '종합적인 인간의 도(道)'라고 할 수 있다. 풍류도는 진선미를 총괄하는, 말하자면 한국문화의 총체성을 말한다고 할 수 있다. 예술과 종교는 겹치는 부분이 많다. 마찬가지로 종교와 학문도 겹치는 부분이 많다. 그래서 '도'는 학문, 예술, 종교에 두루 해당되는 개념이다.

> 한국문화의 핵심은 풍류문화이다. 이 풍류문화의 가장 고형(古形)은 신내림의 문화, 무교문화(巫教文化)이다. 신내림이란 우주의 구조로 볼 때 위로부터 영감을 받는 문화이며 이러한 문화는 대체로 정감이 발달한 문화적 특성을 갖는다. 정감의 발달은 상대적으로 분석적·개념적 언어의 축적이 결여되는 경향이 많으며, 따라서 학문보다는 예술, 종교가 성(盛)하다.[4]

한국문화의 특징을 좀 더 구체적으로 말하면 신(神)과 흥(興), 멋[美]과 한(恨)이다. 김택규는 한국민족의 삶의 구조를 신(神), 멋, 한(恨)으로 파악했다.

> 신라인(新羅人)은 '한'보다는 '멋'과 '신'을, 고려인(高麗人)은 '멋'보다 '신'과 '한'을, 조선인(朝鮮人)은 '멋'보다는 '한'과 '신'을 위주로 한 것 같다.[5]

'신'은 종교로 그리고 '멋[美]'은 예술로 본다면 학문을 나타내는 '진(眞)'의 자리에 '한'이 들어가 있는 셈이다. 그렇다고 한국인이 진실이나 학문을 추구하는 정신이 없었다는 것은 아니다. 상대적으로 예술과 종교의 심성이 강했다는 뜻이다. 이는 한국문화가 매우 정서적이고 정감적이었다는 말이다. 한국인에겐 정신(精神)의 현상학이 신(神)이다. 이는 서양 사람에게 신의 현상학이 정

---

4) 박정진, 『한국문화와 예술인류학』, 미래문화사, 1990, 73쪽.

5) 김택규, 『한국민속문예론』, 일조각, 1980, 4~5쪽.

신인 것과 반대이다. 정신과 신은 왕래하는 관계에 있다. 따라서 한국인은 종교적 심성으로 산다고 한다고 말할 수 있다.

신은경은 이를 다음과 같이 설명한다.

> '흥'은 대상 및 현실과 적극적 관계를 맺고 긍정적 시선으로 이를 포착하는 데서 오는 밝은 느낌이 기반이 되는 풍류심 유형이고, '한'은 대상이나 현실 속에서 겪는 소외의 체험이 기반이 되므로 이에 대한 소극적, 부정적 시각이 내재되어 있고 '흥'과는 달리 유암성(幽暗性)을 띤 풍류심 유형이다. '무심'은 현실세계를 지배하는 긍정/부정, 선/악, 희/비 등의 이분적 분변작용을 넘어서려는 데서 오는 초월적 미감이다. '흥'의 미가 즐거움을, '한'이 비애의 정감을 주된 정조로 하는 것이라면 '무심'은 초탈의 태도가 주조를 이룬다.[6)]

풍류심에는 대상의 풍류적 속성을 향유·감상한다는 개념이 내재해 있는데 '흥'이 왕에서 천민까지(지식층/무식층, 권력층/소외층 할 것 없이) 전 계층 모두에 걸쳐 향유될 수 있는 것이라면, '한'은 주로 어떤 이유로든 소외의 체험을 겪는 계층과 밀접한 연관을 지닌다. '무심'에는 분별의 경계를 넘어서고자 하는 지적 작용이 요구되므로 사고나 인식 작용에 익숙해 있는 지식층과 친연성을 지닌다. 또 '무심'이 자연 중심적 풍류심의 유형이라면 '한'은 철저하게 인간 중심적 미 유형이다. 이 점에서 '한'은 어떤 고통이나 좌절 없이 현실에 적극적으로 참여함으로써 조성되는 '흥'과 다르고, 애초부터 현실에서 시선을 거두어 속의 티끌을 털어내는 데서 오는 청정함을 추구하는 '무심'과도 다르다.[7)]

'흥'이 극대화된 것을 신(神) 혹은 신명(神明)이라고 할 수 있지만 신에 도달하지 못하는 '흥'이 많은 것이라는 점을 감안하면 '흥'보다는 '신'이 더 한국문화에 적합한 개념이 아닐까 생각한다. 한국인은 '흥'에 그치지 않고 신명이 나야 직성이 풀리며 그 신명 혹은 '신기(神氣)'는 흔히 난장판으로까지 가기 일쑤

---

6) 신은경, 『풍류(風流)』, 보고사, 1999, 89쪽.

7) 같은 책, 89~90쪽.

인류 문명의 발생과 세계 종교의 위치론

	巫敎 (北)	
기독교 (西)	儒敎 (中)	仙道 (東)
	佛敎 (南)	

이기 때문이다. 이는 한국인이 고대에서부터 밤새도록 음주가무를 좋아하는 것과 통한다.

한국 풍류의 미적 구현으로 신과 한과 멋[美, 味]을 들 경우, '신'은 위로 솟구치는 것이고 '한'이 아래로 쌓이는 것이라면 '멋'은 그것의 중도로서 한국문화의 세련된 목표이기도 하다.

신선도, 혹은 선도는 동이족에서 발원했다. 중국 중심으로 세계 종교의 발생지를 자리매김하면, 중국은 도교가 민중에 깔려 있지만 유교가 핵심이다. 서쪽이 기독교이고, 남쪽이 불교이고, 북쪽이 무교이다. 한국이 자리하고 있는 동북쪽은 선도(仙道, 神仙道, 神仙敎)와 무교가 민중에 깔려 있지만 선도가 핵심이다. 물론 이들 종교는 서로 교류하고 습합하면서 자강(自强)과 자생(自生)의 길을 찾아 오늘에 이르고 있다.[8)]

동양의 철학적 전통을 고대로부터 일별하면, 동이문화(東夷文化)의 신선사상이 하화문화(夏華文化)의 성립과 함께 중국으로 건너가서 도(道)가 된다. 도와 선(仙, 僊)이 다른 것은 도가 속(俗)을 포함하고 있다는 점이다. 한국의 신선사상은 중국으로 전파되면서 속화(俗化)의 길을 걸었다.

최근의 고고학적·지질학적 연구 결과는 중국 동북부의 요하를 중심한 홍산(紅山)문화[9)]가 기원전 2천~6천 년경에 크게 번창했으나 백두산을 중심한 시베

8) 박정진, 『종교인류학』, 불교춘추사, 2007 참조.

9) 중국의 신석기시대 문화로, 1935년 적봉시(赤峰市) 홍산(紅山)에서 처음 유적이 발견되어 이 이름을 얻었다. 홍산문화의 유적은 내몽고 동남부, 요녕성 서부와 하북성 북부, 길림성 서부 등에서 발견되고 있다. 적봉 홍산후(紅山后), 지주산(蜘蛛山), 서수천(西水泉), 오

중국 하화(夏華)문화	도(道)	속(俗)	모든 길(Way)	앙소문화, 용산문화
한국 동이(東夷)문화	선(仙, 僊)	산(山)	신선(神仙)의 경지	홍산문화, 흑피문화

리아 일대에 일어난 천재지변으로 인해 그곳에서 살 수가 없어 남하하여 중국의 앙소(仰韶)문화와 용산(龍山)문화를 이루고, 중국의 하·은·주문화를 일으킨 것으로 보고 있다. 또한 홍산문화 이전에 흑피(黑皮)문화[10]가 있어서 그보다 시기적으로 더 올라가는 것으로 보고되고 있다.

중국에서 도는 유(儒)를 낳고, 도유(道儒)는 불교와 만나 크게 통섭을 이루게 되는데 불은 도를 통해 번역되었다. 이때 도는 불교를 만나서 그 패러다임을 본받아 도교(道敎)가 되었다. 이를 집대성한 것이 바로 위진남북조시대의 풍도(風度), 현학(玄學)이다. 그 뒤 송대에 이르러 이학(理學)이 되고, 명대에 심학(心學)이 되고, 청대에 기학(氣學)이 되었다.

이에 비해 한국에서는 선도와 무교가 분리되지 않는 채 풍류도·화랑도의 이름으로 전해 내려왔다. 풍류도의 '풍'은 바람, '류'는 세력(勢力)을 의미하는데 바람 혹은 소리의 흐름을 중요하게 여김을 보여준다. 한국인은 소리[音]에 민감하고, 소리는 흔히 바람으로 비유된다.[11] 한국문화의 자연주의적 특성은 '바람' 혹은 '흐름'에서 가장 잘 드러난다. 역으로 바람과 흐름만큼 자연스러운 것은 없지 않은가!

중국의 풍류도는 위진남북조시대에 현학으로 꽃을 피운다. 춘추전국시대

한기(敖漢旗) 삼도만자(三道灣子), 사릉산(四陵山), 파림좌기(巴林左旗) 남양가영자(南楊家營子), 요령성 객좌현(喀左縣) 동산취(東山嘴), 건평현(建平縣) 우하량(牛河梁) 등지의 유적이 발굴되었다. 방사성탄소보정연대로 B.C. 3600~B.C. 3000년에 해당한다.

10) 내몽고에서 발견되는 흑피옥(黑皮玉)문명으로 1만 4300년 전후의 문명이다. 우실하는 "홍산문화에서 보이는 것과 똑같은 흑피옥으로 드러날 경우 '내몽골 흑피옥문명'과 요서지역 '홍산문화'를 정점으로 하는 '요하문명(遼河文明)'이 직접적으로 연결돼 있다는 것이 증명된다"고 주장한다. 요하문명을 주도한 세력은 한민족의 선조와도 곧바로 연결되는 사람들이다. 즉, 흑피옥문화가 요하문명 지역으로 시간차를 두고 계승됐다면 '흑피옥문화→ 요하문명·홍산문화→ 한반도'로 흐르는 이동 경로 설정이 가능해진다.

11) 박정진, 『예술인류학으로 본 풍류도』.

한국문화	풍류(風流)	정(情)	예(禮, 藝)	氣(理)
중국문화	세(勢)	담(淡)	법(法)	
일본문화	식(飾)	화(和)	도(道)	

의 제자백가라는 '제1차 르네상스'에 이어 '제2차 르네상스'[12]라고 할 수 있는 위진시대의 '현학'은 북방문명의 남하로 인한 문화 융합으로 꽃피운 사상이다. 프랑스의 중국학자 프랑수아 줄리앙은 중국문화의 특징을 '세(勢)'와 '담(淡)'으로 보았다.[13] 중국문화의 특징이 '세'와 '담'이라면 일본문화의 특징은 '식(飾)'과 '화(和)'라고 할 수 있다.[14] 일본의 다도(茶道)는 화경청적(和敬淸寂)을 모토로 하며, 사무라이 전통의 일본문화는 그 사무라이 문화의 콤플렉스로 인해 '화'를 중시한다. 일본의 다실과 다기, 그리고 인공정원은 매우 인위적으로 형식화되어 있으며, 전반적으로 자연에 대한 장식적 미의식을 특징으로 한다. 자연의 소박성보다는 꾸며진 인공의 자연을 자연으로 여긴다.

12) 중국문명의 '제1차 르네상스'는 춘추전국시대의 제자백가시대였고, '제2차 르네상스'는 위진남북조시대 죽림칠현의 현학(玄學)으로 볼 수 있다. 이때 악론(樂論)을 비롯하여 5대 이론이 정립되었다. 혜강(嵆康)의 「성무애락론(聲無哀樂論)」, 완적(阮籍)의 「악론(樂論)」, 조비(曹丕)의 「문론(文論)」, 종영(宗榮)의 「시품(詩品)」, 고개지(顧愷之)의 「화론(畵論)」, 왕희지(王羲之)의 「서론(書論)」 등이 그것이다.

13) 프랑스의 중국 및 동양학 연구자인 프랑수아 줄리앙은 중국문화를 '세(勢)'와 '담(淡)'이라는 두 글자로 푸는 명쾌한 책을 냈다. 프랑수아 줄리앙, 『사물의 성향』, 한울아카데미, 2009; 『무미예찬』, 산책자, 2010) 참조.

14) 일본문화의 '식'과 '화'에 대한 필자의 견해는 박정진, 『매월당 초암차: 일본 다도의 원류로서의 초암차』, 차의세계, 2014 참조.

20
인간의 감각과 문화에 대한 다원다층의 해석학

인간의 문화는 자연에 대한 해석의 결과이며, 그 해석은 다원다층의 구문(構文, 文章)을 이룬다. 이는 인간이 언어적 동물이며, 삶을 각종 언어로 표현하려는 욕구의 동물임을 인정하는 것이다. 그런데 그 언어는 확실성의 측면과 불확실성의 측면을 가진다. 확실성을 추구하는 것이 철학과 과학이며, 불확실성을 드러내는 것이 해체철학과 예술이다. 종교는 확실성과 불확실성의 사이에 있다. 확실성은 보편성을 추구하며 환원적이며 설명적이다. 불확실성은 일반성을 추구하며 진화적이며 생존적이다. 불확실성은 상징(상징적 언어)이다. 상징은 의미가 중첩되며 동시에 상반된 의미가 하나의 단어에 함께 있음을 말한다.

편의상 불교에서 말하는 안(眼)·이(耳)·비(鼻)·설(舌)·신(身)·의(意)를 감각의 수직적 축으로 설정하고, 그것의 수평적 전개를 한글발음으로 '관음'-'자신'-'성'-언어(소리)-문화 분야로 나누어 문화를 해석해보았다. 이들 다원다층의 해석층은 서로 포개지거나 교차될 수 있으며 가역왕래하는 것이 특징이다. 다음의 표를 보면 관음의 여러 층, 예컨대 관음(觀淫), 관음(觀飮), 관음(觀陰), 관음(觀音), 견성(見性), 관음(觀吟)은 서로 통하고 겹치고 교차하고 순환한다. 자신(自身), 자신(自信), 자신(自新), 자신(自神)도 마찬가지이다.

이를 문화 영역으로 보면 안(眼)-시각-언어의 층은 남성성을 표상한다. 언어계는 철학-과학-환유-대상-놀이로 연결되며, 언락(言樂)을 추구한다. 이(耳)-청각-상징의 층인 소리계는 시-음악-예술-은유-자신-놀이로 연결되며, 음악(音樂)과 향악(響樂)을 추구한다. 비(鼻)의 층인 냄새계는 향기-놀이로 연결되며 향락(香樂)과 향락(享樂)을 추구한다. 설(舌, 口)의 층인 음식계는 음식-만족-놀이로 연결되며, 음락(飮樂)과 향락(饗樂)을 추구한다. 신(身)의 층은 여성

인간의 감각과 문화, 다원다층의 음양 해석학

안(眼) **남성성**	시각-언어 (빛, 메토니미)	見性	自神	성(姓)- 성(聖)- 성(誠)	언어계 (언어-미술계) 음기(音記)	철학-과학-환유-대상 (object)-놀이(言樂) **이성중심주의**
이(耳)	청각-상징 (소리, 메타포: 暗= 音+日)	觀音 觀陰	自信	성(聖)	소리계 (상징-음악계) 음기(音氣波)	시(詩)-음악-예술-은유- 자신(self)-놀이(音樂, 響樂)
비(鼻)	후각-이미지	觀陰	自身		냄새계 암향(暗香)	향기-놀이(香樂, 享樂)
설(舌) 구(口)	미각-이미지	觀陰 觀飮	自身	성(誠)	음식계 음기(飮器)	음식·만족-놀이(飮樂, 饗樂)
신(身) **여성성**	촉각-이미지 (그림자: 暗= 音+日)	觀淫	自身	성(性)	생물계(색계) 기(器) 음기(淫器)	자연-생존경쟁-섹스- 재생산-놀이(淫樂, 色樂) **반이성-자연주의**
의(意)	의미의 발생(音+心) (메타포)	觀吟	自新 自神	성(省)- 성(聖)	심정계(心情界) 기(氣, 機, 器)	의미-종교-은유-환유- 언어-놀이(音韻樂)

성을 표상한다. 자연-생존경쟁-섹스-재생산-놀이로 연결되며, 음락(淫樂, 色樂)을 추구한다. 의(意)의 층인 심정계는 의미-종교-은유·환유-언어-놀이로 연결되며, 음운락(音韻樂)을 추구한다. 심정계는 기(氣, 機, 器)가 종합적으로 통하는 곳으로 역으로 안(眼)의 층과 뒤로 통한다.

문화 영역의 중요 개념에 대한 새로운 정의는 다음과 같다.

시: 사물의 숨어 있는 의미인 은유를 '시어(詩語)'로 드러낸다.(언어를 나선운동으로 사용하는 언어의 변형생성이다.)

과학: 사물을 시공간 안에서 배치하는 언어활동으로 언어를 환유와 환원으로 사용한다.(언어를 직선운동으로 사용하는 제도이다.)

철학(해체철학): 철학이 과학을 위해 봉사한 뒤에 숨어 있는 의미(은폐된 의미)를 개념의 말로 드러내는 해석학이다.(해체철학은 철학의 詩이다.)

음악: 우주와 음악의 소리를 몸 전체에 주입한다.(놀이 중에 가장 가벼운 놀이이다.)

예술: 삶의 낯섦을 낯익게 하고 낯익음을 낯설게 한다.(사물에 대해 탄력과

긴장을 불어넣는다.)

좌선: 호흡을 통해 공기(숨)를 몸 전체에 주입한다.(단전호흡과 운기[運氣]를 통해 몸에 기운생동을 강화한다. 이는 호흡에 의한 사이비 섹스이다.)

화두: 언어를 통해 언어(시공간)를 초월한다.(언어를 사용하면서 언어의 속박을 벗어나는 백척간두의 언어적 생멸이다.)

섹스: 생물종을 재생산하는 행위이며, 인간에 이르러 쾌락이 되었다.(자연과 통하는, 자연으로 돌아가는 문이다.)

나: 시간과 공간이 비롯되는 곳이며, 시간 자체, 공간 자체이다.(나는 시간과 공간의 분기점이며 나의 밖으로 나가면 시간과 공간이 있게 되고, 나의 안으로 들어오면 시간과 공간이 없게 된다. 시간과 공간이 없는 것이 초월이다. 그러나 초월은 시간과 공간이 본래적으로 없는 것을 말한다.)

인류의 일반적인 신화학은 동식물과의 상관적 방식이다. 이것이 지구상에 퍼져 있는 원시·고대 인류의 신화학이다. 오늘의 철학이나 과학의 방식은 가부장제의 성립과 깊은 관련이 있다. 오늘날 철학과 과학의 방식은 다른 것 같지만 실은 같다. 인간이 인위적으로 설정한(가상한) 이데아를 통해 사물도 이데아로 보는 것이다. 서양의 정신과 물질은 같다. 그러한 점에서 헤겔의 절대정신이나 마르크스의 유물론이나 같다.

어쩌면 오늘날 서양의 신화와 종교와 과학은 모두 가부장제 신화학의 일부로 편입시킬 수 있을 것이다. 인류는 시를 통해, 예술을 통해 메타포의 방식, 무의식의 방식을 보존해왔다고 해도 과언이 아니다. 예술의 공적은 바로 여기에 있다. 예술은 인간이 물 자체, 물활적 세계, 만물의 일반성과 끊어지지 않도록 한 최대 공로자이다.

메타포(metaphor)의 'phor(a)'는 '옮겨짐'이라는 뜻이고, 'meta'는 '가운데', '~을 향해서', '~을 찾아서'라는 뜻이다. '옮겨짐'은 이동성이나 유동성을 나타내는 용어라는 점에 유의할 필요가 있다. 'phora'는 소리와 직접 관계가 없지만 소리가 이동하는(운동하는, 파동하는) 것의 대표적 상징이라는 점에서 메타포는 소리(phone)를 내포하고 있다고도 볼 수 있다. 이것은 자연이고 시이다. 이에 비해 메토니미(metonymy)의 'meto'는 'meta'와 같은 뜻이고, 'nymy'는 'onoma(명칭의 뜻)', 'nom, name(이름)' 또는 명사에서 온 것이다. 이것은 다분히 명사적이다. 이것은 철학이고 문명(文名, 文明, 問名)이다.

철학의 개념은 명사이다. 명사가 없으면 철학은 불가능하다. 그런 점에서 이성중심주의 철학을 극복하려면 메토니미에서 메타포로 돌아가는 것이 지름길이다. 메타포와 메토니미는 원시 주술시대의 동종주술 및 감염주술과 맥이 닿아 있고, 그것의 교차적 성격을 가지고 있다.

서양은 시와 철학이 함께 있다가 둘이 분리되어 철학 중심으로 문명을 이끌어왔지만, 최근 철학의 자식이라고 할 수 있는 과학이 여러 환경 문제를 야기하고 철학 또한 갈 길을 찾지 못하고 한계에 부딪치자 다시 시를 회복하려는 움직임을 보이고 있다. 그러한 철학적 운동이 바로 해체철학이다. 이에 비해 동양은 시와 철학이 완전히 분리되지 않는 관계로 근대 문명에서는 서구에 지배당하고 이끌려왔다. 동양에는 아직도 시철(詩哲)이 존재하고 있다. 해체철학은 동양의 시철에서 피안을 마련하지 않으면 안 된다. 물론 서양에도 훌륭한 시적 전통이 있기 때문에 결코 절망적이지는 않다. 철학에 시를 회복하는 것은 인간이 삶(일상생활)을 예술적으로 만드는 길을 열어줄 것이다. 고대가 신화시대, 중세가 종교시대, 근대가 과학의 시대였다면 미래는 예술의 시대일 것이다.

신화주술시대는 자연과 언어의 미분화, 주문과 기술의 미분화시대이다. 주술은 주문과 기술로 구성된다. 종교과학시대는 주문과 기술의 분화시대, 기술과 과학의 분화시대이다. 예술놀이시대는 언어와 기술의 원시반본시대, 언어와 기계의 원시반본시대이다. 일상의 삶이 놀이로 승화된다.

종교와 과학도 하나의 퍼포먼스로 보면 인간이 삶을 표현하는 행위로서 예술의 현상학이다. 종교와 과학이 하나의 틀에 사람을 묶는 것이라면 예술은 그것으로부터 자유와 해방을 뜻한다. 예술은 현대의 살아 있는 신화이다. 예술은 무엇보다도 기운생동으로써 죽은 텍스트를 살리는 기술이다.

시간과 텍스트와 기술은 인간의 생존을 위해 필요한 것이었지만 동시에 존재의 적이었다. 3T(time, text, technology)는 필요악이다. '시간=텍스트=기술'의

신화주술시대(원시·고대)	자연과 언어의 미분화 주문과 기술의 미분화	주술(주문+기술)
종교과학시대(중세·근대)	주문과 기술의 분화 기술과 과학의 분화	주술의 분화 주술에서 과학의 분화
예술놀이시대(현대·미래)	언어와 기술의 원시반본 언어와 기계의 원시반본	예술(언어+기술, 기계)의 놀이로의 승화

등식을 넘어서는 곳에 예술이 있다. 예술은 살아 있는 신화라는 점에서 신화시대로 인류를 원시반본시킬 수 있는 덕목을 가지고 있다.

예술시대와 함께하는 철학으로 소리철학만큼 적합한 것이 없을 것이다. 소리는 우주의 은유이며 시이다. 소리는 세계의 은유이며 시이다. 인류 문명은 개념과 추상에서 자연과 소리를 부활시켜야 한다. 그럼으로써 철학의 원시성을 회복해야 한다.

21
좋은 여자, 나쁜 여자
전체주의에 대한 회고

모든 절대주의는 최악의 경우 전체주의가 되거나 파시즘이 된다. 그동안 절대신앙과 절대과학이 전체주의와 무관한 것처럼 생각되었지만, 절대신앙과 절대과학은 항상 전체주의로 돌변할 잠재성과 가능성을 가지고 있다. 헤겔의 절대정신은 이미 유물론을 준비한 것이나 마찬가지였다. 헤겔 좌파가 유물론자가 된 것은 당연한 수순이다. 정신의 현상학이 물질이고 유물론은 당연한 것이었다.

인류의 문명 가운데 가장 나쁜 것은 전체주의이다. 왜 전체주의가 발생하느냐를 따져보면 인간의 본성·본능과 관련 있음을 알 수 있다. 인간은 자연으로부터 물려받은 전체성에 대한 유지본능이 있는 것 같다. 그래서 자신이 속한 공동체의 전체성에 위기가 왔다고 생각하면 강제로 그것을 회복하려고 한다. 강제로 전체성을 회복하려는 과정에서의 잘못된 선택이 바로 전체주의이다.

공동체나 국가 혹은 지구 전체의 전체성 위기는 대체로 사회갈등의 증폭, 환경재앙이나 전쟁과 함께 온다. 자연(우주)의 전체성(총체성)에 대한 개인적 깨달음이 집단적으로 이데올로기화하면 전염병처럼 정치적 전체주의가 되는 폐단이 있다. 이는 종종 역사 속에서 확인되는 개인과 집단이 빚어내는 모순이다. 전체성은 자연인 반면 전체주의는 역사적 인위이다.

전체주의는 처음엔 천사처럼 보인다. 전체주의를 이끌어가는 사람들도 스스로 천사라고 생각하는 경향이 있다. 자신이 선(善)이라고 생각하거나 정의라고 생각한다. 악마는 본래 천사장이었다는 것을 상기할 필요가 있다. 선이나 정의가 저절로(순리적으로) 실현되는 것과 단기간의 목표로 설정되는 것은 다르다. 후자는 인류평화를 위해 전쟁을 벌이는 것과 같은 이율배반에 빠진다.

계급 없는 평등사회와 지상천국을 목표로 내세우고 선전한 공산주의는 전체주의의 전형이다. 어떤 면에서 공산주의는 나치즘보다 더 악랄했고 오래 지속된 전체주의였다. 공산주의는 그 천사성이 강력해서 기독교 속으로도 파고 들어와 해방신학으로 둔갑했으며, 인간의 이데올로기 가운데 가장 악성의 바이러스처럼 되어버렸다. 공산주의는 인류문화의 파괴였으며 가부장사회가 만들어낸 가장 나쁜 모계사회(모성중심사회)운동이었다고 할 수 있다. 그래서 나쁜 여자이다.

인류의 역사는 전체성을 잃었다고 생각하면 그것을 억지로 실현하기 위해서 전체주의를 등장시킨다. 전체주의는 인간의 '잘못된 여성성'이고 '사이비 여성성'이다. 이는 가부장사회(국가 혹은 제국)의 허위성 혹은 허상이 갖는 주기적인 질병과 같다. 이는 집단적 신경강박증과도 같고, 무의식적 정신질환과도 같은 광기이다. 이런 광기는 흔히 악마를 신으로 모신다.

인류는 개별성(개인)을 토대로 집단을 구성하고, 집단을 토대로 보편성을 추구하는 이성의 역사 혹은 역사적 이성주의를 만들었는데 이성주의가 극단적인 형이상학적 폭력이 되면 전체주의와 결합하게 된다. 인간의 감정에 호소하는 전체주의는 걷잡을 수 없는 광기로 변하기도 한다. 전체주의는 집단적 허무주의에 기대어 천국의 허상을 퍼뜨린다. 이것이 전체주의적 지상천국이다.

니체의 허무주의는 모든 것을 부정하는 절망적 허무주의가 아니라 삶과 죽음이 맞닿아 있는 이중성의 파동과 같은 것이다. 생멸과 창조와 파괴의 삶은 어떤 목적도 목표도 없는 본질적 허무이기에 도리어 긍정을 유도하고 초인을 탄생시킨다. 초인은 '삶의 허무적 성격 자체까지 긍정하는 인물'이다. 그런데 개인은 초인이 될 수 있지만 집단은 허무주의로 인해 잘못된 전체주의에 빠지기 쉽다.

인류는 인구 증가와 함께 어느 순간부터 노동과 이성을 필요로 했고, 문명을 일으켜 거대 권력을 만들었으며, 자연의 생존경쟁은 국가 간 정복전쟁으로 변했다. 제1·2차 세계대전은 인구 증가와 부양에 대한 불안과 권력경쟁이 야기한 세계적 규모의 전쟁이었다. 바로 이러한 전쟁을 둘러싸고 자유주의(개인주의) 대 전체주의의 대회전이 일어났다. 전체주의란 천사의 탈을 쓴 악마와 같은 것이다. 이에 비하면 자유주의는 악마의 탈을 쓴 천사라고 할 수 있다.

철학자나 사상가 개인이 직접 전체주의에 개입하는 경우도 있고, 반대로 전혀 관계하지 않는데도 영향권에 있거나 오해하여 전체주의의 대열에 서는 경우도 있다. 이는 이데올로기에 의한 '광란의 사육제'라고 할 수 있다. 근대에 들어 세계사에 나타난 전체주의의 대표적인 사례는 나치즘, 파시즘, 볼셰비즘, 그리고 일본의 군국주의이다. 이들의 성격과 배경은 서로 다르지만 전체주의이다. 이것은 개인주의나 자유자본주의가 야기한 빈부의 격차, 집단이기주의, 각종 사회적 부조리와 부작용에 대한 반발로 발생한 이상주의라는 측면도 가지고 있다. 전체주의는 개별성에서 발생한 문제들을 집단적·획일적으로 해결하려는 묵시적·혁명적·종말론적 이데올로기이다. 독일의 나치즘 발생에 지식인들의 참여를 철학적으로 탐색하고 분석한 박찬국은 다음과 같이 말한다.

> 하이데거가 나치에 참여하던 시대는 루카치나 블로흐와 같은 대사상가들이 스탈린을 지지한 시대이기도 했다. 이런 의미에서 이 시대는 흔히 광기의 시대라고 불리지만 그들이 자유주의 체제보다도 나치즘이나 볼셰비즘을 선택한 것은 우리보다 덜 이성적이었고 광기에 사로잡혔기 때문은 아닐 것이다.[1]

이성이 도리어 광기를 부른 것이다. 그는 또 이렇게 말한다.

> 하이데거는 (중략) 나치즘과 전체주의에 대한 그의 비판에도 불구하고 그의 철학이 정치적으로 현실화될 경우에는 전체주의로 귀착될 수 있는 위험성을 갖게 된다고 나는 생각한다.[2]

인간은 이성적 존재이면서 이상향·유토피아를 그리는 상상력의 존재이다. 허무주의로 인해 이상향을 급진적으로 실현하려고 할 경우 종말론과 목적론

1) 박찬국, 『하이데거는 나치였는가』, 철학과현실사, 2007, 32쪽.

2) 같은 책, 234쪽.

에 사로잡히기 쉽다. 이성과 상상력은 같은 차원에서 동시적으로 상호작용하여 결국 대사육제를 벌이는 것이다.

> 자유민주주의가 초래하는 부작용을 제거하고 공동체적인 조화와 통일을 마련하기 위해서 이른바 부르주아적인 자유를 부정하는 것은 전체주의라는 위험을 야기하기 쉽다. 여러 개인들과 집단들 간의 모든 분열이 극복되고 조화만이 존재하는 유토피아에 대한 희구는 사실은 전체주의적인 획일화를 통해서만 충족될 수 있는 것이다. 이런 의미에서 콜라코프스키는 전체주의는 "천국을 모방하려는 절망적인 시도다"라고 말하고 있다.[3]

유럽의 전체주의는 국가를 싫어한다.

> 현대의 모든 전체주의적 운동은 오랜 전통을 통해서 형성되어온 국가라는 제도를 혐오한다고 볼 수 있다. 마르크스주의는 궁극적으로 국가의 폐지를 원한다. 아울러 파시즘과 나치즘 역시 국가적인 제도 대신에 민족의 일반의지를 구현하고 있는 총통의 의지가 지배하기를 바란다.[4]

> 나치즘이든 볼셰비즘이든 하이데거의 철학이든 자유민주주의에서 상실된 삶의 심원하면서도 고귀한 의미를 다시 회복하려고 한다. 따라서 그것들은 자유민주주의보다는 훨씬 이상주의적이다 하이데거나 루카치나 블로흐를 비롯한 많은 지식인들이 나치즘과 볼셰비즘에 매료되었던 것도 그것들의 이상주의적 성격에 끌렸기 때문이라고 볼 수 있다.[5]

이에 비해 일본의 전체주의는 군국주의이고 국가주의이다. 일본의 교토학

3) 같은 책, 241쪽.

4) 같은 책, 263쪽.

5) 같은 책, 274쪽.

파는 본의든 타의든 일본이라는 영토 속에서 일본 군국주의와 연루되었다. 이는 하이데거가 나치즘과 연루되는 것과 같다. 교토학파의 불교존재론은 하이데거의 존재론과 피를 통했던 것이다.

근대 일본사상사의 거대한 산인 교토학파는 선(禪)을 중요하게 추구한다. 니시다 기타로(西田幾多郎)가 제시한 '주객미분의 순수경험'이나 '절대모순적 자기 동일' 같은 개념은 선(禪)과 관련되어 있다. 근대 일본에서 선과 선학은 수행이나 철학적 사유를 훨씬 벗어나 있다. 근대 일본이 수행한 침략전쟁에서 고매한 선승들이 취한 태도를 보면 그들이 사무라이 정신과 불교를 구분하지 못하는 듯하다. 일본의 선승들은 일본의 군국주의에 동조하여 황도불교(皇道佛教)를 만들어냈다. 적극적으로 전쟁을 찬미하는 황도불교나 사무라이 불교는 태평양전쟁 당시 식민지 조선불교계에도 만연했다. 이름만 대면 알 법한 고승이 전쟁을 찬미하고, 심지어는 승려들의 지원병 참여를 독려했다. 이와 관련하여 빅토리아(Brian Victoria)의 『선과 전쟁(Zen at War)』은 선승들이 어떻게 일본의 군국주의에 동조하고 황도불교를 구성하는지 보여준다.

선에서 말하는 주객초월, 해탈의 절대경지나 절대체험은 때론 일상의 윤리를 소각하고 전장의 포화 속에서 고요함과 평화를 만끽하게 한다. 거기에는 죽음도 없고, 생도 없다. 단지 미학적 승화만 있을 뿐이다. 이런 초현실적 태도는 전쟁이라는 적나라한 세속의 가치를 옹호하는 데 이바지했다. 쉽게 말하면 대단히 잘난 척했지만 결국 칼잡이였다.

철학적으로 존재의 전체성에 이르는 것은 인간이 우주와 자아(개인)가 하나가 되는 우아일체(宇我一切)의 깨달음의 궁극에 도달하는 참으로 숭고한 달성이다. 그러나 이것은 비시간적이고 비역사적이다. 개인의 비시간적이고 비역사적인 것을 집단의 시간적이고 역사적인 장소로 옮겨놓으면 토론의 부재로 인해서 전체주의로 빗나갈 수 있다.

개인적인 깨달음, 특히 하이데거식의 존재론이나 데리다식의 해체론, 불교적 존재론이라고 말할 수 있는 선 등은 인간의 자아를 해체한 까닭에 현실정치의 집단적 정치학에 이용되면 어떤 철학이나 사상, 이데올로기보다 전체주의에 취약성을 드러내게 된다. 왜 그럴까? 이들은 절대적이고 극단적인 이상주의적 비전을 포함하고 있기 때문에 초세간적(超世間的)이고, 그렇기 때문에 역사에서 선보다는 악에 이용당하기 쉽다. 독일의 나치즘(국가사회주의), 소련의 볼셰비즘(공산사회주의), 일본의 군국주의(대동아공영권)는 인간이 만들어낸 이상주의의 산물이었다. 극단적인 이상주의는 철학적·형이상학적 폭력이 되고 정치적 폭력이 되었다. 그런 점에서 역사적 이상주의는 도리어 믿을 것이 못 된다.

공산주의의 유물사관은 노동의 착취에 기반한 모든 권력에 대한 원천적·전면적 부정이라고 할 수 있는 계급투쟁을 포함하고 있기 때문에 권력에 대한 비판은 과학적 사회학으로 잘 하지만 최고 권력자(최고 감시자)에 대한 비판을 할 수 없는 결함을 가지고 있다. 국제공산주의운동은 실질적으로 소비에트 제국주의의 수단으로 전락했지만, 처음엔 마르크시즘을 창안한 마르크스나 그것을 정치적으로 실천한 엥겔스도 직접적으로 찬성한 운동이었다. 소련과 동구권의 공산사회주의는 공동소유와 공동생산의 마르크시즘을 토대로 했다. 그런데 그것의 역사적 실험(실현)에서 공산주의식 전체주의로 돌변하고 말았다. 마르크시즘은 평등을 지향하는 서구문명의 마지막 이상이었으나 생산성 저하와 공동소유의 모순 때문에 실패했다. 소유는 공동의 것이 될 수 없었고, 소득의 하향평준화와 빈곤은 체제 붕괴로 이어졌다.

유대인에 대한 인종차별과 함께 위대한 게르만주의로 시작한 독일의 나치즘은 처음엔 철학자 개인과 별 관계없이 진행됐다. 그러나 히틀러의 등장을 전후한 독일의 철학적·문화적 토양과 분위기는 이를 부추긴 감이 없지 않다. 니체의 '권력의 의지'와 하이데거의 '존재론' 혹은 '공동존재론'은 음으로 양으로 히틀러에게 영향을 미친 것으로 파악된다. 이 철학자들은 나치 정권에 자발적으로 협조한 적이 없다. 그러나 나치즘에 대한 미온적 대응과 독일 민족의 부흥이라는 민족적 분위기에 협조하거나 동조한 혐의를 받고 있다. 이는 오늘날까지 논란이 되고 있는 현안이다.

물론 니체나 바그너나 하이데거는 구체적으로 나치를 알고 협조한 것은 아니지만 독일이라는 한통속에서 살아온 흔적 때문에 혐의에서 완전히 벗어날 수 없다. 독일 민족주의인 게르만주의는 독일문화 전체가 만들어낸 것이라는 데 이의를 제기할 수는 없다. 나치에 동조하지 않는 인사들은 대체로 망명했던 것이다. 독일 철학자나 음악가의 나치 협력 문제는 히틀러 등의 권력자들이 개인적으로 영향을 받았거나, 권력자와 철학자들 사이의 오해와 동조, 미온적 대처 등으로 인한 '독일 문화적 불상사'로 볼 수도 있다. 철학과 정치가 국가라는 같은 장소에 있었다는 점은 피할 수 없다. 이것은 개인적 깨달음의 전체성과 집단적 전체주의의 모순이며, 철학의 천사가 괴물로 돌변한 변종이다.

일본의 군국주의도 독일의 경우와 비슷하다. 니시다의 '절대무'와 스즈키 다이세츠(鈴木大拙)의 '선(禪)'사상이 공동으로 이룬 교토학파의 '불교적 존재론'은 세계적인 보편성에 도달한 일본의 철학적 쾌거였다. 이 철학적 승리가 일본 군국주의 세력에 이용당했다는 설도 있고 적극적 이론가로 나섰다는 주장도 있다.

니시다의 '절대무'는 종래의 무(無)에 '절대'라는 단어를 붙인 것으로, 이것은 매우 서양철학적인 발상이다. 뒤에 무슨 글자가 오든 '절대'라는 말은 세계를 이분법으로 나누게 됨을 경계해야 한다. '절대무'든 '절대유'든 절대주의라는 점에서는 같다. 이것은 유(有)의 서양철학과 무(無)의 동양철학 사이에서 자신의 철학적 영역이나 지분을 만들려는 의도가 있는 것으로 언뜻 보면 굉장한 철학 같으나 실은 기존의 철학에 새로운 것을 보탠 것이 없는 수사학에 불과한 것이다.

절대무란 무엇인가? 절대무는 무를 절대화하는 것으로 '존재와 무'라는 존재론적 전통에 무를 절대적으로 유화(有化)한 것이다. 더욱이 절대무는 '무'와 '유'의 관계를 끊어버린 '유'의 철학이다.

현상학적 레벨에서 절대의미는 무의미가 될 수 있다. 절대는 무가 될 수 있다(절대=무). 현상학적 레벨은 '유의 무'이다. 존재론적 레벨은 '무의 유'이다. 존재론적 레벨에서는 의미가 없다고 말하지 않는다. 의미는 찰나에 발생(생성소멸)하기 때문이다. 존재론의 '찰나생멸'은 현상학의 레벨로 옮겨오면 '현재생사(現在生死)'가 된다. 그런 점에서 순수 불교적 교리를 역사[時間]·사회[空間]적으로 전개하면 전체주의적 절대가 될 위험이 있다.

일본의 니시다 철학의 '선 연구'와 절대무는 그러한 점에서 인위적으로 죽음을 택하는 '자살의 미학', '할복의 미학'이 될 수 있다. 니시다 철학은 존재론적 레벨이 아닌 현상학적 레벨이다. 이는 매우 일본적인 철학이다. 니시다 철학의 요체는 자연의 상속자인 몸(여성, 감정, 생명)을 남성적 추상(윤리인 선과 악, 시간과 공간의 진리)의 희생자로 삼은 것이다. 이 속에는 여성을 악으로 보고 남성을 선으로 보는 시각과 생명의 구체를 추상의 희생자로 삼은 시각이 숨어 있다. 이는 바로 일본의 문화적 전통인 '죽음의 미학'을 근대 서양식으로 철학화한 것이다. 니시다 철학의 선과 절대무는 '죽음의 미학'을 근대적으로 재포장한 것이다.

절대무가 더 위험한 까닭은 '무의 절대화'는 죽음을 찬미하는 매우 일본적인 전통과 연결되며, 따져보면 그것의 소산이라는 점 때문이다. 그런 점에서 절대무는 매우 일본적이다. 절대무의 철학은 결국 '가미가제'식 죽음을 합리화하는 것이 된다. '절대무'는 매우 일본적인 철학이긴 하지만 인류사의 측면으로 볼 때는 전체주의 혹은 일본적인 인위적인 자살을 미화하는 철학이다.

니시다의 '절대무'는 하이데거의 '무'와 다르다. 절대무는 매우 일본적인 것으로 유의 무이며, 인위적으로 할복을 하면서 죽음을 찬미하는 '사무라이 정신'과 신도(神道)적 도그마에 의해서 죽음을 불사하는 '가미가제' 정신과 연결된다. 이것은 바로 일본 다도의 일기일회(一期一會)의 정신이다.

하이데거와 니시다의 차이점은 전자의 '무사상'은 나치즘을 두둔하거나 옹호한 것이 아니지만 독일문화의 관념적이고 정념적인 분위기에 편승되어 나치즘을 생산한 반면, 후자의 '절대무사상'은 철학 속에 이미 군국주의를 배태하고 있었다는 점이다. 절대무사상은 매우 일본적인 것이다. 일본문화는 '무'를 '절대무'로 해석하지 않을 수 없었던 것이다. 전통적으로 사무라이 문화 속에서 끊임없이 죽음의 강박관념에 시달리던 일본은 도착적으로 죽음을 찬미하고 정당화하지 않을 수 없었던 것이고, 독특한 '죽음의 찬미' 문화를 만들어냈다. 또한 동양정신을 일본식으로 완결시키는 '형식미의 완성'으로서 다도를 만들어냈다.

불행하게도 일본이 근대의 초기에 마련한 '불교적 존재론'은 일본의 사무라이 문화 전통에서 다분히 군국주의로 탈바꿈할 요소를 가지고 있었던 것 같다. 신도와 사무라이 사상과 젠사상과 군국주의는 심층심리나 무의식에서 통하는 그 무엇이 있다. 일본식의 '젠'이 돈오하면서 자신을 잊어버리는 것과 가미가제의 결사대가 충성을 다짐하면서 죽음을 불사하는 것에는 닮은 점이 있다. 이것이야말로 우주적 전체성에 대한 개인적 깨달음과 집단적 전체주의의 잘못된 만남이다.

이는 독일적인 나치즘의 전체주의와는 다른 것이다. 나치즘은 인종주의로 인해 특정 인종인 유대인을 대상으로 타살(집단살해)을 정당화한 것이다. 나치즘은 타자적 전통의 서양에서 존재론이 집단적으로 잘못 해석될 수 있다는 것을 보여준 역사적 실례이다. 하이데거의 존재론은 근본적으로 시간을 벗어나고자 하는 개인(개체)의 철학적 노력이기에 역사적 공간과 만나면 위험한 전체주의가 될 수 있는 함정을 가지고 있다. 이것은 인간 이성의 함정이다.

니체의 '권력의 의지' 혹은 하이데거의 '존재와 무' 속에 내재한 독일적 허무주의의 긍정적인 면과 부정적인 면 가운데 후자를 유대인에 투사한 것이다. 여기엔 절대주의라는 이상주의 혹은 이데올로기적 질병이 내재해 있다. 이데올로기는 쉽게 신화가 되고, 신화는 도그마가 되고, 도그마는 그것의 신학적 특성 때문에 사람들을 광기에 빠져들게 한다.

독일의 나치즘은 서양의 '타자적 전통' 속에서 나타난 '타자 살해의 전체주의'이고, 일본의 군국주의는 동양의 '즉자적(자연적) 전통' 속에서 나타난 '자기살해(혹은 자기희생)의 전체주의'이다. '자살'과 '타살'은 결국 죽음을 절대화(초월화)하는 혹은 서로 왕래하는 이중성의 질병이다. 전체주의의 뿌리는 인간의 소유 개념으로 거슬러 올라갈 수 있다. 인간의 전체성(자연의 전체성)에 대한 이해는 역사적 소유 개념과 만나면 전체주의로 돌변해버리고 만다. 또 여성의 소유를 기본으로 하는 가부장제하에서는 전체주의로 돌변할 위험성을 항상 안고 있다. 앞으로도 그러한 전체주의가 생기지 말라는 법은 없다.

왜 전체성에 도달한 철학들은 역사의 장에서 전체주의로 돌변하고 마는가? 이는 역사가 존재를 소유로 바꾸어버리는 특성을 가지고 있기 때문이다. 역사적 맥락, 사회적 맥락에 들어가면 존재는 존재자가 되어버린다. 따라서 이를 경계하지 않으면 전체주의에 빠지게 된다. 개인적 깨달음의 전체성은 비

	시간적(역사적)	비시간적(비역사적)
소련과 동구권	공산사회주의(마르크시즘)	공동소유/공동생산
독일·이탈리아	나치즘·파시즘(국가사회주의)	존재론/공동존재
일본	군국주의(국가주의)	절대무(無)/젠(Zen, 禪)
존재자/존재	전체주의(존재자)	전체성(존재)
영미와 서구권	자유자본주의(개인주의, 불평등)	개인의 자유/여성의 자유
가부장제/모계제	가부장제적 소유	모계적 비소유

권력적이지만 이를 집단적으로 이데올로기화하여, 집단이 전염되면 바로 정치적 전체주의가 되어버린다. 그러면 반드시 전쟁이 일어난다. 전체주의는 '생각하는 동물'인 인간의 질병이다.

자연과 문명, 가부장제와 모계제, 소유와 비소유, 존재와 존재자 등의 이원대립항으로 묶어보면 개인적 깨달음이 왜 집단적 전쟁의 도구가 되는지 알 수 있다.

존재에 이르는 길, 도리(道理)에 이르는 방법에는 대상을 두는 것이 있고 대상을 두지 않는 것이 있다. 대상을 두면 소유가 되고, 대상을 두지 않으면 존재가 된다. 이를 소유론적 본능과 존재론적 본성으로 구별하기도 하지만, 본능과 본성의 차이가 있는 것인지 알 수 없다.

마찬가지로 존재나 깨달음에 이르는 길에는 언어를 두는 방법이 있고 언어를 두지 않는 방법이 있다. 언어를 두지 않는 방법이 선(禪)이다. 둘 사이에는 의식과 무의식 사이에서 가역적이고 이중적인 왕래가 있다. 이는 사물을 천사로 쓸 수도 있고, 악마로 쓸 수도 있다는 말과 같다. 언어는 이미 대상이고 소유이다.

우리는 여기서 한 가지 큰 교훈과 깨달음을 얻을 수 있다. 역사는 소유의 역사라는 것을! 가부장제의 소유의 역사에서 비소유를 추구하다 보면 도리어 전체주의에 빠져버리게 된다. 역사에서 비소유는 도리어 위험한 것이다. 개인적 깨달음은 전체주의의 폭력에 속수무책으로 이용당하기 일쑤이다. 역사는 개인의 자유와 이성과 보편성을 추구하는 것이, 비록 완전하지는 않지만 정치적 권력에 터무니없이 이용당하는 것을 막을 수 있는 기제임을 보여준다. 인

문명	자연
가부장제	모계제
남자가 여자를 소유한다. (한 남자에게 여자를 소속시킨다)	남자와 여자는 서로 공유한다. (여자에게 난 자식을 사회가 키운다)
소유	비소유(무소유)
존재자	존재
나치즘(인종주의)	인종
마르크시즘(물질주의)	물질
군국주의(국가주의)	백성, 국민
전쟁, 불평등	평화, 평등
집단적 이데올로기	개인적 깨달음
보편성	일반성
권력의지	일반의지
권력적	비권력적

류의 문명사회에서 가부장제와 권력의 의지와 소유는 피할 수 없는 것이다. 그런데 개인적 깨달음을 집단적 이데올로기로 변형·전염시킴으로써 이를 대신할 것같이 떠드는 자체가 위험한 발상이다. 이것이 공상적·이상적 유토피아이다.

가부장제 이전에 모계제 혹은 모성제사회는 권력의 의지가 비교적 기승을 부리지 않아서 자연의 권력, 선물의 권력을 통해 저절로 평화를 달성할 수 있었던 것 같다. 모계제사회는 권력이 없는 사회, 비권력의 사회라고 말해도 좋으리라.

영국과 미국을 비롯한 서구의 자유자본주의는 개인주의를 바탕으로 하면서 소유를 인정하고 있다. 개인은 소유이다. 그래서 역사적 전체주의에 빠지지는 않았지만 개인주의에 따른 불평등이라는 사회문제를 안고 있다. 한꺼번에 이념적으로 해결되지는 않지만, 자유자본주의야말로 시간적인 역사에 충실한 편이다. 만약 자유자본주의가 개인의 자유를 확대하고 여성의 자유에 점진적으로 도달한다면, 그것은 인간이 창출한 사회제도 가운데 가장 양호한 편이 될 것이다.

여기서 우리는 또 하나의 교훈을 얻을 수 있다. 인간은 모계적 비소유, 어머니의 헌신적인 아가페적인 사랑을 꿈꾸고 있다! 모든 인간은 어머니의 아들딸이다! 전체성은 좋은 여자이다. 전체주의는 나쁜 여자이다.

전체주의는 나쁜(질투하는) 여자가 폭력적인(성급한) 남자를 유도하는 전쟁방식이다. 정치는 주기적으로 전쟁의 방식을 택하지 않을 수 없다. 수컷(남성)의 국가를 유지하기 위한 경쟁이기 때문이다. 종교는 평화의 방식을 택한다. 종교는 정치의 문제점을 보완하는 암컷(여성)의 가정 유지방식, 평화의 방식이기 때문이다.

인류의 역사는 언제든지 전체주의로 돌변할 수 있다. 특히 강제로 급하게 이상을 실현하려고 하는 급진적 이상주의는 악마의 감언이설에 넘어가기 쉽다. 스스로를 미화시키고 합리화시켜서 온갖 비인간과 악행을 자행하고도 반성하지 않도록 인간을 마비시킨다. 악마는 급진적 이상주의의 틈을 이용해서 전체주의라는 악의 선물을 준다. 처음에 그것은 어떤 과일보다 달콤하다. 전체주의는 인간의 이성이 피할 수 없는 인간의 질병으로 돌변할 수 있다는 것을 말해준다. 전체주의는 인간 이성의 바이러스이다. 전체주의는 인간 이성의 포르노이다.

종교는 성인을 내세워 여자들에게 호소한다. 정치는 영웅을 내세워 남자들에게 호소한다. 이것이 동양에서 말하는 내성외왕(內聖外王)의 실체이다. 인간은 동전의 양면처럼 두 가지 측면을 동시에 가지고 있다. 이 둘이 동시에 있으면 그야말로 내성외왕이 된다. 내성외왕은 인류사에서 아주 보기 드물게 존재했다. 너무 자주 역사에서 기대해서는 안 된다. 천지신조로 천지기운이 소통·순환하여 이루어진다.

인간은 항상 전체주의에 빠질 위험을 안고 있다. 이는 인간이 초월적 사고의 동물이라는 이면의 추악함이다. 초월성과 전체성과 전체주의는 쉽게 옮겨갈(미끄러질) 수 있다. 선과 악은 함께 있다. 천사와 악마는 함께 있다. 그것을 이분법으로 나눈 것이 인간의 이성이다. 인간의 이성 때문에 선과 악이, 천사와 악마라는 이분법이 생겼다고 하는 것이 맞을 것이다. 인간이 태어나기 전에는 선과 악, 천사와 악마라는 개념이 없었다. 이성 때문에 마음 혹은 심이 정신이 되고, 몸 혹은 물이 물질이 되었다. 끝없는 욕망과 권력의 의지가 권력과 소유를 낳는 것이 아니라 욕망과 의지가 권력과 소유를 낳았다. 결국 필요의 욕망과 권력의 의지의 정체는 이성이다.

이성적인 인간의 등장과 더불어 세계는 분열되기 시작했고, 인간은 그 생겨난 틈을 통해 새롭게 세계를 구성했다. 인간의 세계는 구성된 세계이다. 모든 구성된 세계는 인간의 세계이다. 우주의 틈은 과연 무엇일까? 빅뱅일까 아니면 블랙홀일까? 빅뱅과 블랙홀은 양과 음이다. 둘은 시간적으로 '동시에', 공간적으로 '함께' 있다. 우주공간에서 시공간을 없애면 우주는 하나의 몸이 된다. 블랙홀은 수많은 빅뱅을 거느리고 있다. 블랙홀은 여자의 생식기인 투 립스(two lips)에 비유된다. 투 립스에서 태어난 인간은 입술(lips)을 가지고 있고, 그 입술을 통해 수많은 말을 생산하고 통사구조를 만들어왔다.

지금까지 인류는 말로 자유와 평등과 평화와 사랑을 찾았다. 그러나 하나님이나 성인, 초자아를 찾는 방식으로는 그것을 이룰 수 없다. 이들은 목표나 대상이 되어서는 결코 실현될 수 없다. 도리어 자아를 버리고 무아·무의식으로 돌아갈 때 저절로 드러나는 것이다. 이들은 구성되는 통사구조가 아니다.

전체주의는 잘못된 초자아의 전형이다. 이성은 항상 본의 아니게 초자아를 탄생시켜왔다. 이는 이성이 마지막에는 초자아와 결탁한다는 것을 의미한다. 이성은 과학을 탄생시켰지만 결코 인류를 행복으로 인도하지는 못했다. 이성이야말로 욕망이고, 의지이고, 의식이고, 이들의 화신이다.

서양의 진리와 도덕은 그 한계를 드러냈다. 진선진미(眞善眞美)한 것은 결코 실현되지 않았다. 서양은 자연과 인간을 분리했다. 인간은 스스로부터 소외되고, 그 결과로 심한 정신분열 현상과 자연의 황폐화를 가져왔다. 도덕과 욕망은 분리되지 않을 수 없었다.

22
새로운 도덕을 향하여

기독교의 창조와 피조는 주인과 노예가 되고 주인과 노예는 주체와 대상으로 변형되어 종교와 사회와 과학이 만들어졌다. 이들은 초월이라는 보편적 동일자를 공유하고 있다. 절대신앙자는 스스로 노예가 된 사람으로 항상 남을 노예로 만들 준비가 된 자이다. 유일-절대신을 섬기는 기독교도들은 복음(福音)을 이유로 항상 다른 민족을 노예나 식민지로 만들어왔다. 주인과 노예는 권력의 다른 얼굴이다.

기독교의 사랑도 지배의 다른 얼굴이다. 기독교는 겉으로는 사랑을 표방하지만 속으로는 노예(식민지) 사냥을 하고 있다. 기독교도들이 잘사는 것은 자신의 악을 선으로 포장하고, 그것으로부터 힘을 얻어 남의 재화와 소유를 자신의 것으로 만들고, 그것을 무한대로 정당화함으로써 더욱더 악을 자행해도 아무런 죄책감이 없기 때문이다. 속죄양이나 대속(代贖)이라는 제도는 욕망을 부채질하기에 안성맞춤이다. 저곳에서는 한없는 나쁜 짓을 해놓고 이곳에서 작은 선행을 하는 것이 기독교이다. 선이 악의 근원이다. 순수가 악의 근원이다. 선악은 이중동봉관계에 있다.

서양문명이 주도한 근대는 바로 기독교와 과학과 경제가 한통속이 되어 동일성(同一性)과 등식(等式)을 바탕으로 세계를 지배한 시기이다. 이런 문명은 스스로 붕괴되지 않고는 다른 해결의 방도가 없다. 인간은 연속적인 자연을 불연속적으로 만들고 불연속적인 문화를 연속적으로 만드는, 근본적으로 자연에 역설적인 자연적 존재이다. 자연을 불연속적으로 만드는 까닭은 필요(필요악) 때문이며, 그 역할은 인간의 뇌가 담당하고 있다. 또한 불연속적인 문화를 연속적으로 만드는 이유는 시간의 단절을 극복하기 위해서이다.

이러한 인간의 자연에 대한 저항에 다시 저항하는 것이 바로 인간의 성이며 자연의 생식기능이다. 양성생식의 생물인 인간은 죽음으로써 연속에 이르고 무성생식의 생물은 번식의 순간에 연속이 있다. 생물은 불연속에서 연속으로 혹은 연속에서 불연속으로 가역하고 있다. 도덕은 그 사이에서 매우 한시적이고 지역적인 역할을 하는 것이다.

인류 문명의 역사적 현실은 항상 권력과 우상을 필요로 한다. 여성적 상징인 땅과 육체를 가진 인간은 남성적 상징인 권력과 우상을 동반하지 않으면 심리적 균형을 이루지 못하기 때문이다. 한편 역사적 현실과 달리 인류의 이상은 항상 여신과 음악을 모시고 살았다. 남성적 상징인 하늘과 영혼을 가진 인간은 여성적 상징인 여신과 음악을 동반하지 않으면 심리적 균형을 이루지 못하기 때문이다.

철학적으로는 존재와 불성을 깨닫는 것이 목표일 수 있지만 현실은 도덕을 동반하지 않으면 질서를 유지하기 어려웠다. 도덕은 악을 잠재우지 못했지만, 제한적으로 악을 제어하는 데 성공했다. 칸트의 철학을 흔히 도덕철학이라고 명명한다. 왜 칸트의 철학을 이성철학이나 과학철학이라고 하지 않고 도덕철학이라고 할까? 이성의 정언명령 때문일까?

악의 기원에 대해 루소와 칸트의 입장은 극명하게 갈린다. 루소는 축제에 의한 '발효'와 '모방'의 감정에서 악의 기원을 찾는다.

> 개인이 지녔던 자기사랑의 무기적 정감(無記的情感)은 질투와 선망이 겹쳐진 자존심으로 변질되어 만인이 만인에 대해 칭찬받고 군림하려는 욕심으로 탈바꿈되었다. 그 자존심은 두 가지의 심리적 반응을 조장하는데, 하나는 '허영심(la venité)'이고, 다른 하나는 '악의를 감춘 수치심(la mauvaise honte)'이다. 그것은 바로 탤런트처럼 되고 싶은 허영심과 거기에 이르지 못할 때 반사적으로 느끼는 악의를 감춘 수치심이다.[1]

야금술과 농업기술의 발견은 인류로 하여금 사유재산 제도의 성립을 촉진

---

1) 김형효, 『사유하는 도덕경』, 소나무, 2004, 18~19쪽.

시켰다. 사유재산 제도의 성립으로 인류는 소유적 선(善)에 대한 애착을 갖기 시작했는데, 그것은 다시 자존심의 아상(我相)와 결부되어 인류로 하여금 탐욕을 늘려가도록 부채질함으로써 사회적 불평등을 가져온 원인이 되었다는 것이다.[2]

이에 비해 칸트는 인간의 명예욕과 소유욕과 지배욕을 지지하는 입장이다.

자연은 인간이 상호 적대감을 통해 협동의 길을 가도록 의도했다는 것이다. 이 길을 '비사교적 사교성(ungesellige Geselligkeit)'이라는 유명한 말로 불린다. (중략) 칸트는 만약 인간에게 이기심이 없다면, 인간은 낭만적 목가성 속에서 잠들어버리고 말았을 것이라고 생각했다. 그러므로 인간은 오히려 자기의 명예욕, 소유욕, 그리고 지배욕에 감사해야 한다는 것이 칸트의 지론이다. 말하자면 자연은 인간을 향상시키기 위해 사회성과 이기심의 사이에서 갈등을 빚게 만들었다는 것이다.[3]

금단의 열매를 먹은 후 아담과 이브는 이성(理性)의 눈을 뜨게 되었으며, (중략) 에덴의 동쪽으로 인간을 추방시켰지만, 동시에 이성으로 살아가기를 요구했다고 지적한다. 그리고 그 이후로 자연의 모든 것은 인간의 것으로 전용되도록 허용되었다는 것이다.[4]

칸트는 특히 역사의 필요악을 인간의 근본악이라는 개념으로 치환시킨다.

칸트는 인간의 원죄로서의 근본악과 신의 인간 창조의 성선을 다함께 살리기 위해 "인간은 근원적으로(originell) 선하고, 근본적으로(radikal) 악하다"라

2) 같은 책, 19쪽.
3) 같은 책, 22쪽.
4) 같은 책, 22~23쪽.

는 언표로 선악의 모순을 비켜갔다. 즉 인간은 '선으로의 근원적 성향'과 '악으로의 근본적 충동'의 이중성이 있으며, 이것이 인간 내부에서 초점불일치 현상을 자아내고 있다고 칸트는 해석했다.[5)]

이처럼 역사적 인간의 악의 기원에 루소는 성선설 쪽에, 칸트는 성악설 쪽에 무게를 두고 설명한다.

동양에서는 맹자가 성선설을, 순자가 성악설을 주장했다. 유가의 성선설과 성악설을 서양학설과 어느 정도 대응시켜 볼 수 있다. 이는 서양의 이성주의 철학과 유가의 철학이 이성 혹은 이를 중시하는 공통성 때문일 것이다.

성리학적인 의미에서의 윤리도덕은 이미 인위적인 것임이 드러났다. 이는 물리학적인 이성이 자연 본래의 것이 아니라는 것과 같다. 그러나 자연지도덕(自然之道德)인 천도지덕(天道地德)은 되살아나야 한다. 자연이야말로 도덕적이다. 인간이 도덕적인 것이 아니라 자연이 도덕적이다. 자연은 자연 이상도 이하도 아니다. 인위의 도덕이 아니라 자연의 도덕이 부활되어야 한다. 도덕은 만물의 영장인 인간이 만들어낸 것이 아니라 자연이 본래 도덕적이었다.

자연을 '약육강식'의 세계라고 본 것은 인간이 이성을 투사하여 그렇게 본 것이다. 자연은 표면적으로 약육강식의 세계 같지만 그 이면을 보면 서로의 몸을 주고받는 선물의 세계, '희생의 체계'이다.

맹자나 순자보다 동양의 도덕을 잘 보여주는 것은 노자의 『도덕경』이다. 특히 『도덕경』 25장은 도(道)와 덕(德)의 전모를 가장 대표적으로 나타내는 구절이다.

물은 혼돈을 이루었다. 먼저 천지가 생겼다. 고요하고, 아득했다. 홀로 있지만 고쳐지지 않았고, 주행하면서 지치지 않았다. 따라서 천하의 어머니라고 할 만했다. 나는 그 이름도 모른다. 글자로 말하면 '도'이다. 억지로 이름을 말하면 '크다'고 부른다. 큰 것은 말하자면 뻗어 나아가는 것이고 뻗어 나아

5) 같은 책, 24쪽.

> 가는 것은 멀리 멀리 나가는 것을 말하고 멀리 멀리 나가는 것은 되돌아오는 것을 말한다. 그러므로 도가 크면 하늘이 크고 땅이 크고 왕 또한 크다. 세상에 네 가지 큰 것이 있는데 왕도 그 가운데 하나이다. 사람이 땅을 본받고 땅은 하늘을 본받고 하늘은 도를 본받고 도는 자연을 본받는다(有物混成, 先天地生, 寂兮廖兮, 獨立不改, 周行而不殆, 可以爲天下母, 吾不知其名, 字之曰道, 强爲之名曰大, 大曰逝, 逝曰遠, 遠曰反, 故道大, 天大, 地大, 王亦大, 域中有四大, 而王居其一焉, 人法地, 地法天, 天法道, 道法自然).

결국 도는 '자연을 본받는 것(道法自然)'이다. 동양에서는 예로부터 '천도지덕', 즉 천지가 도덕이라고 받아들였다. 동양에서 천지는 이분되지 않고 서로 순환되는 것이다.

칸트의 철학을 도덕철학이라고 할 때의 도덕은 동양적 의미의 도덕보다는 서양적 윤리(moral)에 가까운 것이다. 도덕과 윤리는 다르다. 도덕은 자연으로 연결되지만 윤리는 사회적 예의규범으로 연결된다. 윤리는 사회적 필요에 부응하는 관습적인 의미가 크다.

그런데 서양에서도 처음에는 도덕이 자연과 분리되지 않았던 것 같다. 프랑스어로 도덕은 'la vertu'이고, 윤리는 'la morale = les moeurs'이다. 처음에 도덕은 "남성적 용기나 정신적인 힘 같은 것에서 출발했지만 점차 모든 남자, 여자, 식물, 무생물 등 모든 사물이 가지고 있는 에너지(힘)와 같은 것"[6]을 의미했다. 이는 거의 자연에 가까운 말이다. 라틴어의 힘을 나타내는 'virtus'에서 나온 말이다. 이에 비해 윤리(모럴)는 풍습과 관련되는 것을 의미했다.

동양뿐만 아니라 서양에서도 도덕은 자연의 에너지, 힘 같은 것을 의미했고, 자연 혹은 자연의 덕목을 본받는 것이었음을 알 수 있다. 도덕이 윤리가 된 것은 삶의 구체적인 본보기나 지침이 필요했기 때문임을 유추할 수 있다.

천은 천도(天道) 혹은 도심(道心)으로 연결되고, 지는 지덕(地德)으로 연결되었다. 이는 음양으로, 남녀로 번안될 수 있다. 동양에서는 서양과 달리 여자를

6) 프랑스 어원사전 *LE ROBERT*, p.1271쪽(la morale = les moeurs), 2240쪽(la vertu).

상징하는 '음'이 음탕하고 원죄적인 것이 아니라 육덕(肉德, 肉化)을 가지는 존재로 해석되었다. 천은 보이지 않는 세계의 현상 혹은 결[理]로 해석되었다. 그러한 점에서 동양의 천은 서양에 비해 권력적이지도 않았고, 지는 음탕하지 않았다. 그래서 세계를 지배와 피지배의 관계로 나눌 필요도 없었다. 음양은 상호보완적인 존재이다. 음양은 동시적으로 움직이면서 보이지 않는 것에서부터 작용하는 세계의 역동성 그 자체이다. 이것을 양음의 대립으로 만든 것은 서양문명이었다.

철학적 존재론은 인간에게 어떻게 살아야 한다고 직접 도덕적 지침을 내리지 않는다. 어떻게 살든 그 삶은 존재의 현상학이다. 그렇지만 역사적 존재로서의 인간은 항상 그 시대마다 알맞은 윤리를 만들어서 살 수밖에 없다. 도덕의 본래적 의미를 되찾을 필요가 있다. 자연과 하나가 되는 삶을 영위할 것을 이 시대가 요구하고 있기 때문이다. 인류 문명은 지금 너무 자연으로부터 멀리 나와서 인간의 자연성을 잃어버리고 자연으로부터 소외될 위기에 직면해 있다. 천도지덕의 삶! 이것이 미래 인류의 대안이다. '천도지덕의 삶'은 『천부경』의 '인중천지일(人中天地一)'의 삶이다.

소크라테스는 '너 자신을 알라'고 했다. 이것이 철학의 시작이자 끝이다. 그렇다. 언제나 시작과 끝은 함께 있다. 누구나 철학적으로 제 자신을 알 수 없다. 제 자신을 알 수 없는 것이 존재이고 존재의 비밀이다. 이것이 앎의 철학의 끝이다. 존재는 앎이 아니라 삶이다. 앎의 철학인 '지식의 철학'은 삶의 철학인 '지혜의 철학'에 포용된다. 인간에게 앎과 삶은 함께 있다. 인간(앎)은 자연(삶)의 역설적 존재이다.

미래의 도덕은 자리이타(自利利他)를 넘어서 이타자의(利他自義)[7]가 될 것이다. '이타자의'의 삶은 남을 이롭게 하면서 자신에게 도덕적 절제를 요구하는 삶이다. 도덕적 절제란 겸손과 검소와 침묵으로 구성된다. 예절의 겸손은 생활의 검소와 같고, 검소와 겸손은 존재의 침묵의 소리를 듣는 것에 비할 수 있다. 존재의 소리, 우주의 소리를 들으면서 '인중천지일'의 이치를 깨닫는다면

---

7) 이 글귀는 『自性反省聖德明心道德經』의 '이타자의선행심(利他自義善行心)'에서 인용한 것이다.

'이타자의'의 삶이 가능할 것이다. '이타자의'의 삶이 오래 지속되면 우회적으로(저절로) 자리이타의 삶이 될 가능성도 높다.

오늘날 인간문명은 물질만능이라는 최악의 상태에 있다. 이것이 지옥이다. 다른 것이 지옥이 아니다. 만물은 이미 부처인데 인간만이 부처가 아니다. 만물은 이미 도덕군자인데 인간만이 도덕군자가 아니다. 만물은 이미 신선인데 인간만이 신선이 아니다. 그래서 오늘날 우리는 부처, 도덕군자, 신선이 될 것을 존재론적으로 요구받고 있는지도 모른다. 성인들이 인간에게 서로 사랑하기를 요구하고, 깨달음을 요구하고 독려하는 것은 이 때문인지도 모른다.

성인은 소리를 들을 줄 아는 사람, 즉 성인(聲人)이다. 생명은 소리이고 울림이다. 인간은 자연의 소리, 우주의 소리를 들으면서 각자가 깨달아서 자연과 더불어 살아야 하는 것이다. 그렇지 않으면 인류는 언젠가 자연으로부터 보복성 재앙을 받을 것임에 틀림없다. 세계는 각자종교(各自宗敎)의 시대로 접어들고 있다. 각자종교의 시대는 엄밀한 의미에서는 종교의 해체이다.

오랜 인류의 역사 동안 종교와 과학은 고난과 위기를 극복하고 오늘의 생존과 인구를 유지하는 데 결정적인 역할을 했다. 그런데 오늘날 종교와 과학은 인간중심주의의 큰 병폐로 인해 인간을 위기로 몰아넣는 결정적인 역할을 하고 있다.

성인(聖人)은 인류 문명의 희생양(어린양)으로 마치 인간의 섬김의 대상인 듯하지만 실은 먹이나 식량이 되는 동물과 같은, 자연과 문명의 이중적인 경계 영역에 있는 초인간적 존재이다. 성인은 자연의 본능을 그대로 가진 존재로서 고등종교의 등장과 함께 형성된 종래 토템의 변형이다. 성인은 인간 토템이다.

사람들은 성인으로부터 진리를 배우기보다는 그들을 욕망과 이상을 채우는 수단(고백성사, 구속과 구원, 천국과 극락)으로 사용함으로써 스스로 선하지 않으면서 선한 그룹에 들어 있다는 착각 속에서 더욱더 악한 '이율배반적 존재'가 되었다. 그러한 점에서 이제 더 이상 성인이 필요 없다. 인간은 이제 각자가 성인이 되어야 하고 각자 종교의 실천자가 되지 않으면 안 된다.

우상으로서의 부처와 하나님은 없다. 아무리 기다려도 부처와 하나님은 오지 않는다. 더 이상 그들에게 인간의 욕망을 투사해서는 안 된다. 그들은 인간의 욕망을 위한 희생물이다. 만약 부처와 하나님이 있다면 인간 각자에게 있을 것이고, 인간은 자신의 욕망을 절제해야 할 것이다. 한 가지 희망은 욕망 속에 욕망의 절제가 있고, 욕망으로 인해 절제할 수 있는 기회와 힘이 주어진다는 점이다.

인류의 4대 성인들은 각 문화권에서 생성된 인간희생이었다. 인류는 이들 희생을 통해 '대신(代身)의 체계'인 자연에서 '대리(代理)의 체계'[8]인 문화를 만들었다. 그러나 그 문화에는 이들 성인들이 살아있지 않고 우상만이 있다. 말하자면 불교에는 부처가 없고, 기독교에는 예수가 없고, 유교에는 공자가 없고, 서양철학에는 소크라테스가 없다. 이는 모두 인간들이 자신들의 입장에서 이치(理致)만 바라보고 스스로 대신체계인 희생에 뛰어들지 못했기 때문이다.

인간은 중생대에 지구를 지배하다가 갑작스런 환경의 변화로 멸종한 공룡처럼 '뇌 공룡', '인구 공룡'이 되었다. 이 말은 인간도 갑작스런 지구 변화로 멸종할 수 있다는 뜻이다. 특히 자신의 '뇌' 때문에, '인구' 때문에 멸종할 수 있다는 의미를 내포하고 있다. 인간은 공룡처럼 몸집은 크지 않지만 뇌의 몸집, 인구의 몸집은 큰 공룡에 비할 수 있다.

인간이 인류가 되는 것은 인간 이외의 동식물을 포함하기 때문이다. 이 말은 인간이 자연의 일부임을 깨우치는 분류학이다. 인간은 다른 동식물과 함께 사는 존재이고, 눈앞에 뒹구는 돌조각과 다를 바 없는 존재이다. 지금 나와 함께 존재하는 모든 것은 태초에 나와 함께 출발한 것이다. 만물은 지금 모두 자신의 여정 중에 있을 뿐이다.

소리철학은 그 여정 중에서 종교와 과학과 예술을 융합하는 철학이라고 말할 수 있다. 그 철학의 중심에 예술이 있다. 예술을 중심으로 다시 인간의 문화를 재편성하는 셈이다. 소리철학은 앞으로 생태철학, 평화철학으로 발전할 여지를 남겨두고 있다.

---

8) 박정진, 『소리의 철학, 포노로지』, 256~271쪽.

무시무공무대무소(無時無空無大無小)
동정역동이기신학(動靜易動理氣神學)
의기투합만물만신(意氣投合萬物萬神)
만물만신의기투합(萬物萬神意氣投合)
천지천지음양천지(天地天地陰陽天地)
자신자신자신자신(自身自信自新自神)
이일삼일오행팔괘(二一三一五行八卦)
인중천지일풍류도(人中天地一風流道)
무유불선도천지교(巫儒佛仙道天地敎)
귀인자자무신중도(鬼仁慈自無神中道)[9]

9) 이 시구는 필자가 인류 문명을 융합한 결론을 담은 「선무심중경(仙無心中經)」이다.

심중(心中) 박정진(朴正鎭) 연보

1. 평범한 출생과 성장

1950. 11. 17. 한국전쟁이 발발한 그해 겨울, 대구시 달성동 오두막에서 아버지 함양인(咸陽人) 박재명(朴在明, 1926년 6월 9일[음]~2006년 3월 23일)과 어머니 아주인(鵝洲人) 신병기(申炳琪, 1930년 11월 16일[음]~1994년 7월 13일)의 장남(2남 2녀 중)으로 태어남. 어머니가 태몽으로 '고래 꿈'을 꾸었다고 함. 대구시 중구 동인동 3가 220번지, 일본 적산가옥으로 이사하여 삶. 3살 때 설사복합병으로 목숨을 잃을 뻔했음. 당시는 6·25전쟁 중이어서 약을 구할 수도 없었는데 때마침 미(美) 8군에서 흘러나온 페니실린을 구해서 구사일생으로 목숨을 건짐.

1957. 3. 대구 동인국민학교에 입학함.

1958. 3. 대구시 신천동에 신설된 대구 신천국민학교에 전학함. 어릴 때부터 항상 홀로 생각에 잠기는 소년이었음. 학업성적은 중상위에 속했으며 특히 사회과목에 남보다 뛰어났으나 사회성은 없었다고 함. 자주 동네 아이들에게 매 맞고 집에 들어오는 소년이었다고 함. 5·6학년 때 담임인 이정화 선생님으로부터 정의감과 국가관, 근면성을 배우고 일생동안 잊지 못할 큰 영향을 받음. 대구 신천국민학교 제1회 졸업생으로 졸업, 6년 개근상을 수상함.

1963. 3. 대구 경상중학교에 입학함. 중학교에 들어가면서 말없던 소년이 갑자기 말문이 열리기 시작하면서 사내다워졌다고 함. 그러나 여전히 근본적으로는 내성적인 문학 소년이었음. 이때부터 김소월의 시집과 괴테의 『젊은 베르테르의 슬픔』 등 소설을 읽기 시작하면서 문학에 심취함. 때로는 시집을 읽기 위해 학교를 조퇴한 적도 있음. 경상중학교 석인수 교장의 근면성에 감동을 받음.

1966. 3. 대구고등학교에 입학함. 청춘의 질풍노도의 시대를 독서와 운동으로 인격수양을 도모하면서 넘김. 이때부터 간간히 자작시를 쓰기 시작함.

1969. 3. 부모의 권유로 서울 한양대학교 의과대학 의예과에 입학함. 처음으로 부모와 떨어져서 홀로 유학생활을 시작함. 아버지가 갑작스럽게 신경성질환으로 입원하게 됨에 따라 의사가 되기로 결심했으나 해부학 시간에도 시를 쓰고 시에 심취함. 심약한 그는 결국 의과대학이 적성에 맞지 않음을 알고 전과하기로 결심함. 당시

한국사회는 민주화의 열기가 대학가에 넘쳤으며, 박정희 군사독재와 맞서 청년문화운동이 일어나고 서울의 대학가는 공부보다는 운동에 열중하였음. 서울을 비롯한 지방의 각 대학은 민주주의 운동에 열을 올렸지만, 그렇다고 생산적이고 주체적인 민주주의 이념을 창안한 것은 아님. 사회는 극도의 혼란과 무질서 속에서 갈피를 잡지 못하고 분열되었음. 특히 남북분단 상황에서 북한은 남한의 이러한 상황을 적화통일의 계기로 삼으려고 광분함. 사회는 극심한 좌우 이데올로기의 대립 속에 병들어갔음. 그는 의과대학을 졸업한 뒤 병든 사람을 치료하는 것보다 인문·사회학적인 공부를 해서 사회를 구원해야겠다고 결심함. 이에 한국문화의 정체성과 세계문화의 동향에 대해 관심이 컸으며, 인간의 삶 전체에 대한 철학적 사색을 하는 일에 열중함. 특히 그는 한국문화가 외래문화에 쉽게 사대주의에 빠지는 습성이 있으며, 이로 인해 내분과 파당적 상황에 자주 빠지게 됨을 한탄함. 스스로 생각하지 못하는 한국인, 로직(logic)을 세우지 못하는 한국인의 삶의 특성에 주목하게 됨. 특히 한국에 자생철학이 없음을 알고, 한국문화에 대한 심각한 회의에 빠짐. 이러한 문제의식을 가지고 공부하기 위해서는 인문학으로의 전과가 불가피하였음. 당시 한양대학교 국문과 교수로 재직하고 있던 시인 박목월 선생과 상의함.

1972. 3. 한양대 국문과로 전과하기 위해 여러 차례 박목월 시인을 만남(그 전에도 교내 백일장에 투고하여 박목월 선생을 만나는 기회를 가지기도 하고 습작을 지도받았음). 당시 목월 선생은 전과를 반대하면서 의사의 길을 가면서 시인이 될 것을 권함. 그러나 그에게 「국경의 밤」을 지은 김동환과 같은 서사 시인이 될 소질이 있다고 격려함. 결국 국문과로 전과를 결행함.

1972~1974 국문과로 전과한 후 국내외 대표적 시와 소설을 읽는 데 전력투구함. 이광수, 김동인의 여러 작품을 섭렵함. 까뮈의『이방인』과 사르트르의『구토』,『자유의 길』등 실존주의 작가의 작품에 심취함. 닥치는 대로 문학·철학서적을 남독하면서 거의 2년을 보냄. 이때 동서고금의 고전을 거의 섭렵하는 열정을 보임. 시인과 철학자가 되는 두 길에서 어느 길에도 진입하지 못하고 피곤한 심신을 추스르기 위해서 고향인 대구로 귀향함. 당시 헤르만 헤세의『데미안』,『나르치스와 골드문트』,『싯달타』,『향토』,『차륜 밑에서』등의 작품에 심취함.

1974~1976 졸업 후 취직도 하지 못하고 쓸쓸하게 대구에서 끝없는 허탈과 방황에 빠짐. 친구들의 권유로 2년간 외무고시를 준비했지만, 정작 공부에는 등한했으며 시와 철학 책을 간간히 사보면서 마음을 추스름. 친구들의 권유로 대구매일신문사 입

사시험에 응시했으나 필기에 합격하고 면접에서 떨어짐. 심각한 고뇌와 묵상에 빠짐. 현실과 이상 사이에서 방황하다가 가톨릭 세례를 받음(대구복자성당). 세례명으로 '그레고리'를 받음.

1976. 3. 3. (주)문화방송 경향신문사에 공채로 입사하여 경향신문 대구 주재기자로 부임함. 지방 주재기자 생활을 약 2년 하다가 다시 학문에의 뜻을 세워 영남대 대학원 문화인류학과 진학을 준비함.

1978. 3. 3. 영남대학교 문화인류학과 대학원에 입학함. 여기서 그에게 인류학적 세례를 준 은사인 김택규(金宅圭) 교수와 강신표(姜信杓) 교수를 만남. 한국의 향토민속 문화에 해박한 김택규 교수와 동양철학에 관심이 많은 강신표 교수로부터 영향을 받음. 강신표 교수는 대학원에 입학하던 그해에 한양대학교로 옮기는 바람에 직접 강의를 듣지 못했으나 그 후 사적인 친분을 유지함. 그래서 그의 초기 저작 중 하나인『무당시대의 문화무당』의 주인공으로 강신표 교수를 등장시킴. 그 후 그는 다분히 철학적인 성향을 가지며 철학인류학 분야에 관심을 가짐. 그는 계속 '인간은 어떻게(무엇으로) 사는가'에 관심을 가짐. 신문기자 생활과 인류학도의 길을 병행함.

1978. 11. 막내 동생 박창진(朴昌鎭)이 서울에서 대학교 입학을 위한 재수를 하던 중 원인모를 병으로 객사함. 이때 인생의 어처구니없음과 죽음에 대한 명상을 시작함. 특히 인생의 목적을 설정하는 것이 덧없음을 느끼고, 목적론적 사고를 하는 것이 인생의 전부가 아니라는 것을 뼈저리게 느낌.

1979. 2. 20. 단양(丹陽)인 우경옥(禹敬玉)과 결혼함. 우경옥은 우수기(禹守基)와 최재윤(崔載允)의 2남2녀 중 차녀로 태어남.

2. 공부하는 기자

1980. 4. 4. 장남 박준석(朴埈奭) 태어남.

1980. 9.「도시화에 따른 대도시근교 씨족집단의 정치경제적 변화연구」로 영남대학교에서 석사학위를 받음.

1982. 4. 4. 차남 박우석(朴祐奭) 태어남.

1981~1986 경향신문 본사로 올라와 서울에서 기자생활을 시작함. 한편 한양대학교를 비롯해 서울교육대학교, 대구대학교 등에서 인류학 강의를 하면서 문화평론가로

활동을 겸함.

1986. 8. 31. 영남대학교 대학원 인류학과 박사과정을 수료함. 그러나 서구의 패러다임이나 이데올로기에 종속되어 주체성도 없는 학위논문 제출하는 것을 포기함. 자신의 철학도 없이 외래 이데올로기에 빠져 체질적으로 사대하는 한국민족에 대해 심각한 회의에 빠짐. 그 후 한국민족의 정체성을 확인하기 위한 기반 확충작업으로 서양 철학자들의 수많은 책들을 섭렵함. 데카르트, 스피노자, 라이프니츠, 루소, 칸트, 니체, 프로이트, 베르그송, 후설, 그리고 특히 실존주의 철학자인 키르케고르, 사르트르, 카뮈 등 수많은 철학자와 사상가와 문학가들의 책을 봄.

1988. 7. 14. 지식산업사 김경희 대표의 인도로 국선도(國仙道)에 입문함. 서울 용산구 남영동 국선도협회 총본원에서 덕당(德堂) 김성환(金性煥) 정사(正師)를 만남. 여기서 전통 수련법인 선도(仙道)를 알게 되고, 선도의 원류가 화랑도(풍류도)였음을 확실하게 인식함.

1988. 8. 15. 새로 창간한 세계일보사로 자리를 옮김. 세계일보사에서 문선명(文鮮明) 선생을 만남. 그는 한국사에서 처음으로 자생종교를 수출한 인물임을 확인하게 됨. 한국은 역사적으로 계속해서 외래 종교와 철학을 들여와서는 항상 그것에 종속되는 나라가 되었다. 예컨대 불교가 들어오면 '한국의 불교'가 되는 것이 아니라 '불교의 한국'이 되고, 주자학이 들어오면 '한국의 주자학'이 되는 것이 아니라 '주자학의 한국'이 되고, 기독교가 들어오면 '한국의 기독교'가 되는 것이 아니라 '기독교의 한국'이 되는 양상이다. 결국 한국이라는 주체성은 없는 것이다. 그러한 사대종속적 입장에서 탈피해 기독교를 자생통일교로 만들어 수출한 인물이 문선명 선생으로 이해하게 됨. 한국인이 세계 종교의 분포에서 사대종속-노예 상황에 빠져 있음을 뼈저리게 느낌. 그 정도가 얼마나 심각한지, 그러한 종속상태를 종속상태로 느끼는 것이 아니라 선진 문화로 착각함. 한국인의 이데올로기적 종속성과 노예성은 한국문화의 여성성·수동성·자기부정성과 관련되는 체질적인 것으로 파악함. 한국문화에는 결국 남성성·능동성·자기긍정성이 부족함을 뼈저리게 느낌. 이는 종합적으로 '아버지(가부장) 부재'의 문화로 드러나게 됨.

1989. 1. 28. 첫 시집이자 첫 저작인 『해원상생, 해원상생』(지식산업사)을 펴냄. 이 시집은 한민족이 서로 원한을 풀고 상생하자는 뜻의 시집이었음. 이 해에 철학 논문 2편을 씀. 「상징-의례에 대한 理氣철학적 고찰」(『한민족』 제1집, 200~228쪽, 한민족학회, 교문사, 서울), 「BSTD모델에 대한 상징인류학적 조명」(『두산김택규박사 화갑기념문화인류학 논총』, 24~254쪽, 두산김택규박사화갑기념논문집 간행위원회, 신흥인쇄소, 대구).

1990. 1. 20. 야심작 『무당시대의 문화무당』(지식산업사)를 펴냄. 첫 예술인류학적 작업이었음. 후에 『한국문화와 예술인류학』을 쓰는 계기가 됨. 시와 철학과 예술에 대한 종합적인 사유를 시작하면서 철학(과학), 예술, 종교의 현상학적 관계에 대해 관심을 가지기 시작함. 특히 동양의 전통철학인 이(理)-기(氣)철학의 관점에서 이들의 관계에 사유를 집중함.

1990. 3. 『사람이 되고자 하는 신들』(문학아카데미) 펴냄. 이 책은 사람 위에 군림하는 초월적인 신이 아니라 사람과 함께 지상에 내려오고자 염원하는 신을 상정함. 여기엔 한국 자생종교인 동학(東學)의 인내천(人乃天)사상이 스며 있었음.

1990. 3. 『한국문화 심정문화』(미래문화사) 펴냄. 이 책은 한국문화론을 철학적으로 정리하기 시작한 첫 결과물임. 이 책에 「시간의 이중적 가치」(179~197쪽)라는 철학적 논문을 실었음.

1991. 11. 3. 국선도협회 총본원에서 3년간의 수련을 마치고 진기단법(眞氣丹法)으로 승단함(제223호). 이로써 국선도인(풍류도인)이 됨. 국선도 수련은 재래의 신선(神仙)사상과 전통적으로 내려온 기(氣)를 체득하게 되는 계기가 됨. 나중에 기(氣)철학을 바탕으로 하는 새로운 철학을 정립하는 데에 도움이 됨.

1992. 1. 세계일보사 문화부장이 됨.

1992. 2. 월간 『현대시』 신인상 수상으로 늦깎이 시인이 됨. 당선작은 「황색나부의 마을」. 추천심의위원인 이형기·김광림 시인은 심사평에서 프랑스의 시인 '앙리 미쇼'에 견주면서 그의 「에망그롱족」에 견줄 만한 작품이라고 평함.

1992. 3. 『한국문화 심정문화』 개정증보판 『한국문화와 예술인류학』(미래문화사)을 펴냄. 이 책은 국내에서 예술인류학을 처음으로 거론한 책일 뿐만 아니라 세계 인류학계에서도 예술과 인류학을 융합한 첫 책으로 평가됨. 또 이 책은 자민족문화연구의 한 방법으로서 '자기고백'을 제창했으며, 느낌(Feeling)을 학문적 용어로 사용할 것을 역설함. 인류학적 민족지를 쓰는 데도 느낌을 중시해야 한다고 주장함. 철학인류학자인 레비스트로스의 영향을 크게 받아 '다원다층의 의미'를 분석하는 '예술인류학'을 제창함. 이것은 대칭적 사고를 하는 원시고대인의 신화적 사고(원시인의 철학)를 오늘에 되살리려는 시도였음.

1992. 6. 『천지인 사상으로 본 서울올림픽』(아카데미서적) 펴냄. 대한민국이 건국 이후 치른 최고·최대의 국제적인 스포츠 제전인 올림픽을 전통 '천지인 사상'과 롤랑 바르트의 '다차원의 문화해석의 틀'을 이용해 입체적으로 분석함. 그의 집약된 인류학적 연구모델인 '심볼(symbol)-적응(adaptation)'을 적용한 첫 연구결과물임. 특히

상징의 다원다층의 의미 분석에 치중함. 상징은 여러 층위로 이분되는 성질을 가지고 있고, 마지막 최종 아래에는 삶을 위한 생존의 근거인 에콜로지(ecology)가 있음을 주장함.

1992. 7. 『잃어버린 선맥을 찾아서』(일빛출판사) 펴냄. 국선도의 맥을 현재에서부터 역원적으로 찾은 역작이었음. 이 책은 고대에서부터 현대까지 신선사상의 인물을 찾는 한편 고조선의 국조인 단군이 선도의 원조임을 깨닫는 계기가 되었음. 모든 종교와 수도의 원형에 단군에 있음을 알게 됨. 유불선(儒佛仙) 삼교의 삼묘(三妙)를 터득함.

1992. 7. 『선도와 증산교』(일빛출판사) 펴냄. 선도사상을 증산교와 관련해 더욱 심도 있게 다룸.

3. 문필가로 거듭나다

1992. 6. 19. 바르셀로나 올림픽 사전 취재 도중 자동차로 피레네 산맥을 넘어 안도라 공화국으로 가던 중 언덕에서 추락함(8시 40분 바르셀로나 북방 70㎞ 지점). 이때 일주일간 의식불명 상태에서 깨어나지 못함. 이때 인류문명의 과거와 미래에 관한 네 가지 현몽을 접함(인류의 4대 성인이 나타나 지켜보았음). 헬리콥터 긴급수송으로 한 달간 바르셀로나 발데브론 병원에 입원함. 비행기로 한국으로 수송되어 서울 영동세브란스병원에 입원함. 병원에서 척추수술을 받는 등 6개월간 장기 입원하는 동안 위험한 고비를 여러 차례 넘기고 회복됨. 오랜 병상생활을 통해 인생이 결코 내일을 기약할 수 없는 허무한 것이며 자신의 생각을 단상으로 정리해야 한다는 사명감을 느낌. 이것이 후일 '박정진 철학노트'의 출발이 될 줄 몰랐음.

1992. 12. 31. 영동세브란스병원에서 퇴원함. 척추수술 등으로 노동부로부터 3급 장애 판정을 받음.

1993. 4. 동네 수서공원과 대모산에서 피나는 재활훈련으로 건강을 회복한 후 신들린 듯 글을 쓰기 시작함. 하루 1백여 장씩 원고를 쓴 적도 있음. 그 후 발간된 수십 권의 책들은 이때 쓴 것임. 인근 수서공원에서의 명상과 대모산에서 산보를 통해 문필가로서의 사색과 함께 사상적 기조를 굳힘.

1994 『아직도 사대주의에』(전통문화연구회) 펴냄. 한국문화의 체질적 사대주의와 문화적 종속상황에 대한 처절한 반성을 시도함. 특히 외래문화에 맹목적으로 신앙하는 것을 반성함. 한국문화 속에 들어오는 모든 외래문화는 일종의 도그마가 된다는

사실에 놀람. 그런 점에서 한국인은 '종교적 인간'의 성격이 강함을 알게 됨.

1994 시집『시를 파는 가게』(고려원) 펴냄.

1994. 7. 13. 어머니가 자궁암으로 돌아감. 중환자였던 그를 간호하고 염려하던 끝에 무리하여 암이 재발한 것임. 어머니와의 이별을 통해 훌륭한 문필가가 될 것을 다짐함. '불교적 인연과 연기가 현재'임을 깨닫게 됨. '어머니의 사랑이 자식을 살리는 대신 당신을 저 세상으로 돌아가게 한 희생적 삶'임을 절감함. 모든 어머니의 아가페적인 사랑에 대해 사유를 시작함. 인류사에서 여성성의 의미를 되새기는 계기가 되었음.

1997. 6. 세계일보사를 퇴사하고 본격적으로 글쓰기에 몰두함. 본격적인 사회비판과 풍자에 매달림.

1997『왕과 건달』(전 3권, 화담출판사) 펴냄.

1997『창을 가진 여자』(전 2권, 화담출판사) 펴냄. 후에 전자책(e-북)『서울 황진이』로 개작함.

1998『어릿광대의 나라, 한국』(화담출판사) 펴냄. 후에 전자책(e-북)『드라마 사회, 한국』으로 개작함.

1998『단군은 이렇게 말했다』(화담출판사) 펴냄. 후에 전자책(e-북)『광화문의 단군』으로 개작함.

1998『발가벗고 춤추는 기자』(화담출판사) 펴냄.

1999. 3. 사서삼경(四書三經)을 비롯하여 동양고전에 대한 이해를 높이기 위해 한문전문 교육기관인 민족문화추진회 국역연수부에 입학함. 여기서 정태현, 성백효 선생을 만남. 중국의 고전을 접하는 계기가 되었으며, 동아시아 문화의 원류와 깊이에 대해 새삼 놀랐지만, 중국문화에 빠지지는 않음. 중국문화와 한국문화의 차이에 대해 눈을 뜸.

1999. 8.『생각을 벗어야 살맛이 난다』(책섬) 펴냄.

2000. 11. 전자책(e-북)으로 명상집『생각하는 나무』(1~26권, www.barobook.co.kr) 펴냄. 한국 '아포리즘 문학'의 금자탑을 이룸.

2000. 11. 전자책(e-북)『세습당골-명인, 명창, 명무』 펴냄.

2000. 11. 전자책(e-북) 시집『한강은 바다다』 펴냄.

2000. 11. 전자책(e-북) 시집『바람난 꽃』 펴냄.

2000. 11. 전자책(e-북) 시집『앵무새 왕국』 펴냄.

2000. 11.『인류학자 박정진의 밀레니엄 문화읽기– 여자의 아이를 키우는 남자』(불교춘

추사) 펴냄. 전자책(e-북)으로도 펴냄.

2000. 11. 전자책(e-북) 에세이『문화의 주체화와 세계화』 펴냄.

2000. 11. 전자책(e-북) 에세이『문화의 세기, 문화전쟁』 펴냄.

2000. 11. 전자책(e-북)『오래 사는 법, 죽지 않는 법』 펴냄.

2000. 11. 전자책(e-북)『마키아벨리스트 박정희』 펴냄.

2000. 11. 전자책(e-북)『오래 사는 법, 죽지 않는 법』 펴냄.

2000. 11. 전자책(e-북)『붓을 칼처럼 쓰며』 펴냄

2001. 5. 15.『도올 김용옥』(전 2권, 불교출판사) 펴냄

2001. 11. 전자책(e-북) 소설『파리에서의 프리섹스』(전 2권) 펴냄

2002. 2. 민족문화추진회 국역연수부 26기로 졸업함.

2002. 3. 민족문화추진회 일반연구부에 입학함.

4. 문화평론가, 철학인류학에 매진하다

2002. 4. 새로운 사상으로서 '중학(中學)'사상에 대해 생각을 시작함. '중학'은 다분히 '동학(東學)'의 한계를 극복하고자 하는 의도에서 상정되었음. 예컨대 '중학'은 유교의 중용(中庸), 불교의 중도(中道)·공(空)사상, 노장(老莊)의 무위자연사상, 선도(仙道)의 선(仙)사상 등 유불선을 통합하는 것은 물론이고, 프랑스 대혁명의 사상인 자유·평등·박애사상 등 동서고금의 사상을 융합하고 집대성하여 새로운 시대의 전개에 따른 철학적·사상적 준비로 시도됨. '중학'사상은 현재에도 계속 집필 중에 있음.

2002. 5. 13. 서울 강남구 일원동 대모산에 주민들의 건의로 자작시「대모산」 시탑을 세움.

2002. 6. 인터넷 홈페이지 www.koreanculture.co.kr(한국문화사전)을 개설함.

2002. 6. 전자출판사 바로북에서 CD롬『한국문화사전』을 펴냄.

2004. 6.『붉은 악마와 한국문화』(세진사),『미친 시인의 사회, 죽은 귀신의 사회』(신세림)을 펴냄.

2004 시집『대모산』(신세림), 시집『먼지, 아니 빛깔, 아니 먼지』(신세림), 시집『청계천』(신세림)을 펴냄.

2005『대한민국, 지랄하고 놀고 자빠졌네』(서울언론인클럽) 펴냄.

2006. 3. 23. 아버지 박재명 숙환으로 돌아가심.

2006 『여자』(신세림) 펴냄. 이 책은 우주적 여성성에 대한 단상을 정리한 에세이임.

2007 『현묘경- 여자』(신세림) 펴냄. 이 책은 우주적 여성성에 대한 심화된 단상을 정리한 에세이임.

2007 시집 『독도』(신세림) 펴냄.

2007 『불교인류학』(불교춘추사), 『종교인류학』(불교춘추사)를 펴냄.

2008. 2. 장남 박준석 연세대학교 공과대학 건축과를 졸업함.

2008. 9. 9. '박정진 시를 사랑하는 모임'(박시모)과 '박씨 대종친회'의 찬조로 자작시 「독도」 시비 건립함(울릉도 독도박물관 야외독도박물원).

2008 전자책(e-북) 『성인류학』(전 3권) 펴냄. 이 책은 '성(性, 姓, 聖)'이라는 한글발음을 토대로 인류문명의 발전과정을 정리함으로써 철학과 종교에서 말하는 '성결학(hagiology)'과 '오물학(scatology)'이 결국 하나로 순환하는 것임을 주장하는 '일반문화론'에 도달하려는 인류학적 시도였음. 이 책은 따라서 '일반성의 철학'을 도출하기 위한 철학인류학적 노력의 결실이었음.

2008 전자책(e-북) 명상집 『죽음을 예감하면 세상이 아름답다』(전 3권), 전자책(e-북) 명상집 『경계선상에서』(전 7권). 이로써 『생각하는 나무』(전 26권)를 포함하여 『화산(華山) 명상집』(전 36권 완간, www.barobook.co.kr) 펴냄.

2008 시집 『한강교향시- 詩로 한강을 거닐다』(신세림) 펴냄. KTV '북카페' 프로그램에서 한 시간 동안 방영.

2009 『예술의 인류학, 예술인류학』(이담북스), 『예술인류학으로 본 풍류도』(이담북스) 펴냄. 이 책은 종래 『한국문화와 예술인류학』을 심화시켜서 2권으로 출판한 것임.

2010 『단군신화에 대한 신연구』(한국학술정보), 『굿으로 본 백남준 비디오아트 읽기』(한국학술정보), 『성인류학』(이담북스) 펴냄. 『단군신화에 대한 신연구』는 중국한족이 부상하는 새로운 동아시아사의 전개에 따른 동이족의 정체성 확립이라는 관점에서 단군신화를 새롭게 정리·해석한 책임. 『굿으로 본 백남준 비디오아트 읽기』는 소리미술과 오브제, 퍼포먼스를 추구하는 백남준의 비디오아트를 '굿'이라는 개념으로 해석한 책임. 『성인류학』은 종래 전자책을 종이책으로 출판하면서 내용을 증보하고 개편한 책임.

2010 차남 박우석, 경원대학교 전자공학부 졸업(2월 23일).

2011 『박정희의 실상, 이영희의 허상』(이담북스) 펴냄.

2011 차남 박우석과 신부 백지숙 결혼(9월 30일).

2012. 1. 예술인류학에 이어 철학인류학적 작업의 결과물인 『철학의 선물, 선물의 철

학』, 『소리의 철학, 포노로지』(소나무) 펴냄.

2012 장남 박준석과 신부 김순훈 결혼(3월 24일).

2013. 2. 차남 박우석, 한양대학교 경영대학원 졸업.

2013. 3. 『빛의 철학, 소리철학』, 『니체야 놀자』(소나무) 펴냄. 이상의 철학인류학적 저서 4권을 묶어 '소리철학' 시리즈로 명명함.

2014 첫 손녀 박지인(박준석-김순훈의 딸) 출생(1월 3일).

2014. 5. 『일반성의 철학과 포노로지』(소나무) 펴냄. 이 책은 '소리철학' 시리즈 제5권임.

2014. 6. 『新符都誌- 지구 어머니, 마고(麻姑)- Mother Magod』(마고출판사) 출간예정. 이 책은 한국문화의 여성성을 승화시켜서 '자기부정'이 아니라 '자기긍정'으로 대반전시키려는 신화적 노력의 결정판이다. 이 책의 출간으로 '소리철학' 시리즈와 함께 '한국문화의 철학과 신화'를 현대적인 모습으로 드러내게 된 셈이다.

2014. 7. 『매월당 초암차』(차의 세계) 출간예정. 이 책도 한국문화의 신선(神仙)사상을 차(茶)문화를 통해 복원하려는 노력의 일환임. 이 밖에 『박정진의 철학노트』(원고지 3만 장 분량)를 비롯한 미출간 원고를 다량 가지고 있음.

출간예정 책들. 『무예인류학으로 본 한국의 무예』, 『신화, 가족, 문화』, 『예술인류학의 초대』, 『박정진 논문집- 문화, 인간, 자연』

출간예정 시집. 『검은 오름의 비가(서사서정시집)』, 『바람에 대한 명상』, 『넘치는구나, 넘치는구나』, 『보지 말고 먹어라』 등.